20
25

**DÉCIMA
SEGUNDA
EDIÇÃO**

REVISTA, ATUALIZADA
E REFORMULADA

Julio
Fabbrini
MIRABETE

Renato N.
FABBRINI

CÓDIGO PENAL
INTERPRETADO

Dados Internacionais de Catalogação na Publicação (CIP) de acordo com ISBD

M672c
    Mirabete, Julio Fabbrini
        Código penal interpretado / Julio Fabbrini Mirabete, Renato N. Fabbrini. - 12. ed. - Indaiatuba, SP : Editora Foco, 2025.
        1184 p. ; 17cm x 24cm.
        Inclui bibliografia e índice.
        ISBN: 978-65-6120-226-8
        1. Direito. 2. Direito penal. I. Fabbrini, Renato N. II. Título.

2025-1325   CDD 345   CDU 343

Elaborado por Odilio Hilario Moreira Junior - CRB-8/9949
Índices para Catálogo Sistemático:
1. Direito penal 345
2. Direito penal 343

DÉCIMA
SEGUNDA
EDIÇÃO

**REVISTA, ATUALIZADA
E REFORMULADA**

Julio
Fabbrini
MIRABETE

Renato N.
FABBRINI

CÓDIGO PENAL
INTERPRETADO

2025 © Editora Foco
Autores: Julio Fabbrini Mirabete e Renato N. Fabbrini
Diretor Acadêmico: Leonardo Pereira
Editor: Roberta Densa
Coordenadora Editorial: Paula Morishita
Revisora: Patricia Camargo Bergamasco
Capa Criação: Leonardo Hermano
Diagramação: Ladislau Lima e Aparecida Lima
Impressão miolo e capa: FORMA CERTA

DIREITOS AUTORAIS: É proibida a reprodução parcial ou total desta publicação, por qualquer forma ou meio, sem a prévia autorização da Editora FOCO, com exceção do teor das questões de concursos públicos que, por serem atos oficiais, não são protegidas como Direitos Autorais, na forma do Artigo 8º, IV, da Lei 9.610/1998. Referida vedação se estende às características gráficas da obra e sua editoração. A punição para a violação dos Direitos Autorais é crime previsto no Artigo 184 do Código Penal e as sanções civis às violações dos Direitos Autorais estão previstas nos Artigos 101 a 110 da Lei 9.610/1998. Os comentários das questões são de responsabilidade dos autores.

NOTAS DA EDITORA:
Atualizações e erratas: A presente obra é vendida como está, atualizada até a data do seu fechamento, informação que consta na página II do livro. Havendo a publicação de legislação de suma relevância, a editora, de forma discricionária, se empenhará em disponibilizar atualização futura.
Erratas: A Editora se compromete a disponibilizar no site www.editorafoco.com.br, na seção Atualizações, eventuais erratas por razões de erros técnicos ou de conteúdo. Solicitamos, outrossim, que o leitor faça a gentileza de colaborar com a perfeição da obra, comunicando eventual erro encontrado por meio de mensagem para contato@editorafoco.com.br. O acesso será disponibilizado durante a vigência da edição da obra.

Impresso no Brasil (3.2025) – Data de Fechamento (3.2025)

2025
Todos os direitos reservados à
Editora Foco Jurídico Ltda.
Rua Antonio Brunetti, 593 – Jd. Morada do Sol
CEP 13348-533 – Indaiatuba – SP
E-mail: contato@editorafoco.com.br
www.editorafoco.com.br

NOTA À 12ª EDIÇÃO

Essa 12ª edição do *Código Penal Interpretado*, publicado, agora pela Editora Foco, foi revista e atualizada até 18 de março de 2025.

O *Código Penal Interpretado*, de Julio Fabbrini Mirabete, é uma obra concebida pelo autor com o objetivo de propiciar aos profissionais da área criminal uma fonte de consulta que os auxilie na tarefa de interpretação da lei penal, sempre que dispensável ou inviável uma pesquisa exaustiva em obras doutrinárias e jurisprudenciais que versem sobre o problema a ser resolvido. A obra contém, além do texto vigente do Código Penal, um exame sucinto, mas o quanto possível abrangente, das principais questões doutrinárias surgidas na aplicação de cada um de seus dispositivos.

A obra também contém remissões as indicações de decisões do Supremo Tribunal Federal, do Superior Tribunal de Justiça e dos Tribunais estaduais e regionais federais que estão reunidas sob rubricas específicas, em conformidade com o assunto e a orientação adotada e as ementas respectivas, que não mais constam do corpo do livro, podem ser encontradas em material complementar *on line*.

A presente edição foi revista e atualizada, contemplando os diplomas mais recentes que introduziram importantes modificações no Código Penal.

O texto de lei e os comentários doutrinários subsequentes a cada artigo estão de acordo com as modificações introduzidas por leis recentes no Código Penal. São referidas as súmulas vinculantes e as demais súmulas do Supremo Tribunal Federal e do Superior Tribunal de Justiça que guardem conexão com o artigo examinado. A relação e o teor das súmulas encontram-se ao final do livro.

A crescente produção legislativa no país e a frequência com que têm sido modificadas as nossas leis, inclusive as de recente vigência, exigem do operador do Direito especial atenção para as inovações e as relações entre o Código Penal e outros diplomas legais. Com o intuito de facilitar ao profissional a análise dessas relações, além dos comentários doutrinários, inserimos, após texto vigente de cada artigo, remissões a outros dispositivos que com ele se relacionam, contidos no próprio Código Penal, na Constituição Federal, no Código de Processo Penal, na Lei de Execução Penal, na Lei das Contravenções Penais, em leis penais especiais e em outras leis de natureza extrapenal. À exceção da Constituição Federal e dos principais estatutos, as indicações se fazem acompanhar de uma sintética menção ao teor ou ao assunto disciplinado na norma específica referida, com a finalidade de favorecer a discriminação pelo leitor dos dispositivos que possam ser de seu interesse imediato.

Ao prezado leitor externo minha esperança de que a presente edição possa lhe ser útil no estudo do Direito Penal e em sua atividade profissional, agradecendo, desde logo, por eventuais críticas e sugestões que certamente contribuirão para o aperfeiçoamento da obra.

Renato N. Fabbrini

ABREVIATURAS

AgRg: Agravo regimental
AI: Agravo de instrumento
Ap: Apelação
Apn: Ação penal
CC: Conflito de Competência ou Código Civil
CDC: Código de Defesa do Consumidor
CF: Constituição Federal
CJ: Conflito de Jurisdição
CLT: Consolidação das Leis do Trabalho
CNT: Código Nacional de Trânsito
Corr. Parcial: Correição parcial
CP: Código Penal
CPC: Código de Processo Civil
CPM: Código Penal Militar
CPP: Código de Processo Penal
CPPM: Código de Processo Penal Militar
CR: Carta rogatória
CTB: Código de Trânsito Brasileiro
CTN: Código Tributário Nacional
DE: *Diário eletrônico da Justiça Federal da 4ª Região*
DJE: *Diário da Justiça do Estado*
DJe: *Diário da Justiça eletrônico*
DJF3: *Diário eletrônico da Justiça Federal da 3ª Região*
DJU: *Diário da Justiça da União*
DOU: *Diário Oficial da União*
e-DJF1: *Diário eletrônico da Justiça Federal da 1ª Região*
EAOAB: Estatuto da Advocacia e da Ordem dos Advogados do Brasil
ECA: Estatuto da Criança e do Adolescente
EDcl: Embargos de declaração
EI: Embargos infringentes ou Estatuto do Idoso

Extr.: Extradição
HC: *Habeas corpus*
Inq.: Inquérito
LSN: Lei de Segurança Nacional
JCAT: *Jurisprudência Catarinense*
JSTF: *Jurisprudência do Supremo Tribunal Federal*
JSTJ: *Jurisprudência do Superior Tribunal de Justiça e Tribunais Regionais Federais*
JTACRIM: *Julgados do Tribunal de Alçada Criminal de São Paulo*
JTAERGS: *Julgados do Tribunal de Alçada do Estado do Rio Grande do Sul*
JTJ: *Jurisprudência do Tribunal de Justiça de São Paulo*
Jurispenal: *Revista de Jurisprudência do Supremo Tribunal Federal*
Justitia: *Revista do Ministério Público de São Paulo e da Associação Paulista do Ministério Público*
LCP: Lei das Contravenções Penais
LEP: Lei de Execução Penal
LICC: Lei de Introdução ao Código Civil
LICP: Lei de Introdução ao Código Penal
LICPP: Lei de Introdução ao Código de Processo Penal
LINDB: Lei de Introdução às normas do Direito Brasileiro (antiga Lei de Introdução ao Código Civil – LICC)
LOMN: Lei Orgânica da Magistratura Nacional
LONMP: Lei Orgânica Nacional do Ministério Público
LOMP: Lei Orgânica do Ministério Público do Estado de São Paulo
MS: Mandado de segurança
Pet.: Petição
QO: Questão de ordem
RBCCRIM: *Revista Brasileira de Ciências Criminais*
RDJ: *Revista de Doutrina e Jurisprudência do Tribunal de Justiça do Estado do Amapá*
RDP: *Revista de Direito Penal*
RE: Recurso extraordinário
Rec. Crim: Recurso Criminal
REsp: Recurso especial
Rev. Crim: Revisão criminal
RF: *Revista Forense*
RHC: Recurso de *habeas corpus*

RISTF: Regimento Interno do Supremo Tribunal Federal

RISTJ: Regimento Interno do Superior Tribunal de Justiça

RJDTACRIM: *Revista de Julgados e Doutrina do Tribunal de Alçada Criminal de São Paulo*

RJEDFT: *Revista dos Juizados Especiais do Distrito Federal e Territórios*

RJTACRIM: *Revista de Julgados do Tribunal de Alçada Criminal de São Paulo (antiga Revista de Julgados e Doutrina do Tribunal de Alçada Criminal de São Paulo – RJDTACRIM)*

RJTAMG: *Revista de Julgados do Tribunal de Alçada de Minas Gerais*

RJTJERGS: *Revista de Jurisprudência do Tribunal de Justiça do Estado do Rio Grande do Sul*

RJTJESP: *Revista de Jurisprudência do Tribunal de Justiça do Estado de São Paulo*

RJTRSC: *Revista de Julgados das Turmas de Recursos e Tribunal de Justiça de Santa Catarina*

RMS: Recurso ordinário em mandado de segurança

RSE: Recurso em sentido estrito

RSTJ: *Revista do Superior Tribunal de Justiça*

RT: *Revista dos Tribunais*

RTJ: *Revista Trimestral de Jurisprudência do Supremo Tribunal Federal*

RTJE: *Revista Trimestral de Jurisprudência dos Estados*

SE: Sentença estrangeira

STF: Supremo Tribunal Federal

STJ: Superior Tribunal de Justiça

TACRSP: Tribunal da Alçada Criminal de São Paulo

TAGB: Tribunal de Alçada da Guanabara

TAMG: Tribunal de Alçada de Minas Gerais

TAPR: Tribunal de Alçada do Paraná

TARJ: Tribunal de Alçada do Rio de Janeiro

TARS: Tribunal de Alçada do Rio Grande do Sul

TASP: Tribunal de Alçada de São Paulo

TFR: Tribunal Federal de Recursos

TJAC: Tribunal de Justiça do Acre

TJAL: Tribunal de Justiça de Alagoas

TJAM: Tribunal de Justiça do Amazonas

TJAP: Tribunal de Justiça do Amapá

TJBA: Tribunal de Justiça da Bahia

TJCE: Tribunal de Justiça do Ceará

TJDF: Tribunal de Justiça do Distrito Federal

TJES: Tribunal de Justiça do Espírito Santo

TJGB: Tribunal de Justiça da Guanabara
TJGO: Tribunal de Justiça de Goiás
TJMA: Tribunal de Justiça do Maranhão
TJMG: Tribunal de Justiça de Minas Gerais
TJMS: Tribunal de Justiça do Mato Grosso do Sul
TJMT: Tribunal de Justiça do Mato Grosso
TJPA: Tribunal de Justiça do Pará
TJPB: Tribunal de Justiça da Paraíba
TJPE: Tribunal de Justiça de Pernambuco
TJPI: Tribunal de Justiça do Piauí
TJPR: Tribunal de Justiça do Paraná
TJRN: Tribunal de Justiça do Rio Grande do Norte
TJRO: Tribunal de Justiça de Rondônia
TJRR: Tribunal de Justiça de Roraima
TJRJ: Tribunal de Justiça do Rio de Janeiro
TJRS: Tribunal de Justiça do Rio Grande do Sul
TJSC: Tribunal de Justiça de Santa Catarina
TJSE: Tribunal de Justiça de Sergipe
TJSP: Tribunal de Justiça de São Paulo
TJTO: Tribunal de Justiça do Tocantins
TRF: Tribunal Regional Federal
TSE: Tribunal Superior Eleitoral

SUMÁRIO GERAL

DECRETO-LEI Nº 2.848, DE 7 DE DEZEMBRO DE 1940 .... **1**

PARTE GERAL **1**

1. ANTERIORIDADE DA LEI **1**
- 1.1 Princípio da legalidade 1
- 1.2 Princípios decorrentes 3
- 1.3 Outros princípios e garantias constitucionais 3
- 1.4 Irretroatividade da lei penal 4

2. A LEI PENAL NO TEMPO **6**
- 2.1 *Abolitio criminis* 6
- 2.2 Desaparecimento dos efeitos penais 6
- 2.3 Retroatividade da lei mais benigna 7
- 2.4 Aplicação de lei intermediária 8
- 2.5 Retroatividade e lei penal em branco 8
- 2.6 Retroatividade e lei processual 8
- 2.7 Retroatividade das normas mistas 9
- 2.8 Combinação de leis 10

3. LEI EXCEPCIONAL OU TEMPORÁRIA **10**
- 3.1 Ultratividade das leis excepcionais e temporárias 10

4. TEMPO DO CRIME **11**
- 4.1 Tempo do crime 11
- 4.2 Crime permanente, crime habitual e crime continuado 12

5. TERRITORIALIDADE **13**
- 5.1 Conceito de território 13
- 5.2 Exceções ao princípio da territorialidade 14

6. LUGAR DO CRIME **14**
- 6.1 Teoria da ubiquidade 14

7. EXTRATERRITORIALIDADE **16**
- 7.1 Extraterritorialidade incondicionada 16

7.2	Extraterritorialidade condicionada	17
7.3	Condições para a aplicação da lei brasileira	17
7.4	Convenções e tratados internacionais em matéria penal	18

8. PENA CUMPRIDA NO ESTRANGEIRO 20

8.1	Detração da pena cumprida no estrangeiro	20

9. EFICÁCIA DE SENTENÇA ESTRANGEIRA 20

9.1	Eficácia incondicional de sentença estrangeira	20
9.2	Eficácia condicional de sentença estrangeira	21
9.3	Requisitos para a homologação de sentença estrangeira	21
9.4	Processamento do pedido de homologação de sentença estrangeira	22

10. CONTAGEM DE PRAZO PENAL 23

10.1	Termo inicial do prazo penal	23
10.2	Contagem do prazo penal	23

11. FRAÇÕES NÃO COMPUTÁVEIS DA PENA 24

11.1	Desconto nas penas privativas de liberdade	24
11.2	Desconto na pena de multa	24

12. LEGISLAÇÃO ESPECIAL 25

12.1	Aplicação do CP à legislação penal especial	25

13. RELAÇÃO DE CAUSALIDADE 26

13.1	Conceitos de crime	26
13.2	Características do crime	27
13.3	Elementos do fato típico	27
13.4	Princípio da intervenção mínima	27
13.5	Princípio da insignificância	28
13.6	Sujeitos e objetos do crime	32
13.7	Pessoa jurídica como sujeito ativo	32
13.8	Classificação das infrações penais	33
13.9	Relação de causalidade	34
13.10	Causa superveniente	35
13.11	Omissão penalmente relevante	35

14. CONSUMAÇÃO E TENTATIVA 37

14.1	Crime consumado	37
14.2	*Iter criminis*	37

14.3	Tentativa	38
14.4	Inadmissibilidade da tentativa	39
14.5	Pena da tentativa	39

15. DESISTÊNCIA VOLUNTÁRIA E ARREPENDIMENTO EFICAZ ... 40

15.1	Desistência voluntária	40
15.2	Arrependimento eficaz	41

16. ARREPENDIMENTO POSTERIOR ... 42

16.1	Arrependimento posterior	42

17. CRIME IMPOSSÍVEL ... 44

17.1	Crime impossível pela absoluta ineficácia do meio	44
17.2	Crime impossível pela absoluta impropriedade do objeto	44
17.3	Crime putativo e crime provocado	45

18. CRIME DOLOSO E CRIME CULPOSO ... 46

18.1	Conceito de dolo	46
18.2	Espécies de dolo	47
18.3	Conceito de culpa em sentido estrito	47
18.4	Modalidades de culpa	48
18.5	Espécies de culpa	48
18.6	Compensação e concorrência de culpas	49
18.7	Excepcionalidade do crime culposo	49

19. AGRAVAÇÃO PELO RESULTADO ... 50

19.1	Culpabilidade e responsabilidade objetiva	50
19.2	Crimes qualificados pelo resultado e Crime preterdoloso	51

20. ERRO SOBRE ELEMENTOS DO TIPO ... 52

20.1	Erro de tipo	52
20.2	Erro culposo	53
20.3	Descriminantes putativas	53

21. ERRO SOBRE A ILICITUDE DO FATO ... 54

21.1	Erro de proibição	54
21.2	Espécies de erro de proibição	55
21.3	Erro evitável	55

22. COAÇÃO IRRESISTÍVEL E OBEDIÊNCIA HIERÁRQUICA ... 56

22.1	Coação irresistível	56

22.2	Obediência hierárquica	57

23. EXCLUSÃO DE ILICITUDE 58
23.1	Antijuridicidade	58
23.2	Exclusão da ilicitude	58
23.3	Causas supralegais de exclusão da ilicitude	59
23.4	Estrito cumprimento de dever legal	59
23.5	Exercício regular de direito	60
23.6	Consentimento do ofendido	61
23.7	Excesso doloso e culposo	61

24. ESTADO DE NECESSIDADE 62
24.1	Requisitos do estado de necessidade	62
24.2	Hipóteses de estado de necessidade	63
24.3	Exclusão do estado de necessidade	63

25. LEGÍTIMA DEFESA 64
25.1	Requisitos da legítima defesa	64
25.2	Excesso e exclusão da legítima defesa	66
25.3	Legítima defesa putativa	67

26. INIMPUTÁVEIS 68
26.1	Imputabilidade	68
26.2	*Actio libera in causa*	69
26.3	Inimputabilidade por doença mental ou desenvolvimento mental incompleto ou retardado	69
26.4	Culpabilidade diminuída	70

27. MENORIDADE 71
27.1	Menoridade penal	71
27.2	Tempo da maioridade	72
27.3	Réus menores de 21 anos	73

28. EMOÇÃO, PAIXÃO E EMBRIAGUEZ 74
28.1	Emoção e paixão	74
28.2	Embriaguez	75
28.3	Embriaguez fortuita	76
28.4	Embriaguez no Código de Trânsito e na Lei das Contravenções	76
28.5	Embriaguez por substâncias de efeitos análogos ao do álcool	77

29. CONCURSO DE PESSOAS 78
29.1 Concurso de pessoas........... 78
29.2 Requisitos do concurso de pessoas........... 80
29.3 Cooperação dolosamente distinta........... 81
29.4 Punibilidade no concurso de pessoas........... 82
29.5 Delação premiada........... 82

30. CIRCUNSTÂNCIAS INCOMUNICÁVEIS 84
30.1 Concurso de pessoas e circunstâncias do crime........... 84

31. CASOS DE IMPUNIBILIDADE 85
31.1 Ajuste, determinação, instigação e auxílio........... 85

32. ESPÉCIES DE PENAS 85
32.1 Classificação das penas........... 85

33. PENAS PRIVATIVAS DE LIBERDADE 87
33.1 Reclusão e detenção e regimes penitenciários........... 87
33.2 Regime inicial fechado........... 88
33.3 Regime inicial semiaberto........... 90
33.4 Regime inicial aberto........... 91
33.5 Consideração das circunstâncias judiciais........... 92
33.6 Sistema progressivo: progressão e regressão........... 93

34. REGRAS DO REGIME FECHADO 98
34.1 Exame criminológico........... 98
34.2 Trabalho penitenciário........... 99

35. REGRAS DO REGIME SEMIABERTO 99
35.1 Exame criminológico........... 99
35.2 Trabalho e instrução no regime semiaberto........... 100

36. REGRAS DO REGIME ABERTO 101
36.1 Regras gerais do regime aberto........... 101
36.2 Regressão do regime aberto........... 102

37. REGIME ESPECIAL 102
37.1 Prisão para mulheres........... 102
37.2 Prisão para maiores de 60 anos........... 103

38. DIREITOS DO PRESO 104
38.1 Direitos específicos do preso........... 104

39. TRABALHO DO PRESO 105
- 39.1 Trabalho e Previdência Social 105
- 39.2 Remição da pena 105

40. LEGISLAÇÃO ESPECIAL 109
- 40.1 Lei de Execução Penal 109

41. SUPERVENIÊNCIA DE DOENÇA MENTAL 109
- 41.1 Superveniência de doença mental 109

42. DETRAÇÃO 110
- 42.1 Detração da pena 110
- 42.2 Prisão civil 111
- 42.3 Restrições à liberdade 112
- 42.4 Possibilidade de detração por tempo de recolhimento anterior 112
- 42.5 Inadmissibilidade da detração 113
- 42.6 Detração na medida de segurança 113

43. PENAS ALTERNATIVAS 114
- 43.1 Classificação das penas restritivas de direitos 114
- 43.2 Penas restritivas de direitos em leis especiais 115
- 43.3 Retroatividade da Lei nº 9.714/98 115

44. SUBSTITUIÇÃO DA PENA PRIVATIVA DE LIBERDADE 117
- 44.1 Cominação e substituição da pena privativa de liberdade 117
- 44.2 Pressupostos objetivos para a substituição da pena 118
- 44.3 Pressupostos subjetivos para a substituição da pena 120
- 44.4 Regras para a substituição da pena 121
- 44.5 Conversão da pena restritiva de direitos 122
- 44.6 Detração da pena privativa de liberdade após a conversão 123

45. SUBSTITUIÇÃO DAS PENAS 124
- 45.1 Procedimento para a substituição da pena privativa de liberdade 124
- 45.2 Conceito e aplicação da pena de prestação pecuniária ... 124
- 45.3 Conceito e aplicação da pena de perda de bens e valores 125

46. PRESTAÇÃO DE SERVIÇOS À COMUNIDADE OU A ENTIDADES PÚBLICAS 126
- 46.1 Conceito e aplicação da prestação de serviços à comunidade ou a entidades públicas 126

| 46.2 | Execução da pena de prestação de serviços à comunidade ou a entidades públicas | 127 |

47. INTERDIÇÕES TEMPORÁRIAS DE DIREITOS 128
47.1	Proibição do exercício de cargo, função, atividade pública e mandato eletivo	128
47.2	Proibição do exercício de profissão, atividade ou ofício	129
47.3	Suspensão de autorização ou de habilitação para dirigir veículo	130
47.4	Proibição de frequentar determinados lugares	131
47.5	Proibição de inscrever-se em concurso, avaliação ou exame públicos	132

48. LIMITAÇÃO DE FIM DE SEMANA 132
| 48.1 | Limitação de fim de semana | 132 |

49. MULTA 133
49.1	Pena de multa	133
49.2	Natureza da multa na execução	134
49.3	Fixação da pena de multa	135
49.4	Correção monetária da multa	135

50. PAGAMENTO DA MULTA 137
50.1	Execução da multa	137
50.2	Parcelamento da multa	137
50.3	Desconto em vencimentos ou salários	137

51. CONVERSÃO DA MULTA 138
| 51.1 | Impossibilidade de conversão da multa | 138 |
| 51.2 | Execução da pena de multa | 138 |

52. SUSPENSÃO DA EXECUÇÃO DA MULTA 140
| 52.1 | Superveniência de doença mental | 140 |

53. PENAS PRIVATIVAS DE LIBERDADE 140
| 53.1 | Cominação da pena privativa de liberdade | 140 |

54. PENAS RESTRITIVAS DE DIREITOS 141
| 54.1 | Cominação e aplicação das penas restritivas de direitos | 141 |

55. DURAÇÃO DAS PENAS RESTRITIVAS DE DIREITOS 142
| 55.1 | Duração das penas restritivas de direitos | 142 |

56. SUBSTITUIÇÃO POR INTERDIÇÕES DE DIREITOS 143
| 56.1 | Substituição por interdições de direitos: art. 47, I e II, do CP | 143 |

57. SUBSTITUIÇÃO POR INTERDIÇÃO DE DIREITO 144
  57.1   Substituição por interdição de direito: art. 47, III, do CP 144
58. PENA DE MULTA 145
  58.1   Substituição por pena de multa 145
59. FIXAÇÃO DA PENA 146
  59.1   Fixação da pena-base 146
  59.2   Escolha entre penas alternativas 149
  59.3   Fixação do regime inicial da pena 150
  59.4   Substituição da pena e *sursis* 151
60. CRITÉRIOS ESPECIAIS DA PENA DE MULTA 152
  60.1   Fixação do valor da multa 152
  60.2   Multa substitutiva 153
61. CIRCUNSTÂNCIAS AGRAVANTES 155
  61.1   Agravantes genéricas 155
  61.2   Motivação do crime 155
  61.3   Modos e meios para a execução do crime 156
  61.4   Condições da vítima 157
  61.5   Situações de emergência 159
  61.6   Embriaguez preordenada 159
62. AGRAVANTES NO CASO DE CONCURSO DE PESSOAS 160
  62.1   Promoção ou organização do crime 160
  62.2   Coação, induzimento e determinação 160
  62.3   Crime mercenário 161
63. REINCIDÊNCIA 161
  63.1   Conceito de reincidência 161
  63.2   Primariedade e reincidência 163
  63.3   Efeitos da reincidência 163
64. REGRAS PARA EFEITO DE REINCIDÊNCIA 164
  64.1   Temporariedade da reincidência 164
  64.2   Desconsideração de crime antecedente 165
65. CIRCUNSTÂNCIAS ATENUANTES 166
  65.1   Atenuantes genéricas 166
  65.2   Menor de 21 e maior de 70 anos 166

65.3	Desconhecimento da lei	167
65.4	Motivo de relevante valor social ou moral	167
65.5	Arrependimento espontâneo	167
65.6	Coação resistível, ordem superior e violenta emoção	168
65.7	Confissão espontânea	168
65.8	Influência da multidão	169

66. CIRCUNSTÂNCIA INOMINADA 170

| 66.1 | Circunstância inominada | 170 |

67. CIRCUNSTÂNCIAS PREPONDERANTES 170

| 67.1 | Preponderância das circunstâncias subjetivas | 170 |

68. CÁLCULO DA PENA 171

68.1	Sistema trifásico	171
68.2	Pena-base	172
68.3	Consideração das agravantes e atenuantes	173
68.4	Consideração das causas de aumento e diminuição	173
68.5	Regras para aplicação da pena	175

69. CONCURSO MATERIAL 176

69.1	Concurso de crimes	176
69.2	Concurso aparente de normas	176
69.3	Concurso material de crimes	177
69.4	Penas substitutivas	177

70. CONCURSO FORMAL 178

| 70.1 | Concurso formal de crimes | 178 |
| 70.2 | Concurso formal impróprio | 179 |

71. CRIME CONTINUADO 180

71.1	Conceito de crime continuado	180
71.2	Pluralidade de crimes	181
71.3	Apuração da continuidade delitiva	181
71.4	Punibilidade do crime continuado	182
71.5	Crime continuado específico	183

72. MULTAS NO CONCURSO DE CRIMES 183

| 72.1 | Cumulação de multas | 183 |

73. ERRO NA EXECUÇÃO 184
73.1 *Aberratio ictus* 184
73.2 *Aberratio ictus* em descriminantes 185

74. RESULTADO DIVERSO DO PRETENDIDO 185
74.1 *Aberratio criminis* 185

75. LIMITE DAS PENAS 186
75.1 Unificação das penas privativas de liberdade 186
75.2 Limite das penas e benefícios 187
75.3 Superveniência de condenação 187

76. CONCURSO DE INFRAÇÕES 188
76.1 Execução das penas em concurso de crimes 188

77. SUSPENSÃO CONDICIONAL DA PENA 189
77.1 Conceito de suspensão condicional da pena 189
77.2 Requisitos objetivos do *sursis* 190
77.3 Requisitos subjetivos do *sursis* 190
77.4 *Sursis* etário e *sursis* humanitário 192
77.5 Prazo da suspensão 192
77.6 *Sursis* simultâneos 193

78. CONDIÇÕES DO *SURSIS* 193
78.1 *Sursis* simples 193
78.2 *Sursis* especial 194
78.3 Renúncia à suspensão condicional da pena 195

79. CONDIÇÕES JUDICIAIS DO *SURSIS* 195
79.1 Condições impostas pelo juiz 195

80. PENAS RESTRITIVAS DE DIREITOS E MULTA 196
80.1 Inadmissibilidade de concessão do *sursis* 196

81. CASSAÇÃO E REVOGAÇÃO DA SUSPENSÃO CONDICIONAL DA PENA 197
81.1 Cassação do *sursis* 197
81.2 Revogação obrigatória por condenação 198
81.3 Revogação obrigatória por outras causas 198
81.4 Revogação facultativa 198
81.5 Prorrogação do período de prova 199

82. EXTINÇÃO DA PENA 200
    82.1   Extinção da pena 200

83. LIVRAMENTO CONDICIONAL 201
    83.1   Conceito de livramento condicional 201
    83.2   Requisitos objetivos do livramento condicional 202
    83.3   Requisitos subjetivos do livramento condicional 203
    83.4   Crimes hediondos e livramento condicional 205
    83.5   Crimes praticados com violência ou ameaça e exame criminológico 205

84. SOMA DAS PENAS 206
    84.1   Soma das penas para o livramento condicional 206

85. CONCESSÃO E CONDIÇÕES 207
    85.1   Concessão do livramento condicional 207
    85.2   Condições do livramento condicional 207

86. REVOGAÇÃO OBRIGATÓRIA DO LIVRAMENTO CONDICIONAL 208
    86.1   Revogação por crime durante a vigência do benefício 208
    86.2   Revogação por crime anterior à vigência do benefício 209

87. REVOGAÇÃO FACULTATIVA DO LIVRAMENTO CONDICIONAL 209
    87.1   Revogação por descumprimento de condição 209
    87.2   Revogação por condenação 210

88. EFEITOS DA REVOGAÇÃO DO LIVRAMENTO CONDICIONAL 211
    88.1   Restauração do livramento condicional 211
    88.2   Contagem do prazo de liberdade 211

89. PRORROGAÇÃO DO PRAZO DO LIVRAMENTO CONDICIONAL 211
    89.1   Prorrogação do prazo 211

90. EXTINÇÃO DA PENA APÓS O PRAZO DO LIVRAMENTO CONDICIONAL .. 213
    90.1   Extinção da pena 213

91. EFEITOS GENÉRICOS DA CONDENAÇÃO 214
    91.1   Efeitos genéricos da condenação 214
    91.2   Reparação do dano 215
    91.3   Confisco dos instrumentos do crime 216
    91.4   Confisco do produto de crime 217
    91.5   Prevalência da pena restritiva de direitos sobre o confisco 218

91-A CONFISCO ESTENDIDO 220

92. EFEITOS ESPECÍFICOS DA CONDENAÇÃO **222**
   92.1   Perda de cargo, função pública e mandato eletivo 222
   92.2   Incapacidade para o exercício do poder familiar, tutela ou curatela 224
   92.3   Inabilitação para dirigir veículo 225
   92.4   Decretação dos efeitos específicos da condenação 225

93. REABILITAÇÃO CRIMINAL **226**
   93.1   Conceito de reabilitação 226
   93.2   Efeitos da reabilitação 227
   93.3   Permanência dos registros criminais 227

94. PEDIDO DE REABILITAÇÃO **228**
   94.1   Prazo para a reabilitação 228
   94.2   Requisitos para a reabilitação 229
   94.3   Procedimento da reabilitação 230

95. REVOGAÇÃO DA REABILITAÇÃO **231**
   95.1   Revogação da reabilitação 231

96. MEDIDAS DE SEGURANÇA **232**
   96.1   Espécies de medidas de segurança 232
   96.2   Princípios e pressupostos para aplicação da medida de segurança 233

97. MEDIDA DE SEGURANÇA PARA INIMPUTÁVEIS **234**
   97.1   Aplicação da medida de segurança 234
   97.2   Prazo da internação e do tratamento ambulatorial 235
   97.3   Perícia para verificação de cessação de periculosidade 236
   97.4   Desinternação e liberação do tratamento ambulatorial 236
   97.5.   Desinternação progressiva 237
   97.6   Substituição do tratamento ambulatorial pela internação 238
   97.7   Conversão da pena em medida de segurança 238

98. SUBSTITUIÇÃO DA PENA POR MEDIDA DE SEGURANÇA **239**
   98.1   Medida de segurança substitutiva para os semi-imputáveis 239

99. INTERNAÇÃO E TRATAMENTO **240**
   99.1   Estabelecimento adequado ao tratamento 240

100. AÇÃO PENAL **241**
   100.1   Ação penal pública 241
   100.2   Ação penal pública incondicionada 241

100.3	Ação penal pública condicionada	242
100.4	Ação penal de iniciativa privada	243
100.5	Ação privada subsidiária	243
100.6	Morte ou ausência do ofendido	244

101. AÇÃO PENAL NO CRIME COMPLEXO ... 245

101.1	Ação pública no crime complexo	245

102. IRRETRATABILIDADE DA REPRESENTAÇÃO DO OFENDIDO ... 246

102.1	Irretratabilidade da representação	246

103. DECADÊNCIA DO DIREITO DE QUEIXA E DE REPRESENTAÇÃO ... 247

103.1	Conceito de decadência	247
103.2	Prazo de decadência	247
103.3	Termo inicial do prazo de decadência	248
103.4	Termo final do prazo de decadência	248
103.5	Prazo de titulares diversos	249
103.6	Casos especiais	249

104. RENÚNCIA AO DIREITO DE QUEIXA OU REPRESENTAÇÃO ... 250

104.1	Conceito de renúncia	250
104.2	Renúncia expressa e renúncia tácita	251
104.3	Extensão da renúncia	251

105. PERDÃO DO OFENDIDO ... 252

105.1	Conceito de perdão do ofendido	252

106. REGRAS DO PERDÃO DO OFENDIDO ... 253

106.1	Perdão processual e perdão extraprocessual	253
106.2	Extensão do perdão do ofendido	253
106.3	Exigência de aceitação pelo querelado	254
106.4	Perdão expresso e perdão tácito	254
106.5	Oportunidade para o perdão	254

TÍTULO VIII ... 255

DA EXTINÇÃO DA PUNIBILIDADE ... 255

107. EXTINÇÃO DA PUNIBILIDADE ... 256

107.1	Causas extintivas da punibilidade	256
107.2	Efeitos da extinção da punibilidade	257
107.3	Morte do agente	257

107.4 Anistia 257
107.5 Graça e indulto 258
107.6 *Abolitio criminis* 261
107.7 Perempção 261
107.8 Perempção pela negligência no andamento do processo 262
107.9 Perempção pela morte ou incapacidade do querelante 262
107.10 Perempção pela falta de comparecimento do querelante 263
107.11 Perempção por falta de pedido de condenação 263
107.12 Extinção da pessoa jurídica sem sucessor 264
107.13 Renúncia e perdão 264
107.14 Retratação do agente 264
107.15 Perdão judicial 264

108. INCOMUNICABILIDADE DA EXTINÇÃO DA PUNIBILIDADE 266

108.1 Incomunicabilidade da extinção da punibilidade de crime pressuposto, elemento constitutivo ou circunstância agravante 266
108.2 Incomunicabilidade da extinção da punibilidade no concurso de crimes ... 266

109. PRESCRIÇÃO ANTES DO TRÂNSITO EM JULGADO 267

109.1 Conceito e espécies de prescrição 267
109.2 Prazos da prescrição da pretensão punitiva 268
109.3 Prescrição da pretensão punitiva e legislação especial 270

110. PRESCRIÇÃO DEPOIS DO TRÂNSITO EM JULGADO DA SENTENÇA .. 271

110.1 Prescrição da pretensão executória 271
110.2 Prazos da prescrição da pretensão executória 271
110.3 Prescrição intercorrente 272
110.4 Prescrição retroativa 272
110.5 Prescrição e *reformatio in pejus* indireta 274
110.6 Prescrição antecipada com pena virtual 275
110.7 Prescrição e existência do recurso da acusação 275
110.8 Prescrição e perdão judicial 276
110.9 Prescrição da pretensão punitiva e condenado reincidente 276
110.10 Prescrição da medida de segurança 277
110.11 Prescrição e legislação especial 277
110.12 Prescrição da pretensão punitiva e exame de mérito 278

111. TERMO INICIAL DA PRESCRIÇÃO DA PRETENSÃO PUNITIVA 279

111.1 Início do prazo no crime consumado... 279

111.2 Início do prazo na tentativa... 279

111.3 Início do prazo no crime permanente e no crime continuado................ 279

111.4 Início do prazo nos crimes de bigamia e falsificação de registro civil 280

111.5 Início do prazo nos crimes contra a dignidade sexual de crianças e adolescentes 280

111.6 Início do prazo da prescrição intercorrente... 281

111.7 Início do prazo da prescrição retroativa.. 281

112. TERMO INICIAL DA PRESCRIÇÃO DA PRETENSÃO EXECUTÓRIA 282

112.1 Início do prazo com o trânsito em julgado para a acusação.................. 282

112.2 Prazos paralelos.. 283

112.3 Início do prazo com a revogação do *sursis* e do livramento condicional..... 283

112.4 Início do prazo na interrupção da execução... 283

113. PRESCRIÇÃO EM EVASÃO E REVOGAÇÃO DO LIVRAMENTO CONDICIONAL.. 283

113.1 Prescrição pelo restante da pena 283

114. PRESCRIÇÃO DA PENA DE MULTA... 284

114.1 Prescrição da pena de multa única cominada ou aplicada.................... 284

114.2 Prescrição da pena de multa cumulativa.. 285

114.3 Prescrição das penas de prestação pecuniária e perda de bens e valores.... 285

115. REDUÇÃO DOS PRAZOS DA PRESCRIÇÃO 286

115.1 Redução do prazo para menor de 21 e maior de 70 anos...................... 286

115.2 Data para o reconhecimento da redução.. 287

115.3 Prova da idade para o reconhecimento da redução 287

116. CAUSAS DE SUSPENSÃO DO PRAZO DE PRESCRIÇÃO 289

116.1 Existência de questão prejudicial.. 289

116.2 Prisão no exterior 289

116.3 Pendência de embargos de declaração ou recursos aos Tribunais Superiores, quando inadmissíveis.. 289

116.4 Acordo de não persecução penal 290

116.5 Suspensão do processo em casos de citação por edital e por rogatória....... 290

116.6 Suspensão condicional do processo... 291

116.7 Suspensão por falta de licença para o processo..................................... 291

116.8 Suspensão do prazo da prescrição da pretensão executória 292

116.9 Suspensão do prazo da prescrição durante o *sursis* e o livramento condicional 292

116.10 Suspensão do prazo da prescrição na execução da pena de multa 292

116.11 Suspensão do prazo da prescrição nos crimes contra a ordem tributária, de apropriação indébita previdenciária e de sonegação de contribuição previdenciária 293

116.12 Outras causas de suspensão do prazo da prescrição previstas em leis especiais 294

117. INTERRUPÇÃO DO PRAZO DA PRESCRIÇÃO 296

117.1 Causas interruptivas da prescrição 296

117.2 Interrupção pelo recebimento da denúncia ou queixa 296

117.3 Interrupção pela pronúncia 298

117.4 Interrupção pela confirmação da pronúncia 298

117.5 Interrupção pela publicação da sentença ou acórdão condenatórios recorríveis 298

117.6 Interrupção pelo início ou continuação do cumprimento da pena 300

117.7 Interrupção pela reincidência 300

117.8 Comunicabilidade das causas de interrupção 301

117.9 Interrupção da prescrição da pretensão executória da pena de multa 301

118. PRESCRIÇÃO DAS PENAS MAIS LEVES 302

118.1 Prescrição das penas cumulativas ou alternativas 302

119. PRESCRIÇÃO NO CONCURSO DE CRIMES 303

119.1 Prescrição da pretensão punitiva no concurso de crimes 303

119.2 Prescrição da pretensão punitiva intercorrente e retroativa no concurso de crimes 303

119.3 Prescrição da pretensão executória no concurso de crimes 304

120. PERDÃO JUDICIAL E REINCIDÊNCIA 304

120.1 Exclusão da reincidência 304

PARTE ESPECIAL 305

121. HOMICÍDIO 307

121.1 Sujeitos do delito 307

121.2 Tipo objetivo 308

121.3 Tipo subjetivo 308

121.4 Consumação e tentativa 309

121.5	Homicídio privilegiado por relevante valor social ou moral....................	310
121.6	Homicídio privilegiado por violenta emoção..	310
121.7	Homicídio qualificado mediante paga e por motivo torpe	311
121.8	Homicídio qualificado por motivo fútil..	312
121.9	Homicídio qualificado por meios insidiosos ou cruéis e causadores de perigo..	313
121.10	Homicídio qualificado pelo uso de recurso que dificulta a defesa da vítima...	314
121.11	Homicídio qualificado para assegurar a execução, ocultação, impunidade ou vantagem de outro crime	315
121.12	Homicídio qualificado contra menor de 14 anos	315
121.13	Homicídio qualificado pela condição funcional da vítima.......................	316
121.14	Emprego de arma de fogo de uso restrito ou proibido	317
121.15	Homicídio qualificado-privilegiado	317
121.16	Homicídio duplamente qualificado	318
121.17	Distinção..	318
121.18	Concurso de crimes no homicídio doloso	319
121.19	Homicídio culposo..	319
121.20	Homicídio culposo qualificado	320
121.21	Concurso de crimes no homicídio culposo	321
121.22	Homicídio doloso qualificado contra menor ou idoso................................	321
121.23	Perdão judicial..	321
121.24	Homicídio praticado por milícia privada ou grupo de extermínio..............	322

121-A. FEMINICÍDIO **325**

	121-A.1 Considerações gerais	325
	121-A.2 Sujeitos do delito...	325
	121-A.3 Tipo objetivo...	326
	121-A.4 Tipo subjetivo...	326
	121-A.5 Consumação e tentativa	326
	121-A.6 Aumento de pena	327
	121-A.7 Coautoria e participação...	328

122 . INDUZIMENTO, INSTIGAÇÃO OU AUXÍLIO A SUICÍDIO OU A AUTOMUTILAÇÃO **329**

122.1	Sujeitos do delito...	329
122.2	Tipo objetivo...	329

122.3	Tipo subjetivo	330
122.4	Consumação e tentativa	330
122.5	Distinção	331
122.6	Formas qualificadas	331

123. INFANTICÍDIO 333

123.1	Sujeitos do delito	333
123.2	Tipo objetivo	334
123.3	Tipo subjetivo	334
123.4	Consumação e tentativa	334
123.5	Distinção	334
123.6	Concurso de crimes	335

124. AUTOABORTO E ABORTO CONSENTIDO 335

124.1	Conceito de aborto	335
124.2	Sujeitos do delito	335
124.3	Tipo objetivo	336
124.4	Tipo subjetivo	336
124.5	Consumação e tentativa	337
124.6	Distinção	337

125. ABORTO PROVOCADO POR TERCEIRO SEM CONSENTIMENTO DA GESTANTE 337

125.1	Sujeitos do delito	337
125.2	Tipo objetivo	337
125.3	Tipo subjetivo	338
125.4	Consumação e tentativa	338
125.5	Distinção	338
125.6	Concurso de crimes	339

126. ABORTO PROVOCADO COM O CONSENTIMENTO DA GESTANTE 340

126.1	Sujeitos do delito	340
126.2	Tipo objetivo	340
126.3	Tipo subjetivo	340
126.4	Consumação e tentativa	340
126.5	Distinção	340
126.6	Consentimento inválido	341

127. FORMAS QUALIFICADAS DO CRIME DE ABORTO 341
   127.1   Qualificadoras pelos resultados lesão grave e morte 341

128. EXCLUSÃO DO CRIME DE ABORTO 342
   128.1   Aborto necessário 342
   128.2   Aborto sentimental 342
   128.3   Outras espécies de aborto.. 343

129. LESÕES CORPORAIS 347
   129.1   Sujeitos do delito 347
   129.2   Tipo objetivo 347
   129.3   Tipo subjetivo 348
   129.4   Exclusão do crime de lesão corporal 348
   129.5   Consumação e tentativa 349
   129.6   Lesão corporal leve 349
   129.7   Incapacidade para as ocupações habituais por mais de trinta dias 349
   129.8   Perigo de vida 350
   129.9   Debilidade permanente de membro, sentido ou função 351
   129.10 Aceleração de parto 351
   129.11 Incapacidade permanente para o trabalho 351
   129.12 Enfermidade incurável 352
   129.13 Perda ou inutilização de membro, sentido ou função 352
   129.14 Deformidade permanente 352
   129.15 Aborto 353
   129.16 Lesão corporal seguida de morte 353
   129.17 Lesão corporal privilegiada 354
   129.18 Substituição da pena 354
   129.19 Lesão corporal culposa 355
   129.20 Lesão corporal culposa qualificada 355
   129.21 Lesão corporal dolosa contra menor ou idoso 356
   129.22 Lesão corporal dolosa praticada por milícia privada ou grupo de extermínio 356
   129.23 Violência doméstica 356
   129.24 Violência doméstica e familiar contra a mulher e o crime de lesão corporal 357
   129.25 Distinção 360
   129.26 Concurso de crimes 360

129.27 Perdão judicial 361

129.28 Lesão corporal contra integrante das forças armadas ou de órgão da segurança pública 361

130. PERIGO DE CONTÁGIO VENÉREO 362

130.1 Sujeitos do delito 362

130.2 Tipo objetivo 362

130.3 Tipo subjetivo 362

130.4 Consumação e tentativa 363

130.5 Concurso de crimes 363

130.6 Ação penal 363

131. PERIGO DE CONTÁGIO DE MOLÉSTIA GRAVE 363

131.1 Sujeitos do delito 363

131.2 Tipo objetivo 364

131.3 Tipo subjetivo 364

131.4 Consumação e tentativa 364

132. PERIGO PARA A VIDA OU SAÚDE DE OUTREM 365

132.1 Sujeitos do delito 365

132.2 Tipo objetivo 365

132.3 Tipo subjetivo 366

132.4 Consumação e tentativa 366

132.5 Crime qualificado por transporte irregular 367

132.6 Distinção 367

132.7 Concurso 367

133. ABANDONO DE INCAPAZ 368

133.1 Sujeitos do delito 368

133.2 Tipo objetivo 369

133.3 Tipo subjetivo 369

133.4 Consumação e tentativa 369

133.5 Formas qualificadas 370

133.6 Distinção 370

134. EXPOSIÇÃO OU ABANDONO DE RECÉM-NASCIDO 371

134.1 Sujeitos do delito 371

134.2 Tipo objetivo 371

134.3 Tipo subjetivo 371

134.4	Consumação e tentativa	371
134.5	Formas qualificadas	371
134.6	Distinção	372

135. OMISSÃO DE SOCORRO **372**

135.1	Sujeitos do delito	372
135.2	Tipo objetivo	373
135.3	Tipo subjetivo	374
135.4	Consumação e tentativa	374
135.5	Formas qualificadas	374
135.6	Distinção	374

135-A. CONDICIONAMENTO DE ATENDIMENTO MÉDICO-HOSPITALAR EMERGENCIAL **376**

135-A.1	Sujeitos do delito	376
135-A.2	Tipo objetivo	376
135-A.3	Tipo subjetivo	376
135-A.4	Consumação e tentativa	377
135-A.5	Formas qualificadas	377
135-A.6	Distinção	377

136. MAUS-TRATOS **378**

136.1	Sujeitos do delito	378
136.2	Tipo objetivo	379
136.3	Tipo subjetivo	380
136.4	Consumação e tentativa	380
136.5	Formas qualificadas	380
136.6	Distinção	380
136.7	Concurso de crimes	381

137. RIXA **381**

137.1	Sujeitos do delito	381
137.2	Tipo objetivo	382
137.3	Tipo subjetivo	382
137.4	Consumação e tentativa	383
137.5	Rixa qualificada	383
137.6	Distinção	383
137.7	Concurso	383

138. CALÚNIA **384**
    138.1   Sujeitos do delito 384
    138.2   Tipo objetivo 385
    138.3   Tipo subjetivo 386
    138.4   Consumação e tentativa 386
    138.5   Propalação e divulgação da calúnia 387
    138.6   Exceção da verdade 387
    138.7   Distinção 387
    138.8   Concurso de crimes 388

139. DIFAMAÇÃO **389**
    139.1   Sujeitos do delito 389
    139.2   Tipo objetivo 389
    139.3   Tipo subjetivo 390
    139.4   Consumação e tentativa 390
    139.5   Exceção da verdade 390
    139.6   Distinção 391
    139.7   Concurso de crimes 391

140. INJÚRIA **392**
    140.1   Sujeitos do delito 392
    140.2   Tipo objetivo 392
    140.3   Tipo subjetivo 393
    140.4   Consumação e tentativa 393
    140.5   Distinção 394
    140.6   Concurso de crimes 394
    140.7   Perdão judicial na injúria: provocação e retorsão 394
    140.8   Injúria real 395
    140.9   Injúria qualificada por preconceito 395

141. DISPOSIÇÕES COMUNS AOS CRIMES CONTRA A HONRA **397**
    141.1   Formas qualificadas 397
    141.2   Crime contra criança, adolescente, pessoa idosa ou portadora de deficiência 398
    141.3   Crime mercenário 398
    141.4   Crime praticado por meio da *internet* 398
    141.5   Crime praticado contra a mulher por razões da condição do sexo feminino 398

142. EXCLUSÃO DOS CRIMES CONTRA A HONRA 399
    142.1   Imunidade judiciária 399
    142.2   Imunidade da crítica 400
    142.3   Imunidade pelo conceito desfavorável de funcionário 401
    142.4   Inexistência da imunidade na divulgação 401
    142.5   Imunidade parlamentar 401

143. RETRATAÇÃO NOS CRIMES DE CALÚNIA E DIFAMAÇÃO 402
    143.1   Retratação 402

144. PEDIDO DE EXPLICAÇÕES EM JUÍZO 403
    144.1   Pedido de explicações 403

145. AÇÃO PENAL NOS CRIMES CONTRA A HONRA 405
    145.1   Ação penal privada 405
    145.2   Ação penal pública 405

146. CONSTRANGIMENTO ILEGAL 407
    146.1   Sujeitos do delito 407
    146.2   Tipo objetivo 407
    146.3   Tipo subjetivo 408
    146.4   Consumação e tentativa 408
    146.5   Formas qualificadas 408
    146.6   Distinção 409
    146.7   Concurso de crimes 409
    146.8   Exclusão de crime 409

146-A. INTIMIDAÇÃO SISTEMÁTICA (*BULLYING*) 410
    146.-A1 Sujeitos do delito 410
    146.-A2 Tipo objetivo 410
    146-A.3 Tipo subjetivo 411
    146-A.4 Consumação e tentativa 411
    146-A.5 Intimidação sistemática virtual (*cyberbullying*) 412
    146-A.6 Distinção 412

147. AMEAÇA 413
    147.1   Sujeitos do delito 413
    147.2   Tipo objetivo 413
    147.3   Tipo subjetivo 414
    147.4   Consumação e tentativa 414

147.5 Distinção e concurso de crimes.. 415

147.6 Ação penal 415

147.7 Causa de aumento de pena 415

147-A. PERSEGUIÇÃO **416**

147-A.1 Sujeito ativo... 416

147-A.2 Sujeito Passivo 416

147-A.3 Tipo Objetivo 416

147-A.4 Tipo Subjetivo 417

147-A.5 Consumação e Tentativa 417

147-A. 6Causas de aumento de pena... 417

147-A.7 Ação Penal 418

147-B. VIOLÊNCIA PSICOLÓGICA CONTRA A MULHER **418**

147-B.1 Sujeito ativo... 418

147-B.2 Sujeito passivo 419

147-B.3 Tipo Objetivo 419

147-B.4 Tipo Subjetivo 419

147-B.5 Consumação e Tentativa 419

147-B.6 Distinção.. 420

148. SEQUESTRO E CÁRCERE PRIVADO **421**

148.1 Sujeitos do delito 421

148.2 Tipo objetivo.. 421

148.3 Tipo subjetivo 421

148.4 Consumação e tentativa 422

148.5 Formas qualificadas 422

148.6 Distinção... 423

148.7 Concurso de crimes 423

149. REDUÇÃO A CONDIÇÃO ANÁLOGA À DE ESCRAVO **425**

149.1 Sujeitos do delito 425

149.2 Tipo objetivo.. 426

149.3 Tipo subjetivo 427

149.4 Consumação e tentativa 427

149.5 Cerceamento ao trabalhador com o fim de retenção no local de trabalho.. 427

149.6 Formas qualificadas 427

149.7 Distinção... 428

149.8	Concurso de crimes	428
149.9	Ação penal	428

149-A. TRÁFICO DE PESSOAS 429

149-A.1	Sujeitos do delito	429
149-A.2	Tipo objetivo	429
149-A.3	Tipo subjetivo	430
149-A.4	Consumação e tentativa	431
149-A.5	Causas de aumento de pena	431
149-A.6	Causa de diminuição de pena	432
149-A.7	Distinção	432
149-A.8	Concurso de crimes	432

150. VIOLAÇÃO DE DOMICÍLIO 433

150.1	Sujeitos do delito	433
150.2	Tipo objetivo	434
150.3	Tipo subjetivo	434
150.4	Consumação e tentativa	435
150.5	Formas qualificadas	435
150.6	Exclusão da ilicitude	436
150.7	Conceito de "casa" para efeitos penais	436
150.8	Distinção e concurso	437

151. VIOLAÇÃO DE CORRESPONDÊNCIA E DE COMUNICAÇÕES 439

151.1	Definição do crime de violação de correspondência	439
151.2	Sujeitos do delito	439
151.3	Tipo objetivo	439
151.4	Tipo subjetivo	439
151.5	Consumação e tentativa	440
151.6	Sonegação ou destruição de correspondência	440
151.7	Violação de comunicação telegráfica, radioelétrica ou telefônica	440
151.8	Impedimento de telecomunicação	441
151.9	Instalação ou utilização ilegais	441
151.10	Formas qualificadas	442
151.11	Ação penal	442

152. CORRESPONDÊNCIA COMERCIAL 443

152.1	Sujeitos do delito	443

152.2	Tipo objetivo	443
152.3	Tipo subjetivo	443
152.4	Consumação e tentativa	443
152.5	Ação penal	444

153. DIVULGAÇÃO DE SEGREDO **444**

153.1	Sujeitos do delito	444
153.2	Tipo objetivo	445
153.3	Tipo subjetivo	445
153.4	Consumação e tentativa	445
153.5	Divulgação de informações sigilosas ou reservadas	445
153.6	Ação penal	446
153.7	Distinção	446

154. VIOLAÇÃO DE SEGREDO PROFISSIONAL **447**

154.1	Sujeitos do delito	447
154.2	Tipo objetivo	447
154.3	Tipo subjetivo	448
154.4	Consumação e tentativa	448
154.5	Distinção	448
154.6	Ação penal	448

154-A. INVASÃO DE DISPOSITIVO INFORMÁTICO **450**

154-A.1	Sujeitos do delito	450
154-A.2	Tipo objetivo	450
154-A.3	Tipo subjetivo	451
154-A.4	Consumação e tentativa	451
154-A.5	Crime assemelhado	452
154-A.6	Formas qualificadas	452
154-A.7	Distinção	453

154-B. AÇÃO PENAL NO CRIME DE INVASÃO DE DISPOSITIVO INFORMÁTICO **454**

154-B.1	Ação penal	454

155. FURTO **456**

155.1	Sujeitos do delito	456
155.2	Tipo objetivo	457
155.3	Tipo subjetivo	458

155.4	Consumação e tentativa	458
155.5	Distinção	459
155.6	Concurso de crimes	460
155.7	Furto de uso	461
155.8	Furto de energia	461
155.9	Furto noturno	462
155.10	Furto privilegiado	463
155.11	Furto qualificado com destruição ou rompimento de obstáculo	464
155.12	Furto com abuso de confiança	465
155.13	Furto mediante fraude	465
155.14	Furto mediante escalada	466
155.15	Furto com destreza	466
155.16	Furto com o emprego de chave falsa	467
155.17	Furto mediante concurso de pessoas	467
155.18	Furto qualificado e privilegiado	468
155.19	Furto duplamente qualificado	468
155.20	Furto de veículo automotor	469
155.21	Furto de animal	469
155.22	Furto com o emprego de explosivo ou artefato análogo	470
155.23	Furto de substâncias explosivas	471
155.24	Furto mediante fraude cometido por meio de dispositivo eletrônico ou informático	471
156. FURTO DE COISA COMUM		**472**
156.1	Sujeitos do delito	472
156.2	Tipo objetivo	473
156.3	Tipo subjetivo	473
156.4	Consumação e tentativa	473
156.5	Exclusão do crime	473
156.6	Ação penal	473
157. ROUBO		**475**
157.1	Sujeitos do delito	475
157.2	Tipo objetivo	476
157.3	Tipo subjetivo	477
157.4	Consumação e tentativa	477
157.5	Roubo impróprio	479

157.6	Distinção	479
157.7	Concurso de crimes	480
157.8	Roubo qualificado pelo concurso de pessoas	482
157.9	Roubo qualificado no serviço de transporte de valores	482
157.10	Roubo qualificado de veículo automotor	482
157.11	Roubo qualificado pelo sequestro	482
157.12	Roubo de substâncias explosivas	483
157.13	Roubo duplamente qualificado	483
157.14	Roubo com emprego de arma	484
157.15	Roubo com emprego de explosivo	486
157.16	Roubo e lesão corporal grave	486
157.17	Roubo e morte (latrocínio)	487

158. EXTORSÃO 490

158.1	Sujeitos do delito	490
158.2	Tipo objetivo	491
158.3	Tipo subjetivo	492
158.4	Consumação e tentativa	492
158.5	Distinção	492
158.6	Concurso de crimes	493
158.7	Extorsão qualificada	493
158.8	Extorsão qualificada: sequestro-relâmpago	494

159. EXTORSÃO MEDIANTE SEQUESTRO 496

159.1	Sujeitos do delito	496
159.2	Tipo objetivo	496
159.3	Tipo subjetivo	497
159.4	Consumação e tentativa	497
159.5	Extorsão mediante sequestro qualificada	498
159.6	Extorsão mediante sequestro qualificada pelo resultado	498
159.7	Extorsão mediante sequestro agravada	499
159.8	Redução de pena: delação premiada	499

160. EXTORSÃO INDIRETA 500

160.1	Sujeitos do delito	500
160.2	Tipo objetivo	500
160.3	Tipo subjetivo	501

160.4	Consumação e tentativa	501
160.5	Concurso de crimes	501

161. ALTERAÇÃO DE LIMITES, USURPAÇÃO DE ÁGUAS E ESBULHO POSSESSÓRIO 502

161.1	Sujeitos do delito	502
161.2	Tipo objetivo	502
161.3	Tipo subjetivo	503
161.4	Consumação e tentativa	503
161.5	Usurpação de águas	503
161.6	Esbulho possessório	504
161.7	Ação penal	505

162. SUPRESSÃO OU ALTERAÇÃO DE MARCA EM ANIMAIS 505

162.1	Sujeitos do delito	505
162.2	Tipo objetivo	505
162.3	Tipo subjetivo	505
162.4	Consumação e tentativa	506
162.5	Concurso de crimes	506

163. DANO 507

163.1	Sujeitos do delito	507
163.2	Tipo objetivo	507
163.3	Tipo subjetivo	508
163.4	Consumação e tentativa	509
163.5	Distinção	509
163.6	Concurso de crimes	509
163.7	Dano qualificado	509

164. INTRODUÇÃO OU ABANDONO DE ANIMAIS EM PROPRIEDADE ALHEIA 510

164.1	Sujeitos do delito	510
164.2	Tipo objetivo	511
164.3	Tipo subjetivo	511
164.4	Consumação e tentativa	511

165. DANO EM COISA DE VALOR ARTÍSTICO, ARQUEOLÓGICO OU HISTÓRICO 512

165.1	Revogação tácita do dispositivo	512

165.2	Sujeitos do delito	512
165.3	Tipo objetivo	512
165.4	Tipo subjetivo	513
165.5	Consumação e tentativa	513
165.6	Distinção	513

166. ALTERAÇÃO DE LOCAL ESPECIALMENTE PROTEGIDO 514

166.1	Revogação tácita do dispositivo	514
166.2	Sujeitos do delito	514
166.3	Tipo objetivo	514
166.4	Tipo subjetivo	514
166.5	Consumação e tentativa	515

167. AÇÃO PENAL NOS CRIMES DE DANO 515

| 167.1 | Ação penal privada e ação penal pública | 515 |

168. APROPRIAÇÃO INDÉBITA 516

168.1	Sujeitos do delito	516
168.2	Tipo objetivo	517
168.3	Tipo subjetivo	518
168.4	Consumação e tentativa	519
168.5	Distinção	519
168.6	Concurso	520
168.7	Apropriação indébita qualificada	520

168-A. APROPRIAÇÃO INDÉBITA PREVIDENCIÁRIA 522

168-A.1	Sujeitos do delito	522
168-A.2	Tipo objetivo	522
168-A.3	Tipo subjetivo	523
168-A.4	Consumação e tentativa	523
168-A.5	Crimes assemelhados	524
168-A.6	Formas privilegiadas	525
168-A.7	Suspensão da pretensão punitiva e da prescrição e extinção da punibilidade	525
168-A.8	Perdão judicial ou pena de multa	526

169. APROPRIAÇÃO DE COISA HAVIDA POR ERRO, CASO FORTUITO OU FORÇA DA NATUREZA 527

| 169.1 | Sujeitos do delito | 527 |

169.2	Tipo objetivo	527
169.3	Tipo subjetivo	528
169.4	Consumação e tentativa	528
169.5	Distinção	528
169.6	Apropriação de tesouro	528
169.7	Apropriação de coisa achada	529

170. APROPRIAÇÃO INDÉBITA PRIVILEGIADA 530
- 170.1 Crime privilegiado de apropriação indébita 530

171. ESTELIONATO 533
- 171.1 Sujeitos do delito 533
- 171.2 Tipo objetivo 533
- 171.3 Fraude penal e fraude civil 535
- 171.4 Tipo subjetivo 536
- 171.5 Consumação e tentativa 536
- 171.6 Distinção 537
- 171.7 Concurso de crimes 537
- 171.8 Estelionato privilegiado 538
- 171.9 Disposição de coisa alheia como própria 539
- 171.10 Alienação ou oneração fraudulenta da coisa própria 541
- 171.11 Defraudação de penhor 542
- 171.12 Fraude na entrega da coisa 543
- 171.13 Fraude para recebimento de indenização ou valor de seguro 544
- 171.14 Fraude no pagamento por meio de cheque 544
- 171.15 Fraude eletrônica 547
- 171.16 Estelionato contra entidade de direito público ou de instituto de economia popular, assistência social ou beneficência 548
- 171.17 Estelionato contra idoso ou vulnerável 548
- 171.18 Ação Penal 549

171-A. FRAUDE COM A UTILIZAÇÃO DE ATIVOS VIRTUAIS, VALORES MOBILIÁRIOS OU ATIVOS FINANCEIROS 550
- 171-A.1 Sujeitos do delito 550
- 171-A.2 Tipo objetivo 550
- 171-A.3 Tipo subjetivo 551
- 171-A-4 Consumação e tentativa 551
- 171-A.5 Distinção e concurso 551

172. DUPLICATA SIMULADA 552
- 172.1 Sujeitos do delito 552
- 172.2 Tipo objetivo 553
- 172.3 Tipo subjetivo 553
- 172.4 Consumação e tentativa 554
- 172.5 Distinção 554
- 172.6 Falsificação do registro de duplicatas 555

173. ABUSO DE INCAPAZES 555
- 173.1 Sujeitos do delito 555
- 173.2 Tipo objetivo 556
- 173.3 Tipo subjetivo 556
- 173.4 Consumação e tentativa 556

174. INDUZIMENTO À ESPECULAÇÃO 557
- 174.1 Sujeitos do delito 557
- 174.2 Tipo objetivo 557
- 174.3 Tipo subjetivo 558
- 174.4 Consumação e tentativa 558

175. FRAUDE NO COMÉRCIO 558
- 175.1 Sujeitos do delito 558
- 175.2 Tipo objetivo 559
- 175.3 Tipo subjetivo 559
- 175.4 Consumação e tentativa 559
- 175.5 Fraude no comércio de metais ou pedras preciosas 559
- 175.6 Fraude no comércio privilegiada 560
- 175.7 Distinção 560

176. OUTRAS FRAUDES 560
- 176.1 Sujeitos do delito 560
- 176.2 Tipo objetivo 561
- 176.3 Tipo subjetivo 561
- 176.4 Consumação e tentativa 561
- 176.5 Distinção 561
- 176.6 Ação penal 562
- 176.7 Perdão judicial 562

177. FRAUDES E ABUSOS NA ADMINISTRAÇÃO DE SOCIEDADES POR AÇÕES 563

- 177.1 Sujeitos do delito 563
- 177.2 Tipo objetivo 563
- 177.3 Tipo subjetivo 563
- 177.4 Consumação e tentativa 563
- 177.5 Fraudes e abusos na administração da sociedade por ações 564
- 177.6 Crime de acionista 564
- 177.7 Distinção 564

178. EMISSÃO IRREGULAR DE CONHECIMENTO DE DEPÓSITO OU *WARRANT* 565

- 178.1 Sujeitos do delito 565
- 178.2 Tipo objetivo 565
- 178.3 Tipo subjetivo 565
- 178.4 Consumação e tentativa 565

179. FRAUDE À EXECUÇÃO 566

- 179.1 Sujeitos do delito 566
- 179.2 Tipo objetivo 566
- 179.3 Tipo subjetivo 567
- 179.4 Consumação e tentativa 567
- 179.5 Distinção 567
- 179.6 Ação penal 567

180. RECEPTAÇÃO 569

- 180.1 Sujeitos do delito 569
- 180.2 Tipo objetivo 569
- 180.3 Tipo subjetivo 570
- 180.4 Consumação e tentativa 571
- 180.5 Distinção 571
- 180.6 Concurso de crimes 572
- 180.7 Receptação qualificada na atividade comercial ou industrial 573
- 180.8 Receptação culposa 574
- 180.9 Perdão judicial 574
- 180.10 Receptação de pequeno valor 575
- 180.11 Receptação qualificada pelo objeto material 575

180-A. RECEPTAÇÃO DE ANIMAL 575
    180-A.1 Sujeitos do delito 575
    180-A.2 Tipo objetivo 576
    180-A.3 Tipo subjetivo 576
    180-A.4 Consumação e tentativa 577
    180-A.5 Distinção 577
    180-A.6 Concurso 578

181. IMUNIDADE ABSOLUTA NOS CRIMES CONTRA O PATRIMÔNIO 578
    181.1   Conceito de imunidade absoluta 578
    181.2   Imunidade penal do cônjuge 579
    181.3   Imunidade penal de ascendente e descendente 579

**182. IMUNIDADE PENAL RELATIVA NOS CRIMES CONTRA O PATRIMÔ-
NIO** 580
    182.1   Conceito de imunidade penal relativa 580
    182.2   Imunidade relativa no crime praticado entre cônjuges separados 580
    182.3   Imunidade relativa no crime praticado entre irmãos 580
    182.4   Imunidade relativa no crime praticado entre tios e sobrinhos 581

183. EXCLUSÃO DAS IMUNIDADES 581
    183.1   Crimes praticados com violência ou ameaça 581
    183.2   Concurso com agente estranho 581
    183.3   Vítima idosa 582

183-A.1. CAUSA DE AUMENTO DE PENA NOS CRIMES CONTRA O PATRIMÔNIO 582

184. VIOLAÇÃO DE DIREITO AUTORAL 584
    184.1   Sujeitos do delito 584
    184.2   Tipo objetivo 584
    184.3   Tipo subjetivo 585
    184.4   Consumação e tentativa 585
    184.5   Formas qualificadas de violação de direito autoral 585
    184.6   Distinção 587

185. REVOGAÇÃO 588
    185.1   Revogação do art. 185 do Código Penal 588

186. AÇÃO PENAL NOS CRIMES CONTRA A PROPRIEDADE INTELECTUAL 588

186.1	Ação penal privada e ação penal pública	588
186.2	Rito processual	588

187. REVOGAÇÃO 589
187.1	Revogação dos arts. 187 a 196 do Código Penal	589

197. ATENTADO CONTRA A LIBERDADE DE TRABALHO 592
197.1	Sujeitos do delito	592
197.2	Tipo objetivo	592
197.3	Tipo subjetivo	592
197.4	Consumação e tentativa	592
197.5	Competência	592

198. ATENTADO CONTRA A LIBERDADE DE CONTRATO DE TRABALHO E BOICOTAGEM VIOLENTA 593
198.1	Atentado contra a liberdade de contrato de trabalho	593
198.2	Tipo objetivo	593
198.3	Tipo subjetivo	593
198.4	Consumação e tentativa	593
198.5	Boicotagem violenta	594

199. ATENTADO CONTRA A LIBERDADE DE ASSOCIAÇÃO 594
199.1	Sujeitos do delito	594
199.2	Tipo objetivo	594
199.3	Tipo subjetivo	595
199.4	Consumação e tentativa	595

200. PARALISAÇÃO DO TRABALHO COM VIOLÊNCIA OU PERTURBAÇÃO DA ORDEM 595
200.1	Sujeitos do delito	595
200.2	Tipo objetivo	595
200.3	Tipo subjetivo	596
200.4	Consumação e tentativa	596
200.5	Competência da Justiça Estadual	596

201. PARALISAÇÃO DE TRABALHO DE INTERESSE COLETIVO 596
201.1	Sujeitos do delito	596
201.2	Tipo objetivo	596
201.3	Tipo subjetivo	597
201.4	Consumação e tentativa	597

202. INVASÃO DE ESTABELECIMENTO INDUSTRIAL, COMERCIAL OU AGRÍCOLA E SABOTAGEM **597**

    202.1   Sujeitos do delito 597

    202.2   Tipo objetivo 597

    202.3   Tipo subjetivo 598

    202.4   Consumação 598

203. FRUSTRAÇÃO DE DIREITO ASSEGURADO POR LEI TRABALHISTA .. **599**

    203.1   Sujeitos do delito 599

    203.2   Tipo objetivo 599

    203.3   Tipo subjetivo 600

    203.4   Consumação e tentativa 600

    203.5   Coação para compra de mercadorias.............................. 600

    203.6   Coação e retenção de documentos 600

    203.7   Causa de aumento de pena 601

    203.8   Distinção 601

    203.9   Competência 601

204. FRUSTRAÇÃO DE LEI SOBRE A NACIONALIZAÇÃO DO TRABALHO .. **602**

    204.1   Sujeitos do delito 602

    204.2   Tipo objetivo 602

    204.3   Tipo subjetivo 602

    204.4   Consumação e tentativa 602

205. EXERCÍCIO DE ATIVIDADE COM INFRAÇÃO DE DECISÃO ADMINISTRATIVA **603**

    205.1   Sujeitos do delito 603

    205.2   Tipo objetivo 603

    205.3   Tipo subjetivo 603

    205.4   Consumação e tentativa 603

    205.5   Distinção 603

206. ALICIAMENTO PARA O FIM DE EMIGRAÇÃO **604**

    206.1   Sujeitos do delito 604

    206.2   Tipo objetivo 604

    206.3   Tipo subjetivo 604

    206.4   Consumação e tentativa 604

    206.5   Distinção 604

    206.6   Competência 605

207. LICIAMENTO DE TRABALHADORES DE UM LOCAL PARA OUTRO DO TERRITÓRIO NACIONAL 605

- 207.1 Sujeitos do delito 605
- 207.2 Tipo objetivo 606
- 207.3 Tipo subjetivo 606
- 207.4 Consumação e tentativa 606
- 207.5 Recrutamento de trabalhadores 606
- 207.6 Forma qualificada 606

208. ULTRAJE A CULTO E IMPEDIMENTO OU PERTURBAÇÃO DE ATO A ELE RELATIVO 607

- 208.1 Sujeitos dos delitos 607
- 208.2 Ultraje por motivo de religião 607
- 208.3 Impedimento ou perturbação de cerimônia ou culto .. 608
- 208.4 Vilipêndio de ato ou objeto de culto 608
- 208.5 Forma qualificada 608

209. IMPEDIMENTO OU PERTURBAÇÃO DE CERIMÔNIA 609

- 209.1 Sujeitos do delito 609
- 209.2 Tipo objetivo 609
- 209.3 Tipo subjetivo 609
- 209.4 Consumação e tentativa 609
- 209.5 Forma qualificada 609

210. VIOLAÇÃO DE SEPULTURA 610

- 210.1 Sujeitos do delito 610
- 210.2 Tipo objetivo 610
- 210.3 Tipo subjetivo 610
- 210.4 Consumação e tentativa 611
- 210.5 Concurso de crimes 611

211. DESTRUIÇÃO, SUBTRAÇÃO OU OCULTAÇÃO DE CADÁVER 611

- 211.1 Sujeitos do delito 611
- 211.2 Tipo objetivo 611
- 211.3 Tipo subjetivo 612
- 211.4 Consumação e tentativa 612
- 211.5 Distinção 612
- 211.6 Concurso de crimes 613

212. VILIPÊNDIO A CADÁVER **613**
- 212.1 Sujeitos do delito 613
- 212.2 Tipo objetivo 613
- 212.3 Tipo subjetivo 614
- 212.4 Consumação e tentativa 614

213. ESTUPRO **615**
- 213.1 Crimes contra a dignidade sexual: considerações gerais 615
- 213.2 Sujeitos do delito 616
- 213.3 Tipo objetivo 618
- 213.4 Tipo subjetivo 621
- 213.5 Consumação e tentativa 621
- 213.6 Formas qualificadas 622
- 213.7 Distinção 626
- 213.8 Concurso de crimes 627

215. VIOLAÇÃO SEXUAL MEDIANTE FRAUDE **629**
- 215.1 Sujeitos do delito 629
- 215.2 Tipo objetivo 630
- 215.3 Tipo subjetivo 631
- 215.4 Consumação e tentativa 631
- 215.5 Distinção 631
- 215-A.1 Sujeitos do delito 632
- 215-A.2 Tipo objetivo 632
- 215-A.3 Tipo subjetivo 633
- 215-A.4 Consumação e tentativa 633
- 215-A.5 Distinção 634
- 215-A.6 Concurso 634

216-A. ASSÉDIO SEXUAL **635**
- 216-A.1 Sujeitos do delito 635
- 216-A.2 Tipo objetivo 635
- 216-A.3 Tipo subjetivo 636
- 216-A.4 Consumação e tentativa 636
- 216-A.5 Distinção 636
- 216-A.6 Formas qualificadas 636

216-B. REGISTRO NÃO AUTORIZADO DA INTIMIDADE SEXUAL **637**

   216-B.1 Conceito 637

   216-B.2 Sujeitos do delito 637

   216-B.3 Tipo objetivo 638

   216-B.4 Tipo subjetivo 638

   216-B.5 Consumação e tentativa 638

   216-B.6 Distinção 638

   216-B.7 Crime assemelhado 639

217-A. ESTUPRO DE VULNERÁVEL **640**

   217-A.1 Dos crimes contra vulnerável: considerações gerais 640

   217-A.2 Sujeitos do delito 641

   217-A.3 Tipo objetivo 643

   217-A.4 Tipo subjetivo 645

   217-A.5 Consumação e tentativa 645

   217-A.6 Formas qualificadas 646

   217-A.7 Distinção 647

   217-A.8 Concurso de crimes 648

218. CORRUPÇÃO DE MENORES **649**

   218.1   Sujeitos do delito 649

   218.2   Tipo objetivo 649

   218.3   Tipo subjetivo 650

   218.4   Consumação e tentativa 650

   218.5   Distinção 650

218-A. SATISFAÇÃO DE LASCÍVIA MEDIANTE PRESENÇA DE CRIANÇA OU ADOLESCENTE **651**

   218-A.1 Sujeitos do delito 651

   218-A.2 Tipo objetivo 651

   218-A.3 Tipo subjetivo 651

   218-A.4 Consumação e tentativa 651

   218-A.5 Distinção 652

218-B. FAVORECIMENTO DA PROSTITUIÇÃO OU DE OUTRA FORMA DE EXPLORAÇÃO SEXUAL DE CRIANÇA OU ADOLESCENTE OU DE VULNERÁVEL **653**

   218-B.1 Sujeitos do delito 653

   218-B.2 Tipo objetivo 653

218-B.3 Tipo subjetivo 654
218-B.4 Consumação e tentativa 654
218-B.5 Crimes assemelhados... 654
218-B.6 Distinção 655

218-C. DIVULGAÇÃO DE CENA DE ESTUPRO OU DE CENA DE ESTUPRO DE VULNERÁVEL, DE CENA DE SEXO OU DE PORNOGRAFIA 656

218-C.1 Sujeitos do delito 656
218-C.2 Tipo objetivo 657
218-C.3 Tipo subjetivo 659
218-C.4 Consumação e tentativa 660
218-C.5 Formas qualificadas 660
218-C.6 Exclusão da ilicitude 660
218-C.7 Distinção 660
218-C.8 Concurso 661

225. AÇÃO PENAL NOS CRIMES CONTRA A LIBERDADE SEXUAL E CONTRA VULNERÁVEL 662

225.1   Ação penal na lei anterior 662
225.2   Ação penal na lei vigente 666

226. AUMENTO DE PENA NOS CRIMES CONTRA A LIBERDADE SEXUAL E CONTRA VULNERÁVEL 667

226.1   Aumento de pena 667

227. MEDIAÇÃO PARA SERVIR À LASCÍVIA DE OUTREM 670

227.1   Sujeitos do delito 670
227.2   Tipo objetivo 670
227.3   Tipo subjetivo 671
227.4   Consumação e tentativa 671
227.5   Formas qualificadas 671
227.6   Distinção 671

228. FAVORECIMENTO DA PROSTITUIÇÃO OU OUTRA FORMA DE EXPLORAÇÃO SEXUAL 672

228.1   Prostituição e outras formas de exploração sexual: considerações gerais ... 672
228.2   Sujeitos do delito 675
228.3   Tipo objetivo 675
228.4   Tipo subjetivo 676
228.5   Consumação e tentativa 676

228.6	Formas qualificadas	676
228.7	Distinção	677

229. CASA DE PROSTITUIÇÃO 678

229.1	Sujeitos do delito	678
229.2	Tipo objetivo	678
229.3	Tipo subjetivo	679
229.4	Consumação e tentativa	679
229.5	Distinção	680
229.6	Concurso	680

230. RUFIANISMO 681

230.1	Sujeitos do delito	681
230.2	Tipo objetivo	681
230.3	Tipo subjetivo	682
230.4	Consumação e tentativa	682
230.5	Formas qualificadas	682
230.6	Distinção	683
230.7	Concurso de crimes	683

232-A. PROMOÇÃO DE MIGRAÇÃO ILEGAL 684

232-A.1	Sujeitos do delito	684
232-A.2	Tipo objetivo	684
232-A.3	Tipo subjetivo	685
232-A.4	Consumação e tentativa	685
232-A.5	Crime assemelhado	685
232-A.6	Causas de aumento de pena	686
232-A.7	Distinção	686
232-A.8	Concurso	687
232-A.9	Competência	687

233. ATO OBSCENO 687

233.1	Sujeitos do delito	687
233.2	Tipo objetivo	688
233.3	Tipo subjetivo	689
233.4	Consumação e tentativa	689
233.5	Distinção	689
233.6	Concurso de crimes	689

234. ESCRITO OU OBJETO OBSCENO **690**
    234.1   Sujeitos do delito 690
    234.2   Tipo objetivo 690
    234.3   Tipo subjetivo 692
    234.4   Consumação e tentativa 692
    234.5   Concurso 692
    234.6   Crimes previstos no Estatuto da Criança e do Adolescente (arts. 240 a 241-E) 692

234-A. AUMENTO DE PENA NOS CRIMES CONTRA A DIGNIDADE SEXUAL **695**
    234-A.1 Aumento de pena 695

234-B. SEGREDO DE JUSTIÇA NOS CRIMES CONTRA A DIGNIDADE SEXUAL **696**
    234-B.1 Segredo de justiça 696

235. BIGAMIA **698**
    235.1   Sujeitos do delito 698
    235.2   Tipo objetivo 699
    235.3   Tipo subjetivo 699
    235.4   Consumação e tentativa 700
    235.5   Exclusão do crime 700
    235.6   Concurso de crimes 701

236. INDUZIMENTO A ERRO ESSENCIAL E OCULTAÇÃO DE IMPEDIMENTO **701**
    236.1   Sujeitos do delito 701
    236.2   Tipo objetivo 701
    236.3   Tipo subjetivo 702
    236.4   Consumação e tentativa 702
    236.5   Ação penal 702

237. CONHECIMENTO PRÉVIO DE IMPEDIMENTO **702**
    237.1   Sujeitos do delito 702
    237.2   Tipo objetivo 702
    237.3   Tipo subjetivo 703
    237.4   Consumação e tentativa 703
    237.5   Ação penal 703

238. SIMULAÇÃO DE AUTORIDADE PARA CELEBRAÇÃO DE CASAMENTO 703

- 238.1 Sujeitos do delito 703
- 238.2 Tipo objetivo 703
- 238.3 Tipo subjetivo 704
- 238.4 Consumação e tentativa 704
- 238.5 Distinção 704

239. SIMULAÇÃO DE CASAMENTO 704

- 239.1 Sujeitos do delito 704
- 239.2 Tipo objetivo 704
- 239.3 Tipo subjetivo 705
- 239.4 Consumação e tentativa 705
- 239.5 Distinção 705

240. ADULTÉRIO 705

- 240.1 A revogação do art. 240 pela Lei nº 11.106, de 28-3-2005 705

241. REGISTRO DE NASCIMENTO INEXISTENTE 706

- 241.1 Sujeitos do delito 706
- 241.2 Tipo objetivo 707
- 241.3 Tipo subjetivo 707
- 241.4 Consumação e tentativa 707
- 241.5 Distinção 707

242. PARTO SUPOSTO, SUPRESSÃO OU ALTERAÇÃO DE DIREITO INERENTE AO ESTADO CIVIL DE RECÉM-NASCIDO 708

- 242.1 Sujeitos do delito 708
- 242.2 Tipo objetivo 708
- 242.3 Tipo subjetivo 709
- 242.4 Consumação e tentativa 709
- 242.5 Forma privilegiada e perdão judicial 709
- 242.6 Distinção 710

243. SONEGAÇÃO DE ESTADO DE FILIAÇÃO 710

- 243.1 Sujeitos do delito 710
- 243.2 Tipo objetivo 710
- 243.3 Tipo subjetivo 711
- 243.4 Consumação e tentativa 711
- 243.5 Distinção 711

244. ABANDONO MATERIAL 712
    244.1   Sujeitos do delito 712
    244.2   Tipo objetivo 713
    244.3   Tipo subjetivo 713
    244.4   Consumação e tentativa 714
    244.5   Exclusão do crime 714
    244.6   Condição da suspensão condicional da pena 715
    244.7   Lei de alimentos 715
    244.8   Distinção 715
    244.9   Concurso de crimes 716

245. ENTREGA DE FILHO MENOR A PESSOA INIDÔNEA 716
    245.1   Sujeitos do delito 716
    245.2   Tipo objetivo 717
    245.3   Tipo subjetivo 717
    245.4   Consumação e tentativa 717
    245.5   Formas qualificadas 717
    245.6   Crime praticado por terceiro 718
    245.7   Promessa ou entrega de filho ou pupilo 718

246. ABANDONO INTELECTUAL 719
    246.1   Sujeitos do delito 719
    246.2   Tipo objetivo 719
    246.3   Tipo subjetivo 720
    246.4   Consumação e tentativa 720

247. ABANDONO MORAL 720
    247.1   Sujeitos do delito 720
    247.2   Tipo objetivo 721
    247.3   Tipo subjetivo 721
    247.4   Consumação e tentativa 721

248. INDUZIMENTO A FUGA, ENTREGA ARBITRÁRIA E SONEGAÇÃO DE INCAPAZES 722
    248.1   Sujeitos do delito 722
    248.2   Tipo objetivo 722
    248.3   Tipo subjetivo 722
    248.4   Consumação e tentativa 723
    248.5   Distinção 723

249. SUBTRAÇÃO DE INCAPAZES 724
249.1 Sujeitos do delito 724
249.2 Tipo objetivo 724
249.3 Tipo subjetivo 724
249.4 Consumação e tentativa 725
249.5 Distinção 725
249.6 Perdão judicial 725
249.7 Subtração de menor para colocação em lar substituto 726

250. INCÊNDIO 727
250.1 Sujeitos do delito 727
250.2 Tipo objetivo 727
250.3 Tipo subjetivo 728
250.4 Consumação e tentativa 728
250.5 Formas qualificadas 728
250.6 Incêndio culposo 729
250.7 Distinção 730
250.8 Concurso de crimes 731

251. EXPLOSÃO 732
251.1 Sujeitos do delito 732
251.2 Tipo objetivo 732
251.3 Tipo subjetivo 732
251.4 Consumação e tentativa 733
251.5 Forma privilegiada 733
251.6 Formas qualificadas 733
251.7 Explosão culposa 733
251.8 Distinção 733
251.9 Concurso de crimes 734

252. USO DE GÁS TÓXICO OU ASFIXIANTE 734
252.1 Sujeitos do delito 734
252.2 Tipo objetivo 735
252.3 Tipo subjetivo 735
252.4 Consumação e tentativa 735
252.5 Crime culposo 735
252.6 Formas qualificadas pelo resultado 735
252.7 Distinção 735

253. FABRICO, FORNECIMENTO, AQUISIÇÃO, POSSE OU TRANSPORTE DE EXPLOSIVOS OU GÁS TÓXICO, OU ASFIXIANTE 736
  253.1 Sujeitos do delito 736
  253.2 Tipo objetivo 736
  253.3 Tipo subjetivo 737
  253.4 Consumação e tentativa 737
  253.5 Distinção 737
  253.6 Concurso 738

254. INUNDAÇÃO 738
  254.1 Sujeitos do delito 738
  254.2 Tipo objetivo 739
  254.3 Tipo subjetivo 739
  254.4 Consumação e tentativa 739
  254.5 Distinção 739

255. PERIGO DE INUNDAÇÃO 740
  255.1 Sujeitos do delito 740
  255.2 Tipo objetivo 740
  255.3 Tipo subjetivo 740
  255.4 Consumação e tentativa 740

256. DESABAMENTO OU DESMORONAMENTO 741
  256.1 Sujeitos do delito 741
  256.2 Tipo objetivo 741
  256.3 Tipo subjetivo 741
  256.4 Consumação e tentativa 741
  256.5 Crime culposo 741
  256.6 Distinção 742

257. SUBTRAÇÃO, OCULTAÇÃO OU INUTILIZAÇÃO DE MATERIAL DE SALVAMENTO 742
  257.1 Sujeitos do delito 742
  257.2 Tipo objetivo 743
  257.3 Tipo subjetivo 743
  257.4 Consumação e tentativa 743
  257.5 Concurso de crimes 743

258. CRIMES QUALIFICADOS PELO RESULTADO 744
  258.1 Crime de perigo comum com lesão corporal ou morte 744

259. DIFUSÃO DE DOENÇA OU PRAGA 744
- 259.1 Sujeitos do delito 744
- 259.2 Tipo objetivo 745
- 259.3 Tipo subjetivo 745
- 259.4 Consumação e tentativa 745
- 259.5 Crime culposo 745
- 259.6 Revogação 745

260. PERIGO DE DESASTRE FERROVIÁRIO 746
- 260.1 Sujeitos do delito 746
- 260.2 Tipo objetivo 747
- 260.3 Tipo subjetivo 747
- 260.4 Consumação e tentativa 747
- 260.5 Desastre ferroviário 747
- 260.6 Desastre ferroviário culposo 748

261. ATENTADO CONTRA A SEGURANÇA DE TRANSPORTE MARÍTIMO, FLUVIAL OU AÉREO 749
- 261.1 Sujeitos do delito 749
- 261.2 Tipo objetivo 749
- 261.3 Tipo subjetivo 750
- 261.4 Consumação e tentativa 750
- 261.5 Sinistro em transporte marítimo, fluvial ou aéreo 750
- 261.6 Formas qualificadas 750
- 261.7 Sinistro culposo 750
- 261.8 Distinção 751

262. ATENTADO CONTRA A SEGURANÇA DE MEIO DE TRANSPORTE 751
- 262.1 Sujeitos do delito 751
- 262.2 Tipo objetivo 751
- 262.3 Tipo subjetivo 752
- 262.4 Consumação e tentativa 752
- 262.5 Sinistro em meio de transporte 752
- 262.6 Sinistro culposo 752

263. FORMAS QUALIFICADAS PELO RESULTADO 752
- 263.1 Qualificadoras pelo resultado nos crimes contra a segurança dos meios de comunicação e transporte 752

264. ARREMESSO DE PROJÉTIL 753
- 264.1 Sujeitos do delito 753
- 264.2 Tipo objetivo 753
- 264.3 Tipo subjetivo 753
- 264.4 Consumação e tentativa 754
- 264.5 Crimes qualificados pelo resultado 754

265. ATENTADO CONTRA A SEGURANÇA DE SERVIÇO DE UTILIDADE PÚBLICA 754
- 265.1 Sujeitos do delito 754
- 265.2 Tipo objetivo 755
- 265.3 Tipo subjetivo 755
- 265.4 Consumação e tentativa 755
- 265.5 Forma qualificada 755

266. INTERRUPÇÃO OU PERTURBAÇÃO DE SERVIÇO TELEGRÁFICO, TELEFÔNICO, INFORMÁTICO, TELEMÁTICO OU DE INFORMAÇÃO DE UTILIDADE PÚBLICA 756
- 266.1 Sujeitos do delito 756
- 266.2 Tipo objetivo 756
- 266.3 Tipo subjetivo 757
- 266.4 Consumação e tentativa 757
- 266.5 Crime assemelhado 757
- 266.6 Forma qualificada 757

267. EPIDEMIA 758
- 267.1 Sujeitos do delito 758
- 267.2 Tipo objetivo 758
- 267.3 Tipo subjetivo 759
- 267.4 Consumação e tentativa 759
- 267.5 Crime qualificado pelo resultado 759
- 267.6 Epidemia culposa 759

268. INFRAÇÃO DE MEDIDA SANITÁRIA PREVENTIVA 760
- 268.1 Sujeitos do delito 760
- 268.2 Tipo objetivo 760
- 268.3 Tipo subjetivo 761
- 268.4 Consumação e tentativa 761
- 268.5 Crime qualificado 762

SUMÁRIO GERAL

269. OMISSÃO DE NOTIFICAÇÃO DE DOENÇA **762**

    269.1   Sujeitos do delito 762

    269.2   Tipo objetivo 762

    269.3   Tipo subjetivo 763

    269.4   Consumação e tentativa 763

270. ENVENENAMENTO DE ÁGUA POTÁVEL OU DE SUBSTÂNCIA ALIMENTÍCIA OU MEDICINAL **764**

    270.1   Sujeitos do delito 764

    270.2   Tipo objetivo 764

    270.3   Tipo subjetivo 764

    270.4   Consumação e tentativa 764

    270.5   Entrega a consumo ou depósito para distribuição 765

    270.6   Forma qualificada 765

    270.7   Envenenamento culposo 765

271. CORRUPÇÃO OU POLUIÇÃO DE ÁGUA POTÁVEL **766**

    271.1   Sujeitos do delito 766

    271.2   Tipo objetivo 766

    271.3   Tipo subjetivo 766

    271.4   Consumação e tentativa 766

    271.5   Corrupção ou poluição culposa 766

    271.6   Forma qualificada 767

    271.7   Distinção 767

272. FALSIFICAÇÃO, CORRUPÇÃO, ADULTERAÇÃO OU ALTERAÇÃO DE PRODUTOS ALIMENTÍCIOS **768**

    272.1   Sujeitos do delito 768

    272.2   Tipo objetivo 768

    272.3   Tipo subjetivo 770

    272.4   Consumação e tentativa 770

    272.5   Fabricação, venda, exposição à venda, importação, depósito, distribuição e entrega a consumo 770

    272.6   Crime culposo 770

    272.7   Crime qualificado pelo resultado 770

    272.8   Distinção 771

    272.9   Concurso de crimes 771

273. FALSIFICAÇÃO, CORRUPÇÃO, ADULTERAÇÃO OU ALTERAÇÃO DE PRODUTO DESTINADO A FINS TERAPÊUTICOS OU MEDICINAIS 772

- 273.1 Sujeitos do delito 772
- 273.2 Tipo objetivo 773
- 273.3 Tipo subjetivo 773

273.4. CONSUMAÇÃO E TENTATIVA 773

- 273.5 Importação, venda, exposição à venda, depósito, distribuição e entrega do produto destinado a fins terapêuticos ou medicinais 774
- 273.6 Crime culposo 775
- 273.7 Crime qualificado pelo resultado 775

274. EMPREGO DE PROCESSO OU SUBSTÂNCIA NÃO PERMITIDA 775

- 274.1 Sujeitos do delito 775
- 274.2 Tipo objetivo 775
- 274.3 Tipo subjetivo 776
- 274.4 Consumação e tentativa 776
- 274.5 Crime qualificado pelo resultado 776

275. INVÓLUCRO OU RECIPIENTE COM FALSA INDICAÇÃO 777

- 275.1 Sujeitos do delito 777
- 275.2 Tipo objetivo 777
- 275.3 Tipo subjetivo 778
- 275.4 Consumação e tentativa 778
- 275.5 Distinção 778

276. PRODUTO OU SUBSTÂNCIA NAS CONDIÇÕES DOS DOIS ARTIGOS ANTERIORES 779

- 276.1 Sujeitos do delito 779
- 276.2 Tipo objetivo 779
- 276.3 Tipo subjetivo 779
- 276.4 Consumação e tentativa 779

277. SUBSTÂNCIA DESTINADA À FALSIFICAÇÃO 780

- 277.1 Sujeitos do delito 780
- 277.2 Tipo objetivo 780
- 277.3 Tipo subjetivo 780
- 277.4 Consumação e tentativa 780

278. OUTRAS SUBSTÂNCIAS NOCIVAS À SAÚDE PÚBLICA 781
   278.1   Sujeitos do delito 781
   278.2   Tipo objetivo 781
   278.3   Tipo subjetivo 782
   278.4   Consumação e tentativa 782
   278.5   Crime culposo 782
   278.6   Crime qualificado pelo resultado 782
   278.7   Distinção 783

280. MEDICAMENTO EM DESACORDO COM RECEITA MÉDICA 784
   280.1   Sujeitos do delito 784
   280.2   Tipo objetivo 784
   280.3   Tipo subjetivo 784
   280.4   Consumação e tentativa 785
   280.5   Crime culposo 785
   280.6   Crime qualificado pelo resultado 785
   280.7   Distinção 785

282. EXERCÍCIO ILEGAL DA MEDICINA, ARTE DENTÁRIA OU FARMACÊUTICA 786
   282.1   Sujeitos do delito 786
   282.2   Tipo objetivo 786
   282.3   Tipo subjetivo 788
   282.4   Exclusão do crime 788
   282.5   Consumação e tentativa 788
   282.6   Crimes qualificados 789
   282.7   Distinção 789
   282.8   Concurso de crimes 789

283. CHARLATANISMO 790
   283.1   Sujeitos do delito 790
   283.2   Tipo objetivo 790
   283.3   Tipo subjetivo 790
   283.4   Consumação e tentativa 791
   283.5   Distinção e concurso de crimes 791

284. CURANDEIRISMO 792
   284.1   Sujeitos do delito 792

284.2	Tipo objetivo	792
284.3	Tipo subjetivo	793
284.4	Consumação e tentativa	793
284.5	Crime qualificado	793
284.6	Distinção	794
284.7	Concurso de crimes	794

285. CRIMES QUALIFICADOS PELO RESULTADO **794**

285.1	Crimes contra a saúde pública com lesão corporal ou morte	794

286. INCITAÇÃO AO CRIME **795**

286.1	Sujeitos do delito	795
286.2	Tipo objetivo	796
286.3	Tipo subjetivo	796
286.4	Consumação e tentativa	796
286.5	Distinção	797
286.6	Crime assemelhado	797

287. APOLOGIA DE CRIME OU CRIMINOSO **798**

287.1	Sujeitos do delito	798
287.2	Tipo objetivo	798
287.3	Tipo subjetivo	799
287.4	Consumação e tentativa	799
287.5	Distinção	799

288. ASSOCIAÇÃO CRIMINOSA **800**

288.1	Sujeito ativo	800
288.2	Tipo objetivo	801
288.3	Tipo subjetivo	802
288.4	Consumação e tentativa	802
288.5	Crime qualificado	803
288.6	Crime privilegiado	804
288.7	Distinção	805
288.8	Concurso de crimes	806
288.9	Organizações criminosas	806

288-A. CONSTITUIÇÃO DE MILÍCIA PRIVADA **808**

288-A.1	Sujeitos do delito	808
288-A.2	Tipo objetivo	809

288-A.3 Tipo subjetivo 811
288-A.4 Consumação e tentativa 811
288-A.5 Distinção 811
288-A.6 Concurso de crimes 812
288-A.7 Disposições especiais 812

289. MOEDA FALSA 813
   289.1   Sujeitos do delito 813
   289.2   Tipo objetivo 813
   289.3   Tipo subjetivo 814
   289.4   Consumação e tentativa 815
   289.5   Crimes subsequentes à falsificação 815
   289.6   Crime privilegiado 816
   289.7   Fabricação ou omissão com fraude ou excesso 816
   289.8   Circulação não autorizada 816
   289.9   Competência 816

290. CRIMES ASSIMILADOS AO DE MOEDA FALSA 817
   290.1   Sujeitos do delito 817
   290.2   Tipo objetivo 817
   290.3   Tipo subjetivo 817
   290.4   Consumação e tentativa 818
   290.5   Crime qualificado 818

291. PETRECHOS PARA FALSIFICAÇÃO DE MOEDA 818
   291.1   Sujeitos do delito 818
   291.2   Tipo objetivo 818
   291.3   Tipo subjetivo 819
   291.4   Consumação e tentativa 819
   291.5   Competência 819

292. EMISSÃO DE TÍTULO AO PORTADOR SEM PERMISSÃO LEGAL 820
   292.1   Sujeitos do delito 820
   292.2   Tipo objetivo 820
   292.3   Tipo subjetivo 820
   292.4   Consumação e tentativa 820
   292.5   Aquisição ou uso de título não permitido 820
   292.6   Distinção 820

293. FALSIFICAÇÃO DE PAPÉIS PÚBLICOS 822

    293.1   Sujeitos do delito 822

    293.2   Tipo objetivo 822

    293.3   Tipo subjetivo 823

    293.4   Consumação e tentativa 823

    293.5   Crimes subsequentes à falsificação 824

    293.6   Comercialização de produto ou mercadoria sem selo oficial 824

    293.7   Supressão de carimbo ou sinal de inutilização 824

    293.8   Uso de papéis em que foi suprimido carimbo ou sinal 825

    293.9   Circulação de papel público falsificado recebido de boa-fé 825

    293.10 Concurso de crimes 825

294. PETRECHOS DE FALSIFICAÇÃO 825

    294.1   Sujeitos do delito 825

    294.2   Tipo objetivo 826

    294.3   Tipo subjetivo 826

    294.4   Consumação e tentativa 826

    294.5   Distinção 826

295. CRIMES QUALIFICADOS 827

    295.1   Crimes praticados por funcionário 827

296. FALSIFICAÇÃO DO SELO OU SINAL PÚBLICO 827

    296.1   Sujeitos do delito 827

    296.2   Tipo objetivo 828

    296.3   Tipo subjetivo 828

    296.4   Consumação e tentativa 828

    296.5   Uso de selo ou sinal falsificado 828

    296.6   Uso indevido de selo ou sinal verdadeiro 829

    296.7   Alteração, falsificação ou uso indevido de marcas, logotipos, siglas ou símbolos da Administração Pública 829

    296.8   Crime praticado por funcionário 829

297. FALSIFICAÇÃO DE DOCUMENTO PÚBLICO 831

    297.1   Sujeitos do delito 831

    297.2   Conceito de documento público 831

    297.3   Tipo objetivo 832

    297.4   Tipo subjetivo 834

297.5	Consumação e tentativa	834
297.6	Crime praticado por funcionário público	834
297.7	Falsidade contra a Previdência Social	835
297.8	Omissão de dados em documentos relacionados à Previdência Social	835
297.9	Distinção e competência	836
297.10	Concurso de crimes	836

298. FALSIFICAÇÃO DE DOCUMENTO PARTICULAR ... 838

298.1	Sujeitos do delito	838
298.2	Tipo objetivo	838
298.3	Tipo subjetivo	839
298.4	Consumação e tentativa	839
298.5	Distinção	840
298.6	Concurso de crimes	840

299. FALSIDADE IDEOLÓGICA ... 841

299.1	Sujeitos do delito	841
299.2	Tipo objetivo	842
299.3	Tipo subjetivo	843
299.4	Consumação e tentativa	844
299.5	Formas qualificadas	844
299.6	Distinção	845
299.7	Concurso de crimes	845

300. FALSO RECONHECIMENTO DE FIRMA OU LETRA ... 846

300.1	Sujeitos do delito	846
300.2	Tipo objetivo	846
300.3	Tipo subjetivo	847
300.4	Consumação e tentativa	847
300.5	Distinção	847

301. CERTIDÃO OU ATESTADO IDEOLOGICAMENTE FALSO ... 848

301.1	Sujeitos do delito	848
301.2	Tipo objetivo	848
301.3	Tipo subjetivo	849
301.4	Consumação e tentativa	849
301.5	Falsidade material de atestado ou certidão	849
301.6	Formas qualificadas	850

301.7	Distinção	850

302. FALSIDADE DE ATESTADO MÉDICO 851

302.1	Sujeitos do delito	851
302.2	Tipo objetivo	851
302.3	Tipo subjetivo	851
302.4	Consumação e tentativa	851
302.5	Forma qualificada	852

303. REPRODUÇÃO OU ADULTERAÇÃO DE SELO OU PEÇA FILATÉLICA .. 852

303.1	Sujeitos do delito	852
303.2	Tipo objetivo	852
303.3	Tipo subjetivo	853
303.4	Consumação e tentativa	853
303.5	Uso de selo ou peça filatélica	853

304. USO DE DOCUMENTO FALSO 853

304.1	Sujeitos do delito	853
304.2	Tipo objetivo	854
304.3	Tipo subjetivo	855
304.4	Consumação e tentativa	856
304.5	Distinção	856
304.6	Concurso	856
304.7	Competência	857

305. SUPRESSÃO DE DOCUMENTO 858

305.1	Sujeitos do delito	858
305.2	Tipo objetivo	858
305.3	Tipo subjetivo	860
305.4	Consumação e tentativa	860
305.5	Distinção	860
305.6	Concurso de crimes	861

306. FALSIFICAÇÃO DE SINAL EMPREGADO NO CONTRASTE DE METAL PRECIOSO OU NA FISCALIZAÇÃO ALFANDEGÁRIA, OU PARA OUTROS FINS 861

306.1	Sujeitos do delito	861
306.2	Tipo objetivo	862
306.3	Tipo subjetivo	862

306.4	Consumação e tentativa	862
306.5	Distinção	862

307. FALSA IDENTIDADE 863

307.1	Sujeitos do delito	863
307.2	Tipo objetivo	863
307.3	Tipo subjetivo	864
307.4	Consumação e tentativa	865
307.5	Distinção	865
307.6	Concurso de crimes	865

308. USO DE DOCUMENTO DE IDENTIDADE ALHEIO 866

308.1	Sujeitos do delito	866
308.2	Tipo objetivo	866
308.3	Tipo subjetivo	867
308.4	Consumação e tentativa	867
308.5	Distinção	867
308.6	Concurso de crimes	867

309. FRAUDE DE LEI SOBRE ESTRANGEIROS 868

309.1	Sujeitos do delito	868
309.2	Tipo objetivo	868
309.3	Tipo subjetivo	869
309.4	Consumação e tentativa	869
309.5	Atribuição de falsa qualidade a estrangeiro	869
309.6	Distinção	869

310. FALSIDADE EM PREJUÍZO DA NACIONALIZAÇÃO DE SOCIEDADE ... 870

310.1	Sujeitos do delito	870
310.2	Tipo objetivo	870
310.3	Tipo subjetivo	870
310.4	Consumação e tentativa	870
310.5	Distinção	870

311. ADULTERAÇÃO DE SINAL IDENTIFICADOR DE VEÍCULO AUTOMOTOR 871

311.1	Sujeitos do delito	871
311.2	Tipo objetivo	872
311.3	Tipo subjetivo	873

311.4	Consumação e tentativa	873
311.5	Causa de aumento de pena	873
311.6	Crimes assemelhados	873
311.7	Concurso de crimes	875

311-A. FRAUDES EM CERTAMES DE INTERESSE PÚBLICO 876

311-A.1 Sujeitos do delito	876
311-A.2 Tipo objetivo	877
311-A.3 Tipo subjetivo	879
311-A.4 Consumação e tentativa	879
311-A.5 Permitir ou facilitar o acesso indevido ao conteúdo sigiloso do certame	879
311-A.6 Distinção	880
311-A.7 Crime qualificado pelo resultado	880
311-A.8 Crime praticado por funcionário público	880

312. PECULATO 882

312.1	Sujeitos do delito	882
312.2	Tipo objetivo	882
312.3	Tipo subjetivo	884
312.4	Consumação e tentativa	884
312.5	Distinção	885
312.6	Concurso de crimes	885
312.7	Peculato-furto	885
312.8	Peculato culposo	886
312.9	Reparação do dano e extinção da punibilidade	886
312.10	Progressão de regime	886

313. PECULATO MEDIANTE ERRO DE OUTREM 887

313.1	Sujeitos do delito	887
313.2	Tipo objetivo	887
313.3	Tipo subjetivo	887
313.4	Consumação e tentativa	888

313-A. INSERÇÃO DE DADOS FALSOS EM SISTEMA DE INFORMAÇÃO 888

313-A.1 Sujeitos do delito	888
313-A.2 Tipo objetivo	888
313-A.3 Tipo subjetivo	889
313-A.4 Consumação e tentativa	889

313-B. MODIFICAÇÃO OU ALTERAÇÃO NÃO AUTORIZADA DE SISTEMA DE INFORMAÇÕES 890

- 313-B.1 Sujeitos do delito 890
- 313-B.2 Tipo objetivo 890
- 313-B.3 Tipo subjetivo 890
- 313-B.4 Consumação e tentativa 891
- 313-B.5 Crime qualificado 891

314. EXTRAVIO, SONEGAÇÃO OU INUTILIZAÇÃO DE LIVRO OU DOCUMENTO 891

- 314.1 Sujeitos do delito 891
- 314.2 Tipo objetivo 892
- 314.3 Tipo subjetivo 892
- 314.4 Consumação e tentativa 892
- 314.5 Distinção 893

315. EMPREGO IRREGULAR DE VERBAS OU RENDAS PÚBLICAS 893

- 315.1 Sujeitos do delito 893
- 315.2 Tipo objetivo 893
- 315.3 Tipo subjetivo 894
- 315.4 Consumação e tentativa 894
- 315.5 Distinção 894

316. CONCUSSÃO 895

- 316.1 Sujeitos do delito 895
- 316.2 Tipo objetivo 896
- 316.3 Tipo subjetivo 897
- 316.4 Consumação e tentativa 897
- 316.5 Distinção 897
- 316.6 Concurso de crimes 898
- 316.7 Excesso de exação 898

317. CORRUPÇÃO PASSIVA 899

- 317.1 Sujeitos do delito 899
- 317.2 Tipo objetivo 900
- 317.3 Tipo subjetivo 901
- 317.4 Consumação e tentativa 901
- 317.5 Corrupção passiva qualificada 901

317.6	Corrupção passiva privilegiada	901
317.7	Distinção	902
317.8	Concurso de crimes	902

318. FACILITAÇÃO DE CONTRABANDO OU DESCAMINHO 903

318.1	Sujeitos do delito	903
318.2	Tipo objetivo	903
318.3	Tipo subjetivo	903
318.4	Consumação e tentativa	903
318.5	Competência	904

319. PREVARICAÇÃO 904

319.1	Sujeitos do delito	904
319.2	Tipo objetivo	905
319.3	Tipo subjetivo	906
319.4	Consumação e tentativa	906
319.5	Distinção	906
319.6	Concurso de crimes	907

319-A. OMISSÃO NO DEVER DE VEDAR AO PRESO ACESSO A APARELHO TELEFÔNICO, DE RÁDIO OU SIMILAR 907

319-A.1	Sujeitos do delito	907
319-A.2	Tipo objetivo	908
319-A.3	Tipo subjetivo	909
319-A.4	Consumação e tentativa	909
319-A.5	Distinção	909

320. CONDESCENDÊNCIA CRIMINOSA 910

320.1	Sujeitos do delito	910
320.2	Tipo objetivo	910
320.3	Tipo subjetivo	910
320.4	Consumação e tentativa	911

321. ADVOCACIA ADMINISTRATIVA 911

321.1	Sujeitos do delito	911
321.2	Tipo objetivo	912
321.3	Tipo subjetivo	912
321.4	Consumação e tentativa	912
321.5	Advocacia administrativa qualificada	912
321.6	Distinção	912

322. VIOLÊNCIA ARBITRÁRIA 913
- 322.1 Revogação do art. 322 do CP 913
- 322.2 Sujeitos do delito 914
- 322.3 Tipo objetivo 914
- 322.4 Tipo subjetivo 915
- 322.5 Consumação e tentativa 915
- 322.6 Distinção 915

323. ABANDONO DE FUNÇÃO 915
- 323.1 Sujeitos do delito 915
- 323.2 Tipo objetivo 916
- 323.3 Tipo subjetivo 916
- 323.4 Consumação e tentativa 916
- 323.5 Crimes qualificados 916

324. EXERCÍCIO FUNCIONAL ILEGALMENTE ANTECIPADO OU PROLONGADO 917
- 324.1 Sujeitos do delito 917
- 324.2 Tipo objetivo 917
- 324.3 Tipo subjetivo 917
- 324.4 Consumação e tentativa 918

325. VIOLAÇÃO DE SIGILO FUNCIONAL 919
- 325.1 Sujeitos do delito 919
- 325.3 Tipo subjetivo 919
- 325.4 Consumação e tentativa 920
- 325.5 Distinção 920
- 325.6 Fornecimento e empréstimo de senha 920
- 325.7 Crimes qualificados 921

326. VIOLAÇÃO DO SIGILO DE PROPOSTA DE CONCORRÊNCIA ... 921
- 326.1 Revogação do art. 326 do CP 921
- 326.2 Sujeitos do delito 922
- 326.3 Tipo objetivo 922
- 326.4 Tipo subjetivo 922
- 326.5 Consumação e tentativa 922

327. FUNCIONÁRIO PÚBLICO 923
- 327.1 Conceito de funcionário público para os efeitos penais 923

327.2	Equiparação a funcionário público	924
327.3	Funcionário público como sujeito passivo	924
327.4	Casos de aumento de pena	925
327.5	Ação penal	925
327.6	Efeitos da condenação	925

328. USURPAÇÃO DE FUNÇÃO PÚBLICA 926

328.1	Sujeitos do delito	926
328.2	Tipo objetivo	926
328.3	Tipo subjetivo	927
328.4	Consumação e tentativa	927
328.5	Distinção	927
328.6	Concurso de crimes	928

329. RESISTÊNCIA 928

329.1	Sujeitos do delito	928
329.2	Tipo objetivo	929
329.3	Tipo subjetivo	930
329.4	Consumação e tentativa	930
329.5	Resistência qualificada	931
329.6	Distinção	931
329.7	Concurso de crimes	931

330. DESOBEDIÊNCIA 933

330.1	Sujeitos do delito	933
330.2	Tipo objetivo	933
330.3	Tipo subjetivo	936
330.4	Consumação e tentativa	936
330.5	Distinção	936
330.6	Concurso de crimes	937

331. DESACATO 937

331.1	Sujeitos do delito	937
331.2	Tipo objetivo	938
331.3	Tipo subjetivo	940
331.4	Consumação e tentativa	941
331.5	Distinção	941
331.6	Concurso de crimes	941

332. TRÁFICO DE INFLUÊNCIA 942
  332.1 Sujeitos do delito 942
  332.2 Tipo objetivo 942
  332.3 Tipo subjetivo 943
  332.4 Consumação e tentativa 943
  332.5 Distinção 943
  332.6 Forma qualificada 943

333. CORRUPÇÃO ATIVA 944
  333.1 Sujeitos do delito 944
  333.2 Tipo objetivo 944
  333.3 Tipo subjetivo 946
  333.4 Consumação e tentativa 946
  333.5 Corrupção ativa qualificada 946
  333.6 Distinção 946

334. DESCAMINHO 948
  334.1 Sujeitos do delito 948
  334.2 Tipo objetivo 948
  334.3 Tipo subjetivo 949
  334.4 Consumação e tentativa 950
  334.5 Fatos assimilados ao descaminho 950
  334.6 Formas qualificadas 951
  334.7 Concurso de crimes 951
  334.8 Distinção 951

334-A. CONTRABANDO 952
  334-A.1 Sujeitos do delito 952
  334-A.2 Tipo objetivo 952
  334-A.3 Tipo subjetivo 953
  334-A.4 Consumação e tentativa 953
  334-A.5 Fatos assimilados a contrabando 953
  334-A.6 Formas qualificadas 954
  334-A.7 Concurso de crimes 954

335. IMPEDIMENTO, PERTURBAÇÃO OU FRAUDE DE CONCORRÊNCIA .. 955
  335.1 Revogação tácita do art. 335 do CP 955
  335.2 Sujeitos do delito 955

335.3	Tipo objetivo	955
335.4	Tipo subjetivo	956
335.5	Consumação e tentativa	956
335.6	Corrupção passiva de concorrente ou licitante	956

336. INUTILIZAÇÃO DE EDITAL OU DE SINAL 957

336.1	Sujeitos do delito	957
336.2	Tipo objetivo	957
336.3	Tipo subjetivo	957
336.4	Consumação e tentativa	957

337. SUBTRAÇÃO OU INUTILIZAÇÃO DE LIVRO OU DOCUMENTO 958

337.1	Sujeitos do delito	958
337.2	Tipo objetivo	958
337.3	Tipo subjetivo	958
337.4	Consumação e tentativa	959
337.5	Distinção	959

337-A. SONEGAÇÃO DE CONTRIBUIÇÃO PREVIDENCIÁRIA 961

337-A.1 Sujeitos do delito	961
337-A.2 Tipo objetivo	961
337-A.3 Tipo subjetivo	961
337-A.4 Consumação e tentativa	962
337-A.5 Concurso de crimes	962
337-A.6 Extinção da punibilidade	962
337-A.7 Perdão judicial ou aplicação de pena de multa	963
337-A.8 Crime privilegiado	963

337-B. CORRUPÇÃO ATIVA EM TRANSAÇÃO COMERCIAL INTERNACIONAL 964

337-B.1 Sujeitos do delito	964
337-B.2 Tipo objetivo	964
337-B.3 Tipo subjetivo	965
337-B.4 Consumação e tentativa	965
337-B.5 Crime qualificado	965
337-B.6 Distinção	966

337-C. TRÁFICO DE INFLUÊNCIA EM TRANSAÇÃO COMERCIAL INTERNACIONAL 966

337-C.1 Sujeitos do delito	966

337-C.2 Tipo objetivo 966
337-C.3 Tipo subjetivo 967
337-C.4 Consumação e tentativa 967
337-C.5 Crime qualificado 967
337-D.1 Conceito de funcionário público estrangeiro 967

337-E CONTRATAÇÃO DIRETA ILEGAL 968
337-E.1 Sujeitos do delito 968
337-E.2 Tipo objetivo 968
337-E.3 Tipo subjetivo 969
337-E.4 Consumação e tentativa 969
337-F.1 Sujeitos do delito 969
337-F.2 Tipo objetivo 970
337-F.3 Tipo subjetivo 970
337-F.4 Consumação e tentativa 970

337-G. PATROCÍNIO DE CONTRATAÇÃO INDEVIDA 971
337-G.1 Sujeitos do delito 971
337-G.2 Tipo objetivo 971
337-G.3 Tipo subjetivo 972
337-G.4 Consumação e tentativa 972

337-H. MODIFICAÇÃO OU PAGAMENTO IRREGULAR EM CONTRATO ADMINISTRATIVO 972
337-H.1 Sujeitos do delito 972
337-H.2 Tipo objetivo 973
337-H.3 Tipo subjetivo 973
337-H.4 Consumação e tentativa 973

337-I. PERTURBAÇÃO DE PROCESSO LICITATÓRIO 974
337-I.1 Sujeitos do delito 974
337-I.2 Tipo objetivo 974
337-I.3 Tipo subjetivo 975
337-I.4 Consumação e tentativa 975

337-J. VIOLAÇÃO DE SIGILO EM LICITAÇÃO 975
337-J.1 Sujeitos do delito 975
337-J.2 Tipo objetivo 975
337-J.3 Tipo subjetivo 976
337-J.4 Consumação e tentativa 976

337-K. AFASTAMENTO DE LICITANTE 976
337-K.1 Sujeitos do delito 976
337-K.2 Tipo objetivo 977
337-K.3 Tipo subjetivo 977
337-K.4 Consumação e tentativa 977

337-L. FRAUDE EM LICITAÇÃO OU CONTRATO 978
337-L.1 Sujeitos do delito 978
337-L.2 Tipo objetivo 978
337-L.3 Tipo subjetivo 979
337-L.4 Consumação e tentativa 979

337-M. CONTRATAÇÃO INIDÔNEA 980
337-M.1 Sujeitos do delito 980
337-M.2 Tipo objetivo 980
337-M.3 Tipo subjetivo 981
337-M.4 Consumação e tentativa 981

337-N. IMPEDIMENTO INDEVIDO 982
337-N.1 Sujeitos do delito 982
337-N.2 Tipo objetivo 982
337-N.3 Tipo subjetivo 982
337-N.4 Consumação e tentativa 982

337-O. OMISSÃO GRAVE DE DADO OU DE INFORMAÇÃO POR PROJETISTA 983
337-O.1 Sujeitos do delito 983
337-O.2 Tipo objetivo 983
337-O.3 Tipo subjetivo 984
337-O.4 Consumação e tentativa 984
337-O.5 Forma qualificada 984

337-P PENA DE MULTA 985

338. REINGRESSO DE ESTRANGEIRO EXPULSO 985
338.1 Sujeitos do delito 985
338.2 Tipo objetivo 985
338.3 Tipo subjetivo 986
338.4 Consumação e tentativa 986
338.5 Concurso de crimes 986

339. DENUNCIAÇÃO CALUNIOSA 987
- 339.1 Sujeitos do delito 987
- 339.2 Tipo objetivo 988
- 339.3 Tipo subjetivo 990
- 339.4 Consumação e tentativa 990
- 339.5 Denunciação caluniosa qualificada 991
- 339.6 Denunciação caluniosa de contravenção 991
- 339.7 Distinção 991
- 339.8 Concurso de crimes 992

340. COMUNICAÇÃO FALSA DE CRIME OU DE CONTRAVENÇÃO 993
- 340.1 Sujeitos do delito 993
- 340.2 Tipo objetivo 993
- 340.3 Tipo subjetivo 993
- 340.4 Consumação e tentativa 994
- 340.5 Distinção 994
- 340.6 Concurso de crimes 994

341. AUTOACUSAÇÃO FALSA 995
- 341.1 Sujeitos do delito 995
- 341.2 Tipo objetivo 995
- 341.3 Tipo subjetivo 995
- 341.4 Consumação e tentativa 996
- 341.5 Distinção 996

342. FALSO TESTEMUNHO OU FALSA PERÍCIA 997
- 342.1 Sujeitos do delito 997
- 342.2 Tipo objetivo 998
- 342.3 Tipo subjetivo 1000
- 342.4 Consumação e tentativa 1000
- 342.5 Crime qualificado 1000
- 342.6 Retratação 1001
- 342.7 Concurso de crimes 1001
- 342.8 Ação penal 1002

343. CORRUPÇÃO ATIVA DE TESTEMUNHA OU PERITO 1003
- 343.1 Sujeitos do delito 1003
- 343.2 Tipo objetivo 1003

343.3	Tipo subjetivo	1003
343.4	Consumação e tentativa	1003
343.5	Crime qualificado	1004
343.6	Distinção	1004
343.7	Concurso de crimes	1004
343.8	Ação penal	1004

344. COAÇÃO NO CURSO DO PROCESSO 1005

344.1	Sujeitos do delito	1005
344.2	Tipo objetivo	1005
344.3	Tipo subjetivo	1006
344.4	Consumação e tentativa	1006
344.5	Concurso de crimes	1006

345. EXERCÍCIO ARBITRÁRIO DAS PRÓPRIAS RAZÕES 1007

345.1	Sujeitos do delito	1007
345.2	Tipo objetivo	1007
345.3	Tipo subjetivo	1008
345.4	Consumação e tentativa	1008
345.5	Distinção	1008
345.6	Concurso de crimes	1009
345.7	Ação penal	1009

346. SUBTRAÇÃO, SUPRESSÃO OU DANO A COISA PRÓPRIA NA POSSE LEGAL DE TERCEIRO 1010

346.1	Sujeitos do delito	1010
346.2	Tipo objetivo	1010
346.3	Tipo subjetivo	1010
346.4	Consumação e tentativa	1010
346.5	Distinção	1011
346.6	Ação penal	1011

347. FRAUDE PROCESSUAL 1011

347.1	Sujeitos do delito	1011
347.2	Tipo objetivo	1012
347.3	Fraude no processo penal	1012
347.4	Tipo subjetivo	1013
347.5	Consumação e tentativa	1013

347.6	Distinção	1013
347.7	Concurso de crimes	1013

348. FAVORECIMENTO PESSOAL 1014

348.1	Sujeitos do delito	1014
348.2	Tipo objetivo	1014
348.3	Tipo subjetivo	1015
348.4	Consumação e tentativa	1015
348.5	Favorecimento pessoal privilegiado	1015
348.6	Distinção	1016
348.7	Imunidade no favorecimento pessoal	1016

349. FAVORECIMENTO REAL 1016

349.1	Sujeitos do delito	1016
349.2	Tipo objetivo	1017
349.3	Tipo subjetivo	1017
349.4	Consumação e tentativa	1017
349.5	Distinção	1018

349-A. INGRESSO DE PESSOA PORTANDO APARELHO TELEFÔNICO, DE RÁDIO OU SIMILAR EM ESTABELECIMENTO PRISIONAL 1018

349-A.1 Sujeitos do delito	1018
349-A.2 Tipo objetivo	1019
349-A.3 Tipo subjetivo	1020
349-A.4 Consumação e tentativa	1021
349-A.5 Distinção	1021

351. FUGA DE PESSOA PRESA OU SUBMETIDA A MEDIDA DE SEGURANÇA 1022

351.1	Sujeitos do delito	1022
351.2	Tipo objetivo	1022
351.3	Tipo subjetivo	1023
351.4	Consumação e tentativa	1023
351.5	Crimes qualificados	1023
351.6	Crime culposo	1024
351.7	Distinção	1024
351.8	Concurso de crimes	1024
351.9	Competência	1025

352. EVASÃO MEDIANTE VIOLÊNCIA CONTRA A PESSOA 1025
    352.1   Sujeitos do delito 1025
    352.2   Tipo objetivo 1025
    352.3   Tipo subjetivo 1026
    352.4   Consumação e tentativa 1026
    352.5   Concurso de crimes 1026

353. ARREBATAMENTO DE PRESO 1027
    353.1   Sujeitos do delito 1027
    353.2   Tipo objetivo 1027
    353.3   Tipo subjetivo 1027
    353.4   Consumação e tentativa 1027
    353.5   Concurso de crimes 1027

354. MOTIM DE PRESOS 1028
    354.1   Sujeitos do delito 1028
    354.2   Tipo objetivo 1028
    354.3   Tipo subjetivo 1028
    354.4   Consumação e tentativa 1029
    354.5   Concurso de crimes 1029

355. PATROCÍNIO INFIEL 1030
    355.1   Sujeitos do delito 1030
    355.2   Tipo objetivo 1030
    355.3   Tipo subjetivo 1031
    355.4   Consumação e tentativa 1031
    355.5   Patrocínio simultâneo ou tergiversação 1031

356. SONEGAÇÃO DE PAPEL OU OBJETO DE VALOR PROBATÓRIO 1032
    356.1   Sujeitos do delito 1032
    356.2   Tipo objetivo 1033
    356.3   Tipo subjetivo 1033
    356.4   Consumação e tentativa 1034
    356.5   Distinção 1034
    356.6   Concurso de crimes 1034

357. EXPLORAÇÃO DE PRESTÍGIO 1035
    357.1   Sujeitos do delito 1035
    357.2   Tipo objetivo 1035

357.3	Tipo subjetivo	1036
357.4	Consumação e tentativa	1036
357.5	Crime qualificado	1036

358. VIOLÊNCIA OU FRAUDE EM ARREMATAÇÃO JUDICIAL 1036

358.1	Sujeitos do delito	1036
358.2	Tipo objetivo	1037
358.3	Tipo subjetivo	1037
358.4	Consumação e tentativa	1037
358.5	Distinção	1037
358.6	Concurso de crimes	1038

359. DESOBEDIÊNCIA À DECISÃO JUDICIAL SOBRE PERDA OU SUSPENSÃO DE DIREITO 1038

359.1	Sujeitos do delito	1038
359.2	Tipo objetivo	1038
359.3	Tipo subjetivo	1039
359.4	Consumação e tentativa	1039
359.5	Distinção	1039

359-A. CONTRATAÇÃO DE OPERAÇÃO DE CRÉDITO 1040

359-A.1 Sujeitos do delito	1040
359-A.2 Tipo objetivo	1041
359-A.3 Tipo subjetivo	1041
359-A.4 Consumação e tentativa	1041
359-A.5 Crimes assemelhados	1041

359-B. INSCRIÇÃO DE DESPESAS NÃO EMPENHADAS EM RESTOS A PAGAR 1042

359-B.1 Sujeitos do delito	1042
359-B.2 Tipo objetivo	1042
359-B.3 Tipo subjetivo	1042
359-B.4 Consumação e tentativa	1043

359-C. ASSUNÇÃO DE OBRIGAÇÃO NO ÚLTIMO ANO DO MANDATO OU LEGISLATURA 1043

359-C.1 Sujeitos do delito	1043
359-C.2 Tipo objetivo	1043
359-C.3 Tipo subjetivo	1044
359-C.4 Consumação e tentativa	1044

359-D. ORDENAÇÃO DE DESPESA NÃO AUTORIZADA 1044
- 359-D.1 Sujeitos do delito 1044
- 359-D.2 Tipo objetivo 1045
- 359-D.3 Tipo subjetivo 1045
- 359-D.4 Consumação e tentativa 1045

359-E. PRESTAÇÃO DE GARANTIA GRACIOSA 1046
- 359-E.1 Sujeitos do delito 1046
- 359-E.2 Tipo objetivo 1046
- 359-E.3 Tipo subjetivo 1046
- 359-E.4 Consumação e tentativa 1046

359-F. NÃO CANCELAMENTO DE RESTOS A PAGAR 1047
- 359-F.1 Sujeitos do delito 1047
- 359-F.2 Tipo objetivo 1047
- 359-F.3 Tipo subjetivo 1047
- 359-F.4 Consumação e tentativa 1047

359-G. AUMENTO DE DESPESA TOTAL COM PESSOAL NO ÚLTIMO ANO DO MANDATO OU LEGISLATURA 1048
- 359-G.1 Sujeitos do delito 1048
- 359-G.2 Tipo objetivo 1048
- 359-G.3 Tipo subjetivo 1048
- 359-G.4 Consumação e tentativa 1048

359-H. OFERTA PÚBLICA OU COLOCAÇÃO DE TÍTULOS NO MERCADO ... 1049
- 359-H.1 Sujeitos do delito 1049
- 359-H.2 Tipo objetivo 1049
- 359-H.3 Tipo subjetivo 1049
- 359-H.4 Consumação e tentativa 1049

359-I. ATENTADO À SOBERANIA 1050
- 359-I.1 Considerações gerais 1050
- 359-I.2 Sujeitos do delito 1050
- 359-I.3 Tipo objetivo 1051
- 359-I.4 Tipo subjetivo 1051
- 359-I.5 Consumação e tentativa 1051
- 359-I.6 Aumento de pena 1051
- 359-I.7 Forma qualificada 1052

359-J. ATENTADO À INTEGRIDADE NACIONAL 1052

- 359-J.1 Sujeitos do delito 1052
- 359-J.2 Tipo objetivo 1052
- 359-J.3 Tipo subjetivo 1053
- 359-J.4 Consumação e tentativa 1053
- 359-J.5 Concurso 1053

359-K. ESPIONAGEM 1054

- 359-K.1 Sujeitos do delito 1054
- 359-K.2 Tipo objetivo 1054
- 359-K.3 Tipo subjetivo 1055
- 359-K.4 Consumação e tentativa 1055
- 359-K.5 Forma qualificada 1055
- 359-K.6 Favorecimento pessoal a espião 1055
- 359-K.7 Facilitação à espionagem 1056
- 359-K.8 Exclusão da ilicitude 1056

359-L. ABOLIÇÃO VIOLENTA DO ESTADO DEMOCRÁTICO DE DIREITO . 1057

- 359-L.1 Sujeitos do delito 1057
- 359-L.2 Tipo objetivo 1057
- 359-L.3 Tipo subjetivo 1058
- 359-L.4 Consumação e tentativa 1058
- 359-L.5 Concurso 1058

359-M. GOLPE DE ESTADO 1058

- 359-M.1 Sujeitos do delito 1058
- 359-M.2 Tipo objetivo 1059
- 359-M.3 Tipo subjetivo 1059
- 359-M.4 Consumação e tentativa 1059
- 359-M.5 Concurso 1059

359-N. INTERRUPÇÃO DO PROCESSO ELEITORAL 1060

- 359-N.1 Sujeitos do delito 1060
- 359-N.2 Tipo objetivo 1060
- 359-N.3 Tipo subjetivo 1060
- 359-N.4 Consumação e tentativa 1060
- 359-N.4 Distinção 1060

359-P. VIOLÊNCIA POLÍTICA 1061
  359-P.1 Sujeitos do delito 1061
  359-P.2 Tipo objetivo 1061
  359-P.3 Tipo subjetivo 1062
  359-P.4 Consumação e tentativa 1062
  359-P.5 Concurso 1062
  359-P.6 Distinção 1062

359-R. SABOTAGEM 1063
  359-R.1 Sujeitos do delito 1063
  359-R.2 Tipo objetivo 1063
  359-R.3 Tipo subjetivo 1064
  359-R.4 Consumação e tentativa 1064
  359-R.5 Distinção 1064

359-T.1 EXCLUSÃO DA ILICITUDE 1065

360. DISPOSIÇÕES FINAIS 1066
  360.1 Revogação de leis anteriores ao CP 1066

361. VIGÊNCIA DO CÓDIGO PENAL 1066
  361.1 Vigência do Código Penal 1066
  361.2 Alterações no Código Penal 1066

SÚMULAS VINCULANTES 1067

SÚMULAS DO SUPREMO TRIBUNAL FEDERAL 1068

SÚMULAS DO SUPERIOR TRIBUNAL DE JUSTIÇA 1077

CÓDIGO PENAL

DECRETO-LEI Nº 2.848, DE 7 DE DEZEMBRO DE 1940

CÓDIGO PENAL

O Presidente da República, usando da atribuição que lhe confere o art. 180 da Constituição, decreta a seguinte Lei:

CÓDIGO PENAL
PARTE GERAL
TÍTULO I
DA APLICAÇÃO DA LEI PENAL

Anterioridade da lei

Art. 1º Não há crime sem lei anterior que o defina. Não há pena sem prévia cominação legal.

Vide: CF arts. 5º, XXXIX, XL, LIV, 22, I, 24, I e XI, 62, § 1º, I, *b*; CP arts. 2º, 3º, 4º; CPP arts. 1º, 2º, 3º; LEP arts. 2º, 45, 49. Súmula: **STF** 711.

1 ANTERIORIDADE DA LEI

1.1 Princípio da legalidade

O artigo define o *princípio da legalidade*, a mais importante conquista de índole política, norma básica do Direito Penal moderno, inscrito como garantia constitucional no art. 5º, XXXIX, da Carta Magna (não há crime sem lei anterior que o defina, nem pena sem prévia cominação legal). O princípio *nullum crimen, nulla poena sine praevia lege* assegura que não pode ser considerado crime o fato que não estiver previsto na lei e que não pode ser aplicada sanção penal que não aquela cominada abstratamente nessa regra jurídica. Ainda que o fato seja imoral, antissocial ou danoso, não há possibilidade de se imputar ao autor a prática de um crime ou aplicar-lhe uma sanção penal pela conduta praticada. Tais regras, denominadas também de *Princípio da reserva legal* relativo ao crime e à pena, têm, entre vários significados, o da reserva absoluta da *lei* (emanada do Poder Legislativo, por meio de procedimento estabelecido em âmbito constitucional, arts. 61 e ss da CF) para a definição dos crimes e a cominação das sanções penais, o que afasta não só outras fontes do direito, como as regras jurídicas que não são lei em sentido estrito (decretos, regulamentos, portarias etc.), mesmo as que tenham o mesmo efeito, como ocorre, por exemplo, com a medida provisória, instrumento jurídico totalmente inadequado para tais finalidades diante do princípio constitucional. A vedação da edição de medidas provisórias sobre matérias relativas a direito penal e processual penal está expressamente prevista no art. 62, § 1º, I, *b*, da Constituição Federal, desde a Emenda Constitucional nº 32, de 11-9-2001, que deu ao artigo a sua atual redação. É vedada, também, em decorrência do princípio da reserva legal, a aplicação da analogia *in malam partem* no direito penal incriminador, bem como a interpretação integrativa ou ampliativa. Ao contrário, devem ser interpretadas estritamente as disposições incriminadoras e cominadoras de pena. Exige o princípio da legalidade que a lei defina abstratamente um fato, ou seja, uma conduta determinada, de modo que se possa reconhecer qual o comportamento considerado como ilícito.

Vigora com o princípio da legalidade formal o *princípio da taxatividade*, que obriga a que sejam precisas as leis penais, de modo que não pairem dúvidas quanto a sua aplicação ao caso concreto. Infringe, assim, o princípio da legalidade a descrição penal vaga e indeterminada, que não possa determinar qual a abrangência exata do preceito da lei. Também é inconstitucional o dispositivo que não comine com exatidão a qualidade e quantidade da sanção penal a ser aplicada ao autor do fato criminoso, proibindo-se, assim, as penas indeterminadas.

É do princípio a *função de garantia* fundamental da liberdade, de se fazer aquilo que se quer, mas somente o que a lei permite, e que, por isso, exige clareza da lei a fim de possibilitar que seu conteúdo e limites possam ser deduzidos do texto legal o mais claramente possível. Em razão do princípio da legalidade, é vedado o uso dos costumes ou da analogia para punir alguém por um fato não previsto em lei, embora seja ele semelhante a outro por ela definido. Diga-se, também, que a lei penal somente é revogada por outra lei, não sendo idôneos para tal medida os costumes, as medidas provisórias, os decretos etc.

O artigo abrange também o *princípio da anterioridade da lei penal*, vedando a incriminação e a sanção ao fato que não estiver previamente previsto na lei. O autor só pode ser punido se, anteriormente ao fato por ele praticado, estiver vigendo uma lei que o considere como crime. No confronto de leis penais no tempo, ocorrendo a *novatio legis incriminadora*, ninguém poderá ser acusado pela prática do crime por um fato que praticou antes de entrar em vigor a lei que o defina. Somente na hipótese de uma sucessão de leis em que esteja tipificada a mesma conduta é que o agente pode ser por ela responsabilizado, aplicando-se, porém, o dispositivo mais benéfico.

Além do princípio da legalidade e seus desdobramentos, que têm a função de garantia contra o arbítrio na punição do acusado de um crime, a Constituição Federal, visando assegurar a proteção de alguns direitos fundamentais pelo Direito Penal, ordena que determinadas condutas que violam esses direitos sejam objeto de tipificação pelo legislador e que alguns desses crimes recebam tratamento penal mais rigoroso. São os denominados *mandados constitucionais de criminalização (*RAMOS, André de Carvalho. Curso de Direitos Humanos. 8ª Edição. Saraiva jur., 2021. p. 886). Nesse sentido prevê a Magna Carta: "a lei punirá qualquer discriminação atentatória dos direitos e liberdades fundamentais (art. 5º, XLI); "a prática do racismo constitui crime inafiançável e imprescritível, sujeito à pena de reclusão, nos termos da lei" (art. 5º, XLII); "a lei considerará crimes inafiançáveis e insuscetíveis de graça ou anistia a prática da tortura , o tráfico ilícito de entorpecentes e drogas afins, o terrorismo e os definidos como crimes hediondos, por eles respondendo os mandantes, os executores e os que, podendo evitá-los, se omitirem" (art. 5º, XLIII); "constitui crime inafiançável e imprescritível a ação de grupos armados, civis ou militares, contra a ordem constitucional e o Estado Democrático (art. 5º, XLIV); proteção do salário na forma da lei, constituindo crime sua retenção dolosa (art. 7º, X); "as condutas e atividades consideradas lesivas ao meio ambiente sujeitarão os infratores, pessoas físicas ou jurídicas, a sanções penais e administrativas, independentemente da obrigação de reparar os danos causados"(art. 225, § 3º); "a lei punirá severamente o abuso, a violência e a exploração sexual da criança e do adolescente" (art. 227, § 4º).

Em observância a esses mandados constitucionais de criminalização, diante da omissão do legislador e mediante a invocação do princípio da proibição da proteção deficiente, o STF já considerou condutas homofóbicas passíveis de punição como racismo (ADO 26-DF).

Jurisprudência

- Inadmissibilidade de interpretação ampliativa ou analogia
- Princípio da anterioridade da lei penal
- Sucessão de leis que regulam o fato
- Princípio da legalidade em crime de sonegação fiscal
- Princípio da legalidade em crime militar

1.2 Princípios decorrentes

Em decorrência do princípio da legalidade, a doutrina tem reconhecido uma série de outros princípios (princípio da intervenção mínima, princípio da proporcionalidade, princípio da humanidade e princípio da culpabilidade) que formam um todo indivisível, em conformidade com os fundamentos materiais do Estado Democrático de Direito" (SANTOS, Lycurgo de Castro).

Pelo *princípio da intervenção mínima*, o Direito Penal somente deve intervir nos casos de ataques muito graves aos bens jurídicos mais importantes, deixando os demais à aplicação das sanções extrapenais (v. item 13.4).

De acordo com o *princípio da proporcionalidade*, num aspecto defensivo, exige-se uma proporção entre o desvalor da ação praticada pelo agente e a sanção a ser a ele infligida, e, num aspecto prevencionista, um equilíbrio entre a prevenção geral (quando visa intimidar todos os componentes da sociedade) e a prevenção especial (quando objetiva impedir que o delinquente pratique novos crimes, intimidando-o e corrigindo-o) para o comportamento do agente que vai ser submetido à sanção penal.

Por força do *princípio da humanidade*, na execução das sanções penais deve existir uma responsabilidade social com relação ao sentenciado, em uma livre disposição de ajuda e assistência sociais direcionadas à recuperação do condenado.

Por fim, em virtude do *princípio da culpabilidade*, além da exigência de dolo ou culpa na conduta do agente, afastada a responsabilidade objetiva, é indispensável que a pena seja imposta ao agente por sua própria ação (culpabilidade pelo fato) e não por eventual defeito de caráter adquirido culpavelmente pela sua vida pregressa (culpabilidade pela forma de vida).

1.3 Outros princípios e garantias constitucionais

Para garantir a justa e correta aplicação da lei penal são formulados outros princípios, entre nós consagrados entre os direitos e garantias fundamentais previstos no art. 5º da

Constituição Federal. Assim, segundo o inciso LIV, "ninguém será privado da liberdade ou de seus bens sem o devido processo legal" (*nulla poena sine juditio*). Está limitado o poder do legislador, que não pode impor pena, cabendo ao Judiciário a aplicação dessa sanção. Por isso, determina-se também que "a lei não excluirá da apreciação do Poder Judiciário lesão ou ameaça a direito" (inciso XXXV); que "aos litigantes, em processo judicial ou administrativo, e aos acusados em geral são assegurados o contraditório e ampla defesa, com os meios e recursos a ela inerentes" (inciso LV); que "ninguém será considerado culpado até o trânsito em julgado de sentença penal condenatória" (inciso LVII) (princípio da *presunção de inocência* ou *estado de inocência*); que "nenhuma pena passará da pessoa do condenado" (inciso XLV) (princípio da *personalidade* ou da *intranscendência*); que "ninguém será preso senão em flagrante delito ou por ordem escrita e fundamentada de autoridade judiciária competente, salvo nos casos de transgressão militar ou crime propriamente militar, definidos em lei" (inciso LXI); que "a prisão ilegal será imediatamente relaxada pela autoridade judiciária" (inciso LXV), que "a todos, no âmbito judicial e administrativo, são assegurados a razoável duração do processo e os meios que garantam a celeridade de sua tramitação" (inciso LXXVIII) etc.

Por fim, a lei só pode ser aplicada pelo juiz com jurisdição (*nemo judex sine lege*), pois a Magna Carta estabelece que "ninguém será processado nem sentenciado senão pela autoridade competente" (art. 5º, LIII), prevendo os órgãos judiciários que aplicarão a lei penal (arts. 92 ss) e determinando ainda que "não haverá juízo ou tribunal de exceção" (art. 5º, XXXVII). Continua assegurado o princípio de juiz natural (juiz legal, juiz constitucional), órgão abstratamente considerado, cujo poder jurisdicional emana da Constituição.

De acordo com o *princípio da confiança*, porque a todos se impõe o dever objetivo de cuidado, i.é, de se comportarem em consonância com o ordenamento jurídico e evitarem danos a terceiros, não se pode exigir que as pessoas ajam desconfiando do comportamento de outrem para além do que a razoabilidade e as regras da experiência recomendam.

Pelo *princípio da alteridade* ou *transcendência*, o Direito Penal não deve criminalizar fatos internos, meramente psíquicos, do indivíduo que não transcendam a esfera do pensamento, ainda que moralmente condenáveis, porque há de se ocupar somente dos comportamentos exteriores que afetem as relações interpessoais.

Menciona-se como *princípio da adequação social* o pensamento que embasou a teoria da ação social ou da adequação social, de acordo com a qual não haverá fato típico sem relevância social da conduta, porque realizada esta dentro do âmbito de normalidade no meio social, não possuindo, em consequência, relevância jurídico-penal.

Fala-se em *princípio da fragmentariedade* por ter o Direito Penal um caráter *fragmentário*, i. é, por não encerrar um sistema completo de proteção aos bens jurídicos, mas apenas eleger os fatos de maior gravidade como merecedores de sanção penal.

O *princípio da subsidiariedade* visa solucionar hipótese de conflito aparente de normas e consiste na anulação da lei subsidiária pela principal. Aplica-se a norma subsidiária quando inexistente no fato algum dos elementos do tipo geral.

1.4 Irretroatividade da lei penal

Decorrência do princípio da legalidade, o *princípio da irretroatividade da lei penal* estabelece, conforme dispositivo constitucional, que "a lei penal não retroagirá, salvo para beneficiar o réu" (art. 5º, XL, da CF). Assim, entrando em vigor lei mais severa que a anterior (*lex gravior*), não vai ela alcançar o fato praticado anteriormente.

Na *novatio legis in pejus*, permanecendo na lei nova a definição do crime, mas aumentadas suas consequências penais, a norma posterior mais severa não será aplicada. Nessa situação estão as leis posteriores em que se comina pena mais grave em qualidade ou quantidade; se acrescentam circunstâncias qualificadoras ou agravantes não previstas anteriormente; se eliminam atenuantes ou causas de extinção da punibilidade; se preveem regimes de pena mais severos, se exigem mais requisitos para a concessão de benefícios penais etc. Essa regra é um dos princípios maiores, mais importantes, do Estado de Direito, pois proíbe que as normas que regulam um fato criminoso sejam modificadas posteriormente em prejuízo da situação jurídica do agente. Além de evitar que se promulguem leis que possam estar influenciadas pela comoção que produz a prática de um crime qualquer, resulta essa regra da ideia de que o delinquente, no momento de sua conduta, só pode motivar-se pelo mandado normativo quando, não só o fato está definido, mas também estão previstas todas as suas consequências em seu desfavor.

Dessa forma, conclui-se também *o princípio da ultratividade da lei mais benigna*, ou seja, de que a lei anterior, menos severa que a posterior, aplica-se ao fato praticado durante sua vigência, ainda que a ação penal se desenvolva na vigência da lei nova.

Embora não se proíba a retroatividade das leis processuais, respeitadas as exceções constitucionais (direito adquirido, ato jurídico perfeito e coisa julgada), é de se considerar que podem elas conter também caráter penal. Essas normas são de natureza diversa, de caráter híbrido, penal e processual (*normas mistas*), aplicando-se a elas os princípios que regem a lei penal, inclusive o da irretroatividade da lei mais severa (item 2.7).

Jurisprudência

- Irretroatividade da lei mais severa quanto a penas
- Irretroatividade da lei mais severa no crime continuado
- Irretroatividade da Lei dos Crimes Hediondos
- Irretroatividade da lei mais severa quanto a agravantes
- Irretroatividade da lei penal: prescrição
- Irretroatividade da Lei nº 8.930/1994, que incluiu o homicídio entre os crimes hediondos
- Irretroatividade da lei mais severa quanto a crimes
- Irretroatividade da lei mais severa quanto a penas
- Irretroatividade de lei mais severa quanto a regimes de pena
- Irretroatividade da lei mais severa no crime continuado
- Continuação delitiva na lei nova mais severa: aplicação desta
- Irretroatividade da lei mais severa quanto à prescrição
- Irretroatividade da Lei dos Crimes Hediondos
- Irretroatividade da lei mais severa quanto a agravantes
- Irretroatividade da Lei nº 8.930/1994, que incluiu o homicídio entre os crimes hediondos
- Irretroatividade da Lei nº 11.464/2007: lapso mais gravoso para progressão de regime

Lei penal no tempo

Art. 2º Ninguém pode ser punido por fato que lei posterior deixa de considerar crime, cessando em virtude dela a execução e os efeitos penais da sentença condenatória.

Parágrafo único. A lei posterior, que de qualquer modo favorecer o agente, aplica-se aos fatos anteriores, ainda que decididos por sentença condenatória transitada em julgado.

Vide: **CF** art. 5°°, XXXVI, XXXIX, XL; **CP** arts. 1°, 3°, 91, 92, 107, III; **CPP** arts. 2°, 63, 67, II; **LEP** art. 66, I. Súmulas: **STF** 611; **STJ** 501, 513.

2 A LEI PENAL NO TEMPO

2.1 *Abolitio criminis*

Como exceção ao princípio da irretroatividade da lei penal, prevê a Constituição a retroatividade da lei mais benigna ao dispor que a lei penal não retroagirá, *salvo para beneficiar o réu* (art. 5°, XL). Em consonância com esse princípio da *retroatividade da lei mais benigna*, de aplicação obrigatória por se tratar de imposição constitucional, dispõe o artigo sobre a denominada *abolitio criminis*, prevendo que ninguém será punido por fato que lei posterior deixa de considerar crime. A nova lei, que se presume ser mais perfeita, mais adequada que a anterior, demonstrando não haver mais, por parte do Estado, interesse na punição do autor de determinado fato, sempre retroage para alcançá-lo. Pode ocorrer a *abolitio criminis* antes ou durante o inquérito policial ou da ação penal, ou mesmo depois desta. De forma expressa, o dispositivo alcança inclusive os fatos definitivamente julgados, ou seja, a execução da sentença condenatória e todos os efeitos penais dessa decisão condenatória. Não se configura a *abolitio criminis* se a conduta praticada pelo acusado e prevista na lei revogada é ainda submissível a outra lei penal em vigor.

Não é possível instituir-se a descriminalização da conduta por outra regra jurídica que não por lei *em sentido estrito*, nem mesmo por medida provisória. Trata-se de matéria que se refere a direitos individuais, entre eles os que dizem respeito ao princípio da legalidade (art. 5°, XXXIX e XL).

Jurisprudência

- Inocorrência de *abolitio criminis*: continuidade normativo-típica
- Nova lei que ainda incrimina o fato
- Inadmissibilidade da *abolitio criminis* por medida provisória
- Inadmissibilidade de *abolitio criminis* pelo costume
- Inadmissibilidade da revogação pelo costume (jogo do bicho)
- Inadmissibilidade da revogação pelo costume (jogo do bicho) – Contra
- *Abolitio criminis* temporária no Estatuto do Desarmamento
- *Abolitio criminis* pela criação da imunidade de vereador

2.2 Desaparecimento dos efeitos penais

A regra do art. 2° obriga a desconsiderar-se não só o delito, mas todos os seus reflexos penais decorrentes da aplicação da lei anterior. Assim, o sentenciado será posto em liberdade se estiver cumprindo pena, voltará à condição de primário se não sofreu outra condenação, não estará mais submetido ao *sursis* ou livramento condicional etc. Não obsta à aplicação da regra ter sido o fato objeto de sentença transitada em julgado. Trata-se de exceção constitucional à proibição da lei de atingir a coisa julgada.

Referindo-se a lei somente aos efeitos penais da sentença condenatória, *permanecem os efeitos civis, políticos e administrativos* desde que tenha sido o fato objeto de sentença transitada em julgado. Nessa parte, a sentença torna certa a obrigação de indenizar o dano causado pelo crime, configura o confisco, impõe a perda do cargo, função pública ou mandato eletivo, a incapacidade para o exercício do poder familiar, tutela ou curatela e a inabilitação para dirigir veículo quando devidamente impostas tais medidas políticas, civis e administrativas na sentença (arts. 91, 91-A e 92 do CP).

2.3 Retroatividade da lei mais benigna

Além de não mais considerar fato anteriormente incriminado, a nova lei pode favorecer o agente de forma diversa (*novatio legis in mellius*). O parágrafo único do art. 2º, em consonância com o art. 5º, XL, da CF, dispõe que deve ser ela aplicada aos fatos anteriores, ainda que decididos por sentença condenatória transitada em julgado. Refere-se, portanto, aos dispositivos da lei nova que, ainda incriminando o fato, dão a seu autor um tratamento menos rigoroso, não só com relação à natureza ou quantidade da pena, como também a todos os seus efeitos penais. Estão nessa categoria de norma penal mais benéfica as que prevejam novos casos de extinção da punibilidade ou novos benefícios, as que diminuem os requisitos para sua concessão etc. O princípio da retroatividade da *lex mitior*, exceção ao princípio da irretroatividade da lei penal, não se detém mesmo havendo coisa julgada. Ainda que se esteja procedendo à execução da sentença condenatória, aplica-se a lei nova que favoreça o agente de qualquer forma. Tratando-se de matéria penal, incluindo-se os institutos da execução penal que se refiram à pena e à medida de segurança, a aplicação da lei nova mais benigna ao fato anterior é obrigatória, cabendo esta ao juiz encarregado da execução quando a sentença tiver transitado em julgado (art. 66, I, da Lei de Execução Penal e Súmula 611 do STF).

Discute-se na doutrina e na jurisprudência a possibilidade da conjugação de leis sucessivas mediante a aplicação dos dispositivos, ou partes destes, mais favoráveis contidos em cada um dos diplomas. Sob o argumento de que essa conjugação significaria a indevida aplicação pelo julgador de uma "terceira lei", criada a partir da combinação de partes de duas, tem-se entendido nos tribunais superiores que se impõe a aplicação de uma única lei, aquela que, no caso concreto, revelar-se a mais benigna ao réu ou sentenciado (v. item 2.8).

Jurisprudência

- *Novatio legis in mellius*: abolição de majorante no roubo
- *Retroatividade da lei mais benigna*
- *Retroatividade quanto a penas restritivas de direito*
- *Retroatividade quanto a penas acessórias*
- *Retroatividade quanto a medidas de segurança*
- *Irretroatividade quanto ao regime prisional*
- Retroatividade na cominação da pena
- Retroatividade na revogação de majorante na Lei de Drogas
- Inadmissibilidade da combinação das Leis nos 11.343/2006 e 6.368/1976: aferição da lei mais favorável no caso concreto
- Retroatividade quanto à reincidência específica
- Retroatividade quanto à reabilitação
- Retroatividade na execução da pena: livramento condicional
- Retroatividade em sentença transitada em julgado
- Retroatividade em *vacatio legis*
- Aplicação da *lex mitior* inconstitucional
- Competência para a aplicação da lei penal mais benéfica
- Incerteza quanto à época do fato

2.4 Aplicação de lei intermediária

No caso de vigência de três leis sucessivas, deve-se ressaltar que sempre será aplicada a lei mais benigna entre elas: quanto ao fato praticado na vigência da primeira, a posterior será retroativa quanto às anteriores e a lei mais antiga será ultrativa em relação àquelas que a sucederem. Se entre as que se sucedem surge uma intermediária mais benigna, embora não seja nem a do tempo do crime nem daquele em que a lei vai ser aplicada, essa lei intermediária mais benévola deve ser respeitada.

Como exemplo, temos que na redação original do Código Penal, o emprego no roubo de qualquer "arma", inclusive a arma branca, constituía circunstância que determinava o aumento da pena de um terço até metade, nos termos do § 2º, I. Com a vigência da Lei nº 13.654, de 23-4-2018, que revogou esse dispositivo, somente o emprego de arma de fogo determinava o acréscimo de dois terços, conforme o novo § 2º-A, I. Posteriormente, a Lei nº 13.964, e 24-12-2019, inseriu o inciso VII no mesmo § 2º, prevendo o aumento de um terço até metade na hipótese do emprego de "arma branca". Assim, o agente que cometeu um roubo com o emprego de arma branca anteriormente à vigência da Lei nº 13.964, de 24-12-2019, que se deu em 23-1-2020, terá direito à aplicação da Lei nº 13.654, de 23-4-2018, a lei intermediária, mais benigna, *independentemente* do momento do crime e do tempo da sentença.

Jurisprudência

- Aplicação de lei intermediária

2.5 Retroatividade e lei penal em branco

Quanto às normas penais em branco (ou leis penais em branco), de conteúdo incompleto, vago, exigindo complementação por outra norma jurídica, deve-se fazer uma distinção. Revogada ou alterada a norma complementar, não vige o princípio da retroatividade da lei mais benigna, mas o da ultratividade (ou seja, aplicação da norma jurídica após a sua revogação), já que a revogação ou alteração é da norma complementar e não da lei penal. Ainda que se entenda que a norma complementar passa a integrar a lei penal, sendo ela excepcional ou temporária, possui também o caráter de ultratividade previsto no art. 3º do CP (item 3.1). Entretanto, se a norma complementar não estiver ligada a uma circunstância temporal ou excepcional, constituindo-se apenas em um aperfeiçoamento da legislação, será aplicado o princípio da retroatividade da lei mais benigna.

Assim, pode-se concluir que há de se fazer uma distinção: (a) se a norma penal em branco tem caráter excepcional ou temporário, aplica-se o art. 3º do CP, sendo a norma complementar ultrativa; (b) se, ao contrário, não tem ela caráter temporário ou excepcional, aplica-se o art. 2º, parágrafo único, ocorrendo a *abolitio criminis*.

Jurisprudência

- Retroatividade da norma complementar da lei penal em branco: Estatuto do Desarmamento
- Irretroatividade na lei penal em branco: contra a economia popular
- Irretroatividade na lei penal em branco: crime contra as relações de consumo
- *Abolitio criminis* na retirada do cloreto de etila do rol de psicotrópicos de uso proscrito

2.6 Retroatividade e lei processual

De acordo com o disposto no art. 2º do CPP, a lei processual penal aplicar-se-á desde logo, sem prejuízo da validade dos atos realizados sob a vigência da lei anterior. Em princípio, não há que se cogitar, no caso, de lei mais benigna ou mais severa. De acordo com o princípio *tempus regit actum*, a partir da data de início da vigência, a lei posterior passa a regular os atos processuais (salvo disposição expressa em contrário), permanecendo válidos os atos já praticados. Não pode ser considerada retroativa, pois não está regulando o fato criminoso anterior a ela, mas os atos processuais a partir do momento em que ela passa a viger. Entretanto, por força da Lei de Introdução ao Código de Processo Penal (Dec.-lei nº 3.931, de 11-12-41), no confronto entre as leis, "à prisão preventiva e à fiança aplicar-se-ão os dispositivos que forem mais favoráveis" (art. 2º). Entendendo-se que as alterações efetuadas no Código de Processo Penal estão submetidas, ainda, à referida lei, vigoram para elas as regras de ultratividade e retroatividade da lei mais benigna no que diz respeito à prisão. No mais, deve-se obedecer ao art. 2º do CPP.

Jurisprudência

- Decretação de prisão preventiva de ofício: irretroatividade da Lei nº 13.964/2019

2.7 Retroatividade das normas mistas

Não foge à regra da retroatividade da lei nova mais benéfica quando uma norma mista, de caráter híbrido por disciplinar instituto processual com reflexos no direito material, beneficia o agente. Nestas, entretanto, é preciso observar que a aplicação não desfigure o instituto processual, cindindo-o de modo que seja aplicada a norma de caráter penal, quanto às consequências, em prejuízo de seu aspecto essencial, de caráter processual. Efeitos penais da norma devem ser analisados no âmbito próprio e no momento oportuno e nos limites do instituto substancial processual. Assim, as normas híbridas contidas na Lei nº 9.099, de 26-9-95, que regulou os Juizados Cíveis e Criminais, devem sofrer tal restrição. Em sua vigência, com relação a fatos anteriores, as regras referentes à composição (art. 74), transação (art. 76) e representação (art. 88) só podem ser aplicadas quando ainda não recebida a denúncia, e a suspensão condicional do processo (art. 89) quando não sentenciado o processo, embora contra essa orientação se tenham manifestado predominantemente nossos Tribunais. É o que ocorre, por exemplo, com o art. 88 da Lei nº 9.099/95, que passou a exigir a representação no crime de lesões corporais leves e lesões culposas, e com o estelionato, que, como regra, também passou a ser apurado mediante ação penal pública condicionada a partir da edição da Lei nº 13.964, de 24-12-2019. De outro lado, se o instituto processual previsto por lei nova for mais favorável, acarretando porém consequências penais mais severas, não deve ser ele aplicado ao fato ocorrido antes de sua vigência.

Jurisprudência

- retroatividade do § 5º do art. 171 e a consequente necessidade de intimação da vítima para prosseguimento da ação em curso, até o trânsito em julgado
- Acordo de não persecução penal: aplicação de nova lei processual antes do oferecimento da denúncia
- Acordo de não persecução penal: retroatividade até a condenação definitiva
- Retroatividade dos institutos penais da Lei nº 9.099/95
- Retroatividade de norma sobre representação
- Retroatividade de norma sobre representação – Contra
- Retroatividade de norma sobre transação
- Retroatividade de norma sobre suspensão condicional do processo
- Irretroatividade dos institutos penais da Lei nº 9.099/95 nos processos em andamento

- Irretroatividade da composição, da transação e da suspensão condicional do processo em fase recursal
- Retroatividade de norma sobre suspensão do processo
- Irretroatividade de lei mista: suspensão do processo
- Irretroatividade de lei mista: suspensão do processo – Contra

2.8 Combinação de leis

É possível que uma lei nova possa favorecer o agente em um aspecto e prejudicá-lo em outro, devendo nesse caso, segundo se tem entendido, prevalecer aquela que, a final, favoreça mais o agente. A melhor solução, porém, é a de que pode haver combinação de duas leis, aplicando-se ao caso concreto os dispositivos mais benéficos. A conjugação pode ser efetuada não só com a inclusão de um dispositivo da lei nova, como também com a combinação de partes de dispositivos da lei anterior e posterior. Apesar das críticas de que não é permitido ao julgador a aplicação de uma "terceira lei" (formada por parte das duas em confronto), é a orientação mais aceitável, considerando-se que o sentido do princípio constitucional da retroatividade obrigatória da lei mais benigna é de que se aplique sempre a norma mais favorável, seja ela um artigo, parágrafo, inciso etc., ou parte deles, quando mais favorável ao agente (v. item 2.3).

Jurisprudência

- Inadmissibilidade de combinação de leis
- Combinação de leis no tráfico de entorpecentes: inadmissibilidade da aplicação do redutor previsto no § 4º do art. 33 da Lei nº 11.343/2006 às penas cominadas nos arts. 12 e 14 da Lei nº 6.368/1976
- Contra: admissibilidade da aplicação do redutor previsto no § 4º do art. 33 da Lei nº 11.343/2006 às penas cominadas nos arts. 12 e 14 da Lei nº 6.368/1976
- Admissibilidade de combinação de leis

Lei excepcional ou temporária

Art. 3º A lei excepcional ou temporária, embora decorrido o período de sua duração ou cessadas as circunstâncias que a determinaram, aplica-se ao fato praticado durante sua vigência.

Vide: CF art. 5º, XL; CP arts. 1º, 2º; CPP art. 2º; Lei nº 12.663, de 5-6-2012, arts. 30 a 35, 36, 71 (contêm normas penais temporárias).

3 LEI EXCEPCIONAL OU TEMPORÁRIA

3.1 Ultratividade das leis excepcionais e temporárias

Leis temporárias são as que vigem por tempo determinado, por disposição expressa do próprio diploma legal. Exemplo é a Lei nº 12.663, de 5-6-2012 ("Lei Geral da Copa"), que definiu tipos penais (arts. 30 a 35) que teve a sua vigência limitada ao período compreendido entre 1º-1-2013 e 31-12-2014, conforme normas expressas (arts. 36 e 71).

Leis excepcionais são as destinadas a viger em situações de emergência, como nas hipóteses de estado de guerra, estado de sítio, estado de calamidade pública etc. Cessada tal situação de emergência, perde a vigência. Segundo o artigo, essas leis têm *ultratividade*, ou seja, aplicam-se ao fato cometido sob seu império mesmo depois de revogadas pelo decurso do tempo ou superação do estado emergencial. Assim, aplicam-se os arts. 355 a 408 do CPM, que definem os crimes militares em tempo de guerra, ainda que sobrevenha o fim do conflito. A ultratividade da norma penal impõe-se também quando a norma complementar é alterada para regular fatos ocorridos durante a situação excepcional que justificou a sua modificação, como no caso da Lei nº 13.979, de 6-2-2020, que passou a dispensar a licitação para a aquisição ou contratação de bens, serviços, inclusive de engenharia, e insumos destinados ao enfrentamento da pandemia da Covid-19, durante a vigência do estado de calamidade pública decretado pelo Dec. Leg nº 6 de 20-3-2020. O que possibilita a punição é a circunstância de ter sido a conduta praticada durante o prazo de tempo em que era ela exigida e a norma necessária para salvaguardar os bens jurídicos expostos naquela ocasião especial. Não se trata, assim da superveniência de lei mais perfeita ou de desinteresse do Estado pela punição do agente e sim da desnecessidade de vigência da lei após aquela situação excepcional ser superada. Como se tem anotado, se não existisse o dispositivo citado, poder-se-ia alegar a ocorrência de *abolitio criminis* ou o réu procrastinaria o processo até que a lei não mais estivesse em vigor, o que a tornaria inócua, em desigualdade com aquele que não o fizesse, vindo a ser condenado e cumprindo pena. O dispositivo aplica-se inclusive à lei penal em branco quando a norma complementar é de caráter excepcional ou transitório (item 2.5). A retroatividade só ocorre quando a nova norma importa em real modificação da figura abstrata do direito penal e não quando importe a mera modificação de circunstâncias que, na realidade, deixa subsistente a norma.

Jurisprudência

- Ultratividade da norma penal em branco
- Inexistência de *abolitio criminis*
- Ultratividade da norma complementar da lei penal em branco: crime contra a economia popular
- Ultratividade da norma complementar da lei penal em branco: fraude em licitação
- Retroatividade e ultratividade da norma penal em branco
- Irretroatividade de norma temporária do Estatuto do Desarmamento

Tempo do crime

Art. 4º Considera-se praticado o crime no momento da ação ou omissão, ainda que outro seja o momento do resultado.

Vide: CP arts. 13, 14, 71, 111, 115. Súmula: STF 711.

4 TEMPO DO CRIME

4.1 Tempo do crime

Indispensável muitas vezes saber qual o *tempo do crime*, ou seja, a ocasião, o momento, a data em que se considera praticado o delito para a aplicação da lei penal (problemas de confronto de leis penais no tempo, de imputabilidade, anistia, prescrição etc.). Pelo artigo foi adotada a *teoria da atividade*, considerando-se como tempo do crime o lugar da ação ou omissão. Em decorrência desse princípio, aquele que praticou a conduta na vigência da lei anterior terá direito à aplicação da lei mais benéfica em confronto com a posterior mais severa, ainda que o resultado tenha ocorrido na vigência destas; o menor de 18 anos não será considerado imputável mesmo que a consumação se dê quando tiver completado essa idade etc. Quanto ao aspecto processual, de competência, o Código de Processo Penal adotou outra teoria, estabelecendo que será ela determinada, em regra, pelo lugar em que se consumar a infração, ou, no caso de tentativa, pelo lugar em que for praticado o último ato de execução (art. 70), o art. 63 da Lei nº 9.099, de 26-9-1995, que dispõe sobre os Juizados Especiais Cíveis e Criminais, determina a competência destes pelo "lugar em que foi praticada a infração penal", ou seja, pelo *lugar do crime*, cujo conceito é o previsto no art. 6º do Código Penal. Na jurisprudência, entretanto, muitas vezes tem-se fixado a competência pelo lugar do crime, ou seja, da ação ou omissão.

Jurisprudência

- Competência pelo lugar da consumação
- Competência pelo lugar da ação ou omissão

4.2 Crime permanente, crime habitual e crime continuado

Considerando-se que nos crimes permanentes e nos crimes habituais a conduta e o resultado se prolongam no tempo, sobrevindo no decorrer da execução do delito uma lei nova mais benéfica, será o agente beneficiado. Entretanto, a superveniência de lei mais severa obriga a aplicação desta com relação aos fatos e circunstâncias ocorridos já em sua vigência. Essa regra não se aplica aos crimes instantâneos de efeitos permanentes, pois o tempo do crime é o da ação, pouco importando que seus efeitos permaneçam. Vigoram aqui as regras de aplicação da lei penal no tempo, ou seja, de ultratividade e retroatividade da lei mais benéfica. Quanto ao crime continuado, também será aplicada a lei mais severa sobrevinda a anterior quando, na forma do art. 71, dois ou mais crimes foram praticados na vigência desta (item 1.2). Nos termos da Súmula 711 do STF, a lei penal mais grave aplica-se ao crime continuado ou ao crime permanente se a sua vigência é anterior à cessação da continuidade ou da permanência.

Jurisprudência

- Irretroatividade da lei mais severa no crime continuado
- Irretroatividade da lei mais severa quanto à prescrição
- Continuação delitiva na lei nova mais severa: aplicação desta
- Aplicação da lei mais severa no crime permanente

Territorialidade

Art. 5º Aplica-se a lei brasileira, sem prejuízo de convenções, tratados e regras de direito internacional, ao crime cometido no território nacional.

§ 1º Para os efeitos penais, consideram-se como extensão do território nacional as embarcações e aeronaves brasileiras, de natureza pública ou a serviço do governo brasileiro onde quer que se encontrem, bem como as aeronaves e as embarcações brasileiras, mercantes ou de propriedade privada, que se achem, respectivamente, no espaço aéreo correspondente ou em alto-mar.

§ 2º   É também aplicável a lei brasileira aos crimes praticados a bordo de aeronaves ou embarcações estrangeiras de propriedade privada, achando-se aquelas em pouso no território nacional ou em vôo no espaço aéreo correspondente, e estas em porto ou mar territorial do Brasil.

Vide: **CF** arts. 5º, §§ 3º e 4º, 109, V, V-A, IX, § 5º; **CP** arts. 6º, 7º, 8º; **LCP** art. 2º; **CPP** arts. 1º, 89, 90; **Lei nº 7.565**, de 19-12-1986 – Código Brasileiro de Aeronáutica – arts. 3º, 5º, 11, 107 (espaço aéreo e aeronaves); **Lei nº 8.617**, de 4-1-1993, arts. 1º, 2º (mar territorial).

5   TERRITORIALIDADE

5.1   Conceito de território

Para definir a possibilidade de aplicação da lei nacional a fatos que ocorram no país ou fora dele ou que violam interesses nacionais embora cometidos no exterior, estabelece a lei os princípios de aplicação da lei penal no espaço, adotando como base o *princípio da territorialidade*, decorrente da soberania, segundo o qual se aplica a lei brasileira ao crime cometido no território nacional. Em sentido estrito, material, o território abrange o solo (e subsolo), sem solução de continuidade e com limites reconhecidos, as águas interiores, o mar territorial, a plataforma continental e o espaço aéreo. Pelo art. 2º da Lei nº 8.617, de 4-1-1993, a soberania do Brasil "estende-se ao mar territorial, ao espaço aéreo sobrejacente, bem como a seu leito e subsolo". As águas interiores são as compreendidas entre a costa do Estado e a linha base do mar territorial. O mar territorial constitui-se da faixa ao longo da costa, incluindo o leito e o subsolo respectivos (plataforma continental). Aderindo à Convenção Internacional sobre o Direito do Mar, pela qual o conceito de soberania absoluta sobre a faixa de 200 milhas da costa ficou transformado para o de zona de exploração econômica, na Lei nº 8.617, de 4-1-1993, ficou definido o limite do mar territorial brasileiro: "O mar territorial brasileiro compreende uma faixa de doze milhas marítimas de largura, medidas a partir da linha de baixa-mar do litoral continental e insular brasileiro, tal como indicada nas cartas náuticas de grande escala, reconhecidas oficialmente pelo Brasil" (art. 1º). Nos locais da costa brasileira que apresentam recortes, reentrâncias ou franja de ilhas que exijam a adoção do método de linhas de base retas (art. 1º, parágrafo único, da Lei nº 8.617), os pontos para o seu traçado são os previstos no Decreto nº 8.400, de 4-2-2015, que revogou o Decreto nº 4.983, de 10-2-2004. Prevalecendo entre nós a teoria da soberania sobre a coluna atmosférica, prevista inicialmente pelo Código Brasileiro do Ar e pelo art. 11 do Código Brasileiro da Aeronáutica (Lei nº 7.565, de 19-12-1986), o espaço aéreo brasileiro é delimitado por linhas imaginárias que se situam perpendicularmente aos limites do território físico, incluindo o mar territorial.

O território por extensão (ou ficção), regido pelo art. 5º, § 1º, inclui, pela *lei da bandeira* (ou do *pavilhão*), as embarcações e aeronaves brasileiras de natureza pública e as que estão a serviço do governo brasileiro, onde quer que se encontrem, bem como as embarcações privadas e da marinha mercante e aeronaves brasileiras que se achem em alto-mar ou no espaço aéreo correspondente. O art. 3º da Lei nº 9.432, de 8-1-1997, estabelece o direito de arvorar a bandeira brasileira nas embarcações. Aos crimes praticados nos barcos salva-vidas ou destroços do navio naufragado, considerados remanescentes da nave (ou aeronave), aplica-se também a lei da bandeira. A competência para sua apuração é disciplinada pelos arts. 89 e 90 do CPP.

Em resumo, compreendendo o território nacional, para os efeitos penais, todos os elementos mencionados (território, embarcações e aeronaves brasileiras de natureza pública ou a serviço do governo brasileiro, onde quer que se encontrem, embarcações e aeronaves brasileiras, mercantes ou de propriedade privada, que se achem, respectivamente, em alto-mar ou no espaço aéreo correspondente), qualquer crime praticado nesses locais é alcançado, obrigatoriamente, pela lei penal brasileira, excetuando-se apenas as hipóteses de não aplicação da lei registradas em convenções, tratados e regras de direito internacional. Também se aplica a lei nacional aos crimes praticados a bordo de aeronaves ou embarcações estrangeiras de propriedade privada, achando-se aquelas em pouso no território nacional ou em voo no espaço aéreo correspondente, e estas em porto ou mar territorial do Brasil, já que tais locais pertencem ao território brasileiro.

Jurisprudência

- Adoção do princípio da territorialidade: crime de lavagem de dinheiro cometido no Brasil e no exterior
- Crime cometido a bordo de navio mercante estrangeiro
- Competência da Justiça Federal para crime cometido em embarcações
- Competência da Justiça Estadual para crime cometido em embarcação de pequeno porte
- Competência da Justiça Federal para crime cometido em aeronave
- Crime cometido em área de fronteira

5.2 Exceções ao princípio da territorialidade

A regra do princípio da territorialidade prevê a exceção de não aplicação da lei brasileira aos crimes cometidos no território brasileiro, mas que não são abrangidos pela lei penal nacional em virtude de convenções, tratados e regras de direito internacional. Fala-se, portanto, no que tange ao disposto no Código, de territorialidade *temperada*.

Lugar do crime

Art. 6º Considera-se praticado o crime no lugar em que ocorreu a ação ou omissão, no todo ou em parte, bem como onde se produziu ou deveria produzir-se o resultado.

Vide: CF art. 109, V; CP arts. 13, 14; CPP arts. 70, 71, 83; Lei nº 9.099, de 26-9-1995, art. 63.

6 LUGAR DO CRIME

6.1 Teoria da ubiquidade

Para a aplicação do princípio da territorialidade, nos chamados *crimes a distância*, a lei adotou como regra a *teoria da ubiquidade* (ou *teoria da unidade*, ou *teoria mista*), segundo a qual lugar do crime é tanto o lugar onde foi praticada a ação ou omissão, no todo ou em parte, como onde se produziu ou deveria produzir-se o resultado. A expressão "deveria produzir-se o resultado" refere-se às hipóteses de tentativa quando a ação foi praticada fora do território nacional. Segundo a doutrina, não será aplicada a lei brasileira, porém, aos casos de interrupção da execução e antecipação involuntária da consumação ocorridos fora do Brasil, ainda que a intenção do agente fosse obter o resultado no território nacional. Embora defeituoso o dispositivo, aplica-se a lei brasileira ao crime em que, praticada a ação fora do território nacional, *parte* do resultado ocorra neste.

Diante do conceito legal de lugar do crime, em princípio não ficam sob a égide da lei brasileira os ilícitos penais quando apenas os atos preparatórios ou os efeitos secundários do crime ocorram no Brasil.

O conceito de lugar do crime não é válido para o efeito de competência, uma vez que, expressamente, se prevê que a competência *ratione loci* é determinada pelo "lugar em que se consumar a infração" (art. 70 do CPP). De outro lado, a competência dos Juizados especiais criminais é determinada pelo "lugar em que foi praticada a infração penal" (art. 63 da Lei nº 9.099/95), ou seja, pelo *lugar do crime*, resolvendo-se eventual conflito pela prevenção (art. 83 do CPP).

Jurisprudência

- Ação praticada no território nacional
- Crime praticado em embaixada brasileira
- Crime a distância
- Crime de tráfico de entorpecentes no Brasil e no estrangeiro
- Teoria da ubiquidade e inexistência de litispendência
- Teoria da ubiquidade e competência territorial

Extraterritorialidade

Art. 7º Ficam sujeitos à lei brasileira, embora cometidos no estrangeiro:

I – os crimes:

a) contra a vida ou a liberdade do Presidente da República;

b) contra o patrimônio ou a fé pública da União, do Distrito Federal, de Estado, de Território, de Município, de empresa pública, sociedade de economia mista, autarquia ou fundação instituída pelo Poder Público;

c) contra a administração pública, por quem está a seu serviço;

d) de genocídio, quando o agente for brasileiro ou domiciliado no Brasil;

II – os crimes:

a) que, por tratado ou convenção, o Brasil se obrigou a reprimir;

b) praticados por brasileiro;

c) praticados em aeronaves ou embarcações brasileiras, mercantes ou de propriedade privada, quando em território estrangeiro e aí não sejam julgados.

§ 1º Nos casos do inciso I, o agente é punido segundo a lei brasileira, ainda que absolvido ou condenado no estrangeiro.

§ 2º Nos casos do inciso II, a aplicação da lei brasileira depende do concurso das seguintes condições:

a) entrar o agente no território nacional;

b) ser o fato punível também no país em que foi praticado;

c) estar o crime incluído entre aqueles pelos quais a lei brasileira autoriza a extradição;

d) não ter sido o agente absolvido no estrangeiro ou não ter aí cumprido a pena;

e) não ter sido o agente perdoado no estrangeiro ou, por outro motivo, não estar extinta a punibilidade, segundo a lei mais favorável.

§ 3º A lei brasileira aplica-se também ao crime cometido por estrangeiro contra brasileiro fora do Brasil, se, reunidas as condições previstas no parágrafo anterior:

a) não foi pedida ou foi negada a extradição;

b) houve requisição do Ministro da Justiça.

Vide: **CF** arts. 5º, LI, LII, §§ 3º e 4º, 102, I, *g*, 109, IV, V, V-A, IX, § 5º; **CP** arts. 5º, 6º, 8º, 107; **LCP** art. 2º; **CPP** art. 88; **CPM** arts. 208 e 401 (crime de genocídio); **Lei nº 2.889**, de 1º-10-1956, art. 1º (crime de genocídio); **Lei nº 9.263**, de 12-1-1996, art. 17 e parágrafo único (esterilização cirúrgica como genocídio); **Lei nº 9.455**, de 7-4-1997, art. 2º (extraterritorialidade em crime de tortura; **Lei nº 13.445**, de 24-5-2017, arts 81 a 99 (extradição).

7 EXTRATERRITORIALIDADE

7.1 Extraterritorialidade incondicionada

A aplicação da lei brasileira a crimes cometidos no estrangeiro, casos de *extraterritorialidade*, está prevista pelo artigo 7º, complementando o princípio da territorialidade. No inciso I, estão referidos os casos de *extraterritorialidade incondicionada*, em que é obrigatória a aplicação da lei brasileira ao crime cometido fora do território nacional, independentemente de estar preenchida qualquer condição. Essas hipóteses, com exceção da última (*d*), estão fundadas no *princípio de proteção* (*princípio de competência real*, de defesa) em que a lei defende os bens jurídicos nacionais que o Estado considera fundamentais. Em primeiro lugar, estão os crimes contra a vida ou a liberdade do Presidente da República (arts. 121, 122, 146 a 154, 154-A, § 5º, I, do CP). Como a lei se utiliza de expressão técnica, a redação do dispositivo faz com que não se possam incluir crimes graves como latrocínio, extorsão mediante sequestro seguido de morte, considerados pela lei como crimes contra o patrimônio. Também se aplica a lei brasileira aos crimes contra o patrimônio (arts. 155 a 180 do CP) e contra a fé pública (arts. 289 a 311-A do CP) das pessoas jurídicas de direito público previstas na alínea *b* do inciso I. São também casos de extraterritorialidade incondicionada os crimes contra a administração pública, por quem está a seu serviço. Estão incluídos os ilícitos previstos entre os arts. 312 e 326 do CP, bem como os constantes do Título XI desse Estatuto, desde que praticados por agente considerado funcionário público para os efeitos penais, conceituado no art. 327 do CP. Na alínea *d*, adotou-se o *princípio da justiça universal* (ou *da competência universal ou cosmopolita*), de que o criminoso deve ser julgado onde for detido, segundo as leis desse país, não se levando em conta o lugar do crime, a nacionalidade do autor ou o bem jurídico lesado, dado que o crime é um mal universal. Aplica-se, assim, a lei brasileira ao crime de genocídio, quando o agente for brasileiro ou domiciliado no Brasil. O genocídio está previsto na Lei nº 2.889, de 1º-10-1956, mas a lei inclui também os ilícitos previstos nos arts. 208 e 401 do Código Penal Militar e a eles se equipara o crime de induzir ou instigar dolosamente a prática de esterilização cirúrgica quando cometido contra a coletividade (art. 17 e seu parágrafo único da Lei nº 9.263, de 12-1-1996). Em todas essas hipóteses, o agente é punido segundo a lei brasileira, ainda que absolvido ou condenado no estrangeiro. É o que dispõe o § 1º do artigo em exame.

Jurisprudência

- Extraterritorialidade incondicionada – crime de lavagem de dinheiro e evasão de divisas
- Extraterritorialidade incondicionada – Crime contra a fé pública da União

7.2 Extraterritorialidade condicionada

Também é possível a aplicação da lei brasileira a crimes cometidos no estrangeiro, desde que preenchidos os requisitos previstos no § 2º do artigo. São casos de *extraterritorialidade condicionada* por depender a aplicação da lei do concurso de várias condições. Ainda de acordo com o princípio da competência universal, estão sujeitos à lei brasileira os crimes que, por tratado ou convenção, o Brasil se obrigou a reprimir (atos de pirataria, tráfico de pessoas, tráfico de entorpecentes, corrupção etc.) (item 7.4). Na alínea *b*, sob a inspiração do *princípio da personalidade ativa* (ou *princípio da nacionalidade ativa*), estão incluídos os crimes praticados por brasileiro no estrangeiro. Na alínea *c*, adotando-se o *princípio da representação*, subsidiário, que determina a aplicação da lei nacional quando, por deficiência legislativa ou desinteresse de outro que deveria reprimir o crime não o faz, prevê-se a aplicação da lei brasileira aos crimes cometidos em aeronaves ou em embarcações brasileiras, mercantes ou de propriedade privada, quando em território estrangeiro. Por último, no § 3º, a lei brasileira pode ser aplicada ao crime cometido por estrangeiro contra brasileiro fora do Brasil, também calcado no *princípio da competência real*. Dispõe expressamente o art. 2º da Lei nº 9.455, de 7-4-1997, que define os crimes de tortura e dá outras providências, que as disposições daquele diploma legal aplicam-se ainda que o crime não tenha sido cometido em território nacional, sendo a vítima brasileira ou encontrando-se o agente em local sob jurisdição brasileira.

Jurisprudência

- Crime de tráfico internacional de crianças
- Crime praticado por diplomata brasileiro no exterior
- Crime praticado por brasileiro no exterior
- Extraterritorialidade em crime de tortura

7.3 Condições para a aplicação da lei brasileira

Para a aplicação da lei brasileira nas hipóteses de extraterritorialidade condicionada, é necessário que o agente preencha as condições estabelecidas no § 2º do art. 7º: (a) a entrada do agente no território nacional, seja ela breve ou longa, a negócio ou passeio, voluntária ou não, legal ou clandestina, não prejudicando a ação penal a saída do agente; (b) ser o fato punível também no país em que foi praticado, o que é irrelevante, evidentemente, quando o crime é praticado em local que não está sob jurisdição de qualquer país; (c) estar o crime incluído entre aqueles pelos quais a lei brasileira autoriza a extradição, instituto regulado na Lei nº 13.445, de 24-5-2017 (Lei de Migração); (d) não ter sido o agente absolvido no estrangeiro ou não ter aí cumprido a pena; (e) não ter sido o agente perdoado no estrangeiro ou, por outro motivo, não estar extinta a punibilidade, segundo a lei mais favorável. Para a aplicação da lei brasileira aos crimes praticados no exterior por estrangeiro contra brasileiro, exige-se, além das citadas condições, que não tenha sido pedida ou tenha sido negada a extradição e que haja requisição do Ministro da Justiça. De acordo com o disposto no art. 109 da CF, em certos casos de extraterritorialidade o agente será submetido a processo perante a Justiça Federal (incisos V e IX). Pelo Decreto nº 4.975, de 30-1-2004, foi promulgado o Acordo de Extradição celebrado no Rio de Janeiro pelos países do Mercosul em 10-12-1998.

Jurisprudência

- Crime praticado no exterior por estrangeiro contra brasileiro: exigibilidade de requisição do Ministro da Justiça
- Crime praticado por brasileiro no exterior
- Crime de bigamia no Paraguai

7.4 Convenções e tratados internacionais em matéria penal

Participando do esforço da comunidade internacional para a prevenção e repressão a determinados ilícitos que violam intensamente direitos fundamentais da pessoa humana e que frequentemente assumem um caráter transnacional, celebrou o Brasil diversos acordos internacionais em matéria penal, os quais contêm também dispositivos de caráter processual penal. Entre os mais relevantes, citem-se: **Genocídio:** Convenção das Nações Unidas para a prevenção e a repressão do Crime de Genocídio, concluída em Paris, em 11-12-1948, e promulgada pelo Decreto nº 30.822, de 6-5-1952. **Terrorismo:** Convenção para Prevenir e Punir os Atos de Terrorismo Configurados em Delitos Contra as Pessoas e a Extorsão Conexa, Quando Tiverem Eles Transcendência Internacional, concluída em Washington, em 2 de fevereiro de 1971, adotada pela OEA, promulgada pelo Decreto nº 3.018, de 6-4-1999; Convenção Internacional sobre a Supressão de Atentados Terroristas com Bombas, adotada em Nova York, em 15-12-1997, e promulgada pelo Decreto nº 4.394, de 26-9-2002; Convenção Interamericana contra o Terrorismo, assinada em Barbados, em 3-6-2002, e promulgada pelo Decreto nº 5.639, de 26-12-2005; Convenção Internacional para a Supressão do Financiamento do Terrorismo, adotada pelas Nações Unidas em 9-12-2001 e promulgada pelo Decreto nº 5.640, de 26-12-2005. **Infrações a bordo de aeronaves:** Convenção relativa às Infrações e a certos outros atos cometidos a bordo de aeronaves, concluída em Tóquio, em 14-9-1963, e promulgada pelo Decreto nº 66.520, de 30-4-1970. **Infrações a bordo de navios:** Convenção para a Supressão de Atos Ilícitos contra a Segurança da Navegação Marítima, concluída em Roma, em 10-3-1988 e promulgada pelo Decreto nº 6.136, de 26-6-2007; **Tortura:** Convenção Interamericana para Prevenir e Punir a Tortura, concluída em Cartagena, em 9-12-1985, e promulgada pelo Decreto nº 98.386, de 9-11-1989; Convenção Contra a Tortura e Outros Tratamentos ou Penas Cruéis, Desumanos ou Degradantes, adotada pelas Nações Unidas, em 10-12-1984, e promulgada pelo Decreto nº 40, de 15-2-1991; Protocolo Facultativo à mesma Convenção, adotado em Nova York, em 18-12-2002, e promulgada pelo Decreto nº 6.085, de 19-4-2007; **Discriminação racial:** Convenção Internacional sobre a Eliminação de todas as Formas de Discriminação Racial, assinada pelo Brasil em 7-3-1966 e promulgada pelo Decreto nº 65.810, de 8-12-1969;

Convenção Interamericana contra o Racismo, a Discriminação Racial e Formas Correlatas de Intolerância, firmado pela República Federativa do Brasil, na Guatemala, em 5 de junho de 2013, promulgada pelo Decreto nº 10.932, de 10-1-2022. **Tráfico de pessoas e proteção da mulher e da criança contra a violência e exploração sexual:** Convenção para a Repressão do Tráfico de Pessoas e do Lenocínio, concluída em Nova York, em 21-3-1950, promulgada pelo Decreto nº 46.981, de 8-10-1959; Convenção Interamericana para Prevenir e Erradicar a Violência contra a Mulher, concluída em Belém do Pará, em 9-6-1994, e promulgada pelo Decreto nº 1.973, de 1º-8-1996; Convenção Interamericana sobre Tráfico Internacional de Menores, assinada na Cidade do México, em 18-3-1994, e promulgada pelo Decreto nº 2.740, de 20-8-1998; Protocolo Facultativo à Convenção sobre os Direitos da Criança referente à Venda de Crianças, à Prostituição Infantil e à Pornografia Infantil, promulgada pelo Decreto nº 5.007, de 8-3-2004; Protocolo Adicional à Convenção das Nações Unidas contra o Crime Organizado Transnacional relativo à Prevenção, Repressão e Punição do Tráfico de Pessoas, em especial Mulheres e Crianças, promulgado pelo Decreto nº 5.017, de 12-3-2004. **Crime organizado, corrupção e lavagem de dinheiro:** Convenção sobre o Combate da Corrupção de Funcionários Públicos Estrangeiros em Transações Comerciais Internacionais, concluída em Paris, em 17-12-1997, e promulgada pelo Decreto nº 3.678, de 30-11-2000; Convenção Interamericana contra a Corrupção, adotada em Caracas, em 29-3-1996, e promulgada pelo Decreto nº 4.410, de 7-10-2002, alterado pelo Decreto nº 4.534, de 19-12-2002; Convenção das Nações Unidas contra o Crime Organizado Transnacional, adotada em Nova York, em 15-11-2000, e promulgada pelo Decreto nº 5.015, de 12-3-2004; Convenção das Nações Unidas contra a Corrupção, adotada em Nova York, em 31-10-2003 e promulgada pelo Decreto nº 5.687, de 31-1-2006. **Armas de fogo, munições e explosivos:** Convenção Interamericana contra a Fabricação e o Tráfico Ilícitos de Armas de Fogo, Munições, Explosivos e outros Materiais Correlatos, concluída em Washington, em 14-11-1997, e promulgada pelo Decreto nº 3.229, de 29-10-1999; Protocolo complementar à mesma Convenção, adotado em Nova York, em 21-5-2001, e promulgado pelo Decreto nº 5.941, de 26-10-2006; Convenção sobre a Proibição do Uso, Armazenamento, Produção e Transferência de Minas Antipessoal e sobre sua Destruição, assinada em Ottawa, em 3-12-1997, e promulgada pelo Decreto nº 3.128, de 5-8-1999. **Entorpecentes:** Convenção Contra o Tráfico Ilícito de Entorpecentes e Substâncias Psicotrópicas, concluída em Viena, em 20-12-1988, e promulgada pelo Decreto nº 154, de 26-6-1991, que integrou e complementou as anteriores convenções a respeito do tema, a Convenção Única sobre Entorpecentes, assinada em Nova York, em 30-3-1961, e promulgada pelo Decreto nº 54.216, de 27-8-1964, e a Convenção sobre Substâncias Psicotrópicas, assinada em Viena, em 21-2-1971, promulgada pelo Decreto nº 79.388, de 14-3-1977. **Cumprimento de pena no exterior:** Convenção Interamericana sobre o Cumprimento de Sentenças Penais no Exterior, concluída em Manágua, em 9-6-1993, e promulgada pelo Decreto nº 5.919, de 3-10-2006. **Colaboração em processo penal:** Convenção Interamericana sobre Assistência Mútua em Matéria Penal, assinada em Nassau, em 23-5-1992, e promulgada pelo Decreto nº 6.340, de 3-1-2008.

Pena cumprida no estrangeiro

Art. 8º A pena cumprida no estrangeiro atenua a pena imposta no Brasil pelo mesmo crime, quando diversas, ou nela é computada, quando idênticas.

Vide: CP arts. 7º, 42.

8 PENA CUMPRIDA NO ESTRANGEIRO

8.1 Detração da pena cumprida no estrangeiro

Por força do art. 7º é possível a aplicação da lei brasileira a crimes cometidos em território de outro país sem embargo da incidência da lei estrangeira, havendo assim cumulação de penas pela prática do mesmo crime. Evitando-se que o condenado cumpra as duas penas integralmente, dispõe o art. 8º regra para evitar o *bis in idem* inaceitável. Quando as penas são da mesma natureza (diversidade quantitativa), o *quantum* da pena cumprida no estrangeiro é descontado da pena imposta no Brasil. Caso seja aquela mais severa que a imposta no país, nada restará a cumprir. Caso as penas impostas sejam diversas (diversidade qualitativa), a pena imposta no estrangeiro atenua a que deve cumprir no Brasil, a critério do juiz, uma vez que não prevê a lei critérios para a atenuação prevista no referido artigo.

Jurisprudência

- Detração da pena cumprida no estrangeiro

Eficácia de sentença estrangeira

Art. 9º A sentença estrangeira, quando a aplicação da lei brasileira produz na espécie as mesmas conseqüências, pode ser homologada no Brasil para:

I – obrigar o condenado à reparação do dano, a restituições e a outros efeitos civis;

II – sujeitá-lo a medida de segurança.

Parágrafo único. A homologação depende:

a) para os efeitos previstos no inciso I, de pedido da parte interessada;

b) para os outros efeitos, da existência de tratado de extradição com o país de cuja autoridade judiciária emanou a sentença, ou, na falta de tratado, de requisição do Ministro da Justiça.

Vide: **CF** art. 105, I, *i*; **CP** arts. 7º, § 2º, *d*, *e*, 42, 63, 91, I, 96 a 99; **CPP** arts. 63, 780, 781, 787 a 790; **LEP** arts. 171 a 179; **Lei nº 13.445**, de 24-5-2017, arts. 100 a 102 (dispõe sobre a transferência de execução da pena imposta no estrangeiro).

9 EFICÁCIA DE SENTENÇA ESTRANGEIRA

9.1 Eficácia incondicional de sentença estrangeira

Por força da lei penal, a sentença estrangeira produz alguns efeitos no Brasil, independentemente de qualquer condição. Assim ocorre no instituto da reincidência, que considera como antecedente condenação em país estrangeiro (art. 63), na detração, que manda computar tempo de prisão no exterior (art. 42), nas condições impostas a respeito da extraterritorialidade (art. 7°, § 2°, *d* e *e* etc.). É ela considerada, nesses casos, como *fato jurídico*, capaz de produzir efeitos jurídicos perante a lei brasileira. Bastará, pois, uma prova documental idônea (certidão devidamente traduzida) para que a sentença estrangeira produza aqueles efeitos previstos expressamente na lei brasileira.

9.2 Eficácia condicional de sentença estrangeira

Para que a sentença estrangeira possa produzir determinados efeitos no Brasil, o que só pode ocorrer se dela decorrem as mesmas consequências da lei brasileira, exige-se seja ela homologada no país. A primeira hipótese é a de obrigar o condenado à reparação do dano, a restituições e a outros efeitos civis. Se for possível no país estrangeiro a execução da sentença penal condenatória no juízo civil, tal como dispõe o art. 91, I, do CP, para esse efeito deve ser ela homologada. Essa homologação, depende, porém, de pedido da parte interessada.

A segunda hipótese é a da execução da medida de segurança imposta em país estrangeiro, se for ela idêntica àquela prevista no Brasil (art. 96 do CP). Para a homologação, entretanto, é necessário que haja tratado de extradição com o país de cuja autoridade judiciária emanou a sentença (art. 9°, II, *b*, 1ª parte) ou, na falta de tratado, seja expedida requisição do Ministro da Justiça (art. 9°, II, *b*, 2ª parte).

Jurisprudência

- Homologação para efeitos civis
- Inadmissibilidade de homologação de decisão sobre prisão
- Inadmissibilidade de homologação para reconhecimento da prescrição

9.3 Requisitos para a homologação de sentença estrangeira

Os requisitos necessários para a homologação da sentença estrangeira estão previstos nos arts. 788 a 790 do CPP. Com a alteração da competência para a matéria, que passou para o STJ, por força do disposto no art. 105, I, alínea *i*, da CF, inserida pela EC n° 45/2004, foi editada a Resolução n° 22, de 31-12-2004, que determinava a aplicação provisória das normas contidas no RISTF (arts. 215 a 223), a qual, porém, veio a ser revogada pela Resolução n° 9, de 4-5-2005, também do STJ, contendo normas de caráter excepcional e complementar a serem seguidas enquanto não proceder aquela Corte às necessárias modificações regimentais. A matéria passou a ser regulada, posteriormente, no Regimento Interno do STJ (arts. 216-A a 216-N). Não é admissível a homologação de sentença estrangeira que for contrária à soberania nacional, à dignidade da pessoa humana, à ordem pública e aos bons costumes (art. 781 do CPP, art. 17 da LINDB – Lei de Introdução às Normas do Direito Brasileiro – e art. 216-F do RISTJ). Admitem-se a homologação parcial das decisões estrangeiras e a tutela de urgência no seu procedimento (arts. 216-A, § 1°, e 216-G). É indispensável que tenha sido proferida por juiz competente (art. 788, II, 1ª parte, do CPP e art. 216-D, I, do RISTJ). Já se decidiu ser inviável a homologação de sentença estrangeira proferida por tribunal eclesiástico situado no território brasileiro, porquanto aqui as relações de família submetem-se à jurisdição dos tribunais civis. Indispensável é também que tenha havido citação regular ou haver-se legalmente verificado a revelia (art. 788, II, 2ª parte, do CPP e 216-D, II, do RISTJ). Por isso, se tem negado a homologação de sentença por falta de citação válida quando esta não foi feita por rogatória mas por via postal. Exige-se, também, que a sentença tenha transitado em julgado e esteja revestida das formalidades necessárias à execução no lugar em que foi proferida (art. 788, I e III, do CPP e art. 216-D, III). Por fim, é indispensável que esteja autenticada por cônsul brasileiro e acompanhada de tradução feita por tradutor público (art. 788, IV e V, do CPP).

Jurisprudência

• Tradução por tradutor credenciado no país de origem

9.4 Processamento do pedido de homologação de sentença estrangeira

A homologação de sentença estrangeira deve obedecer ao disposto nos arts. 787 a 790 do CPP e ser requerida perante o STJ, diante do que dispõe o art. 105, I, *i*, da CF, com a redação dada pela EC nº 45/2004, que alterou a competência para a matéria, anteriormente conferida ao STF. Tratando-se de imposição de medida de segurança, tem atribuição para o pedido o Procurador-Geral da República. Aliás, sempre que este tiver conhecimento da existência de sentença penal estrangeira que haja imposto medida de segurança pessoal (internação em hospital de custódia e tratamento psiquiátrico ou sujeição a tratamento ambulatorial), que deva ser cumprida no Brasil, deve pedir ao Ministro da Justiça providências para a obtenção de elementos que o habilitem a requerer a homologação da sentença. É o que dispõe o art. 789, *caput*, do CPP, que alude também às penas acessórias, extintas na reforma da Parte Geral do Código Penal (Lei nº 7.209/84).

A petição inicial deve conter as indicações constantes da lei processual e ser instruída com a certidão ou cópia autêntica do texto integral da sentença estrangeira e com outros documentos indispensáveis, devidamente traduzidos e autenticados (art. 216-C do RISTJ). Segundo o art. 789, § 2º, do CPP, distribuído o requerimento de homologação, deve-se citar o interessado para contestar o pedido, dentro de dez dias, se residir no Distrito Federal, ou trinta dias, no caso contrário. Entretanto, prevê o art. 216-H do RISTJ, o prazo de quinze dias para a contestação, o qual já era adotado no art. 220, *caput*, do RISTF. As formas de citação não estão disciplinadas no RISTJ, havendo que se observar o disposto na lei processual. O requerido deve ser citado por oficial de justiça, se domiciliado no Brasil, expedindo-se, para isso, carta de ordem; se domiciliado no estrangeiro, pela forma estabelecida na lei do País, expedindo-se carta rogatória. Certificado pelo oficial de justiça ou afirmado, em qualquer caso, pelo requerente, que o citando se encontra em lugar ignorado, incerto ou inacessível, a citação deve ser feita por edital. Revel ou incapaz o requerido, deve ser nomeado curador especial a ser pessoalmente notificado (art. 216-I). A contestação somente pode versar sobre a autenticidade dos documentos, a inteligência da sentença e a observância dos requisitos indicados nos arts. 781 e 788 do CPP. Apresentada contestação, admitem-se réplica e tréplica no prazo de cinco dias (art. 216-J). A homologação da sentença é atribuição do Presidente do STJ (art. 216-A). Com a contestação, porém, o processo será distribuído para julgamento pela Corte Especial, cabendo ao relator os demais atos atinentes ao andamento e à instrução do processo (art. 216-K). Admite-se a decisão monocrática pelo relator na hipótese de jurisprudência consolidada da Corte Especial sobre o tema (art. 216-K, parágrafo único). Das decisões do Presidente ou do relator cabe agravo regimental (art. 216-M). A sentença homologada deve ser executada no juízo federal competente (art. 216-N). A respectiva carta para a execução será remetida ao presidente do Tribunal Regional Federal. Recebida a carta de sentença, o presidente do Tribunal a remeterá ao juízo federal competente (art. 216-N). Tratando-se de pedido de homologação de sentença penal estrangeira para efeitos civis (art. 91, I, do CP), o pedido deve ser formulado pela parte interessada (art. 9º, I, e parágrafo único, *a*, do CP) ao Superior Tribunal de Justiça (art. 105, I, *i*, da CF). Homologada pelo STJ, a sentença estrangeira constitui título executivo judicial, nos termos do art. 515, VIII, do CPC, e deve ser executada pelo interessado no juízo cível federal competente (art. 109, X, da CF).

Jurisprudência

- Dispensabilidade da carta de sentença
- Transferência de execução de pena

Contagem de prazo

Art. 10. O dia do começo inclui-se no cômputo do prazo. Contam-se os dias, os meses e os anos pelo calendário comum.

Vide: CPP art. 798, § 1º; Lei nº 810, de 6-9-1949 (define o ano e o mês civis).

10 CONTAGEM DE PRAZO PENAL

10.1 Termo inicial do prazo penal

Os prazos penais, que dizem respeito aos institutos penais ou mistos, como são os da duração da pena, do livramento condicional, do *sursis*, da decadência, da prescrição etc., têm contagem diversa da dos prazos processuais. Assim, conforme o art. 10, o dia do fato que dá origem ao cômputo do prazo (termo inicial) é nele computado, ainda que se trate de fração de dia. O período de dia começa sempre à zero hora e se completa às 24 horas. Ainda que o prazo penal esteja previsto em lei processual, é aplicável o art. 10 do CP, uma vez que vale sua natureza intrínseca e não sua colocação legislativa. Afirma-se ainda que, nos casos em que dois dispositivos se apliquem ao fato, um de direito penal e outro de direito processual, como na decadência, a solução a ser acatada é a de se aplicar a regra de direito penal, no tratamento mais favorável ao autor do crime. Não se aplicam assim as Leis nos 810/49 e 1.408/51 no que contrariar o art. 10 do CP. Não se aplica também aos prazos penais, mas somente aos processuais penais, a Súmula 310 do STF, que determina o início do prazo na segunda-feira imediata à intimação ou publicação ocorrida na sexta-feira.

Jurisprudência

- Cômputo do dia de início do cumprimento da pena
- Contagem do dia do início em decadência
- Contagem do dia do início em prescrição
- Prazos de prescrição e decadência
- Exclusão do dia do vencimento
- Diversidade dos prazos penal e processual
- Prevalência do art. 10 do Código Penal
- Prevalência do prazo mais favorável

10.2 Contagem do prazo penal

A contagem do prazo em dias, meses ou anos, segundo a lei, em imprecisão terminológica, deve estar de acordo com o "calendário comum". O calendário comum a que se refere o legislador é o oficial, ou seja, o gregoriano, em contraposição ao juliano, judeu etc. O mês é contado não pelo número real de dias (28, 29, 30 ou 31), e sim de determinado dia à véspera do mesmo dia do mês subsequente. Da mesma forma, um ano é contado de certo dia do mês à véspera do dia idêntico daquele mês no ano seguinte. Assim, quando a lei prevê pena de meses ou anos, o juiz não pode fixá-la em um total de dias, pois os meses não têm, sempre, 30 dias.

Por não conter a lei penal dispositivo a respeito da prorrogação dos prazos penais, são eles sempre fatais e improrrogáveis. Não se prorrogam assim por domingos, feriados, férias forenses, impedimento judicial etc. Quanto à interrupção ou suspensão dos prazos penais, só ocorrem quando a própria lei penal o determinar.

As regras sobre os prazos penais previstas no art. 10 aplicam-se às leis penais especiais, salvo se estas dispuserem de modo contrário.

Jurisprudência

- Contagem pelo calendário gregoriano
- Término do prazo penal
- Inadmissibilidade de fixação em dias corridos
- Aplicação em crime falimentar
- Improrrogabilidade dos prazos penais
- Inexistência de interrupção
- Inexistência de interrupção, suspensão ou prorrogação no prazo de decadência

Frações não computáveis da pena

> **Art. 11.** Desprezam-se, nas penas privativas de liberdade e nas restritivas de direitos, as frações de dia, e, na pena de multa, as frações de cruzeiro.
>
> **Vide**: CP arts. 49, 59, II, 60, 68.

11 FRAÇÕES NÃO COMPUTÁVEIS DA PENA

11.1 Desconto nas penas privativas de liberdade

De acordo com o artigo, desprezam-se, nas penas privativas de liberdade e nas restritivas de direitos, as frações de dia. Decorrendo dos cálculos estabelecidos pelo julgador, a redução ou aumento de pena (art. 68 do CP), que importe em fração de dia, será esta parte (horas) desprezada, reduzindo-se aquela para o número inferior. O mesmo se diga das penas restritivas de direito, que aliás substituem as penas privativas de liberdade pelo mesmo tempo.

11.2 Desconto na pena de multa

Segundo o dispositivo em exame, são desprezadas nas penas de multa aplicadas, fixadas em dias-multa, as frações de cruzeiro. Nesse caso, impõe-se uma interpretação progressiva, pois, extintos o cruzeiro e as moedas subsequentes, deve-se substituir *cruzeiro* por *real*. Sendo este, agora, a unidade monetária nacional, devem ser desprezados os centavos, frações da nova moeda brasileira. Tratando-se de pena de multa, diante do texto expresso o desconto deve ser efetuado sobre o montante final de seu valor na moeda e não do número de dias-multa originário. Mas já se decidiu em contrário.

Jurisprudência

- Desconto de fração da unidade monetária
- Desconto sobre o valor final da multa

- Desconto sobre o valor final da multa – Contra
- Extinção da pena de multa
- Extinção da pena de multa – Contra

Legislação especial

Art. 12. As regras gerais deste Código aplicam-se aos fatos incriminados por lei especial, se esta não dispuser de modo diverso.

Vide: **LCP**, art. 1º; **Lei nº 8.069**, de 13-7-1990 – **ECA**, art. 226 (aplicação nos crimes previstos no Estatuto da Criança e do Adolescente); **Lei nº 9.503**, de 23-9-1997 – **CTB**, art. 291 (aplicação das normas gerais do Código Penal nos crimes de trânsito); **Lei nº 9.605**, de 12-2-1998, art. 79 (aplicação nos crimes contra o meio ambiente).

12 LEGISLAÇÃO ESPECIAL

12.1 Aplicação do CP à legislação penal especial

As normas previstas na Parte Geral do Código Penal e em alguns dispositivos da Parte Especial (arts. 150, §§ 3º e 4º, 327 etc.) têm caráter geral e, segundo o art. 12, devem ser aplicadas aos fatos incriminados por esta lei especial (Lei de Falência, Lei de Drogas, Lei de Economia Popular, Lei do abuso de autoridade etc.). Não se aplicam tais normas, porém, quando a lei penal especial preveja disposições em sentido diverso, como ocorre com alguns dispositivos da Lei de Falências, do Código de Trânsito etc. Além disso, o Código Penal Militar tem Parte Geral própria, só podem ser aplicados aos crimes militares os preceitos gerais do Código Penal quando há omissão do referido Estatuto. Na Lei das Contravenções Penais, que também prevê uma Parte Geral, há dispositivo que obriga a aplicação das regras gerais do Código Penal sempre que aquela não disponha de modo diverso (art. 1º).

Jurisprudência

- Aplicação das regras gerais nas leis penais especiais
- Aplicação na Lei das Contravenções Penais
- Aplicação na lei de abuso de autoridade
- Aplicação na Lei de Segurança Nacional – (anterior à revogação da Lei nº 7.170/1983)
- Aplicação nos crimes de sonegação fiscal
- Aplicação na Lei de Imprensa – (anterior à declaração de inconstitucionalidade da Lei nº 5.250/1967)
- Aplicação na Lei de Imprensa – (anterior à declaração de inconstitucionalidade da Lei nº 5.250/1967) – Contra
- Aplicação na Lei de Falências – (anterior à vigência da Lei nº 11.101, de 9-2-2005)

TÍTULO II
DO CRIME

Relação de causalidade

Art. 13. O resultado, de que depende a existência do crime, somente é imputável a quem lhe deu causa. Considera-se causa a ação ou omissão sem a qual o resultado não teria ocorrido.

Superveniência de causa independente

§ 1º A superveniência de causa relativamente independente exclui a imputação quando, por si só, produziu o resultado; os fatos anteriores, entretanto, imputam-se a quem os praticou.

Relevância da omissão

§ 2º A omissão é penalmente relevante quando o omitente devia e podia agir para evitar o resultado. O dever de agir incumbe a quem:

a) tenha por lei obrigação de cuidado, proteção ou vigilância;

b) de outra forma, assumiu a responsabilidade de impedir o resultado;

c) com seu comportamento anterior, criou o risco da ocorrência do resultado.

Vide: CF arts. 5º XLV, 173, § 5º, 225, § 3º; **CP** arts. 14, 29; **Lei nº 9.605**, de 12-2-1998, arts. 3º, 21 a 24 (responsabilidade penal da pessoa jurídica em crime contra o meio ambiente). Súmulas: **STJ** 589, 599.

13 RELAÇÃO DE CAUSALIDADE

13.1 Conceitos de crime

Em um conceito *formal*, crime é toda conduta proibida por lei sob ameaça de pena e alcança apenas um dos aspectos do fenômeno criminal, o mais aparente, que é a *contradição do fato a uma norma de direito*, ou seja, sua ilegalidade como fato contrário à norma penal. No aspecto *material*, o ilícito penal pode ser conceituado como a conduta definida pelo legislador como contrária a uma norma de cultura reconhecida pelo Estado e lesiva de bens juridicamente protegidos. Tem o Estado a finalidade de obter o bem coletivo, mantendo a ordem, a harmonia e o equilíbrio social, qualquer que seja a finalidade do Estado ou seu regime político. Tem o Estado que velar pela paz interna, pela segurança e estabilidade coletivas diante dos conflitos inevitáveis entre os interesses dos indivíduos e entre os destes e os do poder constituído. Para isso, é necessário valorar os bens ou interesses individuais ou coletivos, protegendo-se, através da lei penal, aqueles que mais são atingidos quando da transgressão do ordenamento jurídico. No aspecto *analítico*, a doutrina finalista moderna tem considerado o crime como a conduta típica, antijurídica e culpável, a conduta abrange o *dolo* (querer ou assumir o risco de produzir o resultado) e a *culpa em sentido estrito*. Considera-se conduta típica a ação em sentido estrito ou a omissão, praticada com dolo ou culpa, que se ajusta ao tipo penal. A conduta típica, entretanto, só é *antijurídica* quando contraria o ordenamento jurídico por não estar protegida pela lei penal com a exclusão da ilicitude. *Culpável* é a ação típica quando reprovável, ou seja, quando há imputabilidade do agente, potencial *conhecimento da ilicitude e exigibilidade de conduta diversa*. Define-se também o crime como "fato típico e antijurídico", considerando-se a culpabilidade como condição para se impor uma pena pela *reprovabilidade da conduta*.

13.2 Características do crime

O *fato típico* é o comportamento humano (ação ou omissão) que provoca um resultado (no sentido normativo do termo), e é previsto como infração penal. A *antijuridicidade* é a contrariedade do fato concreto ao ordenamento jurídico. Deixará de existir a ilicitude se o agente estiver amparado por uma causa excludente da ilicitude. A *culpabilidade*, considerada como reprovação da ordem jurídica em face de estar ligado o homem a um fato típico e antijurídico, é, em suma, a contrariedade entre a vontade do agente e a vontade da norma penal. A *punibilidade* é mera consequência jurídica do delito, ou seja, a possibilidade de se impor pena ao autor do fato típico, antijurídico e culpável.

Jurisprudência

- Conceito de culpabilidade

13.3 Elementos do fato típico

São elementos do fato típico a *conduta* (ação ou omissão), o *resultado*, a *relação de causalidade* e a *tipicidade*. Para a teoria finalista, a conduta é o comportamento humano dirigido a determinada finalidade. O resultado que, no sentido natural, é a alteração do mundo exterior provocada pelo agente, é considerado, num sentido normativo, como a lesão ou perigo de lesão do bem jurídico, depreendendo-se dos termos do art. 13, *caput*, que não há crime sem resultado. A relação de causalidade é o liame entre a conduta e o resultado, no sentido de causa e efeito. A tipicidade é a correspondência exata, a adequação perfeita entre o fato concreto e a descrição abstrata contida na lei penal. Pode conter apenas elementos objetivos (verbo, sujeito ativo, sujeito passivo, objeto material etc.) ou também elementos normativos (que se referem à antijuridicidade) ou subjetivos (que dizem respeito aos elementos internos do agente). Nesse caso, fala-se em *tipo anormal*. A tipicidade tem duas funções, a de garantia (como aperfeiçoamento e sustentação do princípio da legalidade) e de indiciar a antijuridicidade (presunção que cessa quando existir uma causa que exclua a ilicitude).

Jurisprudência

- Indispensabilidade do resultado

13.4 Princípio da intervenção mínima

O crime não se distingue das infrações extrapenais de forma qualitativa, mas apenas quantitativamente. Como a intervenção do Direito Penal é requisitada por uma necessidade mais elevada de proteção à coletividade, o delito deve consubstanciar em um *injusto* mais grave e revelar uma culpabilidade mais elevada; deve ser uma infração que merece a sanção penal. O desvalor do resultado, o desvalor da ação e a reprovabilidade da atitude interna do autor é que convertem o fato em um "exemplo insuportável", que seria um mau precedente se o Estado não o reprimisse mediante a sanção penal. Isso significa que a pena deve ser reservada para os casos em que constitua o único meio de proteção suficiente da ordem social frente aos ataques relevantes (JESCHECK, Hans-Heinrich. *Tratado de derecho penal*: parte general. Barcelona: Bosch, 1981. v. 1 e v. 2. p. 70-71). Apenas as condutas deletérias da espinha dorsal axiológica do sistema global histórico-cultural da sociedade devem ser tipificadas e reprimidas. Não se devem incriminar os fatos em que a conduta não implique risco concreto ou lesão a nenhum dos bens jurídicos reconhecidos pela ordem normativa constitucional. O ordenamento positivo, pois, deve ter como *excepcional* a previsão de sanções penais e não se apresentar como um instrumento de satisfação de situações contingentes e particulares, muitas vezes servindo apenas a interesses políticos do momento para aplacar o clamor público exacerbado pela propaganda. Além disso, a sanção penal estabelecida para cada delito deve ser aquela "necessária e suficiente para a reprovação e prevenção do crime" (na expressão acolhida pelo art. 59 do CP), evitando-se o excesso punitivo sobretudo com a utilização abusiva da pena privativa de liberdade. Essas ideias, consubstanciadas no chamado *princípio da intervenção mínima,* servem para inspirar o legislador, que deve buscar na realidade fática o substancial *dever-ser* para tornar efetiva a tutela dos bens e interesses considerados relevantes quando dos movimentos de criminalização, neocriminalização, descriminalização e despenalização.

Jurisprudência

- Adoção do princípio da intervenção mínima pelo Direito Penal brasileiro
- O princípio da insignificância como derivação do princípio da intervenção mínima

13.5 Princípio da insignificância

Como visto, segundo o *princípio da intervenção mínima,* o legislador deve se limitar à criminalização das ações que por sua perigosidade e reprovabilidade exigem a imposição da sanção penal no interesse da proteção social. O Direito Penal somente deve intervir nos casos de ataques muito graves aos bens jurídicos mais importantes, deixando os demais à aplicação das sanções extrapenais, do que decorre o seu caráter subsidiário e fragmentário. Já de acordo com o *princípio da proporcionalidade,* exige-se, num aspecto defensivo, uma proporção entre o desvalor da ação e a sanção a ser infligida e, num aspecto prevencionista, um equilíbrio entre a prevenção geral e a prevenção especial para o comportamento do agente que vai ser submetido à sanção penal. Ambos os princípios devem informar a atividade do legislador e o juízo valorativo a ser realizado na eleição dos bens a serem penalmente protegidos, na definição das condutas consideradas ofensivas a esses bens e na delimitação das sanções correspondentes. A atenção do legislador aos princípios da intervenção mínima e da proporcionalidade impede o arbítrio e ressalta a sua discricionariedade na elaboração da norma penal. Mas, ainda que a norma penal tenha sido elaborada em consonância com os aludidos princípios e embora uma das funções do tipo penal seja a de *indicar a antijuridicidade do fato,* a consideração de um caso concreto pode revelar, dadas as suas particularidades, que a contrariedade ao Ordenamento Jurídico da ação praticada pelo agente, ainda que existente, é de tal forma insignificante que não justifica a repressão penal. Isso pode ocorrer em face de imperfeições na elaboração da norma ou das limitações da técnica legislativa e do próprio grau de abstração que caracteriza o tipo, o qual não pode discriminar, exaustivamente ou com perfeição, entre todos os possíveis comportamentos humanos que se subsumem à descrição típica, aqueles que efetivamente teriam relevância penal. Diante dessa constatação, concebeu-se, em íntima conexão com o princípio da intervenção mínima, o princípio da insignificância.

O *princípio da insignificância,* sistematizado por Claus Roxin, também denominado *princípio da bagatela,* não foi expressamente agasalhado pela legislação pátria, mas é aceito por analogia, ou interpretação interativa, desde que não *contra legem.* Tendo como destinatário o juiz, ou o aplicador da lei, o princípio da insignificância afirma a possibilidade de reconhecimento da inexistência do crime em face da conduta concreta praticada pelo agente, não obstante a sua formal subsunção à norma incriminadora, no caso de se evidenciar que o comportamento é de tão escassa reprovabilidade e a lesão causada ao bem jurídico tutelado, tanto para seu titular como para o ordenamento social, é tão diminuta que nenhuma razão existe para a intervenção do Direito Penal e que qualquer sanção a ser aplicada, ainda que a mínima prevista em lei, seria desproporcional ao fato, dada a sua irrelevância em face dos padrões éticos e valores sociais vigentes. Exige-se, portanto, do juiz, além do juízo, lógico-formal, de adequação da conduta praticada ao tipo penal abstrato, um juízo valorativo a respeito dos conteúdos do injusto, o desvalor da ação e o desvalor do resultado. O desvalor do resultado reside na lesão ou perigo de lesão ao bem jurídico e o desvalor da ação na modalidade de ataque a esse bem jurídico, isto é, na forma que assume o comportamento do agente na produção desse resultado.

Os fundamentos, na doutrina e na jurisprudência, para o princípio da insignificância derivam, portanto, do reconhecimento de que a mera adequação típica formal não se mostra bastante, em alguns casos, para se reconhecer a presença do injusto no conteúdo material da conduta e, por consequência, a necessidade da punição. Sua aplicação exige um juízo valorativo do conteúdo da conduta concreta que aponte, de forma clara e evidente, para a ausência de contrariedade, ou contrariedade mínima e portanto tolerável, aos valores em tese protegidos na norma penal. Afirma-se, nesses casos, a atipicidade material do fato ou caso de *atipicidade conglobante*, porque a insignificância somente pode ser afirmada quando considerada à luz da finalidade geral do Ordenamento e, portanto, da norma em particular (ZAFFARONI, Eugenio Raúl. *Manual de derecho penal, parte general,* Ediar: Buenos Aires, 1977, p. 405). Para os adeptos da teoria social da ação não há nessas hipóteses uma conduta típica. A ação socialmente adequada não é necessariamente modelar, de um ponto de vista ético, dela se exigindo apenas que se situe dentro da moldura do comportamento socialmente permitido e não se pode castigar aquilo que a sociedade considera correto (TOLEDO, Francisco de Assis. *Princípios básicos de direito penal*. São Paulo: Saraiva, 1982. 2. ed. 1986. p. 120). Excluída a tipicidade, não há crime a ser apurado. Para alguns, entretanto, o princípio da insignificância é uma espécie do gênero "ausência de perigosidade social e, embora o fato seja típico e antijurídico, a conduta pode deixar de ser considerada criminosa" (GESSINGER, Ruy Armando. *Da dispensa da pena*: perdão judicial. Porto Alegre: Sergio Antonio Fabris, 1984. p. 22).

Na jurisprudência, tem-se aceito que são quatro os aspectos essenciais do fato a serem considerados: 1) a mínima ofensividade da conduta; 2) a ausência de periculosidade social da ação; 3) o reduzidíssimo grau de reprovabilidade do comportamento do agente e 4) a inexpressividade da lesão jurídica causada. Acentua-se que na aplicação do princípio da insignificância devem ser considerados somente os aspectos objetivos do fato, excluindo-se outros de caráter subjetivo (antecedentes, personalidade, motivação etc.), os quais estariam vinculados à culpabilidade. Ou o fato praticado pelo agente, objetivamente e em si mesmo considerado, é contrário ao Ordenamento Penal ou não é. Parte da jurisprudência, porém, inclina-se para a consideração também de critérios subjetivos. A controvérsia tem se evidenciado, sobretudo, nos casos de maus antecedentes, reincidência, habitualidade ou prática reiterada de delitos que individualmente seriam considerados de bagatela, mas em seu conjunto apontam para um maior grau de reprovabilidade ou de periculosidade social. Consistindo a culpabilidade na reprovabilidade da conduta típica e antijurídica, é certo que não se devem invocar critérios de medida de culpabilidade atinentes à pessoa do agente para afastar a insignificância onde esta deve ser reconhecida. A insignificância há de ser aferida de forma objetiva, porque a antijuridicidade é uma medida objetiva, diante do caráter de validade geral da norma e porque a verificação da contrariedade ou não de um fato ao Ordenamento independe de quem o praticou. Mas o simples fato de determinadas circunstâncias estarem previstas como critérios judiciais de fixação da pena (art. 59 do CP), como ocorre com as circunstâncias do crime e as suas consequências, não impede a sua consideração na aplicação da aplicação do princípio da insignificância, porque podem ser indicativas da ausência de seus pressupostos. Não se pode perder de vista, porém, que o princípio da insignificância veio a ser acolhido como um corretivo da tipicidade geral e que a sua aplicação, portanto, não deixa de ter o caráter da excepcionalidade. Deve-se lembrar, também, que a sua aplicação pressupõe um juízo valorativo sobre o grau de afetação do bem jurídico que embora principie pela apreciação da lesão ou do perigo suportado pelo titular do bem atingido pelo comportamento do agente, dirige-se à aferição da ofensa por ela provocada ao ordenamento penal e do risco criado à integridade da ordem social. Impõe-se, assim, elevada dose de cautela na aplicação do princípio da insignificância para se evitar a impunidade de comportamentos que, embora provoquem danos de menor monta, sejam significativamente reprováveis ou revelem alguma periculosidade social, bem como para não se incentivar, pela antevisão da possibilidade de afastamento da sanção penal, a habitualidade ou a proliferação de ataques aos bens tutelados pelo ordenamento jurídico.

Tem-se admitido a aplicação do princípio de insignificância em diversos delitos como os de dano, furto, estelionato, contrabando e descaminho, lesão corporal, crimes contra o meio ambiente, crimes fiscais etc. Não se tem reconhecido a sua incidência em delitos relacionados com drogas ilícitas, por se tratar de crimes de perigo abstrato, e no roubo, que é praticado com violência ou grave ameaça a pessoa. No STJ firmou-se a orientação no sentido da não incidência do princípio nos casos de violência doméstica contra a mulher, nos termos da Súmula 589: "É inaplicável o princípio da insignificância aos crimes ou contravenções penais praticados contra a mulher no âmbito das relações domésticas".

Tratando-se de crime contra a administração pública tem-se decidido pela inaplicabilidade do princípio da insignificância, por não se tutelar na norma somente o patrimônio público, mas também a moralidade administrativa e a fé pública, devendo prevalecer, assim, o interesse do Estado na repressão de ilícitos dessa espécie. Há, porém, decisões em sentido contrário. Essa orientação também se consolidou no STJ e é objeto da Súmula 599: "O princípio da insignificância é inaplicável aos crimes contra a administração pública".

Não se confundem o furto de bagatela e o furto de pequeno valor (art. 155, § 2º), que somente enseja um abrandamento da pena, porque a aplicação do princípio da insignificância pressupõe mais do que ter o bem valor reduzido, exigindo a inexpressividade da lesão patrimonial, que há de ser não apenas pequena, mas ínfima ou desprezível. É inaplicável o princípio ao furto de bem de valor reduzido se a lesão ao patrimônio da vítima tem expressividade em função de sua situação econômica. Ainda que mínimo o valor do bem subtraído, circunstâncias específicas do caso concreto podem afastar a aplicação do princípio da insignificância por revelarem a maior ofensividade ou reprovabilidade da conduta a exigirem a punição, como pode ocorrer em furto praticado por diversas pessoas em concurso, com invasão de domicílio etc. Sob o fundamento de que na análise exigida pelo princípio da insignificância devem ser considerados os aspectos objetivos do fato, independentemente de outros de ordem subjetiva, já se decidiu por sua aplicação em casos de reiteração ou habitualidade em furtos de bagatela e de réu com maus antecedentes. Afastou-se, porém, o princípio quando comprovada a reincidência, por se cuidar de circunstância que, embora se refira ao agente, pode ser aferida objetivamente e indica maior grau de reprovabilidade do comportamento.

Embora admissível a aplicação do princípio da insignificância em *habeas corpus*, por se tratar de reconhecimento da inexistência de crime, por falta de tipicidade material do fato, a ausência de contrariedade ao Ordenamento deve resultar evidente, *prima facie*, independentemente do que possa ser apurado no curso da instrução criminal. Caso contrário, não se pode retirar à acusação a possibilidade de comprovação de circunstâncias que revelem a ausência dos pressupostos exigidos, na doutrina e na jurisprudência, para a aplicação do aludido princípio. O mesmo cuidado deve ser observado com relação à possibilidade de absolvição sumária (art. 397, III, do CPP). Na hipótese de se constatar a insignificância ao final do processo, a sentença a ser proferida é a de absolvição (art. 386, III, do CPP).

Jurisprudência

- Aplicação do princípio da insignificância
- Aplicação do princípio da insignificância ao crime contrabando de cigarros ao reincidente por crime de natureza diversa
- Aplicação do princípio da insignificância porte de droga para consumo pessoal
- Inadmissibilidade de aplicação do princípio da insignificância a réu reincidente específico e de maus antecedentes
- Inaplicabilidade do princípio da insignificância aos crimes ou contravenções penais praticados contra mulher no âmbito das relações domésticas
- Inaplicabilidade do princípio da insignificância nos crimes contra o sistema financeiro
- Inaplicabilidade do princípio da insignificância em crime contra o meio ambiente: relevância do dano e reiteração delitiva
- Análise para a aplicação do princípio da insignificância
- Aplicação do princípio da insignificância em lesão corporal
- Aplicação do princípio da insignificância ao furto
- Inadmissibilidade da aplicação do princípio da insignificância no crime de furto – reincidência e invasão de domicílio
- Aplicação do princípio da insignificância na habitualidade de furtos de pequeno valor
- Inadmissibilidade da aplicação do princípio da insignificância no crime de furto – valor pequeno mas não ínfimo
- Inadmissibilidade da aplicação do princípio da insignificância no crime de furto – concurso de pessoas
- Inadmissibilidade da aplicação do princípio da insignificância no crime de furto – valor significativo para a vítima
- Inadmissibilidade da aplicação do princípio da insignificância no crime de furto – reiteração criminosa
- Aplicação do princípio da insignificância no crime de dano
- Aplicação do princípio da insignificância em estelionato
- Aplicação do princípio da insignificância nos crimes de descaminho e contrabando
- Inadmissibilidade de aplicação do princípio da insignificância nos crimes de descaminho e contrabando – valor significativo
- Aplicação do princípio da insignificância em crime tributário
- Inadmissibilidade de aplicação do princípio da insignificância em crimes contra a administração pública
- Possibilidade de aplicação do princípio da insignificância em crime de estelionato em prejuízo da administração pública
- Aplicação do princípio da insignificância em crime contra o meio ambiente
- Inadmissibilidade do princípio da insignificância em crime contra o meio ambiente
- Inadmissibilidade de aplicação do princípio da insignificância
- Aplicação excepcional do princípio da insignificância
- O princípio da insignificância e a Lei de Tóxicos
- Inadmissibilidade do princípio da insignificância na Lei de Tóxicos – crime de perigo abstrato
- Necessidade da instrução para eventual aplicação do princípio da insignificância

13.6 Sujeitos e objetos do crime

Sujeito ativo do crime é o que pratica a conduta descrita na lei e o que, de qualquer forma, com ele colabora. Por vezes, a lei exige do sujeito ativo uma capacidade especial, ou seja, uma posição jurídica ou de fato inscrita no tipo penal (ser funcionário, médico, gestante etc.).

Diante da teoria do crime, a pessoa jurídica não pode ser sujeito ativo de crime, mas a Constituição Federal prevê a possibilidade de elaboração de lei para responsabilizar penalmente as pessoas morais (arts. 173, § 5º, e 225, § 3º) (v. item 13.7).

Sujeito passivo do crime é o titular do bem jurídico lesado ou posto em risco pela conduta criminosa. Pode ser, conforme o tipo penal, o ser humano, o Estado, a pessoa jurídica e mesmo uma coletividade destituída de personalidade jurídica.

O *objeto jurídico* do crime é o bem-interesse protegido pela lei penal, ou seja, o atributo do titular sobre tudo o que é indispensável ou satisfaz à necessidade humana (vida, integridade corporal, honra, patrimônio etc.), incluindo-se os interesses sociais cujo titular é o Estado (saúde pública, paz pública, administração pública etc.).

Objeto material ou substancial é a coisa ou pessoa sobre a qual recai a conduta criminosa.

13.7 Pessoa jurídica como sujeito ativo

Apesar das dificuldades de ordem doutrinária, a necessidade crescente de definir a colaboração de diretores ou sócios na prática de ilícitos penais tem levado o Direito Penal moderno a caminhar no sentido de responsabilizar-se a pessoa jurídica como sujeito ativo do crime. Seguindo esta orientação, a nova Carta instituiu essa possibilidade, prevendo que a lei estabeleça a responsabilidade da pessoa jurídica, sem prejuízo daquela dos dirigentes, para sujeitá-la às punições compatíveis com sua natureza "nos atos praticados contra a ordem econômica e financeira e contra a economia popular" (art. 173, § 5º) e nas "condutas e atividades consideradas lesivas ao meio ambiente" (art. 225, § 3º). Entre as penas compatíveis com a natureza da pessoa jurídica estão, na previsão constitucional, a "perda de bens", a "multa" e a "suspensão ou interdição de direitos" (como a do exercício de atividades financeiras, comerciais, industriais etc.). Não se veda, aliás, que a lei crie outras sanções penais além dessas, como deixa claro o art. 5º, XLVI, da CF. Os dispositivos constitucionais citados, porém, não são autoaplicáveis já que, em se tratando de infrações penais, há necessidade de que a lei defina os crimes e estabeleça as sanções penais a que ficarão sujeitas as pessoas jurídicas. Ademais, é necessário que o legislador estabeleça as normas relativas à responsabilidade penal da pessoa jurídica uma vez que não se ajustam a ela os elementos subjetivos do delito (dolo, culpa, imputabilidade etc.).

Na esteira da Constituição Federal, a Lei nº 9.605, de 12-2-1998, que dispõe sobre as sanções penais e administrativas derivadas de condutas e atividades lesivas ao meio ambiente, prevê que as pessoas jurídicas são responsabilizadas penalmente nos casos em que a infração seja cometida por decisão de seu representante legal ou contratual, ou de seu órgão colegiado, no interesse ou benefício de sua entidade (art. 3º), cominando para elas, isoladas, cumulativas ou alternativamente, as penas de multa, de prestação de serviços à comunidade e outras penas restritivas de direitos (suspensão parcial ou total de atividades, interdição temporária de estabelecimento, obra ou atividade e proibição de contratar com o Poder Público e dele obter subsídios, subvenções ou doações) (arts. 21 a 23). Após a vigência da Lei nº 9.605, sedimentou-se na jurisprudência a possibilidade de responsabilidade penal da pessoa jurídica por crime contra o meio ambiente. Se a pessoa jurídica possui existência própria e atua no meio social, nos termos do ordenamento jurídico, pode praticar ilícitos e se a Constituição e a Lei preveem, de forma clara, a possibilidade de sua responsabilização penal, não há por que afastá-la sob o pretexto da dificuldade de sua harmonização com a teoria do crime. Para que esta seja admissível exige a Lei que o delito decorra de decisão de seu representante ou órgão colegiado, no interesse ou no benefício da entidade. Na hipótese de se valer a pessoa natural de sua condição de dirigente da pessoa jurídica para praticar um delito contra o meio ambiente objetivando proveito exclusivamente pessoal, somente aquela responderá penalmente pelo fato.

A possibilidade de responsabilidade penal da pessoa jurídica por crime contra o meio ambiente não exclui a da pessoa física que seja autora, coautora ou partícipe do fato, respondendo esta, sempre, na medida de sua culpabilidade (arts. 2º e 3º, parágrafo único). Prevê a lei, aliás, também a punição do diretor, administrador, membro de conselho e de órgão técnico, o auditor, o gerente, o preposto ou mandatário de pessoa jurídica que, sabendo da conduta criminosa de outrem, deixa de impedir a sua prática, quando podia agir para evitá-la. Trata-se, aqui, da instituição por lei de um dever jurídico de agir para evitar o resultado lesivo, que torna penalmente relevante a omissão de quem ocupa alguma das citadas posições. Já a responsabilização da pessoa jurídica, segundo entendimento adotado pelo Superior Tribunal de Justiça, somente é possível na hipótese de imputação simultânea da infração à pessoa jurídica e à pessoa física que atua em nome e em benefício da entidade. De acordo com essa orientação, a ausência de identificação da pessoa física que participou do fato delituoso torna inviável a instauração da ação penal.

Jurisprudência

- Inadmissibilidade da responsabilização penal da pessoa jurídica em crime contra o meio ambiente
- Pessoa jurídica como sujeito ativo em crime contra o meio ambiente
- Possibilidade de responsabilização do dirigente da pessoa jurídica por crime contra o meio ambiente
- Necessidade da dupla imputação para responsabilização penal da pessoa jurídica
- Admissibilidade do *habeas corpus* em favor de pessoa jurídica em crime contra o meio ambiente

13.8 Classificação das infrações penais

Quanto à gravidade do fato, a lei penal brasileira distingue, no art. 1º da LICP, os *crimes* das *contravenções penais*. Ao crime é cominada pena de reclusão ou de detenção e multa, esta última sempre alternativa ou cumulativa com aquela; à contravenção é cominada pena de prisão simples, e/ou multa ou apenas esta. Quanto à forma de ação o crime pode ser *instantâneo*, em que, uma vez consumado, está encerrado o ilícito, pois a consumação não se prolonga no tempo, e *permanente*, em que a consumação se protrai no tempo. O crime instantâneo pode ter efeitos permanentes quando, consumada a infração em dado momento, seus efeitos permanecem, independentemente da vontade do sujeito ativo. Quanto à forma de ação, o crime pode ser *comissivo*, em que se descreve abstratamente na lei uma conduta de causar, por movimento, um resultado, um fazer, e *omissivo puro* ou próprio em que a lei penal descreve uma conduta de não fazer algo. Um crime comissivo, porém, pode ser praticado por omissão, quando o agente tem o dever de agir para evitar o resultado, sendo denominado crime *omissivo impróprio* ou *comissivo por omissão* (item 13.11). Crimes *unissubjetivos* são os que podem ser praticados por uma só pessoa, embora nada impeça a coautoria ou participação. Crime *plurissubjetivo*, ou coletivo, de concurso necessário, é o que, por sua conceituação típica, exige dois ou mais agentes para a prática da conduta criminosa. Prevê a lei também os crimes *habituais*, ou seja, os que se constituem de uma reiteração de atos, penalmente indiferentes quando isolados, indicando um modo ou estilo de vida. Crimes *unissubsistentes* são os que se realizam com apenas um ato, sendo a conduta una e indivisível, não permitindo a tentativa. O crime *plurissubsistente*, ao contrário, é composto de vários atos, que integram a conduta, permitindo seu fracionamento e, portanto, a tentativa. Crimes *materiais* são os que, para sua consumação, exigem um resultado naturalístico. Crimes *formais*, ao contrário, não exigem para sua consumação o resultado pretendido pelo agente. Crimes de *mera conduta*, ou de simples atividade não exigem qualquer resultado naturalístico, contentando-se com a ação ou omissão do agente e a lesão ou perigo de lesão ao bem jurídico. Os ilícitos, quanto ao resultado, podem ser crimes *de dano*, em que a consumação implica efetiva lesão ao bem jurídico, ou crimes *de perigo*, em que é suficiente para a consumação a existência de perigo concreto ou presumido pela lei. São considerados como crimes *complexos*, em sentido estrito, os que encerram em sua definição dois ou mais tipos penais. Num sentido amplo, a figura penal é constituída de outro tipo penal acrescido de circunstâncias previstas na definição legal. Enquanto os crimes *comuns* podem ser praticados por qualquer pessoa, os crimes *próprios* exigem que o sujeito ativo seja portador de uma capacidade especial. Os crimes *principais* independem da prática de delito anterior. Os crimes *acessórios* sempre pressupõem a existência de uma infração penal anterior, a ele ligada pelo dispositivo penal que, no tipo, faz referência àquela. Crimes *vagos* são aqueles em que o sujeito passivo é uma coletividade destituída de personalidade jurídica, como a família, amigos, grupo, plateia etc. Crimes de *ação múltipla* ou de conteúdo variado são os que no tipo penal contêm diversas formas de conduta para o cometimento do ilícito. Crime *progressivo* é aquele em que, para a consumação do ilícito, o agente realiza anteriormente e obrigatoriamente outro tipo penal.

13.9 Relação de causalidade

Para haver um fato típico, é necessário que exista uma *relação de causalidade* entre a conduta e o resultado, como se prevê no art. 13, *caput*, primeira parte. Adotando a *teoria da equivalência das condições*, ou dos antecedentes, o citado artigo considera como causa a ação ou omissão sem a qual o resultado não teria ocorrido, não distinguindo, portanto, entre "causa" e "condição". Todas as condutas que concorreram para o resultado são consideradas causas deste. Para que se possa reconhecer se a condição é causa do resultado, utiliza-se o *processo hipotético de eliminação*, segundo o qual *causa* é todo antecedente que não pode ser suprimido, por hipótese, sem afetar o resultado. Basta que a ação tenha sido condição para o resultado, mesmo que tenham concorrido para o evento outros fatos, a ação é causa e o agente é causador dele. No campo teórico, não se elimina a relação de causalidade pela existência de uma *concausa* (preexistente, concomitante ou, em regra, superveniente). A concausa é outra causa, que, ligada à primeira, concorre para o resultado. Por força da lei, deve existir sempre o nexo causal para a atribuição de uma conduta típica ao agente. Não havendo nexo causal, não há que se cogitar da responsabilidade penal. Mas, evidentemente, não basta a relação causal para que se possa imputar a prática do ilícito a um agente que, no campo material, colaborou para o resultado. É indispensável que a conduta tenha sido praticada com dolo ou culpa para que se possa falar em fato típico. Em rigor, a adoção do princípio da *conditio sine qua non* tem mais relevância para excluir quem não praticou o fato típico do que para incluir quem o cometeu (as forças concorrentes equivalem-se e sem uma delas o fato não teria ocorrido). Doutrinadores modernos, com fundamento na teoria da adequação, têm proposto a *teoria da imputação objetiva* para a substituição da relação de causalidade elaborada sobre a base de considerações jurídicas e não naturais. Segundo tal teoria, só é objetivamente imputável um resultado causado por uma ação humana quando dita ação criou um perigo juridicamente desaprovado que se realizou no resultado típico.

Jurisprudência

- Adoção da teoria da equivalência dos antecedentes
- Aplicação do princípio da imputação objetiva
- Existência de relação de causalidade
- Inexistência de relação de causalidade
- Inexistência de nexo causal em suicídio
- Falta de prova da relação de causalidade
- Dúvidas quanto ao nexo causal
- Condição preexistente não exclui a imputação
- Condição concomitante que não exclui a imputação

13.10 Causa superveniente

Havendo uma causa superveniente à do agente, pode ser ela totalmente independente da primeira, impedindo o fluxo do nexo causal entre a conduta e o resultado. Nesse caso, o resultado teria ocorrido como ocorreu, não se podendo imputar ao agente a ocorrência do evento, e responderá ele apenas pelo ato praticado (eventualmente uma tentativa ou crime menos grave). É possível, porém, que a causa superveniente, por sua intervenção, faça com que esse determinado evento ocorra em circunstância de tempo, ou de lugar, ou, ainda, de outras modalidades diversas das que teriam ocorrido se a série causal antecedente prosseguisse na atuação normal. Essa segunda causa, *relativamente* independente da causa do agente, segundo a lei, exclui o resultado quando, *por si só*, o produziu. A expressão *por si só* não quer dizer que a segunda causa seja independente da primeira, mas que o evento ocorreu *de maneira* independente do fato do primeiro agente. Isso significa que o autor da primeira causa não responderá pelo resultado se a segunda causa não estiver no desdobramento normal, necessário, do objetivo causal. Sendo a causa superveniente aleatória, acidental e fora do desdobramento normal dos fatos, *por si só* produziu o resultado, não se podendo imputar ao autor da antecedente o resultado. Responderá ele apenas pelos atos praticados até a causa superveniente (tentativa, crime menos grave etc.). De outro lado, se a causa sucessiva estiver na linha do desdobramento físico ou anatômico-patológico do resultado da ação primeira, o agente da primeira responde pelo resultado.

Jurisprudência

- Causa relativamente independente que por si só produziu o resultado
- Causa relativamente independente que exclui a imputação: ato da própria vítima
- Causa relativamente independente que exclui a imputação: ato de terceiro
- Causa relativamente independente que não exclui a imputação
- Causa relativamente independente que não exclui a imputação: complicações após lesões

13.11 Omissão penalmente relevante

A omissão pode ser *elemento do tipo penal,* nos crimes *omissivos puros* ou *próprios,* ou apenas a forma de conduta para alcançar o resultado previsto em um crime comissivo, ocorrendo assim o crime *omissivo impróprio* ou crime *comissivo-omissivo* ou, ainda, crime *comissivo por omissão*. A conduta descrita no tipo é comissiva, de fazer, mas o resultado ocorre por não tê-lo impedido o sujeito que estava obrigado a evitá-lo. Equiparando a lei o não impedimento do resultado à causação, no art. 13, *caput*, dispõe que a omissão é penalmente relevante quando o omitente devia e podia agir para evitar o resultado, estabelecendo as hipóteses em que o dever de agir se impõe. O sujeito passa a ter a posição de *garantidor* ou *garante* da não ocorrência do resultado. A primeira hipótese refere-se ao *dever legal*, em que uma norma jurídica obriga alguém, expressa ou implicitamente, ao cuidado, proteção ou vigilância do bem jurídico tutelado. Na segunda hipótese, segundo a lei, estão obrigados a agir, sob pena de responderem pelo resultado, aqueles que, de qualquer forma, assumiram a responsabilidade de impedir o resultado. Isto pode ocorrer por uma disposição unilateral do agente, que, por profissão ou independente dela, assume tal ônus, ou por um contrato, seja ele de trabalho, de prestação de serviços etc. O dever de agir deriva não propriamente dos termos do contrato, mas da situação de fato em que o sujeito se encontra em face da relação contratual. Por último, refere-se a lei ao "comportamento anterior" do sujeito que criou o risco da ocorrência do resultado, devendo, por isso, agir para impedi-lo. Essa hipótese, chamada de *ingerência*, tendo em vista os termos genéricos da lei, abrange os que criam o perigo por dolo, culpa ou ainda sem tais elementos subjetivos.

Só tem relevância penal a omissão de providência para impedir o resultado de quem podia agir nesse sentido. Presente o dever de agir em qualquer das hipóteses, a omissão somente pode ser atribuída ao garantidor se, no caso concreto, pudesse agir para evitar o resultado. É preciso que tenha conhecimento da situação de fato, da condição que o coloca na qualidade de garantidor e de que pode executar a ação e, afinal, de que tenha a possibilidade real-física de executar a ação. Ocorrendo a omissão de quem tem o dever de agir, sua conduta deve ser apreciada em seu elemento subjetivo, dolo ou culpa, podendo haver erro de tipo ou de proibição.

Jurisprudência

- Relevância penal da omissão
- Inexistência do dever de agir
- Inexistência de omissão
- Dever de vigilância no pátrio poder
- Dever de proteção de engenheiro
- Dever de cuidados do médico
- Necessidade da possibilidade de evitar o resultado
- Cumprimento do dever de agir dentro das possibilidades do sujeito
- Omissão dolosa em coautoria
- Omissão como causa de crime culposo
- Inexistência do dever de agir
- Inexistência de dever de agir e de dolo

Art. 14. Diz-se o crime:

Crime consumado

I – consumado, quando nele se reúnem todos os elementos de sua definição legal;

Tentativa

II – tentado, quando, iniciada a execução, não se consuma por circunstâncias alheias à vontade do agente.

Pena de tentativa

Parágrafo único. Salvo disposição em contrário, pune-se a tentativa com a pena correspondente ao crime consumado, diminuída de um a dois terços.

Vide: CP arts. 13, 15, 17, 31, 111, I, II; LCP art. 4º; LEP art. 49, parágrafo único. Súmulas: **STF** 610; **STJ** 96.

14 CONSUMAÇÃO E TENTATIVA

14.1 Crime consumado

O crime consuma-se quando está inteiramente realizado, ou seja, quando o fato concreto se subsume no tipo abstrato descrito na lei penal, ou, como se inscreve na lei, se nele se reúnem todos os elementos de sua definição legal. Não é indispensável, assim, que o sujeito tenha obtido o resultado naturalístico pretendido (no crime doloso) ou previsível (no crime culposo). Não se confunde a consumação com o *crime exaurido*, pois neste, além da consumação, outros resultados lesivos ocorrem em decorrência da conduta.

Nos crimes materiais, a consumação ocorre com o evento natural, enquanto nos formais é dispensável o resultado naturalístico. Nos crimes culposos, sempre materiais, só há consumação com o resultado lesivo típico. Nos crimes de mera conduta, não há resultado naturalístico, mas apenas o evento no sentido normativo. Nos crimes permanentes, a consumação prolonga-se no tempo, dependente do sujeito ativo. No crime complexo, consuma-se o crime quando estiverem inteiramente realizados os crimes componentes. Nos crimes habituais, como regra, a consumação somente existe quando houver a reiteração dos atos, com a habitualidade, já que cada um deles, isoladamente, é indiferente à lei penal. Nos crimes omissivos puros, a consumação ocorre com a própria inatividade do sujeito que deveria agir, mas não o fez, enquanto nos crimes comissivos por omissão há consumação quando se realiza o resultado lesivo. Para se caracterizar o crime qualificado pelo resultado, é necessário que este evento acrescido se tenha concretizado. Não havendo este, responde o agente pelo crime doloso simples.

Jurisprudência

- Consumação em crime formal
- Crime exaurido

14.2 *Iter criminis*

Para a realização do crime, há um caminho, um itinerário a percorrer entre a ideia de sua realização e a consumação. Esse caminho, a que se dá o nome de *iter criminis*, é composto de cogitação, atos preparatórios, atos de execução e consumação. A *cogitação* não é punida, nem mesmo a externada a terceiro, salvo quando constitui ela, *de per si*, um fato típico. Os *atos preparatórios* são atos materiais, externos ao agente, que passa da cogitação à ação objetiva.

Também não são puníveis, a não ser quando constituem fatos típicos. Dispõe a lei, aliás, que "o ajuste, a determinação ou instigação e o auxílio, salvo disposição expressa em contrário, não são puníveis, se o crime não chega, pelo menos, a ser tentado" (art. 31). Os *atos de execução*, ou executórios, são os atos materiais dirigidos diretamente à prática do crime. Para distinguir entre atos preparatórios e atos de execução, a lei adotou o critério do *início da realização do tipo*, formal, em que se dá o reconhecimento da execução quando se inicia a realização da conduta núcleo do tipo. Esse critério, porém, necessita de complementação, incluindo-se na tentativa as ações que, por sua vinculação necessária com a ação típica, em uma concepção natural, aparecem como parte integrante dela. A tentativa só pode ser reconhecida, aliás, quando a conduta é de tal natureza que não deixa dúvida quanto à intenção do agente, exigindo-se tenha ocorrido um ataque ao bem tutelado juridicamente. Distinguem-se também os atos quando são equívocos (atos preparatórios) ou unívocos (tentativa).

A Lei que definiu crimes de terrorismo tipificou, porém, de forma genérica, a prática de "atos preparatórios de terrorismo com o propósito inequívoco de consumar tal delito", punindo a infração com a pena cominada para o delito consumado, diminuída de um quarto até a metade (art. 5º da Lei nº 13.260, de 16-3-2016).

Jurisprudência

- Cogitação, ato preparatório e ato de execução
- Excepcionalidade de tipificação de atos preparatórios

14.3 Tentativa

A tentativa é a realização incompleta do tipo penal, pois o agente pratica atos de execução, mas não ocorre a consumação por circunstâncias alheias à vontade do agente. Seus elementos são, portanto: (a) ato de execução; (b) não consumação por circunstâncias alheias à vontade do agente; (c) dolo. Situa-se, assim, no *iter* criminoso, a partir da prática de um ato de execução, desde que não haja consumação por circunstâncias independentes da vontade do agente. Se a consumação não ocorre por vontade do agente, configura-se a desistência voluntária ou o arrependimento eficaz e não a tentativa. Fala-se em duas espécies de tentativa: a *tentativa perfeita*, ou *crime falho*, quando a consumação não ocorre embora o agente tenha praticado os atos suficientes para a consumação, e a *tentativa imperfeita*, quando o sujeito ativo não consegue praticar os atos necessários à consumação por interferência externa.

O elemento subjetivo da tentativa é o dolo do delito consumado, mencionando o art. 14 a "vontade" do agente. É com fundamento no elemento subjetivo que se distingue a tentativa de homicídio, que exige ato inequívoco de matar, do crime de lesões corporais. Diz-se que não é possível a tentativa com dolo eventual, já que neste não existe o "querer o resultado". Mas é possível admiti-la no dolo eventual quando este deriva da dúvida a respeito de um elemento do tipo (item 18.2).

Jurisprudência

- Tentativa: adoção, pelo Código, da teoria objetiva
- Inexistência de atos de execução
- Existência de atos de execução
- Dúvida sobre a existência de ato de execução
- Necessidade de risco de lesão
- Atos equívocos e atos unívocos
- Necessidade de atos inequívocos (dolo)
- Tentativa e dolo eventual
- Inadmissibilidade de tratamento diferenciado entre os corréus

14.4 Inadmissibilidade da tentativa

Não admite tentativa o crime culposo, uma vez que este depende sempre de um resultado lesivo. Nos crimes preterdolosos não é possível a tentativa, já que o evento mais grave é atribuído ao agente por mera culpa. Também não é possível a tentativa nos crimes unissubsistentes, de ato único, já que é impossível o fracionamento dos atos de execução. Os crimes omissivos puros também não admitem a tentativa, pois não se exige um resultado naturalístico decorrente da omissão. Escoado o momento em que o sujeito devia agir, ocorreu a consumação; se ainda pode atuar, não há que se falar em tentativa. Entretanto, é possível a tentativa nos crimes comissivos por omissão, que ocorre quando terceiro impede o resultado. Nos crimes habituais, não se admite a tentativa, pois ou há reiteração de atos e, portanto, consumação, ou não há essa habitualidade e os atos são penalmente indiferentes. Há, entretanto, a possibilidade de tentativa em casos excepcionais. No crime complexo, há tentativa sempre que não se consumarem os crimes componentes. Embora se possa falar, em tese, em tentativa de contravenção, a lei exclui a punibilidade na hipótese (art. 4º da LCP).

Jurisprudência

- Inadmissibilidade de tentativa em crime culposo

14.5 Pena da tentativa

A tentativa é punível, mesmo que não tenha corrido de maneira efetiva o perigo ao bem jurídico. Pela *teoria objetiva* adotada pelo Código, a tentativa é punida com uma pena menor do que o crime consumado, considerada a não ocorrência do resultado lesivo. Assim, salvo disposição em contrário, a tentativa é punida com a pena correspondente ao crime consumado, diminuída obrigatoriamente de um a dois terços. A redução da pena referente à tentativa deve resultar não das circunstâncias do crime, que são consideradas na fixação da pena-base, mas das circunstâncias da própria tentativa, ou seja, da extensão do *iter criminis* percorrido pelo agente, graduando-se o percentual em face da maior ou menor aproximação do resultado; quanto mais o agente se aprofundou na execução, quanto mais se aproximou da consumação, menor a redução. A maior ou menor redução deve ser motivada pelo juiz. Assim, em concurso de pessoas, a redução deve ser igual para todos os corréus.

A lei prevê exceções à regra geral quanto à pena da tentativa ao descrever como crime consumado fatos que seriam, em tese, de tentativa.

Jurisprudência

- Critério objetivo para redução da pena: extensão do *iter criminis*
- Obrigatoriedade da redução da pena na tentativa
- Redução na pena de multa
- Redução da pena pelo *iter criminis* percorrido
- Contra: influência das circunstâncias do crime
- Critério para aferir a extensão do *iter criminis*
- Redução máxima na tentativa
- Redução mínima na tentativa
- Redução na tentativa branca
- Redução e estrutura da tentativa
- Redução idêntica para os corréus
- Necessidade de redução expressa na sentença
- Necessidade de motivação na sentença

Desistência voluntária e arrependimento eficaz

Art. 15. O agente que, voluntariamente, desiste de prosseguir na execução ou impede que o resultado se produza, só responde pelos atos já praticados.

Vide: CP art. 14; Lei nº 13.260, de 16-3-2016, art. 5º (define como crimes atos preparatórios de terrorismo).

15 DESISTÊNCIA VOLUNTÁRIA E ARREPENDIMENTO EFICAZ

15.1 Desistência voluntária

Por motivos de política criminal, estimulando-se o agente a não consumar o crime, prevê a lei, no art. 15 do CP, duas hipóteses de tentativa abandonada: a desistência voluntária e o arrependimento eficaz. Não se trata de caso de isenção de pena ou de extinção da punibilidade, pois a desistência voluntária exclui a própria tipicidade da tentativa, uma vez que o crime não se consuma por vontade do próprio agente, eliminando-se, portanto, o segundo elemento da tentativa. Na *desistência voluntária*, o agente, embora tenha iniciado a execução, não a leva adiante, desistindo da consumação. Evidentemente, não ocorre a desistência, mas a tentativa, quando o agente cessa de praticar atos executórios por circunstâncias que possam dificultar ou impedir a consumação. Ela, portanto, só ocorre quando não é forçada; havendo constrangimento moral ou material à consumação, ocorre a tentativa. A lei apenas exige, porém, que a desistência seja *voluntária*, pouco importando se espontânea ou não. No dizer de Frank, na desistência voluntária, o agente pode prosseguir, mas não quer. Não há desistência voluntária quando o agente suspende a execução e continua ou pretende continuar a praticar o crime, aproveitando-se dos atos já executados. No caso de concurso de pessoas, a desistência de uma delas só se caracterizará se agir para evitar o resultado (art. 13, § 2º, c). De acordo com o artigo, o agente responde pelos atos já praticados, quando típicos, no que a doutrina tem denominado *tentativa qualificada*.

A possibilidade de reconhecimento da desistência voluntária e de seus efeitos em atos preparatórios é curiosa disposição introduzida pela Lei nº 13.260/2016. Prevê a Lei a aplicabilidade do art. 15 do CP ao crime previsto no art. 5º daquele diploma, que tipifica os atos preparatórios de terrorismo. Se, após praticar atos preparatórios com o fim de terrorismo, o agente desiste de prosseguir em seu intento, somente responderá penalmente por aqueles atos já praticados que eventualmente configurem outras infrações penais.

Jurisprudência

- Caso de exclusão da tipicidade
- Caso de extinção da punibilidade
- Caso de extinção da punibilidade – Contra
- Requisito da desistência voluntária
- Distinção da desistência voluntária com a tentativa
- Necessidade de circunstâncias internas
- Necessidade de ato voluntário, mas não espontâneo
- Contra: necessidade de ato espontâneo do agente
- Não-reconhecimento de desistência voluntária
- Desistência voluntária em caso de roubo
- Desistência voluntária em caso de furto
- Desistência voluntária em hipótese de homicídio
- Inexistência de desistência voluntária em hipótese de homicídio

- Interrupção por causa externa
- Interrupção por obstáculo intransponível
- Desistência voluntária em concurso de pessoas
- Desistência voluntária em concurso de pessoas: inexistência
- Inadmissibilidade de desistência voluntária em crime consumado
- Responsabilidade pelos atos já praticados
- Exame da desistência voluntária em *habeas corpus*

15.2 Arrependimento eficaz

É o *arrependimento eficaz* também hipótese de inadequação típica de tentativa, pois o agente, após ter *esgotado os meios de que dispunha para a prática do crime, arrepende-se, evitando que o resultado ocorra*. Também não se exige que o agente atue espontaneamente, bastando sua vontade de evitar o resultado, praticando atos para impedir o evento. É o que se denomina "ponte de ouro" para o agente retroceder. É imprescindível, para a caracterização do arrependimento eficaz, que a ação do agente seja eficaz, que efetivamente impeça ele a consumação. Se esta ocorrer, não obstante os esforços do agente, responde ele por crime consumado, podendo beneficiar-se, conforme o caso, na fixação da pena. No concurso de crimes, como na desistência voluntária, o agente responde pelos atos já praticados, ou seja, pelos resultados típicos já ocorridos.

Jurisprudência

- Conceito de arrependimento eficaz
- Inadmissibilidade de arrependimento eficaz em crime consumado
- Distinção entre arrependimento eficaz e desistência voluntária
- Distinção entre arrependimento eficaz e arrependimento posterior
- Causa de exclusão da punibilidade
- Caso de inadequação típica
- Arrependimento eficaz e falta de justa causa
- Arrependimento deve ser eficaz
- Exigência para o arrependimento eficaz
- Requisitos do arrependimento eficaz
- Arrependimento eficaz em hipótese de furto
- Inexistência de arrependimento eficaz em caso de furto
- Arrependimento eficaz em falsificação e estelionato
- Inexistência de arrependimento eficaz em concurso de pessoas
- Inexistência de arrependimento eficaz em crime consumado
- Responsabilidade pelos atos já praticados

Arrependimento posterior

Art. 16. Nos crimes cometidos sem violência ou grave ameaça à pessoa, reparado o dano ou restituída a coisa, até o recebimento da denúncia ou da queixa, por ato voluntário do agente, a pena será reduzida de um a dois terços.

Vide: CP arts. 65, III, *b*, 66, 104, parágrafo único, 168-A, § 2º, 171, § 2º, VI, 312, § 3º, 337-A, § 1º; **Lei nº 9.099**, de 26-9-1995, art. 74, parágrafo único; **Lei nº 9.430**, de 27-12-1996, art. 83, § 4º (extinção da punibilidade pelo pagamento do tributo ou contribuição social nos crimes previstos nos arts. 168-A, 337-A e nos arts. 1º e 2º da Lei nº 8.137, de 27-12-1990); **Lei nº 9.964**, de 10-4-2000 (institui o Programa de Recuperação Fiscal – REFIS), art. 15, § 3º (extinção da punibilidade pelo pagamento do tributo objeto de parcelamento nos crimes definidos nos arts. 1º e 2º da Lei nº 8.137, de 27-12-1990); **Lei nº 10.684**, de 30-5-2003 (dispõe sobre o parcelamento de débitos tributários), art. 9º (extinção da punibilidade pelo pagamento do tributo ou contribuição social nos crimes previstos nos arts. 168-A, 337-A e nos arts. 1º e 2º da Lei nº 8.137, de 27-12-1990); **Lei nº 11.941**, de 27-5-2009, art. 69 (extinção da punibilidade pelo pagamento do tributo ou contribuição social nos crimes previstos nos arts. 168-A, 337-A e nos arts. 1º e 2º da Lei nº 8.137, de 27-12-1990).

16 ARREPENDIMENTO POSTERIOR

16.1 Arrependimento posterior

A reparação do dano causado pelo crime, que era considerada apenas como uma circunstância atenuante do crime, com a nova Parte Geral do Código Penal passou a constituir-se em causa geral de diminuição de pena, em incentivo ao agente para que procure ressarcir imediatamente os prejuízos que causou ao ofendido. Mal colocado topograficamente, já que a norma se refere não à teoria do crime, mas à aplicação da pena, e com rubrica pleonástica, já que o arrependimento só pode ser posterior ao fato, o art. 16 prevê a *redução da pena de um a dois terços* ao agente que *reparar o dano* ou *restituir a coisa até o recebimento da denúncia ou da queixa*. A mitigação só pode ocorrer nos crimes cometidos sem grave ameaça ou violência à pessoa, não abrangendo apenas os crimes contra o patrimônio, mas *qualquer que cause uma lesão patrimonial direta*. Indiferente, portanto, que no crime ocorra violência contra a coisa, o que não exclui a causa de diminuição da pena. Não faz distinção também a lei quanto a crimes dolosos e culposos, considerando-se que a eventual violência nestes últimos é involuntária.

O arrependimento posterior não repousa apenas no ressarcimento do prejuízo, mas deve indicar também uma evolução positiva na vontade do agente, de repensar sobre sua atividade delituosa. Por isso, somente a restituição ou reparação *pessoal* e *voluntária* caracteriza a diminuição da pena, não se prestando a isso a apreensão da *res* pela Polícia, a devolução da coisa por coação física ou moral, a reparação por decisão judicial, o ressarcimento efetuado por terceiros etc. Apesar da clareza do dispositivo, há decisões em que se aceitou a reparação do dano por parte de terceiros. Não se exige, certamente, que a reparação seja espontânea, bastando ser voluntária. A reparação deve também abranger todo o prejuízo causado ao sujeito passivo do crime, e a devolução parcial ou o ressarcimento incompleto poderão constituir apenas circunstância atenuante na fixação da pena (art. 66). Por força da lei, a restituição ou reparação do dano só terá o efeito de causa de diminuição de pena se for efetuada antes do recebimento da denúncia ou da queixa. Se for posterior e anteceder o julgamento, poderá constituir apenas uma circunstância atenuante genérica (art. 65, III, *b*, última parte, do CP). Em caso de concurso de agentes, aproveitam-se os coautores e partícipes, pois, em caso contrário, ficariam eles impedidos de obter a redução da pena quando um deles providenciasse a devolução ou reparação.

O critério para a redução da pena, em decorrência do reconhecimento do arrependimento posterior, deve fundamentar-se não nas circunstâncias do crime, já apreciadas quando da fixação da pena de acordo com o sistema trifásico, mas nas circunstâncias da reparação:

presteza do ressarcimento, demonstração efetiva de arrependimento etc. Tratando-se de causa geral de diminuição de pena, esta pode ser fixada abaixo do mínimo legal.

A reparação do dano, excepcionalmente, pode ser causa de extinção da punibilidade (arts. 168-A, § 2º, 312, § 3º, e 337-A, § 1º) ou excluir a possibilidade da ação penal, como na hipótese exclusiva do pagamento do cheque antes da denúncia quanto ao ilícito previsto no art. 171, § 2º, VI (Súmula 554 do STF). Nos termos do art. 74, parágrafo único, da Lei nº 9.099, de 26-9-1995, a composição dos danos civis em acordo homologado pelo Juiz nos processos de competência dos Juizados especiais criminais, tratando-se de ação penal privada exclusiva, em exceção à regra geral do art. 104, parágrafo único do CP, ou de ação pública condicionada à representação, acarreta a renúncia ao direito de queixa ou representação, constituindo-se em causa de extinção da punibilidade. A reparação do dano, ainda que posterior ao oferecimento da denúncia, é prevista no CP como condição para a concessão do *sursis* especial (art. 78, § 2º), do livramento condicional (art. 83, IV) e da reabilitação (art. 94, III), e para a progressão de regime na hipótese de crime contra a administração pública (art. 33, § 4º). A não reparação injustificável do dano é causa de revogação do *sursis* (art. 81, II).

Prevê a lei, também, a redução da pena e outros benefícios para o agente arrependido que colabora com as autoridades na investigação do crime e sua autoria, na localização ou libertação da vítima ou na localização ou recuperação do produto do crime (item 29.4).

Jurisprudência

- Distinção do arrependimento posterior e arrependimento eficaz
- Inexistência de causa extintiva de criminalidade ou punibilidade
- Necessidade de arrependimento
- Formas de reparação do dano
- Necessidade de arrependimento – Contra
- Inadmissibilidade em crime praticado com violência ou grave ameaça
- Desnecessidade de reparação espontânea
- Desnecessidade de reparação espontânea – Contra
- Necessidade de ato voluntário
- Admissibilidade de reparação por terceiro
- Contra: inadmissibilidade de reparação por terceiro
- Dúvida quanto à autoria da reparação
- Extensão da reparação do dano aos coautores
- Inadmissibilidade da extensão do arrependimento eficaz aos coautores
- Reparação deve ser completa
- Reparação antes do recebimento da denúncia
- Inadmissibilidade de reconhecimento do arrependimento posterior pela reparação após a denúncia
- Reparação em caso de peculato
- Reparação em caso de peculato – Contra
- Reparação em caso de lesão corporal culposa
- Reparação em caso de lesão corporal culposa – Contra
- Reparação do dano em caso de furto
- Reparação em caso de furto de energia elétrica
- Ressarcimento do dano a mandatário da vítima em caso de estelionato
- Reparação do dano em estelionato por terceiro
- Contra: reparação como causa de diminuição de pena
- Reparação do dano em caso de emissão de cheque sem fundos
- Reparação do dano em emissão de cheque sem fundos e falta de justa causa
- Reparação em caso de apropriação indébita
- Não reconhecimento do arrependimento posterior pela existência de outras ações penais
- Necessidade de prova da reparação em crime de falso
- Critério para a redução da pena
- Pena final abaixo do mínimo

Crime impossível

Art. 17. Não se pune a tentativa quando, por ineficácia absoluta do meio ou por absoluta impropriedade do objeto, é impossível consumar-se o crime.

Vide: CP art. 14, II. Súmula: STF 145.

17 CRIME IMPOSSÍVEL

17.1 Crime impossível pela absoluta ineficácia do meio

O crime impossível, também denominado de *tentativa impossível, tentativa inidônea, tentativa inadequada* e *quase crime*, em que o agente de forma alguma conseguiria chegar à consumação, motivo pelo qual a lei deixa de responsabilizá-lo pelos atos praticados, apresenta-se em duas espécies diferentes: pela ineficácia absoluta do meio e pela absoluta impropriedade do objeto. Na primeira hipótese, em que há *ineficácia absoluta do meio* empregado pelo agente, o meio é totalmente ineficaz, inidôneo, inadequado para que o sujeito obtenha o resultado. Não exclui a possibilidade de tentativa, respondendo o agente por ela, quando o meio é *relativamente* ineficaz, ou seja, quando há uma mínima possibilidade de atingir o resultado. A inidoneidade do meio deve ser perquirida no caso concreto, já que um meio pode ser ineficaz em determinadas situações e possível de eficácia em outras, em que se incluem as condições pessoais da vítima. Adotou, assim, a lei a *teoria temperada* ou *intermediária* quanto ao crime impossível. Evidentemente, não se pode tachar de ineficaz o meio que, na prática, demonstra uma eficácia plena ou relativa. Embora na lei se diga que há tentativa impunível, no crime impossível, por inexistir na verdade ato de execução, o caso é de falta de tipicidade para o *conatus*.

Jurisprudência

- Distinção entre crime impossível e tentativa
- Necessidade de idoneidade na execução
- Necessidade de meio absolutamente ineficaz
- Inexistência de crime impossível quando houve perigo
- Inadmissibilidade do crime impossível por impossibilidade relativa
- Crime impossível no furto
- Furto e coisa totalmente protegida
- Crime impossível no homicídio
- Crime impossível no estupro
- Inexistência de crime impossível no furto
- Inexistência de crime impossível em dispositivos antifurto
- Crime impossível no estelionato
- Inexistência de crime impossível no estelionato
- Falsificação grosseira no estelionato
- Inexistência de falsificação grosseira
- Inadmissibilidade de crime impossível em emissão de cheque sem fundos

17.2 Crime impossível pela absoluta impropriedade do objeto

Na segunda parte, o artigo refere-se à *absoluta impropriedade do objeto material* do crime, pois ele não existe ou nas circunstâncias em que se encontra torna-se impossível a consumação. A impropriedade meramente *relativa* do objeto não exclui a tentativa. O crime impossível distingue-se, pois, da tentativa punível porque, enquanto naquele a ação do agente não encontra interferência alheia, derivando a impossibilidade da consumação do meio empregado ou do objeto material, nesta a conduta é interrompida por injunção externa, que impede o resultado, embora este seja sempre possível.

A inidoneidade do meio empregado ou a do objeto do crime não impede que o agente responda pelos atos praticados quando constituírem eles, por si, fato típico.

Jurisprudência

- Necessidade de absoluta impropriedade do objeto
- Crime impossível no roubo
- Crime impossível no roubo – Contra
- Crime impossível no homicídio: não-caracterização
- Responsabilidade pelos atos praticados
- Laudo pericial: demonstração da ineficácia absoluta dos objetos – porte de arma de fogo e de munições de uso permitido. (art. 14 da Lei nº 10.826/2003)

17.3 Crime putativo e crime provocado

Não se confunde o crime impossível com o *crime putativo* ou crime imaginário, em que o agente supõe, por erro, que está praticando um crime, quando sua conduta é um fato atípico. Existe, como se diz na doutrina, um erro de direito às avessas, em que o agente supõe que seu fato é criminoso, quando na realidade não o é. Muitas vezes, na jurisprudência a expressão *crime putativo* é utilizada para designar o *crime impossível*. O que se tem denominado como crime putativo por erro de fato é conceituado legalmente como crime impossível, pois que se refere a erro quanto ao meio empregado pelo agente ou ao objeto material do crime.

Fala-se em *crime provocado*, ou *crime de ensaio*, quando o agente é induzido à prática de um crime por terceiro (*agente provocador*), muitas vezes agente policial, para que se efetue a prisão em flagrante (flagrante provocado). A respeito do assunto estabeleceu o STF a Súmula 145: "Não há crime quando a preparação do flagrante pela polícia torna impossível a consumação." Na verdade, trata-se da ocorrência de crime impossível, em que a ação da Polícia torna impossível o cometimento do crime, quer pela ineficácia absoluta do meio empregado pelo agente, quer pela absoluta impropriedade do objeto material. Na jurisprudência, tem-se destacado a distinção com relação ao referido enunciado do Pretório Excelso: caso se trate de flagrante *provocado*, há crime impossível; tratando-se de flagrante *esperado*, em que não houve induzimento à prática do delito, há tentativa punível. Deve-se entender, porém, que a súmula se refere a flagrante *preparado*, e se poderá falar de crime impossível se, ainda que não tenha havido provocação, as circunstâncias tornavam impossível a consumação do crime. De outro lado, ainda que tenha atuado o agente provocador, se houve a possibilidade de consumação, ocorre tentativa. Essa orientação também deve ser adotada nas hipóteses de *ação controlada*, consistente no retardamento da intervenção policial, e de *infiltração* de agentes policiais, adotada em procedimentos investigatórios sobre ilícitos praticados por ações de associações ou organizações criminosas, que são autorizadas pela Lei nº 12.850, de 2-8-2013 (arts. 8º a 14), Lei nº 11.343, de 23-8-2006 (art. 53, I e II), pela Lei nº 9.613, de 3-2-1998 (art. 1º, § 6º) e pela Lei nº 8.069, de 13-7-1990 (arts. 191-A a 191-E). Evidentemente, não se aplica o Enunciado 145 da Súmula quando o crime estiver consumado.

O flagrante preparado não se confunde com o *flagrante forjado* ou fabricado, em que policiais "criam" provas de um crime inexistente, situação em que podem ocorrer crimes de denunciação caluniosa, abuso de autoridade etc.

Jurisprudência

- Flagrante preparado
- Inocorrência de flagrante preparado
- Flagrante provocado
- Flagrante esperado
- Distinção entre flagrante preparado e flagrante esperado
- Flagrante preparado e crime consumado
- Inexistência de flagrante forjado

Art. 18. Diz-se o crime:

Crime doloso

I – doloso, quando o agente quis o resultado ou assumiu o risco de produzi-lo;

Crime culposo

II – culposo, quando o agente deu causa ao resultado por imprudência, negligência ou imperícia.

Parágrafo único. Salvo os casos expressos em lei, ninguém pode ser punido por fato previsto como crime, senão quando o pratica dolosamente.

Vide: CP arts. 19, 20, *caput,* e § 1º, 23, parágrafo único, 29, § 2º, 59, 74; LCP art. 3º.

18 CRIME DOLOSO E CRIME CULPOSO

18.1 Conceito de dolo

Como a conduta é um comportamento voluntário e o conteúdo da vontade seu fim, este é inseparável da ação. Assim, no comportamento que causa um resultado é indispensável verificar-se o conteúdo da vontade do autor do fato, ou seja, o fim que estava contido na ação. Toda ação consciente é dirigida pela consciência do que se quer e pela decisão de querer realizá-la, ou seja, pela vontade. Como a vontade é o querer alguma coisa, o dolo é a vontade dirigida à realização do tipo penal. São elementos do dolo, portanto, a consciência (do fato: conduta, resultado, nexo causal) e a vontade (elemento volitivo de realizar esse fato). A consciência do autor deve referir-se a todos os elementos do tipo a fim de que o agente possa ser considerado como autor de um fato típico. O dolo, porém, não inclui apenas o objetivo do agente, mas também os meios empregados e as consequências secundárias de seu comportamento. Há duas fases na conduta: uma interna e outra externa. A interna opera-se no pensamento do autor – e, se não passa disso, é penalmente indiferente – e a externa é a exteriorização dessa vontade. Caso o sujeito pratique a conduta nessas condições, age com dolo e a ele se podem atribuir o fato e suas consequências diretas, ainda aquelas que não tenham sido o objetivo da ação. Daí o conceito legal de dolo, fundado na *teoria da vontade*, que inclui não só querer o resultado, mas também assumir o risco de produzi-lo.

18.2 Espécies de dolo

O dolo apresenta-se em espécies diversas. Dolo *direto* (ou determinado) existe quando o agente quer determinado resultado. No dolo *indireto*, ou indeterminado, em que o conteúdo do dolo não é preciso, definido, estão incluídos o dolo *alternativo*, que ocorre quando o agente quer, entre dois ou mais resultados, qualquer deles, e o dolo *eventual*, em que o agente não quer o resultado, mas, prevendo que ele possa ocorrer, assume conscientemente o risco de causá-lo. Age também com dolo eventual o agente que, na dúvida a respeito de um ou mais elementos do tipo, se arrisca em concretizá-lo. Quem age na dúvida assume o risco da prática da conduta típica.

Refere-se a doutrina a dolo *de dano*, em que o agente quer ou assume o risco de causar lesão efetiva, e a dolo *de perigo*, em que o autor quer apenas um perigo. Fala-se, ainda, de acordo com a teoria clássica, em dolo *genérico*, que é a vontade de realizar o núcleo do tipo, e em dolo *específico*, que é a vontade de realizar o fato com um fim especial contido no tipo legal. Na doutrina finalista, tem-se preferido falar em *tipo subjetivo*, que são os elementos internos referentes à vontade de praticar a conduta inscrita no verbo e, eventualmente, aos demais elementos subjetivos previstos pela descrição abstrata do fato na lei penal (fim da conduta, consciência de fato ou circunstância inscrita no tipo, tendência subjetiva da ação etc.). Fala-se, por fim, em dolo *geral*, caso de erros sucessivos, em que o agente, supondo ter obtido já o resultado pretendido, pratica outros que, estes sim, vão dar causa ao evento. É caso de erros sucessivos do agente. A maior ou menor intensidade do dolo, embora não influa na caracterização do crime doloso, deve ser objeto da apreciação da culpabilidade do agente para os fins de fixação da pena base (art. 59). Ainda deve ser mencionado o conceito de *dolo natural*, na preferência da teoria finalística, que consiste na vontade de praticar a conduta típica, e o *dolo normativo*, próprio da teoria clássica, que inclui a consciência da ilicitude.

Jurisprudência

- Conceito de dolo
- Existência de dolo direto
- Existência de dolo eventual
- Necessidade de consentimento no dolo eventual
- Necessidade de vontade da conduta no dolo eventual
- Dolo eventual pela dúvida sobre elementos do tipo
- Necessidade de comprovação fática no dolo eventual
- Dolo eventual em disparo de arma de fogo
- Dolo eventual na direção de veículo
- Dolo eventual em "racha" automobilístico
- Dolo eventual em crime de gestão temerária
- Inexistência de dolo eventual

18.3 Conceito de culpa em sentido estrito

Segue-se a doutrina, segundo a qual o crime culposo é a conduta voluntária (ação ou omissão) que produz resultado antijurídico não querido, mas previsível, e excepcionalmente previsto, que podia, com a devida atenção, ser evitado. São, portanto, seus elementos: a *conduta* (ação ou omissão voluntária), a *inobservância do dever de cuidado objetivo*, ou seja, as cautelas que cada pessoa, de acordo com suas condições pessoais, deve obedecer em suas atividades, não se conduzindo com imprudência, negligência ou imperícia; o *resultado lesivo*, componente de "azar" da conduta humana; a *relação de causalidade*, exigida em todo fato típico; e a *previsibilidade*, que é a possibilidade de se prever, nas circunstâncias e nas condições pessoais do agente, o evento (previsibilidade subjetiva); e a *tipicidade*, ou seja, a contradição entre o comportamento do sujeito e o presumível no ordenamento jurídico, que prevê o fato como criminoso, em geral em *tipos abertos*. Diga-se que a inobservância do dever de cuidado objetivo está intimamente ligada à previsibilidade. Quanto mais previsível o fato, maior deve ser o cuidado objetivo do sujeito. Deve-se também observar que a previsibilidade a que se refere a doutrina é a do que normalmente ocorre, não sendo incriminado o agente quando a ocorrência lesiva é excepcional, inusitada. Não se confunde o *dever de prever* com o *poder de previsão* de fatos que, por já terem ocorrido anteriormente, podem repetir-se. Embora se tenha decidido que a previsibilidade se deva aferir de acordo com a possibilidade de prever do homem comum, homem médio (previsibilidade objetiva), a doutrina finalista prega para que tal se faça com relação à pessoa do agente, de acordo com suas condições de discernimento, instrução, experiência etc. (previsibilidade subjetiva). Na ausência de um dos elementos da culpa ocorre o caso fortuito ou a força maior, impuníveis ao causador do resultado. Nada impede a coautoria em crime culposo, que ocorre quando há um vínculo psicológico na cooperação consciente de alguém na conduta culposa de outrem.

Jurisprudência

- Culpa em sentido estrito como elemento do tipo
- Reprovabilidade da conduta no crime culposo
- Inobservância do dever de cuidado objetivo
- Exigência de previsibilidade
- Inexigência de previsibilidade excepcional
- Previsibilidade de acordo com o homem comum
- Previsibilidade de acordo com as condições do agente
- Inexistência de relação de causalidade
- Coautoria em crime culposo
- Coautoria em crime culposo – Contra

18.4 Modalidades de culpa

As modalidades de culpa, ou seja, as formas de inobservância do dever de cuidado objetivo são a imprudência, a negligência e a imperícia, tal como registrado no art. 18, II, do CP. A *imprudência* caracteriza-se quando o agente atua com precipitação, inconsideração, afoitamente, sem cautelas. A *negligência* é a inércia psíquica, a indiferença do agente, que, podendo tomar as cautelas exigíveis, não o faz por displicência ou preguiça mental. A *imperícia* é a falta de conhecimentos teóricos ou práticos no exercício de arte ou profissão, não tomando o agente em consideração o que sabe ou deve saber. Não se confunde a imperícia com o *erro profissional* escusável, em que o agente atuou com a observância dos cuidados objetivos no caso, mas que se equivocou no diagnóstico, causando dano ou perigo a outrem.

Jurisprudência

- Necessidade de consciência da imprudência, negligência ou imperícia
- Coexistência de imprudência e negligência
- Erro profissional

18.5 Espécies de culpa

A *culpa inconsciente* existe quando o agente não prevê o resultado previsível, não tendo do agente conhecimento efetivo do perigo que sua conduta provoca para o bem jurídico alheio. Na *culpa consciente*, ou culpa com previsão, o agente prevê o resultado, mas acredita que conseguirá evitá-lo por sua habilidade. A culpa consciente avizinha-se do dolo eventual, mas com ela não se confunde, porquanto naquela o agente, embora prevendo o resultado, não o aceita como possível, e neste, prevendo o resultado, não se importa que venha ele a ocorrer. Distingue-se, ainda, a culpa *própria*, em que o agente não quer o resultado, nem assume o risco de produzi-lo, da culpa *imprópria*, também denominada culpa por extensão, por equiparação ou por assimilação, e que *deriva de erro* (arts. 20 e § 1º, 23, parágrafo único etc.). Há, na verdade, dolo, porque o agente quer o resultado, mas o fato é punível, por força da lei, por crime culposo. A *culpa presumida*, em que não se indaga no caso concreto se estão presentes os elementos do crime culposo, punindo-se o agente por presunção legal, não é mais aceita em nossa legislação, podendo a conduta em que se inobserva uma disposição regulamentar ser tipificada em ilícito próprio (contravenção ou ilícito administrativo).

Fala-se em graus da culpa, grave, leve e levíssima, de acordo com a maior ou menor possibilidade de previsão do resultado e da maior ou menor inobservância do dever de cuidado objetivo atribuída ao agente. Embora a lei não distinga expressamente os graus da culpa, há decisões no sentido de se excluir a responsabilidade penal do agente em caso de culpa levíssima. De qualquer forma, o grau da culpa é um dos índices de maior ou menor *culpabilidade* no crime culposo (art. 59).

Jurisprudência

- Crime com culpa consciente
- Distinção entre culpa consciente e dolo eventual
- Culpa e não dolo eventual
- Inexistência de culpa presumida
- Culpa levíssima

18.6 Compensação e concorrência de culpas

Ao contrário do que ocorre no Direito Civil (art. 945 do CC), as culpas não se compensam na área penal. Havendo culpa do agente e da vítima, aquele não se escusa da responsabilidade pelo resultado lesivo causado a esta. Só se exclui a responsabilidade do causador do evento quando há culpa exclusiva da vítima. Em caso de condenação, porém, o comportamento da vítima, bem como o grau da culpa, devem ser levados em conta na fixação da pena-base (art. 59).

Há concorrência de culpa quando dois ou mais agentes, excetuada a coautoria, dão causa ao resultado lesivo por imprudência, negligência ou imperícia. Todos respondem pelo evento lesivo.

Jurisprudência

- Inadmissibilidade de compensação de culpas
- Culpa exclusiva da vítima
- Culpa preponderante da vítima
- Culpas concorrentes

18.7 Excepcionalidade do crime culposo

Em princípio, a lei tipifica os crimes dolosos e, assim, o agente só responde pelos fatos que praticar se quis realizar a conduta típica. Mas a lei pode prever, excepcionalmente, a punição por crime por culpa em sentido estrito. Responderá o agente por crime culposo quando o fato for expressamente previsto na lei.

Agravação pelo resultado

Art. 19. Pelo resultado que agrava especialmente a pena, só responde o agente que o houver causado ao menos culposamente.

Vide: CP arts. 13, 18.

19 AGRAVAÇÃO PELO RESULTADO

19.1 Culpabilidade e responsabilidade objetiva

Nossa legislação adotou o direito penal da culpabilidade, ou seja, o da reprovabilidade da conduta típica e antijurídica. É vedada, portanto, a responsabilidade objetiva. A responsabilidade penal objetiva significa que a lei determina que o agente responde pelo resultado ainda que agindo sem dolo ou culpa, o que contraria a doutrina do Direito Penal fundado na responsabilidade pessoal e na culpabilidade. Com a reforma penal de 1984, ficou expresso que ninguém será punido se não agir com dolo ou culpa em sentido estrito (art. 18, parágrafo único). Mas tal princípio não é suficiente para se decidir pela existência de reprovabilidade da conduta. Para se afirmar que o agente atuou com culpabilidade, é necessário que se comprove que o autor da ação teria podido agir de acordo com a norma, de acordo com o direito. Os elementos da culpabilidade são imputabilidade, o potencial conhecimento da ilicitude e a exigibilidade de conduta diversa. É indispensável que, em primeiro lugar, seja o agente imputável que, por suas condições psíquicas, tenha certo discernimento para entender e determinar-se. É o pressuposto, ou, segundo outros, o primeiro elemento da culpabilidade. Não basta, porém, a imputabilidade. É indispensável que o agente possa conhecer, também, mediante algum esforço de consciência, a ilicitude de sua conduta. Por fim, só há culpabilidade se, no caso, se pudesse exigir do agente conduta diversa. Excluem, portanto, a culpabilidade, por falta do primeiro elemento, a inimputabilidade (arts. 26, 27, 28, § 1º); por falta do segundo, o erro de proibição (art. 20) e a obediência hierárquica (art. 22, segunda parte); por falta do último, a inexigibilidade de conduta diversa, consignando-se na lei a coação irresistível (art. 22, primeira parte). Eventualmente, na jurisprudência tem-se aceito a cláusula genérica de inexigibilidade de outra conduta como excludente da culpabilidade. A modificação da Parte Geral do CP não exclui a responsabilidade objetiva em algumas hipóteses da Parte Especial, como na rixa qualificada pelo resultado *morte* ou *lesão corporal* em decorrência da "participação na rixa" (art. 137, parágrafo único). Trata-se aqui de lei especial que derroga a norma geral, embora haja opiniões em contrário

Jurisprudência

- Inexistência de dolo ou culpa
- Inadmissibilidade da causa de inexigibilidade de conduta diversa
- Admissibilidade da causa de inexigibilidade de conduta diversa – Contra
- Aceitação excepcional da não-exigibilidade de conduta diversa

19.2 Crimes qualificados pelo resultado e Crime preterdoloso

Pela regra geral, o dolo deve cobrir todos os elementos da tipicidade. Por vezes, porém, para o tipo básico do crime a lei prevê, em parágrafo, pena mais severa quando ocorre resultado mais grave do que aquele previsto no tipo fundamental. Regra geral, o dispositivo é constituído da expressão se resulta evento de maior lesividade. Assim, comina-se pena mais rigorosa do que a prevista para o tipo fundamental se resulta "morte" (art. 159, § 3º); "lesão corporal de natureza grave" ou "morte" (arts. 127, 137, parágrafo único, 157, § 3º) etc. Têm-se denominado tais infrações de *crimes qualificados pelo resultado*. É de anotar, todavia, que o resultado acrescido ao tipo simples pode ocorrer por dolo, culpa ou mero nexo causal.

O *crime preterdoloso*, ou preterintencional, é um crime misto quanto ao elemento subjetivo: há uma conduta dolosa, por dirigir-se a um fim típico, que é culposa pela causação de outro resultado, não objetivo do crime fundamental. Não se trata de uma nova forma de dolo ou de culpa; é a combinação de dois elementos subjetivos: *dolo no antecedente e culpa no consequente*. A exigência da culpa quanto ao resultado mais grave causado pelo agente está prevista especificamente no art. 19, parágrafo único, que só permite a responsabilidade penal pelo resultado não querido se houver culpa do agente quanto a este último evento. Não basta, portanto, a relação de causalidade entre a ação e o resultado agravador. Afastou-se, assim, qualquer possibilidade de responsabilidade objetiva na hipótese. Isso significa que era o evento previsível e poderia ter sido evitado por seu causador. Exemplos clássicos de crimes preterdolosos são o de lesão corporal grave ou gravíssima (art. 129, §§ 1º e 2º) e de lesão corporal seguida de morte, chamado homicídio preterintencional, previsto pelo art. 129, § 3º, do CP (item 129.15). São também crimes preterintencionais os crimes qualificados pelo resultado quando o evento qualificador é atribuído ao agente a título de culpa.

Jurisprudência

- Hipótese de culpa no resultado
- Exigência de culpa no resultado
- Inexistência de dolo ou culpa
- Tentativa de crime preterdoloso: inocorrência

Erro sobre elementos do tipo

Art. 20. O erro sobre elemento constitutivo do tipo legal de crime exclui o dolo, mas permite a punição por crime culposo, se previsto em lei.

Descriminantes putativas

§ 1º É isento de pena quem, por erro plenamente justificado pelas circunstâncias, supõe situação de fato que, se existisse, tornaria a ação legítima. Não há isenção de pena quando o erro deriva de culpa e o fato é punível como crime culposo.

Erro determinado por terceiro

§ 2º   Responde pelo crime o terceiro que determina o erro.

Erro sobre a pessoa

§ 3º   O erro quanto à pessoa contra a qual o crime é praticado não isenta de pena. Não se consideram, neste caso, as condições ou qualidades da vítima, senão as da pessoa contra quem o agente queria praticar o crime.

Vide: CP arts. 18, 23, 73 (erro na execução); CPP arts. 386, VI, 415, IV.

20   ERRO SOBRE ELEMENTOS DO TIPO

20.1   Erro de tipo

Como o dolo deve abranger a consciência e a vontade do agente a respeito dos elementos objetivos do tipo, fica ele excluído se desconhece ou se engana a respeito de um dos elementos de sua definição legal. É o que na doutrina se denomina de *erro de tipo*, que exclui o dolo por não existir no agente a vontade de realizar o tipo objetivo. Deu-se na lei a substituição do defeituoso conceito de *erro de fato* pela definição moderna de *erro sobre elementos do tipo*. É uma falsa representação da realidade e a ele se equipara a ignorância, ou seja, o total desconhecimento a respeito dessa realidade. Pode ele recair sobre elemento objetivo ou a respeito de elemento normativo da descrição legal. Também é erro sobre elemento do tipo aquele relativo a qualquer elemento da norma complementar no caso da lei penal em branco. Em qualquer caso, o agente não sabe que está realizando o tipo legal porque se enganou a respeito de um dos seus elementos, inclusive de circunstância elementar; não age, pois, dolosamente. Eventualmente, o erro de tipo pode levar a uma desclassificação do crime: embora desconheça um dos elementos do tipo abstrato mais grave, pode ter conhecimento dos elementos que configuram um ilícito menor.

Para que o erro exclua o dolo, é necessário que seja ele *essencial*, ou seja, que recaia sobre elemento do tipo; se for *acidental*, recaindo sobre circunstâncias acessórias da pessoa ou coisa estranhas ao tipo, o ilícito permanece íntegro. Assim é o erro relativo à pessoa, e por isso não se consideram na apreciação do fato concreto as condições e qualidades da vítima real e sim as daquela contra quem o agente pretendia agir, fazendo-se incluir ou excluir agravantes, atenuantes, causas de aumento e causas de diminuição de pena.

Por expressa disposição legal, responde pelo crime o terceiro que provoca o erro no autor material do fato. Este só responderá por crime culposo se presentes os elementos objetivos e subjetivos da figura culposa.

Embora não seja a lei expressa, deve-se entender que o erro exclui também as circunstâncias do crime. Para que se possa a ele imputar uma circunstância penalmente relevante da figura penal, é indispensável que esteja ela coberta também pelo dolo.

Jurisprudência

- Erro de tipo sobre elementos descritivos ou normativos
- Erro de tipo exclui o dolo
- Inexistência de erro de tipo

- Inexistência de erro invencível
- Erro de tipo em norma penal em branco
- Erro de tipo em crime de furto
- Erro de tipo em violação de direito autoral
- Erro de tipo com relação a violência presumida
- Erro de tipo em crime referente a tóxicos
- Erro sobre a pessoa em crime de homicídio: ausência da vítima no local do fato
- Prova do erro sobre elementos do tipo
- Impropriedade do *habeas corpus* para reconhecimento de erro de tipo

20.2 Erro culposo

Pode o agente incorrer em erro inevitável, invencível, e assim estará excluído não só o dolo, mas também a culpa em sentido estrito. Entretanto, se o erro era evitável, vencível, atuando o agente sem os cuidados objetivos exigidos nas circunstâncias e condições pessoais, responderá por crime culposo, quando este for fato típico. Positivando-se que o agente poderia não incidir no erro se tomasse as devidas cautelas, configurada estará sua imprudência, negligência ou imperícia.

Jurisprudência

- Hipótese de erro culposo
- Condenação por crime culposo
- Erro culposo de policial

20.3 Descriminantes putativas

É possível que o agente suponha que está agindo licitamente ao imaginar que se encontram presentes os requisitos de uma das causas descriminantes previstas em lei. Nesse caso, ocorre o que se denomina *descriminante putativa*, ou seja, um *erro de tipo permissivo*, ou erro *sui generis*, segundo a corrente adotada pelo Código, que exclui, por isso, o dolo. Supondo-se o agente em estado de necessidade, legítima defesa, estrito cumprimento do dever legal ou no exercício regular de direito, e sendo esse erro inevitável, invencível, estará ele, nos termos da lei, isento de pena. É necessário, entretanto, que sejam observados sempre os limites das causas excludentes da antijuridicidade. Mesmo adotando-se a teoria limitada da culpabilidade (não age dolosamente quem supõe, justificadamente, pelas circunstâncias do fato, que está praticando um fato típico em legítima defesa, em estado de necessidade), não haverá erro de tipo, mas erro de proibição, quando o erro não incide quanto à situação de fato (expressão utilizada na lei), mas de direito. O erro de proibição, portanto, não elimina o dolo; o agente pratica um fato típico, mas fica excluída a reprovabilidade da conduta. O erro sobre elemento normativo da excludente não pode, nos termos da lei, ser subsumido ao art. 20, § 1º, mas sim ao art. 21.

Há séria controvérsia a respeito da natureza do erro que recai sobre uma causa de justificação. Para a *teoria limitada da culpabilidade*, as descriminantes putativas constituem-se em *erro de tipo permissivo* e excluem o dolo. Segundo essa teoria, não age dolosamente quem supõe, justificadamente, pelas circunstâncias do fato, que está praticando um fato típico em legítima defesa, em estado de necessidade etc. Para a *teoria extremada da culpabilidade* (normativa pura), trata-se de *erro de proibição*, excluindo-se apenas a culpabilidade. Concordamos com esta última orientação. O agente, em decorrência da situação de fato, supõe que sua conduta é lícita, mas age com dolo. Este é a mera vontade de concretizar os elementos do tipo, não se fazendo indagação a respeito da antijuridicidade da conduta (dolo natural).

Jurisprudência

- Erro de tipo permissivo
- Requisitos da legítima defesa putativa
- Casos de legítima defesa putativa
- Inexistência de legítima defesa putativa

Erro sobre a ilicitude do fato

Art. 21. O desconhecimento da lei é inescusável. O erro sobre a ilicitude do fato, se inevitável, isenta de pena; se evitável, poderá diminuí-la de um sexto a um terço.

Parágrafo único. Considera-se evitável o erro se o agente atua ou se omite sem a consciência da ilicitude do fato, quando lhe era possível, nas circunstâncias, ter ou atingir essa consciência.

Vide: CP art. 65, II; LCP art. 8º; CPP arts. 386, VI, 415, IV; LINDB art. 3º.

21 ERRO SOBRE A ILICITUDE DO FATO

21.1 Erro de proibição

O legislador fez constar da primeira parte do art. 21 a antiga regra de que o desconhecimento da lei é inescusável, querendo dizer que, se o agente desconhece a existência da lei penal que proíbe aquele determinado comportamento, tal ignorância não o exime de responsabilidade pelo fato praticado, pois, de acordo com o art. 3º da LINDB, ninguém pode escusar-se de cumprir a lei, alegando que não a conhece. Superando-se, porém, a clássica distinção no Direito Penal entre *erro de fato* e *erro de direito* da lei anterior, em que este último era considerado irrelevante (art. 16 anterior), adotou o dispositivo, na segunda parte, a distinção entre *erro de tipo*, que exclui o dolo, e *erro de proibição*, que exclui a culpabilidade, por inexistência do potencial conhecimento da ilicitude.

O *erro sobre a ilicitude do fato*, como o denomina a lei, ocorre quando o agente, por erro plenamente justificado, não tem ou não lhe é possível o conhecimento da ilicitude do fato, *supondo que atua licitamente*. Atua ele voluntariamente e, portanto, com dolo, porque seu erro não incide sobre elementos do tipo, mas não há culpabilidade, já que pratica o fato por erro quanto à antijuridicidade de sua conduta. Para haver culpabilidade, é bastante que o agente saiba que seu comportamento contradiz as exigências da vida social e que, por conseguinte, se acha proibido juridicamente. A consciência da ilicitude resulta da apreensão do sentido axiológico das normas de cultura, independentemente de leitura do texto legal. Mas, se por qualquer razão, quando ele próprio, por não ter tido sequer a possibilidade de desconhecer o injusto de sua ação, comete o fato sem se dar conta de estar infringindo alguma proibição, sua conduta não pode ser tida como censurável, inexistindo, por isso, a culpabilidade.

Embora não exclua a culpabilidade, o desconhecimento da lei é circunstância atenuante (art. 65, II). Em caso de contravenção, a ignorância ou a errada compreensão da lei, quando escusáveis, são hipóteses de aplicação do perdão judicial (art. 8º da LCP). Havendo, porém, erro inevitável sobre a ilicitude do fato, desaparece a culpabilidade na prática da contravenção diante do disposto no Código Penal.

Jurisprudência

- Desconhecimento da lei e erro sobre ilicitude do fato
- Existência de erro sobre a ilicitude do fato
- Inexistência de erro sobre a ilicitude do fato
- Erro de proibição em norma penal em branco
- Erro sobre a ilicitude do fato em contravenção
- Existência de erro de direito em contravenção
- Inexistência de erro de direito em contravenção

21.2 Espécies de erro de proibição

São várias as hipóteses em que se pode reconhecer o erro sobre a ilicitude do fato. Em primeiro lugar, o agente pode atuar por erro inevitável quando supõe que sua conduta, ainda que típica, não é contrária à lei por estar amparada em uma causa excludente da ilicitude. Pode também incidir em erro sobre a ilegalidade do comportamento, sobre a norma penal, não sobre a *lei*, no denominado *erro de proibição direto*. É também erro de proibição aquele que incide sobre a existência do dever nos crimes comissivos praticados por omissão, em que o omitente não tem a consciência da condição que o coloca na qualidade de garantidor da não ocorrência do resultado. Também há erro sobre a ilicitude do fato quando o engano se refere aos limites objetivos ou subjetivos de uma causa de justificação. Para a teoria extremada da culpabilidade, o erro sobre as descriminantes, ou descriminantes putativas, também constitui erro de proibição, embora o Código a coloque como erro de tipo permissivo (vide item 20.3).

Jurisprudência

- Erro sobre a existência de uma causa descriminante
- Erro de proibição direto
- Inexistência de erro de proibição direto
- Erro de proibição direto em norma penal em branco
- Erro sobre os limites da descriminante

21.3 Erro evitável

Para que seja excluída a culpabilidade, exige a lei que o erro de proibição seja *inevitável*, invencível, escusável, justificado, dispondo expressamente que o erro será evitável, vencível, inescusável, injustificado quando o agente atua ou se omite sem a consciência da ilicitude do fato, quando lhe era possível, nas circunstâncias, ter ou atingir essa consciência. O autor é responsável pelo ato praticado porque se poderia exigir dele que investigasse sobre a possibilidade ou não de praticar o fato típico diante do dever de se informar inerente à prudência ordinária que pauta a vida social. No erro evitável, em que não fica excluído o dolo, a lei obriga a diminuição da pena de um sexto a um terço, atendendo-se à hipótese de menor censurabilidade da conduta.

Jurisprudência

- Espécies de erro sobre a ilicitude do fato
- Conceito de erro evitável
- Existência de erro evitável

Coação irresistível e obediência hierárquica

Art. 22. Se o fato é cometido sob coação irresistível ou em estrita obediência a ordem, não manifestamente ilegal, de superior hierárquico, só é punível o autor da coação ou da ordem.

Vide: CP arts. 62, II, 65, III, *c*; CPM art. 38; CPP arts. 386, VI, 415, IV.

22 COAÇÃO IRRESISTÍVEL E OBEDIÊNCIA HIERÁRQUICA

22.1 Coação irresistível

Não há culpabilidade, segundo o Código, quando o autor do fato é submetido a coação irresistível para praticar o ilícito. A coação existe quando há o emprego de força física ou de grave ameaça para sujeitar o sujeito à prática do ilícito, de modo que não há culpabilidade pela não exigibilidade de conduta diversa. Na coação *física*, o coator emprega meios que impedem o sujeito de resistir porque seu movimento corpóreo ou sua abstenção de movimento (na omissão) impedem o sujeito de atuar voluntariamente, de modo que, como se afirma na doutrina, fica excluída a vontade do agente e, assim, a própria conduta. É possível, porém, que o emprego de força física, como a tortura por exemplo, pode não lhe retirar toda a possibilidade de atuar ou se omitir voluntariamente, mas, assim mesmo, excluir a culpabilidade por inexigibilidade de outra conduta. Na coação *moral*, existe a ameaça, de modo que a vontade do coacto não é livre, embora possa decidir pelo que considere para si um mal menor, não lhe sendo exigível comportamento diverso. Inclui-se aqui a coação que diz respeito não à pessoa do coacto, mas à de outras às quais esteja ele ligado sentimentalmente.

Em qualquer hipótese, porém, exige o art. 22, para excluir a culpabilidade, que a coação seja *irresistível*, inevitável, insuperável, inelutável, atual, uma força a que o coacto não pode subtrair-se ou enfrentar. É indispensável, pois, que, no caso concreto, se examinem as condições de resistibilidade do coacto, levando-se em conta a gravidade do mal prometido, relevante e considerável, bem como suas condições pessoais. Um mero receio de perigo, mais ou menos remoto, não exclui a culpabilidade. A coação a que o sujeito podia resistir, não excluindo a culpabilidade, é mera atenuante (art. 65, III, *c*, primeira parte, do CP).

A coação pressupõe três pessoas: o coator, o coacto e a vítima. Não se pode, pois, falar em coação social, ou coação da sociedade, já que esta não pode ameaçar ou causar mal ao sujeito, exigindo-se a presença de um agente humano como coator punível. Não se pode ter como coator ser espiritual ou forças sobrenaturais. Também a vítima, salvo situações especialíssimas, não poderá ser tida como coatora.

Ocorrendo a coação, irresistível ou não, é sempre punível o coator, existindo ainda quanto a este uma circunstância agravante genérica (art. 62, II). Trata-se de caso de autoria mediata no concurso de agentes. Pode-se supor a hipótese de erro do sujeito, que supõe estar ameaçado, havendo no caso coação moral irresistível putativa.

Jurisprudência

- Necessidade de irresistibilidade da coação
- Não caracterização da coação na ameaça pela internet
- Não caracterização da inevitabilidade do perigo
- Resistibilidade de acordo com as condições pessoais

- Caracterização da coação: tráfico de entorpecentes
- Caracterização da irresistibilidade da coação
- Caracterização da irresistibilidade da coação: oligofrenia
- Não caracterização da coação por ameaças vagas e imprecisas
- Não-caracterização da coação contra pessoa armada
- Inexistência de coação por mero temor reverencial
- Não caracterização na ameaça de demissão
- Inexistência de coação irresistível
- Necessidade de comprovação e insuficiência da palavra do réu
- Necessidade física de coator
- Exigência de coator, coagido e vítima
- Inexistência de coação moral da sociedade
- Inexistência de coação moral por preconceito racial
- Inexistência de coação moral por parte da vítima
- Inexistência de coação moral por parte da vítima – Contra
- Existência em concurso de pessoas
- Inexistência de coator em concurso de pessoas
- Ônus da prova

22.2 Obediência hierárquica

Na segunda parte do artigo, inscreve-se outra causa excludente da culpabilidade, não se punindo o autor que atuar em estrita obediência à ordem, não manifestamente ilegal, de superior hierárquico. Na lei anterior, essa dirimente era uma exceção à regra da irrelevância do erro de direito e poderia ser excluída da Parte Geral porque se constitui, na verdade, de uma espécie de erro de proibição. Como é necessário, para que se cumpra a ordem, estar ela de acordo com o direito (emanada da autoridade competente, atribuição do agente para a prática do ato, não estar proibida em lei), não se escusa o subordinado quando tem conhecimento de sua ilicitude. Tem ele o dever de indagar-se da legalidade da ordem quando a recebe. Mas, se, por não ser ela *manifestamente* ilegal, é levado a erro, fica excluída sua culpabilidade. A lei refere-se exclusivamente à subordinação *hierárquica*, derivada do Direito Administrativo, excluídas as relações familiares, de emprego, religiosas etc.

Para que ocorra a excludente, é necessário que o agente pratique o fato em *estrita* obediência a ordem não manifestamente ilegal, respondendo por qualquer excesso. Responde pelo crime o autor da ordem, desde que não tenha ocorrido também erro de proibição inevitável. É atenuante a prática do fato pelo subordinado, ainda que a ordem seja manifestamente ilegal (art. 65, III, *c*, segunda parte, do CP).

Jurisprudência

- Requisitos para a caracterização da obediência hierárquica
- Existência de ordem manifestamente ilegal
- Necessidade de comprovação de que a ordem não era manifestamente ilegal
- Existência de obediência hierárquica
- Exigência de subordinação hierárquica na esfera administrativa
- Não caracterização da obediência hierárquica
- Inexistência de obediência hierárquica na esfera privada
- Responsabilidades por abuso

Exclusão de ilicitude

Art. 23. Não há crime quando o agente pratica o fato:

I – em estado de necessidade;

II – em legítima defesa;

III – em estrito cumprimento de dever legal ou no exercício regular de direito.

Excesso punível

Parágrafo único. O agente, em qualquer das hipóteses deste artigo, responderá pelo excesso doloso ou culposo.

Vide: **CF** art. 5º, II; **CP** arts. 18, I e II, 20, § 1º, 21, 24, 25; **CPP** arts. 65, 386, VI, 415, IV; **CC** arts. 188, 929, 930.

23   EXCLUSÃO DE ILICITUDE

23.1   Antijuridicidade

Sendo o crime um fato típico e antijurídico, é necessário para a existência do ilícito penal que a conduta seja antijurídica, isto é, na denominação legal, ilícita. A ilicitude decorre da contradição entre uma conduta e o ordenamento jurídico. Nesse sentido formal, o fato típico, em princípio, é antijurídico, dizendo-se, assim, que a tipicidade é o indício ou índice da antijuridicidade. Pode ocorrer, porém, que o agente pratique a ação típica em uma das situações em que a lei a considera como lícita, excluindo-se a ilicitude e, portanto, a criminalidade da conduta. Assim, a antijuridicidade, como elemento da análise conceitual do crime, assume o significado de "ausência de causas excludentes de ilicitude". Em distinção doutrinária se afirma que a contradição entre a conduta e a norma é a *antijuridicidade* e que a conduta ilícita em si mesma, a ação valorada como antijurídica, é o *injusto*.

No positivismo sociológico, estabeleceu-se um *conceito material* de antijuridicidade, em que, uma ação concreta, apesar de adequada ao tipo legal, será lícita se constituir um meio justo para um fim justo, ou seja, se for adequada socialmente. Para essa *teoria social*, a antijuridicidade é a contradição do fato, eventualmente adequado ao modelo legal, com a ordem jurídica, constituindo a lesão de um interesse protegido.

Jurisprudência

• Antijuridicidade material

23.2   Exclusão da ilicitude

Prevê a lei as causas que excluem a ilicitude do fato típico, chamadas de causas excludentes da criminalidade, ou *excludentes da antijuridicidade*, ou *excludentes da ilicitude*, ou *justificativas*, ou *descriminantes*. Dispondo a esse respeito, diz a lei brasileira, no art. 23, em caráter geral, que "não há crime" quando o agente pratica o fato em estado de necessidade, em legítima defesa, em estrito cumprimento de dever legal e no exercício regular de direito. Mas, além dessas normas permissivas da Parte Geral, existem algumas justificativas na Parte Especial (art. 128, art. 142 etc.). Evidentemente, reconhecendo-se a excludente com relação a um dos autores do fato, aproveitam-se todos aqueles que concorrem para o resultado como coautores ou partícipes.

Preenchidos os requisitos de uma causa excludente da ilicitude, ao agente não se pode imputar a prática de crime. Divide-se, porém, a doutrina sobre a necessidade ou não de estar presente no caso concreto, além dos requisitos objetivos previstos em lei, o elemento subjetivo correspondente à descriminante. Na jurisprudência, tem-se por indiferente a existência ou não do elemento subjetivo da justificativa.

Jurisprudência

- Extensão da descriminante a coautores

23.3 Causas supralegais de exclusão da ilicitude

Tem-se sustentado, também, que não se deve apreciar o antijurídico apenas diante do direito legislado, mas também das normas de cultura que vigem na vida social. Assim, além das causas expressas na lei, existiriam as causas *extralegais* ou *supralegais* de exclusão da ilicitude, como ocorre nos esportes violentos, nas intervenções cirúrgicas etc. Prevendo a lei, porém, como causa descriminante o "exercício regular de direito", pode-se concluir que as condutas citadas como exemplos dessas causas supralegais estão protegidas diante da possibilidade de o juiz poder decidir de acordo com os princípios gerais do direito, do costume e da analogia, e, portanto, concluir pelo exercício regular do direito. Evidentemente, a tolerância das autoridades com relação a qualquer ilícito penal não descriminaliza a conduta típica nem permite a conclusão de que se agiu com fundamento em causa supralegal de exclusão da ilicitude. Com tais argumentos justificam-se os fatos que aparentemente não estão regulados no ordenamento jurídico: a correção de menores não sujeitos à autoridade legal de quem os castiga; o tratamento médico (que seria exercício ilegal da medicina) dos pais aos filhos; os castigos não previstos em regulamento escolar aplicados sem abuso por professores etc.

Jurisprudência

- Inexigibilidade de conduta diversa: excepcionalidade
- Inexistência de causa supralegal de exclusão da ilicitude
- Inexistência de causa excludente da ilicitude
- Inexistência de causa excludente da culpabilidade ou da antijuridicidade
- Possibilidade de excludente da culpabilidade – Contra
- Tolerância da autoridade
- Não caracterização da inexigibilidade de conduta diversa na existência de dificuldades financeiras
- Caracterização da inexigibilidade de conduta diversa na impossibilidade financeira: apropriação indébita de contribuições previdenciárias
- Necessidade de prova da justificadora do sacrifício do direito alheio

23.4 Estrito cumprimento de dever legal

Não há crime quando o agente pratica o fato no "estrito cumprimento de dever legal". Evidentemente, como a lei não contém contradições, quem cumpre regularmente um dever não pode, ao mesmo tempo, estar praticando um ilícito penal. Essa excludente pressupõe no executor um funcionário ou agente público que atua por ordem da lei, não se excluindo o particular que exerça, eventualmente, uma função pública. A descriminante abrange apenas o dever *legal*, ou seja, o previsto em norma jurídica, podendo ele derivar da lei penal ou extrapenal. Não é possível alegar a exclusão da ilicitude por um dever moral, dever religioso, dever filial etc.

Prevendo a lei o *estrito* cumprimento do dever, não pode o agente atuar com excesso, respondendo por ele, na forma dolosa ou culposa.

Jurisprudência

- Estrito cumprimento de dever legal em homicídio
- Estrito cumprimento de dever legal em lesão corporal
- Estrito cumprimento de dever legal em prisão em flagrante
- Estrito cumprimento do dever legal para preservar a ordem pública
- Estrito cumprimento do dever legal em testemunho
- Estrito cumprimento do dever legal por advogado
- Inexistência de estrito cumprimento de dever legal em prisão ilegal
- Inexistência de estrito cumprimento de dever legal quanto a particular
- Inexistência de estrito cumprimento de dever legal em crime culposo
- Excesso no cumprimento do dever em prisão
- Excesso no cumprimento de dever legal
- Excesso no cumprimento de dever legal em caso de fuga de preso

23.5 Exercício regular de direito

Não responde por crime, também, aquele que pratica o fato típico em exercício regular de direito. Qualquer pessoa pode exercer um direito subjetivo ou faculdade, já que ninguém será obrigado a fazer ou deixar de fazer alguma coisa senão em virtude de lei (art. 5º, II, da CF). Exclui-se a ilicitude da conduta típica nas hipóteses em que o sujeito está autorizado a esse comportamento. Estão incluídas na descriminante as eventuais ofensas à integridade corporal na prática dos esportes, nas intervenções médicas ou cirúrgicas etc.

Em todos os casos, porém, é necessário que o agente atue *regularmente*, pois, se exceder os limites de seu direito ou faculdade, responderá pelo excesso doloso ou culposo.

Parte da doutrina inclui também como forma de exercício regular de direito os ofendículos, aparelhos predispostos para a defesa da propriedade (arame farpado, cacos de vidro em muros, animais) visíveis, a que são equiparados os meios mecânicos ocultos (eletrificação de fios e cercas, de maçanetas de portas etc.). Outros doutrinadores consideram os *offendicula* como hipótese de legítima defesa *preordenada*. Qualquer que seja o entendimento, porém, é necessário que não haja excesso nos meios empregados para a defesa da propriedade.

Jurisprudência

- Exercício regular de direito em constrangimento ilegal
- Inexistência de exercício regular de direito em lesão corporal: segurança em casa noturna
- Exercício regular de direito em lesão corporal
- Exercício regular de direito contra esbulho possessório
- Inexistência de exercício regular de direito em lesões corporais: exigência de conjunção carnal da mulher
- Inexistência de exercício regular de direito em lesões corporais: exigência de conjunção carnal da mulher – Contra
- Inexistência de exercício regular do direito no homicídio
- Inexistência do exercício regular de direito em ofensa ao juiz por advogado

- Excesso no exercício de direito
- Ofendículo com excesso em exercício de direito
- Excesso culposo em ofendículo
- Crime de perigo em ofendículo

23.6 Consentimento do ofendido

Ao contrário de outras legislações, nosso direito positivo não soluciona expressamente o problema do consentimento do ofendido quando da prática de um fato típico. Doutrinariamente, porém, distingue-se a ofensa a bem jurídico *indisponível* (vida, integridade corporal, família etc.) e bem jurídico *disponível* (patrimônio, honra etc.). Atingidos os primeiros, salvo exceções legais, o crime não deixa de existir, já que inválido o consentimento da vítima. Lesados os bens disponíveis, não há tipicidade, quando o não consentimento é elemento do tipo (arts. 150 e 151 do CP, por exemplo), ou não há ilicitude, quando o tipo penal não se refere à vontade da vítima, que consente na violação de seu bem jurídico (arts. 155, 163 do CP, por exemplo). Há, pois, exercício regular do direito nas intervenções cirúrgicas, na violência esportiva etc., quando a vítima consente na lesão, desde que não haja imperícia, abuso etc.

Jurisprudência

- Consentimento da vítima em furto
- Excesso no exercício de direito da violência no esporte

23.7 Excesso doloso e culposo

Expressamente, a lei prevê para as descriminantes a possibilidade de punir-se o agente pelo excesso doloso (intencional, claro, indiscutível) e pelo excesso culposo (derivado de imprudência, negligência, imperícia). Pelo que exceder dos limites da justificativa, o agente será punido por crime doloso ou culposo, se previsto em lei. O excesso, porém, pode derivar de erro, que, se versar sobre os pressupostos fáticos da justificativa, é erro de tipo regido pelo art. 20, § 1º, e, se incidir sobre os limites legais da descriminante, é disciplinado pelo art. 21, *caput*, ambos do CP.

Jurisprudência

- Excesso culposo não censurável

Estado de necessidade

Art. 24. Considera-se em estado de necessidade quem pratica o fato para salvar de perigo atual, que não provocou por sua vontade, nem podia de outro modo evitar, direito próprio ou alheio, cujo sacrifício, nas circunstâncias, não era razoável exigir-se.

§ 1º Não pode alegar estado de necessidade quem tinha o dever legal de enfrentar o perigo.

§ 2º Embora seja razoável exigir-se o sacrifício do direito ameaçado, a pena poderá ser reduzida de um a dois terços.

Vide: **CP** arts. 13, § 2º, 20, § 1º, 21, 23, I, parágrafo único, 73, 74; **CPP** arts. 65, 386, VI, 415, IV; **CC** arts. 156, 171, II, 188, II e parágrafo único, 929 e 930; **Lei** nº **9.605**, de 12-2-1998, art. 37, I (estado de necessidade em crime contra o meio ambiente).

24 ESTADO DE NECESSIDADE

24.1 Requisitos do estado de necessidade

É causa excludente da ilicitude o estado de necessidade que, para alguns, configura uma *faculdade*, já que não há obrigação da vítima de suportar a conduta, e para outros um *direito* do agente, não contra o ofendido, mas contra o Estado, que concede ao sujeito esse direito subjetivo por meio da norma penal. O estado de necessidade pressupõe sempre um conflito entre os interesses lícitos do agente e do ofendido, em que um pode perecer licitamente para que o outro seja poupado.

Exige-se, em primeiro lugar, que ocorra um *perigo*, ou seja, uma ameaça a direito próprio ou alheio, que um bem jurídico esteja em risco, praticando o sujeito o fato típico para salvá-lo. O perigo pode ter sido criado por força da natureza, por caso fortuito etc., ou por ação do homem. É indispensável que o perigo seja *atual*, que exista a probabilidade do dano, presente e imediata, ao bem jurídico. Inexiste a descriminante se o risco ainda não se instalou, é apenas possível ou mesmo provável em um futuro, remoto, ou já tenha sido ultrapassado. É necessário também que o perigo seja inevitável, numa situação em que o agente não podia, de outro modo, impedi-lo, que sua ação seja imprescindível, não podendo fugir, socorrer-se da autoridade pública etc. É indispensável também que o agente não tenha provocado o perigo voluntariamente, ou seja, dolosamente, predominando na doutrina a possibilidade de alegação do estado de necessidade quando o próprio agente causou culposamente o perigo.

Dispõe a lei também que se deve verificar se era ou não razoável exigir o sacrifício do direito ameaçado que foi preservado pela conduta típica. Essa razoabilidade deve ser verificada nas circunstâncias do fato, sendo relevante a confrontação entre o bem jurídico em perigo e o bem jurídico lesado. Deve haver pelo menos um equilíbrio entre os direitos em conflito. Não haverá estado de necessidade se o direito lesado era de maior valor do que o protegido pelo agente. Nesse caso, o agente é responsabilizado penalmente pelo fato, mas o juiz, tendo em vista as circunstâncias, poderá diminuir a pena de um a dois terços. É possível o estado de necessidade *putativo*, em que o agente supõe, por erro, estar em uma situação de perigo atual e inevitável, aplicando-se, então, o art. 20, § 1º, do CP.

Jurisprudência

- Necessidade dos pressupostos legais
- Preservação de direito próprio ou alheio
- Necessidade de perigo atual
- Provocação voluntária do perigo
- Provocação culposa do perigo
- Provocação do perigo por sem-terra
- Exigência de urgência e inadiabilidade
- Exigência de inevitabilidade do perigo
- Inexistência de inevitabilidade do perigo
- Inexistência de recurso inevitável
- Razoabilidade da conduta do agente
- Inexistência de proporcionalidade
- Dúvida razoável na prova: absolvição
- Dificuldades financeiras e estado de necessidade
- Desemprego e estado de necessidade
- Furto famélico como estado de necessidade
- Reconhecimento do furto famélico
- Inexistência de furto famélico
- Causa de diminuição da pena
- Inexistência em caso de roubo
- Inexistência em caso de saque
- Hipótese de aborto com o consentimento da gestante

24.2 Hipóteses de estado de necessidade

O estado de necessidade pode ser invocado, em tese, quando da prática de qualquer crime, inclusive nos delitos culposos, conforme opinião predominante na doutrina. Tem-se excluído a descriminante, entretanto, nos crimes permanentes e nos crimes habituais, uma vez que nestes, por se prolongarem no tempo a conduta e o resultado, não há que se falar em perigo *atual*. Permite também a lei que se preserve qualquer bem jurídico, protegido pelo ordenamento jurídico, desde que tenha pelo menos o mesmo valor que o lesado. Possibilita ainda a lei que o agente atue para salvar bem jurídico próprio ou alheio (estado de necessidade em favor de terceiro). Fala-se na doutrina em estado de necessidade *defensivo*, quando o agente atua contra o causador do perigo; e em estado de necessidade *agressivo*, quando lesa bem jurídico de alguém que não provocou a situação de risco, age contra terceiro inocente; estado de necessidade *putativo* se o agente supõe, por erro, que se encontra em situação de perigo. Diante dos requisitos legais, é possível a ocorrência de estado de necessidade recíproco. Sendo o estado de necessidade uma causa excludente da ilicitude, todos que colaboram no fato estão protegidos pela lei penal. Pode ocorrer acidente ou erro na execução do estado de necessidade, o que não desnatura a descriminante, aplicando-se no caso, como princípio, o art. 73 do CP.

Jurisprudência

- Inadmissibilidade em contravenção permanente
- Inadmissibilidade em contravenção permanente – Contra
- Inadmissibilidade em exercício da arte dentária
- Possibilidade de estado de necessidade em exercício ilegal da arte dentária
- Possibilidade de estado de necessidade em subtração de água
- Estado de necessidade em subtração de energia elétrica
- Terceiro inocente atingido por acidente

24.3 Exclusão do estado de necessidade

Por estarem encarregadas de funções que, normalmente, as colocam em perigo, certas pessoas (policiais, bombeiros, médicos sanitaristas etc.) não podem eximir-se de responsabilidade pela conduta típica que praticarem. Dispõe assim a lei que não pode alegar estado de necessidade quem tinha o dever *legal* de enfrentar o perigo. O dever legal a que se refere a lei é aquele previsto em uma norma jurídica, não incluindo a lei na proibição o dever jurídico derivado de outra fonte (contrato, por exemplo). O princípio da exigibilidade do dever legal de enfrentar o perigo, porém, não é absoluto, limitado que está pela norma do exercício da profissão ou atividade, já que não se pode exigir de ninguém um comportamento heroico. Excluído, porém, estará o estado de necessidade quando houver o excesso doloso ou culposo, ou seja, quando o agente provoca lesões desnecessárias ao bem jurídico de outrem ao defender direito próprio ou alheio. Poderá haver, entretanto, o erro, justificado ou não, quanto aos elementos fáticos (art. 20, § 1º) e aos limites normativos da descriminante (art. 21).

Jurisprudência

- Necessidade de prova do estado de necessidade

Legítima defesa

Art. 25. Entende-se em legítima defesa quem, usando moderadamente dos meios necessários, repele injusta agressão, atual ou iminente, a direito seu ou de outrem.

Parágrafo único. Observados os requisitos previstos no *caput* deste artigo, considera-se também em legítima defesa o agente de segurança pública que repele agressão ou risco de agressão a vítima mantida refém durante a prática de crimes.*

*Parágrafo único incluído pela Lei nº 13.964, de 24-12-2019.

Vide: **CP** arts. 20, § 1º, 21, 23, II, parágrafo único, 73, 74; **CPP** arts. 65, 386, VI, 415, IV; **CC** art. 188, I.

25 LEGÍTIMA DEFESA

25.1 Requisitos da legítima defesa

Fundado na teoria objetiva, que considera a legítima defesa como um direito primário do homem de se defender de uma agressão, prevê a lei essa causa justificativa desde que preenchidos seus requisitos legais.

Com a legítima defesa pode-se amparar qualquer direito (vida, integridade corporal, honra, liberdades, patrimônio etc.), seja ele do próprio agente ou bem jurídico alheio (legítima defesa de terceiro). Tratando-se de direito alheio, é necessário verificar se se trata de bem jurídico indisponível ou disponível. No primeiro caso, haverá sempre a legitimidade da ação em favor de outrem; no segundo, só quando não houver consentimento do ofendido com relação à lesão que lhe é infligida.

É indispensável que haja, inicialmente, por parte do agente, reação contra aquele que está praticando uma agressão. Esta é constituída de qualquer comportamento humano que lesa ou põe em perigo um direito e, embora, em geral, implique violência, não se limita a esta, visto que pode consistir em um ataque sub-reptício, dissimulado, em fraude e até em omissão. Embora não seja pacífico, nada impede que se alegue legítima defesa contra uma agressão culposa, mas sempre será constituída de um comportamento humano. Não o sendo, haverá estado de necessidade. Não é necessário, porém, que a agressão se constitua de um crime, pois constitui legítima defesa a reação a qualquer ilícito.

Dispõe a lei que só é legítima a defesa contra agressão atual, que já se iniciou, ou iminente, que está prestes a desencadear-se. Não ocorre a descriminante contra a agressão presente em futuro remoto, ou que já tenha cessado. Nem mesmo se pode defender legitimamente de mera ameaça de perigo concreto, pois só se legitima a defesa em decorrência do perigo causado pela agressão atual ou iminente. Não basta, entretanto, que se trate de agressão atual ou iminente, é indispensável também que se trate de uma agressão injusta, contrária ao ordenamento jurídico. A injustiça da agressão deve ser apreciada objetivamente, não a excluindo o fato de atuar o agressor por culpa, de boa-fé, por erro, em decorrência de inimputabilidade etc. As agressões legítimas, decorrentes de atos legais, não ensejam legítima defesa. Embora a reação deva ser exercida contra o agressor, se, por erro na execução da repulsa, for atingido bem jurídico de terceiro inocente, nem por isso deixará de existir a justificativa, aplicando-se as regras previstas nos arts. 73 e 74 do CP. Há, porém, decisões em contrário.

No parágrafo único do art. 25, incluído pela Lei nº 13.964, de 24-12-2019, dispõe-se que "observados os requisitos previstos no *caput* deste artigo, considera-se também em legítima defesa o agente de segurança pública que repele agressão ou risco de agressão a vítima mantida refém durante a prática de crimes". Trata-se de dispositivo em verdade inócuo. Limita-se a norma a particularizar, desnecessariamente, caso de legítima defesa de terceiro na atuação de agente de segurança pública, diante de crime no curso do qual a vítima é mantida refém, situação à qual já era aplicável a descriminante tal como prevista no *caput* do artigo.

Exige a legítima defesa que o uso dos meios necessários seja o suficiente para repelir a agressão. Pode variar de simples admoestação enérgica até o uso de violência. Entende-se que, na verdade, o agente deve utilizar, entre os meios de que dispõe para sua defesa, no momento da agressão, aquele que menor lesão pode causar. Além disso, é necessário que seja moderado na reação, que não use o meio de forma a cometer excesso na defesa; só assim estará caracterizada a descriminante. Não se exige uma aferição milimétrica quanto ao uso do meio empregado, que pode ser até mesmo desproporcional àquele utilizado pelo agressor, e quanto à moderação na repulsa, tudo deve ser considerado, atendo-se o exame do fato ao homem que atua na defesa e às circunstâncias que o rodeiam e envolvem o fato. Em situação extrema, até a utilização de arma de fogo e o resultado morte do agressor são admissíveis.

Não é requisito da legítima defesa, como ocorre com o estado de necessidade, a inevitabilidade da agressão. O agente poderá sempre exercitar o direito de defesa quando for agredido, ainda que tenha previsto o ataque injusto, não se exigindo que a evitasse de outra forma. Essa regra, porém, não é absoluta, pois, tratando-se de crianças, doentes mentais, pessoas que atuam em estado de erro etc., as agressões devem ser evitadas, desviadas pelo agente, a não ser que seja a reação pessoal a única forma de defesa de seus interesses legítimos. Embora não se exija do agente a fuga, recomenda-se, no caso, o prudente afastamento do local, evitando-se o confronto. Na jurisprudência, predomina a posição da desnecessidade do elemento subjetivo, ou seja, de que o agente deva sempre saber que atua em legítima defesa. Por isso, em regra, não se tem negado a justificativa em caso de defesa perpetrada por doente mental ou de pessoa embriagada.

Jurisprudência

- Inadmissibilidade da legítima defesa da honra
- Legítima defesa como exclusão da antijuridicidade
- Validade na esfera civil
- Legítima defesa de qualquer bem jurídico
- Legítima defesa da vida
- Legítima defesa do patrimônio
- Legítima defesa contra invasão de domicílio
- Legítima defesa da propriedade
- Legítima defesa da posse
- Legítima defesa contra invasão inamistosa de índios
- Inadmissibilidade de defesa quando o invasor se retira
- Legítima defesa contra roubo
- Legítima defesa da honra em injúria
- Legítima defesa da honra em injúria – Contra
- Exigência de reação imediata na legítima defesa da honra
- Inexistência de legítima defesa contra difamação
- Inexistência de legítima defesa da honra e prostituição
- Inexistência de legítima defesa após injusta provocação
- Legítima defesa da honra de terceiro
- Legítima defesa da honra em ataque sexual

- Legítima defesa da honra em caso de adultério – (anterior à revogação do art. 240 do CP pela Lei nº 11.106, de 28-3-2005)
- Legítima defesa da honra em caso de adultério – (anterior à revogação do art. 240 do CP pela Lei nº 11.106, de 28-3-2005) – Contra
- Legítima defesa em agressão de amante surpreendido
- Legítima defesa em caso de concubinos
- Legítima defesa da tranquilidade do lar
- Legítima defesa em ação policial
- Necessidade de repulsa à agressão
- Necessidade de repulsa à agressão injusta
- Compatibilidade com tentativa de homicídio
- Legítima defesa contra alienado mental
- Legítima defesa contra multidão
- Legítima defesa contra atos ilícitos de policiais
- Inexigibilidade de evitar o confronto
- Inexigibilidade de evitar o confronto – Contra
- Legítima defesa em agressão iminente
- Inadmissibilidade de legítima defesa na inexistência de agressão
- Inadmissibilidade da legítima defesa em agressão passada
- Inadmissibilidade da legítima defesa em agressão futura
- Distinção entre agressão injusta e ato injusto
- Inadmissibilidade de legítima defesa por mero temor
- Utilização dos meios necessários: legítima defesa caracterizada
- Conceito de moderação
- Existência de moderação da repulsa
- Inexistência de moderação na repulsa
- Tiro nas costas: possibilidade de legítima defesa
- Homicídio em situação extrema: legítima defesa caracterizada
- Exigência de proporcionalidade entre o mal causado e o evitado – Contra
- Inadmissibilidade da legítima defesa durante a prática de crime
- Inadmissibilidade na prática de crime culposo
- Legítima defesa e *aberratio ictus* – Contra
- Desnecessidade do elemento subjetivo
- Necessidade do elemento subjetivo
- Legítima defesa do ébrio
- Necessidade de comprovação
- Desnecessidade de prova cabal

25.2 Excesso e exclusão da legítima defesa

Estará excluída a legitimidade da defesa quando não estiverem presentes todos os requisitos previstos em lei. Assim, exigindo a lei o uso dos meios necessários e a moderação, não se configura a legítima defesa se houver excesso doloso ou culposo. Descaracteriza-se a legítima defesa quando a lesão ao bem jurídico do agressor é desproporcional ou desnecessária à defesa do beneficiário. No excesso, como sempre, poderá haver ou erro sobre o fato (art. 20, § 1º) ou erro sobre a norma (art. 21). O agressor, ao defender-se do excesso do agredido, e, portanto, de uma agressão injusta, atua legitimamente, preenchidos os requisitos legais, ocorrendo o que se denomina legítima defesa *sucessiva*. Pressupondo a justificativa em estudo uma agressão injusta da vítima, não é possível falar-se em legítima defesa *recíproca*, pois um dos contendores (ou ambos, no caso de aceitação de desafio) estará agindo ilicitamente. É pacífico que não age em legítima defesa quem aceita desafio para a luta, já que esse fato não cria necessidade irremovível de delinquir. Impõe-se a absolvição, entretanto, por falta de provas, no caso de lesões recíprocas, quando não se puder apurar qual dos contendores tomou a iniciativa da agressão. Parte da doutrina também entende inexistir legítima defesa quando houver provocação do ofendido pelo crime. Em sentido contrário, tem-se argumentado que a mera provocação, desacompanhada de agressão, não impede o provocador de atuar em legítima defesa quando agredido. É pacífico, porém, que não há legítima defesa quando a provocação foi mero pretexto para a imediata agressão. Embora a honra seja um bem jurídico que possa ser defendido legitimamente, não ocorre a excludente quando o agente mata o cônjuge por ter este cometido adultério, por unanimidade, o Supremo Tribunal Federal firmou o entendimento de que a tese da legítima defesa da honra no caso de adultério é inconstitucional, por violar os princípios constitucionais da dignidade da pessoa humana, da proteção à vida e da igualdade de gênero (ADPF 779), já que a honra é bem personalíssimo e não pode ser lesada pela prática de ato desonroso de terceiro. Há, porém, entendimento jurisprudencial em contrário (v. item 25.1).

Jurisprudência

- Excesso culposo
- Excesso por superioridade em armas
- Excesso por imoderação no uso dos meios
- Quesitos sobre meios e moderação
- Excesso pela desproporcionalidade entre o mal causado e o evitado
- Inadmissibilidade da legítima defesa em aceitação de desafio
- Excesso na defesa da honra
- Excesso na legítima defesa sucessiva
- Legítima defesa sucessiva (contra excesso)
- Absolvição por falta de provas em alegada legítima defesa recíproca
- Provocação não gera legítima defesa
- Provocação não gera legítima defesa – Contra
- Provocação para agredir
- Inadmissibilidade de aceitação de provocação
- Procura para tomar satisfações
- Inexistência de legítima defesa da honra no adultério: decisão manifestamente contrária à prova dos autos
- Inexistência de legítima defesa da honra: homicídio
- Legítima defesa da honra em flagrante adultério: lesões corporais
- Inexistência de legítima defesa da honra: casal separado há algum tempo
- Inexistência de legítima defesa da honra em suposto adultério
- Inexistência de legítima defesa por recusa à reconciliação
- Inexistência de legítima defesa por interpelação da esposa
- Amor e legítima defesa da honra
- Descaracterização da legítima defesa da honra

25.3 Legítima defesa putativa

Supondo o agente, por erro, que está sendo agredido, e repelindo a suposta agressão, configura-se a legítima defesa putativa, considerada na lei como caso *sui generis* de erro de tipo, o denominado erro de tipo permissivo (art. 20, § 1º). Para que se configure a legítima defesa putativa, entretanto, é necessário que, excluído o erro, sejam respeitados os requisitos da legítima defesa. Havendo erro a respeito dos elementos normativos, como o que versa, por exemplo, sobre a *injustiça* da agressão, ocorre erro de proibição (art. 21, *caput*).

Jurisprudência

- Requisitos da legítima defesa putativa
- Necessidade de pressupostos fáticos
- Inexistência de legítima defesa putativa na aceitação de desafio
- Legítima defesa putativa em suposta invasão de domicílio
- Legítima defesa putativa em suposto furto
- Inexistência de legítima defesa putativa
- Legítima defesa putativa recíproca

TÍTULO III
DA IMPUTABILIDADE PENAL

Inimputáveis

Art. 26. É isento de pena o agente que, por doença mental ou desenvolvimento mental incompleto ou retardado, era, ao tempo da ação ou da omissão, inteiramente incapaz de entender o caráter ilícito do fato ou de determinar-se de acordo com esse entendimento.

Redução de pena

Parágrafo único. A pena pode ser reduzida de um a dois terços, se o agente, em virtude de perturbação da saúde mental ou por desenvolvimento mental incompleto ou retardado, não era inteiramente capaz de entender o caráter ilícito do fato ou de determinar-se de acordo com esse entendimento.

Vide: CP arts. 27, 28, 41, 97, 98; **CPP** arts. 149 a 154, 319, VII, 386, V, parágrafo único, III, 415, IV, 492, II, *c*; **LEP** arts. 99, 108, 183; **Lei nº 6.001**, de 19-12-1973, arts. 56 (ponderação do grau de integração do silvícola na aplicação da pena); **Lei nº 11.343**, de 23-8-2006, arts. 45 e 46 (isenção e redução de pena na Lei de Drogas).

26 INIMPUTÁVEIS

26.1 Imputabilidade

Admitindo-se que a culpabilidade é um juízo de reprovação e assentado que somente pode ser responsabilizado o sujeito pela prática de um fato ilícito quando poderia ter agido em conformidade com a norma penal, a imputação exige que o agente seja capaz de compreender a ilicitude de sua conduta e de agir de acordo com esse entendimento. Essa capacidade só existe quando tiver ele uma estrutura psíquica suficiente para querer e entender, de modo que a lei considera *inimputável* quem não a tem. A imputabilidade é aptidão para ser culpável, pressuposto ou elemento da culpabilidade; imputável é aquele que tem capacidade de entender o caráter ilícito do fato e de determinar-se de acordo com esse entendimento. Nos termos do Código, excluem a imputabilidade e, em consequência, a culpabilidade, a doença mental e o desenvolvimento mental incompleto ou retardado (art. 26), a menoridade (art. 27) e a embriaguez fortuita completa (art. 28, § 1º).

Jurisprudência

• Inexistência de inimputabilidade

26.2 Actio libera in causa

A imputabilidade deve ser aferida quanto ao momento em que o agente pratica o fato ilícito, ou seja, deve verificar-se se, ao tempo da ação ou omissão, tinha capacidade de entendimento ou determinação. Pode ocorrer que o agente se coloque, propositadamente, em situação de inimputabilidade para cometer o crime, realizando este no estado de insciência, drogando-se, embriagando-se, ou mesmo dormindo. Nesse caso, para o juízo de culpabilidade, considera-se a situação do agente no momento em que se colocou em estado de inconsciência, e não no momento da ocorrência do fato. Aplica-se, então, o princípio das chamadas *actiones liberae in causa sive ad libertatem relatae*, respondendo o agente pelo resultado. Esse princípio foi estendido às situações criadas culposamente pelo agente. Para sua responsabilidade penal, portanto, é de se verificar que o agente tenha querido ou previsto a ocorrência do resultado típico como consequência de seu comportamento.

26.3 Inimputabilidade por doença mental ou desenvolvimento mental incompleto ou retardado

A lei prevê como causa de exclusão da imputabilidade a doença mental, o desenvolvimento mental incompleto e o desenvolvimento mental retardado. Ficou excluída, portanto, a chamada "privação dos sentidos" contemplada na lei anterior ao Código de 1940. Quanto à doença mental, expressão vaga e sem maior rigor científico, é pacífico que estão incluídas todas as moléstias que causam alterações mórbidas à saúde mental, sejam elas *orgânicas* (paralisia progressiva, sífilis e tumores cerebrais, arteriosclerose etc.), *tóxicas* (psicose alcoólica ou por medicamentos) ou *funcionais* (esquizofrenia, psicose maníaco-depressiva etc.). Podem ser causa de inimputabilidade também o desenvolvimento mental incompleto, ou seja, ainda não atingido pelo agente (silvícolas não adaptados à civilização, surdos-mudos que não receberam instrução adequada etc.) e o desenvolvimento mental retardado (estado mental dos oligofrênicos, nos graus de debilidade mental, imbecilidade e idiotia), equiparados aos portadores de doença mental pela incapacidade de entendimento. Os menores de idade estão sujeitos a regra especial (art. 27).

Não basta que o agente esteja em uma das situações mencionadas pela lei. Adotando a teoria *biopsicológica*, ou mista, a lei exige que se afira, além do elemento intelectivo, o volitivo, ou seja, se, em virtude da anomalia, tinha o agente condições de entender o caráter ilícito do fato e, se as tinha, se era capaz de determinar-se de acordo com esse entendimento. Isto porque, mesmo sendo capaz de entendimento ético, pode o agente não ter condições de se autodeterminar, levado compulsivamente à prática do fato típico. A cleptomania, a dipsomania, o exibicionismo podem eliminar total ou parcialmente a capacidade de determinação, excluindo ou diminuindo a culpabilidade. De outro lado, embora portador de doença mental, ou desenvolvimento incompleto ou retardado, é possível que o agente tenha capacidade de entendimento e determinação. Assim, na epilepsia, fora da síndrome o agente é inteiramente capaz de entendimento e determinação, sendo, portanto, imputável.

A prova da inimputabilidade só pode ser fornecida pelo exame pericial a ser determinado pelo juiz, de ofício ou a pedido do Ministério Público, do defensor, do curador, do ascendente, descendente, irmão ou cônjuge do acusado (art. 149 do CPP) ou na fase de inquérito, mediante representação da autoridade policial (§ 1º).

A inimputabilidade comprovada do agente por exame pericial não dispensa o juiz de analisar os fatos, verificar a existência de sua tipicidade e examinar a existência ou não de outras causas excludentes da antijuridicidade ou da culpabilidade. Existente uma destas, o réu deve ser absolvido pelo fundamento legal cabível, não se aplicando o art. 26. Comprovada a prática do ilícito e inexistente outra causa descriminante ou dirimente e excluída a imputabilidade, por incapacidade total de entendimento ou de autodeterminação, o autor do fato é, nos termos da lei, absolvido (absolvição imprópria) e submetido a medida de segurança (art. 97 do CP). Nos crimes praticados com violência ou grave ameaça a pessoa, comprovada pelo exame pericial a inimputabilidade ou a semi-imputabilidade do acusado, o Código de Processo Penal prevê, como medida cautelar, a possibilidade de sua internação provisória, inclusive por substituição à prisão preventiva, se constatada a existência de risco da prática de nova infração penal (art. 319, VII, com a redação dada pela Lei nº 12.403, de 4-5-2011).

Jurisprudência

- Inimputabilidade por esquizofrenia
- Inimputabilidade por esquizofrenia na forma paranoide
- Inimputabilidade por síndrome paranoide
- Inimputabilidade por epilepsia
- Inimputabilidade por epilepsia – Contra
- Imputabilidade na conduta fora da síndrome
- Inimputabilidade por senilidade
- Capacidade reduzida pela embriaguez patológica
- Inimputabilidade por psicose alcoólica e esquizofrenia
- Inimputabilidade por oligofrenia agravada por alcoolismo
- Imputabilidade em embriaguez habitual
- Inimputabilidade do silvícola
- Imputabilidade de silvícola integrado
- Inimputabilidade de silvícola não alegada
- Inimputabilidade do surdo-mudo
- Inimputabilidade por oligofrenia
- Inimputabilidade por necrofilia
- Inadmissibilidade da "privação de sentidos"
- Inimputabilidade ao tempo do crime
- Incapacidade de entender o caráter ilícito do fato
- Indispensabilidade de comprovação por exame pericial
- Inadmissibilidade de prova emprestada
- Inadmissibilidade de prova particular
- Necessidade da instauração da ação penal
- Necessidade de comprovação da prática de crime
- Imposição de medida de segurança
- Impossibilidade de substituição de medida de segurança
- Desnecessidade de medida de segurança

26.4 Culpabilidade diminuída

No parágrafo único do artigo em exame, refere-se a lei aos casos que a doutrina por vezes denomina de semi-imputabilidade, semirresponsabilidade ou responsabilidade diminuída. Na verdade, a lei considera o agente imputável e, portanto, responsável por ter alguma consciência da ilicitude e por ter alguma capacidade de determinação. O agente é imputável, mas, para alcançar o grau de conhecimento e de autodeterminação, é-lhe necessário maior esforço e, por essa razão, é menor a reprovabilidade de sua conduta e, portanto, o grau de culpabilidade. Refere-se a lei em primeiro lugar à perturbação da saúde mental, expressão ampla que abrange todas as doenças mentais e outros estados mórbidos. Os psicopatas, as personalidades psicopáticas, os portadores de neuroses profundas etc. em geral têm capacidade de entendimento e determinação, embora não plena. Estão na mesma categoria legal os que possuem desenvolvimento mental incompleto, mas que atingiram certo grau de capacidade psíquica de entendimento e autodeterminação de acordo com as regras sociais (silvícolas em aculturação, surdos-mudos em processo de instrução) etc. Por fim, incluem-se os agentes com desenvolvimento mental retardado, que nas faixas mais elevadas têm alguma capacidade de entendimento e autodeterminação. Em todas as hipóteses, comprovadas por exame pericial, o agente será condenado, mas, tendo em vista a menor reprovabilidade de sua conduta, terá sua pena reduzida entre um e dois terços, conforme art. 26, parágrafo único. A percentagem da redução deve levar em conta a maior ou menor intensidade da perturbação mental ou, quando for o caso, pela graduação do desenvolvimento mental, e não pelas circunstâncias do crime, já consideradas na fixação da pena antes da redução. Entretanto, tendo o Código adotado o sistema unitário ou vicariante, em substituição ao sistema duplo binário de aplicação cumulativa de pena e medida de segurança, necessitando o condenado de especial tratamento curativo, a pena pode ser substituída pela internação ou tratamento ambulatorial (art. 98). Tratando-se de crime cometido com violência ou grave ameaça, admite-se a internação provisória do acusado que teve a semi-imputabilidade reconhecida por perícia, como medida cautelar destinada a evitar a prática de novas infrações penais, nos termos do que prevê o art. 319, VII, do CPP (item 26.3).

Jurisprudência

- Capacidade penal reduzida pela oligofrenia
- Capacidade diminuída do silvícola não integrado
- Inexistência de capacidade diminuída de silvícola integrado
- Existência de cleptomania
- Capacidade diminuída por dependência alcoólica
- Inexistência de capacidade diminuída por dependência toxicológica
- Inexistência de diminuição da pena em caso de doença mental
- Aplicação em crime culposo
- Compatibilidade com dolo e circunstâncias agravantes e qualificadoras
- Compatibilidade com dolo e circunstâncias agravantes e qualificadoras – Contra
- Redução da pena e não inimputabilidade
- Redução obrigatória da pena
- Redução obrigatória da pena – Contra
- Critério único para a mitigação da pena
- Critério misto para a mitigação da pena
- Necessidade de justificação na redução da pena
- Necessidade de justificação
- Aplicação do sistema vicariante
- Substituição por medida de segurança
- Substituição por medida de segurança – Contra
- Necessidade de tratamento curativo

Menores de 18 anos

Art. 27. Os menores de 18 (dezoito) anos são penalmente inimputáveis, ficando sujeitos às normas estabelecidas na legislação especial.

Vide: CF art. 228; CC art. 5º; Lei nº 8.069, de 13-7-1990 – ECA, arts. 2º, *caput*, parágrafo único, 103 a 105 e ss (ato infracional no Estatuto da Criança e do Adolescente). Súmulas: STJ 74 e 338.

27 MENORIDADE

27.1 Menoridade penal

Adotando um critério puramente biológico, de idade do autor do fato, dispõe a lei que os menores de 18 anos são penalmente inimputáveis. Não se leva em conta o desenvolvimento mental do menor que, embora possa ser plenamente capaz de entender o caráter ilícito do fato e de determinar-se de acordo com esse entendimento, não poderá ser responsabilizado penalmente por suas ações. Trata-se de um caso de presunção absoluta de inimputabilidade, e, embora não se possa negar que um jovem de menor idade tem hoje amplo conhecimento do mundo e condições de discernimento sobre a ilicitude de seus atos, não se admite a prova de que era ele, ao tempo da ação ou omissão, capaz de entendimento e determinação. A regra foi elevada a nível constitucional, prevendo-se expressamente a inimputabilidade dos menores de 18 anos (art. 228 da CF). Mesmo a maioridade civil alcançada antes dos 18 anos não torna o sujeito imputável. Não se prevê, como no caso do art. 26 do CP, uma zona intermediária de culpabilidade diminuída antes da idade fixada pela lei para o início da plena imputabilidade. Os que praticam a conduta quando menores de 18 anos estão sujeitos às medidas administrativas de reeducação e recuperação previstas pela Lei nº 8.069, de 13-7-1990 (Estatuto da Criança e do Adolescente). A medida mais severa, de internação no máximo de três anos, cessa compulsoriamente aos 21 anos de idade (art. 121, § 5º). O dispositivo não foi alterado pelo novo Código Civil que reduziu para 18 anos o tempo da maioridade civil. A presunção estabelecida pela Lei nº 8.069/90, de que o menor de 21 anos, porque ainda em formação, necessita de proteção especial do Estado, é independente da adotada para a fixação da capacidade civil. Ademais, entendimento diverso implicaria a impossibilidade de imposição de qualquer sanção ao autor de ato infracional praticado às vésperas de atingir a maioridade.

Jurisprudência

- Utilização do critério biológico
- Crime cometido por menor
- Sujeição às normas da legislação especial
- Internação de menor
- Internação de menor até os 21 anos em face do novo Código Civil
- Inadmissibilidade de interrogatório de menor de 18 anos no Brasil por carta rogatória
- Pressupostos para o uso excepcional de algemas por menor

27.2 Tempo da maioridade

É considerado imputável aquele que comete o fato típico nos primeiros momentos do dia em que completa 18 anos, pouco importando a hora de seu nascimento. O art. 1º da Lei nº 810, de 6-9-1949, que define o ano civil, considera ano o período de 12 meses contados do *dia* do início ao dia e mês correspondente do ano seguinte, sendo impossível que alguém tenha 18 anos pela lei civil e ainda não os tenha para a lei penal. O art. 10 do CP, aliás, determina que o dia do começo (no caso o do nascimento) seja incluído no cômputo do prazo e o art. 27 dispõe que é inimputável quem é *menor* de 18 anos, e não se pode considerar menor de 18 anos quem está completando essa idade, pois uma coisa não pode ser e deixar de ser ao mesmo tempo.

A prova da menoridade deve ser feita, em princípio, pela certidão do termo do registro civil, já que se impõe a restrição à prova estabelecida na lei civil quanto ao estado das pessoas (art. 155, parágrafo único, do CPP), embora já se admita outra prova idônea, não se descartando a possibilidade de exame pericial especializado na inexistência de prova documental. Nos termos da Súmula 74 do STJ, o reconhecimento da menoridade do réu requer prova por documento hábil. Na dúvida quanto à idade, o acusado deve ser absolvido diante do princípio *in dubio pro reo*. Comprovada a menoridade penal do réu, o processo deve ser anulado *ab initio* por falta de legitimidade passiva. O momento para se apreciar a imputabilidade, conforme a regra geral prevista no art. 4º do CP é o da ação ou da omissão, não se podendo considerar imputável o agente que praticou a conduta antes do 18º aniversário, ainda que a consumação ocorra nesse ou após esse dia. Nos crimes habituais e permanentes, o agente será considerado imputável se continuar na prática da ação após o aniversário, ainda que a tenha iniciado dias antes.

Jurisprudência

- Contagem dos anos para aferição da imputabilidade: crime praticado no 18º aniversário
- Contagem dos anos para aferição da imputabilidade: crime praticado no 18º aniversário – Contra
- Prova da menoridade penal
- Assento do registro posterior ao crime
- Certidão de batismo
- Admissibilidade de prova por exame pericial
- Prevalência do exame técnico sobre assento posterior ao crime
- Prevalência do assento de nascimento em época própria
- Assento de registro posterior corroborado por perícia
- Prevalência do assento de nascimento sobre outros documentos
- Assento do registro lavrado anos após o nascimento
- Necessidade de prova no juízo civil
- Alegação do réu não contestada
- Dúvida a respeito da idade
- Anulação do processo por menoridade
- Menoridade e crime permanente
- Ação que se prolonga até o 18º aniversário

27.3 Réus menores de 21 anos

Prevê o Código alguns benefícios penais e processuais para os réus que tenham menos de 21 anos na época do fato ou do processo (denominados réus menores ou caso de maioridade relativa). É circunstância atenuante genérica ter o agente menos de 21 anos na data do fato (art. 65, I) (item 65.1), e os prazos da prescrição, nessas hipóteses, são reduzidos pela metade (art. 115) (item 115.1). Com a entrada em vigor do atual Código Civil, instituído pela Lei nº 10.406, de 10-1-2002, maioridade civil plena é atingida aos 18 anos e não mais aos 21 anos, conforme dispunha a lei anterior (art. 5º do CC vigente). Dúvidas podem surgir, então, quanto à vigência e aplicabilidade de diversas normas penais ou processuais penais, como as previstas nos arts. 65, I, e 115 do CP e nos arts. 15, 34, 50, parágrafo único, 52, 54, 262, 564, III, c, do CPP etc. Embora, por interpretação teleológica ou pelo argumento de que não mais existe a possibilidade de agente imputável menor, se possa defender a redução ou perda de sentido das regras que confiram tratamento distinto, mais benevolente, para o agente menor de 21 anos de idade, não é possível afirmar sua imediata revogação. A especificidade das normas penais em relação às de direito civil, inclusive quanto à independência das presunções legais e dos conceitos de imputabilidade penal e capacidade civil, e o disposto no art. 2.043 do Código Civil – "até que por outra forma se disciplinem, continuam em vigor as disposições de natureza processual, administrativa ou penal, constantes das leis cujos preceitos de natureza civil hajam sido incorporados a este Código" – determinam a continuidade de vigência das normas penais cuja aplicabilidade não exija a recorrência a conceitos e regras da lei civil e não se torne inviável em razão das alterações contidas no novo estatuto. Fundando-se a norma penal, para a concessão de um tratamento diferenciado, não na relativa incapacidade civil, mas em presunção absoluta decorrente da idade cronológica do agente que não atingiu 21 anos, continua ela em vigor. Assim, permanecem em vigência e continuam aplicáveis o art. 65, I, que prevê como circunstância atenuante ser o agente menor de 21 anos de idade na data do fato e o art. 115, que determina a redução de metade dos prazos de prescrição na mesma hipótese. O art. 194 do CPP, que previa a obrigatoriedade da presença de curador no interrogatório judicial do réu menor, foi expressamente revogado pela Lei nº 10.792, de 1º-12-

2003. Diferente interpretação é, porém, exigida por outros dispositivos do CPP que contêm normas especiais relativas ao indiciado ou acusado menor de 21 anos (a respeito do assunto: MIRABETE, Julio Fabbrini, Código de Processo Penal interpretado, 11ª ed., item 194.1).

Jurisprudência

• A norma penal e a menoridade no novo Código Civil

Emoção e paixão

Art. 28. Não excluem a imputabilidade penal:

I – a emoção ou a paixão;

Embriaguez

II – a embriaguez, voluntária ou culposa, pelo álcool ou substância de efeitos análogos.

§ 1º É isento de pena o agente que, por embriaguez completa, proveniente de caso fortuito ou força maior, era, ao tempo da ação ou da omissão, inteiramente incapaz de entender o caráter ilícito do fato ou de determinar-se de acordo com esse entendimento.

§ 2º A pena pode ser reduzida de um a dois terços, se o agente, por embriaguez, proveniente de caso fortuito ou força maior, não possuía, ao tempo da ação ou da omissão, a plena capacidade de entender o caráter ilícito do fato ou de determinar-se de acordo com esse entendimento.

Vide: CP arts. 26, *caput*, parágrafo único, 61, II, *l*, 65, III, *c*, 121, § 1º, 129, § 4º; LCP arts. 62, 63, II; CPP arts. 386, VI, 415, IV; Lei nº **9.503**, de 23-9-1997 – CTB arts. 165, 276, 277, 306, 310 (normas relativas à embriaguez na condução de veículo automotor); Lei nº **11.343**, de 23-8-2006, arts. 45 e 46 (isenção e redução de pena na Lei de Drogas), 39 (tipifica a condução de embarcação ou aeronave após o consumo de drogas). Súmula: **STJ** 575, 669.

28 EMOÇÃO, PAIXÃO E EMBRIAGUEZ

28.1 Emoção e paixão

Embora em rigor fosse desnecessário o dispositivo, registra o artigo que a emoção e a paixão não excluem a imputabilidade penal a fim de afastar qualquer alegação referente à perturbação dos sentidos da lei anterior. A *emoção* é um estado afetivo que, sob uma impressão atual, produz repentina e violenta perturbação do equilíbrio psíquico. São exemplos a ira, o medo, a alegria, a surpresa, a vergonha, o prazer erótico etc. A *paixão* é uma profunda e duradoura crise psicológica que ofende a integridade do espírito e mesmo do corpo, causando também intensa perturbação dos sentidos. São exemplos o amor, o ódio, a avareza, a ambição, o ciúme, a cupidez, o patriotismo, a piedade etc.

Enquanto a emoção é aguda e tem curta duração, a paixão é crônica e prolonga-se no tempo. Embora nos dois casos possa haver modificações do psiquismo que poderiam excluir as condições exigidas para a imputabilidade, a lei não aceita essa alegação para excluir a culpabilidade. Não registra mais a lei a exclusão da culpabilidade pela privação dos sentidos e da inteligência. Entretanto, o Código prevê como atenuante genérica ter sido o crime cometido sob a influência de violenta emoção provocada por ato injusto da vítima (art. 65, III, *c*, última parte). A violenta emoção pode constituir, inclusive, causa de diminuição de pena (arts. 121, § 1º, e 129, § 4º). Também é circunstância atenuante genérica ou causa de diminuição da pena o motivo de relevante valor social ou moral, que pode estar relacionado com uma paixão social (piedade, patriotismo etc.), conforme dispõem os arts. 65, III, *a*, 121, § 1º, 129, § 4º. Caso a emoção ou a paixão tenha cunho patológico, o agente deve ser examinado à luz do art. 26.

Jurisprudência

- Inadmissibilidade de exclusão da culpabilidade por vício de vontade
- Inadmissibilidade da privação dos sentidos e da inteligência
- Alegação de paixão mórbida

28.2 Embriaguez

A embriaguez é a intoxicação aguda e transitória causada pelo álcool e, nos termos legais, por substância de efeitos análogos, que podem diminuir ou privar o sujeito da capacidade normal de entendimento. A lei refere-se a três espécies de embriaguez quanto à sua origem: *voluntária*, em que o agente pretende embriagar-se; *culposa*, quando o agente, embora não pretenda embriagar-se, bebe demais, imprudentemente, chegando ao estado etílico; e *fortuita*, ou acidental, a decorrente de caso fortuito ou força maior (acidente, sensibilidade extrema ao álcool, coação, fraude etc.). Distinguem-se também as fases ou graus de embriaguez: a *incompleta*, em que, embora haja afrouxamento dos freios morais, o agente ainda tem consciência de seus atos; e *completa*, em que desvanece qualquer censura ou freio moral, ocorrendo confusão mental, falta de coordenação motora, que, em seu grau máximo, leva à embriaguez *comatosa*, uma fase letárgica em que o sujeito cai em sono profundo, só podendo cometer o crime por omissão.

Perante a lei penal, a embriaguez voluntária ou culposa, seja incompleta ou completa, não exime de responsabilidade penal, presumindo a lei, sempre, que o agente é dotado de imputabilidade. Fala-se, nos casos de inconsciência, na aplicação da teoria da *actio libera in causa*, que, entretanto, não incluiria os casos em que o agente se pôs em estado de inconsciência sem querer ou prever a prática do delito. Na verdade, a lei registra nessa hipótese um caso de responsabilidade objetiva, sem dolo ou culpa. No caso de embriaguez preordenada, em que o agente se embriaga para cometer ou com risco de cometer o crime, há circunstância agravante genérica (art. 61, II, *l*). Na embriaguez patológica (psicose alcoólica, demência alcoólica), o agente deve ser considerado à luz do art. 26, já que se tratará de uma doença mental ou perturbação da saúde mental. Distingue-se a demência alcoólica da simples embriaguez habitual. Nesta, não havendo perturbação da saúde mental, o agente é imputável.

Jurisprudência

- Embriaguez voluntária não exclui a imputabilidade
- Embriaguez voluntária ou culposa não exclui a imputabilidade

- Embriaguez não exclui a imputabilidade
- Embriaguez patológica e inimputabilidade
- Embriaguez patológica e semi-imputabilidade por anormalidade psíquica

28.3 Embriaguez fortuita

Caso a embriaguez seja fortuita, ou acidental, sendo ela completa, e, portanto, o agente inteiramente incapaz de entender o caráter ilícito do fato, é ele considerado inimputável. Tratando-se de embriaguez fortuita incompleta, em que o agente não perde inteiramente a capacidade de entendimento ou de autodeterminação, prevê a lei um caso de culpabilidade reduzida, com a diminuição da pena de um a dois terços. A redução da pena é obrigatória, devido à maior dificuldade de entendimento e determinação do agente, mas há opiniões em contrário.

Jurisprudência

- Isenção de pena na embriaguez fortuita
- Hipóteses de embriaguez proveniente de caso fortuito ou força maior
- Reconhecimento de embriaguez fortuita completa
- Embriaguez incompleta proveniente de caso fortuito ou força maior
- Embriaguez incompleta proveniente de caso fortuito ou força maior
- Inexistência de caso fortuito ou de força maior
- Ônus da prova da embriaguez fortuita

28.4 Embriaguez no Código de Trânsito e na Lei das Contravenções

O Código de Trânsito Brasileiro (Lei nº 9.503, de 23-9-1997), no art. 306, tipifica a conduta de conduzir veículo automotor com capacidade psicomotora alterada em razão da influência de álcool ou de outra substância psicoativa que determine dependência. Não se exige para a caracterização do crime a ocorrência de perigo de dano. Trata-se, portanto, de crime de perigo abstrato, em que se presume o risco de tal conduta à incolumidade pública. De acordo com o disposto no § 1º do art. 306, o estado de embriaguez se caracteriza se a taxa de concentração de álcool no sangue for igual ou superior a 0,6 g/l ou, na hipótese de teste por etilômetro (*bafômetro*), a concentração for igual ou superior a 0,3 mg/l de ar expelido dos pulmões ou pela constatação de sinais que indiquem alteração da capacidade psicomotora. Para a comprovação da embriaguez admitem-se, expressamente, nos termos do § 2º, testes de alcoolemia, exame clínico, perícia, vídeo, prova testemunhal e outros meios de prova em direito admitidos, observado o direito à contraprova. Já entendíamos, aliás, que a embriaguez pode ser comprovada no processo penal pelo exame de dosagem alcoólica, pelo exame clínico e até por testemunhas, quando não for possível realizar-se o exame pericial por quaisquer razões, incluindo-se nestas a recusa do motorista, diante do que prevê o art. 167 do CPP. O condutor não pode ser obrigado a se submeter ao exame do bafômetro ou de sangue e, assim, a produzir prova contra si mesmo. No caso, porém, de recusa do condutor a se submeter aos testes ou exames, além da possibilidade de comprovação do ilícito penal pelos citados meios de prova, prevê o CTB a imposição das penalidades administrativas que incluem multa, suspensão do direito de dirigir por 12 meses, recolhimento do documento de habilitação e retenção do veículo (arts. 277, § 3º, 165 e 165-A).

Também constitui crime a entrega da direção de veículo a pessoa em estado de embriaguez (art. 310). É firme o entendimento do STJ no sentido de que esse crime também é de perigo abstrato: "Constitui crime a conduta de permitir, confiar ou entregar a direção de veículo automotor a pessoa que não seja habilitada, ou que se encontre em qualquer das situações previstas no art. 310 do CTB, independentemente da ocorrência de lesão ou de perigo de dano concreto na condução do veículo" (Súmula 575). No caso de lesão corporal culposa praticada na direção de veículo (art. 303), a circunstância de estar o condutor sob o efeito de álcool ou de substância psicoativa que cause dependência impede que o agente se beneficie da transação penal e da composição dos danos civis e torna a ação penal pública incondicionada (art. 291, § 1°, I).

É *contravenção*, por sua vez, "apresentar-se publicamente em estado de embriaguez, de modo que cause escândalo ou ponha em perigo a segurança própria ou alheia" (art. 62 da LCP). Cometendo o agente, nessa situação, um ilícito penal, a contravenção será absorvida. Configura também contravenção servir bebidas alcoólicas: a quem se acha em estado de embriaguez; a pessoa que o agente sabe sofrer das faculdades mentais; e a pessoa que o agente sabe estar judicialmente proibida de frequentar lugares onde se consome bebida de tal natureza (art. 63, II, III e IV). Servir bebidas alcoólicas a menor de 18 anos também era previsto como contravenção penal em dispositivo que foi revogado (art. 63, I). Passou a configurar crime, punido com reclusão de dois a quatro anos, a conduta de vender, fornecer, servir, ministrar ou entregar bebida alcoólica, ainda que gratuitamente, de qualquer forma, a criança ou a adolescente (art. 243 do ECA, alterado pela Lei n° 13.106, de 17-3-2015). Conforme entendimento do STJ na Súmula 669: "O fornecimento de bebida alcoólica a criança ou adolescente, após o advento da Lei n. 13.106, de 17 de março de 2015, configura o crime previsto no art. 243 do ECA".

Jurisprudência

- Concurso entre embriaguez ao volante e lesão corporal: Inadmissibilidade do princípio da consunção
- Embriaguez ao volante como crime de perigo abstrato
- Necessidade de prova técnica
- Prova da embriaguez por exame clínico ou prova testemunhal
- Constitucionalidade do art. 227, § 2°, do CTB
- Perícia complementada por testemunhos
- Prevalência da prova testemunhal
- Necessidade de prévia aferição do bafômetro para comprovação da embriaguez em crime de trânsito
- Não-reconhecimento da contravenção de embriaguez
- Inadmissibilidade do *habeas corpus* para discussão de sanções administrativas do CTB

28.5 Embriaguez por substâncias de efeitos análogos ao do álcool

O art. 28 abrange também as hipóteses de embriaguez provocada por substâncias que causam efeitos análogos ao do álcool (entorpecentes, estimulantes, alucinógenos etc.). Se voluntária ou culposa a embriaguez, o agente é considerado imputável; se fortuita e completa, inimputável; se fortuita e incompleta, imputável com redução da pena. Existente uma doença mental associada ao uso de drogas, o fato também será considerado em face do disposto no art. 26 do CP.

Tratando-se de crime descrito na Lei n° 11.343, de 23-8-2006 (atual Lei de Drogas), se a incapacidade ou a redução da capacidade de entendimento ou de autodeterminação decorre da dependência do agente do uso de drogas ou de se encontrar ele sob seu efeito, em razão de caso fortuito ou força maior, prevê-se a isenção (art. 45) ou a redução de pena (art. 46).

A condução de embarcação ou aeronave após o consumo de drogas está tipificada no art. 39 da Lei n° 11.343, de 23-8-2006.

Jurisprudência

- Diferenciação entre a inimputabilidade decorrente do uso de drogas e a hipótese do art. 28, § 1º, do CP
- Embriaguez voluntária ou culposa por substância de efeitos análogos ao do álcool
- Não incidência do art. 19, da Lei nº 6.368/76, no crime de roubo

TÍTULO IV
DO CONCURSO DE PESSOAS

Art. 29. Quem, de qualquer modo, concorre para o crime incide nas penas a este cominadas, na medida de sua culpabilidade.

§ 1º Se a participação for de menor importância, a pena pode ser diminuída de um sexto a um terço.

§ 2º Se algum dos concorrentes quis participar de crime menos grave, ser-lhe-á aplicada a pena deste; essa pena será aumentada até metade, na hipótese de ter sido previsível o resultado mais grave.

Vide: **CF** arts. 5º, XLV, 173, § 5º, e 225, § 3º; **CP** arts. 30, 31, 62, 65, III, *e*, 117, § 1º, 159, § 4º; **Lei nº 7.492**, de 16-6-1986, art. 25, § 2º, incluído pela Lei nº 9.080, de 19-7-1995 (redução de pena para o *participante* arrependido em crime contra o sistema financeiro nacional cometido em quadrilha ou coautoria); **Lei nº 8.072**, de 25-7-1990, art. 8º, parágrafo único (delação premiada em crime de quadrilha ou bando para a prática de crimes hediondos); **Lei nº 8.137, de 27-12-1990**, art. 16, parágrafo único (redução da pena se o coautor ou partícipe, nos crimes cometidos em quadrilha ou coautoria, confessar espontaneamente à autoridade policial ou judicial toda a trama delituosa); **Lei nº 9.605**, de 12-2-1998, arts. 2º, 3º, *caput*, parágrafo único (concurso de agentes e responsabilidade penal da pessoa jurídica em crime contra o meio ambiente); **Lei nº 9.613**, de 3-3-1998, art. 1º, § 5º (redução e substituição de pena, perdão judicial e regime aberto ou semiaberto para o coautor ou partícipe colaborador em crimes de lavagem ou ocultação de bens, direitos ou valores); **Lei nº 9.807**, de 13-7-1999, arts. 13, 14 (perdão judicial e redução de pena para o coautor ou partícipe que colabora com a investigação e o processo criminal), 19-A (prioridade do inquérito policial e ação penal em que figure vítima, testemunha ou indiciado ou réu colaboradores), parágrafo único (depoimento antecipado de réu ou testemunha protegida); **Lei nº 11.343**, de 23-8-2006 (Lei de Drogas), art. 41 (redução de pena para o indiciado ou acusado que colabora com a investigação criminal ou o processo penal); **Lei nº 12.850**, de 2-8-2013, art. 4º (perdão judicial, redução ou substituição de pena para o *participante* arrependido nos crimes decorrentes de organização criminosa).

29 CONCURSO DE PESSOAS

29.1 Concurso de pessoas

Pode o crime ser praticado por uma ou várias pessoas em concurso, que colaborem moral ou materialmente para sua execução. Esse concurso de pessoas, ou concurso de agentes, ou coautoria, ou participação criminosa, pode ser definido como a ciente e voluntária colaboração de duas ou mais pessoas na prática da mesma infração penal. Há convergência de vontades para um fim comum, que é a realização do tipo penal, sem que seja necessário ajuste prévio entre os colaboradores. Mesmo que não se apure a quem atribuir a produção direta do evento, no que se convencionou chamar de *autoria incerta*, todos os que colaboraram para o resultado respondem por ele. Trata-se de um concurso *eventual*, e assim pode ocorrer em qualquer delito passível de ser praticado por uma só pessoa (crimes unissubjetivos), que se distingue do concurso *necessário*, em que existem numerosos delitos que, por sua natureza intrínseca, só podem ser cometidos por duas ou mais pessoas, como a bigamia, a rixa, o crime de associação criminosa etc., existente nos chamados crimes plurissubjetivos ou coletivos. Mantendo-se ainda fiel à *teoria unitária*, ou monista, ou igualitária, nossa lei dispõe que, quem, de qualquer modo, concorre para o crime incide nas penas a este cominadas.

O concurso de pessoas pode dar-se por ajuste, instigação, cumplicidade, auxílio material ou moral, execução etc., e em qualquer etapa do *iter criminis*, ou seja, na cogitação (determinação, induzimento, ajuste), nos atos preparatórios, nos atos de execução e mesmo durante a consumação nos crimes permanentes e habituais. Cessada a consumação, porém, não se pode falar em concurso de pessoas, respondendo a pessoa pelos atos típicos que praticar após o evento (arts. 180, 348, 349 etc.). Entretanto, ressalva a lei, em primeiro lugar, que cada agente responderá na medida de sua culpabilidade, prevendo diminuição de pena na participação de menor importância. Em qualquer caso, na denúncia se deve descrever o comportamento de cada pessoa na prática do crime (v. MIRABETE, Julio Fabbrini, *Código de Processo Penal interpretado*, item 41.3).

Em seguida, excepcionando a regra unitária, prevê a lei a possibilidade de o agente responder por crime menos grave quando da cooperação dolosamente distinta, em exceção advinda da teoria pluralista. Embora de forma não expressa, ao tratar do concurso de pessoas, a lei distingue a coautoria da participação. Aquela existe quando o agente pratica ato de execução do ilícito, ou, conforme a teoria moderna, quando tem o *domínio final do fato*, autor é, portanto, quem tem o *poder de decisão sobre a realização do fato*. É não só o que executa a ação principal, o que realiza a conduta típica, como também aquele que se utiliza de uma pessoa que não age com dolo ou culpa (autoria mediata), o agente tem o controle subjetivo do fato e atua no exercício desse controle; esta quando a pessoa colabora com o ilícito em ato penalmente indiferente em si, sem praticar ato de execução ou ter o domínio do fato, como a atividade acessória daquele que colabora para a conduta do autor com a prática de uma ação que, em si mesma, não é penalmente relevante. Essa conduta somente passa a ser relevante quando o autor, ou coautores, iniciam ao menos a execução do crime, o partícipe não comete a conduta descrita pelo preceito primário da norma, mas pratica uma atividade que *contribui para a realização do delito*. Essa participação pode dar-se por instigação, em que o partícipe atua sobre a vontade do executor, e por cumplicidade, em que colabora com auxílio material ou moral em favor do autor. Fala-se também de autoria mediata quando o sujeito ativo obtém a realização do crime por meio de outra pessoa, que pratica o fato sem culpabilidade. São os casos em que o executor incide em erro provocado pelo autor, em que é menor ou inimputável etc. O concurso de agentes é qualificadora em alguns delitos (arts. 146, § 1º, 147-A, III, 150, § 1º, 155, § 4º, IV, 157, § 2º, II etc.), prevendo a lei também agravantes genéricas em determinadas situações (art. 62).

É firme na doutrina e na jurisprudência a possibilidade de concurso de pessoas em crime culposo. Existindo um vínculo psicológico entre duas ou mais pessoas na prática da conduta imprudente, negligente ou imperita, ainda que não em relação ao resultado, concorrem os agentes para o evento lesivo e respondem por ele. Na melhor orientação, porém, só se pode falar em coautoria e não em participação em crime culposo. Os que colaboram para a ocorrência do resultado estão, sempre, praticando ato de execução culposo, dando causa ao resultado. Essas regras aplicam-se inclusive aos crimes culposos de trânsito, comprovadas as condutas culposas do agente e a previsibilidade do resultado.

Nada impede o concurso de pessoas nos crimes e contravenções de mão própria ou de mera conduta. Nesses casos, embora não seja possível a coautoria, por se exigir que a conduta seja praticada pela própria pessoa indicada no tipo, a participação é possível por instigação ou auxílio.

Jurisprudência

- Adoção da teoria unitária
- Teoria unitária e culpabilidade
- Exceção pluralística à teoria unitária
- Forças concorrentes no concurso de pessoas
- Crime praticado por multidão
- Inexistência de concurso de pessoas em crime societário
- Autoria, coautoria e participação
- Coautoria pelo domínio do fato
- Conceito de mandante no concurso de pessoas
- Participação por instigação
- Concurso de pessoas pela cumplicidade
- Conivência sem a prática de ato de execução: coautoria não caracterizada
- Admissibilidade de coautoria durante a consumação
- Inadmissibilidade de coautoria após a consumação
- Inexistência de coautoria sem nexo psicológico em crime culposo
- Inadmissibilidade de participação em crime culposo
- Concurso de pessoas em crime culposo de trânsito
- Concurso de pessoas em crime culposo de trânsito – Contra
- Inexistência de previsibilidade na coautoria em crime de trânsito
- Participação em crime de mão própria
- Participação em crimes de mera conduta
- Coautoria em contravenção

29.2 Requisitos do concurso de pessoas

Para que ocorra o concurso de agentes, são necessários vários requisitos. É indispensável que haja pluralidade de condutas, ou seja, a ação ou omissão de duas ou mais pessoas e que seja cada uma delas causa do resultado. A mera ciência, assistência ou mesmo a concordância psicológica para o evento, sem que a pessoa concorra com uma causa para o resultado, não constitui concurso. É possível, porém, a participação por omissão em crime comissivo, quando o omitente devia e podia agir para evitar o resultado, e também em crimes de mão própria, pela instigação ou cumplicidade com o executor. Há necessidade, também, de um liame psicológico entre os vários autores, ou seja, a consciência de que cooperam num fato comum, não bastando atuar o agente com dolo ou culpa. Somente a adesão voluntária, objetiva (nexo causal) e subjetiva (nexo psicológico) à atividade ilícita de outrem cria o vínculo do concurso de pessoas. Por isso, pode haver concurso de agentes em crime doloso, em que os agentes querem ou assumem o risco do resultado, e em crime culposo, em que atuam com imprudência, negligência ou imperícia. Mas o vínculo subjetivo deve ser homogêneo, já que não se pode falar em colaboração dolosa em crime culposo ou cooperação culposa em crime doloso. No crime doloso, não havendo a ligação psicológica exigida, poderá ocorrer a *autoria lateral*, ou *coautoria imprópria*, respondendo cada agente pelo resultado que causar. No crime culposo, haverá *concorrência de culpas* e não coautoria em crime culposo quando cada agente atua sem consciência de que está colaborando com a conduta culposa de outrem.

Nada impede a participação em crimes omissivos, por induzimento ou instigação. Como último requisito do concurso de pessoas, há que se identificar a unidade do fato, que não existe se cada agente praticar um crime isolado, sem a concorrência de outro.

Jurisprudência

- Existência de concurso de pessoas
- Pluralidade de condutas no mesmo fato
- Inadmissibilidade de cisão da conduta: crime consumado e tentado
- Repartição de tarefas na coautoria
- Inexigência de execução material
- Autoria incerta: irrelevância no concurso de pessoas
- Autoria incerta no latrocínio: irrelevância no concurso de pessoas
- Desnecessidade da presença *in loco*
- Desnecessidade de ajuste prévio no concurso de pessoas
- Inadmissibilidade de ajuste genérico para a prática de crimes
- Inexistência de relevância causal e de adesão ao crime
- Inexistência de coautoria sem nexo causal em crime culposo
- Existência de coautoria na forma omissiva: dever de impedir o resultado
- Inexistência de coautoria por omissão sem o dever jurídico de impedir o resultado
- Inexistência de coautoria por omissão sem relevância causal
- Inexistência de coautoria por omissão sem vínculo subjetivo
- Inexistência de coautoria sem nexo psicológico em crime culposo
- Coautoria por impedimento de assistência à vítima
- Existência do nexo psicológico
- Inexistência de nexo psicológico
- Autoria colateral
- Unidade de infração penal
- Unidade da infração penal e erro sobre a ilicitude do fato
- Inexistência de colaboração culposa em crime doloso: crimes diversos

29.3 Cooperação dolosamente distinta

Em casos de instigação ou outras formas de participação, é possível que o resultado típico seja diverso daquele pretendido pelo partícipe. Há uma cooperação dolosamente distinta entre os participantes, com um desvio subjetivo do autor em relação ao partícipe. Dispõe-se, então, que, se um dos concorrentes quis participar de crime menos grave, responderá por este e não pelo executado, ajustando-se a pena de acordo com o elemento subjetivo do crime e a culpabilidade do partícipe. Mesmo que o agente pudesse prever o resultado a final ocorrido, o partícipe responderá pelo crime menos grave, aumentada a pena até metade diante da previsibilidade desse evento. Se, entretanto, o agente previu o resultado, e o aceitou, responderá pelo crime mais grave em decorrência do dolo eventual. Evidentemente, o disposto no art. 29, § 2º, do CP não se aplica aos crimes culposos, já que neste não há que se falar em querer resultado diverso do pretendido.

Jurisprudência

- Responsabilidade pelo delito mais grave
- Responsabilidade pelo crime menos grave
- Inadmissibilidade de aplicação em crime praticado com violência contra a pessoa
- Inadmissibilidade de aplicação no crime culposo

29.4 Punibilidade no concurso de pessoas

Em princípio, todos os autores, coautores e partícipes incidem nas penas cominadas ao crime praticado, exceto no caso de estes últimos terem desejado participar de crime menos grave. Incluem-se aqui as penas a serem aplicadas nos crimes multitudinários, ou seja, crimes praticados pela multidão, como nas hipóteses de linchamento, depredação, saque etc. Entretanto, no processo de aplicação da pena deve o juiz distinguir a situação de cada um, na medida de sua culpabilidade, segundo a reprovabilidade da conduta própria, conforme se dispõe na cláusula final do art. 29, *caput*. Trata-se, aliás, de medida legal para a individualização da pena prevista constitucionalmente. Além disso, dispõe a lei que, sendo a participação de menor importância, é possível ao juiz diminuir a pena de um sexto a um terço. Essa colaboração de menor importância é aquela secundária, praticamente dispensável, e que, embora dentro da causalidade, se não prestada não impediria a realização do crime. A redução é facultativa, devendo o juiz verificar a importância da contribuição causal e a intensidade da vontade dirigida ao delito.

Jurisprudência

- Penas diversas, mas percentual de aumento ou diminuição idêntico
- Definição de participação de menor importância
- Participação de menor importância como causa de diminuição de pena
- Obrigatoriedade de redução da pena
- Redução da pena pelo comportamento do partícipe
- Discricionariedade do juiz com relação ao grau de redução da pena
- Inadmissibilidade de participação de menor importância em coautoria
- Reconhecimento da participação de menor importância
- Participação de menor importância: não reconhecimento

29.5 Delação premiada

Leis especiais preveem a possibilidade de redução da pena e de concessão de outros benefícios a coautores e partícipes de crimes determinados ou decorrentes de organizações criminosas que colaborarem com a investigação criminal. A delação premiada foi introduzida pela Lei nº 8.072/90 ao dispor que, tratando-se de crime de quadrilha ou bando para a prática de crimes hediondos, tortura, tráfico ilícito de entorpecentes e drogas afins ou terrorismo, a pena, que na hipótese é de três a seis anos de reclusão, será obrigatoriamente reduzida pelo juiz, de um a dois terços, quanto ao associado que denunciar à autoridade o bando ou quadrilha, possibilitando seu desmantelamento (art. 8º, parágrafo único). A providência legal tem raízes no procedimento do *plea bargaining* ("barganha") corrente nos Estados Unidos e no instituto do *pattegiamento* ("acordo") do direito penal italiano, utilizado no caso dos *terroristi pentiti* (terroristas arrependidos), com a redução da pena como uma forma de *direito premial*. Leis posteriores contêm disposições semelhantes. A Lei nº 8.137, de 27-12-1990 que define os crimes contra a ordem tributária, econômica e contra as relações de consumo, estabelece a redução de um terço a dois terços se o coautor ou partícipe, nos crimes cometidos em quadrilha ou coautoria, confessar espontaneamente à autoridade policial ou judicial toda a trama delituosa, art. 16, parágrafo único. A Lei nº 9.613, de 3-3-1998, que dispõe sobre os crimes de *lavagem* de dinheiro e ocultação de bens e valores, prevê a redução de um a dois terços, e, ainda, a fixação do regime inicial aberto ou semiaberto e a possibilidade de deixar o juiz de aplicar a pena ou substituí-la por pena restritiva de direitos ao autor, coautor ou partícipe que colaborar espontaneamente com as autoridades, viabilizando a apuração das infrações penais e de sua autoria ou a localização dos bens, direitos ou valores objeto do crime (art. 1º, § 5º). Há, também, a previsão da mesma redução de pena e da possibilidade de concessão do perdão judicial, se primário, para o réu que colabore efetiva e voluntariamente com o inquérito policial e o processo criminal nos termos dos arts. 13 e 14 da Lei nº 9.807, de 13-7-1999, que dispõe sobre medidas de proteção a vítimas e testemunhas ameaçadas e aos acusados e condenados colaboradores. A Lei de Entorpecentes, Lei nº 11.343, de 23-8-2006, estabelece a mesma redução, de um a dois terços, para o indiciado ou acusado, por crime nela previsto, que voluntariamente colaborar com a investigação policial e o processo criminal na identificação dos coautores ou partícipes e na recuperação total ou parcial do produto do crime (art. 41). A redução da pena para o "participante" arrependido de organização criminosa já era prevista no art. 6º da Lei nº 9.034, de 3-5-1995. Essa lei foi, porém, revogada pela Lei nº 12.850, de 2-8-2013, que disciplina os meios de investigação e de obtenção de prova nos crimes decorrentes de organizações criminosas e entre estes a "colaboração premiada". Para os coautores ou partícipes que colaborarem, voluntariamente e efetivamente, com a investigação e o processo criminal prevê a Lei a possibilidade de abster-se o Ministério Público de denunciá-los e de lhes conceder o juiz o perdão judicial, a redução de até dois terços da pena, a substituição da pena privativa de liberdade por sanção restritiva de direitos e a progressão de regime independentemente do tempo de cumprimento de pena. Disciplina a Lei a possibilidade de celebração de um acordo de colaboração entre o investigado ou réu e o delegado de polícia e o Ministério Público, o qual deve atender aos requisitos e formalidades previstas e ser submetido a homologação judicial (arts. 4º e 7º).

A Lei nº 13.964, de 24-12-2019, introduziu modificações na Lei nº 12.850/2013, disciplinando pormenorizadamente a celebração do acordo de colaboração premiada, que pode ser firmado entre o colaborador e o Ministério Público ou a autoridade policial, no curso do inquérito ou do processo, bem como suas consequências e possibilidade de revogação. Para os integrantes das organizações criminosas (art. 3º-A a 3º-C, art. 4º, §§ 4º, 7º, 7º-A e B, 8º, 10-A, 13, 16, art. 5º, VI, art. 7º, § 3º).

Jurisprudência

- Homologação de colaboração premiada e competência para apuração dos fatos
- Necessidade da espontaneidade e eficácia da delação premiada: Lei nº 9.034/95
- Inaplicabilidade da delação premiada em crimes distintos: Lei nº 9.807/99
- Perdão judicial pela delação de coautor ou partícipe: Lei nº 9.807/99
- Necessidade da eficácia da delação premiada: Lei nº 9.807/99
- Redução pela delação de coautor ou partícipe: Lei nº 9.807/99
- Possibilidade de aplicação conjunta da confissão espontânea e da delação premiada: Lei nº 9.807/99
- Incomunicabilidade da delação premiada: Lei nº 9.807/99
- Necessidade da eficácia da delação premiada: Lei nº 10.409/2002 (anterior à vigência da Lei nº 11.343, de 23-8-2006)
- Necessidade da eficácia da delação premiada: Lei nº 11.343/2006
- Necessidade do concurso de pessoas para a delação premiada: Lei nº 11.343/2006
- Necessidade de fundamentação da redução da pena
- Possibilidade de oitiva de réu colaborador como testemunha ou informante
- Inadmissibilidade de reconhecimento da delação premiada em *habeas corpus*

Circunstâncias incomunicáveis

Art. 30. Não se comunicam as circunstâncias e as condições de caráter pessoal, salvo quando elementares do crime.

Vide: CP art. 29.

30 CIRCUNSTÂNCIAS INCOMUNICÁVEIS

30.1 Concurso de pessoas e circunstâncias do crime

Refere-se a lei às *condições*, concernentes às relações dos agentes com a vida exterior ao crime e suas particularidades pessoais e *às circunstâncias*, elementos que, embora não essenciais à infração penal, a ela se integram e funcionam para moderar a qualidade e a quantidade da pena. As circunstâncias podem ser pessoais, referindo-se à pessoa do agente em relação ao crime (reincidência, motivação etc.) ou reais (objetivas), que dizem respeito ao fato objetivamente considerado (tempo, meio ou lugar do crime etc.). As condições e circunstâncias pessoais do agente não se comunicam ao coautor ou partícipe; cada um responderá de acordo com elas. De outro lado, as condições reais comunicam-se, entendendo a doutrina que, para isso, devam ser elas conhecidas dos coautores ou partícipes. Entretanto, a lei menciona, quanto às pessoais, as circunstâncias elementares, dispondo que elas se comunicam entre os agentes. Na verdade, são elas verdadeiramente elementos do tipo penal e não meras circunstâncias dele. Seriam circunstâncias, mas, por força da redação dada ao tipo, a ele se integram e, em sua falta, não ocorre o ilícito penal. Embora já se tenha entendido que a regra da comunicabilidade das elementares inclui as qualificadoras, são estas verdadeiras circunstâncias e não elementos do delito, razão pela qual não se comunicam quando de caráter pessoal. Para que essas "circunstâncias" se comuniquem aos coautores ou partícipes, é necessário que sejam destes conhecidas. O desconhecimento da circunstância elementar pode levar à condenação por delito menos grave ou à absolvição, conforme o caso.

Jurisprudência

- Incomunicabilidade das circunstâncias de caráter pessoal
- Incomunicabilidade de circunstância de caráter pessoal no homicídio
- Comunicabilidade das circunstâncias de caráter pessoal elementares
- Comunicabilidade de circunstância elementar no peculato
- Comunicabilidade de circunstância elementar na concussão
- Comunicabilidade de circunstância elementar no abuso de autoridade
- Comunicabilidade de circunstância elementar no crime qualificado
- Necessidade de conhecimento da condição pessoal
- Comunicabilidade de circunstância de caráter objetivo

Casos de Impunibilidade

Art. 31. O ajuste, a determinação ou instigação e o auxílio, salvo disposição expressa em contrário, não são puníveis, se o crime não chega, pelo menos, a ser tentado.

Vide: CP arts. 14, II, 29.

31 CASOS DE IMPUNIBILIDADE

31.1 Ajuste, determinação, instigação e auxílio

Somente a prática de ato de execução enseja responsabilidade penal e, portanto, se este não for perpetrado, nada há a punir, por inexistente fato típico. Por isso, tem-se o disposto no art. 31 por ocioso, por prever que não há fato punível sem ao menos ato de execução. É também equivocada a rubrica *casos de impunibilidade*, quando, na realidade, trata o artigo de caso de inadequação típica. De qualquer forma, se houver um *ajuste* (um acordo para praticar o crime), *determinação* (provocação ou mandato), *instigação* (o induzimento ou a estimulação das ideias criminosas já existentes) ou *auxílio* (ajuda material prestada nos atos de preparação), não poderá ser imputada a prática de crime consumado ou tentado quando não se iniciar a execução pelo autor, já que não podem ser punidos a mera cogitação e os atos preparatórios. Se o autor do ajuste, determinação etc. se arrepender e verificar que o crime vai ser cometido, deve agir para evitar o resultado (art. 13, § 2º, *c*), sob pena de responder pelo ilícito. Ao contrário da lei anterior, já não se prevê a possível aplicação de medida de segurança nessas hipóteses. O artigo, porém, ressalva disposição expressa em contrário, referindo-se às hipóteses em que o que seriam meros atos preparatórios de um crime são tipificados como ilícitos penais próprios (arts. 286, 288, 291 etc.).

Jurisprudência

- Caso de simples ajuste
- Início de execução configura participação delitiva

TÍTULO V
DAS PENAS

CAPÍTULO I
DAS ESPÉCIES DE PENA

Art. 32. As penas são:

I – privativas de liberdade;

II – restritivas de direito;

III – de multa.

Vide: CF art. 5º, XXXIX, XLV, XLVI, XLVII, LIII, LIV; **CP** arts. 1º, 43, 49, 53, 54, 55, 58; **LCP** art. 5º; **CPM** art. 55; **Lei nº 8.078**, de 11-9-1990 – CDC, art. 78 (penas restritivas de direito no Código de Defesa do Consumidor); **Lei nº 9.503**, de 23-9-1997 – CTB arts. 292, 297; **Lei nº 9.605**, de 12-2-1998, arts. 8º, 21 a 23 (penas aplicáveis em crimes contra o meio ambiente); **Lei nº 11.343**, de 23-8-2006, art. 28 (penas aplicáveis ao crime de porte ou posse de drogas para consumo pessoal).

32 ESPÉCIES DE PENAS

32.1 Classificação das penas

Tem-se definido a pena como uma sanção aflitiva imposta pelo Estado, por meio da ação penal, ao autor de uma infração, como retribuição de seu ato ilícito, consistente na diminuição de um bem jurídico; seu fim é evitar novos delitos. Tem ela esta função preventiva *geral*, com fim intimidativo a todos os destinatários da norma penal, e *especial*, dirigida ao autor do delito para o impedir de cometer novos crimes e reintegrá-lo socialmente. Suas características são: personalidade (art. 5º, XLV, da CF), legalidade (art. 5º, XXXIX, da CF), inderrogabilidade e proporcionalidade. Na doutrina, as penas são classificadas como: corporais, privativas de liberdade, restritivas de liberdade, privativas e restritivas de direitos; pecuniárias. Por força da Lei nº 7.209, de 11-7-1984, que deu nova redação à Parte Geral, e da Lei nº 9.714, de 25-11-1998, que alterou o seu art. 43, abandonando-se a clássica distinção entre penas principais e penas acessórias, classificam-se elas em: *privativas de liberdade* (reclusão e detenção), *restritivas de direitos* (prestação pecuniária, perda de bens e valores, prestação de serviços à comunidade, entidades públicas, interdições temporárias de direito ou a limitação de fim de semana) e *multa*.

SEÇÃO I
Das Penas Privativas de Liberdade

Reclusão e detenção

Art. 33. A pena de reclusão deve ser cumprida em regime fechado, semi-aberto ou aberto. A de detenção, em regime semi-aberto ou aberto, salvo necessidade de transferência a regime fechado.

§ 1º Considera-se:

a) regime fechado a execução da pena em estabelecimento de segurança máxima ou média;

b) regime semi-aberto a execução da pena em colônia agrícola, industrial ou estabelecimento similar;

c) regime aberto a execução da pena em casa de albergado ou estabelecimento adequado.

§ 2º As penas privativas de liberdade deverão ser executadas em forma progressiva, segundo o mérito do condenado, observados os seguintes critérios e ressalvadas as hipóteses de transferência a regime mais rigoroso:

a) o condenado a pena superior a oito anos deverá começar a cumpri-la em regime fechado;

b) o condenado não reincidente, cuja pena seja superior a 4 (quatro) anos e não exceda a 8 (oito), poderá, desde o princípio, cumpri-la em regime semi-aberto;

c) o condenado não reincidente, cuja pena seja igual ou inferior a 4 (quatro) anos, poderá, desde o início, cumpri-la em regime aberto.

§ 3º   A determinação do regime inicial de cumprimento da pena far-se-á com observância dos critérios previstos no art. 59 deste Código.

§ 4º   O condenado por crime contra a administração pública terá a progressão de regime do cumprimento da pena condicionada à reparação do dano que causou, ou à devolução do produto do ilícito praticado, com os acréscimos legais.*

* § 4º acrescentado pela Lei nº 10.763, de 12-11-2003.

Vide: **CF** art. 5º, XLVI, *a*, XLVIII, LIV; **CP** arts. 34 a 42, 59, III; **LCP** art. 6º; **LEP** arts. 52, 82 a 98, 110 a 119; **Lei nº 8.072**, de 25-7-1990, art. 2º, § 1º (obrigatoriedade do regime inicial fechado para o condenado por crime hediondo ou equiparado; **Lei nº 9.455**, de 7-4-1997, art. 1º, § 7º (obrigatoriedade do regime inicial fechado para o condenado por crime de tortura); **Lei nº 9.613**, de 3-3-1998, art. 1º, § 5º (faculta o regime inicial aberto ou semiaberto para o agente, coautor ou partícipe colaborador nos crimes de lavagem ou ocultação de bens, direitos ou valores); **Lei nº 12.850**, de 2-8-2013, art. 4º, § 5º (possibilidade de progressão de regime na ausência de requisito objetivo para o colaborador condenado em crimes praticados por organização criminosa). Súmulas: **Vinculantes** 26, 56, 59; **STF** 562, 698, 715, 716, 717, 718, 719; **STJ** 43, 269, 439, 440, 471, 491, 526, 533.

33   PENAS PRIVATIVAS DE LIBERDADE

33.1   Reclusão e detenção e regimes penitenciários

Não obstante a tendência moderna de abolir a diversidade de espécies de penas privativas de liberdade, na reforma penal de 1984 manteve-se no Código Penal a distinção entre reclusão e detenção. Essa diferença, porém, é puramente formal no que diz respeito à execução, com a única exceção de não se possibilitar, na pena de detenção, o regime inicial fechado, permitindo-se, porém, a regressão a tal regime nos termos do art. 118 da LEP. No mais, sob o aspecto formal, a qualidade da pena privativa de liberdade pode determinar outras consequências: tratando-se de crime a que é cominada pena de detenção, e, sendo o agente inimputável, faculta-se ao juiz a substituição da medida de segurança de internação pelo tratamento ambulatorial (art. 97 do CP); a incapacidade para o exercício do poder familiar, tutela ou curatela , como efeito da condenação, só ocorre quando o agente for condenado por crime a que é cominada pena de reclusão (art. 92, II) etc.

Adotando o sistema progressivo na execução das penas privativas de liberdade, estabelece a lei três regimes: fechado, semiaberto e aberto, de acordo com o estabelecimento penal em que a pena é executada. Assim, cumpre-se a pena em regime fechado em penitenciárias de segurança máxima ou média, em regime semiaberto em colônias agrícolas, industriais ou estabelecimento similar, e em regime aberto em casa do albergado ou estabelecimento adequado. Por regra especial, a pena de prisão simples, aplicada ao autor de contravenção, só pode ser cumprida em regime semiaberto ou aberto (art. 6º, *caput*, da LCP). Impossível, pois, ser fixado para ela o regime fechado.

O *regime disciplinar diferenciado*, criado pela Lei nº 10.792, de 1º-12-2003, que alterou a Lei de Execução Penal, e posteriormente alterado pela Lei nº 13.964, de 24-12-2019, não é um novo regime de cumprimento de pena, em acréscimo aos regimes fechado, semiaberto e aberto. Constitui-se em regime de disciplina carcerária especial, caracterizado por maior grau de isolamento do preso e de restrições ao contato com o mundo exterior, ao qual poderão ser submetidos os condenados ou presos provisórios, nacionais ou estrangeiros, por deliberação judicial, como sanção disciplinar ou como medida acautelatória nas hipóteses de presos sobre os quais recaiam fundadas suspeitas de envolvimento ou participação em organizações criminosas ou que representem alto risco para a ordem e a segurança do estabelecimento penal ou para a sociedade (art. 52, §§ 1º a 7º, da LEP, com as alterações introduzidas pela Lei nº 13.964/2019) (a respeito do assunto: MIRABETE, Julio Fabbrini, e FABBRINI, Renato Nascimento. *Execução penal*, 17ª ed., item 52.2).

Tem-se entendido que o regime de cumprimento de pena privativa de liberdade é matéria de direito penal, de modo que as regras jurídicas que tratam do assunto estão sujeitas aos princípios da retroatividade da lei mais benigna e da irretroatividade da lei mais severa.

Jurisprudência

- Distinção entre regime aberto e semiaberto
- Regimes são formas de prisão
- Inadmissibilidade de regime fechado para pena de detenção
- Inadmissibilidade de regime fechado para pena de prisão simples
- Irretroatividade de lei mais severa quanto ao regime prisional: matéria de natureza penal
- Inadmissibilidade da alteração de regime por *habeas corpus*

33.2 Regime inicial fechado

No art. 33, §§ 2º e 3º, a lei estabelece os critérios para a fixação do regime inicial de cumprimento das penas de reclusão e detenção com fundamento na qualidade e quantidade da pena, na reincidência ou não do condenado, e nas circunstâncias judiciais da aplicação da pena. Diz-se que é obrigatório o regime fechado ao condenado a pena superior a oito anos (§ 2º, letra *a*). Essa regra, porém, sofre a exceção já prevista no *caput*, ou seja, de que não se pode iniciar o cumprimento da pena de detenção em regime fechado. Nesse caso, é evidente que o condenado à pena de detenção superior a oito anos (§ 2º, letra *b*), seja reincidente ou não, deverá iniciar seu cumprimento em regime semiaberto. De outro lado, sendo aplicada pena de reclusão ao reincidente, obrigatoriamente deverá ser imposto o regime inicial fechado, já que os regimes semiaberto e aberto, para início de cumprimento da pena, só são admitidos aos não reincidentes (§ 2º, letras *b* e *c*). Numa interpretação liberal, entretanto, o Egrégio Superior Tribunal de Justiça passou a admitir para o reincidente o regime semiaberto inicial, conforme a apenação. É o que prevê a Súmula 269: "É admissível a adoção do regime prisional semiaberto aos reincidentes condenados a pena igual ou inferior a quatro anos se favoráveis as circunstâncias judiciais." Quando houver condenação por mais de um crime, no mesmo processo ou em processos distintos, a determinação do regime de cumprimento será feita pelo resultado da soma ou unificação das penas, impondo-se o regime inicial fechado quando o total superar oito anos, observada, quando for o caso, a detração ou remição (art. 111 da LEP). Em consonância com esse dispositivo, prevê a norma contida no § 2º do art. 387 do CPP, inserido pela Lei nº 12.736, de 30-11-2012, que o tempo de prisão provisória ou administrativa ou de internação deverá ser computado para o fim de determinação do regime inicial. Esse período de custódia deve ser, assim, abatido da pena aplicada. Se da operação resultar pena igual ou inferior a 8 anos, possível se torna a fixação de regime inicial mais brando (v. item 59.3).

O regime inicial será, porém, obrigatoriamente o fechado, em razão de expressa disposição legal, independentemente do *quantum* da pena aplicada, para o condenado por crime de tortura, tráfico ilícito de entorpecentes e drogas afins, de terrorismo e dos crimes definidos como hediondos, consumados ou tentados (art. 2º, § 1º, da Lei nº 8.072, de 25-7-90). Contudo, após julgamento do STF no sentido da inconstitucionalidade da vedação à substituição da pena por sanção restritiva de direitos na hipótese do art. 33, § 4º, da Lei de Drogas (HC 97.256/RS), que ensejou a suspensão pelo Senado Federal da execução da parte correspondente do dispositivo (Resolução nº 5, de 2012), decisões foram proferidas admitindo, na hipótese, a fixação de regime inicial menos restritivo, aberto ou semiaberto, quando reconhecida a incidência da aludida causa de diminuição de pena (v. item 44.2). De acordo com a recente orientação do STF, o tráfico privilegiado não é crime hediondo. A alteração jurisprudencial ensejou o cancelamento da Súmula 512 do STJ, que afirmava a hediondez. Em decorrência desse entendimento, o requisito temporal exigido para a progressão de regime em caso de tráfico privilegiado consiste, como nos crimes comuns, no cumprimento de um sexto da pena imposta. A Lei nº 13.964, de 24-12-2019, introduziu o § 5º no 112, da LEP, prevendo expressamente que para os fins de progressão de regime não se considera hediondo ou equiparado o crime de tráfico de drogas previsto no § 4º do art. 33 da Lei nº 11.343/2006. Nesse sentido foi editada a Súmula Vinculante 59: "É impositiva a fixação do regime aberto e a substituição da pena privativa de liberdade por restritiva de direitos quando reconhecida a figura do tráfico privilegiado (art. 33, § 4º, da Lei 11.343/06) e ausentes vetores negativos na primeira fase da dosimetria (art. 59 do CP), observados os requisitos do art. 33, § 2º, alínea c, e do art. 44, ambos do Código Penal".

O regime integral fechado, que vedava a progressão de regime, não mais é previsto na Lei dos crimes hediondos, diante da nova redação dada ao seu art. 2º, § 1º, pela Lei nº 11.464, de 28-3-2007. Segundo alguns doutrinadores, a disposição era inconstitucional por violar o princípio da individualização da pena (art. 5º, XLVI), que deve informar não apenas a cominação e a aplicação da pena, mas também a sua execução. Entretanto, a individualização no curso da execução da pena somente pode ocorrer no âmbito do conjunto das normas que regulam a aplicação dos diversos institutos e meios previstos para o ajustamento da sanção às condições pessoais de cada condenado com a finalidade de favorecer a sua reintegração social, segundo os parâmetros estabelecidos pelo legislador. Não tendo os regimes de cumprimento de pena e o sistema progressivo *status* constitucional, à lei ordinária foi confiada a disciplina da matéria, não se podendo falar em ofensa ao princípio da individualização da pena tão somente porque não permitida pelo legislador ao juiz a opção da progressão de regime na hipótese de condenação por crime hediondo ou assemelhado, referidos na própria Constituição como merecedores de tratamento mais rigoroso. Assim, a rigor, não padecia de inconstitucionalidade o art. 2º, § 1º, da Lei nº 8.072/90. Contudo, o STF, após reiteradamente refutar a tese e editar a Súmula 698, proferiu decisão reconhecendo, *incidenter tantum*, a inconstitucionalidade do dispositivo e, após a alteração do dispositivo, editou a Súmula vinculante nº 26, afirmando a inconstitucionalidade da anterior redação do art. 2º, § 1º (item 33.6). Com a vigência da Lei nº 11.464, de 28-3-2007, não mais subsiste a vedação à progressão de regime ao condenado por crime hediondo ou equiparado, impondo-se, porém, a fixação do regime fechado como inicial. Há, no entanto, recentes julgados do STF em que se reconheceu, *incidenter tantum*, a inconstitucionalidade da norma contida no art. 2º, § 1º, da Lei nº 8.072/90, em sua atual redação, sob o fundamento de que a previsão da obrigatoriedade do regime inicial fechado em razão da natureza do delito também afronta o princípio da individualização da pena.

Jurisprudência

- Inexistência de hediondez no tráfico privilegiado: admissibilidade da fixação de regime mais brando
- Admissibilidade do regime inicial semiaberto em estupro
- Regime fechado obrigatório para condenado reincidente à pena de reclusão
- Possibilidade de regime inicial semiaberto para reincidente
- Regime fechado para primário condenado à pena superior a oito anos
- Regime inicial fechado obrigatório para reincidente condenado a pena superior a 4 anos
- Possibilidade de regime fechado no caso de circunstâncias judiciais desfavoráveis
- Pena compatível com o regime semiaberto e condições favoráveis do réu: impossibilidade de fixação de regime inicial fechado
- Fixação de regime inicial fechado em tráfico de entorpecentes
- Inconstitucionalidade do regime inicial fechado obrigatório em crimes hediondos e equiparados
- Admissibilidade do regime inicial semiaberto em homicídio qualificado
- Admissibilidade de fixação de regime inicial semiaberto em homicídio qualificado-privilegiado: crime não hediondo
- Admissibilidade de fixação de regime inicial semiaberto ou aberto em tráfico de entorpecentes – Contra
- Admissibilidade do regime inicial semiaberto em estupro de vulnerável
- Fixação de regime inicial fechado em tráfico de entorpecentes: quantidade expressiva de drogas
- Fixação de regime integral fechado nos crimes hediondos: constitucionalidade (antes da vigência da Lei nº 11.464/2007)
- Inconstitucionalidade do regime integral fechado por ofensa ao princípio da individualização da pena (antes da vigência da Lei nº 11.464/2007)
- Inadmissibilidade do regime integral fechado no crime de associação para o tráfico de entorpecentes (antes da vigência da Lei nº 11.464/2007)
- Inadmissibilidade do regime integral fechado no crime de associação para o tráfico de entorpecentes (antes da vigência da Lei nº 11.464/2007) – Contra
- Coisa julgada na fixação de regime inicial fechado em crime hediondo
- Coisa julgada na fixação de regime inicial fechado em crime hediondo – Contra
- Desnecessidade de fixação do regime fechado integral em crime hediondo (antes da vigência da Lei no 11.464/2007)
- Admissibilidade do regime inicial semiaberto ou aberto para o condenado por crime de associação para o tráfico
- Fixação obrigatória de regime inicial fechado em tráfico de entorpecentes com redução de pena (art. 33, § 4º, da Lei no 11.343/2006)
- Impossibilidade de alteração do regime em *reformatio in pejus*

33.3 Regime inicial semiaberto

Como visto, é obrigatório o regime inicial semiaberto aos condenados à pena de detenção quando a pena ultrapassar oito anos. Permite, porém, a lei, que se inicie nesse regime semiaberto o cumprimento da pena de reclusão aplicada ao condenado não reincidente com pena superior a quatro anos, desde que não exceda a oito. Conforme já mencionado, o STJ admite o regime inicial semiaberto também na hipótese de condenado reincidente, se a pena aplicada é igual ou inferior a quatro anos (Súmula 269). Não há, porém, direito subjetivo do condenado ao regime semiaberto. Deverá o juiz, diante do caso concreto, determinar o regime (semiaberto ou fechado) com observância dos critérios previstos no art. 59 do Código (v. item 59.3).

Prevê a Lei que a pena em regime semiaberto pode ser executada em estabelecimento "similar". Assim, não é exigência inarredável que o estabelecimento seja uma colônia agrícola ou industrial, desde que atenda às características gerais do regime e aos requisitos previstos no art. 82 da Lei de Execução Penal.

Jurisprudência

- Constrangimento ilegal no cumprimento de pena em regime fechado na ausência de vaga no regime semiaberto ou aberto: parâmetros a serem observados pelo juiz da execução
- Regime semiaberto à pena inferior a oito anos
- Regime semiaberto para reincidente: possibilidade
- Regime semiaberto para reincidente com pena igual ou inferior a quatro anos
- Cumprimento em regime semiaberto a pena inferior a quatro anos por circunstâncias desfavoráveis
- Cumprimento em regime semiaberto ou aberto para pena de detenção
- Reincidente condenado à pena de detenção
- Desconto do tempo de prisão preventiva para a fixação do regime semiaberto
- Regime semiaberto com a diminuição da pena
- Regime semiaberto a pena inferior a quatro anos justificado
- Roubo qualificado: Insuficiência da gravidade do delito para negar o regime semiaberto
- Roubo simples e gravidade do fato concreto: regime semiaberto
- Roubo qualificado tentado: possibilidade de regime semiaberto

33.4 Regime inicial aberto

Faculta a lei seja fixado o regime aberto inicial ao condenado não reincidente, cuja pena seja *igual ou inferior a quatro anos*. Também não é caso de direito ao regime inicial aberto, pois o juiz deverá observar as circunstâncias previstas pelo art. 59 do Código, podendo fixar o regime inicial semiaberto ou fechado ao condenado não reincidente a pena igual ou inferior a quatro anos se entender que tais circunstâncias lhe sejam desfavoráveis. O regime aberto em residência particular (prisão domiciliar), por força da lei, somente pode ser concedido quando o condenado a regime inicial aberto for maior de 70 anos ou estiver acometido de doença grave, ou se tratar de mulher com filho menor ou deficiente físico ou mental ou gestante (art. 117 da LEP). Entretanto, diante da falta de estabelecimentos adequados ao cumprimento da pena em regime aberto, a jurisprudência orienta-se no sentido de que, nessa hipótese, deve-se conceder a prisão em domicílio.

Em virtude da inexistência ou do ínfimo número de casas de albergado na maioria dos Estados da Federação e da permissão contida no art. 33, § 1º, alínea *c,* do Código Penal no sentido da viabilidade do cumprimento da pena não em casa do albergado, mas em estabelecimento similar ou "adequado", incumbe ao Juiz verificar a higidez e compatibilidade do estabelecimento com as regras gerais do regime aberto. Já decidiu o STF, nos termos da Súmula Vinculante nº 56, que inadmissível é a manutenção do condenado em regime prisional mais gravoso do que aquele a que tem direito.

Jurisprudência

- Cumprimento de pena em estabelecimento similar a colônia penal não afronta Súmula Vinculante 56
- Constrangimento ilegal no cumprimento de pena em regime mais gravoso do que o imposto na sentença
- Fixação do regime aberto

- Inadmissibilidade de regime aberto para pena superior a quatro anos
- Inadmissibilidade de regime aberto para reincidente condenado a pena inferior a 4 anos
- Inadmissibilidade de regime aberto para reincidente condenado a pena inferior a 4 anos – Contra
- Pena compatível com o regime aberto e condições favoráveis do réu: Incompatibilidade do regime semiaberto
- Inadmissibilidade de regime aberto para estrangeiro com procedimento expulsório
- Inadmissibilidade de regime aberto para estrangeiro em situação irregular
- Inadmissibilidade de regime aberto para estrangeiro em situação irregular – Contra
- Inadmissibilidade de regime aberto para condenado por roubo biqualificado

33.5 Consideração das circunstâncias judiciais

Excetuados os casos em que o regime fechado ou semiaberto é obrigatório, o juiz deve fixar o regime inicial de cumprimento da pena considerando como critérios orientadores as circunstâncias judiciais previstas no art. 59, *caput*, do CP, tal como dispõe o art. 33, § 3º desse Estatuto (v. item 59.3). A opção do juiz por regime prisional mais severo do que o permitido pelo *quantum* da pena aplicada exige motivação idônea, nos termos da Súmula 719 do STF. Porque prevê a lei a ponderação das circunstâncias judiciais na fixação do regime prisional, não é idônea a motivação que se restringe à afirmação pelo julgador da gravidade do crime em abstrato (Súmulas 718 do STF e 440 do STJ) (v. item 59.3). Considere-se que jamais se pode fixar regime fechado para o autor de contravenção, já que a pena de prisão simples deve ser cumprida em regime semiaberto ou aberto (art. 6º da LCP).

Jurisprudência

- Obediência aos critérios do art. 59 do CP
- Consideração da menoridade na fixação do regime inicial
- Considerações diversas entre fixação da pena e regime inicial de cumprimento
- Fixação de regime mais severo com fundamento na reincidência e circunstâncias judiciais desfavoráveis
- Fixação de regime mais severo com fundamento na reincidência e circunstâncias judiciais desfavoráveis
- Regime mais severo pela periculosidade
- Regime mais severo pela periculosidade – Contra
- Regime mais severo pelo alto grau de culpabilidade
- Pena acima do mínimo e regime inicial
- Regime fechado para réu de alentadíssimos maus antecedentes
- Contra: admissibilidade de regime prisional mais severo na fixação da pena base no mínimo legal
- Pena fixada no mínimo legal
- Pena fixada no mínimo legal e atenuante não considerada
- Admissibilidade de regime prisional mais severo na fixação da pena base no mínimo legal – Contra
- Admissibilidade de regime fechado com fundamento na gravidade em concreto do crime
- Regime fechado pela personalidade e antecedentes
- Regime fechado diante das circunstâncias
- Regime fechado em crime de roubo
- Regime fechado em crime de roubo – Contra
- Regime fechado em caso de crime de roubo qualificado
- Regime fechado em caso de crime de roubo qualificado – Contra
- Regime fechado para roubo biqualificado
- Regime fechado para roubo triplamente qualificado
- Apenas regime fechado inicial para roubo
- Regime fechado em roubo em razão da gravidade do fato
- Regime fechado em roubo e estupro

- *Regime fechado em roubo e sequestro*
- Regime fechado em tentativa de latrocínio
- Primariedade e bons antecedentes
- Primariedade e regime semiaberto
- Inadmissibilidade de fixação de regime mais severo pela gravidade do crime em abstrato
- Inadmissibilidade de regime fechado pela presunção de periculosidade diante da gravidade do crime
- Inexistência de direito subjetivo ao regime semiaberto
- Inexistência de direito subjetivo ao regime aberto
- Nulidade pela falta de fixação do regime inicial de cumprimento da pena
- Dispensabilidade de fixação do regime em caso de *sursis*
- Dispensabilidade de fixação do regime em caso de *sursis* – Contra
- Inadmissibilidade de fixação de regime fechado em concessão do *sursis*
- Necessidade de justificação na fixação do regime inicial

33.6 Sistema progressivo: progressão e regressão

Adotando a lei o sistema progressivo, iniciado o cumprimento da pena conforme o regime inicial estabelecido na sentença, possibilita-se ao sentenciado a transferência para regime menos rigoroso. Não se permite a progressão do regime fechado diretamente para o regime aberto ainda que o condenado tenha cumprido o lapso temporal exigido para duas progressões. Nesse sentido, aliás, foi editada a Súmula 491 do STJ.

Lei de Execução Penal, em sua anterior redação, a progressão de regime dependia do cumprimento de um sexto da pena no regime anterior. A Lei nº 13.964, de 24-12-2019, porém, alterando esse artigo da Lei, disciplinou de forma distinta os requisitos para a progressão de regime. De acordo com as novas regras, a fixação do tempo de cumprimento de pena exigido para a progressão varia de 16% a 70% e tem como critérios a primariedade ou reincidência e a natureza e do crime praticado pelo condenado: se cometido com violência ou grave ameaça ou não, se o crime é comum, hediondo, se este resultou em morte ou não, se o crime é constituição de milícia privada ou exerce ele o comando de organização criminosa (incisos I a VIII).

O cometimento de falta grave pelo preso que cumpre pena em regime fechado acarreta a interrupção do tempo de pena para efeito de progressão, iniciando-se nova contagem do tempo necessário para a obtenção da promoção que terá como base a pena remanescente (art. 112, § 6º da LEP, inserido pela Lei nº 13.964, de 24-12-2019), regra que já constituía jurisprudência prevalente, inclusive do STJ (Súmula 534). O mesmo ocorre se, estando no cumprimento da pena remanescente em regime semiaberto, decretar o juiz a regressão para um dos regimes mais severos.

Deve o condenado, portanto, em primeiro lugar, para obter a progressão, ter cumprido o percentual da pena previsto em lei, ou o mesmo percentual do total das penas que lhe foram impostas, no regime inicial. É pacífico na jurisprudência, que para o cálculo desse lapso temporal tenha-se a soma das penas impostas ao condenado, não se prestando a tal o limite de 40 anos obtido pela unificação de penas nos termos do art. 75 do Código Penal, com redação dada pela Lei nº 13.964, de 24-12-2019. Nesse sentido é a Súmula 715 do STF.

Nas hipóteses de crimes hediondos, tráfico ilícito de entorpecentes e drogas afins e de terrorismo, não cabia a progressão, uma vez que a pena devia ser cumprida integralmente em regime fechado, nos termos do que previa o art. 2º, § 1º, da Lei nº 8.072/90, em sua redação original. Quanto ao crime de tortura, definido na Lei nº 9.455, de 7-4-97, como o art. 1º, § 7º, passou a prever o regime fechado inicial, já não havia mais óbice à progressão. Diante das alterações introduzidas pela Lei nº 11.464, de 28-3-2007, no art. 2º da Lei nº 8.072/90, não mais subsiste a proibição de progressão de regime para os condenados por crimes hediondos ou a estes equiparados. Segundo a lei vigente, nesses crimes, é obrigatória a fixação do regime inicial fechado (art. 2º, § 1º) e a progressão de regime dependia do cumprimento de dois quintos da pena, se primário o condenado, ou três quintos, se reincidente (art. 2º, § 2º), até a vigência da Lei nº 13.964, de 24-12-2019 que revogou o § 2º do art. 2º da Lei nº 8.072/1990.

Antes dessa alteração, tratando-se de lei penal mais benigna, por possibilitar a progressão de regime que era vedada na lei anterior, a Lei nº 11.464/07 aplica-se aos crimes praticados anteriormente à sua vigência. Passou-se a sustentar, porém, que, nesses casos, não seria exigível o cumprimento de mais de um sexto da pena (art. 112 da LEP), sob o argumento de que a observância do requisito previsto no art. 2º, § 2º, da Lei nº 8.072/90 implicaria indevida retroatividade de norma penal mais severa, uma vez que o dispositivo original que previa o regime integral fechado era inconstitucional por ofender o princípio da individualização da pena previsto no art. 5º, XLVI, da CF. O STF fez publicar, então, a Súmula vinculante nº 26, reconhecendo a inconstitucionalidade da redação original do art. 2º, § 1º, da Lei nº 8.072/90, a ser observada na hipótese de progressão: "Para efeito de progressão de regime no cumprimento de pena por crime hediondo, ou equiparado, o juízo da execução observará a inconstitucionalidade do art. 2º, da Lei nº 8.072, de 25-7-1990, sem prejuízo de avaliar se o condenado preenche ou não os requisitos objetivos e subjetivos do benefício, podendo determinar, para tal fim, de modo fundamentado, a realização de exame criminológico". Diante dos termos da súmula, para os condenados por crimes hediondos, ou a estes equiparados, praticados antes da vigência da Lei nº 11.464, de 28-3-2007, o tempo de cumprimento de pena exigível para a progressão de regime é de somente um sexto da pena aplicada. Em sentido semelhante é o teor da Súmula 471 do STJ.

Nos termos da lei vigente, conforme dispõe o art. 112 da Lei de Execução Penal com as alterações introduzidas pela Lei nº 13.964/2019, o condenado por crime hediondo ou equiparado para progredir de regime deverá cumprir 40% se primário (inciso V); 50% se primário, mas do crime resultou morte (inciso VI, *a*); 60% se reincidente em crime hediondo (inciso VII) e 70% se reincidente em crime hediondo com resultado morte (inciso VIII). Posteriormente, a Lei nº 14.994, de 9-10-2024, inseriu o inciso VI-A ao art. 112 no qual prevê que o condenado pela prática de feminicídio para progredir de regime deverá cumprir 55%, se primário, vedado o livramento condicional.

Por disposição expressa de lei, os condenados por crimes decorrentes de organização criminosa, qualquer que fosse a quantidade da pena aplicada e independentemente de ser ou não o réu reincidente, deviam obrigatoriamente iniciar o cumprimento da pena em regime fechado, nos termos do que previa o art. 10 da Lei nº 9.034, de 3-5-1995. Esse diploma foi, porém, revogado pela Lei nº 12.850, de 2-8-2013, que não contém disposição semelhante. É certo que, por força de modificações introduzidas pela Lei nº 13.964, de 24-12-2019, prevê-se, agora, que o condenado por integrar organização criminosa ou por crime praticado por meio de organização criminosa, "não poderá progredir de regime de cumprimento de pena ou obter livramento condicional ou outros benefícios prisionais se houver elementos probatórios que indiquem a manutenção do vínculo associativo" (art. 2º, § 9º, da Lei nº 12.850/2013). Não se trata, porém, de vedação absoluta à progressão de regime, o que, ademais, teria o vício da inconstitucionalidade conforme reiteradamente têm decidido os tribunais superiores. A regra deve ser entendida como a previsão de um requisito adicional para a progressão de regime exigido do condenado por crimes dessa natureza, consistente na cessação do vínculo associativo. Assim, revogada a Lei nº 9.034/1995, não mais vigora a regra que previa a obrigatoriedade do regime inicial fechado para o condenado por integrar organização criminosa e este poderá progredir de regime desde que satisfaça todos os requisitos legais, entre os quais a cessação do vínculo associativo. O tempo de cumprimento de pena no regime anterior exigido para a progressão é, em princípio, de 16%, se primário ou 20% se reincidente, ou de 50% caso se trate de organização criminosa estruturada para a prática de crime hediondo ou equiparado (art. 112, incisos I, II e VI, *b*).

Era controversa na jurisprudência a questão da progressão de regime nos crimes de estupro e atentado violento ao pudor com violência ficta ou dos quais não resultasse lesão grave ou morte, porque havia entendimento de que, nesses casos, o crime não seria hediondo. Diante das alterações introduzidas no art. 1º, V e VI, da Lei nº 8.072/90 pela Lei nº 12.015, de 7-8-2009, e posteriormente pela Lei nº 14.811, de 12-1-2024, são crimes hediondos o estupro e o estupro de vulnerável, tanto nas formas simples como qualificadas (art. 213, *caput* e §§ 1º e 2º, e art. 217-A, *caput* e §§ 1º, 3º e 4º), bem como outros crimes sexuais, como o favorecimento da prostituição ou de outra forma de exploração sexual de criança ou adolescente ou de vulnerável (art. 218-B, *caput* e §§ 1º e 2º), os crimes previstos no § 1º do art. 240 e no art. 241-B do ECA, sujeitando-se os seus autores à norma especial mais rigorosa em relação ao tempo de cumprimento de pena exigido para a progressão de regime (art. 112, V a VIII, da LEP).

A Lei nº 13.769, de 19-12-2018, acrescentou o § 3º ao art. 112 da LEP, prevendo diferentes requisitos para a progressão de regime na hipótese de condenada gestante, mãe ou responsável por crianças ou pessoas com deficiência. Para a progressão, nesses casos, exige-se o cumprimento de apenas 1/8 (um oitavo) da pena no regime anterior e ser a condenada primária e de bom comportamento carcerário. Somente pode ser assim favorecida, porém, a condenada que não tiver cometido crime com violência ou grave ameaça a pessoa ou contra seu filho ou dependente e que não integrar organização criminosa. Esses requisitos devem ser os exigidos mesmo na hipótese de condenada por crime hediondo, conforme passou a dispor o art. 1º, § 2º, da Lei nº 8.072/1990, por força da alteração introduzida pela citada Lei 13.769/2018.

A Lei nº 10.763, de 12-11-2003, acrescentou o § 4º ao art. 33, condicionando a progressão de regime para o condenado por crime contra a administração pública (arts. 312 a 359-H) à prévia reparação do dano causado ou restituição do produto do ilícito, com os acréscimos legais. A exigência deve ser afastada, porém, na hipótese de comprovação de efetiva impossibilidade de reparação do dano, como ocorre em relação à concessão do *sursis* especial (art. 78, § 2º) e do livramento condicional (art. 83, IV).

Nos termos da Súmula 716 do STF, "admite-se a progressão de regime de cumprimento da pena ou a aplicação imediata de regime menos severo nela determinada, antes do trânsito em julgado da sentença condenatória". Não obstante os termos amplos que foi redigida, cumpre observar que a existência de recurso da acusação que possa ensejar a fixação de regime prisional mais rigoroso torna incerto o direito do acusado à observância do estabelecido na sentença e que se pode o recurso elevar o *quantum* da pena privativa de liberdade aplicada em primeiro grau, seu provimento procrastinaria o direito à progressão de regime (Sobre o assunto: MIRABETE, Julio Fabbrini, e FABBRINI, Renato Nascimento. *Execução penal*, 17ª ed., Foco, 2024, itens 110.1 e 112.2). Não impede a progressão de regime o fato de o réu se encontrar em prisão especial (Súmula 717).

O bom comportamento carcerário, antes previsto no *caput*, é, agora, requisito expressamente exigido nos termos do art. 112, § 1º, da LEP em sua atual redação. De acordo com a norma contida no § 7º do mesmo artigo, "o bom comportamento é readquirido após 1 (um) ano da ocorrência do fato, ou antes, após o cumprimento do requisito temporal exigível para a obtenção do direito". O dispositivo, que foi objeto de veto presidencial posteriormente derrubado pelo Congresso Nacional, tem redação deficiente que dificulta a sua inteligência e a compreensão de seu alcance, inclusive por vincular requisitos de naturezas distintas, objetiva e subjetiva. De acordo com a norma, entende-se que o § 7º determina que o mau comportamento do preso não pode ser assim atestado com base em fato praticado há mais de um ano e que, no caso de satisfação do requisito temporal exigido para a progressão de regime ou outro benefício legal, poderá ser reavaliado pelo diretor do estabelecimento.

Além disso, não estando adstrito o juiz da execução às conclusões de atestado, parecer ou laudo técnico (art. 182 do CPP), podendo apreciar livremente a prova para a formação de sua convicção (art. 155 do CPP) e ordenar diligência e produção de prova, inclusive pericial (arts. 196, § 2º, da LEP e 156, II, do CPP), deverá negar a progressão, mesmo quando favorável o atestado ou parecer do diretor do estabelecimento, se convencido por outros elementos de que o condenado não reúne condições pessoais para o cumprimento da pena em regime mais brando.

A Lei nº 14.843, de 11-4-2024, que deu ao § 1º do art. 112 sua atual redação, não somente passou a prever expressamente a admissibilidade do exame criminológico antes de qualquer decisão a respeito da progressão de regime, mas tornou obrigatória a sua realização. Lamentavelmente, o texto da lei retirou do juiz da execução, responsável pela individualização da pena e que dispõe de múltiplos informes a respeito do preso, a discricionariedade sobre a conveniência ou não da realização do exame. A sua obrigatoriedade certamente provocará um retardamento significativo na apreciação de dezenas de milhares de pedidos de progressão, com inevitável aumento da pressão sobre o sistema prisional, além de ser impraticável o atendimento à norma dada a notória escassez de peritos e profissionais incumbidos da elaboração dos laudos e pareceres técnicos.

Na própria Súmula vinculante nº 26 afirma-se a possibilidade de realização do exame criminológico como medida destinada a aferir a presença dos requisitos subjetivos para a progressão. De acordo, também, com a Súmula 439 do STJ, admite-se a realização do exame criminológico, diante das peculiaridades do caso, a ser ordenado por decisão motivada. Essa necessidade de fundamentação é, aliás, exigência de todas as decisões judiciais (art. 93, IX, da CF).

A Lei de Execução Penal regula a regressão, ou seja, a transferência de um regime para outro mais rigoroso, nas hipóteses previstas expressamente na lei, entre as quais a prática de falta grave e de fato definido como crime doloso (art. 118, I). Comete falta grave o condenado à pena privativa de liberdade que: incitar ou participar de movimento que subverter a ordem ou a disciplina; fugir; possuir, indevidamente, instrumento capaz de ofender a integridade física de outrem; provocar acidentes de trabalho; descumprir, no regime aberto, as condições impostas; inobservar os deveres referentes à obediência ao servidor e respeito a qualquer pessoa com quem deva relacionar-se e à execução do trabalho, das tarefas e das ordens recebidas; tiver em sua posse, utilizar ou fornecer aparelho telefônico, de rádio ou similar, que permita a comunicação com outros presos ou com o ambiente externo; recusar submeter-se ao procedimento de identificação do perfil genético (art. 50 da LEP). Excetuada a hipótese de nova condenação prevista no art. 118, II, da LEP, deve ser ouvido previamente o condenado (art. 118, § 2º, da LEP). Essa obrigatoriedade existe inclusive no caso da prática de crime doloso, porque não se exige que o sentenciado já tenha sido condenado pelo crime superveniente. Nesse sentido é, aliás, a Súmula 526 do STJ. Para o reconhecimento da falta disciplinar é imprescindível a sua prévia apuração em procedimento administrativo em que se assegurem o direito de defesa e a defesa técnica (Súmula 533 do STJ). Impõe-se, também, previamente à regressão, que o juiz conceda oportunidade de manifestação ao Ministério Público e à defesa, a exemplo do que prevê a lei para a hipótese de progressão (art. 112, § 1º, da LEP) (Sobre esses assuntos: MIRABETE, Julio Fabbrini, e FABBRINI, Renato Nascimento. *Execução penal*, 17ª ed., itens 59.1 a 59.5 e 118.1 a 118.4).

Jurisprudência

- Lei nº 14.843/2024: irretroatividade da lei mais gravosa: exigência de exame criminológico
- Lei nº 13.964/2019: princípio da irretroatividade da lei penal mais gravosa: progressão de regime
- Lei nº 13.964/19: irretroatividade do percentual de 20% exigido para a progressão de regime em crime comum – exigência de um 1/6 previsto na lei anterior
- Lei nº 13.964/2019: percentual de progressão de regime para condenado reincidente genérico por crime hediondo e concessão do livramento condicional: inexistência de combinação de normas penais
- Obrigatoriedade do exame criminológico após a vigência da Lei nº 14.843/2024
- Percentual da pena para a progressão de regime para o condenado, reincidente genérico, por crime hediondo
- Inadmissibilidade, por violação do princípio da taxatividade, da extensão da expressão legal do conceito de organização criminosa contida no art. 112, § 3º, V, para abranger todas as formas de associações criminosas
- Termo inicial do requisito temporal para a segunda progressão: data em que o condenado preencheu os requisitos legais para a primeira progressão
- Inadmissibilidade da progressão: periculosidade social
- Inadmissibilidade de progressão: prática de várias faltas graves
- Inadmissibilidade da progressão pela prática de crime após fuga
- Termo inicial do requisito temporal para a segunda progressão: data em que o condenado preencheu os requisitos legais para a primeira progressão
- Necessidade de preenchimento dos requisitos objetivos e subjetivos
- Inadmissibilidade de progressão *per saltum*
- Interrupção pela falta grave do prazo para a progressão de regime
- Interrupção pela falta grave do prazo para a progressão de regime – Contra
- Admissibilidade da progressão antes do trânsito em julgado da condenação
- Cumprimento de um sexto da pena para a progressão de regime em crime hediondo praticado antes da vigência da Lei nº 11.464/2007
- Contra: exigência do cumprimento de 2/5 ou 3/5 da pena em crime hediondo praticado antes da vigência da Lei nº 11.464/2007
- Necessidade do cumprimento de três quintos da pena para o condenado por crime hediondo: desnecessidade da reincidência específica
- Necessidade de cumprimento de três quintos da pena em crime hediondo para o reincidente em decorrência de crime anterior cometido antes da vigência da Lei nº 11.464/2007
- Necessidade de cumprimento de dois ou três quintos da pena para o condenado por tráfico privilegiado: crime hediondo
- Desnecessidade de cumprimento de dois ou três quintos da pena para o condenado por tráfico privilegiado: crime comum anterior a Lei nº 13.964/2019
- Inexistência de hediondez no tráfico privilegiado: admissibilidade da fixação de regime mais brando
- Necessidade de cumprimento de um sexto da pena para o condenado por associação para o tráfico: crime comum
- Possibilidade de realização de exame criminológico para a progressão de regime após a vigência da Lei no 10.792/2003
- Necessidade de decisão fundamentada para o exame criminológico
- Possibilidade de progressão sem a realização de exame criminológico após a vigência da Lei no 10.792/2003
- Irrelevância de faltas disciplinares pretéritas
- Irrelevância de situação processual indefinida

- Inadmissibilidade do indeferimento pela gravidade do crime ou do longo tempo de pena a cumprir
- Progressão em caso de crime de roubo qualificado por lesão corporal grave
- Inadmissibilidade de progressão para estrangeiro com decreto de expulsão
- Admissibilidade de progressão ao regime semiaberto para estrangeiro em situação irregular
- Admissibilidade de progressão ao regime semiaberto para estrangeiro em situação irregular – Contra: coisa julgada

Regras do regime fechado

Art. 34. O condenado será submetido, no início do cumprimento da pena, a exame criminológico de classificação para individualização da execução.

§ 1º O condenado fica sujeito a trabalho no período diurno e a isolamento durante o repouso noturno.

§ 2º O trabalho será em comum dentro do estabelecimento, na conformidade das aptidões ou ocupações anteriores do condenado, desde que compatíveis com a execução da pena.

§ 3º O trabalho externo é admissível, no regime fechado, em serviços ou obras públicas.

Vide: CF arts. 5º, XLVI, *a*, XLVII, *c*, XLVIII, XLIX, L, LIV, 136, § 3º, IV; CP arts. 33, 37 a 40; LEP arts. 5º a 9º, 28 a 37, 82 a 90, 112, § 1º, 120, 121, 126 a 130, 200; Lei nº 10.741, de 1º-10-2003 – EI, art. 99. Súmula: STJ 341, 439.

34 REGRAS DO REGIME FECHADO

34.1 Exame criminológico

A fim de serem cumpridas as determinações constitucionais a respeito da personalidade e proporcionalidade da pena, os condenados devem ser classificados para a individualização indispensável ao tratamento penitenciário adequado (art. 5º da LEP). Por isso, além do exame de personalidade, instituiu a lei a obrigatoriedade do exame criminológico ao condenado ao regime inicial fechado (arts. 34, do CP, e 8º, *caput* da LEP). A gravidade do crime e as condições pessoais do condenado aconselham o exame destinado a conhecer a inteligência, a vida afetiva e os princípios morais do preso para determinar sua inserção no grupo com o qual conviverá, evitando-se também a progressão e a concessão do livramento condicional enquanto não esteja ele preparado para tanto. O exame criminológico deve ser realizado pela Comissão Técnica de Classificação de cada presídio (arts. 6º e 7º da LEP), que observará a ética profissional, terá sempre presentes peças ou informações do processo e poderá entrevistar pessoas, requisitar de repartições ou estabelecimentos privados dados e informações a respeito do condenado e realizar outras diligências e exames necessários (arts. 9º e 9º-A da LEP).

A realização do exame criminológico também pode ser determinada pelo juiz como diligência prévia destinada a verificar a presença dos requisitos subjetivos exigidos pela lei para a progressão de regime (item 33.6) ou a concessão do livramento condicional (item 83.5).

Jurisprudência

- Obrigatoriedade do exame criminológico para o regime fechado

34.2 Trabalho penitenciário

Ao preso está imposto o trabalho no período diurno e ao isolamento durante o repouso noturno. A jornada normal de trabalho não deve ser inferior a seis, nem superior a oito horas, com descanso nos domingos e feriados, em se tratando de trabalho interno, e sua organização, métodos e atribuições estão submetidos às normas da Lei de Execução Penal (arts. 28 ss). Tratando-se de regime fechado, o trabalho será em comum dentro do estabelecimento, na conformidade das aptidões ou ocupações anteriores do condenado, desde que compatíveis com a execução da pena, sendo admissível o trabalho externo, em serviços e obras públicas. Para o trabalho externo, exige-se, além disso, o cumprimento mínimo de um sexto da pena (art. 37 da LEP). O condenado por crime político não está obrigado ao trabalho (art. 200 da LEP). O trabalho, interno ou externo, não está sujeito ao regime de Consolidação das Leis do Trabalho (art. 28, § 2°, da LEP).

Jurisprudência

- Cumprimento de 1/6 da pena em regime fechado para o trabalho externo
- Desnecessidade de exame criminológico para o trabalho externo
- Autorização da autoridade administrativa para o trabalho externo em regime fechado
- Inadmissibilidade do trabalho externo para condenado por crime hediondo
- Inadmissibilidade de trabalho externo em obras públicas realizadas por entidades privadas: ausência de segurança

Regras do regime semiaberto

Art. 35. Aplica-se a norma do art. 34 deste Código, *caput*, ao condenado que inicie o cumprimento da pena em regime semi-aberto.

§ 1° O condenado fica sujeito a trabalho em comum durante o período diurno, em colônia agrícola, industrial ou estabelecimento similar.

§ 2° O trabalho externo é admissível, bem como a freqüência a cursos supletivos profissionalizantes, de instrução de segundo grau ou superior.

Vide: CF art. 5°, XLVI, *a*, XLVII, *c*, XLVIII, XLIX, L; **CP** arts. 33, 34, 37 a 40; **LCP** art. 6°, §§ 1° e 2°; **LEP** arts. 5° a 7°, 8°, parágrafo único, 9°, 28 a 37, 91, 92, 120, 121, 122 a 125, 126 a 130. Súmulas: **STJ** 40, 341, 520.

35 REGRAS DO REGIME SEMIABERTO

35.1 Exame criminológico

Tratando-se de condenado que inicia o cumprimento da pena em regime semiaberto, pode ser realizado o exame criminológico. Nesse caso, a realização do exame é facultativa (art. 35, *caput*, do CP, c. c. o art. 8°, parágrafo único, da LEP).

Jurisprudência

- Exame criminológico facultativo

35.2 Trabalho e instrução no regime semiaberto

Em regime semiaberto, o trabalho é realizado em colônia agrícola, industrial ou estabelecimento similar, onde o condenado cumpre a pena, sendo admissível o trabalho externo em obras públicas ou particulares, mas sempre num regime de direito público, inerente ao trabalho prisional. O trabalho externo no caso desse regime depende de autorização da direção do estabelecimento penal, além do cumprimento mínimo de um sexto da pena (art. 37 da LEP). A jurisprudência tem exigido também a autorização judicial. Nesse sentido firmou-se o entendimento adotado na Súmula 520 do STJ. A autorização, nesse caso, é do juiz da execução, embora já se tenha decidido em sentido contrário. Quanto ao lapso temporal, computa-se o tempo anterior à progressão cumprido em regime fechado. A autorização será revogada em caso da prática de fato definido como crime, punição por falta grave, ou comportamento insatisfatório.

Permite-se, também, no regime semiaberto, a frequência a cursos supletivos profissionalizantes, de instrução de segundo grau ou superior. Terá o condenado essa possibilidade quando preencher os requisitos exigidos para as saídas temporárias, e na conformidade do que dispõem os arts. 122 a 125 da LEP. Diante da vigência da Lei nº 12.258, de 15-6-2010, a LEP passou a prever a possibilidade de fiscalização por monitoração eletrônica do condenado beneficiado com a saída temporária (art. 146-B, II).

O trabalho e a frequência a curso formal de ensino pelo preso no regime semiaberto são causas de remição de pena (item 39.2).

Jurisprudência

- Autorização para o trabalho externo
- Autorização para o trabalho externo – Contra
- Obrigatoriedade do cumprimento de 1/6 da pena no regime semiaberto para o trabalho externo
- Obrigatoriedade de cumprimento de 1/10 da pena no regime semiaberto para o trabalho externo
- Obrigatoriedade de cumprimento de 1/10 da pena no regime semiaberto para o trabalho externo – Contra
- Cômputo do tempo cumprido em regime fechado
- Necessidade de autorização do juiz para o trabalho externo no regime semiaberto
- Contra
- Competência do juiz da execução para o trabalho externo
- Possibilidade de revogação pelo juiz do processo
- Revogação de autorização do trabalho externo
- Concessão de saídas temporárias para cursos
- Possibilidade de trabalho externo não remunerado: trabalho voluntário

Regras do regime aberto

Art. 36. O regime aberto baseia-se na autodisciplina e senso de responsabilidade do condenado.

§ 1º O condenado deverá, fora do estabelecimento e sem vigilância, trabalhar, freqüentar curso ou exercer outra atividade autorizada, permanecendo recolhido durante o período noturno e nos dias de folga.

§ 2º O condenado será transferido do regime aberto, se praticar fato definido como crime doloso, se frustrar os fins da execução ou se, podendo, não pagar a multa cumulativamente aplicada.

Vide: **CF** art. 5º, XLVI, *a*, XLVIII, XLIX, L; **CP** arts. 33, 37 a 40; **LCP** art. 6º, §§ 1º e 2º; **LEP** arts. 93 a 95, 113 a 117, 118, § 1º, 119, 146-B, IV, 146-C, parágrafo único, I e VI; Súmulas: **Vinculante 56, 59**; **STJ** 493.

36 REGRAS DO REGIME ABERTO

36.1 Regras gerais do regime aberto

O regime aberto é fundado na autodisciplina e senso de responsabilidade do condenado, já que permanece ele em liberdade, sem custódia ou vigilância durante o dia, para trabalhar, frequentar qualquer curso ou exercer qualquer outra atividade autorizada. Só deve recolher-se à casa do albergado ou outro estabelecimento no período noturno e nos dias de folga. Na falta de estabelecimento adequado ao cumprimento da pena em regime aberto, juízes e tribunais têm, predominantemente, concedido a prisão em domicílio mesmo àqueles que não estão em uma das situações previstas pelo art. 117 da LEP (condenado maior de 70 anos; condenado acometido de doença grave; condenado com filho menor ou deficiente físico ou mental; condenada gestante) (v. MIRABETE, Julio Fabbrini, e FABBRINI, Renato Nascimento. *Execução penal*. 17ª ed. São Paulo: Foco, item 117.1). As regras a respeito da denominada *prisão albergue* também devem ser obedecidas se o condenado estiver recolhido em sua própria residência, ou seja, segundo denominação inadequada, em prisão albergue domiciliar. O condenado que cumpre a pena em regime aberto está sujeito obrigatoriamente às condições estabelecidas pelo art. 115 da LEP, além de outras que o juiz estabelecer. É vedado, porém, ao juiz estabelecer como condição especial para o regime aberto restrição que seja prevista em lei como pena autônoma, principal ou substitutiva, como nos casos de prestação pecuniária ou prestação de serviços à comunidade. A prática implica aplicação indevida de sanção penal, com violação ao devido processo legal e à coisa julgada. Nesse sentido é a Súmula 493 do STF: "É inadmissível a fixação de pena substitutiva (art. 44 do CP) como condição especial ao regime aberto." A Lei nº 14.843, de 11-4-2024, incluiu no art. 146-B, VI, da LEP, a possibilidade de determinar o juiz a sujeição do sentenciado em regime aberto à monitoração eletrônica, que permite a fiscalização a distância por equipamentos. (Sobre a monitoração eletrônica na execução da pena, discorremos em *Execução penal*, 17º ed. São Paulo: Foco, 2024. Itens 146-B.1 a 146-D.1). A legislação local pode estabelecer normas complementares para o cumprimento da pena privativa de liberdade em regime aberto (art. 119 da LEP).

Inexistindo vaga em casa do albergado possível é o cumprimento da pena em estabelecimento similar ou adequado ou mesmo em prisão domiciliar. Nesse sentido é a Súmula Vinculante nº 56 do STF: "A falta de estabelecimento penal adequado não autoriza a manutenção do condenado em regime prisional mais gravoso, devendo-se observar, nessa hipótese, os parâmetros fixados no RE 641.320/RS".

A prisão administrativa e a prisão civil podem ser cumpridas em estabelecimentos especiais, sendo, porém, vedada a transformação em prisão em regime aberto, mesmo domiciliar.

Jurisprudência

- Concessão da prisão albergue domiciliar na ausência de casa do albergado ou estabelecimento congênere
- Regras para o regime aberto em prisão domiciliar
- Prisão especial e prisão domiciliar
- Admissibilidade de prisão domiciliar em situações de desastre público, pandemias, catástrofes naturais ou emergências

36.2 Regressão do regime aberto

Dispõe o Código que o condenado deverá ser transferido do regime aberto se praticar fato definido como crime doloso, se frustrar os fins da execução ou, se podendo, não pagar a multa cumulativamente aplicada. A regressão poderá dar-se para o regime semiaberto ou fechado, sendo também cabível quando o condenado praticar falta grave, sofrer nova condenação por crime anterior, cuja pena, somada ao restante da pena em execução, torna incabível o regime. Excetuada a última hipótese, o condenado deverá ser ouvido antes de decretada a regressão, tudo como prescreve o art. 118 e §§ da LEP. Exige-se, na regressão de regime, além de decisão motivada, a prévia concessão de oportunidade para manifestação ao Ministério Público e à defesa, tal como previsto para a progressão de regime (art. 112, § 2°, da LEP).

Jurisprudência

- Regressão pela prática de novo crime
- Regressão pela condenação por contravenção
- Regressão pelo cometimento de falta grave
- Inadmissibilidade da regressão na inexistência de falta grave
- Descumprimento das condições impostas
- Regressão pela soma de penas
- Desnecessidade de sentença condenatória para a regressão
- Regressão do regime aberto para o fechado
- Regressão do regime aberto para o fechado – Contra
- Regressão e sentenciado em regime fechado
- Necessidade de oitiva do condenado
- Admissibilidade da regressão provisória ou cautelar
- Admissibilidade da regressão provisória ou cautelar – Contra
- Inadmissibilidade de regressão após término da pena
- Prazo para a decisão do procedimento judicial
- Cassação da regressão

Regime especial

Art. 37. As mulheres cumprem pena em estabelecimento próprio, observando-se os deveres e direitos inerentes à sua condição pessoal, bem como, no que couber, o disposto neste Capítulo.

Vide: CF art. 5°, XLVIII e L; CP art. 38; LEP arts. 19, parágrafo único, 82, § 1°, 83, §§ 2° e 3°, 89, 117, III e IV; Lei n° 10.741, de 1°-10-2003 – EI, art. 99 (prevê crime de perigo à integridade e à saúde de pessoa idosa inclusive pela sujeição a trabalho excessivo ou inadequado).

37 REGIME ESPECIAL

37.1 Prisão para mulheres

As mulheres estão sujeitas a um regime especial, cumprindo pena em estabelecimento próprio, observados os deveres e direitos inerentes à condição pessoal da sentenciada, bem como, no que couber, as regras referentes às penas privativas de liberdade (art. 37, *caput*, do CP e art. 82, § 1º, da LEP). Ao se referir a lei a estabelecimento adequado "à sua condição pessoal", ela determina que devem ser levados em consideração o sexo e as condições fisiológicas e psicológicas da mulher. Dispõe inclusive a Constituição Federal que "a pena será cumprida em estabelecimentos distintos, de acordo com a natureza do delito, a idade e o sexo do apenado" (art. 5º, XLVIII) e que "às presidiárias serão asseguradas condições para que possam permanecer com seus filhos durante o período de amamentação" (art. 5º, L). Em consonância com a norma constitucional, prevê o art. 83, § 2º, da LEP, com a redação dada pela Lei nº 11.942, de 28-5-2009, que "os estabelecimentos penais destinados a mulheres serão dotados de berçário, onde as condenadas possam cuidar de seus filhos, inclusive amamentá-los, no mínimo, até 6 (seis) meses de idade". Assegura a LEP, também, "acompanhamento médico à mulher, principalmente no pré-natal e no pós-parto, extensivo ao recém-nascido" (art. 14, § 3º). Nos estabelecimentos penais destinados a mulheres os agentes responsáveis pela segurança interna devem ser sempre do sexo feminino (art. 83, § 3º, inserido pela Lei nº 12.121, de 15-12-2009). A condenada tem, também, o direito de que o ensino profissional que lhe for propiciado seja adequado à sua condição (art. 19, parágrafo único, da LEP). No regime aberto, admite-se o cumprimento da pena em prisão domiciliar pela condenada gestante ou com filho menor ou deficiente físico ou mental (art. 117, III e IV, da LEP).

Jurisprudência

- Direito de permanência com filho lactente

37.2 Prisão para maiores de 60 anos

Por força da nova redação do art. 82, § 1º, da LEP, dada pela Lei nº 9.460, de 4-6-1997, também os condenados maiores de 60 anos têm direito ao recolhimento a estabelecimento próprio e adequado a sua condição pessoal, cumprindo-se assim o art. 5º, XLVIII, da CF. A sujeição do idoso, com risco a integridade e a saúde, física ou psíquica, a condições desumanas ou degradantes, a trabalho excessivo ou inadequado ou à privação de alimentos e cuidados indispensáveis por quem está obrigado a prestá-los, constitui crime previsto no art. 99 do Estatuto da Pessoa Idosa (Lei nº 10.741, de 1º-10-2003).

Direitos do preso

Art. 38. O preso conserva todos os direitos não atingidos pela perda da liberdade, impondo-se a todas as autoridades o respeito à sua integridade física e moral.

Vide: CF arts. 5º, III, VII, XII, XXXIV, LXXIV, LXXV, 15, III, 136, § 3º, IV; **CP** arts. 39, 40; **LEP** arts. 10 a 27, 40, 41, I a XVI, 42, 43; Lei nº **8.906**, de 4-7-1994 – **EAOAB**, art. 7º, III, XXI (entrevista com advogado); **Lei nº 9.455**, de 7-4-1997, art. 1º, § 1º (crime de tortura de pessoa presa ou submetida a medida de segurança); **Lei nº 13.869, de 5-9-2019**, arts. 9º a 38 (crimes de abuso de autoridade).

38 DIREITOS DO PRESO

38.1 Direitos específicos do preso

A prisão não deve impor restrições que não sejam inerentes à própria natureza da pena privativa de liberdade e, por essa razão, impõe-se a todas as autoridades o respeito à integridade física e moral do detento ou presidiário (art. 5º, XLIX, da CF e art. 40 da LEP). A Resolução nº 14, de 11-11-1994, do Conselho Nacional de Política Criminal e Penitenciária, reitera o princípio fundamental de que deve ser assegurado a qualquer pessoa presa "o respeito à sua individualidade, integridade física e dignidade pessoal" (art. 3º). Na Lei de Execução Penal, além do direito à assistência material, de saúde, jurídica, educacional, social, religiosa e ao egresso (arts. 10 a 27), o art. 41 relaciona os direitos do condenado: alimentação suficiente e vestuário, atribuição de trabalho e sua remuneração, previdência social, constituição de pecúlio, proporcionalidade na distribuição do tempo para o trabalho, o descanso e a recreação; exercício das atividades profissionais, intelectuais, artísticas e desportivas anteriores, desde que compatíveis com a execução da pena, proteção contra qualquer forma de sensacionalismo, entrevista pessoal e reservada com o advogado; visita do cônjuge, da companheira (ou companheiro), de parentes e amigos em dias determinados; chamamento nominal, igualdade de tratamento salvo quanto à exigência da individualização da pena; audiência especial com o diretor do estabelecimento; representação e petição a qualquer autoridade, em defesa de direito; contato com o mundo exterior por meio de correspondência, de leitura e de outros meios de informações que não comprometam a moral e os bons costumes; emissão de atestado de pena a cumprir. Os deveres do preso estão relacionados nos arts. 38 e 39 da LEP, e as normas referentes à disciplina nos arts. 44 a 60 do mesmo diploma legal. A Lei nº 14.994 de 9-10-2024 incluiu o § 2º ao art. 41 da LEP determinando que não poderá usufruir do direito de visita do cônjuge, da companheira, de parentes e amigos (inciso X) o preso condenado por crime contra a mulher por razões da condição do sexo feminino, nos termos do § 1º do art. 121-A do Código Penal.

Jurisprudência

- Direito a assistência jurídica
- Direito de saída temporária
- Direito de saída temporária – Contra
- Saídas temporárias acima do limite legal
- Proibição de consumo de cigarros no interior do presídio: inadmissibilidade
- Direito de receber visitas
- Inadmissibilidade de pedido de *habeas corpus*

Trabalho do preso

Art. 39. O trabalho do preso será sempre remunerado, sendo-lhe garantidos os benefícios da Previdência Social.

Vide: CF arts. 5º, XLVII, *c*, 201; CP art. 34, §§ 1º a 3º; LEP arts. 28 a 37, 39, V e VIII, 41, II, III, V, 126 a 130, 200. Súmulas: **Vinculante**: 9; **STJ** 40, 341, 562.

39 TRABALHO DO PRESO

39.1 Trabalho e Previdência Social

Ao preso é imposto o trabalho obrigatório, interno ou externo, remunerado e com as garantias dos benefícios da Previdência Social. De outro lado, é seu direito a "atribuição de trabalho e sua remuneração" (art. 41, II, da LEP). A obrigatoriedade do trabalho no presídio, decorrente da falta do pressuposto de liberdade, é prevista no art. 34 do CP (itens 34.2 e 35.2) e regulamentada pelos arts. 28 a 37 da LEP. É ele remunerado, mediante prévia tabela da Administração, não podendo, em tese, ser inferior a três quartos do salário-mínimo. Deve a legislação local determinar os parâmetros para a fixação da remuneração do preso ou do internado, que poderá ser fixada por hora trabalhada ou por tarefa executada, dependendo da natureza do serviço e da conveniência da terapêutica exigida, sempre respeitando-se os limites estabelecidos na Lei de Execução Penal, inclusive quanto à duração da jornada de trabalho. Do produto da remuneração devem ser descontadas verbas para a indenização dos danos causados pelo crime, desde que determinados judicialmente e não reparados por outros meios, assistência à família, pequenas despesas pessoais e ressarcimento ao Estado das despesas realizadas com a manutenção do condenado, bem como outras aplicações legais e depósito em caderneta de poupança (art. 29, §§ 1º e 2º da LEP). Constitui também direito do preso, conforme art. 41, III, da LEP, a possibilidade de contribuição para a Previdência Social a fim de obter seus benefícios (aposentadoria, assistência médica, seguro de acidentes do trabalho, auxílio-reclusão etc.).

Pelo Decreto nº 9.450, de 24-7-2018, foi instituída a Política Nacional de Trabalho no âmbito do Sistema Prisional, com a finalidade de favorecer a inserção das pessoas presas e dos egressos no mercado de trabalho e na geração e renda.

Jurisprudência

- Natureza jurídica do trabalho do preso: relação de direito público que não se sujeita ao regime da CLT
- Trabalho externo em regime semiaberto
- Trabalho externo para autor de crime hediondo
- Necessidade de cumprimento de um sexto da pena
- Contagem do tempo em regime fechado
- Concessão de trabalho externo

39.2 Remição da pena

A *remição* é uma inovação inserida na legislação penal brasileira pela Lei nº 7.210/84 com a finalidade mais expressiva de abreviar, pelo trabalho, parte do tempo da condenação. O instituto da remição tem sua origem remonta no direito penal militar da guerra civil espanhola, estabelecido que foi pelo decreto de 28-5-1937 para os prisioneiros de guerra e os condenados por crimes especiais.

Prevê o art. 126 da Lei de Execução Penal, em sua atual redação: "O condenado que cumpre a pena em regime fechado ou semiaberto poderá remir, por trabalho ou por estudo, parte do tempo de execução da pena." A remição pelo estudo, porém, pode ser deferida também ao condenado que se encontra em regime aberto ou em livramento condicional (art. 126, § 6º).

O trabalho que propicia a remição é somente o executado nos regimes fechado e semiaberto. A regra foi mantida pela Lei nº 12.433, de 29-6-2011. A clara restrição legal impede o recurso à analogia para abranger outras hipóteses. Não tem, assim, o condenado o direito à remição por dias trabalhados no regime aberto ou em livramento condicional. Incluem-se o trabalho interno e o extramuros, quando autorizado pela administração (arts. 36 e 37 da LEP). Nesse sentido foi editada a Súmula 562 do STJ: "É possível a remição de parte do tempo de execução da pena quando o condenado, em regime fechado ou semiaberto, desempenha atividade laborativa, ainda que extramuros".

Mesmo na ausência de expresso dispositivo legal, alguns tribunais passaram a admitir, por interpretação extensiva ou analógica do art. 126 da Lei de Execução Penal, a remição da pena pela *frequência a curso de ensino formal* por condenados em regime fechado e semiaberto. A orientação cristalizou-se no STJ nos termos da Súmula 341. A criação jurisprudencial foi encampada pela Lei nº 12.433/2011. O estudo que autoriza a remição é o desenvolvido mediante frequência a atividades de ensino fundamental, médio, inclusive profissionalizante, ou superior, ou, ainda, de requalificação profissional, no interior do estabelecimento penal ou no meio externo, nos casos de condenados beneficiados pela concessão da saída temporária no regime semiaberto (art. 122, II e § 3º, da LEP) ou que se encontram em regime aberto ou no gozo do livramento condicional. Admite-se que as atividades educacionais sejam desenvolvidas por metodologia de ensino a distância. Em todos os casos exige-se para o cômputo dos dias de estudo na remição a certificação de frequência ao curso pelas autoridades educacionais competentes.

A contagem do tempo será feita, nos termos do art. 126, § 1º, da LEP, à razão de um dia de pena por três de trabalho e, no caso de estudo, de um dia de pena por doze horas de frequência escolar, divididas, no mínimo, em três dias. A jornada diária de trabalho deve ser fixada em no mínimo seis e no máximo oito horas, com descanso nos domingos e feriados, ressalvadas situações especiais (art. 33). Com relação ao estudo, para evitar abusos e também visando incentivar o hábito do condenado, a lei determina a divisão das doze horas em pelo menos três dias de frequência, não estabelecendo, porém, um mínimo de horas diárias. Não será computado, portanto, para a remição o tempo de estudo que, no período de três dias, exceder doze horas e o condenado que cumprir doze horas de frequência ao curso divididas em dois dias, deverá estudar pelo menos uma hora adicional no terceiro dia para adquirir o direito à remição de um dia de pena. Referindo-se a lei a *horas* de frequência escolar, não se pode pretender a acumulação de frações diárias de hora de estudo. Permite a lei a cumulação de horas diárias de trabalho e estudo para a remição (art. 126, § 3º). É possível, assim, ao condenado obter o direito à remição de dois dias de pena por três dias de trabalho e estudo, desde que, diariamente, trabalhe por no mínimo seis horas e estude por outras quatro. O mesmo dispositivo prevê que as horas de trabalho e estudo serão definidas de forma a se compatibilizarem. Incumbe, portanto, ao diretor do estabelecimento penal propiciar ao condenado a possibilidade de trabalhar e estudar no mesmo dia, havendo, porém, que se respeitar a jornada mínima de seis horas de trabalho (art. 33). Deverá ser computado para a remição o período em que o preso permanecer impossibilitado, por acidente, de prosseguir no trabalho ou nos estudos (art. 126, § 4º). Não mais se exige que o acidente decorra da execução do trabalho, como previsto na lei anterior, mas somente se beneficia da remição, na hipótese, o condenado que anteriormente trabalhava ou estudava e que em razão do acidente ficou impossibilitado de desenvolver essas atividades. Prevê a lei um *bônus* para o condenado que concluir o ensino fundamental, médio ou superior durante o cumprimento da pena ao determinar que, nessas hipóteses, o tempo remido por horas de estudo será acrescido de um terço (art. 126, § 5º).

Como cautela para evitar distorções comprometedoras à eficiência e ao critério do instituto, determina-se que a remição depende de declaração do juiz da execução, ouvidos previamente o Ministério Público e a defesa. Deverão estar comprovados os dias de trabalho e estudo efetivos do sentenciado e o número de horas das atividades desenvolvidas. Para esse fim, incumbe à autoridade administrativa o encaminhamento mensal ao juiz dos registros relativos a todos os condenados que trabalhem e estudem. Na hipótese de estudo fora do estabelecimento penal, cabe ao condenado comprovar, também mensalmente, a frequência ao curso e o aproveitamento escolar por meio de declaração da unidade de ensino. Constitui crime de falsidade ideológica declarar ou atestar falsamente prestação de serviço para fim de instruir pedido de remição (art. 130). Tem o condenado o direito à emissão pelo juízo da execução da relação dos dias remidos pelo trabalho e pelo estudo. Contra a decisão que defere ou indefere a remição é cabível o recurso de agravo em execução (art. 197).

Embora certo que a remição havia de ser considerada para fins de indulto e comutação de penas diante da anterior redação do art. 128, e, também, por analogia, para a progressão de regime, discutia-se, antes da vigência da Lei n° 12.433, de 29-6-2011, se o tempo remido pelo condenado devia ser computado como pena cumprida ou descontado do total da pena. Na jurisprudência era praticamente pacífico que o tempo remido devia ser computado como de pena privativa de liberdade cumprida pelo condenado e não simplesmente abatido do total da sanção aplicada. Solucionando definitivamente a divergência, a lei passou a dispor que "o tempo remido será computado como pena cumprida, para todos os efeitos" (art. 128).

Como um dos objetivos do instituto da remição é o incentivo ao bom comportamento do sentenciado e a sua readaptação, prevê a lei a possibilidade de perda de parte do tempo remido quando for punido por falta grave. Nessa hipótese começará a ser computado um novo período a partir da data da infração disciplinar (art. 127).

Já se sustentou a inconstitucionalidade da perda da remição, sob o argumento de que a declaração da perda dos dias remidos afrontaria o direito adquirido e a coisa julgada, bem como violaria os princípios da proporcionalidade, da isonomia e da individualização da pena. Deve-se observar, porém, que, nos termos em que é regulada a remição, a inexistência de punição por falta grave é um dos requisitos exigidos para que o condenado mantenha o benefício da redução da pena. Praticando falta grave, o condenado deixa de ter o direito à remição, tal como ocorre, por exemplo, na revogação do *sursis* ou do livramento condicional se o condenado pratica novo crime ou sofre condenação durante o período de prova. Assim, o abatimento da pena em face de remição não se constitui em direito adquirido protegido por mandamento constitucional e é condicional, ou seja, pode ser revogado na hipótese de falta grave, sem que se possa falar em ofensa à coisa julgada. A discussão veio a ser pacificada pelo STF, com a edição da Súmula Vinculante n° 9, que deixa clara a inexistência de ofensa a princípios constitucionais: "O disposto no artigo 127 da Lei n° 7.210/1984 (Lei de Execução Penal) foi recebido pela ordem constitucional vigente, e não se lhe aplica o limite temporal previsto no *caput* do artigo 58." Embora se refira a súmula ao art. 127 em sua anterior redação, no qual se previa a perda da totalidade dos dias anteriormente remidos, o seu enunciado permanece válido em face da lei vigente.

A Lei n° 12.433 conferiu ao juiz da execução margem de discricionariedade para dosar a perda da remição em decorrência de falta grave e estabeleceu como limite máximo o de um terço dos dias remidos. Os critérios legais que devem nortear o juiz são os previstos no art. 57 da LEP, incumbindo-lhe, portanto, ponderar a natureza, os motivos, as circunstâncias e consequências do fato, bem como a pessoa do faltoso e o seu tempo de prisão. Diversamente da anterior redação do dispositivo, em que se previa como efeito necessário da falta grave a perda do direito ao tempo remido, dispõe o art. 127 da LEP que o juiz *poderá* revogar até um terço do tempo remido. É clara a norma no sentido de que o poder discricionário não se restringe à fixação da quantidade de dias remidos a serem revogados, mas abrange a possibilidade de deixar o juiz de declarar a perda. Entendimento contrário, no sentido da obrigatoriedade da revogação, é incompatível com a ausência de previsão de um mínimo de dias a serem perdidos. Embora a perda dos dias remidos não seja um efeito automático e obrigatório da falta grave, a previsão normativa da possibilidade de revogação torna exigível decisão fundamentada do juiz que recebe a comunicação da falta mesmo na hipótese de entender que não é caso de declarar a perda, incumbindo-lhe, sempre, justificar a opção com base nas mencionadas circunstâncias legais.

Diante do princípio de retroatividade da lei mais benigna, a Lei nº 12.433/2011, que passou a prever, em dispositivos mais benignos, a remição pelo estudo e o limite de um terço do total para a perda dos dias remidos, aplica-se aos fatos anteriores à sua vigência. A Constituição Federal prevê, no art. 5º, XL, a retroatividade da lei penal mais benigna e o art. 2º, parágrafo único, do Código Penal determina que a lei retroagirá quando de *qualquer modo favorecer o agente*. Consequentemente, a *novatio legis in mellius* inclui, no direito penal brasileiro, não só o fato, como também a pena e todos os efeitos penais previstos em lei, incluindo-se os direitos públicos subjetivos do condenado. Já se decidiu, aliás, que a remição traduz-se numa redução punitiva e, assim, as normas que a regem são de direito penal (material), embora previstas apenas na Lei de Execução Penal.

As normas que disciplinam a remição de pena aplicam-se também ao preso provisório, que se encontra custodiado em decorrência da decretação de sua prisão cautelar (art. 126, § 7º, da LEP). Não está ele, porém, obrigado ao trabalho e este somente pode ser exercido no interior do estabelecimento penal (art. 31, parágrafo único, da LEP).

Jurisprudência

- Retroatividade da Lei nº 12.433/2011
- Inexistência de ofensa aos princípios constitucionais na perda dos dias remidos
- Inaplicabilidade do limite temporal previsto no art. 58
- Inadmissibilidade da remição pelo trabalho em medida de segurança
- Inexistência de ofensa ao direito adquirido e à coisa julgada
- Remição de trabalho externo em regime semiaberto
- Inadmissibilidade da remição pelo trabalho no regime aberto
- Inadmissibilidade de remição pelo trabalho no cumprimento de pena restritiva de direitos
- Trabalho penitenciário e remição
- Admissibilidade do cômputo das horas excedentes à jornada regular de trabalho
- Remição por qualquer espécie de trabalho
- Remição pelo estudo: necessidade de frequência a curso de ensino formal
- Possibilidade do cômputo na remição do tempo excedente a quatro horas diárias
- Admissibilidade de remição por estudo: aprovação no ENEM
- Remição por trabalho artesanal
- Falta de condições para o trabalho e remição
- Falta de condições para o trabalho e remição – Contra
- Remição por trabalho em domingos e feriados
- Remição para condenados por crime hediondo
- Admissibilidade de remição por estudo
- Possibilidade da remição pelo estudo e trabalho concomitantes
- Contagem dos dias remidos como pena cumprida
- Contagem dos dias remidos no total das penas
- Inadmissibilidade de contagem na prisão provisória
- Admissibilidade da remição pelo trabalho do preso provisório – Contra
- Comprovação dos dias trabalhados
- Cômputo pelo número de dias de trabalho e não de horas trabalhadas
- Cômputo pelo número de horas trabalhadas – Contra
- Inadmissibilidade da remição ficta na falta de atribuição de trabalho
- Inadequação do *habeas corpus* para pleito de remição
- Dosimetria da perda da remição

Legislação especial

Art. 40. A legislação especial regulará a matéria prevista nos arts. 38 e 39 deste Código, bem como especificará os deveres e direitos do preso, os critérios para revogação e transferência dos regimes e estabelecerá as infrações disciplinares e correspondentes sanções.

Vide: CF arts. 24, I, XI, §§ 1º a 4º; CP arts. 38, 39; LEP arts. 28 a 37, 38 a 60, 110 a 119.

40 LEGISLAÇÃO ESPECIAL

40.1 Lei de Execução Penal

A Lei nº 7.210, de 11-7-1984, denominada Lei de Execução Penal, contém as regras a respeito da execução das penas privativas de liberdade, restritivas de direitos e multa. Regulamenta, assim, além dos deveres (arts. 38 e 39), os direitos do preso (arts. 40 a 43), seu trabalho interno e externo (arts. 28 a 37), a transferência de regimes (arts. 110 a 119) e as infrações disciplinares e sanções (arts. 44 a 60). (Sobre o assunto: MIRABETE, Julio Fabbrini e FABBRINI, Renato Nascimento. *Execução penal*. 17ª ed. São Paulo: Foco, itens 28.1 a 60.2 e 110.1 a 119.1).

Superveniência de doença mental

Art. 41. O condenado a quem sobrevém doença mental deve ser recolhido a hospital de custódia e tratamento psiquiátrico ou, à falta, a outro estabelecimento adequado.

Vide: CP arts. 42, 96 a 99; CPP art. 682; LEP arts. 99 a 101, 108, 171 a 179, 183.

41 SUPERVENIÊNCIA DE DOENÇA MENTAL

41.1 Superveniência de doença mental

Sendo o condenado acometido de doença mental durante a execução da pena privativa de liberdade, deve ser ele transferido para o hospital de custódia e tratamento psiquiátrico, destinado ao desconto de medida de segurança de internação, ou, na falta, a estabelecimento adequado ao tratamento psiquiátrico (arts. 41 do CP e 108 da LEP). O tempo em que ali permanecer deve ser computado na pena (art. 42). Mas, conforme o caso, dependendo das condições da doença mental, e, principalmente, da periculosidade do condenado, poderá o juiz, de ofício, a requerimento do Ministério Público, da autoridade administrativa ou da Defensoria Pública, converter a pena em medida de segurança (art. 183 da LEP, com a redação dada pela Lei nº 12.313, de 19-8-2010). Nesse caso, aplicam-se as normas gerais sobre imposição de medida de segurança (arts. 96 a 99 do CP) e de sua execução (arts. 171 a 179 da LEP). Tem-se decidido, porém, com fundamento no art. 682, § 2º, do CPP, que a duração da medida de segurança não pode ultrapassar o tempo da pena aplicada na sentença.

Ocorre que o referido dispositivo, anterior à vigência da Lei de Execução Penal, refere-se não à conversão da pena em medida de segurança e sim à hipótese de simples transferência do condenado quando lhe sobrevém doença mental durante a execução, medida ainda existente (art. 108 da LEP). É imprescindível para a conversão a precedente perícia médica. Evidentemente, a transferência e a conversão somente podem ocorrer durante a execução da pena. Terminada esta, é inadmissível qualquer dessas medidas.

Jurisprudência

- Substituição por medida de segurança detentiva
- Obrigatoriedade de internação por decisão cível
- Inadmissibilidade de conversão da pena após cumprimento
- Limite inferior de duração da medida de segurança
- Duração da medida de segurança substitutiva pelo tempo restante da pena
- Duração da medida de segurança substitutiva pelo tempo restante da pena – Contra
- Exigência de perícia médica para a conversão

Detração

Art. 42. Computam-se, na pena privativa de liberdade e na medida de segurança, o tempo de prisão provisória, no Brasil ou no estrangeiro, o de prisão administrativa e o de internação em qualquer dos estabelecimentos referidos no artigo anterior.

Vide: CF art. 5º LXI, LXVII, LXXV; **CP** arts. 8º, 41, 44, § 4º, 97, § 1º; **CPP** arts. 301 a 318, 319, VII, 387, §§ 1º e 2º, 413, § 3º, 492, I, *e*; 682, § 2º; **LEP** arts. 66, III, *c*, 108, 183; **CC** art. 652; **CPC** arts. 528, §§ 3º, 4º, 6º e 7º; **Lei nº 5.478**, 25-7-1968, art. 19 (prisão civil na Lei de Alimentos); **Lei nº 7.960**, de 21-12-1989 (dispõe sobre a prisão temporária); **Lei nº 8.072**, de 25-7-1990, art. 2º, § 4º (prisão temporária em crime hediondo); **Lei nº 8.866**, de 11-4-1994, arts. 4º, § 2º, e 7º (prisão administrativa de depositário infiel de valor pertencente à Fazenda Pública); **Lei nº 12.594**, de 18-1-2012, art. 46, § 2º (prevê a detração do tempo de prisão cautelar no prazo de cumprimento de medida socioeducativa); **Lei nº 13.445**, de 24-5-2017, art. 84 (prisão do extraditando na Lei de Migração). Súmulas: **Vinculante**: 25; **STJ** 280, 309 e 419.

42 DETRAÇÃO

42.1 Detração da pena

É computado na execução da pena o tempo de prisão provisória. A prisão provisória a que se refere a lei é a prisão processual, que pode ocorrer em virtude de autuação em flagrante delito, de prisão temporária ou de prisão preventiva, ou seja, em todas as hipóteses em que o criminoso é recolhido à prisão antes da prolação da sentença condenatória definitiva que autoriza a execução da pena. De acordo com as novas regras processuais, a prisão não é mais efeito direto da pronúncia ou da sentença condenatória recorrível. Nesses casos, deve o juiz na sentença proferir decisão a respeito da necessidade de manutenção da anterior prisão provisória ou de decretação da prisão preventiva, se o acusado estiver em liberdade (arts. 387, § 1º, 413, § 3º, e 492, I, *e*, do CPP). Não há óbice a que se compute na pena o tempo de prisão provisória cumprido em prisão domiciliar, que é uma modalidade de prisão admitida nas hipóteses expressamente previstas em lei (arts. 317, 318 e 318-A do CPP) e que implica, igualmente, restrição à liberdade de locomoção do indiciado ou réu.

Por motivos humanitários, desconta-se também do tempo da pena o prazo em que o condenado esteve internado em hospital de custódia e tratamento psiquiátrico, quer seja a internação anterior ao trânsito em julgado, para realização do exame de sanidade mental (art. 150 do CPP) ou porque determinada a internação provisória como medida cautelar (art. 319, VII, do CPP), quer decorra da superveniência de doença mental no curso da execução da pena (art. 41 do CP e art. 108 da LEP).

Determina, ainda, a lei que a pena cumprida no estrangeiro é computada na pena imposta no país, se idêntica, ou a atenua, se diversa (art. 8º).

Desconta-se, por fim, da pena o tempo de prisão administrativa. As possibilidades de decretação dessa espécie de prisão por autoridade administrativa, entretanto, foram revogadas pela Constituição Federal, que só as permite por ordem escrita e fundamentada de autoridade judiciária competente, salvo nos casos de transgressão militar ou crime propriamente militar, definidos em lei (art. 5º, LXI). A decretação da prisão de estrangeiro (Lei nº 13.445, de 24-5-2017), como medida cautelar do processo de extradição, deve ser requerida ao STF competindo a decisão ao relator do processo. Nos termos da Súmula 280 do STJ, o art. 35 do Decreto-lei nº 7.661/45, que previa a decretação da prisão do falido por ordem judicial na hipótese de não cumprimento dos deveres legais, foi revogado pelos incisos LXI e LXVII do art. 5º da Constituição Federal. A Lei de Falências (Lei nº 11.101, de 9-2-2005), que revogou o Decreto-lei nº 7.661, não mais prevê a possibilidade de prisão administrativa do falido pelo descumprimento de obrigações.

Prevê a lei, também, o cômputo do tempo de prisão provisória ou administrativa e de internação para o fim de fixação do regime inicial do cumprimento da pena privativa de liberdade (art. 387, § 2º, inserido pela Lei nº 12.736, de 30-11-2012) (v. item 59.3).

A detração é matéria de execução da pena e, assim, cabe ao juiz encarregado desta, e não do processo, decretá-la (art. 66, III, c, da LEP).

Jurisprudência

- Prisão administrativa de extraditando
- Prisão administrativa de falido
- Inadmissibilidade de prisão administrativa
- Contagem do prazo da prisão preventiva para extradição
- Competência para decretar a detração
- Contagem do prazo no caso de dúvida quanto à data de fuga
- Admissibilidade de detração na pena restritiva de direitos – recolhimento noturno e nos dias de folga

42.2 Prisão civil

Referindo-se a lei somente à prisão administrativa, excluiria injustificadamente da detração a prisão civil em sentido estrito. Permitir-se-ia apenas a detração nas hipóteses de fatos que constituem crimes contra a Administração Pública (peculato, emprego irregular de verbas públicas etc.), não se computando, porém, o tempo de prisão civil por fato que constitui, por exemplo, o crime de abandono material. Como a finalidade da prisão administrativa e da prisão civil em sentido estrito são, em geral, a mesma, ou seja, a de compelir o devedor ao cumprimento de obrigação, acredita-se que a interpretação extensiva se impõe, considerando-se para os fins do dispositivo que a prisão administrativa é toda a prisão que não deflui da prática do ilícito penal, devendo ser computada para o efeito da detração.

A prisão civil é permitida pela Constituição Federal nas hipóteses de depositário infiel e de responsável pelo inadimplemento de obrigação alimentar voluntário e inescusável (art. 5º, LXVII, da CF, art. 652 do CC, art. 528, §§ 3º, 4º, 6º e 7º, do CPC, e art. 19 da Lei de Alimentos). O Supremo Tribunal Federal, durante longo período, reconheceu a constitucionalidade das hipóteses legais de prisão do depositário infiel, inclusive no caso de alienação fiduciária. Contudo, recentemente, firmou o STF a orientação no sentido da prevalência, sobre essas normas legais, da Convenção Americana de Direitos Humanos (Pacto de San José da Costa Rica), que excepciona da proibição geral de prisão por dívida somente o descumprimento inescusável de prestação alimentícia (art. 7º, item 7). Esse entendimento cristalizou-se na Súmula vinculante nº 25: "É ilícita a prisão civil de depositário infiel, qualquer que seja a modalidade do depósito."

Decidiu o STF que a proibição da prisão civil aplica-se a todas as formas de infidelidade de depósito, seja ele voluntário ou necessário. Assim, estão abrangidas pela vedação, por exemplo, as prisões por infidelidade de depósito judicial e de depósito de valor pertencente à Fazenda Pública (art. 4º, § 2º, da Lei nº 8.866, de 11-4-1994), embora não sejam estas, a rigor, formas de prisão *civil*, por terem caráter administrativo. De acordo com os expressos termos da Súmula 419 do STJ, "não cabe a prisão civil do depositário judicial infiel". Foi expressamente cancelada a Súmula 619 do STF e devem ser tidas como superadas as Súmulas 304 e 305 do STJ.

Jurisprudência

- Inadmissibilidade da prisão civil à exceção do descumprimento inescusável de obrigação alimentícia
- Inadmissibilidade da prisão civil do depositário judicial

42.3 Restrições à liberdade

Já se decidiu também que, sendo impostas ao réu antes da condenação restrições ao direito de locomoção, há de se efetuar a detração desse lapso temporal da pena, como forma razoável de compensação em face dos gravames consequentes do castigo antecipado.

Jurisprudência

- Detração por restrições à liberdade de locomoção

42.4 Possibilidade de detração por tempo de recolhimento anterior

Discute-se se é necessário existir ou não o nexo entre o motivo da prisão anterior e a pena imposta na sentença que está sendo cumprida pelo sentenciado. Em orientação restrita, entende-se que deva ser computada apenas a prisão provisória relacionada com o fato que é objeto da condenação, admitindo-se também a prisão ocorrida no processo, embora por outro crime conexo, sendo negada a detração pela prisão por outro processo em que o preso foi absolvido ou em que se decretou a extinção da punibilidade. Tem-se, porém, admitido ultimamente, tanto na doutrina como na jurisprudência, a detração por prisão ocorrida em outro processo, desde que o crime pelo qual o sentenciado cumpre pena tenha sido praticado anteriormente a seu encarceramento, numa espécie de fungibilidade da prisão. Essa interpretação é coerente com o que dispõe a Constituição Federal, que prevê a indenização ao condenado por erro judiciário, assim como àquele que ficar preso além do tempo fixado na sentença (art. 5º, LXXV), pois não há indenização mais adequada para o tempo de prisão provisória que se julgou indevida pela absolvição do que ser ele computado no tempo da pena imposta por outro delito. Evidentemente, deve-se negar à detração a contagem de tempo de recolhimento quando o crime é praticado posteriormente à prisão provisória, não se admitindo que se estabeleça uma espécie de "conta-corrente", de créditos e débitos do criminoso. Tem-se, com razão, computado o prazo de prisão albergue ou de regime de semiliberdade, ainda que irregularmente concedido o benefício.

Jurisprudência

- Cômputo de tempo de prisão em outro processo com absolvição
- Cômputo de tempo de prisão em outro processo com absolvição – Contra
- Cômputo do prazo por prisão em outro processo: extinção da punibilidade
- Inadmissibilidade da detração em prisão por crime posterior
- Inadmissibilidade da detração por prisões não simultâneas
- Cômputo do tempo de prisão albergue
- Competência para o reconhecimento da detração
- Detração em penas sem solução de continuidade

42.5 Inadmissibilidade da detração

Não se pode computar, porém, o prazo em que o condenado esteve sob *sursis*, já que nessa hipótese não esteve ele recolhido à prisão e a execução da pena esteve suspensa. Por falta de previsão expressa, não é possível aplicar a detração pela prisão provisória na execução da pena de multa, embora haja decisões nesse sentido. Inexplicavelmente, também não previa a lei a detração à contagem nas penas de prestação de serviços à comunidade, limitação de fim de semana e interdições de direito do tempo de prisão provisória, mas nos parecia ser ela devida por medida de equidade. Já se admitia, entretanto, a detração na pena restritiva de direitos de medida administrativa da mesma espécie e natureza. A omissão foi suprida com a Lei nº 9.714/98, que, dando nova redação ao art. 44 do CP, permite o desconto do tempo cumprido da pena restritiva de direitos no caso de conversão, respeitado o saldo mínimo de trinta dias de detenção ou reclusão (art. 44, § 4º, segunda parte, do CP).

Jurisprudência

- Inadmissibilidade de detração na pena restritiva de direitos
- Inadmissibilidade de detração na pena de multa
- Inadmissibilidade de detração na pena de multa – Contra
- Detração de medida administrativa e pena restritiva de direitos
- Inadmissibilidade de cômputo do prazo do *sursis*
- Inadmissibilidade do cômputo do período de liberdade provisória

42.6 Detração na medida de segurança

Também consagra a lei a detração quanto ao prazo da prisão provisória e de internação, quando o sentenciado é submetido afinal à medida de segurança. Esse tempo é computado na contagem do lapso de um a três anos, fixados em lei para a duração mínima da medida de segurança (art. 97, § 1º). Nesse caso, o prazo de prisão provisória é computado não para o fim de cessar a medida de segurança, mas no tempo mínimo necessário à realização obrigatória do exame de verificação de cessação de periculosidade.

Jurisprudência

- Detração na medida de segurança

SEÇÃO II
Das Penas Restritivas de Direitos

Penas restritivas de direitos

Art. 43. As penas restritivas de direitos são:

I – prestação pecuniária;

II – perda de bens e valores;

III – (VETADO);

IV – prestação de serviço à comunidade ou a entidades públicas;

V – interdição temporária de direitos;

VI – limitação de fim de semana.*

* Redação determinada pela Lei n° 9.714, de 25-11-1998.

Vide: **CF** art. 5°, XLVI, *b, d, e*; **CP** arts. 11, 32, II, 43 a 48, 54 a 57, 59, IV, 69, §§ 1° e 2°, 80, 81, § 1°, 109, parágrafo único; **LEP** arts. 44, parágrafo único, 48, 51, 66, V, *a, b, c*, 147 a 155, 180, 181; **Lei n° 8.078**, de 11-9-1990 – **CDC**, art. 78 (penas restritivas de direito no Código de Defesa do Consumidor); **Lei n° 9.099**, de 26-9-1995, arts. 76, 86; **Lei n° 9.503**, de 23-9-1997 – **CTB** arts. 292, 293; **Lei n° 9.605**, de 12-2-1998, arts. 7° a 13, 21, II e III, 22, 23 (penas restritivas de direito aplicáveis nos crimes contra o meio ambiente); **Lei n° 11.343**, de 23-8-2006, art. 28, II (medida de prestação de serviços à comunidade na Lei de Drogas), art. 28, III (medida educativa de comparecimento a programa ou curso educativo).

43 PENAS ALTERNATIVAS

43.1 Classificação das penas restritivas de direitos

Diante da falência da pena privativa de liberdade, que não atende aos anseios de ressocialização do condenado, a tendência moderna é procurar substitutivos penais para essa sanção, ao menos no que se relaciona com os crimes menos graves e aos criminosos cujo encarceramento não é aconselhável. No Brasil, vingaram tais ideias e a Lei n° 7.209/84 inseriu no Código Penal, ainda que timidamente, o sistema de penas alternativas (ou substitutivas) da pena privativa de liberdade, denominadas penas restritivas de direitos, classificadas no art. 43 como prestação de serviços à comunidade, interdições temporárias de direitos e limitação de fim de semana. A Lei n° 9.714, de 25-11-1998, porém, além de transformar a primeira em prestação de serviços à comunidade ou a entidades públicas, acrescentou a elas as penas de prestação pecuniária e perda de bens e valores e aumentou extraordinariamente sua incidência (art. 44). No projeto desse diploma legal, previam-se também as penas de recolhimento domiciliar e de advertência, mas os dispositivos correspondentes foram vetados pelo Executivo por se considerar não terem elas o mínimo necessário de força punitiva, afigurando-se desprovidas da capacidade de prevenir nova prática delituosa. O recolhimento domiciliar no período noturno e nos dias de folga passou a ser previsto, porém, como medida cautelar a ser imposta no curso do inquérito ou do processo com o fim de assegurar a investigação ou a instrução criminal ou evitar a prática de novas infrações penais (arts. 282 e 319, V, do CPP, com a redação dada pela Leis n° 12.403, de 4-5-2011 e n° 13.964, de 24-12-2019).

Jurisprudência

- Rol exaustivo das penas restritivas de direitos
- Aplicação das penas restritivas de direitos às contravenções

43.2 Penas restritivas de direitos em leis especiais

A Lei n° 9.605, de 12-2-1998, que dispõe sobre as sanções penais e administrativas derivadas de condutas e atividades lesivas ao meio ambiente e dá outras providências, estabelece como penas restritivas de direitos aplicáveis às pessoas jurídicas: suspensão parcial ou total de atividades; interdição temporária de estabelecimento, obra ou atividade; e proibição de contratar com o Poder Público, bem como dele obter subsídios, subvenções ou doações (art. 22). No Código de Trânsito Brasileiro está prevista a pena de suspensão ou proibição de se obter a permissão ou a habilitação para dirigir veículo automotor, que pode ser imposta isolada ou cumulativamente com outras penalidades (art. 292 da Lei n° 9.503, de 23-9-1997). No Código de Defesa do Consumidor prevê-se a pena de publicação em órgãos de comunicação de grande circulação ou audiência, às expensas do condenado, de notícia sobre os fatos e a condenação (art. 78, II). Nos termos da Lei n° 9.099, de 26-9-1995, prevê-se a possibilidade de aplicação de penas restritivas de direitos em transação penal, nos crimes de menor potencial ofensivo (art. 72).

Na Lei n° 11.343, de 23-8-2006, são previstas como sanções a advertência sobre os efeitos da droga, a prestação de serviços a comunidade e o comparecimento a programa ou curso educativo para os usuários de entorpecentes (art. 28). No entanto, o STF já declarou a inconstitucionalidade do art. 28, sem redução de seu texto, para o fim de afastar do dispositivo todo e qualquer efeito de natureza penal, mantida a conduta, porém, como ilícito extrapenal ao qual são aplicáveis as medidas previstas nos incisos I e III, no caso da posse para consumo pessoal da substância *Cannabis sativa*.

43.3 Retroatividade da Lei n° 9.714/98

Em praticamente todos os seus aspectos, a Lei n° 9.714, de 25-11-1998, que alterou os arts. 43, 44, 45, 46, 47, 55 e 77 da Parte Geral do Código Penal, instituída pela Lei n° 7.209, de 11-7-1984, é mais benigna do que esta. Além de criar penas substitutivas menos severas, estendeu extraordinariamente a incidência destas, possibilitando a sua aplicação em condenações até quatro anos de reclusão ou detenção. Assim, é evidente que as novas disposições têm caráter retroativo, nos termos do art. 5°, XIX, *in fine* da CF, regulamentado pelo art. 2°, parágrafo único, do Código Penal, devendo incidir sobre os crimes ocorridos antes de sua vigência, que se iniciou em 26-11-1998, ainda que a sentença condenatória tenha transitado em julgado.

Caso o fato criminoso não tenha sido, ainda, objeto de sentença, deve o juiz aplicar os novos dispositivos mais benignos ao decidir a causa. Estando o feito na fase recursal, seja em apelação, embargos infringentes, recurso especial, recurso extraordinário etc., o tribunal que apreciá-lo deverá também considerar a possibilidade de sua aplicação. Tendo transitado em julgado a sentença condenatória, de acordo com o disposto no art. 66, I, da LEP e na Súmula 611 do STF, competente para a aplicação dos novos dispositivos mais favoráveis é o juiz da execução, que deverá apreciar os requisitos objetivos e subjetivos indispensáveis à concessão do benefício da substituição. É vedada a aplicação das regras mais benignas em revisão criminal, por supressão de uma instância, a não ser que, cabível tal recurso, seja revisto o mérito da decisão condenatória. Também não se admite a aplicação da lei nova mais benigna por meio de pedido de *habeas corpus*, exceto quando, desnecessário o exame da prova, patente é o constrangimento ilegal sofrido pelo paciente.

Art. 44. As penas restritivas de direitos são autônomas e substituem as privativas de liberdade, quando:

I – aplicada pena privativa de liberdade não superior a quatro anos e o crime não for cometido com violência ou grave ameaça à pessoa ou, qualquer que seja a pena aplicada, se o crime for culposo;

II – o réu não for reincidente em crime doloso;

III – a culpabilidade, os antecedentes, a conduta social e a personalidade do condenado, bem como os motivos e as circunstâncias indicarem que essa substituição seja suficiente.

§ 1º (VETADO).

§ 2º Na condenação igual ou inferior a um ano, a substituição pode ser feita por multa ou por uma pena restritiva de direitos; se superior a um ano, a pena privativa de liberdade pode ser substituída por uma pena restritiva de direitos e multa ou por duas restritivas de direitos.

§ 3º Se o condenado for reincidente, o juiz poderá aplicar a substituição, desde que, em face de condenação anterior, a medida seja socialmente recomendável e a reincidência não se tenha operado em virtude da prática do mesmo crime.

§ 4º A pena restritiva de direitos converte-se em privativa de liberdade quando ocorrer o descumprimento injustificado da restrição imposta. No cálculo da pena privativa de liberdade a executar será deduzido o tempo cumprido da pena restritiva de direitos, respeitado o saldo mínimo de trinta dias de detenção ou reclusão.

§ 5º Sobrevindo condenação a pena privativa de liberdade, por outro crime, o juiz da execução penal decidirá sobre a conversão, podendo deixar de aplicá-la se for possível ao condenado cumprir a pena substitutiva anterior.*

* Redação do artigo determinada pela Lei nº 9.714, de 25-11-1998.

Vide: **CP** arts. 43, 45, 54, 55, 58, parágrafo único, 59, IV, 69, §§ 1º e 2º; **LEP** arts. 44, parágrafo único, 48, parágrafo único, 51, 66, V, *b*, *c*, 147, 148, 180, 181; **Lei nº 8.069**, de 13-7-1990 – **ECA**, at. 226,§ 2º (veda a substituição da pena por prestação pecuniária ou que implique o pagamento isolado de multa nos casos de violência doméstica e familiar contra a criança ou adolescente); **Lei nº 8.078**, de 11-9-1990 – **CDC**, art. 78 (penas restritivas de direito no Código de Defesa do Consumidor); **Lei nº 9.099**, de

26-9-1995, arts. 76, 86; Lei nº **9.503**, de 23-9-1997 – **CTB**, arts. 292, 293, 312-B; **Lei nº 9.605**, de 12-2-1998, arts. 7º, 21, 22 (aplicação das penas restritivas de direito nos crimes contra o meio ambiente); **Lei nº 9.613**, de 3-3-1998, art. 1º, § 5º (substituição da pena para o agente, coautor ou partícipe colaborador em crimes de lavagem ou ocultação de bens, direitos ou valores); **Lei nº 11.340**, de 7-8-2006, art. 17 (veda a substituição da pena por pena de prestação pecuniária ou por multa isolada nos casos de violência doméstica e familiar contra a mulher); **Lei nº 11.343**, de 23-8-2006, art. 28, § 6º (prevê regras especiais para o descumprimento da prestação de serviços à comunidade ou de comparecimento a programa ou curso educativo aplicada nos termos do artigo); **Lei nº 12.850**, de 2-8-2013, art. 4º (substituição da pena para o agente colaborador nos crimes decorrentes de organizações criminosas); **Lei nº 13.869, de 5-9-2019**, art. 5º (penas restritivas de direito na lei de abuso de autoridade); Súmulas: **Vinculante** 35; **STJ** 493, 588, 643.

44 SUBSTITUIÇÃO DA PENA PRIVATIVA DE LIBERDADE

44.1 Cominação e substituição da pena privativa de liberdade

As penas restritivas de direitos são autônomas, ou seja, não são aplicadas conjuntamente com as penas privativas de liberdade. Não são elas cominadas abstratamente para cada tipo penal, mas aplicáveis a qualquer infração penal, independentemente de cominação na parte especial, em substituição à pena privativa de liberdade quando preenchidos os pressupostos legais previstos no artigo. Assim, após a fixação da pena privativa de liberdade cominada abstratamente para o ilícito, deverá o juiz decidir sobre a possibilidade de substituí-la por restritiva de direitos ou multa. Embora essa substituição não seja um direito subjetivo do sentenciado, na função individualizadora da fixação da pena deve o juiz declinar na sentença as razões por que não a concede, permitindo ao interessado defender o cabimento da medida em eventual recurso. Reconhecendo o juiz estarem presentes os pressupostos objetivos e subjetivos, é obrigatória a substituição. A pena de multa também pode substituir a pena privativa de liberdade na condenação igual ou inferior a um ano, conforme a nova redação do art. 44, § 2º. Tratando-se de lei mais benigna que a anterior a substituição é admissível quando estão preenchidos os requisitos objetivos e subjetivos ainda quando o crime tenha sido praticado na vigência da norma anterior.

Caso o condenado reúna os pressupostos para a concessão do *sursis* especial, deve o juiz optar por esta medida, solução mais benéfica do que a conversão em pena restritiva de direitos, pois sujeito somente a condições brandas (art. 78, § 2º).

Somente após o trânsito em julgado da sentença que aplicou a pena de prestação de serviços ou de limitação de fim de semana é que se determinará, no juízo da Execução, a forma de cumprimento dessas sanções, ajustadas às condições pessoais do condenado, às características do estabelecimento, da entidade ou do programa comunitário ou estatal (art. 46, § 3º, do CP, e 147 a 155 da LEP). Esse entendimento cristalizou-se na Súmula 643 do STJ: "A execução da pena restritiva de direitos depende do trânsito em julgado da condenação". Cabe ao juiz da execução designar entidades ou programas comunitários ou estatais; determinar a intimação do condenado e adverti-lo das obrigações; alterar a forma de execução; verificar a natureza e a qualidade dos cursos a serem ministrados; comunicar à autoridade competente a existência da interdição temporária de direitos; determinar a apreensão dos documentos que autorizam o direito interditado etc.

Jurisprudência

- Impossibilidade de execução provisória da pena restritiva de direitos
- Inexistência de direito subjetivo à substituição de pena
- Inexistência de direito subjetivo à substituição de pena – Contra
- Necessidade de fundamentação para recusar substituição
- Necessidade de fixação inicial de pena privativa de liberdade
- Inadmissibilidade de cumulação com pena privativa de liberdade
- Inadmissibilidade de estabelecer exceção não criada por lei
- Necessidade de fixação da espécie de pena
- Possibilidade de substituição pelo órgão recursal
- Necessidade de fundamentação se a substituição for por prestação de serviços ao invés de multa
- Sursis especial em vez da conversão
- Prevalência da substituição da pena sobre o sursis, por ser mais benéfica

44.2 Pressupostos objetivos para a substituição da pena

De acordo com a atual redação dada ao art. 44, como primeiro pressuposto objetivo, o juiz, como regra geral, só pode proceder à substituição se a pena privativa de liberdade aplicada inicialmente, por crime doloso, não for superior a quatro anos. Tratando-se, porém, de condenação igual ou inferior a um ano, permite-se a substituição por pena de multa. No caso de crime culposo, permite-se a substituição qualquer que seja a quantidade da pena aplicada. Havendo concurso de crimes, a substituição é possível quando o total das penas não ultrapassa os limites mencionados, com exceção dos crimes culposos em que é ela sempre admissível. Não se aplicam as regras de substituição de penas aos crimes militares, às quais são cominadas sanções divergentes daquelas impostas por crimes comuns.

Um segundo requisito objetivo foi inserido pela lei ao proibir a substituição da pena quando se tratar de crime praticado com violência ou grave ameaça à pessoa, qualquer que seja a quantidade da pena privativa de liberdade imposta. Não é possível, portanto, em princípio, a aplicação do disposto no art. 44 aos crimes de roubo, extorsão, estupro etc. Deve-se considerar, também, que a referência ao crime que *não for cometido com violência ou grave ameaça à pessoa* não exclui os delitos em que essas modalidades são constitutivas do próprio ilícito, como os de lesão corporal e ameaça, para os quais deve ser permitida a substituição, como ocorria no dispositivo substituído. Tratando-se, porém, de crime que configure hipótese de violência doméstica e familiar contra a mulher, há restrição legal expressa à substituição da pena pelo pagamento de cestas básicas ou por outra modalidade de prestação pecuniária, ou, ainda, por multa isolada (v. itens 45.2 e 60.2). O STJ, porém, assentou o entendimento no sentido da inviabilidade da substituição por qualquer pena alternativa nos casos de infração penal praticada com violência ou grave ameaça no âmbito doméstico e familiar contra a mulher (Súmula 588) (v. MIRABETE, Julio Fabbrini e FABBRINI, Renato Nascimento. *Manual de direito penal*, v. 2, 34ª ed, 2025, item 5.1.18).

Embora não haja vedação expressa no Código Penal, vinha-se entendendo, prevalentemente, que a substituição não era possível nos crimes hediondos ou a eles equiparados, ainda que não cometidos com violência ou grave ameaça a pessoa, porque, nos termos da redação original do art. 2º, § 1º, da Lei nº 8.072, de 25-7-1990, exigia-se que fosse cumprida integralmente em regime fechado a pena privativa de liberdade imposta. A alteração genérica da legislação, promovida no art. 44 do CP pela Lei nº 9.714/98, sem explicitação acerca das leis especiais, não revogou o texto da Lei especial de nº 8.072/90. Com a vigência da Lei nº 11.464, de 28-3-2007, que alterou o art. 2º, §§ 1º e 2º (§ 2º posteriormente revogado pela Lei nº 13.964/2019), da Lei nº 8.072/90, passou-se a admitir, expressamente, a progressão de regime dos condenados por crimes hediondos ou equiparados, sendo obrigatória, porém, a fixação do regime inicial fechado. Persiste, no entanto, a controvérsia. No sentido da permanência da restrição, argumenta-se que seria paradoxal que permitisse a lei a substituição da sanção privativa de liberdade por pena restritiva de direitos quando expressamente é previsto o seu cumprimento obrigatório em regime inicial fechado. Já decidiram, porém, o STF e o STJ que, não mais vedando a Lei nº 8.072/90 a progressão de regime, não subsiste a razão para se proibir a substituição da pena em crimes hediondos ou equiparados. Deve-se observar, contudo, que o Código Penal proíbe a substituição em crimes cometidos com violência ou grave ameaça (art. 44), o que afasta a possibilidade na maioria dos crimes hediondos (art. 1º, incisos I a XII, e parágrafo único da Lei nº 8.072/90). A Lei de Drogas (Lei nº 11.343, de 23-8-2006) veda expressamente a substituição por penas restritivas de direitos nos crimes relacionados com o tráfico de drogas (art. 44), entre os quais o de associação para o tráfico (art. 35). No entanto, essa parte do dispositivo teve sua execução suspensa pelo Senado Federal (Resolução nº 5, de 2012), após o Supremo Tribunal Federal proferir julgamento declarando inconstitucional a vedação, por ofensa ao princípio da individualização da pena (HC 97.256/RS). Por fim, o Supremo Tribunal Federal, revendo anteriores decisões, decidiu que o denominado tráfico privilegiado (art. 33, § 4º, da Lei nº 11.343/2006), dados os seus contornos menos gravosos decorrentes da primariedade e bons antecedentes do réu e da inexistência de vínculos com organização criminosa, não tem natureza hedionda. Em consonância com essa nova orientação do STF, o STJ cancelou a Súmula 512 que enunciava, precisamente, o caráter hediondo do tráfico privilegiado. A Lei nº 13.964, de 24-12-2019, alterando o art. 112 inseriu o § 5º que, prevê, expressamente, que "não se considera hediondo ou equiparado, para os fins deste artigo, o crime de tráfico de drogas previsto no § 4º do art. 33 da Lei nº 11.343, de 23 de agosto de 2006". Nesse sentido, editou-se a Súmula Vinculante 59: "É impositiva a fixação do regime aberto e a substituição da pena privativa de liberdade por restritiva de direitos quando reconhecida a figura do tráfico privilegiado (art. 33, § 4º, da Lei 11.343/06) e ausentes vetores negativos na primeira fase da dosimetria (art. 59 do CP), observados os requisitos do art. 33, § 2º, alínea c, e do art. 44, ambos do Código Penal".

Jurisprudência

- Necessidade de preenchimento dos requisitos previstos no art. 44 do Código Penal
- Inadmissibilidade de substituição de pena superior a um ano (anterior à Lei nº 9.714/98)
- Inadmissibilidade de substituição de pena superior a 4 anos
- Soma das penas para verificação de possibilidade de substituição
- Cabimento da substituição em crime preterdoloso
- Admissibilidade de substituição nos crimes de lesões corporais de natureza leve e ameaça
- Inadmissibilidade de substituição em crime de lesões corporais de natureza leve
- Inadmissibilidade de substituição em crime de roubo praticado mediante grave ameaça
- Inadmissibilidade de substituição em crime de roubo praticado mediante violência
- Admissibilidade de substituição no crime com violência presumida
- Inadmissibilidade de substituição no caso de tráfico de entorpecentes praticado após a vigência da Lei nº 11.343/2006
- Inadmissibilidade de substituição no caso de tráfico de entorpecentes com redução de pena (art. 33, § 4º, da Lei nº 11.343/2006) (anterior à Resolução nº 5, de 2012 do Senado Federal)
- Inconstitucionalidade da vedação à substituição no caso de tráfico de entorpecentes
- Inadmissibilidade da substituição no caso de tráfico de entorpecentes se desfavoráveis as condições subjetivas

- Inadmissibilidade de substituição no caso de tráfico de entorpecentes após a vigência da Lei nº 11.464/2007 por incompatibilidade com o regime inicial fechado
- Admissibilidade de substituição no caso de tráfico de entorpecentes praticado antes da vigência da Lei nº 11.343/2006
- Inadmissibilidade de substituição no caso de tráfico de entorpecentes (anteriores à vigência das Leis nº 11.343/2006 e nº 11.464/2007)
- Admissibilidade de substituição no caso de usuário de entorpecente
- Admissibilidade na substituição no caso de associação para a prática do tráfico praticado antes da vigência da Lei nº 11.343/2006
- Inadmissibilidade de substituição por pena de multa no caso de usuário de entorpecente (anterior à vigência da Lei nº 11.343/2006)
- Inadmissibilidade de substituição em crime grave: quadrilha ou bando
- Inadmissibilidade de aplicação nos crimes militares
- Admissibilidade de substituição em caso de crime de sonegação fiscal
- Admissibilidade de aplicação aos crimes previstos em leis especiais
- Inadmissibilidade de aplicação aos crimes previstos em leis especiais
- Inexistência de hediondez no tráfico privilegiado: admissibilidade da fixação de regime mais brando

44.3 Pressupostos subjetivos para a substituição da pena

Para que se permita a substituição pela pena alternativa, é indispensável também que estejam presentes os requisitos subjetivos previstos nos incisos II e III, do art. 44, segundo a atual redação. O primeiro deles é não ser o condenado reincidente em crime doloso. Referindo-se a lei ao não reincidente em crime doloso, podem ser beneficiados não só aqueles que, embora condenados anteriormente, praticaram o crime antes do trânsito em julgado da sentença condenatória ao delito precedente, como também os reincidentes em que um dos crimes, pelo menos, seja culposo. Também se possibilita a substituição àquele que praticou o crime após cinco anos contados da data do cumprimento ou extinção da pena imposta em condenação anterior (art. 64, I). Não sendo a reincidência em crime doloso, permite-se também a substituição desde que não se trate de recidiva do mesmo crime (item 44.4).

É ainda necessário para a substituição que a culpabilidade, os antecedentes, a conduta social e a personalidade do condenado, bem como os motivos e as circunstâncias, indiquem que a substituição é suficiente. Essas circunstâncias pessoais, que também devem ser observadas na fixação da pena-base, é que vão dar a medida da conveniência da substituição. Se forem elas favoráveis ao condenado, deve o juiz efetuar a substituição. Se, entretanto, demonstrarem incompatibilidade com a convivência social harmônica, deve ser denegada. Diante da abrangência da lei quanto à quantidade da pena privativa de liberdade a ser substituída, é dever do juiz uma rigorosa apreciação desses requisitos subjetivos no sentido de verificar se, realmente, a pena substituta é suficiente para a reparação e prevenção penais, assegurando a necessária defesa da sociedade.

Jurisprudência

- Inadmissibilidade de substituição para reincidente em crime doloso
- Possibilidade excepcional de substituição para reincidente: verificação da suficiência da medida
- Admissibilidade de substituição da pena para reincidente genérico
- Admissibilidade de substituição para reincidente condenado anteriormente por outro crime
- Admissibilidade de substituição para condenado por outros crimes sem reincidência
- Inadmissibilidade de substituição diante do art. 59 do CP
- Inadmissibilidade de substituição para portador de maus antecedentes

- Inadmissibilidade de substituição em circunstâncias desfavoráveis
- Admissibilidade de substituição apesar de circunstâncias desfavoráveis
- Admissibilidade de substituição apesar de descumprimento anterior de regras do *sursis*
- Irrelevância para a substituição a revelia do réu
- Inadmissibilidade de substituição para estrangeiro em situação irregular
- Inadmissibilidade de substituição para réu estrangeiro
- Autodefesa e personalidade do acusado
- Inadmissibilidade de substituição por meio de *habeas corpus*
- Admissibilidade de substituição apesar de processos em andamento
- Admissibilidade de substituição a réu primário condenado por homicídio culposo
- Admissibilidade na cumulação da pena restritiva de direitos e multa originária
- Inadmissibilidade de substituição por meio de *habeas corpus*

44.4 Regras para a substituição da pena

Prevê a lei algumas regras para a substituição da pena privativa de liberdade por penas restritivas de direitos ou multa. Assim, quando a pena privativa de liberdade aplicada for igual ou inferior a um ano, tanto nos crimes dolosos, como nos culposos, permite-se a substituição por uma pena de multa ou por uma restritiva de direitos, a critério do julgador. Tratando-se de pena que supera o limite de um ano, a substituição só se pode operar por uma pena restritiva de direitos cumulada com multa, ou por duas penas restritivas de direitos. Além disso, a pena de prestação de serviços à comunidade ou a entidades públicas só pode ser aplicada em condenações à pena privativa de liberdade superior a seis meses (art. 46, *caput*).

Tratando-se de condenado reincidente em que um ou ambos os crimes (precedente e posterior) sejam culposos (uma vez que o reincidente em crime doloso não pode obter o benefício), e desde que não sejam eles idênticos, a substituição da pena privativa de liberdade só deve ser concedida se a medida for socialmente recomendável. Essa aferição do juiz a respeito da suficiência da substituição deve ser fundamentada nas circunstâncias não só do crime a ser apenado, como também do precedente.

Jurisprudência

- Inadmissibilidade de substituição por duas sanções na pena igual ou inferior a um ano
- Admissibilidade de substituição por duas sanções na pena superior a um ano
- Inadmissibilidade de substituição de duas penas em crime culposo com pena inferior a um ano (anterior à Lei nº 9.174/98)
- Substituição por uma pena restritiva de direitos em crime culposo (anterior à Lei nº 9.174/98)
- Substituição por duas penas restritivas de direitos em crime culposo (anterior à Lei nº 9.174/98)
- Admissibilidade de substituição por duas sanções na pena superior a um ano
- Inadmissibilidade de substituição unicamente por sanção pecuniária na pena superior a um ano
- Admissibilidade de substituição por duas sanções independentemente da multa cumulativa
- Prevalência da regra do art. 44, § 2º sobre a do art. 46 na substituição da pena detentiva de seis meses
- Atuação do juiz *ex officio* (anterior à Lei nº 9.174/98)
- Substituição da pena privativa de liberdade e manutenção da multa cominada
- Inadmissibilidade de pena restritiva de direitos e multa em crime doloso (anterior à Lei nº 9.174/98)
- Inadmissibilidade de substituição por meio de pedido de *habeas corpus*
- Condições pessoais favoráveis: substituição da pena

- Obrigatoriedade de substituição por multa se imposta pena mínima
- Inadmissibilidade da substituição
- Obrigatoriedade de substituição
- Admissibilidade de substituição na reincidência específica
- Necessidade de suficiência anticriminal e recomendação social
- Admissibilidade de substituição no *sursis* especial a pedido do condenado

44.5 Conversão da pena restritiva de direitos

Prevê o art. 44, § 4º, com a atual redação, a conversão da pena restritiva de direito em pena privativa de liberdade quando ocorre o descumprimento injustificado da restrição imposta, ou seja, se o condenado não respeita as normas previstas para a pena restritiva de direitos. A Lei de Execução Penal, no art. 181, prevê especificamente as causas de conversão obrigatória para a pena privativa de liberdade quanto às penas de prestação de serviços à comunidade, limitação de fim de semana e interdição temporária de direitos. Converte-se a pena de prestação de serviços à comunidade quando o condenado: (a) não for encontrado por estar em lugar incerto e não sabido, ou desatender à intimação por edital; (b) não comparecer, injustificadamente, à entidade ou programa em que deva prestar serviço; (c) recusar-se, injustificadamente, a prestar o serviço que lhe foi imposto; (d) praticar falta grave. Não é possível a conversão, evidentemente, quando se trata de descumprimento de prestação de serviços à comunidade aplicada como pena principal, e não por substituição, como ocorre no caso do art. 28 da Lei de Drogas (Lei nº 11.343, de 23-8-2006), que prevê para a hipótese de descumprimento a admoestação verbal e multa (arts. 28, § 6º, e 29) (v. item 43.2). A pena de limitação de fim de semana será convertida quando o condenado não comparecer ao estabelecimento designado para o cumprimento da pena, recusar-se a exercer a atividade determinada pelo juiz ou se ocorrer qualquer das hipóteses das letras *a*, *d* e *e* do art. 181, § 1º da LEP. Já a pena de interdição temporária de direitos será convertida quando o condenado exercer, injustificadamente, o direito interditado ou se ocorrer qualquer das hipóteses das letras *a* e *e*.

No caso das penas de prestação pecuniária e de perda de bens e valores, embora não haja regra expressa, a conversão só será possível, por analogia *in bonam partem*, quando o condenado não a cumpre *injustificadamente*, tal como ocorre em outros dispositivos relativos a essa matéria (art. 181, § 1º, *b* e *c*, e § 3º, da LEP).

Dispõe a Lei de Execução Penal que as penas restritivas de direitos serão convertidas em pena privativa de liberdade quando o executado sofrer nova condenação por outro crime à pena privativa de liberdade, cuja execução não tenha sido suspensa (art. 181, § 1º, *e*, e §§ 2º e 3º). A regra, entretanto, sofreu atenuação, pois se permite que, no caso de superveniência de nova condenação, o juiz pode deixar de aplicar a conversão se, não obstante a nova condenação, além da hipótese de suspensão condicional, for possível ao condenado cumprir a pena restritiva de direitos anterior, por inexistir incompatibilidade com a execução da nova reprimenda imposta. Não se trata mais, portanto, de conversão automática de pena restritiva de direitos em privativa de liberdade quando ocorrer nova condenação a pena privativa de liberdade sem a concessão do *sursis*. Em todas as hipóteses de conversão, portanto, exige-se que seja ouvido previamente o condenado. Convertida a pena restritiva de direitos em pena privativa de liberdade a ser cumprida em regime aberto, não pode o juiz estabelecer como condição desse regime a prestação de serviços à comunidade ou outra restrição que seja prevista em lei como pena substitutiva (v. item 36.1).

Não é possível a conversão da pena restritiva de direitos aplicada em transação penal (art. 76 da Lei nº 9.099/1995). Nessa hipótese, diante do descumprimento da pena possibilita-se ao Ministério Público a retomada da persecução penal, mediante inquérito policial ou ação penal, conforme entendimento pretoriano cristalizado na Súmula Vinculante 35.

Com relação aos crimes de homicídio culposo e lesão corporal culposa cometidos por agente em situação de embriaguez ao volante (arts. 302, § 3º e 303, § 2º do CTB), veda-se a substituição da pena privativa de liberdade por restritiva de direitos (art. 44, I do CP), nos termos do que passou a prever o art. 312-B do Código de Trânsito, inserido pela Lei nº 14.071, de 13-10-2020.

Jurisprudência

- Admissibilidade da pena restritiva de direitos em crime de homicídio culposo na direção de veículo cometido sob a influência de álcool
- Inadmissibilidade de sursis em caso de conversão
- Oitiva prévia da defesa
- Inadmissibilidade da conversão da pena restritiva de direitos aplicada em transação penal
- Possibilidade de conversão da pena de prestação pecuniária em privativa de liberdade
- Conversão de pena restritiva de direitos por privativa de liberdade exige descumprimento de condição
- Conversão do restante da pena em caso de nova condenação
- Necessidade de observância do regime prisional fixado na sentença em caso de conversão
- Suspensão e não-conversão no caso de prisão por outro processo

44.6 Detração da pena privativa de liberdade após a conversão

Atendendo a reclamos doutrinários, passou a lei a prever uma espécie de detração na pena privativa de liberdade em que foi convertida a pena restritiva de direitos. Assim, no cálculo da pena privativa de liberdade que deve ser executada após a conversão, deve ser deduzido o tempo cumprido da pena restritiva de direitos. Cumprirá o agente apenas o saldo decorrente dessa dedução. Como única exceção, obriga-se o cumprimento de um mês de reclusão ou detenção se o saldo a cumprir for inferior a esse limite temporal.

Jurisprudência

- Descontos pelos dias de comparecimento (anterior à Lei nº 9.714/98)
- Descontos pelos dias de comparecimento – Contra (anterior à Lei nº 9.174/98)

Conversão das penas restritivas de direitos

Art. 45. Na aplicação da substituição prevista no artigo anterior, proceder-se-á na forma deste e dos arts. 46, 47 e 48.

§ 1º A prestação pecuniária consiste no pagamento em dinheiro à vítima, a seus dependentes ou a entidade pública ou privada com destinação social, de importância fixada pelo juiz, não inferior a 1 (um) salário mínimo nem superior a 360 (trezentos e sessenta) salários mínimos. O valor pago será deduzido do montante de eventual condenação em ação de reparação civil, se coincidentes os beneficiários.

§ 2º No caso do parágrafo anterior, se houver aceitação do beneficiário, a prestação pecuniária pode consistir em prestação de outra natureza.

§ 3º A perda de bens e valores pertencentes aos condenados dar-se-á, ressalvada a legislação especial, em favor do Fundo Penitenciário Nacional, e seu valor terá como teto – o que for maior – o montante do prejuízo causado ou do provento obtido pelo agente ou por terceiro, em conseqüência da prática do crime.*

§ 4º (VETADO)

* Redação do artigo determinada pela Lei nº 9.714, de 25-11-1998.

Vide: **CF** art. 5º XLVI, *b*, *c*; **Lei Complementar nº 79**, de 7-1-1994 (cria o Fundo Penitenciário Nacional); **CP** arts. 43, I e II, 46 a 48, 91, II, *b*; **Lei nº 8.069**, de 23-9-1997 – **ECA**, art. 226, § 2º, veda a substituição da pena por pena de prestação pecuniária ou por multa isolada nos casos de violência doméstica e familiar contra criança e adolescente; **Lei nº 9.503**, de 23-9-1997 – **CTB**, art. 297 (multa reparatória); **Lei nº 9.605**, de 12-2-1998, art. 12 (prestação pecuniária em crimes contra o meio ambiente); **Lei nº 11.340**, de 7-8-2006, art. 17 (veda a substituição da pena pelo pagamento de cesta básica ou por outra forma de prestação pecuniária, ou por multa isolada, nos casos de violência doméstica e familiar contra a mulher). Súmula: **STJ 588**.

45 SUBSTITUIÇÃO DAS PENAS

45.1 Procedimento para a substituição da pena privativa de liberdade

No art. 45, com a redação que lhe foi dada pela Lei nº 9.714/98, e com a equivocada rubrica que deveria encimar os §§ 3º e 4º do art. 44, o *caput* prevê, desnecessariamente, que a substituição das penas restritivas de direitos deve obedecer às regras previstas nos arts. 46, 47 e 48 do CP, os dois primeiros com nova redação.

45.2 Conceito e aplicação da pena de prestação pecuniária

Segundo a lei, a prestação pecuniária consiste no pagamento em dinheiro à vítima, a seus dependentes ou à entidade pública ou privada com destinação social, de importância fixada pelo juiz ao aplicá-la. Por disposição expressa, não pode ser ela inferior a um salário-mínimo nem superior a 360 vezes esse salário. Assim, de forma sumária, o juiz deve fixar o *quantum* da reprimenda com base apenas nos dados disponíveis no processo, uma vez que não existe previsão legal específica de procedimento para calcular-se o prejuízo resultante da prática do crime. Não obstante a invasão da esfera civil com a instituição dessa pena, o que aliás ocorre em outros países, não há inconstitucionalidade no dispositivo. A Carta Magna permite não só a pena de multa, como também a de perda de bens, e a sanção criada é um misto de ambas. O dispositivo legal fixa expressamente os limites da sanção penal pecuniária, atendendo ao princípio da legalidade previsto no art. 5º, XXXIX, da CF.

Não se confunde a pena de prestação pecuniária com a de multa reparatória, uma vez que esta somente é cabível quando houver dano material ao ofendido, causado pelo ilícito, enquanto aquela é admissível ainda na ausência de prejuízo individual. Havendo dano à vítima, a quantia apurada será a ela destinada ou, em sua falta, a seus dependentes; caso contrário, irá para a entidade pública ou privada com destinação social, por decisão do juiz.

Caso o ofendido venha a propor ação de reparação civil, o valor referente à prestação pecuniária pago ao ofendido será descontado do total da condenação civil.

Dispõe ainda a lei que, se houver aceitação do beneficiário, ou seja, do ofendido ou da entidade pública ou privada com destinação social, a prestação pecuniária poderá constituir-se, por decisão do juiz, em prestação de outra natureza, como o fornecimento de cestas básicas, por exemplo.

Há, porém, expressa vedação à substituição da pena pelo pagamento de cestas básicas ou por outra forma de prestação pecuniária, ou, ainda, por multa isolada, na hipótese de crime que configure violência doméstica e familiar contra a mulher, nos termos do que dispõe o art. 17 da Lei nº 11.340, de 7-8-2006. Decidiu o STJ, aliás, como visto, que nessa hipótese, tratando-se de crime praticado com violência ou grave ameaça, inviável é a substituição da prisão por outra sanção restritiva de direitos (Súmula 588). Disposição análoga à do artigo foi incluída, pela Lei nº 14.344, de 24-5-2022, no ECA no art. 226, § 2º, aplicável aos crimes de violência doméstica e familiar contra a criança e adolescente.

Jurisprudência

- Prestação pecuniária e pena de multa: distinção
- Obrigatoriedade da substituição da pena de prestação pecuniária
- Possibilidade de conversão da pena de prestação pecuniária em privativa de liberdade: utilização do pedido de *habeas corpus*
- Fixação de valor aproximado dos bens furtados: admissibilidade
- Necessidade de fundamentação quanto ao valor fixado
- Legitimidade da pena de prestação pecuniária
- Inadmissibilidade de redução da prestação pecuniária a valor inferior a um salário mínimo
- Necessidade de proporção entre a prestação pecuniária e a pena privativa de liberdade

45.3 Conceito e aplicação da pena de perda de bens e valores

Instituída pela nova lei, a pena de perda de bens e valores do condenado, autorizada pelo art. 5º, XLVI, *b*, da CF, consiste no confisco em favor do Fundo Penitenciário Nacional de quantia que pode atingir até o valor referente ao prejuízo causado ou do provento obtido pelo agente ou por terceiro, em consequência da prática do crime, prevalecendo aquele que for maior. Ressalva a lei a destinação diversa que lhe for dada pela legislação especial. Evidentemente, também fica ressalvado que tais bens e valores serão destinados, preferencialmente, ao lesado ou de terceiro de boa-fé, conforme dispõe o art. 91, II, e 91-A do CP.

Prestação de serviços à comunidade ou a entidades públicas

Art. 46. A prestação de serviços à comunidade ou a entidades públicas é aplicável às condenações superiores a seis meses de privação da liberdade.

§ 1º A prestação de serviços à comunidade ou a entidades públicas consiste na atribuição de tarefas gratuitas ao condenado.

§ 2º A prestação de serviço à comunidade dar-se-á em entidades assistenciais, hospitais, escolas, orfanatos e outros estabelecimentos congêneres, em programas comunitários ou estatais.

§ 3º As tarefas a que se refere o § 1o serão atribuídas conforme as aptidões do condenado, devendo ser cumpridas à razão de uma hora de tarefa por dia de condenação, fixadas de modo a não prejudicar a jornada normal de trabalho.

§ 4º Se a pena substituída for superior a um ano, é facultado ao condenado cumprir a pena substitutiva em menor tempo (art. 55), nunca inferior à metade da pena privativa de liberdade fixada.*

* Redação do artigo determinada pela Lei nº 9.714, de 25-11-1998.

Vide: CF art. 5º, XLVI, *d*; **CP** arts. 43, IV, 44, 55, 78, § 1º; **LEP** arts. 79, II, 148, 149, 150, 181, § 1º; **Lei nº 8.078**, de 11-9-1990 – **CDC**, art. 78, III (prestação de serviços à comunidade no Código de Defesa do Consumidor); **Lei nº 9.503**, de 23-9-1997 – **CTB**, art. 312-A; **Lei nº 9.605**, de 12-2-1998, arts. 9º, 23 (prestação de serviços à comunidade em crimes contra o meio ambiente); **Lei nº 11.343**, de 23-8-2006, arts. 28, II, §§ 5º e 6º, 29 (prestação de serviços à comunidade em crime previsto na Lei de Drogas); **Lei nº 13.869**, de 5-9-2019, art. 5º, I (prestação de serviços à comunidade na lei de abuso de autoridade).

46 PRESTAÇÃO DE SERVIÇOS À COMUNIDADE OU A ENTIDADES PÚBLICAS

46.1 Conceito e aplicação da prestação de serviços à comunidade ou a entidades públicas

A prestação de serviços à comunidade, denominada na Constituição Federal de prestação social alternativa (art. 5º, XLVI, *d*), consiste em trabalho gratuito em entidades mencionadas no artigo, quer em programas fixados pelo Estado, quer criados pela comunidade. Não há, no caso, relação de emprego e muito menos "trabalho forçado", proibido constitucionalmente, mas simples ônus para o condenado, evitando-lhe o encarceramento. As tarefas devem ser atribuídas pelo juiz encarregado da execução, de acordo com as aptidões do condenado, embora não obrigatoriamente. Ao contrário da lei anterior, que determinava serem as tarefas cumpridas durante oito horas semanais, a nova lei refere-se ao montante exato das horas trabalhadas, que será o do mesmo número dos dias da pena privativa de liberdade aplicada originalmente. A prestação de serviços à comunidade é também prevista como condição obrigatória do *sursis* simples (art. 78, § 1º). No caso de prestação de serviços à comunidade aplicada com fundamento no art. 28, II, da Lei nº 11.343, de 23-8-2006, há a previsão de que seja a pena cumprida em programas ou entidades que se ocupem preferencialmente da prevenção do consumo ou da recuperação de usuários e dependentes de drogas (art. 28, § 5º) (v. itens 43.2 e 44.5).

Jurisprudência

- Inadmissibilidade de substituição em pena inferior a seis meses: prestação pecuniária
- Cabimento de *habeas corpus* para sanar eventual constrangimento ilegal

- Inadmissibilidade de pena que viole garantia individual
- Possibilidade de substituição de pena de multa por prestação de serviços

46.2 Execução da pena de prestação de serviços à comunidade ou a entidades públicas

A execução da pena de prestação de serviços à comunidade ou a entidades públicas está regulamentada pelos arts. 149 e 150 da LEP, ainda aplicável à espécie, cabendo ao juiz encarregado da execução definir a entidade beneficiada, a forma e as condições de cumprimento da pena. O juiz procederá ao desdobramento dos horários, a fim de não ser prejudicada a atividade laborativa ou educacional do condenado, não havendo limitação do número mínimo ou máximo de horas por dia de trabalho, desde que respeitado, em princípio, o tempo de duração da pena privativa de liberdade fixada inicialmente. Permite a lei, porém, que o condenado à pena superior a um ano, por sua iniciativa, cumpra a pena em menor tempo, ou seja, prestando serviços por mais de uma hora diária ou mais de sete horas semanais. Não poderá, entretanto, fazê-lo de forma que o tempo se reduza a menos da metade da pena privativa de liberdade fixada.

Incumbe ao patronato público ou particular, órgão da execução penal, orientar os condenados a penas restritivas de direitos e fiscalizar o cumprimento das penas de prestação de serviços à comunidade (art. 79, I e II, da LEP).

Jurisprudência

- Competência do juiz da sentença
- Aplicação da lei anterior mais benigna
- Inadmissibilidade de indicação do Poder Judiciário como beneficiário da prestação de serviços
- Necessidade de adequação do horário às atividades profissionais do condenado
- Cumprimento da pena na proporção de uma hora por dia de condenação
- Competência do juiz da execução para definir a forma de cumprimento da pena
- Inadmissibilidade do aumento de horas semanais (anterior à Lei nº 9.714/98)
- Impossibilidade da substituição da prestação de serviços pela entrega de cestas básicas
- Possibilidade de substituição da prestação de serviços pela entrega de cestas básicas
- Possibilidade de cumprimento da pena na metade do tempo
- Fiscalização do Ministério Público

Interdição temporária de direitos

Art. 47. As penas de interdição temporária de direitos são:

I – proibição do exercício de cargo, função ou atividade pública, bem como de mandato eletivo;

II – proibição do exercício de profissão, atividade ou ofício que dependam de habilitação especial, de licença ou autorização do poder público;

III – suspensão de autorização ou de habilitação para dirigir veículo;

IV – proibição de freqüentar determinados lugares;*

V – proibição de inscrever-se em concurso, avaliação ou exame públicos.**

* Inciso IV acrescentado pela Lei nº 9.714, de 25-11-1998.

** Inciso V acrescentado pela Lei nº 12.550, de 15-12-2011.

Vide: CF art. 5º, XIII, XLVI, *e*; arts. 15, III, V, 37, I, § 4º; **CP** arts. 43, V, 44, 56, 57, 78, § 2º, *a*; 92, 311-A; **CPP** art. 319, II, V; **LEP** arts. 132, § 2º, *c*, 154, 155, 181, § 3º; **Lei nº 8.078**, de 11-9-1990 – **CDC**, art. 78, I (interdição temporária de direitos no Código de Defesa do Consumidor); **Lei nº 8.429**, de 2-6-1992, art. 12, I e II (perda de função pública e suspensão dos direitos políticos em atos de improbidade administrativa que importam enriquecimento ilícito e causam dano ao erário); **Lei nº 9.099**, de 26-9-1995, art. 89, § 1º, II; **Lei nº 9.503**, de 23-9-1997 – **CTB**, arts. 292 a 296 (pena de suspensão ou proibição de se obter a permissão ou habilitação para dirigir veículo automotor), 307 (violação da suspensão ou proibição); **Lei nº 9.605**, de 12-2-1998, art. 10 (interdição temporária de direitos em crimes contra o meio ambiente); **Lei nº 11.101**, de 9-2-2005 – Lei de Falências, art. 181, I (inabilitação para o exercício de atividade empresarial como efeito da condenação por crime falimentar); **Lei nº 11.343**, de 23-8-2006, arts. 39 (pena de cassação da habilitação ou proibição de obtê-la para o condenado por condução de embarcação ou aeronave após o consumo de drogas), 56, § 1º (prevê a possibilidade de decretação pelo juiz do afastamento cautelar de suas atividades de funcionário público denunciado por crime relacionado com o tráfico de drogas); **Lei nº 12.850**, de 2-8-2013, art. 2º, § 5º (afastamento cautelar do funcionário público em crime decorrente de organização criminosa), § 6º (interdição para o exercício de função ou cargo público pelo prazo de 8 (oito) anos como efeito da condenação por crime decorrente de organização criminosa); **Lei nº 13.869**, de 5-9-2019, art. 5º, II (suspensão do exercício do cargo, da função ou do mandato na lei de abuso de autoridade); **Lei nº 14.344, de 24-5-2022,** art. 20, V (proibição de frequentação de determinados lugares a fim de preservar a integridade física e psicológica da criança e do adolescente).

47 INTERDIÇÕES TEMPORÁRIAS DE DIREITOS

47.1 Proibição do exercício de cargo, função, atividade pública e mandato eletivo

Elevando antigas penas acessórias de interdições de direito à categoria de penas principais e autônomas, substitutas de pena privativa de liberdade, o Código as prevê no art. 47. A execução é regulada pelos arts. 154 e 155 da LEP. A primeira das interdições é a proibição do exercício de cargo, função ou atividade pública, bem como de mandato eletivo. O *cargo público* é o lugar instituído na organização do funcionalismo, com denominação própria, atribuições específicas e estipêndio correspondente. A *função pública* é a atribuição ou conjunto de atribuições que a Administração confere a cada categoria profissional, ou comete individualmente a determinados servidores para a execução de serviços eventuais. A *atividade pública* é toda aquela efetuada em benefício do Estado, seja remunerada ou não, e que dependa de nomeação, escolha, designação etc. por parte do Poder Público. Inclui-se nesta o *emprego público*, que se refere à admissão de servidores para serviços temporários, contratados em regime especial etc. *Mandato eletivo* exercem os componentes do Legislativo (vereadores, deputados e senadores) ou do Executivo (prefeitos, governadores e Presidente da República), eleitos por prazos determinados. Aplicada a pena, há uma espécie de suspensão parcial dos direitos políticos, ou seja, o de não poder o condenado continuar ou passar a exercer qualquer mandato público, ainda que eleito regularmente, durante determinado prazo. Não se confunde essa pena com interdições, proibições ou suspensões aplicadas por meio de medidas administrativas ou políticas, com a sanção decorrente de condenação por ato de improbidade administrativa (arts. 15, V, e 37, § 4º, da CF e Lei nº 8.429, de 2-6-1992), nem com a perda do cargo, função pública ou mandato eletivo como efeito da condenação (art. 92, I). A suspensão do mandato eletivo pode constituir, porém, efeito da condenação criminal (art. 15, III, da CF). Inadmissível, porém, a aplicação da suspensão como pena acessória, banida pela reforma penal. A suspensão do exercício de função pública passou a ser prevista no Código de Processo Penal, por força da Lei nº 12.403, de 4-5-2011, como medida cautelar a ser imposta no curso do inquérito ou do processo quando houver justo receio de que o indiciado ou réu possa se prevalecer da função para a prática de outras infrações penais (art. 319, VI). A Lei nº 12.850, de 2-8-2013, também prevê o afastamento cautelar do funcionário público do cargo, emprego ou função, quando existentes indícios de integrar ele uma organização criminosa, sem prejuízo da remuneração (art. 2º, § 5º) e, para a hipótese de condenação irrecorrível, como efeitos da condenação, a perda do cargo, função, emprego ou mandato eletivo e a interdição para o exercício de função ou cargo público pelo prazo de oito anos a partir do término do cumprimento da pena imposta (§ 6º). A Lei nº 9.613, 3-3-1998, que versa sobre os crimes de lavagem de dinheiro também prevê que após o indiciamento do servidor público será ele afastado do cargo, sem prejuízo de remuneração e demais direitos previstos em lei (art. 17-D incluído pela Lei nº 12.683, de 9-7-2012).

A atual Lei de Abuso de Autoridade (Lei nº 13.869, de 5-9-2019, no art. 5º, inovou na disciplina da matéria, prevendo que a inabilitação para o exercício de cargo, mandato ou função pública, a ser decretada por período de um a cinco anos, e a perda do cargo, do mandato ou da função pública somente podem ser reconhecidos na hipótese de reincidência em crime de abuso de autoridade e não constituem efeito automático da condenação, devendo ser declarados motivadamente na sentença.

Jurisprudência

- Inadmissibilidade de aplicação como pena acessória

47.2 Proibição do exercício de profissão, atividade ou ofício

A segunda espécie de interdição é a proibição do exercício de profissão, atividade ou ofício que dependem de habilitação especial, de licença ou autorização do poder público. Existem profissões (trabalho remunerado de caráter predominantemente intelectual), ofícios (trabalho remunerado de caráter predominantemente material) ou atividades (autônomas, remuneradas ou não), que dependem de certos requisitos legais para serem exercidas: curso superior ou profissionalizante, licença da autoridade pública, registros etc., que são controlados e fiscalizados pelo Estado. Aplicada como pena essa interdição, o condenado fica privado de exercer a profissão, atividade e ofício pelo tempo da pena, ainda que esteja habilitado legalmente para seu exercício. Não se confunde essa pena com as medidas que possam acarretar as mesmas consequências e aplicadas por órgãos de classe ou com a inabilitação para o exercício de atividade empresarial prevista na Lei de Falências como efeito da condenação declarado na sentença condenatória por crime falimentar (art.

181, I, da Lei nº 11.101, de 9-2-2005). Não mais vigoram interdições de direitos que eram, na legislação anterior, penas acessórias ou medidas de segurança, a não ser aquelas hoje classificadas em lei como penas substitutivas. Prevê o Código de Processo Penal a possibilidade de suspensão de atividade de natureza econômica como medida cautelar aplicável na hipótese de se apurar no curso do inquérito ou do processo que possa ser ela utilizada para o cometimento de infrações penais (art. 319, VI).

Jurisprudência

- Inadmissibilidade de aplicação como pena acessória
- Inadmissibilidade de aplicação em caso de crime culposo

47.3 Suspensão de autorização ou de habilitação para dirigir veículo

Outra interdição prevista pelo artigo é a suspensão de autorização ou de habilitação para dirigir veículo, aplicável exclusivamente aos crimes culposos de trânsito, conforme disposto no art. 57, e pelo tempo fixado para a pena privativa de liberdade, pode ser substituída, na forma do art. 55, ficando o condenado impossibilitado de dirigir qualquer veículo. Entretanto, os crimes culposos de trânsito, cometidos na direção de veículos automotores, passaram a ser tipificados no Código de Trânsito Brasileiro (Lei nº 9.503, de 23-9-1997), estabelecendo-se para eles, além das penas privativas de liberdade e multa, a de suspensão ou de proibição de se obter a permissão ou a habilitação, para dirigir veículo automotor. Assim, a suspensão de autorização e habilitação para dirigir veículo prevista no Código Penal só poderá ser aplicada, nos crimes culposos de trânsito, em substituição à pena privativa de liberdade, quando não se tratar de infração praticada com veículo automotor. Nesses termos, a interdição prevista no Código Penal só pode ser aplicada ao agente que, habilitado para dirigir veículo, pratica crime culposo de trânsito na condução de veículo de tração humana ou animal (bicicletas, carroças etc.). Sob o argumento de que a aplicação da pena de suspensão de habilitação para dirigir veículo violaria o direito do motorista profissional, já se tem efetuado a substituição da pena privativa de liberdade por outra pena restritiva.

No Código de Trânsito Brasileiro, a suspensão ou proibição de se obter a permissão ou a habilitação para dirigir veículo automotor não é prevista como pena substitutiva, mas como pena principal a ser aplicada, isolada ou cumulativamente, com as outras sanções (art. 292). Impõe-se a cumulação nos crimes culposos e nos delitos descritos nos arts. 306 a 308, para os quais a pena já é expressamente cominada. Deve ser ela aplicada, também, sem prejuízo das demais sanções, ao reincidente na prática de crime descrito no Código de Trânsito, por força do disposto no art. 296, com a redação dada pela Lei nº 11.705, de 19-6-2008, que substituiu a faculdade antes conferida ao juiz pela obrigatoriedade de sua imposição. Excluídas essas hipóteses, em que a suspensão ou proibição de se obter a permissão ou a habilitação para dirigir veículo automotor *deve* ser aplicada, *pode* o juiz aplicá-la, cumulativamente, com uma das penas cominadas para a infração, nos crimes descritos nos arts. 304, 305, 309 a 312, ainda que se cuide de acusado não reincidente em crime de trânsito, conforme lhe faculta o art. 292.

Aplicada a pena de proibição de exercício de profissão, atividade ou ofício ou a suspensão de autorização ou de habilitação para dirigir veículo, o juiz da execução determinará a apreensão dos documentos que autorizam o exercício do direito interditado (art. 154, § 2º, da LEP e art. 293, § 1º, do CTB). A autoridade administrativa deverá comunicar imediatamente ao juiz da execução o descumprimento da pena, sem prejuízo da comunicação de qualquer pessoa prejudicada (art. 155, da LEP), já que o descumprimento injustificado da restrição acarreta a conversão da pena restritiva de direitos em pena privativa de liberdade (art. 44, § 4º, do CP).

Na Lei de Drogas prevê-se a pena de proibição de obter ou a cassação da habilitação para o condenado por crime de condução de embarcação ou de aeronave após o consumo de drogas, pelo prazo da pena privativa de liberdade também aplicada (art. 39 da Lei nº 11.343, de 23-8-2006).

Jurisprudência

- Suspensão de habilitação para dirigir veículo automotor ao motorista profissional condenado por crime de homicídio culposo no trânsito
- Hipóteses de aplicação da substituição
- Substituição apenas em crime culposo de trânsito
- Inadmissibilidade de substituição da pena por suspensão de habilitação para dirigir veículo a motorista profissional
- Substituição excepcional da pena em crime culposo de trânsito
- Substituição excepcional da pena em crime culposo de trânsito – Contra
- Inadmissibilidade de aplicação como pena acessória
- Aplicabilidade da suspensão da habilitação em crimes de trânsito

47.4 Proibição de frequentar determinados lugares

Por força da Lei nº 9.714/98, foi inserida mais uma pena de interdição temporária de direitos, ou seja, a de proibição de frequentar determinados lugares, já inscrita na lei como uma das condições obrigatórias do *sursis* especial (art. 78, § 2º, *a*). No caso, a pena não pode ser aplicada de forma imprecisa e o juiz deverá especificar na sentença quais os lugares que o sentenciado não pode frequentar. Além disso, é evidente que essa fixação deve guardar relação com o delito praticado e com a pessoa do agente, como forma de prevenir a prática de novo crime pelo condenado. Não teria sentido que o magistrado o impedisse de frequentar locais aleatórios, proibição que não se adequaria à prevenção penal, nem possibilitaria a integração social do condenado, fim da execução de qualquer sanção penal. O tempo de duração é o mesmo da pena privativa de liberdade fixada inicialmente (art. 55). A proibição de frequentar determinados lugares é também prevista em lei como condição do *sursis* (art. 78, § 2º, *a*), do livramento condicional (art. 132, § 2º, *c*, da LEP) e da suspensão condicional do processo (art. 89, § 1º, II, da Lei nº 9.099/95). A Lei nº 11.340, de 7-8-2006, prevê, nos casos de violência doméstica e familiar contra a mulher, a proibição do agressor de frequentar determinados lugares como medida protetiva de urgência, de natureza civil e cautelar (art. 22, III, *c*). A Lei nº 11.340, de 7-8-2006, prevê, nos casos de violência doméstica e familiar contra criança e adolescente, a proibição do agressor de frequentar determinados lugares como medida protetiva de urgência, de natureza civil e cautelar (art. 22, III, *c*). A Lei nº 14.344/2022 prevê, nos casos de violência doméstica e familiar contra criança e adolescente, a proibição do agressor de frequentar determinados lugares como medida protetiva de urgência, de natureza civil e cautelar (art. 20, V). A proibição de acesso ou frequência a determinados lugares passou a ser também prevista no Código de Processo Penal como medida cautelar a ser aplicada no curso do inquérito policial ou do processo penal, para assegurar a regularidade da investigação ou da instrução criminal ou para evitar a prática de novas infrações, quando desnecessária a prisão preventiva (arts. 282 e 319, II).

47.5 Proibição de inscrever-se em concurso, avaliação ou exame públicos

A proibição de inscrever-se em concurso, avaliação ou exame públicos constitui nova modalidade de interdição temporária de direitos, que passou a ser prevista no art. 47, V, por força da Lei nº 12.550, de 15-12-2011. Refere-se a lei aos concursos públicos, exigidos pela Constituição como condição para a investidura em cargo ou emprego público (art. 37, inciso II), e à avaliação ou exame públicos. Estes são procedimentos de natureza pública, que visam à aferição de conhecimentos, habilidades ou competência dos inscritos, com vistas à aprovação, seleção ou habilitação para fins determinados, como o ingresso em universidades públicas, a admissão no serviço ou atividades públicos em casos em que o concurso é dispensável etc. Não se confunde a pena com as previstas no inciso I, porque a interdição, ao proibir a inscrição, veta, antecipadamente, a participação no concurso ou exame do qual depende o acesso ao cargo, função ou atividade pública. Embora a pena seja aplicável, principalmente, aos condenados pelo crime descrito no art. 311-A, que tipifica "fraudes em certames de interesse público", inserido pela mesma Lei nº 12.550/2011, pode ela ser imposta em decorrência da prática de outros delitos, observada a necessária relação de adequação à natureza e circunstâncias do fato e à pessoa do agente, que se pode verificar em alguns crimes de falso ou contra a administração pública.

Limitação de fim de semana

Art. 48. A limitação de fim de semana consiste na obrigação de permanecer, aos sábados e domingos, por 5 (cinco) horas diárias, em casa de albergado ou outro estabelecimento adequado.

Parágrafo único. Durante a permanência poderão ser ministrados ao condenado cursos e palestras ou atribuídas atividades educativas.

Vide: CP arts. 43, VI, 44, 78, § 1º; LEP arts. 79, II, 93 a 95, 148, 151 a 153, 181, § 2º; **Lei nº 8.069, de 13-7-1990**, art. 226, § 2º (veda a substituição da pena por pena de prestação pecuniária ou por multa isolada nos casos de violência doméstica e familiar contra criança e adolescente); **Lei nº 11.340, de 7-8-2006**, art. 22, VI e VII; **Lei nº 14.344, de 24-5-2022**, art. 20, V (proibição de frequentação de determinados lugares a fim de preservar a integridade física e psicológica da criança e do adolescente).

48 LIMITAÇÃO DE FIM DE SEMANA

48.1 Limitação de fim de semana

A pena prevista no artigo obriga o condenado a recolher-se à casa do albergado (arts. 93 a 95 da LEP), ou outro estabelecimento similar, aos sábados e domingos, por cinco horas diárias, em horários estabelecidos pelo juiz da execução. Durante o recolhimento, poderão ser ministradas palestras ou designadas atividades educativas. Tratando-se de condenado por crime cometido com violência doméstica e familiar contra a mulher, prevê a lei expressamente a possibilidade da fixação de frequência obrigatória, durante o tempo de permanência, a programa de recuperação e reeducação (art. 152, parágrafo único, da LEP, inserido pela Lei nº 11.340, de 7-8-2006 e posteriormente alterado pela Lei nº 14.344, de 24-5-2022), o comparecimento do agressor a programas de recuperação e reeducação e o acompanhamento psicossocial do agressor, por meio de atendimento individual e/ou em grupo de apoio (art. 22, VI e VII da Lei nº 11.340, de 7-8-2006 e art. 20, VIII e IX, da Lei nº 14.344/2022). A execução da pena de limitação de fim de semana é regulada pelos arts. 79, II, 148, 151 a 153 e 181, § 2º da LEP. A inexistência praticamente absoluta no país de casas do albergado ou de estabelecimentos semelhantes tem inviabilizado a aplicação dessa espécie de pena. A própria Lei nº 7.209/84, que instituiu a nova Parte Geral do Código Penal, previa a possibilidade, por um ano a partir do início da vigência, de optar no caso pela aplicação do *sursis*. A limitação de fim de semana, assim como a prestação de serviços à comunidade, é inserida como condição obrigatória do *sursis* simples (art. 78, § 1º, do CP).

Jurisprudência

- Inadmissibilidade de cumprimento em residência do condenado
- Inadmissibilidade de cumprimento da limitação de fim de semana
- Inexistência de estabelecimento adequado: concessão do regime domiciliar

SEÇÃO III

Da Pena de Multa

Multa

Art. 49. A pena de multa consiste no pagamento ao fundo penitenciário da quantia fixada na sentença e calculada em dias-multa. Será, no mínimo, de 10 (dez) e, no máximo, de 360 (trezentos e sessenta) dias-multa.

§ 1º O valor do dia-multa será fixado pelo juiz não podendo ser inferior a um trigésimo do maior salário mínimo mensal vigente ao tempo do fato, nem superior a 5 (cinco) vezes esse salário.

§ 2º O valor da multa será atualizado, quando da execução, pelos índices de correção monetária.

Vide: **CF** art. 5º, XLVI, *c*; **CP** arts. 11, 44, § 2º, 50, 51, 52, 58, 59, I, II, IV, 60, 72, 81, II, 114; **Lei nº 6.830**, de 22-9-1980 (dispõe sobre a cobrança judicial de dívida ativa da Fazenda Pública); **Lei nº 7.209**, de 11-7-1984, art. 2º; **LCP** art. 5º; **LEP** arts. 118, § 1º, 164 a 170; **Lei Complementar nº 79**, de 7-1-1994, art. 2º, V (multa como recurso do Fundo Penitenciário Nacional). Súmula: **STJ 43**.

49 MULTA

49.1 Pena de multa

Na aplicação da pena de multa, impõe-se ao condenado o pagamento ao fundo penitenciário da quantia fixada pelo juiz na sentença condenatória. É calculada em dias-multa, sendo, no mínimo, de dez e, no máximo, de trezentos dias-multa, qualquer que seja o crime praticado pelo condenado, canceladas que foram na Parte Especial e nas leis especiais alcançadas pelo art. 12 do Código Penal, incluindo a Lei das Contravenções Penais, quaisquer referências a valores, substituindo-se a expressão *multa de* por *multa* (art. 2º da Lei nº 7.209/84). Não se aplica a regra, portanto, quando a cominação em abstrato faz referência a salários-mínimos, salário-referência etc. Tanto pode ser aplicada como sanção principal (ou comum), quando cominada abstratamente como sanção específica a um tipo penal, alternativa ou cumulativamente com a pena privativa de liberdade, ou substitutiva da pena privativa de liberdade (art. 60, § 2º). As multas constituem recursos do Funpen (Fundo Penitenciário Nacional) criado pela Lei Complementar nº 79, de 7-1-1994, que foi regulamentado pelo Decreto nº 1.093, de 23-3-1994, conforme dispõe o art. 2º, inciso V, do primeiro diploma.

É violador do princípio constitucional da legalidade da pena, um dos mais importantes do direito penal, a conversão da pena de multa em doação de cestas básicas a entidades assistenciais. Ainda que tal conversão indique a preocupação social do julgador, o preceito do art. 5º, XXXIX, da Constituição Federal deve ser mantido a qualquer custo, fundamental que é no relativo aos direitos e garantias individuais estabelecidos na Carta Magna. Por disposição expressa da Lei nº 11.340, de 7-8-2006, é vedada a substituição que implique o pagamento isolado de multa nos crimes cometidos com violência doméstica e familiar contra a mulher (art. 17). No Estatuto da Criança e do Adolescente, disposição semelhante foi incluída pela Lei nº 14.344, de 24-5-2022, vedando nos casos de violência e domiciliar contra criança e adolescente a aplicação de cesta básica ou outras prestações pecuniárias, bem como a substituição de pena que implique pagamento isolado de multa (art. 226, § 2º).

Jurisprudência

- Destinação do pagamento da pena de multa
- Preservação da multa em salários mínimos
- Referência ao salário mínimo vigente à época do fato
- Pena de dias-multa para contravenções
- Pena de multa fracionada
- Inadmissibilidade de isenção da multa na execução
- Inadmissibilidade de conversão em doação de cestas básicas

49.2 Natureza da multa na execução

Com a alteração do art. 51 do CP, operada pela Lei nº 9.268, de 1º-4-1996, posteriormente alterada pela Lei nº 13.964, de 24-12-2019, passou-se a discutir a natureza da multa após o trânsito em julgado da sentença condenatória. Enquanto de um lado defende-se a tese de que continua a multa a ser uma sanção penal, embora considerada dívida de valor para o simples efeito da execução, de outro argumenta-se que a multa passou a ser débito monetário, ou seja, mera dívida ativa da Fazenda Pública. Refazendo posição anterior, entendemos que não houve alteração quanto à natureza da multa, que continua a ser sanção penal, visando o novo artigo apenas, além de proibir sua conversão em pena privativa de liberdade, acelerar o procedimento para sua execução, evitar a prescrição e deixar claro que está sujeita à atualização monetária até seu efetivo pagamento. A desastrada alteração legislativa não só tornou praticamente inócua a aplicação da pena de multa, como também gerou dúvidas quanto à titularidade e competência para sua execução (v. item 51.2).

Jurisprudência

- Execução da pena de multa como sanção penal
- Execução da multa como dívida monetária fiscal

49.3 Fixação da pena de multa

A pena em dias-multa deve ser fixada pelo juiz atendendo às regras gerais de aplicação da pena (art. 59). Em primeiro lugar, o juiz deve considerar a gravidade do crime e suas circunstâncias, inclusive as causas de aumento e diminuição da pena, para fixar o número de dias-multa cabível na espécie entre os limites legais (de 10 a 360 dias-multa). Fixado o número de dias, deve estabelecer o valor do dia-multa (de 1/30 a 5 vezes o maior salário-mínimo vigente no país, hoje unificado), levando-se em conta *exclusivamente* a situação econômica do sentenciado. O salário a ser considerado é aquele vigente ao tempo do crime. A Lei nº 11.343, de 23-8-2006 (Lei de Drogas), contém regras especiais a respeito da fixação da pena de multa nos crimes nela previstos.

Jurisprudência

- Critérios para a fixação da pena de multa
- Fixação do número de dias-multa: necessidade
- Fixação do número de dias-multa de acordo com a gravidade do crime
- Fixação do número de dias-multa de acordo com as circunstâncias
- Fixação do número de dia-multa de acordo com a culpabilidade
- Fixação do valor do dia-multa de acordo com as condições econômicas do acusado
- Fixação do valor da multa no mínimo legal
- Fórmula para a proporcionalidade entre a pena reclusiva e a pena de multa
- Inadmissibilidade de fixação em valor meramente simbólico
- Fixação do valor do dia-multa em crime de tráfico de entorpecentes (anterior à vigência da Lei nº 11.343, de 23-8-2006)
- Fixação exacerbada do valor do dia-multa
- Inexistência de nulidade na não-aplicação da multa
- Influência das causas de aumento e diminuição de pena
- Valor do dia-multa de acordo com o salário da data do fato
- Condição econômica do condenado
- Inadmissibilidade de fixação do valor em moeda corrente

49.4 Correção monetária da multa

O valor da multa deve ser atualizado pelos índices de correção monetária quando da execução. A correção monetária não modifica o valor da multa, apenas atualiza sua expressão monetária. Após a vigência da Lei nº 9.268, de 1º-4-1996, a multa aplicada em sentença irrecorrível é considerada dívida de valor, aplicando-se-lhe as normas relativas às dívidas da Fazenda Pública (art. 51 do CP, com a nova redação). A correção monetária, assim, é exigida não só pelo art. 49, § 2º, do CP, como também pelos arts. 144, § 1º, do CTN, e arts. 2º, § 2º, e 32 e seus §§ 1º e 2º da Lei nº 6.830/80.

Questão discutida é fixar o termo inicial para a aplicação da correção monetária. Já se tem apontado como termo inicial da correção monetária o primeiro dia útil após o décimo do prazo para o pagamento voluntário (arts. 50 do CP e 164 da LEP), pois só com a citação para a execução o condenado teria conhecimento do *quantum* devido. Também se tem apontado como termo inicial a data do trânsito em julgado da sentença, a data da citação, a data da sentença e a data do fato. Com a alteração da lei já mencionada, a melhor solução é a incidência da correção monetária a partir da data do fato, com fundamento na Súmula 43 do STJ que diz incidir correção monetária sobre dívida de ato ilícito "a partir do efetivo prejuízo". Como não se pode negar que o crime é um ato ilícito e a multa é agora uma dívida de valor, deve ser atualizada a partir da data do fato.

Pode-se entender que, em se tratando de dívida de valor e não de dinheiro e constituindo-se a sentença condenatória como título de dívida líquida e certa, deve-se corrigir o débito a partir do momento em que se tornou exigível, correspondente ao vencimento, no primeiro dia subsequente ao décimo do trânsito em julgado da sentença (art. 1º, § 1º, da Lei nº 6.899, de 8-4-1981 – LCM, c.c. o art. 50, *caput*, do CP). Por fim, entendendo-se que o título executivo só se formou com a sentença condenatória irrecorrível, excluído o art. 1º, § 1º, da Lei nº 6.899/1981, o cálculo deve ser feito, nos termos do § 2º desse dispositivo, a partir do ajuizamento da ação executiva. Afinamo-nos com a primeira opção. O crime evidentemente é incluído na categoria de atos ilícitos em geral e, por disposição expressa, a multa passou a constituir dívida de valor, devendo ser atualizada a partir da data do fato, posição aliás que vinha predominando nas decisões de nossos tribunais.

Jurisprudência

- Inexistência de ofensa ao princípio da reserva legal
- Legalidade da correção monetária
- Legalidade da correção monetária – Contra
- Eliminação da correção monetária
- Admissibilidade de correção pela TR
- Admissibilidade de correção pela TR – Contra
- Correção monetária a partir da data do fato
- Correção monetária a partir da data do fato – Contra
- Correção a partir do dia seguinte do fato
- Correção monetária a partir da sentença
- Correção monetária a partir do 11º dia do encerramento do processo
- Correção monetária a partir do trânsito em julgado
- Correção monetária a partir do 11º dia do trânsito em julgado
- Correção monetária a partir da citação
- Correção monetária a partir do 11º dia da citação ou intimação
- Conversão em índice referencial

Pagamento da multa

Art. 50. A multa deve ser paga dentro de 10 (dez) dias depois de transitada em julgado a sentença. A requerimento do condenado e conforme as circunstâncias, o juiz pode permitir que o pagamento se realize em parcelas mensais.

§ 1º A cobrança da multa pode efetuar-se mediante desconto no vencimento ou salário do condenado quando:

a) aplicada isoladamente;

b) aplicada cumulativamente com pena restritiva de direitos;

c) concedida a suspensão condicional da pena.

§ 2º O desconto não deve incidir sobre os recursos indispensáveis ao sustento do condenado e de sua família.

Vide: **CP** arts. 49, § 2º, 51, 52; **LEP** arts. 167, 168, 169, §§ 1º e 2º, 170, §§ 1º e 2º.

50 PAGAMENTO DA MULTA

50.1 Execução da multa

A multa deve ser paga dentro de dez dias depois de transitada em julgado a sentença condenatória. Se não for paga nesse prazo, deve ser promovida a execução, na forma do art. 51 do CP (item 51.2). É necessário, porém, que se faça previamente o cálculo de liquidação da pena, procedimento complementar do processo, em que serão ouvidas as partes, procedendo-se, em seguida, a homologação da conta.

Jurisprudência

- Liquidação de pena de multa
- Prazo de dez dias para pagamento da multa

50.2 Parcelamento da multa

Não tendo sido revogados expressa ou tacitamente os §§ 1º e 2º do art. 50, admite-se ainda que, a requerimento do condenado e conforme as circunstâncias, o juiz permita que o pagamento se realize em parcelas mensais. O requerimento deve ser apresentado até o término do prazo concedido para o pagamento da multa, ficando a critério do juiz, após eventuais diligências para verificar a real situação econômica do condenado e ouvido o Ministério Público, a fixação do número de prestações (art. 169, § 1º, da LEP). Se o condenado for impontual ou se melhorar de situação econômica, o juiz, de ofício ou a requerimento do Ministério Público, revogará o benefício, executando-se a multa ou se prosseguindo na execução já iniciada (art. 169, § 2º, da LEP). As parcelas devem ser corrigidas monetariamente para que seja preservado seu valor real.

Jurisprudência

- Parcelamento é faculdade do juiz
- Correção monetária das parcelas

50.3 Desconto em vencimentos ou salários

Permite-se também a cobrança da multa mediante desconto no vencimento ou salário do condenado quando a multa foi aplicada isoladamente, cumulativamente com pena restritiva de direitos ou foi concedida a suspensão condicional da pena. O desconto, porém, não pode incidir sobre os recursos indispensáveis ao sustento do condenado e de sua família. Nesse caso, o condenado é absolutamente insolvente, devendo-se sustar a execução da multa. Na determinação para o desconto, o juiz deverá observar o seguinte: o limite máximo do desconto mensal é o da quarta parte da remuneração e o mínimo o de um décimo; o desconto deve ser feito mediante ordem do juiz a quem de direito; o responsável pelo desconto será intimado a recolher mensalmente, até o dia fixado pelo juiz, a importância determinada (art. 168 da LEP). As parcelas em que for dividida a pena de multa também devem ser corrigidas, uma vez que a atualização monetária deve incidir até a efetiva execução do total da multa. Quando a pena de multa for aplicada cumulativamente com pena privativa de liberdade e esta estiver sendo executada, poderá ser cobrada aquela mediante desconto na remuneração do condenado, observados o limite e as condições mencionadas (art. 170 da LEP).

Jurisprudência

- Desconto no salário do condenado
- Insolvência não se presume
- Conceito de insolvência

Conversão da multa e revogação

Art. 51. Transitada em julgado a sentença condenatória, a multa será executada perante o juiz da execução penal e será considerada dívida de valor, aplicáveis as normas da legislação relativa à dívida ativa da Fazenda Pública, inclusive no que concerne às causas interruptivas e suspensivas da prescrição.*

* Redação determinada pela Lei nº 13.964, de 24-12-2019.

Vide: CF art. 5º, XXXIX, XLV; **CP** arts. 49, 50, 52, 81, II, 114; **LEP** arts. 118, § 1º, 164 a 170; **Lei nº 5.172**, de 25-10-1966 (Código Tributário Nacional); **Lei nº 6.830**, de 22-9-1980 (dispõe sobre a cobrança judicial de dívida ativa da Fazenda Pública). Súmula: **STJ 521**.

51 CONVERSÃO DA MULTA

51.1 Impossibilidade de conversão da multa

Dispunha o Código, no art. 51, *caput*, e a Lei de Execução Penal, no art. 182, que a multa era convertida em detenção quando o condenado solvente deixasse de pagá-la ou frustrasse sua execução. Entretanto, com a redação dada ao primeiro e a revogação do segundo, pela Lei nº 9.268, de 1º-4-1996, posteriormente alterada pela Lei nº 13.964, de 24-12-2019, eliminou-se qualquer possibilidade de conversão da multa em pena privativa de liberdade, inclusive as previstas no art. 85 da Lei nº 9.099, de 28-9-1995, que dispõe sobre os Juizados Especiais Cíveis e Criminais e no art. 9º da Lei das Contravenções Penais. Tratando-se de matéria de direito penal, a norma, por ser mais benéfica que a anterior, aplica-se retroativamente. Nem mesmo a conversão da multa em pena restritiva de direitos, prevista nesse artigo, é permitida, pois não há lei disciplinadora dos limites da conversão que, se efetivada, viola o princípio da legalidade da pena (art. 5º, XXXIX, da CF).

Jurisprudência

- Inadmissibilidade de conversão da multa
- Inadmissibilidade de conversão no caso de contravenção
- Aplicação retroativa da Lei nº 9.268/96
- Possibilidade de conversão da multa em pena restritiva de direitos no Juizado especial criminal

51.2 Execução da pena de multa

Previa-se a execução da pena de multa, em ação própria, nos termos dos arts. 164 a 166 da Lei de Execução Penal. Entretanto, a exemplo de outras legislações, o art. 1º da Lei nº 9.268, de 1º-4-1996, deu nova redação ao art. 51, *caput* do CP, que passou a dispor: "Transitada em julgado a sentença condenatória, a multa será considerada dívida de valor, aplicando-se-lhe as normas da legislação relativa à dívida da Fazenda Pública, inclusive no que concerne às causas interruptivas e suspensivas da prescrição." Por isso, tem-se concluído que a multa imposta em sentença transitada em julgado, tendo sido aplicada isolada ou cumulativamente com outra pena, perde o caráter de sanção penal, transformando-se em mera dívida de valor, com todas as consequências desta. Estaria assim revogado o art. 164 da Lei de Execução Penal, passando a vigorar na espécie o Código Tributário Nacional, a Lei nº 6.830, de 22-9-1980, e o art. 46, § 5º do CPC. Não se pretendeu, entretanto, desnaturar a natureza do débito do condenado; a multa, após o trânsito em julgado da sentença, continua a ser uma sanção penal e não mera dívida de valor. Aliás, o teor do art. 114 do Código Penal, na redação dada pela Lei nº 9.268/96, ao tratar do prazo de prescrição, revela que a multa *aplicada* continua a ser tratada como sanção penal. Ademais, ainda permanecem em vigor o art. 118, § 1º, da Lei de Execução Penal, que prevê a regressão de regime a quem não pagar, podendo, a multa cumulativamente imposta, e o art. 81, II, do Código Penal, que estabelece a revogação do *sursis* ao que frustra sua execução. Fosse a multa mera dívida de valor para com a Fazenda, ou seja, um crédito fazendário, a regressão e a conversão seriam inadmissíveis diante do que dispõe o art. 5º, LXVII, da Constituição Federal. Por fim, fosse essa sua natureza, a cobrança poderia ser efetuada contra os sucessores do condenado, o que viola o princípio previsto no art. 5º, inc. XLV, da Constituição Federal, o qual prevê que "nenhuma pena passará da pessoa do delinquente". Discutiu-se, porém, se a execução se processa por iniciativa do Ministério Público no juízo encarregado da execução penal ou por iniciativa da Procuradoria da Fazenda em Vara Cível encarregada das execuções fiscais. Entendendo-se que a multa, mesmo após o trânsito em julgado da sentença condenatória, continua a ser uma sanção penal, cabe ao Ministério Público promover a execução junto ao juízo da execução, competente para apreciá-la. Dessa forma, não há que se falar em necessidade de inscrição da multa como dívida ativa em favor da Fazenda Pública. Cristalizou-se, porém, no Superior Tribunal de Justiça, nos termos da Súmula 521, o entendimento de que, cumprido o disposto no art. 50 do CP e persistindo o inadimplemento da multa, a legitimidade para a sua execução é de ser reconhecida não mais para o Ministério Público, mas para a Procuradoria da Fazenda, e a competência jurisdicional para a Vara da Fazenda Pública.

A divergência a respeito dos temas motivou o Procurador-Geral da República à propositura de ação direta de inconstitucionalidade do art. 51 do CP, sustentando o melhor entendimento, o de que a multa, após o trânsito em julgado da sentença condenatória, continua a ser uma sanção penal, embora considerada dívida de valor para o simples efeito de execução, cabendo ao Ministério Público promover a sua execução perante o juízo das execuções criminais. Essa é a orientação que finalmente foi adotada pelo Supremo Tribunal Federal por ocasião do julgamento da ação direta de inconstitucionalidade (ADIN 3.150, j. em 13-12-2018, *DJe* de 6-8-2019). Decidiu, também, o STF que, caso o Ministério Público não proponha a execução da multa no prazo de 90 dias após o trânsito em julgado, o juiz criminal comunicará ao órgão competente da Fazenda Pública que, subsidiariamente, efetuará a cobrança perante a vara da execução fiscal.

Por fim, a Lei nº 13.964, de 24-12-2019, deu nova redação ao art. 51, de acordo com a qual "a multa será executada perante o juiz da execução penal".

Quanto às causas de suspensão e de prescrição aplicáveis à execução da multa, são elas reguladas pelas Leis nº 5.172, de 25-10-1966 (CTN), e nº 6.830, de 22-9-1980. As causas de suspensão e prescrição estão previstas nos arts. 151, *caput*, 155, parágrafo único, e 174 e seu parágrafo único do CTN e no art. 8º, § 2º, da Lei nº 6.830/1980 (itens 12.4.8 e 12.4.10).

Jurisprudência

- Legitimidade do Ministério Público para a execução da multa
- Legitimidade da Fazenda Pública para a execução da multa
- Competência do Juízo da Execução Penal
- Competência do Juízo das Execuções Fiscais
- Irretroatividade da Lei nº 9.268/96 na suspensão da execução da multa

Suspensão da execução da multa

Art. 52. É suspensa a execução da pena de multa, se sobrevém ao condenado doença mental.

Vide: CP arts. 49, 50, 51, 114, 118; **LEP** art. 167.

52 SUSPENSÃO DA EXECUÇÃO DA MULTA

52.1 Superveniência de doença mental

É suspensa a execução da multa se sobrevém ao condenado doença mental (arts. 52 do CP e 167 da LEP). Assim como ao inimputável não se aplica pena, toda vez que depois do trânsito em julgado da sentença o condenado vier a padecer de doença mental, não será possível a execução da pena privativa de liberdade ou de multa. Os dispositivos citados alcançam tanto o condenado que está cumprindo pena privativa de liberdade, como aquele que se encontra em liberdade. Restabelecido o condenado, a execução será retomada, não incidindo a correção monetária durante o prazo da suspensão. Não se prevendo causa de interrupção ou suspensão da prescrição, o prazo prescricional previsto no art. 114, I, corre mesmo durante a suspensão da execução da pena de multa.

CAPÍTULO II
DA COMINAÇÃO DAS PENAS

Penas privativas de liberdade

Art. 53. As penas privativas de liberdade têm seus limites estabelecidos na sanção correspondente a cada tipo legal de crime.

Vide: CF art. 5º, XXIX, XLVI, *a*; CP arts. 1º, 32, I, 59, II, **LCP** art. 5º, II.

53 PENAS PRIVATIVAS DE LIBERDADE

53.1 Cominação da pena privativa de liberdade

Diante da criação do sistema de substituição das penas privativas de liberdade pelas penas alternativas, obrigou-se o legislador a inserir um Capítulo na Parte Geral referente ao seu mecanismo, que não poderia situar-se repetitivamente em cada modalidade de delito. Quanto às penas privativas de liberdade, continuam elas a ter seus limites estabelecidos na sanção correspondente a cada tipo legal, ou seja, no preceito secundário, como, aliás, ocorria na legislação anterior.

Penas restritivas de direitos

Art. 54. As penas restritivas de direitos são aplicáveis, independentemente de cominação na parte especial, em substituição à pena privativa de liberdade, fixada em quantidade inferior a 1 (um) ano, ou nos crimes culposos.

Vide: CF art. 5º, XLVI, *b, d, e,* **CP** arts. 32, II, 43, 44, 55 a 57, 59, IV; **LEP** arts. 66, V, *c*, 180; **Lei nº 8.078**, de 11-9-1990 – **CDC**, art. 78 (aplicação das penas restritivas de direito no Código de Defesa do Consumidor); **Lei nº 9.099**, de 26-9-1995, art. 76; **Lei nº 9.503**, de 23-9-1997 – **CTB**, arts. 292, 293, 312-B; **Lei nº 9.605**, de 12-2-1998, arts. 7º, 21 (aplicação das penas restritivas de direito em crimes contra o meio ambiente); **Lei nº 11.340**, de 7-8-2006, art. 17 (veda a substituição da pena por pena de prestação pecuniária ou por multa isolada nos casos de violência doméstica e familiar contra a mulher); **Lei nº 11.343**, de 23-8-2006 (Lei de Drogas), arts. 28 (aplicação de pena restritiva de direito como penalidade principal em crime nele previsto), 44 (veda a substituição em crimes relacionados com o tráfico de drogas). Súmula: Vinculante 35.

54 PENAS RESTRITIVAS DE DIREITOS

54.1 Cominação e aplicação das penas restritivas de direitos

As penas restritivas de direitos não são cominadas abstratamente para cada tipo penal, mas aplicáveis na sentença a qualquer deles, independentemente de cominação na parte especial. Refere-se o art. 54 à possibilidade de substituição da pena privativa de liberdade fixada em quantidade inferior a um ano para os crimes dolosos. Nessa parte, porém, o dispositivo foi derrogado pela Lei nº 9.714, de 25-11-1998, que, alterando o art. 44 do CP, permite a substituição por pena restritiva de direitos da pena privativa de liberdade não superior a quatro anos quando o crime doloso não for cometido com violência ou grave ameaça à pessoa (v. itens 44.1 a 44.6). Quanto ao crime culposo permanece a possibilidade de substituição qualquer que seja a duração máxima da pena privativa de liberdade aplicada. É indispensável, em qualquer hipótese, que o juiz fixe, inicialmente, a pena privativa de liberdade, para depois efetuar a substituição.

Por força do art. 180 da LEP, o juiz da execução poderá fixar pena restritiva de direitos em substituição à pena privativa de liberdade não superior a dois anos, desde que preenchidos os pressupostos referidos no citado dispositivo: que o condenado a esteja cumprindo em regime aberto; que tenha sido cumprido pelo menos um quarto da pena; que os antecedentes e a personalidade do condenado indiquem ser a conversão recomendável. O dispositivo não foi alterado pela Lei nº 9.714, de 25-11-1998.

Leis penais especiais preveem regras específicas para a aplicação de modalidades de penas restritivas de direitos nos crimes nelas definidos, inclusive no sentido de sua imposição como penalidades principais, como ocorre em crimes de trânsito (arts. 292 e 293 do CTB), contra o meio ambiente (arts. 7º a 13 da Lei nº 9.605, de 12-2-1998), relacionados com drogas (arts. 28 e 29 da Lei nº 11.343, de 23-8-2006) etc. Há casos, também, em que a substituição é vedada em face da natureza da infração (v. item 44.2). As penas restritivas de direito podem ser aplicadas, ainda, na transação penal prevista no art. 76 da Lei nº 9.099, de 26-9-1995. Nessa hipótese, descumprida a pena, veda-se a conversão, possibilitando-se ao Ministério Público o retorno à situação anterior e o oferecimento da denúncia (Súmula Vinculante 35).

Com relação aos crimes de homicídio culposo e lesão corporal culposa cometidos por agente em situação de embriaguez ao volante (arts. 302, § 3º, e 303, § 2º, do CTB), veda-se a substituição da pena privativa de liberdade por restritiva de direitos (art. 44, I do CP), nos termos do que passou a prever o art. 312-B do Código de Trânsito, inserido pela Lei nº 14.071, de 13-10-2020.

Jurisprudência

- Aplicação da pena restritiva de direitos

> **Art. 55.** As penas restritivas de direitos referidas nos incisos III, IV, V e VI do art. 43 terão a mesma duração da pena privativa de liberdade substituída, ressalvado o disposto no § 4o do art. 46.*
>
> * Redação determinada pela Lei nº 9.714, de 25-11-1998.

Vide: CP arts. 43, IV, V, VI, 46, § 4º, 59, II, IV; LEP arts. 149, §§ 1º e 2º, 151, parágrafo único, 154, §§ 1º e 2º; **Lei nº 9.503**, de 23-9-1997 – CTB, art. 293; **Lei nº 9.605**, de 12-2-1998, art. 10 (prazos da interdição temporária de direitos em crimes contra o meio ambiente); **Lei nº 11.343**, de 23-8-2006, art. 28, §§ 3º e 4º (prazos de prestação de serviços à comunidade em crime nela previsto); Súmula: **STJ**, 643.

55 DURAÇÃO DAS PENAS RESTRITIVAS DE DIREITOS

55.1 Duração das penas restritivas de direitos

Após o juiz aplicar a pena privativa de liberdade cominada abstratamente na lei para o tipo penal, na forma dos arts. 59 e 68 do CP, poderá o magistrado substituí-la pela pena restritiva de direitos aplicável na espécie quando preenchidos os pressupostos legais. De acordo com a atual redação do art. 55, nas penas de prestação de serviços à comunidade ou a entidades públicas, de interdições temporária de direitos e de limitação de fim de semana, a substituição dar-se-á pelo mesmo tempo da pena privativa de liberdade fixada inicialmente e substituída, não podendo o juiz modificá-la. Deve ser lembrado, porém, que a prestação de serviços à comunidade ou a entidades públicas pode ser cumprida em até metade do tempo fixado inicialmente, como previsto pelo art. 46, § 4º, a que faz referência o art. 55.

O art. 55 faz também menção ao inciso III do art. 44, que previa a pena de recolhimento domiciliar, mas tal dispositivo foi vetado pelo Executivo.

A execução da pena restritiva de direitos pressupõe o trânsito em julgado da execução, nos termos do que prevê o art. 147 da Lei de Execução Penal. O Superior Tribunal de Justiça já decidiu no sentido da inviabilidade da execução provisória de sanções de tal natureza. Esse entendimento cristalizou-se na Súmula 643 do STJ: "A execução da pena restritiva de direitos depende do trânsito em julgado da condenação".

Tratando-se de crimes culposos de trânsito, a pena de suspensão ou proibição de se obter a permissão ou a habilitação para dirigir veículo automotor pode ser imposta como penalidade principal, isolada ou cumulativamente com outras penalidades, pelo período de dois meses a cinco anos, a critério do juiz (arts. 292 e 293 do Código de Trânsito Brasileiro – Lei nº 9.503, de 23-9-1997) (v. item 47.3). A pena de prestação de serviços à comunidade prevista como medida principal descrita no art. 28 da Lei de Drogas tem o prazo máximo de cinco meses e, em caso de reincidência, de dez meses (art. 28, §§ 3º e 4º, da Lei nº 11.343, de 23-8-2006).

Jurisprudência

- Inadmissibilidade da execução provisória das penas restritivas de direitos
- Substituição pelo mesmo tempo da pena privativa de liberdade
- Inadmissibilidade de redução do tempo da pena: possibilidade de cumprimento em menor tempo

Art. 56. As penas de interdição, previstas nos incisos I e II do art. 47 deste Código, aplicam-se para todo o crime cometido no exercício de profissão, atividade, ofício, cargo ou função, sempre que houver violação dos deveres que lhe são inerentes.

Vide: **CF** arts. 5º, XLVI, *e*, 15, III e V, 37, § 4º; **CP** arts. 43, V, 44, 47, I e II, 54, 55, 92, I, 327; **LEP** arts. 154, §§ 1º e 2º, 155, 181, § 3º; **Lei nº 8.078**, de 11-9-1990 – **CDC**, art. 78, I (interdição temporária de direitos no Código de Defesa do Consumidor); **Lei nº 9.605**, de 12-2-1998, art. 10 (interdição temporária de direitos em crimes contra o meio ambiente); **Lei nº 8.429**, de 2-6-1992, art. 12, I e II (perda de função pública e suspensão dos direitos políticos em atos de improbidade administrativa que importam enriquecimento ilícito c causam dano ao erário); **Lei nº 11.340**, de 7-8-2006, art. 22, III, *c* e IV; **Lei nº 13.869**, de 5-9-2019, art.5º, II .

56 SUBSTITUIÇÃO POR INTERDIÇÕES DE DIREITOS

56.1 Substituição por interdições de direitos: art. 47, I e II, do CP

Segundo dispõe o art. 56, a pena de proibição do exercício do cargo, função ou atividade pública, bem como de mandato eletivo só pode ser aplicada em substituição à pena privativa de liberdade na hipótese de crime em que se tenha violado o dever inerente a essas atividades públicas, incluindo-se, evidentemente, o abuso de poder. Não há necessidade de que se trate especificamente de crime contra a Administração Pública, mas que, na prática do delito, o agente tenha atuado com abuso de poder, ou violado, de outra forma, o dever que lhe impõe a qualidade de funcionário público, entendida esta expressão nos termos do art. 327 do CP. Cabe ao juiz da execução comunicar à autoridade competente a pena aplicada, para sua execução, que só se iniciará após ter sido baixado o ato competente, no prazo de 24 horas, pela autoridade pública (art. 154, *caput* e § 1º, da LEP).

Da mesma forma, a pena de proibição do exercício de profissão, atividade ou ofício que dependam de habilitação especial, de licença ou autorização do poder público só pode substituir a pena privativa de liberdade quando o crime foi praticado com violação dos deveres da profissão, atividade ou ofício, seja crime próprio ou não. Também nessa hipótese cabe ao juiz da execução comunicar à autoridade competente a pena aplicada, determinando ainda a intimação do condenado. Deve o juiz da execução determinar ainda a apreensão dos documentos que autorizam o exercício do direito interditado. Inicia-se a execução da pena na data em que o condenado é intimado pelo juiz da execução de que está proibido de exercer a profissão, atividade ou ofício (art. 154, *caput* e § 2º, da LEP).

A atual Lei de Abuso de Autoridade (Lei nº 13.869, de 5-9-2019, art. 5º) inovou na disciplina da matéria, prevendo que a inabilitação para o exercício de cargo, mandato ou função pública, a ser decretada por período de um a cinco anos, e a perda do cargo, do mandato ou da função pública somente podem ser reconhecidos na hipótese de reincidência em crime de abuso de autoridade e não constituem efeito automático da condenação, devendo ser declarados motivadamente na sentença.

> **Art. 57.** A pena de interdição, prevista no inciso III do art. 47 deste Código, aplica-se aos crimes culposos de trânsito.
>
> *Vide*: CF art. 5º, XLVI, *e*; CP arts. 43, V, 44, 47, III, 54, 55; LEP arts. 154, § 2º, 155, 181, § 3º; Lei nº **9.503**, de 23-9-1997 – **CTB**, arts. 292 a 296 e 312-B (pena de suspensão ou proibição de se obter a permissão ou habilitação para dirigir veículo automotor), 307 (violação da suspensão ou proibição).

57 SUBSTITUIÇÃO POR INTERDIÇÃO DE DIREITO

57.1 Substituição por interdição de direito: art. 47, III, do CP

A pena de suspensão de autorização ou de habilitação para dirigir veículo, pela sua própria natureza, só pode ser aplicada em substituição à pena privativa de liberdade nos crimes culposos de trânsito. Entretanto, com a entrada em vigência do atual Código de Trânsito Brasileiro, que passou a tipificar os crimes de trânsito na condução de veículos automotores, estes passaram a ser apenados com a suspensão ou proibição de obter a permissão ou a habilitação para dirigir veículo automotor como penalidade principal, isolada ou cumulativamente com outras penalidades (privativa de liberdade ou multa), conforme dispõe expressamente o art. 292 da Lei nº 9.503, de 23-9-1997. Assim, a pena substitutiva prevista no art. 47, III, do CP, só pode substituir a pena privativa de liberdade aplicada no crime de trânsito que não está tipificado no CTB, ou seja, nos casos em que o agente estava na condução de veículo não classificado como automotor (ônibus elétrico, por exemplo), incluídos os de tração humana ou animal (bicicleta, carroça etc.). A pena prevista no art. 47, III, do CP, porém, é mantida na hipótese de crimes cometidos antes do início da vigência do CTB, lei mais severa que os dispositivos do estatuto penal comum referentes à matéria.

Não se impede, porém, a substituição da pena privativa de liberdade aplicada no crime culposo de trânsito não incluído no CTB por multa, quando inferior a um ano, ou por outra restritiva de direitos (nova redação do art. 44, I, e § 2º). O art. 57 impede, porém, que essa pena de suspensão de autorização ou de habilitação para dirigir veículo seja aplicada em outros delitos que não os culposos de trânsito.

Com relação aos crimes de homicídio culposo e lesão corporal culposa cometidos por agente em situação de embriaguez ao volante (arts. 302, § 3º e 303, § 2º do CTB), veda-se a substituição da pena privativa de liberdade por restritiva de direitos (art. 44, I do CP), nos termos do que passou a prever o art. 312-B do Código de Trânsito, inserido pela Lei nº 14.071, de 13-10-2020.

Jurisprudência

- Exclusividade para os crimes culposos de trânsito
- Possibilidade de aplicação da pena de multa em pena não superior a seis meses (anterior à Lei nº 9.714/98)

- Possibilidade de aplicação da pena de interdição em pena não superior a seis meses (anterior à Lei nº 9.714/98)
- Permitida a cumulação com sanção administrativa
- Inadmissibilidade da comunicação quando se trata de contravenção

Pena de multa

Art. 58. A multa, prevista em cada tipo legal de crime, tem os limites fixados no art. 49 e seus parágrafos deste Código.

Parágrafo único. A multa prevista no parágrafo único do art. 44 e no § 2o do art. 60 deste Código aplica-se independentemente de cominação na Parte Especial.

Vide: CF art. 5º, XXXIX, XLVI, c, 226 § 2º; CP arts. 1º, 11, 44, § 2º, 49, 51, 59, I, II, IV, 60, §§ 1º, 2º, 72, 81, II, 114; Lei nº 7.209, de 11-7-1984, art. 2º; LCP art. 5º; LEP arts. 118, § 1º, 164 a 170; Lei nº 8.069, de 13-7-1990, art. 226, § 2º (veda a aplicação de cesta básica ou de prestação pecuniária, ou a substituição por multa isolada, nos casos de violência doméstica e familiar contra a criança e o adolescente); Lei nº 11.340, de 7-8-2006, art. 17 (veda a substituição da pena por prestação pecuniária, ou por multa isolada, nos casos de violência doméstica e familiar contra a mulher).

58 PENA DE MULTA

58.1 Substituição por pena de multa

A pena de multa prevista em cada tipo legal, seja cumulativa seja alternativa à pena privativa de liberdade, tem seus limites fixados no art. 49 e seus parágrafos, ou seja, não pode ser inferior a 10 nem superior a 360 dias-multa, excetuadas, evidentemente, as hipóteses em que haja causa geral ou especial de diminuição de pena. Já seu valor não pode ser inferior a um trigésimo do maior salário-mínimo vigente no país nem superior a cinco vezes esse mesmo salário. A multa, porém, pode ser aumentada até o triplo se o juiz considerar que, em virtude da situação econômica do réu, é ineficaz, embora aplicada no máximo (art. 60, § 1º).

Refere-se o art. 58, parágrafo único, ao parágrafo único do art. 44. Entretanto, com a alteração realizada neste último artigo pela Lei nº 9.714, de 25-11-1998, a multa passou a ser objeto do § 2º desse dispositivo. Continua válida a regra, portanto, de que, em caso de substituição, a pena de multa pode ser aplicada independentemente de cominação na parte especial. Deve-se observar, porém, que passou a ser permitida a substituição pela pecuniária nas condenações iguais ou inferiores a um ano (v. itens 44.2 e 60).

Jurisprudência

- Cumulatividade da multa cominada para o tipo com a aplicada por substituição da pena privativa de liberdade

CAPÍTULO III
DA APLICAÇÃO DA PENA

Fixação da pena

Art. 59. O juiz, atendendo à culpabilidade, aos antecedentes, à conduta social, à personalidade do agente, aos motivos, às circunstâncias e conseqüências do crime, bem como ao comportamento da vítima, estabelecerá, conforme seja necessário e suficiente para reprovação e prevenção do crime:

I – as penas aplicáveis dentre as cominadas;

II – a quantidade de pena aplicável, dentro dos limites previstos;

III – o regime inicial de cumprimento da pena privativa de liberdade;

IV – a substituição da pena privativa da liberdade aplicada, por outra espécie de pena, se cabível.

Vide: **CF** arts. 5°, XLVI, LVII, 93, IX; **CP** arts. 30, 32, 33, 43, 44, 45, 49, 53 a 58, 60, 68, 77, II, III; **CPP** arts. 6°, VIII, IX, 187, § 1°, 387, II e III, § 2°, 492, I; **LEP** arts. 110, 111, 156, 157; **Lei n° 11.343**, de 23-8-2006, art. 42 (circunstâncias preponderantes em crimes previstos na Lei de Drogas). Súmulas: **STF** 718, 719; **STJ** 241, 269, 440, 444, 636.

59 FIXAÇÃO DA PENA

59.1 Fixação da pena-base

Trata o art. 59, *caput*, e seus incisos I e II, da fixação da pena-base como primeira etapa da aplicação da pena privativa de liberdade, ou seja, a da pena-base entre os limites da sanção fixados abstratamente na lei penal, determinando que seja ela estabelecida conforme seja necessário e suficiente para *reprovação* e *prevenção* do crime. Sendo a culpabilidade do agente a base fundamental para a individualização da sanção a ser aplicada ao caso concreto, a reprovabilidade de sua conduta deve ser aferida para a fixação da pena-base. Refere-se, portanto, o *caput* do art. 59, às circunstâncias, chamadas de *judiciais* pela doutrina, que são os fatores dessa fixação.

Em primeiro lugar, nas circunstâncias judiciais, a lei menciona a *culpabilidade* do agente, tida na reforma penal como o fundamento e a medida da responsabilidade penal, o juízo de reprovação a cargo do juiz, que deve atentar para as circunstâncias que envolveram o ilícito. No termo deve-se incluir a aferição da intensidade do dolo ou o grau da culpa mencionados expressamente na lei anterior.

Deve o julgador também observar os *antecedentes*, bons ou maus, do agente, verificando sua vida pregressa, com base no que constar do inquérito policial (art. 6°, VIII e IX, do CPP), no interrogatório judicial (art. 187, § 1°, do CPP) e nos demais dados colhidos durante a instrução do processo. O envolvimento em vários inquéritos e ações penais, antes tido como maus antecedentes, não mais é reconhecido como tal em decorrência do princípio de presunção de não culpabilidade, máxime quando arquivados os procedimentos inquisitivos ou absolvidos dos réus (art. 5º, LVII, da CF). De acordo com a Súmula 444 do STJ, "é vedada a utilização de inquéritos policiais e ações penais em curso para agravar a pena-base". Decidiu, também, o STF, que condenações criminais extintas há mais de cinco anos podem ser reconhecidas pelo juiz como maus antecedentes quando da fixação da pena base, por não ser aplicável a essa circunstância judicial o prazo quinquenal da prescrição da reincidência, previsto no art. 64, I, do Código Penal, por se tratar de institutos distintos. Firmou-se, também, o entendimento de que a folha de antecedentes é documento hábil a comprovar os maus antecedentes e a reincidência. Nesse sentido a Súmula 636 do STJ.

Condenações anteriores, a habitualidade no crime e mesmo outros fatos desabonadores comprovados, porém, indicam maus antecedentes do acusado. Mesmo a condenação anterior já atingida pelo período depurador previsto no art. 64, inciso I, do CP, ainda que não gere reincidência, deve ser considerada como mau antecedente. A ausência de envolvimento em fatos desabonadores significa que o acusado tem bons antecedentes.

Refere-se a lei também à *conduta social* do agente, ou seja, a sua situação nos diversos papéis desempenhados junto à comunidade, tais como suas atividades relativas ao trabalho, à vida familiar etc.

Quanto à *personalidade*, registram-se qualidades morais, a boa ou má índole, o sentido moral do criminoso, bem como sua agressividade e o antagonismo com a ordem social intrínsecos a seu temperamento. Deve-se incluir, portanto, nessa circunstância, a periculosidade do agente, ou seja, as condições que indiquem a probabilidade de voltar a delinquir.

São considerados ainda os *motivos do crime*, que poderão derivar de sentimentos de nobreza moral ou, ao contrário, de paixões antissociais. No primeiro caso, a pena-base deve aproximar-se do mínimo; no segundo, fixar-se em grau mais elevado.

A referência às *circunstâncias e consequências do crime* é de caráter geral, incluindo-se nelas as não inscritas em dispositivos específicos. Podem referir-se ao tempo do delito, que pode demonstrar maior ou menor determinação do criminoso, a atitude durante ou após a conduta criminosa indicadora de insensibilidade ou indiferença ou arrependimento, ou se relacionar com a gravidade maior ou menor do dano causado pelo crime. Em crimes descritos na Lei de Drogas, prevê-se que a natureza e a quantidade da substância ou produto apreendido, a personalidade e a conduta social do agente são circunstâncias preponderantes sobre outras mencionadas no art. 59 do CP (art. 42 da Lei nº 11.343, de 23-8-2006). No caso de crime duplamente qualificado, pode entender-se que, na fixação da pena-base, uma das qualificadoras estabeleça os limites mínimo e máximo da pena e outra atue como *circunstância do crime*, ou seja, como circunstância judicial.

Por fim, a lei fixa também como circunstância judicial o *comportamento da vítima*, muitas vezes fator criminógeno, e que pode constituir-se em provocação ou estímulo à conduta criminosa. De outro lado, já se considerou que militam contra o condenado a deficiência do ofendido e o sofrimento maior a ele causado pelo agente.

Embora a lei refira-se no art. 59 às circunstâncias, em geral, não se tem admitido a consideração de outras que não as previstas no referido artigo, como a revelia, o dano patrimonial causado à vítima, a repercussão do fato na mídia etc.

Registre-se que no caso de concurso material de crimes e de concurso de pessoas a dosagem da pena-base deve ser fundamentada para cada crime e para cada acusado.

Na fixação da pena-base, o juiz deve fundamentar a decisão, sopesando as circunstâncias judiciais do art. 59, sob pena de nulidade. Não é suficiente a menção ao referido dispositivo para a fixação da pena-base, sendo obrigatória a consideração daquelas que devem influir na aplicação da sanção, para que possam as partes tomar conhecimento das razões que levaram o juiz a fixá-la. Mesmo na fixação no mínimo legal, a fundamentação é necessária, pois, nesta hipótese, a acusação deve ter conhecimento da motivação do magistrado na fixação da pena-base.

Jurisprudência

- Consideração dos antecedentes na fixação da pena-base
- Vinculação ao princípio da proporcionalidade
- Referência à intensidade do dolo sem circunstância concreta
- Consideração dos antecedentes na fixação da pena-base
- Réu primário e de bons antecedentes: pena-base no mínimo
- Réu primário e de bons antecedentes: pena-base no mínimo – contra
- Contra: consideração das demais circunstâncias judiciais
- Primariedade e bons antecedentes e demais circunstâncias
- Processo de individualização da pena
- Critérios legais e doutrinários para a fixação da pena
- Processo de individualização da pena na coautoria
- Dosimetria coletiva: possibilidade
- Necessidade de consideração das circunstâncias judiciais
- Desnecessidade de consideração de todas as circunstâncias
- Irrelevância das circunstâncias elementares do crime
- Inexistência de direito subjetivo a pena mínima
- Circunstâncias judiciais favoráveis: pena-base no mínimo
- Circunstâncias judiciais favoráveis: pena-base próximo do mínimo
- Circunstâncias judiciais desfavoráveis: pena-base acima do mínimo
- Circunstâncias desfavoráveis: pena no limite máximo
- Duas circunstâncias judiciais favoráveis: pena pouco acima do mínimo
- Consideração das circunstâncias judiciais e de peculiaridades do crime
- Inadmissibilidade de consideração sobre a gravidade do crime
- Critério para a fixação da pena-base acima do mínimo legal
- Consideração do grau de reprovabilidade
- Consideração da maneira de agir e das circunstâncias do crime
- Consideração do grau de culpabilidade
- Consideração da intensidade do dolo
- Consideração do grau da culpa
- Conceito de antecedentes
- Antecedentes e condenações anteriores
- Antecedentes e condenação anterior: prazo superior a 5 anos
- Antecedentes e reincidência conjuntos: inadmissibilidade
- Antecedentes e uma condenação anterior
- Antecedentes e condenação posterior ao crime
- Antecedentes e condenação anteriores ocorridas há mais de 5 anos
- Antecedentes e condenação anteriores ocorridas há mais de 5 anos – Contra
- Antecedentes e inquéritos arquivados ou em andamento
- Antecedentes e condenação anterior sem registro do trânsito em julgado
- Antecedentes e inquéritos arquivados ou em andamento
- Antecedentes e inquéritos posteriores
- Antecedentes e sentença absolutória
- Antecedentes e ações penais em andamento
- Antecedentes e ações penais em andamento – Contra
- Necessidade de aumento razoável pelos maus antecedentes
- Antecedentes e sentença condenatória não transitada em julgado
- Antecedentes por atos infracionais do menor com periculosidade

- Antecedentes: insuficiência da folha de antecedentes
- Antecedentes e prescrição da pretensão punitiva
- Antecedentes e condenação anterior atingida pela prescrição retroativa
- Antecedentes e condenação posterior ao crime
- Antecedentes e condenação anterior por contravenção
- Limitação no conceito de antecedentes
- Inadmissibilidade de reconhecimento de antecedentes criminais com base em testemunhos
- Antecedentes e demissão de cargo público
- Inadmissibilidade de consideração da reincidência na pena-base
- Consideração da conduta social
- Consideração da personalidade do réu
- Consideração do grau de periculosidade
- Consideração do grau de periculosidade – Contra
- Consideração dos motivos do crime
- Consideração das consequências do crime culposo
- Pena-base acima do mínimo em razão do comportamento do agente
- Pena-base em crime duplamente qualificado
- Influência de duas qualificadoras na pena-base
- Pena-base em crime duplamente qualificado: causa de aumento de pena
- Pena-base em crime duplamente qualificado: causa de aumento de pena – Contra
- Inadmissibilidade de compensação entre circunstância judicial e atenuante
- Reincidência e má personalidade: inexistência de *bis in idem*
- Desconsideração da conduta social em decorrência da profissão
- Consideração da periculosidade diante da gravidade do crime
- Considerações das consequências dos crimes: fundamentação insuficiente
- Consideração das consequências do crime para os descendentes da vítima
- Pena-base nos crimes com causas de aumento de pena
- Pena-base em crime qualificado
- Pena em crime duplamente qualificado: uma agravante
- Pena em crime triplamente qualificado: duas agravantes
- Pena em crime duplamente qualificado: circunstância judicial
- Majoração em decorrência dos efeitos do crime
- Majoração em virtude de quatro circunstâncias desfavoráveis
- Fixação de pena acima do mínimo legal
- Consideração do sofrimento maior da vítima
- Consideração da deficiência da vítima (surda-muda)
- Irrelevância da revelia do acusado
- Irrelevância de dano a patrimônio público
- Irrelevância da repercussão na mídia
- Relevância do sofrimento da família do acusado
- Circunstâncias judiciais para cada corréu
- Nulidade pela falta de fundamentação na fixação da pena-base
- Inexistência de nulidade se houver recurso
- Falta de fundamentação da pena-base: redução ao mínimo legal
- Validade da fundamentação no corpo da sentença
- Fixação de pena mínima sem pena-base
- Pena acima do mínimo fundamentada
- Pena mínima sem fundamentação
- Pena mínima sem fundamentação – Contra
- Deficiência da fundamentação
- Nulidade por ausência de fundamentação de penas em concurso de crimes
- Inadmissibilidade de alusão genérica às circunstâncias do art. 59: falta de fundamentação concreta
- Inadmissibilidade de correção de pena-base por meio de *habeas corpus*

59.2 Escolha entre penas alternativas

Com fundamento nas circunstâncias judiciais, o juiz deverá escolher a pena aplicável entre aquelas eventualmente previstas como alternativas na sanção do tipo penal. Escolhida a pena, privativa de liberdade ou multa, o juiz deve, obrigatoriamente, fixar a pena-base entre os limites mínimo e máximo previstos no preceito secundário da norma penal.

Jurisprudência

- Inadmissibilidade de cumulação de penas alternativas
- Escolha entre penas alternativas
- Necessidade de justificação quanto a penas alternativas
- Aplicação cumulativa de penas

59.3 Fixação do regime inicial da pena

Depois de proceder de acordo com o art. 68 (itens 68.1 a 68.5) e aplicada pena privativa de liberdade, deve o juiz determinar o regime inicial de seu cumprimento, com fundamento no art. 33, § 2º, letras *a*, *b* e *c*, e em regras específicas (itens 33.2 a 33.5).

A Lei nº 12.736, de 30-11-2012, acrescentou o § 2º ao art. 387 do Código de Processo Penal, no qual se prevê que o juiz ao proferir a sentença condenatória deverá proceder ao cômputo do tempo de prisão provisória ou administrativa ou de internação para o fim de fixação do regime inicial da pena privativa de liberdade. O dispositivo é passível de críticas e pode suscitar interpretações divergentes, inclusive em face de sua deficiente redação. De acordo com uma primeira orientação, que encontra algum apoio na exposição de motivos do projeto de lei, o juiz do processo de conhecimento está autorizado a fixar regime prisional mais brando do que aquele que haveria de aplicar, se o tempo de prisão provisória for superior ao tempo de cumprimento de pena exigido para a progressão. Caso seria, assim, de antecipar o juiz do processo o possível deferimento da progressão de regime pelo juiz da execução, estabelecendo, desde logo, como regime inicial o regime mais brando. No entanto, não se refere a nova lei à progressão de regime e esta, além de constituir matéria que se insere na competência do juiz da execução (art. 66, III, *b*, da LEP), depende também de outros requisitos legais, que incluem o exame do mérito do condenado. Outro entendimento autorizado pelo dispositivo, mais consentâneo com o sistema, é o de que, ao determinar o cômputo do tempo de prisão provisória para o fim de fixação do regime inicial, prevê a lei o abatimento na pena aplicada do período de custódia cautelar para o fim de verificar o juiz o regime cabível em face dos limites estabelecidos no art. 33, § 2º, *a*, *b* e *c*, do CP. Essa orientação, aliás, está em consonância com a norma contida no art. 111 da LEP. Assim, aplicada pena de 8 anos e 1 dia de reclusão a réu não reincidente, qualquer tempo de prisão provisória autoriza o juiz a optar pelo regime inicial semiaberto, lembrando, porém, que na fixação do regime inicial devem se observar as circunstâncias descritas no art. 59, conforme previsto no art. 33, § 3º.

A fixação pelo juiz de regime prisional mais severo do que o admitido pelo *quantum* da pena aplicada depende de motivação idônea (Súmula 719 do STF), não se considerando idônea a motivação que se restringe à manifestação pelo julgador de sua opinião sobre a gravidade do crime em abstrato (Súmula 718 do STF) (v. também item 33.5). Segundo o STJ, fixada a pena-base no mínimo legal, não justifica a opção por regime mais rigoroso tão somente a gravidade abstrata do delito (Súmula 440). Constitui, porém, fundamentação idônea para a fixação de regime prisional mais rigoroso a gravidade do fato concreto pelo qual o réu é condenado, que se possa afirmar com base nas circunstâncias ou consequências do crime ou no maior grau de reprovabilidade da conduta, circunstâncias essas previstas no art. 59 do CP. Os maus antecedentes, a personalidade do réu ou a maior periculosidade social, revelada concretamente na prática do delito, constituem também fundamentos que podem justificar a opção pelo regime mais rigoroso.

No STJ, contrariando-se uma orientação doutrinária majoritária, de que os regimes aberto e semiaberto não se destinam a reincidentes, editou-se a Súmula 269, com a seguinte redação: "É admissível a adoção do regime prisional semiaberto aos reincidentes condenados a pena igual ou inferior a quatro anos se favoráveis as circunstâncias judiciais." A omissão da sentença quanto ao regime inicial de cumprimento da pena pode ser corrigida em embargos de declaração, mas, não opostos estes, terá direito o sentenciado ao regime mais brando dos possíveis em tese.

Jurisprudência

- Individualização da pena na fixação do regime inicial
- Critérios para a fixação do regime prisional
- Regime inicial para réu reincidente
- Fixação do regime inicial com a soma de penas
- Regime inicial para réu reincidente
- Inadmissibilidade de fixação do regime pela gravidade do crime em abstrato
- Regime inicial semiaberto para o crime de roubo
- Regime inicial fechado para o crime de roubo
- Regime fechado para o crime de extorsão qualificada em continuidade
- Regime inicial aberto em prisão domiciliar indevido
- Impossibilidade de inserção no regime semiaberto de condenado estrangeiro com decreto de expulsão
- Necessidade de fundamentação para fixação do regime prisional
- Desnecessária a apreciação de todas as circunstâncias judiciais
- Inadmissibilidade de outros critérios que não os previstos pelo art. 59 do Código Penal
- Fixação da pena-base no mínimo legal e circunstâncias judiciais favoráveis: inadmissibilidade de fixação do regime mais rigoroso
- Admissibilidade de regime prisional mais severo na fixação da pena base no mínimo legal
- Estabelecimento diverso e distinto entre quantidade da pena e regime inicial de cumprimento
- Estabelecimento diverso e distinto entre quantidade da pena e regime inicial de cumprimento – Ccontra
- Discricionariedade do juiz para determinação do regime prisional
- Nulidade na omissão de regime prisional
- Nulidade tópica na omissão de regime prisional
- Omissão de fixação do regime: inexistência de nulidade da sentença
- Fixação de regime pelo juiz da execução na inexistência de fundamentação válida pelo juiz da sentença
- Omissão na sentença: regime mais brando
- Omissão de fixação do regime no acórdão
- Inadmissibilidade de fixação em grau de recurso
- Inadmissibilidade de fixação do regime em *habeas corpus*
- Inadmissibilidade de alteração de regime por embargos de declaração
- Inadmissibilidade de habeas corpus para alteração de regime em substituição à apelação

59.4 Substituição da pena e *sursis*

Deve ainda o juiz, por fim, verificar, obrigatoriamente, se, aplicada pena privativa de liberdade, não é o caso de substituí-la por uma das penas restritivas de direitos, obedecendo aos limites e requisitos indispensáveis a essa substituição (itens 54.1 a 58.1). Não sendo esse o caso, deve manifestar-se fundamentadamente sobre a concessão ou não do *sursis* quando a pena não ultrapassar dois anos de reclusão, detenção ou prisão simples (art. 157 da LEP) (itens 77.1 a 77.4).

Critérios especiais da pena de multa

Art. 60. Na fixação da pena de multa o juiz deve atender, principalmente, à situação econômica do réu.

§ 1º A multa pode ser aumentada até o triplo, se o juiz considerar que, em virtude da situação econômica do réu, é ineficaz, embora aplicada no máximo.

Multa substitutiva

§ 2º A pena privativa de liberdade aplicada, não superior a 6 (seis) meses, pode ser substituída pela de multa, observados os critérios dos incisos II e III do art. 44 deste Código.

Vide: CP arts. 11, 44, § 2º, 49, *caput* e § 1º, 58, 59, I, II, IV, 72, 114; **Lei nº 7.209**, de 11-7-1984, art. 2º; **Lei nº 8.069, de 13-7-1990**, art. 226, § 2º (veda a aplicação de cesta básica ou de prestação pecuniária, ou a substituição por multa isolada, nos casos de violência doméstica e familiar contra a criança e o adolescente); **Lei nº 8.078**, de 11-9-1990 – CDC, art. 77 (multa no Código de Defesa do Consumidor); **Lei nº 9.099**, de 26-9-1995, art. 76, *caput* e § 1º; **Lei nº 9.279**, de 14-5-1996, art. 197, parágrafo único (multa em crimes contra a propriedade industrial); **Lei nº 9.605**, de 12-2-1998, art. 18 (multa em crimes contra o meio ambiente); **Lei nº 11.340**, de 7-8-2006, art. 17 (veda a substituição da pena por multa isolada, nos casos de violência doméstica e familiar contra a mulher); **Lei nº 11.343**, de 23-8-2006, art. 43, parágrafo único (prevê a possibilidade de aumento do décuplo da pena de multa em crimes descritos na Lei de Drogas). Súmula: **STJ 171**.

60 CRITÉRIOS ESPECIAIS DA PENA DE MULTA

60.1 Fixação do valor da multa

Na fixação da pena de multa, é necessário que, em primeiro lugar, se fixe o número de dias-multa cabível na espécie. Não atende aos princípios da justiça fixar a multa tendo em vista apenas a condição econômica do sentenciado sem atender à gravidade do crime por ele praticado. Por isso, além da gravidade do crime praticado, é necessário levar em conta as circunstâncias judiciais que orientam a fixação da pena-base (art. 59), as circunstâncias agravantes e atenuantes, bem como as causas de aumento e diminuição gerais e especiais da pena. Em seguida, passa-se a determinar o valor do dia-multa. O valor de cada dia-multa, esse sim, deve ser fixado levando-se em conta *exclusivamente* a situação econômica do réu (patrimônio, rendas, nível de gastos etc.), pois só assim se poderá ser equitativo na imposição da reprimenda diante do maior ou menor poder econômico do sentenciado (v. item 49.2). Ainda por essa razão, dispõe-se que, a final, pode ser ela aumentada até o triplo, se o juiz considerar que, em virtude da situação econômica do acusado, é ineficaz, embora aplicada no máximo.

Jurisprudência

- Dosagem da pena de multa: circunstâncias judiciais do art. 59 do CP
- Circunstâncias judiciais desfavoráveis: dias-multa acima do mínimo

- Possibilidade de aumento da exacerbação da pena de multa
- Falta de fixação do valor unitário
- Fixação no mínimo legal
- Majoração da multa e situação econômica do réu

60.2 Multa substitutiva

Também a multa pode ser imposta como pena substitutiva, independentemente de cominação na parte especial. Pela Lei nº 9.714, de 25-11-1998, que deu nova redação ao art. 44, permite-se a substituição por pena de multa quando for aplicada pena privativa de liberdade inferior a um ano, e o sentenciado preencher os demais requisitos exigidos em lei, ou seja, os previstos nos incisos II e III e § 2º do referido art. 44 do CP, tal como na substituição pelas penas restritivas de direitos. Derrogada, pois, a parte do dispositivo art. 60, § 2º, que limita a substituição à pena não superior a seis meses.

A substituição por pena de multa pode ocorrer em qualquer crime, doloso ou culposo, consumado ou tentado, desde que obedecido o limite da pena privativa de liberdade originária. Não exige a lei equivalência quantitativa entre a pena de multa e a pena privativa de liberdade substituída, ao contrário do que ocorre com as penas restritivas de direitos. Sua fixação é regida por critérios próprios.

Na hipótese de crime cometido com violência doméstica e familiar contra a mulher, o art. 17 da Lei nº 11.340, de 7-8-2006, veda a substituição que implique o pagamento isolado de multa (art. 44, § 2º, 1ª parte do CP). No Estatuto da Criança e do Adolescente, disposição semelhante foi incluída pela Lei nº 14.344, de 24-5-2022 que veda nos casos de violência domiciliar contra criança e adolescente a aplicação de cesta básica ou outras prestações pecuniárias, bem como a substituição de pena que implique pagamento isolado de multa.

Jurisprudência

- Requisitos para a substituição por multa (anterior à Lei nº 9.714/98)
- Inexistência de equivalência na substituição por multa
- Substituição por multa em caso de tentativa de furto
- Substituição por multa em concurso formal de crimes
- Inadequação da substituição por multa
- Inadmissibilidade de substituição em caso de pena de multa alternativa
- Necessidade de decisão fundamentada
- Inadmissibilidade de substituição em penas cumulativas: tóxicos (anterior à vigência da Lei nº 11.343/2006)
- Inadmissibilidade de substituição em penas cumulativas: tóxicos (anterior à vigência da Lei nº 11.343/2006) – Contra
- Substituição da pena privativa de liberdade e absorção
- Substituição e cumulação de multas em contravenção
- Inadmissibilidade de substituição por multa em caso de reincidência
- Desaparecimento da pena privativa de liberdade
- Substituição por multa não é automática (anterior à Lei nº 9.714/98)
- Necessidade de decisão fundamentada
- Admissibilidade de substituição em crime falimentar (anterior à vigência da Lei nº 11.101, de 9-2-2005)
- Inadmissibilidade de substituição por multa: pena superior a um ano
- Inadmissibilidade de substituição em penas cumulativas: crime contra a economia popular
- Inadmissibilidade de substituição em penas cumulativas: prevaricação
- Inadmissibilidade de substituição na acumulação: substituição da pena privativa de liberdade por restritiva de direito

Circunstâncias agravantes

Art. 61. São circunstâncias que sempre agravam a pena, quando não constituem ou qualificam o crime:

I – a reincidência;

II – ter o agente cometido o crime:

a) por motivo fútil ou torpe;

b) para facilitar ou assegurar a execução, a ocultação, a impunidade ou vantagem de outro crime;

c) à traição, de emboscada, ou mediante dissimulação, ou outro recurso que dificultou ou tornou impossível a defesa do ofendido;

d) com emprego de veneno, fogo, explosivo, tortura ou outro meio insidioso ou cruel, ou de que podia resultar perigo comum;

e) contra ascendente, descendente, irmão ou cônjuge;

f) com abuso de autoridade ou prevalecendo-se de relações domésticas, de coabitação ou de hospitalidade, ou com violência contra a mulher na forma da lei específica;*

g) com abuso de poder ou violação de dever inerente a cargo, ofício, ministério ou profissão;

h) contra criança, maior de 60 (sessenta) anos, enfermo ou mulher grávida;**

i) quando o ofendido estava sob a imediata proteção da autoridade;

j) em ocasião de incêndio, naufrágio, inundação ou qualquer calamidade pública, ou de desgraça particular do ofendido;

l) em estado de embriaguez preordenada.

* Alínea *f* com redação determinada pela Lei nº 11.340, de 7-8-2006.

** Alínea *h* com redação determinada pela Lei nº 10.741, de 1º-10-2003.

***

Vide: **CP** arts. 28, II, 30, 62, 63, 64, 67, 68, 121, § 2º, I a V, 129, §§ 9º, 10 e 13; **CPP** arts. 387, I, II e III, 492, I, *a* e *b*; **Lei nº 8.069**, de 13-7-1990 – ECA (alterou o Código Penal e define crimes contra a criança e o adolescente), art. 226, § 2º; **Lei nº 8.078**, de 11-9-1990 – CDC, art. 76, I a V (agravantes no Código de Defesa do Consumidor); **Lei nº 9.455**, de 7-4-1997, art. 1º (define o crime de tortura); **Lei nº 9.605**, de 12-2-1998, art. 15, II, *a* a *r* (agravantes em crimes contra o meio ambiente); **Lei nº 9.503**, de 23-9-1997 – CTB, art. 298, I a VII (agravantes em crimes de trânsito); **Lei nº 10.741**, de 1º-10-2003 – EI (alterou dispositivos do Código Penal e define crimes contra a pessoa idosa); **Lei nº 11.340**, de 7-8-2006 (dispõe sobre a prevenção e repressão à violência doméstica e familiar contra a mulher), arts. 5º (conceito legal de violência doméstica e familiar contra a mulher) e 7º (formas de violência). **Súmulas: STJ** 241, 444.

61 CIRCUNSTÂNCIAS AGRAVANTES

61.1 Agravantes genéricas

Prevê o artigo quais as circunstâncias agravantes do crime que exigem aumento de pena, registrando, em primeiro lugar, que não serão elas consideradas quando constituem ou qualificam o crime. É evidente que uma circunstância *elementar*, ou *qualificadora* (como ocorre com diversas delas no crime de homicídio), que faz parte da estrutura do tipo básico ou qualificado, não pode, ao mesmo tempo, torná-lo mais grave, com o reconhecimento dessa circunstância como agravante genérica da pena, o que é vedado pelo princípio *ne bis in idem*. As *agravantes são meras circunstâncias que podem ou não existir no delito, sem modificar sua estrutura*. A enumeração é taxativa e, não estando a circunstância prevista expressamente como agravante, só poderá ser considerada, se for o caso, como circunstância judicial (art. 59). Existente, porém, a circunstância agravante, é obrigatório o aumento de pena. Deve-se, também, observar que as agravantes previstas no artigo, com exceção da reincidência, somente se aplicam aos crimes dolosos ou preterdolosos, uma vez que apenas quando conhecidas e aceitas pelo agente podem ser tidas como índice de maior culpabilidade a exigir censura mais grave do agente. No crime culposo, irrelevante que haja culpa inconsciente ou consciente. No caso de crime preterintencional, entretanto, há dolo no crime antecedente e, portanto, são cabíveis as agravantes. A circunstância agravante deve estar contida expressa ou implicitamente na denúncia, diante dos princípios da correlação, da ampla defesa e do contraditório, embora comuns decisões em sentido contrário. A reincidência é a primeira circunstância agravante referida no art. 61, mas é definida nos arts. 63 e 64.

Jurisprudência

- Inadmissibilidade de agravante em elemento do crime
- Inadmissibilidade da agravante em causa de aumento de pena (anterior à revogação do art. 226, III, do CP pela Lei nº 11.106, de 28-3-2005)
- Inadmissibilidade de agravante em qualificadora
- Inadmissibilidade de agravante em crime preterdoloso
- Obrigatoriedade do aumento de pena
- Conceito de agravante
- Inadmissibilidade de agravante não expressa em lei: maioridade do condenado
- Inadmissibilidade de agravante não expressa em lei: mero concurso de pessoas
- Inadmissibilidade de agravante em crime culposo
- Inadmissibilidade de agravante em contravenções
- Desnecessidade de constar da denúncia
- Desnecessidade de constar da denúncia – Contra

61.2 Motivação do crime

É circunstância agravante ter o agente praticado o crime por motivo fútil ou torpe. *Motivo fútil* é o de somenos importância, destituído de importância, insignificante, mesquinho, que indica uma desproporção exagerada com relação ao delito praticado, revelando elevada periculosidade do agente. *Motivo torpe* é o indigno, abjeto, imoral, que suscita repugnância e é próprio de personalidades profundamente antissociais. Não tem sido considerado motivo fútil ou torpe o motivo decorrente do ciúme. É também agravante a circunstância de ter sido o delito praticado para *facilitar ou assegurar a execução, a ocultação, a impunidade ou vantagem de outro crime*. Existe, pois, quando da ocorrência de outro delito que pode ser anterior, concomitante ou posterior àquele em que a circunstância deve ser reconhecida.

Jurisprudência

- Motivo fútil e circunstância elementar do crime
- Compatibilidade do motivo fútil com embriaguez
- Incompatibilidade do motivo fútil com embriaguez
- Incompatibilidade do motivo fútil somente com embriaguez completa
- Conceito de motivo torpe
- Preponderância do motivo torpe sobre a menoridade relativa
- Inadmissibilidade da agravante de motivo torpe no estupro
- Crime cometido para assegurar-se de impunidade
- Crime cometido por motivo fútil

- Diferença entre motivo fútil e motivo injusto
- Motivo fútil e nível social dos sujeitos ativo e passivo
- Inexistência de motivo: motivo fútil
- Inexistência de motivo: motivo fútil – Contra
- Crime cometido por ciúme: inexistência da agravante do motivo fútil
- Compatibilidade do motivo fútil com embriaguez
- Incompatibilidade do motivo fútil com embriaguez
- Crime cometido por ciúme: inexistência da agravante do motivo torpe
- Vingança: motivo torpe não reconhecido

61.3 Modos e meios para a execução do crime

Preveem-se na lei vários recursos usados pelo agente para cometer o crime, como a *traição*, que ocorre no ataque inesperado à vítima, prendendo-se a quebra de confiança com que o agente surpreende mais facilmente o ofendido, reunindo, pois, um aspecto material e um aspecto moral. A *emboscada*, em que o agente se oculta para surpreender a vítima, a *dissimulação*, em que o agente encobre o intuito criminoso, disfarça suas intenções, são outros. De qualquer forma, a lei inscreve uma forma genérica, tendo por agravante qualquer recurso que impeça ou dificulte a defesa da vítima, como a surpresa, a fraude, a "dopagem da vítima" etc.

Vários meios utilizados na prática de crime também podem constituir-se em agravantes. O *veneno* é o primeiro a ser indicado por seu caráter insidioso que dificulta ou torna impossível a defesa do ofendido e provoca, por vezes, grandes padecimentos, lesando a vida ou a saúde do ofendido mediante ação química, bioquímica ou mecânica. Podem ser eles sólidos, líquidos, gasosos e administrados por via oral, nasal, retal, vaginal, hipodérmica, intravenosa etc. Há também agravante quando o agente se utiliza de *fogo* ou *explosivo* na prática do crime, demonstrando sua grande periculosidade ou malvadez e criando perigo comum. A *tortura* é meio que inflige à vítima um mal ou sofrimento maior, desnecessário no mais das vezes para a prática do crime, denotando sadismo, insensibilidade e crueldade do agente. A tortura, porém, pode constituir crime autônomo quando acompanhada de circunstâncias específicas previstas na Lei nº 9.455, de 7-4-1997 (art. 1º, *caput* e parágrafos). Essa lei revogou também o art. 233 do Estatuto da Criança e do Adolescente. Em fórmula genérica, a lei menciona também qualquer meio insidioso, cruel ou de que possa resultar perigo comum.

Jurisprudência

- Inaplicabilidade da agravante surpresa no crime de roubo
- Crime de tortura no Estatuto da Criança e do Adolescente

- Inexistência da agravante de meio cruel
- Agravante pela prática do crime para cometimento de outro delito
- Conceito de traição

- Inadmissibilidade da agravante de traição em crime de roubo
- Admissibilidade da agravante da dissimulação
- Inexistência de recurso que tornou impossível a defesa da vítima
- Agravante em crime praticado com fogo
- Conceito de meio cruel

61.4 Condições da vítima

Há circunstâncias agravantes conforme a situação da vítima. As primeiras referem-se à relação de parentesco e casamento, revelando a maior insensibilidade do agente ao lesar bem jurídico de pessoas que exigiriam maior proteção, estima e afetividade. Existe agravante no crime praticado contra *cônjuge, ascendente, descendente e irmão*. Estão incluídas as pessoas ligadas por parentesco de consanguinidade ou adoção, exigindo-se, porém, a prova documental do casamento ou parentesco para o reconhecimento da agravante. Deve-se entender que não prevalece a circunstância agravante quando os cônjuges estão separados por ocasião do crime, já que, no caso, estão ausentes o afeto e a estima que é a *ratio legis* do dispositivo.

Na alínea seguinte, refere-se a lei ao *abuso de autoridade* (no relativo às relações privadas, como as *domésticas*, existentes entre membros da família, empregadores e empregados que trabalham em residências etc.), as de *coabitação*, que abrangem parentes ou não que convivem sob o mesmo teto (amásios, padrastos, enteados, companheiros de quarto etc.), e as de *hospitalidade* definidas pela coabitação por prazo diminuto, tanto nos do crime praticado por hóspede contra hospedeiro quanto deste contra aquele. Acrescentou-se à alínea *f* como nova agravante a circunstância de ser o crime praticado com violência contra a mulher na forma da lei específica. Trata-se da Lei nº 11.340, de 7-8-2006, que dispõe sobre a prevenção e repressão à violência doméstica e familiar contra a mulher. Assim, diante do que dispõe a lei especial, aplica-se a agravante na hipótese de configurar o crime uma das várias formas previstas de violência física, psicológica, sexual, patrimonial ou moral, contra a mulher (art. 7º). Para a incidência da agravante exige-se que a violência seja baseada no gênero e praticada no âmbito da família, do convívio doméstico ou de relação de convivência íntima, atual ou pretérita, ainda que ausente a coabitação (art. 5º) (v. item 129.24).

Tratando-se de crime de lesão corporal dolosa, algumas circunstâncias previstas nas alíneas *e* e *f* configuram hipóteses de *violência doméstica* que qualificam o crime no caso de lesão leve (art. 129, *caput*) ou constituem causas especiais de aumento de pena se a lesão é grave, gravíssima ou seguida de morte (art. 129, §§ 1º a 3º), ante o disposto nos §§ 9º e 10 do art. 129, acrescentados pela Lei nº 10.886, de 17-6-2004 (item 129.23).

Cuidando-se de feminicídio, as circunstâncias de ser a vítima mulher e de ter sido o delito praticado com violência doméstica e familiar ou com menosprezo ao gênero feminino determinavam a incidência da qualificadora prevista no art. 121, § 2º, VI, afastando-se a agravante genérica correspondente. A partir da vigência da Lei nº 14.994 de 9-10-2024, o feminicídio deixou de ser uma qualificadora no crime de homicídio e passou a crime autônomo previsto do art. 121-A. No caso de lesão corporal dolosa, a mesma circunstância, a de ser o crime praticado contra mulher em razão da condição do sexo feminino, também qualifica o delito, conforme art. 129, § 13, e enseja o afastamento da circunstância genérica prevista no art. 61, II, *f, in fine*. Em sentido oposto, porém, entendeu o STJ no tema repetitivo 1197: "A aplicação da agravante do art. 61, inc. II, alínea 'f', do Código Penal (CP), em conjunto com as disposições da Lei Maria da Penha (Lei n. 11.340/2006), não configura 'bis in idem'".

Em seguida, a lei inscreve as agravantes relacionadas à proteção de pessoas que estão submetidas ao agente por parcela de mando ou quando existe entre elas relação de confiança profissional. Assim, é o caso do *abuso de poder*, que reduz a possibilidade de defesa da vítima quando o bem jurídico é violado por um agente público que se excede no desempenho de suas funções, e os crimes praticados com *violação de dever* inerente a cargo, ofício, ministério ou profissão, em que o agente transgride o ordenamento jurídico referente a suas atividades para a prática do delito.

Agrava-se ainda a pena quando o crime é praticado contra criança, maior de 60 anos, enfermo ou mulher grávida. *Criança* é o ser humano de pouca idade, não estabelecendo a lei o limite máximo de idade para a exclusão da agravante, devendo-se tomar como referencial, mas não de aplicação obrigatória, o Estatuto da Criança e do Adolescente, que se refere àquela que não completou 12 anos de idade. Ao referir-se ao *maior de 60 anos*, a Lei nº 10.741 (Estatuto da Pessoa Idosa), de 1º-10-2003, que deu nova redação ao art. 61, inciso II, alínea *h*, adotou o critério cronológico, diversamente da lei anterior, que previa como circunstância agravante ter sido o crime praticado contra *velho*, o que exigia a consideração da idade de 70 anos, referida em outros dispositivos, e, abaixo dessa idade, o exame do caso concreto para avaliação do grau de senilidade e das condições físicas e de resistência da vítima frente ao contendor. Afasta-se a agravante genérica se a circunstância é *elementar* do tipo (art. 244 do CP e arts. 96 a 108 da Lei nº 10.741, de 1-10-2003); configura uma qualificadora (arts. 140, § 3º, 148, § 1º, inciso I, e 159, § 1º, do CP) ou constitui causa especial de aumento de pena (arts. 121, § 4º, 129, § 7º, 133, § 3º, inciso III, 141, inciso IV, do CP, art. 21, § 1º da LCP, art. 1º, § 4º, inciso II, da Lei nº 9.455, de 7-4-1997, e art. 40, inciso III, da Lei nº 11.343, de 23-8-2006).

No caso de homicídio praticado contra menor de 14 anos não mais se aplica a agravante genérica de ser a vítima criança, porque incidente a qualificadora prevista no art. 121, § 2º, IX, incluído pela Lei nº 14.344/2022.

É também circunstância agravante o ofendido estar *enfermo*, palavra que deve ser interpretada de forma ampla, incluindo-se não só os que padecem de moléstia física ou mental, como também os deficientes físicos. A Lei nº 9.318, de 5-12-1996, incluiu como circunstância agravante, mantida pela Lei nº 10.741/2003, a prática do crime contra mulher grávida, que tem menos condições de resistir ao ilícito. Evidentemente, tratando-se de enfermo ou mulher grávida, não existirá a agravante se o agente desconhecia tais circunstâncias. A condição de portador de deficiência é prevista, expressamente, no crime de feminicídio (art. 121-A, § 2º, II).

Agrava-se ainda a pena quando o ofendido estava *sob a imediata proteção da autoridade*. Estando a vítima diretamente protegida pela autoridade (presos, menores infratores etc.), ocorre a agravante que denuncia a maior periculosidade do agente e sem nenhum respeito pela autoridade pública.

Jurisprudência

- Inexistência de *bis in idem* na aplicação da agravante do art. 61, inc. II, alínea f, do CP, em conjunto com as disposições da Lei Maria da Penha
- Crime contra pai adotivo
- Crime contra cônjuge
- Crime contra cônjuge: inadmissibilidade no caso de casamento religioso
- Inexistência de prova cartorária do parentesco
- Inexistência de prova cartorária do parentesco – Contra
- Inadmissibilidade da agravante de abuso de poder em concussão
- Admissibilidade da agravante de coabitação no caso de curta hospedagem

- Inadmissibilidade da agravante de coabitação no caso de curta hospedagem
- Admissibilidade da agravante de violência doméstica contra a mulher após o fim da relação de afeto
- Inadmissibilidade da agravante da violação do dever do cargo em peculato
- Exigência do acolhimento afetuoso na caracterização da agravante de abuso da relação de hospitalidade
- Crime contra criança
- Desconhecimento pelo agente da condição de ser a vítima pessoa idosa
- Crime contra mulher grávida
- Crime contra vítima sob a proteção da autoridade
- Crime contra pessoa sob a imediata proteção da autoridade: preso
- Crime contra idoso: afastamento da agravante em razão da ausência de nexo da ação com a condição de vulnerabilidade
- Inadmissibilidade da agravante contra descendente em crime de maus-tratos
- Crime contra cônjuge: inadmissibilidade no caso de mancebia
- Crime contra cônjuge separado de fato: agravante insubsistente
- Inexistência de prova cartorária do parentesco
- Crime praticado contra irmã: não incidência da agravante
- Crime com abuso de autoridade
- Agravante do prevalecimento das relações domésticas
- Admissibilidade da agravante de prevalecimento das relações de coabitação no caso de separação de fato do casal
- Inadmissibilidade da agravante de violação de dever de profissão em exercício ilegal de medicina
- Crime com abuso da relação de hospitalidade
- Inadmissibilidade da agravante de crime contra criança
- Inadmissibilidade da agravante em elemento do crime
- Inadmissibilidade da agravante em elemento do crime: violência presumida nos crimes contra a liberdade sexual
- Crime contra velho
- Crime contra velho e limite cronológico
- Presunção no caso de pessoa com mais de 70 anos
- Crime contra pessoa guapa e decidida
- Crime contra velho e pessoa do agente
- Crime contra enfermo

61.5 Situações de emergência

Há também agravante no crime cometido por ocasião de *incêndio, naufrágio, inundação ou qualquer calamidade pública ou de desgraça particular do ofendido*. São hipóteses em que o agente se aproveita dessas situações para cometer o ilícito, valendo-se da facilidade que delas decorrem (dificuldades de policiamento, menor cuidado da vítima etc.). A fórmula genérica inclui qualquer situação de emergência, como terremoto, seca, velório, graves acidentes etc.

Jurisprudência

- Desgraça particular: falecimento do cônjuge

61.6 Embriaguez preordenada

Por último, inscreve-se na lei como circunstância agravante a embriaguez preordenada, ou seja, aquela em que o agente se embriaga propositadamente para criar condições psíquicas favoráveis para cometer o crime. Não se exige mais, como na lei anterior (art. 44, II, *c*), que a embriaguez tivesse o fim único de praticar o crime. Trata-se de hipótese de *actio libera in causa*, que indica a maior periculosidade do agente.

Jurisprudência

- Necessidade de prova da finalidade na embriaguez preordenada
- Inexistência da agravante da embriaguez preordenada

Agravantes no caso de concurso de pessoas

Art. 62. A pena será ainda agravada em relação ao agente que:

I – promove, ou organiza a cooperação no crime ou dirige a atividade dos demais agentes;

II – coage ou induz outrem à execução material do crime;

III – instiga ou determina a cometer o crime alguém sujeito à sua autoridade ou não-punível em virtude de condição ou qualidade pessoal;

IV – executa o crime, ou nele participa, mediante paga ou promessa de recompensa.

Vide: CP arts. 22, 29, 30, 31, 61, 65, III, *c*, 67, 68, 146.

62   AGRAVANTES NO CASO DE CONCURSO DE PESSOAS

62.1   Promoção ou organização do crime

No caso de concurso de pessoas, é possível a ocorrência de circunstâncias agravantes. Cita a lei em primeiro lugar aquele que promove ou organiza a prática do crime. Trata-se de punir mais severamente o organizador, o chefe, o líder, o autor intelectual do crime, mais perigoso por ter tomado a iniciativa ou coordenado a atividade criminosa.

Jurisprudência

- Organização e liderança: agravante para todos os crimes
- Inexistência da agravante na falta de ajuste prévio
- Inexistência da agravante em mero convite
- Inexistência de liderança do coautor

62.2   Coação, induzimento e determinação

Ocorre também a agravante com relação ao agente que coage o executor à prática do crime. A coação, por si só, já é ilícito penal por tolher a liberdade individual, motivo pelo qual a lei trata mais severamente aquele que obriga outrem, mediante violência ou ameaça, a praticar o crime. Não distingue a lei se a coação é resistível ou irresistível. No primeiro caso, o coacto também responde pelo crime, com circunstância atenuante (art. 65, III, *c*); no segundo, está excluída a culpabilidade, respondendo o coator por autoria mediata. Tem-se entendido que a coação acarreta a punição não só pelo crime agravado executado pelo coacto, como também pelo delito de constrangimento ilegal (art. 146). Trata-se, porém, de *bis in idem*, fundamentado o mesmo fato (coação) como *crime* e como *agravante* de outro delito. Também é circunstância agravante induzir o autor a prática do crime. Induzir significa criar a ideia em outrem da prática do crime, referindo-se a lei, portanto, ao idealizador do ilícito, não se constituindo em agravante a mera instigação a uma ideia preexistente do executor. Impõe a lei também maior severidade na pena a quem usa da autoridade pública, própria do exercício de função pública, ou privada, decorrente de relações particulares, como doméstica, profissional, religiosa, docente etc. que mantém o agente com relação ao executor para levar este à prática do delito. O agente atua por instigação ou por determinação, aproveitando-se da subordinação do executor ou de sua situação de impunibilidade em virtude de condição ou qualidade pessoal (menoridade, insanidade etc.).

Jurisprudência

- Empregador que determina a prática de crime pelo empregado: incidência da agravante

62.3 Crime mercenário

Há também agravação da pena quando o agente executa o crime, ou nele participa, mediante paga ou promessa de recompensa, punindo-se com maior severidade a cupidez, paixão antissocial, que leva o agente ao delito, demonstrando sua periculosidade, insensibilidade e baixa condição moral. Inclui-se no dispositivo não só aquele que recebe realmente a recompensa pelo crime, como também o que age em virtude da promessa ou na expectativa do recebimento de qualquer vantagem econômica ou de qualquer natureza. Não se aplica a agravante genérica nos crimes contra o patrimônio porque é da índole dessa modalidade de infrações penais a vantagem econômica. Segundo se tem entendido, a circunstância se comunica ao que dá ou oferece a vantagem, embora se trate de circunstância de caráter pessoal não elementar, que não se comunica ao coautor ou partícipe (art. 30 do CP).

Jurisprudência

- Incidência da agravante no crime de redução à condição análoga à de escravo
- Inexistência da agravante no crime contra o patrimônio

Reincidência

Art. 63. Verifica-se a reincidência quando o agente comete novo crime, depois de transitar em julgado a sentença que, no País ou no estrangeiro, o tenha condenado por crime anterior.

Vide: CP arts. 30, 33, § 2º, *b*, *c*, 44, II, § 3º, 61, I, 64, 67, 77, I, 81, I, § 1º, 83, I, II, V, 86, 87, 95, 110, 117, VI, 120, 155, § 2º, 168-A, § 3º, 171, § 1º, 180, § 5º, 337-A, § 2º; **LCP** art. 7º; **CPP** arts. 313, II, 743, 809, V; **LEP** arts. 84, § 1º, 123, II; **Lei nº 9.099**, de 26-9-1995, arts. 76, § 2º, I, 89; Súmula: **STJ** 636.

63 REINCIDÊNCIA

63.1 Conceito de reincidência

Havendo maior índice de censurabilidade na conduta do agente que reitera na prática do crime, prevê a lei a reincidência como circunstância agravante do delito. Por ser circunstância pessoal referente ao delito praticado, não incide na categoria do *bis in idem*, como por vezes já se tem afirmado. É reincidente quem pratica o crime após o trânsito em julgado da sentença em que o réu foi condenado anteriormente, tanto por sentença proferida no país como no estrangeiro. Não se configura a agravante, pois, quando ainda está pendente qualquer recurso referente à sentença prolatada no processo anterior. É irrelevante, porém, que o réu tenha cumprido ou não a pena ou que tenha sido ela julgada extinta. Só não prevalece a primeira condenação para o efeito da reincidência se houver sido decretada a prescrição da pretensão punitiva ou a extinção da punibilidade em data anterior ao trânsito em julgado da sentença condenatória. Referindo-se a lei a *crime* anterior, não se configura a reincidência se o réu tiver sido condenado anteriormente apenas por contravenção. Será ele reincidente, porém, se praticar nova contravenção desde que condenado por uma anterior praticada no Brasil (art. 7º da LCP). Não faz qualquer distinção a lei quanto à natureza dos crimes, antecedente e subsequente, existindo ela entre crimes dolosos, culposos, doloso e culposo, culposo e doloso, idênticos ou diversos, já não prevendo o Código a distinção entre reincidência genérica e reincidência específica. Também não se faz distinção entre crimes apenados com pena privativa de liberdade ou qualquer outra, praticado o subsequente no país ou no estrangeiro, excetuando-se apenas os crimes militares próprios e políticos (art. 64, II). Para a comprovação da reincidência, é indispensável a comprovação da condenação anterior por documento hábil, exigindo-se a competente certidão cartorária em que conste a data do trânsito em julgado. Não basta, assim, o assento policial para a comprovação da agravante. Todavia, tem-se assentado no STJ o entendimento de que a folha de antecedentes é documento hábil para a comprovação tanto dos maus antecedentes como da reincidência (Súmula 636).

Jurisprudência

- Reincidência como agravante obrigatória: inexistência de bis in idem e de ofensa ao princípio da individualização da pena
- Reincidência e maus antecedentes
- Reincidência: crimes dolosos ou culposos
- Reincidência e personalidade do agente
- Necessidade de sentença condenatória transitada em julgado anterior
- Desnecessidade de certidão sobre o cumprimento da pena anterior
- Inexistência de reincidência com processo anterior suspenso
- Certidão omissa quanto à data do trânsito em julgado
- Certidão omissa quanto à data do trânsito em julgado – Contra
- Inadmissibilidade de prova por folha de antecedentes
- Admissibilidade da prova por folha de antecedentes
- Admissibilidade da prova por informações extraídas dos sítios eletrônicos dos Tribunais
- Admissibilidade da prova por telex passado por juiz
- Admissibilidade da prova em recurso da acusação
- Admissibilidade da prova em recurso da acusação – Contra
- Conceito de reincidência
- Reincidência por condenação anterior à pena de multa
- Reincidência por condenação anterior à pena de multa – Contra
- Inadmissibilidade de reconhecimento da reincidência em condenação anterior por contravenção
- Inexistência de sentença definitiva com relação ao crime anterior
- Sentença anterior pendente de recurso extraordinário
- Inexistência de reincidência por sentença transitada em julgado após o novo crime
- Inexistência da reincidência em caso de prescrição da pretensão punitiva

- Reincidência ainda que tenha havido prescrição da pretensão executória
- Reincidência ainda que extinta a pena pelo seu cumprimento
- Reincidência ainda que extinta a pena pelo seu cumprimento – Contra
- Desnecessidade de cumprimento da pena anterior
- Necessidade de prova idônea do trânsito em julgado da sentença
- Certidão omissa quanto à data do trânsito em julgado
- Inadmissibilidade de prova por folha de antecedentes
- Admissibilidade da prova por folha de antecedentes
- Inadmissibilidade de reconhecimento por confissão do réu
- Inadmissibilidade de prova em recurso do condenado

63.2 Primariedade e reincidência

Não define a lei o que se deve entender por criminoso *primário*, formando-se, por isso, duas orientações a respeito desse assunto. Para uns, *primário* é o réu *não reincidente*, existindo somente essas duas espécies de réus. Em outra orientação, há três espécies de réus: o primário, aquele que, ao ser julgado, não sofreu qualquer condenação por crime; o reincidente, o que sofre a segunda condenação por crime praticado após a sentença condenatória pelo crime anterior; e o que não é primário, por já ter condenação anterior ao ser julgado, mas não é reincidente porque a condenação anterior não havia ainda transitado em julgado quando da prática do segundo crime, ou porque já transcorreu prazo superior a cinco anos entre o cumprimento ou extinção da pena do crime antecedente quando da prática do subsequente. Este é chamado por vezes e equivocadamente de réu *tecnicamente primário*.

Jurisprudência

- Espécies de condenados: primários e reincidentes
- Espécies de condenados: primários, reincidentes e nem primários nem reincidentes
- Prevalência da primariedade na dosimetria da pena
- Plurirreincidentes

63.3 Efeitos da reincidência

A reincidência provoca uma série de efeitos: (a) agrava a pena (art. 63); (b) prepondera essa circunstância na fixação da pena (art. 67); (c) impede a substituição da pena privativa de liberdade por restritiva de direitos ou multa (arts. 44, inciso II, e 60, § 2º); (d) impede a concessão do *sursis* quando se tratar de crimes dolosos (art. 77, inciso I); (e) impede que se inicie o cumprimento da pena em regime semiaberto (a não ser quando se tratar de detenção) ou aberto (art. 33, § 2º, *b* e *c*); (f) aumenta o prazo para a concessão do livramento condicional (art. 83, inciso II); (g) aumenta o prazo para a prescrição da pretensão executória (art. 110, última parte); (h) interrompe o prazo da prescrição (art. 117, inciso VI); (i) revoga o *sursis*, obrigatoriamente em caso de condenação por crime doloso (art. 81, inciso I) e facultativamente na hipótese de crime culposo ou contravenção (art. 81, § 1º); (j) revoga o livramento condicional, obrigatoriamente em caso de condenação a pena privativa de liberdade (art. 86) e facultativamente na hipótese de crime ou contravenção quando aplicada pena que não seja privativa de liberdade (art. 87); (l) revoga a reabilitação quando o agente for condenado a pena que não seja de multa (art. 95); (m) impede o reconhecimento de causas de diminuição de pena ou a concessão de perdão judicial (arts. 155, § 2º, 168-A, § 3º, 171, § 1º, 180, § 5º, 337-A, § 2º etc.); (n) torna admissível a decretação da prisão preventiva, em caso de condenação por crime doloso, nos crimes aos quais se comina pena inferior ou igual a quatro anos (art. 313, II, do CPP); (o) impede a concessão da suspensão condicional do processo e, se imposta pena privativa de liberdade na condenação anterior, também a transação (arts. 76, § 2º, I, e 89, *caput*, da Lei nº 9.099/95) etc. A reincidência também possibilitava o reconhecimento da infração prevista no art. 25 da LCP. O STF, porém, no julgamento do RE 583523 RG/RS em 3-10-2013 (*DJe* de 12-10-2013), reconheceu que esse dispositivo não foi recepcionado pela Constituição Federal de 1988.

Jurisprudência

- Legalidade do aumento de pena pela reincidência: inexistência de *bis in idem*
- Legalidade do aumento de pena pela reincidência: inexistência de *bis in idem* – Contra
- Necessidade do aumento de pena pela reincidência
- Necessidade de fundamentação para um aumento superior a 1/6 da pena

Art. 64. Para efeito de reincidência:

I – não prevalece a condenação anterior, se entre a data do cumprimento ou extinção da pena e a infração posterior tiver decorrido período de tempo superior a 5 (cinco) anos, computado o período de prova da suspensão ou do livramento condicional, se não ocorrer revogação;

II – não se consideram os crimes militares próprios e políticos.

Vide: **CP** arts. 61, I, 63, 82, 90, 120; **LEP** arts. 137, 158, *caput*, 160; **CPM** (prevê os crimes militares).

64 REGRAS PARA EFEITO DE REINCIDÊNCIA

64.1 Temporariedade da reincidência

Adotou o Código o sistema da *temporariedade* com relação à caracterização da reincidência, pois a condenação anterior somente será considerada para o reconhecimento da agravante se não houver decorrido mais de cinco anos entre a data do cumprimento da pena referente ao delito anterior e a da prática do crime posterior. Refere-se o dispositivo ao cumprimento das *penas*, mesmo unificadas, e não às medidas de segurança, agora somente impostas aos inimputáveis e aos chamados semi-imputáveis. Também não será reincidente o réu quando tal lapso temporal tiver decorrido entre a *extinção da pena*, por qualquer causa, valendo para a contagem não a data da decretação da extinção da pena, mas aquela em que ela realmente ocorreu. É computado o prazo em que o agente esteve submetido à suspensão condicional da pena ou ao livramento condicional, desde que não tenham sido tais benefícios revogados (arts. 82 e 90). O termo inicial dessa contagem é a data da audiência de advertência do *sursis* ou do livramento (arts. 137, 158, *caput*, e 160 da LEP).

Jurisprudência

- Descaracterização da reincidência pelo decurso do prazo de cinco anos do trânsito em julgado
- Caracterização da reincidência antes do transcurso do prazo de cinco anos
- Exclusão da agravante pelo decurso do prazo
- Termo inicial do prazo em caso de sursis
- Descaracterização da reincidência pelo decurso do prazo de cinco anos do cumprimento da pena
- Descaracterização da reincidência pelo decurso do prazo de cinco anos da extinção da pena
- Cômputo do prazo do sursis

- Termo inicial da contagem do prazo em caso de unificação de penas
- Termo final do prazo
- Crime cometido antes de decorridos cinco anos
- Inadmissibilidade de cômputo do prazo do sursis quando revogado
- Decurso do prazo de cinco anos e maus antecedentes

64.2 Desconsideração de crime antecedente

Por disposição expressa, não se consideram para efeito de reincidência condenação anterior por crimes militares próprios e políticos. Os crimes militares próprios estão previstos expressamente no Código Penal Militar, que os diferencia dos crimes militares relativos (arts. 9º e 10 do CPM). Também por disposição expressa não gera a reincidência a existência de sentença anterior em que tenha sido aplicado o perdão judicial (art. 120 do CP).

Jurisprudência

- Inadmissibilidade de aplicação em crime militar

Circunstâncias atenuantes

Art. 65. São circunstâncias que sempre atenuam a pena:

I – ser o agente menor de 21 (vinte e um), na data do fato, ou maior de 70 (setenta) anos, na data da sentença;

II – o desconhecimento da lei;

III – ter o agente:

a) cometido o crime por motivo de relevante valor social ou moral;

b) procurado, por sua espontânea vontade e com eficiência, logo após o crime, evitar-lhe ou minorar-lhe as conseqüências, ou ter, antes do julgamento, reparado o dano;

c) cometido o crime sob coação a que podia resistir, ou em cumprimento de ordem de autoridade superior, ou sob a influência de violenta emoção, provocada por ato injusto da vítima;

d) confessado espontaneamente, perante a autoridade, a autoria do crime;

e) cometido o crime sob a influência de multidão em tumulto, se não o provocou.

Vide: CP arts. 16, 21, 22, 28, I, 30, 62, II, 66, 67, 68, 104, parágrafo único, 115, 121, § 1º, 129, § 4º, 168-A, §§ 2º e 3º, I, 171, § 2º, VI, 312, § 3º; **LCP** art. 8º; **Lei nº 9.099**, de 26-9-1995, art. 74, parágrafo único; **Lei nº 9.605**, de 12-2-1998, art. 14 (atenuantes em crimes contra o meio ambiente). Súmulas: STJ 74, 234, 545, 630.

65 CIRCUNSTÂNCIAS ATENUANTES

65.1 Atenuantes genéricas

Circunstâncias atenuantes são dados objetivos ou subjetivos que, agregados ao tipo penal, indicam menor gravidade, obrigando a atenuação da pena. Prevê a lei no artigo as circunstâncias que devem atenuar a pena, obrigatoriamente, qualquer que seja o crime praticado. Embora não esteja expresso, não se reconhecerá a atenuante se a mesma circunstância for considerada como causa geral ou especial de diminuição de pena, evitando-se, assim, o *bis in idem*. Segundo jurisprudência praticamente pacífica, a existência de atenuantes não permite a fixação da pena abaixo do mínimo legal (item 68.3).

Jurisprudência

- Obrigatoriedade da redução da pena

65.2 Menor de 21 e maior de 70 anos

É atenuante ser o agente menor de 21 anos na data do fato. As razões que levam à diminuição da pena são a imaturidade do agente, que não completou ainda o seu desenvolvimento mental e moral, sendo fortemente influenciável. Não perdem o direito à diminuição da pena os menores de 21 anos casados ou emancipados por outra forma. O Código Civil, instituído pela Lei nº 10.406, de 10-1-2002, não revogou o art. 65, I, ante o disposto no art. 2.043 do novo estatuto, a especificidade da norma penal e a desnecessidade de recorrência a regra do direito civil para sua aplicabilidade. A presunção encampada no art. 65, I, não se funda na incapacidade civil, mas expressamente na idade cronológica do agente, já que se refere o dispositivo ao agente *menor de 21* (item 27.3). Para o reconhecimento da circunstância, é indispensável prova idônea.

Também é circunstância atenuante ter o réu mais de 70 anos na data da sentença, considerando-se a decadência ou degenerescência provocada pela senilidade, em que o raciocínio é mais lento, a memória mais fraca, o índice de sugestionabilidade e desconfiança maior, sendo menores a periculosidade e a capacidade de suportar o rigor da condenação. O agente menor de 21 ou maior de 70 anos, além da atenuante, beneficia-se da redução de metade dos prazos prescricionais (art. 115). Ao segundo se prevê a possibilidade de concessão do *sursis* quando condenado a pena não superior a quatro anos (art. 77, § 2º).

Jurisprudência

- Aplicação da atenuante após a vigência do novo Código Civil
- Menor de 21 anos casado
- Razão da atenuante para o maior de 70 anos
- Razão da atenuante para o menor de 21 anos
- Aplicação da atenuante após a vigência do novo Código Civil
- Menor de 21 anos à época do fato: obrigatoriedade da redução da pena
- Valor relativo da atenuante
- Prova da menoridade – Contra
- Menoridade comprovada por documentos
- Maior de 70 anos à época da sentença: obrigatoriedade da redução da pena

65.3 Desconhecimento da lei

Enquanto o erro sobre a ilicitude do fato exclui a culpabilidade, o simples desconhecimento da lei não a elimina (art. 21). Entretanto, dispõe o Código que é ele uma circunstância atenuante, seja ou não justificado o erro. Em caso de contravenção, a ignorância ou a errada compreensão da lei, quando escusáveis, são hipóteses de aplicação do perdão judicial (art. 8º da LCP). Não sendo justificado o erro de direito na contravenção, haverá apenas uma circunstância atenuante.

65.4 Motivo de relevante valor social ou moral

Configura-se também uma atenuante no crime cometido por motivo de relevante valor social ou moral. Dá-se o tratamento benéfico a condutas que, não obstante ilícitas, estão ligadas a um sentimento que não é antissocial por se referirem à honra, ou à liberdade individual, ou à pátria, à comunidade e a outros bens jurídicos socialmente relevantes. Essa circunstância, quanto aos crimes de homicídio e lesões corporais, constitui causa especial de diminuição de pena (arts. 121, § 1º e 129, § 4º).

Jurisprudência

- Distinção da atenuante com o privilégio

65.5 Arrependimento espontâneo

Beneficia-se com uma atenuante o agente que procura evitar ou minorar as consequências do crime, desde que o faça espontaneamente e logo após o crime. Também é circunstância atenuante ter reparado o dano antes do julgamento. São casos de arrependimento ativo do agente que procura eliminar ou diminuir as consequências do ilícito penal. Não há exclusão do crime, como no arrependimento eficaz (art. 15), ou da pena, mas a atenuação obrigatória da reprimenda. Lembre-se, ainda, que a reparação do dano antes do recebimento da denúncia é causa geral de diminuição de pena denominada arrependimento posterior (art. 16). A reparação do dano é ainda prevista para alguns crimes como causa de diminuição de pena, de perdão judicial e de extinção da punibilidade (arts. 168-A, §§ 2º e 3º, I, 312, § 3º, do CP; art. 9º da Lei nº 10.684, de 30-5-2003, art. 69 da Lei nº 11.941, de 27-5-2009, art. 83, § 4º, da Lei nº 9.430, de 27-12-1996 etc.). Nas infrações de menor potencial ofensivo, a homologação do acordo de composição dos danos civis nos crimes de ação penal privada ou de ação penal pública condicionada à representação do ofendido acarreta a renúncia ao direito de queixa ou representação e enseja a extinção da punibilidade (art. 74, parágrafo único, da Lei nº 9.099/95), contrariando a regra geral do art. 104, parágrafo único, do CP.

Jurisprudência

- Reconhecimento da atenuante
- Reparação do dano: inexistência da atenuante após a identificação da autoria
- Reparação do dano: inexistência da atenuante no ressarcimento forçado
- Reparação do dano não exime de pena

65.6 Coação resistível, ordem superior e violenta emoção

Enquanto a coação irresistível é causa de exclusão da culpabilidade (art. 22), aquela a que o agente podia resistir somente atenua a pena. A violência ou a ameaça sofrida pelo agente, diminuindo-lhe a capacidade de determinação, justifica a atenuação. Também é atenuante o fato de ter o agente praticado o crime em cumprimento de autoridade superior. Se a ordem não for manifestamente ilegal, caso em que excluiria a culpabilidade, o agente tem a seu favor a diminuição da pena, considerando-se que, se não a cumprisse, poderia sofrer consequências no desempenho de suas funções. Por fim, embora a emoção não exclua a culpabilidade (art. 28, I), é circunstância atenuante ter sido o crime praticado sob a influência de violenta emoção, provocada por ato injusto da vítima. É indispensável que se comprove, nesse caso, ter o agente sofrido perturbação do equilíbrio psíquico causado por ato injusto, ainda que não ilícito, do ofendido.

Jurisprudência

- Coação resistível
- Violenta emoção provocada por ato injusto da vítima
- Distinção com a causa especial de diminuição

65.7 Confissão espontânea

A pena é atenuada quando o agente confessa espontaneamente, perante a autoridade, a autoria do crime. Beneficia-se o autor do ilícito como estímulo à verdade processual, não se exigindo, como na lei anterior, que o ilícito seja de autoria ignorada ou imputada a outrem. Não basta, porém, a simples confissão para que se configure a atenuante; exige a lei que seja ela espontânea, de iniciativa do autor do crime, e que seja completa e movida por um motivo moral, altruístico, demonstrando arrependimento. Na jurisprudência, porém, tem-se aceitado a atenuante quando o acusado confessa o crime em seu interrogatório. De outro lado, não se configura a atenuante quando o agente, confessando a autoria, alega causa justificativa ou dirimente. Não importa, porém, quando a confissão é prestada, se no inquérito ou durante a ação penal, desde que seja apresentada perante a autoridade policial ou judiciária. A retratação da confissão espontânea, porém, exclui a atenuante. Consolidou-se no STJ, entretanto, o entendimento de que a atenuante deverá ser reconhecida quando a confissão for utilizada para a formação da convicção do julgador (Súmula 545). Decidiu também o STJ que a incidência da atenuante da confissão espontânea no crime de tráfico ilícito de entorpecentes exige o reconhecimento da traficância pelo acusado, não bastando a mera admissão da posse ou propriedade para uso próprio (Súmula 630).

Prevê a lei, também, a redução da pena e outros favores para o coautor ou partícipe que colabora com a autoridade na apuração do crime, que auxilia na recuperação do objeto ou produto do crime, que denuncia a quadrilha etc. (item 29.4).

Em recente decisão, a 3ª Turma do STJ fixou as seguintes teses sobre a valoração e a admissibilidade de confissões feitas na fase de investigação ou no momento da prisão: "(...) 11.1: A confissão extrajudicial somente será admissível no processo judicial se feita formalmente e de maneira documentada, dentro de um estabelecimento estatal público e oficial. Tais garantias não podem ser renunciadas pelo interrogado e, se alguma delas não for cumprida, a prova será inadmissível. A inadmissibilidade permanece mesmo que a acusação tente introduzir a confissão extrajudicial no processo por outros meios de prova (como, por exemplo, o testemunho do policial que a colheu). 11.2: A confissão extrajudicial admissível pode servir apenas como meio de obtenção de provas, indicando à polícia ou ao Ministério Público possíveis fontes de provas na investigação, mas não pode embasar a sentença condenatória. 11.3: A confissão judicial, em princípio, é, obviamente, lícita. Todavia, para a condenação, apenas será considerada a confissão que encontre algum sustento nas demais provas, tudo à luz do art. 197 do CPP".

Jurisprudência

- Valoração e a admissibilidade de confissões feitas no momento da prisão ou durante a investigação
- Compensação integral da atenuante da confissão espontânea com a agravante da reincidência
- Confissão espontânea, ainda que não voluntária, é sempre atenuante
- Confissão voluntária frente a provas irrefutáveis: inexistência da atenuante
- Confissão e alegação de exclusão da antijuridicidade ou culpabilidade
- Confissão e alegação de exclusão da antijuridicidade ou culpabilidade – Contra
- Confissão irrelevante para a condenação: existência da atenuante
- Confissão relevante para a condenação: existência da atenuante
- Confissão após decreto de prisão
- Confissão qualificada: inexistência da atenuante
- Confissão retratada como base para a condenação: atenuante
- Confissão não confirmada em juízo: inexistência da atenuante
- Confissão não confirmada em juízo: inexistência da atenuante – Contra
- Confissão espontânea e coautores
- Razão da atenuante da confissão espontânea
- Confissão espontânea válida
- Confissão espontânea: atenuante obrigatória
- Validade da confissão extrajudicial
- Confissão voluntária mas não espontânea não é atenuante
- Confissão provocada não é atenuante
- Inexigibilidade de que seja desconhecida a autoria
- Inexigibilidade de que seja desconhecida a autoria – Contra
- Confissão espontânea: necessidade de arrependimento
- Confissão espontânea: necessidade de arrependimento – Contra
- Confissão em prisão em flagrante: existência da atenuante
- Confissão extrajudicial de réu revel
- Confissão de réu revel no inquérito e após a sentença
- Confissão após a sentença
- Confissão em juízo após atividade policial: inexistência da atenuante
- Confissão em juízo após negativa no inquérito: existência da atenuante
- Confissão incompleta: inexistência da atenuante
- Confissão de apenas um delito: inexistência da atenuante
- Confissão para livrar comparsa: inexistência da atenuante
- Confissão retratada: inexistência da atenuante
- Confissão retratada parcialmente: inexistência da atenuante
- Confissão espontânea e redução da pena

65.8 Influência da multidão

A última circunstância atenuante, que ocorre no chamado *crime multitudinário*, é ter o agente cometido o crime sob a influência da multidão em tumulto, se não o provocou. É merecedor da atenuação aquele que, influenciado pela multidão, comete atos antissociais por ele não iniciados, comprovada que está a modificação normalmente operada no comportamento das pessoas que participam de um tumulto. Não se exige mais, como na lei anterior, que a reunião seja lícita ou que o agente não seja reincidente, sendo suficiente que o agente não tenha provocado o tumulto.

Art. 66. A pena poderá ser ainda atenuada em razão de circunstância relevante, anterior ou posterior ao crime, embora não prevista expressamente em lei.

Vide: CP arts. 59, 65, 67, 68; CPP, 387, II.

66 CIRCUNSTÂNCIA INOMINADA

66.1 Circunstância inominada

Pode ainda a pena ser atenuada por circunstância não prevista expressamente em lei. É atenuante facultativa, de conteúdo variável, que permite ao juiz considerar aspectos do fato que merecem atenção por indicarem uma culpabilidade menor do agente. Há falha no dispositivo que não se refere às circunstâncias concomitantes com o delito, mas evidentemente devem ser elas consideradas, por analogia, diante da lacuna involuntária da lei, que se revela por se ter feito constar essa possibilidade da exposição de motivos do projeto que se transformou na Lei nº 7.209/84. A rigor, porém, o juiz pode considerar na fixação da pena qualquer circunstância do crime, diante do disposto no art. 59, orientador da escolha da pena base. São circunstâncias que podem ser consideradas na atenuante inominada o arrependimento sincero do agente, sua extrema penúria, a recuperação do agente após o cometimento do crime, a confissão, embora não espontânea, ter o agente sofrido dano físico, fisiológico ou psíquico em decorrência do crime, ser portador de doença incurável etc.

Jurisprudência

- Bom comportamento na prisão: inexistência de atenuante
- Atenuantes da Lei nº 9.605/98: aplicação analógica
- Desemprego do réu: inexistência de atenuante

Concurso de circunstâncias agravantes e atenuantes

Art. 67. No concurso de agravantes e atenuantes, a pena deve aproximar-se do limite indicado pelas circunstâncias preponderantes, entendendo-se como tais as que resultam dos motivos determinantes do crime, da personalidade do agente e da reincidência.

Vide: CP arts. 59, 61 a 66, 68.

67 CIRCUNSTÂNCIAS PREPONDERANTES

67.1 Preponderância das circunstâncias subjetivas

As circunstâncias atenuantes e agravantes não têm o mesmo peso na quantidade da pena a ser diminuída ou aumentada, e deve o juiz, quando existentes ambas, fazer com que a pena se aproxime do limite indicado pelas circunstâncias preponderantes. A lei dispõe, embora sem fundamento científico para tal, que essas circunstâncias são as que dizem respeito aos motivos do crime, à personalidade e à reincidência. Além disso, refere-se à *personalidade* do réu, que é considerada pela lei apenas como circunstância judicial para a fixação da pena-base e não agravante ou atenuante (art. 59). A jurisprudência demonstra que os juízes e tribunais não têm respeitado a regra, pois têm considerado como preponderante a circunstância de ser o acusado menor de 21 anos, bem como a sua primariedade, ambas não mencionadas no art. 67. Além disso, raramente a existência de circunstâncias agravantes preponderantes tem levado à aplicação da pena máxima ou próximo ao máximo. Não há que se falar em preponderância entre agravantes e causas de aumento de pena ou entre atenuantes e causas de diminuição. Mas nada impede que o critério previsto pelo art. 67 possa ser utilizado na concorrência de causas de aumento e de diminuição da pena.

Jurisprudência

- Preponderância de circunstância de caráter subjetivo
- Inadmissibilidade de preponderância de circunstância em abstrato
- Menoridade e maus antecedentes
- Preponderância da confissão sobre a reincidência
- Compensação da confissão com a reincidência
- Inexistência de preponderância em relação às circunstâncias judiciais
- Preponderância entre qualificadoras e causas de diminuição de pena
- Preponderância da reincidência sobre a confissão espontânea
- Compensação entre reincidência e confissão espontânea
- Agravantes e menoridade
- Preponderância da menoridade sobre as demais circunstâncias
- Preponderância da menoridade sobre a reincidência
- Preponderância da menoridade sobre a reincidência – Contra
- Preponderância da menoridade sobre maus antecedentes
- Preponderância da menoridade sobre o emprego de meio insidioso ou cruel
- Inadmissibilidade de preponderância da menoridade
- Preponderância da confissão espontânea
- Aproximação do mínimo legal
- Aproximação do mínimo legal – Contra

Cálculo da pena

Art. 68. A pena-base será fixada atendendo-se ao critério do art. 59 deste Código; em seguida serão consideradas as circunstâncias atenuantes e agravantes; por último, as causas de diminuição e de aumento.

Parágrafo único. No concurso de causas de aumento ou de diminuição previstas na Parte Especial, pode o juiz limitar-se a um só aumento ou a uma só diminuição, prevalecendo, todavia, a causa que mais aumente ou diminua.

Vide: CP arts. 11, 14, parágrafo único, 16, 21, 24, § 2º, 26, parágrafo único, 28, § 2º, 29, §§ 1º e 2º, 59 a 67, 69 a 72; **CPP** arts. 387, II, 483, IV e V, § 3º, I e II, 492, I, *a*, *b*, *c*. § 1º. Súmulas: **STJ** 231, 241, 442, 443.

68 CÁLCULO DA PENA

68.1 Sistema trifásico

Obedecendo-se a norma constitucional que obriga a lei a regular a individualização da pena, o artigo estabelece um sistema de aplicação da pena considerando todas as circunstâncias pessoais e objetivas que cercam o autor e o fato praticado. Esse processo é o mais adequado, pois impede a apreciação simultânea de muitas circunstâncias de espécies diversas e, além disso, possibilita às partes melhor verificação a respeito da obediência aos princípios de aplicação da pena. Deve o juiz obedecê-lo, justificando a cada operação as circunstâncias que levou em consideração nos aumentos e diminuições, sob pena de nulidade.

Jurisprudência

- Necessidade de fundamentação para individualização da pena
- Motivação nas circunstâncias do fato
- Inexistência de agravantes, atenuantes, causas de aumento ou diminuição de pena
- Aplicação dos critérios para a pena de multa
- Sistema trifásico na fixação da pena
- Nulidade por desobediência ao sistema trifásico
- Nulidade por desobediência ao sistema trifásico – Contra
- Inversão da ordem sem prejuízo
- Necessidade de motivação em cada fase
- Necessidade de especificação do cálculo

68.2 Pena-base

Deve o juiz, em primeiro lugar, fixar a pena-base, atendendo aos critérios estabelecidos na lei, ou seja, considerando as circunstâncias judiciais (art. 59). Caso sejam cominadas, alternativamente, duas penas, deverá optar por uma delas, fixando a quantidade dela (art. 59, I). Essa fixação inicial, fundada na culpabilidade, antecedentes etc., deve obedecer aos limites mínimo e máximo previsto em lei (art. 59, II). Quando as circunstâncias judiciais não militam contra o acusado, a pena-base deve ficar no limite mínimo cominada em abstrato, ou aproximar-se desse limite (v. item 59.1). Tratando-se de crime qualificado, na falta de disposição expressa a respeito do assunto, é razoável que na pena-base deve ser considerado o número de circunstâncias qualificadoras. Outra opção é considerar uma para a fixação da pena-base e as demais como agravantes genéricas. Já decidiu, porém, o STJ que no roubo agravado a mera indicação do número de majorantes não é suficiente para a exasperação da pena, exigindo-se fundamentação concreta (Súmula 443).

Jurisprudência

- Pena-base e mínimo legal
- Inadmissibilidade de considerar circunstância elementar do tipo como agravante
- Inadmissibilidade de motivação pela opinião do juiz sobre o desvalor em abstrato da figura penal
- Necessidade de pertinência entre as circunstâncias e a pena fixada
- Desnecessidade de consideração de todas as circunstâncias judiciais
- Pena-base acima do mínimo
- Pena-base sem outras circunstâncias
- Pena-base e mínimo legal em concurso material de crimes
- Primariedade e pena-base no mínimo legal
- Inadmissibilidade de consideração da reincidência na pena-base
- Pena-base nas circunstâncias desfavoráveis
- Inadmissibilidade de consideração de causa de aumento na pena base Admissibilidade de consideração de qualificadora como agravante ou circunstância judicial
- Inadmissibilidade de consideração de qualificadora como agravante: circunstância judicial
- Inadmissibilidade de apreciação da pena-base em pedido de habeas corpus
- Fixação da pena-base sem fundamentação
- Desnecessidade de fundamentação na pena mínima
- Necessidade de consideração do art. 59 na fixação da pena-base
- Inadmissibilidade de consideração de elemento constitutivo do crime na pena-base

- Inadmissibilidade de consideração da reincidência na pena-base
- Inadmissibilidade de consideração de causa de aumento na pena-base
- Impossibilidade de consideração de qualificadora como circunstância judicial
- Admissibilidade da consideração dos antecedentes na pena-base em caso de reincidência

68.3 Consideração das agravantes e atenuantes

Na segunda etapa da aplicação da pena deve o julgador considerar as circunstâncias agravantes e atenuantes previstas nos arts. 61 a 66. Embora exista praxe de que cada circunstância tenha um valor de um sexto sobre a pena-base, a quantidade dos acréscimos ou diminuições fica ao prudente critério do juiz, que deve dar ênfase às circunstâncias preponderantes (item 67.1). Consideradas todas as agravantes e atenuantes, o juiz aumentará ou diminuirá a pena-base, podendo mantê-la quando umas compensarem outras. Há nulidade quando o magistrado considera conjuntamente as circunstâncias judiciais, agravantes e atenuantes. Uma característica fundamental das circunstâncias atenuantes e agravantes, segundo jurisprudência dominante, é a de que não podem elas servir para a transposição dos limites mínimo e máximo da pena abstratamente cominada. Assim, a presença de atenuantes não pode levar a aplicação abaixo do mínimo, nem a de agravantes a acima do máximo. Preceitua a Súmula 231 do Superior Tribunal de Justiça: "A incidência de circunstância atenuante não pode conduzir à redução da pena abaixo do mínimo legal." Em revisão da Súmula 231, foram fixadas as seguintes teses de julgamento: "1. A incidência de circunstância atenuante não pode reduzir a pena abaixo do mínimo legal, conforme o entendimento vinculante do Supremo Tribunal Federal no Tema 158 da repercussão geral. 2. O Superior Tribunal de Justiça não possui competência para revisar precedentes vinculantes fixados pelo Supremo Tribunal Federal. 3. A circunstância atenuante não pode conduzir à redução da pena abaixo do mínimo legal".

Jurisprudência

- Compatibilidade entre circunstâncias judiciais e reincidência
- Discricionariedade do juiz na fixação do aumento pelas agravantes
- Critério para aumento por agravante
- Reconhecimento de agravante: irrelevância de não ter sido mencionada na denúncia
- Dupla qualificação: inadmissibilidade de consideração de uma como agravante
- Nulidade por desconsideração de atenuante
- Irrelevância da ordem de atenuantes e agravantes
- Distinção entre agravantes e causas de aumento e de atenuantes e causas de diminuição
- Atuação das agravantes e atenuantes antes das causas de aumento e diminuição
- Influência das agravantes e atenuantes na segunda etapa da fixação da pena
- Percentual de aumento pela reincidência
- Critério para aumento por agravante
- Necessidade de consideração de atenuante
- Redução por atenuante
- Compensação de agravante e atenuante
- Maus antecedentes por condenação anterior e reincidência: *bis in* idem
- Maus antecedentes por condenação anterior e reincidência: *bis in idem* – Contra
- Pena fixada no mínimo legal: desconsideração de atenuantes
- Inadmissibilidade de fixação abaixo do mínimo
- Impossibilidade de fixação da pena abaixo do mínimo previsto em lei, em revisão da Súmula 231 do STJ
- Inadmissibilidade de fixação abaixo do mínimo – Contra

68.4 Consideração das causas de aumento e diminuição

Na terceira fase de aplicação da pena, devem ser consideradas as causas gerais de aumento e de diminuição da pena, previstas na Parte Geral (arts. 16, 21, 24, § 2º, 26, parágrafo único, 28, § 2º, 29, §§ 1º e 2º), ou especiais, previstas na Parte Especial do Código, nas proporções previstas nos respectivos dispositivos legais. A última etapa da segunda fase da aplicação da pena é a referente a redução da tentativa (item 14.4).

O aumento ou a redução da pena pode ser obrigatório ou facultativo, dependendo da redação do dispositivo aplicável à espécie. Tratando-se de causas de aumento ou diminuição previstas em limites variáveis, elas devem ser calculadas em razão das próprias causas e não das circunstâncias do crime, pois estas já foram apreciadas no cálculo da penalização. Havendo várias causas de aumento ou diminuição em quantidades fixas ou dentro de determinados limites, cada aumento ou diminuição se opera sobre a quantidade da pena resultante do cálculo anterior, embora já se tenha defendido a tese de que cada aumento ou diminuição deva incidir sobre a pena-base. As causas de aumento de pena podem superar o limite máximo fixado em abstrato, e as de diminuição o limite mínimo. Não havendo circunstâncias agravantes ou atenuantes, nem causas de aumento ou diminuição, a pena-base torna-se definitiva. Havendo concurso formal ou crime continuado (arts. 70 e 71), o aumento da pena é efetuado sobre a pena mais grave aplicada a um dos crimes componentes (itens 70.1 e 71.4).

Jurisprudência

- Circunstâncias atenuantes e agravantes precedem causas de aumento ou diminuição
- Consideração das causas de aumento ou diminuição
- Inadmissibilidade de consideração da circunstância para a condenação e para agravante da pena
- Causa de aumento do concurso formal
- Causa de aumento de pena no crime continuado
- Homicídio: qualificadora como agravante
- Homicídio: qualificadora como agravante ou circunstância judicial
- Homicídio: inadmissibilidade de acréscimo por circunstância agravante cumulativo com qualificadora
- Homicídio biqualificado: qualificadora como agravante
- Fundamentação para o aumento máximo
- Extorsão biqualificada: possibilidade de aumento máximo
- Redução máxima da tentativa
- Fixação da pena em caso de tentativa com atenuante
- Desconsideração de uma causa de aumento ou de diminuição de pena
- Possibilidade de fixação da pena abaixo do mínimo legal
- Causa de diminuição da pena na sanção pecuniária
- Causas de aumento ou diminuição da pena sobre a pena da segunda fase
- Consideração de várias causas de aumento
- Consideração das causas de aumento e de diminuição
- Necessidade de fundamentação para aplicação de porcentagem na causa de aumento de pena
- Inadmissibilidade de concurso de causa de aumento de pena e circunstância atenuante
- Roubo: critérios para porcentagem da agravação em causas de aumento de pena
- Roubo: porcentagem da agravação em duas causas de aumento de pena
- Roubo: percentagem da agravação em várias causas de aumento de pena
- Roubo: percentagem da agravação em várias causas de aumento de pena – Contra
- Roubo: uma causa de aumento de pena
- Roubo: concurso de causas de aumento
- Roubo biqualificado: causa de aumento de pena como agravante
- Roubo: critério para aumento além do mínimo legal
- Roubo com várias qualificadoras: causa de aumento de pena com circunstâncias agravantes
- Roubo biqualificado: causa de aumento de pena e circunstância judicial
- Inexistência de tabela para acréscimo diante de qualificadoras
- Etapa para a redução da tentativa
- Fundamentação para a redução na tentativa

68.5 Regras para aplicação da pena

Não se pode levar em conta duas vezes uma só circunstância, como circunstância judicial e agravante ou atenuante, como agravante uma causa de aumento de pena e como atenuante uma causa de diminuição da reprimenda. Nada impede, porém, considerarem-se os maus antecedentes, por inúmeras condenações, na pena-base, e a reincidência como circunstância agravante. Na fixação da pena de multa, além de todas as demais circunstâncias, o juiz deve atender, quanto ao valor do dia multa, *exclusivamente* a situação econômica do réu (itens 49.2 e 60.1), fazendo depois o cálculo do valor da multa em moeda corrente.

Dispõe a lei que, na hipótese de concurso de causas de aumento ou de diminuição da pena previstas na Parte Especial do Código, pode o juiz limitar-se a um só aumento ou a uma só diminuição. Neste caso, deve prevalecer a causa que mais aumente e a que mais diminua. É a hipótese do art. 226, I, II e IV, do CP, aplicável a crimes sexuais. Não dispondo da mesma forma quanto às causas de aumento ou diminuição previstas na Parte Geral, todas devem ser consideradas na fixação da pena.

Terminada a fixação da pena, é sobre o resultado final que deve o juiz verificar se não é cabível sua substituição por restritiva de direitos ou multa ou se é cabível a suspensão condicional da pena. Deve o juiz, também, fixar o regime inicial de cumprimento da pena privativa de liberdade (item 59.3), ainda que concedido o *sursis* ou substituída a pena por sanção restritiva de direitos, tendo em vista a possibilidade de revogação ou conversão que determine o cumprimento da pena aplicada.

Jurisprudência

- *Bis in idem* de elemento do tipo e circunstância judicial
- *Bis in idem* de elemento do tipo qualificado e circunstância judicial
- Compatibilidade entre má personalidade por processos anteriores e reincidência
- Redução para a pena mínima por falta de fundamentação da fixação da pena
- *Bis in idem* com a mesma circunstância judicial
- Maus antecedentes e reincidência: incompatibilidade
- Compatibilidade entre maus antecedentes e reincidência: condenações anteriores distintas
- Inadmissibilidade de consideração conjunta de maus antecedentes e reincidência
- Agravante da reincidência absorve maus antecedentes
- Sistema trifásico na aplicação da pena de multa
- Grau mínimo para a pena privativa de liberdade: grau mínimo para a pena de multa
- Omissão quanto à pena de multa
- Concurso de causas de aumento e de diminuição
- Necessidade de fundamentação em caso de concurso

Concurso material

Art. 69. Quando o agente, mediante mais de uma ação ou omissão, pratica dois ou mais crimes, idênticos ou não, aplicam-se cumulativamente as penas privativas de liberdade em que haja incorrido. No caso de aplicação cumulativa de penas de reclusão e de detenção, executa-se primeiro aquela.

§ 1º Na hipótese deste artigo, quando ao agente tiver sido aplicada pena privativa de liberdade, não suspensa, por um dos crimes, para os demais será incabível a substituição de que trata o art. 44 deste Código.

§ 2º Quando forem aplicadas penas restritivas de direitos, o condenado cumprirá simultaneamente as que forem compatíveis entre si e sucessivamente as demais.

Vide: **CP** arts. 44, 70, parágrafo único, 72, 75, § 1º, 76, 119, **CPP** arts. 76, 78 a 82, 483, § 6º; **LEP** arts. 66, III, *a*, 111; **LCP** art. 10.

69 CONCURSO MATERIAL

69.1 Concurso de crimes

Quando, em uma mesma oportunidade ou mesmo em ocasiões diversas, uma pessoa comete duas ou mais infrações penais que, de algum modo, estejam ligadas por circunstâncias várias, corre o que se denomina concurso de crimes, que dá origem ao concurso de penas. Entre os sistemas de aplicação de pena nessas hipóteses, há o *sistema do cúmulo material*, em que são somadas as penas dos crimes componentes, o *sistema da absorção*, em que se aplica a pena do crime mais grave, desprezando-se os outros, e o *sistema da exasperação*, segundo o qual deve ser aplicada a pena do crime mais grave, entre os concorrentes, aumentada a sanção de certa quantidade em decorrência dos demais.

Jurisprudência

- Concurso entre crime doloso e culposo
- Necessidade de decidir sobre a espécie de concurso

69.2 Concurso aparente de normas

Distingue-se do concurso de crimes o denominado *conflito aparente de normas*, quando a um mesmo fato, supostamente, podem ser aplicadas diferentes. São seus pressupostos, portanto, a unidade do fato e a pluralidade de normas que aparentemente identificam o mesmo. Como é impossível que duas normas incriminadoras venham a incidir sobre um só fato natural, o que é vedado pelo princípio *non bis in idem*, é indispensável que se verifique qual delas deve ser aplicada ao caso concreto. Na falta de lei expressa, adotam-se os princípios teóricos para resolver tal conflito. Pelo *princípio da especialidade*, derroga-se a lei geral pela especial, que é a que acrescenta à norma geral um ou vários requisitos. Pelo *princípio da subsidiariedade*, anula-se a lei subsidiária, expressa ou implícita, pela principal. Pelo *princípio da consunção ou da absorção*, anula-se a norma que já está contida em outra de âmbito maior, punindo-se o fato mais gravemente apenado. A absorção dá-se no crime-fim que absorve o crime-meio; no crime complexo, que absorve os crimes componentes; no crime progressivo, que consome o crime menor contido na conduta por ser este meio necessário ou fase normal de preparação da execução daquele. Por fim, pelo *princípio da alternatividade*, nos crimes de ação múltipla, ou de conteúdo variado, só é punida uma conduta criminosa embora o agente incida em duas ou mais do mesmo tipo, pois são fases do mesmo crime. Fala-se ainda em *antefato* e *pós-fato* não puníveis, quando a conduta anterior ou posterior do agente é cometida com a mesma finalidade prática do outro crime.

Jurisprudência

- Aplicação do princípio da subsidiariedade no crime-meio
- Aplicação do princípio da alternatividade no crime de ação múltipla
- Conflito aparente de normas
- Aplicação do princípio da especialidade no crime progressivo
- Aplicação do princípio da absorção do crime-meio
- Requisito para o reconhecimento da absorção
- Antefato não punível
- Pós-fato não punível

69.3 Concurso material de crimes

Quando o mesmo agente pratica duas ou mais condutas, com dois ou mais resultados, ocorre o denominado *concurso material* ou *concurso real* de crimes. Quando os crimes são idênticos, fala-se em concurso *homogêneo*; quando diversos, há o concurso *heterogêneo*. Nada impede o concurso material de crime doloso e crime culposo e de crime consumado e tentativa. Em qualquer hipótese, utilizando-se o sistema do cúmulo material, a sanção final a ser imposta é a soma das que devem ser aplicadas a cada delito isoladamente, devendo o juiz fundamentar uma a uma as reprimendas. Devem ser objeto de uma só ação penal quando houver conexão, ou de várias, se não houver entre eles o liame processual (arts. 76 e 78 a 82 do CPP). As regras de concurso material aplicam-se às contravenções. No caso de um mesmo processo, a pena de reclusão deve ser executada em primeiro lugar. Havendo duas ou mais ações, a precedência será das penas aplicadas na sentença de acordo com a ordem de recebimento da guia de recolhimento, impondo-se, porém, como regra geral, a execução primeiramente da pena mais grave (art. 76). Embora a soma das penas aplicadas na hipótese de concurso material de crimes possa superar 40 anos, esse é o limite estabelecido para o tempo de cumprimento (art. 75). Em se tratando de contravenções, a duração da pena de prisão simples não pode ultrapassar 5 anos (art. 10 da LCP). A extinção da punibilidade no caso de concurso de crimes incide sobre a pena de cada um dos crimes isoladamente (art. 119). Na fixação do regime inicial deve se proceder à soma das penas aplicadas (art. 111, *caput*, da LEP).

Jurisprudência

- Distinção do concurso material
- Necessidade de especificação de cada uma das penas
- Concurso material de crime e contravenção
- Concurso material em contravenções (arts. 32 e 34 da LCP)
- Concurso material em contravenções (arts. 32 e 34 da LCP) – Contra
- Concurso excepcional
- Concurso em crimes falimentares (anterior à vigência da Lei nº 11.101, de 9-2-2005)

69.4 Penas substitutivas

Possibilita-se a substituição da pena privativa de liberdade nos termos do art. 44 quando a soma das penas cumulativas não for superior a quatro anos, não terem sido os crimes praticados com violência ou ameaça à pessoa e não ser o condenado reincidente em crime doloso, tal como previsto no art. 44, com a redação determinada pela Lei nº 9.714/98. Se para um dos crimes for aplicada pena privativa de liberdade, sem *sursis*, para os demais é incabível a substituição, ainda que, em tese, fossem elas cabíveis. Possível a substituição, se forem aplicadas penas restritivas de direitos diferentes, o condenado deverá cumpri-las simultaneamente quando forem compatíveis entre si e sucessivamente se tal não for possível.

Concurso formal

Art. 70. Quando o agente, mediante uma só ação ou omissão, pratica dois ou mais crimes, idênticos ou não, aplica-se-lhe a mais grave das penas cabíveis ou, se iguais, somente uma delas, mas aumentada, em qualquer caso, de um sexto até metade. As penas aplicam-se, entretanto, cumulativamente, se a ação ou omissão é dolosa e os crimes concorrentes resultam de desígnios autônomos, consoante o disposto no artigo anterior.

Parágrafo único. Não poderá a pena exceder a que seria cabível pela regra do art. 69 deste Código.

Vide: CP arts. 69, *caput*, 71, parágrafo único, 72, 73, 74, 119; CPP arts. 77, II, a 82.

70 CONCURSO FORMAL

70.1 Concurso formal de crimes

Praticando o agente uma só conduta (ação ou omissão) que cause dois ou mais resultados típicos, ocorre o denominado *concurso formal* ou concurso *ideal* de crimes. Para se reconhecer a existência de unidade da ação, deve-se considerar o fator final, que é a vontade regendo uma pluralidade de atos físicos isolados, que compõem a conduta, dolosa ou culposa, e o fator normativo, que é a estrutura do tipo penal em cada caso particular. Assim, quando no mesmo comportamento se infringe várias vezes a mesma norma ou normas penais diversas, há concurso formal, aplicando-se o sistema de exasperação da pena. Havendo concurso formal homogêneo, a pena a ser aplicada é a de um dos delitos, aumentada de um sexto até a metade; se for ele heterogêneo, a base será a pena do ilícito mais grave, acrescida das mesmas quantidades. O percentual do aumento no caso de concurso formal deve ter relação com o número de resultados e vítimas e não com as circunstâncias do fato. Tratando-se, porém, de pena de multa, não vigem as regras do art. 70, mas a prevista no art. 72, de cúmulo material das penas pecuniárias (item 72.1).

No caso de concurso formal *heterogêneo*, o resultado final da operação deve ser reduzido, quando superior à soma das penas dos crimes praticados, para esse limite. É o que se deve denominar *cúmulo material benéfico* em concurso formal, devendo o juiz individualizar a pena de cada um dos delitos para, depois, fazer incidir as regras do concurso *formal* se forem mais favoráveis do que o *cúmulo material*. Existindo na espécie crime continuado, não deve ser aplicada a regra do concurso formal, pois tal operação levaria a uma punição mais severa diante da consideração do aumento do concurso formal na exasperação para o crime continuado.

Jurisprudência

- Inadmissibilidade do concurso formal na prática de mais de uma ação
- Distinção com o concurso material
- Concurso formal homogêneo

- Agravação sobre a pena do crime mais grave
- Necessidade de fixação da pena de cada crime
- Concurso formal: uma ação com atos distintos
- Concurso formal: uma ação com vários eventos
- Concurso formal: uma ação e vários crimes
- Concurso formal: uma ação e várias vítimas
- Concurso formal em crimes culposos
- Concurso formal em crimes culposos com modalidades diversas
- Aplicação do aumento conforme o número de crimes
- Concurso formal em concurso de agentes
- Aplicação do cúmulo material benéfico
- Aplicação da regra do concurso formal apenas quando beneficiar o acusado
- Absorção do concurso formal pelo crime continuado
- Absorção do concurso formal pelo crime continuado – Contra

70.2 Concurso formal impróprio

Na segunda parte do art. 70, *caput*, a lei disciplina o *concurso formal impróprio*, ou imperfeito, em que o agente, com uma só conduta, pratica dois ou mais crimes com *desígnios autônomos*, ou seja, *desejando, com autonomia, os vários resultados*. Por isso, é evidente que a regra só pode ser aplicada ao concurso formal de crimes dolosos, como expressamente se prevê no dispositivo. Para essa hipótese, prevê a lei a aplicação do *cúmulo material*, somando-se as penas. Enquanto no concurso formal próprio adotou-se o sistema da exasperação, pela unidade de desígnio, no concurso formal impróprio aplica-se o critério do cúmulo material diante da diversidade dos intuitos do agente.

Jurisprudência

- Cúmulo material em concurso formal impróprio
- Desígnios autônomos

Crime continuado

Art. 71. Quando o agente, mediante mais de uma ação ou omissão, pratica dois ou mais crimes da mesma espécie e, pelas condições de tempo, lugar, maneira de execução e outras semelhantes, devem os subseqüentes ser havidos como continuação do primeiro, aplica-se-lhe a pena de um só dos crimes, se idênticas, ou a mais grave, se diversas, aumentada, em qualquer caso, de um sexto a dois terços.

Parágrafo único. Nos crimes dolosos, contra vítimas diferentes, cometidos com violência ou grave ameaça à pessoa, poderá o juiz, considerando a culpabilidade, os antecedentes, a conduta social e a personalidade do agente, bem como os motivos e as circunstâncias, aumentar a pena de um só dos crimes, se idênticas, ou a mais grave, se diversas, até o triplo, observadas as regras do parágrafo único do art. 70 e do art. 75 deste Código.

Vide: **CP** arts. 70, parágrafo único, 72, 75, 119; **CPP** arts. 71, 82, 83; **LEP** arts. 66, III, *a*, 111. Súmulas: **STF** 497, 711; **STJ**: 659.

71 CRIME CONTINUADO

71.1 Conceito de crime continuado

Adotando a *teoria objetiva pura*, como se diz expressamente na exposição de motivos do projeto que se transformou na Lei n° 7.209/94, que entende ser o crime continuado uma realidade apurável objetivamente por meio dos elementos circunstanciais exteriores, independentemente da unidade de desígnio, o Código conceitua o crime continuado como o conjunto de ilícitos praticados nas mesmas condições de tempo, lugar, maneira de execução e outras semelhantes. Não exige a lei, apesar do que muitas vezes se tem decidido, que haja unidade de desígnios, uma vez que no crime continuado não se cogita da existência de uma unidade real, mas de uma ficção jurídica, bastando que as circunstâncias objetivas levem à conclusão da continuidade delitiva. Também, por esse motivo, restou totalmente superada a corrente que pregava a inadmissibilidade de continuidade delitiva em crimes que atingem bens personalíssimos de vítimas diversas. A continuidade delitiva, entretanto, deixa de existir se essas circunstâncias reais não indicam a continuação, mas a reiteração do crime pelo criminoso habitual. A continuidade não pode ser confundida com habitualidade, denunciada pela prática reiterada de ilícitos por agente que faz dela seu meio de vida. Também não se confunde o crime continuado com o delito habitual, em que há apenas uma conduta, composta de vários atos, inócuos penalmente, mas que, reunidos, constituem uma infração penal.

Jurisprudência

- Requisitos do crime continuado
- Irrelevância dos antecedentes do autor
- Indispensabilidade de unidade de desígnio
- Caracterização pela homogeneidade das condutas
- Inadmissibilidade em caso de homicídios com motivações diferentes
- Crimes em caso de bens personalíssimos de vítimas diversas
- Desnecessidade de pedido do Ministério Público para o reconhecimento do crime continuado
- Objetivo da continuidade delitiva
- Adoção da teoria puramente objetiva
- Contra: teoria mista
- Desnecessidade de merecimento do autor
- Indispensabilidade de unidade de desígnio
- Desnecessidade de unidade de desígnio
- Desnecessidade de unidade de desígnio previamente concebido
- Continuidade delitiva e reiteração no crime de criminoso habitual
- Continuidade delitiva e reiteração no crime de criminoso habitual – Contra
- Necessidade de esforço homogêneo
- Necessidade de nexo de causalidade em relação a hora, lugar e circunstâncias
- Necessidade do mesmo projeto criminoso
- Necessidade do mesmo impulso criminoso
- Necessidade de aproveitamento de relações e oportunidades preexistentes
- Necessidade de aproveitamento das mesmas condições
- Continuidade delitiva contra vítimas diversas
- Continuidade delitiva em ofensa a qualquer bem jurídico
- Possibilidade em caso de bens personalíssimos
- Possibilidade em caso de bens personalíssimos: homicídios
- Inadmissibilidade em caso de bens personalíssimos de vítimas diversas
- Distinção de crime continuado e crime habitual

71.2 Pluralidade de crimes

Para o reconhecimento da existência do crime continuado é necessário, em primeiro lugar, que ocorram duas ou mais condutas do mesmo agente e dois ou mais resultados, ou seja, em tese, um concurso material. Existindo apenas uma conduta, ainda que desdobrada em vários atos, haverá concurso formal. É indispensável, além disso, que sejam crimes da mesma espécie, incluindo-se não só os que estão tipificados na mesma norma penal, como também aqueles que se assemelhem em seus tipos fundamentais por seus elementos objetivos e subjetivos, violadores do mesmo interesse jurídico. Nada impede o reconhecimento da continuidade delitiva entre as formas simples e qualificadas de um ilícito, entre crimes tentados e consumados ou até entre crimes culposos.

Jurisprudência

- Intervalo entre os atos ilícitos: crime continuado
- Pluralidade de atos e uma só ação: crime único
- Ações simultâneas: inexistência de continuação
- Distinção com concurso formal

71.3 Apuração da continuidade delitiva

A continuidade delitiva é apurada pelas circunstâncias de tempo, lugar, maneira de execução e outras semelhantes. O limite tolerado quanto ao lapso temporal entre um e outro delito é de 30 dias, conforme jurisprudência pacífica. Quanto ao lugar, tem-se admitido a prática de crimes inclusive em municípios diversos, se limítrofes, integrados na mesma região sociogeográfica e com facilidade de acesso. Quanto à maneira de execução, refere-se a lei ao *modus operandi*, uma homogeneidade de circunstâncias objetivas nos atos materiais praticados pelo agente nos crimes a serem considerados. Não se tem reconhecido, por exemplo, a continuidade quando há diversidade de comparsas. Não há, entretanto, critérios rígidos para a apuração da continuidade delitiva, e nenhuma das circunstâncias é decisiva nessa apreciação, quer para reconhecer, quer para excluir a continuação.

Jurisprudência

- Necessidade de demonstração das mesmas condições
- Inexistência do requisito espacial
- Inadmissibilidade de continuidade em diferentes modos de execução
- Inadmissibilidade por falta de desdobramento lógico
- Crimes da mesma espécie: necessidade dos mesmos elementos objetivos e subjetivos
- Admissibilidade de continuação entre crimes tentados
- Inadmissibilidade de continuação entre crimes dolosos e culposos
- Configuração do crime continuado pelas mesmas circunstâncias
- Inadmissibilidade com várias circunstâncias diversas
- Necessidade de requisitos que evidenciem continuidade
- Não-configuração do crime continuado pela diversidade de circunstâncias
- Relevância do requisito temporal – Contra
- Requisito temporal: máximo de 30 dias
- Requisito temporal: máximo de 30 dias – Contra
- Requisito temporal: mais de um mês
- Requisito temporal: apuração conforme as circunstâncias
- Relevância do requisito espacial
- Relevância do requisito espacial – Contra
- Continuidade delitiva na mesma região metropolitana
- Continuidade delitiva no mesmo bairro
- Continuidade delitiva em comarcas vizinhas

- Continuidade delitiva em comarcas interligadas
- Inadmissibilidade de continuidade em cidades distantes
- Inadmissibilidade de continuidade delitiva em cidades de Estados diversos
- Inexistência dos requisitos temporal e espacial
- Inexistência dos requisitos temporal e espacial – Contra
- Admissibilidade em crimes com *modus operandi* idêntico
- Inadmissibilidade em diferentes *modus operandi*
- Inadmissibilidade em diferentes *modus operandi* – Contra
- Inadmissibilidade em diversidade de coautores
- Inadmissibilidade em diversidade de coautores – Contra
- Admissibilidade no caso de mesmos coautores
- Admissibilidade entre autoria e coautoria
- Inadmissibilidade de coautores e vítimas diversos
- Admissibilidade na inexistência de um requisito
- Crimes da mesma espécie: ofensa ao mesmo bem jurídico
- Crimes da mesma espécie: formas simples e qualificadas
- Crimes da mesma espécie: formas simples e qualificadas – Contra
- Continuidade delitiva entre crimes com qualificadoras diferentes
- Continuidade delitiva entre crimes com qualificadoras diferentes – Contra
- Continuidade delitiva entre crime consumado e tentativa
- Continuidade delitiva em crimes culposos
- Inadmissibilidade de continuação em crimes de espécies diferentes

71.4 Punibilidade do crime continuado

Na aplicação da pena ao crime continuado, a lei adotou também o sistema da exasperação, aplicando-se, no caso de crimes com penas idênticas, uma delas, aumentada de um sexto a dois terços, e de crimes com penas diversas, a mais grave, aumentada também nas mesmas proporções. Para esse aumento, deve-se levar em conta, primordialmente, o número de ilícitos praticados pelo agente. Diante da adoção do sistema trifásico, deve o aumento incidir não sobre a pena-base, mas sobre a pena resultante da consideração das agravantes, atenuantes, causas de aumento e causas de diminuição da pena, se existentes. Preceitua a Súmula 659 do STJ: "A fração de aumento em razão da prática de crime continuado deve ser fixada de acordo com o número de delitos cometidos, aplicando-se 1/6 pela prática de duas infrações, 1/5 para três, 1/4 para quatro, 1/3 para cinco, 1/2 para seis e 2/3 para sete ou mais infrações".

Jurisprudência

- Critério para a majoração
- Aplicação da fração máxima em continuidade delitiva no estupro de vulnerável
- Critério para a majoração no caso de dois crimes: aumento mínimo
- Inadmissibilidade da consideração de circunstâncias no aumento da pena
- Desnecessidade de pedido expresso na denúncia
- Necessidade de fixação da pena para cada crime
- Majoração da pena no crime continuado
- Critério para a majoração da pena no crime continuado: número de delitos
- Critério para a majoração da pena no crime continuado: número de delitos – Contra
- Critério para a majoração da pena no crime continuado: número de resultados
- Indefinição do número de crimes praticado: aumento mínimo
- Aumento de 2/3 quando da condenação por 20 crimes
- Aumento para o crime continuado sobre a pena do concurso formal
- Aumento para o crime continuado sobre a pena do concurso formal – Contra

71.5 Crime continuado específico

Havendo continuação em crimes praticados com ameaça ou violência à pessoa, atingindo bens personalíssimos de pessoas diversas, o juiz deve apreciar as circunstâncias pessoais referidas no artigo e, sendo necessário e conveniente, aumentar a pena do crime-base até o triplo, punindo-se assim com maior severidade os delinquentes de acentuada periculosidade. Pela redação do dispositivo, fica afastada a possibilidade desse aumento excepcional quando os crimes atingiram uma só vítima. Como ressalva a lei, a pena final não pode ser superior àquela que seria aplicada se fossem somadas as penas dos ilícitos componentes do crime continuado. Por disposição expressa, porém, não se permite que o tempo de cumprimento da pena seja superior a 40 anos.

Jurisprudência

- Crimes contra bens jurídicos pessoais
- Crime continuado específico
- Crimes contra as mesmas vítimas: inexistência de crime continuado específico
- Limites da pena no crime continuado específico
- Aumento da pena no concurso em crime continuado específico e crimes comuns
- Crimes cometidos com extrema violência: elevação da pena ao grau máximo
- Aumento da pena de acordo com o número de crimes e circunstâncias judiciais

Multas no concurso de crimes

Art. 72. No concurso de crimes, as penas de multa são aplicadas distinta e integralmente.

Vide: CP arts. 49, *caput*, 58, *caput*, 69, 70, 71, 119.

72 MULTAS NO CONCURSO DE CRIMES

72.1 Cumulação de multas

Ao contrário do que ocorre com as penas privativas de liberdade no concurso formal e no crime continuado, as penas de multa dos crimes componentes do concurso são aplicadas distinta e integralmente, não vigorando, pois, o sistema da exasperação. Não obstante a clareza do dispositivo, por vezes se tem entendido que na continuidade delitiva não há concurso de crimes, mas ilícito único, aplicando-se o sistema de exasperação idêntico ao do concurso formal próprio. Considerando-se, entretanto, que o crime continuado nada mais é do que um concurso material, em que há semelhanças de tempo, lugar e maneira de execução das infrações penais e por isso recebe tratamento especial, e a colocação topográfica do art. 72, que se segue às disposições sobre a continuidade delitiva, parece-nos desautorizado tal entendimento, que implicaria punição mais rigorosa ao concurso formal do que ao crime continuado.

Tratando-se, porém, de aplicação de multa substitutiva em caso de concurso de crimes, não devem ser aplicadas cumulativamente multas. O *quantum* da multa na substituição obedece a critérios próprios, substituindo o total da pena privativa de liberdade inicialmente aplicada.

Jurisprudência

- Cumulação no concurso de crimes
- Cumulação de multa no concurso formal
- Cumulação das multas no crime continuado – Crime continuado e pena de multa
- Cumulação das multas no crime continuado – Crime continuado e pena de multa – Contra
- Inadmissibilidade de cumulação na multa substitutiva se não cominada abstratamente
- Inadmissibilidade de cumulação de penas de multa na substituição
- Inadmissibilidade de cumulação de penas de multa na substituição – Contra
- Aplicação cumulativa da multa na substituição só quando cominada abstratamente

Erro na execução

Art. 73. Quando, por acidente ou erro no uso dos meios de execução, o agente, ao invés de atingir a pessoa que pretendia ofender, atinge pessoa diversa, responde como se tivesse praticado o crime contra aquela, atendendo-se ao disposto no § 3º do art. 20 deste Código. No caso de ser também atingida a pessoa que o agente pretendia ofender, aplica-se a regra do art. 70 deste Código.

Vide: CP arts. 20, § 3º, 70, 74.

73 ERRO NA EXECUÇÃO

73.1 *Aberratio ictus*

Nos termos do art. 73, ocorre *aberratio ictus* quando, por acidente ou erro no uso dos meios de execução, o agente, em vez de atingir a pessoa que pretendia ofender, atinge pessoa diversa. Nesse caso, o agente responde como se tivesse praticado o crime contra a pessoa visada, considerando-se então as condições ou qualidades dessa pessoa para a caracterização do crime e de suas circunstâncias, tal como se dispõe também para o erro acidental sobre a pessoa (art. 20, § 3º). Trata-se de *aberratio ictus* com unidade simples. Se também for atingida a pessoa que o agente pretendia ofender, pela *aberratio ictus* com unidade complexa aplica-se a regra do art. 70, ou seja, do concurso formal, com a aplicação da pena do crime consumado ou tentado aumentada de um sexto até a metade. Entretanto, tem-se considerado que, atuando o agente com dolo eventual contra a vítima não visada, haveria desígnios autônomos e, portanto, concurso formal impróprio, aplicando-se cumulativamente as penas por força do art. 70, *caput*, 2ª parte.

Jurisprudência

- Caracterização da *aberratio ictus*
- Espécies de *aberratio ictus*
- *Aberratio ictus* em tentativa de homicídio
- *Aberratio ictus* em latrocínio
- Caracterização da aberratio ictus com unidade complexa
- Distinção com o erro sobre pessoa
- Consideração da vítima idealizada
- Desconsideração da vítima real
- Aplicação da regra do concurso formal
- Punição pelo concurso formal de delitos em dolo eventual

- Punição pelo concurso material no caso de dolo eventual
- Caracterização da *aberratio ictus* com unidade simples
- Consideração da vítima idealizada
- Aplicação da regra do concurso formal

73.2 *Aberratio ictus* em descriminantes

É possível que ocorra erro de execução no exercício de uma causa justificativa, como, por exemplo, no exercício da legítima defesa. O agente, ao repelir injusta agressão de outrem, atinge um terceiro inocente por mero acidente ou erro no uso dos meios da repulsa. Nem por isso deixa a justificativa de ser admissível, uma vez que quem age em legítima defesa pratica um ato lícito. Como no erro da execução manda o artigo que o agente responda como se o estivesse praticando contra a pessoa que pretendia ofender, no caso, autor de uma agressão injusta, configura-se a descriminante.

Jurisprudência

- *Aberratio ictus* em legítima defesa

Resultado diverso do pretendido

> **Art. 74.** Fora dos casos do artigo anterior, quando, por acidente ou erro na execução do crime, sobrevém resultado diverso do pretendido, o agente responde por culpa, se o fato é previsto como crime culposo; se ocorre também o resultado pretendido, aplica-se a regra do art. 70 deste Código.
>
> *Vide*: CP arts. 18, II, parágrafo único, 70, 73.

74 RESULTADO DIVERSO DO PRETENDIDO

74.1 *Aberratio criminis*

É possível que o agente cause resultado diverso do pretendido ao executar o crime, não relacionado com a pessoa da vítima mas com o dano causado. Essa *aberratio criminis* (ou *aberratio delicti*) por acidente ou erro na execução do crime leva à punição por crime culposo, se previsto o fato em lei. Caso ocorra também o resultado querido ou aceito, haverá concurso formal de crimes, resolvendo-se a aplicação da pena pelo sistema de exasperação (art. 70). É possível, entretanto, que não seja típico, na forma culposa, o resultado causado, respondendo o agente, assim, apenas pela tentativa do crime que pretendia realizar. Não procede, assim, no caso, sentença com a absolvição do agente.

Jurisprudência

- Existência de crime culposo na *aberratio delicti*
- Inexistência de crime culposo na *aberratio delicti*

Limite das penas

Art. 75. O tempo de cumprimento das penas privativas de liberdade não pode ser superior a 40 (quarenta) anos.*

§ 1º Quando o agente for condenado a penas privativas de liberdade cuja soma seja superior a 40 (quarenta) anos, devem elas ser unificadas para atender ao limite máximo deste artigo.*

§ 2º Sobrevindo condenação por fato posterior ao início do cumprimento da pena, far-se-á nova unificação, desprezando-se, para esse fim, o período de pena já cumprido.

* Caput e § 1º com redação dada pela Lei nº 13.964, de 24-12-2019.

Vide: **CF** art. 5º, XLVII, *b*; **CP** arts. 71, parágrafo único, 121, § 4º; **LCP** art. 10; **CPP** art. 82; **LEP** arts. 66, III, *a*, 111. **Súmula**: **STF** 715.

75 LIMITE DAS PENAS

75.1 Unificação das penas privativas de liberdade

Por disposição expressa, ninguém estará obrigado a cumprir mais de 40 anos de pena privativa de liberdade embora condenado, por vários crimes, a um total de penas superior a esse limite. Esse limite, que substituiu o máximo de 30 anos, foi instituído pela Lei nº 13.964, de 24-12-2019. Assim, no início da execução, deve-se efetuar a unificação das penas aplicadas por todos os crimes pelos quais tenha sido o executado condenado. Caso sobrevenham outras condenações, por crimes cometidos antes do início da execução, deve ser feita nova unificação, sempre respeitando o limite máximo de 40 anos. Quando se tratar da prática de contravenções, a duração da pena de prisão simples não poderá, em caso algum, ser superior a cinco anos (art. 10 da LCP).

Cuidando-se de norma penal mais severa, o novo limite de cumprimento de pena, de 40 anos, não é aplicável a quem já suportara condenações que, somadas, excediam 30 anos na vigência da lei anterior. Nessa hipótese, o condenado, anteriormente à vigência da Lei nº 13.964/2019, satisfazia o requisito autorizador da unificação para 30 anos, nos termos do art. 75 em sua redação original. A mesma solução deverá ser reconhecida para o caso da existência de condenações posteriores mas por crimes cometidos anteriormente à nova lei, em respeito à regra da irretroatividade da lei penal mais severa. Situação diversa é a do *preso que pratica novo crime após a vigência da Lei* nº 13.964/2019 a pena que, somada às anteriores, conduz a uma pena total que excede 30 anos. Nesse caso a eventual unificação deve observar o limite de 40 anos, porque não há que se cogitar, aqui, de direito anterior à unificação ou mesmo de indevida retroatividade da *lex gravior*.

Jurisprudência

- Inadmissibilidade de extinção da punibilidade
- Limite apenas para o cumprimento e não imposição da pena
- Competência para a unificação
- Unificação no início do cumprimento das penas
- Unificação no início do cumprimento das penas – contra

75.2 Limite das penas e benefícios

Os efeitos da unificação das penas para o limite imposto pelo § 1º do art. 75, do CP, têm sido objeto de divergência. Na doutrina, defende-se, por vezes, que é sobre esse limite, agora de 40 anos, que deverão ser considerados os prazos para a concessão de eventuais benefícios a que fizer jus o sentenciado (progressão, livramento condicional etc.). Realmente, se não fosse assim, o § 1º do art. 75 seria inteiramente dispensável, já que o limite é previsto no *caput*. Além disso, *unificar* significa "tornar uno", reunir ou transformar em uma unidade ou em um todo coerente, o que só pode levar à conclusão de que há uma única pena, a ser cumprida e sobre a qual devem ser calculados os prazos para a concessão dos benefícios, tal como ocorre com a regra para o estabelecimento de regime de penas (art. 111 da LEP). Na jurisprudência, porém, prevalece entendimento contrário, ou seja, de que o limite de 30 anos (atualmente 40 anos, de acordo com a Lei nº 13.964/2019) diz respeito apenas ao tempo de duração da pena para efeito de seu cumprimento. Essa orientação é a adotada na Súmula 715 do STF, segundo a qual a pena unificada nos termos do art. 75 do CP não é considerada para a concessão de benefícios como o livramento condicional ou a progressão de regime.

Jurisprudência

- Inaplicabilidade do limite para benefícios
- Inaplicabilidade do limite para benefícios – Contra

75.3 Superveniência de condenação

Unificadas as penas e sobrevindo nova condenação decorrente de crime praticado após o início de cumprimento da pena, deve ser efetuada nova unificação para respeitar-se o limite estabelecido pelo Código. Nesse caso, entretanto, é desprezado, ou seja, não é computado na contagem o período de pena já cumprido até a data da prática do crime. Não se aplica a regra se existir um hiato entre o cumprimento das penas anteriores e o começo das novas penas, impostas após o cumprimento daquelas. A interpretação correta do dispositivo leva à conclusão de que o Estado somente abdica de seu direito de continuar a punir após o cumprimento de forma contínua de 40 anos de prisão. Além disso, a contagem para a fixação do limite legal não pode considerar, evidentemente, o tempo em que houve interrupção da execução, por fuga do condenado, no caso de livramento condicional quando o prazo não é computado como de cumprimento de pena etc.

Jurisprudência

- Condenação superveniente
- Condenação superveniente durante o cumprimento da pena
- Condenação superveniente após o início do cumprimento da pena unificada
- Necessidade de nova unificação por condenação superveniente ao início do cumprimento da pena unificada
- Exclusão das penas após a unificação
- Nova unificação por condenação superveniente após a recaptura do condenado
- Inadmissibilidade de nova unificação das penas após fuga da prisão
- Hiato no cumprimento de penas

Concurso de infrações

Art. 76. No concurso de infrações, executar-se-á primeiramente a pena mais grave.

Vide: CP art. 69, *caput*; CPP art. 681; LEP art. 107, § 2º; Lei nº 8.072, de 25-7-1990, art. 2º, § 1º (regime inicial fechado para o condenado por crime hediondo ou equiparado).

76 CONCURSO DE INFRAÇÕES

76.1 Execução das penas em concurso de crimes

Além de dispor que, no caso de aplicação cumulativa de penas de reclusão e detenção, executa-se primeiro aquela (art. 69, *caput*, segunda parte), de forma geral impõe-se que sempre será executada em primeiro lugar a pena mais grave. Assim, na execução, a pena de reclusão tem precedência sobre a detenção, esta sobre a prisão simples, e todas sobre a pena de multa. Embora preveja a Lei de Execução Penal que as guias de recolhimento devem ser registradas na "ordem cronológica do recebimento" (art. 107, § 2º), isso não significa que as várias penas impostas ao mesmo condenado sejam executadas seguindo-se tal critério. O dispositivo refere-se apenas ao registro em livro especial e não à execução das sanções indicadas nesses instrumentos. Observe-se que, na hipótese de várias penas impostas em um mesmo ou em processos diversos, deve ser obedecida, em decorrência do sistema progressivo adotado na execução, a precedência das penas mais graves. Na hipótese de existirem para serem cumpridas duas ou mais penas da mesma espécie (reclusão ou detenção ou prisão simples), a precedência deve ser determinada pelo critério cronológico de acordo com as datas do trânsito em julgado de cada sentença, pois é a partir desse momento que a pena torna-se passível de ser executada e não das datas da expedição ou recebimento da guia de recolhimento.

Jurisprudência

- Cumprimento das penas somadas
- Precedência da pena com regime integralmente fechado (anterior à vigência da Lei nº 11.464/2007)
- Precedência da pena privativa de liberdade sobre a pena restritiva de direitos
- Precedência da pena privativa de liberdade sobre a pena restritiva de direitos – Contra
- Precedência da pena de reclusão sobre a de detenção
- Inexigência de critério cronológico no cumprimento de penas

CAPÍTULO IV
DA SUSPENSÃO CONDICIONAL DA PENA

Requisitos da suspensão da pena

Art. 77. A execução da pena privativa de liberdade, não superior a 2 (dois) anos, poderá ser suspensa, por 2 (dois) a 4 (quatro) anos, desde que:

I – o condenado não seja reincidente em crime doloso;

II – a culpabilidade, os antecedentes, a conduta social e personalidade do agente, bem como os motivos e as circunstâncias autorizem a concessão do benefício;

III – não seja indicada ou cabível a substituição prevista no art. 44 deste Código.

§ 1º A condenação anterior a pena de multa não impede a concessão do benefício.

§ 2º A execução da pena privativa de liberdade, não superior a 4 (quatro) anos, poderá ser suspensa, por 4 (quatro) a 6 (seis anos), desde que o condenado seja maior de 70 (setenta) anos de idade, ou razões de saúde justifiquem a suspensão.*

* § 2º com a redação determinada pela Lei nº 9.714, de 25-11-1998.

Vide: CP arts. 44, 59, *caput*, 63, 64, I, II, 78 a 82, 94, *caput*, 112, I; LCP art. 11; CPP arts. 699, 701, 702, 706; LEP arts. 66, III, *d*, 156, 157, 159, 161, 163; Lei nº 9.099, de 26-9-1995, art. 89, *caput*; Lei nº 9.605, de 12-2-1998, art. 16 (*sursis* para pena não superior a três anos nos crimes contra o meio ambiente); Lei nº 11.343, de 23-8-2006, art. 44 (veda a concessão do *sursis* em crimes relacionados com o tráfico de entorpecentes); Lei nº 13.445, de 24-5-2017, art. 54, § 3º (expulsão de estrangeiro). Súmula: STF 499.

77 SUSPENSÃO CONDICIONAL DA PENA

77.1 Conceito de suspensão condicional da pena

Permite a lei que não se execute a pena privativa de liberdade ao condenado que preencha os requisitos exigidos, ficando o condenado sujeito a algumas condições impostas na lei ou pelo juiz, durante prazo determinado, e que, se não cumpridas, podem dar causa à revogação do benefício. O juiz ou o tribunal, na sentença que aplicar pena privativa de liberdade, deve se pronunciar, motivadamente, sobre o *sursis*, quer o conceda ou o denegue (art. 156 da LEP). É a suspensão condicional da pena que pela lei não é mais considerada incidente da execução, mas forma de cumprimento de pena. Além disso, considera-se hoje que o *sursis* é um direito subjetivo do acusado que preenche os requisitos exigidos, e não mera faculdade do juiz.

Antes de verificar se é caso da concessão do *sursis*, porém, em qualquer hipótese, é necessário que o juiz verifique se não é cabível a substituição da pena privativa de liberdade aplicada pela pena de multa ou restritiva de direitos, máxime após a edição da Lei nº 9.714, de 25-11-1998, que, além de criar outras penas substitutivas, aumentou extraordinariamente seu alcance. Deve-se, assinalar, todavia, que deve prevalecer a concessão do *sursis* especial (item 78.2), que pode corresponder a uma solução menos gravosa para o condenado do que a substituição por pena restritiva de direitos.

Jurisprudência

- Inadmissibilidade do sursis em pena restritiva de direitos
- Inadmissibilidade da concessão do sursis para a hipótese de descumprimento da pena restritiva de direitos

- Inadmissibilidade do início do sursis antes do trânsito em julgado da condenação
- Fundamento da suspensão condicional da pena
- Sursis como direito subjetivo do réu
- Sursis como direito subjetivo do réu – Contra
- Necessidade de prova para a concessão

77.2 Requisitos objetivos do *sursis*

Para obter a suspensão condicional da execução da pena, é necessário que estejam presentes os requisitos previstos no art. 77 do CP. Em primeiro lugar, deve-se verificar a natureza da pena, já que o *sursis* só é cabível quando se tratar de pena privativa de liberdade. Vedada está, portanto, a suspensão das penas restritivas de direitos e multa. É pressuposto ainda a quantidade da pena aplicada, que não pode superar dois anos de reclusão, detenção ou prisão simples, com a única exceção do condenado com idade superior a 70 anos ou doente (item 77.4). Em caso de concurso de crimes, é de se levar em conta a soma das penas aplicadas. Ultrapassando dois anos, não se concede a suspensão ainda que, isoladamente consideradas, não excedam o citado limite. Nada impede que seja beneficiado o condenado por crime hediondo ou equiparado que preencha os requisitos legais; na falta de regra especial que o proíba, aplicam-se as regras gerais sobre a concessão da suspensão condicional da pena. A obrigatoriedade da imposição de regime inicial fechado não tem correlação com o instituto. Tratando-se, porém, de crimes relacionados com o tráfico de drogas, descritos nos arts. 33, *caput*, e § 1º, e 34 a 37, da Lei nº 11.343, de 23-8-2006, há expressa vedação à concessão do *sursis*, nos termos do art. 44 da lei especial. A proibição abrange a hipótese de aplicação do § 4º do art. 33 da Lei de Drogas. Trata-se de causa de redução de pena que não interfere na definição típica, e que, portanto, não afasta a vedação contida no art. 44 do mesmo estatuto.

Jurisprudência

- Pena superior a dois anos em concurso material
- Inadmissibilidade do sursis em crime de tráfico de entorpecentes
- Admissibilidade em estupro tentado por autor maior de 70 anos
- Admissibilidade em crime praticado com violência
- Admissibilidade para autor de crime hediondo com moléstia grave degenerativa
- Admissibilidade em crime de responsabilidade
- Precedência da substituição da pena
- Inadmissibilidade de exame dos requisitos para concessão em habeas corpus
- Inadmissibilidade em pena superior a dois anos
- Admissibilidade em pena pouco superior a dois anos
- Pena superior a dois anos em crime continuado
- Inadmissibilidade de recusa do *sursis* pela mera gravidade do crime
- Admissibilidade do *sursis* em crime hediondo
- Admissibilidade de concessão simultânea com regime semiaberto
- Admissibilidade de concessão simultânea com regime semiaberto – Contra

77.3 Requisitos subjetivos do *sursis*

Exigem-se ainda para a concessão do *sursis* pressupostos subjetivos, sendo o primeiro deles não ser o condenado reincidente em crime doloso. Limitando-se a essa reincidência em crime doloso, não se exclui a possibilidade do benefício ao condenado que é reincidente, mas que foi condenado por crime culposo, seja ele o antecedente ou posterior ou sejam ambos culposos. Além disso, exclui a lei expressamente, para o efeito de concessão do *sursis*, a condenação anterior à pena de multa, ainda que o condenado seja reincidente em crime doloso. Também não impede a concessão do benefício ao condenado que anteriormente foi beneficiado, com o perdão judicial, já que este não gera reincidência. Igualmente, tem direito à concessão do *sursis* aquele que foi condenado anteriormente com sentença transitada em julgado após o cometimento do crime pelo qual está sendo julgado. Com a adoção do critério da temporariedade do *sursis*, nada impede que uma pessoa seja beneficiada duas ou mais vezes, já que, decorrido o lapso temporal de cinco anos, volta à condição de não reincidente.

O segundo requisito subjetivo para a concessão da suspensão condicional da pena diz respeito às condições e circunstâncias pessoais do condenado, devendo o juiz levar em conta a culpabilidade, os antecedentes, a conduta social e a personalidade do agente, bem como os motivos e as circunstâncias do delito. Sendo elas em geral favoráveis ao condenado, deve ser concedida a suspensão condicional da pena. Não se deve conceder o benefício, entretanto, quando essas condições denotam a possibilidade de o condenado voltar a delinquir. Nada impede, porém, a concessão do *sursis*, desde que presentes os requisitos, esteja o réu foragido ou tenha sido revel no processo.

Há, em princípio, incompatibilidade entre o *sursis* e a medida de expulsão do território nacional. A Lei nº 13.445, de 24-5-2017 (Lei de Migração), prevê, porém, a possibilidade de concessão ao estrangeiro, no curso do processamento da expulsão, dos benefícios legalmente previstos, em igualdade de condições com o nacional (art. 54, § 3º). Não há, assim, vedação expressa à concessão do *sursis* ao estrangeiro quando em processamento sua expulsão, cabendo, porém, ao juiz a verificação da compatibilidade do benefício ao caso concreto.

É obrigatório que o juiz, na sentença em que aplicar pena privativa de liberdade igual ou inferior a dois anos, se manifeste fundamentadamente, sob a concessão do benefício. Dependendo a concessão do *sursis* das condições e circunstâncias pessoais do agente, não pode ser ele concedido por meio de *habeas corpus*, a não ser que, na sentença, estejam reconhecidos os requisitos subjetivos exigidos para seu deferimento.

Jurisprudência

- Requisitos subjetivos de acordo com as peculiaridades do fato
- Inadmissibilidade na reincidência em crime doloso
- Admissibilidade em reincidência superada pelo tempo
- Admissibilidade em caso de extinção da punibilidade do crime anterior
- Admissibilidade pela insuficiência da folha de antecedentes para a recusa
- Antecedentes e presunção de inocência
- Necessidade de consideração dos antecedentes do réu
- Réu com péssimos antecedentes
- Necessidade de observância das circunstâncias judiciais do art. 59 do CP
- Presunção de que o réu voltará a delinquir
- Necessidade de demonstração da periculosidade do réu para indeferimento
- Inadmissibilidade de denegação pela intensidade do dolo
- Admissibilidade na concessão a réu revel
- Obrigatoriedade de manifestação sobre o sursis
- Inadmissibilidade de fundamentação sem base empírica
- Omissão na sentença: competência do juiz da execução
- Exame da legalidade em habeas corpus
- Necessidade de requisitos subjetivos
- Admissibilidade em reincidência por crime culposo
- Admissibilidade em condenação anterior atingida pela prescrição da pretensão punitiva
- Admissibilidade em condenação anterior por contravenção
- Admissibilidade em reincidência em contravenção

- Admissão para condenação anterior desconhecida anteriormente
- Admissão para réu tecnicamente primário
- Admissibilidade em condenação anterior a pena de multa
- Admissibilidade para réu beneficiado anteriormente com a suspensão do processo
- Processos pendentes e maus antecedentes
- Processos pendentes e presunção de inocência
- Processos findos sem condenação
- Réu desocupado e sem endereço certo
- Réu com personalidade malformada
- Inadmissibilidade de denegação quando existentes requisitos
- Concessão a réu menor de 21 anos
- Concessão a condenado estrangeiro
- Concessão a condenado estrangeiro – Contra
- Denegação a réu estrangeiro com decreto de expulsão
- Nulidade por falta de manifestação
- Inadmissibilidade de fundamentação implícita
- Inadmissibilidade de concessão por *habeas corpus*
- Admissibilidade de concessão por *habeas corpus*
- Concessão de *habeas corpus ex officio*

77.4 *Sursis* etário e *sursis* humanitário

Possibilita a lei a concessão da suspensão condicional da pena quando aplicada pena até quatro anos a condenado maior de 70 anos. Leva-se em conta a idade do réu por ocasião da sentença, não só por analogia com o art. 65, I, como também por se tratar de matéria não relacionada meramente com a prática do ilícito, mas basicamente com a pessoa do condenado.

Por razões humanitárias, a Lei n° 9.714, de 25-11-1998, que alterou vários dispositivos do Código Penal, introduziu mais uma hipótese para o cabimento do *sursis* ao condenado a pena não superior a quatro anos, possibilitando seu deferimento em caso de razões de saúde que justifiquem a suspensão. Estando provado nos autos, portanto, que o acusado é portador de moléstia incurável, como a Aids, ou grave, inabilitante etc., pode o juiz conceder a mercê, justificada que está a medida.

Jurisprudência

- *Sursis* para maiores de setenta anos
- Necessidade de exame pericial: inidoneidade do pedido de *habeas corpus*

77.5 Prazo da suspensão

A suspensão condicional da pena é concedida pelo prazo fixado pelo juiz, estabelecendo a lei um período de dois a quatro anos para o *sursis* comum e de quatro a seis anos para o *sursis* etário e humanitário. Quando se trata de *sursis* por condenação decorrente de contravenção, o prazo é de um a três anos (art. 11 da LCP). O período de prova deve ser fixado segundo a natureza do crime, a personalidade do agente e a intensidade da pena, não podendo o juiz, senão em hipóteses excepcionais, estabelecê-lo no máximo, exigindo-se sempre que seja justificada expressamente a determinação do prazo, quando for fixado em tempo superior ao mínimo. O prazo do *sursis* começa a correr da audiência de advertência, em que se dá conhecimento da sentença ao beneficiário (arts. 158 e 160 da LEP).

Jurisprudência

- Critérios para a definição do prazo
- Necessidade de justificação para o prazo acima do mínimo
- Inexistência de nulidade por falta de justificação
- Concessão com dispensa do prazo probatório

77.6 Sursis simultâneos

É possível que, tendo sido concedida a suspensão condicional da pena em um processo, o mesmo ocorra em processo distinto em curso quando do trânsito em julgado do primeiro. Confirmada, porém, a segunda condenação, ocorrerá a revogação de ambos.

Jurisprudência

- Gozo provisório do *sursis*
- Inadmissibilidade de *sursis* simultâneos

Art. 78. Durante o prazo da suspensão, o condenado ficará sujeito à observação e ao cumprimento das condições estabelecidas pelo juiz.

§ 1º No primeiro ano do prazo, deverá o condenado prestar serviços à comunidade (art. 46) ou submeter-se à limitação de fim de semana (art. 48).

§ 2º Se o condenado houver reparado o dano, salvo impossibilidade de fazê-lo, e se as circunstâncias do art. 59 deste Código lhe forem inteiramente favoráveis, o juiz poderá substituir a exigência do parágrafo anterior pelas seguintes condições, aplicadas cumulativamente:*

a) proibição de freqüentar determinados lugares;

b) proibição de ausentar-se da comarca onde reside, sem autorização do juiz;

c) comparecimento pessoal e obrigatório a juízo, mensalmente, para informar e justificar suas atividades.

* Redação determinada pela Lei nº 9.268, de 1º-4-1996.

Vide: CP arts. 43, IV, VI, 46, 47, IV, 48, 59, 77, 79, 81, II, III, §§ 1º e 3º, 91, I; LEP arts. 66, III, *d*, 79, III, 158 a 160; **Lei nº 9.099**, de 26-9-1995, art. 89, § 1º, I a IV.

78 CONDIÇÕES DO *SURSIS*

78.1 *Sursis* simples

Estabeleceu a lei duas espécies de suspensão condicional da pena. A primeira delas é a do *sursis* simples, em que é imposta como condição obrigatória a prestação de serviços à comunidade ou a limitação de fim de semana, além de outras, eventualmente aplicadas ao caso concreto pelo juiz. Já se tem afirmado que o dispositivo é inconstitucional, pois a prestação de serviços (arts. 43, IV, e 46) e a limitação de fim de semana (arts. 43, VI, e 48) se constituem em penas autônomas e sua aplicação, conjuntamente com a pena privativa de liberdade, constituiria *bis in idem*. Entretanto, como afirmado, o *sursis* é agora uma forma de execução penal, não ocorrendo, pois, na aplicação das citadas condições, matéria inconstitucional, mas forma legal de tornar mais eficaz o instituto. A condição imposta deverá ser cumprida durante o primeiro ano do prazo do *sursis*. Não contempla mais a lei a suspensão condicional da pena "sem condições especiais", fórmula que não se coaduna com a legislação vigente. Além dessa condição alternativa obrigatória, o juiz pode impor outras condições, que devem sempre ter relação com o fato criminoso ou a pessoa do condenado. Não se pode, porém, impor condição que viole direito indisponível do condenado ou liberdades garantidas constitucionalmente, que sejam ociosas por estarem já previstas na lei, ou vexatórias, de modo a expor o condenado ao ridículo ou causar-lhe constrangimento desnecessário. Não é possível, segundo jurisprudência firmada, a aplicação cumulativa das condições previstas nos §§ 1º e 2º do art. 78, pois as últimas são substitutivas daquelas, se preenchidos os requisitos legais.

Jurisprudência

- Prestação de serviços à comunidade por parte de médico
- Possibilidade de substituição de limitação de fim de semana por prestação de serviços à comunidade
- Possibilidade de fixação de condições pelo juiz da execução
- Sentença omissa quanto às condições: trânsito em julgado impede inovação
- Inadmissibilidade de fixação de condições em recurso exclusivo da defesa
- Inadmissibilidade de fixação de condições no regime aberto
- Sursis mais severo que o cumprimento de pena em regime aberto
- Inadmissibilidade de *sursis* sem condições
- Obrigatoriedade da fixação de condição no *sursis* simples
- Legitimidade da condição de prestação de serviços à comunidade
- Legitimidade da condição de prestação de serviços à comunidade – Contra
- Legitimidade da condição de limitação de fim de semana
- Legitimidade da condição de limitação de fim de semana – Contra
- Inadmissibilidade de cumulação das condições do *sursis* especial no *sursis* simples
- Obrigatoriedade da prestação de serviços à comunidade
- Inadmissibilidade de diminuição do prazo de prestação de serviços à comunidade
- Inadmissibilidade de aumento do prazo de prestação de serviços à comunidade
- Aplicabilidade das regras ao condenado por contravenção
- Aplicabilidade das regras ao condenado por contravenção – Contra
- Inadmissibilidade de fixação de condições em sede recursal
- Inadmissibilidade de fixação de condições em sede recursal – Contra
- Impossibilidade de fixação de condições pelo juiz da execução
- Impossibilidade de fixação de condições pelo juiz da execução – Contra
- Forma e regulamentação de execução das condições do *sursis*
- Prestação de serviços à comunidade apenas no primeiro ano do prazo
- Transformação do *sursis* simples em *sursis* especial
- Inadmissibilidade de transformação em embargos de declaração
- *Sursis* menos severo que pena de multa na omissão da defesa

78.2 *Sursis* especial

A segunda espécie de suspensão condicional da pena prevista pelo artigo é o chamado *sursis especial*, quando as circunstâncias do crime forem totalmente favoráveis ao condenado e tiver ele reparado o dano causado pelo crime, quando possível fazê-lo. Sem tal reparação é inadmissível a concessão do benefício especial. Concedido tal benefício, fica o condenado sujeito obrigatoriamente às condições estabelecidas nas alíneas *a*, *b* e *c* do § 2º: proibição de frequentar determinados lugares, que, com a vigência da Lei nº 9.714, de 25-11-1998, também constitui espécie de pena de interdição temporária de direitos (art. 47, IV); proibição de ausentar-se da comarca onde reside, sem autorização do juiz; e comparecimento pessoal e obrigatório a juízo, mensalmente, para informar e justificar suas atividades. As mesmas condições, além da reparação do dano, são previstas na Lei nº 9.099/95 para a suspensão condicional do processo (art. 89, § 1º, I a IV).

Jurisprudência

- Inadmissibilidade para quem é reincidente em crime doloso
- Necessidade de reparação do dano
- Proibição de ausentar-se da comarca
- Inadmissibilidade de cumulação de condições do sursis simples no sursis especial
- Inadmissibilidade de concessão ao réu reincidente em crime doloso
- Necessidade de circunstâncias favoráveis para a concessão
- Admissibilidade para quem preenche os requisitos
- Admissibilidade de *sursis* especial em vez de substituição da pena
- Inadmissibilidade para quem já foi condenado por contravenção
- Necessidade de reparação do dano
- Proibição de frequentar determinados lugares: necessidade de relação com o delito
- Especificação da proibição de frequentar determinados lugares
- Proibição de ausentar-se da comarca
- Proibição de ausentar-se da comarca – Contra
- Proibição de ausentar-se da comarca sem comunicação ao juiz
- Proibição de mudança de domicílio
- Inadmissibilidade para quem já foi condenado por contravenção
- Proibição de frequentar determinados lugares: inadmissibilidade
- Especificação da proibição de frequentar determinados lugares: obrigatoriedade

78.3 Renúncia à suspensão condicional da pena

Como o *sursis* constitui um benefício, não é obrigatória sua aceitação, podendo ser renunciado por ocasião da audiência admonitória ou mesmo após ter entrado em vigor o prazo de prova.

Jurisprudência

- Possibilidade de renúncia ao sursis

> **Art. 79.** A sentença poderá especificar outras condições a que fica subordinada a suspensão, desde que adequadas ao fato e à situação pessoal do condenado.

Vide: CP arts. 77, 78, 81, §§ 1º e 3º; LEP arts. 66, III, *d*, 79, III, 158, 159; Lei nº 9.099, de 26-9-1995, art. 89, § 2º; Lei nº 9.605, de 12-2-1998, art. 17 (condições do *sursis* nos crimes contra o meio ambiente).

79 CONDIÇÕES JUDICIAIS DO *SURSIS*

79.1 Condições impostas pelo juiz

Além dessa condição alternativa obrigatória, de prestação de serviços à comunidade ou limitação de fim de semana, o juiz ou o tribunal pode impor outras, que devem sempre ter relação com o fato criminoso ou a pessoa do condenado, como também determina a Lei de Execução Penal (arts. 158, § 1º, e 159, *caput* e § 2º). Citam-se como exemplos a obrigatoriedade de frequentar curso de habilitação profissional ou de instrução escolar, atender aos encargos de família, submeter-se a tratamento de desintoxicação quando envolvido o condenado com bebidas ou drogas etc. Não tendo a condição imposta qualquer relação com a prática delituosa, deve ser ela cancelada.

Não se pode impor, porém, condição que viole direito indisponível do condenado, como a integridade física, que comprometa liberdades garantidas constitucionalmente, que sejam ociosas, por estarem já previstas na lei, que constituam tarefas vexatórias, de modo a expor o condenado ao ridículo ou a causar-lhe constrangimento desnecessário. Não é possível, também, segundo jurisprudência firmada, a aplicação cumulativa das condições previstas nos §§ 1º e 2º do art. 78, pois as últimas são substitutivas daquelas, se preenchidos os requisitos legais. Fica o condenado sempre sujeito à observação e fiscalização do juiz a respeito das condições impostas, sejam elas legais ou judiciais, contando o magistrado com a colaboração nessa tarefa dos patronatos públicos ou particulares (art. 79, II e III, da LEP).

Jurisprudência

- Doação de sangue: inadmissibilidade
- Pagamento da multa: inadmissibilidade
- Pagamento de custas: ilegalidade
- Pagamento de custas: ilegalidade – Contra
- Condições ilegais: inadmissibilidade
- Inadmissibilidade de substituição da condição de prestação de serviços a comunidade por multa
- Condições judiciais são excepcionais
- Necessidade de adequação ao fato
- Necessidade de adequação à pessoa do condenado
- Condição de não frequentar bares
- Pagamento de custas: inconstitucionalidade

- Pagamento de custas: ilegalidade
- Ressarcimento do dano: inadmissibilidade
- Ressarcimento do dano: inadmissibilidade – Contra
- Pagamento de pensão alimentícia: inadmissibilidade – Contra
- Proibição da prática de ilícitos penais: inadmissibilidade
- Condições ilegais: inadmissibilidade
- Obrigação de obter emprego: inadmissibilidade
- Condições vexatórias: inadmissibilidade
- Condições desnecessárias: inadmissibilidade
- Inadmissibilidade da suspensão dos direitos políticos

Art. 80. A suspensão não se estende às penas restritivas de direitos nem à multa.

Vide: CP arts. 44, 59, IV, 60, § 2º, 77; LEP art. 156.

80 PENAS RESTRITIVAS DE DIREITOS E MULTA

80.1 Inadmissibilidade de concessão do *sursis*

Não bastasse o teor do art. 77, que se refere exclusivamente às penas privativas de liberdade, do art. 80 consta que a suspensão condicional da pena não se estende às penas restritivas de direitos ou à multa, que devem ser executadas integralmente. Como o instituto visa impedir o encarceramento, não haveria qualquer sentido em sua aplicação nas penas que não impliquem o recolhimento do condenado à prisão.

Jurisprudência

- Inadmissibilidade de *sursis* para pena restritiva de direitos
- Inadmissibilidade de *sursis* para a pena de multa

Revogação obrigatória

Art. 81. A suspensão será revogada se, no curso do prazo, o beneficiário:

I – é condenado, em sentença irrecorrível, por crime doloso;

II – frustra, embora solvente, a execução de pena de multa ou não efetua, sem motivo justificado, a reparação do dano;

III – descumpre a condição do § 1º do art. 78 deste Código.

Revogação facultativa

§ 1º A suspensão poderá ser revogada se o condenado descumpre qualquer outra condição imposta ou é irrecorrivelmente condenado, por crime culposo ou por contravenção, a pena privativa de liberdade ou restritiva de direitos.

Prorrogação do período de prova

§ 2º Se o beneficiário está sendo processado por outro crime ou contravenção, considera-se prorrogado o prazo da suspensão até o julgamento definitivo.

§ 3º Quando facultativa a revogação, o juiz pode, ao invés de decretá-la, prorrogar o período de prova até o máximo, se este não foi o fixado.

Vide: CP arts. 50, § 1º, c, 51, 78, §§ 1º e 2º, 79, 82, 91, I, 112, I; **CPP** art. 706; **LEP** arts. 66, III, d, 68, II, e, 158, § 5º, 161, 162, 163, §§ 1º e 2º, 170, § 2º.

81 CASSAÇÃO E REVOGAÇÃO DA SUSPENSÃO CONDICIONAL DA PENA

81.1 Cassação do *sursis*

Prevê a lei duas causas de cassação da suspensão condicional da pena: não comparecer o réu, injustificadamente, à audiência admonitória, em que deve tomar ciência das condições que foram impostas pela sentença (art. 161 da LEP); se, em virtude de recurso, for aumentada a pena de modo que exclua a concessão do benefício, em consequência lógica do provimento do recurso da acusação. Quanto à primeira hipótese, tem-se admitido a restauração do *sursis* se o condenado justificar sua ausência.

Jurisprudência

- Cassação por aumento de pena em recurso
- Impossibilidade de cassação em segunda instância em recurso exclusivo da defesa
- Cassação por condenação anterior à concessão
- Cassação do *sursis* por não comparecimento a audiência

- Inadmissibilidade de cassação por mudança de residência
- Restauração por justificação da ausência
- Possibilidade de restauração do *sursis*
- Prova para o restabelecimento do *sursis*
- Necessidade de fundamentação no indeferimento de restauração do *sursis*

81.2 Revogação obrigatória por condenação

Quando o beneficiário é condenado, por crime doloso, por sentença transitada em julgado, o juiz deve revogar a suspensão condicional da pena. A revogação é de rigor tenha sido o crime praticado antes ou depois daquele que originou o *sursis*, uma vez que não fixa a lei prazo determinado em que o crime deve ocorrer. É necessário, porém, que a condenação irrecorrível ocorra durante o transcurso do prazo do *sursis* originário ou prorrogado. É indispensável que conste dos autos a comprovação de que a sentença condenatória transitou em julgado para que se revogue o benefício. Embora a revogação seja obrigatória, exige-se a decisão do juiz, respeitadas opiniões em contrário.

Jurisprudência

- Revogação automática pela condenação
- Revogação automática pela condenação – Contra
- Revogação diante do estado prisional do réu em outro processo
- Revogação meramente facultativa por condenação a pena de multa
- Inadmissibilidade de revogação por sentença recorrível
- Inadmissibilidade de revogação por processo em andamento
- Revogação obrigatória pela condenação em crime doloso
- Inadmissibilidade de revogação por condenação a pena de multa por crime anterior
- Inadmissibilidade de revogação por dois processos distintos
- Inadmissibilidade de revogação por sentença recorrível

81.3 Revogação obrigatória por outras causas

É também obrigatoriamente revogado o *sursis* quando o beneficiário, embora solvente, frustra a execução da pena de multa. Antes, porém, deverá ser feita a prévia notificação do condenado para o pagamento da multa e tentada a execução judicial para sua cobrança. Revoga-se ainda o *sursis* se o beneficiário não efetua a reparação do dano, desde que tenha condições de fazê-lo. Comprovada a impossibilidade da reparação, por qualquer causa, não pode o juiz revogar o benefício. A última causa de revogação obrigatória da suspensão é não cumprir a condição referente à prestação de serviços à comunidade ou à limitação de fim de semana, imposta no caso de *sursis* simples.

Jurisprudência

- Revogação obrigatória pelo não cumprimento da prestação de serviços à comunidade
- Revogação por não cumprimento de condição
- Revogação por falta de comunicação da mudança de endereço ao juiz

81.4 Revogação facultativa

No *sursis* simples, além da condição obrigatória, podem ser impostas outras condições pelo juiz, adequadas ao fato e ao condenado. No *sursis* especial, além das condições cumulativas obrigatórias previstas no art. 78, § 2º, também é admissível o estabelecimento de outras, pelo juiz. O não cumprimento de qualquer dessas condições pode levar o juiz a revogar o benefício. Deve-se ouvir, porém, previamente, o condenado, que pode justificar o não cumprimento da condição. Também é causa facultativa de revogação a condenação, por sentença transitada em julgado, por crime culposo ou por contravenção, a pena privativa de liberdade ou restritiva de direitos. Assim, a condenação por essas espécies de delitos, com a aplicação isolada de multa, não causa a revogação do benefício. Em ambas as hipóteses, faculta-se ao juiz, ao invés de decretar a revogação, prorrogar o prazo até o limite máximo, se não foi este o prazo estabelecido na sentença.

Jurisprudência

- Opção judicial pela revogação ou prorrogação
- Contra: ausência na audiência admonitória e descumprimento de condição
- Efeitos de condenação por contravenção
- Inadmissibilidade de revogação pelo não pagamento da multa
- Opção judicial pela revogação ou prorrogação
- Necessidade de oitiva do condenado
- Necessidade de oitiva do condenado – contra

81.5 Prorrogação do período de prova

O prazo fixado pelo juiz para a duração do *sursis* é prorrogado quando o agente está sendo processado, por crime ou contravenção. Referindo-se a lei a *processo* não basta para a prorrogação que tenha sido instaurado inquérito policial, estabelecendo-se a prorrogação somente quando instaurada a ação penal. A prorrogação é automática, não dependendo de despacho do juiz nos autos. A prorrogação se estende até a decisão transitada em julgado do processo, podendo então o juiz revogar o benefício obrigatória ou facultativamente, conforme o caso.

Jurisprudência

- Prorrogação automática do prazo
- Inadmissibilidade de prorrogação por não pagamento da multa
- Revogação na prorrogação por crime cometido no prazo original
- Prorrogação automática do prazo por crime anterior
- Prorrogação do prazo mesmo sem conhecimento de outro processo
- Prorrogação por tempo indeterminado
- Início do prazo da prorrogação: instauração da ação penal
- Início do prazo da prorrogação: prática de crime anterior
- Inadmissibilidade de prorrogação por instauração de inquérito
- Revogação por crime praticado no prazo da prorrogação

Cumprimento das condições

Art. 82. Expirado o prazo sem que tenha havido revogação, considera-se extinta a pena privativa de liberdade.

Vide: **CP** arts. 81, §§ 2º e 3º, 94, *caput*; **CPP** art. 708; **LEP** arts. 162, 163, §§ 1º e 2º, 202.

82 EXTINÇÃO DA PENA

82.1 Extinção da pena

Caso decorra integralmente o prazo sem que ocorra a revogação do *sursis*, extingue-se a pena privativa de liberdade imposta ao beneficiário. Assim, mesmo que tenha ocorrido uma causa obrigatória ou facultativa de sua revogação, não se poderá decretá-la se se escoou o prazo fixado originariamente na sentença. A única exceção é a existência de processo contra o beneficiário, já que, nessa hipótese, ocorre a prorrogação automática do prazo, por disposição expressa, ainda que a existência do processo seja desconhecida do juiz. Nesse caso, o *sursis* poderá ser revogado quando transitar em julgado a sentença condenatória, permitindo-se, portanto, diligências do Ministério Público destinadas a apurar se ocorreu essa causa de revogação do benefício, uma vez que é obrigatória sua fiscalização sobre o processo de execução.

Jurisprudência

- Prazo expirado e anulação da sentença
- Prazo expirado sem regulamentação da condição imposta
- Inadmissibilidade de revogação do *sursis* após o término do prazo
- Prazo não expirado com a prorrogação
- Revogação com o trânsito em julgado da sentença
- Possibilidade de revogação na hipótese de prorrogação do prazo
- Possibilidade de revogação depois de expirado o prazo – Contra
- Possibilidade de revogação embora a condenação seja descoberta após o vencimento do prazo principal
- Necessidade de oitiva do Ministério Público
- Necessidade de oitiva do Ministério Público – Contra
- Necessidade de requisição de folha de antecedentes
- Necessidade de requisição de folha de antecedentes – Contra

CAPÍTULO V

DO LIVRAMENTO CONDICIONAL

Requisitos do livramento condicional

> Art. 83. O juiz poderá conceder livramento condicional ao condenado a pena privativa de liberdade igual ou superior a 2 (dois) anos, desde que:
>
> I – cumprida mais de um terço da pena se o condenado não for reincidente em crime doloso e tiver bons antecedentes;
>
> II – cumprida mais da metade se o condenado for reincidente em crime doloso;
>
> III – comprovado:**
>
> bom comportamento durante a execução da pena;
>
> não cometimento de falta grave nos últimos 12 (doze) meses;
>
> bom desempenho no trabalho que lhe foi atribuído; e

aptidão para prover a própria subsistência mediante trabalho honesto;

IV – tenha reparado, salvo efetiva impossibilidade de fazê-lo, o dano causado pela infração;

V – cumprido mais de dois terços da pena, nos casos de condenação por crime hediondo, prática da tortura, tráfico ilícito de entorpecentes e drogas afins, tráfico de pessoas e terrorismo, se o apenado não for reincidente específico em crimes dessa natureza.*

Parágrafo único. Para o condenado por crime doloso, cometido com violência ou grave ameaça à pessoa, a concessão do livramento ficará também subordinada à constatação de condições pessoais que façam presumir que o liberado não voltará a delinquir.

* Inciso acrescentado pela Lei nº 8.072, de 25-7-1990, e alterado pela Lei nº 13.344, de 6-10-2016.

** Alíneas incluídas pela Lei nº 13.964, de 24-12-2019.

Vide: CF art. 5º, XLIII; **CP** arts. 63, 64, I, II, 84 a 90, 91, I, 94, 112, I, 113; **LCP** art. 11; **CPP** arts. 712, 713, 717; **LEP** arts. 66, III, *e*, 112, VI, *a*, VIII, § 2º, 128, 131, 135, 136, 170, § 1º; **Lei nº 8.072**, de 25-7-1990, art. 1º (relaciona os crimes hediondos e equiparados); **Lei nº 9.455**, de 7-4-1997, art. 1º (crime de tortura); **Lei nº 11.343**, de 23-8-2006, art. 44, parágrafo único (dispõe sobre a concessão do livramento condicional em crimes relacionados com o tráfico de drogas); **Lei nº 12.850**, de 2-8-2013, art. 2º, § 9º; **Lei nº 13.445**, de 24-5-2017, art. 54, § 3º (expulsão de estrangeiro). Súmulas: **STF** 715; **STJ** 439, 441.

83 LIVRAMENTO CONDICIONAL

83.1 Conceito de livramento condicional

O livramento condicional, última etapa do sistema penitenciário progressivo, constitui-se na concessão, pelo juiz, da liberdade antecipada ao condenado, quando preenchidos os requisitos legais, ficando sujeito a determinadas exigências legais ou fixadas pelo magistrado durante o restante da pena que deveria cumprir preso. É um direito do sentenciado que preencha os pressupostos objetivos e subjetivos previstos em lei, devendo ser concedido pelo juiz. Apesar de ter sido adotado na lei o sistema progressivo na execução das penas, não se exige que o condenado tenha obtido anteriormente a progressão e muito menos que se encontre em regime aberto. Expressamente se permite a concessão de livramento condicional no caso de condenado por contravenção (art. 11 da LCP). Exigindo requisitos subjetivos, não pode, em regra, ser concedido pela via do *habeas corpus*.

Jurisprudência

- Direito ao livramento condicional se preenchidos os requisitos
- Constitucionalidade da exigência dos requisitos
- Desnecessidade de progressão anterior
- Competência do juiz da execução
- Concessão excepcional por *habeas corpus*
- Livramento condicional como direito subjetivo do condenado

- Exigência de requisitos objetivos e subjetivos para a concessão
- Desnecessidade de progressão anterior
- Progressão para regime aberto como mais benigna que o livramento condicional
- Competência do juiz da execução
- Inviabilidade de concessão por meio de *habeas corpus*
- Concessão por simples despacho

83.2 Requisitos objetivos do livramento condicional

O livramento condicional só pode ser concedido ao condenado a pena privativa de liberdade, desde que seja ela igual ou superior a dois anos. Caso o condenado não seja reincidente em crime doloso, deve ter cumprido mais de um terço da pena. Assim, mesmo o reincidente, em que pelo menos um dos crimes seja culposo, tem, em tese, direito ao livramento após ter cumprido esse percentual. Entretanto, em qualquer das hipóteses, deve ter bons antecedentes. De outro modo, sendo o condenado reincidente em crime doloso, deverá cumprir mais da metade da pena para obter o benefício. A esse lapso temporal de cumprimento também está sujeito o condenado não reincidente quando, na sentença, for declarado como portador de maus antecedentes. Contam-se sempre no prazo de cumprimento a detração e a remição (art. 128 da LEP), não se exigindo que tenha o condenado passado por todos os regimes de pena. Nos termos da Súmula 715 do Supremo Tribunal Federal, a unificação das penas em atendimento ao art. 75, atualmente para 40 anos, não é considerada para a concessão do livramento condicional ou de outros benefícios, devendo incidir sobre o total das penas o cálculo do tempo de cumprimento exigível.

Nos termos do art. 112, incisos VI, a, e VIII, da LEP com a redação da Lei nº 13.964/2019, o livramento condicional é vedado ao condenado por crime hediondo ou equiparado do qual resulte morte, trate-se de condenado primário ou reincidente. Veda-se a concessão do favor também ao reincidente específico em crimes hediondos ou equiparados, diante do que dispõe o art. 83, inciso V, do CP. Posteriormente da Lei nº 14.994, de 9-10-2024, incluiu outra vedação a concessão do livramento condicional, se o condenado pela prática de feminicídio para progredir de regime deverá cumprir 55%, se primário, inciso VI-A do art. 112 da LEP.

É indispensável, também, que o sentenciado tenha reparado o dano causado pelo crime, a não ser que comprove a impossibilidade de fazê-lo, o que pode decorrer não só da sua insolvência, mas de qualquer circunstância impeditiva da reparação (exigência exagerada do ofendido, impossibilidade de aferir o dano em caso de desaparecimento do ofendido etc.).

A prática de falta disciplinar de natureza grave no curso da execução da pena não determina o reinício da contagem do tempo de cumprimento de pena exigido para a concessão do livramento condicional. Embora alguns tribunais já tenham decidido em sentido contrário, estendendo ao livramento a construção jurisprudencial no sentido da interrupção do prazo para o fim de progressão de regime, deve-se observar que o livramento condicional é instituto que não se subordina ao sistema progressivo dos regimes prisionais e que a exigência do reinício do prazo na hipótese de falta grave, na ausência de norma específica que a ampare, viola o princípio da legalidade. Nesse sentido é firme a orientação adotada no STJ, que se condensou na edição da Súmula 441: "A falta grave não interrompe o prazo para obtenção de livramento condicional." Assim, em relação ao livramento condicional, a existência de falta grave há de ser apreciada na aferição do requisito subjetivo previsto no inciso III, alínea *b*, do art. 83, com a redação dada pela Lei nº 13.964, de 24-12-2019.

Jurisprudência

- Soma das penas no livramento condicional
- Inadmissibilidade de concessão na pena inferior a dois anos
- Inadmissibilidade de denegação pela gravidade do crime
- Concessão de livramento humanitário antes do prazo: portador de Aids
- Necessidade de cumprimento de metade da pena para o condenado reincidente
- Inadmissibilidade da exigência de metade da pena no caso de inquéritos e processos em andamento
- Maus antecedentes: fatos anteriores ao crime
- Condenação anterior por tráfico de entorpecente (anterior à vigência da Lei nº 8.072/90) – concessão do livramento condicional
- Necessidade de reparação do dano
- Reparação do dano em caso de homicídio
- Reparação do dano em caso de homicídio – Contra
- Dispensa da reparação do dano
- Impossibilidade momentânea de reparação do dano
- Prova da impossibilidade de reparar o dano
- Insuficiência de certidão negativa de ação indenizatória
- Condenado com maus antecedentes: metade da pena
- Não-interrupção do prazo aquisitivo do livramento condicional por falta grave
- Interrupção do prazo aquisitivo do livramento condicional por falta grave
- Necessidade de reparação ainda que com bens sequestrados – Contra
- Insuficiência da exibição dos autos de apreensão de bens
- Insuficiência de apresentação de atestado

83.3 Requisitos subjetivos do livramento condicional

Exige ainda a lei, como visto, que, para obter o livramento com o cumprimento de somente um terço da pena, é necessário que o condenado apresente bons antecedentes. Caso contrário só poderá obter o livramento ao cumprir mais da metade da pena. É indispensável também que deve ficar comprovado que o condenado teve "bom comportamento durante a execução da pena" (art. 83, III, *a*). Não o tem o condenado punido a quem foram impostas sanções disciplinares por faltas graves, quem tenha tentado a fuga etc., embora devam esses fatos ser desconsiderados se comprovou posteriormente bom comportamento por lapso de tempo apreciável. Exige a lei o "não cometimento de falta grave nos últimos 12 (doze) meses" (III, alínea *b*, com a redação dada pela Lei nº 13.964/2019). De acordo com tese firmada no STJ, a valoração do requisito subjetivo para concessão do livramento condicional – bom comportamento durante da execução da pena (art. 83, inciso III, alínea "a", do Código Penal) – deve considerar todo o histórico prisional, não se limitando ao período de 12 meses referido na alínea "b" do mesmo inciso III do art. 83 do Código Penal (tema repetitivo 1161). Ressalte-se que o cometimento de falta grave, de acordo com a melhor doutrina e vencedora corrente jurisprudencial, não é causa interruptiva do tempo de cumprimento de pena necessário para a concessão do livramento condicional. No entanto, trouxe a nova lei para o deferimento do favor legal o requisito subjetivo adicional de que não tenha o sentenciado cometido falta grave no período de um ano que antecede a decisão.

É necessário, ainda, que comprove o sentenciado bom desempenho no trabalho que lhe foi atribuído. Se não lhe foi dada a possibilidade de trabalhar, é evidente que tal omissão do Poder Público não impede a concessão do benefício (III, alínea *c*). Exige a lei que o sentenciado comprove aptidão para prover a própria subsistência mediante trabalho honesto (III, alínea *d*), mas a exigência é praticamente inócua, pois, ou o condenado já tinha uma profissão anterior, ou não se pode exigir dele a profissionalização quando não lhe foi dada a oportunidade para tal durante a execução da pena. O livramento só pode ser negado se, possibilitada a profissionalização no estabelecimento penal, o condenado não a aproveitou por displicência ou insubordinação. Não impede o livramento condicional a condição de estrangeiro, a não ser que tenha sido decretada a expulsão do condenado do território nacional ou não tenha condições de cumprir com as condições impostas obrigatoriamente por lei. Aliás, a Lei de Migração prevê, para o processamento da expulsão, a igualdade de condições entre os condenados nacional e estrangeiro com relação ao cumprimento de pena, a progressão de regime e demais benefícios legais no curso da execução da pena (art. 54, § 3º). No caso, porém, de ter já sido decretada a expulsão, não há como se deferir ao estrangeiro o livramento condicional porque já reconhecida a impossibilidade de seu reingresso na comunidade.

Requisito específico para a concessão do livramento condicional é exigido, expressamente, para o condenado por integrar organização criminosa ou por crime cometido por meio de organização criminosa, consistente na cessação do vínculo associativo (§ 9º do art. 2º, da Lei nº 12.850, de 2-8-2013, introduzido pela Lei nº 13.964, de 24-12-2019). Deve-se observar, porém, que ainda que o sentenciado não tenha sido condenado por delito daquela natureza, a constatação, no curso da execução, de manter ele vínculo associativo com uma organização criminosa pode motivar o indeferimento do livramento condicional, por ausência de um dos requisitos previstos no art. 83, inciso III, alíneas "a" e "b", ou, ainda, com apoio no parágrafo único. Integrar uma organização criminosa é fato previsto como crime doloso e, portanto, constitui falta grave, nos termos do art. 52, *caput*, da Lei de Execução Penal e sua apuração não depende de prévia condenação, podendo se realizar em regular procedimento administrativo disciplinar.[1]

Jurisprudência

- Necessidade de preenchimento de requisitos subjetivos
- Necessidade de preenchimento de requisitos subjetivos – considerar todo o histórico prisional
- Importância dos requisitos subjetivos durante a execução da pena
- Indeferimento por comportamento carcerário insatisfatório
- Mau comportamento por falta ao trabalho externo
- Aptidão para o trabalho honesto
- Inadmissibilidade de concessão sem exibição de visto de permanência definitiva
- Inadmissibilidade de concessão a estrangeiro com decreto de expulsão
- Possibilidade de concessão a estrangeiro
- Possibilidade de concessão a estrangeiro – Contra
- Concessão do livramento condicional: pareceres favoráveis
- Importância do comportamento carcerário
- Deferimento pelo comportamento carcerário satisfatório
- Mau comportamento carcerário: fuga do preso
- Mau comportamento carcerário: fuga do preso – Contra
- Mau comportamento em regime aberto
- Necessidade de aptidão psicológica
- Necessidade de aptidão psicológica – Contra
- Razões do indeferimento da progressão não impedem o livramento condicional
- Irrelevância da não assunção da prática de crime

---

1. A respeito do assunto discorremos na obra *Execução penal*. 17. ed. São Paulo: Foco, 2024, item 59.1.

83.4 Crimes hediondos e livramento condicional

Diante do que dispõe o inciso V do art. 83 (inserido pela Lei nº 8.072, de 25-7-1990, e alterado pela Lei nº 13.344, de 6-10-2016), para obter o livramento condicional os condenados por crimes hediondos, de tortura, tráfico ilícito de entorpecentes e drogas afins, tráfico de pessoas e terrorismo devem cumprir mais de dois terços da pena. Não se permite, porém, o livramento ao condenado "reincidente específico em crimes dessa natureza", diante do teor do mesmo dispositivo. A menção à reincidência "específica" significa que o dispositivo se refere apenas aos delitos mencionados na citada lei e não às demais infrações regidas pelas regras comuns do Código Penal. Assim, se um dos crimes (antecedente ou subsequente) não estiver previsto nessa lei, o autor pode beneficiar-se com o livramento condicional desde que preenchidos os requisitos do art. 83, I a V, do CP. O prazo de cumprimento da pena, porém, é de dois terços, no caso de ser a pena por crime hediondo a única em execução.

A Lei de Drogas (Lei nº 11.343, de 23-8-2006), em dispositivo específico, exige, igualmente, para a concessão do livramento condicional, o cumprimento de dois terços da pena pelo condenado por crime relacionado com o tráfico de drogas, inclusive o de associação para o tráfico (arts. 33, *caput*, e § 1º, 34 a 37), vedando o benefício ao reincidente específico (art. 44, parágrafo único). O dispositivo não restringiu o alcance da norma contida no art. 83, inciso V, do CP, mas estendeu a exigência do cumprimento de dois terços da pena aos condenados pelos crimes nele referidos e a vedação ao reincidente nesses mesmos crimes, ainda que não tenham natureza hedionda.

Por força das alterações promovidas pela Lei nº 13.964, de 24-12-2019 no art. 112 da Lei de Execução Penal, estendeu-se a vedação do livramento condicional ao condenado por crime hediondo ou equiparado do qual resulte morte, seja ele primário (inciso VI, *a*) ou reincidente (VIII).

Nos termos do art. 112, VI-A da LEP, com as alterações introduzidas pela Lei nº 14.994, de 9-10-2024, o condenado pela prática de feminicídio para progredir de regime deverá cumprir 55%, se primário, vedado o livramento condicional.

Jurisprudência

- Possibilidade de concessão a condenado a regime fechado: crime hediondo
- Exigência dos requisitos para a concessão do livramento condicional
- Necessidade do cumprimento de dois quintos da pena para o condenado por tráfico de entorpecentes com redução de pena
- Inexistência de hediondez no tráfico privilegiado
- Livramento condicional no concurso entre crimes comum e hediondo
- Cumprimento parcial da pena no concurso entre crimes comum e hediondo
- Contra: existência de reincidência específica
- Inadmissibilidade da concessão do livramento condicional para condenado reincidente específico em crime de tráfico de entorpecentes
- Livramento condicional: irretroatividade da Lei nº 8.072/90

83.5 Crimes praticados com violência ou ameaça e exame criminológico

Tendo sido praticado o crime com grave ameaça ou violência à pessoa, exige-se para a concessão do livramento condicional que as condições pessoais do condenado façam presumir que não voltará a delinquir, vale dizer, que não apresente periculosidade. Essas condições em geral são apuradas pelo exame criminológico ou semelhante, a ser determinado pelo juiz. Não constitui constrangimento ilegal, porém, a determinação judicial motivada para a realização do exame criminológico, conforme também se passou a reconhecer na Súmula 439 do STJ.

Jurisprudência

- Lei nº 14.843/2024: irretroatividade da lei mais gravosa: exigência de exame criminológico
- Constitucionalidade do exame criminológico
- Discricionariedade do juiz para o exame criminológico
- Desnecessidade de exame pericial
- Não vinculação do juiz ao exame criminológico favorável
- Possibilidade da determinação do exame criminológico para apreciação do pedido de livramento condicional
- Crimes praticados com violência ou grave ameaça
- Necessidade de presunção de que o condenado não voltará a delinquir
- Necessidade de exame pericial
- Desnecessidade de exame pericial – Contra

Soma das penas

Art. 84. As penas que correspondem a infrações diversas devem somar-se para efeito do livramento.

Vide: CP arts. 83, 86, II; LEP art. 141.

84 SOMA DAS PENAS

84.1 Soma das penas para o livramento condicional

Como visto, para a concessão do livramento condicional, exige-se que tenha sido imposta pena igual ou superior a dois anos. Para a contagem desse tempo mínimo, permite-se, porém, a soma das penas aplicadas por infrações diversas, ainda que impostas em processos distintos, para permitir a concessão do benefício. Não importa, pois, que cada uma delas seja inferior a dois anos. Dispõe também a lei que, na hipótese de revogação por infração penal cometida anteriormente à vigência do livramento (art. 86, II), deve-se observar o disposto no art. 84. Nesse caso, computado na pena o período de prova, é permitida para a concessão de novo livramento a soma do tempo das duas penas (art. 141 da LEP).

Jurisprudência

- Soma das penas para a concessão do livramento condicional
- Soma das penas a cumprir
- Soma de pena após revogação do benefício

Especificações das condições

Art. 85. A sentença especificará as condições a que fica subordinado o livramento.

Vide: CP arts. 83, 87; CPP art. 712; LEP arts. 26, II, 66, III, *e*, 79, III, 112, § 2º, 131 a 139, 144.

85 CONCESSÃO E CONDIÇÕES

85.1 Concessão do livramento condicional

Preenchidos os pressupostos objetivos e subjetivos, o livramento condicional é concedido, mediante requerimento do sentenciado, de seu cônjuge ou de parente em linha reta, ou por proposta do diretor do estabelecimento penal, ou por iniciativa do Conselho Penitenciário (art. 712 do CPP). Exige a lei para a concessão do livramento condicional parecer a respeito da admissibilidade, conveniência e oportunidade do benefício elaborado pelo Conselho Penitenciário. Embora a Lei nº 10.792, de 1º-12-2003, na nova redação dada ao art. 70, inciso I, da LEP, tenha excluído a referência ao parecer do Conselho Penitenciário do rol de suas atribuições, permanece a exigência diante do que dispõe o art. 131 do mesmo Estatuto. Prevê-se também no mesmo dispositivo a oitiva prévia do Ministério Público. Nos termos do que dispõe o art. 112, § 2º, da LEP, exigem-se, ainda, expressamente, a prévia manifestação da defesa e do Ministério Público e a motivação da decisão, aplicando-se ao livramento condicional a norma contida no § 1º, que se refere ao procedimento para a progressão de regime. Por essa razão, também, o livramento não pode ser concedido por meio de pedido de *habeas corpus*. Entendendo o juiz ser necessária a realização do exame criminológico, poderá determiná-la por decisão motivada (item 83.5). Embora o juiz não esteja adstrito às conclusões dos pareceres, são eles de elevado valor na aferição dos requisitos subjetivos necessários à concessão do benefício. Concedido o benefício e expedida a carta de livramento, com cópia da sentença, realiza-se uma cerimônia solene, sendo entregues ao liberado caderneta ou salvo-conduto e seu saldo de pecúlio (arts. 136 e 138 da LEP). A observação cautelar e a proteção da liberdade devem ser realizadas por serviço social penitenciário, patronato ou conselho da comunidade (art. 139 da LEP).

Jurisprudência

- Admissibilidade excepcional de concessão
- Decisão contra o parecer do Conselho Penitenciário
- Competência do juízo da execução
- Inadmissibilidade de concessão por via do *habeas corpus*
- Decisão contra o laudo pericial
- Recurso da denegação do livramento condicional

85.2 Condições do livramento condicional

Quando da concessão do livramento condicional, o juiz deve especificar as condições a que fica subordinado o beneficiário. Existe, porém, condição legal implícita que, não cumprida, pode ensejar a revogação do livramento, a de não ser o beneficiário condenado a pena privativa de liberdade. A Lei de Execuções Penais impõe outras condições obrigatórias: obter ocupação lícita, dentro de prazo razoável se for apto para o trabalho; comunicar periodicamente ao juiz sua ocupação; não mudar de território da Comarca do Juízo da Execução, sem prévia autorização deste (art. 132, § 1°, da LEP). Também é possível a imposição de outras condições, a critério do juiz, sugerindo a lei as seguintes: não mudar de residência sem comunicação ao juiz e à autoridade incumbida de observação cautelar e de proteção; recolher-se à habitação em hora fixada; não frequentar determinados lugares; utilizar equipamento de monitoração eletrônica (art. 132, § 2°, da LEP). Essas condições, que devem ter sempre em vista o crime praticado e as condições pessoais do liberado, podem ser modificadas no transcorrer da execução, pelo juiz, de ofício (art. 144 da LEP). A não aceitação pelo liberado das condições impostas ou alteradas torna sem efeito o livramento condicional (arts. 137, III, e 144 da LEP). É inadmissível a concessão do livramento condicional sem que se imponham condições.

Jurisprudência

- Exigência de requisitos objetivos e subjetivos para a concessão do livramento condicional
- Inadmissibilidade de livramento sem condições

Revogação do livramento

Art. 86. Revoga-se o livramento, se o liberado vem a ser condenado a pena privativa de liberdade, em sentença irrecorrível:

I – por crime cometido durante a vigência do benefício;

II – por crime anterior, observado o disposto no art. 84 deste Código.

Vide: CP arts. 84, 88 a 90, 112, I, 113; LEP arts. 66, III, *e*, 68, II, *e*, 140 a 143, 145, 146. Súmula: STJ 617.

86 REVOGAÇÃO OBRIGATÓRIA DO LIVRAMENTO CONDICIONAL

86.1 Revogação por crime durante a vigência do benefício

Pode o livramento condicional ser revogado quando o beneficiário infringir as condições previstas em lei ou fixadas pelo juiz durante o período de prova, ou seja, quando ocorrer um dos fatos mencionados na lei durante o prazo que lhe falta para cumprir a pena a partir da data de sua liberação. Esses fatos são causas de revogação obrigatória ou facultativas de revogação do benefício. A primeira causa de revogação obrigatória do livramento é ter sido o liberado condenado à pena privativa de liberdade, por sentença irrecorrível, por crime cometido durante a vigência do benefício. A revogação decorre, portanto, da simples comprovação do trânsito em julgado da condenação. Referindo-se a lei apenas a novo "crime", não é causa de revogação obrigatória do livramento a condenação por contravenção. Praticada, porém, outra infração penal, o juiz poderá ordenar sua prisão, ouvidos o Conselho Penitenciário, como previa o art. 732 do CPP, e o Ministério Público, suspendendo o curso do livramento condicional, cuja revogação, entretanto, ficará dependendo da decisão final (art. 145 da LEP). Pela jurisprudência, porém, não impede a prisão ou a suspensão a omissão quanto à audiência dos referidos órgãos. Suspenso o livramento, o cometimento de infração penal acarreta a prorrogação do prazo até a decisão definitiva (art. 89) (v. item 89.1). Revogado o livramento, o liberado deve cumprir o restante da pena e, nessa hipótese, não se desconta desta o tempo em que esteve solto (arts. 88 do CP e 142 da LEP).

Jurisprudência

- Revogação obrigatória do livramento por condenação durante a sua vigência
- Admissibilidade de revogação do livramento condicional após o prazo na existência de suspensão prévia
- Inadmissibilidade de revogação pelo conhecimento posterior ao término do prazo da prática de crime
- Dispensabilidade da oitiva do Conselho Penitenciário
- Necessidade de defesa do condenado
- Necessidade de defesa do condenado – contra
- Desnecessidade de prisão preventiva

86.2 Revogação por crime anterior à vigência do benefício

Em segundo lugar, menciona a lei como causa de revogação obrigatória do livramento a condenação definitiva por crime anterior a sua vigência, ou seja, antes ou durante o período em que esteve preso o liberado. Nesse caso, só ocorrerá a revogação se o liberado for condenado à pena privativa de liberdade, por crime, e se a sentença transitar em julgado antes de findo o período de prova. Não há previsão legal de prorrogação do prazo, *a contrario sensu* do que dispõe art. 89.

Dispõe a lei, ainda, que deve ser observado o art. 84 do Código, ou seja, que a pena imposta deve ser somada ao restante da pena anterior, podendo ser concedido novamente o benefício, com ou sem interrupção, quando o beneficiário preenche os requisitos objetivos e subjetivos exigidos para a concessão do livramento (itens 83.2 e 83.3).

Jurisprudência

- Revogação obrigatória por crime cometido no período de prova
- Inadmissibilidade de revogação depois do período de prova

Revogação facultativa

> **Art. 87.** O juiz poderá, também, revogar o livramento, se o liberado deixar de cumprir qualquer das obrigações constantes da sentença, ou for irrecorrivelmente condenado, por crime ou contravenção, a pena que não seja privativa de liberdade.

Vide: CP arts. 85, 88 a 90, 112, I, 113; LEP arts. 66, III, *e*, 68, II, *e*, 79, III, 132, 133, 134, 137, III, 138, § 1º, *c*, § 3º, 139, parágrafo único, 140 a 146.
Súmula: **STJ** 617.

87 REVOGAÇÃO FACULTATIVA DO LIVRAMENTO CONDICIONAL

87.1 Revogação por descumprimento de condição

As causas de revogação facultativa do livramento condicional estão previstas no art. 87. A primeira delas ocorre se o liberado deixar de cumprir qualquer das condições impostas na sentença. Não as cumprindo, inclusive aquelas que estão previstas no art. 132, § 2º, da

LEP, além de outras que o juiz entendeu convenientes na espécie, pode o juiz decretar a revogação do benefício. Demonstra eventualmente o liberado, nessas hipóteses, por não ter-se submetido às regras estabelecidas, que não está readaptado à vida social. Nessa hipótese, por falta de previsão legal, não se permite ao juiz decretar a suspensão provisória do benefício.

Jurisprudência

- Revogação pelo não cumprimento de condições
- Inadmissibilidade de revogação por causa não prevista em lei
- Inadmissibilidade de suspensão do livramento
- Necessidade de prévia oitiva do liberado
- Inadmissibilidade de revogação facultativa após o término do prazo
- Revogação pelo não comparecimento

87.2 Revogação por condenação

A segunda causa de revogação facultativa do livramento condicional é a condenação com sentença transitada em julgado, por crime ou contravenção, a pena que não seja privativa de liberdade, ou seja, quando imposta pena de multa ou restritiva de direitos. Na hipótese, é irrelevante que a infração tenha sido cometida antes ou durante a vigência do benefício. Não é causa de revogação, porém, a sentença em que se concedeu o perdão judicial, pois nesta hipótese não há imposição de pena. Houve um lapso do legislador que não mencionou como hipótese de revogação, obrigatória ou facultativa, a condenação, por contravenção, a pena privativa de liberdade. Entretanto, se uma condenação de menor severidade – à pena não privativa de liberdade – implica a possibilidade de revogação, não se pode excluir a revogação pela condenação mais severa – imposição de pena privativa de liberdade.

Mesmo que seja facultativa a causa de revogação em estudo, permite-se a suspensão provisória do benefício até o julgamento final do processo, uma vez que o art. 145 da LEP não distingue a espécie de infração penal para determinar a prorrogação. Nessa hipótese de revogação, não se computa na pena o tempo em que esteve solto o liberado, e também não é possível, em relação à mesma pena, a concessão de novo livramento (art. 142 da LEP).

Sendo facultativa a revogação, poderá o juiz da execução, em vez de revogar o benefício, advertir o liberado ou agravar as condições do livramento (art. 140, parágrafo único, da LEP). Uma dessas medidas será forçosamente cumprida, devendo o juiz, conforme as circunstâncias, optar por uma delas.

Jurisprudência

- Revogação de ofício pelo juiz
- Inadmissibilidade de desconto do tempo de liberdade
- Inadmissibilidade de revogação sem oitiva do liberado

Efeitos da revogação

Art. 88. Revogado o livramento, não poderá ser novamente concedido, e, salvo quando a revogação resulta de condenação por outro crime anterior àquele benefício, não se desconta na pena o tempo em que esteve solto o condenado.

Vide: CP arts. 83, 84, 86, 87, 112, I, 113; LEP arts. 66, III, *e*, 140, 141, 142.

88 EFEITOS DA REVOGAÇÃO DO LIVRAMENTO CONDICIONAL

88.1 Restauração do livramento condicional

Dispõe-se que, revogado o livramento, não poderá ser ele novamente concedido. Essa regra, porém, sofre exceção, dispondo o art. 141 da LEP que, se a revogação for motivada por infração anterior à vigência do livramento, computar-se-á como tempo de cumprimento da pena o período de prova, sendo permitida, para a concessão do novo livramento, a soma do tempo das duas penas. Assim, o art. 88 do CP, ao determinar, que, "revogado o livramento, não poderá ser novamente concedido" deve ser interpretado restritivamente. No inc. II do art. 86, faz-se menção ao art. 84, que prevê a soma das penas para efeito de livramento, que somente pode ser um "novo livramento" após a revogação do benefício. Somadas as penas e cumpridos os demais requisitos necessários à concessão do benefício, será ele concedido novamente. Nos demais casos, o condenado deverá cumprir integralmente a pena pelo primeiro crime, só podendo obter livramento condicional, cumpridos os requisitos legais, na execução da pena imposta na sentença condenatória subsequente. Isso porque os arts. 141 e 142 da LEP só impedem novo livramento para a "mesma pena" quando a revogação ocorreu por "outro motivo" que não a prática de crime anterior à vigência do benefício.

Jurisprudência

- Impossibilidade de novo livramento

88.2 Contagem do prazo de liberdade

Como regra geral, revogado o livramento, não se desconta da pena o tempo em que o condenado esteve em liberdade. Deve, pois, o condenado cumprir todo o restante da pena imposta na sentença quando a revogação ocorreu por crime ou contravenção praticados durante a vigência do benefício ou por desobediência às obrigações constantes da sentença. Como exceção, explicitada no art. 141 da LEP, deve ser computado o lapso em que esteve solto o liberado se a revogação foi motivada pela prática de crime anterior à vigência do benefício.

Jurisprudência

- Inadmissibilidade de contagem do tempo em liberdade

Extinção

> Art. 89. O juiz não poderá declarar extinta a pena, enquanto não passar em julgado a sentença em processo a que responde o liberado, por crime cometido na vigência do livramento.
>
> *Vide*: CP arts. 86, I, 90. LEP arts. 145, 146. Súmula: **STJ** 617.

89 PRORROGAÇÃO DO PRAZO DO LIVRAMENTO CONDICIONAL

89.1 Prorrogação do prazo

Expirado o prazo sem revogação, deve ser declarada extinta a pena do beneficiário do livramento condicional (arts. 90 do CP e 146 da LEP). Entretanto, como o juiz não pode declarar extinta a pena enquanto não passar em julgado a sentença em processo a que responde o liberado, por crime cometido na vigência do livramento (art. 89 do CP), o prazo do livramento condicional é prorrogado até que a sentença referente ao crime superveniente se torne irrecorrível. Nessa hipótese, há prorrogação automática do prazo do livramento, independente de declaração pelo juiz, pois, de outro modo, não teria sentido a regra estabelecida no último dispositivo. Entendemos que é equivocada a orientação adotada em alguns julgados, inclusive do STF e do STJ, no sentido de não se admitir a revogação do livramento condicional após o término do prazo se, no decorrer deste, não houve a suspensão do benefício. A suspensão do livramento condicional é prevista no art. 145 da Lei de Execução Penal: "Praticada pelo liberado outra infração penal, o Juiz poderá ordenar a sua prisão, ouvidos o Conselho Penitenciário e o Ministério Público, suspendendo o curso do livramento condicional, cuja revogação, entretanto, ficará dependendo da decisão final". A suspensão, portanto, está forçosamente vinculada à decretação da prisão pelo juiz da execução. Ordena-se a prisão, suspendendo-se o livramento condicional. A prisão, porém, diz claramente a lei, insere-se no prudente arbítrio do juiz, que pode deixar de ordená-la. Esse juízo discricionário há de ser formulado à vista de circunstâncias específicas do caso concreto, como a natureza e gravidade do novo delito, se se trata de crime doloso ou culposo, a suficiência dos indícios de materialidade e autoria, se há denúncia recebida, se houve ou não prisão em flagrante ou decretação da prisão preventiva, etc. A opção conferida pela lei ao juiz da execução de não ordenar a prisão do liberado diante da notícia de novo crime há de ser exercida, criteriosamente, à vista das particularidades do caso concreto, e não pode importar em um prematuro julgamento a respeito da desnecessidade de posterior revogação do livramento condicional após a final condenação no novo processo, a qual, aliás, frequentemente, ocorre após o término do prazo, porque essa é uma causa legal de revogação e não se insere no poder discricionário do juiz. Entendimento contrário implica a necessidade de sempre ser ordenada a prisão, contra a disposição legal que estabelece a discricionariedade do juiz, ou a indevida conversão de uma causa legal obrigatória de revogação do livramento condicional em uma faculdade judicial. A ausência da sustação do livramento condicional durante o seu prazo não se constitui necessariamente em inércia do Ministério Público, órgão fiscalizador, ou do juiz da execução e não tem ela o condão de impedir a revogação em decorrência da nova condenação irrecorrível. Assim, noticiada a prática de novo crime pelo liberado, tenha sido ou não ordenada a prisão e sustado o livramento condicional (art. 145 da LEP), deve o juiz aguardar a decisão definitiva do processo (art. 89 do CP): sendo o réu condenado, revoga-se o livramento (art. 86, I, do CP); absolvido, declara-se extinta a pena privativa de liberdade (art. 90 do CP e art. 146 da LEP). No STJ, porém, consolidou-se entendimento contrário, o de que "a ausência de suspensão ou revogação do livramento condicional antes do término do período de prova enseja a extinção da punibilidade pelo integral cumprimento da pena" (Súmula 617).

Jurisprudência

- Prorrogação automática do prazo
- Revogação após o período de prova
- Prorrogação do prazo em caso de prática de crime
- Admissibilidade de suspensão do livramento condicional pela prática de novo crime
- Inadmissibilidade de revogação após o prazo na ausência de sustação prévia

Art. 90. Se até o seu término o livramento não é revogado, considera-se extinta a pena privativa de liberdade.

Vide: CP arts. 86, 87, 89; LEP arts. 140, 145, 146. Súmula: STJ 617.

90 EXTINÇÃO DA PENA APÓS O PRAZO DO LIVRAMENTO CONDICIONAL

90.1 Extinção da pena

Se o liberado não der causa à revogação do livramento condicional, expirado o período de prova está extinta a pena, devendo o juiz declarar a extinção (arts. 90 do CP e 146 da LEP). Ainda que haja ocorrido causa de revogação durante o período de prova, se não foi decretada a revogação, não mais será esta possível, restando apenas declarar-se extinta a pena. A única exceção à regra é a hipótese de prorrogação do prazo pela prática do liberado de crime durante a vigência do benefício (item 89.1). O STJ, porém, não destaca essa hipótese, tendo decidido que a ausência de suspensão ou revogação no curso do prazo do livramento condicional determina a extinção da punibilidade (Súmula 617).

Como a pena fica extinta quando se expira o prazo do livramento sem ter ocorrido qualquer outra causa de revogação, deve-se ter como data da extinção o último dia do prazo e não a data em que, nos autos, o juiz a declarar. A extinção da pena se dá pelo fato, ou seja, pelo término do prazo, e não pela sentença que a reconhece. A decretação da extinção da pena pode ser requerida pelo próprio interessado ou pelo Ministério Público ou constar de representação do Conselho Penitenciário, sendo expressa também a lei sobre a possibilidade de decretação de ofício pelo juiz, sempre ouvido o Ministério Público (art. 146 da LEP).

Jurisprudência

- Inadmissibilidade de revogação após o prazo
- Necessidade de certidões sobre a inexistência de processos para a extinção da pena
- Necessidade de certidões sobre a inexistência de processos para a extinção da pena – Contra
- Extinção da punibilidade na ausência de revogação ou suspensão durante o prazo do livramento
- Inadmissibilidade de extinção no caso de prática de crime
- Inadmissibilidade de extinção no caso de prática de crime – Contra

CAPÍTULO VI
DOS EFEITOS DA CONDENAÇÃO

Efeitos genéricos e específicos

Art. 91. São efeitos da condenação:

I – tornar certa a obrigação de indenizar o dano causado pelo crime;

II – a perda em favor da União, ressalvado o direito do lesado ou de terceiro de boa-fé:

a) dos instrumentos do crime, desde que consistam em coisas cujo fabrico, alienação, uso, porte ou detenção constitua fato ilícito;

b) do produto do crime ou de qualquer bem ou valor que constitua proveito auferido pelo agente com a prática do fato criminoso.

§ 1º Poderá ser decretada a perda de bens ou valores equivalentes ao produto ou proveito do crime quando estes não forem encontrados ou quando se localizarem no exterior.

§ 2º Na hipótese do § 1º, as medidas assecuratórias previstas na legislação processual poderão abranger bens ou valores equivalentes do investigado ou acusado para posterior decretação de perda.*

* §§ 1º e 2º inseridos pela Lei nº 12.694, de 24-7-2012.

Vide: (reparação do dano) – **CF** art. 5º, V, XLV; **CP** arts. 9º, I, 45, § 1º, 91-A; **CPP** arts. 63 a 68, 125 a 144-A, 336, 780, 787, 790; **LEP** art. 29, § 1º, *a*; **CC** arts. 186, 927 e 935, 948 a 954; **CPC** art. 515, II, III, VI, VIII; **Lei** nº **9.099**, de 26-9-1995, art. 74, *caput* e parágrafo único; **Lei** nº **9.279**, de 14-5-1996, arts. 207 a 210 (reparação do dano nos crimes contra a propriedade industrial); **Lei** nº **9.605**, de 12-2-1998, arts. 17, 20, 27, 28 (reparação do dano nos crimes contra o meio ambiente); **Lei nº 13.869**, de 5-9-2019, art. 4º, I (obrigação de indenizar o dano causado pelo crime na lei de abuso de autoridade). Súmulas: **STF** 562; **STJ** 37, 43, 186, 221, 227, 281. (confisco) – **CF** art. 5º, XLV, XLVI, 243; **CP** arts. 45, § 3º, 92; **CPP** arts. 6º, II, 11, 91-A, 118, 119, 121, 122, 124, 124-A, 530-B, 530-F, 530-G, 779; **Lei Complementar** nº **79**, de 7-1-1994, art. 2º, IV (bens confiscados e perdidos em favor da União Federal como recursos do Fundo Penitenciário Nacional – FUNPEN); **Lei** nº **8.257**, de 26-11-1991 (expropriação de glebas em que se realiza o cultivo de plantas psicotrópicas); **Lei** nº **8.429**, de 2-6-1992, arts. 6º e 12, I (perda de bens e valores no caso de ato de improbidade administrativa que importa enriquecimento ilícito); **Lei** nº **9.605**, de 12-2-1998, art. 24 (perdimento do patrimônio de pessoa jurídica utilizada para a prática de crime contra o meio ambiente); **Lei** nº **9.613**, de 3-3-1998, art. 7º, I (perda dos bens, direitos e valores relacionados com crime de *lavagem* ou ocultação de bens, direitos e valores); **Lei** nº **11.343**, de 23-8-2006, arts. 32, *caput* (destruição de plantações ilícitas e drogas apreendidas), § 4º (expropriação de glebas utilizadas para a plantação ilícita de drogas), 50, §§ 3º a 5º (procedimento para destruição de drogas apreendidas), 60 a 64 (apreensão, perdimento e destinação de instrumentos, produto, bens e valores do acusado apreendidos em crime descrito na Lei de Drogas); Súmula: **STJ** 326.

91 EFEITOS GENÉRICOS DA CONDENAÇÃO

91.1 Efeitos genéricos da condenação

A condenação produz, como *efeito principal*, a imposição de pena e, como *efeitos secundários*, consequências de natureza penal ou extrapenal. Entre estas, há efeitos civis, administrativos, políticos e até trabalhistas. Entre os efeitos penais secundários, estão a revogação da suspensão condicional da pena e do livramento condicional, a caracterização da reincidência pela prática de crime posterior, o aumento do prazo da prescrição da pretensão executória quando caracterizada a reincidência, a interrupção da prescrição da pretensão executória quando caracterizar a reincidência, a revogação da reabilitação, quando se tratar de reincidente, a possibilidade da arguição de exceção da verdade nas hipóteses de calúnia ou difamação, o impedimento de benefícios vários (arts. 155, § 2º, 171, § 1º, 180, § 3º etc.) etc.

91.2 Reparação do dano

Prevê o art. 91 dois efeitos extrapenais, de caráter civil. O primeiro deles é a obrigatoriedade de reparação do dano causado pelo crime. Como a infração penal ofende um interesse, acarretando uma lesão real ou potencial à vítima, nos termos da lei civil, aquele que, por ação ou omissão voluntária (dolo), negligência ou imprudência (culpa), causar dano, ainda que exclusivamente moral, a outrem comete *ato ilícito* (art. 186 do CC), ficando obrigado à reparação (art. 927 do CC). A imperícia, embora não mencionada expressamente, também caracteriza o crime culposo e acarreta a obrigação de reparar o dano. No Código de Processo Penal, estão previstas as medidas assecuratórias dos direitos do ofendido que possibilitam prevenir-se com relação à reparação do dano (arts. 125 a 144-A). Dispõe, ainda, a lei processual que, "transitada em julgado a sentença condenatória, poderão promover-lhe a execução, no juízo cível, para efeito de reparação do dano, o ofendido, seu representante legal e seus herdeiros" (art. 63 do CPP), porque "o direito de exigir reparação e a obrigação de prestá-la transmitem-se com a herança" (art. 943 do CC). Assim, no juízo cível, o interessado não será obrigado a comprovar a materialidade do crime, a ilicitude do fato e sua autoria, já assentes na esfera penal, para obter a reparação do dano causado pelo ilícito penal (arts. 935 do CC e 515, VI, do CPC). A sentença penal condenatória transitada em julgado é um título executório incompleto por depender de liquidação para a apuração do *quantum* devido. No juízo cível, não poderá reabrir-se a questão sobre a responsabilidade civil pelo fato reconhecido como crime em sentença transitada em julgado. Discutir-se-á apenas o montante da reparação.

A Lei nº 11.719, de 20-6-2008, que alterou dispositivos do Código de Processo Penal, inovou na disciplina da matéria ao prever que o juiz, na sentença condenatória, deve fixar valor mínimo para reparação dos danos causados pela infração, considerando os prejuízos sofridos pelo ofendido (art. 387, inciso IV). Assim, transitada em julgado a condenação, o ofendido, seu representante ou herdeiros podem promover, no juízo cível, a execução por quantia certa pelo valor fixado na sentença, sem prejuízo de que, simultaneamente, se proceda à liquidação para apuração do total do dano a ser reparado (art. 63, parágrafo único), observando-se as normas pertinentes contidas no Código de Processo Civil (art. 509, § 1º).

Tendo sido aplicada a nova pena substitutiva de prestação pecuniária, o valor pago à vítima ou seus dependentes deve ser deduzido do montante da indenização quando coincidentes os beneficiários (art. 45, § 1º). A sentença estrangeira pode ser homologada no Brasil para o fim de obrigar o condenado à reparação do dano (art. 9º, I, do CP e arts. 780, 787 e 790 do CPP).

Não são condenatórias as sentenças em que se reconhece a extinção da punibilidade pela prescrição da pretensão punitiva, seja ela intercorrente, seja retroativa. Deverá o interessado, como em todas as hipóteses em que não houver condenação (arquivamento de inquérito, transação penal prevista na Lei nº 9.099/95, sentença absolutória, decisão que julgar extinta a punibilidade, acordo de não persecução penal etc.), intentar a competente ação civil ordinária de indenização por dano causado por ato ilícito. A lei, prevê, porém, que também a sentença transitada em julgado que homologa a composição dos danos civis nos procedimentos de competência do Juizado especial criminal terá eficácia de título a ser executado no juízo cível (arts. 74 da Lei nº 9.099/95 e 515, II, do CPC).

A extinção da punibilidade por causa superveniente ao trânsito em julgado da sentença condenatória não acarreta a perda do seu valor de título executivo, a não ser que seja rescindida por revisão criminal.

Os efeitos que a lei confere à reparação do dano já foram examinados (item 16.1).

Jurisprudência

- Inexistência de título executório em caso de extinção da punibilidade pela prescrição da pretensão punitiva
- Reparação do dano e imunidade parlamentar
- Extensão ao Estado da obrigação de reparação do dano decorrente de condenação de agente público
- Sequestro de bens para reparação de dano e morte do réu

91.3 Confisco dos instrumentos do crime

O segundo efeito civil da condenação previsto no art. 91 é o confisco, ou seja, a perda, em favor da União, de instrumentos do crime e de seu produto. Trata-se de efeito da condenação com o qual o Estado, no primeiro caso, procura evitar que os instrumentos idôneos para delinquir caiam em mãos das pessoas e, no segundo, se enriqueça ilegalmente o autor do crime. Quanto aos instrumentos do crime, somente podem ser confiscados os que consistam em objetos cujo fabrico, alienação, uso, porte ou detenção constitua fato ilícito. Não são confiscados, portanto, instrumentos que eventualmente foram utilizados para a prática do ilícito, mas apenas aqueles que, por sua natureza, têm destinação específica para a prática de crime, como punhais, gazuas, petrechos para falsificação de moeda ou documentos, ou cujo porte é proibido, como armas de guerra, de uso exclusivo das Forças Armadas etc.

A perda dos instrumentos do crime é automática, decorrendo do trânsito em julgado da sentença condenatória. Não pode ser aplicada, pois, quando celebrada a transação penal homologada na forma da Lei nº 9.099/95. Além disso, só atinge bens do autor do ilícito, não podendo terceiro, estranho à lide penal, ser prejudicado pela medida.

Dispõe a Lei nº 9.605, de 12-2-1998, que o patrimônio da pessoa jurídica constituída ou utilizada, preponderantemente, para o fim de permitir, facilitar ou ocultar a prática de crime contra o meio ambiente nela previsto será considerado instrumento do crime e perdido em favor do Fundo Penitenciário Nacional (art. 24).

Prevê-se, também, na legislação especial, o confisco dos veículos, embarcações, aeronaves, maquinários, instrumentos e quaisquer outros objetos utilizados na prática de crime descrito na Lei de Drogas (arts. 62 e 63 da Lei nº 11.343, de 23-8-2006). Declarado o perdimento em favor da União, os bens serão revertidos ao Fundo Nacional Antidrogas (FUNAD). Prevê a lei, porém, a possibilidade de sua utilização pela autoridade policial ou por órgãos ou entidades que atuam na prevenção e repressão ao uso e tráfico de drogas, uma vez comprovado o interesse público, antes mesmo de seu perdimento, mediante autorização judicial. Na hipótese, o juiz deve cientificar o órgão gestor do Funad, para que, no prazo de 10 dias, avalie a existência do interesse público e indique o órgão que deve receber o bem, priorizando-se os órgãos de segurança pública que participaram das ações de investigação ou repressão ao crime que deu causa à medida (arts. 61 e 62, §§ 1º-A e 1º-B), ou após, mediante convênio com a União (art. 64). As drogas apreendidas e as plantações ilícitas devem ser imediatamente destruídas pela autoridade policial; sem a ocorrência de prisão em flagrante será feita por incineração, no prazo máximo de 30 dias contados da data da apreensão, asseguradas amostras para a preservação da prova (arts. 32, 50 e 50-A). As propriedades rurais e urbanas em que ocorria o cultivo de drogas devem ser expropriadas (art. 32, § 4º), nos termos do que dispõe o art. 243 da Constituição Federal, com a redação dada pela EC nº 81, de 2014. Essa forma de confisco, porém, independe de ação penal, mas de ação expropriatória regulada pela Lei nº 8.257, de 26-11-1991.

Dúvidas persistem quanto à possibilidade do confisco de instrumentos utilizados na prática de contravenção, uma vez que o art. 91 somente se refere a "crime". E assim, não se permitiria o confisco no caso de condenação por "porte de arma", que configurava prática contravencional (art. 19 da LCP), questão esta que foi superada porque o fato passou a constituir crime (Lei nº 10.826, de 22-12-2003, que revogou a Lei nº 9.437, de 20-2-1997). Havia ponderável corrente jurisprudencial, porém, no sentido de que, por força do art. 1º da LCP, que manda aplicar às contravenções as regras do Código Penal sempre que não disponha o primeiro Estatuto de modo diverso, era aplicável ao ilícito contravencional o art. 91, II, do CP. Não é admissível o confisco na hipótese de transação penal, por não ter a sentença natureza condenatória, mas meramente homologatória.

Não se confunde o confisco com a medida processual de apreensão, pressuposta daquele. A apreensão dos instrumentos e de todos os objetos que tiverem relação com o crime deve ser determinada pela autoridade policial (art. 6º do CPP), e não podem ser eles restituídos antes de transitar em julgado a sentença final quando interessarem ao processo (art. 118 do CPP).

Jurisprudência

- Confisco e o devido processo legal
- Inadmissibilidade de confisco na transação penal
- Ineficácia do confisco perante o direito do lesado ou terceiro de boa-fé
- Confisco como efeito civil da condenação
- Confisco em caso de tráfico de entorpecentes e drogas afins
- Confisco em crime contra o meio ambiente
- Inadmissibilidade do confisco de arma pertencente a terceiro
- Inadmissibilidade de confisco sem prova de que a arma foi instrumento do crime
- Confisco e trânsito em julgado da sentença condenatória
- Inadmissibilidade de confisco em sentença absolutória
- Inadmissibilidade do confisco na inexistência de condenação
- Inadmissibilidade de confisco em extinção da punibilidade
- Inadmissibilidade de confisco de bens de terceiro
- Apreensão da coisa em poder de terceiro de boa-fé
- Devolução da coisa à vítima
- Admissibilidade de confisco em caso de contravenção
- Admissibilidade de confisco em caso de contravenção – Contra
- Inadmissibilidade de confisco por contravenção de "porte de arma"
- Inadmissibilidade de confisco por contravenção de "porte de arma" – Contra
- Inadmissibilidade de confisco de objeto material de crime
- Inadmissibilidade de confisco de coisas de posse permitida
- Aplicação automática do confisco

91.4 Confisco do produto de crime

Dispõe, ainda, a lei sobre a perda em favor da União de todo bem ou valor que, direta ou indiretamente, o agente tenha auferido pela execução do crime. Podem ser confiscados, assim, não só as coisas subtraídas por furto ou roubo, como também as importâncias auferidas pelo autor do crime ao vendê-la. Evidentemente, o produto do crime deverá ser restituído ao lesado ou ao terceiro de boa-fé, só se efetivando o confisco na hipótese de permanecer ignorada a identidade do dono ou não reclamado o bem ou valor. A perda do produto do crime, nessas hipóteses, é também automática, não sendo necessária que conste expressamente da decisão. Os bens e valores confiscados e perdidos em favor da União, a exemplo das multas e das fianças quebradas, constituem recursos do Fundo Penitenciário Nacional (art. 2º, IV, da Lei Complementar nº 79, de 7-1-1994). Tratando-se, porém, de crime definido na Lei nº 11.343, de 23-8-2006 (Lei de Drogas), prevê-se que o juiz na sentença decidirá sobre o perdimento em favor da União do produto, bem ou valor apreendido, sequestrado ou declarado indisponível no curso do inquérito ou da ação penal, os quais devem ser revertidos diretamente ao Fundo Nacional Antidrogas – FUNAD (arts. 60 e 63). Diante da nova redação do art. 243 da CF conferida pela EC nº 81 de 5-6-2014, impõe-se a expropriação das propriedades rurais e urbanas também no caso de exploração de trabalho escravo.

Os §§ 1º e 2º do art. 91, inseridos pela Lei nº 12.694, de 24-7-2012, versam sobre a hipótese de não serem encontrados ou de estarem no exterior os bens ou valores que constituem produto ou proveito do crime. Autoriza a lei, nesses casos, que o juiz decrete a perda de bens ou valores equivalentes, sobre os quais, inclusive, podem recair as medidas assecuratórias previstas na lei processual. No Código de Processo Penal, essas medidas são as disciplinadas nos arts. 125 a 144-A.

Além do Código de Processo Penal e da Lei de Drogas (Lei nº 11.343, de 2006), a Lei nº 9.613, de 3-3-1998, alterada pela Lei nº 12.683, de 9-7-2012, contém disposições especiais sobre a decretação de medidas assecuratórias de bens, direitos ou valores do investigado ou acusado que sejam instrumento, produto ou proveito de crime de lavagem de dinheiro. É efeito da condenação penal a perda, em favor da União ou do Estado, de acordo com a competência para o processo, dos bens, direitos e valores relacionados, direta ou indiretamente com a prática de crime de lavagem de dinheiro ou ocultação de bens, direitos e valores, ressalvado o direito do lesado ou de terceiro de boa-fé (art. 7º, I, da Lei nº 9.613, de 3-3-1998). Normas da mesma natureza atinentes aos instrumentos, produto ou proveito de crime de terrorismo são previstas na Lei nº 13.260, de 16-3-2016 (arts. 12 a 16) e as relativas ao crime de tráfico de pessoas são mencionadas no art. 8º da Lei nº 13.344, de 6-10-2016, que inseriu no Código Penal o art. 149-A, em que o delito se encontra descrito. Destinação específica dos bens e valores utilizados na prática do crime é prevista no Estatuto da Criança e do Adolescente, que determina sua perda em favor do Fundo dos Direitos da Criança e do Adolescente criado pelos estados, na hipótese do delito previsto no art. 244-A.

Prevê a lei, também, como medida que não tem caráter penal, a perda de bens ou valores no caso de enriquecimento ilícito dos agentes públicos no exercício de mandato, cargo, emprego ou função na administração pública (Lei nº 8.429, de 2-6-1992, art. 12, I e II).

Jurisprudência

- Confisco de proveito auferido com a prática de tráfico de entorpecentes
- Confisco de proveito auferido em crime de lavagem de bens, direitos e valores: necessidade do trânsito em julgado da condenação
- Competência para a decretação de perda do produto do crime
- Impossibilidade de restituição de possível produto do crime
- Confisco automático de bem auferido com a prática do crime
- Confisco inadmissível em caso e prescrição
- Confisco do produto do crime e prescrição da pretensão executória
- Impossibilidade de restituição de coisas adquiridas com o produto do crime

91.5 Prevalência da pena restritiva de direitos sobre o confisco

Ao alterar dispositivos do Código Penal, a Lei nº 9.714, de 25-11-1998, instituiu a pena restritiva de direito, substitutiva da pena privativa de liberdade aplicada, de "perda de bens e valores" pertencentes aos condenados (art. 43, II, do CP). Aplicada tal pena, correspondente ao montante do prejuízo causado ou ao proveito obtido pelo agente ou por terceiro, em consequência do crime, até o teto do maior deles, ressalvada a legislação especial, deve ser destinada ao Fundo Penitenciário Nacional (art. 45, § 3º, do CP e Lei Complementar nº 79, de 7-1-1994). Tratando-se da aplicação dessa pena, fica prejudicado o perdimento previsto como efeito da condenação no art. 91, II, *b*, do CP. Sempre terá preferência, entretanto, o terceiro de boa-fé.

Art. 91-A. Na hipótese de condenação por infrações às quais a lei comine pena máxima superior a 6 (seis) anos de reclusão, poderá ser decretada a perda, como produto ou proveito do crime, dos bens correspondentes à diferença entre o valor do patrimônio do condenado e aquele que seja compatível com o seu rendimento lícito.

§ 1º Para efeito da perda prevista no *caput* deste artigo, entende-se por patrimônio do condenado todos os bens:

I – de sua titularidade, ou em relação aos quais ele tenha o domínio e o benefício direto ou indireto, na data da infração penal ou recebidos posteriormente; e

II – transferidos a terceiros a título gratuito ou mediante contraprestação irrisória, a partir do início da atividade criminal.

§ 2º O condenado poderá demonstrar a inexistência da incompatibilidade ou a procedência lícita do patrimônio.

§ 3º A perda prevista neste artigo deverá ser requerida expressamente pelo Ministério Público, por ocasião do oferecimento da denúncia, com indicação da diferença apurada.

§ 4º Na sentença condenatória, o juiz deve declarar o valor da diferença apurada e especificar os bens cuja perda for decretada.

§ 5º Os instrumentos utilizados para a prática de crimes por organizações criminosas e milícias deverão ser declarados perdidos em favor da União ou do Estado, dependendo da Justiça onde tramita a ação penal, ainda que não ponham em perigo a segurança das pessoas, a moral ou a ordem pública, nem ofereçam sério risco de ser utilizados para o cometimento de novos crimes.

* Artigo inserido pela Lei nº 13.964, de 24-12-2019.

***Vide*:** **CF** art. 5º, XLV; **CP** arts. 9º, I, 45, § 1º; **CPP** arts. 63 a 68, 125 a 144-A, 336, 780, 787, 790; **LEP** art. 29, § 1º, *a*; **CC** arts. 186, 927 e 935, 948 a 954; **Lei nº 9.099**, de 26-9-1995, art. 74, *caput* e parágrafo único; **Lei nº 9.279**, de 14-5-1996, arts. 207 a 210 (reparação do dano nos crimes contra a propriedade industrial); **Lei nº 9.605**, de 12-2-1998, arts. 17, 20, 27, 28 (reparação do dano nos crimes contra o meio ambiente). Súmulas: **STF** 562; **STJ** 37, 43, 186, 221, 227, 281. (confisco) – **CF** art. 5º, XLV, XLVI, 243; **CP** arts. 45, § 3º, 92; **CPP** arts. 6º, II, 11, 118, 119, 121, 122, 124, 530-B, 530-F, 530-G, 779; **Lei Complementar nº 79**, de 7-1-1994, art. 2º, IV (bens confiscados e perdidos em favor da União Federal como recursos do Fundo Penitenciário Nacional – FUNPEN); **Lei nº 8.257**, de 26-11-1991 (expropriação de glebas em que se realiza o cultivo de plantas psicotrópicas); **Lei nº 8.429**, de 2-6-1992, arts. 6º e 12, I (perda de bens e valores no caso de ato de improbidade administrativa que importa enriquecimento ilícito); **Lei nº 9.605**, de 12-2-1998, art. 24 (perdimento do patrimônio de pessoa jurídica utilizada para a prática de crime contra o meio ambiente); **Lei nº 9.613**, de 3-3-1998, art. 7º, I (perda dos bens, direitos e valores relacionados com crime de *lavagem* ou ocultação de bens, direitos e valores); **Lei nº 11.343**, de 23-8-2006, § 4º (expropriação de glebas utilizadas para a plantação ilícita de drogas), 60 a 64 (apreensão, perdimento e destinação de instrumentos, produto, bens e valores do acusado apreendidos em crime descrito na Lei de Drogas); Súmula: **STJ** 326.

91-A CONFISCO ESTENDIDO

O art. 91-A, inserido pela Lei nº 13.964, de 24-12-2019, contém regras especiais atinentes à perda do produto ou proveito do crime aplicáveis somente aos crimes para os quais a lei comina pena superior a seis anos de reclusão. Prevê-se a perda dos bens e valores correspondentes à diferença entre o valor do patrimônio do condenado e o valor que seria compatível com os seus rendimentos lícitos. A apuração do patrimônio do acusado deve observar o disposto no § 1º, incisos I e II. Em norma que implica inversão do ônus da prova, presume-se que essa diferença de valores constitua produto ou proveito do crime, admitindo-se, porém, a prova em contrário, ou seja, no sentido da procedência lícita dos bens e valores possuídos pelo acusado (§ 2º).

A perda dos bens deve ser requerida expressamente pelo Ministério Público na sentença, já com uma indicação da diferença apurada, ainda que se cuide de aferição preliminar (§ 3º). Diversamente do que ocorre no confisco em geral, em que a perda é efeito automático da condenação, independentemente de declaração expressa, a perda dos bens disciplinada no art. 91-A deve ser expressamente decretada na sentença, que há, também, de declarar o valor da diferença apurada e especificar os bens cuja perda for decretada (§ 4º).

Cuidando-se de instrumentos utilizados por organizações criminosas ou milícias para a prática de crimes, devem ser eles declarados perdidos, independentemente de, por sua natureza, representarem ou não risco à segurança pública, moral ou ordem pública ou oferecerem ou não sério risco de utilização para o cometimento de novos crimes (§ 5º). Embora deficiente a redação do dispositivo, infere-se a intenção do legislador de não restringir o alcance da norma ao confisco dos instrumentos do crime mencionados no art. 91, inciso II, *a*, restando, assim, autorizada a decretação da perda também de instrumentos cuja posse não configure fato ilícito por si, mas que tenham sido utilizados para a prática do crime, tais como telefones, veículos etc.

Art. 92. São também efeitos da condenação:

I – a perda de cargo, função pública ou mandato eletivo:

a) quando aplicada pena privativa de liberdade por tempo igual ou superior a 1 (um) ano, nos crimes praticados com abuso de poder ou violação de dever para com a Administração Pública;

b) quando for aplicada pena privativa de liberdade por tempo superior a 4 (quatro) anos nos demais casos;*

II – a incapacidade para o exercício do poder familiar, da tutela ou da curatela nos crimes dolosos sujeitos a pena de reclusão cometidos contra outrem igualmente titular do mesmo poder familiar, contra filho, filha ou outro descendente, tutelado ou curatelado, bem como nos crimes cometidos contra a mulher por razões da condição do sexo feminino, nos termos do § 1º do art. 121-A deste Código; **

III – a inabilitação para dirigir veículo, quando utilizado como meio para a prática de crime doloso.

§ 1º Os efeitos de que trata este artigo não são automáticos, devendo ser motivadamente declarados na sentença pelo juiz, mas independem de pedido expresso da acusação, observado o disposto no inciso III do § 2º deste artigo. ***

§ 2º Ao condenado por crime praticado contra a mulher por razões da condição do sexo feminino, nos termos do § 1º do art. 121-A deste Código serão:

I – aplicados os efeitos previstos nos incisos I e II do *caput* deste artigo;

II – vedadas a sua nomeação, designação ou diplomação em qualquer cargo, função pública ou mandato eletivo entre o transito em julgado da condenação até o efetivo cumprimento da pena;

III – automáticos os efeitos dos incisos I e II do *caput* e do inciso II do § 2º deste artigo.

* Redação determinada para o inciso I, alíneas *a* e *b* pela Lei nº 9.268, de 1º-4-1996.

** Redação do inciso II determinada pela Lei nº 13.715, de 24-9-2018 e, posteriormente alterada pela Lei nº 14. 994 de 9-10-2024.

*** §§ 1º e 2º inseridos pela Lei nº 14.994 de 9-10-2024

Vide: CF arts. 15, III e V, 37, § 4º, 52, I, II e parágrafo único, 55, VI, § 2º; CP arts. 33, § 4º, 47, I, III, 56, 57, 91, 93, parágrafo único, 121-A; CC arts. 1.637, parágrafo único, 1.638, 1.735, IV, 1.774; **Lei nº 7.716**, de 5-1-1989, arts. 16, 18 (perda de cargo ou função pública nos crimes de preconceito de raça ou cor); **Lei nº 8.429**, de 2-6-1992, art. 12, I e II (perda de função pública e suspensão dos direitos políticos por atos de improbidade administrativa); **Lei nº 8.666**, de 21-6-1993, art. 83 (perda do cargo, função ou mandato eletivo como efeito da condenação por crime relativo à licitação e contrato da administração pública); **Lei nº 9.455**, de 7-4-1997, art. 1º, § 5º (perda do cargo, função ou emprego público e a interdição para seu exercício como efeito da condenação por crime de tortura); **Lei nº 9.503**, de 23-9-1997 – CTB, arts. 292 a 296 (pena de suspensão ou proibição de se obter a permissão ou habilitação para dirigir veículo automotor); **Lei nº 9.613**, de 3-3-1998, art. 7º, II (interdição do exercício de cargo ou função pública e de cargo de administração ou gerência de pessoa jurídica nos crimes de lavagem ou ocultação de bens, direitos e valores); **Lei nº 11.101**, de 28-2-2005 (Lei de Falências), art. 181 (efeitos da condenação por crime falimentar);

Lei nº **11.343**, de 23-8-2006, arts. 39 (pena de cassação da habilitação ou proibição de obtê-la em crime de condução de embarcação ou aeronave após o consumo de drogas), 56, § 1º (prevê o afastamento cautelar do funcionário público de suas atividades em crime relacionado com o tráfico de drogas); **Lei nº 13.869**, de 5-9-2019, art. 4º (dispõe sobre a certeza da obrigação de indenizar o dano causado pelo crime; a inabilitação para o exercício de cargo, mandato ou função pública; a perda do cargo, do mandato ou da função pública); **Lei Complementar nº 64**, de 18-5-1990 (dispõe sobre casos de inelegibilidade), alterada pela **Lei Complementar nº 135**, de 4-6-2010 (Lei da Ficha Limpa). Súmula: **TSE 9**.

92 EFEITOS ESPECÍFICOS DA CONDENAÇÃO

92.1 Perda de cargo, função pública e mandato eletivo

Com a nova redação dada ao art. 92, I, do CP, pela Lei nº 9.268, de 1º-4-96, preveem-se como primeiro efeito administrativo da condenação duas hipóteses de perda do cargo, função pública ou mandato eletivo. Na primeira, a perda pode ser decretada quando o agente for condenado à pena igual ou superior a um ano por crime praticado com abuso de poder ou violação de dever para com a Administração Pública. Para a aplicação do dispositivo deve considerar-se não só o conceito de funcionário público previsto no art. 327 do CP, como também ter sido o ilícito praticado no exercício das funções do agente, sendo irrelevante, porém, tratar-se de crime funcional próprio ou impróprio. Dando relevância ao desvalor da conduta praticada nas atribuições que são próprias do agente público, não se aplica o dispositivo ao funcionário que agiu na qualidade de particular, fora de suas funções. Referindo-se a lei à perda de função pública e não da função pública exercida pelo agente, a perda não se limita àquela exercida momentaneamente pelo agente, na ocasião do crime, mas à função pública *in genere*.

Quanto à perda de mandato eletivo, aplicável nas mesmas hipóteses de perda do cargo ou função pública, é ela prevista também na Constituição Federal para o deputado ou senador "que sofrer condenação criminal em sentença transitada em julgado" (art. 55, VI). Trata-se de dispositivo mais abrangente, já que não limita a espécie de crime ou a um mínimo da sanção aplicada. Entretanto, nessas hipóteses, a perda do mandato é decidida pela Câmara dos Deputados ou pelo Senado Federal, por maioria absoluta, mediante provocação da respectiva Mesa ou de partido político representado no Congresso Nacional, assegurada ampla defesa (art. 55, § 2º, com a redação dada pela EC nº 76, de 28-11-2013). Essas disposições não revogaram o efeito da condenação previsto no Código Penal. Aliás, também perde o mandato o deputado ou senador que "perder ou tiver suspensos os direitos políticos" (art. 55, IV). Qualquer pessoa, porém, terá seus direitos políticos suspensos por "condenação criminal transitada em julgado, enquanto durarem seus efeitos" (art. 15, III). Tem-se entendido que a regra é autoaplicável, ou seja, tem efeito imediato, independentemente de regulamentação. A suspensão dos direitos políticos como efeito da condenação criminal transitada em julgado existe mesmo nas hipóteses de concessão do *sursis* ou de cumprimento da pena em regime aberto. Referindo-se a Constituição à condenação criminal transitada em julgado, mantém seus direitos políticos o preso provisório.

A segunda hipótese de perda de cargo, função pública ou mandato eletivo ocorre no caso de condenação transitada em julgado quando imposta pena superior a quatro anos, de reclusão ou detenção, independente da natureza ou espécie do crime praticado. Voltou-se, assim, à orientação da antiga Parte Geral do Código Penal, que previa a perda de função pública como pena acessória em caso de crimes graves. A condenação do agente pela prática do crime de tortura causa também a perda do cargo, função ou emprego público e a interdição para seu exercício pelo dobro do prazo da pena aplicada, independentemente da sua quantidade (art. 1º, § 5º, da Lei nº 9.455, de 7-4-1997). Nos termos dos arts. 16 e 18 da Lei nº 7.716, de 5-1-1989, prevê-se a possibilidade de decretação da perda do cargo ou função pública como efeito da condenação por crime resultante de preconceito de raça ou de cor. Cuidando-se de crime relacionado com o tráfico de drogas, a Lei nº 11.343, de 23-8-2006, prevê a possibilidade de decretar o juiz, quando do recebimento da denúncia, o afastamento cautelar de suas atividades do funcionário público denunciado (art. 56, § 1º), mas a perda do cargo ou função pública na hipótese de condenação rege-se pelas regras gerais do Código Penal.

A perda do cargo não se confunde com a pena de proibição do exercício do cargo, função ou atividade pública, prevista no art. 47, inciso I, que é temporária e aplicável na hipótese de condenação à pena privativa de liberdade inferior a um ano. Quem perde o cargo ou a função não mais a tem e, assim, o dispositivo trata de um efeito permanente. Tal efeito da condenação *não inabilita o agente*, em princípio, para posterior investidura em outro cargo ou função, mas mesmo a reabilitação (art. 93, parágrafo único) não possibilita a reintegração na situação anterior, ou seja, fica vedada a volta do reabilitado ao exercício do cargo ou função pública no exercício do qual o crime tenha ocorrido. A condenação criminal transitada em julgado não impede, porém, a nomeação e posse de candidato aprovado em concurso público, desde que não incompatível com a infração penal.

Para o funcionário público condenado por promover, constituir, financiar ou integrar organização criminosa, são previstos como efeitos da condenação transitada em julgado tanto a perda do cargo, função, emprego público ou mandato eletivo, como a interdição para o exercício de função ou cargo público pelo prazo de oito anos após o cumprimento da pena (art. 2º, § 6º, da Lei nº 12.850, de 2-8-2013).

A condenação criminal também é considerada causa de inelegibilidade, nos termos da Lei Complementar nº 64, de 18-5-1990, alterada pela Lei Complementar nº 135, de 4-6-2010, conhecida como "Lei da Ficha Limpa". Segundo a lei vigente, os condenados por decisão transitada em julgado ou proferida por órgão judicial colegiado, pelos crimes nela especificados, são inelegíveis a partir da condenação até o decurso de oito anos após o cumprimento da pena (art. 1º, I, letra *e*). Decidiu, aliás, o STF que esse prazo deve ser observado inclusive na hipótese de condenação por fatos anteriores à vigência da nova Lei.

A condenação por crime de responsabilidade ou por ato de improbidade administrativa (art. 12 da Lei nº 8.429, de 2-6-1992) também pode determinar a perda do cargo ou função pública, a inabilitação para o exercício de função pública, ou a perda ou suspensão de direitos políticos conforme prevê a Constituição Federal (arts. 15, V, 37, § 4º, 52, I e II, e parágrafo único).

A atual Lei de Abuso de Autoridade (Lei nº 13.869, de 5-9-2019) inovou na disciplina da matéria, prevendo que a inabilitação para o exercício de cargo, mandato ou função pública, a ser decretada por período de um a cinco anos, e a perda do cargo, do mandato ou da função pública somente podem ser reconhecidos na hipótese de reincidência em crime de abuso de autoridade e não constituem efeito automático da condenação, devendo ser declarados motivadamente na sentença.

Jurisprudência

- Irretroatividade da Lei nº 9.268/1996
- Inadmissibilidade da perda na ação como particular
- Suspensão dos direitos políticos como efeito da condenação criminal transitada em julgado: autoaplicabilidade do art. 15, III, da CF
- Suspensão dos direitos políticos: aplicabilidade do art. 15, III, da CF a crime anterior à Constituição
- Suspensão dos direitos políticos mesmo com a concessão do sursis
- Desnecessidade de pedido de perda do cargo na denúncia
- Necessidade de declaração da perda de função pública na sentença condenatória
- Necessidade do trânsito em julgado para a perda de mandato eletivo
- Duração da suspensão dos direitos políticos
- Absolvição e punição administrativa
- Perda do cargo na substituição da pena privativa de liberdade por restritiva de direitos
- Motivo para a perda de função pública
- Possibilidade de perda do cargo por processo administrativo
- Perda do cargo em crime de concussão
- Possibilidade da perda do cargo em pena superior a quatro anos
- Possibilidade da perda do cargo em pena inferior a quatro anos
- Inadmissibilidade da perda do cargo com pena inferior a quatro anos
- Inadmissibilidade do habeas corpus para discussão da perda do cargo como efeito da condenação
- Contra: suspensão dos direitos políticos quando inviável o exercício pelo cumprimento da pena
- Necessidade de declaração da perda do cargo na sentença condenatória
- Suspensão dos direitos políticos mesmo com a concessão do regime aberto
- Requisitos para a decretação da perda de cargo ou função pública
- Perda do cargo em crime de abuso de autoridade
- Possibilidade de nomeação e posse de candidato aprovado em concurso público mesmo com condenação criminal transitada em julgado

92.2 Incapacidade para o exercício do poder familiar, tutela ou curatela

Um efeito civil da condenação é a incapacidade para o exercício do poder familiar, tutela ou curatela, considerada na lei anterior como pena acessória de interdição de direitos. Para aplicação do dispositivo, nos termos da redação dada pela Lei nº 13.715, de 24-9-2018, posteriormente alterada pela Lei nº 14.994 de 9-10-2024, é indispensável que se trate de condenação por crime doloso, embora de qualquer espécie ou natureza e desde que, em tese, seja possível a aplicação de pena de reclusão quando cometido contra filho ou outro descendente, tutelado ou curatelado, ou contra pessoa que igualmente era titular do mesmo poder familiar, ou de condenação por crimes cometidos contra a mulher por razões da condição do sexo feminino, nos termos do § 1º do art. 121-A (vide item 121-A.3).

Regra semelhante foi inserida no Estatuto da Criança e do Adolescente. Prevê o ECA que "a condenação criminal do pai ou da mãe não implicará a destituição do poder familiar, exceto na hipótese de condenação por crime doloso, sujeito à pena de reclusão, contra outrem igualmente titular do mesmo poder familiar ou contra filho, filha ou outro descendente" (art. 23, § 2º, com a redação dada pela Lei nº 13.715, de 24-9-2018).

Ainda que a pena aplicada no caso concreto seja diversa (detenção, multa, restritiva de direitos etc.) ou suspensa a execução da pena privativa de liberdade, é possível ao juiz declarar tal efeito da condenação. Decretada a incapacidade, tem ela, em princípio, caráter permanente, podendo ser excluída, porém, com a reabilitação (art. 93, parágrafo único, do CP). A capacidade, porém, não poderá mais ser exercida em relação ao filho, tutelado ou curatelado ofendido pelo crime. A lei civil, porém, prevê a possibilidade de suspensão do exercício do poder familiar, pelo pai ou pela mãe condenado por sentença irrecorrível a pena privativa de liberdade superior a dois anos (art. 1.637, parágrafo único, do CC). Dispõe, ainda, o Código Civil que a condenação por crime de furto, roubo, estelionato, falsidade, contra a família ou os bons costumes, com ou sem o cumprimento da pena, impede o exercício ou determina a exoneração das funções de tutela (art. 1.735, IV) e curatela (art. 1.774).

Jurisprudência

- Substituição da pena acessória pelo efeito da condenação
- Incapacidade para o exercício do pátrio poder

92.3 Inabilitação para dirigir veículo

É efeito administrativo, embora também de natureza civil, a inabilitação para dirigir veículo, quando utilizado como meio para a prática de crime doloso (art. 92, III). Refere-se a lei a qualquer crime em que o veículo (automóvel, motocicleta, embarcação, aeronave etc.) é utilizado como meio para o cometimento do ilícito. O efeito pode alcançar inclusive aquele que não era habilitado por ocasião do fato criminoso, já que a lei não se refere à suspensão, mas à própria incapacidade legal para dirigir. A inabilitação é, em princípio, permanente, mas passível de ser atingida pela reabilitação, podendo o sujeito habilitar-se novamente para a atividade da qual foi privado pela condenação. A inabilitação não se confunde com a penalidade de suspensão de permissão, autorização ou habilitação para dirigir veículo aplicável nos crimes de trânsito (arts. 292, 293 e 296 da Lei nº 9.503, de 23-9-97 – Código de Trânsito Brasileiro), ou com a prevista para o crime de condução de embarcação ou aeronave após o consumo de drogas (art. 39 da Lei nº 11.343, de 23-8-2006).

Jurisprudência

- Interdição do direito de dirigir como pena restritiva de direitos

92.4 Decretação dos efeitos específicos da condenação

Os efeitos específicos da condenação referidos no art. 92, *caput*, incisos I, II e III, não são automáticos já que devem ser motivadamente impostos na sentença e não dependem de pedido expresso da acusação (art. 92, § 1º). Exige-se, assim, que o juiz examine os requisitos objetivos e subjetivos do fato, e a decretação deve ser reservada aos casos de maior gravidade ou na hipótese de ser aconselhável a privação do direito interditado como efeito da condenação.

No § 2º, inciso III, do art. 92 (inserido pela Lei nº 14.994 de 9-10-2024) estabelece-se, porém, que se o crime é praticado contra a mulher por razões da condição do sexo feminino, nos termos do § 1º do art. 121-A do Código Penal, os efeitos da condenação previstos nos incisos I e II do *caput* são automáticos. Para essa hipótese, prevê-se, também, a perda de cargo, função pública ou mandato eletivo (§ 2º, inciso I) e veda-se a nomeação, designação ou diplomação em qualquer cargo, função pública ou mandato eletivo entre o trânsito em julgado da condenação até o efetivo cumprimento da pena (§ 2º, inciso II).

A Lei nº 13.869, de 5-9-2019, inseriu no Estatuto da Criança e do Adolescente o art. 227-A, o qual prevê que os efeitos da condenação elencados no inciso I do art. 92 do CP, para os crimes previstos no ECA, praticados por funcionários públicos, com abuso de autoridade, serão condicionados à ocorrência de reincidência e que a perda do cargo, do mandato ou da função independerá da pena aplicada no processo que firmou a reincidência.

Jurisprudência

- Necessidade de motivação

CAPÍTULO VII

DA REABILITAÇÃO

Reabilitação

Art. 93. A reabilitação alcança quaisquer penas aplicadas em sentença definitiva, assegurando ao condenado o sigilo dos registros sobre seu processo e condenação.

Parágrafo único. A reabilitação poderá, também, atingir os efeitos da condenação, previstos no art. 92 deste Código, vedada reintegração na situação anterior, nos casos dos incisos I e II do mesmo artigo.

Vide: CP arts. 92, 94, 95; CPP arts. 20, parágrafo único, 743 a 748; LEP arts. 163, § 2º, 202; Lei nº 11.101, de 9-2-2005 (Lei de Falências), art. 181, § 1º (dispõe que a reabilitação antecipa a cessação dos efeitos da condenação por crime falimentar). Súmula: TSE 9.

93 REABILITAÇÃO CRIMINAL

93.1 Conceito de reabilitação

A reabilitação é a declaração judicial de que estão cumpridas ou extintas as penas impostas ao sentenciado, assegurando o sigilo dos registros sobre o processo e atingindo outros efeitos da condenação. Diante de sua natureza e pressupostos, o pedido de reabilitação só cabe em hipótese de ter havido sentença condenatória com trânsito em julgado. É inadmissível, portanto, no caso de ter sido decretada extinta a punibilidade pela prescrição da pretensão punitiva, ainda que intercorrente ou retroativa. Cabe, porém, quando for decretada a extinção da punibilidade por fato posterior ao trânsito em julgado da sentença, como no caso de prescrição da pretensão executória.

Jurisprudência

- Inadmissibilidade em caso de prescrição da pretensão punitiva
- Admissibilidade em caso de prescrição da pretensão executória
- Inadmissibilidade em caso de não pagamento da multa
- Indispensabilidade de cumprimento ou extinção da pena
- Inadmissibilidade em caso de absolvição
- Inadmissibilidade em caso de prescrição da pretensão punitiva
- Inadmissibilidade em caso do arquivamento do inquérito

93.2 Efeitos da reabilitação

Afirma-se na lei que a reabilitação alcança quaisquer penas aplicadas em sentença definitiva, mas na legislação penal comum não tem ela esse efeito, pois como só pode ser requerida após dois anos do cumprimento ou extinção da pena, é evidente que não pode extingui-la. Como não mais constam do Código Penal penas acessórias, que eram as penas extintas pela reabilitação, há verdadeira impropriedade na primeira parte do art. 93 do CP. Não se trata mais, assim, de causa extintiva da punibilidade, como na lei anterior, mas apenas de medida de suspensão dos registros criminais e dos efeitos previstos no art. 92. Não há propriamente extinção ou cancelamento desses efeitos, uma vez que, revogada a reabilitação, são eles restabelecidos.

A reabilitação, em primeiro lugar, assegura o sigilo dos registros criminais do reabilitado, não sendo eles mais objeto de folhas de antecedentes ou certidões dos cartórios. Em parte esse sigilo é automático a partir do cumprimento ou extinção da pena, salvo para instruir processo pela prática de nova infração penal ou outros casos expressos em lei (art. 202 da LEP). O sigilo decorrente da reabilitação, embora mais amplo, também não é absoluto, pois as condenações anteriores devem ser mencionadas quando requisitadas informações por juiz criminal (art. 748 do CPP). Aliás, se a reabilitação, por lei, é revogada em caso de nova condenação, é evidente que o juiz criminal deve ter acesso aos registros sigilosos (v. item 93.3). A reabilitação não tem qualquer efeito com relação ao eventual reconhecimento da reincidência, que tem disciplina própria e exige, para a desconsideração da condenação anterior como pressuposto da recidiva, o prazo de cinco anos a contar do cumprimento ou extinção da pena para ser reconhecida.

Outro efeito da reabilitação é o de suspender os efeitos da condenação previstos no art. 92. Pode o agente, assim, passar a exercer cargo, função ou mandato eletivo, mas é vedada a recondução ao cargo, função ou mandato do qual foi privado pela condenação. Também recupera o reabilitado a possibilidade de exercer o poder familiar, tutela ou curatela, exceto com relação às pessoas que estavam submetidas a ela antes da prática do crime. Por fim, pode também, sem qualquer restrição, habilitar-se para dirigir veículo. Tratando-se de crime falimentar, previsto na Lei de Falências (Lei nº 11.101, de 9-2-2005), a reabilitação faz cessar antecipadamente os efeitos da condenação declarados na sentença, como o da inabilitação para o exercício de atividade empresarial, que perdurariam, em princípio, por cinco anos após a extinção da punibilidade (art. 181, § 1º).

Jurisprudência

- Requisição judicial a requerimento do Ministério Público de certidões e antecedentes criminais após a reabilitação
- Efeitos da reabilitação

93.3 Permanência dos registros criminais

Além da regra contida no art. 93 do CP, o art. 748 do CPP também determina que não constem de certidões ou folha de antecedentes as anotações referentes à condenação quando obtida a reabilitação criminal, ressalvando-se, porém, expressamente, a requisição judicial. Dispõe, ainda, o art. 202 da Lei de Execução Penal: "cumprida ou extinta a pena, não constarão da folha corrida, atestados ou certidões fornecidas por autoridade policial ou por auxiliares da Justiça, qualquer notícia ou referência à condenação, salvo para instruir processo pela prática de nova infração penal ou outros casos expressos em lei". Assim, o sigilo a que se referem as disposições legais é de ser preservado mediante a omissão da anotação quando da expedição de folha de antecedentes ou de certidão judicial, desde que não requisitada a informação por autoridade competente. Por vezes, tem-se decidido que, nas referidas hipóteses legais, devem ser excluídos os registros dos sistemas de identificação criminal e dos cadastros dos órgãos públicos, permanecendo somente nos arquivos do Poder Judiciário. Os precedentes decorrem, porém, das falhas existentes nos diversos sistemas de dados mantidos pela Administração, que, frequentemente, viabilizam acesso indevido de terceiros. Protege a lei, no entanto, não mais do que sigilo das informações. A possibilidade de ocorrer acesso indevido, porque não resultante de requisição judicial, ao prontuário criminal não justifica o cancelamento dos registros, mas somente a adoção das providências necessárias para assegurar o sigilo. Eventual violação do sigilo há de sujeitar os infratores às penalidades cabíveis, de natureza administrativa ou penal, inclusive na hipótese de configuração do crime de violação de sigilo previsto no art. 325, *caput* e § 1º, ou do descrito no art. 153, § 1º-A, do Código Penal. A manutenção dos registros decorre da necessidade de observância e aplicação da lei penal. Aliás, a reserva legal do acesso à informação mediante requisição do juiz somente confirma a imprescindibilidade da manutenção dos registros, observado o sigilo.

Jurisprudência

- Inadmissibilidade do cancelamento do registro de antecedentes
- Cancelamento do registro de antecedentes

Art. 94. A reabilitação poderá ser requerida, decorridos 2 (dois) anos do dia em que for extinta, de qualquer modo, a pena ou terminar sua execução, computando-se o período de prova da suspensão e o do livramento condicional, se não sobrevier revogação, desde que o condenado:

I – tenha tido domicílio no país no prazo acima referido;

II – tenha dado, durante esse tempo, demonstração efetiva e constante de bom comportamento público e privado;

III – tenha ressarcido o dano causado pelo crime ou demonstre a absoluta impossibilidade de o fazer, até o dia do pedido, ou exiba documento que comprove a renúncia da vítima ou novação da dívida.

Parágrafo único. Negada a reabilitação, poderá ser requerida, a qualquer tempo, desde que o pedido seja instruído com novos elementos comprobatórios dos requisitos necessários.

Vide: CP arts. 93, 95; CPP 743 a 748; LEP arts. 146, 163, §§ 1º e 2º, 202; CC arts. 206, § 3º, V, 360 a 367. Súmulas: STF 562; STJ 43.

94 PEDIDO DE REABILITAÇÃO

94.1 Prazo para a reabilitação

Prevê a lei um prazo de dois anos a partir do cumprimento ou extinção da pena para que possa o condenado requerer a reabilitação, exigindo-se a prova do cumprimento ou extinção, pouco importando qual tenha sido a causa de extinção (prescrição, indulto etc.). O *prazo é computado da data da causa extintiva da punibilidade* e não do dia em que foi ela declarada nos autos. Por disposição expressa, computa-se nesse prazo o período de prova da suspensão e do livramento condicional, desde que não tenha havido revogação. Evidentemente, sendo o prazo do benefício superior a dois anos, somente após a extinção da pena pelo seu decurso é que se permite o pedido de reabilitação. Ao contrário da lei anterior, não se faz mais distinção entre condenado reincidente ou primário quanto à duração desse prazo, tendo sido derrogado o art. 743 do CPP no que contraria as novas disposições sobre a reabilitação inseridas pela Lei nº 7.209/84.

Jurisprudência

- Prazo para a reabilitação
- Termo inicial do prazo para o pedido de reabilitação
- Contagem no caso de condenação à pena de multa
- Contagem do prazo do *sursis* e do livramento condicional

94.2 Requisitos para a reabilitação

Como primeiro requisito para a concessão do benefício, é necessário que o condenado tenha tido domicílio no País no prazo de dois anos a contar do cumprimento ou extinção da pena. A comprovação não se faz apenas por meio de atestado de residência fornecido pela autoridade policial, podendo ser suprido por outros meios de prova admitidos em direito, como documentos e declarações de testemunhas (art. 744, inciso II, do CPP).

Em segundo lugar, exige-se que o requerente tenha dado, durante o mesmo período de dois anos, demonstração efetiva e constante de bom comportamento público e privado. O bom comportamento não pode cingir-se aos dois anos subsequentes ao cumprimento ou extinção da pena, mas estar presente em todo o período que antecede ao deferimento do pedido de reabilitação. O atestado de bom comportamento deve ser fornecido por pessoas a cujo serviço tenha estado o requerente (art. 744 do CPP).

Por último, é necessário que o requerente tenha ressarcido o dano causado pelo crime, ou ao menos demonstre a impossibilidade de o fazer, até o dia do pedido. É necessário que a reparação se faça de modo integral, mediante restituição do necessário para recompor, de maneira mais completa possível, o patrimônio do lesado. Deverá a reparação incluir, além dos juros ordinários, a contar da data do crime e dos compostos, a correção monetária, por ser o ressarcimento do dano *ex delicto* dívida de valor. A reparação do dano moral, porém, só será considerada se houver ação civil instaurada pelo ofendido, não se podendo presumir tal prejuízo. Permite-se, porém, que o interessado demonstre a absoluta impossibilidade de reparar o dano até o momento em que pretenda sua reabilitação. Não é necessário que comprove sua absoluta insolvência, mas apenas que demonstre que não tem condições de efetuar o ressarcimento do prejuízo até aquela data. A impossibilidade do ressarcimento poderá, aliás, decorrer de outros obstáculos, como a impossibilidade de se verificar a existência do dano ou seu valor aproximado. Evidentemente, não tendo ocorrido qualquer dano (como, em geral, nos crimes de perigo, de lesão corporal de natureza leve etc.), tendo havido composição com o ofendido ou ocorrido a prescrição do débito, não há que se exigir a reparação do dano. A lei permite ainda que a reabilitação seja concedida quando o interessado exibe documento que comprove a renúncia (arts. 385 a 388 do CC) da vítima ou a novação da dívida (arts. 360 a 367 do CC). Não se pode exigir a reparação do dano, também, quando houver causa que extinga a obrigação, como o é a prescrição civil da dívida (art. 206, § 3º, V, do CC).

Jurisprudência

- Deferimento da reabilitação: satisfação aos requisitos legais
- Prova do domicílio no país
- Necessidade de reparação do dano
- Ônus da prova de reparação do dano
- Ônus da prova de reparação do dano – Contra
- Reparação do dano e sentença civil
- Reparação do dano em crime contra os costumes (anterior à revogação do art. 217 pela Lei nº 11.106, de 28-3-2006)
- Reparação do dano em crime contra os costumes – Contra
- Inexigibilidade de reparação de dano moral (anterior à revogação do art. 217 pela Lei nº 11.106, de 28-3-2006)
- Reparação do dano e dificuldades na localização da vítima
- Reparação do dano e longo tempo decorrido
- Inexistência de presunção de insolvência
- Inércia da família da vítima
- Reparação e renúncia da vítima
- Exigência dos requisitos legais
- Prova do domicílio no país
- Necessidade de atestado do tempo de residência
- Envolvimento em outras infrações penais
- Existência de novo processo contra o reabilitando
- Prazo exigido de bom comportamento
- Prescrição da pena e bom comportamento
- Reparação do dano e insolvência
- Reparação do dano e sentença civil
- Reparação com juros e correção monetária
- Inexistência de prejuízo
- Prejuízo irrisório
- Reparação do dano e inexistência de ação civil
- Prova da impossibilidade do ressarcimento
- Causas de impossibilidade de reparação do dano
- Ocasião da impossibilidade do ressarcimento
- Desnecessidade de reparação em caso de lesão corporal leve
- Composição com a viúva da vítima
- Quitação da dívida
- Dúvida quanto ao ressarcimento do dano
- Desnecessidade de reparação no caso de prescrição civil

94.3 Procedimento da reabilitação

Conforme o art. 743 do CPP, é competente para apreciar o pedido de reabilitação o juiz da condenação e não o da execução. Como a reabilitação tem como efeito o sigilo dos registros, não se permite que, tendo o interessado contra si duas ou mais condenações, a requeira apenas quanto a um dos delitos; a reabilitação exige que estejam preenchidos os requisitos do cumprimento de todas elas. Não se justifica uma reabilitação que suspenda uns efeitos da condenação, deixando em vigor os demais. É de sua índole e finalidade ser de efeitos totais, gerais, para a total reintegração social do condenado.

O procedimento referente ao pedido de reabilitação, bem como a menção aos elementos comprobatórios dos requisitos estão previstos no Código de Processo Penal (arts. 743 ss.) que, não tendo sido revogados pela LEP, estão em vigor naquilo em que os arts. 93 a 95 do Código Penal, com redação da Lei nº 7.209/84, não derrogaram. A iniciativa sendo do condenado, não permite que seja a reabilitação requerida ou transmitido o impulso a seus sucessores. Negada a reabilitação, por qualquer motivo, poderá o interessado requerê-la novamente, a qualquer tempo, desde que instrua o pedido com novos elementos comprobatórios dos requisitos necessários. Não sendo suprida a prova, não pode ser conhecido o novo pedido. O recurso cabível da decisão denegatória da reabilitação na lei anterior tinha por fundamento o art. 581, IX, do CPP, já que era ela reconhecida como causa extintiva da punibilidade. Diante da lei nova, que não a mais considera como extinção da punibilidade, cabe da decisão o recurso de apelação já que se trata de sentença com força de definitiva (art. 593, II, do CPP). Apesar de algumas opiniões em contrário, continua a se exigir o recurso de ofício previsto no art. 746 do CPP, para a decisão deferitória da reabilitação, não revogado pela Lei de Execução Penal, que não trata do assunto. Nem mesmo a privatividade da ação penal pública do Ministério Público, registrada no art. 129, I, da CF, revogou o dispositivo, que trata apenas de reexame da decisão e não de impulso ou titularidade da execução da pena.

Jurisprudência

- Vigência do capítulo da reabilitação do Código de Processo Penal
- Competência do juiz da condenação
- Cabimento de apelação
- Denegação quando houver reincidência
- Reabilitação em caso de duas ou mais condenações
- Reabilitação em caso de duas ou mais condenações – Contra
- Renovação do pedido
- Competência do juiz da condenação
- Legitimidade para o pedido de reabilitação
- Cabimento de apelação
- Recurso de ofício na concessão da reabilitação
- Recurso de ofício na concessão da reabilitação – Contra
- Não revogação do recurso de ofício pela Constituição Federal
- Não revogação do recurso de ofício pela Constituição Federal – Contra
- Não conhecimento do recurso em caso de extinção da punibilidade

Art. 95. A reabilitação será revogada, de ofício ou a requerimento do Ministério Público, se o reabilitado for condenado, como reincidente, por decisão definitiva, a pena que não seja de multa.

Vide: CP arts. 63, 64, 93, 94; LEP art. 202.

95 REVOGAÇÃO DA REABILITAÇÃO

95.1 Revogação da reabilitação

A reabilitação pode ser revogada desde que haja nova condenação, com trânsito em julgado, em que o reabilitado seja considerado, na sentença, como reincidente. Assim, se o crime objeto dessa condenação ocorreu após mais de cinco anos do cumprimento ou extinção da pena referente à infração penal anterior, não há revogação diante do disposto no art. 64 do CP. É indispensável ainda que tenha sido aplicada na sentença pena que não seja de multa, no caso, privativa de liberdade ou restritiva de direitos. Não cabia falar em aplicação da pena restritiva de direitos porque, pela lei anterior, ao condenado reincidente não se podia substituir a pena privativa de liberdade por outra. Entretanto, com as novas disposições introduzidas pela Lei nº 9.714, de 25-11-1998, até o reincidente, desde que não o seja em crime doloso, pode beneficiar-se com a substituição por pena restritiva de direitos ou multa (art. 44, § 3º, do CP).

A revogação pode dar-se de ofício ou a requerimento do Ministério Público. Da decisão cabe o recurso de apelação. Não é inadmissível que o condenado possa obter novamente, após essa nova condenação, nova reabilitação, bastando para isso que preencha os requisitos legais.

Revogada a reabilitação, os efeitos penais e extrapenais da condenação, suspensos com a reabilitação, voltam a ter eficácia. Desaparece o sigilo dos registros e retorna o condenado à incapacidade para o exercício do poder familiar, tutela ou curatela e à inabilitação para dirigir veículo quando um desses efeitos foi aplicado na sentença antecedente. Não perderá o condenado, porém, novo cargo, função pública ou mandato eletivo, já que o efeito previsto no art. 92, I, exauriu-se com a exoneração ou demissão dessas atividades funcionais exercidas quando da prática do crime que deu origem à condenação.

Jurisprudência

- Revogação da reabilitação

TÍTULO VI
DAS MEDIDAS DE SEGURANÇA

Espécies de medidas de segurança

Art. 96. As medidas de segurança são:

I – internação em hospital de custódia e tratamento psiquiátrico ou, à falta, em outro estabelecimento adequado;

II – sujeição a tratamento ambulatorial.

Parágrafo único. Extinta a punibilidade, não se impõe medida de segurança nem subsiste a que tenha sido imposta.

Vide: CF art. 5°, XXXIX, XL; **CP** arts. 1°, 2°, 9°, II, 26, 97 a 99, 107; **CPP** arts. 386, parágrafo único, III, 415, parágrafo único, 492, II, c, 593, I, III, c, § 2°, 627, 682, 763, 764, 789; **LEP** arts. 66, V, d, f, g, VI, 67, 68, II, c, d, f, 82, 99 a 101, 171 a 179, 183, 184; **Lei n° 10.216**, de 6-4-2001 (dispõe sobre a proteção e os direitos das pessoas portadoras de transtornos mentais). Súmula: STF 525.

96 MEDIDAS DE SEGURANÇA

96.1 Espécies de medidas de segurança

A experiência tem demonstrado a ineficácia da execução da pena quanto à prevenção e à recuperação do criminoso, principalmente quando se trata de pessoa portadora de periculosidade, por vezes agindo sem culpabilidade. Um dos caminhos para obter melhores resultados quanto à prevenção criminal foi a criação das medidas de segurança, fundadas, não na culpabilidade, mas na periculosidade, considerada esta como um estado subjetivo, mais ou menos duradouro, de antissociabilidade, que se evidencia ou resulta da prática do crime e se funda no perigo da reincidência. A medida de segurança não deixa de ser uma sanção penal e, embora mantenha semelhança com a pena, diminuindo um bem jurídico, visa precipuamente à prevenção, no sentido de preservar a sociedade da ação de delinquentes temíveis ou de pessoas portadoras de deficiências psíquicas, e de submetê-los a tratamento curativo. Na nova Parte Geral, as medidas de segurança ficaram reservadas aos inimputáveis e, eventualmente, aos chamados semi-imputáveis. Não são elas aplicáveis aos imputáveis, diante da substituição do sistema duplo-binário pelo *sistema vicariante, ou unitário*, nem nas hipóteses de crime impossível ou de ajuste, determinação, instigação ou auxílio se o crime não chega, pelo menos, a ser tentado, como se determinava na lei anterior. As novas normas, por serem mais benéficas que a anterior, se aplicam aos fatos ocorridos antes de sua vigência. São medidas de segurança na lei vigente a internação em estabelecimento de custódia e tratamento psiquiátrico e a sujeição a tratamento ambulatorial. Foram excluídas as demais (liberdade vigiada, exílio local, confisco etc.).

Com a vigência da Lei nº 7.209/1984, o Código Penal deixou de prever a aplicação provisória de medida de segurança. Assim, no caso de necessidade de internação no curso do processo, caso decretada a prisão preventiva, impunha-se a remoção do réu a estabelecimento adequado para tratamento. O Código de Processo Penal, porém, por força da Lei nº 12.403, de 4-5-2011, passou a prever a possibilidade de internação provisória, do acusado, nos crimes praticados com violência ou grave ameaça a pessoa, se constatado o risco de nova infração penal (art. 319, VII). Exige-se, porém, que a inimputabilidade ou a semi-imputabilidade já tenha sido reconhecida por exame pericial.

Jurisprudência

- Necessidade da aplicação de medida de segurança
- Adoção do sistema vicariante
- Inadmissibilidade de medida de segurança para imputáveis
- Medida de segurança como sanção penal
- Imposição de medida de segurança em caso de periculosidade
- Imposição de medida de segurança em caso de periculosidade – contra
- Inadmissibilidade de medida de segurança para imputáveis
- Inadmissibilidade de aplicação provisória de medida de segurança

96.2 Princípios e pressupostos para aplicação da medida de segurança

Na aplicação da medida de segurança deve ser observado o princípio da legalidade, somente sendo possível a imposição daquela que está prevista em lei. Também vigoram os princípios da anterioridade e da retroatividade da lei mais benigna, diante do art. 5º, XL, da CF. Vige, por fim, o princípio da jurisdicionalidade da medida de segurança, que só pode ser aplicada por meio de providência jurisdicional. Embora de forma implícita, permanecem os pressupostos para a aplicação da medida de segurança: a prática de fato definido como crime e a periculosidade do agente, que é presumida no caso de inimputabilidade, e aferível pelo juiz no condenado semi-imputável. Não basta, pois, a presença da inimputabilidade para a aplicação da medida de segurança; é indispensável que não ocorra qualquer causa que exclua a ilicitude de sua conduta.

Dispõe-se no parágrafo único do art. 96 que, extinta a punibilidade, não se impõe medida de segurança nem subsiste a que tenha sido imposta. Explica-se o dispositivo porque, extinta a punibilidade antes ou depois da sentença irrecorrível do processo, não se deve sujeitar o indivíduo a constrangimento que a própria causa extintiva está demonstrando inoportuno ou desnecessário. Assim, aos que tenham sido impostas medidas de segurança, podem se furtar a elas quando houver qualquer causa extintiva de punibilidade, como a prescrição com base na pena em abstrato no caso de absolvição por inimputabilidade, ou da pena em concreto quando se tratar de medida de segurança substitutiva no caso dos semi-imputáveis (v. item 110.10).

É redação da Súmula 525 do STF: "A medida de segurança não será aplicada em segunda instância, quando só o réu tenha recorrido." Como não mais cabe a possibilidade de aplicação de medida de segurança ao imputável, vale a orientação sumular para evitar a *reformatio in pejus* em caso de apelação exclusiva do acusado.

Jurisprudência

- Inadmissibilidade de aplicação na absolvição por falta de provas
- Inadmissibilidade de aplicação na absolvição por falta de provas – Contra
- Inadmissibilidade de *reformatio in pejus*
- Pressuposto da prática de fato definido como crime
- Inadmissibilidade de aplicação na exclusão de ilicitude
- Inadmissibilidade de aplicação na exclusão do dolo

Imposição da medida de segurança para inimputável

Art. 97. Se o agente for inimputável, o juiz determinará sua internação (art. 26). Se, todavia, o fato previsto como crime for punível com detenção, poderá o juiz submetê-lo a tratamento ambulatorial.

Prazo

§ 1º A internação, ou tratamento ambulatorial, será por tempo indeterminado, perdurando enquanto não for averiguada, mediante perícia médica, a cessação de periculosidade. O prazo mínimo deverá ser de 1 (um) a 3 (três) anos.

Perícia médica

§ 2º A perícia médica realizar-se-á ao termo do prazo mínimo fixado e deverá ser repetida de ano em ano, ou a qualquer tempo, se o determinar o juiz da execução.

Desinternação ou liberação condicional

§ 3º A desinternação, ou a liberação, será sempre condicional devendo ser restabelecida a situação anterior se o agente, antes do decurso de 1 (um) ano, pratica fato indicativo de persistência de sua periculosidade.

§ 4º Em qualquer fase do tratamento ambulatorial, poderá o juiz determinar a internação do agente, se essa providência for necessária para fins curativos.

Vide: CP arts. 26, *caput*, 41, 42, 96, 98, 99; LEP arts. 66, V, *d*, *f*, *g*, VI, 67, 68, II, *c*, *d*, *f*, 99 a 101, 108, 171 a 179, 183, 184; CPP arts. 682, 763. Súmula: STJ 527.

97 MEDIDA DE SEGURANÇA PARA INIMPUTÁVEIS

97.1 Aplicação da medida de segurança

Absolvido o réu em razão da inimputabilidade, por ser portador de doença mental ou de desenvolvimento incompleto ou retardado, sendo inteiramente incapaz de entender o caráter ilícito do fato ou de determinar-se de acordo com esse entendimento, presume-se sua periculosidade, devendo ser aplicada a medida de segurança de internação em hospital de custódia e tratamento psiquiátrico, ou, em sua falta, em estabelecimento adequado. Permite a lei, porém, que o juiz substitua a internação por submissão a tratamento ambulatorial quando ao fato praticado pelo agente é cominada abstratamente a pena de detenção. Não havendo prova de maior periculosidade ou recomendação médica, a substituição se impõe.

Jurisprudência

- Aplicação de medida de segurança independentemente de perícia
- Admissibilidade excepcional do tratamento ambulatorial em crime apenado com reclusão
- Inaplicabilidade em caso de crime referente a tóxicos
- Inaplicabilidade de tratamento ambulatorial antes da sentença
- Aplicação da medida de segurança a inimputável: obrigatoriedade
- Aplicação da medida de segurança em crime apenado com detenção
- Aplicação da medida de segurança de tratamento ambulatorial e condições pessoais
- Aplicação de medida de segurança em crime apenado com reclusão
- Aplicação de medida de segurança em crime apenado com reclusão – Contra
- Inadmissibilidade de substituição por tratamento particular sem fiscalização
- Inadmissibilidade de substituição por tratamento particular por meio de *habeas corpus*

97.2 Prazo da internação e do tratamento ambulatorial

É indeterminado o tempo de duração da medida de segurança, perdurando sua execução enquanto não cessada a periculosidade do agente.

Deve o juiz, porém, fixar um prazo mínimo de sua duração, entre um e três anos, qualquer que seja o ilícito praticado, a fim de se providenciar, em seu término, o exame de cessação de periculosidade. Deixou a lei de relacionar o prazo mínimo da medida de segurança com a quantidade da pena privativa de liberdade que seria imposta ao autor do fato. O critério para a fixação do prazo entre os limites legais depende da gravidade da doença mental, da possibilidade ou impossibilidade de recuperação da saúde mental e da duração do tratamento curativo necessário no caso. Não pode o juiz, porém, em qualquer hipótese, fixar um limite mínimo inferior ou superior ao previsto em lei. Computa-se na contagem do prazo mínimo, pela detração, o tempo de prisão provisória, o de prisão administrativa e o de internação em hospital de custódia e tratamento psiquiátrico ou estabelecimento adequado (arts. 41 e 42 do CP).

No STJ, firmou-se a orientação de que o tempo de duração da medida de segurança não pode exceder o limite máximo da pena abstratamente cominada para a infração (Súmula 527). O entendimento se funda na afirmação dos princípios da proporcionalidade e da isonomia. Ponderam-se, nesse sentido, a necessária observância da proporcionalidade entre a sanção penal e o fato delituoso e a impossibilidade de tratamento desigual mais severo para o inimputável em face daquele que teria sido dispensado ao réu imputável. Acolhida tal orientação, ultrapassado prazo maior que o máximo da pena cominada para o delito, impõe-se a cessação da internação ou do tratamento ambulatorial, ainda que eventualmente constatada a persistência da periculosidade.

Jurisprudência

- Duração indeterminada da medida de segurança
- Prazo máximo de trinta anos
- Prazo máximo fixado pelo máximo da pena cominada para o delito
- Desinternação após longo período: transferência para serviço comunitário de saúde mental
- Critério para fixação do prazo mínimo
- Fixação com base na gravidade do crime
- Inadmissibilidade de fixação de prazo superior a três anos
- Necessidade de fundamentação para o prazo mínimo
- Fixação do prazo mínimo em três anos
- Contagem do prazo de medida cautelar
- Contagem do prazo de medida cautelar – Contra
- Termo inicial da contagem do prazo de prorrogação
- Prorrogação do prazo pela demora da perícia
- Duração indeterminada da medida de segurança
- Fixação do prazo mínimo de duração da medida de segurança
- Contagem do prazo de medida cautelar

97.3 Perícia para verificação de cessação de periculosidade

Determina a lei que deva ser obrigatoriamente realizada perícia médica ao termo do prazo mínimo fixado pelo juiz na sentença em que foi imposta medida de segurança, na forma dos arts. 175 ss da LEP. Por disposição expressa, computa-se nesse prazo o tempo de prisão provisória, o de prisão administrativa e o de internação referido no art. 41 do CP (art. 42 do CP). Não comprovada a cessação de periculosidade na primeira perícia, o exame deve realizar-se a cada ano. Pode o juiz, porém, determinar, inclusive de ofício, a realização da perícia a qualquer tempo, inclusive durante o prazo mínimo fixado, quando houver requerimento fundamentado do Ministério Público ou do interessado, seu procurador ou defensor (art. 176 da LEP). De acordo, porém, com a Súmula 527, o tempo de execução da medida de segurança não pode superar o limite máximo da pena abstratamente cominada para o delito.

Jurisprudência

- Indispensabilidade do exame pericial para a desinternação
- Realização anual da perícia
- Mora da perícia: inexistência de constrangimento ilegal
- Laudo favorável e manutenção da internação: não vinculação do juiz ao exame pericial
- Necessidade de fundamentação para antecipação da perícia
- Realização da perícia a qualquer tempo
- Razões para a antecipação da perícia
- Admissibilidade de "progressão" e "regressão" nas medidas de segurança

97.4 Desinternação e liberação do tratamento ambulatorial

Realizada a perícia e positivada a cessação de periculosidade do internado ou do submetido a tratamento ambulatorial, deve ser suspensa a execução da medida de segurança imposta. Transitada em julgado a sentença que reconhecer a cessação de periculosidade o juiz deve expedir a ordem para desinternação ou liberação (art. 179 da LEP), com as condições impostas para o livramento condicional (arts. 132 e 133 da LEP). Assim, revoga-se a suspensão, restabelecendo-se a internação ou o tratamento ambulatorial se, antes do decurso de um ano, o liberado pratica fato indicativo da persistência de sua periculosidade. Referindo-se a lei a fato e não a crime, dar-se-á o restabelecimento da medida de segurança nas hipóteses de descumprimento de condições, da ausência ou recusa ao trabalho curativo etc. A medida de segurança só fica extinta, portanto, após um ano da desinternação ou liberação, se não ocorrer nesse período fato indicativo da persistência da periculosidade.

Jurisprudência

- Revogação da suspensão
- Liberação condicional e persistência de periculosidade
- Desinternação exige cessação da periculosidade
- Desinternação e extinção da punibilidade pela prescrição

97.5. Desinternação progressiva

Não faz a lei referência expressa à possibilidade da conversão do internamento em tratamento ambulatorial. Entretanto, se ao juiz da sentença é possível submeter o inimputável e o semi-imputável, que necessita de tratamento curativo, ao tratamento ambulatorial quando da prática de fato previsto como crime apenado com detenção (arts. 97, *caput*, 2ª parte, e 98 do CP), deve-se permitir ao juiz da execução a citada conversão. É lógica a conclusão, pois, se o juiz que impôs a medida de segurança de internação teve como elemento para decisão o laudo de exame psiquiátrico e outros elementos dos autos do processo de conhecimento, o juiz da execução, contando com dados colhidos durante a internação (exames, informações sobre o tratamento e seus resultados etc.), pode verificar que não há mais necessidade de permanecer o paciente internado, convertendo a medida de segurança em tratamento ambulatorial. A solução vem ao encontro da tendência de desinstitucionalização do tratamento preconizada pela Psiquiatria moderna e adotada pela nova lei penal. Nesse sentido têm-se orientado os juízes da execução e os tribunais, com o beneplácito dos tribunais superiores, ao reconhecerem a legalidade do regime de desinternação progressiva, mediante o qual o sentenciado é favorecido por saídas do estabelecimento progressivamente ampliadas até a substituição da internação pela semi-internação e, subsequentemente, pelo tratamento ambulatorial. Essa orientação se coaduna com as normas contidas na Lei nº 10.216, de 6-4-2001, que dispõe sobre a proteção e os direitos da pessoa portadora de transtornos mentais e que preconiza a adoção de uma política de alta planejada e reabilitação psicossocial assistida, nos casos de longo período de internação ou de dependência institucional decorrente do quadro clínico ou da ausência de amparo social. A Resolução nº 487, de 15-2-2023, do CNJ, instituiu a Política Antimanicomial do Poder Judiciário e estabeleceu procedimentos e diretrizes para implementar a Convenção Internacional dos Direitos das Pessoas com Deficiência e a Lei nº 10.216/2001, no âmbito do processo penal e da execução das medidas de segurança. Na hipótese de substituição da internação pelo tratamento ambulatorial, o prazo de um ano para a extinção da medida de segurança será contado a partir não da desinternação, mas da liberação (art. 97, § 3º, do CP). Também já se converteu em tratamento ambulatorial a medida de segurança de internação no caso do inimputável que se encontrava irregularmente recolhido à cadeia pública até que houvesse vaga no estabelecimento adequado.

Jurisprudência

- Admissibilidade do regime de desinternação progressiva

97.6 Substituição do tratamento ambulatorial pela internação

Imposta a medida de segurança de tratamento ambulatorial, permitida para os autores de infração apenada com detenção, pode o juiz, a qualquer tempo durante a execução ou período de prova substituí-lo pela internação quando a conduta do sentenciado revelar necessidade dessa providência para fins curativos.

Jurisprudência

- Impossibilidade de conversão da internação para tratamento ambulatorial
- Impossibilidade de conversão da internação para tratamento ambulatorial – Contra

97.7 Conversão da pena em medida de segurança

Permite a lei, ao juiz, de ofício, a requerimento do Ministério Público, da autoridade administrativa ou da Defensoria Pública, a conversão da pena privativa de liberdade no curso de sua execução quando sobrevier doença mental ou perturbação da saúde mental ao condenado (art. 183 da LEP). Na conversão devem ser aplicadas as normas gerais sobre a imposição da medida de segurança e de sua execução, sendo imprescindível perícia médica. Em princípio, a medida de segurança a ser imposta por meio dessa substituição é a internação em hospital psiquiátrico mas, se o condenado praticou crime apenado abstratamente com detenção, permite-se a conversão para tratamento ambulatorial. Deve o juiz fixar o prazo mínimo de internação, entre um e três anos, nos termos do art. 97, § 1º, já que a Lei de Execução Penal não prevê, no caso, prazo especial. Evidentemente, a conversão somente pode ocorrer durante o prazo da pena. Terminada esta, é inadmissível a conversão e a internação passa a constituir constrangimento ilegal. A conversão é irreversível, ao contrário do que ocorre com a simples transferência (art. 41 do CP e art. 108 da LEP).

Convertida a pena em medida de segurança, não mais se cogita da pena imposta, já que aquela é regida por normas próprias e a execução deve persistir enquanto não verificada a cessação de periculosidade. Mas já se entendeu, com fundamento no art. 682, § 2º, do CPP, que a medida de segurança resultante da conversão não pode ter duração superior ao tempo restante da pena (v. item 41.1).

Jurisprudência

- Conversão da pena de reclusão em medida de segurança de internação
- Necessidade de perícia para conversão
- Inadmissibilidade de conversão após o término da pena
- Limite de duração da medida de segurança convertida
- Limite de duração da medida de segurança convertida – Contra
- Desinternação condicional com a cessação de periculosidade

Substituição da pena por medida de segurança para o semi-imputável

Art. 98. Na hipótese do parágrafo único do art. 26 deste Código e necessitando o condenado de especial tratamento curativo, a pena privativa de liberdade pode ser substituída pela internação, ou tratamento ambulatorial, pelo prazo mínimo de 1 (um) a 3 (três) anos, nos termos do artigo anterior e respectivos §§ 1º a 4º.

Vide: CP arts. 26, parágrafo único, 96, 97, 99; LEP arts. 99 a 101, 171 a 179, 183, 184.

98 SUBSTITUIÇÃO DA PENA POR MEDIDA DE SEGURANÇA

98.1 Medida de segurança substitutiva para os semi-imputáveis

Aos condenados que, conforme perícia, em virtude de perturbação da saúde mental ou por desenvolvimento mental incompleto ou retardado, não eram inteiramente capazes de entender o caráter ilícito do fato e de determinarem-se de acordo com esse entendimento, ao invés de aplicar pena reduzida (art. 26, parágrafo único do CP), pode o juiz substituí-la por medida de segurança se o sentenciado necessitar de especial tratamento curativo. Não se permite mais, como na lei anterior, que adotara o sistema duplo-binário, a cumulação de pena e medida de segurança. Verificada a periculosidade do agente e a possibilidade de tratamento curativo, recomendável é a substituição da pena pela medida de segurança, ainda que em recurso da defesa. Substituída a pena pela medida de segurança, produzirá esta todos seus efeitos, passando o sentenciado, como o inimputável, a submeter-se às regras previstas pelos arts. 96 a 99, inclusive quanto à espécie de medida de segurança e ao tempo mínimo para a realização do exame pericial.

Jurisprudência

- Inadmissibilidade de substituição na desnecessidade de tratamento curativo
- Substituição necessária quando se trata de réu perigoso
- Substituição necessária quando se trata de réu perigoso – Contra
- Substituição em recurso da defesa
- Inadmissibilidade de substituição em habeas corpus
- Permanência da pena de multa
- Necessidade de fundamentação
- Execução por tempo indeterminado
- Inadmissibilidade de cumulação e pena e medida de segurança
- Substituição da pena por medida de segurança de internação
- Substituição da pena pela medida de segurança de tratamento ambulatorial
- Inadmissibilidade de substituição parcial
- Inadmissibilidade de substituição em pena cumprida
- Necessidade de prévia aplicação da pena privativa de liberdade para efeito de prescrição
- Inadmissibilidade de progressão na medida de segurança substitutiva
- Limite do prazo mínimo

Direitos do internado

Art. 99. O internado será recolhido a estabelecimento dotado de características hospitalares e será submetido a tratamento.

Vide: CP arts. 41, 96, I, 97, 98, 351, 352; CPP art. 764; LEP arts. 14, 42, 43, 82, 83, 100, 108, 171 a 174; **Lei nº 9.455**, de 7-4-1997, art. 1º, § 1º (tortura de pessoa submetida a medida de segurança); **Lei nº 13.869**, de 5-9-2019, art. 12, IV (abuso de autoridade na execução de medida de segurança).

99 INTERNAÇÃO E TRATAMENTO

99.1 Estabelecimento adequado ao tratamento

O submetido à medida de segurança de internação deve ficar recolhido em hospital de custódia e tratamento psiquiátrico, mas não sendo isso possível, a qualquer outro estabelecimento de características hospitalares, sendo sempre submetido aos exames psiquiátrico, criminológico e de personalidade (arts. 100 e 174, c.c. os arts. 8º e 9º da LEP), bem como ao tratamento adequado. Quando o estabelecimento penal não estiver aparelhado para prover a assistência médico-psiquiátrica necessária, esta pode ser prestada em outro local mediante autorização da direção do estabelecimento (art. 14, § 2º, c.c. o art. 42 da LEP). Deve-se possibilitar a internação em hospital particular quando não há estabelecimento adequado ao tratamento em hospital público desde que assegurada a custódia do internado. Permite a lei, aliás, que seja contratado pelo interessado médico de sua confiança pessoal, a fim de orientar e acompanhar o tratamento (art. 43, *caput*, da LEP). Não se permite, assim, a permanência do sentenciado em cadeia pública ou outro estabelecimento em que não lhe seja prestado o devido tratamento, constituindo o fato constrangimento ilegal sanável pela via do *habeas corpus*. A solução, nesses casos, é a determinação de transferência para estabelecimento adequado ou, havendo impossibilidade dela, a substituição temporária pelo tratamento ambulatorial (v. item 97.5).

Jurisprudência

- Inadmissibilidade de internação em hospital psiquiátrico particular de internado perigoso
- Internação na mora da expedição de guia
- Deferimento da liberação condicional provisória na falta de vagas
- Transferência para hospital psiquiátrico
- Inadmissibilidade de desconto de medida de segurança em cadeia pública
- Inadmissibilidade de desconto de medida de segurança em cadeia pública – Contra
- Substituição do internamento por tratamento ambulatorial por falta de vaga

TÍTULO VII
DA AÇÃO PENAL

Ação pública e de iniciativa privada

Art. 100. A ação penal é pública, salvo quando a lei expressamente a declara privativa do ofendido.

§ 1º A ação pública é promovida pelo Ministério Público, dependendo, quando a lei o exige, de representação do ofendido ou de requisição do Ministro da Justiça.

§ 2º A ação de iniciativa privada é promovida mediante queixa do ofendido ou de quem tenha qualidade para representá-lo.

§ 3º A ação de iniciativa privada pode intentar-se nos crimes de ação pública, se o Ministério Público não oferece denúncia no prazo legal.

§ 4º No caso de morte do ofendido ou de ter sido declarado ausente por decisão judicial, o direito de oferecer queixa ou de prosseguir na ação passa ao cônjuge, ascendente, descendente ou irmão.

Vide: **CF** arts. 5º, XXXV, LIV, LIX, 129, I; **CP** arts. 7º, § 3º, *b*, 101 a 106, 145, parágrafo único, 236, parágrafo único; **LCP** art. 17; **CPP** arts. 5º, I e II, §§ 4º e 5º, 19, 24 a 62, 564, III, *a*, 569; **CPC** arts. 18, 71; **CC** arts. 6º, 9º, IV, 22 ss; **Lei nº 8.078**, de 11-9-1990 – **CDC**, art. 80 (previsão da ação penal subsidiária nos crimes contra o consumidor; **Lei nº 9.099**, de 26-9-1995, arts. 75, parágrafo único, 88; **Lei nº 11.101**, de 9-2-2005, art. 184, parágrafo único (prevê a legitimidade do credor habilitado e do administrador judicial para a ação penal subsidiária nos crimes falimentares); **Lei nº 13.869**, de 5-9-2019, art. 3º (previsão da ação penal subsidiária nos crimes de abuso de autoridade). Súmulas: **STF** 524, 714. **STJ** 542.

100 AÇÃO PENAL

100.1 Ação penal pública

Lesando direitos dos indivíduos e da sociedade, o crime deve ser reprimido, cabendo ao Estado o exercício do *jus puniendi*. O direito subjetivo de punir, entretanto, não é ilimitado, mas vincula-se ao direito objetivo, tanto na imputação, circunscrita aos fatos típicos, como nas penas a serem aplicadas. Além disso, para exercitar o direito de punir é necessário que haja processo e julgamento, não podendo o Estado impor, arbitrariamente, a sanção. O *jus puniendi* só pode realizar-se pelo exercício do *jus persequendi*, que investe o Estado no direito de ação. Assim, ação penal é o direito de pedir ao Estado-Juiz a aplicação do direito penal objetivo. Praticado o ilícito, fica o Estado investido do *jus persequendi*, ou *jus accusationis*, direito de ação para obter uma prestação jurisdicional. Assim, em princípio, toda a ação penal é pública, pois é um direito subjetivo do titular (Estado-Administração) perante o Estado-Juiz. Excepcionalmente, entretanto, por disposição expressa, a lei defere à vítima o direito de agir, no que se denomina ação de iniciativa privada. As regras disciplinadoras da ação penal estão previstas nos arts. 24 a 62 do Código de Processo Penal.

Jurisprudência

- Imprescindibilidade de denúncia pelo MP
- Imprescindibilidade de denúncia pelo MP – Contra

100.2 Ação penal pública incondicionada

De acordo com a Constituição Federal, compete "privativamente" ao Ministério Público promover a ação penal pública (art. 129, I). Excepcionalmente, porém, defere expressamente a lei o direito de agir à vítima, quando os interesses desta sobrelevam os interesses sociais na repressão à infração penal cometida. Nos termos da lei, com relação a determinado ilícito penal, a ação penal será pública, ou seja, promovida pelo Ministério Público, se não se dispuser expressamente, que deve ser intentada pelo ofendido ou por seu representante legal por meio de queixa.

São princípios informadores da ação penal incondicionada a indisponibilidade, divisibilidade, oficialidade, obrigatoriedade e indesistibilidade.

Jurisprudência

- Natureza da ação penal pública incondicionada

100.3 Ação penal pública condicionada

A ação penal pública pode ser condicionada à requisição do Ministro da Justiça, ato discricionário e irrevogável que deve conter a manifestação da vontade para a instauração da ação penal. Tal pedido-autorização, espécie de condição suspensiva de procedibilidade, pode ser dirigido à autoridade policial ou ao Ministério Público, sendo exigida expressamente pela lei em determinados crimes definidos no Código Penal ou em leis especiais.

Para a apuração de determinados delitos, a lei faz também depender a ação penal pública de uma condição suspensiva de procedibilidade: a representação do ofendido, que é a manifestação da vítima ou de seu representante legal no sentido de autorizar o Ministério Público a oferecer a denúncia. É ela indispensável, inclusive, para a instauração do inquérito policial (*delatio criminis postulatoria*) (art. 5º, § 4º, do CPP).

Pelo art. 88 da Lei nº 9.099/95, que criou os Juizados Cíveis e Criminais, passaram a depender de representação as ações penais pelos crimes de lesões corporais leves e lesões corporais culposas (v. itens 129.6 e 129.19). Não se estende o dispositivo à contravenção de vias de fato. Cuidando-se de crime de lesão corporal leve praticado com violência doméstica e familiar contra a mulher, o STF decidiu que a ação penal é pública incondicionada, não se aplicando o disposto no art. 88 da Lei nº 9.099/1995, não somente em virtude da regra inserta no art. 41 da Lei nº 11.340/2006, mas também por razões de política criminal (item 129.24). Essa é a orientação que ensejou a edição da Súmula 542 do STJ.

O direito de representação só pode ser exercido pelo ofendido ou seu representante legal, entendendo-se na jurisprudência que essa representação é mais de caráter material que formal, já que se admite a iniciativa de outras pessoas ligadas à vítima por laços especiais, máxime quando se trata de crimes sexuais. Não está o Ministério Público vinculado à representação, podendo requerer o arquivamento do inquérito ou das peças de informações.

Jurisprudência

- Indispensabilidade da representação
- Inadmissibilidade de denúncia por crime não mencionado na representação
- Arquivamento da representação
- Arquivamento da representação: crime de ação pública incondicionada
- Amplitude da representação
- Possibilidade de representação por quem não é legalmente representante do ofendido
- Representação de débil mental
- Representação por responsabilidade momentânea
- Representação de pessoa jurídica
- Boletim de ocorrência como representação
- Representação e flagrante

- Contra: necessidade de clara manifestação de vontade
- Denúncia contra pessoa não mencionada na representação
- Inexigibilidade de representação na contravenção de vias de fato
- Inexigibilidade de representação na contravenção de vias de fato – Contra
- Inexistência de vinculação do MP
- Inexigibilidade de fórmula especial para a representação
- Inexistência de representação no registro de Termo Circunstanciado
- Comparecimento a unidade policial como representação

100.4 Ação penal de iniciativa privada

Embora o *jus puniendi* pertença exclusivamente ao Estado, este, casuisticamente, transfere ao particular o *jus accusationis* quando o interesse do ofendido se sobrepõe ao menos relevante interesse público. Especifica-se, assim, na Parte Especial do Código Penal, quais os delitos que a admitem, geralmente com a expressão "só se procede mediante queixa". Considera-se ofendido o titular do interesse jurídico lesado ou posto em perigo pela conduta criminosa. São representantes do ofendido os pais, tutores e curadores, segundo dispõe a lei civil (art. 30 do CPP e art. 71 do CPC). As pessoas jurídicas são representadas por quem os respectivos contratos designarem ou, no silêncio destes, pelos seus diretores ou sócios gerentes (art. 37 do CPP e art. 75, VIII, do CPC).

Na hipótese de ser o ofendido maior de 18 e menor de 21 anos, prevê o art. 34 do CPP que o direito de queixa poderá ser exigido por ele ou por seu representante legal. Com a entrada em vigor, porém, do novo Código Civil, que reduziu para 18 anos a plena maioridade civil, perdeu aplicabilidade a norma quanto à segunda titularidade, sem que se mostre necessário aguardar a norma adaptadora prevista no art. 2.043 do CC. O art. 100, § 2º, ao dispor que a queixa pode ser oferecida pelo ofendido ou por "quem tenha qualidade para representá-lo", e o art. 34 do CPP, ao referir-se ao "representante legal" do ofendido, remetem às regras que disciplinam a incapacidade, absoluta ou relativa, e a representação do incapaz, tornando o alcance dos dispositivos penais dependente do conteúdo da norma de direito civil. Se nos termos do novo Código Civil não há mais que se falar em representante legal, em razão da idade, do maior de 18 anos, porque plenamente capaz, somente a este passa a ser possível o exercício do direito de queixa. Ao representante legal caberá a iniciativa da ação penal privada apenas quando tiver o ofendido menos de 18 anos. Nos crimes de ação privada a lei faz depender da iniciativa do ofendido também a instauração do inquérito policial (art. 5º, § 5º, do CPP).

A ação penal de iniciativa privada é uma espécie de substituição processual, em que se defende interesse alheio em nome próprio (art. 18 do CPC). Havendo concurso material ou formal entre delitos conexos de ação penal pública e ação penal de iniciativa privada, há formação de litisconsórcio entre o promotor e o titular do *jus querelandi*. Inexistente a iniciativa da vítima, não pode a ação penal prosperar quanto ao crime que se apura mediante queixa. Sendo a ação penal pública incondicionada ou condicionada, impossibilitada está a vítima de oferecer queixa, a não ser na hipótese de ação privada subsidiária da ação pública. São princípios informadores da ação penal de iniciativa privada a oportunidade, a disponibilidade e a indivisibilidade.

Jurisprudência

- Titularidade da ação penal privada
- Ação de iniciativa privada por mulher casada
- Possibilidade de litisconsórcio ativo
- Falta de iniciativa da vítima no concurso de crimes
- Inadmissibilidade de ação de iniciativa privada em hipótese de ação pública condicionada

100.5 Ação privada subsidiária

Além da ação privada exclusiva, ou principal, pode também instaurar-se a ação privada subsidiária da ação penal pública quando o Ministério Público não oferece denúncia no prazo legal. Essa possibilidade passou a constituir uma garantia constitucional com a

Constituição Federal de 1988 (art. 5º, LIX). Mas a ação penal privada subsidiária só tem cabimento na *inércia do Ministério Público*. Assim, qualquer que seja o crime, esteja previsto no Código Penal ou em leis especiais, se o Ministério Público não oferece denúncia, não requer o arquivamento do inquérito ou papéis, nem requisita diligências, pode o ofendido substituí-lo, oferecendo a queixa. Arquivado o inquérito policial, por despacho do juiz, a requerimento do Promotor de Justiça, não pode a ação penal ser iniciada sem novas provas (Súmula 524 do STF). A simples mora no oferecimento da denúncia não retira do Ministério Público a legitimidade para a ação penal. O STF, porém, nos termos da Súmula nº 714, autoriza o ajuizamento da ação penal privada nos crimes contra a honra de servidor público em razão de suas funções, para os quais prevê a lei a ação penal pública condicionada à representação do ofendido, mesmo quando não configurada a inércia do Ministério Público (item 145.2).

A Lei de Abuso de Autoridade reproduz expressamente as regras gerais existente no Código Penal e no Código de Processo Penal no sentido da admissibilidade do ajuizamento da ação privada subsidiária se a ação pública não for intentada no prazo legal e do prazo decadencial de seis meses contado da data em que se esgotar o prazo para oferecimento da denúncia (art. 3º, §§ 1º e 2º, da Lei nº 13.869, de 5-9-2019), não inovando, portanto, na disciplina da matéria.

Jurisprudência

- Cabimento da ação privada subsidiária da ação pública
- Inadmissibilidade da ação privada subsidiária por falta de legítimo interesse
- Inadmissibilidade de ação privada subsidiária: diligências do MP
- Termo inicial do prazo para a propositura da ação privada subsidiária
- Inadmissibilidade da ação subsidiária ajuizada antes do arquivamento pelo Procurador Geral de Justiça
- Inadmissibilidade do arquivamento na revisão do arquivamento pelo Colégio de Procuradores de Justiça
- Atraso no oferecimento da denúncia
- Admissibilidade da ação privada subsidiária no arquivamento não submetido ao juiz
- Ação privada subsidiária com relação às infrações não objeto de denúncia
- Inadmissibilidade de ação privada subsidiária após o arquivamento
- Inadmissibilidade de ação privada subsidiária quando instaurada ação penal pública
- Oferecimento da denúncia como faculdade da Promotoria de Justiça

100.6 Morte ou ausência do ofendido

Em caso de morte do ofendido ou de ter sido ele declarado ausente por decisão judicial, o direito de oferecer queixa ou de prosseguir na ação penal de iniciativa privada passa ao cônjuge, ascendente, descendente ou irmão, salvo nos casos de ação personalíssima (art. 236 do CP). A regra é repetição do disposto no art. 31 do CPP.

Jurisprudência

- Ilegitimidade de companheiro
- Rol taxativo

A ação penal no crime complexo

Art. 101. Quando a lei considera como elemento ou circunstâncias do tipo legal fatos que, por si mesmos, constituem crimes, cabe ação pública em relação àquele, desde que, em relação a qualquer destes, se deva proceder por iniciativa do Ministério Público.

Vide: CP arts. 100, 225. Súmula: **STF** 608.

101 AÇÃO PENAL NO CRIME COMPLEXO

101.1 Ação pública no crime complexo

Doutrinariamente, crime complexo é uma fusão, em um mesmo tipo penal, de dois ou mais delitos (*v. g.*, art. 157), ou, em uma acepção mais ampla, de um delito e uma outra circunstância *per si* atípica (*v. g.*, art. 213). Contém assim, como elemento ou circunstância elementar do tipo, fato que, por si mesmo, constitui um outro crime. Prevê a lei que, nessa hipótese, a *ação penal será pública incondicionada se qualquer dos crimes componentes do tipo deve ser apurado por iniciativa exclusiva do Ministério Público*. O art. 101, entretanto, é tido como inócuo e até prejudicial à interpretação, uma vez que a lei adotou o sistema de especificar claramente quando o delito deve ser apurado mediante ação de iniciativa privada ou de ação pública condicionada (v. art. 145).

Os crimes sexuais eram, em regra, submetidos à ação privada, determinando-se o procedimento público somente na ocorrência de lesão corporal *grave* ou *morte*, uma vez que o art. 225 se referia apenas aos delitos mencionados nos capítulos anteriores (de I a III). Tratar-se-ia de dispositivo especial que teria derrogado o art. 101 no que se refere àqueles delitos quando resulta apenas lesão corporal *leve*. No STF, porém, passou-se a entender que o art. 101 derrogou o art. 225, editando-se a Súmula 608: "No crime de estupro, praticado mediante violência real, a ação penal é pública incondicionada." A superveniência da Lei nº 9.099/95, por força de seu art. 88, que passou a exigir a representação no crime de lesões corporais leves, tornaria discutível a vigência dessa súmula. A solução mais adequada tornou-se a da manutenção da Súmula 608, não com fundamento no art. 129 do Código Penal, em que se exige representação para a ação penal pelo crime de lesões corporais de natureza leve, mas com base no art. 146 do mesmo Estatuto, uma vez que o constrangimento ilegal, apurado mediante ação penal pública incondicionada, é, indiscutivelmente, elemento constitutivo do estupro. Diante da vigência da nova redação dada ao art. 225 pela Lei nº 13.718, de 24-9-2018, a ação penal nos crimes sexuais passou a ser pública incondicionada.

Não se confunde o crime complexo com o concurso formal ou material de crimes. Nestes, há, em tese, dois ou mais delitos, apuráveis segundo a espécie de ação penal prevista expressa ou implicitamente pela lei. Inaplicável a eles, portanto, o disposto no art. 101 do CP.

Jurisprudência

- Ação pública em crime complexo
- Não incidência do art. 101 no caso de concurso de crimes
- Autonomia dos crimes quanto à ação penal

Irretratabilidade da representação

Art. 102. A representação será irretratável depois de oferecida a denúncia.

Vide: CP arts. 100, 103; CPP arts. 24, 25, 38.

102 IRRETRATABILIDADE DA REPRESENTAÇÃO DO OFENDIDO

102.1 Irretratabilidade da representação

De acordo com o art. 102 do CP e art. 25 do CPP, a representação é irretratável depois de oferecida a denúncia. Oferecida a denúncia, ou seja, apresentada ela em juízo, o processo prosseguirá mesmo contra a vontade do ofendido ou seu representante legal. Permite-se, porém, implicitamente, a retratação até aquele ato processual. Com a retratação tempestiva, a representação perde a validade, tornando-se ilegítima, daí para a frente, a autorizada intervenção do Ministério Público. Pode o ofendido que se retratou revogar a retratação e renovar a representação. É possível, assim, a revogação da retratação (retratação da retratação). Não é possível nova representação, entretanto, se tiver havido renúncia a esse direito, pois, nesse caso, há extinção da punibilidade (art. 107, V, do CP).

Nos crimes cometidos com violência familiar e doméstica contra a mulher, dispõe a Lei nº 11.340, de 7-8-2006, que "só será admitida a renúncia à representação perante o juiz, em audiência especialmente designada com tal finalidade, antes do recebimento da denúncia e ouvido o Ministério Público" (art. 16). Equivocou-se o legislador ao se referir à "renúncia" e não à retratação da representação, porque, evidentemente, o dispositivo visa assegurar a livre manifestação de vontade da vítima contra possível coação após o oferecimento da representação. Entendida a "renúncia" como retratação, o dispositivo excepciona o art. 102 do CP ao permiti-la após o oferecimento da denúncia e antes de seu recebimento. Firmou-se no STJ a tese de que a audiência de retratação da representação não pode ser designada de ofício pelo juiz, dependendo sua realização de prévia manifestação do desejo da vítima de se retratar, trazida aos autos antes do recebimento da denúncia. Tratando-se, porém, de crime de lesão corporal resultante de violência doméstica contra a mulher, firmou-se o entendimento de que a ação penal é pública incondicionada, dispensando-se, portanto, a representação da ofendida (Súmula 542 do STJ) (item 100.3).

Jurisprudência

- Retratação no dia em que foi oferecida a denúncia
- Arquivamento da retratação: denúncia já oferecida
- Retratação inválida por vício de vontade
- Alegação de vício na retratação
- Ineficácia da retratação em crime de ação penal pública incondicionada
- Retratação da retratação
- Representação e retratação em caso de dois titulares
- Renúncia à representação
- Possibilidade e oportunidade para a retratação
- Violência doméstica e familiar – audiência de retratação da representação não pode ser designada de ofício pelo juiz

Decadência do direito de queixa ou de representação

Art. 103. Salvo disposição expressa em contrário, o ofendido decai do direito de queixa ou de representação se não o exerce dentro do prazo de 6 (seis) meses, contado do dia em que veio a saber quem é o autor do crime, ou, no caso do § 3o do art. 100 deste Código, do dia em que se esgota o prazo para oferecimento da denúncia.

Vide: CP arts. 10, 100, 102, 104, 107, IV, 236, parágrafo único; CPP arts. 24, 25, 29, 31, 38, 46, 61, 529; CC art. 5º; Lei nº 9.099, de 26-9-1995, arts. 75, parágrafo único, 91; Lei nº 11.101, de 9-2-2005 (Lei de Falências), art. 184, parágrafo único (prazo decadencial da ação penal subsidiária em crime falimentar). Súmula: STF 594.

103 DECADÊNCIA DO DIREITO DE QUEIXA E DE REPRESENTAÇÃO

103.1 Conceito de decadência

A decadência é a perda do direito de ação ou de representação, em decorrência de não ter sido exercido no prazo previsto em lei, constituindo-se, pois, em causa de extinção da punibilidade. Atinge, portanto, o próprio direito de punir do Estado, de forma direta nos casos de iniciativa privada, e indireta nas hipóteses de ação pública dependente de representação, porque, extinto o direito de delatar, não pode agir o Promotor de Justiça. Por força da lei, a decadência não ocorre quando se trata de ação pública incondicionada. A decadência deve ser decretada de ofício pelo juiz (art. 61 do CPP).

Jurisprudência

- Decadência do direito de representação
- Inexistência de decadência no ajuizamento pelo ofendido
- Aplicação das regras vigentes à época dos fatos
- Extinção da punibilidade pela decadência
- Declaração de ofício da decadência
- Impossibilidade de decadência na ação pública incondicionada

103.2 Prazo de decadência

O prazo comum de decadência é, como regra, de seis meses, podendo a lei instituir exceções à regra geral.

Assim, nas hipóteses de crimes de imprensa, o prazo era de três meses. O STF declarou, porém, que a Lei de Imprensa (Lei nº 5.250, de 9-2-1967), em sua integralidade, não foi recepcionada pela Constituição Federal de 1988 (ADPF 130-7, j. em 30-4-2009, *DOU* de 12-5-2009, p. 1). Na Lei de Falências, prevê-se, expressamente, para a propositura da ação penal subsidiária por crime falimentar, pelos credores habilitados ou pelo administrador judicial, o prazo de seis meses contado do escoamento do prazo para o oferecimento da denúncia pelo Ministério Público (art. 184, parágrafo único). No caso do crime de adultério, antes previsto no art. 240, revogado pela Lei nº 11.106, de 28-3-2005, o prazo decadencial era de um mês.

Jurisprudência

- Prazo de decadência de seis meses
- Prazo de decadência em crime de violação de direito autoral

103.3 Termo inicial do prazo de decadência

Como regra geral, o termo inicial do prazo de decadência é a data em que o ofendido ou seu representante veio a saber quem foi o autor do crime. Começa a fluir, portanto, da data da ciência da autoria e não da data do crime ou de simples suspeitas sobre esta. É indispensável para a declaração da decadência prova inequívoca de que o ofendido, apesar de ciência da autoria, não atuou no prazo legal, beneficiando-se a vítima da dúvida a respeito da data da ciência da autoria. Não se pode presumir o conhecimento da autoria do crime. Sendo a decadência causa extintiva da punibilidade, ou seja, da perda do direito penal subjetivo, seu prazo é de direito material, contando-se o dia de início, ou seja, a data do conhecimento da autoria (art. 10). Não se aplica, portanto, o disposto no art. 798, § 1º, do CPP, reservado aos prazos processuais. No caso de ação privada subsidiária da ação penal pública, o prazo começa a correr da data em que se encerrou o prazo para o oferecimento da denúncia, inclusive. Há decisão, entretanto, no sentido de que não corre nessa hipótese o prazo de decadência.

- Jurisprudência
- Termo inicial do prazo decadencial e termo inicial do prazo para oferecimento de representação
- Termo inicial do prazo no caso de crime contra os costumes contra vítima menor de 14 anos
- Dúvida quanto à data da ciência da autoria
- Termo inicial na hipótese de nomeação de curador especial
- Termo inicial na hipótese de nomeação de curador especial – Contra
- Inexistência de decadência no caso de ação privada subsidiária da ação pública
- Termo inicial do prazo de decadência
- Termo inicial do prazo de decadência em caso de adultério (anterior à revogação do art. 240 do CP pela Lei nº 11.106, de 28-3-2005)
- Termo inicial do prazo de decadência no crime de imprensa
- Cômputo no prazo do dia de início
- Dúvida quanto à data da ciência da autoria
- Mora na nomeação de advogado

103.4 Termo final do prazo de decadência

O prazo de decadência, por ser de direito penal, é fatal e improrrogável. Não se interrompe pelo requerimento ou pela instauração do inquérito policial, pela remessa dos autos a juízo, pela notificação ou interpelação judicial, pelo pedido de explicações, por férias forenses etc. Não se aplica, portanto, o disposto no art. 798, § 3º, do CPP, reservado aos prazos processuais.

Apresentada a queixa em juízo ou a representação, a quem de direito, pouco importa que o recebimento, na primeira hipótese, ou o oferecimento da denúncia, na segunda, ocorram após o prazo de decadência, já que os fatos e a mora posteriores são independentes da vontade do queixoso ou representante. Interrompe-se o prazo decadencial com a distribuição da queixa ou a entrega da representação a seu destinatário, ou com o despacho do juiz na inicial.

Jurisprudência

- Inexistência de interrupção ou suspensão
- Inexistência de interrupção pela instauração de inquérito –
- Inexistência de interrupção pela remessa do inquérito a juízo
- Inexistência de interrupção pela ratificação da representação no crime de concorrência desleal
- Inexistência de decadência na demora para o recebimento da queixa
- Apresentação de queixa em juízo incompetente
- Improrrogabilidade do prazo de decadência
- Improrrogabilidade do prazo de decadência – Contra
- Inexistência de interrupção pela suspensão dos prazos legais em razão de greve
- Inexistência de interrupção pela instauração de inquérito
- Inexistência de interrupção pelo pedido de explicações
- Representação, oferecimento da denúncia e decadência

103.5 Prazo de titulares diversos

O direito de queixa ou de representação, depois que o ofendido atinge 18 anos, pode ser por ele pessoalmente exercido. Enquanto não chega a essa idade, age em seu nome o representante legal. Quando a vítima tiver menos de 18 anos, seu prazo decadencial começa a ser contado a partir da data em que completa essa idade. Isso porque, antes de completar 18 anos, não pode ela representar ou oferecer queixa, não sendo jurídico que possa correr, nessa hipótese, prazo para o exercício do direito assegurado em lei. Passados mais de seis meses, contados da data em que o ofendido adquiriu capacidade processual, não pode mais representar ou propor a queixa se teve conhecimento da autoria antes dessa idade. Nos termos da Súmula 594, do STF, aliás, os direitos de queixa ou de representação podem ser exercidos, *independentemente*, pelo ofendido ou por seu representante legal, o que leva à conclusão de que os prazos são contados *separadamente*, de acordo com a ciência que cada um deles teve da autoria do fato. O art. 34 do CPP dispõe que se o ofendido tiver mais de 18 e menos de 21 anos, o direito de queixa poderá ser exercido por ele ou por seu representante legal. No entanto, com a redução da maioridade civil de 21 anos para 18 anos pelo novo Código Civil (art. 5º), não há mais que se falar em representante legal do ofendido nessa faixa de idade, tornando-se inócua a previsão da titularidade concorrente para o direito de queixa.

Jurisprudência

- Autonomia do direito de queixa e de representação
- Autonomia do direito de queixa e de representação – Contra
- Representação pelo representante ante a decadência do direito do ofendido
- Coisa julgada da declaração de decadência
- Inexistência de suspensão nas férias forenses

103.6 Casos especiais

No crime continuado, o prazo decadencial deve ser considerado em relação ao conhecimento de cada delito, que deve, por isso, ser apreciado isoladamente. O prazo para o crime habitual deve ser contado a partir do último ato praticado conhecido pelo ofendido. Quanto ao crime permanente, a decadência só alcança os fatos praticados antes do prazo de seis meses, pois seria ilógico entender que seus efeitos são permanentes, impossibilitando a ação penal. Não se pode interpretar a lei de forma a se conceder um alvará para que se possa prosseguir na execução de um crime. A decadência no tocante a um ato ilícito não obsta nova fluência do prazo decadencial diante da reiteração da conduta típica do agente.

Jurisprudência

- Decadência em crime continuado
- Decadência em crime continuado – Contra
- Decadência em crime permanente
- Decadência em crime permanente – Contra
- Decadência em crimes de datas diversas
- Decadência em reiteração de crimes
- Decadência em caso de desclassificação pelo Tribunal do Júri
- Decadência em caso de crime de imprensa

Renúncia expressa ou tácita do direito de queixa

Art. 104. O direito de queixa não pode ser exercido quando renunciado expressa ou tacitamente.

Parágrafo único. Importa renúncia tácita ao direito de queixa a prática de ato incompatível com a vontade de exercê-lo; não a implica, todavia, o fato de receber o ofendido a indenização do dano causado pelo crime.

Vide: CP arts. 100, 107, V; CPP arts. 34, 48, 49, 50, 57; Lei n° 9.099, de 26-9-1995, art. 74, parágrafo único; Lei n° 11.340, de 7-8-2006, art. 16 (dispõe sobre a renúncia ao direito de representação em crimes praticados com violência doméstica e familiar contra a mulher).

104 RENÚNCIA AO DIREITO DE QUEIXA OU REPRESENTAÇÃO

104.1 Conceito de renúncia

A renúncia, ato unilateral, é a desistência do direito de queixa de ação por parte do ofendido, extinguindo a punibilidade (art. 107, V, primeira parte, do CP). Não prevê o Código Penal a renúncia do direito de representação, mas a composição dos danos civis homologada pelo juiz mediante sentença irrecorrível no Juizado especial criminal a ela se refere (art. 74, parágrafo único, da Lei n° 9.099/95). Nada impede, por outro lado, a renúncia no caso de ação privada subsidiária da ação pública, mas não impede ela que o Ministério Público ofereça a denúncia, que é possível enquanto não estiver extinta a punibilidade por qualquer outra causa. Admite-se qualquer meio de prova para o pedido de reconhecimento da renúncia tácita (art. 57 do CPP).

A renúncia é ato que antecede à propositura da ação penal. Iniciada esta não há lugar para a renúncia, mas apenas para a desistência, perdão do ofendido ou perempção.

Jurisprudência

- Ocasião para a renúncia
- Renúncia pela desistência durante o inquérito judicial
- Causa extintiva da punibilidade

104.2 Renúncia expressa e renúncia tácita

Pode a renúncia ser expressa, devendo constar de declaração assinada pelo ofendido, por seu representante legal ou por procurador com poderes especiais, não obrigatoriamente advogado (art. 50 do CPP). Inexistindo os requisitos legais, a renúncia enunciada pelo ofendido é de ser reconhecida como tácita. A renúncia tácita ocorre quando o ofendido pratica ato incompatível com a vontade de exercer o direito de queixa, devendo tratar-se de atos inequívocos, conscientes e livres, que traduzam uma verdadeira reconciliação, ou o positivo propósito de não exercer o direito de queixa. Não têm relevância, no caso, atos de civilidade, de conveniência social, de subordinação etc. Por expressa disposição da lei não implica renúncia o fato de receber o ofendido indenização do dano causado pelo crime, a não ser na hipótese de competência do Juizado especial criminal. Admite-se qualquer meio de prova para o pedido de reconhecimento da renúncia tácita (art. 57 do CPP). Nos casos de violência doméstica e familiar contra a mulher, a Lei nº 11.340, de 7-8-2006, prevê que a renúncia ao direito de representação em crimes de ação pública condicionada deve ser exercida pessoalmente perante o juiz, em audiência especialmente designada para essa finalidade, não se admitindo, portanto, a renúncia tácita (art. 16). Houve, porém, equívoco do legislador, devendo se entender que o dispositivo trata da retratação da representação (v. item 102.1). A renúncia tem sempre caráter definitivo, não admitindo retratação.

Jurisprudência

- Renúncia tácita: necessidade de ato incompatível com o direito de propor a queixa
- Renúncia tácita em crime contra os costumes
- Inexistência de renúncia tácita pela recusa a exame pericial
- Irretratabilidade da renúncia
- Inexistência de renúncia tácita por atos de civilidade
- Inexistência de renúncia tácita pela retratação de um dos coautores
- Inexistência de renúncia tácita pela conciliação em reclamação trabalhista
- Renúncia anterior à audiência de conciliação

104.3 Extensão da renúncia

O princípio da indivisibilidade obriga ao querelante promover a ação penal contra todos os coautores ou partícipes do crime, não podendo abstrair nenhum, a menos que seja desconhecido (art. 48 do CPP). Excluído algum deles, tem-se que o querelante renuncia tacitamente ao direito de processá-lo, devendo ser a renúncia estendida aos demais (art. 49 do CPP). Não cabe, na hipótese, aditamento da queixa pelo Ministério Público a pretexto de zelar pela indivisibilidade da ação privada. Nos termos do art. 50, parágrafo único, do CPP, se o ofendido tem entre 18 e 21 anos, sua renúncia não privará seu representante legal do direito de ação privada, nem a deste excluirá o direito do primeiro. A redução da maioridade civil para 18 anos pelo Código Civil (art. 5º), porém, tornou inaplicável o dispositivo porque não mais subsiste a possibilidade de representação legal, em razão da idade, do maior de 18 anos (item 100.4). Mas não produz efeito a renúncia do representante da vítima como causa extinta da punibilidade enquanto esta for menor de 18 anos, pois poderá ela intentar a ação privada ao atingir essa idade (item 103.5). Também não se estende a renúncia entre os vários ofendidos nos crimes que se apuram mediante queixa. O princípio da indivisibilidade, com a extensão da renúncia a todos os autores do crime, não se estende à ação penal pública por não estar sujeita a essa espécie de extinção da punibilidade.

Jurisprudência

- Renúncia sem quebra do princípio da indivisibilidade
- Inexistência de comunicabilidade em caso de fatos diversos
- Exclusão de pessoa por falta de provas de participação no ilícito
- Recebimento parcial da queixa
- Inaplicabilidade do princípio na ação penal pública
- Renúncia de um dos titulares
- Extensão a todos os coautores do crime
- Extensão a todos os coautores do crime – Contra
- Renúncia sem quebra do princípio da indivisibilidade
- Inadmissibilidade de aditamento pelo Ministério Público

Perdão do ofendido

Art. 105. O perdão do ofendido, nos crimes em que somente se procede mediante queixa, obsta ao prosseguimento da ação.

Vide: CP arts. 100, 106, 107, V; CPP arts. 51 a 59.

105 PERDÃO DO OFENDIDO

105.1 Conceito de perdão do ofendido

Nos crimes que se apuram exclusivamente por ação privada, também fica extinta a punibilidade pelo perdão do ofendido, aceito pelo agente (art. 107, V, segunda parte). O perdão do ofendido é a revogação do ato praticado pelo querelante, que desiste do prosseguimento da ação penal. Não havendo queixa recebida, não há que se falar em perdão. O fato poderá constituir-se, porém, em renúncia ao direito de queixa. Não produz ele, entretanto, a extinção da punibilidade na ação privada subsidiária, ou na ação penal pública incondicionada ou condicionada, como deixa claro o art. 105. O perdão pode ser concedido pelo ofendido quando menor de 18 anos ou por seu representante legal quando não contar aquela idade. Nos termos do art. 52 do CPP, se o querelante é menor de 21 e maior de 18 anos, o direito de perdão podia ser exercido independentemente por ele ou por seu representante legal, não produzindo efeito o perdão oferecido por um diante da oposição do outro. Mas, entendia-se que, agindo o representante legal como substituto processual e tendo exercido o direito de ação, ao outro não assistia o direito de impedir o prosseguimento da ação penal, cabendo, portanto, somente ao querelante que substituiu o ofendido na propositura da queixa o oferecimento do perdão. Entretanto, inócuo se tornou o dispositivo com a vigência do novo Código Civil e a redução da idade de maioridade civil para 18 anos, uma vez que não mais se pode falar em representante legal do ofendido maior de 18 anos, porque plenamente capaz (item 100.4). O perdão pode ser concedido por procurador com poderes especiais (arts. 50 e 56 do CPP). Impedido está de concedê-lo, portanto, o defensor dativo. Não se confunde o perdão do ofendido com o perdão judicial previsto em regras específicas, como no art. 13 da Lei nº 9.807/99, que trata da organização e manutenção de programas especiais de proteção a vítimas e testemunhas, e no art. 4º da Lei nº 12.850, de 2-8-2013, que disciplina a investigação de crimes praticados por organizações criminosas.

Jurisprudência

- Admissibilidade de perdão em ação pública dependente de representação
- Inadmissibilidade de perdão para apenas um dos crimes imputados
- Inadmissibilidade de perdão a crime de roubo (art. 13, I a III, da Lei 9.807/99)
- Inadmissibilidade de perdão na ação pública
- Inadmissibilidade de perdão antes da queixa
- Perdão em crime de caráter permanente
- Perdão de apenas um dos titulares

Art. 106. O perdão, no processo ou fora dele, expresso ou tácito:

I – se concedido a qualquer dos querelados, a todos aproveita;

II – se concedido por um dos ofendidos, não prejudica o direito dos outros;

III – se o querelado o recusa, não produz efeito.

§ 1º Perdão tácito é o que resulta da prática de ato incompatível com a vontade de prosseguir na ação.

§ 2º Não é admissível o perdão depois que passa em julgado a sentença condenatória.

Vide: CP arts. 105, 107, V; CPP arts. 51 a 59.

106 REGRAS DO PERDÃO DO OFENDIDO

106.1 Perdão processual e perdão extraprocessual

O perdão pode ser processual ou extraprocessual. É processual quando deduzido em Juízo, em audiência ou mediante declaração expressa nos autos. Realizado fora do processo, exige-se petição assinada pelo querelante, seu representante ou procurador com poderes especiais (arts. 50 e 56 do CPP).

106.2 Extensão do perdão do ofendido

Como na renúncia, o perdão, expresso ou tácito, concedido a um dos coautores ou partícipes do fato estende-se a todos os outros (art. 51 do CPP). Não pode o ofendido, portanto, limitar a oferta a um deles. Se o querelante perdoa um dos querelados e este não aceita a proposta, o perdão atinge o outro se for por este aceito. Se o perdão for concedido por um dos ofendidos, não prejudica o direito dos demais que desejem prosseguir na ação.

Jurisprudência

- Extensão do perdão do advogado ao mandante

106.3 Exigência de aceitação pelo querelado

Ao contrário da renúncia, o perdão é um *ato bilateral*, não produzindo efeito se o querelado não o aceita (art. 51 do CPP). Antes da vigência do novo estatuto civil, podia aceitar o perdão o próprio querelado ou seu representante legal, se maior de 18 e menor de 21, mas a aceitação de um e a recusa de outro impediam a extinção da punibilidade (arts. 52 e 54 do CPP). Não mais tendo o querelado maior de 18 anos representante legal, porque agora plenamente capaz, nos termos do art. 5º do Código Civil, somente a ele cabe a aceitação do perdão. Se o querelado for mentalmente enfermo ou retardado mental, e não tiver representante legal, ou colidirem os interesses deste com os do querelado, a aceitação do perdão caberá ao curador que o juiz lhe nomear (art. 53 do CPP). Apresentada a proposta de perdão em Juízo, o querelado deve ser intimado a dizer, dentro de três dias, se o aceita, devendo, ao mesmo tempo, ser cientificado de que seu silêncio importará aceitação (art. 58 do CPP). A aceitação do perdão fora do processo deve constar de declaração assinada pelo querelado, por eventual representante legal ou por procurador com poderes especiais (art. 59 do CPP).

106.4 Perdão expresso e perdão tácito

O perdão do ofendido pode ser expresso ou tácito. Este resulta também da prática de ato incompatível com a vontade de prosseguir na ação, nunca se presumindo por atitudes que possam ter outra explicação válida que não de perdoar. Admite, contudo, todos os meios de prova (art. 57 do CPP).

Jurisprudência

- Forma de perdão extraprocessual expresso
- Perdão tácito pela readmissão de empregado
- Inexistência de perdão tácito
- Acordo civil não é perdão tácito

106.5 Oportunidade para o perdão

Admite-se o perdão em qualquer momento do curso da ação penal, inclusive na fase recursal. É incabível, portanto, quando existir decisão irrecorrível.

Jurisprudência

- Perdão em recurso extraordinário

TÍTULO VIII
DA EXTINÇÃO DA PUNIBILIDADE

Extinção da punibilidade

Art. 107. Extingue-se a punibilidade:

I – pela morte do agente;

II – pela anistia, graça ou indulto;

III – pela retroatividade de lei que não mais considera o fato como criminoso;

IV – pela prescrição, decadência ou perempção;

V – pela renúncia do direito de queixa ou pelo perdão aceito, nos crimes de ação privada;

VI – pela retratação do agente, nos casos em que a lei a admite;

VII – (revogado);*

VIII – (revogado);*

IX – pelo perdão judicial, nos casos previstos em lei.

* Os incisos VII e VIII foram expressamente revogados pela Lei nº 11.106, de 28-3-2005. Dispunha a lei anterior "VII – pelo casamento do agente com a vítima, nos crimes contra os costumes, definidos nos Capítulos I, II e III do Título VI da Parte Especial deste Código; VIII – pelo casamento da vítima com terceiro, nos crimes referidos no inciso anterior, se cometidos sem violência real ou grave ameaça e desde que a ofendida não requeira o prosseguimento do inquérito policial ou da ação penal no prazo de 60 (sessenta) dias a contar da celebração).

Vide: **CP** arts. 96, parágrafo único, 108; **CPP** arts. 28-A, 61, 67, II, 131, III, 141, 337, 397, IV, 497, IX, 581, VIII, IX, 648, VII; **LEP** art. 66, II; (inciso I) – **CF** art. 5º, XLV; **CPP** arts. 62, 623; (inciso II) – **CF** arts. 5º, XLIII, 21, XVII, 48, VIII, 84, XII; **LEP** arts. 70, I, 112, § 2º, 128, 187 a 139; **Lei nº 8.072**, de 25-7-1990, art. 2º, I (veda a anistia, a graça e o indulto nos crimes hediondos e equiparados); **Lei nº 9.455**, de 7-4-1997, art. 1º, § 6º (veda a graça e a anistia no crime de tortura); **Lei nº 11.343**, de 23-8-2006, art. 44 (veda a anistia, graça e indulto em crimes relacionados com o tráfico de drogas); Súmulas: **STJ** 631; **STF** 535. (inciso III) – **CF** art. 5º, XXXIX, XL; **CP** arts. 1º, 2º, 3º; **LEP** art. 66, I; Súmula: **STF** 611; (inciso IV) – **CP** arts. 103, 109 a 119; **CPP** arts. 29, 31, 38, 60, 581, VIII, IX; **Lei nº 9.099**, de 26-9-1995, arts. 75, parágrafo único, 91; Súmulas: **STF** 146, 147, 497, 592; **STJ** 438; (inciso V) – **CP** arts. 100, 105, 106; **CPP** arts. 49, 50, 51 a 59; **Lei nº 9.099**, de 26-9-1995, art. 74, parágrafo único; (inciso VI) – **CP** arts. 143, 342, § 2º; (inciso IX) – **CP** arts. 120, 121, § 5º, 129, § 8º, 140, § 1º, I, II, 168-A, § 3º, 176, parágrafo único, 180, § 5º, 242, parágrafo único, 337-A, § 2º; **Lei nº 9.503**, de 23-9-1997 – **CTB**; **Lei nº 9.807**, de 13-7-1999, art. 13, parágrafo único (perdão judicial para o coautor ou partícipe que colabora com a investigação e o processo criminal); **Lei nº 9.613**, de 3-3-1998, art. 1º, § 5º (perdão judicial para o agente colaborador nos crimes de lavagem ou ocultação de bens, direitos ou valores); **Lei nº 12.850**, de 2-8-2013, art.

4º (perdão judicial para o colaborador na apuração de crimes de organizações criminosas), arts. 291, 302, 303; Súmula: STJ 18. (outras causas extintivas da punibilidade) – **CP** arts. 82, 90, 168-A, § 2º, 312, § 3º, 337-A, § 1º; **CPP** arts. 28-A, 522; **LCP** art. 59, parágrafo único; **Lei nº 9.099**, de 26-9-1995, art. 89, § 5º; **Lei nº 9.249**, de 26-9-1995, art. 34 (extinção da punibilidade pelo pagamento do tributo ou contribuição social, antes do recebimento da denúncia; **Lei nº 9.964**, de 10-4-2000, (institui o Programa de Recuperação Fiscal – REFIS), art. 15, § 3º (extinção da punibilidade pelo pagamento do tributo objeto de parcelamento nos crimes definidos nos arts. 1º e 2º da Lei nº 8.137, de 27-12-1990); **Lei nº 10.684**, de 30-5-2003 (dispõe sobre o parcelamento de débitos tributários), art. 9º (extinção da punibilidade pelo pagamento do tributo ou contribuição social nos crimes previstos nos arts. 168-A, 337-A do CP e nos arts. 1º e 2º da Lei nº 8.137, de 27-12-1990); **Lei nº 11.941**, de 27-5-2009, art. 69 (extinção da punibilidade nos mesmos crimes pelo pagamento integral dos débitos parcelados); **Lei nº 9.430**, de 27-12-1996, art. 83, § 4º (extinção da punibilidade pelo pagamento integral do tributo nos crimes previstos nos arts. 168-A, 337-A do CP e nos arts. 1º e 2º da Lei nº 8.137, de 27-12-1990); **Lei nº 12.529**, de 30-11-2011, art. 87, parágrafo único (extinção da punibilidade, nos crimes tipificados na Lei nº 8.137, de 27-12-1990, e nos relacionados com a prática de cartel, pelo cumprimento do acordo de leniência); **Lei nº 12.651**, de 25-5-2012 (Código Florestal), art. 60 (extinção da punibilidade, em crimes florestais, pelo cumprimento do termo de compromisso para regularização de imóvel ou posse rural perante o órgão ambiental). Súmula: **STF 554**.

107 EXTINÇÃO DA PUNIBILIDADE

107.1 Causas extintivas da punibilidade

Criado o *jus puniendi*, concretizado com a prática do crime, podem ocorrer causas que obstem a aplicação das sanções penais pela renúncia do Estado em punir o autor do delito, falando-se, então, em causas de extinção da punibilidade. Podem ser elas gerais, que podem ocorrer em todos os delitos, ou especiais, relativas a determinadas infrações penais. No caso de concurso de agentes, podem ser comunicáveis, estendendo-se a coautores e partícipes, ou incomunicáveis, que valem apenas para um deles. As causas extintivas da punibilidade são mencionadas no art. 107, que não é taxativo, prevendo-se outras além dessas, como o ressarcimento do dano no peculato culposo, a conciliação nos crimes contra a honra, a anulação do primeiro casamento no caso de bigamia, o decurso do prazo do *sursis* e do livramento condicional do processo sem revogação, a composição e a suspensão condicional do processo sem revogação nos crimes de competência do Juizado especial criminal, o pagamento do tributo ou contribuição social em determinados crimes de sonegação fiscal (v. item 168-A.7) etc. Não há possibilidade, porém, de aplicar-se a analogia, para decretar-se a extinção da punibilidade por fato semelhante a uma causa extintiva prevista em lei.

Jurisprudência

- Inadmissibilidade da aplicação da analogia
- Pagamento do tributo

107.2 Efeitos da extinção da punibilidade

As causas extintivas da punibilidade podem ocorrer antes do trânsito em julgado da sentença e, nessa hipótese, atinge-se o próprio *jus puniendi*, não persistindo qualquer efeito penal ou extrapenal do processo ou da sentença condenatória, excetuando-se, conforme o caso, o perdão judicial e o indulto. Podem ocorrer, também, depois do trânsito em julgado da sentença condenatória, extinguindo-se apenas o título penal executório ou apenas alguns de seus efeitos, como a pena. Excetuam-se a anistia e a *abolitio criminis*, que excluem qualquer efeito penal decorrente do crime. A extinção da punibilidade prevista no art. 107 e em normas específicas não tem efeito quanto a sanções civis ou administrativas decorrentes do mesmo fato.

- Jurisprudência
- Inadmissibilidade de efeitos civis na extinção da punibilidade
- Extinção da punibilidade antes do trânsito em julgado

107.3 Morte do agente

Extingue-se a punibilidade pela morte do agente, em decorrência do princípio *mors omnia solvit* (a morte tudo apaga) e pelo princípio constitucional de que nenhuma pena passará da pessoa do delinquente (art. 5º, XLV, 1ª parte, da CF). Ao referir-se ao agente, a lei inclui o indiciado, o réu e o condenado. A prova da existência dessa causa extintiva da punibilidade é a certidão do assento de óbito e só à vista dela o juiz pode declarar extinta a punibilidade (art. 62 do CPP). Assim, a morte presumida, prevista nos arts. 6º e 7º do Código Civil, não é suficiente para que se declare extinta a punibilidade.

A decisão que decreta a extinção da punibilidade pela morte do agente transita em julgado e, assim, demonstrada a falsidade da prova do óbito, não pode ser ela revista, diante da coisa julgada, inexistente a revisão *pro societate* em nossa lei. A única medida possível é a ação penal contra os agentes pela falsificação e uso do documento falso. Entretanto, há entendimento diverso na jurisprudência do STF. A morte do agente não impede a propositura da revisão criminal, que pode ser pedida pelo cônjuge, ascendente, descendente ou irmão (art. 623 do CPP). Por essa razão, não prejudica também o andamento do processo revisional já iniciado.

Jurisprudência

- Decretação da extinção da punibilidade à vista da certidão de óbito
- Inadmissibilidade de declaração de extinção da punibilidade sem certidão de óbito
- Inexistência de ofensa a coisa julgada
- Possibilidade de revisão criminal
- Inadmissibilidade de nova ação em caso de decretação com base em documento falso
- Possibilidade de correção de erro material

107.4 Anistia

Por motivos de política criminal, para moderar os rigores da lei na aplicação ou execução da pena ou, eventualmente, para remediar erros judiciários, extinguem a punibilidade, a anistia, a graça e o indulto. A anistia, tradicionalmente destinada aos crimes políticos, pode ocorrer antes ou depois da sentença, extinguindo a ação e a condenação com a finalidade de olvidar o crime. Pode ser geral ou restrita, condicionada ou incondicionada. Sendo condicionada, a mercê pode ser recusada por aquele que não concorda em se submeter às restrições impostas pela lei que a concedeu. Sendo aceita e concedida, não pode ser revogada (art. 5º, XXXVI, da CF), mesmo que o anistiado não cumpra as condições, podendo responder, eventualmente, pelo ilícito previsto pelo art. 359 do CP.

Compete à União, por meio de lei do Congresso Nacional, a concessão de anistia (arts. 21, XVII, e 48, VIII, da CF). Ainda por disposição constitucional (art. 5º, XLIII, da CF), regulamentada em parte pela Lei nº 8.072, de 25-7-1990, são insuscetíveis de anistia os crimes hediondos, a prática de tortura, o tráfico ilícito de entorpecentes e drogas afins e o terrorismo, consumados ou tentados. Nesse sentido, também o art. 1º, § 6º, da Lei nº 9.455, de 7-4-1997, que proíbe a anistia ao condenado por crime de tortura e o art. 44 da Lei nº 11.343, de 23-8-2006, que a veda em crime de tráfico de drogas. A anistia opera *ex tunc*, isto é, para o passado, apagando o crime e extinguindo todos os efeitos penais da sentença (pena pecuniária, *sursis*, pressupostos da reincidência etc.). Não abrange, porém, os efeitos civis (dever de indenizar, perdimento de instrumentos ou produto do crime etc.). Concedida a anistia, de ofício, a requerimento do interessado ou do Ministério Público, por proposta da autoridade administrativa ou do Conselho Penitenciário, o juiz declarará extinta a punibilidade (art. 187 da LEP).

Jurisprudência

- Anistia como causa extintiva da punibilidade
- Anistia como esquecimento do fato
- Efeitos penais da anistia
- Recepção pela Constituição Federal da Lei da Anistia

107.5 Graça e indulto

Segundo o art. 107, II, extinguem a punibilidade a graça e o indulto. A Constituição Federal, entretanto, não se refere mais à graça, destinada a pessoa determinada e não a fatos, mas apenas ao indulto (art. 84, XII), exceção feita à regra que veda a concessão do favor nos crimes hediondos e assemelhados (art. 5º, XLIII). Por essa razão, a Lei de Execução Penal passou a tratá-la como indulto individual. O indulto individual pode ser total (ou pleno), alcançando todas as sanções impostas ao condenado, ou parcial, com a redução ou substituição da sanção, caso em que toma o nome de comutação. Pode o indulto individual ser provocado por petição do condenado, por iniciativa do Ministério Público, do Conselho Penitenciário, ou da autoridade administrativa (art. 188 da LEP). O processamento do pedido deverá obedecer ao disposto na Lei de Execução Penal (arts. 188 a 192). De acordo com o art. 734 do Código de Processo Penal, o Presidente da República tem a faculdade de conceder espontaneamente o indulto individual o que, de fato, ocorreu, pelo Decreto de 21-4-2022, que concedeu o indulto individual a deputado federal, condenado por crimes de incitação à abolição violenta do Estado Democrático de Direito e coação no curso do processo. O STF, por maioria de votos, porém, decidiu pela anulação do referido decreto, em razão de desvio de finalidade do ato (AP 1.044-DF e ADPF 964-DF).

O indulto coletivo também pode ser total, com a extinção das penas, ou parcial, caso em que são elas diminuídas ou substituídas. Abrange sempre um grupo de sentenciados e normalmente inclui os beneficiários tendo em vista a duração das penas que lhes foram aplicadas, embora se exijam certos requisitos subjetivos (primariedade etc.) e objetivos (cumprimento de parte da pena, exclusão dos autores da prática de algumas espécies de crimes etc.). Pode obter indulto, conforme dispuser o decreto a respeito dos seus pressupostos, aquele que está em gozo do *sursis* ou do livramento condicional, ou que tenha sido condenado a penas restritivas de direitos. Permite-se também a soma das penas de várias condenações para verificar-se se está dentro ou fora dos limites previstos no decreto de indulto. O indulto pode também ser condicionado ou incondicionado; nesta última hipótese não pode ser recusado.

Dispõe a Constituição que são insuscetíveis de graça a prática de tortura, o tráfico ilícito de entorpecentes e drogas afins, o terrorismo e os crimes definidos como hediondos. Regulamentando o art. 5º, XLIII, da CF, a Lei nº 8.072 diz que tais crimes, consumados ou tentados, são insuscetíveis de "graça ou indulto", vedando-se, em consequência, tanto o indulto individual como o coletivo. A Lei nº 11.343, de 23-8-2006, também proíbe a concessão da graça e do indulto em crimes relacionados com o tráfico de drogas. Não há impedimento a que o decreto de indulto exclua de seus beneficiários o autor de crime hediondo, ainda que ao tempo de sua prática o delito não fosse assim considerado por lei. Tratando-se de ato discricionário do Presidente da República, pode este estabelecer os critérios para a concessão do favor mediante referência às espécies delitivas e, especificamente, ao rol dos crimes hediondos, de acordo com a lei vigente à época do decreto, sem que se possa cogitar de ofensa ao princípio da irretroatividade da lei penal mais severa (art. 5º, XL, da CF). Assim, se o decreto exclui da concessão do indulto e da comutação de penas os autores de crime hediondo, não pode ser agraciado o condenado por crime de homicídio qualificado praticado anteriormente à vigência da Lei nº 8.930, de 6-9-1994, que o incluiu no rol previsto no art. 1º da Lei nº 8.072/1990. Discute-se, porém, no STF a amplitude da competência do Presidente da República na fixação dos critérios para a concessão do indulto coletivo. O Decreto nº 9.246/2017 teve suspensa, em parte, a sua aplicação, por medida liminar, sob o fundamento, em síntese, de indevida violação da separação de poderes em razão da excessiva leniência nos casos de crimes de corrupção e correlatos e do consequente esvaziamento da política criminal estabelecida pelo legislador (ADI 5874-MC/DF, decisão monocrática de 12-3-2018).

A competência para indultar é do Presidente da República, mas ele pode delegar a atribuição a Ministro de Estado ao Procurador-Geral da República ou ao Advogado-Geral da União (art. 84, inciso XII e parágrafo único, da CF), não sendo necessário pedido dos interessados. Concedido o indulto individual e anexada aos autos cópia do decreto, o juiz deve declarar extinta a pena ou ajustará a execução aos termos do decreto, no caso de comutação (art. 192 da LEP). Idêntica providência será tomada tratando-se de indulto coletivo, podendo o juiz atuar de ofício, a requerimento do interessado, do Ministério Público ou por iniciativa do Conselho Penitenciário ou de autoridade administrativa (art. 193 da LEP), submetida a concessão à aferição dos requisitos previstos no decreto e a tramitação determinada (parecer do Conselho Penitenciário, parecer do Ministério Público etc.).

Com o indulto (individual ou coletivo) extinguem-se somente as sanções mencionadas nos respectivos decretos, permanecendo os demais efeitos da sentença condenatória, sejam penais ou civis, como deixa claro, aliás, a Súmula 631 do STJ "o indulto extingue os efeitos primários da condenação (pretensão executória), mas não atinge os efeitos secundários, penais ou extrapenais". O indulto, regra geral, não pode ser recusado, mas se condicionado admite-se a recusa.

Os requisitos para a concessão do indulto devem ser aferidos pelo juiz de acordo com as exigências contidas no decreto e à época de sua publicação. Assim, se o decreto prevê como requisito o não cometimento de falta grave no período de um ano anteriormente à sua publicação, não se pode negar o benefício ao condenado por haver praticado a falta posteriormente a esse período. Não pode o juiz, também, indeferir o indulto ao condenado que satisfaz todos os requisitos exigidos no decreto, sob o fundamento de ser "grave" o crime pelo qual foi condenado, de não ter ele suficiente "mérito" para ser agraciado ou de ser "criminoso habitual" etc. Não é correto, ainda, conforme pacífica orientação doutrinária e jurisprudencial, o entendimento de que a prática de falta grave interrompe o tempo de cumprimento de pena exigido no decreto para o deferimento do indulto ou da comutação de penas. Na ausência de norma legal e de dispositivo específico, nesse sentido, no decreto de indulto, a orientação implica violação ao princípio da legalidade e indevida invasão judicial de competência privativa do Presidente da República, nos termos do que prevê o art. 84, inciso XII, da CF. Não se aplica, portanto, ao induto ou à comutação de penas o entendimento de que a falta grave interrompe o prazo exigido para a progressão de regime (item 33.6). Essa orientação ensejou a edição da Súmula 535 do Superior Tribunal de Justiça.

Pressupondo o indulto pena imposta, discutia-se a possibilidade de sua incidência nos casos de sentenças recorríveis. Nos últimos decretos se tem firmado a orientação de que ele alcança o acusado desde que tenha havido trânsito em julgado para a acusação, não impedindo sua concessão o conhecimento do apelo, que, se provido, terá maior abrangência, pois o indulto só extingue a pena podendo haver legítimo interesse no provimento do recurso.

Jurisprudência

- Admissibilidade de vedação a autor de crime hediondo
- Admissibilidade de vedação a autor de crime posteriormente incluído no rol dos crimes hediondos
- Admissibilidade de vedação a autor de crime posteriormente incluído no rol dos crimes hediondos – Contra
- Admissibilidade da vedação no caso de substituição da pena privativa de liberdade ou sursis
- Aferição dos requisitos à época do decreto
- Não interrupção do tempo de cumprimento de pena pela falta grave
- Inadmissibilidade de exigência de requisitos não constantes do decreto
- Decreto de indulto cria mera expectativa de direito para o condenado
- Indulto parcial
- Extensão à pena pecuniária
- Indulto humanitário: exigência de doença em estado terminal
- Necessidade de boa conduta carcerária
- Inadmissibilidade de concessão em caso de estupro
- Inadmissibilidade de concessão em caso de roubo qualificado pelo concurso de pessoas
- Inadmissibilidade para quem não reparou o dano: bens sequestrados
- Inadmissibilidade para quem não reparou o dano: bens indisponíveis
- Condenado sob sursis: contagem do prazo de prova
- Possibilidade de novo indulto
- Indulto incondicionado: concessão de ofício
- Necessidade de aferição da existência dos requisitos
- Nulidade na ausência de manifestação do Ministério Público
- Possibilidade de reconhecimento da prescrição da pretensão punitiva após o indulto
- Competência exclusiva e discricionária do Presidente da República
- Admissibilidade de vedação a autor de crime hediondo anterior à vigência da Lei nº 8.072/90
- Inadmissibilidade do indulto no tráfico privilegiado
- Decreto de indulto cria mera expectativa de direito para o condenado
- Faltas disciplinares não impedem o indulto
- Faltas disciplinares posteriores à data para a concessão não impede benefício
- Não extensão à pena pecuniária
- Concessão para quem preenche os requisitos
- Necessidade de pesquisa de antecedentes para condenado com sursis
- Inadmissibilidade de concessão a quem não preenche requisito objetivo
- Inadmissibilidade de concessão a criminoso habitual

- Fuga não impede a concessão do indulto
- Fuga não impede a concessão do indulto – Contra
- Fuga após a edição do decreto presidencial: indeferimento do indulto
- Concessão na impossibilidade de reparação do dano
- Possibilidade de indulto ao condenado em gozo de *sursis*
- Condenado sob *sursis*: exigência de requisito
- Possibilidade do indulto a condenado que requereu livramento condicional
- Decisão de ofício do juiz
- Necessidade de parecer do Conselho Penitenciário
- Admissibilidade de indulto contra parecer da Comissão Técnica de Classificação
- Inexigência de exame criminológico
- Concessão antes do trânsito em julgado
- Concessão antes do trânsito em julgado – Contra
- Possibilidade de julgamento do recurso do indultado
- Possibilidade de julgamento do recurso do indultado – Contra
- O indulto extingue somente a pena
- Concessão de perdão a aliado político – incompatibilidade com os princípios norteadores da Administração Pública, impessoalidade e moralidade administrativa

107.6 *Abolitio criminis*

Extingue-se ainda a punibilidade pela retroatividade da lei que não mais considera o fato como criminoso. Trata-se da *abolitio criminis* já regrada expressamente no art. 2º, *caput*. Deixando a lei nova de considerar como ilícito penal o fato praticado pelo agente, por revogação expressa ou tácita, extingue-se o próprio crime e nenhum efeito penal subsiste (v. itens 2.1 e 2.2).

107.7 Perempção

Como outras causas de extinção da punibilidade, registra o art. 107, IV, a prescrição, regulamentada pelos arts. 109 a 119, a decadência, prevista pelo art. 103 (itens 103.1 a 103.5), e a perempção, cujas causas são estabelecidas no art. 60 do CPP. A perempção é a perda do direito de prosseguir na ação penal de iniciativa privada, ou seja, a sanção jurídica da extinção da punibilidade acarretada pela inércia do querelante. Aplica-se ela somente na ação privada exclusiva, uma vez que na ação privada subsidiária da ação pública, em que a negligência do querelante não causa a extinção da punibilidade, deve o Ministério Público assumir a ação como parte principal (art. 29 do CPP). Havendo mais de um querelante, a penalidade da perempção somente incide contra aquele que lhe deu causa, prosseguindo quanto aos demais.

Não se refere a lei expressamente à desistência do querelante como causa extintiva da punibilidade. Assim, inócuo, em si mesmo, o pedido de desistência. O que pode ocorrer é a perempção por uma das causas previstas no art. 60 do CPP.

Jurisprudência

- Perempção na ação privada exclusiva
- Inexistência de perempção na ação penal pública incondicionada
- Inexistência de perempção na ação pública condicionada
- Inexistência de perempção na ação privada subsidiária
- Desídia apenas do advogado
- Inexistência de perempção na ação pública
- Inexistência de perempção na ação privada subsidiária
- Inexistência de perempção antes de instaurada a ação penal

- Impossibilidade de reconhecimento da perempção durante a suspensão condicional do processo
- Perempção só válida quanto ao querelante que a causa

107.8 Perempção pela negligência no andamento do processo

Torna-se perempta a ação penal privada quando o querelante deixa de promover o andamento do processo durante 30 dias seguidos (art. 60, I, do CPP). Pune-se a desídia do querelante que não dá seguimento à ação quando devia tomar determinada providência para que pudesse ela prosseguir. A extinção da punibilidade, porém, não é automática, pois deve decorrer do procedimento do querelante que, negligentemente, não dá seguimento à ação quando se lhe exigia determinada providência e que para tal foi intimado. Não há perempção, assim, quando a mora no processo se dá por força maior, se o atraso é justificado, se a paralisação se dá por ato que não compete ao querelante etc. O prazo, todavia, é peremptório, nos termos do art. 798 do CPP, não se interrompendo pelas férias forenses. De acordo, porém, com o Código de Processo Penal, suspende-se o curso do prazo processual nos dias compreendidos entre 20 de dezembro e 20 de janeiro, inclusive, com exceção dos casos expressamente previstos (art. 798-A).

Jurisprudência

- Inércia que não prejudica o prosseguimento do processo: perempção não caracterizada
- Inércia do querelante após notificação pela imprensa
- Inércia do querelante em ação privada de competência originária de Tribunal
- Falta de preparo
- Falta de constituição de novo patrono
- Inexistência de pedido de diligência: perempção não reconhecida
- Necessidade de intimação
- Omissão justificada
- Paralisação atribuível a querelado ou funcionário
- Ônus do querelante para o prosseguimento do processo
- Retenção dos autos
- Termo inicial do prazo de 30 dias
- Inexistência de negligência do querelante
- Inexistência de negligência do querelante: providência de ofício
- Paralisação atribuível a querelado ou funcionário
- Prazo peremptório e férias forenses

107.9 Perempção pela morte ou incapacidade do querelante

Falecendo o querelante ou sobrevindo sua incapacidade e não comparecendo em juízo, para prosseguir no processo, dentro do prazo de 60 dias, qualquer das pessoas a quem couber fazê-lo, ocorre a perempção (art. 60, II, do CPP). Essas pessoas são as mencionadas no art. 31 do CPP (cônjuge, ascendente, descendente ou irmão), respeitada a preferência prevista no art. 36 do mesmo Estatuto. Não existindo pessoa com tal parentesco, também é extinta a punibilidade do querelado.

Jurisprudência

- Perempção pela morte do querelante
- Necessidade de que o sucessor assuma em 60 dias

107.10 Perempção pela falta de comparecimento do querelante

Também ocorre a perempção "quando o querelante deixar de comparecer, sem motivo justificado, a qualquer ato do processo a que deva estar presente" (art. 60, III, primeira parte, do CPP). Segundo a doutrina e a jurisprudência, refere-se o dispositivo a atos processuais que demandem a participação do querelante. Não ocorre a extinção da punibilidade em sua ausência aos demais atos, desde que a este compareça seu procurador, ou vice-versa, pois não haveria sentido em penalizar o querelante por sua ausência a ato que não implica sua intervenção quando constituiu advogado para representá-lo judicialmente. Exige-se para que ocorra a perempção que a falta de comparecimento do querelante e de seu procurador ocorra quando tenham sido notificados para a realização do ato e desde que não ocorra força maior.

Jurisprudência

- Ausência do querelante que advoga em causa própria
- Presença do procurador supre ausência do querelante
- Comparecimento do querelante ou procurador
- Presença do querelante só quando indispensável
- Inexistência por falta de comparecimento na sessão de julgamento do recebimento da queixa crime
- Ausência do querelante e do patrono em audiência
- Ausência do querelante e do patrono em audiência de testemunhas
- Presença do procurador supre ausência do querelante
- Presença do querelante e ausência do procurador
- Ausência do querelante e do advogado no interrogatório
- Ausência do querelante à audiência de conciliação
- Ausência do querelante à audiência de conciliação – Contra
- Inexistência por falta de comparecimento no julgamento de recurso
- Justificação da ausência: inexistência de perempção
- Ausência à audiência realizada por precatória
- Ausência à audiência realizada por precatória – Contra
- Necessidade de intimação

107.11 Perempção por falta de pedido de condenação

Também é causa de perempção o fato de o querelante "deixar de formular o pedido de condenação nas alegações finais" (art. 60, III, segunda parte, do CPP). Na ação privada, ao contrário do que ocorre na ação pública, é indispensável o pedido de condenação para que seja ela julgada procedente, embora se admita que não há um rigor formal nesse pedido. Assim, a falta de apresentação das alegações finais, havendo intimação do querelante, ou a devolução dos autos sem manifestação após o prazo legal, implica perempção. Por falta de previsão expressa da lei, a perempção não é comunicável aos coautores; se o querelante se manifesta pela condenação de um deles e não dos outros, quanto àquele a ação prosseguirá. A omissão, voluntária, afasta aqui o princípio da indivisibilidade, por ser possível que, ao final da instrução, o querelante entenda que nem todos os querelados participaram do crime, pedindo a condenação de apenas um ou alguns deles.

Jurisprudência

- Falta de pedido expresso de condenação
- Atraso no recolhimento das custas
- Falta do pedido de condenação
- Falta de alegações finais

- Alegações finais fora do prazo
- Alegações finais fora do prazo – Contra
- Alegações finais com atraso por mais de 30 dias
- Falta de pedido expresso de condenação
- Falta de pedido expresso de condenação – Contra
- Indispensabilidade de vista para as alegações finais
- Comunicabilidade da perempção

107.12 Extinção da pessoa jurídica sem sucessor

Também extingue-se a punibilidade quando, sendo querelante pessoa jurídica, esta se extinguir sem deixar sucessor (art. 60, IV, do CPP). Não há mais legitimação ativa ou interesse de agir para o prosseguimento do feito. O sucessor da pessoa jurídica, por analogia com o art. 60, II, do CPP, tem o prazo de 60 dias para comparecer em juízo para prosseguir na ação, sob pena de perempção.

107.13 Renúncia e perdão

Segundo a lei, também extinguem a punibilidade a renúncia ao direito de queixa e o perdão aceito, nos crimes de ação privada. Como visto, a renúncia do direito de queixa, na ação privada subsidiária, não acarreta a extinção da punibilidade (itens 104.1 a 104.3). O perdão do ofendido, aceito pelo querelado só pode ocorrer na ação de iniciativa privada exclusiva (itens 105.1 a 106.5).

107.14 Retratação do agente

A retratação do agente extingue a sua punibilidade nas hipóteses admitidas em lei. Retratar-se, no caso, é retirar o que disse, confessar que errou, dando-se reparação ao ofendido e demonstração de arrependimento. Cabe a retratação nos crimes de calúnia e difamação (art. 143 – item 143.1), e nos delitos de falso testemunho e falsa perícia (art. 342, § 2º – item 342.6). Era também cabível a retratação em todos os crimes contra a honra praticados através da imprensa, antes de declarar o STF que a Lei de Imprensa (Lei nº 5.250, de 9-2-1967), em sua integralidade, não foi recepcionada pela Constituição Federal de 1988 (ADPF 130-7, j. em 30-4-2009, *DOU* de 12-5-2009, p. 1). Justificam-se as previsões legais para a incidência da retratação quer pela preferência que se deve dar à reparação moral concedida à vítima em algumas hipóteses, quer pelo restabelecimento da verdade em outras.

107.15 Perdão judicial

O perdão judicial foi também arrolado pela reforma penal entre as causas da extinção da punibilidade, como o instituto por meio do qual o juiz, embora reconhecendo a prática do crime, deixa de aplicar a pena desde que se apresentem determinadas circunstâncias excepcionais previstas em lei e que tornam inconveniente ou desnecessária a imposição de sanção penal. Trata-se de uma faculdade do magistrado, que pode concedê-lo ou não, segundo seu critério, e não direito subjetivo do réu. Pode ser concedido nos crimes previstos nos *arts. 121, § 5º, 129, § 8º, 140, § 1º, incs. I e II, 168-A, § 3º, 176, parágrafo único, 180, § 5º, 242, parágrafo único, 337-A, § 2º*, todos do CP. A Lei nº 9.807, de 13-7-1999, autoriza a concessão do perdão judicial ao acusado que, sendo primário, tenha colaborado efetiva e voluntariamente com as investigações e o processo criminal, desde que dessa colaboração tenha resultado a identificação dos demais coautores ou partícipes da ação criminosa, a localização da vítima com a sua integridade física preservada e a recuperação total ou parcial do produto do crime, devendo o juiz considerar a personalidade do beneficiário e a natureza, circunstâncias, gravidade e repercussão social do fato criminoso (art. 13, *caput* e parágrafo único). O perdão judicial pode ser concedido, ainda, ao coautor ou partícipe de organização criminosa que colabora, efetiva e voluntariamente, com a investigação e o processo nos crimes decorrentes de organizações criminosas, tal como previsto na Lei nº 12.850, de 2-8-2013, art. 4º. Há, ainda, previsão semelhante na Lei nº 9.613, de 3-3-1998, que cuida dos crimes de lavagem de bens, direitos e valores (art. 1º, § 5º).

É praticamente pacífico que a aplicação do perdão se destina, exclusivamente, às hipóteses elencadas na lei, sendo impossível estender sua abrangência a outros ilícitos. Contudo, cabível é o perdão judicial também nos crimes de trânsito, de homicídio culposo e lesão corporal culposa, previstos nos arts. 302 e 303 do Código de Trânsito Brasileiro. O veto ao art. 300 do CTB, que o estabelecia, teve como fundamento a sua previsão nos arts. 121, § 5º, e 129, § 8º, do CP. Além disso, o art. 291 do CTB manda aplicar as regras gerais do Código Penal ao referido estatuto e o perdão judicial foi instituído no CP justamente para beneficiar os autores dos crimes culposos de trânsito não havendo sentido em se excluí-lo por estarem previstos em lei especial. No mínimo, poder-se-ia falar em *analogia in bonam partem* para a sua aplicação aos arts. 302 e 303 do CTB. É na sentença (ou acórdão) que se concede o perdão judicial, após a conclusão sobre a culpabilidade do réu, não podendo ser recusado por este.

Divergem os autores quanto à natureza jurídica do perdão judicial, e essa discussão se reflete consequentemente na definição da natureza jurídica da sentença em que ele é concedido, a fim de se determinarem quais os efeitos da decisão concessiva do perdão judicial. São as seguintes as correntes: (a) sentença condenatória, subsistindo seus efeitos secundários, salvo o da reincidência (art. 120 do CP); (b) sentença condenatória, mas liberando o sentenciado de todos os efeitos; (c) sentença absolutória; (d) sentença de exclusão facultativa de punibilidade; (e) sentença declaratória de extinção da punibilidade. Embora o STF se inclinasse para a primeira corrente, o STJ editou a Súmula 18, cujo enunciado é o seguinte: "A sentença concessiva do perdão judicial é declaratória de extinção da punibilidade, não subsistindo qualquer efeito condenatório."

Jurisprudência

- Extensão do perdão judicial
- Perdão judicial em sentença absolutória
- Perdão em sentença declaratória com efeitos penais
- Perdão judicial como faculdade do juiz
- Cautela na concessão do perdão
- Inadmissibilidade de aplicação em hipótese não elencada: crime ou contravenção
- Inadmissibilidade de aplicação em hipótese não elencada: crime ou contravenção – Contra
- Inaplicabilidade da analogia
- Oportunidade para a concessão do perdão judicial
- Perdão judicial em sentença condenatória com efeitos
- Perdão judicial em sentença condenatória sem efeitos
- Perdão judicial como sentença declaratória de extinção da punibilidade
- Legítimo interesse para recorrer
- Legítimo interesse para recorrer – Contra
- Perdão judicial só com julgamento do mérito
- Perdão judicial como preliminar de mérito

Art. 108. A extinção da punibilidade de crime que é pressuposto, elemento constitutivo ou circunstância agravante de outro não se estende a este. Nos crimes conexos, a extinção da punibilidade de um deles não impede, quanto aos outros, a agravação da pena resultante da conexão.

Vide: CP arts. 61, 62, 101, 107, 117, § 1º.

108 INCOMUNICABILIDADE DA EXTINÇÃO DA PUNIBILIDADE

108.1 Incomunicabilidade da extinção da punibilidade de crime pressuposto, elemento constitutivo ou circunstância agravante

Nos termos da primeira parte do dispositivo, extinção da punibilidade de crime que é pressuposto, elemento constitutivo ou circunstância agravante de outro, não se estende a este. Assim, havendo extinção da punibilidade do crime de furto (principal), não se estende ao crime acessório (receptação, favorecimento real etc.), a do crime de ameaça (elemento constitutivo) não se estende ao roubo (crime complexo) e da circunstância agravante (deveria a lei mencionar a qualificadora) do dano não se estende à qualificadora do furto. Mesmo sem dispositivo expresso a respeito, a extinção da punibilidade de crime-fim, no caso de concurso aparente de normas, não se estende ao crime meio.

Jurisprudência

- Incomunicabilidade no caso de concurso aparente de normas

108.2 Incomunicabilidade da extinção da punibilidade no concurso de crimes

Havendo conexão de crimes, a extinção da punibilidade de um deles não impede, quanto aos outros, a agravante da pena resultante da conexão. Assim, extinta a punibilidade de um crime, continuará a existir a agravante prevista no art. 61, inc. II, *b*, para o delito praticado com a intenção de assegurar a ocultação daquele; extinta a punibilidade do furto, *v. g.*, não desaparece a qualificadora prevista no art. 121, inc. V, no homicídio praticado para assegurar a impunidade daquele.

Jurisprudência

- Inexistência de extensão da prescrição no caso de crime-meio e crime-fim

Prescrição antes de transitar em julgado a sentença

Art. 109. A prescrição, antes de transitar em julgado a sentença final, salvo o disposto no § 1o do art. 110 deste Código, regula-se pelo máximo da pena privativa de liberdade cominada ao crime, verificando-se:*

I – em 20 (vinte) anos, se o máximo da pena é superior a 12 (doze);

II – em 16 (dezesseis) anos, se o máximo da pena é superior a 8 (oito) anos e não excede a 12 (doze);

III – em 12 (doze) anos, se o máximo da pena é superior a 4 (quatro) anos e não excede a 8 (oito);

IV – em 8 (oito) anos, se o máximo da pena é superior a 2 (dois) anos e não excede a 4 (quatro);

V – em 4 (quatro) anos, se o máximo da pena é igual a 1 (um) ano ou, sendo superior, não excede a 2 (dois);

VI – em 3 (três) anos, se o máximo da pena é inferior a 1 (um) ano.*

Prescrição das penas restritivas de direito

Parágrafo único. Aplicam-se às penas restritivas de direito os mesmos prazos previstos para as privativas de liberdade.

* *Caput* e inciso VI com a redação dada pela Lei nº 12.234, de 5-5-2010.

Vide: CF art. 5º, XLII, XLIV; **CP** arts. 10, 44, 53, 54, 107, IV, 108, 110, § 1º, 111, 114, I, II, 115, 116, I, II, 117, I a IV, §§ 1º e 2º, 118, 119; **CPP** arts. 61, 337, 366, 368, 397, IV, 497, IX, 581, VIII, IX; **Lei nº 9.099**, de 26-9-1995, art. 89, § 6º; **Lei nº 11.101**, de 9-2-2005 (Lei de Falências), art. 182 (determina a aplicação das normas do Código Penal relativas à prescrição aos crimes falimentares); **Lei nº 11.343**, de 23-8-2006, art. 30 (prevê o prazo prescricional de dois anos para as medidas previstas no art. 28 da Lei de Drogas). Súmulas: **STF** 592; **STJ** 592, 438.

109 PRESCRIÇÃO ANTES DO TRÂNSITO EM JULGADO

109.1 Conceito e espécies de prescrição

Prescrição é a perda do direito de punir do Estado pelo decurso do tempo. O desaparecimento do interesse estatal na repressão do crime, em razão do tempo decorrido, justifica o instituto, perdendo a sanção penal sua finalidade quando o infrator não reincide e se readapta à vida social. Ocorrido o crime, nasce para o Estado a pretensão de punir o autor do fato criminoso, que deve ser exercida dentro de determinado lapso temporal, que varia de acordo com a figura criminosa e segundo o critério do máximo cominado em abstrato da pena privativa de liberdade. Escoado esse prazo, que é submetido a interrupções ou suspensões previstas em lei, ocorre a prescrição da pretensão punitiva, chamada impropriamente de prescrição da ação penal. Nessa hipótese, que ocorre sempre antes de trânsito em julgado da sentença condenatória, são totalmente apagados todos os seus efeitos, ainda que haja sentença condenatória proferida. Ficam afastados, também, quaisquer efeitos civis, administrativos, processuais etc., que decorreriam do processo ou da sentença condenatória.

Após o trânsito em julgado da sentença condenatória, pode ocorrer a prescrição da pretensão executória, com base na pena em concreto (art. 110, *caput*). Além disso, consagra a lei pátria a prescrição da pretensão punitiva, agora com base na pena efetivamente aplicada (art. 110, § 1º).

Contrariando a doutrina, que prega a prescritibilidade de todos os ilícitos penais, a Constituição veda a prescrição na prática do racismo (art. 5º, XLII) e na ação de grupos armados, civis ou militares, contra a ordem constitucional e o Estado Democrático (art. 5º, LXIV) Com relação à primeira, após o STF decidir que o crime de injúria racial é espécie do gênero racismo e, portanto, imprescritível, a Lei nº 14.532, de 5-1-2023, incluiu a injúria racial como crime de racismo entre os previstos pela Lei nº 7.716/1989 (art. 2º-A).

A prescrição em matéria de ordem criminal é de ordem pública, devendo ser decretada de ofício ou a requerimento das partes, em qualquer fase do processo (art. 61 do CPP). Deve ser ouvido sempre, porém, o Ministério Público. A prescrição da pretensão punitiva pode ser pleiteada pela via do *habeas corpus* ou de revisão criminal.

Jurisprudência

- Inadmissibilidade de imposição de medida de segurança
- Reconhecimento da prescrição da pretensão punitiva a qualquer tempo
- Reconhecimento da prescrição em *habeas corpus*
- Impossibilidade de reconhecimento em habeas corpus na imprecisão de data do crime
- Reconhecimento da prescrição antecipada em julgamento de recurso
- Efeito da prescrição da pretensão punitiva
- Diversidade de efeitos das espécies de prescrição
- Inadmissibilidade de imposição de medida de segurança
- Reconhecimento da prescrição da pretensão punitiva de ofício
- Necessidade de oitiva do Ministério Público
- Imprescritibilidade do Crime de injúria racial – espécie do gênero racismo

109.2 Prazos da prescrição da pretensão punitiva

Estabelece o art. 109, *caput*, os prazos de prescrição com base na pena abstratamente cominada para o crime. Exemplificando: para o crime de injúria (art. 140), punido no máximo com seis meses de detenção, o prazo da prescrição será de três anos (art. 109, VI, com a redação dada pela Lei nº 12.234, de 5-5-2010); para o crime de calúnia (art. 138), punido com a pena máxima de dois anos, a prescrição vai ocorrer em quatro anos; em oito anos prescreverá a pretensão punitiva do crime de furto simples (art. 155, *caput*), porque o limite máximo da pena é de quatro anos; etc. Para o cálculo do prazo prescricional, são levadas em consideração as causas de aumento de pena, tanto da Parte Geral como da Parte Especial, bem como as de diminuição, quando sejam compulsórias e se acham expressamente na imputação do acusador (como na tentativa, p. ex.). Sendo estas variáveis, a pena que deve ser considerada é a calculada de acordo com a menor redução prevista. São irrelevantes, porém, para o cálculo do lapso prescricional, as circunstâncias agravantes e atenuantes genéricas que não influem, segundo pacífica jurisprudência, no limite máximo da pena em abstrato. Conforme a Súmula 220 do STJ, a reincidência não influi no prazo da prescrição da pretensão punitiva. A pena máxima cominada ao crime é aquela do crime imputado ao réu pela denúncia ou queixa, e não de equivocada classificação dada a ele nessas peças ou no inquérito policial. Entretanto, havendo desclassificação do delito, por decisão judicial, o prazo prescricional deve ser calculado por esta.

A prescrição é matéria de direito material, aplicando-se, pois, o disposto no art. 10, de acordo com o calendário comum, contando-se o dia do início, não estando o prazo, fatal e improrrogável, sujeito à suspensão por férias, domingos e feriados.

São imprescritíveis, nos termos da Constituição Federal, os crimes de racismo (art. 5º, XLII) e a ação de grupos armados, civis ou militares, contra a ordem constitucional e o Estado de direito (art. 5º, XLIV).

Segundo o parágrafo do art. 109, o lapso prescricional das penas restritivas de direito é o mesmo da pena privativa de liberdade. Como as penas restritivas de direitos disciplinadas no Código Penal não são previstas abstratamente para cada tipo penal, mas aplicáveis a qualquer infração quando preenchidos os pressupostos legais, o dispositivo não se aplica à prescrição da pretensão punitiva com base no art. 109, *caput*. Extinta pela prescrição da pretensão punitiva a pena principal (privativa de liberdade), não mais se poderá cogitar da imposição da pena alternativa, também prescrita em abstrato. Imposta na sentença, porém, a pena privativa de liberdade e substituída esta por pena restritiva de direitos, a regra deve incidir na prescrição da pretensão punitiva, intercorrente ou retroativa (itens 110.3 e 110.4). A redação do dispositivo autoriza o entendimento de que o tempo fixado na sentença para as penas restritivas de direitos deve passar a regular o prazo prescricional, mediante o seu cotejo com os prazos estabelecidos nos incisos I a VI do art. 109. Assim, no caso de prestação de serviços à comunidade ou a entidades públicas, interdição temporária ou limitação de fim de semana, o prazo da prescrição dependeria do tempo de duração fixado para tais sanções. A interpretação que tem predominado, porém, inclusive no STJ, é no sentido de que embora operada a substituição por pena restritiva de direito da pena privativa de liberdade, o prazo prescricional continua a ser regulado pela pena substituída. Nos casos de prestação pecuniária e de perda de bens e valores (arts. 43, I e II, e 45), não estando elas sujeitas a tempo de duração, mas a valores, já se sustentou que o prazo prescricional seria o mesmo previsto para a multa, ou seja, de dois anos (art. 114, I). Contudo, sob o argumento de que as sanções têm natureza distinta da pena de multa, é dominante a orientação de que essas penas restritivas de direitos substitutivas prescrevem no mesmo prazo em que prescreveria a pena privativa de liberdade substituída.

A pena de multa tem regra específica (art. 114).

Jurisprudência

- Prazo para a prescrição da pretensão punitiva
- Prescrição em crime com qualificadora
- Prescrição em crime com causa de aumento de pena
- Prescrição em crime com agravante genérica
- Inadmissibilidade de prescrição pelo prazo pela pena requerida pelo MP
- Prescrição com base na pena máxima para a tentativa
- Irrelevância da reincidência no prazo da prescrição da pretensão punitiva
- Inadmissibilidade de fixação do prazo pela classificação do inquérito
- Prazo com fundamento no crime narrado
- Inadmissibilidade de fixação do prazo com fundamento nas alegações finais da acusação
- Fixação com fundamento na pena no caso de desclassificação
- Inadmissibilidade de decretação enquanto não definido o crime praticado
- Cômputo do dia do início
- Término do prazo da prescrição
- Prazo da prescrição intercorrente da pena restritiva de direito com base na pena substituída
- Prescrição com base na pena máxima para a tentativa
- Prazo com fundamento no crime reconhecido na sentença
- Contagem do prazo nos termos do art. 10 do CP

109.3 Prescrição da pretensão punitiva e legislação especial

Aplicam-se às leis especiais as regras da prescrição previstas no art. 109 do CP, se estas não dispuserem de modo diverso (art. 12). Assim, aplicam-se integralmente os dispositivos do Código Penal à Lei das Contravenções Penais, de Economia Popular, de crimes eleitorais etc. Nos crimes falimentares, a prescrição operava-se em dois anos nos termos do art. 199 do Decreto-lei nº 7.661, de 21-6-1945. Diante da revogação do diploma pela Lei de Falências (Lei nº 11.101, de 9-2-2005), por se aplicarem à prescrição dos crimes nela descritos as disposições contidas no Código Penal, os prazos a serem observados são os previstos no art. 109, contados do dia da decretação da falência, da concessão da recuperação judicial ou da homologação do plano de recuperação extrajudicial (art. 182). A Lei nº 11.343, de 23-8-2006, prevê o prazo prescricional de dois anos no crime praticado por usuário de drogas descrito no art. 28, para o qual não é cominada pena privativa de liberdade (v. item 110.11).

Jurisprudência

- Prescrição em crime de abuso de autoridade
- Prescrição em crime eleitoral
- Prescrição em crimes eleitorais
- Prescrição em crimes falimentares (anterior à vigência da Lei nº 11.101, de 9-2-2005)
- Prescrição em caso de processo anulado por vício de citação
- Imprescritibilidade: racismo
- Prescrição em crime contra a economia popular
- Prescrição em caso de processo em que o acusado não foi citado pessoalmente

Prescrição depois de transitar em julgado sentença final condenatória

Art. 110. A prescrição depois de transitar em julgado a sentença condenatória regula-se pela pena aplicada e verifica-se nos prazos fixados no artigo anterior, os quais se aumentam de um terço, se o condenado é reincidente.

§ 1º A prescrição, depois da sentença condenatória com trânsito em julgado para a acusação ou depois de improvido seu recurso, regula-se pela pena aplicada, não podendo, em nenhuma hipótese, ter por termo inicial data anterior à da denúncia ou queixa.*

§ 2º (revogado)**

* O § 1º com a redação dada pela Lei nº 12.234, de 5-5-2010.
** O § 2º foi revogado pela Lei nº 12.234, de 5-5-2010.

Vide: CP arts. 10, 42, 51, 55, 59, II, 63, 64, 107, IV, 109, I a VI, 111 a 119, 120; **CPP** arts. 336, parágrafo único, 366, 497, IX; **LEP** arts. 66, II, 109 e 202; **Lei nº 9.099**, de 26-9-1995, art. 89, § 6º; **Lei nº 11.343**, de 23-8-2006, art. 30 (prevê o prazo prescricional de dois anos nos termos do art. 28 da Lei de Drogas). Súmulas: **STF** 146, 497, 592; **STJ** 220, 438.

110 PRESCRIÇÃO DEPOIS DO TRÂNSITO EM JULGADO DA SENTENÇA

110.1 Prescrição da pretensão executória

Quando a sentença condenatória transita em julgado para ambas as partes, surge o título penal, que deve ser executado dentro de um certo lapso de tempo, variável de acordo com a pena aplicada. Perde ele sua força executiva se não for exercitado pelos órgãos estatais o direito dele decorrente, verificando-se então a prescrição da pretensão executória, também denominada prescrição da pena, ou prescrição da execução. Assim, se a pena não for executada no prazo legal, fica ela extinta, restando apenas os demais efeitos da condenação, regidos por normas próprias.

A competência para decretar a prescrição da pretensão executória é do juiz encarregado da execução (art. 66, II, da LEP). Pode ser reconhecida em pedido de *habeas corpus* desde que o interessado comprove de imediato a inocorrência de causa interruptiva. Consagrando antiga interpretação jurisprudencial, a lei prevê, nos parágrafos do art. 110, também a prescrição da pretensão punitiva com base na pena concretizada na sentença (item 110.3).

Jurisprudência

- Prescrição da pretensão executória
- Efeitos da prescrição da pretensão executória
- Possibilidade de reconhecimento em habeas corpus
- Possibilidade de reconhecimento em habeas corpus – Contra
- Competência do juiz da execução
- Desnecessidade de decretação formal

110.2 Prazos da prescrição da pretensão executória

Os prazos referentes à prescrição da pretensão executória são os mesmos fixados para a prescrição da pretensão punitiva, que são aumentados de um terço se o sentenciado for considerado reincidente na sentença condenatória. Entretanto, o fundamento para o estabelecimento do prazo não é mais o máximo da pena abstratamente considerada, e sim aquela fixada na decisão. Assim, condenado o réu à pena de dois anos de reclusão ou detenção, o prazo será de quatro anos se não for reincidente e de cinco anos e quatro meses se o for.

Por analogia com o art. 113 e considerando-se o art. 34, que tratava da detração penal, passou-se a decidir que se deveria deduzir no cálculo do prazo da prescrição da pretensão executória o período em que o réu esteve submetido à prisão provisória, mas era prevalente a opinião de que o referido artigo não se aplicava na hipótese. Entendemos que, não sendo a analogia proscrita quando pode beneficiar o réu, e dado o alcance do art. 42 do CP, nada impede o desconto do prazo em que o sentenciado esteve recolhido em razão de prisão provisória. Impõe-se a solução inclusive por razões de equidade. Suponha-se que ele se evada logo após o trânsito em julgado da sentença. Terá direito ao cômputo do prazo anterior. Pela mesma razão deve o dispositivo alcançar aquele que não empreende fuga.

Substituída, em definitivo, a pena privativa de liberdade por uma pena restritiva de direitos, deve-se aplicar o dispositivo genérico do art. 109, parágrafo único, ou seja, o prazo da prescrição dependerá do tempo de duração de tais sanções. Tem-se decidido, porém, prevalentemente, que o prazo prescricional é o mesmo previsto para a pena privativa de liberdade substituída, inclusive nas hipóteses de prestação pecuniária e perda de bens e valores. Há, porém, orientação contrária, no sentido de que, nesses casos, o prazo é o mesmo da multa, de dois anos, por se tratar de sanções pecuniárias (itens 114.1 a 114.3).

Quanto ao concurso de crimes, há dispositivo específico a respeito dos prazos prescricionais (art. 119).

Jurisprudência

- Prazo da prescrição da pena de prestação pecuniária com base na pena substituída
- Inadmissibilidade do desconto do aumento de pena pela agravante
- Prazo de dois anos para a prescrição das penas de prestação pecuniária e perda de bens e valores
- Inadmissibilidade de contagem do tempo de detração
- Inadmissibilidade de contagem do tempo de detração – Contra

110.3 Prescrição intercorrente

De acordo com o § 1º do art. 110, que teve origem remota na Súmula 146 do STF, aplicada pena privativa de liberdade e não havendo recurso da acusação, o prazo da prescrição passa a ser estabelecido de acordo com a sanção imposta e não mais com fundamento no máximo da pena cominada ao crime. Pelo dispositivo, tal também ocorre se, mesmo havendo recurso da acusação, for ele improvido. Assim, decorrido o prazo estabelecido e não tendo havido trânsito em julgado para a defesa, ocorre a prescrição da pretensão punitiva. Quanto à hipótese de concurso de crimes, há disposição especial (art. 119). A partir da data da publicação da sentença começa a correr o prazo da prescrição intercorrente, que só não se concretizará se, antes de decorrido, a sentença transitar em julgado para a defesa. Em resumo, embora a disposição esteja no parágrafo do art. 110, que trata da prescrição depois de transitar em julgado a sentença final condenatória, essa prescrição refere-se à prescrição da pretensão punitiva, apagando todos os efeitos da prática do crime. É isso o que revela, aliás, a exceção referida no art. 109, *caput*, do CP.

Jurisprudência

- Prescrição da pretensão punitiva intercorrente
- Prazo da prescrição da pretensão intercorrente
- Reconhecimento da prescrição intercorrente na tramitação de recurso especial
- Reconhecimento da prescrição intercorrente na tramitação de recurso extraordinário
- Não reconhecimento da prescrição intercorrente no recurso da pronúncia
- Competência para a decretação da prescrição da pretensão punitiva sem recurso do réu
- Reconhecimento da prescrição intercorrente
- Irrelevância da certidão cartorária sobre a data do trânsito em julgado

110.4 Prescrição retroativa

Desde a época da edição da Súmula 146, entendeu-se que, aplicada a pena e não havendo recurso da acusação, servia ela de base para o cálculo da prescrição referente aos prazos anteriores à própria sentença, no que se denominou de prescrição *retroativa*. Até a Lei nº 6.416/77, a prescrição retroativa atingia a pretensão punitiva; depois dela passou a referir-se à pretensão executória da pena principal. Com a Lei nº 7.209/84, deu-se a essa espécie de prescrição maior amplitude, determinando-se expressamente que a prescrição, com base na pena em concreto e atingindo a pretensão punitiva, "pode ter por termo inicial data anterior à do recebimento da denúncia ou da queixa" (art. 110, § 2º, do CP). A Lei nº 12.234, de 5-5-2010, tornando a inovar na disciplina da matéria, deu nova redação ao § 1º e revogou o § 2º do art. 110 do Código Penal. A intenção inicial do legislador era a de "excluir a prescrição retroativa", conforme enuncia expressamente o art. 1º da Lei. Previa-se no projeto original que a prescrição com base na pena em concreto não poderia "ter por termo inicial data anterior à da publicação da sentença ou do acórdão". A aprovação de emenda ao projeto acabou por manter a prescrição retroativa, restringindo, porém, o seu alcance ao processo penal, ao afastar a possibilidade de seu reconhecimento no período compreendido entre o fato criminoso e a denúncia ou a queixa.

Dispõe o art. 110, § 1º, em sua atual redação, que "a prescrição, depois da sentença condenatória com trânsito em julgado para a acusação ou depois de improvido seu recurso, regula-se pela pena aplicada, não podendo, em nenhuma hipótese, ter por termo inicial data anterior à da denúncia ou queixa". Prevê a lei, portanto, que, não havendo recurso da acusação ou sendo improvido seu recurso, o prazo da prescrição da pretensão punitiva é também calculado com base na pena aplicada na sentença, com efeito retroativo, ou seja, *a posteriori*, e deve ser considerado a partir da denúncia. Não havendo recurso da acusação ou improvido seu recurso, ocorre, assim, a prescrição da pretensão punitiva, com base na pena aplicada, se decorreu o prazo prescricional, observados os termos interruptivos (recebimento da denúncia, pronúncia, decisão confirmatória da pronúncia e sentença condenatória).

Refere-se o § 1º do art. 110 à data da denúncia ou da queixa e não à de seu recebimento, que era a mencionada na lei anterior. A nova redação do dispositivo criou um outro termo inicial para a prescrição retroativa, consistente no oferecimento da denúncia ou queixa. Há, assim, a possibilidade de reconhecimento da prescrição retroativa pelo decurso do prazo prescricional com base na pena aplicada entre a data do oferecimento da denúncia ou queixa e a de seu recebimento, que constitui a primeira causa interruptiva (art. 117, I) (v. item 111.7). É o que pode ocorrer nos casos de recebimento da denúncia ou queixa pelo Tribunal em grau de recurso, de recebimento posterior pelo juiz após a anulação da primeira decisão etc. (v. item 117.2). Não mais admitindo a lei que a prescrição retroativa se inicie na data da consumação do crime (art. 111, I), o prazo da prescrição da pretensão punitiva, antes da denúncia ou queixa, será sempre regulado pela pena máxima cominada para o delito (art. 109, *caput*).

Segundo se tem decidido, reiteradamente, o aumento de um terço do prazo referente à reincidência previsto no art. 110 não se aplica à prescrição retroativa, mas apenas à prescrição da pretensão executória (Súmula 220 do STJ) (v. item 110.9).

Deve-se ter em conta que no caso de concurso de crimes a prescrição é computada isoladamente para cada um deles (art. 119). Não obriga a lei, para o reconhecimento da prescrição com base na pena em concreto, que a defesa tenha recorrido da decisão, podendo a extinção da punibilidade ser reconhecida em pedido de *habeas corpus* ou revisão.

Jurisprudência

- Prescrição da pretensão punitiva retroativa
- Prazo da prescrição retroativa
- Inadmissibilidade de desconto do aumento de pena por agravante
- Prescrição retroativa com termo inicial anterior ao recebimento da denúncia
- Prescrição retroativa entre o fato e o recebimento da denúncia (antes da vigência da Lei nº 12.234/2010)
- Irretroatividade da Lei nº 12.234/2010
- Prescrição retroativa entre o fato e o segundo recebimento da denúncia

- Prescrição retroativa entre o recebimento da denúncia e a decisão condenatória
- Prescrição entre o recebimento da denúncia e o julgamento do recurso
- Prescrição retroativa entre o recebimento da denúncia e a pronúncia
- Prescrição retroativa entre a pronúncia e a sentença condenatória
- Prescrição entre a pronúncia e o julgamento
- Prescrição com base na pena reduzida pelo acórdão
- Inadmissibilidade da prescrição entre a sentença condenatória e a revisão que concedeu diminuição de pena
- Efeitos da prescrição da pretensão punitiva retroativa
- Inadmissibilidade de reconhecimento pelo juiz da sentença
- Inexigência de recurso da defesa para o reconhecimento da prescrição
- Reconhecimento da prescrição retroativa em habeas corpus
- Reconhecimento da prescrição retroativa em revisão
- Irrelevância da reincidência no prazo da prescrição retroativa
- Prescrição retroativa entre o fato e o recebimento da denúncia (antes da vigência da Lei nº 12.234/2010)
- Prescrição retroativa entre o recebimento da denúncia e a decisão condenatória
- Prescrição retroativa entre o recebimento da denúncia e a decisão condenatória: prazo não decorrido
- Prescrição entre o recebimento da denúncia e o julgamento do recurso
- Prescrição com base em condenação imposta em 2ª instância
- Contagem do prazo da prescrição retroativa
- Inadmissibilidade de reconhecimento pelo juiz da sentença
- Admissibilidade de reconhecimento pelo juiz da sentença quando houver trânsito em julgado
- Reconhecimento de ofício pelo juiz da sentença com trânsito em julgado para a acusação
- Competência do juiz da execução para reconhecer a prescrição retroativa

110.5 Prescrição e *reformatio in pejus* indireta

Em tese não é possível falar-se na prescrição da pretensão punitiva com base na pena em concreto sem que haja sentença condenatória; não é admissível o reconhecimento da prescrição tendo como fundamento um provável ou possível apenamento. Somente com a instrução completada é que o juiz, na sentença, pode aferir todos os elementos probatórios referentes às circunstâncias que influem na fixação da pena, que, em tese, pode sempre atingir o máximo cominado abstratamente. Entretanto, com fundamento no princípio que proíbe a *reformatio in pejus* indireta, tem-se admitido, com razão, que se pode decretar a referida prescrição com base na pena fixada em sentença anulada em recurso exclusivo da defesa. Se a pena aplicada na sentença anulada em recurso exclusivo da defesa não pode ser aumentada em nova decisão, desnecessário é o novo julgamento, devendo ser reconhecida a prescrição, inclusive no próprio acórdão em que se deu provimento ao recurso.

Jurisprudência

- Dúvida quanto a existência da prescrição com base em pena em sentença anulada
- Inadmissibilidade de reconhecimento da prescrição com base em sentença do júri anulada
- Inadmissibilidade de reconhecimento em decorrência de sentença anulada por incompetência absoluta
- Prescrição com base na pena imposta em sentença anulada: inadmissibilidade de *reformatio in pejus*
- Prescrição com base na pena imposta em sentença anulada: inadmissibilidade de *reformatio in pejus* – Contra
- Decretação da prescrição com base na pena em sentença anulada no próprio acórdão

110.6 Prescrição antecipada com pena virtual

Com fundamento na falta de interesse de agir e para evitar desgaste do prestígio da Justiça Pública, vinha-se afirmando que a prescrição referida no art. 110, § 1º, e no revogado § 2º, podia ser reconhecida antecipadamente considerada a pena virtual, em perspectiva, tendo em vista as circunstâncias do caso concreto em que se antevê uma pena que certamente levaria à prescrição. Entretanto, nossos tribunais, entendendo que não é possível falar-se em prescrição com fundamento em pena aplicada por simples presunção, quando ainda não há sentença, não têm admitido tal interpretação. Nesse sentido foi editada a Súmula 438 do STJ: "É inadmissível a extinção da punibilidade pela prescrição da pretensão punitiva com fundamento em pena hipotética, independentemente da existência ou sorte do processo penal".

Jurisprudência

- Inadmissibilidade de reconhecimento da prescrição pela perspectiva de substituição da pena privativa de liberdade por multa
- Inadmissibilidade de prescrição antecipada ou virtual
- Inadmissibilidade de prescrição antecipada ou virtual – Contra
- Impossibilidade de reconhecimento da prescrição antecipada no recebimento da denúncia
- Impossibilidade de reconhecimento da prescrição antecipada no recebimento da denúncia – Contra
- Reconhecimento excepcional da prescrição antecipada
- Inadmissibilidade de prescrição antecipada em caso de réu submetido a incidente de insanidade mental

110.7 Prescrição e existência do recurso da acusação

Conforme a lei, não ocorre a prescrição intercorrente ou retroativa se o recurso da acusação for provido. Tem prevalecido a tese de que esse obstáculo ao reconhecimento da prescrição só ocorre se, provido o recurso, a pena foi aumentada de modo que o prazo prescricional com base na pena aplicada tenha-se alterado com esse provimento, mas não quando, apesar do aumento da pena, permanece ele na mesma faixa estabelecida pelo art. 109. Assim, não obsta o reconhecimento da prescrição o recurso da acusação que visa somente ao aumento da pena de multa, já que para esta espécie de sanção o prazo é sempre o mesmo. Certamente, não impedem o reconhecimento da prescrição intercorrente ou retroativa os recursos que não visam ao aumento de pena privativa de liberdade. Assim, nem providos os recursos contra a substituição da pena privativa de liberdade por multa ou restritiva de direitos ou a concessão de *sursis*, nem os que pretendem o reconhecimento de outro crime, de concurso material, concurso formal ou crime continuado etc. Dependendo o reconhecimento da prescrição do provimento ou não do recurso da acusação que visa aumento de pena, é impossível seu exame enquanto não for realizado o julgamento do apelo.

Jurisprudência

- Reconhecimento da prescrição na ausência de recurso da acusação
- Reconhecimento da prescrição diante do improvimento do recurso da acusação
- Inexistência de prescrição diante de provimento do recurso da acusação
- Inexistência de prescrição no recurso do querelante
- Prescrição apesar do provimento do recurso da acusação sem alteração da pena
- Prescrição apesar do provimento do recurso da acusação com alteração da pena

- Prescrição apesar do provimento do recurso da acusação com alteração da pena – Contra
- Inadmissibilidade de exame da prescrição antes do julgamento do recurso
- Inexistência de prescrição por recurso do assistente do MP
- Prescrição em recurso da acusação que não vise o agravamento da pena
- Prescrição apesar do provimento do recurso para reconhecimento de concurso formal
- Prescrição apesar de recurso que não vise agravação da pena
- Prescrição apesar do provimento do recurso para reconhecimento de outro crime
- Irrelevância de recurso da acusação para aumento da pena de multa

110.8 Prescrição e perdão judicial

Concedido o perdão judicial na sentença, deve-se indagar qual o prazo de prescrição punitiva intercorrente ou retroativa, pois, conforme corrente jurisprudencial do STF, permanecem efeitos penais secundários da decisão da mercê. A opinião mais aceita é a de que o prazo é regulado pelo prazo mínimo previsto em lei, já que não pode ser maior o lapso prescricional quando não se aplica a pena do que o previsto nos casos em que é imposta uma sanção. Há jurisprudência, entretanto, no sentido de que se deve considerar, no caso, a pena mínima que seria imposta.

Jurisprudência

- Prescrição pelo prazo mínimo previsto em lei
- Prescrição calculada de acordo com a pena mínima cominada à infração
- Prescrição calculada com o máximo da pena em abstrato

110.9 Prescrição da pretensão punitiva e condenado reincidente

Com relação à prescrição prevista no art. 109, nenhuma relevância tem o fato de ser o acusado reincidente. Entretanto, como visto, com relação à prescrição da pretensão executória, para o reincidente, assim reconhecido na sentença, o lapso prescricional é aumentado de um terço. No caso da prescrição da pretensão punitiva com base na pena em concreto, entendia-se que, mesmo sendo o réu reincidente, o prazo não era aumentado de um terço, aumento esse que incidiria apenas no prazo da prescrição previsto no art. 110, *caput*. Entretanto, em alguns julgados passou-se a adotar a orientação no sentido de que tal aumento refere-se também a prescrição da pretensão punitiva intercorrente ou retroativa. Isso porque, embora tratando-se de prescrição da pretensão punitiva, essas espécies estão disciplinadas no § 1º do art. 110, que, em seu *caput*, prevê o aumento do prazo da prescrição para o reincidente, não se podendo dissociar os parágrafos do artigo correspondente. A questão, porém, veio a ser pacificada no STJ com a edição da Súmula 220: "A reincidência não influi no prazo da prescrição da pretensão punitiva".

Jurisprudência

- Necessidade de declaração da reincidência na sentença
- Prescrição da pretensão executória de reincidente e trânsito em julgado para a defesa
- Inadmissibilidade de aumento do prazo por reincidência posterior à sentença
- Aumento de um terço na prescrição da pretensão punitiva para o condenado reincidente
- Aumento de um terço na prescrição da pretensão punitiva para o condenado reincidente – Contra

110.10 Prescrição da medida de segurança

Já se sustentou que as medidas de segurança não estariam sujeitas à prescrição. A melhor orientação é no sentido de que a medida de segurança está sujeita à prescrição, por se tratar de uma espécie de sanção penal e porque a Constituição Federal expressamente regula os casos de imprescritibilidade (art. 5º, XLII e XLIV). A lei não prevê prazo específico de prescrição para a medida de segurança, regulando a matéria o parágrafo único do art. 96 do CP. Na hipótese de imposição de medida de segurança em sentença absolutória, em razão da inimputabilidade, porque inexistente pena em concreto, o prazo da prescrição continua regulado pela pena máxima em abstrato após o trânsito em julgado da sentença, embora já se tenha optado pela pena mínima. Tratando-se, porém, de medida de segurança aplicada em sentença condenatória, em substituição à pena privativa de liberdade para os chamados "semi-imputáveis" (arts. 26, parágrafo único, e 98), o prazo prescricional regula-se pelo *quantum* da pena fixada e substituída, tanto na extinção da pretensão punitiva pela prescrição intercorrente ou retroativa, como, também, na prescrição da pretensão executória. A mesma solução deve ser adotada na hipótese de conversão da pena privativa de liberdade em medida de segurança no curso da execução (art. 183 da LEP), diante da existência de uma pena anteriormente concretizada na sentença condenatória e do que dispõe o art. 110, *caput*, do Código Penal.

Jurisprudência

- Imprescritibilidade da medida de segurança
- Prescrição da medida de segurança com base na pena mínima cominada para o delito
- Prescrição da medida de segurança resultante de conversão com base na pena aplicada
- Prescrição da medida de segurança
- Inadmissibilidade da prescrição da medida de segurança com base no prazo de sua duração
- Prescrição da medida de segurança com base na pena mínima cominada para o delito
- Prescrição da medida de segurança para o inimputável com base na pena máxima cominada ao delito
- Prescrição da medida de segurança aplicada ao semi-imputável com base na pena aplicada e substituída

110.11 Prescrição e legislação especial

Conforme dispõe o art. 12, as regras da prescrição, como as demais normas gerais do Código Penal, aplicam-se aos fatos incriminados por lei especial, se esta não dispuser de modo diverso. Havendo normas diversas em outras leis, estas, pelo princípio da especialidade, devem ser aplicadas.

Por disposição especial da Lei de Drogas (Lei nº 11.343, de 23-8-2006), tratando-se de crime descrito no art. 28, em que não se comina pena privativa de liberdade, o prazo da prescrição da pretensão punitiva ou executória é de dois anos (art. 30). Há que se observar, porém, que o STF, no caso da posse da substância *Cannabis sativa*, afastou a existência de crime para consumo pessoal, mantida, porém a ilicitude extrapenal da conduta.

Também já se aplicavam os arts. 116 e 117 aos crimes falimentares na vigência do Decreto-lei nº 7.661, de 21-6-1945, conforme a Súmula 592 do STF: "Nos crimes falimentares, aplicam-se as causas interruptivas da prescrição previstas no Código Penal." O prazo prescricional que era de dois anos começava a correr da data em que transitasse em julgado a sentença de encerramento da falência ou que julgasse cumprida a concordata. Nos termos da Súmula 147 do STF, a prescrição de crime falimentar começava a correr da data em que deveria estar encerrada a falência, ou do trânsito em julgado da sentença que a encerrasse ou que julgasse cumprida a concordata. Recebida a denúncia antes de decorridos quatro anos da decretação da quebra, porém, interrompia-se a prescrição, que voltava a correr daquela data e se consumava no biênio seguinte. Na Lei de Falências (Lei nº 11.101, de 9-2-2005), prevê-se expressamente que a prescrição dos crimes nela previstos rege-se pelas disposições do Código Penal, começando o prazo a correr do dia da decretação da falência, da concessão da recuperação judicial ou da homologação do plano de recuperação extrajudicial (art. 182). Nas duas últimas hipóteses, além da aplicação das causas previstas no art. 117 do CP, prevê o novo estatuto que também interrompe a prescrição a sentença que decreta a falência (art. 182, parágrafo único).

Jurisprudência

- Prescrição de crime falimentar: inadmissibilidade de combinação de leis – aplicação da lei mais favorável no caso concreto
- Inaplicabilidade da prescrição retroativa em crime de imprensa – *(antes da declaração pelo STF da inconstitucionalidade da Lei de Imprensa)*
- Porte de *cannabis sativa* para uso pessoal – declaração de inconstitucionalidade, sem redução de texto, do art. 28 da Lei 11.343/2006

110.12 Prescrição da pretensão punitiva e exame de mérito

Julgada extinta a punibilidade pela prescrição da pretensão punitiva, inclusive a intercorrente ou retroativa, não se pode mais discutir, em qualquer instância, sobre o mérito do processo. Isso porque essa espécie tem amplos efeitos, eliminando toda a carta jurídica de eventual sentença condenatória e extinguindo qualquer consequência desfavorável ao acusado, de modo que o condenado adquire o *status* de inocente para todos os efeitos legais.

Jurisprudência

- Inadmissibilidade de exame do mérito
- Prevalência da prescrição da pretensão punitiva sobre a reabilitação

Termo inicial da prescrição antes de transitar em julgado a sentença final

Art. 111. A prescrição, antes de transitar em julgado a sentença final, começa a correr:

I – do dia em que o crime se consumou;

II – no caso de tentativa, do dia em que cessou a atividade criminosa;

III – nos crimes permanentes, do dia em que cessou a permanência;

IV – nos de bigamia e nos de falsificação ou alteração de assentamento do registro civil, da data em que o fato se tornou conhecido;

V – nos crimes contra a dignidade sexual ou que envolvam violência contra a criança e o adolescente, previstos neste Código ou em legislação especial, da data em que a vítima completar 18 (dezoito) anos, salvo se a esse tempo já houver sido proposta a ação penal.*

* Inciso V inserido pela Lei nº 12.650, de 17-5-2012 e, alterado pela Lei nº 14.344, de 24-5-2022.

Vide: CP arts. 10, 14, II, 110, § 1º, 116, I, II, 117, I a IV, § 1º, 119, 225, 235, 241, 242; **Lei nº 11.101**, de 9-2-2005, art. 182 (termo inicial da prescrição nos crimes falimentares).

111 TERMO INICIAL DA PRESCRIÇÃO DA PRETENSÃO PUNITIVA

111.1 Início do prazo no crime consumado

Como regra geral para o início da contagem do prazo prescricional da pretensão punitiva determina a lei o dia da consumação do crime (art. 14, II). Tratando-se de crime formal ou de mera conduta, em que o tipo descreve conduta e resultado, ou apenas aquela, mas se satisfaz para sua consumação apenas com a manifestação da atividade criminosa, a prescrição começa a correr a partir da prática da ação ou da omissão. Nos crimes omissivos próprios, a consumação ocorre no momento em que o omitente devia agir. Nos crimes qualificados pelo resultado, o prazo é computado a partir do evento lesivo qualificador. No caso de dúvida sobre a data da consumação, manda a lógica que se deve adotar solução em favor do réu.

Como o prazo de prescrição é de direito penal, inclui-se em sua contagem o dia do início, não se interrompendo ou suspendendo por férias, domingos ou feriados.

Jurisprudência

- Início do prazo nos crimes instantâneos
- Contagem no caso de crime falimentar (anterior à vigência da Lei nº 11.101, de 9-2-2005)
- Dúvida quanto a data do crime: solução favorável ao réu
- Contra: crime de imprensa
- Contagem do dia do início no prazo prescricional

111.2 Início do prazo na tentativa

Na hipótese de tentativa, em que a consumação não ocorre por circunstâncias alheias à vontade do agente, o prazo da prescrição começa a correr do dia em que se praticou o último ato executório.

111.3 Início do prazo no crime permanente e no crime continuado

Nos crimes permanentes, como a consumação se protrai no tempo, determina a lei que o prazo seja contado a partir do dia em que cessou a permanência. Caso o agente não cesse a conduta do crime permanente quando já instaurada a ação penal, o prazo prescricional quanto ao delito não objeto da denúncia, pois posterior a ela, deve ser computado a partir do oferecimento da denúncia quanto ao ilícito anterior. Não seguem as regras os crimes instantâneos de efeitos permanentes, como o uso de documento falso. A referência ao "crime" permanente não exclui a aplicação do dispositivo às contravenções permanentes, por não haver disposição em contrário na LCP. Também estão sujeitos à mesma regra os crimes de natureza permanente como os de trato sucessivo.

Com a reforma penal, não há dispositivo idêntico ao do crime permanente para o crime continuado e nesse caso, os prazos prescricionais dos crimes começam a correr da consumação de cada delito integrante da continuidade delitiva *ex vi* do art. 119.

Jurisprudência

- Início do prazo quando o crime continua a ser praticado
- Termo inicial no crime instantâneo de efeitos permanentes
- Termo inicial no crime em caso de crime de trato permanente
- Início do prazo em crime instantâneo com efeitos permanentes
- Termo inicial no crime permanente
- Interrupção da permanência do crime pelo início da persecução
- Início do prazo em contravenção permanente
- Inaplicabilidade do dispositivo em crimes de falsidade
- Início do prazo em crime permanente contra a Previdência Social
- Termo inicial no crime continuado
- Termo inicial no crime continuado – contra

111.4 Início do prazo nos crimes de bigamia e falsificação de registro civil

Nos crimes de bigamia e falsificação de assentamento do Registro Civil, que, por sua natureza, são cercados de sigilo pelo agente, o conhecimento de sua prática pode ocorrer muito tempo após a consumação. Por essa razão, prevê a lei que o prazo só começa a correr quando o fato se tornar conhecido. Segundo a corrente mais adequada, exige-se para que se inicie o prazo que o fato se torne conhecido de uma autoridade pública. Referindo-se a lei exclusivamente aos assentos do Registro Civil, seguem a regra geral os crimes de falsificação dos demais documentos. Nestes, a prescrição começa a correr da prática da falsificação ou de seu uso, conforme a hipótese.

Jurisprudência

- Termo inicial no crime de bigamia
- Início do prazo quando o fato se tornar notório
- Termo inicial no crime de falsificação de assento de nascimento
- Termo inicial nos crimes de falsificação ou uso dos demais documentos
- Necessidade de conhecimento da autoridade pública

111.5 Início do prazo nos crimes contra a dignidade sexual de crianças e adolescentes

De acordo com o disposto no art. 111, inciso V, inserido pela Lei nº 12.650, de 17-5-2012, e posteriormente alterado pela Lei nº 14.344/2022, o termo inicial da prescrição da pretensão punitiva nos crimes contra a dignidade sexual ou que envolvam violência contra crianças e adolescentes é o dia em que a vítima completar 18 anos de idade, salvo se a esse tempo já houver sido proposta a ação penal. Justifica-se a alteração legislativa como medida destinada a evitar a impunidade nos crimes sexuais contra menores, porque diversas razões dificultam a sua imediata apuração. O trauma, a inibição e o temor normalmente provocados por crimes dessa natureza, sobretudo nas vítimas menores que têm sua personalidade em formação, bem como a circunstância, bastante frequente, de serem eles praticados por familiares e por estes acobertados constituem obstáculos de difícil superação para a responsabilização penal de seus autores. Assim, com a nova regra, pretendeu o legislador resguardar a possibilidade de que a ação penal seja intentada, sem o risco maior da prescrição, após a vítima atingir a maioridade, quando, então, um grau maior de consciência, maturidade e independência podem favorecer a iniciativa de revelar os abusos sofridos.

A norma aplica-se aos crimes contra a dignidade sexual ou que envolvam violência contra criança e o adolescente, descritos no Título VI do Código Penal, bem como aos crimes de mesma natureza previstos em lei especial. Estão, portanto, abrangidos os crimes previstos nos arts. 240 a 241-D, da Lei nº 8.069, de 13-7-1990, que tutelam, igualmente, a dignidade sexual da criança e do adolescente, assim como outros crimes que sejam criados para a proteção do mesmo bem jurídico. Excluem-se da incidência da regra os crimes contra a dignidade sexual praticados contra pessoa considerada vulnerável em razão de outra condição que não a idade (art. 217-A), por ser vedado o emprego da analogia em face da natureza penal da norma.

Nesses delitos o prazo da prescrição da pretensão punitiva começa a correr da data em que a vítima completar 18 anos de idade, incluída esta na contagem. A norma excepciona a hipótese de nessa data já ter sido proposta a ação penal. Se a ação penal já foi ajuizada quando a vítima ainda era menor, não mais subsiste razão para se impedir o início de fluência do prazo prescricional. Nessa hipótese, o prazo prescricional tem início na data do ajuizamento da ação penal, que ocorre com o oferecimento da denúncia, e não na data da consumação do crime, que é a regra geral (art. 111, inciso I). Entendimento contrário conduziria ao absurdo de se retroagir indevidamente a fluência da prescrição precisamente nos casos em que a ação penal é proposta ainda na menoridade da vítima, com risco, inclusive, de extinção da punibilidade nos crimes praticados contra vítimas em tenra idade e que são elucidados anos depois. O termo inicial é a data do oferecimento e não a do recebimento da denúncia, porque com aquele tem início a ação penal, sendo este causa interruptiva do prazo prescricional (art. 117, inciso I).

Porque de natureza penal e mais gravosa ao agente, a norma contida no inciso V do art. 111 é irretroativa, não se aplicando aos crimes cometidos anteriormente à vigência da Lei nº 12.650, de 17-5-2012, e, nos casos de violência contra menor, aos praticados antes da Lei nº 14.344, de 22-5-2022.

111.6 Início do prazo da prescrição intercorrente

Quanto à prescrição intercorrente, posterior à sentença condenatória da qual não recorreu a acusação ou foi improvido seu recurso, o prazo prescricional tem por termo inicial a data da publicação da sentença condenatória. Só pode ser considerado, entretanto, desde que haja trânsito em julgado da sentença para a acusação ou o improvimento do recurso destinado ao aumento de pena (item 110.4).

111.7 Início do prazo da prescrição retroativa

Antes da vigência da Lei nº 12.234/2010, o prazo da prescrição retroativa se contava a partir da consumação do crime, salvo as exceções legais (art. 111). Diante da nova redação conferida ao § 1º e da revogação do § 2º do art. 110, pela Lei nº 12.234/2010, a prescrição com fundamento na contagem do prazo prescricional considerada a pena em concreto não pode ter por termo inicial data anterior à da denúncia ou queixa. O prazo da prescrição retroativa deve ser contado, portanto, a partir do oferecimento da denúncia ou queixa, sendo o seu recebimento causa interruptiva (v. item 110.4).

Jurisprudência

- Início do prazo na data do crime (antes da vigência da Lei nº 12.234/2010)

Termo inicial da prescrição após a sentença condenatória irrecorrível

Art. 112. No caso do art. 110 deste Código, a prescrição começa a correr:

I – do dia em que transita em julgado a sentença condenatória, para a acusação, ou a que revoga a suspensão condicional da pena ou o livramento condicional;

II – do dia em que se interrompe a execução, salvo quando o tempo da interrupção deva computar-se na pena.

Vide: CP arts. 41, 42, 81, 86, 87, 110, *caput*, 116, parágrafo único, 117, V, VI, § 2º; LEP arts. 66, II, 108, 109, 140, 162, 202.

112 TERMO INICIAL DA PRESCRIÇÃO DA PRETENSÃO EXECUTÓRIA

112.1 Início do prazo com o trânsito em julgado para a acusação

O termo inicial do prazo da prescrição da pretensão executória não é o do trânsito em julgado para ambas as partes, como na legislação anterior, mas o trânsito em julgado para a acusação. Passando em julgado a sentença condenatória para a acusação, a pena não mais pode ser aumentada, por não ser possível a revisão *pro societate*, e assim, começa a ser contado o prazo da prescrição da condenação, quer para a pena privativa de liberdade, quer para a pena restritiva de direito (arts. 44 e 109, parágrafo único), ou para a multa, quando esta for a única aplicada (art. 114, I). Contudo, o STF, em recente decisão, adotou o entendimento de que o termo inicial para a contagem da prescrição da pretensão executória é o trânsito em julgado para ambas as partes, em consonância, aliás, com a orientação já adotada no sentido da impossibilidade de execução provisória da pena.

Tratando-se de pena de multa cumulativamente aplicada com pena privativa de liberdade, há regra específica (art. 114, II). Não se confunde o prazo com aquele referente à prescrição intercorrente, que passa a correr da própria sentença condenatória, quando não há recurso da acusação ou é improvido seu recurso (item 110.3). Assim, o prazo da prescrição da pretensão executória só pode ser interrompido com o início do cumprimento da pena ou na data da audiência de advertência quando concedido o *sursis*.

Jurisprudência

- Início do prazo na pena de multa com a concessão de *sursis*
- Início do prazo em caso de revogação do *sursis*
- Irrelevância do prazo do período de prova do *sursis*
- Interrupção do prazo com a audiência admonitória do *sursis*
- Início do prazo no trânsito em julgado para a acusação
- Início do prazo no trânsito em julgado para ambas as partes
- Início do prazo na condenação a multa isolada
- Início do prazo na substituição da pena privativa de liberdade por multa
- Início do prazo em caso de concessão do *sursis*

112.2 Prazos paralelos

Dos termos da lei deflui que, condenado o réu, podem correr paralelamente dois prazos de prescrição: a prescrição da pretensão intercorrente (da pretensão punitiva), a contar da data da publicação da sentença (art. 110, § 1º); a prescrição da pretensão executória, a contar do trânsito em julgado para a acusação (art. 112, inc. I c. c. art. 110, *caput*).

112.3 Início do prazo com a revogação do *sursis* e do livramento condicional

Também tem início o prazo da prescrição da pretensão executória na data do trânsito em julgado da revogação da suspensão condicional da pena ou do livramento condicional para a acusação. Não basta, portanto, a ocorrência da causa de revogação ou mesmo a decisão recorrível nesse sentido. A contagem do prazo só se interromperá com o início ou a continuação do cumprimento da pena. No caso de cassação do *sursis*, previsto no art. 161 da LEP, não se trata de revogação e, portanto, o prazo tem início na data do trânsito em julgado para a acusação e não do trânsito em julgado da decisão que torna o benefício sem efeito.

Jurisprudência

- Não corre o prazo até a revogação do *sursis*
- Início do prazo com a revogação do *sursis*
- Inexistência de interrupção em caso de cassação do *sursis*
- Início do prazo em caso de não realização da audiência da advertência do *sursis*

112.4 Início do prazo na interrupção da execução

Por fim, começa a ser contado o prazo da prescrição da pretensão executória no dia em que se interrompe a execução. Com a fuga do sentenciado, interrompe-se a execução e começa a correr o referido prazo. Não se instaura o prazo processual quando da interrupção da execução quando o tempo, a partir daí, deve ser computado na própria execução, como é o caso do recolhimento do condenado ao hospital psiquiátrico.

Prescrição no caso de evasão do condenado ou de revogação do livramento condicional

> Art. 113. No caso de evadir-se o condenado ou de revogar-se o livramento condicional, a prescrição é regulada pelo tempo que resta da pena.

Vide: CP arts. 42, 86 a 88, 110, *caput*, 117, V; **LEP** arts. 140 a 142.

113 PRESCRIÇÃO EM EVASÃO E REVOGAÇÃO DO LIVRAMENTO CONDICIONAL

113.1 Prescrição pelo restante da pena

Tendo o condenado já cumprido parte da pena no caso de ter-se evadido ou ter sido revogado o livramento condicional, determina a lei que o prazo da prescrição da pretensão executória deve ser calculado sobre o restante da pena, ou seja, daquela que tem ainda a cumprir e não mais com base na pena aplicada na sentença. Evidentemente, o dispositivo não alcança o prazo da prescrição da pretensão punitiva.

A jurisprudência tem negado a aplicação da analogia com o art. 113, para fazer incidir também o cálculo do prazo da prescrição da pretensão executória sobre a pena com o desconto da detração penal (v. item 110.2). Na verdade, por força da equidade e da analogia em *bonam partem*, o dispositivo deveria ser aplicado também no caso de detração. Decisão em sentido contrário privilegia o condenado que foge, mas não o que foi preso provisoriamente.

Jurisprudência

- Prazo da prescrição em caso de fuga do condenado
- Contagem do prazo na fuga do condenado
- Contagem do prazo no abandono do cumprimento da pena restritiva de direitos
- Contagem do prazo no abandono do cumprimento da pena restritiva de direitos – Contra

Prescrição da multa

Art. 114. A prescrição da pena de multa ocorrerá:

I – em 2 (dois) anos, quando a multa for a única cominada ou aplicada;

II – no mesmo prazo estabelecido para prescrição da pena privativa de liberdade, quando a multa for alternativa ou cumulativamente cominada ou cumulativamente aplicada.*

* Redação do artigo determinada pela Lei nº 9.268, de 1º de abril de 1996.

Vide: CP arts. 43, I, II, 44, § 2º, 45, §§ 1º a 3º, 49, 51, 60, § 2º, 109, 110, *caput*, §§ 1º e 2º, 118, 119; **Lei nº 5.172**, de 25-10-1966 (Código Tributário Nacional); **Lei nº 6.830**, de 22-9-1980 (dispõe sobre a cobrança judicial de dívida ativa da Fazenda Pública).

114 PRESCRIÇÃO DA PENA DE MULTA

114.1 Prescrição da pena de multa única cominada ou aplicada

Quando a pena de multa é a única cominada, como ocorre exclusivamente nas contravenções, ou a única aplicada, inclusive na hipótese de substituição da pena privativa de liberdade, o prazo prescricional é de dois anos. Assim, quer quanto à prescrição da pretensão punitiva, intercorrente ou retroativa, quer quanto à prescrição da pretensão executória, o prazo é sempre o mesmo. Quanto ao prazo para a prescrição da pretensão executória, não é aumentado de um terço quando o condenado é reincidente, eis que a respectiva regra se refere somente à pena privativa de liberdade. Previa-se na lei que a prescrição da pena de multa ocorreria em dois anos quando fosse aquela ainda não cumprida (art. 114, última parte, em sua anterior redação, dada pela Lei nº 7.209/84), referindo-se, portanto, à prescrição da pretensão executória. Entretanto, diante do art. 51 do CP, com a redação que lhe foi dada pela Lei nº 9.268, de 1º-4-96, posteriormente modificada pela Lei nº 13.964, de 24-12-2019, transitada em julgado a sentença condenatória, a multa não seria mais considerada como sanção e sim dívida de valor, aplicando-se-lhe as normas da legislação relativa a dívida ativa da Fazenda Pública. Nesse caso, não haveria de se falar na prescrição da pretensão executória da pena de multa, mas sim da dívida de valor. Contudo, deve prevalecer a ideia de que a multa, mesmo após o trânsito em julgado da sentença condenatória, continua sendo sanção penal, seguindo as regras de prescrição do Código Penal, exceto quanto às hipóteses de suspensão e interrupção do prazo, disciplinadas na Lei n° 6.830, de 22-9-1980 (Lei de Execução Fiscal), e no Código Tributário Nacional (Lei n° 5.172, de 25-10-1966).

O STJ, em recente decisão, fixou a seguinte tese: "O inadimplemento da pena de multa, após cumprida a pena privativa de liberdade ou restritiva de direitos, não obsta a extinção da punibilidade, ante a alegada hipossuficiência do condenado, salvo se diversamente entender o juiz competente, em decisão suficientemente motivada, que indique concretamente a possibilidade de pagamento da sanção pecuniária".

Jurisprudência

- Prazo da prescrição da pretensão punitiva e da prescrição da pretensão executória da pena de multa
- Prescrição da pretensão punitiva da pena de multa em contravenção
- Prazo da prescrição intercorrente da pena de multa
- Prazo da prescrição retroativa da pena de multa
- Ocorrência da prescrição intercorrente na pena de multa
- Inocorrência da prescrição intercorrente na pena de multa
- Prazo da prescrição retroativa da pena de multa
- Prazo da prescrição da pretensão punitiva da multa substitutiva
- Irrelevância do valor da multa
- Curso da prescrição e insolvência do condenado
- Inadmissibilidade de aumento de um terço para o reincidente
- Inadimplemento da pena de multa – extinção da punibilidade diante da alegada hipossuficiência do condenado

114.2 Prescrição da pena de multa cumulativa

Em consonância com o art. 118, segundo o qual as penas mais leves prescrevem com as mais graves, tratando-se da prescrição da pretensão punitiva ou da prescrição da pretensão executória, a pena de multa só prescreverá quando prescrever também a pena privativa de liberdade cominada, no primeiro caso, ou aplicada, no segundo. É o que deixa agora claro o art. 114, II, com a redação que lhe foi dada pela Lei n° 9.268, de 1° de abril de 1996. Não vigoram mais, portanto, no caso de cumulação da pena de multa e pena privativa de liberdade, as regras que previam para o caso a prescrição em dois anos e que o prazo seria contado após o cumprimento da pena privativa de liberdade (v. item 118.1).

Jurisprudência

- Prescrição da pena de multa cumulativa: início do prazo prescricional

114.3 Prescrição das penas de prestação pecuniária e perda de bens e valores

As penas de prestação de serviços à comunidade e a entidades públicas, interdição temporária de direitos e limitação de fim de semana prescrevem nos mesmos prazos da pena principal substituída (itens 109.2 e 110.2). Entretanto, as penas de prestação pecuniária e perda de bens e valores (arts. 43, I e II, e 45, §§ 1º a 3º), não têm tempo de duração. Por constituírem, na verdade, sanções pecuniárias, já se decidiu que têm o mesmo prazo de prescrição da pretensão executória da pena de multa, ou seja, dois anos. Prevalece, porém, o entendimento de que o prazo é o mesmo da pena substituída, sob o argumento de que a pena de prestação pecuniária pode ser convertida em privativa de liberdade.

Jurisprudência

- Prazo de dois anos para a prescrição das penas de prestação pecuniária e perda de bens e valores
- Prazo de prescrição da pena de prestação pecuniária igual ao da pena privativa de liberdade

Redução dos prazos de prescrição

Art. 115. São reduzidos de metade os prazos de prescrição quando o criminoso era, ao tempo do crime, menor de 21 (vinte e um) anos, ou, na data da sentença, maior de 70 (setenta) anos.

Vide: CP arts. 4º, 109, 110, 113, 114; CPP art. 155; CC art. 5º; Súmula: STJ 74.

115 REDUÇÃO DOS PRAZOS DA PRESCRIÇÃO

115.1 Redução do prazo para menor de 21 e maior de 70 anos

A redução do prazo de metade para o menor de 21 e maior de 70 anos aplica-se a qualquer espécie de prescrição: da pretensão punitiva com base na pena em abstrato, da pretensão punitiva com base na pena em concreto (intercorrente ou retroativa), da prescrição da pretensão executória, da prescrição da pena privativa de liberdade, restritiva de direitos e multa. A redução do prazo deve-se às mesmas razões que inspiraram a circunstância atenuante prevista no art. 65, I, do CP. Tratando-se de regra geral, a redução da pena para o menor de 21 anos e maior de 70 aplica-se às leis especiais. A diminuição da idade em que se atinge a maioridade civil para 18 anos pelo Código Civil vigente (art. 5º da Lei nº 10.406, de 10-1-2002) não derrogou o dispositivo. A redução do prazo prescricional para o maior de 18 e menor de 21 anos funda-se em presunção penal absoluta que se baseia expressamente na idade do agente (critério biológico) e não em sua relativa incapacidade civil. Sua aplicabilidade independe, portanto, dos conceitos e regras da lei civil. Por essa razão, aliás, já não se admitia a exclusão do favor a maiores de 18 anos que fossem emancipados. Ademais, o art. 2.043 do Código Civil determina que "até que por outra forma se disciplinem, continuam em vigor as disposições de natureza processual, administrativa ou penal, constantes das leis cujos preceitos de natureza civil hajam sido incorporados a este Código".

Jurisprudência

- Redução do prazo prescricional para réu menor de 21 anos na vigência do Código Civil 2002
- Redução da pena para o menor de 18 anos e crime continuado
- Redução da pena para o menor de 18 anos e crime continuado – Contra
- Inadmissibilidade de redução do maior de 70 anos depois da sentença

- Redução do prazo em crime de imprensa (anterior à declaração de inconstitucionalidade da Lei nº 5.250/1967)
- Redução do prazo em contravenção
- Irrelevância da emancipação civil
- Possibilidade de reconhecimento em habeas corpus
- Aplicação do art. 115 ao procedimento por ato infracional
- Redução do prazo para o menor de 21 anos
- Redução do prazo para o maior de 70 anos
- Redução do prazo iniciado a partir do fato ao maior de 70 anos
- Idade biológica para a redução da pena

115.2 Data para o reconhecimento da redução

Atendendo aos reclamos da doutrina e adotando a posição jurisprudencial firmada antes da reforma penal, o art. 115 fixa, quanto ao menor de 21 anos, a data do crime, e quanto ao maior de 70 anos, a data da sentença. Além disso, quanto ao ancião, deve ser considerada a data da última decisão a respeito do mérito, seja de primeiro ou segundo grau ou mesmo do Supremo Tribunal Federal. Isso porque a derradeira decisão substitui a anterior, quer a confirme, quer a reforme. Há decisões, porém, afastando a aplicação do art. 115 na hipótese de acórdão que confirma a decisão de primeiro grau. No primeiro caso, pouco importa o agente ter completado 21 anos no decorrer do processo.

Jurisprudência

- Réu com menos de setenta anos na data da sentença condenatória
- Não validade do aniversário na hipótese de confirmação da condenação
- Não validade do aniversário na fase da execução da pena
- Validade do aniversário antes da data do acórdão
- Validade do aniversário na pendência de julgamento da apelação
- Validade do aniversário antes do trânsito em julgado da sentença
- Data da infração no crime continuado

115.3 Prova da idade para o reconhecimento da redução

Para o reconhecimento da idade é predominante o entendimento jurisprudencial de que é necessária a apresentação de certidão do assento de nascimento, conforme aliás o art. 155 do CPP, ou documento equivalente. Segundo o STJ, para os efeitos penais, o reconhecimento da menoridade do réu requer prova por documento hábil (Súmula 74). Já se tem decidido, minoritariamente, que é dispensável a prova documental quando a idade declarada pelo réu foi aceita sem contestação pelo acusador no curso do processo. Os tribunais, na maioria de seus julgados, também não apoiam o reconhecimento da menoridade fundado na sentença em que se reconheceu a menoridade para outros efeitos penais (circunstância atenuante, p. ex.), mesmo quando não se insurgiu contra a decisão o Ministério Público, se não for apresentado documento comprobatório da menoridade. Entendemos, entretanto, que o respeito à coisa julgada para a acusação deveria prevalecer na hipótese.

Jurisprudência

- Comprovação com registro de nascimento fora do prazo legal
- Comprovação com documento hábil
- Comprovação por cédula de identidade
- Comprovação pela Carteira de Trabalho
- Comprovação por folha de antecedentes não contestada

- Demonstração da menoridade por qualquer prova idônea
- Comprovação pela certidão do assento de nascimento
- Comprovação somente com documento hábil
- Comprovação por cópia de documento autenticada

- Insuficiência de mera alegação de menoridade
- Insuficiência de mera alegação de menoridade – Contra
- Reconhecimento pela sentença aceita pelo MP
- Reconhecimento pela sentença aceita pelo MP – Contra

Causas impeditivas da prescrição

Art. 116. Antes de passar em julgado a sentença final, a prescrição não corre:

I – enquanto não resolvida, em outro processo, questão de que dependa o reconhecimento da existência do crime;

II – enquanto o agente cumpre pena no exterior.

III – na pendência de embargos de declaração ou de recursos aos Tribunais Superiores, quando inadmissíveis; e

IV – enquanto não cumprido ou não rescindido o acordo de não persecução penal. *

Parágrafo único. Depois de passada em julgado a sentença condenatória, a prescrição não corre durante o tempo em que o condenado está preso por outro motivo.

* Inciso II alterado pela Lei nº 13.964, de 24-12-2019.

* Incisos III e IV inseridos pela Lei nº 13.964, de 24-12-2019.

Vide: **CF** arts. 5º, XLII, XLIV; 53, §§ 3º e 5º; **CP** arts. 8º, 51, 77, *caput*, 83, *caput*, 109, 110, 112, I, II; **CPP** arts. 28-A, 92 a 94, 366, 368; **LEP** arts. 137, 160; **Lei nº 9.099**, de 26-9-1995, art. 89, § 6º; **Lei nº 5.172**, de 25-10-1966, art. 155, parágrafo único (suspensão do prazo prescricional da multa no Código Tributário Nacional); **Lei nº 6.830**, de 22-9-1980, art. 40 (suspensão do prazo prescricional da multa na Lei de Execução Fiscal); **Lei nº 9.430**, de 27-12-1996, art. 83, §§ 2º e 3º (suspensão da pretensão punitiva e da prescrição nos crimes definidos nos arts. 168-A, 337-A do CP e nos arts. 1º e 2º da Lei nº 8.137, de 27-12-1990, durante o regime de parcelamento); **Lei nº 9.613**, de 3-3-1998, art. 2º, § 2º (afasta a aplicação do art. 366 do CPP nos crimes de lavagem ou ocultação de bens, direitos e valores); **Lei nº 9.964**, de 10-4-2000 (institui o Programa de Recuperação Fiscal – REFIS, art. 15 (suspensão da pretensão punitiva e da prescrição nos crimes definidos nos arts. 1º e 2º da Lei nº 8.137, de 27-12-1990, durante o regime de parcelamento); **Lei nº 10.684**, de 30-5-2003 (dispõe sobre o parcelamento de débitos tributários), art. 9º, § 1º (suspensão da pretensão punitiva e da prescrição nos crimes previstos nos arts. 168-A, 337-A do CP e nos arts. 1º e 2º da Lei nº 8.137, de 27-12-1990, durante o regime de parcelamento); **Lei nº 11.941**, de 27-5-2009, art. 68 (suspensão da pretensão punitiva nos mesmos crimes, durante o regime de parcelamento); **Lei nº 12.529**, de 30-11-2011, art. 87 (prevê a suspensão do prazo prescricional pela celebração do acordo de leniência nos crimes tipificados na Lei nº 8.137, de 27-12-1990, e nos relacionados com a prática de cartel); **Lei nº 12.651**, de 25-5-2012 (Código Florestal), art. 60, § 1º (suspensão da prescrição, em crimes contra o meio ambiente pela assinatura do termo de compromisso para regularização de imóvel ou posse rural perante o órgão ambiental). Súmula: **STJ 415**.

116 CAUSAS DE SUSPENSÃO DO PRAZO DE PRESCRIÇÃO

116.1 Existência de questão prejudicial

Prevê o art. 116 causas impeditivas da prescrição, ou seja, causas em que há suspensão do prazo da prescrição. O rol é taxativo, não podendo ser acrescentadas outras causas de suspensão da prescrição, a não ser por lei. O curso da prescrição se suspende em virtude de qualquer das causas previstas em lei para recomeçar a correr depois que cessa a causa impeditiva. A primeira causa suspensiva da prescrição da pretensão punitiva é a existência de questão prejudicial, ou seja, de um outro processo, de que dependa o reconhecimento da existência do crime imputado ao réu. Essas questões prejudiciais são as previstas nos arts. 92 e 93 do CPP. Se a decisão sobre a existência da infração depender da solução de controvérsia, que o juiz repute séria e fundada, sobre o estado civil das pessoas, o curso da ação penal ficará suspenso obrigatoriamente (como no crime de bigamia), e se depender de decisão sobre questão diversa (como nos casos de esbulho possessório), a suspensão é facultativa. Não há suspensão na pendência de processo administrativo ou de ação penal em que foi arguida a exceção da verdade, mero meio de defesa do acusado. Também não há causa impeditiva do curso da prescrição quando se instaura o incidente de insanidade mental (art. 149, § 2º, do CPP). A suspensão vigora a partir do despacho que ordenar a suspensão do processo até aquele que determina seu prosseguimento no caso de questão prejudicial facultativa, ou do trânsito em julgado da sentença civil, no caso de prejudicial obrigatória.

Jurisprudência

- Suspensão por questão prejudicial em caso de bigamia
- Suspensão por questão prejudicial
- Inexistência de suspensão em exceção da verdade
- Inexistência de suspensão em incidente de insanidade mental

116.2 Prisão no exterior

Também suspende-se o processo e, por via de consequência, o curso da prescrição o fato de estar o *agente cumprindo pena no exterior*. Não se podendo desenvolver o processo no Brasil, dificultada ou impedida a ampla defesa do acusado, não deve correr a prescrição. Volta o prazo prescricional a correr com a soltura do acusado e a retomada do processo penal.

116.3 Pendência de embargos de declaração ou recursos aos Tribunais Superiores, quando inadmissíveis

Outra causa suspensiva da prescrição é a *pendência de embargos de declaração ou recursos aos Tribunais Superiores, quando inadmissíveis* (inciso III), inserida pela Lei nº 13.964, de 24-12-2019. Pretendeu o legislador, se não coibir, ao menos reduzir o elevado número de prescrições que decorrem da demora no processamento e julgamento de diversos recursos, principalmente para os tribunais superiores tais como embargos, recursos especiais e extraordinários, agravos etc., os quais, embora não sejam admissíveis no caso concreto em face da lei processual, inúmeras vezes são ofertados pela defesa com o objetivo precípuo de procrastinar o final julgamento do feito e favorecer a ocorrência daquela causa de extinção da punibilidade. Embora esses recursos não tenham, em princípio, o condão de impedir o curso da prescrição, esse efeito suspensivo deve ser reconhecido se por ocasião do julgamento verificar-se que não eram eles admissíveis na espécie. Em relação aos embargos de declaração que se mostrem inadmissíveis aplica-se a causa suspensiva não somente quando opostos perante tribunal superior, mas, também, nos juízos de primeiro e segundo grau. Na pendência desses recursos, portanto, a prescrição não deve ser declarada se a verificação da fluência do prazo prescricional depender do cômputo do tempo de seu processamento, diante da possibilidade de que sejam eles afinal reconhecidos como incabíveis. Evidentemente, não há que se reconhecer a causa suspensiva na hipótese de recurso oferecido pela acusação.

116.4 Acordo de não persecução penal

A última causa suspensiva justifica-se em razão da criação pela Lei nº 13.964, de 24-12-2019, no novel art. 28-A do CPP, do acordo de não persecução penal, que pode ser celebrado entre o Ministério Público e o investigado, uma vez satisfeitos os pressupostos e presentes os requisitos legais, mediante a fixação de condições a serem observadas pelo autor do crime, e que obsta o imediato ajuizamento da ação penal. *Enquanto não cumprido ou não rescindido o acordo de não persecução penal* não corre a prescrição (inciso IV). A suspensão inicia-se na data da homologação do acordo pelo juiz e perdura durante toda a execução dos termos acordados, enquanto não for rescindido em razão do descumprimento de alguma das condições estipuladas. Rescindido o acordo pelo juiz, a prescrição volta a fluir até a verificação da primeira causa interruptiva consistente no recebimento da denúncia. Se o acordo é integralmente cumprido, não mais torna a correr a prescrição, impondo-se a extinção da punibilidade (art. 28-A, § 13, do CPP).

As causas suspensivas previstas no art. 116, *caput*, referem-se, exclusivamente, à prescrição da pretensão punitiva.

116.5 Suspensão do processo em casos de citação por edital e por rogatória

Dando nova redação aos arts. 366 e 368 do Código de Processo Penal, a Lei nº 9.271, de 17-4-1996, criou mais duas hipóteses de suspensão do curso do prazo de prescrição da pretensão punitiva. Segundo o primeiro dispositivo, se o acusado, citado por edital, não comparecer para ser interrogado nem constituir advogado, fica suspenso o processo e também o prazo prescricional, estendendo-se a suspensão até que intervenha ele ou seu procurador nos autos do processo. Não é possível, porém, ter a suspensão do prazo prescricional como indefinida e permanente, uma vez que tal solução levaria à imprescritibilidade, só possível nas exceções previstas na Constituição Federal (art. 5º, XLII e XLIV). Não havendo a lei delimitado o prazo máximo da suspensão, deve-se considerar o prazo máximo previsto para a prescrição, ou seja, 20 anos (art. 109, I, do CP), ou, numa interpretação mais liberal, o prazo calculado com relação à pena máxima abstratamente considerada para o ilícito. Esta última orientação é a prevalente na jurisprudência, conforme teor da Súmula 415 do Superior Tribunal de Justiça: "O período de suspensão do prazo prescricional é regulado pelo máximo da pena cominada". Assim, se o acusado não comparece ao processo, nem constitui advogado, o prazo da prescrição volta a correr após ter se encerrado esse lapso temporal. A suspensão do prazo prescricional independe de pronunciamento judicial, decorrente que é da suspensão do processo.

Nos termos do art. 368 do CPP, também fica suspenso o prazo da prescrição quando o acusado é citado por rogatória por se encontrar no estrangeiro, em lugar sabido, ou em legação estrangeira, cessando a causa suspensiva quando a carta é cumprida.

Jurisprudência

- Suspensão do prazo da prescrição durante a suspensão do processo
- Suspensão do processo e suspensão do prazo da prescrição: irretroatividade
- Suspensão do processo e suspensão do prazo da prescrição: irretroatividade – Contra
- Prazo máximo da suspensão de acordo com a pena máxima cominada para o delito

116.6 Suspensão condicional do processo

Outra causa suspensiva da prescrição da pretensão punitiva foi estabelecida pelo art. 89, § 6º, da Lei nº 9.099, de 27-9-1995, que dispõe sobre os Juizados Especiais Cíveis e Criminais. O processo pode ser suspenso, por dois a quatro anos, nos crimes em que a pena mínima cominada for igual ou inferior a um ano, desde que preenchidos os pressupostos legais, submetido o acusado a algumas condições. Concedida a suspensão condicional do processo, é efeito legal a suspensão do curso da prescrição, sendo desnecessária a sua expressa declaração na decisão que defere o benefício. Expirado o prazo fixado para a suspensão condicional do processo, não tendo ocorrido a revogação, o juiz deve declarar extinta a punibilidade. Entretanto, se houver revogação do benefício, o prazo da prescrição voltará a correr a partir da data da revogação da suspensão, somado ao prazo anterior contado da última causa de interrupção, que, em geral, será a data do recebimento da denúncia. Já se decidiu, porém, na hipótese de revogação pela instauração de novo processo por outro crime, que o prazo da prescrição volta a fluir a partir da data do recebimento da denúncia no feito superveniente, por se tratar de causa de revogação automática.

Jurisprudência

- Reinício do prazo da prescrição com a revogação da suspensão condicional do processo pela instauração de outro processo

116.7 Suspensão por falta de licença para o processo

É também causa de suspensão do curso da prescrição da pretensão punitiva o indeferimento do pedido de licença ou a ausência de deliberação para o processo nos casos das imunidades parlamentares (art. 53, § 5º, da CF). Pedida a licença, suspende-se o prazo prescricional até que seja ela concedida ou, não o sendo, até o término ou perda do mandato. No caso de processo criminal contra Governador de Estado, não se pode falar em suspensão do curso da prescrição, pois no caso não há que se cogitar de pedido de licença, mas do curso de verdadeiro juízo de admissibilidade da acusação, símile ao que ocorre no processo contra o Presidente da República.

Jurisprudência

- Suspensão pela denegação de licença para processo contra deputado
- Suspensão pela denegação de licença para processo contra senador

- Suspensão pela denegação de licença para processo contra governador
- Termo inicial da suspensão pela denegação de licença
- Termo inicial na data do pedido de licença
- Término da suspensão
- Emenda Constitucional nº 35, de 2001
- Inexistência de suspensão em processo contra Governador

116.8 Suspensão do prazo da prescrição da pretensão executória

Suspende-se o prazo da prescrição da pretensão executória enquanto o condenado está preso por outro motivo. Não importa a que título o condenado está preso: cumprimento de outra pena, prisão provisória etc., não corre o curso da prescrição. Quando o condenado está cumprindo pena imposta em um processo fica impedido de ser executada a sanção imposta em outro, salvo as exceções legais (art. 69, § 2º, do CP). A prisão por outro processo não suspende, porém, o prazo da prescrição da pretensão punitiva.

Jurisprudência

- Suspensão pelo cumprimento de outra pena

116.9 Suspensão do prazo da prescrição durante o *sursis* e o livramento condicional

Embora não contenha o Código Penal dispositivo expresso a esse respeito, durante a suspensão condicional da pena não tem curso a prescrição da pretensão executória. Nesse período, está suspenso o poder de execução do Estado, que não pode, assim, ser atacado pela prescrição. O mesmo se diga com relação ao livramento condicional. Dispõe, aliás, a lei, que o curso da prescrição se inicia com o trânsito em julgado da decisão que revogar o *sursis* ou o livramento condicional. A suspensão ocorre, entretanto, desde que realizada a audiência admonitória (art. 160 da LEP). Pendente ainda recurso da decisão em que se concedeu a suspensão condicional da pena, está em curso o prazo da prescrição da pretensão punitiva, e também da executória se a decisão transitou em julgado para o Ministério Público.

Jurisprudência

- Suspensão pelo prazo do *sursis*
- Suspensão pelo prazo do *sursis* – Contra
- Interrupção do prazo pela audiência admonitória
- Inexistência da suspensão antes da audiência admonitória

116.10 Suspensão do prazo da prescrição na execução da pena de multa

Com a nova redação determinada para o art. 51, *caput*, do CP, pela Lei nº 13.964/2019, transitada em julgado a sentença condenatória que impôs multa, será executada perante o juiz da execução penal e aplicam-se em sua execução as normas da legislação relativa à dívida ativa da Fazenda Pública, inclusive no que concerne às causas suspensivas da prescrição. Assim, suspende-se o prazo da prescrição da pretensão executória da pena de multa: (a) nos casos de dolo ou simulação para a concessão de moratória, entre sua concessão e revogação (art. 155, parágrafo único) da Lei nº 5.172, de 25-10-1966 (Código Tributário Nacional); (b) no caso de suspensão do curso da execução enquanto não for localizado o devedor ou encontrados bens sobre os quais possa recair a penhora (art. 40, da Lei nº 6.830, de 22-9-1980, que dispõe sobre a cobrança judicial da Dívida Ativa da Fazenda Pública).

Não se aplica o art. 151 do CTN, que se refere exclusivamente aos créditos tributários.

Jurisprudência

- Causas suspensivas e interruptivas da prescrição da pena de multa

116.11 Suspensão do prazo da prescrição nos crimes contra a ordem tributária, de apropriação indébita previdenciária e de sonegação de contribuição previdenciária

Conforme disposto no art. 15, § 1º, da Lei nº 9.964, de 10-4-2000, não corre a prescrição nos crimes contra a ordem tributária previstos nos arts. 1º e 2º da Lei nº 8.137, de 27-12-1990, durante o período em que a pessoa jurídica relacionada com tais crimes estiver incluída no REFIS, Programa de Recuperação Fiscal, desde que a inclusão tenha ocorrido antes do recebimento da denúncia. A Lei nº 10.684, de 30-5-2003, porém, em regra aplicável também aos crimes de apropriação indébita previdenciária (art. 168-A do CP) e de sonegação de contribuição previdenciária (art. 337-A), passou a prever a suspensão da pretensão punitiva no período em que a pessoa jurídica estiver incluída no regime de parcelamento (art. 9º, *caput*), durante o qual não tem curso a prescrição (§ 1º), sem exigir que a inclusão no regime ocorra antes do recebimento da denúncia. Se a pessoa jurídica relacionada com o agente efetuar o pagamento integral dos débitos oriundos de tributos e contribuições sociais, inclusive acessórios, extingue-se a punibilidade (§ 2º). A Lei nº 11.941, de 27-5-2009, contém disposição semelhante (art. 68). Regras semelhantes, aplicáveis aos mesmos crimes, estão contidas na Lei nº 9.430, de 27-12-1996, por força de alterações introduzidas pela Lei nº 12.382, de 25-2-2011 (art. 83, §§ 2º, 3º e 4º), prevendo-se, porém, que o pedido de parcelamento tenha sido formalizado antes do recebimento da denúncia criminal (art. 83, § 2º, *in fine*). Essa mesma lei condiciona o oferecimento da representação ao Ministério Público por crime fiscal à existência de decisão final, na esfera administrativa, sobre a exigência fiscal do crédito tributário ou à exclusão da pessoa física ou jurídica do regime de parcelamento (art. 83, *caput* e § 1º).

Nos crimes contra a ordem tributária, descritos no art. 1º da Lei nº 8.137, de 27-12-1990, decidiu o STF que, embora a representação da autoridade fiscal, prevista no art. 83 da Lei nº 9.430, de 27-12-1996, não condicione o oferecimento da denúncia, a ausência de decisão definitiva no procedimento administrativo a respeito do lançamento do tributo determina a falta de justa causa para a ação penal, quer se considere o lançamento condição objetiva de punibilidade ou elemento normativo do tipo. De acordo com a Súmula Vinculante nº 24, "não se tipifica crime material contra a ordem tributária previsto no art. 1º, incisos I a IV, da Lei nº 8.137/90, antes do lançamento definitivo do tributo". Decidiu, também, o STF que o procedimento fiscal, enquanto dure por iniciativa do contribuinte, provoca a suspensão do curso da prescrição da ação penal por crime contra a ordem tributária que dependa do lançamento definitivo. Tem afirmado, no entanto, o Pretório Excelso, também, que, sendo os aludidos crimes materiais, ou de resultado, o prazo prescricional somente tem o seu início com o lançamento definitivo do qual depende a sua consumação, nos termos do art. 111, I, do CP, não se tratando, portanto, de hipótese autêntica de *suspensão* do prazo, mas de reconhecimento de um termo inicial. Ambos os entendimentos não são imunes a críticas. Argumenta-se, por um lado, que a confirmação pela autoridade fiscal da existência do débito tributário configuraria somente um indicativo da materialidade da infração, ou seja, de que o resultado naturalístico decorreu da conduta praticada pelo agente, daquela não dependendo, portanto, a consumação do delito que marca o início do prazo prescricional. De outra parte, as causas de suspensão do prazo prescricional devem estar expressamente previstas em lei e a vedação da analogia *in malam partem* em matéria penal impede que se aplique à hipótese em exame a causa de prejudicialidade prevista no art. 93 do CPP. Sedimentou-se, porém, no STF o entendimento de que durante a pendência do recurso administrativo nos mencionados delitos (art. 1º da Lei nº 8.137/1990) não tem curso a prescrição.

Jurisprudência

- Suspensão do prazo da prescrição nos crimes contra a ordem tributária durante a pendência do procedimento fiscal
- Início do prazo da prescrição com o lançamento definitivo do tributo
- Suspensão da pretensão punitiva e do prazo prescricional pelo parcelamento do débito: Lei nº 11.941/2009
- Suspensão pela inclusão no programa REFIS instituído pela Lei 9.964/00
- Extinção da punibilidade pelo parcelamento de débito tributário: ocorrência
- Pagamento do tributo: Inadmissibilidade de ampliação da hipótese prevista na Lei nº 9.964/00 (REFIS), por lei estadual
- Extinção da punibilidade pelo parcelamento de débito tributário: inocorrência

116.12 Outras causas de suspensão do prazo da prescrição previstas em leis especiais

Além das causas gerais previstas no Código Penal e das hipóteses de crimes contra a ordem tributária e a previdência social (item 116.9), leis especiais mais recentes também passaram a prever causas de suspensão do prazo prescricional que são aplicáveis a determinadas infrações penais.

Por força do disposto no art. 87 da Lei nº 12.529, de 30-11-2011, suspende, também, o prazo prescricional, além de impedir o oferecimento da denúncia, o acordo de leniência celebrado com o CADE (Conselho Administrativo de Defesa Econômica) nos crimes contra a ordem econômica tipificados na Lei nº 8.137, de 27-12-1990, e nos demais relacionados com a prática de cartel, entre os quais o de quadrilha ou bando, agora denominado associação criminosa (art. 288 do CP) O cumprimento integral do acordo é causa extintiva da punibilidade.

No Código Florestal prevê-se que a assinatura do termo de compromisso para a regularização do imóvel ou posse rural perante o órgão ambiental competente suspenderá a punibilidade de determinadas infrações penais (arts. 38, 39 e 48 da Lei nº 9.605, de 12-2-1998) durante o cumprimento das obrigações assumidas (art. 60, *caput*). Dispõe, também, a lei que "a prescrição ficará interrompida durante o período de suspensão da pretensão punitiva" (§ 1º). Por priorizar o interesse na recuperação das áreas florestais degradadas, o legislador estabeleceu alguns incentivos à regularização ambiental dos imóveis rurais como o afastamento das sanções administrativas e as mencionadas normas de caráter penal. Firmado o termo de compromisso pelo proprietário ou possuidor do imóvel perante o órgão ambiental, a suspensão da punibilidade impede o oferecimento da denúncia nos crimes referidos e, na hipótese de ação penal em andamento, determina a suspensão do processo durante o período de cumprimento das obrigações. Embora a lei mencione, com deficiência técnica, que a prescrição permanecerá *interrompida*, entendemos tratar-se de caso de suspensão do prazo da prescrição. As causas interruptivas da prescrição consistem em atos praticados pelo Estado que revelam o exercício efetivo do poder punitivo e, por isso, delas decorre o reinício da contagem do prazo. Na situação prevista no Código Florestal, há a suspensão da punibilidade em decorrência de uma adesão voluntária do proprietário ou possuidor da área ao programa de regularização ambiental, o que obsta, durante determinado período, o exercício do poder punitivo, razão pela qual o prazo prescricional também não deve correr, isto é, deve permanecer suspenso. Descumpridas as obrigações assumidas, restabelece-se a punibilidade e o prazo prescricional volta a fluir, nele se devendo computar o tempo transcorrido anteriormente à assinatura do termo. Interpretação diversa, aliás, colidiria com a finalidade do dispositivo por implicar uma consequência desfavorável ao agente que voluntariamente se dispõe à recuperação ambiental da área degradada. Cumpridas integralmente as obrigações assumidas no termo, extingue-se a punibilidade (art. 60, § 2º). Embora a lei mencione no *caput* do artigo, de forma abrangente, a suspensão da *punibilidade*, a regra contida no § 1º deixa claro que se trata de suspensão da *pretensão punitiva*, razão pela qual não se aplicam os dispositivos à pretensão executória que surge com o trânsito em julgado da sentença condenatória.

Causas interruptivas da prescrição

Art. 117. O curso da prescrição interrompe-se:

I – pelo recebimento da denúncia ou da queixa;

II – pela pronúncia;

III – pela decisão confirmatória da pronúncia;

IV – pela publicação da sentença ou acórdão condenatórios recorríveis;*

V – pelo início ou continuação do cumprimento da pena;

VI – pela reincidência.

§ 1º Excetuados os casos dos incisos V e VI deste artigo, a interrupção da prescrição produz efeitos relativamente a todos os autores do crime. Nos crimes conexos, que sejam objeto do mesmo processo, estende-se aos demais a interrupção relativa a qualquer deles.

§ 2º Interrompida a prescrição, salvo a hipótese do inciso V deste artigo, todo o prazo começa a correr, novamente, do dia da interrupção.

* Inciso IV com a redação determinada pela Lei nº 11.596, de 29-11-2007.

Vide: CP arts. 51, 63, 109, 110, 112, II; CPP arts. 69, V, 76 a 82, 387, 389, 396, 413, 492, I, 517, 581, IV, 593, I; **Lei nº 5.172**, de 25-10-1966, art. 174, parágrafo único (interrupção da prescrição da multa no Código Tributário Nacional); **Lei nº 6.830**, de 22-9-1980, art. 8º, § 2º (interrupção da prescrição da multa na Lei de Execução Fiscal); **Lei nº 9.099**, de 26-9-1995, art. 81, *caput*; **Lei nº 11.101**, de 9-2-2005 (Lei de Falências), art. 182, parágrafo único (prevê causa especial de interrupção da prescrição nos crimes falimentares). Súmulas: **STF** 592; **STJ** 18, 191.

117 INTERRUPÇÃO DO PRAZO DA PRESCRIÇÃO

117.1 Causas interruptivas da prescrição

Estando em curso o prazo da prescrição, pode vir ela a ser obstada pela superveniência de determinadas causas, previstas no art. 117, e, ocorrendo uma delas, o prazo anteriormente transcorrido – salvo a hipótese da prescrição intercorrente ou retroativa – perde sua eficácia. Começa a fluir, portanto, novo e independente prazo prescricional, não se podendo ignorar essas causas de interrupção. As causas interruptivas existem porque são atos que a lei selecionou como demonstração de um exercício do poder punitivo, incompatíveis com uma demonstração de renúncia do Estado ao *jus puniendi*. As causas interruptivas, porém, somente são aquelas taxativamente enumeradas no art. 117, porque a matéria de prescrição penal é de direito substantivo, em que não se admite entendimento ampliativo ou interpretação analógica, e muito menos a aplicação da analogia.

Para a prescrição da pena de multa, diante da redação dada ao art. 51 do Código Penal e da atual redação conferida ao art. 174 do CTN pela Lei Complementar nº 118, de 9-2-2005, interrompe o curso do prazo da prescrição da pretensão executória da pena de multa o despacho do juiz que ordenar a citação pessoal do devedor, o protesto judicial, qualquer ato judicial que constitua em mora o devedor e qualquer ato inequívoco ainda que extrajudicial, que importe em reconhecimento do débito pelo devedor.

As causas de interrupção previstas no Código Penal valem para os crimes previstos em lei penal especial, desde que esta não disponha de modo diverso. Por isso, já dispunha a Súmula 592 do STF: "Nos crimes falimentares, aplicam-se as causas interruptivas da prescrição, previstas no Código Penal." Na Lei de Falências (Lei nº 11.101, de 9-2-2005), há norma expressa no sentido da aplicação das disposições do Código Penal à prescrição dos crimes falimentares (art. 182), prevendo-se, porém, também como causa interruptiva a sentença que decreta a falência, quando o prazo começou a fluir da sentença que concedeu a recuperação judicial ou que homologou o plano de recuperação extrajudicial (art. 182, parágrafo único).

Jurisprudência

- Causas interruptivas da prescrição
- Validade das causas interruptivas
- Curso de novo e integral prazo prescricional
- Inocorrência da prescrição em decorrência das causas interruptivas
- Causas interruptivas da prescrição em crime falimentar (anterior à vigência da Lei nº 11.101, de 9-2-2005)
- Rol taxativo das causas de interrupção da prescrição
- Inexistência de causa interruptiva pela cassação do *sursis*
- Causas interruptivas da prescrição em crime de imprensa (anterior à declaração de inconstitucionalidade da Lei nº 5.250/1967)
- Inadmissibilidade de aferição da interrupção da prescrição da pretensão executória em pedido de *habeas corpus*

117.2 Interrupção pelo recebimento da denúncia ou queixa

A primeira causa interruptiva do lapso prescricional é o recebimento da denúncia ou da queixa, em primeira instância ou em julgamento de recurso. Tem-se considerado a data do despacho do recebimento como o dia da interrupção, mas, na dúvida, deve prevalecer a data da entrega dos autos em cartório pelo juiz, salvo se prejudicar o agente. Só interrompe o curso da prescrição o recebimento válido; o anulado não tem esse efeito. Em caso de anulação da denúncia, o recebimento posterior daquela que atende aos requisitos legais é causa interruptiva da prescrição. Eventual retificação ou ratificação do recebimento da denúncia não tem o efeito de interromper a prescrição, valendo sempre, portanto, a data do despacho original. Entretanto, o recebimento do aditamento da peça inicial interrompe a prescrição apenas quando é descrito novo ilícito penal ou incluído novo acusado, por corresponder assim a recebimento da denúncia, estendendo-se a interrupção a todos os corréus (art. 117, § 1º). A *contrario sensu*, a rejeição da denúncia não interrompe o prazo prescricional, o que somente poderá ocorrer na data em que, em recurso, a Superior Instância receber a denúncia ou a queixa. Vale, nesse caso, a data do julgamento pelo Tribunal, em que a decisão tornou-se pública, e não a da publicação do acórdão. Anulado o despacho de recebimento da denúncia ou queixa (por incompetência, p. ex.), não tem ele o condão de interromper o lapso prescricional.

Discute-se, diante das alterações introduzidas no Código de Processo Penal pela Lei nº 11.719, de 20-6-2008, o momento de interrupção da prescrição pelo recebimento da denúncia. Entendemos que o momento do recebimento da denúncia é único e ocorre logo após seu oferecimento, se não for caso de rejeição liminar, e antes da citação, diante do que prevê expressamente o art. 396 do CPP. Não sendo caso de absolvição sumária, não há necessidade de novo recebimento da denúncia ou mesmo de ratificação do anterior, impondo-se ao juiz a designação de data para audiência de instrução e julgamento, nos termos do art. 399 do CPP. A referência ao recebimento da denúncia contida nesse dispositivo permaneceu embora a emenda aprovada ao projeto original, dando nova redação ao art. 396, tenha antecipado o recebimento da denúncia ao oferecimento da defesa escrita. Assim, interrompe a prescrição o recebimento da denúncia no momento a que se refere o art. 396 do CPP. Mesmo que o juiz, após o oferecimento da defesa escrita, profira outra decisão recebendo a denúncia, esta não interrompe o prazo prescricional, por se tratar de mera ratificação ou confirmação do ato anterior validamente praticado.

Jurisprudência

- Interrupção pelo recebimento da denúncia
- Interrupção pelo recebimento da denúncia após a Lei nº 11.719/2008
- Interrupção pela citação do réu no caso de crime contra a honra
- Interrupção pelo recebimento da denúncia no Tribunal
- Interrupção pelo recebimento da denúncia em processo originário
- Interrupção na data do recebimento da denúncia
- Dúvida quanto à data do recebimento: autos extraviados
- Interrupção no caso da falta de recebimento expresso
- Interrupção na data do julgamento do recurso provido
- Manutenção da interrupção pelo recebimento da denúncia posteriormente aditada
- Inadmissibilidade de interrupção pela rerratificação da denúncia
- Inadmissibilidade de interrupção pelo recebimento anulado
- Inadmissibilidade de interrupção pelo recebimento anulado – Contra
- Inocorrência de interrupção pelo recebimento da denúncia por juiz incompetente
- Interrupção pelo recebimento da denúncia – Contra: data do primeiro despacho nos autos
- Interrupção pelo recebimento da queixa
- Interrupção pela denúncia no Juizado especial criminal
- Interrupção na data do acórdão que recebe a queixa
- Dúvida quanto à data do recebimento
- Interrupção na data do julgamento do recurso provido
- Interrupção pelo recebimento do aditamento à denúncia de novo delito

- Interrupção pelo recebimento do aditamento à denúncia de corréu
- Interrupção pelo recebimento do aditamento à denúncia – Contra
- Inadmissibilidade de interrupção pelo aditamento para nova classificação do crime
- Inadmissibilidade de interrupção pelo aditamento para nova classificação do crime – Contra
- Inadmissibilidade de interrupção pela rerratificação da denúncia
- Interrupção na data do efetivo recebimento da denúncia
- Interrupção na data do efetivo recebimento da denúncia – Contra
- Inadmissibilidade de interrupção pelo recebimento anulado

117.3 Interrupção pela pronúncia

Nos crimes cuja apuração é da competência do Tribunal do Júri, o prazo prescricional sofre nova interrupção com a sentença de pronúncia. Havendo diferença entre a data aposta na decisão e a de sua publicação, prevalece esta última, salvo se prejudicar o réu (*in dubio pro reo*). Quando houver desclassificação pelo júri para crime que não é da competência desse tribunal, ainda assim a sentença de pronúncia tem força de interrupção (Súmula 191 do STJ), só afastada quando anulada a decisão. O prazo, porém, será calculado de acordo com a nova capitulação. De outro lado, não interrompem a prescrição a sentença de absolvição sumária ou de desclassificação pelo juiz no caso de declinar a competência para o juiz singular. Neste último caso, a classificação da denúncia era equivocada. Entretanto, havendo recurso e pronunciado o réu pelo Tribunal, ocorre a interrupção com o julgamento pela corte.

Jurisprudência

- Interrupção pela pronúncia
- Interrupção pela publicação da pronúncia
- Desclassificação em instância superior
- Inocorrência de interrupção pela intimação da pronúncia
- Interrupção pela sentença de pronúncia e absolvição do réu
- Desclassificação pelo juiz
- Desclassificação pelo Tribunal do Júri
- Desclassificação pelo Tribunal do Júri – Contra

117.4 Interrupção pela confirmação da pronúncia

Também interrompe o curso da prescrição a decisão confirmatória da pronúncia em razão de recurso da defesa. Não deixa também de ter força interruptiva a decisão do Tribunal em recurso da acusação (para a inclusão de uma qualificadora, p. ex.), ainda que não provido, se a pronúncia for mantida.

Jurisprudência

- Interrupção pela confirmação da pronúncia
- Interrupção na data do julgamento da confirmação da pronúncia
- Interrupção pela confirmação da pronúncia e desclassificação no Júri

117.5 Interrupção pela publicação da sentença ou acórdão condenatórios recorríveis

A publicação da sentença condenatória recorrível é também causa interruptiva da prescrição. Embora a referência à *publicação* da sentença tenha sido incluída pela Lei nº 11.596, de 29-11-2007, já era ela exigida na jurisprudência, para a qual não se considerava a data da sentença. Não se exige, para a caracterização da causa interruptiva, que a acusação recorra da decisão. Diante do que dispõe o art. 389 do CPP, é hoje praticamente pacífico que a prescrição se interrompe na data da publicação da sentença em mão do escrivão. Deve-se ressaltar, porém, que a falta ou atraso na publicação por desídia do escrivão não exclui a interrupção quando a sentença é juntada aos autos. Publicada a sentença em audiência, é nessa data que ocorre a interrupção, pois conhecida das partes. Interpostos embargos declaratórios da sentença condenatória e sendo eles acolhidos, a data da publicação do resultado do recurso é que passa a ser causa interruptiva da prescrição. A sentença anulada, porém, não é causa interruptiva, pois o que é nulo não pode produzir efeitos, especialmente contra o réu. Entendendo-se que a sentença em que se concede o perdão judicial é meramente declaratória de extinção da punibilidade, não interrompe ela o prazo prescricional (Súmula 18 do STJ). Atendendo-se à orientação que a tem por sentença condenatória, ocorre a causa interruptiva. A sentença de absolvição por inimputabilidade, ainda que imponha medida de segurança, também não interrompe a prescrição.

O acórdão recorrível também interrompe o prazo prescricional quando *reforma* absolvição, diante do que dispõe o inciso IV do art. 117, com a redação dada pela Lei nº 11.596, de 29-11-2007. No mesmo sentido já era a orientação jurisprudencial prevalente, antes da alteração do dispositivo. Trata-se de decisão condenatória recorrível, idêntica, para esse efeito, a uma sentença condenatória, não havendo por que diferenciar a condenação pelo juiz daquela proferida pelo Tribunal. Há, porém, decisões em sentido contrário. De acordo com a redação dada ao dispositivo, deve-se considerar a data da publicação do acórdão.

Permanecia não interrompendo a prescrição, por não estar relacionada como causa interruptiva, o acórdão que confirma a condenação, embora já se viesse decidindo pela interrupção quando é agravada, em algum momento, a sentença condenatória. Já decidiu, porém, corretamente, o STF que o acórdão condenatório, ainda quando confirmatório da sentença condenatória de primeiro grau, seja mantendo, reduzindo ou aumentando a pena anteriormente imposta, é, igualmente, causa interruptiva da prescrição, por se tratar de decisão da mesma natureza.

É de se notar que a sentença condenatória em segundo grau fica com a interrupção suspensa se penderem dela embargos infringentes, diante do efeito suspensivo concedido a estes. Não sendo interposto recurso especial ou extraordinário, já está em curso a prescrição da pretensão executória que se inicia com o trânsito em julgado para a acusação.

Jurisprudência

- Interrupção pela sentença condenatória recorrível
- Interrupção pela sentença condenatória reduzida em 2ª instância
- Interrupção na data da entrega em cartório
- Interrupção pela publicação da sentença
- Interrupção pela sentença condenatória: irrelevância da redução de pena na apelação
- Interrupção pela sentença condenatória: irrelevância dos embargos declaratórios
- Inadmissibilidade de interrupção por sentença condenatória anulada
- Inadmissibilidade de interrupção pela sentença condenatória do Júri anulada
- Interrupção ainda que reduzida a pena em apelação
- Inadmissibilidade de interrupção por sentença absolutória
- Inadmissibilidade de interrupção em sentença absolutória por inimputabilidade
- Interrupção pela condenação em acórdão embargável
- Interrupção pela condenação em acórdão embargável – Contra

ART. 117 — CÓDIGO PENAL INTERPRETADO

- Interrupção pela data do julgamento pelo Tribunal (antes da vigência da Lei n° 11.596, de 29-11-2007) –
- Interrupção na data do acórdão (antes da vigência da Lei n° 11.596, de 29-11-2007)
- Interrupção pela data da publicação do acórdão
- Interrupção pelo acórdão confirmatório da sentença condenatória
- Inadmissibilidade de interrupção pelo acórdão confirmatório da condenação
- Inadmissibilidade de interrupção de acórdão confirmatório da condenação com retificação de pena
- Interrupção na data da entrega em cartório
- Interrupção na data da sentença publicada em audiência
- Interrupção na data de ato inequívoco de publicidade
- Interrupção pela data de registro da sentença
- Interrupção na data mais favorável ao réu
- Interrupção em caso de embargos declaratórios da sentença
- Inadmissibilidade de interrupção por sentença absolutória
- Inadmissibilidade de interrupção pela sentença que concede perdão judicial
- Inadmissibilidade de interrupção pela sentença que concede perdão judicial – Contra
- Inadmissibilidade de interrupção pela concessão do *sursis*
- Interrupção pela condenação em superior instância
- Interrupção pela data do julgamento pelo Tribunal (antes da vigência da Lei n° 11.596, de 29-11-2007)
- Prescrição na pendência dos embargos infringentes
- Inadmissibilidade de interrupção pelo acórdão confirmatório da condenação
- Interrupção pelo acórdão que agrava a condenação
- Interrupção pelo acórdão que agrava a condenação – Contra

117.6 Interrupção pelo início ou continuação do cumprimento da pena

Enquanto as anteriores causas de interrupção referem-se à prescrição da pretensão punitiva, prevê o art. 117, em seu inciso V, que a prescrição é interrompida pelo início ou continuação do cumprimento da pena, referindo-se, pois, à prescrição da pretensão executória. Preso o agente condenado para que se execute a pena, interrompe-se o prazo prescricional iniciado com o trânsito em julgado da sentença para a acusação, ou conforme o caso, do trânsito em julgado da revogação do *sursis*. Tendo havido evasão ou revogação do livramento condicional, a recaptura, no primeiro caso, ou a prisão do sentenciado, no segundo, interrompe a prescrição. Evidentemente, nessas hipóteses, o prazo não começa a correr novamente (art. 117, § 2°). A prisão do condenado, para cumprir a pena imposta em outro processo, a rigor não interrompe a prescrição da pretensão punitiva, ou da pretensão executória, mas, neste último caso, suspende seu curso, nos termos do art. 116, parágrafo único.

Jurisprudência

- Inadmissibilidade de interrupção da prescrição da pretensão punitiva
- Inocorrência de interrupção na prestação de serviços à comunidade pela retirada de ofício
- Interrupção pela prisão do condenado
- Interrupção na data da audiência do *sursis*

117.7 Interrupção pela reincidência

Também interrompe o prazo da prescrição da pretensão executória a reincidência. Não basta, assim, nova condenação criminal se não estiver caracterizada a recidiva. Deve-se considerar como momento da interrupção a data do trânsito em julgado da nova decisão condenatória e não a data do crime, já que somente a decisão pode comprovar a realidade da reincidência.

Há, entretanto, opiniões prevalentes em contrário.

Jurisprudência

- Interrupção pela reincidência
- Interrupção pela nova sentença condenatória
- Interrupção pela condição de reincidente
- Interrupção pelo trânsito em julgado da nova condenação
- Interrupção pelo cometimento do crime: condicionamento ao trânsito em julgado
- Necessidade de averiguação da ocorrência da reincidência para o reconhecimento da prescrição
- Inadmissibilidade de interrupção pela reincidência por crime anterior
- Interrupção pelo cometimento do crime
- Interrupção pelo cometimento do crime: desnecessidade de nova condenação transitada em julgado

117.8 Comunicabilidade das causas de interrupção

Conforme dispõe a lei, excetuados os casos dos incisos V e VI do art. 117, que se referem a condições personalíssimas, a interrupção da prescrição produz efeitos relativamente a todos os autores do crime. Assim, por exemplo, o recebimento do aditamento da denúncia para a inclusão de um coautor ou partícipe estende-se aos demais acusados já denunciados. Estende-se ao corréu absolvido em sentença recorrível a condenação do corréu a que seja imputada a coautoria ou participação. Ainda que anulada a sentença por recurso de um dos réus, continuando válida para os demais, interrompe o curso da prescrição inclusive com relação ao acusado beneficiado com a anulação.

Ocorrendo conexão, conforme as regras processuais, a interrupção com relação a um dos crimes estende-se aos demais. A sentença de pronúncia, por exemplo, interrompe o prazo prescricional com relação aos demais crimes, originariamente de competência do juiz singular.

Jurisprudência

- Comunicabilidade da interrupção para crime conexo ao da competência do Júri
- Comunicabilidade nos crimes conexos
- Comunicabilidade da interrupção a corréu absolvido
- Inexistência de comunicabilidade em caso de conexão instrumental
- Incomunicabilidade da interrupção em sentença parcialmente anulada
- Incomunicabilidade da interrupção em sentença parcialmente anulada – Contra

117.9 Interrupção da prescrição da pretensão executória da pena de multa

Anteriormente, a interrupção do curso da prescrição da pretensão executória da pena de multa regia-se pela mesma regra prevista no art. 117, V e VI. Entretanto, com a alteração do art. 51 do CP realizada pela Lei nº 9.268, de 1º-4-1996, e posteriormente pela Lei nº 13.964/2019, aplicam-se à execução da multa as causas interruptivas previstas nas normas da legislação relativa à dívida ativa da Fazenda Pública. São elas: o despacho do juiz que ordenar a citação pessoal do devedor, o protesto judicial, qualquer ato judicial que constitua em mora o devedor e qualquer ato inequívoco, ainda que extrajudicial, que importe em reconhecimento do débito pelo devedor (art. 174, parágrafo único, da Lei nº 5.172, de 25-10-1966 – Código Tributário Nacional, com a redação dada pela Lei Complementar nº 118, de 9-2-2005). Segundo a anterior redação do dispositivo, a interrupção ocorria com a citação pessoal feita ao devedor, mas o art. 8º, § 2º, da Lei nº 6.830, de 22-9-1980, que dispõe sobre a cobrança judicial da Dívida Ativa da Fazenda Pública, já previa como causa interruptiva da prescrição o despacho judicial que ordena a citação.

Jurisprudência

- Interrupção da prescrição da pretensão executória em caso de multa
- Interrupção da prescrição da pretensão executória da multa antes da vigência da Lei nº 9.268/96

Art. 118. As penas mais leves prescrevem com as mais graves.

Vide: CP arts. 109, parágrafo único, 110, *caput*, 114, 119.

118 PRESCRIÇÃO DAS PENAS MAIS LEVES

118.1 Prescrição das penas cumulativas ou alternativas

Tratando da prescrição da pretensão punitiva, inclusive a intercorrente e retroativa, o artigo dispõe que as penas mais leves prescrevem com as mais graves quando há penas cominadas cumulativa ou alternativamente para o ilícito (reclusão e/ou detenção, detenção e/ou restritiva de direitos, detenção e/ou multa etc.). Evidentemente, a lei está se referindo às penas a serem aplicadas pelo mesmo delito e não à hipótese de concurso de crimes, regida por dispositivo específico (art. 119). A pena mais leve só prescreverá quando se houver estabelecido a prescrição no prazo previsto para a pena mais grave e não mais no lapso prescricional estabelecido para o caso de ser ela a única cominada abstratamente. Em consonância com essa regra, passou-se a dispor que a prescrição da pena de multa ocorrerá "no mesmo prazo estabelecido para a prescrição da pena privativa de liberdade, quando a multa for alternativa ou cumulativamente cominada ou cumulativamente aplicada" (art. 114, II, com a redação dada pela Lei nº 9.268, de 1º-4-1996). É de dois anos, porém, o prazo da prescrição quando a pena de multa é a única cominada ou aplicada, conforme dispõe o mesmo artigo em seu inciso I (item 114.1).

No caso de prescrição da pretensão executória da multa aplicada cumulativamente com pena privativa de liberdade, a sanção pecuniária também só prescreverá quando esta estiver prescrita. Não dispõe a lei expressamente sobre a prescrição da pretensão executória da pena de multa quando é executada também a pena privativa de liberdade. Deve-se entender, nessa hipótese, ao menos por analogia *in bonam partem*, que a pena pecuniária deve ser executada antes de estar cumprida ou extinta a pena privativa de liberdade, pois a lei frequentemente equipara o cumprimento com a extinção da pena. Assim, cumprida a pena privativa de liberdade, prescrita está a pena de multa. Está superada, segundo entendemos, a tese de que o prazo da prescrição da pretensão executória da multa, nessa hipótese, começa a ser contado a partir do término da execução da pena privativa de liberdade, como dava a entender o art. 114 do Código Penal, na redação original, quando se referia à pena de multa que ainda não fora cumprida.

Jurisprudência

- Prescrição das penas restritivas de direitos e multa
- Prescrição da pena de multa cumulativa
- Inaplicabilidade no caso de concurso de crimes

Art. 119. No caso de concurso de crimes, a extinção da punibilidade incidirá sobre a pena de cada um, isoladamente.

Vide: CP arts. 69 a 72, 111, III. Súmula: STF 497.

119 PRESCRIÇÃO NO CONCURSO DE CRIMES

119.1 Prescrição da pretensão punitiva no concurso de crimes

Diante do disposto no artigo, no caso de concurso de crimes, a extinção da punibilidade, inclusive quanto à prescrição da pretensão punitiva com base na pena em abstrato, incide sobre a pena de cada um, isoladamente. Assim, no concurso material, não há que se fazer o cálculo sobre a soma das penas aplicáveis, mas com base em cada crime, isoladamente. O mesmo deve ser dito com relação ao concurso formal e ao crime continuado, devendo-se calcular o prazo da prescrição de cada delito.

Jurisprudência

- Exclusão do acréscimo da continuidade delitiva no cálculo da prescrição
- Prescrição da pretensão punitiva e da pretensão executória no concurso de crimes
- Prescrição da pretensão punitiva com base na pena em abstrato em concurso de crimes

119.2 Prescrição da pretensão punitiva intercorrente e retroativa no concurso de crimes

Aplicando-se a mesma regra, no caso de se tratar de prescrição da pretensão intercorrente ou retroativa, ou seja, da pretensão punitiva calculada de acordo com a pena aplicada, da qual não recorreu a acusação ou depois de improvido seu recurso, no caso de concurso material, calcula-se o prazo de cada crime concorrente. No caso de concurso formal e de crime continuado, segundo se tem decidido, o cálculo deve ser efetuado sobre a pena fixada originalmente, desprezando-se o acréscimo do concurso ideal e da continuidade delitiva. Diz-se na Súmula 497 do STF: "Quando se tratar de crime continuado, a prescrição regula-se pela pena imposta na sentença, não se computando o acréscimo decorrente da continuação." Na verdade, o magistrado, ao sentenciar nessas hipóteses, deveria fixar a pena para cada um dos crimes componentes e, posteriormente, verificar qual a pena mais grave, promovendo o acréscimo devido. Assim deveria fazê-lo para os fins dos arts. 70, parágrafo único, 71, parágrafo único, última parte, e 119, todos do Código Penal. De outra forma, torna-se impossível o reconhecimento da prescrição dos crimes menos graves, que ensejaram o aumento de pena nos limites legais.

Jurisprudência

- Prescrição retroativa em concurso material
- Prescrição retroativa em concurso formal
- Prescrição retroativa em crime continuado
- Prescrição na pena de multa do crime continuado
- Fixação da pena para os fins do art. 119 do CP
- Impossibilidade de reconhecimento da prescrição dos crimes menos graves

119.3 Prescrição da pretensão executória no concurso de crimes

Não fazendo o artigo em estudo nenhuma distinção, é ele aplicável à prescrição da pretensão executória no caso de concurso de crimes. Havendo condenação em concurso material de delitos, a prescrição deve ser calculada com base nas penas de cada crime concorrente. Na hipótese de concurso formal e crime continuado (Súmula 497 do STF), o cálculo se faz com base na pena inicialmente aplicada, desconsiderando-se o aumento pelo concurso ideal e pela continuidade delitiva.

Evidentemente, havendo várias condenações, em processos diversos, contra a mesma pessoa, correm simultânea e isoladamente os prazos prescricionais de cada uma das penas.

Jurisprudência

- Prescrição da pretensão executória no concurso material

Perdão judicial

Art. 120. A sentença que conceder perdão judicial não será considerada para efeitos de reincidência.

Vide: CP arts. 63, 64, 107, IX. Súmula: **STJ 18**.

120 PERDÃO JUDICIAL E REINCIDÊNCIA

120.1 Exclusão da reincidência

Muito se discutiu sobre a natureza da sentença em que o juiz aplica o perdão judicial (item 107.17). Sem decidir inteiramente a questão, apesar de o legislador inseri-lo como causa extintiva da punibilidade (art. 107, IX), deixou claro o art. 120 da Parte Geral, com a nova redação, que a sentença concessiva do perdão judicial não é considerada para efeito da reincidência, eliminando assim, além da aplicação da pena, esse efeito que seria gerador de circunstância agravante, produzindo outros efeitos desfavoráveis ao condenado. Agraciado com o perdão, o agente que for condenado posteriormente não deve ser considerado reincidente pela existência da sentença anterior que o concedeu.

Jurisprudência

- Persistência dos demais efeitos

PARTE ESPECIAL

TÍTULO I

DOS CRIMES CONTRA A PESSOA

CAPÍTULO I

DOS CRIMES CONTRA A VIDA

Homicídio simples

Art. 121. Matar alguém:

Pena – reclusão, de 6 (seis) a 20 (vinte) anos.

Caso de diminuição de pena

§ 1º Se o agente comete o crime impelido por motivo de relevante valor social ou moral, ou sob o domínio de violenta emoção, logo em seguida a injusta provocação da vítima, o juiz pode reduzir a pena de um sexto a um terço.

Homicídio qualificado

§ 2º Se o homicídio é cometido:

I – mediante paga ou promessa de recompensa, ou por outro motivo torpe;

II – por motivo fútil;

III – com emprego de veneno, fogo, explosivo, asfixia, tortura ou outro meio insidioso ou cruel, ou de que possa resultar perigo comum;

IV – à traição, de emboscada, ou mediante dissimulação ou outro recurso que dificulte ou torne impossível a defesa do ofendido;

V – para assegurar a execução, a ocultação, a impunidade ou vantagem de outro crime:

Pena – reclusão, de 12 (doze) a 30 (trinta) anos.

Feminicídio *

VI – (revogado) *

VII – contra autoridade ou agente descrito nos arts. 142 e 144 da Constituição Federal, integrantes do sistema prisional e da Força Nacional de Segurança Pública, no exercício da função ou em decorrência dela, ou contra seu cônjuge, companheiro ou parente consanguíneo até terceiro grau, em razão dessa condição: **

VIII – com emprego de arma de fogo de uso restrito ou proibido: ********

Homicídio contra menor de 14 anos

IX – contra menor de 14 anos: *********

Pena – reclusão, de doze a trinta anos.

§ 2º-A (revogado): ****

§ 2º-B. A pena do homicídio contra menor de 14 (quatorze) anos é aumentada de: *********

I – 1/3 (um terço) até a metade se a vítima é pessoa com deficiência ou com doença que implique o aumento de sua vulnerabilidade; *********

II – 2/3 (dois terços) se o autor é ascendente, padrasto ou madrasta, tio, irmão, cônjuge, companheiro, tutor, curador, preceptor ou empregador da vítima ou por qualquer outro título tiver autoridade sobre ela. *********

III – 2/3 (dois terços) se o crime for praticado em instituição de educação básica pública ou privada. **********

Homicídio culposo

§ 3º   Se o homicídio é culposo:

Pena – detenção, de 1 (um) a 3 (três) anos.

Aumento de pena

§ 4º   No homicídio culposo, a pena é aumentada de um 1/3 (um terço), se o crime resulta de inobservância de regra técnica de profissão, arte ou ofício, ou se o agente deixa de prestar imediato socorro à vítima, não procura diminuir as consequências do seu ato, ou foge para evitar prisão em flagrante. Sendo doloso o homicídio, a pena é aumentada de 1/3 (um terço), se o crime é praticado contra pessoa menor de 14 (quatorze) anos ou maior de 60 (sessenta) anos.*****

§ 5º   Na hipótese de homicídio culposo, o juiz poderá deixar de aplicar a pena, se as consequências da infração atingirem o próprio agente de forma tão grave que a sanção penal se torne desnecessária.******

§ 6º   A pena é aumentada de 1/3 (um terço) até a metade se o crime for praticado por milícia privada, sob o pretexto de prestação de serviço de segurança, ou por grupo de extermínio.*******

§ 7º (revogado) ********

*Nomen juris e inciso VI inseridos pela Lei nº 13.104, de 9-3-2015 e posterirormente revogado pela Lei nº 14.994, de 9-10-2024.

**Inciso VII inserido pela Lei nº 13.142, de 6-7-2015.

*** Inciso VIII inserido pela Lei nº 13.964, de 24-12-2019.

**** § 2º-A inserido pela Lei nº 13.104, de 9-3-2015 e posterirormente revogado pela Lei nº 14. 994, de 9-10-2024.

***** § 4º com a redação determinada pela Lei nº 10.741, de 1º-10-2003.

******§ 5º inserido pela Lei nº 6.416, de 24-5-1977.

******* § 6º inserido pela Lei nº 12.720, de 27-9-2012.

******** § 7º inserido pela Lei nº 13.104, de 9-3-2015 e posterirormente revogado pela Lei nº 14. 994, de 9-10-2024.

********* Nomen juris, inciso IX, § 2º-B inseridos pela Lei nº 14.344, de 24-5-2022.

********** Inciso III do § 2º-B inserido pela Lei nº 14.811, de 12-1-2024.

Vide: CF art. 5º, *caput*, XXXVIII, *d*, XLIII; **CP** arts. 61, II, *a*, *b*, *c*, *d*, *h*, 62, IV, 65, III, *a*, 83, V, 107, IX, 120, 129, § 13, 135, 288-A; **CPP**, arts. 74, § 1º, 76, II, 162 a 167, 302, 303, 406 a 497; **CC**, arts. 186, 927, 948, 951; **CPM** arts. 205 e 206 (homicídio como crime militar); **Lei nº 2.889**, de 1º-10-1956, art. 1º, *a* (genocídio); **Lei nº 9.455**, de 7-4-1997, art. 1º, § 3º (crime de tortura seguida de morte); **Lei nº 7.960**, de 21-12-1989, art. 1º, III, *a* (prevê a prisão temporária em crime de homicídio doloso – art. 121, *caput*, e § 2º); **Lei nº 8.072**, de 25-7-1990, art. 1º, I (homicídio praticado em atividade típica de grupo de extermínio, ainda que cometido por um só agente, e homicídio qualificado como crimes hediondos), art. 2º, I (veda anistia, graça e indulto) e II (proíbe a fiança), § 1º (determina o regime inicial fechado), § 3º (possibilita a concessão fundamentada pelo juiz do apelo em liberdade), § 4º (prazo de trinta dias para a prisão temporária); **Lei nº 9.503**, de 23-9-1997 – **CTB** art. 291, 301 (proíbe a prisão em flagrante do agente que prestar pronto e integral socorro à vítima em crime de trânsito); 302 (homicídio culposo na direção de veículo automotor), parágrafo único, III (omissão de socorro como circunstância qualificadora); 304 (tipifica a omissão de socorro no caso de acidente com veículo automotor), parágrafo único (dispõe que o socorro prestado por terceiro não elide o crime), 305 (tipifica a conduta de afastar-se o condutor do local do acidente para fugir a responsabilidade penal ou civil que lhe possa ser atribuída). Súmulas: **Vinculante** 45; STF 698, 721; STJ 18.

121 HOMICÍDIO

121.1 Sujeitos do delito

O homicídio é crime comum e não especial e, assim, o sujeito ativo pode ser qualquer pessoa, excluídos aqueles que atentam contra a própria vida, já que o suicídio, por si mesmo, é fato atípico. Admite a coautoria ou participação, por ação ou omissão.

Sujeito passivo do homicídio é alguém, ou seja, qualquer pessoa, independentemente de idade, sexo, raça, condição social etc. Por força do disposto no art. 123 do CP, tem-se entendido que o início da existência da pessoa humana ocorre "durante o parto", embora ainda se discuta qual o momento exato desse acontecimento (rompimento do saco amniótico, dores da dilatação, dilatação do colo do útero, desprendimento do feto no álveo materno). Não é necessário, para a existência de um homicídio, que se trate de vida viável, bastando a prova de que a vítima nasceu viva. Também se configura o homicídio na eliminação da vida de moribundos, condenados a morte etc. Por outro lado, a ação tendente a matar alguém que atinge um cadáver pratica o crime impossível por impropriedade do objeto material (ser humano vivo). Pouco importa o consentimento da vítima para a prática do homicídio, já que a vida é bem indisponível. É possível, porém, a ocorrência de homicídio privilegiado por relevante valor moral quando tratar-se da eutanásia.

Jurisprudência

- Participação criminosa por instigação
- Concurso de agentes e autoria incerta
- Inexistência de adesão ou apoio moral: inexistência de participação
- Coautoria: caracterização
- Coautoria por omissão
- Inexistência do dever de agir
- Homicídio durante o parto

121.2 Tipo objetivo

A conduta típica do homicídio é matar alguém, eliminar a vida de uma pessoa humana, podendo ser praticada de forma livre, por meios diretos ou indiretos, como a de açular um cão ou doente mental contra a pessoa que se quer matar, coagir alguém ao suicídio, colocar a vítima em situação de não poder sobreviver etc. Os meios para a prática do crime podem ser físicos, químicos, patogênicos ou até morais, como a provocação de susto para matar, ou a condução de um cego para o abismo. Pode ser praticado por ação ou omissão, ocorrendo o ilícito pela inatividade do agente que tinha o dever de agir para evitar o resultado (art. 13, § 2º, do CP). Evidentemente, como em qualquer crime, não se dispensa o nexo causal entre a conduta do agente e a morte do ofendido, sempre com fundamento na teoria da equivalência dos antecedentes referida no art. 13.

Jurisprudência

- Causa superveniente: existência de nexo causal
- Inexistência de prova do nexo causal
- Inexistência de laudo de exame necroscópico
- Arrependimento eficaz: desclassificação para lesão corporal

121.3 Tipo subjetivo

O dolo do homicídio é a vontade de eliminar uma vida humana (*animus necandi* ou *occidendi*), não se exigindo um fim especial, que poderá constituir, conforme o caso, uma circunstância qualificadora ou causa de diminuição de pena. Admite-se perfeitamente o dolo eventual, em que o agente não quer a morte, mas assume o risco de produzi-la.

Jurisprudência

- Homicídio doloso caracterizado
- Homicídio com dolo eventual
- Tentativa de homicídio e não crime impossível
- Dolo eventual em disparos de arma de fogo
- Dolo eventual em homicídio no trânsito: neblina e velocidade excessiva
- Dolo eventual em homicídio no trânsito: neblina e velocidade excessiva – Contra

- Dolo eventual ao dirigir embriagado
- Inexistência de dolo eventual na embriaguez não preordenada na direção de veículo: crime culposo
- Dolo eventual em roleta-russa
- Dolo eventual em disparos de policiais
- Distinção do dolo eventual e culpa
- Inexistência de dolo eventual
- Inexistência de dolo eventual: culpa consciente
- Dolo por abandono de pessoa em perigo
- Inexistência de dolo (ofendículos)
- Legítima defesa (ofendículos)
- Desistência voluntária: inexistência de dolo
- Desistência voluntária: inexistência de dolo – Contra
- Dolo eventual em disparos de arma de fogo
- Existência de dolo eventual em homicídio no trânsito: participação de "racha"

121.4 Consumação e tentativa

Consuma-se o crime com a morte da vítima, falando-se na necessidade de morte clínica, morte cerebral e morte biológica. A Lei nº 9.434, de 4-2-97, ao dispor sobre a retirada e transplante de tecidos, órgãos e partes do corpo humano, refere-se à "morte encefálica", que deve ser constatada e registrada por dois médicos não participantes das equipes de remoção e transplante, mediante a utilização de critérios clínicos e tecnológicos definidos por resolução do Conselho Federal de Medicina (art. 3º). Pela Resolução nº 2.173, de 23.11.2017, do Conselho Federal de Medicina, a morte encefálica deve ser consequência de processo irreversível e sua constatação exige exames clínicos, teste de apneia e exame complementar. Pelos primeiros, devem-se constatar as condições de "coma não perceptivo" e "ausência de reatividade supraespinal manifestada pela ausência de reflexos fotomotor, córneo-palpebral, oculocefálico, vestígulo-calórico e de tosso" (art. 3º). Pelo teste de apneia deve-se comprovar a "ausência de movimentos respiratórios na presença de Hipercapnia (PaCO2 superior a 55mmHg) (art. 4º). O exame complementar visa demonstrar de forma inequívoca a ausência de perfusão sanguínea encefálica, ou de atividade metabólica encefálica ou de atividade elétrica encefálica (art. 5º).

A morte deve ser comprovada por laudo de exame de corpo de delito (laudo necroscópico) (arts. 162 a 166 do CPP). Quando não é possível o exame direto (o corpo da vítima não é encontrado ou desaparece), permite-se a constituição do corpo de delito *indireto* por testemunhas, por exemplo, não o suprindo a simples confissão do agente (arts. 158 e 167 do CPP).

A tentativa ocorre quando, iniciada a execução com o ataque ao bem jurídico vida humana, não se verifica a ocorrência da morte, servindo o elemento subjetivo do crime para diferenciá-lo das lesões corporais quando o evento não ocorre. Ocorre a chamada tentativa branca ou incruenta quando o agente dispara contra a vítima, mas não a atinge, e a tentativa imperfeita quando o sujeito ativo não consegue praticar os atos necessários à consumação por interferência externa.

Jurisprudência

- Tentativa de homicídio: um disparo de arma
- Inexistência de tentativa: apenas um disparo
- Tentativa de homicídio: vários disparos de arma
- Dúvida quanto à tentativa branca
- Inexistência de tentativa: atos preparatórios
- Inexistência da tentativa por ausência de dolo
- Compatibilidade da tentativa com dolo eventual
- Compatibilidade da tentativa com legítima defesa
- Critério para redução da pena na tentativa
- Inexistência de tentativa branca

121.5 Homicídio privilegiado por relevante valor social ou moral

A motivação do crime de homicídio pode fazer com que se caracterize o homicídio privilegiado. Atuando o agente motivado por relevante valor social, que diz respeito aos interesses ou fins da vida coletiva (humanitários, patrióticos etc.), ou moral, que se refere aos interesses particulares do agente (compaixão, piedade etc.), praticará um homicídio privilegiado. A eutanásia (ação ou omissão que causa a morte, com a finalidade de evitar a dor) e a ortotanásia (em que se ministram remédios paliativos e se prevê acompanhamento médico, presença amiga e conforto espiritual até o óbito) têm sido reconhecidas como homicídio praticado por relevante valor moral, já tendo sido consideradas lícitas, em certas circunstâncias, p. ex., na Corte Constitucional da Colômbia. O Conselho Federal de Medicina deliberou ser compatível com os deveres profissionais e o desempenho ético da Medicina a conduta do médico que limita ou suspende procedimentos e tratamentos que prolonguem a vida do doente em fase terminal, de enfermidade grave e incurável, em respeito à vontade do paciente ou de seu representante legal, conforme Resolução nº 1.805, de 9-11-2006 (*DOU* de 28-11-2006, p. 169). O Código de Ética Médica proíbe ao médico utilizar, em qualquer caso, meios destinados a abreviar a vida do paciente, ainda que a pedido deste ou de seu responsável legal (art. 41).

Jurisprudência

- Necessidade de motivo social relevante
- Inexistência de motivo moral relevante
- Distinção com a atenuante
- Inexistência do privilégio na motivação amoral
- Homicídio passional
- Critério para aferição da relevância social ou moral

121.6 Homicídio privilegiado por violenta emoção

Também é privilegiado o homicídio praticado sob o domínio de violenta emoção, logo em seguida à injusta provocação da vítima. O homicídio emocional exige, portanto: (a) existência de uma emoção absorvente; (b) a provocação injusta do ofendido; (c) a reação imediata do agente. Assim, deve a emoção ser violenta, intensa, absorvente, atuando o agente em choque emocional, não bastando estar o agente sob sua influência, como previsto no art. 65, III, *c*. A provocação deve ser injusta, contra o direito, sem motivo razoável, embora não se exija que seja ela, de per si, fato criminoso ou mesmo um ataque a bem jurídico. Não delimita a lei, por outro lado, o tempo fatal para a reação do agente, mas é necessário que não decorra lapso de tempo para que o efeito da injusta provocação tenha cessado. Não se caracteriza a causa de redução da pena no chamado homicídio passional, e ela só ocorrerá se preencher os requisitos apontados para o homicídio emocional. A morte causada por ciúme ou vingança por abandono da pessoa amada não constitui, só por isso, homicídio privilegiado. O Supremo Tribunal Federal, por unanimidade, firmou entendimento de que a tese da legítima defesa da honra é inconstitucional nessa hipótese por violar os princípios constitucionais da dignidade da pessoa humana, da proteção à vida e da igualdade de gênero. Aliás, nesses casos, em que o marido mata a esposa adúltera, mesmo nos tribunais populares já vinha prevalecendo a orientação de que não há a excludente da antijuridicidade. A redução da pena para o homicídio privilegiado, entre um sexto e um terço, é obrigatória, embora ainda haja divergências a respeito.

Jurisprudência

- Inadmissibilidade da legítima defesa da honra
- Necessidade de emoção violenta e provocação injusta
- Distinção com a atenuante
- Necessidade de provocação da vítima
- Necessidade de provocação injusta da vítima
- Agressão a filho do agente: provocação injusta
- Execução premeditada e fria: inexistência de violenta emoção
- Lapso temporal entre a provocação e o crime
- Inexistência do elemento temporal
- Lapso temporal e persistência da violenta emoção
- Lapso temporal: inexistência de homicídio privilegiado
- Compatibilidade entre o excesso doloso e o homicídio privilegiado
- Obrigatoriedade da redução da pena
- Obrigatoriedade da redução da pena – Contra
- Critério para a redução da pena
- Redução da pena e circunstâncias judiciais favoráveis
- Distinção com a atenuante
- Lapso temporal e emoção revivida

121.7 Homicídio qualificado mediante paga e por motivo torpe

Aponta o § 2º do art. 121, como homicídio qualificado, aquele praticado mediante paga ou promessa de recompensa. O chamado homicídio mercenário ocorre quando o agente ou recebe um pagamento para praticá-lo ou o comete apenas porque obteve a promessa de ser recompensado pelo ato, devendo esta ter significado econômico, apesar de opiniões em contrário. Segundo a doutrina, a circunstância qualificadora, sendo elementar no delito, comunica-se àquele que paga ou promete a recompensa, como pode ocorrer em qualquer caso de concurso de pessoas, desde que conhecidas pelos coautores ou partícipes. Também como qualquer homicídio qualificado, é considerado como crime hediondo (Lei nº 8.072/90, com a redação dada pela Lei nº 8.930/94).

Também se qualifica o homicídio por qualquer outra motivação torpe, ou seja, repugnante, ignóbil, desprezível, profundamente imoral (cupidez, satisfação de desejos sexuais etc.). A vingança pode constituir motivo torpe, mas é necessário que esteja eivada de torpeza, que cause repulsa segundo os valores éticos correntes. Por isso, não se tem, como regra, qualificado o homicídio praticado por ciúme. Não impede a qualificadora a insanidade mental do agente.

O Supremo Tribunal Federal, ao julgar ação direta de inconstitucionalidade por omissão (ADO 26–DF), declarou que a aversão odiosa à orientação sexual, como nos casos de condutas homofóbicas e transfóbicas, reais ou supostas, configura motivo torpe que qualifica o crime, nos termos do art. 121, § 2º, I.

Jurisprudência

- Comunicabilidade de circunstâncias subjetivas
- Condutas homofóbicas e transfóbicas como motivo torpe
- Vingança como motivo torpe: aferição nos autos
- Motivo torpe: abandono da vítima de maus-tratos
- Vingança como motivo torpe: marido abandonado
- Vingança como motivo torpe: marido abandonado – Contra
- Conduta no momento de entrevero: inexistência de motivo torpe
- Tentativa de reconciliação: inexistência de motivo torpe
- Vingança como motivo torpe: rejeição amorosa
- Vingança: inexistência de motivo torpe

- Vingança por agressão anterior: inexistência de motivo torpe
- Prazer ao matar: motivo torpe caracterizado
- Crime para contar com domínio sobre as pessoas: motivo torpe caracterizado
- Segregação odiosa entre habitantes de bairros diversos: motivo torpe caracterizado
- "Fofocas" anteriores: motivo fútil e não torpe
- Briga anterior em frente a boate: motivo torpe caracterizado
- Tentativa de reconciliação: inexistência de motivo torpe
- Relação com outro crime: inexistência de motivo torpe
- Disputa de terras: motivo torpe
- Motivo torpe: homicídio para reatar relacionamento com a mulher da vítima
- Motivo torpe e semi-imputabilidade
- Compatibilidade entre motivo torpe e atenuante genérica de violenta emoção
- Comunicabilidade da circunstância ao coautor
- Vingança como motivo torpe
- Vingança como motivo torpe: amásio desprezado
- Ciúme: inexistência de motivo torpe

121.8 Homicídio qualificado por motivo fútil

O homicídio é qualificado quando praticado por motivo fútil, ou seja, sem importância, frívolo, leviano, insignificante, ínfimo, mínimo, desarrazoado, em avantajada desproporção entre a motivação e o crime praticado. Tem-se entendido que futilidade da motivação deve ser aferida de forma objetiva e não de acordo com o ponto de vista do réu, mas é de se ponderar que, tratando-se de elemento subjetivo, sob esse caráter é que deve ser analisado o motivo que levou o agente à prática do ilícito. Não se deve confundir motivo fútil com motivo injusto, não tendo este, muitas vezes, o caráter de frivolidade necessário à caracterização da qualificadora. Há divergência na doutrina sobre a compatibilidade entre o motivo fútil e a embriaguez do agente, devendo-se entender que se deve reconhecer a qualificadora quando a ebriez é incompleta, não tendo o agente perdido a capacidade de entendimento e determinação.

Jurisprudência

- Conceito de motivo fútil
- Distinção entre motivo fútil e motivo injusto
- Aferição da futilidade do motivo
- Discussão de casal: motivo fútil caracterizado
- Discussão de casal: motivo fútil caracterizado – Contra
- Reação a agressão verbal: inexistência de motivo fútil
- Contenda anterior: inexistência de motivo fútil
- Contenda anterior: inexistência de motivo fútil – Contra
- Discussões anteriores: inexistência de motivo fútil
- Animosidade anterior: inexistência de motivo fútil
- Pagamento de dívida: motivo fútil caracterizado –
- Pagamento de dívida: motivo fútil caracterizado – Contra
- Luta corporal anterior: inexistência de motivo fútil
- Divergências anteriores: inexistência de motivo fútil
- Confronto de gangues: inexistência de motivo fútil
- Compatibilidade entre motivo fútil e embriaguez
- Incompatibilidade de motivo fútil e embriaguez
- Compatibilidade do motivo fútil e embriaguez incompleta
- Compatibilidade do motivo fútil e embriaguez incompleta
- Motivo fútil e embriaguez completa
- Compatibilidade entre motivo fútil e nervosismo
- Ciúme e motivo fútil –

- Suspeita de traição: inexistência de motivo fútil
- Incompatibilidade de motivo fútil com motivo torpe
- Ausência de motivo equiparada a motivo fútil
- Animosidade anterior: inexistência de motivo fútil
- Crime após discussão: inexistência de motivo fútil
- Compatibilidade do motivo fútil e embriaguez incompleta
- Ciúme: inexistência de motivo fútil
- Ausência de motivo não se equipara a motivo fútil

121.9 Homicídio qualificado por meios insidiosos ou cruéis e causadores de perigo

O meio insidioso, ou seja, aquele utilizado sub-repticiamente, com fraude, clandestino, sem o conhecimento da vítima, qualifica o homicídio. Além de referir-se genericamente a meio insidioso para a prática do homicídio, de forma casuística, a lei prevê a qualificadora naquele praticado com veneno, que é, segundo a doutrina, qualquer substância mineral, vegetal ou animal que introduzida no organismo é capaz de, mediante ação química, bioquímica ou mecânica, lesar a saúde ou destruir a vida. Incluem alguns doutrinadores como veneno a substância normalmente inócua que, por circunstâncias pessoais da vítima, pode causar dano. Entretanto, a melhor solução é considerar nessa hipótese não a modalidade específica, já que é impróprio qualificá-la de veneno, mas a genérica, de meio insidioso.

Qualifica também o crime a utilização de meio cruel, que sujeita a vítima a graves e inúteis sofrimentos físicos ou morais, meio bárbaro, brutal, que aumenta inutilmente o sofrimento da vítima. A reiteração de golpes, por si mesma, não qualifica o crime, mas o faz quando denuncia a crueldade do agente e o sofrimento desnecessário da vítima. Especifica ainda a lei o homicídio praticado com o uso de fogo, explosivo, asfixia e tortura. O uso do fogo também pode causar perigo comum. A asfixia, impedimento da função respiratória, pode ser conseguida por esganadura, enforcamento, estrangulamento, sufocação, afogamento ou confinamento. A tortura, além de constituir a qualificadora no homicídio, pode caracterizar, na ausência desse ilícito, crime autônomo (Lei nº 9.455, de 7-4-1997, art. 1º, § 3º, parte final).

Também qualifica o homicídio o uso de qualquer meio que possa causar perigo comum (desabamento, inundação, sabotagem etc.), podendo ocorrer no caso concurso de crimes (arts. 250 ss). É necessário que o fato tenha posto em perigo um número indeterminado de vidas ou bens.

Jurisprudência

- Utilização de modo insidioso
- Distinção entre meio insidioso e meio cruel
- Exigência de ânimo calmo
- Possível incompatibilidade do meio cruel com o dolo eventual
- Violência extremada e região visada pelo réu: meio cruel caracterizado
- Impedimento de socorro por terceiro e lenta agonia da vítima: crueldade
- Socos e pontapés: meio cruel caracterizado
- Socos e pontapés: meio cruel caracterizado – Contra
- Ferimentos generalizados: meio cruel caracterizado
- Morte instantânea: inexistência de meio cruel
- Tiros à queima-roupa: meio cruel não caracterizado
- Homicídio praticado por asfixia
- Afirmação da qualificadora de emprego de meio cruel cabe ao juiz, não ao perito
- Qualificadora de causação de perigo comum

- Existência de perigo comum: disparos na rua atingindo transeuntes
- Inexistência da qualificadora quando não há perigo
- Conceito de meio cruel
- Reiteração de golpes de arma branca: meio cruel caracterizado
- Reiteração de golpes de arma branca: inexistência de meio cruel
- Reiteração de disparos: inexistência de meio cruel
- Reiteração de disparos: inexistência de meio cruel – Contra

121.10 Homicídio qualificado pelo uso de recurso que dificulta a defesa da vítima

Há também qualificadora no homicídio quando o agente utiliza recurso que dificulta ou torna impossível a defesa da vítima, ou seja, quando se vale da boa-fé ou desprevenção do ofendido. Entre esses recursos, especifica a lei, em primeiro lugar, a traição, que é a quebra de confiança depositada pela vítima do agente, que dela se aproveita para matá-la. Há, no caso, modo de atividade que denuncia perfídia e deslealdade. Pode, assim, ter um aspecto moral ou material. Há referência ainda à emboscada, que é a espera por parte do agente, da passagem ou chegada da vítima descuidada. Menciona-se também a dissimulação, que é o emprego de modo ou recurso que distrai a atenção do ofendido do ataque do agente, incluindo-se aqui o disfarce. A surpresa da vítima pode qualificar o delito quando efetivamente comprovado que o ato homicida é totalmente inesperado, impedindo ou dificultando a defesa, encontrando-se essa circunstância na cognição e vontade do agente; é incompatível, pois, com o dolo eventual. A simples superioridade em força ou em armas também não qualifica, por si mesma, a qualificadora.

Jurisprudência

- Traição como qualificadora
- Conceito de traição material
- Qualificadora não caracterizada
- Inexistência de traição
- Homicídio durante amplexo sexual: traição caracterizada
- Homicídio após briga de casal
- Tiro pelas costas: traição caracterizada
- Vítima dormindo: traição caracterizada
- Golpes pelas costas de quem foge: inexistência de traição
- Desavença anterior: inexistência de traição
- Caracterização da emboscada como qualificadora
- Dissimulação: só com surpresa
- Vítima que não esperava ser atacada: qualificadora caracterizada
- Distinção entre traição e surpresa
- Vítima dormindo: surpresa caracterizada
- Ataque inesperado: surpresa caracterizada
- Vítima desprevenida: qualificadora caracterizada
- Crime em diligência policial: não caracterização da surpresa
- Agente encurralado: inexistência de surpresa
- Desentendimentos anteriores: não descaracterização da surpresa
- Discussão anterior: inexistência de surpresa
- Discussão anterior: inexistência de surpresa – Contra
- Discussões anteriores de casal: inexistência de surpresa
- Discussões anteriores de casal: inexistência de surpresa – Contra
- Suposição errônea do agente: inexistência de surpresa
- Incompatibilidade da surpresa com dolo eventual
- Aceitação de convite para festa: inexistência de surpresa e dissimulação
- Crime contra criança

- Divergências anteriores: inexistência de surpresa
- Desavenças anteriores: inexistência da qualificadora
- Incompatibilidade da traição, emboscada ou recurso que impossibilitou a defesa da vítima com o dolo eventual
- Compatibilidade do recurso que impossibilitou a defesa da vítima com o dolo eventual: "racha"
- Superioridade de agentes: inexistência de qualificadora
- Utilização de meio insidioso como recurso para dificultar a defesa
- Tiro na nuca de maneira sorrateira e inesperada: qualificadora caracterizada
- Golpe com pedaço de bambu na cabeça: inexistência de qualificadora
- Uso de arma: inexistência da qualificadora
- Premeditação não é qualificadora
- Requisitos para a caracterização da qualificadora
- Agressão pelas costas: qualificadora caracterizada
- Dissimulação como qualificadora
- Surpresa: necessidade de ataque inesperado
- Surpresa: necessidade de dificultar a defesa
- Superioridade em força ou armas: inexistência da qualificadora

121.11 Homicídio qualificado para assegurar a execução, ocultação, impunidade ou vantagem de outro crime

As formas qualificadas previstas pelo art. 121, § 2º, inc. V, configurariam, em tese, homicídio qualificado por motivo torpe, mas receberam atenção especial do legislador, como casos de conexão teleológica ou consequencial. Ocorre a conexão teleológica quando o homicídio é meio para executar outro crime, finalidade última do agente. É consequencial quando praticado para ocultar a prática de outro ilícito ou para assegurar a impunidade ou vantagem do produto, preço ou proveito dele (art. 76, II, do CPP). Para a configuração da qualificadora é necessária a prova da prática do crime e de sua autoria.

Jurisprudência

- Configuração da qualificadora
- Inexistência da qualificadora

121.12 Homicídio qualificado contra menor de 14 anos

O homicídio contra menor de 14 anos passou a ser uma forma qualificada do homicídio, prevista no inciso IX do art. 121, inserido pela Lei nº 14.344, de 24-5-2022. A pena cominada é, agora, de 12 a 30 anos, se o crime é cometido "contra menor de 14 anos". O novo dispositivo colide contra a regra contida no art. 121, § 4º, que determina o aumento da pena de um terço se o crime é praticado contra menor de 14 anos, porque uma mesma circunstância não pode simultaneamente qualificar e agravar o mesmo delito, e, consequentemente, há que ser essa última norma tida como tacitamente revogada pela Lei nº 14.344/2022. Reconhecida a qualificadora, afasta-se, também, a incidência da agravante prevista no art. 61, II, h, primeira parte, sob pena de indevido bis in idem.

Cuidando-se de circunstância subjetiva, o homicídio fundado no inciso IX é incompatível com a forma privilegiada do homicídio (§ 1º). Por seu caráter pessoal, a circunstância não se comunica ao coautor ou partícipe (art. 30).

No § 2º-B, também inserido pela Lei nº 14.344/2022, são previstas causas de aumento de pena aplicáveis, que determinam o acréscimo de um terço até a metade, se a vítima menor de 14 anos é pessoa com deficiência ou com doença que implique o aumento de sua vulnerabilidade (inciso I) e dois terços se o autor do crime é ascendente, padrasto ou madrasta, tio, irmão, cônjuge, companheiro, tutor, curador, receptor ou empregador da vítima ou por qualquer outro título tiver autoridade sobre ela (inciso II) ou se o crime for praticado em instituição de educação básica pública ou privada (inciso III, acrescentado pela Lei nº 14.811, de 12-1-2024).

O homicídio de menor de 14 anos é crime hediondo (art. 1º, inciso I, da Lei nº 8.072/1990, com a redação dada também pela Lei nº 14.344/2022).

As referidas normas, contidas no § 2º, IX, e § 2º-B do art. 121, em sua integralidade, são irretroativas, porque mais gravosos os dispositivos.

A Lei nº 14.344/2022, denominada Lei Henry Borel, também criou mecanismos para a prevenção e o enfrentamento da violência doméstica e familiar contra a criança e o adolescente. À semelhança do que prevê a Lei nº 11.340/2006, configura violência doméstica e familiar contra a criança e o adolescente, nos termos da Lei nº 14.344/2022, qualquer ação ou omissão, que cause morte, lesão, sofrimento físico, sexual, psicológico ou dano, no âmbito do domicílio ou da residência, compreendida como o espaço de convívio permanente de pessoas, com ou sem vínculo familiar, inclusive as esporadicamente agregadas; no âmbito da família, compreendida como a comunidade formada por indivíduos que compõem a família natural, ampliada ou substituta, por laços naturais, por afinidade ou por vontade expressa; em qualquer relação doméstica e familiar na qual o agressor conviva ou tenha convivido com a vítima, independentemente de coabitação (art. 2º).

Além da disciplina de medidas protetivas de urgência (arts. 15 a 19 e 21) e das providências a serem adotadas pela autoridade policial (arts. 11 a 14), preveem-se normas penais e processuais penais. Vedam-se a aplicação de pena de pagamento de cesta básica ou outra de prestação pecuniária e a substituição por multa isolada (art. 226, § 6º do ECA). Nos crimes praticados com violência doméstica e familiar contra a criança e o adolescente, independentemente da pena cominada, também não se aplica o rito sumaríssimo disciplinado na Lei nº 9.099/95 (art. 226, § 1º do ECA).

Jurisprudência

- Inadmissibilidade da legítima defesa da honra
- Compatibilidade entre motivo torpe (circunstância subjetiva) e a qualificadora do feminicídio (circunstância objetiva), inexistência de bis in idem

121.13 Homicídio qualificado pela condição funcional da vítima

No inciso VII, inserido pela Lei nº 13.142, de 6-7-2015, prevê-se como qualificadora a circunstância de ser o crime praticado "contra autoridade ou agente descrito nos arts. 142 e 144 da Constituição Federal, integrantes do sistema prisional e da Força Nacional de Segurança Pública, no exercício da função ou em decorrência dela, ou contra seu cônjuge, companheiro ou parente consanguíneo até terceiro grau, em razão dessa condição". Na ausência de *nomen juris*, tem-se sugerido a denominação *homicídio funcional*.

O reforço da tutela na hipótese visa conferir especial proteção aos funcionários públicos incumbidos da manutenção da segurança pública ou da repressão penal que estão mais diretamente expostos às ações criminosas e sujeitos a eventuais vinganças ou retaliações que por vezes atingem também seus familiares.

Essa especial qualidade do sujeito passivo que determina a exasperação da pena é reconhecida para os integrantes da Força Nacional e do sistema prisional e para as autoridades ou agentes que compõem as Forças Armadas e os quadros das polícias civil e militar, federal, rodoviária e ferroviária, além dos corpos de bombeiros militares e das guardas municipais, todos mencionados nos arts. 142 e 144 da Constituição Federal. Incluem-se, assim, o delegado de polícia e o escrivão, o oficial e o soldado da polícia militar, o secretário da segurança pública, o agente penitenciário, as polícias penais etc. Estão excluídos da especial proteção legal outras autoridades e agentes de órgãos públicos que não estejam relacionados no inciso, mesmo que exerçam funções afins, como promotores e procuradores de justiça, juízes, desembargadores, ministros de tribunais superiores etc. A natureza penal da norma impede a analogia *in malam partem*, e a redação do dispositivo, que elenca os diversos sujeitos passivos em fórmula fechada, não possibilita o recurso à interpretação analógica. É necessário o nexo funcional, ou seja, que a vítima esteja no desempenho de sua atividade funcional ou que o crime seja praticado em razão de seu exercício. A ignorância ou erro sobre a circunstância afasta o dolo com relação à qualificadora. O homicídio também é qualificado se o crime é praticado contra o cônjuge, companheiro ou parente consanguíneo até terceiro grau. Incluem-se, portanto, além do cônjuge ou companheiro, os pais, filhos, avós, bisavós, netos, bisnetos, irmãos e sobrinhos. Foram excluídos, incompreensivelmente, os filhos adotivos do funcionário, além de todos os demais que com ele tenham parentesco civil (art. 1.593 do CC). Exige a lei que o crime seja praticado em razão desse parentesco da vítima com o funcionário.

O homicídio funcional foi expressamente incluído entre os crimes hediondos pela Lei n° 13.142, de 6-7-2015, que deu nova redação ao art. 1°, inciso I, da Lei n° 8.072/1990. Assim como no crime de feminicídio, as novas normas, que têm natureza penal, são irretroativas porque mais severas.

121.14 Emprego de arma de fogo de uso restrito ou proibido

O emprego de arma de fogo de uso restrito ou proibido como meio para a prática do homicídio é a qualificadora do art. 121, que foi inserida pela Lei n° 13.964, de 24-12-2019, com a derrubada do veto presidencial pelo Congresso Nacional em 30-4-2021. A circunstância justifica a exasperação por denotar não somente a maior periculosidade do agente mas, também, por implicar um risco agravado à vida da vítima.

121.15 Homicídio qualificado-privilegiado

Quanto à possibilidade de coexistência legal de homicídio qualificado e privilegiado no fato há sérias divergências doutrinárias e jurisprudenciais. Numa interpretação sistemática, o homicídio qualificado, por constituir o § 2°, do art. 121, não poderia obter a redução da pena que é prevista no § 1° do mesmo artigo. Não se pode negar, porém, que, em tese, nada impede a concomitância de uma circunstância subjetiva, que constitua o privilégio, com uma circunstância objetiva prevista entre as qualificadoras como, p. ex., o homicídio praticado sob o domínio de violenta emoção com o uso de asfixia. O que não se pode admitir é a coexistência de circunstâncias subjetivas do homicídio privilegiado e qualificado.

A Lei n° 8.930, de 6-9-94, que deu nova redação ao art. 1° da Lei n° 8.072, de 25-7-90, incluiu o homicídio qualificado por circunstâncias objetivas ou subjetivas, consumado ou tentado, entre os crimes hediondos. A classificação não alcança, porém, o homicídio qualificado-privilegiado, para quem admite tal classificação. Isto porque não se pode ter por "hediondo" um crime cometido nas circunstâncias subjetivas mencionadas no § 1° do art. 121. Há verdadeira incompatibilidade entre a hediondez e o relevante valor social ou moral e quem pratica o crime por violenta emoção logo após injusta provocação da vítima não está agindo com aquele desvalor necessário para que se configure aquela classificação. Não podendo haver contradição na lei, a classificação de hediondo não alcança os autores de homicídio privilegiado ainda que praticado numa das circunstâncias previstas no § 2º do art. 121 do CP.

Jurisprudência

- Incompatibilidade entre circunstâncias subjetivas
- Prevalência do homicídio privilegiado
- Compatibilidade entre circunstâncias subjetiva e objetiva
- Incompatibilidade entre violenta emoção e meio ou modo de execução
- Incompatibilidade entre violenta emoção e meio ou modo de execução – Contra
- Compatibilidade entre relevante valor social ou moral e surpresa
- Crime de homicídio qualificado-privilegiado como crime não hediondo

121.16 Homicídio duplamente qualificado

Pode o homicídio ser praticado com duas ou mais qualificadoras e, nessa hipótese, obedecendo-se aos limites legais previstos para a pena (de 12 a 30 anos de reclusão), deve o juiz considerá-las na fixação da pena-base, conforme o art. 59, que inclui, genericamente, as "circunstâncias" do crime como circunstância judicial para essa determinação. Tem-se também entendido, no caso, uma das qualificadoras para a fixação da pena-base e as demais como circunstâncias agravantes.

Jurisprudência

- Pena no caso de duas ou mais qualificadoras
- Incompatibilidade de motivos torpe e fútil

121.17 Distinção

O homicídio diferencia-se do aborto porque este só pode ocorrer quando a conduta é exercida antes do início do parto, e do infanticídio, pela circunstância de que neste o sujeito passivo é o que está nascendo ou o recém-nascido e a agente é a mãe, que atua sob a influência do estado puerperal. Não se confunde o homicídio com o delito de lesão corporal seguida de morte por exigir aquele o *animus necandi*, ao contrário do que ocorre com este, em que está presente apenas o *animus laedendi*. Não se confunde com o latrocínio, em que está presente a vontade de subtrair coisa alheia móvel. O homicídio pode constituir crime militar (art. 205 do Decreto-lei nº 1.001, de 21-10-1969 – Código Penal Militar), ou genocídio (art. 1º da Lei nº 2.889, de 1º-10-1956).

Responde por homicídio o agente que induz, instiga ou presta auxílio ao suicida, se a vítima é menor de 14 anos ou se por enfermidade mental ou qualquer outra razão não pode oferecer resistência, conforme antes já se entendia na doutrina e na jurisprudência, por se tratar de hipótese de autoria mediata, e, agora, por força do que expressamente dispõe o art. 122, § 7º.

Jurisprudência

- Distinção com o latrocínio

121.18 Concurso de crimes no homicídio doloso

Pode haver concurso material de homicídio com outros delitos, como o de lesões corporais em terceiro, a ocultação do cadáver etc. Hoje, é praticamente pacífico que nada impede a continuidade delitiva em crimes de homicídio, presentes os requisitos do art. 71 do CP, dada a redação que foi dada a seu parágrafo pela Lei nº 7.209/84, superada a Súmula 605 do STF que não admitia a continuação nos crimes contra a vida por ser esta um bem personalíssimo.

Jurisprudência

- Concurso formal de homicídios e genocídio
- Concurso material com abuso de autoridade
- Concurso material com resistência
- Inexistência de concurso material com porte ilegal de arma
- Inexistência de concurso material com porte ilegal de arma – Contra
- Concurso formal com aborto
- Inexistência de concurso formal com aborto
- *Aberratio ictus*: absorção da tentativa
- Punibilidade no homicídio doloso continuado
- Inexistência de crime continuado
- Inexistência de crime continuado com ocultação de cadáver
- Inadmissibilidade do habeas corpus para reconhecimento da continuidade delitiva
- Homicídio doloso continuado

121.19 Homicídio culposo

Tipifica a lei o homicídio culposo no art. 121, § 3º, que, doutrinariamente, é definido como a conduta voluntária que produz um resultado morte antijurídico não querido, mas previsível, ou excepcionalmente previsto, de tal modo que podia, com a devida atenção, ser evitado. Exige sua caracterização, a demonstração da culpa, ou seja, da inobservância do dever de cuidado objetivo derivado de imprudência, imperícia ou negligência e a previsibilidade do evento, além de, como em todo crime, nexo causal (item 18.3). Os crimes de trânsito, inclusive o homicídio culposo, passaram a ser tipificados na Lei nº 9.503, de 23-9-1997, que instituiu o Código de Trânsito Brasileiro (arts. 302 a 312). Nos termos do que passou a prever o art. 312-B do Código de Trânsito, inserido pela Lei nº 14.071, de 13-10-2020, com relação ao homicídio culposo cometido por agente em situação de embriaguez ao volante (art. 302, § 3º do CTB), veda-se a substituição da pena privativa de liberdade por restritiva de direitos (art. 44, I do CP).

Jurisprudência

- Homicídio culposo por falta de cuidados objetivos
- Possibilidade de homicídio doloso em "racha"
- Homicídio culposo na direção de veículo (art. 302 do CTB): embriaguez e velocidade excessiva
- Homicídio culposo na direção de veículo (art. 302 do CTB): velocidade excessiva e condições de visibilidade adversas
- Acidente com animal na pista: culpa do proprietário não caracterizada
- Negligência de equipe médica: intolerância à anestesia
- Homicídio culposo por negligência de anestesista
- Negligência médica por delegação de diagnóstico a estagiário
- Imprudência de piloto de aeronave
- Negligência por parte de empresa
- Hipóteses de homicídios culposos por profissionais: engenheiros
- Inexistência de homicídio culposo por profissionais: médicos
- Inexistência de negligência ou imperícia no armazenamento regular de materiais explosivos

- Acidente em serviço: inexistência de responsabilidade objetiva
- Homicídio culposo no momento do parto
- Omissão de cautela ordinária
- Homicídio culposo com arma de fogo
- Disparo voluntário de arma de fogo
- Entrega da arma a adolescente: existência de culpa
- Disparo de arma: inexistência de culpa
- Homicídio culposo durante caçada
- Arma de fogo ao alcance de crianças
- Substâncias tóxicas ao alcance de crianças
- Homicídio culposo por instalação elétrica (ofendículos)
- Inexistência de crime por instalação elétrica (ofendículos)
- Homicídio culposo em negligência por falta de proteção
- Homicídio culposo por negligência médica
- Homicídio culposo por erro de diagnóstico e terapia
- Homicídio culposo por negligência de anestesista
- Falta de testes: inexistência de culpa médica
- Negligência médica por falta de testes
- Negligência médica por falta de exames
- Negligência de médico plantonista no atendimento a paciente
- Inexistência de negligência médica: observância das regras técnicas
- Negligência de enfermeira
- Imprudência de piloto de aeronave
- Omissão de equipamento de segurança
- Omissão de equipamento de proteção por empregador
- Negligência do fiscalizador da obra
- Atribuição de trabalho de risco a menor
- Hipóteses de homicídios culposos por profissionais
- Inexistência de homicídio culposo por empregadores
- Inexistência de negligência por falta do dever de agir
- Inexistência de prova do nexo causal
- Inexistência de crime culposo: culpa exclusiva da vítima

121.20 Homicídio culposo qualificado

É qualificado o homicídio culposo se o crime resulta de inobservância de regra técnica de profissão, arte ou ofício. Refere-se a lei à norma de natureza técnica não obedecida pelo agente, mesmo que não conste obrigatoriamente do regulamento da atividade profissional.

Também qualifica o homicídio culposo o fato de o agente não prestar socorro à vítima de sua ação culposa, obrigação legal que, descumprida, acarreta o aumento da pena, excluído crime autônomo de omissão de socorro (art. 135). Tem-se afastado a qualificadora, eventualmente, quando a vítima é socorrida por terceiros ou quando o agente se afasta do local por medo de represálias. No homicídio culposo praticado na condução de veículo automotor, qualifica o crime a circunstância de deixar o agente de prestar socorro à vítima, quando possível fazê-lo sem risco pessoal (art. 302, § 1º, inciso III, do Código de Trânsito Brasileiro). O CTB proíbe a prisão em flagrante do agente que presta pronto e integral socorro à vítima (art. 301). Se o agente, na condução do veículo, pratica o homicídio culposo sob influência do álcool ou substância psicoativa que determine dependência, o crime é qualificado (art. 302, § 3º).

Por fim, é também causa de aumento de pena a fuga para evitar a prisão em flagrante pelo crime culposo. Não se tem reconhecido a qualificadora se comprovadas sérias ameaças de represálias por terceiros ou se a vítima foi socorrida imediatamente por outrem. No Código de Trânsito Brasileiro prevê-se como crime autônomo a fuga do condutor do local do acidente para evitar responsabilidade penal ou civil que lhe possa ser atribuída (art. 305).

Jurisprudência

- Socorro por terceiros e temor de represálias
- Inexistência de homicídio culposo: exclusão da omissão de socorro
- Qualificadora no homicídio culposo
- Distinção entre a culpa e a inobservância de regra técnica
- Inobservância de regra técnica em cirurgia
- Inadmissibilidade da qualificadora: agente não profissional
- Existência da qualificadora: falta de prestação de socorro
- Inexistência da qualificadora
- Socorro por terceiros e temor de represálias
- Socorro por terceiros e temor de represálias – Contra
- Socorro por terceiros a pedido do autor
- Morte instantânea da vítima
- Morte instantânea da vítima – Contra
- Fuga para evitar o processo

121.21 Concurso de crimes no homicídio culposo

Havendo mais de uma vítima fatal, ocorre concurso formal homogêneo de homicídio culposo. Resultando em outra vítima lesões corporais, haverá concurso formal heterogêneo. Em qualquer caso, aplica-se o disposto no art. 70, primeira parte.

121.22 Homicídio doloso qualificado contra menor ou idoso

A parte final do disposto no § 4º ao art. 121, que trata do homicídio doloso e que prevê o aumento de pena para o homicídio praticado contra pessoa "menor de 14 (quatorze) ou maior de 60 (sessenta) anos". O dispositivo foi modificado pelo art. 263 da Lei nº 8.069, de 13-7-1990 (Estatuto da Criança e do Adolescente) e, posteriormente, pelo art. 110 da Lei nº 10.741, de 1º-10-2003 (Estatuto da Pessoa Idosa), que deu à parte final do dispositivo a sua atual redação.

A pena é agravada por se considerar que a vítima, nessas hipóteses, tem maiores dificuldades em se defender, além da maior censurabilidade que cerca esse crime quando tem por sujeito passivo uma criança ou uma pessoa idosa. A agravação, de caráter objetivo, é obrigatória e refere-se a qualquer homicídio doloso (simples, privilegiado ou qualificado), consumado ou tentado. Em obediência ao princípio *non bis in idem*, não cabe nesse homicídio qualificado a aplicação do art. 61, II, *h*, com a redação dada pela Lei nº 10.741 (crime contra "maior de sessenta anos"). Pode haver no caso erro sobre a circunstância que, se inteiramente justificado, exclui a agravação.

Tratando-se de feminicídio, se a vítima é maior de 60 anos, o acréscimo a ser aplicado é maior, de um terço a metade, nos termos do inciso II do § 7º.

Jurisprudência

- Homicídio doloso contra menor ou idoso

121.23 Perdão judicial

Prevê a lei, no homicídio culposo, a concessão do perdão judicial, podendo o juiz deixar de aplicar a pena se as consequências da infração atingiram o próprio agente de forma tão grave que a sanção penal se torne desnecessária. Reconhece-se a necessidade da dispensa da pena quando ocorrer para o agente grave sofrimento físico ou moral, como a morte de uma pessoa querida. Não impede a concessão do perdão a existência de outras vítimas quando preenchido o pressuposto exigido pela lei, pois o benefício não sofre, nessa parte, restrição legal, sendo estendido ao concurso formal. A aplicação do perdão judicial, porém, deve ser feita com prudência e cuidado para que não se transforme, contra o seu espírito, em instrumento de impunidade e, portanto, de injustiça, não devendo ser concedido o benefício de forma indiscriminada. Trata-se de uma faculdade do juiz, que deve ser considerada de acordo com a prova dos autos, e não um direito do acusado.

Jurisprudência

- Vítima: concubino
- Vítima: parente próximo
- Necessidade de demonstração do sofrimento
- Inadmissibilidade: demonstração de frieza e insensibilidade durante o processo
- Possibilidade de perdão judicial: inadmissibilidade do trancamento da ação penal
- Abrangência do perdão judicial
- Necessidade de cautela na concessão do perdão judicial
- Perdão judicial por sofrimento físico ou moral
- Perdão judicial por lesões no agente
- Vítima: cônjuge

- Vítimas: pais
- Vítima: noiva ou namorada
- Vítima: sobrinho
- Vítimas: amigos
- Vítimas: amigos – Contra
- Inadmissibilidade: noiva, parentes, amigos
- Necessidade de demonstração do sofrimento
- Desproporcionalidade entre as lesões no agente e a morte da vítima
- Inexistência de relacionamento afetivo
- Abrangência do perdão judicial

121.24 Homicídio praticado por milícia privada ou grupo de extermínio

A Lei nº 12.720, de 27-9-2012, que inseriu o § 6º no art. 121, enuncia, equivocadamente, em sua ementa, que o diploma dispõe sobre o crime de *extermínio de seres humanos*. O engano decorre do fato de que na redação original do projeto tipificavam-se determinadas condutas como crimes autônomos sob esse *nomen juris*. De acordo, porém, com texto afinal aprovado, além da inserção daquele dispositivo, a lei limitou-se a alterar a redação do art. 129, § 7º, e a incluir o art. 288-A, que define o crime de constituição de milícia privada.

No § 6º do art. 121 prevê-se como causa que determina o aumento de um terço a metade da pena a circunstância de ser o homicídio praticado por milícia privada, sob o pretexto de prestação de serviço de segurança, ou por grupo de extermínio.

A lei não explicita o conceito de milícia privada, a qual é mencionada no tipo previsto no novel art. 288-A como uma espécie de associação ou organização criminosa. Por milícias privadas frequentemente são designadas associações ou organizações não oficiais, constituídas à margem da legalidade, integradas por civis ou militares, comumente armadas, que se estruturam e atuam em moldes que guardam semelhanças com os das organizações militares, utilizando-se de meios coativos e da prática de infrações penais para a obtenção de proveitos próprios indevidos. Em geral, essas associações são criadas e atuam em locais onde é frágil a presença do Estado e praticam as infrações penais sob o pretexto de suprirem a omissão do poder público (v. item 288-A.2). Para a incidência da causa de aumento de pena não basta que o homicídio inclua-se entre as ações decorrentes dessa forma de organização criminosa, exigindo-se, também, que o crime seja praticado a pretexto da prestação de serviços de segurança. Por serviços de segurança, no dispositivo, devem-se entender, de forma ampla, aqueles que têm como objeto a vigilância e a proteção da vida, integridade física, bens ou direitos de terceiros, que podem ser pessoas determinadas ou um elevado número de membros de uma comunidade. O homicídio é agravado, portanto, se o agente, que integra a milícia, o pratica sob o falso argumento ou motivo apenas aparente de agir com o fim de promover a proteção desses direitos. É o que pode ocorrer, por exemplo, no caso de milícias que "vendem" serviços de segurança, muitas vezes mediante extorsão de comerciantes ou moradores, que são constrangidos ao pagamento de uma "taxa" de proteção, se um de seus integrantes mata alguém porque supostamente representaria uma ameaça para aqueles, por ser autor de infrações penais, como roubos, estupros, tráfico de entorpecentes etc. Incide também a causa de aumento de pena na hipótese de homicídio praticado por membros de milícias sob a falsa alegação de defenderem terras, fazendas ou outras propriedades particulares, mas que foram constituídas ou contratadas, não para a defesa de direitos, mas para a afirmação, mediante meios coativos, de interesses ilegais, como a expansão dos limites da propriedade, a expulsão de quem tem posse legítima, o cerceamento da utilização de servidão civil ou administrativa etc. Evidentemente, não há que se reconhecer a majorante em qualquer homicídio praticado durante a prestação de serviços de vigilância ou segurança privada por pessoa ou empresa contratada por particulares para essas finalidades exclusivas. A mera informalidade ou a irregularidade na prestação desses serviços perante os órgãos públicos ou as normas legais também não é suficiente para a incidência da norma. Nesses casos, em princípio, além de não se caracterizar a existência de milícia, os serviços de segurança são o real objeto das atividades executadas e não mero pretexto para a prática de infrações penais.

De acordo com o § 6°, é circunstância que também determina a elevação da pena a de ser o homicídio praticado por grupo de extermínio. A ausência de um conceito legal de grupo de extermínio dificulta mas não impede a aplicação do dispositivo. Pode-se reconhecer a existência do grupo de extermínio na associação de no mínimo três pessoas com a finalidade de matar um número indeterminado de pessoas, as quais, de acordo com o entendimento adotado pelos membros da organização, devem ser eliminadas por ostentarem determinados atributos, qualidades ou condições pessoais ou sociais. Não responde, porém, pelo homicídio agravado, o agente que mata com a intenção de aniquilamento, total ou parcial, de grupo nacional, étnico, racial ou religioso, porque nessas hipóteses o crime é o de genocídio, previsto na Lei n° 2.889, de 1°-10-1956. Os casos mais frequentes que autorizam a incidência da majorante são os homicídios praticados por grupos ou esquadrões, organizados para a matança de supostos criminosos, muitas vezes integrados, inclusive, por militares ou outros agentes públicos, que se arrogam a condição de "justiceiros" com a missão de promover a "limpeza social". Não há razão, porém, para se afastar a regra na hipótese inversa, de grupos formados por criminosos para a eliminação de policiais ou agentes públicos por ostentarem as vítimas tal condição. Aplica-se a norma, ainda, aos casos de grupos constituídos com a finalidade de eliminar integrantes de determinados segmentos sociais tidos como indesejáveis pelos membros da organização, como mendigos, prostitutas, homossexuais etc. É irrelevante para o aumento da pena que o grupo atue exclusivamente por motivação própria ou mediante paga ou recompensa, caso em que também incidirá a qualificadora correspondente (art. 121, § 2°, I).

O dispositivo, em razão de sua posição no artigo e da ausência de incompatibilidade, é aplicável ao homicídio doloso simples ou qualificado. Na hipótese de ser a vítima menor de 14 ou maior de 60 anos, há a incidência cumulativa das duas causas previstas no artigo (§ 4°, *in fine*, e § 6°).

O homicídio, ainda que na forma simples, praticado por grupo de extermínio é crime hediondo, por força do disposto no art. 1°, I, da Lei n° 8.072, de 25-7-1990. Não o é, porém, o homicídio simples praticado por milícia, em razão da ausência de expressa previsão legal.

A circunstância, porém, pode ensejar o reconhecimento do motivo torpe, que qualifica o crime, tornando-o também hediondo (art. 121, § 2º, I).

Feminicídio *

Art. 121-A. Matar mulher por razões da condição do sexo feminino:

Pena – reclusão, de 20 (vinte) a 40 (quarenta) anos.

§ 1º Considera-se que há razões da condição do sexo feminino quando o crime envolve:

I – violência doméstica e familiar;

II – menosprezo ou discriminação à condição de mulher.

§ 2º A pena do feminicídio e aumentada de 1/3 (um terço) até a metade se o crime e praticado:

I – durante a gestação, nos 3 (três) meses posteriores ao parto ou se a vítima é a mãe ou a responsável por criança, adolescente ou pessoa com deficiência de qualquer idade;

II – contra pessoa menor de 14 (catorze) anos, maior de 60 (sessenta) anos, com deficiência ou portadora de doenças degenerativas que acarretem condição limitante ou de vulnerabilidade física ou mental;

III – na presença física ou virtual de descendente ou de ascendente da vítima;

IV – em descumprimento das medidas protetivas de urgência previstas nos incisos I, II e III do *caput* do art. 22 da Lei nº 11.340, de 7 de agosto de 2006 (Lei Maria da Penha);

V – nas circunstancias previstas nos incisos III, IV e VIII do § 2º do art. 121 deste Código.

Coautoria

§ 3º Comunicam-se ao coautor ou participe as circunstâncias pessoais elementares do crime previstas no § 1º deste artigo.

*Artigo inserido pela Lei nº 14.994 de 9-10-2024

Vide: CF art. 5º, *caput*, XXXVIII, *d*, XLIII; **CP** arts. 61, II, *a*, *b*, *c*, *d*, *h*, 62, IV, 65, III, *a*, 83, V, 107, IX, 120, 121, III, IV e VIII, 129, § 13, 135; **CPP**, arts. 74, § 1º, 76, II, 162 a 167, 302, 303, 394-A, 406 a 497; **CC**, arts. 186, 927, 948, 951; **Lei nº 7.210**, de 11-7-1984, arts. 41 § 2º, 86 § 4º, 112 VI-A, 146-E; **Lei nº 8.072**, de 25-7-1990, art. 1º-B (feminicídio), art. 2º, I (veda anistia, graça e indulto) e II (proíbe a fiança), § 1º (determina o regime inicial fechado), § 3º (possibilita a concessão fundamentada pelo juiz do apelo em liberdade), § 4º (prazo de trinta dias para a prisão temporária); **Lei nº 14.188**, de 28-7-2021, (programa de cooperação Sinal Vermelho contra a Violência Doméstica, destinado ao enfrentamento e à prevenção da violência doméstica e familiar contra a mulher); **Decreto-Lei nº 3.688,** de 3-10-1941 – **LCP,** art. 21, § 2º. Súmulas: **STF** 698, 721; **STJ** 536, 542, 588, 589, 600.

121-A FEMINICÍDIO

121-A.1 Considerações gerais

O *feminicídio* passou a ser previsto como crime autônomo no art. 121-A, inserido pela Lei nº 14.994 de 9-10-2024. A partir da Lei nº 13.104, de 9-3-2015, porém, o feminicídio já era previsto, mas como homicídio qualificado, no revogado inciso VI, do § 2º do art. 121. Distinguem-se o *feminicídio* e o *femicídio*, termo este utilizado para designar, genericamente, independentemente das razões do crime, o homicídio de uma mulher. Configura-se o feminicídio, nos termos da lei, se o crime é praticado contra a mulher por razões da condição de *sexo feminino* (§ 1º). Porque somente se configura o feminicídio se o sujeito passivo é *mulher*, no sentido biológico do termo, estão excluídos os homens, homossexuais, travestis ou transexuais. Tratando-se de norma penal incriminadora, é vedado o recurso à analogia e não é recomendada interpretação que confira ao dispositivo alcance mais abrangente, mesmo na hipótese de transexualismo, de quem se submeteu a cirurgia de redesignação de gênero, se não houver decisão judicial determinando a retificação ou modificação de sexo no registro civil.

Com relação, porém, às *medidas protetivas* previstas na Lei Maria da Penha, o STJ, entendeu que a Lei se aplica aos casos de violência doméstica ou familiar contra mulheres transexuais, por objetivar a Lei a proteção da mulher em virtude do gênero e não em razão do sexo.

O feminicídio é crime hediondo e foi expressamente incluído pela Lei nº 14.994 de 9-10-2024, inciso I-B do art. 1º da Lei nº 8.072/1990. A nova norma, que tem natureza penal, é irretroativa porque mais severa.

Nos termos do art. 112, VI-A da LEP, com as alterações introduzidas pela Lei nº 14.994/2024, o condenado pela pratica de feminicídio para progredir de regime, se primário, deverá cumprir 55% da pena, vedado o livramento condicional. A mesma lei inseriu o art. 146-E, o qual prevê que o condenado por crime contra a mulher por razões da condição do sexo feminino, (§ 1º do art. 121-A do Código Penal) ao usufruir de qualquer benefício em que ocorra a sua saída de estabelecimento penal, será fiscalizado por meio de monitoração eletrônica.

Jurisprudência

- Inadmissibilidade da legítima defesa da honra – anterior a alteração do feminicídio como crime autônomo
- Compatibilidade entre motivo torpe (circunstância subjetiva) e a qualificadora do feminicídio (circunstância objetiva): inexistência de bis in idem – anterior a alteração do feminicídio como crime autônomo
- Violência doméstica ou familiar contra mulheres transexuais aplicação das medidas protetivas da Lei 11.340/2006 – anterior a alteração do feminicídio como crime autônomo

121-A.2 Sujeitos do delito

Não há restrição legal, porém, com relação ao sujeito ativo, que pode ser tanto o homem como a mulher. Não é suficiente, no entanto, que a vítima seja mulher, exigindo-se que o crime seja cometido por *razões da condição de sexo feminino*. Há essas razões, nos expressos termos do § 1º, se o crime *envolve violência doméstica e familiar* (inciso I) ou *menosprezo ou discriminação à condição de mulher* (inciso II).

121-A.3 Tipo objetivo

Configura-se o *feminicídio*, primeiramente, se o crime é praticado com violência doméstica ou familiar contra a mulher, cujo conceito é encontrado na lei específica (art. 5º da Lei nº 11.340/2006 – Lei Maria da Penha). Há violência doméstica e familiar contra a mulher se a conduta é baseada no gênero e praticada no âmbito da família, do convívio doméstico ou de relação íntima de afeto, atual ou pretérita. A exigência legal de que a conduta seja *baseada no gênero*, deve ser compreendida como a necessidade de que a violência empregada pelo agente guarde relação com a situação de maior vulnerabilidade da vítima decorrente de sua condição de mulher, razão justificadora da especial proteção legal. (Vide MIRABETE, Julio Fabbrini e FABBRINI, Renato Nascimento. Manual de direito penal, vol. 2, 338ª ed., 2025, Foco, item 5.1.18)

Há o crime de feminicídio, por exemplo, se o agente, homem ou mulher, mata a filha por não lhe ter servido o jantar a contento ou a ex-companheira em razão do fim do relacionamento amoroso. A orientação sexual da vítima ou do agente é irrelevante para a incidência da qualificadora, conforme, aliás, dispõe expressamente o art. 5º, parágrafo único, da Lei nº 11.340/2006. No caso de feminicídio afasta-se a incidência da agravante prevista no art. 61, II, *f*, última parte, sob pena de indevido *bis in idem*.

A segunda razão que conduz à configuração do feminicídio é a de envolver o crime menosprezo ou discriminação à condição de mulher. *Menosprezo* é a falta de estima, apreço ou consideração, o desdém ou despreço, a diminuição da importância ou do valor da vítima como ser humano decorrente da simples condição de pessoa do sexo feminino. *Discriminação*, no sentido do dispositivo, é o sentimento de intolerância ou preconceito nutrido em face das mulheres em geral e relacionado a aspectos da vida social. Exige-se para a incidência da qualificadora que um dos sentimentos esteja presente, envolvido, como fator determinante, ainda que não exclusivo, na motivação do crime. Há feminicídio, por exemplo, no crime motivado por pura misoginia ou no caso de resultar da intolerância do agente por exercer a vítima alguma atividade (trabalhar em certa função, frequentar determinados ambientes, conduzir veículos etc.), que, por preconceito seu, deveriam ser exclusivas do sexo masculino.

121-A.4 Tipo subjetivo

O dolo do feminicídio é a vontade de eliminar uma vida (*animus necandi* ou *occidendi*), por razões da condição do sexo feminino da vítima, isto é, se o crime é praticado com violência doméstica ou familiar contra a mulher ou se envolve menosprezo ou discriminação à condição de mulher. Admite-se perfeitamente o dolo eventual, em que o agente não quer a morte, mas assume o risco de produzi-la.

121-A.5 Consumação e tentativa

Consuma-se o crime com a morte da vítima, (vide item 121.4)

A tentativa ocorre quando, iniciada a execução com o ataque ao bem jurídico vida humana, não se verifica a ocorrência da morte, servindo o elemento subjetivo do crime para diferenciá-lo das lesões corporais quando o evento não ocorre. Ocorre a chamada tentativa imperfeita quando o sujeito ativo não consegue praticar os atos necessários à consumação por interferência externa e tentativa branca ou incruenta quando a vítima não é atingida pela ação do agente.

121-A.6 Aumento de pena

No § 2º são previstas causas de aumento de pena aplicáveis exclusivamente ao feminicídio, que determinam o acréscimo de um terço até a metade. Para a incidência é necessário que o agente tenha conhecimento da existência das circunstâncias.

As primeiras circunstâncias são a de ter sido o crime praticado no período de gestação ou nos três meses seguintes ao parto e a de ser a vítima mãe ou a responsável por criança, adolescente ou pessoa com deficiência de qualquer idade (inciso I). Nessas hipóteses o rigor punitivo se justifica diante da maior vulnerabilidade da gestante e das mais sérias consequências decorrentes para o filho sobrevivente, bem como para as crianças, adolescentes ou pessoas com deficiência que se encontrem sob a responsabilidade da vítima por ocasião do delito.

Dificuldades podem surgir na aplicação do dispositivo, "no período de gestação" em face do concurso com o crime de aborto. Se o agente atuou dolosamente com relação à eventual morte do feto, configura-se o crime de aborto, consumado ou tentado, e o agente deve responder por feminicídio em concurso formal com o crime previsto no art. 125, nos termos do art. 70 do CP. Deve-se entender que a pena é agravada no feminicídio não em proteção à vida em formação, intrauterina, a qual já é tutelada no crime de aborto, mas em razão da consequência da morte da vítima para o filho nascente, que da mãe seria privado ainda no primeiro período de vida, em que maior é a dependência dos cuidados maternos. É o que justifica a equiparação no mesmo dispositivo da condição de gestante à de ter a vítima filho nascido há menos de três meses.

De acordo com o inciso II, a pena é aumentada se a vítima é pessoa menor de 14 anos, maior de 60 anos, circunstâncias que também agravam a pena no homicídio (121, § 4º), ou pessoa com deficiência ou portadora de doenças degenerativas que acarretem condição limitante ou de vulnerabilidade física ou mental. No feminicídio, porém, o acréscimo é mais rigoroso do que no homicídio, por não ser fixo, de um terço, podendo elevar a pena de até a metade. O conceito de pessoa com deficiência é dado pela lei específica (Lei nº 13.146, de 6-7-2015 – Estatuto da Pessoa com Deficiência).

A causa de aumento de pena do feminicídio prevista no inciso III é a de ter sido o crime cometido na presença de descendente ou de ascendente da vítima, abrange o dispositivo tanto a presença física, como também a virtual, propiciada pelos modernos meios tecnológicos de transmissão eletrônica. Justifica-se a exasperação pela consequência traumática decorrente do crime para o filho, neto, pai ou qualquer parente da vítima em linha reta.

No inciso IV a pena é majorada se o feminicídio é praticado com descumprimento das medidas protetivas de urgência previstas nos incisos I, II e III do art. 22 da Lei nº 11.340/2006: a suspensão da posse ou restrição do porte de armas; o afastamento do lar, domicílio ou local de convivência com a ofendida; a proibição de aproximação da ofendida, de seus familiares e das testemunhas, fixado o limite mínimo de distância entre estes e o agressor; de manter contato com a ofendida, seus familiares e testemunhas por qualquer meio de comunicação e a proibição de frequentar determinados lugares.

A última causa de aumento de pena do inciso V é a de o agente cometer o crime de feminicídio nas circunstâncias previstas nos incisos III (emprego de veneno, fogo, explosivo, asfixia, tortura ou outro meio insidioso ou cruel, ou de que possa resultar perigo comum), IV (à traição, de emboscada, ou mediante dissimulação ou outro recurso que dificulte ou torne impossível a defesa do ofendido) e VIII (com emprego de arma de fogo de uso restrito ou proibido), do § 2º do art. 121 (homicídio).

121-A.7 Coautoria e participação

Embora a rigor desnecessário, diante do disposto no art. 30 do CP, o § 3º do art. 121-A prevê que se comunicam ao coautor ou participe as circunstâncias pessoais elementares do crime previstas no § 1º deste artigo. Refere-se a lei às *circunstâncias e condições pessoais* (subjetivas) atinentes ao autor do feminicídio, ou seja, a de ter cometido o crime em razão da condição do sexo feminino da vítima, nos termos do explicitado no § 1º do artigo (vide item 30.1).

Induzimento, instigação ou auxílio a suicídio ou a automutilação

Art. 122. Induzir ou instigar alguém a suicidar-se ou a praticar automutilação ou prestar-lhe auxílio material para que o faça:

Pena – reclusão, de 6 (meses) a 2 (dois) anos.

§ 1º Se da automutilação ou da tentativa de suicídio resulta lesão corporal de natureza grave ou gravíssima, nos termos dos §§ 1º e 2º do art. 129 deste Código:

Pena – reclusão, de 1 (um) a 3 (três) anos.

§ 2º Se o suicídio se consuma ou se da automutilação resulta morte:

Pena – reclusão, de 2 (dois) a 6 (seis) anos.

§ 3º A pena é duplicada

I – se o crime é praticado por motivo egoístico, torpe ou fútil;

II – se a vítima é menor ou tem diminuída, por qualquer causa, a capacidade de resistência.

§ 4º A pena é aumentada até o dobro se a conduta é realizada por meio da rede de computadores, de rede social ou transmitida em tempo real.

§ 5º Aplica-se a pena em dobro se o autor é líder, coordenador ou administrador de grupo, de comunidade ou de rede virtual, ou por estes é responsável. **

§ 6º Se o crime de que trata o § 1º deste artigo resulta em lesão corporal de natureza gravíssima e é cometido contra menor de 14 (quatorze) anos ou contra quem, por enfermidade ou deficiência mental, não tem o necessário discernimento para a prática do ato, ou que, por qualquer outra causa, não pode oferecer resistência, responde o agente pelo crime descrito no § 2º do art. 129 deste Código.

§ 7º Se o crime de que trata o § 2º deste artigo é cometido contra menor de 14 (quatorze) anos ou contra quem não tem o necessário discernimento para a prática do ato, ou que, por qualquer outra causa, não pode oferecer resistência, responde o agente pelo crime de homicídio, nos termos do art. 121 deste Código. *

*Artigo com redação dada pela Lei nº 13.968, de 26-12-2019

** § 5º com redação dada pela Lei nº 14.811, de 12-1-2024.

Vide: **CF** art. 5º, *caput*, XXXVIII, *d*; **CP** arts. 13, § 2º, 65, III, *a*, 121, 129, §§ 1º e 2º, 146, § 3º, II; **CPP** arts. 74, § 1º, 162 a 167, 406 a 497; **Lei** nº 8.072, de 25-7-1990, art. 1º, X (considera hediondo o induzimento, instigação ou auxílio a suicídio ou a automutilação realizados por meio da rede de computadores, de rede social ou transmitidos em tempo real).

122 INDUZIMENTO, INSTIGAÇÃO OU AUXÍLIO A SUICÍDIO OU A AUTOMUTILAÇÃO

122.1 Sujeitos do delito

O tipo previsto no art. 122 é crime comum, podendo ser praticado por qualquer pessoa que execute uma das condutas descritas no tipo.

Sujeito passivo a pessoa induzida, instigada ou auxiliada a praticar o suicídio ou a automutilação. Antes da vigência da Lei nº 13.968/2019, se a capacidade de resistência do sujeito passivo fosse nula, nos casos de menoridade ou deficiência mental, o sujeito ativo responderia sempre por homicídio ou lesão corporal e não pelo delito do art. 122, por se tratar de hipótese de autoria mediata em que a vítima é também o próprio instrumento do crime. De acordo com a nova disciplina da matéria, preveem-se soluções distintas com relação aos termos da responsabilização do agente que levam em consideração tanto a idade e a capacidade da vítima como a gravidade do evento lesivo

122.2 Tipo objetivo

As condutas previstas no art. 122 são *induzir, instigar* ou *prestar auxílio* material a suicídio ou a automutilação. O suicídio é ação de tirar a própria vida, causar a morte a si próprio. A automutilação é a autolesão, ação de provocar um dano à própria integridade física, agressão deliberadamente infligida ao próprio corpo, sem o intuito de suicídio. A prática da automutilação se dá, mais frequentemente, por meio de arranhões, cortes na pele, reabertura de ferimentos, mordidas etc., sempre auto infligidas, podendo consistir, porém, em casos mais graves, em castração ou amputação de extremidades, membros ou partes do corpo.

São três as condutas inscritas no tipo, que descreve crime de ação múltipla ou comportamento variado. A primeira delas é a de induzir, que traduz a iniciativa do agente, criando na mente da vítima o desejo do suicídio ou da automutilação. Chama-se ao induzimento e à instigação de *participação* ou *concurso moral*, e ao auxílio material de *participação* ou *concurso físico*. Embora o induzimento e a instigação sejam situações semelhantes, pode-se distinguir o ato de *induzir*, que traduz a iniciativa do agente, criando na mente da vítima o desejo do suicídio ou da automutilação quando esta ainda não pensara nele, do ato de *instigar*, que se refere à conduta de reforçar, acoroçoar, estimular a ideia preexistente. Em ambos os casos é necessário que o meio seja idôneo, capaz de influir moralmente sobre a vítima, sendo pelo menos uma das causas do suicídio ou da automutilação. Caso contrário, não estará caracterizado o nexo causal. Por fim, pode ser cometido o crime pelo auxílio dado ao sujeito passivo. Pode-se traduzir em ato material (fornecimento de arma, veneno etc.), mas pode ser também de ordem moral (instruções para pôr termo à vida ou praticar a automutilação etc.). É possível a prática do crime por omissão, que ocorre quando a pessoa tem o dever jurídico de impedir o resultado (art. 13, § 2º, do CP), como na ortotanásia, embora já se tenha decidido por sua inadmissibilidade. Exige-se, sempre, que haja uma ou mais vítimas determinadas como destinatárias da conduta típica. Não há crime quando há uma exposição genérica de ideias favoráveis do suicídio ou da automutilação. Praticando o agente duas condutas, como induzir e prestar auxílio, responderá por crime único, por ser único o resultado. Evidentemente, não se dispensa a relação de causalidade, ou seja, a demonstração de que a conduta do agente deu causa ao resultado.

Jurisprudência

- Auxílio ao suicídio
- Inexistência de induzimento ou instigação
- Inadmissibilidade de crime por omissão
- Inadmissibilidade de crime por provocação indireta
- Inexistência do crime na morte natural

122.3 Tipo subjetivo

O dolo em qualquer das condutas é a vontade da prática de uma das condutas típicas, em que está implícita a vontade dirigida à morte ou à automutilação do ofendido. Nada impede a prática do crime com dolo eventual, que se caracteriza pela circunstância de o agente, embora não querendo, assumir o risco do resultado morte ou lesão. Uma motivação nobre não descaracteriza o crime, podendo constituir apenas uma atenuante (art. 65, III, *a*). Não há forma culposa do crime de participação em suicídio.

Jurisprudência

- Crime com dolo eventual
- Dolo específico

122.4 Consumação e tentativa

Na anterior redação do artigo, consumava-se o crime com o resultado naturalístico, ou seja, a morte ou a lesão corporal de natureza grave, decorrentes do comportamento da vítima; se esta não sofresse lesão ou fosse esta de natureza leve, o fato seria atípico. Embora teoricamente fosse possível a tentativa, nos termos do Código, ela era inadmissível, exigindo-se para sua tipificação um dos resultados referidos.

De acordo com a nova sistemática, o delito se consuma com a prática pela vítima de ato tendente ao suicídio ou à automutilação que tenha sido induzido ou instigado pelo sujeito ativo ou para o qual tenha este prestado auxílio. O crime se consuma mesmo na hipótese de lesão leve ou de nenhuma lesão se o sujeito passivo praticou os atos que objetivavam a própria morte ou automutilação, resultados que somente não ocorreram por circunstâncias alheias. No caso de se verificar lesão grave, gravíssima ou morte, o crime é qualificado.

A tentativa é, em tese, possível, se apesar da realização da conduta típica, a vítima não chega a dar início à prática do ato. Configura-se, por exemplo, o *conatus* no caso de o agente, conscientemente, fornecer o revólver com o qual a vítima pretendia cometer o suicídio, sendo ela, porém, obstada, por perceberem os seus pais a tempo a sua intenção.

Jurisprudência

- Tentativa de suicídio: infrações residuais

122.5 Distinção

Havendo coação irresistível para o suicídio ou automutilação, ocorre homicídio ou lesão corporal; se for ela resistível, ocorre o crime do art. 122 do CP. É possível que a conduta do agente que pretende auxiliar o suicida acabe caracterizando um *homicídio consentido*. Há auxílio a suicídio quando o ato consumativo da morte for praticado pela própria vítima; há homicídio típico quando o agente pratica ou colabora *diretamente* no próprio ato executivo do suicídio. Responderá nos termos do art. 121 aquele que puxa a corda ou a cadeira para o enforcamento, segura o punhal contra o qual a vítima se projeta etc. A fraude pode ser meio para a prática do suicídio, mas também, conforme as circunstâncias, poderá caracterizar o homicídio. No caso de pacto suicida, os sobreviventes poderão responder pelo crime previsto no art. 122 ou, por homicídio, se participaram do ato executivo do suicídio de outrem.

122.6 Formas qualificadas

Na redação original do dispositivo, não se punia o agente se de sua conduta não decorria para a vítima morte ou lesão grave, porque tais circunstâncias eram elementares do tipo. Nos termos da lei vigente, na não ocorrência de morte ou lesão grave, responde o agente nos termos do tipo fundamental (art. 122, *caput*), para o qual se prevê a pena de 6 meses a 2 anos de reclusão.

Se da tentativa de suicídio ou da automutilação resulta lesão corporal de natureza grave (art. 129, § 1º) ou gravíssima (art. 129, § 2º), a pena cominada é de 1 a 3 anos de reclusão, conforme expressamente ora se prevê no art. 122, § 1º. Se resulta morte, a pena é de 2 a 6 anos de reclusão, de acordo com o art. 122, § 2º.

Os §§ 6º e 7º do art. 122, preveem sanções mais severas para os casos de lesão gravíssima ou morte se a vítima é menor de 14 anos ou é pessoa portadora de enfermidade ou deficiência mental que lhe retira o necessário discernimento para a prática do ato, suicídio ou automutilação, ou está impedida, por qualquer outra causa, de oferecer resistência à instigação ou ao induzimento praticados pelo agente. Nesses dispositivos determina-se que o agente deve responder nos termos do art. 129, § 2º, se gravíssima a lesão, e do art. 121, se ocorre a morte. Essas normas coadunam-se com a orientação, que existente na lei anterior, no sentido de que se tem vítima capacidade nula de resistência, em razão da pouca idade ou outra circunstância, o agente deveria responder pelos crimes de lesão corporal ou homicídio, porque caracterizada, então, hipótese de autoria mediata.

As circunstâncias previstas nos §§ 6º e 7º consistem em fórmulas já utilizadas em outros tipos penais como o de estupro de vulnerável. No caso de menor de 14 anos, cuida-se de presunção de natureza absoluta, que independe de avaliação no caso concreto da capacidade de discernimento para resistir à conduta do agente. Tratando-se de pessoa portadora de enfermidade ou deficiência mental, para caracterização da hipótese legal impõe-se a aferição no caso concreto, normalmente por perícia psiquiátrica, tanto da existência da enfermidade ou deficiência mental como da decorrente incapacidade de discernimento da vítima com relação à prática do suicídio ou da automutilação instigada ou induzida pelo agente. Pela última circunstância, refere-se o legislador à vítima que, por qualquer outra causa que não as anteriores, está impossibilitada de se opor à influência do agente, como nos casos de se encontrar em estado de embriaguez completa, sob influência de drogas ou hipnose etc.

No § 3º do art. 122 preveem-se duas qualificadoras que determinam a aplicação da pena em dobro, relativas ao motivo do crime e à menoridade ou reduzida capacidade da vítima de se contrapor à influência do agente.

A primeira delas refere-se ao motivo egoístico do agente, elemento subjetivo que demonstra seus interesses personalíssimos no evento morte (herança, competição nos negócios etc.). A segunda qualificadora existe quando a vítima é menor ou tem diminuída, por qualquer causa, a capacidade de resistência, o que, em termos de outros dispositivos, seria a pessoa entre os 14 e 18 anos. Na lei vigente, porém, a questão ganhou contornos diversos porque, agora, embora claro que no caso de vítima menor de 14 anos responderá o agente por homicídio ou lesão corporal gravíssima, por força de expressas disposições contidas nos §§ 6º e 7º do art. 122, são estas aplicáveis somente nas hipóteses de lesão gravíssima ou morte. Assim, na nova sistemática da matéria, há que se entender que o inciso II do § 3º, há de ser aplicado a todos casos de vítimas menores de 18 anos, desde que do crime não resulte lesão ou dele decorra lesão leve ou grave. Entendimento diverso levaria ao absurdo de se prever punição mais severa no caso de vítima com 14 anos ou mais do que na hipótese de ter ela menos de 14 anos.

Assim, tratando-se vítima menor de 14 anos, se do crime resulta lesão gravíssima ou morte, responde o agente nos termos do § 6º cc o art. 129, § 2º, ou do § 7º cc o art. 121; se a lesão é nenhuma ou leve, aplica-se o *caput* cc o § 3º, II; se a lesão é grave, incide o § 1º cc o § 3º, II. No caso de ter a vítima entre 14 e 18 anos, se ocorre lesão grave ou gravíssima, aplica-se o § 1º cc o § 3º, II; se resulta morte, incide o § 2º cc o § 3º, II; se a lesão é leve ou nenhuma, aplica-se o *caput* cc o § 3º, II.

O inciso II, em sua segunda parte, refere-se à vítima que "tem diminuída, por qualquer causa, a capacidade de resistência", mantendo-se, também aqui, a redação original do texto legal. Impõe-se, porém, ponderar, diante da generalidade da expressão utilizada, que nela estão compreendidas todas as vítimas que não têm a plena capacidade de oferecer resistência à conduta do agente, seja em razão de enfermidade ou deficiência mental, como mencionado nos §§ 6º e 7º, seja em decorrência de outra causa que impeça ou dificulte o discernimento para o ato ou a atuação concreta de um dissenso interior. Assim como verificamos com relação à idade, há que se reconhecer também para a segunda parte do inciso II, por interpretação extensiva e sistemática, um alcance ampliado em relação àquele que era próprio do mesmo texto na anterior redação do artigo, para abranger a vítima que tem capacidade nula de discernimento ou de resistência, entendendo-se, portanto, por reduzida a capacidade que não é plena, sob pena de se excluir da maior proteção aqueles que estão em situação mais gravosa em relação ao que tem algum grau de discernimento, nas hipóteses de inexistência de lesão e de lesão leve ou grave.

Nos §§ 4º e 5º do art. 122 são previstas duas causas de aumento de pena. A pena é majorada até o dobro "se a conduta é realizada por meio da rede de computadores, de rede social ou transmitida em tempo real" (§ 4º). Refere-se a lei ao induzimento ou instigação ao suicídio ou à automutilação que possam ser praticados por meio da internet, como no caso de textos, áudios ou vídeos gravados e disponibilizados na rede, seja por meio de redes sociais virtuais (*Facebook*, *Instagram*, *WhatsApp* etc.) ou, ainda, por transmissões em tempo real (*Live*). A razão da majoração da pena nesses casos reside na facilidade que a internet propicia para um acesso imediato a um número maior de pessoas, o que favorece a disseminação da ideia do suicídio e da automutilação. Deve-se observar, porém, que no crime descrito no art. 122 o sujeito passivo deve ser pessoa determinada e que a sua consumação somente ocorre se a vítima, no mínimo, dá início à prática do ato tendente à realização do suicídio ou da mutilação. Assim, a simples postagem de um texto, áudio ou vídeo em uma rede social ou sua transmissão em tempo real pelos quais alguém sustenta as "vantagens" morais ou psicológicas da prática da automutilação ou o "heroísmo" ou a "coragem" do suicida, por si sós, não configuram o crime. É necessária a existência do vínculo causal entre a conduta do agente e o comportamento da vítima que concretamente pratica o suicídio ou a automutilação ou que, pelo menos, dá início à sua realização. Se a intenção do legislador fosse, prioritariamente, a de criminalizar a simples divulgação de ideias suicidas ou de automutilação, de forma genérica, pela *internet*, mais adequada do que a previsão de uma causa de aumento de pena no art. 122 seria a descrição de fato típico específico, à semelhança do que prevê, por exemplo, o art. 218-C.

A pena é majorada até o dobro "se o autor é líder, coordenador ou administrador de grupo, de comunidade ou de rede virtual, ou por estes é responsável" (§ 5º). Pune-se mais severamente aquele que por sua posição no grupo ou na rede virtual possui maior poder de discriminação dos membros e dos temas que neles possam se inserir.

O induzimento, instigação ou auxílio a suicídio ou a automutilação realizados por meio da rede de computadores, de rede social ou transmitidos em tempo real (*caput* e § 4º), passou a ser considerado crime hediondo por força da Lei nº 14.811, de 12-1-2024, que inseriu o inciso X no art. 1º da Lei nº 8.072/1990.

Infanticídio

Art. 123. Matar, sob a influência do estado puerperal, o próprio filho, durante o parto ou logo após:

Pena – detenção, de 2 (dois) a 6 (seis) anos.

Vide: **CF** art. 5º, *caput*, XXXVIII, *d*; **CP** arts. 30, 121, 124, 134; **CPP** arts. 74, § 1º, 162 a 167, 406 a 497.

123 INFANTICÍDIO

123.1 Sujeitos do delito

O infanticídio é crime próprio, espécie de homicídio privilegiado, praticado pela mãe da vítima, já que o dispositivo se refere ao "próprio filho" e ao "estado puerperal". Discute-se ainda se pode haver coautoria ou participação de terceiro, devendo-se entender que ela é possível, comunicando-se ao coautor ou partícipe as condições elementares do tipo (mãe em estado puerperal como sujeito ativo).

Sujeito passivo é o filho nascente ou recém-nascido (item 121.1). O feto abortado, absolutamente inviável pela imaturidade, não pode ser sujeito passivo de infanticídio, que exige ser a vítima nascente ou recém-nascido. Em geral, a prova da existência de vida, para a configuração do infanticídio, é feita por meio das docimasias. Inexistente a prova de que houve vida, não há que falar desse crime.

Jurisprudência

- Sujeito passivo: existência de prova de nascimento com vida
- Prova por docimasia
- Sujeito passivo: inexistência de prova de nascimento com vida

123.2 Tipo objetivo

A conduta típica, como no homicídio, é a de matar, de forma livre, portanto, podendo ser praticado por omissão, como a falta de ligadura do cordão umbilical.

O crime de infanticídio exige que a mãe esteja, por ocasião da conduta, sob a influência do estado puerperal. Este é o período que vai do deslocamento e expulsão da placenta à volta do organismo materno às condições normais, havendo discordância quanto a seu limite de duração (de 6 ou 8 dias a 6 semanas). Não se trata especificamente de uma perturbação psíquica, mas de eventual diminuição da capacidade de a parturiente determinar-se livremente, causa de sua incriminação por infanticídio e não homicídio, fundando-se o tipo especial em um critério fisiopsicológico e não em motivo de honra, como já se decidiu. Esse estado pode ser presumido, mas admite prova em contrário. Não se confunde com a existência de perturbação da saúde mental ou doença mental, como as psicoses puerperais.

Jurisprudência

- Configuração do infanticídio
- Influência do estado puerperal
- Presunção do estado puerperal
- Reconhecimento do estado puerperal e prova pericial
- Reconhecimento do estado puerperal e prova pericial – Contra
- Inexistência da influência do estado puerperal
- Cessação do estado puerperal
- Infanticídio por omissão
- Infanticídio por motivo de honra

123.3 Tipo subjetivo

O dolo no infanticídio é a vontade de causar a morte do filho nascente ou recém-nascido, ou assumir o risco desse resultado. Não existe forma culposa de infanticídio. Assim, ocorrida culpa da mãe, deve ela responder por homicídio.

Jurisprudência

- Inexistência de prova do dolo
- Ignorância da gravidez

123.4 Consumação e tentativa

Consuma-se o crime com a morte da vítima (item 121.4). Sendo um crime plurissubsistente, é possível a ocorrência de tentativa.

123.5 Distinção

Distingue-se o infanticídio do aborto porque este só pode ocorrer antes do início do parto. Não estando a mãe sob a influência do estado puerperal ou não ocorrendo o fato logo após o nascimento, o crime a se identificar é o homicídio. Quando a mãe abandona ou expõe o recém-nascido, para ocultar desonra própria, estando ou não sob a influência do estado puerperal, ocorre o crime previsto no art. 134 e seus parágrafos.

Jurisprudência

- Homicídio e não infanticídio
- Infanticídio e não homicídio
- Infanticídio e não homicídio

123.6 Concurso de crimes

Quando a mãe, coautor ou partícipe ocultarem ou destruírem o cadáver da vítima, ocorrerá concurso material com o crime definido no art. 211.

Jurisprudência

- Concurso com ocultação de cadáver

Aborto provocado pela gestante ou com seu consentimento

Art. 124. Provocar aborto em si mesma ou consentir que outrem lho provoque:

Pena – detenção, de 1 (um) a 3 (três) anos.

Vide: CF art. 5º, XXXVIII, *d*; CP arts. 17, 123, 125, 126, 128, I, II; CPP arts. 74, § 1º, 162 a 167, 406 a 497; CC art. 2º; **Lei nº 11.340**, de 7-8-2006, art. 7º, III (prevê a coação, chantagem, suborno ou manipulação da mulher que a force ao aborto como forma de violência sexual doméstica e familiar).

124 AUTOABORTO E ABORTO CONSENTIDO

124.1 Conceito de aborto

O aborto é a interrupção da gravidez com a morte do produto da concepção, que pode ser o ovo, o embrião ou o feto, conforme a fase de sua evolução. Pode ser espontâneo, natural ou provocado, sendo neste último caso criminoso, exceto se praticado em uma das formas do art. 128.

124.2 Sujeitos do delito

No caso do art. 124, em suas duas condutas típicas, o sujeito ativo é a gestante, tratando-se, assim, de um crime próprio.

Sujeito passivo é o Estado, interessado no nascimento, e não o feto, ou seja, o produto da concepção, que não é titular de bens jurídicos, embora a lei civil resguarde os direitos do nascituro (art. 2º do CC). É discutida a possibilidade de coautoria ou participação no crime previsto no art. 124, mas nada impede o concurso de agentes, por instigação, auxílio moral ou material etc. Se o agente atua em consonância com a gestante, por instigação, acompanhamento etc., responderá por esse delito; se presta colaboração à conduta de terceiro, pelo art. 126.

Jurisprudência

- Participação de terceiro no crime do art. 124 do CP
- Participação de terceiro no crime do art. 126 – Contra

124.3 Tipo objetivo

A primeira conduta típica é a de provocar o aborto, por qualquer meio, ou seja, qualquer ato que possa produzir, promover, causar, originar o aborto, interrompendo a gravidez com a morte do produto da concepção, que pode ocorrer no útero ou fora dele. Admite-se a prática do crime por meios químicos, físicos, mecânicos e elétricos, e até por omissão. A gravidez se estende desde a concepção até o início do parto, exigindo-se a prova desse estado por meio de exame de corpo de delito direto, ou indireto quando desaparecidos seus vestígios. Não exclui essa necessidade a confissão da agente. Além disso, é necessária a prova da relação de causalidade entre a conduta da agente e o resultado. O objeto material do delito é o produto da fecundação (ovo, embrião ou feto), não se exigindo que haja viabilidade fetal.

A segunda conduta típica é a de consentir a gestante no aborto, exigindo-se pois a figura do provocador, terceiro que responderá como incurso no art. 126, com pena mais severa. Evidentemente, não se aplica o dispositivo em exame, mas o do art. 125, se é inválido o consentimento (art. 126, parágrafo único). Não há que se falar em aborto, mas em crime impossível, se a prática abortiva ocorre na ausência da gravidez, quando já morto o feto ou quando o meio empregado é inteiramente ineficaz (art. 17).

Jurisprudência

- Existência e período da gravidez: gravidez patológica
- Prova suficiente da materialidade do crime de aborto
- Prova por exame de corpo de delito indireto
- Prova por exame de corpo de delito indireto – Contra
- Inexistência de prova da gravidez
- Inexistência de prova da viabilidade do feto
- Inexistência de prova de nexo causal entre a ingestão de medicamento e o aborto
- Crime impossível por absoluta ineficácia do meio
- Inexistência de aborto por falta de objeto material

- Crime impossível por absoluta impropriedade do objeto
- Crime impossível por absoluta impropriedade do objeto – Contra
- Aborto por medicamento contraindicado para mulheres grávidas
- Prova por exame de corpo de delito indireto
- Inexistência de prova da gravidez
- Prova insuficiente da materialidade do crime de aborto
- Insuficiência da confissão da agente
- Inexistência de prova do nexo causal
- Inexistência de estado de necessidade
- Inexistência de legítima defesa da honra
- Aborto e meios anticoncepcionais

124.4 Tipo subjetivo

O autoaborto e o aborto consentido exigem o dolo, ainda que eventual. Não se pode falar, por inexistente, na figura do aborto culposo.

Jurisprudência

- Existência do dolo
- Inexistência de aborto culposo

124.5 Consumação e tentativa

Consuma-se o aborto com a interrupção da gravidez e a morte do feto, sendo desnecessária a existência da expulsão. A expulsão prematura do feto ainda com vida não desnatura o crime, pouco importando que a morte ocorra só após.

A tentativa existe quando as manobras abortivas não interrompem a gravidez ou causam apenas a aceleração do parto. Nesse caso, se houver a provocação da morte do recém-nascido, ocorrerá concurso de tentativa de aborto e infanticídio ou homicídio.

Jurisprudência

- Consumação do aborto
- Morte do feto dentro ou fora do ventre materno
- Expulsão do feto com vida

124.6 Distinção

O autoaborto distingue-se do infanticídio porque somente pode ocorrer antes do início do parto. O provocador do aborto responde pelo crime previsto no art. 126.

Jurisprudência

- Incriminação do provocador

Aborto provocado por terceiro

Art. 125. Provocar aborto, sem o consentimento da gestante:
Pena – reclusão, de 3 (três) a 10 (dez) anos.

Vide: **CF** art. 5º, XXXVIII, *d*; **CP** arts. 13, § 2º, 124, 126 a 128, I, 129, § 2º, V; **CPP** arts. 74, § 1º, 162 a 167, 406 a 497; **CC** art. 2º; **Lei nº 11.340**, de 7-8-2006, art. 7º, III (prevê a coação, chantagem, suborno ou manipulação da mulher que a force ao aborto como forma de violência sexual doméstica e familiar contra a mulher).

125 ABORTO PROVOCADO POR TERCEIRO SEM CONSENTIMENTO DA GESTANTE

125.1 Sujeitos do delito

Sujeito ativo do crime é o terceiro que provoca o aborto na gestante, sem o consentimento desta.

Sujeito passivo é a gestante, bem como o Estado, que tem interesse não só na integridade corporal da mulher, como também no nascimento.

125.2 Tipo objetivo

A conduta é, como no artigo precedente, a de causar o aborto, por qualquer meio, interrompendo a gravidez e provocando a morte do produto da fecundação (item 124.3).

Em geral, no caso, o aborto é praticado com violência ou ameaça, nada impedindo também a fraude. Também é possível o cometimento do crime por omissão, quando o agente (médico, parteira etc.) tem o dever jurídico de impedir o resultado (art. 13, § 2º). Caso o agente pratique o crime em gestante não maior de 14 (quatorze) anos, ou se esta é alienada ou débil mental, ou, ainda, se há consentimento, mas obtido mediante fraude, grave ameaça ou violência, também responde como incurso no art. 125 (art. 126, parágrafo único).

Jurisprudência

- Existência da prova de gravidez
- Existência da prova de aborto provocado
- Corpo de delito por prova testemunhal

125.3 Tipo subjetivo

Trata-se no caso de crime doloso, podendo o agente atuar com dolo eventual. Nesse caso, é evidente a necessidade que tenha conhecimento da gravidez e que assuma o risco de produzir o resultado. Não há que se falar em crime culposo, não tipificado em lei, podendo ocorrer o crime de lesão corporal culposa, ou lesão corporal dolosa seguida de aborto (culposo) (art. 129, § 2º, V). É, como sempre, necessária a prova da gravidez, da provocação do aborto e do nexo causal entre a conduta do agente e o resultado (item 124.3).

Jurisprudência

- Provocação de aborto com dolo eventual
- Desconhecimento da gravidez: ausência de dolo

125.4 Consumação e tentativa

A consumação ocorre com a interrupção da gravidez, com a morte do produto da fecundação, nada impedindo a tentativa (item 124.6).

Jurisprudência

- Insuficiência da prova material da tentativa

125.5 Distinção

Distingue-se a provocação do aborto sem o consentimento da gestante do homicídio, que ocorre quando a conduta de matar do agente é posterior ao início do parto. Distingue-se do crime de lesões corporais seguida de aborto pelo elemento subjetivo: havendo dolo direto ou eventual quanto à interrupção da gravidez, há aborto em concurso material com lesão corporal; havendo culpa, apenas o crime de lesão corporal.

O descarte de embrião obtido a partir da fertilização *in vitro* por técnicas de reprodução assistida não configura o crime de aborto, por não se tratar de vida intrauterina. O embrião assim formado, porém, pode ser objeto de outros crimes. A Lei nº 11.105, de 24-3-2005, no art. 5º, permite a utilização de células-tronco embrionárias obtidas por tais meios, para fins de pesquisa e terapia, observadas determinadas condições, entre as quais a inviabilidade dos embriões ou o seu congelamento por mais de três anos. A utilização de embriões com violação destas condições configura crime punido com detenção de um a três anos e multa (art. 24). A mesma lei pune a prática de engenharia genética em célula germinal humana, zigoto humano ou embrião humano (art. 25), a realização de clonagem humana (art. 26) e a liberação ou descarte de organismo geneticamente modificado no meio ambiente em desacordo com as normas da CTNBio (Comissão Técnica Nacional de Biossegurança) (art. 27). Prevê, também, a Lei que a comercialização do material biológico de tal natureza constitui o crime previsto no art. 15 da Lei nº 9.434, de 4-2-1997. Ao julgar improcedente ação direta de inconstitucionalidade proposta pelo Procurador Geral da República, que impugnava, na íntegra, o art. 5º da Lei nº 11.105/2005, sob os argumentos de que o embrião humano é vida humana e de que a pesquisa com células-tronco embrionárias está em desacordo com os princípios da inviolabilidade da vida e da dignidade da pessoa humana, o STF afirmou a constitucionalidade do dispositivo legal, ressaltando, entre outros fundamentos, que a prática não configura o crime de aborto, por não se cuidar de interrupção de gravidez humana (ADIN 3.510-DF, j. em 29-5-2008, DJe de 28-5-2010).

Jurisprudência

- Distinção com o crime de lesão corporal seguida de aborto
- Distinção com o crime de estupro e atentado violento ao pudor
- Uso de células-tronco embrionárias e inexistência de aborto: constitucionalidade do art. 5º da Lei nº 11.105/2005

125.6 Concurso de crimes

Quando o agente pratica o homicídio da gestante, ciente da gravidez, responde pelo concurso formal desses crimes. Caso o agente deseje também o aborto, com desígnio autônomo, aplica-se a regra do concurso material (art. 70, *caput*, segunda parte, c. c. o art. 69, *caput*). A pluralidade de fetos não constitui concurso de crimes, já que não são eles sujeitos passivos do crime. Na hipótese de feminicídio agravado pela gestação da vítima, responderá o agente pelo aborto em concurso formal.

Jurisprudência

- Concurso com o homicídio

Art. 126. Provocar aborto com o consentimento da gestante:

Pena – reclusão, de 1 (um) a 4 (quatro) anos.

Parágrafo único. Aplica-se a pena do artigo anterior, se a gestante não é maior de 14 anos, ou é alienada ou débil mental, ou se o consentimento é obtido mediante fraude, grave ameaça ou violência.

Vide: CF art. 5º, XXXVIII, *d*; **CP** arts. 13, § 2º, 124, 125, 127, 128, I, II; **LCP** art. 20; **CPP** arts. 74, § 1º, 162 a 167, 406 a 497; **CC** art. 2º; **Lei nº 11.340**, de 7-8-2006, art. 7º, III (prevê a conduta de forçar a mulher ao aborto, mediante coação, chantagem, suborno ou manipulação, como forma de violência doméstica e familiar contra a mulher).

126 ABORTO PROVOCADO COM O CONSENTIMENTO DA GESTANTE

126.1 Sujeitos do delito

Sujeito ativo do crime previsto no art. 126 é qualquer pessoa que pratica a conduta típica. Nada impede a coautoria ou participação de terceiros que atuarem em favor do agente. A gestante, e os que colaboram com esta, porém, respondem pelo crime previsto no art. 124, com pena menos severa (item 124.2).

Sujeito passivo é o Estado e não o feto (item 124.1).

Jurisprudência

- Participação no crime do art. 126

126.2 Tipo objetivo

Continua sendo a mesma a conduta típica, a de causar, provocar a interrupção da gravidez, com a morte do produto da concepção, exigindo a prova da gravidez, do resultado e do nexo causal, não a suprindo a confissão da gestante (item 124.3). Elemento indispensável para a caracterização desse ilícito é o consentimento livre da gestante, caso contrário ocorrerá o crime previsto no art. 125. O consentimento pode ser expresso ou tácito, devendo existir desde o início da conduta até a consumação do delito. O erro do agente, supondo equivocadamente que há consentimento da gestante, quando isso não ocorre, deve ser responsabilizado pelo crime previsto no art. 126 e não pelo art. 125. Absolvida a gestante da prática do crime previsto no art. 124 por qualquer causa de exclusão da ilicitude, não há crime a ser punido, o que aproveita o acusado de provocação do aborto.

Jurisprudência

- Corpo de delito indireto da provocação do aborto
- Inexistência de prova da provocação do aborto
- Comunicabilidade ao agente da absolvição da gestante
- Comunicabilidade ao agente da absolvição da gestante – Contra

126.3 Tipo subjetivo

Trata-se, como os demais, de crime doloso, pouco importando a motivação do agente. Inexiste o crime de aborto culposo.

126.4 Consumação e tentativa

A consumação é a mesma dos dois anteriores crimes: a interrupção da gravidez com a morte do produto da fecundação. É possível a caracterização da tentativa, quando o resultado não ocorre por circunstâncias alheias à vontade do agente.

126.5 Distinção

Se o evento morte ocorre após o nascimento, ainda que tenha havido manobras abortivas, o crime a ser imputado ao agente que lhe dá causa, posteriormente, é o homicídio.

Jurisprudência

- Homicídio e não aborto

126.6 Consentimento inválido

A lei presume a violência, ainda que possa haver o consentimento da gestante, em três situações. A primeira delas ocorre quando a gestante não é maior de 14 (quatorze) anos, presumindo-se que ela tem desenvolvimento mental incompleto. A segunda refere-se à gestante alienada (que sofre de doença mental) ou à débil mental (com desenvolvimento mental retardado), que também não podem consentir validamente. Por fim, também é tido como sem consentimento da gestante se este foi obtido por fraude, grave ameaça ou violência. Em todas as hipóteses, o agente responderá pelo ilícito tipificado no art. 125.

Forma qualificada

> Art. 127. As penas cominadas nos dois artigos anteriores são aumentadas de um terço, se, em conseqüência do aborto ou dos meios empregados para provocá-lo, a gestante sofre lesão corporal de natureza grave; e são duplicadas, se, por qualquer dessas causas, lhe sobrevém a morte.

Vide: CF art. 5º, XXXVIII, *d*; CP arts. 19, 125, 126; CPP arts. 74, § 1º, 162 a 167, 406 a 497.

127 FORMAS QUALIFICADAS DO CRIME DE ABORTO

127.1 Qualificadoras pelos resultados lesão grave e morte

Os crimes previstos nos arts. 125 e 126 são qualificados quando provocam lesão corporal de natureza grave, quando a pena é acrescida de um terço, ou morte, quando é ela duplicada. A lesão no útero é comum no crime, não qualificando o ilícito, segundo a doutrina. Entretanto, há decisão em contrário.

Evidentemente, o art. 127 refere-se aos crimes preterintencionais, ou seja, ocorrem quando houver somente culpa com relação a esses resultados (art. 19 do CP), o que é comum devido à previsibilidade sempre existente nesse fato. Se houver dolo, direto ou eventual, do agente com relação à lesão ou à morte, haverá concurso de crimes. O dispositivo, ao mencionar os meios empregados para provocar o aborto, inclui o aumento da pena ainda que não ocorra a consumação do aborto. Não se aplica o dispositivo à gestante nem àquele que é coautor ou partícipe de seu crime, previsto no art. 124. Responsabilizado, porém, como autor ou partícipe dos crimes previstos nos arts. 125 ou 126, a pena também deve ser acrescida.

Jurisprudência

- Necessidade da prova do aborto
- Aborto com lesão do útero
- Aborto com resultado morte
- Responsabilização do crime qualificado pelo partícipe

Art. 128. Não se pune o aborto praticado por médico:

Aborto necessário

I – se não há outro meio de salvar a vida da gestante;

Aborto no caso de gravidez resultante de estupro

II – se a gravidez resulta de estupro e o aborto é precedido de consentimento da gestante ou, quando incapaz, de seu representante legal.

Vide: CP arts. 24, 124 a 126, 213, 215, 217-A, 234-A, III; CC art. 5º.

128 EXCLUSÃO DO CRIME DE ABORTO

128.1 Aborto necessário

Duas são as situações em que a lei, considerando o aborto legal, torna lícita a prática do fato. O primeiro caso é do aborto *necessário* (ou *terapêutico*) que, no entender da doutrina, caracteriza espécie de estado de necessidade, em que se elimina a vida fetal em favor da vida da gestante. O dispositivo é necessário porque, na hipótese, é dispensada a necessidade da atualidade do perigo. Havendo perigo para a vida da gestante, o aborto está autorizado. Esse risco pode decorrer de anemias profundas, diabetes, cardiopatias, tuberculose pulmonar, câncer uterino, má conformação da mulher etc., situações que, com o avanço da medicina hoje, podem, normalmente, ser contornadas, sem a interrupção da gravidez. Nos termos legais, dispensa-se o consentimento da gestante, exigido na segunda hipótese, pois o médico, o único autorizado a realizar o aborto, pode agir em favor de terceiro, no caso a gestante. Caso o aborto seja praticado por pessoa não legalmente habilitada, poderá ser invocado o estado de necessidade (art. 24). Não estando presentes os requisitos previstos, o agente responderá pelo crime de aborto, mas não do exercício ilegal da medicina, já que a prática do aborto é, como regra geral, proibida. O terceiro que auxilia o médico não pode ser incriminado, eis que colabora em fato lícito. A absolvição da autora do aborto por estado de necessidade deve ser estendida ao coautor (item 126.2).

Jurisprudência

- Reconhecimento de aborto terapêutico
- Reconhecimento do aborto terapêutico e lesões corporais
- Existência de crime de aborto e não de exercício ilegal de medicina

128.2 Aborto sentimental

O aborto autorizado quando a gravidez resulta de estupro e há o consentimento da gestante ou de seu representante legal é denominado na doutrina de aborto *sentimental* (ou *ético*, ou *humanitário*), identificando alguns casos especiais de estado de necessidade e outros de não exigibilidade de conduta diversa. Justifica-se a norma permissiva porque a mulher não deve ficar obrigada a cuidar de um filho resultante de coito violento, não desejado, além do risco de problemas de saúde mental hereditários. Resultando a gravidez não de estupro, mas de atentado violento ao pudor, antes descrito no art. 214, aplicava-se o dispositivo, isentando-se o agente pela aplicação da analogia *in bonam partem*. Desnecessário se tornou o recurso à analogia, porque a partir da Lei nº 12.015/2009 pune-se como *estupro* também a prática de outros atos libidinosos que não a conjunção carnal nos termos dos arts. 213 e 217-A. A lei não se refere à necessidade de qualquer prova a respeito do estupro, mas a cautela manda que o médico, antes de realizar o aborto, procure certificar-se, dentro do possível, de sua ocorrência. Antes da vigência da Lei nº 12.015, de 7-8-2009, tratando-se de estupro com violência presumida, nos termos do revogado art. 224, bastava para se ter como configurado o aborto sentimental a prova da causa legal (menoridade, alienação mental etc.). Solução semelhante deve ser adotada em face da lei vigente, que não prevê a violência como circunstância elementar do tipo no crime de estupro de vulnerável, o qual se consuma com a simples prática de conjunção carnal ou outro ato libidinoso com pessoa que ostenta aquela condição (art. 217-A). Basta, assim, para a caracterização de aborto sentimental nessa hipótese, que se comprove que a vítima do estupro é menor de 14 anos, ou que, por enfermidade ou deficiência mental, não tem ela o necessário discernimento em relação às questões sexuais. Não há necessidade da concessão de autorização judicial para o aborto sentimental. Indispensável, porém, é o consentimento da gestante e, quando é esta incapaz, de seu representante legal. No âmbito do Sistema Único de Saúde (SUS), o procedimento de justificação e autorização da interrupção da gravidez na hipótese de aborto sentimental ou humanitário está disciplinado na Portaria de Consolidação nº 5, de 28-9-2017, do Ministério da Saúde (arts. 694 a 700).

Jurisprudência

- Denegação de autorização judicial
- Admissibilidade do habeas corpus na interrupção de gravidez sem autorização judicial

128.3 Outras espécies de aborto

Não prevê a lei a exclusão da ilicitude do aborto *eugênico* (ou *eugenésico*, ou *eugenético*, ou *piedoso*), que é o executado ante a prova ou até suspeita de que o filho virá ao mundo com anomalias graves ou fatais (anencefalia ou acrania, p. ex.), embora haja movimentos, a nosso ver totalmente justificados, em favor da legalização dessa prática. Há vários precedentes jurisprudenciais no sentido de que, provada a anomalia grave, o aborto deve ser autorizado, mas os alvarás concedidos ainda não encontram apoio nem no direito material nem no direito processual. Submetida, porém, a questão ao Supremo Tribunal Federal, o Tribunal, em julgamento realizado em 12-4-2012, por maioria de votos, julgou procedente arguição de descumprimento de preceito fundamental para declarar a inconstitucionalidade da interpretação segundo a qual a interrupção da gravidez de feto anencéfalo é conduta tipificada nos artigos 124, 126, 128, incisos I e II, todos do Código Penal (ADPF-QO 54). Com amparo nessa decisão, o Conselho Federal de Medicina estabeleceu diretrizes a serem observadas no diagnóstico da anencefalia e na antecipação terapêutica do parto (Resolução nº 1.989, de 10-5-2012).

Também é ilícito o aborto *social* (ou *econômico*), realizado para impedir que se agrave a situação de penúria ou miséria da gestante. Pune-se também o aborto *honoris causa*, praticado em decorrência de gravidez *extra matrimonium*, que era permitido em legislação anterior. É ilícito, por fim, o aborto praticado apenas para preservar a saúde da gestante, se não corre ela risco de vida.

As normas penais que regem o aborto estão sendo hoje contestadas, desenvolvendo-se movimento para ser ele autorizado, dentro de certas condições e circunstâncias, como ocorre em outros países. No âmbito do STF, já foi proferida decisão no sentido de que, nos crimes previstos nos arts. 124 e 126, a interrupção voluntária da gestação realizada no primeiro trimestre não configura o crime de aborto, porque entendimento contrário violaria direitos sexuais e reprodutivos da mulher e o princípio da proporcionalidade.

Jurisprudência

- Aborto provocado pela própria gestante quebra do sigilo profissional entre o médico e a paciente
- Atipicidade da interrupção de gravidez de feto anencéfalo
- Aborto autorizado por anencefalia do feto
- Aborto autorizado por má-formação congênita do feto
- Aborto autorizado por má-formação congênita do feto – Contra
- Síndrome de Edwards: indeferimento do pedido de aborto
- Síndrome de Edwards: indeferimento do pedido de aborto – Contra
- Aborto não autorizado: anomalia em que o prazo de sobrevida é superior a 12 meses
- Interrupção voluntária da gestação no primeiro trimestre: inexistência de crime de aborto
- Aborto autorizado por anencefalia do feto
- Contra: hipótese de abortamento não autorizado no art. 128 do CP

CAPÍTULO II

DAS LESÕES CORPORAIS

Lesão corporal

Art. 129. Ofender a integridade corporal ou a saúde de outrem:

Pena – detenção, de 3 (três) meses a 1 (um) ano.

Lesão corporal de natureza grave

§ 1º Se resulta:

I – incapacidade para as ocupações habituais, por mais de 30 (trinta) dias;

II – perigo de vida;

III – debilidade permanente de membro, sentido ou função;

IV – aceleração de parto:

Pena – reclusão, de 1 (um) a 5 (cinco) anos.

§ 2º Se resulta:

I – incapacidade permanente para o trabalho;

II – enfermidade incurável;

III – perda ou inutilização de membro, sentido ou função;

IV – deformidade permanente;

V – aborto:

Pena – reclusão, de 2 (dois) a 8 (oito) anos.

Lesão corporal seguida de morte

§ 3º Se resulta morte e as circunstâncias evidenciam que o agente não quis o resultado, nem assumiu o risco de produzi-lo:

Pena – reclusão, de 4 (quatro) a 12 (doze) anos.

Diminuição de pena

§ 4º Se o agente comete o crime impelido por motivo de relevante valor social ou moral ou sob o domínio de violenta emoção, logo em seguida a injusta provocação da vítima, o juiz pode reduzir a pena de um sexto a um terço.

Substituição da pena

§ 5º O juiz, não sendo graves as lesões, pode ainda substituir a pena de detenção pela de multa:

I – se ocorre qualquer das hipóteses do parágrafo anterior;

II – se as lesões são recíprocas.

Lesão corporal culposa

§ 6º Se a lesão é culposa:

Pena – detenção, de 2 (dois) meses a 1 (um) ano.

Aumento de pena

§ 7º Aumenta-se a pena de 1/3 (um terço) se ocorrer qualquer das hipóteses dos §§ 4º e 6º do art. 121 deste Código.****

§ 8º Aplica-se à lesão culposa o disposto no § 5º do art. 121.*

Violência Doméstica

§ 9º Se a lesão for praticada contra ascendente, descendente, irmão, cônjuge ou companheiro, ou com quem conviva ou tenha convivido, ou, ainda, prevalecendo-se o agente das relações domésticas, de coabitação ou de hospitalidade:**

Pena – reclusão, de 2 (dois) anos a 5 (cinco) anos.***

§ 10. Nos casos previstos nos §§ 1º a 3º deste artigo, se as circunstâncias são as indicadas no § 9º deste artigo, aumenta-se a pena em 1/3 (um terço).**

§ 11. Na hipótese do § 9º deste artigo, a pena será aumentada de um terço se o crime for cometido contra pessoa portadora de deficiência.***

§ 12. Se a lesão for praticada contra autoridade ou agente descrito nos arts. 142 e 144 da Constituição Federal, integrantes do sistema prisional e da Força Nacional de Segurança Pública, no exercício da função ou em decorrência dela, ou contra seu cônjuge, companheiro ou parente consanguíneo até terceiro grau, em razão dessa condição, a pena é aumentada de um a dois terços. *****

§ 13. Se a lesão é praticada contra a mulher, por razões da condição do sexo feminino, nos termos do § 1º do art. 121-A deste Código:

Pena – reclusão, de 2 (dois) a 5 (cinco) anos. ******

* § 8º com a redação determinada pela Lei nº 8.069, de 13-7-1990.

** §§ 9º e 10 acrescentados pela Lei nº 10.886, de 17-6-2004 e, posteriormente a pena do § 9º alterada pela Lei nº 14.994 de 9-10-2024.

*** § 11 incluído pela Lei nº 11.340, de 7-8-2006.

**** § 7º com redação determinada pela Lei nº 12.720, de 27-9-2012.

***** § 12 incluído pela Lei nº 13.142, de 6-7-2015.

****** § 13 incluído pela Lei nº 14.188, de 28-7-2021 e, posteriormente alterado pela Lei nº 14.994 de 9-10-2024.

Vide: **CF** arts. 226, § 8º; **CP** arts. 19, 61, II, *e, f, h*, 65, III, *a, c,* 107, IX, 121, §§ 2º-A, 4º, 5º e 6º; 121-A, 125 a 128, 140, § 2º, 288-A; **LCP** art. 21; **CPP** arts. 158, parágrafo único, 167, 168, 394-A; **CC** arts. 13, *caput* e parágrafo único, 186, 927, 949 a 951; **CPM** art. 184 (tipifica a autolesão como meio de se furtar ao serviço militar); **Lei nº 8.072**, de 25-7-1990, art. 1º, I-A (lesão corporal dolosa de natureza gravíssima e lesão corporal seguida de morte quando praticadas contra integrante das forças armadas ou de órgão da segurança pública), art. 2º, I (veda anistia, graça e indulto) e II (proíbe a fiança), § 1º (determina o regime inicial fechado), § 3º (possibilita a concessão fundamentada pelo juiz do apelo em liberdade), § 4º (prazo de trinta dias para a prisão temporária); **Lei nº 9.099**, de 26-9-1995, arts. 69, parágrafo único, 88; **Lei nº 9.455**, de 7-4-1997, art. 1º, § 3º (crime de tortura qualificado por lesão grave ou morte); **Lei nº 9.503**, de 23-9-1997 – **CTB**, arts. 301 (proíbe a prisão em flagrante do agente que prestar pronto e integral socorro à vítima em crime de trânsito), 303 (crime de lesão corporal culposa na direção de veículo automotor), 304 (tipifica a omissão de socorro no caso de acidente com veículo automotor), parágrafo único (dispõe que o socorro prestado por terceiro não elide o crime), 305 (tipifica a conduta de afastar-se o condutor do local do acidente para fugir a responsabilidade penal ou civil que lhe possa ser atribuída); **Lei nº 9.434**, de 4-2-1997 (dispõe sobre a remoção de órgãos, tecidos e partes do corpo humano para fins de transplante e tratamento e tipifica condutas relacionadas a essa prática nos arts. 14 a 20); **Lei nº 9.263**, de 12-1-1996, arts. 15 a 18 (crimes relacionados com a prática de esterilização cirúrgica); **Lei nº 10.778**, de 24-11-2003, art. 1º, § 2º, I (prevê como objeto de notificação compulsória os casos, constatados nos serviços de saúde públicos ou privados, de violência, física, sexual e psicológica contra a mulher que tenha ocorrido no âmbito das relações domésticas); **Lei nº 11.340**, de 7-8-2006 (dispõe sobre a prevenção e repressão à violência doméstica e familiar contra a mulher), arts. 5º e 7º, I (ofensa à integridade ou saúde corporal como forma de violência doméstica contra a mulher), 17 (veda a substituição da pena por prestação pecuniária ou por multa isolada, 41 (afasta a aplicação da Lei nº 9.099/95); **Lei nº 14.188**, de 28-7-2021 (define o programa de cooperação Sinal Vermelho contra a Violência Doméstica); **Lei nº 14.344**, de 24-5-2022, art. 2º (ofensa à integridade ou saúde corporal como forma de violência doméstica contra a criança e o adolescente). Súmulas: **STJ** 18, 536, 542, 588, 589, 600.

129 LESÕES CORPORAIS

129.1 Sujeitos do delito

Crime comum que é, a lesão corporal pode ser praticada por qualquer pessoa, mas a lei não incrimina a mera conduta da autolesão. Esta, entretanto, pode constituir o fato previsto pelo art. 171, § 2º, V, do CP, ou pelo art. 184 do CPM. Há crime de lesão corporal, entretanto, se um irresponsável (menor, insano mental etc.) ou uma pessoa totalmente embriagada ou drogada causa lesão em si mesmo por instigação do agente, respondendo este pelo delito.

Sujeito passivo é qualquer pessoa humana, que não o agente, referindo-se a lei com a palavra *alguém* ao fruto da fecundação a partir do início do parto (item 121.1).

129.2 Tipo objetivo

Crime de lesão corporal, nos termos legais, é qualquer alteração desfavorável produzida no organismo de outrem, anatômica ou funcional, local ou generalizada, de natureza física ou psíquica. O núcleo do tipo legal é o de ofender a integridade corporal ou a saúde de outrem, ou seja, causar, de qualquer forma (violência física ou moral), mal físico, fisiológico ou psíquico à vítima, com dano anatômico interno ou externo (ferimentos, equimoses, hematomas, fraturas, luxações, mutilações etc.), não se exigindo derramamento de sangue. Pode-se reconhecer o crime inclusive na omissão daquele que tem o dever de agir para evitar o resultado (art. 13, § 2º). Havendo relação de causalidade entre a conduta comissiva ou omissiva e o resultado, o crime ocorre. Não é indispensável que se cause dor à vítima, mesmo porque certas ofensas à saúde mental não a causam. A simples presença da dor, sem comprometimento físico qualquer, não constitui o crime de lesão corporal, mas com agressão pode configurar outro ilícito, como a contravenção de vias de fato (art. 21 da LCP). O corte da barba e do cabelo, ainda que sem consentimento do titular, não configura também lesão corporal, mas pode caracterizar injúria real, constrangimento ilegal, vias de fato etc. O crime se configura na ofensa à saúde da vítima, ou seja, um prejuízo ao equilíbrio funcional do organismo (moléstias, estados de inconsciência, paralisias, neuroses, insanidade mental, choque nervoso, convulsões etc.). É crime, também, agravar uma lesão preexistente. Constituindo a integridade fisiopsíquica um bem indisponível, o consentimento da vítima não desnatura o crime, exceto, evidentemente, quando autorizado pelo direito, como no caso de cirurgias, inclusive transplantes de órgãos de pessoas vivas, o que caracteriza o exercício regular de direito.

Jurisprudência

- Acordo entre as partes: aceitação por medida de política criminal
- Tatuagem e consentimento da vítima
- Relação de causalidade
- Equimoses
- Edemas
- Contusões
- Eritemas
- Desclassificação para vias de fato
- Irrelevância da existência de dor
- Corte de cabelos: lesão corporal
- Corte de cabelos: injúria real
- Crise nervosa
- Crise nervosa – Contra
- Desmaio
- Inexistência de laudo de exame de corpo de delito
- Inexistência de laudo pericial: complementação
- Laudo deficiente que não comprova a materialidade do crime
- Aplicação do princípio da insignificância
- Aplicação do princípio da insignificância – Contra

129.3 Tipo subjetivo

O dolo do crime de lesão corporal é a vontade de produzir um dano ao corpo ou à saúde de outrem ou assumir o risco de produzi-lo (*animus laedendi* ou *nocendi*). A lesão corporal culposa é prevista pelo art. 129, § 6º.

Jurisprudência

- Hipóteses da existência de dolo
- Erro de tipo: excludente do dolo
- Existência de dolo
- Hipóteses da existência de dolo eventual
- Dolo em *aberratio ictus*
- Hipóteses da inexistência de dolo

129.4 Exclusão do crime de lesão corporal

Não há crime de lesão corporal se o agente atua ao abrigo de uma excludente da antijuridicidade (estado de necessidade, legítima defesa, estrito cumprimento do dever legal e exercício regular de direito). Não há exclusão de antijuridicidade ou culpabilidade nas lesões ocorridas em desavenças familiares (v. item 129.23). Se nas cirurgias para a cura do paciente e nos transplantes (disciplinados pela Lei nº 9.434, de 4-2-1997, regulamentada pelo Decreto nº 9.175, de 18-10-2017) é evidente o exercício regular do direito, desde que obedecidos os requisitos legais, discute-se a possibilidade de intervenções mutiladoras para a mudança de sexo do paciente. A orientação moderna é de se reconhecer a licitude da operação desde que seja efetuada, com as cautelas que o caso exige, para corrigir desajustamento psíquico, tratando-se nesse caso de procedimento curativo.

Jurisprudência

- Lesão corporal em cônjuge ou familiar
- Lesão corporal em cônjuge ou familiar – Contra
- Existência de legítima defesa da honra
- Inexistência de legítima defesa da honra
- Hipóteses de existência de legítima defesa
- Hipóteses de inexistência de legítima defesa
- Existência de exercício regular de direito
- Cirurgia em transexual

129.5 Consumação e tentativa

Consuma-se o crime quando resulta para a vítima uma lesão à integridade física ou psíquica.

Embora já se tenha entendido que é juridicamente impossível a tentativa de lesões corporais, porque tal figura coincide inteiramente com a definição de vias de fato, é correto afirmar que é ela admissível quando nítido o dolo de ofender a integridade física ou psíquica da vítima, que não se consuma por circunstâncias alheias à vontade do agente. É possível, inclusive, a tentativa de lesão corporal de natureza grave se patente que o objetivo do agente era causar um dos resultados previstos nos §§ 1º e 2º do art. 129.

Jurisprudência

- Admissibilidade da tentativa de lesões corporais
- Admissibilidade da tentativa de lesões corporais – Contra
- Admissibilidade de tentativa de lesão corporal grave
- Inadmissibilidade de tentativa de lesão corporal de natureza grave
- Dúvida quanto a potencial gravidade da lesão

129.6 Lesão corporal leve

Identifica-se a lesão corporal leve por exclusão. Nos §§ 1º, 2º e 3º do art. 129 estão previstos os resultados que tornam a lesão grave, gravíssima ou seguida de morte, configurando-se o tipo básico de lesão corporal leve naquelas que não causarem qualquer dos eventos arrolados em seus incisos, com pena de detenção, de três meses a um ano. Se a lesão corporal é decorrente de violência doméstica, a pena é de reclusão de 2 a 5 anos, nos termos do § 9º (item 129.23). É possível, porém, nas lesões mínimas, o reconhecimento do princípio da insignificância, que exclui a tipicidade do fato (item 13.5). Por força do art. 88 da Lei nº 9.099/95, que dispõe sobre os Juizados Especiais Cíveis e Criminais, a instauração de inquérito policial e a ação penal dependem de representação do ofendido ou de seu representante legal (vide também item 129.24).

Jurisprudência

- Indispensabilidade de representação: retroatividade
- Necessidade de representação
- Inaplicabilidade do princípio da insignificância
- Indispensabilidade de representação: retroatividade

129.7 Incapacidade para as ocupações habituais por mais de trinta dias

Nos incisos do § 1º do art. 129 a lei prevê as hipóteses em que se identifica a lesão corporal de natureza grave, cominando-se a pena de reclusão, de um a cinco anos. A primeira delas é a de resultar da lesão a incapacidade da vítima para suas ocupações habituais por mais de 30 dias. Por ocupações habituais tem-se entendido não só o trabalho diário, como também a atividade funcional habitual do indivíduo, pouco importando sua espécie, econômica ou não, como trabalho, estudo, lazer etc. Só não está protegida a ocupação ilícita. O fato de não estar inteiramente superada a lesão no prazo referido, não prejudicando porém as ocupações habituais do ofendido, desclassifica o crime para sua forma do *caput*. Por outro lado, se a vítima volta a suas ocupações com sacrifícios, por não estar ainda em condições de desempenhá-las, a lesão é de natureza grave. Nos termos do art. 168 e parágrafos do

CPP, a gravidade da lesão deve ser comprovada por exame complementar a ser realizado no dia seguinte ao 30º da data do fato, embora a ausência ou deficiência do laudo possa ser suprida por prova testemunhal.

Jurisprudência

- Volta ao trabalho sem condições normais
- Volta ao trabalho sem condições normais – Contra
- Obrigatoriedade de exame complementar
- Inadmissibilidade de exame complementar antecipado
- Inadmissibilidade de exame complementar antecipado – Contra
- Validade de exame complementar sem perícia anterior
- Exame complementar com base em ficha clínica
- Inexistência de laudo complementar: sede da lesão e palavra da vítima
- Inadmissibilidade de substituição do exame complementar
- Omissão do laudo e ininvocabilidade de fato notório
- Relação de causalidade: causa superveniente
- Incapacidade para qualquer ocupação habitual
- Incapacidade para as ocupações habituais de menor ou débil mental
- Incapacidade para ocupações imorais
- Incapacidade para as ocupações habituais por fratura grave
- Incapacidade para as ocupações habituais por fratura grave – Contra
- Obrigatoriedade de exame complementar
- Prazo para o exame complementar
- Admissibilidade de exame complementar após o prazo
- Admissibilidade de exame complementar após o prazo – Contra
- Exame complementar falho
- Inexistência de laudo complementar: complementação por prova testemunhal
- Inexistência de laudo complementar: complementação excepcional por prova testemunhal
- Inadmissibilidade de complementação pela palavra da vítima
- Inexistência de laudo complementar e outros elementos de prova: desclassificação

129.8 Perigo de vida

É também grave a lesão que provoca perigo de vida para o ofendido. Embora, em tese, qualquer lesão possa ocasionar complicações que acarretem perigo de vida, a lei penal refere-se, evidentemente, a um perigo efetivo, concreto, constatado no exame de corpo de delito, revelado por coma, choque traumático, hemorragia grave etc. Tem-se entendido que o perito, no caso, verificando uma realidade objetiva, deve fazer um juízo de probabilidade da ocorrência do resultado morte, fundamentando esse prognóstico. Desnecessária, no caso, a realização de exame complementar; verificado o perigo de vida pelo perito, fundamentando sua conclusão, a pronta recuperação da vítima é irrelevante.

Jurisprudência

- Perigo de vida definido por estatística
- Inadmissibilidade de reconhecimento apenas em risco potencial
- Insuficiência para o reconhecimento a natureza e sede da lesão
- Necessidade de fundamentação quanto ao perigo de vida
- Desnecessidade de exame complementar
- Necessidade de submissão à cirurgia
- Necessidade de submissão à cirurgia – Contra
- Hipóteses de lesões com perigo de vida
- Perfuração do hemitórax

129.9 Debilidade permanente de membro, sentido ou função

No inciso III, do § 1º, do art. 129, a lei refere-se à causação de debilidade permanente de membro, sentido ou função, ou seja, a uma redução na capacidade funcional, a uma diminuição das possibilidades funcionais da vítima. *Membros* são os apêndices do corpo, superiores (braços) e inferiores (pernas). *Sentidos* são as funções perceptivas do mundo exterior (visão, audição, olfato, gosto e tato). *Função* é a atividade desempenhada por vários órgãos (respiratória, circulatória, digestiva, secretora, locomotora, reprodutora, sensitiva etc.). *Órgão* é a parte do corpo humano que tem determinada capacidade funcional. A perda de um órgão duplo (como a de um olho) é considerada debilidade de membro, sentido ou função e não sua perda. Também a perda de dentes pode acarretar a debilidade da função mastigatória, mas só a apreciação objetiva de cada caso permite julgar a gravidade da lesão. Não importa que o enfraquecimento do membro, sentido, função ou órgão possa ser suprido com aparelhos de prótese ou qualquer instrumento, persistindo a gravidade ainda que o ofendido recupere funções com o auxílio destes.

Jurisprudência

- Perda de um dos órgãos duplos
- Distinção entre debilidade e perda de membro, sentido ou função
- Perda de dentes: inexistência de lesão grave
- Perda de dentes: necessidade de justificação
- Irrelevância da possibilidade de cirurgia
- Desnecessidade de exame complementar
- Conceito de debilidade permanente
- Debilidade ou perda de dedos
- Perda de dentes: existência de lesão grave
- Irrelevância de prótese – Contra
- Irrelevância da possibilidade de tratamento
- Necessidade de fundamentação do laudo

129.10 Aceleração de parto

No último inciso do § 1º, menciona a lei a "aceleração de parto", ou seja, quando se antecipa o nascimento, sendo o feto expulso antes do termo final da gravidez. Há o aumento da pena porque o parto prematuro é perigoso tanto para a criança como para a mãe. Ainda que a criança nasça antes do termo final da gravidez em razão da lesão sofrida pela mãe e a morte ocorra posteriormente, não se caracteriza o aborto, que tornaria gravíssima a lesão (§ 2º, V). A ciência do agente de que a vítima estava grávida é indispensável para a caracterização dessa condição de maior punibilidade pois exige-se, no caso, a previsão do resultado (art. 19).

Jurisprudência

- Necessidade de prova da gravidez
- Necessidade de conhecimento da gravidez pelo agente
- Necessidade de conhecimento da gravidez pelo agente – Contra
- Morte do neonato

129.11 Incapacidade permanente para o trabalho

No § 2º do art. 129 a lei menciona outras hipóteses de lesões graves, na doutrina denominadas de gravíssimas para diferenciá-las daquelas previstas no parágrafo anterior, sendo a primeira delas a ocorrência de incapacidade permanente para o trabalho. Trata-se, segundo a doutrina, de uma incapacidade perpétua para qualquer atividade profissional remunerada e não para o trabalho específico da vítima, o que torna difícil a aplicação do dispositivo, embora a lesão possa ser considerada grave pela ocorrência de uma das consequências mencionadas em outros incisos.

Jurisprudência

- Conceito de incapacidade permanente para qualquer trabalho

129.12 Enfermidade incurável

Torna grave a lesão a ocorrência de enfermidade incurável, ou seja, de qualquer estado mórbido de evolução lenta que não apresente maiores probabilidades de cura integral. A transmissão do vírus da Aids pode constituir, portanto, o crime de lesão corporal gravíssima.

Jurisprudência

- Inexistência de enfermidade incurável

129.13 Perda ou inutilização de membro, sentido ou função

A perda de membro, sentido ou função são os resultados mencionados no inciso III, do § 2º. Pode ser mutilação (causada pela violência dos golpes), amputação (por cirurgia necessária), ou mesmo a inutilização, em que o membro ou órgão, apesar de ligado ao corpo, não mais tem capacidade funcional. Entretanto, a perda de um dos órgãos duplos caracteriza lesão grave e não gravíssima (v. item 129.9).

Jurisprudência

- Inexistência de lesão gravíssima
- Inexistência de lesão gravíssima: perda da função visual de um olho

129.14 Deformidade permanente

É também gravíssima a lesão quando resultar deformidade permanente. A deformidade é o prejuízo estético, adquirido, visível, indelével no corpo do ofendido. Deve haver uma modificação que cause dano estético de certa monta e capaz de causar impressão de desagrado, vexatório para a vítima. Não há necessidade, assim, de que ocorra um aleijão ou ferimento horripilante. Pouco importa, porém, a sede da lesão, desde que seja ela visível em qualquer situação normal da vida humana segundo os costumes vigentes. Também é irrelevante que a deformidade possa ser removida por cirurgia estética, pois ninguém está obrigado a ser a ela submetido, além dos riscos inerentes a esse procedimento. Nem mesmo a possibilidade de dissimular-se a deformidade por cremes, perucas, próteses, indumentárias adequadas etc. desclassifica o ilícito. A deformidade permanente deve ser positivada por meio de exame pericial, sendo considerado praticamente indispensável que seja o laudo instruído com fotos do ofendido para apreciação das partes e do julgador.

Jurisprudência

- Conceito de deformidade
- Irrelevância do local da lesão
- Irrelevância da possibilidade de cirurgia plástica reparadora
- Conceito de deformidade permanente

- Não reconhecimento de deformidade permanente na perda de dentes
- Necessidade de fotografia no laudo pericial
- Prescindibilidade de laudo atualizado e fotografia
- Necessidade de laudo complementar
- Inadmissibilidade da ponderação da deformidade permanente como circunstância judicial
- Desclassificação pela cirurgia realizada
- Irrelevância da dissimulação da deformidade
- Hipóteses de deformidade permanente
- Inexistência de deformidade permanente no dano de pequena monta
- Insuficiência de simples cicatriz
- Irrelevância da posição social da vítima
- Irrelevância da posição social da vítima – Contra
- Necessidade de fotografia no laudo pericial

129.15 Aborto

A última das hipóteses é o aborto como consequência do crime de lesão corporal (aborto preterintencional). É evidente a necessidade de que fiquem comprovados gravidez e o aborto consequente das lesões, ou seja, o nexo causal entre a lesão praticada e o resultado. O agente atua com dolo de lesão corporal mas o aborto era previsível pelo seu conhecimento da gravidez da vítima. Se há dolo quanto ao resultado aborto, haverá concurso de crimes com a lesão corporal.

Jurisprudência

- Necessidade da prova de gravidez
- Necessidade do conhecimento da gravidez
- Necessidade do conhecimento da gravidez – Contra
- Necessidade da relação de causalidade
- Distinção com a aceleração do parto

129.16 Lesão corporal seguida de morte

O § 3º do art. 129 refere-se ao homicídio preterdoloso ou preterintencional. O agente atua com dolo no crime de lesões corporais, podendo prever o resultado morte, que não quis ou assumiu o risco de produzir. Há, portanto, dolo no que se refere ao crime de lesão corporal e culpa com relação à morte. Essa é a diferença com o homicídio culposo, em que na conduta há um fato em si penalmente indiferente ou no máximo a vontade de desforço físico. Evidentemente, como sempre, é necessário que haja a relação de causalidade entre a conduta do agente e a morte da vítima.

Jurisprudência

- Inexistência da causa de aumento de pena
- Exigência da relação de causalidade
- Existência do nexo de causalidade
- Inexistência de prova do nexo de causalidade
- Irrelevância da existência de concausa
- Exigência de dolo com relação à lesão
- Queda da vítima: distinção com homicídio culposo
- Queda da vítima: distinção com homicídio culposo – Contra
- Inexistência de dolo com relação à morte: desclassificação do homicídio
- Exigência de culpa com relação à morte
- Exigência de culpa com relação à morte – Contra
- Existência de morte previsível
- Lesão corporal seguida de morte: crime preterintencional
- Embriaguez e ausência de previsibilidade

129.17 Lesão corporal privilegiada

Sob a rubrica de "diminuição de pena", o art. 129, § 4º, menciona duas hipóteses de lesão corporal privilegiada. Em primeiro lugar, menciona o crime por motivo de relevante valor social ou moral, em redação idêntica ao do homicídio privilegiado, valendo aqui as anotações a ele referentes (item 121.5). Também é reduzida a pena de um sexto a um terço se o agente atua sob a influência de violenta emoção, logo em seguida à injusta provocação da vítima. A causa de diminuição de pena é idêntica àquela do homicídio privilegiado (item 121.6). Reconhecida uma das causas de diminuição de pena, é imperativa a redução da pena, segundo opinião dominante, sejam as lesões leves ou graves. Não se aplica concomitantemente, entretanto, a atenuante genérica prevista pelo art. 65, III, *c*, do CP.

Jurisprudência

- Hipóteses de não existência de lesão corporal privilegiada
- Lesão corporal privilegiada: impossibilidade de absolvição
- Inexistência de provocação injusta
- Reconhecimento de lesão corporal privilegiada: violenta emoção
- Reconhecimento de lesão corporal privilegiada: relevante valor moral
- Hipóteses de não existência de lesão corporal privilegiada
- Redução como direito subjetivo do réu
- Inadmissibilidade de reconhecimento de atenuante genérica

129.18 Substituição da pena

No § 5º, a lei permite a substituição da pena de detenção por multa, em duas situações. A primeira delas é de lesões corporais privilegiadas, se apenas de natureza leve, de acordo com o disposto no parágrafo anterior (item 129.16). A substituição, ao contrário da diminuição da pena, é facultativa, cabendo ao juiz decidir, ou não, pela sua aplicação. A substituição por multa também é prevista, genericamente, no art. 60, § 2º, desde que preenchidos os requisitos legais.

Na segunda hipótese, cabe a substituição se as lesões são recíprocas. Se o acusado também sofreu lesão corporal, pode o Juiz aplicar a substituição, mas o benefício só é cabível se a pessoa a quem lesou também foi condenada. Se esta foi absolvida por legítima defesa, as lesões que causou no agressor são lícitas e não possibilitam a substituição da pena. Entretanto, prevalece na jurisprudência a orientação de que a substituição é possível ainda que o outro contendor não tenha sido denunciado ou tenha sido absolvido. Tratando-se de mercê facultativa, pode o juiz, de acordo com as circunstâncias, conceder o benefício apenas a um dos contendores. A absolvição dos contendores se impõe, porém, por falta de provas, se não se apurar qual deles iniciou a agressão, podendo um ou outro estar em situação de legítima defesa.

Jurisprudência

- Substituição por pena de multa: violenta emoção
- Inadmissibilidade de substituição por multa
- Condenação por lesões corporais recíprocas
- Aplicação no caso de apenas um réu condenado
- Aplicação apenas a um dos contendores
- Aplicação em agressões em fases distintas
- Inaplicabilidade em lesões corporais culposas
- Substituição como faculdade do juiz
- Dúvidas quanto à iniciativa da agressão

129.19 Lesão corporal culposa

Pune a lei também a lesão corporal causada culposamente. Quanto à conduta típica culposa da lesão corporal, é a mesma do homicídio, valendo para ela as considerações anteriores (item 121.20). Assim, se da imprudência, negligência ou imperícia do agente derivou não a morte, mas lesão corporal na vítima, o agente é punido com pena de detenção de dois meses a um ano, não importa qual sua gravidade, que só terá influência na fixação da pena. Sendo a lesão insignificante, também se tem aplicado o princípio da bagatela (item 13.5). Por força da Lei nº 9.099/95, a lesão culposa passou a estar na competência do Juizado Especial Criminal, sendo objeto de ação penal pública condicionada à representação da vítima (art. 88). A lesão corporal causada na direção de veículo automotor passou a ser regida pelo art. 303 do Código de Trânsito Brasileiro (Lei nº 9.503, de 23-9-1997), cominando-se para o tipo básico a pena de detenção, de seis meses a dois anos, além de restrição de direitos.

Jurisprudência

- Previsibilidade do resultado
- Ação penal pública condicionada à representação da vítima
- Irrelevância da falta de intenção de ferir
- Imprudência no fumar
- Negligência de médico
- Inexistência de negligência do médico
- Inexistência de imperícia do médico em cirurgia inusual
- Negligência de cuidados com animais
- Irrelevância da gravidade da lesão
- Gravidade da lesão: influência na pena – Contra
- Simples presença de dor
- Aplicabilidade do princípio da insignificância
- Aplicabilidade do princípio da insignificância – Contra

129.20 Lesão corporal culposa qualificada

Nos termos do § 7º do art. 129, aumenta-se a pena de um terço se ocorrer qualquer das hipóteses do art. 121, § 4º. Assim, há lesão corporal culposa qualificada se o crime resulta de inobservância de regra técnica de profissão, arte ou ofício, ou se o agente deixa de prestar imediato socorro à vítima, não procura diminuir as consequências de seu ato ou foge para evitar a prisão em flagrante (v. item 121.21). Ao crime de lesão corporal culposa praticado na condução de veículo automotor (art. 303 do CTB) aplicam-se as mesmas causas de aumento previstas para o homicídio culposo (art. 302), entre as quais a de deixar o agente de prestar socorro à vítima, quando possível fazê-lo sem risco pessoal (art. 303, § 1º). É também qualificado o crime se cometido por agente em situação de embriaguez ao volante (art. 303, § 2º do CTB), caso em que também se veda a substituição da pena privativa de liberdade por restritiva de direitos (art. 312-B, incluído pela Lei nº 14.071/2020, cc. o art. 44, I do CP).

No Código de Trânsito Brasileiro estão também previstas como crimes autônomos a omissão de socorro à vítima no caso de acidente (art. 304), que se configura independentemente do socorro prestado por terceiro (parágrafo único), e a conduta de afastar-se o motorista do local do acidente para fugir à responsabilidade penal ou civil que lhe possa ser atribuída (art. 305). O pronto e integral socorro à vítima prestado pelo agente em crime de trânsito impede a prisão em flagrante (art. 301).

Jurisprudência

- Fuga para evitar a prisão em flagrante
- Fuga para evitar a prisão em flagrante – Contra
- Inaplicabilidade no caso de a vítima não necessitar de socorro

129.21 Lesão corporal dolosa contra menor ou idoso

Também por referência ao art. 121, § 4º, aumenta-se a pena de um terço na lesão corporal dolosa quando o crime é praticado contra pessoa menor de 14 ou maior de 60 anos, valendo aqui também as anotações anteriores (v. item 121.22). Exige-se no entanto, por força do art. 155, parágrafo único, do CPP, seja comprovada por documento civil a idade da vítima. Os casos de violência praticada contra idosos são de notificação compulsória pelos serviços de saúde públicos e privados, nos termos do art. 19 do Estatuto da Pessoa Idosa, com a redação dada pela Lei nº 12.461, de 26-7-2011.

Jurisprudência

- Necessidade da prova civil da idade da vítima

129.22 Lesão corporal dolosa praticada por milícia privada ou grupo de extermínio

De acordo com a nova redação dada ao § 7º do art. 129, pela Lei 12.720, de 27-9-2012, também determina o aumento da pena no crime de lesão corporal dolosa a circunstância prevista no § 6º do art. 121, inserido pelo mesmo diploma.

Se o crime de lesão corporal é praticado por milícia privada, a pretexto da prestação de serviço de segurança, ou por grupo de extermínio, a pena deve ser majorada de um terço. Essa circunstância já foi examinada por ocasião da análise do homicídio agravado (v. item 121.24). O dispositivo aplica-se tanto à lesão dolosa simples (art. 129, *caput*), como às formas qualificadas (art. 129, §§ 1º e 2º) e à lesão corporal seguida de morte (art. 129, § 3º).

No crime praticado por milícia ou grupo de extermínio contra menor de 14 ou maior de 60 anos de idade, tratando-se de homicídio, há a incidência cumulativa das duas majorantes, previstas em normas distintas (art. 121, §§ 4º e 6º). Na hipótese, porém, de lesão corporal, o § 7º do art. 129 autoriza uma única elevação, sempre de um terço da pena, prevista para a ocorrência de *qualquer* das hipóteses descritas nos §§ 4º e 6º do art. 121, o que indica alternatividade. Se era intenção do legislador conferir à lesão dolosa tratamento similar ao dispensado ao homicídio, a deficiente redação do dispositivo impede a dupla agravação. Nem mesmo por interpretação sistemática se pode concluir em contrário, porque limitado o aumento da pena pelo dispositivo a um acréscimo, ainda que as circunstâncias, por suas naturezas, não guardem entre si qualquer relação que justificasse logicamente a alternatividade.

O crime de lesão corporal praticado por grupo de extermínio não é crime hediondo, por se referir a Lei nº 8.072, de 25-7-1990, somente ao homicídio decorrente das ações dessa forma de organização criminosa.

129.23 Violência doméstica

Nos §§ 9º e 10 do art. 129, acrescentados pela Lei nº 10.886, de 17-6-2004, sob a nova rubrica "Violência Doméstica", preveem-se outras formas qualificadas de lesão corporal dolosa. No § 9º, que se aplica à lesão corporal leve (art. 129, *caput*), descrevem-se como qualificadoras algumas circunstâncias previstas como agravantes genéricas (art. 61, II, *e* e *f*) e que se referem a vínculos de parentesco, casamento, relação doméstica, de coabitação ou de hospitalidade, as quais já foram examinadas (item 61.4). Acrescentaram-se, porém, as relações com *companheiro ou pessoa com que conviva ou tenha convivido* o agente, evitando-se a discussão nas hipóteses de união estável ou outro vínculo de relacionamento amoroso ou de estarem os cônjuges ou companheiros divorciados ou separados, judicialmente ou de fato, situações nas quais, por ausência de expressa previsão legal, ou porque não mais subsistente a necessária relação de fidelidade, no segundo caso, vinha-se afastando a agravante genérica. Deve-se incluir, porém, no alcance da norma também a vítima com quem desfrutava o agente de um convívio doméstico, ainda que de natureza diversa da relação conjugal ou de união estável, como enteados, parentes etc. A pena de detenção cominada para essa forma qualificada, que era de seis meses a um ano, foi alterada para três meses a três anos pela Lei nº 11.340, de 7-8-2006 e, posteriormente, modificada para reclusão de dois a cinco anos, pela Lei nº 14.994, de 9-10-2024. Assim, embora leves as lesões, o crime praticado com violência doméstica não mais constitui infração de menor potencial ofensivo (art. 61 da Lei nº 9.099/95, com a redação dada pela Lei nº 11.313, de 28-6-2006). A Lei nº 11.340 também acrescentou ao artigo o § 11, que determina o acréscimo de um terço, nas hipóteses previstas no § 9º, se a vítima é pessoa portadora de deficiência.

Cuidando-se de lesão corporal grave ou seguida de morte (§§ 1º a 3º), as mesmas circunstâncias previstas no § 9º, que caracterizam a violência doméstica, constituem causa de aumento de pena, determinando o acréscimo de um terço.

As normas insertas nos §§ 9º a 11 do art. 129 aplicam-se independentemente do sexo do ofendido. Tratando-se de violência doméstica e familiar contra a mulher, aplicam-se também as regras especiais previstas na Lei nº 11.340, de 7-8-2006 (item 129.24).

O crime praticado com violência doméstica contra mulher, criança, adolescente, idoso, enfermo ou pessoa com deficiência autoriza a decretação da prisão preventiva como medida destinada a garantir a execução de medidas protetivas, independentemente da pena máxima cominada para o delito (art. 313, III, do CPP). Nos casos de risco à integridade física da ofendida ou da efetividade de medida protetiva, não deve ser concedida a liberdade provisória (art. 12-C, § 2º, da Lei nº 11.340/2006). Nas mesmas hipóteses, a lei determina a prioridade na realização do exame de corpo de delito (art. 158, parágrafo único, do CPP, incluído pela Lei nº 13.721, de 2-10-2018).

Jurisprudência

- Aplicabilidade da qualificadora de violência doméstica independentemente do sexo do ofendido

129.24 Violência doméstica e familiar contra a mulher e o crime de lesão corporal

O crime de lesão corporal praticado com violência doméstica é punido nos termos do art. 129, §§ 9º a 11 do Código Penal (item 129.23), aplicando-se, porém, no caso de violência doméstica e familiar contra a mulher, as referidas regras especiais previstas na Lei nº 11.340, de 7-8-2006.

Configura violência doméstica e familiar contra a mulher, nos termos da Lei nº 11.340, de 7-8-2006, qualquer forma de violência, por ação ou omissão, baseada no gênero e praticada no âmbito da família, do convívio doméstico ou de relação íntima de afeto, atual ou pretérita, ainda que ausente a coabitação, que cause morte, lesão, sofrimento físico, sexual ou psicológico e dano moral ou patrimonial (arts. 5º e 7º). No sentido da desnecessidade de coabitação firmou-se no STJ a orientação: "Para a configuração da violência doméstica e familiar prevista no artigo 5° da Lei n. 11.340/2006 (Lei Maria da Penha) não se exige a coabitação entre autor e vítima" (Súmula 600).

Para a aplicação dos dispositivos contidos na lei especial, porque a violência deve ser baseada no gênero, não bastam a ocorrência no âmbito doméstico ou familiar e que a vítima seja mulher, exigindo-se, também, a relevância dessa circunstância em relação à prática da violência. Podem não caracterizar, portanto, violência doméstica e familiar contra a mulher determinadas condutas, ainda que praticadas no âmbito doméstico ou familiar, que não estejam relacionadas com o fato de ser a vítima do sexo feminino, tal como pode ocorrer, eventualmente, em furto cometido pela empregada doméstica, em calúnia contra esta praticada pela empregadora, em lesão corporal praticada por irmã da vítima etc.

Se o delito de lesão corporal, ou qualquer outro crime, configura hipótese de violência doméstica e familiar contra a mulher, têm incidência as normas especiais previstas na Lei n° 11.340/2006. Além da disciplina de medidas protetivas de urgência (arts. 18 a 24) e das providências a serem adotadas pela autoridade policial (arts. 10 a 12-C), preveem-se normas penais e processuais penais. Vedam-se a aplicação de pena de pagamento de cesta básica ou outra de prestação pecuniária e a substituição por multa isolada (art. 17). Nos casos de ação penal pública condicionada à representação da ofendida, exige a Lei que a renúncia ao direito de representação seja exercida perante o juiz, em audiência especialmente designada para essa finalidade, antes do recebimento da denúncia (art. 16). Houve equívoco do legislador na redação do dispositivo. Não se referindo o Código Penal expressamente à renúncia ao direito de representação e devendo ser esta desde logo reduzida a termo pela autoridade policial quando ofertada, como previsto na lei especial (art. 12, I), mais consentânea com o sistema legal e com o claro intuito do legislador de garantir a livre manifestação de vontade da vítima contra possível coação é a exigência em relação à retratação da representação já oferecida. O STJ, em decisão recente, fixou a seguinte tese: "A audiência prevista no art. 16 da Lei 11.340/2006 tem por objetivo confirmar a retratação, não a representação, e não pode ser designada de ofício pelo juiz. Sua realização somente é necessária caso haja manifestação do desejo da vítima de se retratar trazida aos autos antes do recebimento da denúncia".

A competência para o processo nos casos de violência doméstica e familiar contra a mulher, ressalvadas as regras especiais constitucionais e legais, é dos Juizados de Violência Doméstica e Familiar contra a Mulher ou, na inexistência destes, das varas criminais, com competência cumulativa para as questões cíveis e criminais, afastada a competência dos Juizados Especiais Criminais na hipótese de infração de menor potencial ofensivo (arts. 14, 33 e 41). A respeito do tema sobre a competência de julgamento de crime de violência sexual praticada no âmbito doméstico e familiar contra a vítima menor e do sexo feminino entendeu o STJ que se aplica a lei Maria da Penha às vítimas menores de idade do sexo feminino e fixou a seguinte tese de julgamento: "1. A condição de gênero feminino é suficiente para atrair a aplicabilidade da Lei Maria da Penha em casos de violência doméstica e familiar, prevalecendo sobre a questão etária. 2. A Lei Maria da Penha prevalece quando suas disposições conflitarem com as de estatutos específicos, como o da Criança e do Adolescente" (tema 1186).

Tratando-se de lesão corporal leve, ainda que o crime seja qualificado pela violência doméstica (§ 9°) e constitua forma de violência doméstica e familiar contra a mulher nos termos da lei especial, a ação penal dependeria de representação da vítima e possível seria, também, a suspensão condicional do processo, por força do disposto nos arts. 88 e 89 da Lei n° 9.099/95. Embora o art. 41 da Lei n° 11.340/2006 determine a não aplicação da

Lei nº 9.099/95, a norma não alcança os citados dispositivos, que têm caráter geral e não guardam vinculação com o conceito de infração de menor potencial ofensivo, com a competência dos Juizados Especiais Criminais ou com o procedimento sumaríssimo regulado nesse estatuto. No entanto, após reconhecer a constitucionalidade do dispositivo legal (art. 41 da Lei nº 11.340/2006) e sua aplicabilidade, inclusive, aliás, às contravenções penais, o STF, fundando-se sobretudo em razões de política criminal, decidiu que na hipótese de crime de lesão corporal praticado com violência doméstica contra a mulher a ação penal pública é sempre incondicionada (Adin nº 4424-DF, j. em 9-2-2012, *DJe* de 17-2-2012). No mesmo sentido foi editada a Súmula 542 do STJ. Tem-se decidido, também, que nos delitos praticados com violência doméstica e familiar contra a mulher não se aplicam os institutos despenalizadores previstos na Lei nº 9.099/1995, como a transação e a suspensão condicional do processo. O STF, aliás, em ação declaratória de constitucionalidade, reconheceu expressamente a constitucionalidade das normas contidas nos arts. 1º, no que diz respeito ao tratamento diferenciado entre os gêneros, e 41 da Lei nº 11.340/2006, que afastou a incidência da Lei nº 9.099/1995 nos crimes cometidos com violência doméstica ou familiar contra a mulher (ADC 19, j. em 9-2-2012, *DJ* de 29-4-2014). A orientação sedimentou-se nos termos da Súmula 536 do STJ. É também orientação firmada no STJ a da inadmissibilidade da substituição da pena privativa de liberdade por restritiva de direitos no caso de crime ou contravenção praticado com violência ou grave ameaça contra a mulher no ambiente doméstico, nos termos da Súmula 588. Por fim, assentou-se no mesmo tribunal o entendimento pela inaplicabilidade do princípio da insignificância nos mesmos casos de violência doméstica contra a mulher, conforme enuncia a Súmula 589.

O homicídio praticado com violência doméstica e familiar contra a mulher em razão da condição do sexo feminino, passou a configurar o *feminicídio*, forma de homicídio qualificado, em conformidade com o disposto no art. 121, § 2º, VI, e § 2º-A, I, nos termos da Lei nº 13.140, de 9-3-2015. Posteriormente, o feminicídio passou a ser previsto crime autônomo, previsto no art. 121-A inserido pela Lei nº 14.994, de 9-10-2024. A mesma circunstância passou também a qualificar o crime de lesão corporal, por força da Lei nº 14.188, de 28-7-2021, que inseriu o § 13 no art. 129, elevando a pena para a de reclusão de um a quatro anos. Finalmente, a Lei nº 14.994, de 9-10-2024, aumentou a pena para reclusão de dois a cinco anos. Evidentemente, deve-se entender que a qualificadora há de ser aplicada somente à hipótese de lesão corporal leve, prevista no *caput* do artigo.

Com relação, porém, às *medidas protetivas previstas* na Lei Maria da Penha, em recente decisão, o STJ, entendeu que a Lei se aplica aos casos de violência doméstica ou familiar contra mulheres transexuais, por objetivar a Lei a proteção da mulher em virtude do gênero e não em razão do sexo (STJ, REsp 1977124- SP, j. em 5-4-2022, *DJe* de 22-4-2022). No mesmo sentido, entendeu o STF que enquanto não editada a legislação específica, aplicam-se as medidas protetivas de urgência previstas na Lei Maria da Penha a homens em relações afetivo-familiares de casais homoafetivos do sexo masculino ou que envolvam travestis e mulheres transexuais (MI 7452, j. em 21-2-2025).

Jurisprudência

- Competência – aplicabilidade da Lei Maria da Penha em casos de violência doméstica e familiar em vítima menor do sexo feminino
- Aplicabilidade da Lei nº 11.340/2006: necessidade de que a violência seja baseada no gênero
- Caracterização da violência doméstica contra a mulher na ameaça por ex-namorado
- Desnecessidade de coabitação: relacionamento pretérito:
- Lesão corporal com violência doméstica contra a mulher: ação pública incondicionada

- Lesão corporal com violência doméstica contra a mulher: ação pública condicionada à representação da ofendida
- Possibilidade de retratação pela ofendida em audiência
- Necessidade de audiência prevista no art. 16 da Lei nº 11.340/2006 no caso de requerimento do réu
- Impossibilidade de designação de ofício da audiência prevista no art. 16 da Lei nº 11.340/2006
- Possibilidade de afastamento pelo juiz da retratação em audiência
- Ineficácia da retratação fora da audiência
- Retratação inválida do representante legal: Nomeação de curador a vítima menor
- Inadmissibilidade da suspensão condicional do processo na lesão corporal com violência doméstica contra a mulher
- Inadmissibilidade da aplicação dos institutos despenalizadores nos crimes com violência doméstica e familiar contra a mulher
- Inaplicabilidade do princípio da insignificância
- Constitucionalidade do art. 41 da Lei nº 11.340/2006 e aplicabilidade às contravenções penais
- Lesão corporal com violência doméstica contra a mulher: ação pública condicionada à representação da ofendida
- Finalidade da audiência prevista no art. 16 da Lei nº 11.340/2006

129.25 Distinção

Distingue-se o crime de lesão corporal da tentativa de homicídio pelo dolo: *animus necandi* denuncia a tentativa, *animus laedendi*, o crime de lesão corporal. Com relação ao crime de maus-tratos, a distinção está em que, neste, o agente visa corrigir a vítima. Na violência que não causa ofensa à integridade corporal configuram-se as vias de fato. A lesão causada por tortura pode constituir este crime autônomo quando praticado nas circunstâncias elementares previstas no tipo (art. 1º da Lei nº 9.455/97).

Jurisprudência

- Contaminação dolosa do vírus da Aids: tentativa de homicídio e não lesão corporal
- Tortura e não lesão corporal
- Lesão corporal e abuso de autoridade e não tortura
- Distinção com vias de fato
- Distinção com maus-tratos
- Lesão corporal e não maus-tratos
- Lesão corporal e não roubo

129.26 Concurso de crimes

As lesões praticadas para a consecução de outro crime são por este absorvidas quando se tratar de crime complexo (arts. 157, 158 etc.), a não ser que haja disposição expressa em contrário (arts. 163, parágrafo único, 228, § 2º). A lesão corporal de natureza grave torna alguns crimes qualificados pelo resultado (arts. 157, § 3º, 158, § 2º, 159, § 2º, 213, § 1º etc.). Se o agente pratica o crime de abuso de autoridade (Lei nº 13.869, de 5-9-2019), produzindo lesões corporais na vítima, há concurso formal, embora já se tenha reconhecido no caso concurso material. Nada impede o reconhecimento de crime continuado, ainda que em se tratando de vítimas diversas. Vários ferimentos causados à mesma vítima, em uma mesma conduta, perfazem uma unidade, constituindo crime único. Nada impede que, de uma mesma conduta, resultem dois ou mais crimes de lesão corporal, dolosa ou culposa, reconhecendo-se então o concurso formal. Evidentemente, se de uma mesma lesão decorrer resultado que a torna grave e outro que a classifica como gravíssima, o agente pratica crime único, pela capitulação mais grave, e não concurso formal.

Jurisprudência

- Possibilidade de concurso de crime com roubo contra terceiro
- Absorção da lesão corporal pelo estupro
- Condenação pela lesão corporal residual
- Lesão grave e gravíssima
- Absorção da lesão corporal pelo roubo
- Existência de concurso material
- Concurso material com abuso de autoridade
- Concurso material com furto
- Existência de concurso formal
- Concurso formal com ameaça
- Concurso formal com ameaça – Contra
- Existência de crime continuado
- Lesões múltiplas
- Aberratio ictus na lesão corporal
- Concurso formal em aberratio ictus na lesão corporal

129.27 Perdão judicial

Nos termos do art. 129, § 8°, aplica-se à lesão culposa o disposto no § 5°, do art. 121, persistindo as razões da dispensa da pena tal como no homicídio, a critério do Juiz (v. item 121.23).

Jurisprudência

- Inadmissibilidade do perdão judicial
- Inadmissibilidade do perdão: vítima noiva do acusado
- Inadmissibilidade do perdão: vítima noiva do acusado – Contra

129.28 Lesão corporal contra integrante das forças armadas ou de órgão da segurança pública

A última hipótese de agravamento da pena cominada para o crime de lesão corporal está prevista no § 12, incluído pela Lei n° 13.142, de 6-7-2015. O aumento de um a dois terços é devido quando presente a circunstância de o crime ter sido praticado "contra autoridade ou agente descrito nos arts. 142 e 144 da Constituição Federal, integrantes do sistema prisional e da Força Nacional de Segurança Pública, no exercício da função ou em decorrência dela, ou contra seu cônjuge, companheiro ou parente consanguíneo até terceiro grau, em razão dessa condição". A mesma circunstância é prevista como qualificadora no homicídio (art. 121, inciso VII).

A majorante aplica-se à lesão corporal dolosa, leve, grave, gravíssima ou seguida de morte e é incompatível com as formas privilegiada (§ 4°) e culposa (§ 6°). Admite-se a sua aplicação cumulativa com as causas de aumento de pena mencionadas no § 7°.

CAPÍTULO III

DA PERICLITAÇÃO DA VIDA E DA SAÚDE

Perigo de contágio venéreo

Art. 130. Expor alguém, por meio de relações sexuais ou qualquer ato libidinoso, a contágio de moléstia venérea, de que sabe ou deve saber que está contaminado:

Pena – detenção, de 3 (três) meses a 1 (um) ano, ou multa.

§ 1º Se é intenção do agente transmitir a moléstia:

Pena – reclusão, de 1 (um) a 4 (quatro) anos, e multa.

§ 2º Somente se procede mediante representação.

Vide: **CP** arts. 100, § 1º, 102, 103, 107, IV, 129, § 2º, II, 131, 213, 215, 217-A, 234-A, IV; **CPP** arts. 5º, II, § 4º, 24, 25, 38, 39, 564, III, *a*, 569.

130 PERIGO DE CONTÁGIO VENÉREO

130.1 Sujeitos do delito

O sujeito ativo do crime é a pessoa, homem ou mulher, que está contaminada de moléstia venérea, e o fato de ser o agente prostituto ou a agente meretriz não os isenta de responsabilidade.

Sujeito passivo é a pessoa com quem o agente, estando contaminado, pratica o ato libidinoso, incluindo-se a que se prostitui. Está excluída aquela que já está contaminada pela mesma moléstia, já que não se pode falar, no caso, de perigo de contágio (crime impossível). É irrelevante que a vítima tenha ciência da contaminação do sujeito ativo; a saúde é um bem indisponível, excetuadas as hipóteses previstas em lei.

130.2 Tipo objetivo

A conduta típica é a prática de conjunção carnal ou qualquer ato libidinoso, ou seja, aquele que se destina a satisfazer a concupiscência, de excitação da sexualidade do agente ou do paciente, incluindo, portanto, qualquer sucedâneo da cópula carnal, incluindo o beijo. A Aids, embora possa ser transmitida por atos libidinosos, não é moléstia venérea, respondendo o transmissor por outro delito (homicídio, lesão corporal grave, perigo de contágio de moléstia grave etc.). Exige-se o exame do acusado, para se verificar se estava ele infectado.

Trata-se de crime de perigo abstrato, em que se presume o risco do contágio. Trata-se, porém, de presunção *juris tantum*, admitindo-se prova em contrário.

Jurisprudência

• **Inexistência da prova da contaminação do agente**

130.3 Tipo subjetivo

Nos termos da primeira parte do artigo, o dolo é a vontade de praticar o ato libidinoso, expondo a vítima a perigo, sabendo o agente que está contaminado. Tem ele, então, a consciência de que está criando o risco de transmissão da moléstia. Na segunda parte, incrimina-se aquele que deve saber que está contaminado, inclinando-se a doutrina no sentido de que se prevê, no caso, um crime culposo, por não prever o agente o previsível, mas também se inclui o dolo eventual, por assumir o agente o risco do contágio na dúvida quanto a estar contaminado. Caso o agente queira transmitir a moléstia, agindo com dolo direto, ocorre o crime qualificado previsto no § 1º, que constituiria uma espécie de tentativa de lesão corporal. É possível o erro de tipo excludente se o agente não sabe nem tinha possibilidade de saber que estava contaminado.

Jurisprudência

- Inexistência do tipo subjetivo

130.4 Consumação e tentativa

Consuma-se o crime com a exposição da vítima ao risco do contágio pela prática do ato libidinoso, independentemente de contaminação. Havendo o contágio, conforme as circunstâncias subjetivas, poderá ocorrer um crime mais grave (lesão corporal de natureza grave ou seguida de morte, homicídio preterintencional etc.). Havendo dolo é possível a tentativa.

130.5 Concurso de crimes

Era indiscutível a possibilidade de concurso formal com os crimes sexuais. Todavia, por força da Lei nº 13.718, de 24-9-2018, prevê-se no art. 234-A, IV, como causa de aumento de pena aplicáveis aos crimes sexuais, a circunstância de o agente transmitir à vítima doença sexualmente transmissível de que sabe ou deveria saber ser portador ou se a vítima é idosa ou pessoa com deficiência. Assim, praticado o delito sexual e havendo, por consequência, a transmissão da doença, responde o agente pelo crime sexual na forma agravada, que absorve o delito do art. 130. Todavia, se não há o contágio, deve-se reconhecer o concurso entre o crime sexual e o de perigo de contágio venéreo.

Jurisprudência

- Concurso formal com estupro

130.6 Ação penal

Nos termos do § 2º, a ação penal depende de representação da vítima e é admissível ainda que o ofendido tivesse ciência da contaminação do agente.

Jurisprudência

- Desclassificação inadmissível pela falta de representação

Perigo de contágio de moléstia grave

> Art. 131. Praticar, com o fim de transmitir a outrem moléstia grave de que está contaminado, ato capaz de produzir o contágio:
> Pena – Reclusão, de 1 (um) a 4 (quatro) anos, e multa.
>
> *Vide*: CP arts. 129, § 2º, II, 130, 267, 268.

131 PERIGO DE CONTÁGIO DE MOLÉSTIA GRAVE

131.1 Sujeitos do delito

Sujeito ativo é qualquer pessoa portadora de moléstia grave que pratica o ato com a intenção de transmiti-la a outrem.

Sujeito passivo é a pessoa com quem o agente pratica o ato capaz de transmitir a moléstia. Se este já estiver contaminado com a mesma moléstia, não ocorre o ilícito (crime impossível).

131.2 Tipo objetivo

Trata-se de crime de forma livre, podendo o agente praticá-lo por qualquer ato que possa transmitir a moléstia (aperto de mão, aleitamento, atos libidinosos etc.), mesmo por meio de utensílios, objetos ou instrumentos (copos, xícaras, alimentos, bebidas, injeções, roupas etc.). Refere-se a lei à moléstia grave, aguda ou crônica, mas não necessariamente incurável. Inclui-se a doença venérea grave quando o ato não é de caráter libidinoso. A prática de relações sexuais do portador do vírus da Aids com o fim de transmitir a moléstia constitui o delito, em não havendo o contágio; ocorrendo este, o crime é mais grave (lesão corporal de natureza grave, homicídio etc.). Exigem-se o exame pericial para a comprovação de estar o agente contaminado e a prova de que o meio era capaz de provocar o perigo. A transmissão de moléstia grave pelo agente que não está dela contaminado pode constituir outro ilícito (lesão corporal, homicídio etc.).

Jurisprudência

- Instauração de inquérito policial e irrelevância da existência de decisão judicial no cível sobre danos morais

131.3 Tipo subjetivo

O dolo é a vontade de praticar o ato, exigindo-se porém o elemento subjetivo do tipo, ou seja, querer o agente o contágio, denominado como dolo específico. Assim, não basta à prática do crime o dolo eventual, em que o agente, não querendo o contágio, assume o risco de provocá-lo. Residualmente, pode ocorrer o crime de lesão corporal. Havendo culpa no contágio, ocorrerá outro delito (lesões culposas, homicídio culposo etc.).

Jurisprudência

- Elemento subjetivo
- *Animus necandi*: caracterização da tentativa de homicídio

131.4 Consumação e tentativa

O crime é formal, suficiente à consumação a prática do ato capaz de produzir o contágio. Ocorrendo o contágio com morte da vítima, o crime é de homicídio ou lesão corporal seguida de morte. Nada impede a ocorrência da tentativa, que ocorre sempre quando o agente não consegue levar a cabo o ato capaz de produzir o contágio por circunstâncias alheias a sua vontade.

Perigo para a vida ou saúde de outrem

Art. 132. Expor a vida ou a saúde de outrem a perigo direto e iminente:

Pena – detenção, de 3 (três) meses a 1 (um) ano, se o fato não constitui crime mais grave.

Parágrafo único. A pena é aumentada de um sexto a um terço se a exposição da vida ou da saúde de outrem a perigo decorre do transporte de pessoas para a prestação de serviços em estabelecimentos de qualquer natureza, em desacordo com as normas legais.*

* Parágrafo acrescentado pela Lei nº 9.777, de 29-12-1998.

Vide: CP arts. 130, 131, 136, 250 ss; LCP arts. 29 a 38; **Lei nº 9.503**, de 23-9-1997 – CTB, arts. 306, 308, 309, 311; **Lei nº 8.069**, de 13-7-1990 – ECA, arts. 242 (tipifica a venda, fornecimento ou entrega de arma, munição ou explosivo a criança ou adolescente), 244 (tipifica a venda, fornecimento ou entrega de fogos de estampido ou de artifício perigosos a criança ou adolescente); **Lei nº 10.741**, de 1º-10-2003 – EI, art. 99 (prevê crime de perigo à integridade e à saúde de pessoa idosa); **Lei nº 10.826**, de 22-12-2003, art. 15 (disparo de arma de fogo). Súmula: STF 720.

132 PERIGO PARA A VIDA OU SAÚDE DE OUTREM

132.1 Sujeitos do delito

Trata-se de crime comum, que pode ser praticado por qualquer pessoa. Sujeito passivo é qualquer pessoa cuja vida ou saúde é posta em risco pela conduta do agente. Devem ser pessoa ou pessoas determinadas. O risco para pessoas indeterminadas causado pelo agente pode constituir crime de perigo comum (arts. 250 ss).

Jurisprudência

- Inadmissibilidade de policial militar como sujeito passivo
- Inadmissibilidade em ofendículo: perigo para pessoas indeterminadas
- Inadmissibilidade em ofendículo: perigo para pessoas indeterminadas – Contra

132.2 Tipo objetivo

A conduta típica é expor a perigo a vida ou saúde de outrem por qualquer meio. Pode-se cometer o crime por ação em sentido estrito ou omissão, quando o autor tem o dever jurídico de evitar resultado lesivo. A ação praticada na direção de veículos automotores passou a constituir crime especial (arts. 306, 308, 309 e 311 da Lei nº 9.503, de 23-9-1997 – Código de Trânsito Brasileiro).

Trata-se de crime de perigo concreto, exigindo-se a demonstração de ter a vida ou a saúde da vítima sofrido um risco direto e iminente, a pessoa ou pessoas determinadas, não bastando, pois, simples conjecturas ou possibilidades indiretas ou remotas de dano. Inexiste o crime quando o perigo é inerente à prestação de contrato de trabalho (piloto de prova, operário de fábrica de explosivos, médicos e enfermeiros etc.) ou quando o agente tem o dever legal de suportar o perigo (policiais, bombeiros etc.).

Nada impede, na prática do fato típico de exposição a perigo de vida ou saúde de outrem, a existência de causa excludente de ilicitude como a legítima defesa e o exercício regular de direito.

Jurisprudência

- Necessidade da existência de perigo concreto para sujeito passivo determinado
- Caracterização do crime no transporte escolar irregular com risco concreto
- Lançamento de pedras sobre o telhado de residência: crime caracterizado
- Invasão de residência com veículo automotor: crime caracterizado
- Derramamento de álcool no corpo das vítimas e ameaça de atear fogo: crime caracterizado
- Substituição do tanque de combustível por garrafa plástica: crime caracterizado
- Disparo de arma de fogo para o chão
- Necessidade de perigo direto e iminente
- Suficiência do perigo concreto para caracterização do crime
- Disparo de arma de fogo em direção a grupo de pessoas
- Disparo em direção de pessoa
- Disparo contra policiais em ação
- Disparo para assustar a vítima
- Disparo de arma de fogo contra veículo
- Disparo de arma de fogo de policiais contra veículo
- Disparo contra aposento ou casa ocupados
- Disparo contra porta de estabelecimento
- Disparo com tiros de festim
- Arremesso de projéteis
- Crime por criar perigo em elevador
- Crime por uso de tóxico próximo a filhos menores
- Crime no trânsito
- Crime por omissão
- Inexistência de perigo concreto: disparos de arma de fogo para o alto
- Excludente da ilicitude em ação policial
- Legítima defesa
- Exercício regular de direito: ofendículo

132.3 Tipo subjetivo

O dolo é a vontade de gerar o perigo ou o risco de assumi-lo (dolo eventual). Não há forma culposa do crime, respondendo o agente, em caso de eventual dano, por outro ilícito (homicídio culposo, lesão corporal culposa etc.).

Jurisprudência

- Inexistência de dolo na direção perigosa em fuga de perseguição policial
- Exigibilidade do dolo
- Inexigibilidade de animus laedendi
- Possibilidade de crime com dolo eventual
- Dolo eventual no disparo de arma de fogo contra veículo
- Dolo eventual em atividade médica
- Dolo eventual em agressão a motorista
- Inexistência de dolo
- Inexistência de crime culposo

132.4 Consumação e tentativa

Consuma-se o crime com a prática do ato e a ocorrência do perigo concreto. Possível é a tentativa quando se tratar de crime plurissubsistente. Registre-se a hipótese de crime impossível.

Jurisprudência

- Crime impossível por meio absolutamente ineficaz

132.5 Crime qualificado por transporte irregular

Criou a Lei nº 9.777, de 29-12-1998, uma causa de aumento de um sexto a um terço da pena para o crime previsto no art. 132 do CP, que incide quando o crime decorre do transporte de pessoas para a prestação de serviços em estabelecimentos de qualquer natureza, em desacordo com as normas legais. Evidentemente, teve o legislador em vista, principalmente, o transporte de trabalhadores rurais (boias-frias), que são submetidos ao traslado para fazendas em caminhões e outros veículos sem os cuidados indispensáveis para evitar acidentes. As normas legais a serem obedecidas são não só as referentes à circulação de qualquer veículo, como as destinadas à sua segurança, especificadas nos arts. 26 a 67 e 96 a 113 do Código de Trânsito Brasileiro e na legislação complementar. Resulta claro da letra do parágrafo único do art. 132 que à incriminação penal não basta a desobediência a tais normas, sujeita a sanções administrativas, exigindo-se a ocorrência do perigo concreto para a vida ou saúde de outrem, fato que caracteriza o referido crime.

132.6 Distinção

O crime de perigo para a vida ou saúde de outrem é eminentemente subsidiário, pois, como se prevê na lei, só deve ser reconhecido quando o fato não constitui crime mais grave, assim, por exemplo, tentativa de homicídio. Caso a prática do ato provoque perigo para um número indeterminado de pessoas, pode ocorrer um crime de perigo comum ou mera contravenção.

A conduta de "disparar de arma de fogo em lugar habitado, ou em suas adjacências ou via pública ou em direção a ela, desde que essa conduta não tenha como finalidade a prática de outro crime" configura o crime previsto no art. 15 da Lei nº 10.826, de 22-12-2003. Se essa conduta não causa perigo concreto ou se o perigo criado decorre de culpa, afasta-se o crime do art. 132 em razão de sua própria definição e da não previsão da forma culposa. Se o agente, porém, efetua o disparo nas mencionadas condições com a finalidade de criar o perigo para outrem, responderá, segundo a norma especial, pelo crime do art. 132, porque exige o art. 15 da Lei nº 10.826 para a configuração do delito que a conduta não tenha como finalidade a prática de *outro crime*, que inclui os de menor gravidade. Há que se ponderar, porém, que o crime definido na lei especial, mais gravemente punido, é de perigo *abstrato*, presumindo a lei de modo absoluto que a conduta é perigosa, e que interpretação literal do dispositivo implicaria punição mais severa a quem efetua o disparo de arma de fogo sem a intenção e sem provocar situação concreta de perigo, do que ao agente que, nas mesmas condições (lugar habitado, via pública etc.), intencionalmente cria o perigo para outrem.

Jurisprudência

- Existência de tentativa de homicídio
- Crime subsidiário
- Disparo de arma de fogo: prevalência do art. 15 do Estatuto do Desarmamento sobre o art. 132 do CP: princípio da especialidade
- Contra: prevalência do art. 132 do CP
- Distinção com tentativa de homicídio
- Distinção com lesões corporais
- Distinção com tentativa de lesões corporais

132.7 Concurso

Em regra, é inadmissível o concurso formal com outro delito. Entretanto, se há duas ou mais vítimas determinadas, é possível a ocorrência do concurso ideal. Pode o crime absorver outro ilícito menos grave e, por ser crime subsidiário, é absorvido pelo crime de dano quando há o resultado dessa espécie.

Jurisprudência

- Absorção da contravenção de porte ilegal de arma
- Absorção pelo crime de roubo
- Inadmissibilidade de concurso
- Inadmissibilidade de concurso – Contra
- Existência de concurso formal: várias vítimas
- Existência de concurso formal: várias vítimas – Contra
- Absorção da contravenção de disparo de arma
- Absorção pelo crime de lesão corporal

Abandono de incapaz

Art. 133. Abandonar pessoa que está sob seu cuidado, guarda, vigilância ou autoridade, e, por qualquer motivo, incapaz de defender-se dos riscos resultantes do abandono:

Pena – detenção, de 6 (seis) meses a 3 (três) anos.

§ 1º Se do abandono resulta lesão corporal de natureza grave;

Pena – reclusão, de 1 (um) a 5 (cinco) anos.

§ 2º Se resulta a morte:

Pena – reclusão, de 4 (quatro) a 12 (doze) anos.

Aumento de pena

§ 3º As penas cominadas neste artigo aumentam-se de um terço:

I – se o abandono ocorre em lugar ermo;

II – se o agente é ascendente ou descendente, cônjuge, irmão, tutor ou curador da vítima.

III – se a vítima é maior de 60 (sessenta) anos.*

* Inciso com a redação determinada pela Lei nº 10.741, de 1º-10-2003.

Vide: **CF** art. 229; **CP** arts. 13, § 2º, 19, 61, *e*, *h*, 129, §§ 1º e 2º, 134, 135, 243, 244 a 247; **CC** arts. 1.566, IV, 1.590, 1.630, 1.634, I, VII, 1.637, 1.638, I, II, 1.740, I, 1.763, 1.767, 1.774; **Lei nº 8.069**, de 13-7-1990 – **ECA**, arts. 33 a 38 (guarda e tutela no Estatuto da Criança e do Adolescente); **Lei nº 10.741**, de 1º-10-2003 – EI, art. 98, 1ª parte (tipifica o abandono de idoso em hospital, casa de saúde ou estabelecimento congênere).

133 ABANDONO DE INCAPAZ

133.1 Sujeitos do delito

Sujeito ativo do crime é a pessoa que tem o dever jurídico de zelar pela vítima. Trata-se, assim, de delito próprio, exigindo-se uma relação de dependência entre o sujeito ativo e a vítima do abandono. Essa posição de garantidor pode resultar da lei, de contrato ou convenção, ou de qualquer fato lícito ou ilícito, ainda que por tempo breve, de acordo com o disposto no art. 13, § 2º, do CP.

Sujeito passivo é, nos termos da lei, o incapaz, não exclusivamente no sentido do Direito Civil, mas todo aquele que, por qualquer motivo (idade, doença, situação especial), não tem condições de cuidar de si próprio, de se defender dos riscos do abandono pelo sujeito ativo (menores, doentes físicos e mentais, idosos, escolares, paralíticos, cegos, ébrios etc.). A incapacidade pode ser absoluta, relativa, acidental ou especial, durável ou temporária. Saber se a pessoa está ou não em condições de cuidar de si é questão relativa e circunstancial a ser apreciada pelo Juiz no caso concreto. O consentimento da vítima é irrelevante por estar protegendo a lei bens indisponíveis (vida, integridade física etc.).

Jurisprudência

- Abandono de ébrio
- Abandono em relação empregatícia

133.2 Tipo objetivo

A conduta típica é abandonar a vítima, o que significa deixar sem assistência, desamparar, largar, quer por levá-la a local em que não há meios de se proteger (crime comissivo), quer afastando-se o sujeito ativo do ambiente de proteção, deixando o ofendido ao abandono (crime omissivo impróprio). Trata-se de crime de perigo concreto, exigindo-se a comprovação do risco para a vítima. Pouco importa o tempo em que a vítima permanece em situação de perigo. Protege-se apenas o direito aos cuidados materiais e não morais; estes são objeto de outros delitos (arts. 244 a 247).

Jurisprudência

- Requisitos específicos do abandono de incapaz
- Pedido de alta do paciente: inexistência do crime

133.3 Tipo subjetivo

O dolo do crime é a vontade de abandonar a vítima, ciente de que por ela é responsável e do perigo que pode correr. O erro justificado a respeito dessas circunstâncias exclui o dolo (erro de tipo). Nada impede a prática do crime com dolo eventual, quer porque o sujeito ativo está em dúvida quanto a seu dever de cuidar da vítima, quer por assumir o risco de causar-lhe o perigo. Havendo a vontade de causar a morte ou assumir o risco desse resultado, ocorrerá homicídio ou infanticídio, conforme as circunstâncias. Não há forma culposa do ilícito, podendo ocorrer outro crime (lesão corporal culposa, homicídio culposo etc.).

Jurisprudência

- Abandono de incapaz com dolo eventual
- Inexistência de dolo

133.4 Consumação e tentativa

A consumação ocorre com o perigo concreto. Trata-se de crime instantâneo de efeitos permanentes. Não exclui a consumação o fato de o sujeito ativo reassumir o dever de assistência desde que tenha havido o risco. É possível a tentativa, ao menos quando se tratar de conduta comissiva, em que circunstâncias alheias à vontade do agente impedem a ocorrência do perigo.

Jurisprudência

- Tentativa no crime comissivo
- Abandono de filho da companheira: qualificadora não caracterizada

133.5 Formas qualificadas

Prevê a lei, no § 1º, as formas qualificadas do delito pelos resultados de lesão corporal de natureza grave ou morte, exigindo-se para sua configuração a previsibilidade do resultado. Também há caso de aumento de pena no abandono em lugar ermo (deserto, solitário, isolado), bem como na hipótese de estar a vítima ligada ao sujeito ativo por um dever mais imperioso, decorrente de parentesco mais íntimo ou do exercício de atividades consideradas importantes. Na terceira hipótese, acrescentada pela Lei nº 10.741, de 1º-10-2003 (Estatuto da Pessoa Idosa), o maior rigor punitivo decorre da especial proteção legal dispensada à pessoa idosa, mesmo quando ausentes as relações mencionadas no inciso II.

A enumeração é taxativa, mas devem-se ter em conta o art. 227, § 6º, da CF e o art. 1.596 do CC, na referência às relações de filiação.

Jurisprudência

- Presunção de parentesco
- Crime praticado por ascendente

133.6 Distinção

Quando o sujeito ativo não dá assistência à vítima por não estar esta em relação de dependência com relação àquele, ocorre o crime de omissão de socorro (art. 135). Caso o motivo do abandono seja o de ocultar desonra própria e a vítima recém-nascida, haverá o crime previsto no art. 134. Distingue-se o abandono de incapaz do crime de abandono material porque neste não se exige a ocorrência de perigo direto e imediato à vida ou à saúde da vítima. Abandonar a pessoa idosa em hospitais, casas de saúde, entidades de longa permanência ou congêneres configura um dos delitos previstos no art. 98, 1ª parte, da Lei nº 10.741, de 1º-10-2003. Tratando-se de pessoa com deficiência o crime é o previsto no Estatuto da Pessoa com Deficiência (art. 90 da Lei nº 13.146, de 6-7-2015).

Exposição ou abandono de recém-nascido

Art. 134. Expor ou abandonar recém-nascido, para ocultar desonra própria:

Pena – detenção, de 6 (seis) meses a 2 (dois) anos.

§ 1º Se do fato resulta lesão corporal de natureza grave:

Pena – detenção, de 1 (um) a 3 (três) anos.

§ 2º Se resulta a morte:

Pena – detenção, de 2 (dois) a 6 (seis) anos.

Vide: CP arts. 19, 30, 129, §§ 1º e 2º, 133, 135, 243, 244 a 247.

134 EXPOSIÇÃO OU ABANDONO DE RECÉM-NASCIDO

134.1 Sujeitos do delito

Como o anterior, trata-se de crime próprio, podendo ser praticado pela mãe na gravidez *extra matrimonium*, como pelo pai, em caso de filho havido fora do casamento. Nada impede a coautoria ou participação de terceiro, comunicando-se a ele a circunstância elementar do motivo de honra (art. 30). Quem abandona, por iniciativa própria, recém-nascido para ocultar desonra de outrem responde pelo crime previsto no art. 133 ou outro delito, conforme as circunstâncias.

Sujeito passivo é o recém-nascido. Segundo a corrente mais aceita, recém-nascida é a criança até a queda do cordão umbilical.

134.2 Tipo objetivo

A lei é redundante ao descrever a conduta típica, eis que expor e abandonar constituem a ação ou omissão de deixar sem assistência, desamparar, largar o recém-nascido, mas tem-se como *expor* o crime praticado por ação e *abandonar* o cometido por omissão. Trata-se também de crime de perigo concreto, exigindo-se a comprovação do risco para a vida ou saúde criado para a vítima, por tempo juridicamente relevante.

134.3 Tipo subjetivo

O dolo é a vontade de abandonar o recém-nascido com a consciência de que está ocasionando o perigo para sua vida ou saúde. Exige-se, porém, o elemento subjetivo do tipo consistente no fim de ocultar a própria desonra. Trata a lei da honra exclusivamente sexual, em especial a da mãe que engravidou fora do casamento. Exige-se que o nascimento seja sigiloso, pois caso contrário não haveria ocultação da desonra, mas a circunstância de ser ele conhecido por algumas pessoas não afasta esse propósito.

Jurisprudência

- Crime configurado
- Motivação de honra

134.4 Consumação e tentativa

Consuma-se o crime quando a vítima fica exposta ao perigo, por tempo juridicamente relevante, tratando-se de crime instantâneo de efeitos permanentes. É possível a tentativa quando se tratar de forma comissiva, em que, iniciada a execução pelo sujeito ativo, não ocorre o perigo por circunstâncias alheias a sua vontade.

Jurisprudência

- Consumação com o perigo

134.5 Formas qualificadas

Qualifica-se o crime pelo resultado de lesão corporal de natureza grave e morte, resultados que devem ser previsíveis para o agente.

134.6 Distinção

Distingue-se o abandono de recém-nascido com morte dos delitos de infanticídio ou de homicídio, por exigirem estes o dolo de dano, ou seja, a vontade de causar a morte da vítima ou, ao menos, o de assumir o risco de produzi-la. Não havendo motivo de honra, não sendo o agente pai ou mãe da vítima, ou não sendo a criança recém-nascida, existe o delito de abandono de incapaz ou outro crime (omissão de socorro, crime contra a assistência familiar etc.).

Omissão de socorro

> **Art. 135.** Deixar de prestar assistência, quando possível fazê--lo sem risco pessoal, à criança abandonada ou extraviada, ou à pessoa inválida ou ferida, ao desamparo ou em grave e iminente perigo; ou não pedir, nesses casos, o socorro da autoridade pública:
>
> **Pena** – detenção, de 1 (um) a 6 (seis) meses, ou multa.
>
> **Parágrafo único.** A pena é aumentada de metade, se da omissão resulta lesão corporal de natureza grave, e triplicada, se resulta a morte.

Vide: CP arts. 13, § 2º, 61, II, *h*, 121, § 4º, 129, §§ 1º, 2º, 7º, 135-A, 244; **Lei nº 7.853**, de 24-10-1989, art. 8º, IV (tipifica a conduta de recusar, retardar ou dificultar internação ou deixar de prestar assistência médico-hospitalar e ambulatorial à pessoa com deficiência); **Lei nº 9.503**, de 23-9-1997 – **CTB**, arts. 304 (tipifica a omissão de socorro do condutor no caso de acidente com veículo automotor), parágrafo único (dispõe que o socorro prestado por terceiro não elide o crime), 302, § 1º, III (omissão de socorro como causa de aumento de pena no homicídio culposo), 303, parágrafo único (aplicação à lesão corporal culposa), 305 (tipifica a conduta de afastar-se o condutor do local do acidente para fugir à responsabilidade penal ou civil que lhe possa ser atribuída); **Lei nº 10.741**, de 1º-10-2003 – EI, art. 97 (define crime de omissão de socorro a pessoa idosa).

135 OMISSÃO DE SOCORRO

135.1 Sujeitos do delito

Sujeito ativo do crime é qualquer pessoa, não havendo obrigatoriedade de qualquer relação anterior entre os sujeitos ativo e passivo do delito. Se houver essa ligação decorrente de um dever jurídico ou se foi ele o causador do perigo pode ocorrer crime mais grave. Como regra, o sujeito ativo é quem está próximo da vítima no momento em que esta necessita de ajuda, mas há situações em que essa proximidade pode não existir, sendo o sujeito convocado a prestar a assistência necessária ao ofendido. Caso várias pessoas omitam o socorro, todas respondem pelo crime, mas se uma delas o faz, as outras se desobrigam.

Como sujeito passivo, a lei refere-se em primeiro lugar à criança abandonada (em geral a que foi vítima de um dos crimes anteriores) ou extraviada (a que perdeu o contato com os pais ou responsáveis). É mencionada, em seguida, a pessoa inválida, ou seja, a que, por suas condições pessoais (biológicas, físicas, psíquicas, de idade etc.), não tem condições de afastar o perigo. Menciona a lei também a pessoa ferida, que apresenta uma lesão a sua integridade corporal, ainda que não seja de natureza grave. É necessário, porém, que a vítima esteja ao desamparo, precisando de auxílio, pois em grave risco de um resultado lesivo. A relutância ou mesmo a falta de consentimento da vítima em ser socorrida é irrelevante, eis que a lei tutela com o dispositivo bens indisponíveis (vida, integridade corporal, saúde).

Jurisprudência

- Dever jurídico de assistência
- Omissão de socorro por qualquer pessoa
- Inexigibilidade de vinculação jurídica anterior
- Crime praticado por pessoa que se encontra no local
- Crime praticado por pessoa que não se encontra no local
- Vítima com ferimentos leves
- Vítima sem risco de vida
- Irrelevância da falta de consentimento da vítima

135.2 Tipo objetivo

A primeira conduta típica é "deixar de prestar assistência" ao ofendido, tratando-se, pois, de crime omissivo puro. O dever de assistência, ou seja, de auxílio ou socorro adequado, é limitado pela possibilidade e capacidade do sujeito de acordo com as circunstâncias do caso concreto, não se exigindo que se pratique atos para os quais não está habilitado. O socorro deve ser imediato, pois a demora inusitada importa em descumprimento do dever imposto pela lei em nome da solidariedade, esgotando o sujeito os meios de que dispõe para prestar auxílio à vítima. A segunda conduta omissiva é a de não pedir o socorro da autoridade pública, quando não é possível outro atendimento imediato, o que se verifica de acordo com as circunstâncias do caso concreto.

Não exige a lei que o sujeito arrisque sua vida ou integridade corporal a fim de prestar auxílio à vítima, mas não o desonera quando se trata de risco a outro bem jurídico.

O crime de omissão é de perigo, que deve ser comprovado, embora haja divergências a respeito do assunto, entendendo-se que é ele presumido.

Jurisprudência

- Omissão de socorro em lesão culposa na condução de veículo: causa de aumento de pena
- Omissão de socorro em homicídio culposo na condução de veículo: causa de aumento de
- Homicídio culposo na condução de veículo: vítima socorrida por terceiros
- Impossibilidade de prestar assistência médica
- Necessidade de esgotarem-se os meios disponíveis
- Inadmissibilidade de alegação de desnecessária a assistência
- Requisitos do crime de omissão de socorro
- Inadmissibilidade de crime comissivo
- Omissão de socorro à pessoa ferida em estrada (anterior à vigência do CTB)
- Omissão após acidente de trânsito (anterior à vigência do CTB)
- Omissão de enfermeira em retirada de doente da ambulância
- Omissão na recusa ao transporte de pessoa ferida
- Omissão de assistência médica
- Omissão de socorro médico por funcionários de hospital
- Impossibilidade de prestar assistência médica
- Omissão e erro de diagnóstico
- Omissão de marido de pessoa epiléptica
- Existência de risco pessoal

- Insuficiência de mero temor de represálias
- Vítima socorrida por terceiros
- Vítima socorrida por terceiros – Contra
- Presunção de perigo: vítima criança

135.3 Tipo subjetivo

O dolo é a vontade de não prestar a assistência ou não pedir auxílio, tendo consciência do perigo para a vítima. O erro, pois, exclui o dolo. Não existe forma culposa do crime.

Jurisprudência

- Necessidade do dolo
- Dolo do crime de omissão de socorro
- Irrelevância do desígnio do omitente
- Inexistência de dolo
- Inexistência de crime culposo

135.4 Consumação e tentativa

Tratando-se de crime omissivo puro, consuma-se quando o sujeito deixou de agir quando deveria prestar o auxílio ou pedir socorro, mas está excluída a responsabilidade quando nesse tempo a vítima é socorrida por terceiro. Passado tempo juridicamente relevante, o socorro tardio não exclui a consumação. Tratando-se de crime omissivo próprio, não é possível a tentativa. Se a pessoa presta socorro, diante da insistência de terceiros, não pratica o crime; se já decorreu o lapso de tempo juridicamente relevante, o crime está consumado.

Jurisprudência

- Consumação por falta de socorro imediato
- Vítima socorrida por terceiro *(anterior à vigência do CTB)*
- Vítima socorrida por terceiro *(anterior à vigência do CTB)* – Contra
- Socorro por insistência de terceiros
- Irrelevância de retorno ao local
- Inadmissibilidade de tentativa

135.5 Formas qualificadas

Ocorrendo lesão corporal grave ou morte da vítima, há formas qualificadas do crime de omissão de socorro. Para que se apliquem as causas de aumento de pena, é necessária a prova de que o sujeito poderia ter evitado esses resultados.

Jurisprudência

- Irrelevância do número de mortes
- Existência da qualificadora
- Inexistência da qualificadora
- Inexistência de nexo causal
- Inexistência de nexo causal – Contra

135.6 Distinção

Quando o omitente tinha o dever jurídico de cuidar da vítima (art. 13, § 2º), poderá ocorrer outro crime (homicídio, lesões corporais, abandono de incapaz etc.). A omissão de socorro pode ser, não crime autônomo, mas causa de agravamento de pena nos crimes de homicídio culposo e lesões corporais culposas que não sejam configurados como crimes de trânsito. Se a vítima é pessoa idosa (com idade igual ou superior a 60 anos), o crime é o descrito no art. 97 da Lei nº 10.741, de 1º-10-2003 (Estatuto da Pessoa Idosa), para o qual se preveem penas de seis meses a um ano de detenção e multa. A pena é aumentada de metade se resulta lesão corporal grave e triplicada, se resulta morte (parágrafo único).

A omissão de socorro praticada pelo motorista em caso de crime ou acidente de trânsito está agora submetida a tipos especiais previstos na Lei nº 9.503, de 23-9-97 (CTB). No Código de Trânsito Brasileiro a omissão do condutor de veículo no socorro à vítima é prevista como causa de aumento de pena nos crimes de homicídio culposo (art. 302, § 1º, III) e lesão corporal culposa (art. 303, § 1º), e como delito autônomo no caso de acidente (art. 304), hipótese em que o socorro prestado por terceiro não elide o crime (art. 304, parágrafo único). A omissão de terceiros, porém, continua regida pelo Código Penal.

Tratando-se de omissão no atendimento emergencial médico-hospitalar por condicionamento de sua prestação a uma garantia de dívida ou ao preenchimento de formulários, configura-se tipo específico, previsto no art. 135-A, inserido pela Lei nº 12.653, de 28-5-2012. Deixar, o pai, mãe ou responsável legal, de comunicar à autoridade pública o desaparecimento de criança ou adolescente tipifica o delito do art. 244-C do Estatuto da Criança e do Adolescente, inserido pela Lei nº 14.811, de 12-1-2024.

Jurisprudência

- Inadmissibilidade de crime praticado pelo causador das lesões
- Crime autônomo de omissão de socorro
- Crime autônomo de omissão de socorro – Contra

Condicionamento de atendimento médico-hospitalar emergencial

Art. 135-A. Exigir cheque-caução, nota promissória ou qualquer garantia, bem como o preenchimento prévio de formulários administrativos, como condição para o atendimento médico-hospitalar emergencial:

Pena – detenção, de 3 (três) meses a 1 (um) ano, e multa.

Parágrafo único. A pena é aumentada até o dobro se da negativa de atendimento resulta lesão corporal de natureza grave, e até o triplo se resulta a morte.*

* Artigo inserido pela Lei nº 12.653, de 28-5-2012.

Vide: CP arts. 13, § 2º, 121, §§ 3º e 4º, 129, §§ 6º e 7º, 135; **Lei nº 7.853**, de 24-10-1989, art. 8º, IV (tipifica a conduta de recusar, retardar ou dificultar internação ou deixar de prestar assistência médico-hospitalar e ambulatorial à pessoa com deficiência); **Lei nº 10.741**, de 1º-10-2003 – EI, art. 97 (define crime de omissão de socorro a pessoa idosa).

135-A CONDICIONAMENTO DE ATENDIMENTO MÉDICO-HOSPITALAR EMERGENCIAL

135-A.1 Sujeitos do delito

O art. 135-A descreve crime próprio, que somente pode ser praticado por quem se encontra em posição de exigir a garantia ou o preenchimento de formulário como condição para o atendimento emergencial médico-hospitalar. Podem ser sujeitos ativos, assim, os sócios, administradores, gestores, médicos, enfermeiros, atendentes, empregados administrativos do hospital etc. Se atua o agente em cumprimento a regulamento interno ou ordens superiores há concurso de pessoas, respondendo também pelo delito os que lhe prescreveram a exigência.

Sujeito passivo é a pessoa que necessita do atendimento médico-hospitalar emergencial, mesmo na hipótese de ser a exigência formulada a um parente ou a qualquer terceiro que lhe presta auxílio, porque o bem jurídico tutelado pelo dispositivo é a vida e a saúde da pessoa humana.

135-A.2 Tipo objetivo

A conduta típica é a de exigir, ou seja, impor, a prestação de uma garantia ou o preenchimento de formulários como condição para o atendimento médico-hospitalar emergencial. A exigência pode ser formulada por diversas formas, verbalmente, por escrito, mediante a imposição de um contrato etc. Refere-se a lei, exemplificativamente, ao cheque-caução e à nota promissória, configurando-se, porém, o delito na exigência de outro título de crédito ou qualquer garantia de dívida vinculada aos serviços a serem prestados. Não se caracteriza o delito na mera solicitação de uma garantia ou do preenchimento de formulários se não é ela formulada como condição para o atendimento. Somente ocorre o crime se o atendimento médico-hospitalar é *emergencial*, isto é, se o estado em que se encontra o paciente, pela natureza e gravidade do mal que o acomete, reclama cuidados imediatos, urgentes, sem os quais haveria sério risco à vida ou à saúde, física ou psíquica, ou poderia se agravar o risco preexistente. O estado de dor intensa afeta seriamente a saúde e, independentemente da ausência de riscos à vida ou à integridade física, pode caracterizar a situação de emergência, ao menos para o fim ser prestado o atendimento necessário a minorar o sofrimento suportado pelo paciente. Constatado que não há a premência no atendimento, o qual pode ser prestado em outro momento ou local sem qualquer perigo ou risco adicional para o paciente, o fato é atípico. O crime pode ser praticado enquanto perdurar a situação emergencial. Cessada a emergência, a exigência feita visando à continuidade da internação ou do tratamento médico não constitui a infração.

135-A.3 Tipo subjetivo

O dolo no crime em estudo é a vontade da prática do ato de exigir a garantia ou o preenchimento dos formulários como condição para o atendimento médico-hospitalar, com a consciência de seu caráter emergencial. O crime pode ser praticado, porém, com dolo eventual, na hipótese de o agente formular a exigência na dúvida a respeito da situação de emergência. Se o condicionamento do atendimento decorre da errônea avaliação dessa circunstância pelo profissional, médico, enfermeiro etc., que a supõe inexistente, por agir com negligência ou imperícia ou por incidir em *erro profissional*, o fato é atípico. Não prevê a lei a forma culposa do ilícito.

135-A.4 Consumação e tentativa

O art. 135-A descreve crime formal, que se consuma no momento em que o agente formula a exigência como condição para o atendimento, independentemente de ser ou não prestada a garantia ou preenchidos os formulários pelo sujeito passivo ou terceiro ou de se agravar ou não o estado de saúde do sujeito passivo. Na hipótese de superveniência de lesão grave ou morte, a pena é agravada (item 135-A.5). Embora de difícil caracterização, é possível a tentativa, desde que a exigência não seja feita verbalmente.

135-A.5 Formas qualificadas

No parágrafo único do art. 135-A são descritas duas formas qualificadas da infração. Tratando-se de crime de perigo, prevê-se punição mais rigorosa para a hipótese de ocorrência de eventos lesivos. Exige-se para o aumento da pena a efetiva recusa do atendimento emergencial e que dessa negativa decorra para o paciente lesão grave ou morte. Aplica-se o dispositivo, portanto, na hipótese de não receber o paciente o atendimento por não haver cedido, ele ou terceiro, à exigência da prestação da garantia ou do preenchimento dos formulários. Há, também, a forma agravada na hipótese de a morte ou lesão corporal decorrer do retardamento no atendimento em razão da exigência feita para a sua realização. A negativa a que se refere o dispositivo há de ser verificada no momento em que o atendimento é devido e não a final, após haver cedido o paciente ou o terceiro à imposição do agente. Para a incidência da norma é necessária a demonstração de que, se tivesse sido prestado, o atendimento poderia ter evitado o resultado agravador. É indispensável, também, que o atue o agente ao menos culposamente com relação à ocorrência do evento lesivo (art. 19).

135-A.6 Distinção

O condicionamento de atendimento médico-hospitalar constitui-se em uma forma específica de omissão de socorro. Se o atendimento emergencial é negado por razão outra, que não a recusa da prestação da garantia ou do preenchimento de formulários, configura-se o delito previsto no art. 135. Se o sujeito passivo é pessoa portadora de deficiência, ocorre delito mais grave, punido com reclusão de dois a cinco anos, previsto no art. 8º, IV, da Lei nº 7.853, de 24-10-1989, com a redação dada pela Lei nº 13.146, de 6-7-2015. Se a vítima é pessoa com idade igual ou superior a 60 anos, a conduta pode configurar o crime previsto no art. 100, III da Lei nº 10.741, de 1º-10-2003 (Estatuto da Pessoa Idosa), para o qual se preveem penas mais severas. Assim como ocorre em relação ao crime de omissão de socorro (art. 135), não se pode afastar a possibilidade de responder o agente por delito mais grave se o atendimento médico não é prestado e ocorre a morte ou lesão corporal (item 135.6). Se apesar de recusada a exigência, o paciente é admitido mas a ele não é prestado o atendimento devido, pode se configurar o delito de homicídio ou lesão corporal, doloso ou culposo, por haver o agente assumido a posição de garantidor da não ocorrência do evento lesivo (art. 13, § 2º).

Maus-tratos

Art. 136. Expor a perigo a vida ou a saúde de pessoa sob sua autoridade, guarda ou vigilância, para fim de educação, ensino, tratamento ou custódia, quer privando-a de alimentação ou cuidados indispensáveis, quer sujeitando-a a trabalho excessivo ou inadequado, quer abusando de meios de correção ou disciplina:

Pena – detenção, de 2 (dois) meses a 1 (um) ano, ou multa.

§ 1º Se do fato resulta lesão corporal de natureza grave:

Pena – reclusão, de 1 (um) a 4 (quatro) anos.

§ 2º Se resulta a morte:

Pena – reclusão, de 4 (quatro) a 12 (doze) anos.

§ 3º Aumenta-se a pena de um terço, se o crime é praticado contra pessoa menor de 14 (catorze) anos.*

* § 3º acrescentado pela Lei nº 8.069, de 13-7-1990.

Vide: CF arts. 226, § 5º, 227, § 3º, I, 229; CP arts. 61, II, *e, f, g, h, i*, 92, II, 129, §§ 1º e 2º, 149, 149-A, 244, 245; CC arts. 1.566, IV, 1.590, 1.630, 1.634, I, VII, 1.637, 1.638, I, II, 1.740, I, 1.763, 1.767, 1.774; **Lei** nº **8.069**, de 13-7-1990 – ECA, arts. 13, 18-A e 18-B (veda o uso de castigos físicos ou tratamento cruel ou degradante na educação de criança ou adolescente), 33 a 38, 60 a 69 (guarda, tutela e trabalho no Estatuto da Criança e do Adolescente); **Lei** nº **9.455**, de 7-4-1997, art. 1º, II, § 4º, II (crime de tortura); **Lei** nº **10.741**, de 1º-10-2003 – EI, art. 99 (define crime de maus-tratos a pessoa idosa); **Lei** nº **13.146**, de 6-7-2015, art. 90, parágrafo único (tipifica a conduta de não prover as necessidades básicas de pessoa com deficiência quando obrigado por lei ou mandado).

136 MAUS-TRATOS

136.1 Sujeitos do delito

Maus-tratos é um crime bi-próprio, exigindo como pressuposto a existência de uma relação jurídica preexistente entre os sujeitos ativo e passivo. Só quem tem essa legitimação especial, de autoridade (pública ou privada) ou de titular de guarda ou vigilância, pode cometer o crime. Essa relação deve relacionar-se com *educação* (atividade docente intelectual, moral, técnica ou profissional), *ensino* (atividade para conhecimentos para o fundo comum de cultura), *tratamento* (provimento da subsistência e cura de uma pessoa) e *custódia* (detenção para fim autorizado em lei). Assim, o crime pode ser praticado por pais, tutores, curadores, diretores de colégios, professores, enfermeiros, guardas de presídio etc. Essa vinculação jurídica pode decorrer, inclusive, de uma situação de fato, como na hipótese da prática de crime contra enteado ou filho de amásia. Sendo elementares do tipo a subordinação da vítima ao agente, não se aplicam as circunstâncias agravantes a ela referentes (ser ascendente da vítima, abuso de poder ou de autoridade, estar a vítima sob a imediata proteção da autoridade) (arts. 61, II, *e, f, g, i*).

Sujeito passivo é quem se acha sob autoridade, guarda ou vigilância do agente. São os filhos, tutelados, curatelados, alunos, empregados, presos etc. Não havendo relação de dependência, o fato pode constituir outro ilícito. Não se aplica nesse crime a agravante prevista no art. 61, II, *e*, quando o parentesco constitui circunstância elementar do tipo. O mesmo se diga com relação à circunstância agravante do abuso de autoridade. É possível, porém, o reconhecimento de agravante do crime contra criança, uma vez que a idade da vítima não é elemento do crime.

Jurisprudência

- Inadmissibilidade da agravante do art. 61, II, f, do CP
- Crime cometido pelo pai
- Crime cometido por professora
- Crime praticado por amásio da mãe da vítima
- Crime praticado por amásio da mãe da vítima – Contra
- Existência de vínculo jurídico
- Inexistência de vínculo jurídico de subordinação: filho maior e mulher
- Inadmissibilidade da agravante prevista no art. 61, II, e, do CP
- Admissibilidade da agravante do art. 61, II, h, do CP
- Admissibilidade da agravante do art. 61, II, h, do CP – Contra

136.2 Tipo objetivo

O tipo penal registra a expressão "expor a perigo a vida ou saúde da vítima pelo abuso do agente", relacionando a privação de alimentos ou cuidados indispensáveis, a submissão a trabalho excessivo (que produz fadiga extraordinária ou não pode ser suportado sem grande esforço) ou inadequado (impróprio ou inconveniente para o trabalhador); e o abuso dos meios de correção e disciplina à vítima. O poder de correção e disciplina, em especial dos pais com relação aos filhos, deve ser exercido com moderação, constituindo o abuso, como o emprego de violência, na forma configuradora do ilícito. Inclui-se no procedimento abusivo a violência moral, como ameaças, impedimento de sono etc.

Pode ocorrer causa de exclusão da ilicitude, como o estado de necessidade.

Jurisprudência

- Ausência de relação de subordinação entre a vítima e o agente: enfermeira
- Características do crime de maus-tratos
- Privação de alimentação e medicação
- Submissão a trabalho excessivo
- Submissão a tratamento ilícito
- Direito de correção dos filhos: inadmissibilidade de violência
- Direito de disciplina de aluno: inadmissibilidade de castigos corporais
- Obrigar a vítima a comer insetos
- Obrigar a vítima a ficar sobre formigueiro
- Colocar formigas sobre corpo de aluno
- Acorrentar a vítima na residência
- Suficiência de risco à saúde física e higidez mental
- Necessidade de perigo para a vida ou saúde
- Inexistência no emprego de meios moderados
- Inexistência em mero meio antipedagógico
- Inexistência de prova da falta de cuidados
- Consideração do nível social do acusado
- Insuficiência da condição social do agente
- Aplicação do princípio da insignificância
- Existência do estado de necessidade
- Inexistência de estado de necessidade

136.3 Tipo subjetivo

O crime de maus-tratos exige o dolo, direto ou eventual, mas somente se configura se houver o elemento subjetivo, o *animus corrigendi* ou *disciplinandi*, sem o qual pode caracterizar-se outro ilícito. É indispensável que o agente tenha consciência de que abusa de seu poder, podendo, conforme o caso, entender lícita sua conduta, incorrendo, assim, em erro de proibição. Nessa hipótese está ausente a consciência da ilicitude (atual ou parcial) do fato, que é um pressuposto ou elemento da culpabilidade. (MIRABETE, Julio Fabbrini e FABBRINI, Renato Nascimento. *Manual de Direito Penal*, parte geral, 38ª edição, 2025, Editora Foco, item 5.2).

Jurisprudência

- Existência de dolo
- Inexistência de dolo
- Exigência da vontade de corrigir
- Existência da vontade de corrigir
- Inexistência de elemento subjetivo

136.4 Consumação e tentativa

Consuma-se o crime, como em outros crimes de perigo, com a ocorrência deste. Algumas das condutas exigem habitualidade, como a privação de cuidados à vítima. Outras são crimes instantâneos, como o abuso de meio de correção e disciplina. A tentativa é possível quando se tratar de conduta comissiva.

Jurisprudência

- Inadmissibilidade de cumulação da pena de multa
- Consumação com o simples perigo

136.5 Formas qualificadas

Prevê a lei formas qualificadas do delito quando resultar da conduta lesão corporal de natureza grave ou morte, necessária a prova da previsibilidade desses eventos lesivos. Também passou a ser qualificado o crime quando praticado contra menor de 14 anos, não se aplicando, no caso, a agravante genérica prevista no art. 65, II, *h*. Evidentemente, como sempre, é necessária a relação de causalidade entre a conduta e a lesão ou morte e a previsibilidade do resultado.

Jurisprudência

- Castigos corporais com resultado morte
- Inexistência de nexo causal
- Vítima menor de 14 anos: causa obrigatória de aumento de pena

136.6 Distinção

Distingue-se o crime de maus-tratos do delito de lesão corporal por ser este de dano, enquanto o do art. 136 é de perigo, embora possa causar lesão, e também porque para a configuração deste é indispensável o *animus corrigendi* ou *disciplinandi*. Conforme as circunstâncias, o fato pode constituir o crime mais grave, como os de redução à condição análoga à de escravo mediante a submissão a trabalhos forçados ou jornada exaustiva (art. 149), tráfico de pessoas em submeter a trabalho em condições análogas à de escravo ou qualquer tipo de servidão (art. 149-A) abandono material (art. 244) ou tortura (art. 1º, II, e § 4º, II, da Lei nº 9.455, de 7-4-1997). Se a vítima de maus tratos é pessoa idosa, configura-se o crime definido no art. 99 da Lei nº 10.741, de 1º-10-2003 (Estatuto da Pessoa Idosa), em cujos §§ 1º e 2º estão previstas penas idênticas para as mesmas formas qualificadas descritas nos §§ 1º e 2º do art. 136 do CP. Não prover as necessidades básicas de pessoa com deficiência quando obrigado, por lei ou mandado, é crime tipificado no Estatuto da Pessoa com Deficiência (art. 90, parágrafo único, da Lei nº 13.146, de 6-7-2015).

Jurisprudência

- Distinção com sequestro
- Distinção com homicídio
- Distinção com lesão corporal: intenção de corrigir
- Distinção com lesão corporal: inexistência da intenção de corrigir
- Distinção com lesão corporal: perigo e não dano
- Distinção com o crime de tortura
- Emprego de meio vexatório: injúria

136.7 Concurso de crimes

As lesões corporais leves são absorvidas pelo crime de maus-tratos. Sendo elas graves ou ocorrendo morte se caracterizam as formas qualificadas quando presentes os elementos do tipo penal; inexistente um deles o crime poderá ser de lesão corporal grave ou homicídio. O crime de maus-tratos pode absorver outras figuras penais, como o de cárcere privado ou o de abandono de incapaz.

Jurisprudência

- Absorção de crimes pelos maus-tratos

CAPÍTULO IV
DA RIXA

Rixa

Art. 137. Participar de rixa, salvo para separar os contendores:

Pena – detenção, de 15 (quinze) dias a 2 (dois) meses, ou multa.

Parágrafo único. Se ocorre morte ou lesão corporal de natureza grave, aplica-se, pelo fato da participação na rixa, a pena de detenção, de 6 (seis) meses a 2 (dois) anos.

Vide: CP arts. 25, 121, 129; LCP art. 21.

137 RIXA

137.1 Sujeitos do delito

A rixa é a briga ou contenda entre três ou mais pessoas, com vias de fato ou violências físicas recíprocas. É, portanto, um crime plurissubjetivo, ou de concurso necessário, só existindo quando houver pluralidade de participantes. Exige-se no mínimo três pessoas, pois um desforço entre duas configurará a contravenção de vias de fato ou o crime de lesões corporais recíprocas. Estão incluídos no número mínimo os participantes que, por circunstâncias pessoais, não são punidos (menores, irresponsáveis etc.), e também aqueles que não forem identificados. Nos termos expressos do tipo penal, estão excluídos aqueles que participam do entrevero exclusivamente para separar os contendores. Responde pelo crime, porém, aquele que colabora no crime de rixa por instigação ou auxílio material sem a prática da violência característica do ilícito.

São sujeitos passivos os próprios rixentos e também as pessoas que forem diretamente atingidas ou tenham sofrido o perigo para a vida ou saúde pela conduta típica. É, aliás, o único delito em que é possível uma pessoa ser sujeito ativo e passivo da mesma infração penal. O crime põe também em perigo a incolumidade pública, sendo ofendido o próprio Estado.

Jurisprudência

- Inclusão de menor e de morto na rixa
- Inclusão de quem se envolve na rixa
- Pena para o rixento também vítima do crime

137.2 Tipo objetivo

Participar da rixa, ou seja, praticar violência física contra outra pessoa é a conduta típica, exigindo-se uma indefinição na autoria individualizada das agressões, em que cada sujeito age contra qualquer um dos outros rixosos. Basta que o agente participe dos fatos em qualquer momento, sendo irrelevante que o faça depois de iniciada a contenda ou saia antes de estar ela encerrada. O crime implica desforço físico, exigindo, no mínimo, vias de fato, mas não há necessidade de contato corporal; constitui rixa o arremesso de objetos, o disparo de arma de fogo etc. Em regra, a rixa é acontecimento imprevisto, subitâneo e sem acordo prévio (*ex improviso*), mas pode ser propositada (*ex proposito*). Há na rixa a presunção *juris et de jure* de perigo, que decorre da simples existência material da contenda.

Não é despropositada a possibilidade de exclusão da ilicitude quando aquele que procura separar os contendores, ou mesmo um dos rixentos, atue com os requisitos exigidos para a ocorrência da legítima defesa. Não a pode invocar, porém, o rixador que agride pessoa que procurava separar os contendores ou retirar um deles da refrega.

Jurisprudência

- Possibilidade da legítima defesa
- Inexistência de legítima defesa
- Requisitos do crime de rixa
- Características da rixa
- Rixa entre torcidas organizadas
- Inexistência de rixa: agressões verbais
- Possibilidade excepcional de legítima defesa de rixento

137.3 Tipo subjetivo

A vontade de participar na rixa (*animus rixandi*) é o dolo do delito. Participando o agente com o intuito de matar ou de ferir, em ações perfeitamente identificáveis, o agente responderá por eventuais delitos consumados ou tentados de lesão corporal e homicídio. Não se pode falar em rixa culposa, e quem a provoca apenas por imprudência, sem dela participar, não responde por crime.

137.4 Consumação e tentativa

A rixa é crime permanente, consumando-se para cada um dos agentes quando entra na contenda para dela voluntariamente tomar parte e estendendo-se até que cesse a atividade dos contendores. É inadmissível a tentativa porque a conduta e o evento se exaurem simultaneamente. Quando se trata da hipótese de grupos que vão se defrontar, o comportamento é próprio de atos preparatórios ou de tentativa de lesões corporais.

137.5 Rixa qualificada

Prevê a lei condições de maior punibilidade, com penas mais elevadas para todos os contendores, quando da rixa resulta lesões corporais ou morte, o que indica a maior gravidade do fato. Não se exclui aquele que sofreu a lesão de natureza grave, pois é punido mais severamente pela particular gravidade do crime. Pela mesma razão se afirma quanto àquele que se retirou do local antes da ocorrência desses resultados mais graves. Não há, entretanto, relação de causalidade entre esses resultados e a conduta daquele que passa a participar da rixa após a ocorrência desses eventos. A morte ou a lesão devem ocorrer durante a rixa ou em consequência dela. O número de mortes é irrelevante para qualificar uma única rixa, mas essa circunstância deve ser levada em conta na aplicação da pena.

Jurisprudência

- Existência de rixa qualificada
- Punição da vítima que sofreu lesão corporal grave

137.6 Distinção

Como a rixa é um crime residual, pressupondo confusão, tumulto e dificuldades insuperáveis em apurar o papel que cada participante teve nas agressões, apurando-se especificamente que se tratou de dois grupos distintos de pessoas, com objetivos definidos, que participaram do evento, não se identifica rixa, mas crime de lesões corporais. Não havendo a possibilidade de serem distinguidas as condutas dos participantes, havendo violência contra pessoas indeterminadas, ocorre o crime em foco.

Jurisprudência

- Inexistência de rixa quando identificados grupos distintos
- Identificação de homicídio
- Participação de grupos distintos e generalização das agressões
- Inexistência de rixa quando identificados grupos distintos
- Posição definida dos contendores
- Posição definida de apenas alguns dos contendores
- Legítima defesa em grupos de contendores
- Identificação de homicídio

137.7 Concurso

Eventuais crimes praticados durante a rixa constituem crimes autônomos (lesões corporais, desacato, injúria etc.), ocorrendo, assim, concurso material. Evidentemente, são absorvidas as infrações que se constituem no próprio delito (vias de fato, ameaças).

Jurisprudência

- Concurso material com lesão corporal grave
- Concurso com o crime de lesão corporal seguida de morte

CAPÍTULO V
DOS CRIMES CONTRA A HONRA

Calúnia

Art. 138. Caluniar alguém, imputando-lhe falsamente fato definido como crime:

Pena – detenção, de 6 (seis) meses a 2 (dois) anos, e multa.

§ 1º Na mesma pena incorre quem, sabendo falsa a imputação, a propala ou divulga.

§ 2º É punível a calúnia contra os mortos.

Exceção da verdade

§ 3º Admite-se a prova da verdade, salvo:

I – se, constituindo o fato imputado crime de ação privada, o ofendido não foi condenado por sentença irrecorrível;

II – se o fato é imputado a qualquer das pessoas indicadas no no I do art. 141;

III – se do crime imputado, embora de ação pública, o ofendido foi absolvido por sentença irrecorrível.

Vide: CF art. 5º, IV, V, IX, X; CP arts. 141, 143 a 145, 339, 342; CPP arts. 519 a 523; CC arts. 186, 927, 953; CPM art. 214 (calúnia como crime militar); Lei nº 4.117, de 27-8-1962 (Código Brasileiro de Telecomunicações), parcialmente revogado pela Lei nº 9.472, de 16-7-1997 (dispõe sobre os serviços de telecomunicações); Lei nº 4.737, de 15-7-1965, art. 324 (calúnia como crime eleitoral); Lei nº 11.340, de 7-8-2006 (dispõe sobre a violência doméstica e familiar contra a mulher), art. 7º, V (calúnia como forma de violência moral contra a mulher). Súmulas: STJ 221, 281, 326.

138 CALÚNIA

138.1 Sujeitos do delito

Qualquer pessoa pode praticar o crime de calúnia, nada impedindo a coautoria ou participação, inclusive de advogado.

Sujeito passivo é o ser humano, pois somente ele pode praticar fato definido como crime e a ele se imputar falsamente essa conduta delituosa. Afasta-se, assim, a possibilidade da prática de crime de calúnia contra a pessoa jurídica, podendo a ofensa, entretanto, atingir diretamente aqueles que a dirigem. Discute-se se a pessoa jurídica pode ser sujeito passivo do crime de calúnia quando lhe imputa o agente a prática de crime contra o meio ambiente, diante da previsão constitucional e legal da possibilidade de sua responsabilização penal por delito dessa natureza (art. 225, § 3º, da CF, e art. 3º da Lei nº 9.605, de 12-2-1998). Deve-se ponderar, no entanto, que no art. 138, refere-se o Código Penal a *alguém*, portanto à pessoa humana e não à pessoa jurídica. Mencionando a lei a imputação de "fato definido como crime", podem ser sujeitos passivos os inimputáveis (menores, doentes mentais etc.) uma vez que possuem eles a honra objetiva, objeto jurídico do delito em exame. Se a vítima é mulher e a calúnia configura forma de violência doméstica e familiar, porque baseada no gênero e praticada no âmbito da família, do convívio doméstico ou de relação de convivência íntima, atual ou pretérita, ainda que ausente a coabitação, aplicam-se as regras especiais previstas na Lei nº 11.340, de 7-8-2006 (arts. 5º e 7º, V) (v. art. 129.24). Nos termos do § 1º, é punível a calúnia contra os mortos, mas não sendo este o titular do bem jurídico, a ofensa é feita contra os sucessores, parentes etc.

Jurisprudência

- Coautoria de advogado
- Réu que não subscreveu a petição contendo ofensas
- Inadmissibilidade de crime contra a honra de pessoa jurídica
- Inadmissibilidade de calúnia contra pessoa jurídica
- Inadmissibilidade de calúnia contra pessoa jurídica

138.2 Tipo objetivo

Pratica o crime quem imputa, atribui a alguém, a prática de crime, ou seja, é afirmar, falsamente, que o sujeito passivo praticou determinado delito. É necessário, portanto, para a configuração da calúnia, que a imputação verse sobre fato determinado, concreto, específico, embora não se exija que o sujeito ativo descreva suas circunstâncias, suas minúcias, seus pormenores. Trata-se de crime de ação livre que pode ser cometido por meio de palavra escrita ou oral, por gestos e até meios simbólicos. Pode ser ela explícita (inequívoca) ou implícita (equívoca) ou reflexa (atingindo também terceiro). A imputação da prática de uma contravenção não constitui calúnia, mas pode caracterizar o delito de difamação, quando ofensivo à reputação da vítima. Como a honra, objetiva e subjetiva, é um bem jurídico disponível, o consentimento anterior ou concomitante com o fato exclui o crime.

Jurisprudência

- Insuficiência da imputação da figura delituosa
- Inexistência de crime em petição
- Inexistência de crime em representação contra Juiz de Direito
- Existência de crime por e-mail contra Ministro do STJ
- Imputação sem descrição de circunstância elementar
- Imputação desacompanhada de elementos de informação
- Imputação de ato de improbidade
- Imputação em fórmula dubitativa
- Comunicação de suspeitos por vítima de crime
- Imputação ambígua
- Necessidade de imputação de fato determinado
- Existência de crime em petição de advogado
- Inexistência de crime em representação perante Corregedoria
- Inexistência de crime em representação contra Promotor de Justiça
- Existência de crime em defesa no plenário da Câmara Municipal
- Desnecessidade de pormenores
- Imputação de fato atípico
- Imputação de fato contravencional: difamação

138.3 Tipo subjetivo

O dolo indispensável no crime de calúnia é a vontade de imputar a outrem, falsamente, a prática de crime. A certeza ou suspeita fundada, mesmo errôneas, do agente quanto à ocorrência de crime praticado pelo sujeito passivo, é erro de tipo, que exclui o dolo por estar o agente de boa-fé. A dúvida a respeito da autenticidade do fato relatado, porém, caracteriza o crime por ter o agente assumido o risco do resultado.

Tem-se exigido também a consciência e vontade de atingir a honra do sujeito passivo (*animus injuriandi vel diffamandi*), denominado de dolo específico. Fica excluído o crime se houver *animus jocandi* (de gracejar, caçoar), *animus narrandi* (de relatar singelamente o fato), *animus defendendi* (de se defender em processo), *animus corrigendi vel disciplinandi* (no exercício do poder familiar, tutela etc.), *animus consulendi* (na liberdade de crítica ou no dever de informar, dar parecer), *animus criticandi* (referente à crítica justa e não maliciosa) etc. Tem-se reconhecido a inexistência do crime também quando se trata de comportamento praticado em momento de exaltação emocional ou no calor de uma discussão.

Não configura calúnia, também, a mera ciência ou informação a respeito de crime prestada pelo servidor ao superior ou à autoridade competente para a apuração, quando tiver conhecimento do fato em razão de suas funções, conforme, aliás, passou a dispor expressamente o Estatuto dos Funcionários Públicos (art. 126-A, da Lei nº 8.112/1990, inserido pela Lei nº 12.527, de 18-11-2011). Não há na hipótese, igualmente, o elemento subjetivo do injusto, por agir o servidor com a intenção de cumprir com seu dever funcional.

Jurisprudência

- Exigência de dolo
- Existência de dolo específico: caracterização
- *Animus narrandi* em notícia de oferecimento de denúncia em sítio eletrônico do Ministério Público
- Prática do crime de calúnia em interrogatório judicial
- Estrito cumprimento do dever legal
- Fato praticado em exaltação emocional
- Inexistência de dolo
- Presunção do dolo na ofensa
- Calúnia com dolo eventual
- Inexistência do dolo por certeza errônea a respeito do fato
- Inexistência do dolo por razoável suspeita errônea a respeito do fato
- Existência do dolo na dúvida a respeito do fato
- Exigência do dolo específico
- Exigência de *animus caluniandi*
- Existência de *animus jocandi*
- Existência de *animus narrandi*
- *Animus narrandi* de testemunha
- Prática do crime de calúnia por testemunha
- Existência de *animus defendendi*
- *Animus consulendi*
- Inexistência de *animus criticandi*
- Exercício regular de direito

138.4 Consumação e tentativa

Consuma-se o crime quando qualquer pessoa, que não a vítima, toma conhecimento, por qualquer forma, da imputação. Há no caso lesão à honra objetiva do sujeito passivo, ou seja, ao conceito que goza ele no meio social.

Embora se trate de crime formal, que se configura independentemente de qualquer resultado lesivo para vítima, pode ocorrer a tentativa quando a calúnia é feita por escrito, mas não chega ao conhecimento de terceiro por qualquer razão.

Jurisprudência

- Consumação do crime de calúnia

138.5 Propalação e divulgação da calúnia

Quem sabe falsa a imputação, pratica o crime quando propala (espalha, propaga) ou divulga (torna pública) a calúnia. No caso, entretanto, é necessário o dolo direto, ou seja, a consciência do agente de que a imputação é falsa. Havendo erro ou mesmo dúvida quanto à referida falsidade, não se caracteriza o crime de propalação ou divulgação de calúnia.

Jurisprudência

- Propalação e divulgação da calúnia
- Necessidade de ciência da falsidade
- Inexistência do crime por advogado

138.6 Exceção da verdade

Em princípio, presume-se a falsidade da imputação. Entretanto, sendo verdadeiro o fato imputado, o agente se exime de responsabilidade, arguindo a chamada exceção da verdade para demonstrar sua alegação. Provado pelo excipiente, após regular contraditório, a prática pelo excepto do crime que lhe imputou, deve-se reconhecer a atipicidade do fato.

Não se admite, porém, a exceção da verdade quando o ofendido não foi condenado por sentença irrecorrível em caso de crime imputado que se apura mediante ação penal privada; quando o fato é imputado a Presidente da República e a chefe de Governo estrangeiro, o que é injustificável; e quando o agente, em caso de crime que se apura mediante ação pública, foi absolvido por sentença transitada em julgado. Há, nessas hipóteses, uma presunção *juris et de jure* de que a imputação é falsa, respondendo o agente por ela.

Jurisprudência

- Exceção da verdade improcedente
- Distinção de exceção da verdade e defesa de mérito
- Exceção da verdade e arquivamento de inquérito
- Exceção da verdade em face de Governador: desnecessidade de autorização da Assembleia Estadual
- Imputação de fato verdadeiro
- Necessidade de contraditório
- Inadmissibilidade da exceção da verdade
- Inadmissibilidade da exceção da verdade em imputação de crime de ação privada
- Absolvição em caso de imputação de crime de ação privada

138.7 Distinção

Não há calúnia, mas difamação, quando o fato imputado é desonroso, mas não é previsto como crime. Distingue-se a calúnia da injúria porque nesta não se imputa um fato concreto definido como crime, mas se atribui qualidade negativa à vítima ou fatos vagos e imprecisos que a desabonam. A falsa imputação que dá origem à instauração de inquérito policial, procedimento investigatório judicial, processo judicial, processo administrativo disciplinar, inquérito civil ou improbidade administrativa é crime de denunciação caluniosa (art. 339) e de falso testemunho se a falsa imputação é praticada no depoimento (art. 342). Há crimes contra a honra, inclusive calúnia, em leis especiais: Código Penal Militar, Código

Eleitoral etc. A Lei de Imprensa (Lei nº 5.250, de 9-2-1967), conforme declarado pelo STF, em sua integralidade, não foi recepcionada pela Constituição Federal de 1988 (ADPF 130-7, j. em 30-4-2009, *DOU* de 12-5-2009, p. 1).

Jurisprudência

- Distinção entre calúnia, injúria e difamação
- Distinção com denunciação caluniosa
- Distinção com falso testemunho –
- Inconstitucionalidade da lei de imprensa
- Inconstitucionalidade da lei de imprensa: *abolitio criminis*
- Distinção com injúria
- Distinção com difamação e injúria
- Distinção com o crime de imprensa (anterior à declaração de inconstitucionalidade da Lei nº 5.250/1967)
- Distinção com crime de responsabilidade

138.8 Concurso de crimes

Tem-se admitido a continuidade delitiva com outros delitos contra a honra, por ofenderem o mesmo bem jurídico. A calúnia é absorvida pelo crime de denunciação caluniosa.

Jurisprudência

- Crime continuado com difamação
- Concurso de calúnia, injúria e difamação: incompetência do Juizado Especial Criminal
- Crime progressivo em difamação e calúnia
- Absorção da calúnia pela denunciação caluniosa

Difamação

Art. 139. Difamar alguém, imputando-lhe fato ofensivo à sua reputação:

Pena – detenção, de 3 (três) meses a 1 (um) ano, e multa.

Exceção da verdade

Parágrafo único. A exceção da verdade somente se admite se o ofendido é funcionário público e a ofensa é relativa ao exercício de suas funções.

Vide: **CF** art. 5º, IV, V, IX, X; **CP** arts. 141 a 145, 327; **CPP** arts. 519 a 523; **CC** arts. 186, 927, 953; **CPM** arts. 215 (difamação como crime militar); **Lei nº 4.737**, de 15-7-1965, art. 325 (difamação como crime eleitoral);, 219; **Lei nº 4.117**, de 27-8-1962 (Código Brasileiro de Telecomunicações), parcialmente revogado pela **Lei nº 9.472**, de 16-7-1997 (dispõe sobre os serviços de telecomunicações); **Lei nº 11.340**, de 7-8-2006 (dispõe sobre a violência doméstica e familiar contra a mulher), art. 7º, V (difamação como forma de violência moral contra a mulher); **Lei nº 12.894**, de 2-6-2014, art. 1º, V (tipifica a conduta de divulgar a condição do portador do HIV ou de doente de AIDS com o intuito de ofender-lhe a dignidade). Súmulas: **STJ** 221, 227, 281, 326.

139 DIFAMAÇÃO

139.1 Sujeitos do delito

Como a calúnia, a difamação é crime comum, podendo ser praticado por qualquer pessoa.

Sujeito passivo é qualquer pessoa, inclusive menores e doentes mentais, como no crime de calúnia. Referindo-se a lei, no tipo penal, a *alguém*, e estando a calúnia entre os "crimes contra a pessoa", o entendimento é de que não é abrangida pelo Código a difamação contra a pessoa jurídica, que, em tese, pode ocorrer quando uma pessoa imputa fato ofensivo à reputação (honra objetiva) do ente coletivo. Há crime de difamação, porém, quando a ofensa atinge pessoalmente dirigentes da pessoa jurídica. A imputação do crime de difamação contra pessoa jurídica era aceita no que tange aos crimes de imprensa, antes da declaração de inconstitucionalidade pelo STF da Lei nº 5.250/1967. Não é possível, entretanto, difamação impessoal contra as instituições, direito assegurado pelo art. 5º, IV e IX, da CF. Não se referindo a lei expressamente à difamação contra os mortos, o fato é atípico, por não ser o morto titular de bem jurídico. Praticada a difamação como forma de violência doméstica e familiar contra a mulher, aplicam-se normas especiais previstas na Lei nº 11.340, de 7-8-2006 (item 138.1).

Jurisprudência

- Inadmissibilidade de difamação das instituições
- Admissibilidade de difamação contra homem público
- Inadmissibilidade de difamação contra pessoa jurídica
- Inadmissibilidade de difamação contra pessoa jurídica – Contra
- Inexistência de difamação contra dirigentes da pessoa jurídica
- Crime de difamação da pessoa jurídica na lei de imprensa (anterior à declaração de inconstitucionalidade da Lei nº 5.250/1967)

139.2 Tipo objetivo

O crime de difamação consiste na atribuição a alguém de um fato desonroso, mas não descrito na lei como crime, distinguindo-se da calúnia por essa razão. A imputação de uma contravenção pode constituir difamação se for da espécie que agrava a honra da vítima. Ao contrário da calúnia, na difamação não é necessário que haja falsidade da imputação, por isso é proibida, em regra, a exceção da verdade (item 139.5). De qualquer forma, é necessário que haja a imputação de fato preciso, determinado, embora não se exija que o agente o descreva com minúcias. Segundo a melhor doutrina, a propalação e divulgação da difamação é também fato típico, embora a lei não se refira especificamente a elas, como o fez na calúnia, uma vez que para o crime do art. 139 não era necessária a cláusula de saber o agente da falsidade da imputação. Como na calúnia, a difamação pode ser explícita, implícita e reflexa.

Jurisprudência

- Difamação em discussão político-eleitoral
- Inexistência de difamação na crítica a agente público
- Inexistência de difamação em instauração de procedimento administrativo
- Inexistência de difamação em imputação genérica

- Inexistência de difamação em declarações vagas
- Irrelevância da veracidade da imputação
- Difamação implícita
- Difamação caracterizada
- Difamação por funcionário público
- Inexistência de difamação em campanha crítica
- Inexistência de difamação na crítica a profissional
- Necessidade de imputação de fato determinado
- Inexistência de difamação em imputação genérica
- Inexistência de difamação na mera linguagem chula

139.3 Tipo subjetivo

O dolo do crime de difamação é imputar, por qualquer forma (pela palavra oral, escrita, por meio simbólico etc.) fato desonroso a alguém, seja ele verdadeiro ou não. É indispensável, porém, o *animus diffamandi*, que indica o fim de ofender a honra alheia. Não atua com esse elemento subjetivo do tipo quem pratica o fato com *animus jocandi, narrandi, consulendi, defendendi* etc. Ao contrário da calúnia, não se exige que o agente tenha consciência da falsidade da imputação, mesmo porque atribuição de fato desonroso verdadeiro a alguém constitui crime.

Jurisprudência

- *Advertência sobre a conduta ética de outrem*: inexistência de difamação
- Exigência do *animus diffamandi*
- *Animus narrandi*
- *Animus defendendi*
- Cumprimento de dever legal
- Manifestação de vereador no recinto da Câmara: ausência de dolo
- Manifestação de parlamentar no recinto da Câmara de Deputados: ausência de dolo
- Exigência de dolo específico
- Inexistência de dolo da difamação
- Exigência do *animus diffamandi*
- *Animus criticandi*
- Inexistência do *animus diffamandi*
- Cumprimento de dever legal
- Exercício regular de direito
- Inexistência de crime em explosão emocional

139.4 Consumação e tentativa

Consuma-se o crime com o conhecimento, por terceiro, da imputação. Admissível é a tentativa se a imputação (por escrito, gravada etc.) não chega ao conhecimento de terceiro. Assim, não fica configurado o crime quando a imputação está contida em correspondência lacrada encaminhada à própria vítima. Basta, porém, o conhecimento de uma terceira pessoa para que ocorra a consumação.

Jurisprudência

- Consumação com o conhecimento de terceiro
- Impossibilidade de consumação

139.5 Exceção da verdade

Como é irrelevante ser a imputação falsa ou não, não se admite, como regra, a exceção da verdade. Faz a lei uma ressalva, entretanto, permitindo-a quando a imputação diz respeito a funcionário público no exercício de suas funções, prevalecendo o interesse da sociedade no esclarecimento desse fato.

Jurisprudência

- Inadmissibilidade de desconstituição da exceção da verdade por meio de habeas corpus
- Inadmissibilidade da exceção da verdade no afastamento pelo excepto da função pública
- Admissibilidade da exceção da verdade
- Necessidade de relação com o fato

139.6 Distinção

Distingue-se a difamação da calúnia porque nesta a imputação é de fato descrito como crime e deve ser falsa, a não ser em casos especiais (item 138.3). Com a injúria distingue-se porque nesta não há imputação de fato preciso, mas de acontecimento vago ou de qualidade negativa. A atribuição de falso fato desonroso em depoimento constitui o crime de falso testemunho.

Jurisprudência

- Distinção com crime eleitoral
- Distinção com o crime de imprensa
- Fato divulgado posteriormente pela imprensa
- Distinção com injúria
- Distinção com injúria real

139.7 Concurso de crimes

Pode haver crime continuado de difamação e inclusive com outros crimes contra a honra: calúnia e injúria. Havendo várias ofensas no mesmo contexto fático, ocorre concurso formal.

Jurisprudência

- Crime continuado entre calúnia e difamação
- Concurso formal de difamação e injúria
- Absorção da injúria

Injúria

Art. 140. Injuriar alguém, ofendendo-lhe a dignidade ou o decoro:

Pena – detenção, de 1 (um) a 6 (seis) meses, ou multa.

§ 1º O juiz pode deixar de aplicar a pena:

I – quando o ofendido, de forma reprovável, provocou diretamente a injúria;

II – no caso de retorsão imediata, que consista em outra injúria.

§ 2º Se a injúria consiste em violência ou vias de fato, que, por sua natureza ou pelo meio empregado, se considerem aviltantes:

Pena – detenção, de 3 (três) meses a 1 (um) ano, e multa, além da pena correspondente à violência.

§ 3º Se a injúria consiste na utilização de elementos referentes a religião ou à condição de pessoa idosa ou com deficiência:*

Pena – reclusão, de 1(um) a 3 (três) anos e multa.*

* § 3º inserido pela Lei nº 9.459, de 13-5-1997, com a redação alterada pela Lei nº 14.532, de 11-1-2023.

Vide: **CF**, art. 5º, IV, V, IX, X, XLI, XLII; **CP** arts. 61, II, *h*, 65, III, *c*, 107, IX, 141, 142, 144, 145, 212, 331; **LCP** art. 21; **CPP**, arts. 519 a 523; **CC** arts. 186, 927, 953; **CPM** arts. 216, 217 (injúria como crime militar); **Lei nº 4.177**, de 27-8-1962 (Código Brasileiro de Telecomunicações), parcialmente revogado pela **Lei nº 9.472**, de 16-7-1997 (dispõe sobre os serviços de telecomunicações); **Lei nº 4.737**, de 15-7-1965, art. 326 (injúria como crime eleitoral); **Lei nº 7.716**, de 5-1-1989, art. 2º-A (injúria racial); **Lei nº 10.741**, de 1º-10-2003 – EI, art. 1º (define idoso como a pessoa com idade igual ou superior a 60 anos), art. 96, § 1º (tipifica a conduta de desdenhar, humilhar, menosprezar ou discriminar pessoa idosa); **Lei nº 11.340**, de 7-8-2006 (dispõe sobre a violência doméstica e familiar contra a mulher), art. 7º, V (injúria como forma de violência moral contra a mulher). Súmulas: **STJ** 18, 221, 281, 326.

140 INJÚRIA

140.1 Sujeitos do delito

A injúria é crime comum e pode ser praticada por qualquer pessoa. Embora não exista o crime de autoinjúria, esta pode constituir crime se vem ela a atingir também terceiro. Assim, por exemplo, afirmar o agente que é marido traído, filho de prostituta etc.

Qualquer pessoa pode ser vítima de injúria, excluídas, porém, aquelas que não têm capacidade de querer e entender, tendo algum discernimento a respeito de sua dignidade ou decoro. Está excluída, também, a possibilidade de injúria contra pessoa jurídica, já que esta é despida de sentimento pessoal, ou seja, de honra subjetiva. Além disso, o crime está inserido, no Código, entre os praticados contra a pessoa humana. Também não há injúria contra pessoa morta, a não ser que, reflexivamente, atinja a honra subjetiva de terceiro. É indispensável que a conduta tenha por objeto pessoa ou pessoas determinadas, embora seja dispensável que o agente as cite nominalmente. Sendo a mulher o sujeito passivo e constituindo a injúria forma de violência doméstica e familiar, têm incidência as normas previstas na Lei nº 11.340, de 7-8-2006 (item 138.1).

Jurisprudência

- Vítima ou vítimas determinadas
- Inadmissibilidade de injúria contra pessoa jurídica

140.2 Tipo objetivo

A conduta típica é ofender a honra subjetiva do sujeito passivo, atingindo seus atributos morais (dignidade) ou físicos, intelectuais, sociais (decoro). Não há na injúria imputação de fatos precisos e determinados, como na calúnia ou difamação, mas apenas de fatos genéricos desonrosos ou de qualidades negativas da vítima, com menosprezo, depreciação etc. Tem-se reconhecido o crime de injúria na atribuição vaga de fato contravencional.

A injúria pode ser praticada pelos mais variados meios, como pela palavra falada, por escritos, gestos, meios simbólicos, comportamentos etc. Pode ser imediata, proferida pelo agente diretamente, ou mediata, quando este se vale de uma forma de reprodução (criança, gravação, papagaio etc.). Pode ser implícita, equívoca, irônica, interrogativa, truncada, simbólica, condicionada. Embora não se exija a presença da vítima, ocorrerá o crime se o agente faz com que o insulto seja a ela comunicado. Não se admite a exceção da verdade na injúria uma vez que não está ela relacionada com fato preciso, mas com as qualidades da vítima, que não podem ser questionadas pelo agente.

Jurisprudência

- Injúria na ofensa à honra subjetiva
- Injúria em expressões ultrajantes
- Inexistência de injúria
- Injúria por escrito
- Injúria por gestos ofensivos
- Injúria por símbolos e caricaturas
- Injúria por ato simbólico
- Injúria condicionada
- Exame da expressão no contexto
- Inadmissibilidade de exceção da verdade

140.3 Tipo subjetivo

O dolo na injúria, ou seja, a vontade de praticar a conduta, deve vir informado do elemento subjetivo do tipo, ou seja, do *animus infamandi* ou *injuriandi*, conhecido pelos clássicos como dolo específico. Inexiste ela nos demais *animii* (*jocandi, criticandi, narrandi* etc.) (itens 138.3 e 139.3). Tem-se decidido pela inexistência do elemento subjetivo nas expressões proferidas no calor de uma discussão, no depoimento como testemunha etc.

Jurisprudência

- Emoção não exclui a imputabilidade na injúria
- Inexistência do animus in*juriandi*: crítica a instituições
- Animus *criticandi*
- Animus *narrandi*
- Comportamento explosivo de cunho emocional: inexistência de dolo
- Simples incontinência verbal: inexistência de injúria
- Afirmações em Juízo: exclusão do crime
- Expressão utilizada em depoimento
- Exigência do animus *injuriandi*
- Exigência de congruência entre o tipo objetivo e o tipo subjetivo
- Exigência do dolo específico
- Existência de animus *injuria*ndi: intenção de ofender
- Inexistência do animus in*juriandi*
- Animus *jocandi*
- Animus *criticandi*
- Animus *defendendi*
- Animus *consulendi*
- Inexistência de animus *narrandi*
- Expressões proferidas no calor de debate ou discussão
- Expressão injuriosa por ira necessária
- Crime praticado por escrito e de forma sucessiva
- Expressão de uso corrente em Juízo

140.4 Consumação e tentativa

Consuma-se a injúria quando o sujeito passivo toma conhecimento do insulto, quando ouve, vê ou lê a ofensa, não sendo necessário que terceiro a perceba. Trata-se de crime formal, em que se prescinde do resultado danoso para a sua configuração.

A tentativa só é possível quando se trata de ofensa por escrito ou quando é ela assacada de forma mediata, por outros meios (gravação, p. ex.), não chegando ao conhecimento do ofendido.

Jurisprudência

- Consumação com o conhecimento do ofendido
- Consumação por meio mediato

140.5 Distinção

A injúria distingue-se da difamação e da calúnia por não conter a imputação de fato preciso e determinado. A ofensa contra funcionário público no exercício de suas funções é desacato (art. 331), atingindo o corpo do morto pode constituir-se em vilipêndio a cadáver (art. 212). A injúria praticada por intermédio dos meios de comunicação era punida nos termos da Lei de Imprensa (Lei nº 5.250, de 9-2-1967), antes da declaração de sua inconstitucionalidade pelo STF.

Jurisprudência

- Calúnia, difamação e injúria: distinção
- Injúria e não difamação
- Inexistência de imputação de fato desabonador

140.6 Concurso de crimes

Nada impede que o agente pratique dois ou mais crimes contra a honra de uma ou várias pessoas, com uma mesma conduta, ocorrendo, assim, concurso formal. É possível, também, a ocorrência de crime continuado, quer o fato se refira a uma só vítima ou a vários ofendidos.

Jurisprudência

- Absorção da injúria pela difamação
- Crime continuado

140.7 Perdão judicial na injúria: provocação e retorsão

O § 1º do art. 140 estabelece dois casos de perdão judicial. O juiz pode deixar de aplicar a pena quando a vítima, de forma reprovável, provocou diretamente a injúria, praticando ato ofensivo, que pode ou não constituir infração penal, na presença do agente. A segunda hipótese refere-se à retorsão imediata da vítima contra o agente. Tem-se entendido, porém, que o provocador não pode, depois de injuriado, pleitear o reconhecimento do benefício.

Jurisprudência :

- Exigência de injúrias recíprocas
- Inexistência de retorsão: exercício do direito do ofendido
- Existência de retorsão imediata: perdão judicial
- Inexistência de retorsão imediata
- Possibilidade do perdão em injúria em provocação por escrito
- Inadmissibilidade do perdão judicial para o provocador
- Inexistência de inexigibilidade de conduta diversa
- Inadmissibilidade do perdão judicial na inexistência da injúria

140.8 Injúria real

A injúria real, prevista no art. 140, § 2º, refere-se àquela praticada com violência, incluindo as vias de fato e as aviltantes em si mesmas ou pelos meios empregados (puxar barba, atirar excrementos, cuspir na vítima etc.). A contravenção de vias de fato fica absorvida pela injúria real. A apalpação de certas partes do corpo e o levantar as saias de uma mulher ou rasgar-lhe as vestes podem configurar injúria real na ausência de fim libidinoso, mas, presente este, ocorrerá o crime de importunação sexual (art. 215-A).

Jurisprudência

- Beijo não consentido
- Ato de atirar objeto no rosto
- Ato de atirar conteúdo de copo no rosto
- Ato de arremesso de dejetos e líquido nauseabundo
- Corte de cabelo: injúria configurada
- Corte de cabelo: injúria não configurada
- Distinção com crime de lesão corporal
- Absorção da contravenção de vias de fato

140.9 Injúria qualificada por preconceito

No § 3º do art. 140, acrescentado pela Lei nº 9.459, de 13-5-1997, prevê-se como qualificadora a utilização na injúria de elementos referentes à raça, cor, etnia, religião ou origem. O dispositivo foi alterado pelo Estatuto da Pessoa Idosa que acrescentou às circunstâncias a referência a condição de pessoa idosa ou portadora de deficiência. Em sua atual redação excluíram-se as menções aos preconceitos por raça, cor, etnia e origem. A injúria praticada em razão dessas circunstâncias está hoje prevista nos termos do art. 2º-A da Lei nº 7.716, de 5-1-1989, com a redação dada pela Lei nº 14.532, de 11-1-2023.

Não se confunde, porém, a injúria qualificada por preconceito, crime contra a honra subjetiva, do art. 2º-A com o crime descrito no art. 20 ambos, na Lei nº 7.716/1989, que tipifica condutas dirigidas à segregação ou discriminação de alguém em razão dos mesmos elementos referentes à raça, cor, etnia, religião ou origem.

A Lei nº 10.741, de 1º-10-2003 (Estatuto da Pessoa Idosa), acrescentou ao § 3º do art. 140, como circunstância que também qualifica o delito por preconceito, a referência na injúria à "condição de pessoa idosa ou portadora de deficiência". A conduta de "desdenhar, humilhar, menosprezar ou discriminar pessoa idosa, por qualquer motivo", configura o crime previsto no art. 96, § 1º, do mesmo Estatuto, punido com reclusão de seis meses a um ano. Mas o delito será o de injúria qualificada se a ofensa à honra de pessoa com idade igual ou superior a 60 anos for praticada mediante a utilização de elementos referentes à sua condição de idoso.

As condutas que envolvem aversão odiosa à orientação sexual da pessoa, como as homofóbicas e transfóbicas, passaram a ser incriminadas, nos termos da mesma Lei nº 7.716/89, por força de decisão do STF que, considerando a omissão inconstitucional do Congresso Nacional, determinou que aquelas práticas devem ser consideradas como integrantes dos tipos penais que configuram os crimes de racismo, até que lei específica seja editada pelo Legislativo. Porém, posteriormente, o STF decidiu que o crime de injúria racial é espécie do gênero racismo e, portanto, imprescritível, de acordo com o inciso XLII do art. 5º da CF. Diante da omissão do Congresso Nacional em criminalizar as condutas atentatória a orientação sexual ou identidade de gênero, o STF reconheceu que atos ofensivos praticados contra pessoas da comunidade LGBTQIAPN+ podem ser enquadrados como injúria racial.

Em outro julgado importante, o STF afastou a interpretação de existência do crime de injúria racial em ofensas dirigidas a pessoas brancas exclusivamente por esta condição, o chamado racismo reverso e, nesse sentido, fixou a seguinte tese: "1. A injúria racial não se configura em ofensas dirigidas a pessoas brancas exclusivamente por esta condição. 2. O racismo é um fenômeno estrutural que visa proteger grupos minoritários historicamente discriminados."

Jurisprudência

- Imprescritibilidade da Injúria qualificada pelo preconceito racial
- Discriminação por orientação sexual ou identidade de gênero – injúria racial
- Distinção entre injúria qualificada pelo preconceito e crime de racismo
- Homofobia como motivo torpe na qualificação do homicídio
- Distinção entre discriminação religiosa e injúria
- Distinção entre discriminação de procedência nacional e injúria qualificada
- Absorção da injúria qualificada pelo crime de racismo
- Ofensas recíprocas: aplicação do perdão judicial
- Inexistência da qualificadora na referência à condição física (obesidade)
- Necessidade do dolo específico na injúria racial
- Distinção entre injúria qualificada pelo preconceito e crime de racismo
- Inexistência de racismo reverso

Disposições comuns

Art. 141. As penas cominadas neste Capítulo aumentam-se de um terço, se qualquer dos crimes é cometido:

I – contra o Presidente da República, ou contra chefe de governo estrangeiro;

II – contra funcionário público, em razão de suas funções, ou contra os Presidentes do Senado Federal, da Câmara dos Deputados ou do Supremo Tribunal Federal; **

III – na presença de várias pessoas, ou por meio que facilite a divulgação da calúnia, da difamação ou da injúria;

IV – contra criança, adolescente, pessoa maior de 60 (sessenta) anos ou pessoa com deficiência, exceto na hipótese prevista no § 3º do art. 140 deste Código.*

§ 1º Se o crime é cometido mediante paga ou promessa de recompensa, aplica-se a pena em dobro.

§ 2º Se o crime é cometido ou divulgado em quaisquer modalidades das redes sociais da rede mundial de computadores, aplica-se em triplo a pena. **

§ 3º Se o crime e cometido contra a mulher por razões da condição do sexo feminino, nos termos do § 1º do art. 121-A deste Código, aplica-se a pena em dobro. ***

* Inciso IV inserido pela Lei nº 10.741, de 1º-10-2003, e com redação alterada pela Lei nº 14.344, de 24-5-2022.

** Inciso II com redação alterada pela Lei nº 14.197, de 1º-9-2021.

** § 1º renumerado e § 2º inserido pela Lei nº 13.964, de 24-12-2019.

*** § 3º inserido pela Lei nº 14.994, de 9-10-2024.

Vide: **CP** arts. 61, II, *h*, 62, IV, 121-A, 138 a 140, 145, parágrafo único, 327, 331; **Lei** nº **4.737**, de 15-7-1965, art. 327 (qualificadoras nos crimes contra a honra no Código Eleitoral); **CPM** art. 218 (qualificadoras nos crimes contra a honra no Código Penal Militar).

141 DISPOSIÇÕES COMUNS AOS CRIMES CONTRA A HONRA

141.1 Formas qualificadas

São aumentadas de um terço as penas aplicadas em qualquer dos crimes contra a honra nas hipóteses mencionadas no art. 141, visando-se resguardar os bens jurídicos relevantes tutelados nos arts. 138 a 140 (art. 141, I). Preserva-se com mais rigor a honra dos ofendidos pela relevância do cargo de Presidente da República ou de chefe de governo estrangeiro. Não é necessário que a ofensa tenha relação com as funções exercidas pelo ofendido.

A segunda hipótese, do inciso II, refere-se ao crime praticado contra funcionário público, em razão de suas funções, ou contra os Presidentes do Senado Federal, da Câmara dos Deputados ou do Supremo Tribunal Federal, por força da alteração promovida pela Lei nº 14.197, de 1º-9-2021. Aplica-se o dispositivo desde que o fato não constitua crime de desacato, que se configura quando o ato é praticado na presença do servidor. No caso de funcionário público, deve haver sempre uma relação de causa e efeito entre a ofensa e as funções públicas a cargo da vítima, não se aplicando o dispositivo quando se relacionar ela com a vida privada do funcionário (v. itens 145.1 e 145.2). A mesma circunstância não é exigida na segunda parte do dispositivo, que se refere aos presidentes do Senado, da Câmara dos Deputados e do Supremo Tribunal Federal.

Na terceira hipótese, do inciso III, a pena é agravada quando a ofensa é praticada na presença de várias pessoas ou por meio que facilite a divulgação da calúnia, difamação ou injúria, casos em que o dano moral é evidentemente maior para o ofendido. Ao referir-se a "várias" pessoas, a lei exige no mínimo três, pois quando a lei se contenta com apenas duas é ela expressa. Aplica-se a causa de aumento de pena quando a ofensa é veiculada por panfletos, escritos em local visível ao público etc., bem como pelos meios de comunicação, punida nos termos da Lei de Imprensa até o reconhecimento de sua inconstitucionalidade pelo Supremo Tribunal Federal.

Jurisprudência

- Indispensabilidade de relação com a função pública
- Inexistência de relação com a função pública
- Injúria qualificada contra magistrado
- Ofensa em razão da vida privada do funcionário
- Inexistência de injúria qualificada contra Promotor de Justiça
- Distinção com desacato
- Crime cometido na presença de várias pessoas
- Crime praticado com divulgação
- Crime contra ex-funcionário
- Inaplicabilidade no crime de imprensa

141.2 Crime contra criança, adolescente, pessoa idosa ou portadora de deficiência

A última forma qualificada, prevista no inciso IV, inserido pela Lei nº 10.741, de 1º-10-2003 (Estatuto da Pessoa Idosa) e posteriormente alterado pela Lei nº 14.344, de 24-5-2022, consiste na circunstância de ter sido o crime cometido contra criança, adolescente, pessoa maior de 60 anos ou pessoa com deficiência, exceto no caso do § 3º do art. 140 do Código Penal. Agrava-se a pena em razão da maior censurabilidade do crime por ostentar o sujeito passivo condição de vulnerabilidade ou limitante, que justifica respeito e consideração e a existência de normas especiais de proteção, mas que para o agente não se mostrou motivo relevante para reprimir a prática da conduta. Não se aplica o dispositivo ao crime de injúria, conforme regra expressa, em razão da qualificadora prevista no art. 140, § 3º.

141.3 Crime mercenário

No renumerado § 1º, refere-se a lei ao crime praticado com intuito de lucro, motivo torpe que implica a aplicação do dobro da pena. Paga, no sentido legal, é o recebimento efetivo do dinheiro ou outro bem econômico, e promessa é a oferta, o compromisso de pagar pelo crime.

141.4 Crime praticado por meio da *internet*

A pena é triplicada se o crime é cometido ou divulgado em quaisquer modalidades das redes sociais da rede mundial de computadores, conforme prevê o § 2º, incluído pela Lei nº 13.964, de 24-12-2019. Refere-se o dispositivo a atos que possam ser praticados por meio da *internet*, como nos casos de textos, áudios ou vídeos gravados e disponibilizados na rede, por meio de redes sociais virtuais (*Facebook*, *Instagram*, *WhatsApp* etc.) ou, ainda, por transmissões em tempo real (*Live*).

141.5 Crime praticado contra a mulher por razões da condição do sexo feminino

Aplica-se a pena em dobro se o crime é praticado contra a mulher por razões da condição do sexo feminino, nos termos do § 1º do art. 121-A, de acordo com o § 3º, incluído pela Lei nº 14.994, de 9-10-2024. Há violência doméstica e familiar contra a mulher se a conduta é baseada no gênero e praticada no âmbito da família, do convívio doméstico ou de relação íntima de afeto, atual ou pretérita. A segunda razão que conduz à configuração do feminicídio é a de envolver o crime menosprezo ou discriminação à condição de mulher (vide item 121-A.3).

Exclusão do crime

Art. 142. Não constituem injúria ou difamação punível:

I – a ofensa irrogada em juízo, na discussão da causa, pela parte ou por seu procurador;

II – a opinião desfavorável da crítica literária, artística ou científica, salvo quando inequívoca a intenção de injuriar ou difamar;

III – o conceito desfavorável emitido por funcionário público, em apreciação ou informação que preste no cumprimento de dever do ofício.

Parágrafo único. Nos casos dos nos I e III, responde pela injúria ou pela difamação quem lhe dá publicidade.

Vide: CF arts. 5º, IV, IX, X, 27, § 1º, 29, VIII, 53, 133; **CP** arts. 139, 140, 327; **CPM** art. 220 (exclusão dos crimes contra a honra no Código Penal Militar); **Lei nº 8.625**, de 12-2-1993, art. 41, V (imunidade por opiniões no exercício funcional dos membros do Ministério Público).

142 EXCLUSÃO DOS CRIMES CONTRA A HONRA

142.1 Imunidade judiciária

Prevê a lei causas de exclusão de crimes contra a honra em que, a rigor, não existe o elemento subjetivo do injusto (*animus injuriandi vel diffamandi*) ou uma causa de exclusão da ilicitude, que impede a instauração da ação penal por falta de justa causa.

A primeira hipótese prevista na lei é a da chamada imunidade judiciária, com o intuito de assegurar às partes e aos seus procuradores em Juízo a maior liberdade na defesa judicial de seus interesses, mas cabível apenas nos crimes de difamação e injúria. A expressão *parte* contida na lei inclui o autor, o réu, o oponente, o litisconsorte, o interveniente, o assistente, o chamado à autoria, o terceiro prejudicado que recorre, o devedor e o credor na falência, os interessados no inventário e o representante do Ministério Público, tanto nos processos criminais como civis. Procurador é não só o advogado constituído por meio de mandato, como também o dativo ou o *ad hoc*, solicitador ou estagiário. Não está incluído o Juiz, que não é parte, nem as autoridades policiais e os auxiliares de justiça (peritos, escrivães etc.), que poderão alegar, se for o caso, a imunidade referida no art. 142, III, ou o exercício regular de direito. O magistrado, porém, detém a imunidade quando, na exceção de suspeição, posiciona-se como parte.

A ofensa está acobertada pela imunidade quer nas manifestações orais como escritas, desde que deduzidas em qualquer Juízo, em qualquer causa ou procedimento. *Contrario sensu*, não está protegida a conduta fora do Juízo, ainda que no foro ou com relação à causa. Deve haver também no fato relação com a causa, de algum modo relacionado com o direito de defesa dos interesses no processo. Caso a ofensa não tenha a menor correlação com essa finalidade, não gozará o agente da imunidade. A imunidade não se limita à ofensa à parte contrária, já que não há limitação alguma na lei, mas a jurisprudência tem excluído a imunidade quando o ofendido é o Juiz, ou contra quem intervém no processo no exercício de função pública, como o membro do Ministério Público, o oficial de justiça etc.

A imunidade do advogado passou, na lei, a ter um sentido mais amplo, diante do disposto no art. 133 da CF, que consagrou a inviolabilidade por seus atos e manifestações no exercício da profissão, regulamentada no Estatuto da Advocacia e da Ordem dos Advogados do Brasil, no revogado art. 7º, § 2º, da Lei nº 8.906, de 4-7-1994. Mas os Tribunais têm dado interpretação restritiva ao dispositivo, remetendo-o ao art. 142, I, do CP. A imunidade prevista no EAOAB foi declarada inconstitucional pelo STF em relação ao crime de desacato (item 331.1). Posteriormente, o § 2º do art. 7º do EOAB foi revogado pela Lei 14.365, de 2-6-2022. Com a revogação do dispositivo e a inexistência de lei disciplinando a matéria, o alcance da norma constitucional deve ser delimitado em consonância com os demais princípios constitucionais, entre os quais o da inviolabilidade da honra. Assim, há que se excluir da imunidade a utilização de linguagem excessiva e desnecessária fora de limites razoáveis da discussão da causa e da defesa de direitos. É, aliás, o que já se vinha decidindo mesmo antes da revogação da referida norma legal.

Jurisprudência

- Discussão da causa: expressões caluniosas aceitas
- Exigência do regular exercício da advocacia
- Imunidade do promotor de justiça
- Imunidade na ofensa a terceiros
- Inexistência de crime em palavras inoportunas e inadequadas contra juiz
- Ofensa ao juiz fora da discussão da causa
- Ofensa ao promotor de justiça fora da discussão da causa
- Inexistência de imunidade nas cópias a terceiros
- Aplicação do princípio da insignificância
- A Constituição e a inadmissibilidade de ofensa ao juiz
- Imunidade do advogado na Constituição Federal
- Ofensas recíprocas na discussão da causa: reconhecimento da imunidade
- Imunidade em manifestação de advogado
- Exercício regular de direito profissional do advogado
- Imunidade do juiz como parte na exceção de suspeição
- Inadmissibilidade de imunidade para testemunha
- Necessidade de preenchimento dos requisitos
- Imunidade na ofensa à parte contrária
- Inexistência de imunidade na ofensa irrogada contra pessoa em função pública
- Inexistência de imunidade na manifestação para ofender
- Inadmissibilidade da imunidade no crime de calúnia
- Inadmissibilidade da imunidade no crime de calúnia – Contra
- Inadmissibilidade de imunidade na ofensa a juiz
- Inexistência de imunidade em representação contra magistrado
- Inadmissibilidade de imunidade em grave ofensa ao juiz
- Imunidade na ofensa a juiz em exceção de suspeição
- Crítica admissível de advogado ao magistrado
- Crítica admissível contra Promotor de Justiça
- Necessidade de relação com a causa
- Conceito abrangente de causa
- Extensão da imunidade além do Judiciário
- Extensão da imunidade a processo administrativo
- Extensão da imunidade a processo administrativo – Contra
- Inexistência da imunidade fora dos autos
- Inadmissibilidade de reconhecimento em pedido de habeas corpus
- Inadmissibilidade de reconhecimento em pedido de habeas corpus – Contra
- Imunidade do advogado no art. 133 da CF
- Constituição Federal: inadmissibilidade no crime de calúnia
- Contra: exercício regular de direito
- Inadmissibilidade de imunidade: Lei nº 8.906/94 (Estatuto da OAB)
- Inadmissibilidade de imunidade: Lei no 8.906/94 (Estatuto da OAB) – Contra

142.2 Imunidade da crítica

Também há excludente na opinião desfavorável da crítica literária, artística ou científica, em que se tutela o interesse da cultura, estando o autor da obra (ator, pintor, escritor etc.) exposto ao risco da crítica (risco profissional). Só há crime, portanto, na hipótese de ser inequívoca a intenção do agente em ofender. O dispositivo, porém, passou a ter abrangência restrita a partir da vigência da Lei de Imprensa, uma vez que a crítica é quase sempre manifestada pelos meios de comunicação (jornais, revistas, televisão, rádio etc.). Com a declaração pelo Supremo Tribunal Federal da inconstitucionalidade da Lei nº 5.250, de 9-2-1967, readquiriu o dispositivo do Código Penal (art. 142, II) o âmbito maior de aplicabilidade.

Jurisprudência

- Imunidade de crítica na Lei de imprensa – (anterior à declaração de inconstitucionalidade da Lei de imprensa)
- Responsabilidade na intenção de ofender – (anterior à declaração de inconstitucionalidade da Lei de imprensa)
- Inexistência do direito de crítica na calúnia – (anterior à declaração de inconstitucionalidade da Lei de imprensa)

142.3 Imunidade pelo conceito desfavorável de funcionário

O funcionário público por vezes é chamado a emitir conceitos no estrito cumprimento do dever legal e, por isso, terá imunidade nos crimes de difamação e injúria quando a manifestação é necessária no interesse público. Entretanto, pode haver o excesso, resultando nítida a intenção de ofender, o que pode constituir crime. A expressão *funcionário público* corresponde ao conceito legal para os efeitos penais previstos no art. 327 (chefes do Executivo, parlamentares, magistrados, membros do Ministério Público, jurados etc.). Por disposição expressa, responde pelo crime qualquer pessoa, inclusive o funcionário, que dá divulgação ou publicidade à ofensa.

Jurisprudência

- Imunidade no conceito desfavorável de funcionário público
- Imunidade de magistrado em ato funcional
- Imunidade de magistrado no cumprimento do dever de ofício
- Imunidade de magistrado em sessão reservada
- Imunidade do Promotor de Justiça no cumprimento do dever de ofício
- Conceito de funcionário público na imunidade
- Inadmissibilidade de imunidade funcional de advogado

142.4 Inexistência da imunidade na divulgação

Responde pela ofensa aquele que a divulga, uma vez que não há qualquer das razões para a imunidade nesse caso.

Jurisprudência

- Divulgação da ofensa

142.5 Imunidade parlamentar

Além das imunidades previstas no Código Penal, há que se mencionar as imunidades parlamentares dos senadores, deputados e vereadores, por suas opiniões, palavras e votos, previstas constitucionalmente (arts. 53, *caput*, 27, § 1º e 29, VIII, da CF). Assim, os vereadores, que estavam protegidos pelo art. 142, III, do CP, passaram a ter o amparo da Constituição Federal, desde que no exercício das atividades parlamentares e na circunscrição de seu Município.

Jurisprudência

- Imunidade parlamentar: alcance da Emenda Constitucional nº 35, de 2001
- Imunidade de Deputado Estadual em manifestação decorrente do mandato
- Inexistência de imunidade de Deputado Estadual em manifestação fora do mandato
- Imunidade de parlamentar em manifestação fora do exercício do mandato
- Imunidade parlamentar em manifestação fora do exercício do mandato: inocorrência
- Imunidade parlamentar na atuação em Comissão Parlamentar de Inquérito
- Manifestação de parlamentar divulgada pela imprensa: incidência da imunidade
- Imunidade parlamentar em divulgação de crimes contra a administração pública
- Inocorrência de imunidade parlamentar em campanha eleitoral
- Imunidade dos vereadores
- Inexistência da imunidade de vereador fora do âmbito das atividades parlamentares
- Crimes de calúnia e difamação por vereadores

Retratação

Art. 143. O querelado que, antes da sentença, se retrata cabalmente da calúnia ou da difamação, fica isento de pena.

Parágrafo único. Nos casos em que o querelado tenha praticado a calúnia ou a difamação utilizando-se de meios de comunicação, a retratação dar-se-á, se assim desejar o ofendido, pelos mesmos meios em que se praticou a ofensa.*

*Parágrafo único inserido pela Lei nº 13.188, de 11-11-2015.

***

Vide: CP arts. 107, VI, 138, 139, 144; CPP art. 67, II.

143 RETRATAÇÃO NOS CRIMES DE CALÚNIA E DIFAMAÇÃO

143.1 Retratação

A retratação é a causa de extinção da punibilidade, como previsto no art. 107, VI, do CP, em que o agente, procurando reparar o dano causado pelo crime, se desdiz, declara que errou, retira o que disse do ofendido. Nos termos legais, a retratação somente é possível nos crimes de calúnia e difamação, em que o agente imputou fato determinado à vítima, declarando, posteriormente, não ser ele verdadeiro, mas não na injúria, em que o ilícito se concretiza com increpações, ou fatos vagos e imprecisos. Referindo-se a lei à retratação do querelado, não é ela possível, mesmo na calúnia ou difamação, quando o crime se refere a funcionário público no exercício de suas funções, objeto de ação penal pública, prevalecendo o interesse público na apuração dos fatos.

A retratação, para constituir a extinção da punibilidade, deve ser completa, irrestrita, definitiva, incondicional, expressa, cabal e proferida antes da sentença de primeiro grau. Trata-se de condição de caráter pessoal, não aproveitando os coautores e partícipes. Não depende, porém, de formalidade essencial, podendo ser manifestada por meio de petição nos autos, no interrogatório do querelado etc., bastando seu registro nos autos. Não depende, também, de aceitação do ofendido, como ocorre com o perdão (art. 107, V), nem exige publicidade ou divulgação por parte do ofendido.

Prevê-se, porém, no parágrafo único do art. 143, inserido pela Lei nº 13.188, de 11-11-2015, que nos casos de calúnia ou difamação praticadas com a utilização de meios de comunicação, a retratação dar-se-á, se assim desejar o ofendido, pelos mesmos meios com que se praticou a ofensa. A referida lei disciplina o exercício do direito de resposta assegurado na Constituição Federal (art. 5º, V) em decorrência de matéria ofensiva à honra, ou com violação à reputação, à intimidade, ao nome, à marca ou à imagem de pessoa física ou jurídica, que seja divulgada, publicada ou transmitida por veículo de comunicação social. A regra contida no citado parágrafo único não torna a retratação penal dependente do exercício do direito de resposta e tampouco condiciona a sua eficácia ao que se decidir na esfera cível ou administrativa. Se nos autos da ação penal o ofendido manifesta seu desejo de que a retratação seja veiculada pelos mesmos meios de comunicação utilizados na ofensa, deverá o querelado providenciá-la, valendo-se, para tanto, da mídia adequada, escrita, televisiva, radiofônica, internet etc., sem a qual não há causa para a isenção de pena. Permanece, porém, a critério do juiz a avaliação da suficiência dos termos e dos meios utilizados na retratação.

Jurisprudência

- Conceito de retratação
- Inadmissibilidade de retratação no crime de injúria
- Inadmissibilidade da retratação na ação penal pública
- Inadmissibilidade da retratação na ação penal pública – Contra
- Necessidade de retratação completa
- Reiteração da ofensa: presunção da falsidade da imputação
- Inadmissibilidade na negativa de autoria
- Incomunicabilidade aos corréus
- Informalidade da retratação
- Inexigibilidade de publicidade
- Inexigência de aceitação

Art. 144. Se, de referências, alusões ou frases, se infere calúnia, difamação ou injúria, quem se julga ofendido pode pedir explicações em juízo. Aquele que se recusa a dá-las ou, a critério do juiz, não as dá satisfatórias, responde pela ofensa.

***

Vide: CP arts. 103, 138, 139, 140, 143, 145, *caput* e parágrafo único.

144 PEDIDO DE EXPLICAÇÕES EM JUÍZO

144.1 Pedido de explicações

O pedido de explicações previsto no art. 144 é uma medida preparatória e facultativa para o oferecimento da queixa, quando, em virtude dos termos empregados ou do sentido das frases, não se mostra evidente a intenção de caluniar, difamar ou injuriar, causando dúvida quanto ao significado da manifestação do autor, ou mesmo para verificar a que pessoa foram dirigidas as ofensas. Cabe, assim, nas ofensas equívocas e não nas hipóteses em que, à simples leitura, nada há de ofensiva à honra alheia ou, ao contrário, quando são evidentes as imputações caluniosas, difamatórias ou injuriosas. Também não é medida para apurar a autoria ou o mérito da ofensa, assunto que deve ser objeto de inquérito policial e ação penal. Cabe o pedido tanto na potencial ação privada como pública, mas o titular do pedido é sempre o ofendido e não o Ministério Público.

Sendo medida preparatória da ação penal, é inadmissível o pedido de explicações quando verificada a existência de imunidade, decadência ou qualquer causa extintiva da punibilidade. Ao apreciar o requerimento, deve o Juiz decidir apenas se é admissível ou não o pedido de explicações e não sobre o mérito da ofensa irrogada. Não pode o Juiz, também, obrigar o interpelado a prestar esclarecimentos se ele se recusa a fazê-lo. Tratando o pedido de explicações de medida preparatória para a ação penal, pode ser atacada por *habeas corpus* quando é inadmissível a medida (imunidade, extinção da punibilidade etc.). Já se tem decidido, porém, em contrário. Não prestando as informações ou as prestando de modo insatisfatório, o autor pode ser acionado penalmente, ocasião em que, se foram elas prestadas, o Juiz então decidirá se foram elas satisfatórias, rejeitando a queixa em caso afirmativo. O pedido de explicações não interrompe nem suspende o prazo da decadência, por falta de previsão legal. Por ser medida cautelar preparatória da ação penal, deve ser formulado perante o Tribunal competente quando se tratar de agente que detém o foro por prerrogativa de função.

Jurisprudência

- Cabimento do pedido de explicações
- Natureza do pedido de explicações
- Medida preparatória facultativa
- Obrigatoriedade do pedido de explicações
- Admissibilidade do pedido em caso de congressista candidato
- Inadmissibilidade de ataque por habeas corpus
- Inadmissibilidade de imposição para prestar esclarecimentos
- Ilegitimidade de pedido de explicações: entidade de classe
- Explicações que apenas negam a autoria
- Função do juiz da ação penal
- Imposição da rejeição da queixa nas explicações satisfatórias importa constrangimento ilegal, reparável por via de *habeas corpus* afirmado em ausência de justa causa".
- Pedido de explicações e foro por prerrogativa de funções
- Inexistência de condição de procedibilidade
- Pedido de explicações como ônus do ofendido
- Desnecessidade do pedido de explicações
- Inadmissibilidade do pedido em caso de decadência
- Inadmissibilidade do pedido em caso de imunidade
- Inadmissibilidade para apuração do mérito
- Ilegitimidade de pedido do Ministério Público
- Função do juiz no pedido de explicações
- Inadmissibilidade da ação penal antes da decisão do pedido
- Inexistência de reiteração do crime nas explicações insatisfatórias
- Inadmissibilidade de arguição de ilegitimidade de parte
- Inadmissibilidade de presunção pela recusa em dar explicações
- Inexistência de interrupção ou suspensão da decadência

Art. 145. Nos crimes previstos neste Capítulo somente se procede mediante queixa, salvo quando, no caso do art. 140, § 2º, da violência resulta lesão corporal.

Parágrafo único. Procede-se mediante requisição do Ministro da Justiça, no caso do inciso I do *caput* do art. 141 deste Código, e mediante representação do ofendido, no caso do inciso II do mesmo artigo, bem como no caso do § 3º do art. 140 deste Código.*

* Parágrafo único com a redação dada pela Lei nº 12.033, de 29-9-2009.

***Vide*:** **CF** arts. 5º, X, LIX, 129, I; **CP** arts. 100, *caput*, §§ 1º a 4º, 102, 103, 107, IV, 129, 138 a 140, 141, I e II, 327; **CPP** arts. 5º, II, §§ 4º e 5º, 24, 25, 29 a 33, 36 a 39, 519 a 523, 564, III, *a*, 569. **Súmula: STF** 714.

145 AÇÃO PENAL NOS CRIMES CONTRA A HONRA

145.1 Ação penal privada

Como regra, nos crimes contra a honra procede-se mediante ação penal privada. Valem aqui as anotações a respeito do oferecimento da queixa.

Jurisprudência

- Crime conta a honra: ação penal privada

145.2 Ação penal pública

Como primeira exceção à regra geral, a ação penal é pública incondicionada quando se trata de injúria real, uma vez que implica ela, em princípio, violência consistente na contravenção de vias de fato ou no crime de lesões corporais. Embora esta última tenha passado a ser objeto de ação pública condicionada, não tendo havido alteração no art. 145 do CP, por falta de previsão legal expressa não se exige a representação para o crime de injúria real.

É objeto de ação penal pública condicionada à requisição do Ministro da Justiça, diante das conotações políticas que encerra, o crime contra honra praticado contra o Presidente da República ou chefe de governo estrangeiro. .

Apura-se, também, por ação pública condicionada à representação do ofendido o crime contra a honra cometido contra funcionário público, em razão de suas funções. O interesse público recomenda que, diante da dignidade da função exercida, o funcionário atingido possa contar com a iniciativa do Ministério Público na ação penal. Não basta, entretanto, que o ofendido seja funcionário público, ou que o fato ocorra no local de trabalho, sendo indispensável que a ofensa tenha um mínimo de relação com as funções por ele exercidas. Não o tendo, o ofendido deve promover a ação privada. O dispositivo, porém, abrange qualquer espécie de funcionário público, em seu conceito legal (art. 327), mesmo que já esteja aposentado, se a ofensa foi praticada em razão das funções que exerce no momento do crime. Há, porém, decisões em contrário. Também tem-se decidido, inclusive no STF, que pode o funcionário optar pela ação privada ou que a interposição desta equivale à representação exigida pela lei. Assim, de acordo com a orientação que foi adotada na Súmula 714 do STF, há uma legitimação concorrente do Ministério Público e do ofendido na hipótese. Embora esse entendimento ampare-se em interpretação histórica e em análise da evolução da jurisprudência a respeito da matéria e na garantia de inviolabilidade da honra prevista no art. 5º, X, da CF, há que se ponderar, em sentido contrário, que, nos termos do art. 100, *caput,* do CP, a regra geral é a da ação penal pública, exigindo-se para a ação penal privada *exclusiva* expressa previsão legal. A única exceção, em que se permite a ação penal privada mesmo quando prevista para a hipótese a ação penal pública, é estabelecida na própria Constituição Federal (art. 5º, LIX) e no Código Penal (art. 100, § 3º) e consiste na admissibilidade da ação privada *subsidiária,* que pressupõe a inércia do Ministério Público, titular exclusivo da ação penal pública (art. 129, I, da CF). O entendimento adotado na Súmula, portanto, implica a criação, não prevista na Constituição ou na lei, de uma nova espécie de ação penal privada, que não seria *exclusiva* e tampouco *subsidiária,* mas *alternativa,* porque se concede ao ofendido a faculdade de optar entre o ajuizamento da ação e o oferecimento da representação ao Ministério Público.

A mesma solução deve ser adotada em relação ao crime praticado contra os presidentes do Senado, da Câmara dos Deputados e do Supremo Tribunal Federal, com a ressalva de que, nessas hipóteses, dada a relevância dos cargos, optou o legislador por determinar a ação penal pública condicionada à representação ainda que a ofensa não guarde pertinência com o exercício das funções (art. 145, parágrafo único cc. o art. 141, II). Justifica-se, também, a extensão da aplicabilidade da Súmula 714 do STF a esses casos, admitindo-se alternativamente a ação penal privada, inclusive diante da possibilidade de que a ofensa irrogada não esteja relacionada com o exercício da função pública.

O terceiro e último caso previsto no art. 145, parágrafo único, alterado pela Lei nº 12.033, de 29-9-2009, é o de injúria qualificada pelo preconceito, prevista no § 3º do art. 140. Praticada a injúria mediante a utilização de elementos referentes a religião, origem ou a condição de pessoa idosa ou com deficiência a ação penal também será pública condicionada à representação do ofendido.

Jurisprudência

- Irrelevância do fato de ser o ofendido funcionário público: ação privada
- Crime quanto a particular: ação penal privada
- Necessidade de ação penal pública
- Possibilidade de ação privada de funcionário aposentado
- Exclusividade de ação penal pública
- Representação como alternativa para o ofendido
- Inadmissibilidade de ação privada subsidiária em caso de arquivamento
- Ação pública condicionada à representação do ofendido na injúria racial
- Ação penal pública na injúria real
- Conceito de funcionário público no crime contra a honra
- Irrelevância de o fato referir-se à função pública anterior do ofendido: ação privada
- Irrelevância de o ofendido não mais exercer função pública: ação pública
- Crime contra a honra de Presidente de entidade de serviço público
- Crime contra a honra de quem exerce múnus público
- Irrelevância do cometimento do crime no local de trabalho: ação privada
- Necessidade de ação penal pública
- Indispensabilidade da representação
- Exclusividade de ação penal pública
- Legitimidade concorrente: possibilidade de ação privada
- Possibilidade de ação privada subsidiária
- Hipóteses de ação penal privada

CAPÍTULO VI
DOS CRIMES CONTRA A LIBERDADE INDIVIDUAL

SEÇÃO I
Dos Crimes contra a Liberdade Pessoal

Constrangimento ilegal

Art. 146. Constranger alguém, mediante violência ou grave ameaça, ou depois de lhe haver reduzido, por qualquer outro meio, a capacidade de resistência, a não fazer o que a lei permite, ou a fazer o que ela não manda:

Pena – detenção, de 3 (três) meses a 1 (um) ano, ou multa.

Aumento de pena

§ 1º As penas aplicam-se cumulativamente e em dobro, quando, para a execução do crime, se reúnem mais de três pessoas, ou há emprego de armas.

§ 2º Além das penas cominadas, aplicam-se as correspondentes à violência.

§ 3º Não se compreendem na disposição deste artigo:

I – a intervenção médica ou cirúrgica, sem o consentimento do paciente ou de seu representante legal, se justificada por iminente perigo de vida;

II – a coação exercida para impedir suicídio.

Vide: **CF** art. 5º, II; **CP** arts. 62, II, 65, III, *c*, 147 a 149, 157, 158, 197, 198, 199, 203, I, 213, 216-A, 217-A, 322, 345, 350; **CC** art. 15, 151 a 155, 171, II; **Lei nº 4.737**, de 15-7-1965, art. 301 (constrangimento ilegal como crime eleitoral); **Lei nº 8.078**, de 11-9-1990 – **CDC**, art. 71 (constrangimento ilegal na cobrança de dívidas no Código de Defesa do Consumidor); **Lei nº 9.455**, de 7-4-1997, art. 1º (define o crime de tortura); **Lei nº 10.741**, de 1º-10-2003 – **EI**, art. 107 (coagir pessoa idosa sem discernimento a outorgar procuração); **Lei nº 13.869**, de 5-9-2019, arts. 13, 15 e 24 (crimes de abuso de autoridade).

146 CONSTRANGIMENTO ILEGAL

146.1 Sujeitos do delito

Crime comum que é, o constrangimento ilegal pode ser praticado por qualquer pessoa. Se o agente é funcionário público, praticando crime no exercício de suas funções, é responsabilizado por outros delitos (arts. 322 do CP e arts. 13, 15 e 24 da Lei nº 13.869/2019).

Sujeito passivo é a pessoa que possui capacidade de querer, ficando excluídos, portanto, os doentes mentais, as crianças de pouca idade, o ébrio total, as pessoas inconscientes etc. Não tendo a capacidade jurídica de querer, não são elas lesadas pela conduta do agente, que, eventualmente, cometerá outro ilícito. Podem essas pessoas ser objeto de crime praticado contra seus representantes legais.

Jurisprudência

• Vítima criança com condições de querer

146.2 Tipo objetivo

A conduta típica é coagir, compelir, forçar, obrigar a vítima à prática de um ato ou de uma abstenção, ou seja, a fazer ou não fazer algo, violando-se sua vontade. Não registra a lei a conduta de tolerar que se faça alguma coisa, mas essa tolerância equivale à abstenção ou omissão, constituindo, pois, ação típica.

A coação pode constituir-se em violência direta ou imediata (vias de fato ou lesões corporais) contra o ofendido ou terceiro, ou imediata, contra a coisa de interesse da vítima. Pode o agente, porém, utilizar-se de ameaça ou de qualquer outro meio (emprego de álcool, narcótico etc.) para o constrangimento. Não há ilicitude no fato de ser a coação amparada pelo direito, como no caso de estrito cumprimento do dever legal. Ilícito porém é o constrangimento destinado a impedir um ato imoral que não seja ilícito.

É indispensável a existência do nexo causal entre o emprego da violência, grave ameaça ou de qualquer outro meio e o resultado, ou seja, o estado de submissão do ofendido que faz ou deixa de fazer algo contra sua vontade.

Jurisprudência

- Hipóteses de constrangimento ilegal
- Constrangimento ilegal com violência contra a coisa
- Inexistência de violência ou ameaça
- Meio ineficaz para a prática do crime
- Inexistência de relação causal
- Exercício regular de direito

146.3 Tipo subjetivo

O dolo é a vontade de coagir, sendo indispensável o elemento subjetivo do injusto que é o fim de obter a ação ou omissão da vítima. Inexistindo este, haverá apenas um outro ilícito (lesões corporais, vias de fato, ameaça etc.). O erro sobre a ilegitimidade da ação pode excluir a ilicitude do fato.

Jurisprudência

- Objetivo no crime de constrangimento ilegal
- Inexistência de fim específico
- Inexistência do elemento subjetivo do injusto

146.4 Consumação e tentativa

Consuma-se o crime quando o ofendido faz ou deixa de fazer o que não deseja em virtude da conduta do agente. A tentativa estará caracterizada quando, apesar da violência, ameaça ou outro meio empregado pelo sujeito ativo, a vítima não se submete à sua vontade.

Jurisprudência

- Caracterização da tentativa

146.5 Formas qualificadas

O crime é qualificado quando há reunião de mais de três pessoas na fase de execução do ilícito, exigindo-se pois a coautoria de quatro ou mais agentes. Também se qualifica o crime quando há emprego de arma (própria ou imprópria), não bastando, pois, o simples porte dela.

Jurisprudência

- Crime qualificado pelo emprego de arma
- Crime qualificado com emprego de arma simulada

146.6 Distinção

O crime de constrangimento é tipicamente subsidiário, só ocorrendo quando o fato não constitui ilícito mais grave, como o roubo, a extorsão, o estupro, desobediência etc. Caso o constrangimento ocorra com o fim de o agente obter algo que poderia ser conseguido pelos meios legais, haverá o crime de exercício arbitrário das próprias razões, que absorve a prática do crime previsto no art. 146. Constitui crime de tortura, com pena de reclusão de dois a oito anos, constranger alguém com emprego de violência ou grave ameaça, causando-lhe sofrimento físico ou mental, com o fim de obter informação, declaração ou confissão da vítima ou de terceira pessoa, para provocar ação criminosa ou em razão de discriminação racial ou religiosa (art. 1º, I, a, b e c, da Lei nº 9.455, de 7-4-1997).

Jurisprudência

- Crime subsidiário na desistência do roubo
- Distinção com extorsão mediante sequestro
- Distinção com o crime de evasão de preso
- Constrangimento ilegal nos atos preparatórios do estupro
- Constrangimento ilegal e não tentativa de homicídio
- Constrangimento ilegal como crime subsidiário
- Crime subsidiário em roubo impossível
- Absorção pelo crime de desobediência
- Absorção do crime de violação de domicílio
- Distinção com roubo
- Qualificadora do roubo e não constrangimento ilegal
- Distinção com extorsão
- Distinção com sequestro
- Distinção com exercício arbitrário das próprias razões
- Distinção com o crime de ameaça

146.7 Concurso de crimes

Pode haver concurso material com o crime de roubo no caso de o constrangimento não integrar a violência caracterizadora desse delito. Havendo coação contra várias pessoas, na mesma conduta, ocorre concurso formal. Por disposição expressa, haverá concurso material com os delitos que atingem a vida ou integridade corporal da vítima, somando-se as penas da coação e da violência.

Jurisprudência

- Concurso com roubo
- Concurso formal com várias vítimas
- Concurso material com lesões corporais leves
- Concurso material com lesões corporais graves

146.8 Exclusão de crime

Prevê a lei dois casos de exclusão da antijuridicidade, casos especiais de estado de necessidade em favor de terceiro. O primeiro é o da intervenção médica ou cirúrgica, sem o consentimento do paciente ou de seu representante legal, se justificada por iminente perigo de vida. Exemplo clássico seria qualquer intervenção médica, que, por questão religiosa, não tem o consentimento da paciente ou de seus responsáveis, quando há risco de vida para aquela. A lei civil veda a intervenção cirúrgica contra a vontade do paciente que cause risco de vida (art. 15 do CC), mas, configurada a mencionada hipótese de perigo de vida para o paciente no caso de não realização da intervenção, ainda assim poderá incidir a excludente, em razão do disposto na norma penal. O segundo caso trata da coação exercida para impedir suicídio, que, embora não se constitua em ação típica, é ilícita. Segundo a doutrina, não exclui o delito a circunstância de ser legítimo o mal prenunciado na ameaça, mas o fato pode constituir o exercício regular de direito.

Jurisprudência

- Inexistência do crime no perigo de vida para a vítima

Intimidação sistemática (*bullying*)

Art. 146-A. Intimidar sistematicamente, individualmente ou em grupo, mediante violência física ou psicológica, uma ou mais pessoas, de modo intencional e repetitivo, sem motivação evidente, por meio de atos de intimidação, de humilhação ou de discriminação ou de ações verbais, morais, sexuais, sociais, psicológicas, físicas, materiais ou virtuais:

Pena – multa, se a conduta não constituir crime mais grave.

Intimidação sistemática virtual (*cyberbullying*)

Parágrafo único. Se a conduta é realizada por meio da rede de computadores, de rede social, de aplicativos, de jogos on-line ou por qualquer outro meio ou ambiente digital, ou transmitida em tempo real:

Pena – reclusão, de 2 (dois) anos a 4 (quatro) anos, e multa, se a conduta não constituir crime mais grave.*

*Artigo inserido pela lei nº 14.811, de 12-1-2024.

Vide: CP arts. 129, 147, 147-A, 140 e 141; **Lei nº 13.185**, de 6-11-2015, (instituiu o programa de combate à intimidação sistemática – *bullying*).

146-A INTIMIDAÇÃO SISTEMÁTICA (*BULLYING*)

146.-A1 Sujeitos do delito

Qualquer pessoa pode ser sujeito ativo do delito de intimidação sistemática. A referência, desnecessária, à possibilidade da prática do delito "individualmente ou em grupo" somente reforça a eventualidade da coautoria. O sujeito passivo também pode ser qualquer pessoa, homem ou mulher, adulto, criança ou adolescente. A descrição no próprio tipo de que o delito se realiza na intimidação de "uma ou mais pessoas" autoriza o reconhecimento de que na existência de diversas vítimas de uma mesma conduta de *bullying* tratar-se-á de crime único.

146.-A2 Tipo objetivo

Na esteira de algumas recentes inovações legislativas, o art. 146-A, de redação deplorável, carece de técnica jurídica, o que certamente dificultará a sua aplicação. O núcleo verbal no tipo é *intimidar*, que significa causar apreensão, inibição, receio ou medo, amedrontar, atemorizar. Exige-se no tipo que a intimidação seja praticada mediante violência física ou psicológica. A violência física empregada, no entanto, não pode ser a que se manifesta mediante agressão física a pessoa, causadora de lesão, como meio para o constrangimento ilegal da vítima ou consistente em vias de fato, porque, então, outro será o delito, mais severamente punido. Pode-se expressar, porém, mediante violência física contra coisa, desde que não se configure o crime de dano. A violência psicológica é a que afeta, por diversos modos, a liberdade e o bem-estar psíquico, mas que, igualmente, não pode ser a utilizada na prática de crimes mais graves, como, por exemplo, os de ameaça ou violência psicológica contra a mulher. A intimidação, exige-se expressamente no tipo, deve se realizar mediante atos sistemáticos, isto é, metódicos, intencionais, evidentemente, aliás, por se tratar de crime doloso, e repetitivos, ou seja, reiterados. Os atos de intimidação são os aptos a intimidar, humilhar (vexar, rebaixar moralmente) ou discriminar (tratar de modo injusto ou desigual), que podem se constituir em ações com conteúdo moral, sexual, social ou psicológico e se expressar por meios verbais, físicos, ou materiais, ou virtuais.

A menção à ausência de "motivação evidente" é descabida e se constitui em impedimento quase intransponível à aplicação da norma, porque se possível for reconhecer no caso concreto qualquer indício da motivação que levou o agente à prática do *bullying*, o fato será atípico em face do dispositivo. Ressalte-se que o mal redigido artigo de lei foi moldado em consonância com os conceitos contidos na Lei nº 13.185, de 6-11-2015, que instituiu o programa de combate à intimidação sistemática (*bullying*). De acordo com esse diploma, que fornece base possível para a interpretação legal, a intimidação sistemática se caracteriza "quando há violência física ou psicológica em atos de intimidação, humilhação ou discriminação" e, ainda, atos consistentes em ataques físicos, insultos pessoais, comentários sistemáticos e apelidos pejorativos, ameaças por quaisquer meios, grafites depreciativos, expressões preconceituosas, isolamento social consciente e premeditado, pilhérias (art. 2º).

A mesma Lei classifica as diversas formas de *bullying* em: I – verbal: insultar, xingar e apelidar pejorativamente; II – moral: difamar, caluniar, disseminar rumores; III – sexual: assediar, induzir e/ou abusar; IV – social: ignorar, isolar e excluir; V – psicológica: perseguir, amedrontar, aterrorizar, intimidar, dominar, manipular, chantagear e infernizar; VI – físico: socar, chutar, bater; VII – material: furtar, roubar, destruir pertences de outrem; VIII – virtual: depreciar, enviar mensagens intrusivas da intimidade, enviar ou adulterar fotos e dados pessoais que resultem em sofrimento ou com o intuito de criar meios de constrangimento psicológico e social (art. 3º).

146-A.3 Tipo subjetivo

O tipo subjetivo consiste no dolo, na vontade livre e consciente de intimidar alguém, ou várias pessoas, mediante qualquer dos meios mencionados no artigo. A menção à ausência de motivação evidente do agente para a prática da conduta deve ser considerada uma excrescência do legislador, que, contudo, na maior parte dos casos, inviabilizará a aplicação da norma, porque, evidenciada qualquer motivação, de qualquer natureza, a tipicidade deve ser excluída.

146-A.4 Consumação e tentativa

Consuma-se o delito com a prática reiterada dos atos de *bullying*, conforme expressamente descrito no tipo. Tratando-se de crime habitual, é impossível a tentativa.

146-A.5 Intimidação sistemática virtual (*cyberbullying*)

Prevê o parágrafo único do art. 146-A a forma qualificada do delito, sob a denominação "intimidação sistemática virtual (*cyberbullying*): "Se a conduta é realizada por meio da rede de computadores, de rede social, de aplicativos, de jogos *on-line* ou por qualquer outro meio ou ambiente digital, ou transmitida em tempo real: Pena – reclusão, de 2 (dois) anos a 4 (quatro) anos, e multa, se a conduta não constituir crime mais grave".

A pena é agravada em razão de serem os atos de intimidação praticados por meio da *internet*, como nos casos de textos, áudios ou vídeos gravados e disponibilizados na rede, seja por redes sociais virtuais (*Facebook*, *Instagram* etc.), seja por aplicativos de mensagem (*WhatsApp, Telegram* etc.) ou, ainda, por transmissões em tempo real (*Lives*). A razão da majoração da pena nesses casos reside na facilidade de acesso imediato que a *internet* propicia a um número maior e indeterminado de pessoas. De acordo com a Lei nº 13.185/2015: "Há intimidação sistemática na rede mundial de computadores (*cyberbullying*), quando se usarem os instrumentos que lhe são próprios para depreciar, incitar a violência, adulterar fotos e dados pessoais com o intuito de criar meios de constrangimento psicossocial" (art. 2º, parágrafo único).

146-A.6 Distinção

O delito previsto no art. 146-A, tanto em sua forma fundamental como na qualificada, é eminentemente subsidiário, isto é, somente deve ser reconhecido quando o fato não constituir crime mais grave. É, aliás, o que se ressalva com clareza no preceito secundário. E diversos são, de fato, os crimes passíveis de configuração na prática de *bullying*, conforme as circunstâncias do caso concreto, como os de lesão corporal, vias de fato, constrangimento ilegal, ameaça, violência psicológica contra a mulher, injúria, difamação etc.

Ameaça

Art. 147. Ameaçar alguém, por palavra, escrito ou gesto, ou qualquer outro meio simbólico, de causar-lhe mal injusto e grave:

Pena – detenção, de 1 (um) a 6 (seis) meses, ou multa.

§ 1º Se o crime e cometido contra a mulher por razões da condição do sexo feminino, nos termos do § 1º do art. 121-A deste Código, aplica-se a pena em dobro. *

§ 2º Somente se procede mediante representação, exceto na hipótese prevista no § 1º deste artigo. *

*§§ 1º e 2º inseridos pela Lei nº 14.994, de 9-10-2024

Vide: CP arts. 100, § 1º, 102, 103, 107, 121-A, IV, 146; **CPP** arts. 5º, II, § 4º, 24, 25, 38, 39, 564, III, *a*, 569; **Lei nº 11.340**, de 7-8-2006 (dispõe sobre a violência doméstica e familiar contra a mulher), art. 7º, II (ameaça como forma de violência psicológica contra a mulher); **Lei nº 13.869**, de 5-9-2019, arts. 13, 15, 22, 24 (crimes de abuso de autoridade).

147 AMEAÇA

147.1 Sujeitos do delito

A ameaça é um crime comum, podendo ser praticado por qualquer pessoa. Conforme o autor e as circunstâncias, pode caracterizar o crime de abuso de autoridade (arts. 13, 15, 22, 24 da Lei nº 13.869, de 5-9-2019).

Sujeito passivo é qualquer pessoa que tenha capacidade de entender a ameaça, ficando pois sujeita à intimidação. A ameaça contra o Presidente da República, presidentes do Senado Federal, da Câmara dos Deputados ou do Supremo Tribunal Federal não mais configura crime contra a Segurança Nacional, diante da revogação da Lei nº 7.170, de 14-12-1983, pela Lei nº 14.197, de 1º-9-2021. Se a vítima é mulher e a ameaça é praticada como forma de violência doméstica ou familiar, aplicam-se as normas especiais previstas na Lei nº 11.340, de 7-8-2006.

Jurisprudência

- Pessoa jurídica como sujeito passivo: inadmissibilidade

147.2 Tipo objetivo

A conduta típica é ameaçar, ou seja, intimidar, anunciar ou prometer castigo ou malefício, a denominada violência moral (*vis compulsiva* ou *vis animo* illata). É, pois, o anúncio da prática de um mal injusto e grave consistente num dano físico, econômico ou moral. Pode ser praticada por meio da palavra, ainda que gravada, por escrito (carta ou bilhete), desenho, gesto, ou qualquer outro meio simbólico (fetiches, bonecos etc.). Pode ser direta, com promessa de mal à vítima, ou indireta ou reflexa, de promessa de mal a terceiro. Pode ser explícita, como a exibição de uma arma, ou implícita, encoberta. Pode ser condicional, se não constituir elemento do crime de constrangimento ilegal ou outro qualquer, embora já se tenha decidido o contrário. Nada impede a ameaça a distância (por telefone, *e-mail* etc.) ou transmitida à vítima por terceiro. O importante é saber se a ameaça é idônea para influir na tranquilidade psíquica da vítima, bem jurídico protegido pelo art. 147 do CP.

O mal prenunciado deve ser grave, sério, capaz de intimidar, de atemorizar a vítima. Deve-se, porém, ter em conta as condições pessoais do ofendido (idade, sexo, compleição física e estado psíquico etc.) que pode ou não ser intimidado pelo agente. Deve a ameaça ser também verossímil, crível e referir-se à prática de um mal iminente e não remoto, sendo absorvida quando houver a concretização do mal prometido ou pela tentativa de causá-lo.

É necessário que o mal prometido seja injusto, ainda que não constitua em si um ato criminoso, não se constituindo em ilícito penal a promessa da prática de um ato amparado pelo direito. Nada impede, aliás, a ocorrência de causa excludente da criminalidade.

Jurisprudência

- Ameaça por carta ou bilhete
- Irrelevância da não intimação da vítima
- Simples destempero verbal: inexistência de ameaça
- Conceito do crime de ameaça
- Prenúncio de mal injusto, grave e futuro
- Ameaça com arma de brinquedo
- Ameaça por gesto com arma
- Ameaça por gesto equívoco
- Ameaça a distância
- Ameaça a distância – Contra
- Ameaça por telefone

- Ameaça por intermédio de terceiro
- Ameaça implícita
- Ameaça com promessa de mal a terceiros
- Admissibilidade de ameaça condicional
- Admissibilidade de ameaça condicional – Contra
- Ameaça no contexto de inimizade
- Ameaça com violência contra coisa
- Necessidade de ameaça séria
- Existência de ameaça idônea e séria
- Irrelevância da constituição física do agente
- Avaliação da ameaça em relação às condições da vítima
- Avaliação da ameaça em relação ao homem médio
- Necessidade de promessa de dano futuro
- Promessa de mal futuro e não atual
- Promessa de mal futuro e não atual – Contra
- Irrelevância da impossibilidade de mal imediato
- Promessa de mal futuro e não pretérito
- Exclusão da ilicitude

147.3 Tipo subjetivo

O dolo do crime de ameaça é a vontade de praticar o ato, com o intuito de intimidar a vítima. Não configura o crime, portanto, a simples bravata ou a presença do *animus jocandi*.

Não é necessário para a caracterização do crime de ameaça que o agente tenha, no íntimo, a intenção de realizar o mal que promete. Entretanto, há jurisprudência no sentido que de que não constitui o crime do art. 147 ameaça vaga feita sob o império de cólera passageira, uma vez que sua tipificação exige ânimo calmo e refletido. O mesmo se tem decidido quando se trata de ameaça partida de pessoa embriagada. Em contrário, também se tem afirmado que a ira e a embriaguez não anulam a vontade de intimidar, motivo para afirmar que a ameaça do homem irado ou embriagado pode infundir temor à vítima, o que nos parece razoável.

Jurisprudência

- Elemento subjetivo no crime de ameaça
- Necessidade do dolo específico
- Inexistência de dolo no *animus jocandi*
- Inexistência na mera bravata
- Irrelevância do estado irado do agente
- Irrelevância do estado irado do agente – Contra
- Estado de ira e outras circunstâncias
- Ameaça em estado de nervosismo ou emoção
- Ameaça em estado de nervosismo ou emoção – Contra
- Ameaça no calor de discussão
- Irrelevância do estado de embriaguez
- Irrelevância do estado de embriaguez – Contra
- Ameaça por pura bravata
- Dúvida quanto à idoneidade da ameaça
- Irrelevância da falta de propósito de concretizar a ameaça

147.4 Consumação e tentativa

O crime de ameaça é um delito formal, de forma que se consuma no momento em que a vítima toma conhecimento da ameaça, independentemente de sua intimidação. Basta que seja ela idônea para intimidar.

É possível a tentativa nos casos de ameaça por escrito, por meio simbólico ou qualquer outro em que haja possibilidade de um fracionamento do *iter criminis*.

Jurisprudência

- Consumação do crime de ameaça
- Desnecessidade de intimidação da vítima
- Desnecessidade de intimidação da vítima – Contra
- Arrependimento eficaz

147.5 Distinção e concurso de crimes

Quando a ameaça for meio para a prática de outro crime, como constrangimento ilegal, roubo, extorsão etc., fica por estes absorvida. Não é punida, pois, como crime autônomo. A ameaça seguida de agressão fica absorvida pelo crime subsequente. Atingindo a ameaça várias pessoas, haverá concurso formal de crimes. Nada obsta a possibilidade de continuidade delitiva em ameaças subsequentes.

Jurisprudência

- Distinção da ameaça com extorsão
- Absorção da ameaça por outro crime
- Absorção da ameaça por crime subsequente
- Inexistência do crime de ameaça: preparação para outro crime
- Concurso formal na ameaça
- Crime continuado na ameaça

147.6 Ação penal

O crime de ameaça se apura mediante ação penal pública condicionada, exigindo-se a representação da vítima ou de seu representante legal. Por essa razão, permite-se a retratação da vítima antes da denúncia. A Lei nº 14.994, de 9-10-2024, estabeleceu, porém, como exceção, a hipótese de crime praticado contra a mulher por razões da condição do sexo feminino para a qual se determina a ação pública incondicionada (v. item 121-A.3).

Jurisprudência

- Necessidade de representação
- Necessidade de representação na ameaça doméstica contra a mulher – anterior a vigência da Lei nº 14.994, de 9-10-2024
- Inadmissibilidade da suspensão condicional do processo na ameaça doméstica contra a mulher
- Prescrição da pretensão punitiva: ocorrência
- Decadência e crime continuado de ameaça
- Possibilidade de retratação

147.7 Causa de aumento de pena

Aplica-se a pena em dobro se o crime é praticado contra a mulher por razões da condição do sexo feminino, nos termos do § 1º do art. 121-A, de acordo com o § 3º, incluído pela Lei nº 14.994, de 9-10-2024. Há violência doméstica e familiar contra a mulher se a conduta é baseada no gênero e praticada no âmbito da família, do convívio doméstico ou de relação íntima de afeto, atual ou pretérita. A segunda razão que conduz à configuração do feminicídio é a de envolver o crime menosprezo ou discriminação à condição de mulher. (vide item 121-A.6)

Perseguição

Art. 147-A. Perseguir alguém, reiteradamente e por qualquer meio, ameaçando-lhe a integridade física ou psicológica, restringindo-lhe a capacidade de locomoção ou, de qualquer forma, invadindo ou perturbando sua esfera de liberdade ou privacidade.

Pena – reclusão, de 6 (seis) meses a 2 (dois) anos, e multa.

§ 1º A pena é aumentada de metade se o crime é cometido:

I – contra criança, adolescente ou idoso;

II – contra mulher por razões da condição de sexo feminino, nos termos do § 2º-A do art. 121 deste Código;

III – mediante concurso de 2 (duas) ou mais pessoas ou com o emprego de arma.

§ 2º As penas deste artigo são aplicáveis sem prejuízo das correspondentes à violência.

§ 3º Somente se procede mediante representação.*

*Artigo inserido pela Lei nº 14.132, de 31-3-2021.

Vide: **CP** arts. 100, § 1º, 102, 103, 107, IV, 146, 146-A; **CPP** arts. 5º, II, § 4º, 24, 25, 38, 39, 564, III, a, 569; **Lei nº 11.340**, de 7-8-2006 (dispõe sobre a violência doméstica e familiar contra a mulher), art. 7º, II (ameaça como forma de violência psicológica contra a mulher);

147-A PERSEGUIÇÃO

147-A.1 Sujeito ativo

Qualquer pessoa, tanto o homem como a mulher, pode ser sujeito ativo do delito de perseguição. Para o caso de concurso de agentes agrava-se a pena (§ 1º, III)

147-A.2 Sujeito Passivo

O sujeito passivo também pode ser qualquer pessoa. O crime deve ser praticado contra pessoa determinada, que é o titular do bem jurídico tutelado, a liberdade individual. Especiais condições da vítima determinam punição mais severa (§ 1º, I e II).

147-A.3 Tipo Objetivo

No art. 147-A, inserido pela Lei nº 14.132, de 31-3-2021, criou o legislador um novo tipo penal, sob o *nomen juris* "Perseguição", com a finalidade de criminalizar atos reiterados consistentes em diferentes formas de assédio ou importunação, capazes de provocar uma abusiva restrição à liberdade de alguém ou uma indevida perturbação de sua esfera de privacidade.

A fonte de inspiração do legislador foi a previsão em ordenamentos estrangeiros da figura típica do *stalking* (perseguição) e da punição do *stalker* (perseguidor) termos que se referem na origem à atividade de um caçador que rastreia e furtivamente segue, cerca, cerceia a presa, com vistas à sua captura ou morte. No ordenamento pátrio a figura mais próxima era a do art. 65 da Lei das Contravenções Penais, revogada pela Lei nº 14.132/2021, que previa: "Molestar alguém ou perturbar-lhe a tranquilidade, por acinte ou motivo reprovável".

Louve-se a intenção do legislador em criminalizar condutas nocivas à liberdade e à saúde psíquica, individual e coletiva, que se disseminaram no meio social, especialmente após o advento da internet e da ampla utilização das mídias sociais, em que pese forçoso lamentar a extrema deficiência da técnica legislativa empregada na redação do dispositivo.

Perseguir, no tipo, tem o significado de seguir, pôr-se no encalço, atormentar, importunar, estorvar, incomodar alguém. Embora o verbo já contenha em si a ideia de um comportamento insistente, perseverante, enfatiza-se no artigo que a caracterização do crime somente se dá com a reiteração de atos, exigindo-se, portanto, a habitualidade da conduta persecutória.

A perseguição, descreve-se, pode ser realizada por qualquer meio. Estará configurado, assim, o crime, desde a simples perseguição da vítima ou cerceamento em seu deslocamento físico à reiteração de telefonemas ou ao envio, publicação ou divulgação de mensagens, comentários, informações, imagens ou áudios pelos diferentes meios de comunicação, incluídos, como dos mais utilizados, a internet e as diferentes redes sociais (*cyberstalking*) etc.

A conduta persecutória deve consistir de uma série de comportamentos potencialmente nocivos à esfera de liberdade física e psíquica da vítima, os quais são mencionados, exemplificativamente, e, ao final do tipo, por fórmula mais abrangente que autoriza a interpretação analógica. Menciona a lei, inicialmente, os atos de importunação que se traduzam em ameaças à integridade física ou que atentem contra a "integridade psicológica", ou seja, que sejam potencialmente aptos a acarretar uma perturbação significativa da saúde psíquica da vítima, afetando o seu estado emocional e sua capacidade de autodeterminação.

Acrescenta a lei a importunação reiterada que se traduza em uma restrição à "capacidade" de locomoção. Não se referindo o texto à "liberdade", mas à "capacidade" de locomoção, pela fórmula devem-se entender abrangidos os atos persecutórios capazes de inibir ou cercear psicologicamente o livre exercício do direito de ir, vir ou permanecer em qualquer lugar, em razão do receio gerado na vítima de que de sua livre atuação possa lhe sobrevir algum mal ou constrangimento. A vítima que ao avistar o perseguidor, a simples visão do perseguidor, mesmo que a distância, a deixa imobilizada.

Por fim, em fórmula genérica e bastante abrangente, incrimina a lei a conduta persecutória que implique a invasão ou perturbação das esferas de liberdade e privacidade da vítima. Estão abrangidos, portanto, quaisquer atos reiterados que se consubstanciem em importunações indevidas no livre exercício pela vítima de suas atividades cotidianas, no lar, no trabalho ou em qualquer espaço público ou privado, que consistam em uma intromissão em sua vida íntima ou em perturbação de seu regular convívio social.

147-A.4 Tipo Subjetivo

O tipo subjetivo é o dolo, a vontade livre e consciente de perseguir a vítima, por qualquer meio. Não há previsão de nenhuma finalidade específica. Não se exige do agente a vontade de que a vítima se sinta ameaçada, física ou psicologicamente, que se sinta restringida em sua capacidade de locomoção ou que efetivamente se sinta perturbada em sua esfera de liberdade ou privacidade, bastando a consciência de que suas ações se mostrem potencialmente aptas a afetar a tranquilidade psíquica da vítima.

147-A.5 Consumação e Tentativa

Consuma-se o delito com prática reiterada dos atos persecutórios. Tratando-se de crime habitual, é inadmissível a ocorrência de tentativa.

147-A. 6 Causas de aumento de pena

Três são as causas de aumento de pena que determinam o seu acréscimo de metade. A primeira é a de ser o crime cometido contra criança, adolescente ou idoso. Justifica-se a majoração pela, em princípio, menor capacidade de resistência psicológica da vítima à conduta do agente (§ 1º, I). Também justifica a punição mais severa o crime praticado contra mulher por razões da condição de sexo feminino, nos termos do § 2º-A do art. 121 do CP (atual art. 121-A), o qual prevê o feminicídio a violência doméstica e familiar ou menosprezo ou discriminação à condição de mulher (§ 1º, II). A última causa de amento consiste no concurso de duas ou mais pessoas ou o emprego de arma, de qualquer tipo, circunstâncias que denotam maior grau de periculosidade (§ 1º, III).

No § 2º, prevê-se que "as penas deste artigo são aplicáveis sem prejuízo das correspondentes à violência". Embora não se mencione no tipo o emprego de violência, é perfeitamente possível que dele se valha o agente na execução de sua atividade persecutória. Nessa hipótese, determina o dispositivo a aplicação também da pena prevista para o crime decorrente da violência.

147-A.7 Ação Penal

Apura-se o crime mediante ação penal pública condicionada à representação da vítima ou de seu representante legal (§ 3°). Não havendo exceção legal à regra, a representação é devida, inclusive, na hipótese de violência contra a mulher em razão da condição do sexo feminino, prevista no § 1º, II.

Violência psicológica contra a mulher

Art. 147-B. Causar dano emocional à mulher que a prejudique e perturbe seu pleno desenvolvimento ou que vise a degradar ou a controlar suas ações, comportamentos, crenças e decisões, mediante ameaça, constrangimento, humilhação, manipulação, isolamento, chantagem, ridicularização, limitação do direito de ir e vir ou qualquer outro meio que cause prejuízo à sua saúde psicológica e autodeterminação:

Pena – reclusão, de 6 (seis) meses a 2 (dois) anos, e multa, se a conduta não constitui crime mais grave. *

*Artigo inserido pela Lei n° 14.188, de 28-7-2021

Vide: CP arts. 100, § 1º, 146, 147, 147-A; **Lei nº 11.340**, de 7-8-2006 (dispõe sobre a violência doméstica e familiar contra a mulher), art. 7º, II (violência psicológica contra a mulher), V (violência moral), art. 12-C (hipótese de agressor afastado do lar na existência de risco à vida ou à integridade física ou psicológica da mulher em situação de violência doméstica e familiar); **Lei nº 14.188**, de 28-7-2021 (programa de cooperação Sinal Vermelho contra a Violência Doméstica).

147-B VIOLÊNCIA PSICOLÓGICA CONTRA A MULHER

147-B.1 Sujeito ativo

Qualquer pessoa, tanto o homem como a mulher, pode ser sujeito ativo do delito.

147-B.2 Sujeito passivo

Somente a mulher e toda mulher pode ser sujeito passivo do delito, independentemente de sua idade, condição familiar ou orientação sexual.

147-B.3 Tipo Objetivo

São inegáveis a extrema relevância do tema e o longo período de omissão legislativa com relação à previsão no ordenamento penal da necessária proteção da mulher contra todas as formas de violência de gênero, em especial a violência psicológica contra a mulher. É de se lastimar, somente, a péssima redação do dispositivo, tanto em termos gramaticais como da "técnica" jurídica empregada, que pode dificultar a sua aplicação. A importância do bem jurídico tutelado estava a merecer maior empenho, cuidado, qualidade e precisão no exercício da nobre missão de legislar. Mas, em que pese essa deficiente redação, que se baseou no conceito trazido pela Lei nº 11.340/2006 (Lei Maria da Penha), pode-se extrair com facilidade que o bem jurídico que o dispositivo visa tutelar é a saúde psicológica da mulher, ao proteger o natural desenvolvimento e o regular funcionamento e equilíbrio das instâncias psíquicas contra intervenções ou influências de terceiros que podem provocar perturbações nefastas ou mesmo danos permanentes. Incrimina-se a conduta de causar "dano emocional", i.é, a de provocar essas alterações, por quaisquer meios que se revelem aptos a prejudicar a saúde psicológica e a capacidade de autodeterminação, entre os quais, exemplificativamente elencados no artigo, estão ameaça, constrangimento, humilhação, manipulação, isolamento, chantagem, ridicularização e limitação do direito de ir e vir. A despeito, ainda, da tortuosa redação, pode-se concluir que incriminada está, também, a conduta, praticada por qualquer desses meios, contra a mulher, que vise degradar ou controlar suas ações, comportamentos, crenças e decisões.

Um pouco mais claro poderia estar esse dispositivo, sem profundas modificações, se estivesse ele assim redigido: Ameaçar, constranger, humilhar, manipular, isolar, chantagear, ridicularizar, limitar o direito de ir e vir ou praticar qualquer outra conduta que vise degradar ou controlar ações, comportamentos crenças e decisões da mulher e que lhe cause dano emocional ou prejuízo ao seu desenvolvimento psíquico, a sua saúde psicológica ou a sua capacidade de autodeterminação. Entendemos que esse é o sentido geral que deve nortear a compreensão do tipo penal.

147-B.4 Tipo Subjetivo

O tipo subjetivo abrange, inicialmente, o dolo consistente na vontade livre e consciente de praticar qualquer das ações descritas no dispositivo que se mostrem aptos a causar dano emocional ou prejuízo à saúde psicológica e autodeterminação da mulher. Como elemento subjetivo do tipo tem-se o fim específico do agente que há de ser o de degradar a mulher ou o de controlar suas ações, comportamentos, crenças e decisões.

147-B.5 Consumação e Tentativa

Consuma-se o crime com a ocorrência do dano ou prejuízo à saúde psicológica e à autodeterminação da mulher. Trata-se de crime material que admite a tentativa.

147-B.6 Distinção

O crime descrito no art. 147-B, a depender da ação praticada, pode se configurar como crime subsidiário, razão pela qual se determina no preceito secundário que a pena é a de 6 meses a 2 anos, "se a conduta não constitui crime mais grave". Por exemplo, quem mantiver a mulher em cárcere privado responderá nos termos do art. 148; aquele que constrange a mulher mediante ameaça à conjunção carnal, comete estupro, descrito no art. 213. Por outro lado, a violência psicológica contra a mulher é crime especial em relação a outros crimes, estes, então, subsidiários. Quem constrange ou ameaça a mulher com um dos fins especificados no art. 147-B, responde por esse delito e não por ameaça, do art. 147, ou constrangimento ilegal, do art. 146.

Seqüestro e cárcere privado

Art. 148. Privar alguém de sua liberdade, mediante seqüestro ou cárcere privado:

Pena – reclusão, de 1 (um) a 3 (três) anos.

§ 1º A pena é de reclusão, de 2 (dois) a 5 (cinco) anos:

I – se a vítima é ascendente, descendente, cônjuge ou companheiro do agente ou maior de 60 (sessenta) anos;*

II – se o crime é praticado mediante internação da vítima em casa de saúde ou hospital;

III – se a privação da liberdade dura mais de 15 (quinze) dias.

IV – se o crime é praticado contra menor de 18 (dezoito) anos;**

V – se o crime é praticado com fins libidinosos.**

§ 2º Se resulta à vítima, em razão de maus-tratos ou da natureza da detenção, grave sofrimento físico ou moral:

Pena – reclusão, de 2 (dois) a 8 (oito) anos.

* Inciso I com a redação determinada pelas Leis nos 10.741, de 1º-10-2003, e 11.106, de 28-3-2005.

** Incisos IV e V inseridos pela Lei nº 11.106, de 28-3-2005.

Vide: CF art. 5º, *caput*, LXVIII; **CP** arts. 61, II, *e*, *h*, 149, 157, § 2º, V, 159, 249, 350; **CC** arts. 186, 927, 954, parágrafo único, I; **Lei nº 9.455**, de 7-4-1997, art. 1º, § 4º, III (tortura mediante sequestro); **Lei nº 8.069**, de 13-7-1990 – ECA, art. 230 (privação da liberdade de criança ou adolescente); **Lei nº 8.072**, de 25-7-1990, art. 1º, XI (crime hediondo o sequestro e cárcere privado cometido contra menor de 18 anos); **Lei nº 10.741**, de 1º-10-2003 – EI, art. 98 (abandono do idoso em hospital, casa de saúde ou entidade similar); **Lei nº 7.960**, de 21-12-1989, art. 1º, III, *b* (prevê a prisão temporária em crime de sequestro ou cárcere privado – art. 148, *caput*, e seus §§ 1º e 2º); **Lei nº 11.340**, de 7-8-2006 (dispõe sobre a violência doméstica e familiar contra a mulher), art. 7º, II (limitação do direito de ir e vir como forma de violência psicológica contra a mulher); **Lei nº 13.869**, de 5-9-2019, arts. 12, IV, 19 (cárcere privado como abuso de autoridade).

148 SEQUESTRO E CÁRCERE PRIVADO

148.1 Sujeitos do delito

O sequestro ou cárcere privado é crime que pode ser praticado por qualquer pessoa, sendo qualificado quando o autor for ascendente, descendente, cônjuge ou companheiro da vítima. Caso o agente seja funcionário público e o crime ocorra no exercício de suas funções, poderá ocorrer delito de abuso de autoridade (arts. 12, IV e 19 da Lei nº 13.869/2019).

Qualquer pessoa, inclusive crianças, pode ser sujeito passivo do crime previsto pelo art. 148 do CP, pois se trata de delito que lesa a liberdade de locomoção do ofendido. Se a vítima é pessoa menor de 18 ou maior de 60 anos o crime é qualificado (item 148.5). Se a vítima é mulher e o crime é praticado em forma de violência doméstica e familiar, têm aplicação as regras especiais previstas na Lei nº 11.340, de 7-8-2006. Tratando-se de criança, pode ocorrer o crime previsto no art. 230 do Estatuto da Criança e do Adolescente (Lei nº 8.069, de 13-7-1990).

Jurisprudência

- **Vítima criança**

148.2 Tipo objetivo

A conduta típica é privar alguém de liberdade, equiparando ao sequestro, que seria a separação da vítima de sua esfera de segurança, ao cárcere privado, que implicaria a colocação do ofendido em confinamento. Pouco importa o meio utilizado pelo agente, físico, moral, fraude, narcótico etc. Até por omissão pode-se cometer o crime em estudo, não permitindo o omitente a saída da vítima do local onde se encontrava licitamente. Havendo consentimento válido da vítima no arrebatamento ou na retenção inexiste o delito, já que lesado um bem jurídico disponível, ou seja, a liberdade de locomoção, ou seja, o direito de ir e vir e escolher o lugar onde quer ficar. Não há que se cogitar, porém, de consentimento válido se a vítima é menor de 14 anos, se é alienada ou débil mental, se há fraude etc.

Jurisprudência

- **Requisitos do crime de cárcere privado**
- **Hipóteses de sequestro ou cárcere privado**
- **Inexistência do crime no consentimento da vítima**
- **Existência do crime no consentimento inválido**
- **Exercício regular de direito**

148.3 Tipo subjetivo

O dolo do crime de sequestro ou cárcere privado é a vontade de privar a vítima da liberdade de locomoção. Não prevê a lei, no tipo fundamental, nenhuma finalidade específica para a privação da liberdade, podendo ocorrer o delito por vingança, ciúme ou qualquer outro motivo. Se, porém, o fim é libidinoso, o crime é qualificado (item 148.5). Sendo o sequestro um crime subsidiário, poderá o fato constituir-se no crime de extorsão mediante sequestro, se o fim for obter vantagem econômica (art. 159), de maus-tratos se a finalidade é corretiva (art. 136) etc.

Jurisprudência

- Internação em casa de saúde
- Inexistência do dolo de sequestro
- Exclusão do dolo por erro
- Dolo no sequestro ou cárcere privado
- Inexistência de dolo: crime não caracterizado

148.4 Consumação e tentativa

O crime está consumado assim que o sujeito passivo ficar privado da liberdade de locomoção, de mover-se no espaço, ainda que por curto lapso de tempo, desde que juridicamente relevante. Não importa, também, que o agente não tenha obtido o resultado pretendido com a privação de liberdade do ofendido. Não elide o crime a restituição voluntária da vítima à sua esfera de proteção. Trata-se de crime permanente e a consumação se protrai no tempo.

Há possibilidade de tentativa, que existe quando, iniciada a execução do arrebatamento da vítima, não consegue o agente privá-la de liberdade por tempo juridicamente relevante. Trata-se de crime plurissubsistente na forma comissiva, que admite a interrupção do *iter criminis*.

Jurisprudência

- Consumação do crime de cárcere
- Irrelevância do tempo de duração do sequestro
- Irrelevância do tempo de duração do sequestro – Contra
- Duração avaliada pelo sofrimento
- Irrelevância da restituição da vítima
- Irrelevância da obtenção do objetivo pretendido
- Tentativa de sequestro

148.5 Formas qualificadas

No § 1º do art. 148, com a redação dada pela Lei nº 11.106, de 28-3-2005, estão previstas cinco formas qualificadas do crime de sequestro ou cárcere privado. Agrava-se a pena: (a) se a vítima é ascendente, descendente, cônjuge ou companheiro do agente ou maior de 60 anos, pelos laços de sangue ou afetivos desrespeitados pelo agente ou pela condição da vítima de pessoa idosa que, por presunção, reduz a capacidade para suportar a privação; (b) se o crime é praticado mediante internação da vítima em casa de saúde ou hospital, pela fraude; e (c) se a privação da liberdade dura mais de quinze dias, porque maior o dano suportado pela vítima; (d) se o crime é praticado contra menor de 18 (dezoito) anos, por merecerem maior proteção as crianças e os adolescentes, que ainda têm a personalidade em formação e mais reduzida capacidade de compreensão e de resistência em face das privações decorrentes do crime; (e) se o crime é praticado com fins libidinosos.

Antes da vigência da Lei nº 11.106, de 28-3-2005, que acrescentou o inciso V ao § 1º do art. 148 e revogou os arts. 219 a 222, privar a vítima de sua liberdade, mediante violência ou fraude, para fim libidinoso constituía o crime de *rapto* (art. 219), do qual, porém, somente podia ser sujeito passivo a *mulher honesta* (art. 219). Diante da nova disciplina da matéria, a conduta constitui não mais um delito contra os costumes, mas crime contra a liberdade pessoal, admitindo-se como sujeito passivo tanto o homem como a mulher, independentemente de qualquer juízo a respeito de sua moral sexual. Com relação à idade e ao consentimento da vítima, segundo a lei anterior, o assentimento no rapto pela vítima maior de 14 e menor de 21 anos abrandava a punição ao deslocar a tipicidade para a do rapto consensual (art. 220). Nos termos da lei vigente, tratando-se de vítima menor de 18 anos, se há consentimento válido na privação da liberdade, a conduta é atípica, caso contrário, inexistente ou inválido o consentimento, configura-se o sequestro duplamente qualificado (art. 148, § 1º, incisos IV e V). Não é necessária para a caracterização da qualificadora a prática de ato libidinoso, bastando que seja esta a intenção do agente. Se durante o sequestro pratica o agente um crime sexual (estupro, estupro de vulnerável, etc.), responderá por ambos os delitos em concurso (v. item 148.7).

O sequestro e cárcere privado cometido contra menor de 18 anos, passou a ser considerado crime hediondo por força da Lei nº 14.811, de 12-1-2024, que inseriu o inciso XI no art. 1º da Lei nº 8.072/1990. Dessa forma, o autor desse delito não pode ser beneficiado com a anistia, graça ou indulto (art. 2º, I) e não tem direito à fiança (art. 2º, II), sua prisão temporária pode estender-se por 30 dias, prorrogável por igual período em caso de extrema necessidade (art. 2º, § 4º) e, em caso de sentença condenatória, o juiz decidirá fundamentadamente se poderá apelar em liberdade (art. 2º, § 3º). No caso de condenação, o regime inicial será obrigatoriamente o fechado (art. 2º, § 1º) e a progressão de regime dependerá do cumprimento de 40% a 70% (art. 112 da LEP). A concessão do livramento condicional depende do cumprimento de dois terços da pena, sendo vedada, porém, na hipótese de reincidência na prática de crimes hediondos ou equiparados (art. 83, V).

Por fim, conforme o § 2º, o crime é também qualificado, com pena de reclusão, de dois a oito anos, se houver grave sofrimento físico ou moral. A lesão corporal, entretanto, pode ser a ocasionada no ato do sequestro, não se caracterizando a qualificadora do grave sofrimento físico ou moral, que deve resultar de maus-tratos ou da natureza da detenção.

Jurisprudência

- Sequestro com grave sofrimento pela natureza da detenção
- Sequestro com lesão corporal
- Concurso material com lesões corporais
- Sequestro com grave sofrimento físico e moral: estupro

148.6 Distinção

Caso a finalidade do sequestro seja corretiva, havendo excesso, ocorre o crime de maus-tratos; se o arrebatamento deu-se não para privar a vítima da liberdade de locomoção, mas para dela cuidar, ocorre o crime de subtração ou sonegação de incapazes; se o fim era obter vantagem econômica, como condição ou preço do resgate, o crime é de extorsão mediante sequestro; se não há o intuito de privar de liberdade de locomoção a vítima, mas coagi-la a fazer ou deixar de fazer algo, o delito é constrangimento ilegal.

Jurisprudência

- Sequestro e não constrangimento ilegal
- Maus-tratos e não sequestro
- Subtração de incapazes e não sequestro
- Exercício arbitrário das próprias razões e não sequestro
- Exercício arbitrário das próprias razões e não sequestro – Contra
- Sonegação de incapazes e não sequestro
- Ameaça e não sequestro
- Constrangimento ilegal e não sequestro

148.7 Concurso de crimes

Sendo o sequestro meio para o cometimento de outro crime, mais grave, é por este absorvido. Caso seja executado para a prática do crime de tortura, a pena deste é aumentada de um sexto a um terço (art. 1°, § 4°, da Lei n° 9.455, de 7-4-1997), passando a ser apenas uma causa de aumento de pena deste delito.

Discutia-se se a privação da liberdade praticada conjuntamente com o crime de roubo constituía-se apenas no meio executivo deste ou crime autônomo, em concurso material. Entretanto, por força da Lei n° 9.426, de 24-12-96, acrescentou-se ao art. 157, § 2°, o inciso V, que prevê o aumento de pena de um terço até a metade ao crime de roubo, "se o agente mantém a vítima em seu poder, restringindo sua liberdade". Com essa disposição, a restrição da liberdade da vítima passou a ser apenas uma causa de aumento especial da prática do crime de roubo, excluindo-se a possibilidade de se falar em concurso formal ou material de crimes. Com a vigência da Lei n° 11.923, de 17-4-2009, que tipificou o sequestro-relâmpago como forma qualificada de extorsão (art. 158, § 3°), configura-se esse delito se o sequestro é condição necessária para a obtenção da vantagem econômica (item 158.8). Entretanto, se após a consumação do roubo houver privação de liberdade da vítima sem que esta seja circunstância ligada à prática da subtração ou de extorsão, haverá concurso material de crimes de roubo e sequestro.

Pode ocorrer, dependendo das particularidades do caso concreto, o concurso de sequestro com crimes sexuais. Não há que se falar em concurso, no estupro, se a restrição à liberdade da vítima é momentânea ou é, exclusivamente, o meio suficiente empregado para o cometimento do crime sexual, caso em que responde o agente apenas por esse delito. Se, porém, antes ou depois do crime sexual, a privação da liberdade da vítima é excessiva para aquela finalidade, pode-se verificar o concurso de infrações. Assim, como exemplo, o agente que após o estupro sequestra ou mantém a vítima em cárcere privado com outra finalidade (evitar ser denunciado etc.) responde por ambos os delitos em concurso material (arts. 148, *caput*, e 213). A mesma solução se impõe se, durante o sequestro, praticado por outro motivo (vingança, ódio etc.), o agente comete um crime sexual. Tratando-se de sequestro praticado com fins libidinosos, consumada a infração com a privação da liberdade da vítima, responde o agente também pelo crime sexual que venha a cometer. Haveria, no caso, concurso material de sequestro qualificado com o crime sexual (art. 148, § 1°, inciso V, e art. 213 etc.), à semelhança do que ocorria no rapto (art. 219), em razão de norma expressa (art. 222), antes da revogação desses dispositivos. Contudo, por se tratar de um mesmo contexto, em que um delito é cometido para a prática do outro, o impedimento da absorção do sequestro, nas hipóteses em que a excessiva privação da liberdade da vítima determina a punição também pelo crime contra a liberdade individual, não alcança a qualificadora porque o fim libidinoso que é atingido se realiza e se esgota no cometimento do crime sexual, justificando-se, em consequência, a sua absorção e a punição do agente por esse delito e pelo de sequestro, em concurso material (art. 148, *caput*, e art. 213 etc.). Não sendo praticado nenhum ato libidinoso, ou não constituindo crime o eventualmente praticado, há somente o crime de sequestro qualificado.

Jurisprudência

- Absorção por outro crime
- Crime-meio para extorsão
- Sequestro como qualificadora do roubo
- Concurso material com roubo: desígnios autônomos
- Concurso formal com roubo
- Concurso material com atentado violento ao pudor
- Crime-meio para roubo
- Concurso material com roubo
- Crime-meio para o estupro

Redução a condição análoga à de escravo

Art. 149. Reduzir alguém a condição análoga à de escravo, quer submetendo-o a trabalhos forçados ou a jornada exaustiva, quer sujeitando-o a condições degradantes de trabalho, quer restringindo, por qualquer meio, sua locomoção em razão de dívida contraída com o empregador ou preposto:

Pena – reclusão, de 2 (dois) a 8 (oito) anos, e multa, além da pena correspondente à violência.

§ 1º Nas mesmas penas incorre quem:

I – cerceia o uso de qualquer meio de transporte por parte do trabalhador, com o fim de retê-lo no local de trabalho;

II – mantém vigilância ostensiva no local de trabalho ou se apodera de documentos ou objetos pessoais do trabalhador, com o fim de retê-lo no local de trabalho.

§ 2º A pena é aumentada de metade, se o crime é cometido:

I – contra criança ou adolescente;

II – por motivo de preconceito de raça, cor, etnia, religião ou origem.*

* Redação do artigo determinada pela Lei nº 10.803, de 11-12-2003.

Vide: CF arts. 5º, *caput*, II, III, XIII, XLI, LXVIII, 7º; CP arts. 146, 147, 148, 197, 203, 206, 207; CC arts. 186, 927, 954; **Lei nº 7.716**, de 5-1-1989 (define os crimes resultantes de preconceito de raça ou de cor); **Lei nº 9.455**, de 7-4-1997, art. 1º, I, *c*, II (crime de tortura); **Lei nº 12.288**, de 20-7-2010 (Estatuto da igualdade racial); **Lei nº 10.741**, de 1º-10-2003 – EI, art. 99 (crime de maus-tratos a pessoa idosa).

149 REDUÇÃO A CONDIÇÃO ANÁLOGA À DE ESCRAVO

149.1 Sujeitos do delito

Sujeito ativo do crime de redução a condição análoga à de escravo, conhecido na Antiguidade como *plagium*, é qualquer pessoa que reduz a vítima à situação semelhante à escravidão.

Sujeito passivo é qualquer pessoa, já que o crime viola o *status libertatis* do ser humano, além de atingir a dignidade da pessoa humana, que não pode ser submetida a tratamento desumano ou degradante (art. 5º, III, da CF), inclusive no exercício do trabalho (art. 7º da CF). Trata-se de direitos subjetivos de interesse do Estado que são protegidos, inclusive, pela Convenção Americana sobre Direitos Humanos: "Ninguém pode ser submetido a escravidão ou a servidão, e tanto estas como o tráfico de escravos e o tráfico de mulheres são proibidos em todas as formas" (art. 6.1 do Pacto de São José da Costa Rica). A repressão ao tráfico de pessoas para o fim de exploração por meio de trabalhos forçados, escravatura e práticas similares é um dos pontos que integra o Protocolo Adicional à Convenção das Nações Unidas contra o Crime Organizado Transnacional Relativo à Prevenção, Repressão e Punição do Tráfico de Pessoas, em Especial Mulheres e Crianças, adotado em New York, em 25-5-2000, e promulgado pelo Decreto nº 5.017, de 12-3-2004.

149.2 Tipo objetivo

A conduta típica é a de sujeitar alguém totalmente à vontade do agente, em suma, a de escravizar, de fato, a pessoa humana. A Lei nº 10.803, de 11-12-2003, que deu nova redação ao dispositivo, indica as hipóteses em que se configura a condição análoga à de escravo, relacionando-a a formas de exploração ilegal e abusiva do trabalho humano. A inconsciência da vítima ou o seu consentimento não elidem o crime, em razão da indisponibilidade dos direitos protegidos.

A primeira forma de se reduzir alguém à condição análoga à de escravo é submetê-la a *trabalhos forçados*. A vítima é privada da liberdade de escolha e a execução do trabalho decorre de uma relação de dominação e sujeição, contra a qual não tem a possibilidade de se insurgir. A conduta do agente pode ser praticada com violência ou grave ameaça, mas também mediante a criação ou o aproveitamento de circunstâncias que a impossibilitem de exercer a opção de não se submeter ao trabalho. Já se decidiu que o indivíduo que, em uma fazenda, é tratado como os antigos escravos (estando impedido de deixá-la, não recebendo salários etc.) acha-se em situação análoga à de escravo. Não elide o crime a circunstância de efetuar o agente o pagamento de qualquer importância à vítima pelos trabalhos forçados.

Pratica também o crime quem submete alguém a *jornada exaustiva* ou sujeita alguém a *condições degradantes de trabalho*. Nesses casos, ainda que existente uma relação trabalhista, há abuso na sua exigência do trabalho pelo agente, quer quanto à sua quantidade, quer quanto às condições propiciadas para sua execução. Por condições *degradantes* entendem-se as aviltantes ou humilhantes, não apenas em geral consideradas, mas também em face das condições pessoais da vítima, que afrontam a sua dignidade. Já se decidiu, antes da nova redação do dispositivo, que qualquer constrangimento gerado por irregularidades nas relações laborais não é suficiente para determinar a incidência do dispositivo em estudo.

Na terceira hipótese, pune-se a privação da liberdade de alguém em razão de dívida, muitas vezes, aliás, artificiosamente criada ou incentivada como pretexto para subsequente exploração abusiva do trabalho. O crime se configura mediante a restrição da liberdade de locomoção da vítima por *qualquer meio*, abrangidos o enclausuramento e o confinamento. Exige-se, porém, que a conduta seja praticada *em razão de dívida contraída com o empregador ou preposto*, não descaracterizando a infração a circunstância de ser o crédito legítimo. Pressupõe-se a existência de relação empregatícia, embora não necessariamente da vítima com o agente. Considerou-se caracterizado o delito no caso dos réus que forçavam os trabalhadores a serviços pesados e extraordinários, com a proibição de deixarem a propriedade agrícola sem liquidarem os débitos pelos quais eram responsáveis.

Jurisprudência

- Inexistência do delito sem a submissão do estado de liberdade
- Desnecessidade da coação física contra a liberdade de ir e vir
- Inexistência de *novatio legis in pejus*
- Caracterização do crime

149.3 Tipo subjetivo

Trata-se de crime doloso em que se exige a consciência do agente de estar reduzindo alguém a um estado de submissão por uma das formas previstas no artigo. Caso o fim da conduta seja o de criar, educar, corrigir ou proteger uma pessoa, não existirá o crime por ausência de dolo, caracterizando-se eventualmente o delito de maus-tratos ou outra infração quando houver excesso.

149.4 Consumação e tentativa

Consuma-se o crime quando o sujeito passivo passa ao domínio de outrem, mediante a supressão de sua liberdade de locomoção ou de sua vontade de não executar o trabalho que lhe é exigido. Trata-se de crime permanente, mas não basta a sujeição momentânea da vítima, o que pode constituir o crime de constrangimento ilegal. É admissível a tentativa.

Jurisprudência

- Redução a condição análoga à de escravo como crime permanente

149.5 Cerceamento ao trabalhador com o fim de retenção no local de trabalho

Embora não repetida no novo dispositivo a fórmula geral da conduta prevista no *caput*, nele se preveem outros meios específicos de que pode se valer o agente para reduzir a vítima a condição análoga à de escravo. Punem-se as condutas que, por cerceamento ao uso de meio de transporte, vigilância ostensiva ou retenção de documentos ou objetos pessoais do trabalhador restringem a sua liberdade de locomoção, com a finalidade específica de impedi-lo de deixar o local do trabalho. A exemplo do que ocorre com a conduta descrita no *caput*, para a configuração do crime nos termos do § 1º é necessária a existência de um estado de submissão da vítima, em decorrência do qual se encontre privada da liberdade de locomoção, não se caracterizando o delito, igualmente, por um único ato do agente, mas pela permanência, durante certo tempo, da condição cerceadora imposta ao trabalhador. A conduta, porém, que não atende às exigências, pode configurar o crime de retenção de documentos previsto no art. 203, § 1º, II.

149.6 Formas qualificadas

A Lei nº 10.803, de 11-12-2003, definiu formas qualificadas do delito. Pune-se com o aumento da pena em metade, se o crime é cometido contra criança ou adolescente, em razão da menor capacidade de resistência física e moral da vítima, ou se é motivado por preconceito em relação a uma das condições da vítima referidas no dispositivo. Pelo Decreto nº 5.007, de 8-3-2004, foi promulgado o Protocolo Facultativo à Convenção sobre os Direitos da Criança referente à venda de crianças, à prostituição infantil e à pornografia infantil, em que se prevê a repressão penal pelos Estados signatários a crimes relativos à venda de crianças para trabalhos forçados ocorridos dentro ou fora de seus territórios. Os crimes resultantes de preconceito de raça, cor, etnia, religião ou procedência nacional são definidos pela Lei nº 7.716, de 5-1-1989. O Estatuto da Igualdade Racial (Lei nº 12.288, de 20-7-2010) contém normas atinentes ao combate à discriminação e demais formas de intolerância étnica.

149.7 Distinção

Para a configuração do delito exige-se que a vítima seja reduzida à condição análoga de escravo, praticando-se a conduta por qualquer das formas previstas no artigo. Ausente a referida condição, a prática de uma dessas condutas pode caracterizar outro crime, como o de maus-tratos (art. 136), constrangimento ilegal (art. 146), sequestro ou cárcere privado (art. 148), o de tortura previsto no art. 1°, incisos II, da Lei n° 9.455, de 7-4-1997, o de frustração de direito assegurado por lei trabalhista (art. 203) etc. Expor a perigo a integridade e saúde do idoso mediante a submissão a condições desumanas ou degradantes ou a sujeição a trabalho excessivo ou inadequado configura o crime previsto no art. 99 da Lei n° 10.741, de 1°-10-2003.

149.8 Concurso de crimes

Admitem-se o concurso de delitos, material ou formal, e o crime continuado. Prevê-se expressamente no dispositivo a cumulação da pena com a cominada para a violência. O concurso pode assim ocorrer entre o crime em estudo e o de homicídio, lesões corporais, tortura etc.

Jurisprudência

- Crime continuado
- Concurso com lesões corporais

149.9 Ação penal

A redução a condição análoga à de escravo é crime contra a liberdade pessoal, conforme disciplinado no Código Penal, e não contra a organização do trabalho, e a competência para sua apuração é, em princípio, da Justiça comum estadual. Tratando-se, porém, de *grave violação de direitos humanos*, admite-se o *deslocamento da competência para a Justiça Federal*, por *provocação do Procurador-Geral da República*, para assegurar o cumprimento de obrigações assumidas em tratados internacionais, nos termos do art. 109, V-A, e § 5°, da Constituição Federal (item 9.4.2).

Jurisprudência

- Crime contra a liberdade pessoal: competência da Justiça Estadual
- Crime contra a organização do trabalho: competência da Justiça Federal
- Crime contra a liberdade de trabalho e os direitos humanos: competência da Justiça Federal

Tráfico de pessoas

> Art. 149-A. Agenciar, aliciar, recrutar, transportar, transferir, comprar, alojar ou acolher pessoa, mediante grave ameaça, violência, coação, fraude ou abuso, com a finalidade de:*
>
> I – remover-lhe órgãos, tecidos ou partes do corpo;
>
> II – submetê-la a trabalho em condições análogas à de escravo;
>
> III – submetê-la a qualquer tipo de servidão;
>
> IV – adoção ilegal; ou

V – exploração sexual.

Pena – reclusão, de 4 (quatro) a 8 (oito) anos, e multa.

§ 1º A pena é aumentada de um terço até a metade se:

I – o crime for cometido por funcionário público no exercício de suas funções ou a pretexto de exercê-las;

II – o crime for cometido contra criança, adolescente ou pessoa idosa ou com deficiência;

III – o agente se prevalecer de relações de parentesco, domésticas, de coabitação, de hospitalidade, de dependência econômica, de autoridade ou de superioridade hierárquica inerente ao exercício de emprego, cargo ou função; ou

IV – a vítima do tráfico de pessoas for retirada do território nacional.

§ 2º A pena é reduzida de um a dois terços se o agente for primário e não integrar organização criminosa.

*Artigo inserido pela Lei nº 13.344, de 6-10-2016.

Vide: CF arts. 109, V, 227, § 4º; CP arts. 149, 218-B, 228, 232-A, 249, 327; **Lei nº 8.069**, de 13-7-1990, arts. 237 e 239 (dos crimes no Estatuto da Criança e do Adolescente); **Lei nº 8.072**, de 25-7-1990, art. 1º, XII (crime hediondo o tráfico de pessoas cometido contra criança ou adolescente); **Lei nº 9.434**, de 4-2-1997, arts. 15,16,17 (crimes na Lei de remoção de órgãos); **Lei nº 11.340**, de 7-8-2006, art. 7º, III (prevê o induzimento e o constrangimento à prostituição como formas de violência doméstica e familiar contra a mulher); **Lei nº 11.577**, de 22-11-2007 (torna obrigatória a divulgação de mensagem relativa à exploração sexual e tráfico de crianças e adolescentes apontando formas para efetuar denúncias); **Lei nº 13.344**, de 6-10-2016 (dispõe sobre a prevenção e repressão ao tráfico interno e internacional de pessoas).

149-A TRÁFICO DE PESSOAS

149-A.1 Sujeitos do delito

Sujeito ativo do delito pode ser qualquer pessoa. Tratando-se de funcionário público e de crime que guarda relação com o exercício de suas funções, a pena é agravada (item 149-A.5).

Qualquer pessoa também pode ser sujeito passivo. Se este é criança, adolescente, idoso ou pessoa com deficiência, há a incidência de uma causa de aumento de pena (item 149-A.5).

149-A.2 Tipo objetivo

O art. 149-A foi incluído pela Lei nº 13.344, de 6-10-2016, que revogou os arts. 231 e 231-A, que tipificavam o tráfico de pessoas, internacional e interno, para fim de exploração sexual.

No novo dispositivo, ampliado o objeto de tutela, pune-se, com pena de 4 a 8 anos, o tráfico de pessoas praticado com diferentes finalidades. Além da liberdade pessoal, são tutelados outros bens jurídicos, como a integridade física, o estado de filiação, a liberdade e a dignidade sexual e, em termos mais amplos, a dignidade da pessoa humana.

Pune-se quem, mediante grave ameaça, violência, coação, fraude ou abuso, *agenciar* (servir de agente ou intermediário), *aliciar* (atrair, seduzir, envolver, instigar), *recrutar* (atrair, convocar, reunir, alistar), *transportar* (levar de um lugar a outro), *transferir* (mudar ou remover para outra parte, lugar ou posto), *comprar* (adquirir, obter mediante pagamento), *alojar* (receber em hospedagem ou em moradia transitória) ou *acolher* (abrigar, receber, dar refúgio) qualquer pessoa, para uma das finalidades expressamente relacionadas em seus cinco incisos (v. item 149-A.6).

Conhecidos os conceitos de *grave ameaça*, *violência*, *coação* e *fraude*, que integram outros tipos penais, por *abuso* deve-se entender, no dispositivo, o excesso, contrário ao direito, praticado no exercício de um poder, autoridade ou mister, por quem se prevalece ou se aproveita de uma situação desfavorável, desvantajosa, de dependência ou inferioridade do sujeito passivo. Enquanto nas hipóteses de violência, grave ameaça e coação o emprego do meio impede o dissenso do sujeito passivo, na fraude o eventual consentimento é inválido, porque viciado pelo erro ao qual é induzido. No abuso, a situação de dependência ou inferioridade também constitui impedimento à livre e válida manifestação de vontade do ofendido.

O crime é de ação múltipla e, assim, responde por uma única infração quem pratica duas ou mais ações descritas no dispositivo.

149-A.3 Tipo subjetivo

O dolo do crime é a vontade livre e consciente de praticar uma das ações típicas. Prevê-se, também, como elemento subjetivo do tipo, que a conduta seja praticada com uma das finalidades elencadas nos incisos I a V. No inciso I é descrito, como fim especial do agente, o da remoção de órgãos, tecidos ou partes do corpo do sujeito passivo (inciso I). Visa-se coibir de forma mais severa a conduta de quem colabora, mediante o tráfico de pessoas, para a crescente modalidade delitiva consistente no comércio ilegal de órgãos humanos. No inciso II, a finalidade é a de submeter o sujeito passivo a trabalho em condições análogas à de escravo. O crime de redução a condição análogo à de escravo é descrito no art. 149. Com o novo dispositivo pune-se a conduta prévia de quem, pelas ações mencionadas típicas, atua com a finalidade de favorecer a prática daquele crime. No inciso III, o fim é o de submeter o sujeito passivo a qualquer tipo de servidão. Por servidão, no dispositivo, deve-se compreender o estado de fato, de dependência e sujeição de uma pessoa a outra, que decorre de uma relação de dominação que suprime ou reduz drasticamente a liberdade de escolha e de autodeterminação de quem a ela está submetido. A intenção do legislador foi a de abranger outras formas de servidão que não a da exploração abusiva do trabalho humano. No inciso IV, a adoção ilegal é a finalidade prevista. Pune-se nos termos do art. 149-A quem, pelas ações descritas, tem como fim o de propiciar a adoção com a violação dos requisitos e procedimentos para sua realização, que estão disciplinados no Estatuto da Criança e do Adolescente. Tratando-se de agente funcionário público, o crime é agravado. No inciso V, como última finalidade do agente elenca-se a da exploração sexual do sujeito passivo. O tráfico internacional e o tráfico interno de pessoa com o fim de exploração sexual eram crimes descritos nos arts. 231 e 231-A, que foram revogados pela Lei nº 13.344, de 5-10-2016. O conceito de exploração sexual, sobre o qual não há consenso doutrinário, é examinado aprofundadamente no estudo dos crimes sexuais (v. item 228.1). Em síntese, por exploração deve-se entender o ato ou efeito de explorar, que tem, entre outros, o sentido de tirar proveito, beneficiar-se, extrair lucro ou compensação material de uma situação ou de alguém. Explorar sexualmente uma pessoa nesse contexto deve significar tirar proveito, beneficiar-se ou extrair lucro ou compensação material de sua sexualidade. Como visto, o sujeito passivo pode ser qualquer pessoa, homem ou mulher, criança ou adolescente. Nos últimos casos a pena é majorada.

Se a finalidade é outra, pode ocorrer diferente ilícito (v. item 149-A.5). A incidência do agente em erro sobre o fim almejado pelo coautor, partícipe ou terceiro que recebe o sujeito passivo afasta a tipicidade em face do art. 149-A, respondendo aquele, também nessa hipótese, por delito diverso.

A forma simples e as formas qualificadas dos incisos I a V foram expressamente incluídas entre os crimes hediondos pela Lei nº 14.811, de 12-1-2024, que inseriu o inciso XII no art. 1º, da Lei nº 8.072/1990. Dessa forma, o autor desse delito não pode ser beneficiado com a anistia, graça ou indulto (art. 2º, I) e não tem direito à fiança (art. 2º, II), sua prisão temporária pode estender-se por 30 dias, prorrogável por igual período em caso de extrema necessidade (art. 2º, § 4º) e, em caso de sentença condenatória, o juiz decidirá fundamentadamente se poderá apelar em liberdade (art. 2º, § 3º). No caso de condenação, o regime inicial será obrigatoriamente o fechado (art. 2º, § 1º) e a progressão de regime dependerá do cumprimento de 40% a 70% (art. 112 da LEP). A concessão do livramento condicional depende do cumprimento de dois terços da pena, sendo vedada, porém, na hipótese de reincidência na prática de crimes hediondos ou equiparados (art. 83, V).

149-A.4 Consumação e tentativa

Consuma-se o crime com a prática de uma das condutas típicas. O crime é permanente nas modalidades de transportar, transferir, alojar e acolher, e instantâneo nas demais condutas. Configura-se o crime independentemente de eventual concretização de um dos fins visados pelo agente. Não se exigindo a habitualidade, basta a prática de uma única conduta para que se configure o ilícito. Em tese, é possível a tentativa.

149-A.5 Causas de aumento de pena

A primeira das causas de aumento de pena, que determinam o seu acréscimo de um terço até a metade, é a circunstância de ser o crime praticado por funcionário público no exercício de suas funções ou a pretexto de exercê-las (inciso I). A maior reprovabilidade da conduta realizada por agentes públicos justifica a exacerbação em razão de sua infidelidade aos deveres funcionais e das maiores facilidades que o cargo público lhes propicia. Outra majorante é a de ser o sujeito passivo criança, adolescente ou pessoa idosa ou com deficiência (inciso II). A incapacidade ou a reduzida capacidade de resistência da vítima para se opor ao intento ou à ação do agente autoriza igualmente mais severa punição. De forma abrangente, prevê-se como circunstância exasperante o prevalecimento pelo agente de relações de parentesco, domésticas, de coabitação, de hospitalidade, de dependência econômica, de autoridade ou de superioridade hierárquica inerente ao exercício de emprego, cargo ou função (inciso III). Pune-se mais severamente a conduta cometida mediante violação de laços familiares, de confiança, de respeito ou de dependência, que vinculam o sujeito passivo ao agente e que dificultam àquele opor resistência A última causa de aumento consiste na circunstância de a vítima do tráfico de pessoas ser retirada do território nacional (inciso IV).

Optou o legislador por tratar em um mesmo tipo penal os tráficos interno e internacional, limitando-se a prever a agravante na última hipótese. A conduta que culmina com a saída do sujeito passivo do país, além de agravar a sua situação, dificulta a ação das autoridades e a reparação das consequências do crime.

A presença de mais de uma causa de aumento de pena aponta para a maior censurabilidade da conduta e deve ser considerada pelo juiz na fixação da pena.

149-A.6 Causa de diminuição de pena

Prevê a lei a redução da pena, de um a dois terços, se o agente for primário e não integrar organização criminosa. Curiosamente, ao invés de agravar a pena em razão de indícios de integrar o agente uma organização criminosa, optou o legislador, em infeliz solução, por determinar um abrandamento na hipótese de não se configurar a circunstância. O fato de não integrar o agente uma organização criminosa não é circunstância meritória que, por si, justifique a cominação de uma pena menor para o delito. Inversamente, a reincidência ou o fato de integrar uma organização dessa natureza são circunstâncias que justificariam punição mais severa.

149-A.7 Distinção

O crime de tráfico de pessoas é crime que muitas vezes antecede e favorece a prática de outros crimes graves, como os de remoção de órgãos, tecidos ou partes do corpo (crimes descritos na Lei nº 9.434, de 4-2-1997, ou lesão corporal), redução a condição análoga à de escravo (art. 149), crimes contra a criança ou o adolescente (arts. 237 e 239 da Lei nº 8.069, de 13-7-1990), crimes de exploração sexual (arts. 218-B e 228).

Na ausência de uma das finalidades elencadas no art. 149-A, poderá responder o agente por outro delito, como os de constrangimento ilegal, lesão corporal, promoção de migração ilegal, aliciamento para o fim de emigração ou aliciamento de trabalhadores de um local para outro do território etc.

149-A.8 Concurso de crimes

Poderá ocorrer o concurso entre tráfico de pessoas e outros delitos em diversas hipóteses em que não se deva reconhecer a absorção destes pelo primeiro. Entre outros exemplos, responderá também o agente pela lesão corporal decorrente da violência empregada, por sequestro ou cárcere privado que se verificar etc.

SEÇÃO II
Dos Crimes contra a Inviolabilidade do Domicílio

Violação de domicílio

Art. 150. Entrar ou permanecer, clandestina ou astuciosamente, ou contra a vontade expressa ou tácita de quem de direito, em casa alheia ou em suas dependências:

Pena – detenção, de 1 (um) a 3 (três) meses, ou multa.

§ 1º Se o crime é cometido durante a noite, ou em lugar ermo, ou com o emprego de violência ou de arma, ou por duas ou mais pessoas:

Pena – detenção, de 6 (seis) meses a 2 (dois) anos, além da pena correspondente à violência.

§ 2º (revogado) *.

§ 3º Não constitui crime a entrada ou permanência em casa alheia ou em suas dependências:

I – durante o dia, com observância das formalidades legais, para efetuar prisão ou outra diligência;

II – a qualquer hora do dia ou da noite, quando algum crime está sendo ali praticado ou na iminência de o ser.

§ 4º A expressão "casa" compreende:

I – qualquer compartimento habitado;

II – aposento ocupado de habitação coletiva;

III – compartimento não aberto ao público, onde alguém exerce profissão ou atividade.

§ 5º Não se compreendem na expressão "casa":

I – hospedaria, estalagem ou qualquer outra habitação coletiva, enquanto aberta, salvo a restrição do no II do parágrafo anterior;

II – taverna, casa de jogo e outras do mesmo gênero.

*§ 2º revogado pela Lei nº 13.869, de 5-9-2019.

Vide: CF art. 5º, X, XI, LXI; CP arts. 23, III, 24, 25, 161, § 1º, II, 322, 327, 350; CPP arts. 240, § 1º, 245, 246, 283, 293, 301 a 303; CC arts. 70 a 74; Lei nº **13.869**, de 5-9-2019, art. 22 (inviolabilidade do domicílio como abuso de autoridade).

150 VIOLAÇÃO DE DOMICÍLIO

150.1 Sujeitos do delito

O crime de violação de domicílio é crime comum, podendo ser praticado por qualquer pessoa, inclusive o proprietário do imóvel, quando a posse estiver legitimamente com terceiro. O cônjuge divorciado ou separado judicialmente deve respeitar a inviolabilidade do domicílio do outro. Se o agente for funcionário público no exercício de suas funções, ocorrerá outro ilícito penal (art. 22 da Lei nº 13.869/2019).

Sujeito passivo do crime é o morador, ou seja, aquele que pode impedir a entrada de outrem em sua casa, quer seja proprietário, locatário, possuidor legítimo, arrendatário etc., representados na sua ausência pelos demais membros da família ou por empregados domésticos. Havendo vários moradores, marido e mulher são titulares do direito de consentir, prevalecendo sua autoridade com relação aos demais habitantes da casa (filhos, netos sobrinhos, empregados etc.). Estes, porém, podem admitir ou excluir alguém das dependências que lhes são destinadas. Havendo discordância entre os titulares, deve prevalecer a proibição (*melior est conditio prohibentis*).

Jurisprudência

- Autorização de um dos moradores
- Crime praticado por ex-cônjuge
- Crime praticado por ex-companheiro
- Crime praticado por ex-companheiro – Contra
- Crime contra o possuidor do imóvel
- Conflito entre a vontade do chefe da casa e demais moradores

150.2 Tipo objetivo

Duas são as condutas típicas no crime de violação de domicílio: a de *entrar*, que significa invadir, transpor integralmente os limites da casa ou de suas dependências; e a de *permanecer*, ou seja, de não sair, não deixar a casa ou suas dependências quando, tendo o agente ingressado legitimamente, se recusa a acatar a vontade do titular para que se retire. A entrada pode ser franca, contra a vontade expressa ou tácita do morador, atuando o agente com violência ou ameaça. Pode ser clandestina, às ocultas, furtivamente, ou astuciosa, mediante fraude, casos em que há um dissenso implícito.

Jurisprudência

- Consentimento do morador
- Consentimento inválido de menor
- Crime pela entrada sem consentimento do morador
- Crime pela permanência contra a vontade do morador
- Crime pela entrada clandestina do agente
- Consentimento da mulher
- Consentimento da mulher – Contra
- Consentimento inválido de empregada
- Consentimento inválido de empregada – Contra
- Necessidade de entrada astuciosa ou clandestina
- Necessidade de entrada astuciosa ou clandestina – Contra

150.3 Tipo subjetivo

O dolo é a vontade de ingressar ou permanecer na casa contra a vontade de quem de direito, não sendo necessário indagar qual sua finalidade última. Há ponderável corrente jurisprudencial no sentido de que é exigido o dolo específico, ou seja, a vontade de invadir o domicílio como propósito único da ação, o que torna o crime vazio de conteúdo. Quando o agente tem por finalidade a prática de crime, iniciada ao menos sua execução, a violação de domicílio é absorvida (item 150.8). Pode-se reconhecer o erro que exclui o dolo (quanto a estar a casa abandonada, quanto aos limites de suas dependências, quando autorizado por um dos moradores etc.).

Jurisprudência

- Inexistência de dolo: invasão em fuga após cometimento de crime
- Exigência do dolo
- Inexigência de dolo específico
- Inexigência de dolo específico – Contra
- Inexistência de dolo: invasão por pessoa embriagada

- Inexistência de dolo: invasão por pessoa embriagada – Contra
- Inexistência de dolo: vontade da prática de outro delito
- Inexistência de dolo: invasão em episódio de briga
- Inexistência de dolo: invasão em fuga da polícia
- Inexistência de dolo: invasão em fuga da polícia – Contra
- Exclusão do dolo por erro de tipo
- Inexistência de crime culposo

150.4 Consumação e tentativa

Consuma-se o crime de violação de domicílio pela entrada efetiva, tendo o agente transposto integralmente os limites da casa ou de suas dependências, ou com sua permanência por tempo juridicamente relevante daquele que toma ciência que deve sair. Trata-se de crime de mera conduta, que independe, para a consumação, de dano efetivo à propriedade.

Nada impede a tentativa, inclusive na permanência ilícita, obstada por ação da vítima ou de terceiros. Mas já se entendeu que, por ser crime de mera conduta, não admite a tentativa, o que é confundir essa espécie de delito com crime unissubsistente.

Jurisprudência

- Consumação da violação de domicílio
- Inadmissibilidade da tentativa

150.5 Formas qualificadas

Prevê a lei circunstâncias que qualificam o crime, sendo a primeira delas ser ele cometido "durante a noite", o que corresponde, em direito penal, ao período de completa obscuridade ou ausência de luz solar, não se confundindo com o repouso noturno, mais restrito.

Existe a qualificadora também quando o crime ocorre em "lugar ermo" ou seja, deserto, desabitado, despovoado, afastado, solitário.

Aumentam-se os limites da pena quando houver "emprego de violência", de força física contra a pessoa ou coisa, já que a lei não distingue, e também quando o agente se utiliza de "arma", ao menos para ameaça, não bastando seu simples porte.

Há casos em que o funcionário pode penetrar na casa contra a vontade de quem nela habita (prisão em flagrante ou por mandado, despejo, penhora etc.), mas se o fizer fora dos casos legais ou com inobservância das formalidades estabelecidas em lei (deficiência de mandado etc.) ou com abuso de poder (excesso na execução etc.) caracterizado estará o crime de abuso de autoridade, nos termos do art. 22 da Lei 13.869/2019, a referida lei revogou a qualificadora prevista no § 2º do art. 150 do CP.

Jurisprudência

- Violação de domicílio: emprego de arma e concurso de agentes
- Existência de crime qualificado
- Inexistência de crime na invasão de abrigo de marginais
- Violação de domicílio qualificada: à noite
- Inexistência da qualificadora
- Violência contra a pessoa ou coisa
- Existência de crime qualificado
- Inexistência da qualificadora

150.6 Exclusão da ilicitude

Prevê a lei, expressamente, os casos em que é lícito o ingresso ou a permanência de alguém na casa contra a vontade do titular. A primeira é a do ingresso durante o dia, com observância das formalidades legais. De acordo com a Constituição Federal é necessário sempre ordem judicial para qualquer diligência no domicílio se não houver o consentimento do morador (art. 5º, XI, *in fine*). O mandado de prisão é ordem judicial e permite a entrada na casa mesmo sem o consentimento do morador. Permite-se, também, a entrada na casa ou dependência dela a qualquer hora do dia ou da noite, quando algum crime está sendo praticado ou na iminência de o ser. Há no caso legítima defesa de terceiro ou prisão em flagrante por particular, que constitui exercício regular de direito. Referindo-se a Constituição Federal à hipótese de "flagrante delito", permite-se também a entrada no caso da prática de contravenção. Por fim, é lícita a entrada em casa alheia, sem consentimento do morador, em caso de "desastre" ou para prestar socorro (art. 5º, XI, da CF), hipóteses que revelam situações de estado de necessidade.

Jurisprudência

- Entrada de policiais autorizada pelo morador
- Entrada quando da prática de crime
- Existência de estado de necessidade
- Inexistência de estado de necessidade
- Existência de legítima defesa

150.7 Conceito de "casa" para efeitos penais

O conceito de casa pode ser dado como o de qualquer construção, aberta ou fechada, imóvel ou móvel, de uso permanente ou ocupada transitoriamente. Em interpretação autêntica, prevê o § 4º do art. 150 compreendido no conceito de casa (a) qualquer compartimento habitado (maloca, barraca etc.), (b) aposento ocupado de habitação coletiva (quartos de pensão, hotel, motel etc.), (c) compartimento não aberto ao público, onde alguém exerce profissão ou atividade (consultório, escritório, oficina, ateliê etc.).

Refere-se a lei também às "dependências" da casa, lugares que complementam, que se incorporam funcionalmente à moradia, como jardim, terraço, quintal, garagem, pátio, adega etc., excluídas as pastagens, campos, pomares etc. de propriedades rurais, que só podem ser objeto do crime de esbulho possessório. O conceito de casa só vale quando está ela habitada, ainda que só esporadicamente, como casas de campo, de praia etc.

Exclui a lei expressamente do conceito de casa a hospedaria, estalagem ou qualquer outra habitação coletiva, enquanto aberta, salvo os aposentos ocupados, a taberna, casa de jogo e outras do mesmo gênero, ou seja, restaurantes, boates, prostíbulos, cassinos, exceto quando fechados. É pacífico, na jurisprudência, que "bar" não é casa. Também não entra no conceito a repartição pública.

Jurisprudência

- Invasão de casa abandonada
- Invasão de habitação coletiva
- Invasão de motel
- Invasão de imóvel rural
- Exclusão do conceito de casa
- Conceito de domicílio para fins penais
- Compartimento habitável em caráter eventual
- Invasão de casa abandonada
- Invasão de habitação coletiva
- Invasão de compartimento onde se exerce profissão ou atividade
- Conceito de dependências da casa

- Invasão de quintal
- Invasão no telhado da moradia
- Invasão de área de terreno
- Invasão de imóvel rural
- Invasão de área comum de motel
- Invasão de repartição pública
- Invasão de estabelecimento comercial
- Invasão de bar
- Invasão de sala de aula
- Crime na invasão de prostíbulo fechado

150.8 Distinção e concurso

O crime do art. 150 é absorvido quando praticado como meio para a realização de outro crime (furto, roubo, extorsão, sequestro, lesões corporais, homicídio etc.), a não ser quando o crime-fim é menos grave. A contravenção de vias de fato é consumida pela violação por constituir-se no elemento da violência. Subsiste como delito autônomo quando a violação seja um fim em si, quando houver dúvida quanto ao verdadeiro propósito do agente, quando é ato preparatório de outro ilícito que não chega à tentativa e nos casos de desistência voluntária e arrependimento eficaz.

Jurisprudência

- *Tentativa de furto e não violação de domicílio*
- *Violação de domicílio como meio para o estupro*
- *Violação de domicílio como meio para a ameaça*
- *Violação de domicílio absorvido pelo crime-fim*
- *Violação de domicílio como meio para o crime de furto*
- *Violação de domicílio como meio para o roubo*
- *Violação de domicílio como meio para a extorsão*
- *Violação de domicílio como meio para as lesões corporais*
- *Violação de domicílio como meio para o adultério (anterior à revogação do art. 240 do CP)*
- *Violação de domicílio como meio para o constrangimento ilegal*
- *Violação de domicílio como meio para a ameaça*
- *Violação de domicílio como meio para exercício arbitrário das próprias razões*
- *Violação de domicílio como meio para exercício arbitrário das próprias razões – Contra*
- *Violação de domicílio como crime mais grave*
- *Violação de domicílio como crime autônomo*
- *Violação de domicílio por não ocorrência do crime-fim*
- *Violação de domicílio em caso de dúvida quanto ao crime-fim*
- *Violação de domicílio como crime residual*
- *Violação de domicílio na desistência voluntária de outro crime*
- *Absorção da contravenção de vias de fato*
- *Crime autônomo e não subsidiário*

SEÇÃO III

Dos Crimes contra a Inviolabilidade de Correspondência

Violação de correspondência

Art. 151. Devassar indevidamente o conteúdo de correspondência fechada, dirigida a outrem:

Pena – detenção, de 1 (um) a 6 (seis) meses, ou multa.

Sonegação ou destruição de correspondência

§ 1º Na mesma pena incorre:

I – quem se apossa indevidamente de correspondência alheia, embora não fechada e, no todo ou em parte, a sonega ou destrói;

Violação de comunicação telegráfica, radioelétrica ou telefônica

II – quem indevidamente divulga, transmite a outrem ou utiliza abusivamente comunicação telegráfica ou radioelétrica dirigida a terceiro, ou conversação telefônica entre outras pessoas;

III – quem impede a comunicação ou a conversação referidas no número anterior;

IV – quem instala ou utiliza estação ou aparelho radioelétrico, sem observância de disposição legal.

§ 2º As penas aumentam-se de metade, se há dano para outrem.

§ 3º Se o agente comete o crime, com abuso de função em serviço postal, telegráfico, radioelétrico ou telefônico:

Pena – detenção, de 1 (um) a 3 (três) anos.

§ 4º Somente se procede mediante representação, salvo nos casos do § 1º, IV, e do § 3º.

Vide: CF arts. 5º, X, XII, LVI, 136, § 1º, *b*, *c*, 139, 220 a 223; CP arts. 100, § 1º, 102, 103, 107, IV, 152, 153, 154, 154-A, 266, 305, 325; CPP arts. 5º, II, § 4º, 24, 25, 38, 39, 233, 564, III, *a*, 569; LEP art. 41, XV; **Lei nº 4.117**, de 27-8-1962 (Código Brasileiro de Telecomunicações, parcialmente revogado pela Lei nº 9.472, de 16-7-1997), art. 70 (substituiu o tipo penal previsto no art. 151, § 1º, IV), art. 72 (tipifica a conduta da autoridade que impedir ou embaraçar ilegalmente a liberdade de radiodifusão ou de televisão); **Lei nº 6.538**, de 22-6-1978 (dispõe sobre os serviços postais), art. 40 (substituiu o tipo previsto no art. 151, *caput*, do CP), art. 43 (agravação da pena no abuso de cargo ou função); art. 45 (determina a representação da autoridade administrativa ao Ministério Público Federal nos crimes relacionados com o serviço postal ou de telegrama); art. 47 (define correspondência, carta, telegrama, objeto postal etc. para os efeitos dessa lei); **Lei nº 9.472**, de 16-7-1997 (dispõe sobre a organização dos serviços de telecomunicações), art. 183 (tipifica a conduta de desenvolver clandestinamente atividades de telecomunicações); **Lei nº 9.296**, de 24-7-1996 (regulamenta o inciso XII, parte final, do art. 5º da CF, dispondo sobre a interceptação de comunicações telefônicas), art. 10 (tipifica as condutas de interceptação de comunicações telefônicas, de informática ou telemática e de quebra de segredo da Justiça, sem autorização judicial ou com objetivo ilegal); **Lei nº 9.612**, de 19-2-1998 (dispõe sobre o serviço de radiodifusão comunitária); **Lei nº 10.792**, de 1º-12-2003, art. 4º (determina a instalação, nos presídios, de bloqueadores de telefones celulares, radiotransmissores e outros meios de telecomunicação); **Lei nº 12.850**, de 2-8-2013, art. 3º (dispõe sobre os meios de obtenção de prova na persecução penal de crimes decorrentes de organizações criminosas, II (captação ambiental de sinais eletromagnéticos, ópticos ou acústicos), IV (interceptação de comunicações telefônicas e telemáticas). Súmula: **STJ 606**.

151 VIOLAÇÃO DE CORRESPONDÊNCIA E DE COMUNICAÇÕES

151.1 Definição do crime de violação de correspondência

Define-se o crime de violação de correspondência no art. 151, *caput*, do Código Penal, mas o tipo penal foi substituído, com a mesma redação, pelo art. 40 da Lei nº 6.538, de 22-6-1978, que dispõe sobre os serviços postais, prevendo, porém, uma pena mais elevada, de detenção até 6 (seis) meses, ou multa até 20 (vinte) dias-multa.

151.2 Sujeitos do delito

Sujeito do crime é qualquer pessoa, excluindo-se, evidentemente, o remetente e o destinatário, que são os sujeitos passivos (crime de dupla subjetividade passiva). Não desfigura o crime o fato de ser anônimo o remetente.

151.3 Tipo objetivo

O objeto material do crime só pode ser a correspondência fechada. O conceito de correspondência é definido em lei: toda comunicação pessoa a pessoa, por meio de carta, através da via postal ou telegrama (art. 47 da Lei nº 6.538/78). Estão excluídos, diante da interpretação autêntica do conceito de correspondência, não só os livros, revistas, estampas etc., que não constituem transmissão de pensamento de pessoa a pessoa, como também qualquer outro tipo de comunicação, como a de uma fita eletromagnética gravada, *e-mail*, cartas ou bilhetes por outro meio que não a via postal etc. Nesses casos, porém, poderá ocorrer outro delito, como a divulgação de segredo, a subtração de documento etc.

A conduta típica é devassá-la, o que significa tomar conhecimento de seu conteúdo. Exige a lei que se trate de correspondência *fechada* (por cola, lacre, costura etc.) por presumir a lei que não há interesse do remetente ou do destinatário quanto ao conhecimento por terceiro do conteúdo de correspondência remetida em envelope aberto. É necessário, também, que a correspondência seja destinada à pessoa determinada e não a uma coletividade destituída de personalidade jurídica, como a endereçada ao "público", "amigos", "eleitores" etc. Indispensável, por fim, que a correspondência tenha atualidade, ou seja, que não possua ela apenas valor efetivo, de coleção, histórico, artístico etc. De acordo com o elemento normativo no tipo, só ocorre o crime se o conhecimento for indevido, excluída a tipicidade do ato de quem está autorizado a ler correspondência de terceiro, se houver justa causa etc.

Jurisprudência

- Encomenda não é correspondência
- Sigilo de correspondência do preso
- Inexistência de violação de sigilo de correspondência na busca e apreensão em razão da prática de crime

151.4 Tipo subjetivo

O dolo é a vontade de conhecer o teor da correspondência. O erro afasta o dolo, não praticando o crime aquele que lê, por engano, correspondência dirigida a outrem. Há também erro sobre a ilicitude da conduta quando o agente supõe justificadamente que está autorizado a tomar conhecimento do conteúdo.

151.5 Consumação e tentativa

Consuma-se o crime quando o agente toma conhecimento, ainda que parcialmente, do conteúdo da correspondência. É possível a tentativa quando o agente é interrompido antes de tomar conhecimento do conteúdo da carta ou telegrama.

151.6 Sonegação ou destruição de correspondência

O art. 151, § 1º, do CP foi substituído pelo § 1º do art. 40 da Lei nº 6.538/78, assim redigido: "Incorre nas mesmas penas quem se apossa indevidamente de correspondência alheia, embora não fechada, para sonegá-la ou destruí-la, no todo ou em parte." Nesse caso, o objeto material também é a carta ou telegrama, mas protege-se, inclusive, a correspondência aberta. A conduta é a de apossar-se da correspondência com o fim de escondê-la ou desviá-la ou para inutilizá-la, no todo ou em parte. O dolo é a vontade de se apoderar, apropriar-se da correspondência, exigindo-se o fim específico de sonegá-la ou destruí-la. Também é necessário que a conduta seja indevida. Consuma-se o delito com o apossamento, desde que comprovado que a finalidade era a sonegação ou destruição. Nada impede a tentativa.

Jurisprudência

- **Nova definição do delito**

151.7 Violação de comunicação telegráfica, radioelétrica ou telefônica

São várias as condutas típicas registradas no art. 151, § 1º, inciso II, do CP: divulgar a comunicação telegráfica ou radioelétrica a várias pessoas; transmitir o conteúdo à pessoa determinada, ainda que reservadamente; e utilizar o conhecimento da mensagem, de qualquer forma, desde que o fato não constitua crime mais grave, como o de extorsão. As mensagens protegidas são as transmitidas por telégrafo, telefone ou pelas ondas hertzianas (rádio, televisão etc.) quando não dirigidas ao público em geral.

O dolo é a vontade de praticar uma das condutas previstas na lei, sendo irrelevante o fim visado pelo agente. Consuma-se o crime com a divulgação, transmissão ou uso do conteúdo da comunicação, independentemente da obtenção de qualquer vantagem. É possível a tentativa.

A possibilidade de interceptação telefônica passou a ser regulada pela Lei nº 9.296, de 24-7-1996, que regulamentou o art. 5º, XII, parte final, da CF. No seu art. 10, essa lei criminaliza as condutas de "realizar a interceptação de comunicações telefônicas, de informática ou telemática, promover escuta ambiental ou quebrar segredo de Justiça, sem autorização judicial ou com objetivos não autorizados em lei", prevendo para esses fatos a pena de dois a quatro anos de reclusão e multa. A Lei nº 13.964, de 24-12-2019 inseriu no artigo o seu parágrafo único, que determina incorrer nas mesmas penas a autoridade judicial que determinar a execução daquelas condutas com objetivo não autorizado em lei.

Em nosso entendimento, a norma contida nesse artigo da lei especial não revogou o art. 151, § 1º, II, do Código Penal, que pode ser aplicado não ao interceptador, que comete o crime mais grave definido supra, mas a terceiro que não colaborou em sua conduta. Nesse ilícito, a conduta típica é interceptar a comunicação, por escuta ou por gravação ou qualquer outro meio, caracterizando-se o ilícito penal ainda que não haja divulgação ou transmissão a terceiro.

Jurisprudência

- Caracterização do crime: divulgação da conversação
- Necessidade de divulgação
- Tentativa do crime

151.8 Impedimento de telecomunicação

Também é crime impedir a comunicação ou conversação efetuada por meio de telégrafo, rádio ou telefone. Qualquer pessoa pode cometer o delito, mas a "autoridade que impedir ou embaraçar a liberdade de radiodifusão ou da televisão, fora dos casos autorizados em lei, incidirá, no que couber, na sanção do art. 322 do Código Penal" (art. 72 da Lei nº 4.117, de 27-8-1962, com redação dada pelo Decreto-lei nº 236/67).

A conduta típica é impedir, ou seja, obstar, interromper, de qualquer forma, a comunicação ou conversação. O dolo é a vontade de impedir a comunicação, não se registrando na lei conduta típica culposa. Consuma-se o crime com a interrupção da comunicação ou conversação, nada impedindo a tentativa.

151.9 Instalação ou utilização ilegais

O art. 151, § 1º, inc. IV, foi substituído pelo art. 70, da Lei nº 4.117, de 27-8-1962, que instituiu o Código Brasileiro de Telecomunicações, com a redação que lhe deu o Decreto-lei nº 236, de 28-2-1967: "Constitui crime punível com a pena de detenção de 1 (um) a 2 (dois) anos, aumentada da metade se houver dano a terceiro, a instalação ou utilização de telecomunicações, sem a observância do disposto nesta Lei e nos regulamentos." As condutas típicas são as de instalar qualquer meio de telecomunicação ou utilizar a já existente, com violação dos preceitos legais e regulamentares.

Os dispositivos citados, porém, devem ser agora interpretados à luz de nova definição típica. Diz o art. 183 da Lei nº 9.472, de 16-7-1997, que dispõe sobre a organização dos serviços de telecomunicações e dá outras providências: "Desenvolver clandestinamente atividades de telecomunicação: Pena – detenção de dois a quatro anos, aumentada da metade se houver dano a terceiro, e multa de R$ 10.000,00 (dez mil reais). Parágrafo único. Incorre na mesma pena quem, direta ou indiretamente, concorrer para o crime." E no parágrafo único do art. 184 se considera "clandestina a atividade desenvolvida sem a competente concessão, permissão ou autorização de serviço, de uso de radiofrequência e de exploração de satélite". A conduta típica é mais abrangente, bastando que o agente desempenhe atividade de telecomunicação sem para isso estar autorizado. Já se decidiu pela caracterização do crime na distribuição clandestina de sinais de televisão a cabo.

É prevalente no Superior Tribunal de Justiça a orientação de que o art. 70 da Lei nº 4.117, de 27-8-1962, não foi revogado pelo art. 183 da Lei nº 9.472, de 16-7-1997, e que ambos os dispositivos continuam em vigor, o primeiro tipificando a conduta de instalação ou utilização de telecomunicações em situação irregular, isto é, em desacordo com as prescrições legais, e o segundo a conduta de desenvolver atividade de telecomunicações clandestinamente, isto é, sem a necessária concessão, permissão ou autorização legais. Há, entendimento, também, de que a previsão da multa no valor fixo de R$ 10.000,00 no art. 183 é inconstitucional por violar o princípio da individualização da pena. A Lei nº 9.612, de 19-2-1998, que dispõe sobre o serviço de radiodifusão comunitária e que não contém dispositivos de natureza penal, também não revogou os crimes de radiodifusão previstos na Lei nº 4.117, de 27-8-1962.

De acordo com a Súmula 606 do STJ, "não se aplica o princípio da insignificância a casos de transmissão clandestina de sinal de internet via radiofrequência, que caracteriza o fato típico previsto no art. 183 da Lei 9.472/1997".

Embora já se tenha decidido no sentido da necessidade de comprovação da ocorrência de danos ao sistema de telecomunicações, os crimes previstos em ambos os diplomas legais são de perigo abstrato, presumindo-se o perigo que a operação clandestina ou irregular das atividades dessa natureza acarreta à segurança dos meios de comunicação regularmente instalados.

Pelo Decreto nº 3.241, de 11-11-1999, foi promulgada a Convenção Interamericana sobre a Permissão Internacional de Radioamador, concluída em Montrouis, Haiti, em 8-6-1995.

Jurisprudência

- Crime contra o Sistema de Telecomunicações
- Sistema de televisão a cabo: caracterização do crime
- Indispensabilidade de dano ao sistema de telecomunicações
- Inaplicabilidade do princípio da insignificância
- Irrelevância da baixa potência e da ausência de fim lucrativo
- Pena no caso de dano para terceiro
- Coexistência do art. 70 da Lei nº 4.117/62 e do art. 183 da Lei nº 9.472/97
- Exploração clandestina de serviços de radiodifusão (art. 183 da Lei nº 9.472/97): crime de perigo abstrato
- Necessidade de apreensão do equipamento para comprovação da materialidade do delito
- Competência da Justiça Federal
- Inexistência do crime
- Revogação do art. 70 da Lei nº 4.117/62 pelo art. 183 da Lei nº 9.472/97
- Revogação do art. 70 da Lei nº 4.117/62 pelo art. 183 da Lei nº 9.472/97 – Contra

151.10 Formas qualificadas

Prevê o art. 151, § 2º, do CP, o aumento da pena pela metade se há dano para outrem e essa disposição é repetida no art. 40, § 2º, da Lei nº 6.538, que se refere aos crimes de violação, sonegação de correspondência. O § 2º, do art. 151 do CP, prevalece com relação a todos os crimes previstos ainda no Código Penal.

Também é qualificado o crime quando o agente pratica o fato com abuso de função em serviço postal, telegráfico, radioelétrico ou telefônico. O art. 43 da Lei nº 6.538/1978 contém circunstância agravante para quem pratica o crime "prevalecendo-se do cargo, ou em abuso de função" para os crimes nela definidos.

Jurisprudência

- Distinção com o crime de abuso de autoridade

151.11 Ação penal

A ação penal com relação aos delitos em estudo é sempre pública, condicionada, porém, à representação da vítima quando se trata de crime previsto no Código Penal e não excluído expressamente dessa condição. Nos demais é obrigatória a representação da autoridade administrativa ao Ministério Público Federal, sob pena de responsabilidade (art. 45 da Lei nº 6.538).

Jurisprudência

• Ação penal na interceptação telefônica

Correspondência comercial

Art. 152. Abusar da condição de sócio ou empregado de estabelecimento comercial ou industrial para, no todo ou em parte, desviar, sonegar, subtrair ou suprimir correspondência, ou revelar a estranho seu conteúdo:

Pena – detenção, de 3 (três) meses a 2 (dois) anos.

Parágrafo único. Somente se procede mediante representação.

Vide: **CF** art. 5º, XII; **CP** arts. 100, § 1º, 102, 103, 107, IV, 151, 153, 154, 154-A; **CPP** arts. 5º, II, § 4º, 24, 25, 30, 37, 38, 39, 564, III, a, 568, 569; **CPC** art. 75, VIII, IX; **Lei nº 6.538**, de 22-6-1978 (dispõe sobre os serviços postais).

152 CORRESPONDÊNCIA COMERCIAL

152.1 Sujeitos do delito

O ilícito previsto no art. 152 é um crime próprio, pois só pode ser praticado pelo sócio ou empregado do estabelecimento remetente ou destinatário da correspondência.

Sujeito passivo é a empresa comercial ou industrial, remetente ou destinatária da correspondência, mas o crime pode atingir diretamente a pessoa física de um sócio.

152.2 Tipo objetivo

O dispositivo refere-se à correspondência comercial, ou seja, à comunicação de mensagem referente às atividades ou relacionada com o estabelecimento, excluída, portanto, a de caráter puramente pessoal. O crime pode ser praticado por desvio (destinação diversa do normal), sonegação (ocultação), subtração (furto) ou supressão (destruição, eliminação) da correspondência, ou a revelação (transmissão ou divulgação) de seu conteúdo. Com esta também pode haver concurso com o crime de divulgação de segredo (art. 153 do CP), violação de segredo profissional (art. 154 do CP) ou crime contra a propriedade imaterial. É necessário que haja dano moral ou econômico, ainda que potencial.

152.3 Tipo subjetivo

O dolo é a vontade de praticar uma das condutas referidas na lei (desviar, sonegar, subtrair, suprimir ou revelar), desde que o agente esteja ciente de que está abusando, ou seja, fazendo mau uso da qualidade de sócio ou empregado. Caso contrário, haverá erro de proibição.

152.4 Consumação e tentativa

A consumação ocorre com a prática de uma das condutas previstas no tipo, desde que potencialmente lesiva. Nada impede a tentativa.

152.5 Ação penal

Apura-se o crime mediante ação penal pública condicionada à representação da pessoa jurídica ofendida, mas também pode oferecê-la o sócio diretamente lesado pela conduta.

SEÇÃO IV

Dos Crimes contra a Inviolabilidade dos Segredos

Divulgação de segredo

Art. 153. Divulgar alguém, sem justa causa, conteúdo de documento particular ou de correspondência confidencial, de que é destinatário ou detentor, e cuja divulgação possa produzir dano a outrem:

Pena – detenção, de 1 (um) a 6 (seis) meses, ou multa.

§ 1º Somente se procede mediante representação.*

§ 1º-A. Divulgar, sem justa causa, informações sigilosas ou reservadas, assim definidas em lei, contidas ou não nos sistemas de informações ou banco de dados da Administração Pública:*

Pena – detenção, de 1 (um) a 4 (quatro) anos, e multa.*

§ 2º Quando resultar prejuízo para a Administração Pública, a ação penal será incondicionada.*

* Redação determinada pelo art. 2º da Lei nº 9.983, de 14-7-2000.

Vide: **CF** art. 5º, XXXIII; **CP** arts. 100, § 1º, 102, 103, 107, IV, 151, 154, 154-A, 311-A, 325, 326; **CPP** arts. 5º, II, § 4º, 24, 25, 38, 39, 564, III, *a*, 569; **CPM** art. 144 (revelação de notícia, informação ou documento como crime militar); **Lei nº 6.538**, de 22-6-1978 (dispõe sobre os serviços postais); **Lei nº 9.279**, de 14-5-1996, art. 195, XI, XII e XIV (divulgação de conhecimentos, informações ou dados como crime de concorrência desleal); **Lei nº 11.101**, de 9-2-2005 – Lei de Falências, art. 169 (define o crime de violação de sigilo empresarial); **Lei nº 12.527**, de 18-11-2011 (regulamenta o art. 5º, XXXIII, da Constituição Federal, dispondo sobre o acesso a informações sigilosas); **Lei nº 12.850**, de 2-8-2013, art. 20 (tipifica a conduta de descumprir determinação de sigilo das investigações que envolvam a ação controlada e a infiltração de agentes). **Lei nº 13.431**, de 4-4-2017, art. 24 (tipifica a conduta de violar sigilo processual permitindo que o depoimento de criança ou adolescente seja assistido por pessoa estranha ao processo); **Lei nº 13.709**, de 14-8-2018 (Lei Geral de Proteção de Dados Pessoais).

153 DIVULGAÇÃO DE SEGREDO

153.1 Sujeitos do delito

Sujeito ativo do crime é o destinatário ou detentor, legítimo ou ilegítimo, da correspondência ou do documento. O remetente poderá ser responsabilizado se participar da conduta deste último, por instigação, por exemplo.

Sujeito passivo é o remetente, o autor do documento, o destinatário (se não for sujeito ativo) como qualquer outra pessoa a quem a divulgação do segredo possa causar dano.

153.2 Tipo objetivo

A conduta típica é divulgar, por qualquer forma, o segredo inscrito no documento ou correspondência, não bastando que seja transmitida apenas a outrem. O objeto material é o documento particular, qualquer escrito fixado por uma pessoa para transmitir algo juridicamente relevante, ou a correspondência, mas exige-se que trate de matéria confidencial, um segredo, algo sigiloso conhecido de um número limitado de pessoas. O documento público pode ser conhecido por qualquer pessoa e, na exceção de documento público secreto, a divulgação pode caracterizar outro ilícito. Exige-se que a divulgação possa produzir dano material ou moral a outrem, não sendo necessário que o dano se efetive. Havendo justa causa para a divulgação não se tipifica o fato como deixa expresso o tipo penal (elemento normativo do tipo anormal).

Jurisprudência

- Inadmissibilidade da juntada aos autos de documento confidencial
- Justa causa para a divulgação do segredo

153.3 Tipo subjetivo

O dolo é a vontade de divulgar o segredo, com a consciência de que possa tal fato causar dano a outrem. Não havendo tal consciência, há erro de tipo que o exclui. Não registra a lei a necessidade de qualquer fim específico para a conduta, podendo, pois, ser qualquer um.

153.4 Consumação e tentativa

Consuma-se o crime quando um número indeterminado de pessoas toma conhecimento do segredo em decorrência da conduta do agente. A tentativa é possível na hipótese em que a divulgação não é transmitida oralmente.

153.5 Divulgação de informações sigilosas ou reservadas

Inserindo o § 1º-A no art. 153, a Lei nº 9.983, de 14-7-2000, passou a incriminar a conduta de divulgação de informações sigilosas ou reservadas, cominando para o fato a pena de detenção de um a quatro anos e multa.

Trata-se de crime comum, podendo o sujeito ativo ser qualquer pessoa, funcionária pública ou não. O sujeito passivo, porém, é sempre o Estado.

A conduta típica, como no *caput* do art. 153, é divulgar, ou seja, transmitir a terceiros, de qualquer forma, as informações sigilosas da Administração Pública. É necessário, para a caracterização do crime, que tais informações estejam protegidas por lei, não bastando, portanto, que a proibição provenha de outras regras jurídicas como portarias, regulamentos etc. É indiferente, porém, que estejam elas contidas ou não em sistema de informação ou banco de dados. Assim, cometerá o delito quem divulgar as informações contidas em documentos, memorandos, fichários etc.

Como no crime de divulgação de segredo, o fato deixa de ser típico se houver justa causa para a divulgação.

O sigilo dos documentos públicos, cuja divulgação ponha em risco a segurança da sociedade e do Estado, bem como as restrições de acesso necessárias ao resguardo da inviolabilidade da intimidade, da vida privada, da honra e da imagem das pessoas são disciplinados pela Lei nº 12.527, de 18-11-2011, que regulamenta o art. 5º, XXXIII, da Constituição Federal e que revogou a Lei nº 11.111, de 5-5-2005.

153.6 Ação penal

O crime de divulgação de segredo se apura, em regra, mediante ação penal pública condicionada à representação do ofendido, conforme o art. 153, § 1º, que substituiu o parágrafo único por força da nova redação imposta pela Lei nº 9.983, de 14-7-2000. Entretanto, por força do novel § 2º, tanto nas hipóteses do *caput*, como do § 1º-A, havendo prejuízo para a Administração Pública, a ação penal será pública incondicionada.

153.7 Distinção

A divulgação de segredo, dependendo dos fins do agente ou da espécie de sigilo, pode constituir um outro delito: violação de segredo profissional (art. 154), fraudes em certames de interesse público (art. 311-A), violação de sigilo funcional (art. 325), violação de sigilo de proposta de concorrência (art. 326), concorrência desleal (art. 195, XI e XII, da Lei nº 9.279, de 14-5-96), violação de sigilo empresarial, previsto como crime falimentar (art. 169 da Lei nº 11.101, de 9-2-2005), crime previsto na Lei de Organizações Criminosas (arts. 18 e 20 da Lei nº 12.850, de 2-8-2013), etc. Configura, ainda, crime previsto em lei especial o de violar sigilo processual mediante a ação de permitir que o depoimento de criança ou adolescente seja assistido por pessoa estranha ao processo, sem autorização judicial e sem o consentimento do depoente ou de seu representante legal (art. 24 da Lei nº 13.431, de 4-4-2017).

Jurisprudência

- Ação pública incondicionada: necessidade de dano efetivo à administração pública

Violação do segredo profissional

Art. 154. Revelar alguém, sem justa causa, segredo, de que tem ciência em razão de função, ministério, ofício ou profissão, e cuja revelação possa produzir dano a outrem:

Pena – detenção, de 3 (três) meses a 1 (um) ano, ou multa.

Parágrafo único. Somente se procede mediante representação.

Vide: CF arts. 5º, XIV, 53, § 6º; CP arts. 100, § 1º, 102, 103, 107, IV, 151, 269, 325, 326, 355; CPP arts. 5º, II, § 4º, 5º, § 3º, 24, 25, 38, 39, 207, 564, III, *a*, 569; LCP art. 66, I, II; CC art. 229, I; **Lei nº 6.385**, de 7-12-1976, art. 27-D, (uso de informação privilegiada no mercado de valores mobiliários); **Lei nº 6.538**, de 22-6-1978, art. 41 (violação de segredo profissional relativo ao sigilo da correspondência); **Lei nº 7.492**, de 16-6-1986, art. 18 (violação de sigilo profissional de operação ou serviço de instituição financeira); **Lei nº 8.906**, de 4-7-1994 – **EAOAB**, arts. 7º, XIX, 34, VII (sigilo profissional no Estatuto da OAB e da Advocacia); **Lei nº 9.279**, de 14-5-1996, art. 195, XI,

XII e XIV (divulgação de conhecimentos, informações ou dados como crime de concorrência desleal); **Lei nº 11.101**, de 9-2-2005 – Lei de Falências, art. 169 (define o crime de violação de sigilo empresarial); .

154 VIOLAÇÃO DE SEGREDO PROFISSIONAL

154.1 Sujeitos do delito

A violação de sigilo profissional é crime próprio, sendo praticado por quem exerce função, ministério, ofício ou profissão em que fica sendo detentor de segredo, tendo tomado conhecimento dele nessa qualidade. Refere-se a lei à *função*, encargo derivado de lei, convenção ou decisão judicial (tutores, curadores, inventariantes, síndicos, diretores de hospital etc.), *ministério*, atividade religiosa ou social (sacerdotes, pastores, freiras, assistentes sociais, voluntárias etc.), *ofício*, atividade com fim lucrativo na arte mecânica ou manual (serralheiros, costureiros etc.) e *profissão*, atividade intelectual lucrativa (médico, advogado, engenheiro etc.), incluindo-se sempre seus auxiliares (estagiários, assistentes etc.). Não pode ser sujeito ativo do crime o *extraneus* que, por qualquer razão, tomou conhecimento do segredo de outrem, revelando-o a terceiro. É indispensável para a caracterização do crime, aliás, que o agente tenha tido conhecimento do segredo no exercício de sua atividade; caso contrário o fato poderá constituir o crime previsto no art. 153 ou ser atípico.

Sujeito passivo é a quem interessa preservar o segredo, que pode ser fato ou circunstância referente à própria vítima ou a terceiro a ele ligado (cônjuge, filhos etc.).

154.2 Tipo objetivo

A conduta típica é revelar o segredo, ou seja, transmitir a terceiro algo sobre a vida íntima da pessoa que deseja mantê-lo oculto por possibilidade de ocorrência de dano, que pode ser econômico, moral, familiar etc.

Não se concretiza o tipo penal se houver justa causa para a revelação do segredo, como se verifica do elemento normativo do art. 154. Essa justa causa pode ocorrer em virtude de estrito cumprimento de dever legal, de exercício regular de direito, de estado de necessidade etc. Em algumas hipóteses, o profissional, advogado ou médico, pode se negar a revelar os segredos que lhes forem confiados, mesmo sendo arrolados como testemunhas em processo judicial e tendo o consentimento do confidente, conforme se prevê no Estatuto da OAB e da Advocacia (arts. 7º, XIX, e 34, VII), no Código de Ética Médica, respectivamente. O consentimento do sujeito passivo e de todos aqueles que podem sofrer dano com a divulgação torna o fato lícito.

Jurisprudência

- Dever de comparecer do advogado
- Depoimento de advogado como indiciado
- Depoimento de advogado fora da atividade profissional
- Impedimento ao exercício profissional
- Revelação de segredo profissional de médico em juízo
- Recusa de depoimento de advogado
- Requerimento de advogados sobre infração disciplinar: inexistência de crime
- Sigilo profissional de psicóloga

154.3 Tipo subjetivo

O dolo é a vontade de revelar o segredo, tendo o agente conhecimento da possibilidade de dano a qualquer pessoa. Não contempla a lei a forma culposa, não praticando o crime o profissional que, por negligência, deixa documentos à vista de terceiros.

154.4 Consumação e tentativa

Consuma-se o crime com a revelação do segredo a terceiro, não se exigindo a divulgação a um número indeterminado de pessoas. É possível a tentativa no caso de não ser o crime praticado oralmente.

154.5 Distinção

A revelação de segredo, conforme as circunstâncias, pode constituir um outro ilícito, como o de violação de sigilo funcional (art. 325) ou violação de proposta de concorrência (art. 326), violação de segredo relativo a serviço postal ou telegráfico (art. 41 da Lei nº 6.538, de 22-6-1978), concorrência desleal (art. 195, XI, XII, XIV, da Lei nº 9.279, de 14-5-1996), violação de sigilo de operação ou serviço de instituição financeira (art. 18 da Lei nº 7.492, de 16-6-1986), de uso de informação privilegiada no mercado de valores mobiliários (art. 27-D da Lei nº 6.385, de 7-12-1976, alterado pela Lei nº 13.506, de 13-11-2017), violação de sigilo empresarial previsto na Lei de Falências (art. 169 da Lei nº 11.101, de 9-2-2005) etc.

Jurisprudência

- Distinção com violação de sigilo bancário

154.6 Ação penal

A ação penal é pública condicionada à representação da vítima, que pode ser o confidente ou terceiro potencialmente prejudicado pela revelação do segredo.

Invasão de dispositivo informático

Art. 154-A. Invadir dispositivo informático de uso alheio, conectado ou não à rede de computadores, com o fim de obter, adulterar ou destruir dados ou informações sem autorização expressa ou tácita do usuário do dispositivo ou de instalar vulnerabilidades para obter vantagem ilícita:**

Pena – reclusão, de 1 (um) ano a 4 (quatro) anos, e multa.

§ 1º Na mesma pena incorre quem produz, oferece, distribui, vende ou difunde dispositivo ou programa de computador com o intuito de permitir a prática da conduta definida no *caput*.

§ 2º Aumenta-se a pena de 1/3 (um terço) a 2/3 (dois terços) se da invasão resulta prejuízo econômico.**

§ 3º Se da invasão resultar a obtenção de conteúdo de comunicações eletrônicas privadas, segredos comerciais ou industriais, informações sigilosas, assim definidas em lei, ou o controle remoto não autorizado do dispositivo invadido:

Pena – reclusão, de 2 (dois) a 5 (cinco) anos.**

§ 4º Na hipótese do § 3º, aumenta-se a pena de um a dois terços se houver divulgação, comercialização ou transmissão a terceiro, a qualquer título, dos dados ou informações obtidos.

§ 5º Aumenta-se a pena de um terço à metade se o crime for praticado contra:

I – Presidente da República, governadores e prefeitos;

II – Presidente do Supremo Tribunal Federal;

III – Presidente da Câmara dos Deputados, do Senado Federal, de Assembleia Legislativa de Estado, da Câmara Legislativa do Distrito Federal ou de Câmara Municipal; ou

IV – dirigente máximo da administração direta e indireta federal, estadual, municipal ou do Distrito Federal.*

* Artigo inserido pela Lei nº 12.737, de 30-11-2012

Caput, § 2º e pena do § 3º com redação dada pela Lei nº 14.155 de 27-5-2021.

Vide: CF art. 5º, X, XII; CP arts. 151, 152, 153, *caput* e §1º-A, 154-B, 311-A, 313-A, 313-B, 325, § 1º, I e II; **Lei nº 6.538**, de 22-6-1978, art. 41 (violação de segredo profissional relativo ao sigilo da correspondência); **Lei nº 8.069**, de 13-7-1990, arts. 190-A a 190-E (preveem a infiltração, mediante prévia autorização judicial, de agentes da polícia na *internet para* apuração de crimes contra a dignidade sexual de criança e adolescente); **Lei nº 9.279**, de 14-5-1996, art. 195, XII e XIV (divulgação de conhecimentos, informações ou dados como crime de concorrência desleal); **Lei nº 9.296**, de 24-7-1996, art. 1º, parágrafo único (autoriza a interceptação do fluxo de comunicações em sistemas de informática e telemática por ordem judicial para fins de investigação e instrução criminal), 10 (tipifica as condutas de interceptação de comunicações telefônicas, de informática ou telemática e de quebra de segredo da Justiça, sem autorização judicial ou com objetivo ilegal), art. 10-A (tipifica as condutas de realizar captação ambiental de sinais eletromagnéticos, ópticos ou acústicos para investigação ou instrução criminal sem autorização judicial); **Lei nº 9.504**, de 30-9-1997, art. 72 (tipifica o acesso não autorizado ao sistema de tratamento automático de dados do serviço eleitoral e a alteração dos programas por ele utilizados; **Lei nº 9.609**, de 19-2-1998 (dispõe sobre a proteção da propriedade intelectual de programa de computador), art. 12 (define crime de violação de direitos de autor de programa de computador); **Lei nº 11.101**, de 9-2-2005 – Lei de Falências, art. 169 (define o crime de violação de sigilo empresarial); **Lei nº 12.527**, de 18-11-2011 (regulamenta o art. 5º, XXXIII, da Constituição Federal, dispondo sobre o acesso a informações sigilosas); **Lei nº 12.965**, de 23-4-2014 (estabelece princípios, garantias, direitos e deveres para o uso da *internet* no Brasil); **Lei nº 13.709**, de 14-8-2018 (Lei Geral de Proteção de Dados Pessoais).

154-A INVASÃO DE DISPOSITIVO INFORMÁTICO

154-A.1 Sujeitos do delito

Não exigindo a lei condição especial do sujeito ativo, qualquer pessoa pode praticar o delito de invasão de dispositivo informático. Não pode ser sujeito ativo tão somente o proprietário ou legal titular do aparelho, por se referir a lei à invasão de dispositivo alheio. O acesso pelo titular a dados ou informações protegidas inseridas por terceiros no dispositivo é, portanto, fato atípico.

O sujeito passivo pode ser qualquer pessoa, titular do dispositivo informático. Tratando-se de uma das autoridades elencadas no § 5º, há a incidência de uma majorante. Para o crime praticado contra a administração pública direta ou indireta ou empresas concessionárias de serviços públicos prevê-se a ação pública incondicionada (art. 154-B).

154-A.2 Tipo objetivo

A única ação típica descrita no *caput* do artigo é a de *invadir* dispositivo informático alheio, conectado ou não à rede de computadores, com uma das finalidades especificadas. Objeto material do delito é o dispositivo informático. Dispositivo é qualquer aparelho, mecanismo ou componente construído para uma função especial. Informática é a ciência que estuda o tratamento da informação mediante o uso de computadores ou outros dispositivos de processamento de dados. Por dispositivo informático, no tipo em exame, deve-se entender qualquer sistema ou aparelho que viabiliza, por meio eletrônico, o armazenamento, processamento ou transferência de dados ou informações. Estão abrangidos os computadores de qualquer espécie, como *desktops, notebooks, tablets,* servidores etc., seus componentes e periféricos, bem como outros dispositivos que possibilitem aquelas operações, embora possam desempenhar também outras funções. Invadir o dispositivo é entrar, ingressar, penetrar em seu *software* de forma a ter acesso ao conteúdo informatizado de qualquer natureza, como o sistema operacional, programas ou aplicativos, bancos de dados, documentos, *e-mails*, senhas etc. Explicita a lei a irrelevância de o dispositivo informático estar ou não conectado à rede de computadores. Configura-se o crime, assim, tanto na hipótese da invasão ocorrer mediante acesso *on-line*, pela internet ou qualquer outra rede de comunicação entre computadores, como também mediante acesso físico direto do agente ao dispositivo informático.

A ação de invadir era vinculada na redação original do tipo à violação indevida de mecanismo de segurança. Exigia-se para a configuração do crime que o dispositivo estivesse dotado de algum aparato, físico ou não, instalado com o fim de evitar o acesso não autorizado ao seu conteúdo, tais como chaves, senhas, antivírus, *firewall* etc., e que a invasão se realizasse mediante a superação desse mecanismo de proteção. Afastava-se a tutela no caso de dispositivo desprotegido, assim mantido por ser desejável ao seu titular o livre acesso de terceiros ou porque, por desinteresse, negligência ou mesmo falta de informação, não tivesse ele adotado qualquer cautela para evitar ou restringir aquele acesso. A exigência, porém, foi afastada pela Lei nº 14.155, de 27-5-2021, que deu nova redação ao art. 154-A. Na lei vigente, portanto, é indiferente para a tipicidade do fato se o dispositivo informático está ou não protegido por quaisquer mecanismos de segurança.

154-A.3 Tipo subjetivo

O dolo é a vontade de praticar a ação na forma descrita no artigo, com a consciência de agir indevidamente. Exige-se, também, como elemento subjetivo do tipo, que o agente atue com uma das finalidades previstas no artigo. Configura-se o crime se com sua conduta visa o agente obter, adulterar ou destruir dados ou informações existentes no dispositivo sem autorização expressa de seu titular. Descreve a lei as finalidades que comumente constituem os motivos que informam a ação de *hackers*. A consciência da ausência de autorização do titular do dispositivo mencionada no artigo integra o elemento subjetivo do tipo. Explicita a lei que se o agente tem por finalidade a obtenção, adulteração ou destruição dos dados consentida, ainda que tacitamente, pelo titular do dispositivo, não se caracteriza o ilícito. Configura-se, também, o crime se a invasão é realizada pelo agente com o fim de instalar vulnerabilidade. Instalar vulnerabilidade é inserir ou infiltrar algum mecanismo ou programa capaz de tornar o conteúdo do dispositivo mais suscetível a acessos não autorizados ou a ações que permitam a inserção, alteração ou destruição de dados. Preocupou-se o legislador com a repressão a práticas ilícitas difundidas na internet e em outras redes de comunicação informatizada, bem como na comercialização ou distribuição gratuita de programas ou aplicativos, em regra piratas, que promovem a inserção de *vírus* ou pacotes de *vírus* no dispositivo informático, dos quais o mais notório é o denominado cavalo de troia, que libera uma porta de comunicação que viabiliza posteriores invasões, o acesso indevido e a prática por terceiros daquelas ações de corrupção de dados. No curso da tramitação do projeto de lei propôs-se, como fim alternativo aos anteriores, o de obter vantagem ilícita. Alterou-se, porém, a redação, para constar do artigo de lei, em sua última parte, como finalidade última do agente, a de obter vantagem ilícita. Assim, somente se configura o crime se a ação típica é praticada com o intuito de obter, adulterar ou destruir dados ou informações ou de instalar vulnerabilidades e se atua o agente com o propósito último de obter alguma vantagem ilícita. Por vantagem ilícita deve-se entender qualquer vantagem obtida em contrariedade a normas legais, ainda que não se traduza diretamente em um ganho patrimonial. Diante da redação final do artigo, afastou-se a tipicidade da conduta na hipótese de serem outros os propósitos do agente, como o de destruir informações por mero espírito emulativo, de obter dados do titular do dispositivo por pura curiosidade ou desejo de bisbilhotar etc.

A Lei nº 13.441, de 8-5-2017, acrescentou os arts. 190-A a 197-F à Lei nº 8.069/1990, autorizando a infiltração de agentes de polícia na internet com o fim de investigar o crime descrito no art. 153-A, nos crimes contra a dignidade sexual de criança ou adolescente, versados nos arts. 240 a 241-D e, ainda, nos crimes sexuais previstos nos arts. 217-A, 218, 219-A e 218-B do Código Penal. Expressamente prevê o art. 190-C do ECA que "não comete crime o policial que oculta a sua identidade para, por meio da internet, colher indícios de autoria e materialidade dos crimes previstos" nos referidos tipos penais. No caso do crime previsto no art. 154-A, praticada a invasão de dispositivo informático em razão da infiltração autorizada judicialmente no curso das investigações e que atendeu aos demais requisitos exigidos no art. 190-A, a conduta é atípica por não atuar o agente policial com o fim último de obter vantagem ilícita, mas, sim, com o de apurar a ocorrência e autoria daquela infração.

154-A.4 Consumação e tentativa

Consuma-se o crime com a invasão do dispositivo, que se caracteriza no momento em que o agente, violando mecanismo de segurança, logra penetrar no *software* do dispositivo, colocando-se em condições de acessar ou por qualquer forma manipular o seu conteúdo. Não é necessária à consumação que seja atingida qualquer das finalidades previstas no tipo, isto é, que o agente obtenha os dados ou informações ali mantidos, que os adultere ou destrua, que consiga instalar a vulnerabilidade ou, tampouco, que obtenha qualquer vantagem.

Admite-se a tentativa, que se configura se o agente, embora iniciada a execução do delito mediante a prática de atos tendentes à invasão do dispositivo, não obtém sucesso por não conseguir violar um mecanismo de segurança ou em razão de qualquer outra circunstância alheia à sua vontade.

154-A.5 Crime assemelhado

Incriminam-se no § 1º as ações nele descritas por serem viabilizadoras ou facilitadoras da prática do crime de invasão de dispositivo informático. Pune-se com as mesmas penas previstas no *caput* quem produz, oferece, distribui, vende ou difunde dispositivo ou programa de computador, com o intuito de permitir a prática daquele delito. Houve por bem o legislador tipificar fatos que, em princípio, não passariam de meros atos preparatórios. Abrange a norma tanto mecanismos ou aparatos físicos como programas desenvolvidos especificamente para possibilitar a invasão criminosa de dispositivos informáticos. Incluem-se os programas que se constituem em *vírus* ou pacotes de *vírus*, como cavalos de troia e programas assemelhados. Exige-se, expressamente, além do dolo, que a ação seja praticada com o fim específico de permitir a prática do delito previsto no *caput*. Não comete o delito, assim, quem desenvolve programas para a mera testagem ou aperfeiçoamento de mecanismos de segurança, como antivírus, *firewall* etc. Não versa a norma legal sobre a incriminação, por disposição específica, da participação do agente em um crime determinado de invasão de dispositivo informático praticado por terceiro, a qual já é punível nos termos do art. 29. Punem-se as mencionadas ações típicas independentemente de que qualquer delito previsto no *caput* do artigo seja ou não cometido por terceiro mediante a utilização do dispositivo ou programa produzido ou fornecido pelo agente. Consuma-se o crime com a prática de uma das ações típicas, desde que realizadas com aquele fim específico. Trata-se de crime de ação múltipla em que responde por uma única infração quem pratica duas ou mais ações descritas. Quem produz o dispositivo ou programa e, subsequentemente, o utiliza para invadir um dispositivo informático, responde por esse delito, havendo que se ter por absorvida a conduta anterior, porque simples meio para a prática do subsequente.

154-A.6 Formas qualificadas

Nos termos do § 3º do art. 154-A, o crime é qualificado se da invasão resulta a obtenção de específicos conteúdos do dispositivo informático invadido ou por ela se viabiliza o seu controle remoto, hipótese em que as penas cominadas são de dois a cinco anos de reclusão e multa. O primeiro resultado descrito é a obtenção pelo agente do conteúdo de comunicações eletrônicas privadas. Estão abrangidos os conteúdos de comunicações eletrônicas de todas as espécies, como o de *e-mails* ou outros meios de comunicação pela *internet* ou rede de computadores de acesso restrito, o de mensagens enviadas por telefonia celular etc., qualquer que seja a sua natureza (texto, som ou imagem, como fotos e vídeos) e independentemente de serem as mensagens acessadas no mesmo momento em que a recebe o destinatário (*on-line*) ou de já se encontrarem arquivadas no dispositivo informático. Ao exigir que a comunicação eletrônica seja *privada*, refere-se à lei não ao conteúdo da mensagem, mas à natureza da forma de comunicação, que possibilita o envio da mensagem ao seu destinatário em caráter privado. O crime não é qualificado na hipótese de se realizar a comunicação por meio que permita o acesso público ao seu conteúdo. O acesso ao conteúdo de comunicações que se realizam, por exemplo, em redes sociais pela *internet* configura o resultado agravador se a mensagem é transmitida ao destinatário por meio ou canal que lhe confira o caráter de privacidade. A inviolabilidade e o sigilo das comunicações privadas armazenadas e do fluxo de comunicações pela *internet* são expressamente assegurados pela nova Lei n° 12.965, de 23-4-2014, que estabelece os princípios, garantias, direitos e deveres relativos à utilização da rede de computadores no Brasil (art. 7°, II e III). A proteção de dados pessoais, inclusive nos meios judiciais, foi regulamentada pela Lei n° 13.709, de 14-8-2018. Não há crime, porém, na hipótese de a interceptação da comunicação eletrônica ocorrer em razão de ordem judicial para investigação ou instrução criminal, na forma prevista na Lei n° 9.296, de 24-7-1996, que estendeu a possibilidade de interceptação da comunicação telefônica ao fluxo de comunicações em sistemas de informática e telemática (art. 1°, parágrafo único), ou, como visto, nos termos do que dispõem os arts. 190-A a 190-E do ECA (item 154-A.3). Qualifica o crime, também, a obtenção de segredos comerciais ou industriais. Protegem-se com maior rigor esses segredos pelo risco dos danos que a sua revelação ou divulgação podem causar ao seu titular. Antecipa-se, aqui, a repressão à prática de outros ilícitos penais que versam sobre a violação de sigilo empresarial (art. 195, XII e XIV, da Lei n° 9.279, de 14-5-1996, art. 169 da Lei de Falências etc.). Com a mesma finalidade é prevista como resultado qualificador a obtenção de informações que por lei são definidas como sigilosas. A divulgação, sem justa causa, de informações definidas em lei como sigilosas é crime descrito no art. 153, § 1°-A. A última circunstância qualificadora é a de lograr o agente o controle remoto não autorizado do dispositivo invadido. Justifica-se a punição mais severa porque a instalação de um mecanismo, programa ou vírus que permita o controle a distância do dispositivo pelo agente possibilita o monitoramento e acesso ao seu conteúdo por tempo indeterminado, agravando-se a lesão ao bem tutelado. Por compreensível cautela do legislador, prevê expressamente a lei a não incidência do dispositivo na hipótese de a conduta constituir crime mais grave.

Além da forma qualificada em sentido estrito, são previstas nos §§ 2°, 4° e 5° as formas agravadas do delito. Aumenta-se a pena de um a dois terços se da invasão resulta prejuízo econômico (§ 2°). Porque descrita em dispositivo anterior, não é ele aplicável à forma qualificada do delito (§ 3°). Para esta é previsto o aumento da pena de um a dois terços se houver divulgação, comercialização ou transmissão a terceiro, a qualquer título, dos dados ou informações obtidos (§ 4°). Embora também mencionadas a divulgação e a comercialização dos dados ou informações, a mera transmissão a terceiro, independentemente do intuito do agente, é suficiente para a agravação. Como já visto, no caso de informações sigilosas, a sua divulgação configura crime mais grave, previsto no art. 153, § 1°-A, e a divulgação de segredo empresarial pode caracterizar outra infração penal. Presumindo a maior lesividade da conduta em razão da qualidade do titular do dispositivo invadido, determina a lei o aumento da pena de um terço à metade se o crime for praticado contra os chefes dos poderes executivo, legislativo e judiciário, nos três níveis de governo, ou contra dirigente máximo da administração direta ou indireta (§ 5°). Esta última majorante é aplicável às formas simples e qualificada.

154-A.7 Distinção

A modificação não autorizada de sistemas informatizados da administração pública ou de bancos de dados por ela mantidos constitui crime na forma dos arts. 313-A e 313-

B. Permitir ou facilitar acesso de pessoas não autorizadas a sistemas de informações ou banco de dados da administração pública ou utilizar indevidamente acesso restrito são condutas descritas no art. 325, § 1º, I e II. A violação e a destruição de correspondência por via postal configuram os delitos previstos no art. 151, *caput* e § 1º, I. O acesso não autorizado e a introdução de alterações no sistema de tratamento automático de dados usado pelo serviço eleitoral, com o fim de alterar a apuração ou contagem de votos, constituem crimes previstos no art. 72 da Lei nº 9.504, de 30-9-1997. A interceptação de comunicações telefônicas, de informática ou telemática e a quebra de segredo da Justiça, sem autorização judicial ou com objetivo ilegal, caracteriza o crime descrito no art. 10 da Lei nº 9.296, de 24-7-1996. No art. 154-A, além de tutelar o sigilo ou privacidade das informações mantidas pelo sujeito passivo em seus dispositivos informáticos, pretendeu o legislador coibir de forma antecipada a prática de outras infrações penais. A divulgação ou comercialização de informações obtidas mediante a invasão do dispositivo informático pode constituir delitos previstos no Código Penal e na legislação extravagante, como os descritos nos arts. 153, § 1º-A, 311-A, do CP, art. 12 da Lei nº 9.609, de 19-2-1998, que define crimes de violação de direito autoral de programa de computador, art. 195, XII e XIV, da Lei nº 9.279, de 14-5-1996, art. 169 da Lei de Falências etc. É frequente, também, a utilização dos dados ou informações obtidas para a prática de crimes diversos, contra a honra, o patrimônio, como estelionato e extorsão etc.

Ação Penal

Art. 154-B. Nos crimes definidos no art. 154-A, somente se procede mediante representação, salvo se o crime é cometido contra a administração pública direta ou indireta de qualquer dos Poderes da União, Estados, Distrito Federal ou Municípios ou contra empresas concessionárias de serviços públicos.*

* Artigo inserido pela Lei nº 12.737, de 30-11-2012.

Vide: CP arts. 100, § 1º, 102, 103, 107, IV, 154-A; CPP arts. 5º, II, §§ 4º e 5º, 24, *caput* e § 2º, 25, 38, 39, 564, III, *a*, 569.

154-B AÇÃO PENAL NO CRIME DE INVASÃO DE DISPOSITIVO INFORMÁTICO

154-B.1 Ação penal

Para a apuração do crime de invasão de dispositivo informático prevê a lei, como regra geral, a ação penal pública condicionada à representação do ofendido ou de seu representante legal. Procede-se, porém, mediante ação pública incondicionada se o crime é praticado contra órgãos da administração pública, entidades da administração indireta ou empresas concessionárias de serviços públicos. Tratando-se de crime praticado em detrimento de bens, serviços ou interesse da União ou de suas entidades autárquicas ou empresas públicas a competência é da Justiça Federal (art. 109, IV, da CF).

TÍTULO II
DOS CRIMES CONTRA O PATRIMÔNIO

CAPÍTULO I
DO FURTO

Furto

Art. 155. Subtrair, para si ou para outrem, coisa alheia móvel:

Pena – reclusão, de 1 (um) a 4 (quatro) anos, e multa.

§ 1º A pena aumenta-se de um terço, se o crime é praticado durante o repouso noturno.

§ 2º Se o criminoso é primário, e é de pequeno valor a coisa furtada, o juiz pode substituir a pena de reclusão pela de detenção, diminuí-la de um a dois terços, ou aplicar somente a pena de multa.

§ 3º Equipara-se à coisa móvel a energia elétrica ou qualquer outra que tenha valor econômico.

Furto qualificado

§ 4º A pena é de reclusão de 2 (dois) a 8 (oito) anos, e multa, se o crime é cometido:

I – com destruição ou rompimento de obstáculo à subtração da coisa;

II – com abuso de confiança, ou mediante fraude, escalada ou destreza;

III – com emprego de chave falsa;

IV – mediante concurso de duas ou mais pessoas.

§ 4º-A A pena é de reclusão de 4 (quatro) a 10 (dez) anos e multa, se houver emprego de explosivo ou de artefato análogo que cause perigo comum.***

§ 4º-B A pena é de reclusão, de 4 (quatro) a 8 (oito) anos, e multa, se o furto mediante fraude é cometido por meio de dispositivo eletrônico ou informático, conectado ou não à rede de computadores, com ou sem a violação de mecanismo de segurança ou a utilização de programa malicioso, ou por qualquer outro meio fraudulento análogo.

§ 4º-C A pena prevista no § 4º-B deste artigo, considerada a relevância do resultado gravoso:

I – aumenta-se de 1/3 (um terço) a 2/3 (dois terços), se o crime é praticado mediante a utilização de servidor mantido fora do território nacional;

II – aumenta-se de 1/3 (um terço) ao dobro, se o crime é praticado contra idoso ou vulnerável.****

§ 5º A pena é de reclusão de 3 (três) a 8 (oito) anos, se a subtração for de veículo automotor que venha a ser transportado para outro Estado ou para o exterior.*

§ 6º A pena é de reclusão de 2 (dois) a 5 (cinco) anos se a subtração for de semovente domesticável de produção, ainda que abatido ou dividido em partes no local da subtração. **

§ 7º A pena é de reclusão de 4 (quatro) a 10 (dez) anos e multa, se a subtração for de substâncias explosivas ou de acessórios que, conjunta ou isoladamente, possibilitem sua fabricação, montagem ou emprego.***

* Parágrafo incluído pela Lei nº 9.426, de 24-12-1996.

** Parágrafo incluído pela Lei nº 13.330, de 2-8-2016.

*** Parágrafos 4º-A e 7º incluídos pela Lei nº 13.654, de 23-4-2018.

**** Parágrafos 4º-B e 4º-C incluídos pela Lei nº 14.155, de 27-5-2021.

Vide: **CF** art. 5º, XXII; **CP** arts. 16, 29, 61, II, *f*, 156, 157, § 2º, IV, 161, § 1º, I, 168, 169, 170, 171, § § 1º, 2º-A e 2º-B, 180-A, 181 a 183, 211, 251, 305, 346; **CPP** arts. 70, § 4º, 158, 171, 175; **CC** arts. 79, 81, 82 a 84, 99, I, 1.233, 1.263, 1.275, III, 1.473, VI, VII; **CPM** art. 241 (furto de uso no Código Penal Militar); **Lei Complementar nº 121**, de 9-2-2006 (cria o sistema nacional de prevenção, fiscalização e repressão ao furto e roubo de veículos e cargas); **Lei nº 8.072**, de 25-7-1990, art. 1º, IX (considera hediondo o furto qualificado pelo emprego de explosivos ou artefato análogo); **Lei nº 8.977**, de 6-1-1995, art. 35 (dispõe que constitui ilícito penal a interceptação ou a recepção não autorizada dos sinais de TV a cabo); **Lei nº 10.741**, de 1º-10-2003 – EI, art. 102 (tipifica a apropriação ou desvio de bens, proventos, pensão ou qualquer outro rendimento de pessoa idosa), art. 106 (tipifica a conduta de dispor livremente de bens de pessoa idosa sem discernimento); **Lei nº 11.340**, de 7-8-2006, art. 7º, IV (subtração de bens como forma de violência doméstica e familiar contra a mulher). Súmulas: **STJ** 130, 442, 511, 567.

155 FURTO

155.1 Sujeitos do delito

O crime de furto pode ser praticado por qualquer pessoa, não se exigindo qualquer circunstância especial. Só não pode praticar o furto o proprietário, que pode ser responsabilizado pelo crime previsto no art. 346, se a posse estiver com outrem, e o legítimo detentor da coisa. Aquele que possui apenas a posse vigiada, comete o crime se transforma essa posse em propriedade.

Sujeito passivo é a pessoa física ou jurídica que tem a propriedade, posse ou detenção da coisa, não importando inclusive se é ela lícita. A posse desinteressada, entretanto, não eleva o possuidor à qualidade de vítima.

Jurisprudência

- Furto praticado por multidão
- Subtração entre cônjuges separados
- Furto praticado pelo MST
- Irrelevância da situação do possuidor
- Sujeito passivo: proprietário sem a posse
- Sujeito passivo: possuidor

155.2 Tipo objetivo

A conduta típica é *subtrair*, por qualquer meio, a coisa, ou seja, tirar, apropriar-se, mesmo à vista do proprietário ou possuidor. O objeto material é a coisa alheia móvel. Coisa, para o direito penal, é qualquer substância corpórea, material, ainda que não tangível, suscetível de apreensão e transporte, incluindo corpos gasosos, os instrumentos e títulos, quando não forem documentos, as partes do solo, árvores, navios, aeronaves. Ou seja, tudo aquilo que pode ser destacado e subtraído. Afirma-se na doutrina somente ser objeto de furto a coisa que tiver valor econômico, ou seja, de troca, embora o mais aceitável é incluir aquela que possua alguma utilidade, que tenha alguma qualidade útil para quem seja dela proprietário ou possuidor. As coisas comuns ou de uso comum, como o ar, a luz, a água dos rios ou mares somente podem ser objeto do crime de furto se forem destacadas. Não há crime na subtração de coisas que nunca tiverem dono (*res nullius*), que foram abandonadas (*res derelicta*), mas ocorre o crime de apropriação de coisa achada se o objeto é apenas coisa perdida (*res deperdita*). A subtração de animais é furto diante de seu valor econômico e, tratando-se de semovente domesticável de produção, o crime é qualificado (v. item 155.21). Tem-se decidido pela incidência do princípio da insignificância, ou crime de bagatela, quando a coisa subtraída tem ínfimo valor, mesmo porque não há verdadeira lesão ao patrimônio da vítima (v. item 13.5). A irrelevância social do fato e a conduta que não indica uma periculosidade social excluem a responsabilidade penal. Pode ainda ocorrer a excludente de ilicitude no chamado furto famélico, caso de estado de necessidade.

Jurisprudência

- Furto de madeira de reserva florestal: compra de índios
- Subtração de carteira de identidade
- Ausência de relevância da lesão ao bem jurídico: atipicidade
- Contra: valor não irrisório
- Inadmissibilidade de aplicação do princípio da insignificância em furto qualificado
- Não aplicação do princípio da insignificância em furto qualificado com rompimento de obstáculo e chave falsa
- Dúvida sobre o estado de necessidade: exclusão da ilicitude
- Necessidade de valor patrimonial ou de utilidade
- Suficiência de valor de utilidade
- Suficiência de valor afetivo
- Conceito de valor patrimonial: furto de talonário de cheques
- Conceito de valor patrimonial: furto de talonário de cheques – Contra
- Furto de cartão magnético de conta bancária
- Furto de cartão magnético: crime caracterizado
- Furto de terra
- Furto de minerais
- Furto de árvores
- Furto de animais
- Furto de água de reservatórios e dutos
- Furto de coisa fora do comércio ou ilícita
- Furto e supressão de documentos
- Subtração de coisa furtada e abandonada
- Subtração de coisa furtada e abandonada – Contra
- Furto de coisa desprotegida
- Apropriação de *res nullius*, *res derelictae* e *res communes omnium*
- Apropriação de coisa abandonada

- Furto de coisas velhas e em estado precário
- Apropriação de coisa supostamente abandonada
- Aplicação do princípio da insignificância
- Aplicação do princípio da insignificância – Contra
- Admissibilidade de aplicação do princípio da insignificância a agente reincidente
- Inadmissibilidade de aplicação do princípio da insignificância no crime de vulto
- Furto de talonário de cheques: inexistência do crime de bagatela
- Furto de talonário de cheques: inexistência do crime de bagatela – Contra
- Furto de pequeno valor e crime de bagatela
- Crime de bagatela: critério para reconhecimento
- Requisitos para o reconhecimento de estado de necessidade (furto famélico)
- Não reconhecimento do furto famélico
- Reconhecimento do furto famélico por prova indiciária

155.3 Tipo subjetivo

O crime de furto exige como dolo a vontade de subtrair, acrescida do elemento subjetivo do tipo (dolo específico), finalidade expressa no tipo, que é o de ter a coisa para si ou para outrem. É o denominado *animus furandi* ou *animus rem sibi habendi*. Independe, porém, do intuito de lucro por parte do agente (*animus lucri faciendi*). É necessário, porém, que o agente tenha consciência de que se trata de bem alheio.

Jurisprudência

- Existência de culpabilidade
- Inexistência de *animus rem sibi habendi*
- Existência de *animus jocandi*
- Necessidade de prova do *animus jocandi*
- Irrelevância da falta do intuito de lucro
- Necessidade da prova da inexistência de dolo
- Necessidade da consciência de que é coisa alheia

155.4 Consumação e tentativa

Várias são as teorias criadas para explicar a caracterização da consumação no furto: (1) a *concretatio* (basta tocar a coisa); (2) a *apprehensio rei* (é suficiente segurá-la); (3) a *amotio* (exige-se a remoção de lugar); e (4) a *ablatio* (a coisa é colocada no local a que se destinava, em segurança). A jurisprudência consagrou a orientação da inversão da posse, entendendo-se consumado o furto quando o agente tem a posse tranquila da coisa, ainda que por pouco tempo, ou que esteja a coisa fora da esfera de vigilância da vítima, ainda que próxima desta, mas sem seu conhecimento.

Tratando-se de crime material, é perfeitamente admissível a tentativa, que ocorre quando o agente não chega a ter a posse tranquila da coisa, que não sai da esfera de vigilância da vítima, ou não escapa à perseguição do ofendido ou de terceiro.

A adoção no estabelecimento comercial de câmeras de vigilância, alarmes ou outros dispositivos de monitoramento eletrônico ou a presença de "seguranças", por si só, não torna impossível a configuração do crime de furto (Súmula 567 do STJ).

O reconhecimento de crime impossível exige que se demonstre a absoluta inidoneidade do meio empregado ou a absoluta impropriedade do objeto.

Jurisprudência

- Consumação pela inversão da posse da coisa: cessação da clandestinidade
- Consumação pela posse da res furtiva ainda que por pouco tempo
- Consumação ainda que haja perseguição
- Consumação e prisão em flagrante delito
- Caracterização da tentativa de furto
- Inexistência de tentativa na ausência de atos inequívocos de execução
- Inexistência de crime impossível: possibilidade de burla da vigilância
- Tentativa na prisão em perseguição
- Inexistência de desistência voluntária
- Inexistência de desistência voluntária
- Consumação pela saída da res da esfera de vigilância da vítima
- Consumação pela inversão da posse: desnecessidade de posse mansa e pacífica
- Consumação pela posse tranquila da res furtiva
- Consumação pelo transporte da coisa
- Consumação pela ocultação em esconderijo
- Consumação quando não há perseguição e prisão em flagrante
- Consumação ainda que haja perseguição
- Consumação pela perda de coisas subtraídas e prisão em flagrante
- Consumação e prisão em flagrante delito
- Subtração consumada de parte da res furtiva
- Irrelevância da inexistência de dano patrimonial
- Irrelevância da recuperação do bem subtraído
- Recuperação de res avariada: consumação caracterizada
- Recuperação de auto abandonado pelo agente
- Irrelevância do ressarcimento do dano
- Irrelevância da devolução dos objetos furtados
- Irrelevância da recuperação dos objetos furtados
- Caracterização da tentativa de furto

- Tentativa de furto e não furto de uso
- Tentativa de furto com escalada
- Tentativa de furto com arrombamento
- Existência de meros atos preparatórios
- Existência de atos de execução
- Tentativa por não ter o agente a posse tranquila da coisa
- Tentativa por não ter a coisa saído da esfera de vigilância da vítima
- Tentativa por não ter a coisa saído da esfera de vigilância de terceiros
- Tentativa na percepção por terceiros e prisão em flagrante
- Tentativa pelo abandono dos objetos no local
- Tentativa pela perseguição imediata e prisão
- Tentativa de furto e não violação de domicílio
- Tentativa de furto e não crime impossível por impropriedade do objeto
- Caracterização de crime impossível: flagrante preparado
- Tentativa de furto em loja: inexistência de crime impossível
- Crime impossível de furto em supermercado e loja
- Etiqueta antifurto: tentativa caracterizada
- Etiqueta antifurto: tentativa caracterizada – Contra
- Furto em loja: tentativa e não-consumação
- Tentativa na prisão em perseguição
- Inadmissibilidade do reconhecimento de crime impossível para subtração de automóvel
- Reconhecimento de crime impossível: meio ineficaz
- Fiscalização: inexistência de crime impossível
- Tentativa por falta de traslado
- Inexistência de desistência voluntária
- Diminuição da pena da tentativa em furto
- Diminuição da pena da tentativa de furto privilegiado

155.5 Distinção

Responde por exercício arbitrário das próprias razões aquele que subtrai coisa alheia para se pagar ou se ressarcir de prejuízos (art. 345). Se a coisa é documento, que, em si mesmo, não tem valor econômico, pode ocorrer o crime previsto no art. 305. Aquele que adquire coisa subtraída sabendo de sua origem, ou por culpa, responde por receptação dolosa ou culposa (art. 180 e parágrafos), e os que prestam auxílio ao agente após a consumação, pelo crime de favorecimento real (art. 349).

Jurisprudência

- Furto e estelionato como *post factum* não punível
- Furto e não apropriação de coisa achada
- Furto e não peculato
- Violação de sepultura e não furto
- Violação de sepultura e não furto – Contra
- Furto e não favorecimento real
- Distinção entre furto e roubo
- "Trombada": furto e não roubo
- "Trombada": furto e não roubo – Contra
- Roubo e não furto
- Furto e não roubo
- Furto e não apropriação indébita
- Furto e não apropriação indébita – Contra
- Furto e não receptação
- Apropriação indébita e não furto
- Furto e não contravenção ambiental
- Furto com fraude e não roubo
- Distinção entre furto com fraude e estelionato
- Distinção entre furto qualificado com fraude e estelionato
- Furto com fraude e não estelionato
- Estelionato e não furto
- Furto com abuso de confiança e não estelionato
- Furto com abuso de confiança e não apropriação indébita
- Furto e não apropriação de coisa achada
- Furto e não dano
- Distinção entre furto com fraude e apropriação indébita
- Supressão de documento e não furto
- Exercício arbitrário das próprias razões e não furto
- Furto e não exercício arbitrário das próprias razões
- Furto e não violação de domicílio

155.6 Concurso de crimes

Nada impede o concurso material do furto com outro ilícito. O concurso formal ocorre quando, em uma mesma conduta de subtração, são dois ou mais os seus proprietários ou possuidores, mas haverá crime único se os proprietários têm patrimônio comum (casal em regime de comunhão de bens). É comum a ocorrência de furto continuado, em que as subtrações apresentam os requisitos previstos no art. 171. Não se tem reconhecido, porém, continuidade delitiva entre furto e roubo, nem entre furto e estelionato, embora o furto qualificado por fraude muito se assemelhe a esse delito.

Há absorção pelo crime de furto da violação de domicílio (item 150.8), pelo crime de furto qualificado pelo rompimento de obstáculo do delito de dano etc. Também é absorvido pelo furto de cheques o estelionato praticado com estes, *post factum* não punível, embora já se tenha decidido pelo oposto.

Jurisprudência

- Furto e estelionato: concurso material
- Furto de talão de cheques e estelionato: concurso material
- Furto de cartão de crédito e estelionato: concurso material
- Absorção do estelionato pelo furto
- Absorção do furto pelo estelionato
- Furto de cheque como meio para estelionato frustrado
- Furto de cheques assinados em branco e estelionato
- Furto de cheques assinados em branco e estelionato – Contra
- Furto e venda da coisa furtada

- Furto de automóvel e falsificação de documentos – Contra
- Furto e violência ou ameaça
- Roubo e não furto na ameaça por simulação de arma de fogo
- Furto e evasão de preso
- Continuidade delitiva em furto
- Continuidade delitiva contra a mesma vítima
- Continuidade delitiva entre furtos simples e qualificado
- Desvio de água: crime único e não crime continuado
- Inadmissibilidade de continuação de furto e roubo
- Inadmissibilidade de continuação de furto e roubo – Contra
- Inadmissibilidade de continuidade delitiva entre furto e apropriação indébita
- Inadmissibilidade de continuidade delitiva entre furto e receptação
- Concurso formal no furto
- Concurso formal no furto – Contra
- Tentativa de furto e violação de domicílio
- Tentativa de furto e violação de domicílio – Contra
- Venda fraudulenta da coisa subtraída
- Furto de automóvel e estelionato na venda
- Furto e disparo de arma de fogo: concurso material
- Furto e violência ou ameaça
- Furto qualificado pelo concurso e crime de quadrilha
- Inexistência de continuidade no caso de comparsas diversos
- Inadmissibilidade de continuidade delitiva entre furto e estelionato

155.7 Furto de uso

Não tipifica nossa lei penal comum o furto de uso, ou seja, a subtração da coisa alheia móvel para uso momentâneo com sua devolução imediata nas mesmas condições. A jurisprudência tem reconhecido a existência de furto comum, pouco importando a intenção do agente quando da subtração, em especial quando a coisa é abandonada ou apreendida. Deve-se reconhecer porém o furto de uso, fato atípico, quando a *res furtiva*, após utilização momentânea, é devolvida nas mesmas condições em que estava quando subtraída. O furto de uso é tipificado como crime militar (art. 241 do CPM).

Jurisprudência

- Requisitos do furto de uso
- Inexistência de furto de uso na lei penal comum
- Não reconhecimento do furto de uso
- Apreensão do veículo pela polícia: furto de uso não caracterizado
- Reconhecimento do furto de uso de automóvel
- Reconhecimento de furto de uso de automóvel sem devolução
- Reconhecimento de furto de uso de automóvel sem devolução – Contra
- Furto comum e não furto de uso
- Inexistência de furto de uso com violência
- Reconhecimento de furto de uso de animal
- Inocorrência de furto de uso de animal
- Furto de uso e estado de necessidade (furto famélico): inexistência
- Inexistência de furto de uso: possibilidade de diminuição de pena

155.8 Furto de energia

A lei equipara à coisa móvel a energia elétrica ou qualquer outra que tenha valor econômico. Abrange, assim, o dispositivo, por interpretação analógica, as energias térmica, solar, atômica, luminosa, mecânica etc. De acordo, aliás, com a Exposição de Motivos, "toda energia economicamente utilizável e suscetível de incidir no poder de disposição material e exclusiva de um indivíduo (como, por exemplo, a eletricidade, a radioatividade, a energia genética dos reprodutores etc.), pode ser incluída, mesmo do ponto de vista técnico entre as *coisas móveis*, a cuja regulamentação jurídica, portanto, deve ficar sujeita" (item 56). Assim, desviando o agente a energia, indevidamente, cometerá furto, mas se usar qualquer artefato para viciar a medição do consumo da energia elétrica de sua casa ou estabelecimento, comete estelionato por ter induzido em erro a companhia fornecedora, com meio fraudulento, obtendo vantagem indevida.

Embora a questão seja controvertida, tanto na doutrina como na jurisprudência, o desvio de sinais de televisão a cabo caracteriza o furto de energia. Os sinais que codificam o conteúdo audiovisual são transmitidos por ondas eletromagnéticas, forma de energia, por meio de fios ou cabos até os seus destinatários finais. Diversamente do que ocorre na televisão aberta, a apropriação ilícita da energia na televisão a cabo não somente possibilita ao agente o uso e gozo da energia, mas, também, implica uma redução ou perturbação com prejuízo à qualidade dos sinais disponibilizados pela empresa emissora aos seus contratantes regulares, o que permite reconhecer a ocorrência de subtração, a exemplo, aliás, do furto de energia elétrica. O reconhecimento do crime não depende, portanto, de analogia *in malam partem,* mas decorre de interpretação analógica permitida pelos termos em que o dispositivo está redigido. Há decisões, porém, em sentido contrário, sob o fundamento de que os sinais da televisão a cabo não se constituem em forma de energia e, portanto, não podem ser objeto material de furto, e o de que a matéria passou a ser disciplinada pela Lei nº 8.977, de 6-1-1995, que dispõe que "constitui ilícito penal a interceptação ou a recepção não autorizada dos sinais de TV a Cabo", sem cominar, porém, qualquer sanção (art. 35).

Jurisprudência

- Furto de energia em ligação telefônica
- Subtração de sinal de TV a cabo: furto de energia
- Atipicidade pelo ressarcimento do consumo
- Furto de energia pelo desvio de corrente
- Furto de energia com desvio de parte da eletricidade
- Necessidade de perícia em furto pelo desvio de energia em relógio da vítima
- Furto de energia pelo rompimento de lacre e religação
- Estelionato e não furto de energia
- Contra: furto de energia e não estelionato
- Furto de energia em ligação telefônica
- Crime único no furto de energia elétrica
- Subtração de sinal de TV a cabo: inexistência de crime
- Furto de energia de pequeno valor

155.9 Furto noturno

É agravada a pena de um terço no furto praticado durante o repouso noturno, em que é maior o perigo para o bem jurídico e se oferecem melhores oportunidades para a prática do ilícito. *Repouso noturno* é expressão que não se confunde com noite, mas o período em que, pelos costumes locais, é o tempo entre a hora em que a população se recolhe e a em que desperta para a vida cotidiana.

Discute-se, porém, sobre a necessidade, para a caracterização da qualificadora, de tratar-se de crime praticado em casa habitada e de que haja moradores repousando. Tratando a lei apenas da questão do momento em que o crime é praticado, dada a carência de vigilância normal nas horas consagradas ao repouso, a melhor orientação seria a de que só a circunstância de ser o crime praticado durante o repouso noturno é o suficiente para a configuração da agravação da pena. A jurisprudência, porém, inclina-se majoritariamente em sentido contrário.

O aumento de pena só vigora para o crime de furto simples e não para o qualificado, que é definido posteriormente (§ 4º).

Jurisprudência

- Conceito de repouso noturno
- Distinção entre repouso noturno e noite
- Reconhecimento do furto noturno
- Insuficiência da acusação de furto durante a noite
- Desnecessidade de ser casa habitada
- Desnecessidade de haver moradores repousando
- Necessidade de casa habitada
- Necessidade de casa habitada e moradores repousando
- Furto noturno em dependências da casa
- Furto noturno em dependências da casa – Contra
- Furto em garagem coletiva
- Furto noturno em dependência de sítio
- Furto noturno na via pública
- Furto noturno na via pública – Contra
- Furto durante o sono diurno da vítima: inexistência da majorante
- Furto e morador em vigília
- Furto e moradores em festividades
- Furto noturno em estabelecimento comercial: inexistência da majorante
- Furto noturno em estabelecimento comercial com vigia
- Furto noturno no interior de ônibus rodoviário: inexistência da majorante
- Inadmissibilidade de majoração no furto qualificado

155.10 Furto privilegiado

O furto privilegiado, ou furto mínimo, ou de pequeno valor, tem como requisito indispensável ser o agente primário, ou seja, que não tenha contra si, na época do crime, sentença condenatória transitada em julgado. Não é necessário, portanto, para se afastar o privilégio, que o agente seja reincidente.

O segundo requisito é ser a coisa subtraída de pequeno valor que, no conceito assentado da jurisprudência, não ultrapasse a importância de um salário-mínimo na época do fato. Não se deve confundir também pequeno valor com pequeno prejuízo, como previsto no art. 171, § 1º, do CP, embora já se tenha decidido pela sua equiparação. A devolução da coisa, a sua apreensão pela Polícia ou o ressarcimento do prejuízo não propiciam o reconhecimento do furto privilegiado, mas podem constituir a causa de diminuição de pena do arrependimento posterior (art. 16) ou uma atenuante (art. 65, III, b). Deve-se reconhecer que, em concepção moderna, presentes os requisitos exigidos na lei, tem direito o sentenciado à concessão do benefício. Não se trata de mera faculdade do juiz a redução ou a substituição da pena. Não é possível, assim, negar-se o benefício acrescendo condição não estabelecida na lei, como má personalidade, maus antecedentes, dolo intenso. Nada impede o reconhecimento de continuidade delitiva em furto privilegiado se preenchidos, em cada um, os requisitos necessários à sua identificação.

Jurisprudência

- Inadmissibilidade do privilégio em contexto delitivo complexo
- Valor inferior ao salário-mínimo
- Valor superior ao salário-mínimo
- Critério flexível na avaliação do valor da coisa furtada –
- Consideração do valor ao tempo da subtração
- Crime continuado de furto privilegiado

- Inexistência da intenção de restituir a coisa furtada
- Pequeno valor e princípio da insignificância
- Bem inútil: princípio da bagatela
- Inexpressividade do valor: princípio da bagatela
- Exigência do conhecimento do agente sobre o valor da coisa no crime de bagatela
- Inadmissibilidade para réu com condenação anterior
- Inadmissibilidade para réu com condenação anterior – Contra
- Admissibilidade para réu com maus antecedentes
- Admissibilidade na ausência de certidões de processos pendentes e anteriores
- Reconhecimento de furto privilegiado como direito do réu
- Reconhecimento de furto privilegiado como direito do réu – Contra
- Salário-mínimo como parâmetro
- Salário-mínimo como parâmetro – Contra
- Valor inferior ao salário-mínimo
- Valor superior ao salário-mínimo
- Critério flexível na avaliação do valor da coisa furtada
- Consideração do valor ao tempo da subtração
- Inexistência de avaliação: reconhecimento do privilégio
- Avaliação não convincente: reconhecimento do privilégio
- Valor da coisa no caso de tentativa
- Valor da coisa no caso de concurso de pessoas
- Subtração de documentos, cartões de crédito e bancário
- Irrelevância de ausência de prejuízo
- Irrelevância de ausência de prejuízo – Contra
- Crime continuado de furto privilegiado
- Pequeno valor e princípio da insignificância
- Valor irrisório: crime caracterizado
- Aplicação da pena no furto privilegiado

155.11 Furto qualificado com destruição ou rompimento de obstáculo

Se o agente inutiliza, desfaz, desmancha, arrebenta, rasga, fende, corta ou deteriora um obstáculo, como trincos, portas, janelas, fechaduras, fios de alarme etc., que visam impedir a subtração, o furto é qualificado. Basta para isso a destruição total ou parcial de qualquer elemento do obstáculo. Não há qualificadora quando o rompimento é de parte da coisa subtraída e não obstáculo à sua subtração como é perfeitamente claro na descrição da qualificadora.

É indispensável o dano para a configuração da qualificadora, não sendo suficiente que tenha a coisa sido removida, forçada, retirada. Por isso, e por restarem vestígios da destruição ou rompimento, exige-se para o reconhecimento da causa de aumento de pena o exame pericial. Não pode ser ele substituído por simples laudo do exame de local ou vistoria.

Jurisprudência

- Caracterização do rompimento de obstáculo
- Arrombamento de porta em mau estado de conservação
- Retirada do vidro da janela do veículo
- Defeito da janela preexistente
- Rompimento de obstáculo (quebra-vento) para a subtração de automóvel
- Inadmissibilidade de reconhecimento pela perícia nula
- Inadmissibilidade de aceitação de perícia imprestável
- Comunicabilidade da circunstância ao corréu
- Conceito de rompimento de obstáculo
- Inexistência de destruição de obstáculo
- Desnecessidade de inutilização do obstáculo
- Remoção de porta de residência
- Remoção de porta de residência – Contra
- Rompimento de vidro de porta de residência
- Quebra de vidro do automóvel subtraído: inexistência da qualificadora

- Quebra de vidro do automóvel subtraído: inexistência da qualificadora – Contra
- Rompimento da trava de câmbio: reconhecimento da qualificadora
- Remoção indireta de obstáculo
- Rompimento de obstáculo para subtração de objetos do interior de automóvel: reconhecimento da qualificadora
- Contra: furto de objetos do interior do automóvel
- Furto de acessório: inexistência da qualificadora
- Furto de automóvel com "ligação direta": inexistência de qualificadora de rompimento de obstáculo
- Furto de automóvel com "ligação direta": inexistência de qualificadora de rompimento de obstáculo – Contra
- Remoção de telhas: inexistência da qualificadora
- Remoção de telhas: inexistência da qualificadora – Contra
- Necessidade de exame pericial
- Inadmissibilidade de reconhecimento pela perícia tardia
- Inadmissibilidade de reconhecimento pela perícia tardia – Contra
- Admissibilidade de reconhecimento pela perícia juntada com atraso
- Inadmissibilidade de reconhecimento por auto de vistoria do local
- Inadmissibilidade de reconhecimento por auto de vistoria do local – Contra
- Inadmissibilidade de substituição por prova indireta
- Inadmissibilidade de substituição por prova indireta – Contra

155.12 Furto com abuso de confiança

Qualifica o furto ter sido ele praticado com abuso de confiança, em que o agente aproveita a menor proteção dispensada pelo sujeito à coisa diante da confiança que lhe é depositada. Caso comum é o cometido por vigias e empregados domésticos ou de estabelecimentos comerciais ou industriais desde que se comprove a específica confiança neles depositada pelos empregadores. Inexistente esta relação especial, haverá apenas a ocorrência de agravante genérica (art. 61, II, *f*). O mesmo se diga com relação ao furto praticado prevalecendo-se o agente de relações de hospitalidade, que também exige a demonstração da confiança da vítima. O abuso de confiança precisa ficar comprovado, não podendo ser presumido por mero parentesco ou pelo trabalho, a não ser quando a fidúcia é ínsita à atividade do agente. Também não incide a qualificadora se, embora presente a relação de confiança, esta em nada facilitou a execução do furto.

Jurisprudência

- Subtração por meio de cartão magnético e conhecimento da senha por amizade com a vítima
- Inexistência de amizade entre autor e vítima
- Furto por empregado de confiança
- Furto por empregado de guarda ou vigia
- Furto por caixa de estabelecimento comercial
- Inexistência de vinculação do vigia com a vítima
- Insuficiência da relação de emprego
- Insuficiência de prestação de serviços
- Empregada doméstica: existência de agravante genérica
- Empregada doméstica: insuficiência da relação de emprego
- Empregada doméstica: caracterização da qualificadora
- Insuficiência de parentesco
- Insuficiência de simples hospitalidade
- Inexistência de relação entre a confiança e a subtração

155.13 Furto mediante fraude

No furto em que é utilizado o meio enganoso, o embuste, o ardil, o artifício usado pelo agente para subtrair a coisa alheia, há crime qualificado. Distingue-se o furto qualificado com fraude do estelionato porque neste o agente obtém a coisa que lhe é transferida pela vítima por ter sido induzida em erro, viciada em sua vontade pelo expediente fraudulento, enquanto no furto a coisa é subtraída, em discordância expressa ou presumida do detentor, utilizando-se o agente de fraude para retirá-la da esfera de vigilância da vítima.

Jurisprudência

- Furto com fraude no saque pela internet ou mediante clonagem de cartão de crédito
- Conceito de fraude no furto
- Furto com fraude caracterizado
- Fraude ineficiente: inexistência de qualificadora
- Inexistência de fraude no descuido da vítima
- Hipóteses de furto mediante fraude
- Furto com fraude em estabelecimentos comerciais
- Inexistência de fraude contra a vítima
- Furto com ligação irregular no encanamento de água: inexistência da qualificadora
- Furto com ligação irregular no encanamento de água: inexistência da qualificadora – Contra
- Furto por falsa doméstica: inexistência da qualificadora
- Subtração de chave não caracteriza a fraude do furto
- Distinção entre furto com fraude e estelionato
- Furto com fraude e não estelionato
- Estelionato e não furto com fraude

155.14 Furto mediante escalada

Qualifica ainda o furto a escalada, que é a utilização de via anormal para penetrar na casa ou no local onde vai operar-se a subtração (por telhados, túneis etc.). Exige-se para o reconhecimento da qualificadora que o agente utilize instrumentos (escadas, cordas etc.) ou atue com agilidade ou esforço incomum para vencer o obstáculo. Por não deixar, normalmente, maiores vestígios, é desnecessário para o reconhecimento da escalada o exame pericial, comprovada que é pelas circunstâncias em que se realizou a entrada no imóvel, com a remoção de telhas, o ingresso por lugares altos etc.

Jurisprudência

- Remoção de telhas: escalada configurada
- Conceito de escalada
- Existência da qualificadora da escalada
- Inexistência da qualificadora da escalada
- Furto de fios elétricos em postes
- Furto de fios elétricos em postes – Contra
- Existência da qualificadora: entrada pelo telhado
- Desnecessidade de exame pericial: remoção de telhas
- Necessidade de perícia para comprovação da escalada
- Necessidade de perícia para comprovação da escalada – Contra
- Desnecessidade de perícia quando não houver vestígios
- Inadmissibilidade de substituição da perícia por auto de descrição do local

155.15 Furto com destreza

Configura o crime qualificado pela destreza a habilidade física ou manual do agente que possibilita a subtração sem que a vítima dela se aperceba. Caso típico de destreza é a "punga" (subtração de carteira ou dinheiro em local onde se aglomeram pessoas). O fato de o agente não consumar o crime, surpreendido pela vítima ou terceiro, não exclui a qualificadora, que só não deve ser reconhecida se comprovado que o agente foi inábil, fazendo-se notar na prática da conduta.

Jurisprudência

- Caracterização da qualificadora da destreza
- Furto com destreza com a troca de objetos
- Furto com destreza na "punga"
- Inexistência de destreza na "punga" quando percebida pela vítima
- Existência da qualificadora quando percebida apenas por terceiro
- Inexistência de destreza na "trombada"
- Existência da qualificadora na tentativa
- Furto com destreza no abraço
- Inexistência da qualificadora sem a presença de habilidade especial
- Inexistência da qualificadora com relação à vítima embriagada
- Inexistência da qualificadora com relação à vítima dormindo
- Furto de automóvel com "ligação direta": inexistência da qualificadora

155.16 Furto com o emprego de chave falsa

A utilização de chave falsa também qualifica o furto. Seu conceito inclui não só a imitação da chave verdadeira como qualquer instrumento, com ou sem forma de chave, de que se utiliza o agente para fazer funcionar o mecanismo da fechadura ou dispositivo análogo. São as gazuas, "michas", grampos, tesouras, arames e outros instrumentos que substituem, com maior ou menor eficiência, a chave verdadeira. A utilização da chave verdadeira obtida ilicitamente não configura a qualificadora, de emprego de chave falsa, pois não podem ser elas equiparadas, ocorrendo no caso furto com fraude quando é ela obtida com meio fraudulento, mas não quando subtraída, pois neste caso a subtração é ante fato não punível do próprio furto. Não há, evidentemente, que se falar em emprego de chave falsa quando o agente utiliza a chave verdadeira deixada ou esquecida pela vítima na fechadura ou em local de fácil acesso. Para o reconhecimento da qualificadora não é indispensável a apreensão do instrumento utilizado pelo agente, mas o exame pericial, direto quando houver apreensão, ou indireto em caso contrário, é necessário.

Jurisprudência

- Uso da chave falsa na conduta
- Ligação direta: inexistência da qualificadora
- Desnecessidade de perícia no veículo furtado para reconhecimento da qualificadora
- Conceito de chave falsa
- Furto com "micha"
- Furto com "micha" – Contra
- Uso da chave verdadeira: inexistência da qualificadora
- Uso da chave verdadeira: inexistência da qualificadora – Contra
- Uso de chave verdadeira subtraída: existência da qualificadora
- Furto com chave falsa de aparelho telefônico
- Chave falsa para ignição de automóvel: crime não qualificado – Contra
- Ligação direta: inexistência da qualificadora
- Necessidade de exame pericial – Contra
- Desnecessidade da perícia
- Desnecessidade da perícia – Contra
- Inexistência de prova do uso de chave falsa

155.17 Furto mediante concurso de pessoas

Qualifica o crime de furto ter sido ele praticado mediante o concurso de duas ou mais pessoas, o que denota maior periculosidade dos concorrentes. Não exigindo a lei que o crime seja executado por duas ou mais pessoas, configura-se a qualificadora mesmo que, havendo partícipe, a fase executiva fique a cargo de apenas uma pessoa. Está incluído no número de colaboradores o menor, o inimputável e aquele que, comprovada sua existência, não é identificado. Não exige a lei, aliás, um acordo prévio entre os autores.

No furto qualificado pelo concurso de pessoas, algumas decisões, entendendo exagerada a previsão legal do dobro da pena cominada para o tipo fundamental, têm fixado a pena do furto simples com o acréscimo de um terço até metade, aplicando, analogicamente, a regra contida no art. 157, § 2º. Não se justifica, porém, o uso da analogia diante da inexistência de lacuna a ser suprida, pois, no furto, a circunstância é expressamente prevista como qualificadora e não como causa de aumento de pena. Nesse sentido é a Súmula 442 do STJ: "É inadmissível aplicar, no furto qualificado, pelo concurso de agentes, a majorante do roubo."

Jurisprudência

- Necessidade de combinação de vontades
- Absorção da qualificadora pelo crime de quadrilha
- Inadmissibilidade de aplicação analógica do art. 157, § 2º, IV
- Reconhecimento do furto qualificado pelo concurso de pessoas
- Irrelevância de coautoria com menores inimputáveis
- Irrelevância da falta de identificação do coautor
- Concurso de agentes com comportamentos distintos
- Impossibilidade de reconhecimento de participação de menor importância
- Desnecessidade de prévio acordo
- Desnecessidade de colaboração na fase executiva
- Desnecessidade de colaboração na fase executiva – Contra
- Auxílio posterior ao crime: inexistência de qualificadora

155.18 Furto qualificado e privilegiado

A colocação do furto qualificado após o dispositivo que se refere ao furto privilegiado denuncia a intenção de só possibilitar a diminuição ou substituição da pena nos casos de furto simples ou furto noturno, conforme reiterada jurisprudência. Aliás, sobreleva ao pequeno valor da *res furtiva*, desvalor do resultado, a maior gravidade da conduta, desvalor da ação. Sob a alegação, porém, de que a norma do § 2º do art. 155 é antes de mais nada um instrumento colocado à disposição do prudente arbítrio do julgador para individualizar a pena, tem-se decidido muitas vezes que é permitida também a sua aplicação ao furto qualificado, principalmente nas hipóteses em que a qualificadora é de natureza objetiva. Nesse sentido, aliás, foi editada a Súmula 511 do STJ.

Jurisprudência

- Não caraterização do furto qualificado-privilegiado: furto mediante fraude
- Não caracterização do furto qualificado-privilegiado: maior reprovabilidade da conduta
- Possibilidade excepcional de furto qualificado-privilegiado
- Possibilidade de reconhecimento do privilégio no juízo da execução
- Pena para o furto qualificado
- Inadmissibilidade de furto qualificado-privilegiado
- Admissibilidade do furto qualificado – privilegiado
- Admissibilidade de furto qualificado-privilegiado: qualificadora de natureza objetiva
- Possibilidade excepcional de furto qualificado-privilegiado
- Furto qualificado-privilegiado: conceito de pequeno valor

155.19 Furto duplamente qualificado

No furto duplamente qualificado, o Juiz deve considerar as duas qualificadoras, diante do que dispõe o art. 59 do CP, que se refere, entre outras, genericamente, às "circunstâncias" do crime, como elemento balizador da pena-base.

Jurisprudência

- Pena base do furto duplamente qualificado
- Pena base do furto duplamente qualificado – Contra
- Pena do furto duplamente qualificado: impossibilidade de considerar como agravante
- Pena do furto duplamente qualificado: impossibilidade de dupla exasperação
- Qualificadora como agravante
- Qualificadora como agravante – Contra

155.20 Furto de veículo automotor

Inserindo ao art. 155, pelo art. 1º, da Lei nº 9.426, de 24-12-1996, prevê o § 5º uma pena de reclusão de três a oito anos se a subtração for de veículo automotor que venha a ser transportado para outro Estado ou para o exterior. Considerou-se, certamente, não só o fato de se tratar de uma circunstância do furto que vem ganhando proporções alarmantes, como o de causar quase sempre prejuízo econômico elevado pela dificuldade na apreensão da *res furtiva*. É indispensável, porém, para a configuração da qualificadora, que o veículo seja transportado para outro Estado da Federação ou para o exterior, pelo agente ou por terceiro mancomunado com o agente. Não ocorrendo o cruzamento da fronteira do Estado ou do País, e inexistente outra qualificadora, responderá o agente pelo furto simples consumado, ou tentado, se não consumar a subtração. Caracterizada a subtração sem que ocorra o transporte, não há que se falar em tentativa de furto qualificado; consumado está o furto e inexistente a qualificadora. Seria um contrassenso admitir tentativa de furto, e é desse delito que se trata, quando ocorreu a subtração pretendida. O transporte para outro Estado ou para o exterior não é condição objetiva de punibilidade, mas circunstância qualificadora posterior à subtração; exige, pois, o elemento subjetivo do tipo qualificado, ou seja, de o agente estar ciente de que, posteriormente à subtração, o veículo será transportado, por ele ou por terceiro, para outro Estado ou para o exterior. Não exige a lei, porém, que o agente que realiza a subtração, a mando de terceiro, o faça com esse intuito, desde que essa finalidade esteja presente naquele. Inexistente, porém, a consciência de que haverá o transporte, necessária para a integração do tipo subjetivo, não arcará o autor da subtração com a agravação da pena. O objeto material dessa espécie de furto qualificado é o veículo automotor, ou seja, aquele que se move mecanicamente, especialmente a motor de explosão, para transporte de pessoas ou carga (automóveis, utilitários, caminhões, ônibus, motocicletas, lanchas, aviões etc.).

Incurso o agente no art. 155, § 5º, do CP, não incidem as qualificadoras do § 4º do mesmo artigo. Devem ser consideradas pelo Juiz, se existentes, apenas como as "circunstâncias" judiciais referidas no art. 59 do Código Penal para a fixação da pena-base.

Pela Lei Complementar nº 121, de 9-2-2006, foi criado o Sistema Nacional de Prevenção, Fiscalização e Repressão ao furto e roubo de veículos e cargas.

Jurisprudência

- Coautoria em crime de furto de veículo automotor

155.21 Furto de animal

Acrescentado pela Lei nº 13.330, de 2-8-2016, o § 6º prevê nova qualificadora: "A pena é de reclusão de 2 (dois) a 5 (cinco) anos se a subtração for de semovente domesticável de produção, ainda que abatido ou dividido em partes no local da subtração". O incremento do abigeato nas zonas rurais e os malefícios à saúde pública que se podem associar ao abate clandestino de animais e à comercialização de carne motivaram o legislador à reforçar a tutela penal. Qualifica-se o furto se o objeto material é "semovente domesticável de produção". Para o direito penal, semovente – aquele que anda ou se move por si – é sempre coisa móvel, o animal, suscetível de apreensão e transporte, que integra o patrimônio de alguém. Incluem-se somente aos animais domesticáveis de produção, que são os reproduzidos, criados e mantidos sob a ação controladora do homem com finalidade de exploração econômica, como o gado e outros animais criados em rebanhos, equinos, suínos, caprinos etc. Incluem-se, também, as aves, como galinhas e avestruzes, ou quaisquer outras espécies, desde que domesticáveis e passíveis de produção. Não autorizam a incidência do dispositivo os animais que vivem livremente na natureza em estado selvagem, mesmo que em área privada, e os não domesticáveis. Embora a lei vise principalmente à tutela dos animais produzidos para final abate e comercialização da carne ou outras partes, a redação do dispositivo não autoriza que se excluam cães, gatos, pássaros e outras espécies quando reproduzidos ou mantidos em canis ou criadouros para serem comercializados como animais de estimação ou guarda. Diz a lei que a agravação da pena é devida mesmo se o animal tiver sido abatido ou dividido em partes. Assim, o objeto material do delito pode ser o animal vivo, o morto ou suas partes, pressupondo-se, porém, que o abate tenha ocorrido no local da subtração.

A receptação do objeto do furto praticado nos termos do § 6º do art. 155 é prevista como crime específico, no art. 180-A.

155.22 Furto com o emprego de explosivo ou artefato análogo

Com a finalidade de coibir mais severamente modalidade de furto de incidência crescente no país, praticados, sobretudo, em agências bancárias e caixas eletrônicos, a Lei nº 13.654, de 23-4-2018, inseriu no art. 155 o § 4º-A, que comina a pena de 4 a 10 anos de reclusão para o autor de furto praticado com o emprego de explosivo ou de artefato análogo que cause perigo comum. Explosivo é substância ou composto de substâncias que podem ensejar a explosão, processo em que a liberação, em curto espaço de tempo, de grande quantidade energia contida em materiais ou gases é apta a ensejar uma onda de choque causando danos a pessoas ou objetos. Está abrangido pela qualificadora o emprego de dinamite, composta por nitroglicerina, mas, também, de qualquer substância contida em artefatos análogos e igualmente capazes de provocar explosão. Exige o dispositivo que o emprego do explosivo cause perigo comum, ou seja, que acarrete risco à incolumidade de pessoas ou bens materiais. Não se exige, porém, a efetiva ocorrência de lesões ou danos, bastando a existência do perigo concreto. Por interpretação sistemática deve-se entender que o emprego de explosivo ou artefato análogo qualifica o crime se utilizados estes como meios específicos para possibilitar a subtração. Operada, ou não, a subtração, a utilização do explosivo com outras finalidades, como a de provocar tumulto ou dificultar a ação policial, configura o crime descrito no art. 251, punido com pena de 3 a 6 anos de reclusão. Deve-se observar, aliás, que, antes da inovação legislativa, a utilização (ou a mera colocação) de engenho de dinamite ou artefato análogo com a criação de perigo à incolumidade pública determinava a punição pelo crime de furto qualificado praticado em concurso com o de explosão. Tratando-se de qualificadora, e não de causa de aumento de pena, incidindo o § 4º-A, outras eventuais qualificadoras, previstas no § 4º, devem ser consideradas pelo juiz na dosagem da pena como circunstâncias judiciais.

O furto com o emprego de explosivo ou artefato análogo que cause perigo comum passou a ser considerado crime hediondo por força da Lei nº 13.964, de 24-12-2019, que inseriu o inciso IX no art. 1º da Lei nº 8.072/1990. Dessa forma, o autor desse delito não pode ser beneficiado com a anistia, graça ou indulto (art. 2º, I) e não tem direito à fiança (art. 2º, II), sua prisão temporária pode estender-se por 30 dias, prorrogável por igual período em caso de extrema necessidade (art. 2°, § 4°) e, em caso de sentença condenatória, o juiz decidirá fundamentadamente se poderá apelar em liberdade (art. 2°, § 3°). No caso de condenação, o regime inicial será obrigatoriamente o fechado (art. 2°, § 1°) e a progressão de regime dependerá do cumprimento de 40% a 70% (art. 112 da LEP). A concessão do livramento condicional depende do cumprimento de dois terços da pena, sendo vedada, porém, na hipótese de reincidência na prática de crimes hediondos ou equiparados (art. 83, V).

155.23 Furto de substâncias explosivas

A referida Lei n° 13.654, de 23-4-2018, inseriu no art. 155 o § 7°, em que se prevê outra qualificadora, pela qual se cominam as mesmas penas, de 4 a 10 anos de reclusão, para a subtração de substâncias explosivas ou de acessórios que possibilitem a sua fabricação, montagem ou emprego. A exemplo do que se verifica nos §§ 5° e 6°, o furto é mais severamente punido, nos termos do § 7°, em face da natureza da coisa subtraída. O fabrico, fornecimento, aquisição, posse ou transporte de explosivos ou material destinado à sua fabricação, sem licença da autoridade, são condutas tipificadas no art. 253. Justifica-se a agravação do furto no caso das substâncias explosivas não somente em razão do risco à incolumidade pública que a própria subtração pode ensejar, como, também, daquele que se pode associar a sua possível utilização criminosa. Como nas hipóteses dos §§ 4°-A a 6°, pode o juiz ponderar as circunstâncias previstas no § 4° como circunstâncias judiciais na exasperação da pena a ser aplicada.

155.24 Furto mediante fraude cometido por meio de dispositivo eletrônico ou informático

Em decorrência das inovações tecnológicas na área da informática, proliferaram na sociedade novas práticas de transações comerciais e financeiras por meio de computadores, telefones celulares e outros dispositivos eletrônicos que frequentemente se utilizam da *internet* para a sua concretização. Esses novos processos favoreceram a disseminação do emprego de uma diversificada gama de expedientes fraudulentos para a prática de furtos. Com a finalidade de promover mais severa repressão a essa crescente modalidade delituosa, a Lei n° 14.155, de 27-5-2021, inseriu no art. 155 uma nova qualificadora, agora prevista no § 4°-B. Pune-se com pena de 4 a 8 anos e multa, se o furto mediante fraude é cometido por meio de dispositivo eletrônico ou informático ou por qualquer outro meio fraudulento análogo. Delitos dessa natureza eram antes punidos nos termos do art. 155, § 4°, II.

Como já visto, dispositivo é qualquer aparelho, mecanismo ou componente construído para uma função especial. Informática é a ciência que estuda o tratamento da informação mediante o uso de computadores ou outros dispositivos de processamento de dados. Por dispositivo eletrônico ou informático, deve-se entender qualquer sistema ou aparelho que viabiliza, por meio eletrônico, o armazenamento, processamento ou transferência de dados ou informações, abrangidos os computadores de qualquer espécie, como *desktops*, *notebooks*, *tablets*, servidores etc., seus componentes e periféricos, bem como outros dispositivos que possibilitem aquelas operações, embora possam desempenhar também outras funções (v. item 154-A.2).

Embora a rigor desnecessário, ressalta-se no dispositivo a irrelevância das circunstâncias de estar ou não o dispositivo conectado à rede de computadores, de atuar ou não o agente mediante a violação de mecanismos de segurança ou a utilização de programa malicioso. A utilização de uma fórmula genérica ao final do artigo, "por qualquer outro meio fraudulento análogo" autoriza a interpretação analógica e se justifica diante da frequência com que se têm verificado as inovações tecnológicas na área da informática.

No § 4º-C inseriram-se duas causas de aumento de pena ao furto qualificado nos termos do § 4º-B. A primeira circunstância, que determina acréscimo de um terço a dois terços, é a de ser o crime praticado "mediante a utilização de servidor mantido fora do território nacional" (inciso I). Mencionando aqui o "servidor", refere-se a lei ao computador que provê recursos, dados, serviços ou programas para outros computadores, conhecidos como clientes, por meio de uma rede de computadores. Pune-se mais severamente o agente que se vale de algum servidor localizado fora dos limites territoriais do País, em razão da maior dificuldade criada para a apuração da autoria do crime e a colheita de provas no curso da persecução penal.

A segunda majorante, que enseja aumento de um terço ao dobro, é a de ser o crime praticado contra idoso ou vulnerável (inciso II). Justifica-se o acréscimo legal em razão da presunção de maior dificuldade de resistência da vítima à ação fraudulenta do agente, em decorrência dessas condições pessoais. Pessoa idosa é a que tem 60 anos ou mais (art. 1º do Estatuto da Pessoa Idosa). O conceito de vulnerável não é dado pelo dispositivo. Dele trata o Código Penal ao disciplinar os crimes sexuais. Podem ser considerados pessoa vulnerável o menor de idade e quem, por enfermidade ou deficiência mental, não tem o necessário discernimento para a prática do ato, ou que, por qualquer outra causa, não pode oferecer resistência (v. itens 217-A.1. e 217-A.2).

A menção no § 4º-C à devida consideração da "relevância do resultado gravoso" deve ser entendida como a previsão de um critério que deve nortear a dosagem do acréscimo a ser aplicado no caso concreto, em ambas as hipóteses legais, que a seguir são discriminadas dispositivo. Não se cuida de circunstância que condicione o próprio reconhecimento ou não de uma ou outra majorante, mas daquela que deve orientar o Juiz na aferição do grau de punição requerido pelo resultado concreto da ação criminosa, dentro dos limites fixados.

Furto de coisa comum

Art. 156. Subtrair o condômino, co-herdeiro ou sócio, para si ou para outrem, a quem legitimamente a detém, a coisa comum:

Pena – detenção, de 6 (seis) meses a 2 (dois) anos, ou multa.

§ 1º   Somente se procede mediante representação.

§ 2º   Não é punível a subtração de coisa comum fungível, cujo valor não excede a quota a que tem direito o agente.

Vide: **CP** arts. 100, § 1º, 102, 103, 107, IV, 155, 168; **CPP** arts. 5º, II, § 4º, 24, 25, 38, 39, 564, III, *a*, 569; **CC** arts. 53, 56, parágrafo único, 85, 981, 1.314, 1.791, parágrafo único; **Lei nº 11.340**, de 7-8-2006, art. 7º, IV (subtração de bens como forma de violência doméstica e familiar contra a mulher).

156   FURTO DE COISA COMUM

156.1   Sujeitos do delito

O artigo prevê um crime próprio, já que somente pode ser praticado por condômino, coerdeiro ou sócio.

Sujeito passivo é o condômino, coerdeiro ou sócio que não o agente, ou mesmo a pessoa que tem a posse legítima da coisa sobre a qual pesa condomínio ou sociedade ou pertença ao patrimônio dos bens a serem partilhados entre os herdeiros. No condomínio, estão incluídos os bens comuns da sociedade conjugal e da união estável. A sociedade a que se refere o dispositivo é apenas aquela que não está revestida de personalidade jurídica. As pessoas jurídicas têm existência distinta da de seus membros, inclusive quanto à propriedade e posse, e o sócio delas pode praticar crime de furto comum, ou apropriação indébita e não o delito em apreço.

Jurisprudência

- Furto de coisa comum na união estável
- Furto de coisa comum entre cônjuges separados

156.2 Tipo objetivo

A conduta não difere daquela do crime de furto comum. É a subtração da coisa móvel ou mobilizada. É necessário que o agente tenha parte ideal da coisa subtraída para se falar em coisa comum, objeto material do crime. Não há tal crime se o agente detém a posse da coisa, podendo ocorrer o crime de apropriação indébita.

Jurisprudência

- Inexistência de furto de coisa comum quando o sócio detém a posse
- Inexistência de furto de coisa comum em sociedade comercial

156.3 Tipo subjetivo

O elemento subjetivo também é o mesmo do crime de furto comum, ou seja, a vontade de subtrair a coisa, para si ou para outrem.

156.4 Consumação e tentativa

A consumação do crime também ocorre como no crime de furto comum, com a inversão da posse, ou seja, quando o agente tem a posse mais ou menos tranquila da coisa fora da esfera de vigilância da vítima. A tentativa caracteriza-se se isso não ocorrer.

156.5 Exclusão do crime

Caso o objeto material da subtração seja coisa fungível, que pode ser determinada por número, peso e medida admitindo sua substituição por outra da mesma espécie, qualidade ou quantidade (art. 85 do CC), não é punível a subtração se o valor da coisa subtraída não excede à quota-parte a que tem direito o agente. Nesse caso o agente estaria se apossando da parte a que tem direito.

156.6 Ação penal

A lei faz depender a ação penal pública de representação da vítima, ou seja, qualquer condômino, sócio ou herdeiro lesado em seu patrimônio.

CAPÍTULO II
DO ROUBO E DA EXTORSÃO

Roubo

Art. 157. Subtrair coisa móvel alheia, para si ou para outrem, mediante grave ameaça ou violência a pessoa, ou depois de havê-la, por qualquer meio, reduzido à impossibilidade de resistência:

Pena – reclusão, de 4 (quatro) a 10 (dez) anos, e multa.

§ 1º Na mesma pena incorre quem, logo depois de subtraída a coisa, emprega violência contra pessoa ou grave ameaça, a fim de assegurar a impunidade do crime ou a detenção da coisa para si ou para terceiro.

§ 2º A pena aumenta-se de 1/3 (um terço) até metade:*

I – (revogado) **;

II – se há o concurso de duas ou mais pessoas;

III – se a vítima está em serviço de transporte de valores e o agente conhece tal circunstância;

IV – se a subtração for de veículo automotor que venha a ser transportado para outro Estado ou para o exterior;***

V – se o agente mantém a vítima em seu poder, restringindo sua liberdade.***

VI – se a subtração for de substâncias explosivas ou de acessórios que, conjunta ou isoladamente, possibilitem sua fabricação, montagem ou emprego. ****

VII – se a violência ou grave ameaça é exercida com emprego de arma branca; ******

§ 2o-A A pena aumenta-se de 2/3 (dois terços):****

I – se a violência ou ameaça é exercida com emprego de arma de fogo;

II – se há destruição ou rompimento de obstáculo mediante o emprego de explosivo ou de artefato análogo que cause perigo comum.

§ 2º-B. Se a violência ou grave ameaça é exercida com emprego de arma de fogo de uso restrito ou proibido, aplica-se em dobro a pena prevista no *caput* deste artigo.******

§ 3º Se da violência resulta:*****

I – lesão corporal grave, a pena é de reclusão de 7 (sete) a 18 (dezoito) anos, e multa;

II – morte, a pena é de reclusão de 20 (vinte) a 30 (trinta) anos, e multa.

* Redação dada pela Lei nº 13.654, de 23-4-2018.

** Inciso I revogado pela Lei nº 13.654, de 23-4-2018.

*** Incisos IV e V acrescentados pelo art. 1º da Lei nº 9.426, de 24-12-1996.

**** Inciso VI e § 2º-A acrescentados pela Lei nº 13.654, de 23-4-2018.

***** § 3º Redação dada pela Lei nº 13.654, de 23-4-2018.

****** Inciso VII e § 2º-B inseridos pela Lei nº 13.964, de 24-12-2019.

Vide: **CF** art. 5º, XXII, XLIII; **CP** arts. 19, 29, 83, V, 121, § 2º, V, 129, §§ 1º e 2º, 147, 155, *caput*, §§ 4º-A, 5º e 7º, 148, 158, 183, I, 251, 288; **CPP** arts. 162 a 168; **Lei nº 7.960**, de 21-12-1989, art. 1º, III, *c* (prevê a prisão temporária em crimes de roubo e latrocínio – art. 157, *caput*, e seus §§ 1º, 2º e 3º); **Lei nº 8.072**, de 25-7-1990, art. 1º, II, *a, b* e *c* (considera hediondo roubo circunstanciado pela restrição de liberdade da vítima, circunstanciado pelo emprego de arma de fogo, pelo emprego de arma de fogo de uso proibido ou restrito, qualificado pelo resultado lesão corporal grave ou morte), art. 2º, I (veda anistia, graça e indulto), II (proíbe a fiança), § 1º (determina o regime inicial fechado), § 3º (possibilita a concessão fundamentada pelo juiz do apelo em liberdade), § 4º (prazo de trinta dias para a prisão temporária); **Lei nº 10.826**, de 22-12-2003 (dispõe sobre registro, posse e comercialização de armas de fogo e munição), arts. 12 a 18 (definem crimes relacionados com armas de fogo); **Lei Complementar nº 121**, de 9-2-2006 (cria o sistema nacional de prevenção, fiscalização e repressão ao furto e roubo de veículos e cargas); **Lei nº 14.967**, de 9-9-2024, art. 5º, III (Estatuto da Segurança Privada e da Segurança das Instituições Financeiras). Súmulas: **STF** 603, 610, 698, 718, 719; **STJ** 174 (cancelada), 440, 443, 582.

157 ROUBO

157.1 Sujeitos do delito

Sujeito ativo do roubo é qualquer pessoa; trata-se de crime comum e não especial. Comum é a colaboração na prática do ilícito de duas ou mais pessoas, que respondem pelo ilícito ainda que não participem de todo o *iter criminis*. O concurso de pessoas, aliás, qualifica o crime (item 157.8).

Sujeito passivo do crime é não só o proprietário, possuidor ou detentor da coisa subtraída, como qualquer pessoa atingida pela violência ou ameaça ou que tenha sido, por qualquer meio, reduzida à impossibilidade de resistência. A objetividade jurídica do crime é proteger o patrimônio, a integridade corporal e a liberdade das vítimas, havendo assim a possibilidade de crime único com vítimas diversas.

Jurisprudência

- Coautoria e não participação: domínio do fato
- Concurso de pessoas

- Concurso de pessoas pela prestação de informações
- Não reconhecimento de participação de menor importância
- Reconhecimento de participação de menor importância
- Concurso de pessoas e crime posterior por um dos agentes
- Vítimas diversas no roubo

157.2 Tipo objetivo

A conduta típica é subtrair, tirar, arrebatar a coisa alheia móvel, empregando o agente violência grave, ameaça ou qualquer outro meio para impedir a vítima de resistir.

A violência (*vis physica*) consiste no desenvolvimento de força física para vencer resistência real ou suposta, de que podem resultar morte ou lesão corporal ou mesmo sem a ocorrência de tais resultados (vias de fato), assim como ocorre na denominada "trombada" (item 157.6). No caso do roubo, é necessário que a violência seja dirigida à pessoa (*vis corporalis*) e não à coisa, a não ser que, neste caso, repercuta na pessoa, impedindo-a de oferecer resistência à conduta do agente.

A ameaça, também conhecida como violência moral (*vis compulsiva* ou *vis animo illata*), é a promessa da prática de um mal a alguém, dependente da vontade do agente, perturbando-lhe a liberdade psíquica (v. item 147.2). Pode-se ameaçar por palavras, escritos, gestos, postura etc. A simulação do emprego de arma é idônea para intimidar e se constitui, portanto, em ameaça para o roubo. Não há roubo se a ameaça não é dirigida para a subtração e tem outra finalidade. Também não se configura o crime se a vítima está atemorizada por outra razão e não pela conduta do agente, restando residualmente o furto.

Os outros meios a que se refere a lei são aqueles que, de qualquer forma, impossibilitam ou dificultam a defesa da vítima, como a utilização de narcóticos, bebidas alcoólicas, hipnose etc. O aprisionamento da vítima em um aposento, por exemplo, equivale à violência e é também um recurso que impede a defesa da vítima. A restrição de sua liberdade por período significativamente relevante configura forma qualificada do delito (item 157.11).

Objeto material do crime é a coisa alheia móvel, tal como no furto (item 155.2). Não há o crime de roubo, portanto, quando a coisa não tem qualquer valor econômico ou afetivo, de utilidade. Restará, porém, o crime praticado (constrangimento ilegal, lesões corporais, ameaça etc.). Não se pode aplicar ao roubo o princípio da insignificância, ainda que o objeto material seja de ínfimo valor, pois não pode ser tida como irrelevante a conduta que é constituída do emprego de meio que pode lesar seriamente bens jurídicos importantes, como a integridade física, a tranquilidade psíquica etc. Também é desconhecido da lei penal comum o roubo de uso, e, mesmo ao falar-se em crime impossível, por inexistência de bem a ser subtraído, restará residualmente outro ilícito a ser imputado ao acusado. O pequeno valor da coisa subtraída não acarreta a redução ou substituição da pena, medidas previstas para o furto (art. 155, § 2º).

Jurisprudência

- Suficiência de violência contra a coisa que repercute na vítima
- Ameaça com arma desmuniciada
- Simulação do emprego de arma
- Iniciativa da vítima na oferta da res
- Retenção da vítima
- Conceito de violência – Violência com vias de fato
- Gravidade da ameaça de acordo com as condições pessoais da vítima
- Impossibilidade de resistência da vítima
- Ameaça com voz agressiva a jovem

- Ameaça com simulação de emprego de arma
- Irrelevância da resistência da vítima
- Possibilidade de resistência: desclassificação para furto
- Ameaça por palavras
- Ameaça com a exibição de armas
- Ameaça com arma desmuniciada: inexistência de crime impossível
- Emprego de lâmina de barbear
- Irrelevância da ausência de arma
- Simulação do emprego de arma
- Ameaça com gestos e atitudes
- Inexistência de grave ameaça
- Exigência de incapacidade de defesa da vítima
- Temor da vítima por outra razão: inexistência de roubo
- Uso de narcótico
- Subtração de documentos pessoais: inexistência de roubo
- Subtração de coisas sem valor econômico: tentativa
- Inaplicabilidade do princípio da insignificância
- Inexistência de roubo de uso
- Inexistência de roubo de uso – Contra
- Inexistência de roubo na simples subtração de cartão magnético
- Inaplicabilidade de caso de redução da pena

157.3 Tipo subjetivo

O dolo é a vontade de subtrair, com o emprego de violência, grave ameaça ou outro recurso análogo. Exige-se, como para o furto, o elemento subjetivo do tipo, ou seja, o *animus rem sibi habendi* (item 155.3).

Jurisprudência

- Exigência do *animus rem sibi habendi*
- Inexistência do *animus rem sibi habendi*
- Inexistência do crime em conduta de embriagado
- Inexistência do crime em conduta de embriagado – Contra
- Inexistência de dolo no empréstimo da arma

157.4 Consumação e tentativa

O crime de roubo somente se consuma, como no furto, com a inversão da posse, ou seja, nos termos de reiterada jurisprudência, se o agente tem a posse mais ou menos tranquila da coisa, ainda que por breve momento, fora da esfera de vigilância da vítima. Não merece apoio a orientação minoritária que tem o roubo por consumado com a prática da violência ou ameaça, pois o núcleo do tipo é a subtração da coisa. Mas ganha corpo na jurisprudência, inclusive do STF, a orientação de que não é necessário que a coisa saia da esfera de vigilância da vítima, bastando que cesse a violência para que o poder de fato sobre ela se transforme de detenção em posse, consumando-se o delito. Está consumado o roubo, se o agente, antes de ter a posse tranquila da coisa, dela se desfaz ou se extravia na fuga, não a recuperando a vítima, ou quando, havendo concurso de agentes, um deles obtém a posse da *res*. A respeito do tema o STJ editou a Súmula 582 com a seguinte redação: "Consuma-se o crime de roubo com a inversão da posse do bem mediante emprego de violência ou grave ameaça, ainda que por breve tempo e em seguida à perseguição imediata ao agente e recuperação da coisa roubada, sendo prescindível a posse mansa e pacífica ou desvigiada."

A recuperação do bem, após a consumação, é irrelevante. Também o é o fato de não ter o agente se locupletado com o produto do roubo. Não há incompatibilidade entre a prisão em flagrante e o crime de roubo consumado, quando o agente é encontrado, após diligências, logo depois do fato, com a coisa subtraída.

A tentativa ocorre, portanto, quando o agente, após o início da execução, não chega a ter a posse tranquila da coisa e não sai esta da esfera de disponibilidade e vigilância da vítima.

Já se tem decidido pela tentativa impossível quando a vítima não porta qualquer valor consigo; no caso residualmente estaria configurada a ameaça ou a violência exercida contra o ofendido.

Jurisprudência

- Consumação pela retenção da vítima
- Caracterização do início de execução
- Tentativa equivocada de maleta sem valor
- Redução da pena na tentativa de roubo
- Desistência voluntária e arrependimento eficaz no roubo
- Inexistência de desistência voluntária
- Devolução da coisa subtraída: inexistência de desistência voluntária
- Consumação com a prática da violência
- Consumação com a prática de lesões corporais
- Consumação pela inversão da posse
- Consumação pela prática da ameaça
- Consumação pela posse tranquila por pouco tempo
- Caracterização da posse tranquila
- Desnecessidade de posse mansa e pacífica para a consumação
- Consumação pela retirada da esfera de vigilância da vítima
- Desnecessidade da retirada da esfera de vigilância da vítima
- Consumação na retenção da vítima pelo agente
- Consumação pela não recuperação da res
- Consumação pela não recuperação de parte da res
- Consumação pela não recuperação de parte da res – Contra
- Consumação pela fuga de coautor com parte da res
- Consumação e prisão em flagrante delito
- Consumação e prisão em flagrante delito por perseguição
- Consumação e prisão em flagrante delito por perseguição – Contra
- Consumação e prisão em flagrante delito sem perseguição
- Consumação e prisão em flagrante presumido
- Desnecessidade de proveito para o agente
- Irrelevância da recuperação da res
- Possibilidade de tentativa de roubo
- Caracterização do início de execução
- Tentativa pelo início da realização do crime-meio
- Tentativa pelo início da realização de crime-meio ou crime-fim
- Tentativa pela reação da vítima
- Inexistência de tentativa: esfera da cogitação
- Inexistência de atos de execução: tentativa não caracterizada
- Não consumação por circunstâncias alheias à vontade do agente
- Tentativa pela perseguição pela vítima
- Tentativa por inexistência de posse tranquila da coisa
- Tentativa por não ter saído a coisa da esfera de vigilância da vítima
- Tentativa pela prisão por policiais na ocasião da fuga
- Tentativa pela luta da vítima com o agente
- Tentativa por estar o agente junto à vítima
- Inexistência de crime impossível
- Redução da pena na tentativa de roubo
- Crime impossível no roubo
- Crime impossível no roubo – Contra
- Dispositivo de segurança: inadmissibilidade de crime impossível
- Alegação de fuga por não estar habilitado a dirigir
- Desistência voluntária e arrependimento eficaz no roubo
- Inexistência de desistência voluntária

157.5 Roubo impróprio

É denominado na doutrina de roubo impróprio o crime definido no art. 157, § 1º, do CP, em que o agente emprega violência contra a pessoa ou grave ameaça não como meio para a subtração, mas após esta, a fim de assegurar a impunidade do crime ou a detenção da coisa para si ou para outrem. Essa *violência ou ameaça deve ser exercida imediatamente após a subtração* e com a finalidade apontada na lei; se for praticada após sensível espaço de tempo, haverá concurso de crimes de furto e lesões corporais ou ameaça. Não prevê a lei a tipificação do roubo impróprio quando o agente, efetuada a subtração, emprega outro meio para assegurar a posse da coisa ou sua impunidade.

O elemento subjetivo no roubo impróprio é a vontade de subtrair, e após apossar-se da *res furtiva*, a de praticar violência ou ameaçar a vítima. Exige-se, nesse caso, o elemento subjetivo, que é o fim de assegurar a impunidade ou a detenção da coisa.

A consumação do crime ocorre com a violência ou grave ameaça, desde que já ocorrida a subtração. Não se consumando esta, há que se reconhecer a tentativa de furto em concurso com lesões corporais. Há ponderável corrente jurisprudencial, porém, entendendo existir no caso tentativa de roubo impróprio. Esta, entretanto, só pode configurar-se quando, efetuada a subtração, o agente tenta a violência ou ameaça para assegurar a posse ou a impunidade.

Jurisprudência

- Subtração e violência contra terceiro
- Caracterização do roubo impróprio: subtração e violência
- Caracterização do roubo impróprio: subtração e ameaça
- Caracterização do roubo impróprio: subtração e ameaça – Contra
- Caracterização do roubo impróprio: posse precária e violência
- Subtração tentada e violência posterior: concurso de crimes
- Subtração tentada e violência posterior: concurso de crimes – Contra
- Latrocínio tentado e lesão corporal: inexistência de roubo impróprio
- Consumação do roubo impróprio
- Inadmissibilidade de tentativa de roubo impróprio
- Admissibilidade da tentativa de roubo impróprio
- Tentativa de roubo impróprio
- Ameaça após a consumação: inexistência de roubo impróprio

157.6 Distinção

São comuns as decisões no sentido de que a "trombada", mediante a qual o agente, com empurrões ou outras vias de fato, atrapalhando os movimentos da vítima, arrebata-lhe coisa móvel, configura furto e não roubo (item 155.5). Entretanto, também se tem decidido que, havendo violência (choque, batida, colisão ou pancada com o objetivo de desequilibrar a vítima), há roubo.

Distingue-se o roubo da extorsão (v. item 158.5). Aponta-se como diferença principal entre eles o fato de existir, no roubo, a subtração, ou seja, uma atividade do agente e, na extorsão, uma conduta da vítima. Se a vítima, sob ameaça, é coagida a entregar ao delinquente dinheiro e valores que trazia consigo, o caso seria de extorsão e não de roubo. Mas deve se considerar que, constrangido o ofendido, a entrega do bem não pode ser considerada ato livremente voluntário, tornando tal conduta de nenhuma importância no plano jurídico e, assim, configura-se na hipótese o roubo e não a extorsão. Importante, portanto, é salientar que na extorsão há sempre para a vítima alguma possibilidade de opção, o que não ocorre quando, no roubo, o ofendido é obrigado a entregar a coisa de imediato; assim, no roubo, o mal é a violência física iminente e o proveito contemporâneo, enquanto na extorsão é de ordem moral, futuro e incerto, como futura é a vantagem a que visa o agente. Outro critério de distinção comumente apontado consiste na prescindibilidade do comportamento da vítima, que caracteriza o roubo e não existe na extorsão. Há casos, porém, em que a colaboração da vítima, embora indispensável à consumação do delito, não descaracteriza o roubo, como no caso do gerente de uma agência bancária, ou do ofendido em sua residência, que, durante o roubo, é constrangido a abrir o cofre com o segredo do qual só ele tem conhecimento.

Revelando-se que o apossamento da coisa alheia não objetiva subtração e sim retenção do objeto até que seja saldada dívida, pratica o agente o crime de exercício arbitrário das próprias razões em concurso com eventual violência.

Jurisprudência

- Roubo por imobilização da vítima
- Desclassificação para constrangimento ilegal: Inviabilidade
- Roubo e não estelionato
- Exercício arbitrário das próprias razões e não roubo
- "Trombada": existência de roubo
- Trombada sem desequilíbrio da vítima
- Empurrão na vítima: existência de roubo
- Empurrão na vítima: existência de roubo – Contra
- Trombada sem impossibilidade de resistência: furto
- Roubo por arrebatamento da coisa

- Roubo por arrebatamento da coisa – Contra
- Roubo por imobilização da vítima
- Desclassificação para lesões corporais
- Roubo e não furto
- Roubo impróprio e não furto
- Roubo e não furto com lesões corporais
- Distinção entre roubo e extorsão
- Roubo e não extorsão
- Roubo e não receptação
- Extorsão e não roubo
- Roubo e não exercício arbitrário das próprias razões
- Roubo qualificado e não extorsão mediante sequestro

157.7 Concurso de crimes

No roubo ficam absorvidos por serem elementos constitutivos os crimes contra a liberdade individual (constrangimento ilegal, ameaça etc.) e as lesões corporais leves. Decorrendo, porém, da violência lesão corporal grave, o crime é qualificado (item 157.14). A privação de liberdade de locomoção também é integrante do roubo, constituindo pela nova lei uma qualificadora. O sequestro pode constituir, também, qualificadora do crime de extorsão, diante da entrada em vigor da Lei nº 11.923, de 17-4-2009 (v. item 158.8). Mas pode haver sequestro se, após a subtração consumada, houver a privação de liberdade da vítima, com desígnio autônomo ao do roubo (v. item 148.7). Indiscutível também o concurso material quando são diversas as vítimas do roubo e do sequestro.

Nada impede seja reconhecida a continuidade delitiva do roubo, exceto quando, conforme jurisprudência majoritária, se comprova a habitualidade criminosa. O disposto no art. 71, parágrafo único, espancou qualquer dúvida de que não se impede a continuidade delitiva do roubo com vítimas diversas. Predomina o entendimento de que não há continuação entre roubo e latrocínio e entre roubo e extorsão, que seriam da mesma natureza, mas não da mesma espécie.

Há concurso formal no roubo quando, com uma só conduta, embora composta de vários atos, são duas ou mais as vítimas da subtração. Há crime único, porém, quando o patrimônio das vítimas é único, por pertencer a marido e mulher ou a uma mesma família, ou a uma empresa, quando ameaçados funcionários etc. Entretanto, já se tem decidido pelo concurso formal na última hipótese.

Jurisprudência

- Absorção do crime de lesão corporal de natureza leve
- Concurso material com sequestro: vítimas diversas
- Inexistência de concurso entre roubo e extorsão
- Concurso material com extorsão mediante sequestro
- Roubo contra pessoas físicas e pessoa jurídica
- Concurso material com o crime de resistência
- Concurso material de roubo qualificado com crime de quadrilha
- Concurso material de roubo qualificado com crime de quadrilha – Contra
- Requisitos do crime continuado no roubo
- Inexistência de roubo continuado: diferença de modo de execução
- Inexistência de crime continuado entre roubo e sequestro
- Pena para o roubo continuado
- Ameaça contra apenas uma pessoa: crime único
- Inexistência de concurso formal: dúvida a respeito da diversidade de patrimônios
- Vítimas pessoas físicas e pessoa jurídica
- Concurso formal entre roubo e resistência
- Desclassificação para crime residual
- Violência após o roubo: crime único
- Absorção do crime de sequestro
- Concurso material com sequestro
- Concurso material com extorsão
- Concurso material com estupro
- Concurso material com falsa identidade
- Concurso material com falta de habilitação
- Crime continuado de roubo
- Crime continuado de roubo – Contra
- Inexistência de roubo continuado: habitualidade criminosa
- Inexistência de roubo continuado: habitualidade criminosa – Contra
- Continuidade delitiva em tentativa de roubo
- Inexistência de continuidade delitiva de tentativas de roubo
- Inexistência de continuidade delitiva: crime com comparsa
- Inexistência de continuação entre roubo e latrocínio
- Inexistência de continuação entre roubo e furto
- Inexistência de continuação entre roubo e furto – Contra
- Inexistência de continuação entre roubo e extorsão
- Inexistência de continuação entre roubo e extorsão – Contra
- Concurso de roubo tentado e resistência
- Inexistência de continuação entre roubo e extorsão mediante sequestro
- Crime continuado e não crime-meio
- Concurso formal na pluralidade de vítimas da lesão ao patrimônio
- Contra: crime único
- Contra: concurso material
- Concurso formal: caso de diversas pessoas com lesão a bens jurídicos diversos
- Inexistência de concurso formal: várias vítimas e patrimônio de uma só delas
- Inexistência de concurso formal: várias vítimas com patrimônio de uma família
- Inexistência de concurso formal: várias vítimas com patrimônio de uma família – Contra
- Inexistência de concurso formal: vítima detentor único de patrimônios diversos
- Concurso formal com crime de extorsão
- Crime único em roubo e extorsão
- Concurso material entre roubo e extorsão
- Resistência à prisão e roubo: crime único
- Concurso formal com crime de corrupção de menor

157.8 Roubo qualificado pelo concurso de pessoas

O concurso de duas ou mais pessoas também qualifica o roubo, dada a maior periculosidade dos agentes, que se unem para a prática do crime, dificultando a defesa da vítima, sendo irrelevante a missão desempenhada por um ou outro sujeito. Como no furto, é irrelevante que um dos dois agentes seja inimputável ou que não participe da fase executiva do crime. Também não é afastada a qualificadora quando não é identificado o coautor. Afasta-se a qualificadora, entretanto, quando o agente é também condenado, em concurso material, com o crime de associação criminosa (art. 288), evitando-se, assim, o *bis in idem*.

Jurisprudência

- Qualificadora pela participação
- Irrelevância da falta de identificação do segundo agente
- Absorção da qualificadora pelo crime de quadrilha
- Absorção da qualificadora pelo crime de quadrilha – Contra
- Responsabilidade de todos os agentes
- Caracterização da coautoria
- Não reconhecimento da participação de menor importância
- Irrelevância da falta de identificação do segundo agente
- Irrelevância da absolvição de um agente

157.9 Roubo qualificado no serviço de transporte de valores

Quando a vítima está em serviço de transporte de valores e o agente conhece essa circunstância, ocorre também a qualificadora. Tenta-se dar maior proteção aos funcionários de transporte de valores, bancários, cobradores etc. Referindo-se a lei a valores, inclui-se o transporte não só de dinheiro, como também de títulos, selos, joias, pedras preciosas etc. A qualificadora só pode ser reconhecida ante a prova de que o agente sabia que a vítima transportava valores.

Jurisprudência

- Inexistência da qualificadora
- Inexistência da qualificadora no roubo quando de transporte de bebidas
- Inexistência da qualificadora em roubo de motoristas
- Inexistência da qualificadora no transporte de valores em veículo comum
- Inexistência de qualificadora em roubo contra cobrador de coletivo
- Inexistência da qualificadora por desconhecimento do agente

157.10 Roubo qualificado de veículo automotor

Pelo inciso IV, acrescentado pela Lei nº 9.426, de 24-12-1996, qualifica-se o roubo se a subtração for de veículo automotor que venha a ser transportado para outro Estado ou para o exterior. Valem aqui as considerações expendidas quanto ao furto qualificado nas mesmas circunstâncias (item 155.20).

157.11 Roubo qualificado pelo sequestro

Por fim, também é qualificado o roubo quando o agente mantém a vítima em seu poder, restringindo sua liberdade (inc. V, acrescentado pela Lei nº 9.426, de 24-12-1996). A privação de liberdade do ofendido pode ser meio ou elemento do roubo, perdendo o sequestro a sua autonomia. Entretanto, considerando a maior gravidade do fato, decidiu o legislador que merece ele mais severa apenação por essa circunstância.

Para que se configure a qualificadora prevista no art. 157, § 2º, V, é necessário que a privação da liberdade da vítima ocorra por tempo juridicamente relevante. Não se exige, porém, que ela se prolongue por horas. Não será qualificado o roubo se a privação da liberdade da vítima for instantânea, rápida ou momentânea, pelo tempo imprescindível para a realização da subtração. Incide a qualificadora, assim, no caso da vítima que tem a sua liberdade restringida por tempo excessivo, sob a mira de uma arma, amarrada ou trancafiada em um cômodo, durante um roubo em residência; da vítima que é mantida, sob o domínio do agente, por período prolongado, no interior do veículo subtraído, ou em outro local, sob a vigilância de um comparsa, como meio para viabilizar a tranquila consumação do roubo etc. Deve-se reconhecer também a qualificadora, nos casos em que, ainda que por curto lapso de tempo, a vítima tem a sua liberdade restringida de forma *anormal*, de modo a lhe causar especial sofrimento, como ocorre nos casos de sua colocação no porta-malas do veículo subtraído, ou amarrada a uma árvore em local deserto etc. Não se pode perder de vista que a qualificadora da privação da liberdade da vítima se justifica pela maior gravidade da ofensa à liberdade física e psíquica da vítima, bem jurídico também tutelado no roubo. A partir da edição Lei nº 13.964, de 24-12-2019, essa qualificadora passa a ser crime hediondo (art. 1º, II, *a*, da Lei nº 8.072/1990).

A privação da liberdade da vítima pode ser meio de que se vale o agente para a obtenção da vantagem econômica no crime de extorsão, configurando-se, na hipótese, o denominado sequestro relâmpago (v. item 158.8).

Jurisprudência

- Necessidade da privação da liberdade por tempo juridicamente relevante
- Crime de sequestro autônomo
- Aplicação retroativa da Lei nº 9.426/96
- Existência da qualificadora do sequestro
- Inexistência da qualificadora do sequestro

157.12 Roubo de substâncias explosivas

No inciso VI, incluído pela Lei nº 13.654, de 23-4-2018, agrava a pena ser o bem subtraído substâncias explosivas ou acessórios que possibilitem a sua fabricação, montagem ou emprego. A circunstância é a mesma descrita no § 4º-A do art. 155, justificando-se a majoração da pena em face do risco que a própria natureza da coisa enseja para a incolumidade pública, tanto em decorrência de sua subtração como de sua eventual utilização para a prática de outras atividades criminosas (v. itens 155.22 e 155.23).

157.13 Roubo duplamente qualificado

Havendo duas ou mais qualificadoras previstas no § 2º, após a fixação da pena-base nos limites do crime de roubo simples, o juiz deve considerá-las para o aumento de pena, entre um terço e metade, uma vez que não podem ser tratados igualmente roubos com uma e com mais de uma qualificadora. Segundo o STJ, porém, a simples menção ao número de qualificadoras não constitui fundamento bastante para a exasperação da pena, impondo-se ao juiz a consideração das circunstâncias concretas do delito (Súmula 443) (v. também itens 59.1 e 68.4).

Tratando-se de crime de roubo, especialmente quando duplamente qualificado, a jurisprudência se inclina no sentido de indicar o regime prisional fechado para o início do cumprimento da pena. Deve, porém, o juiz fundamentar, à vista das circunstâncias judiciais (art. 59, III), a opção pelo regime fechado sempre que aplicada pena inferior a oito anos, porque a mera referência à gravidade em abstrato do crime não constitui motivação idônea para a fixação de regime inicial mais severo do que o permitido em lei (Súmulas 718 e 719 do STF e 440 do STJ) (v. também item 59.3).

Jurisprudência

- Inadmissibilidade de aumento superior à metade
- Admissibilidade de majoração da pena no roubo duplamente qualificado
- Aumento da pena em roubo triplamente qualificado
- Fixação do regime fechado em razão da gravidade concreta do roubo
- Pena para o roubo qualificado
- Critério para a fixação da pena no roubo duplamente qualificado
- Critério para aumento da pena no roubo com várias qualificadoras
- Majoração da pena no roubo duplamente qualificado
- Majoração da pena no roubo duplamente qualificado – Contra
- Necessidade de justificação para a majoração da pena no roubo duplamente qualificado
- Admissibilidade de aumento de metade da pena
- Admissibilidade de aumento de metade da pena – Contra
- Inadmissibilidade de considerar a qualificadora como agravante genérica
- Aumento da pena somente quando caracterizada agravante genérica
- Consideração de uma qualificadora como circunstância judicial
- Consideração de uma qualificadora como circunstância judicial – Contra
- Regime inicial fechado
- Contra: necessidade de justificação para a fixação do regime inicial fechado
- Roubo biqualificado e participação de menor importância

157.14 Roubo com emprego de arma

Arma é todo instrumento normalmente destinado ao ataque ou defesa (arma própria), como qualquer outro a ser empregado nessas circunstâncias (arma imprópria). As próprias são as armas de fogo (revólveres, pistolas, fuzis etc.), brancas (punhais, estiletes etc.) e os explosivos (bombas, granadas etc.). As impróprias são as facas de cozinha, canivetes, barras de ferro, fios de aço etc.

Diante das sucessivas alterações legislativas, no roubo, o emprego de outro tipo de arma, que não seja arma *branca* ou *de fogo*, torna-se circunstância do crime a ser considerada pelo juiz na dosagem da pena, nos termos do art. 59. Tratando-se, porém, de hipótese de *novatio legis in mellius*, autorizada está a retroatividade da norma penal em relação aos crimes praticados, com arma branca ou outra que não *de fogo*, anteriormente à vigência da Lei nº 13.654, de 23-4-2018.

A partir da Lei nº 13.964, 24-12-2019, o emprego de arma branca na violência ou grave ameaça exercidas para a prática do roubo passou a ser previsto como uma causa específica de aumento de pena, agora descrita no inciso VII do § 2º, que determina a majoração de um terço a metade.

O *emprego de arma de fogo* na violência ou grave ameaça exercida como meio para a subtração está agora previsto, como uma especial majorante, no § 2º-A, inserido pela Lei nº 13.654, de 23-4-2018, determinando o acréscimo fixo de dois terços da pena. Antes da vigência desse diploma, que também revogou o inciso I do § 2º, previa-se como causa de aumento de pena de um terço até a metade a circunstância, mais abrangente, consistente no *emprego de arma*.

O emprego de arma de fogo denota não só maior periculosidade do agente, como uma ameaça maior à incolumidade da vítima, razão pela qual determina a Lei a majoração da pena. Havendo concurso de pessoas, basta que um dos agentes utilize a arma, circunstância objetiva, para que a qualificadora se estenda a todos os demais. É sempre necessário, porém, que a arma seja empregada, com seu porte ostensivo e intimidador, não bastando que o agente a porte consigo. Os crimes de porte ilegal de arma de fogo estão previstos nos arts. 14 (arma de uso permitido) e 16 (arma de uso restrito) da Lei nº 10.826, de 22-12-2003.

A alteração legislativa ensejou mais severa punição do roubo praticado com o emprego de arma de fogo, porque estabelecido o acréscimo fixo, de 2/3, no § 2º-A, superior ao máximo, de metade, antes previsto.

Na doutrina e jurisprudência predominava o entendimento de que o emprego de arma simulada (ou de brinquedo), por ser meio idôneo a intimidar a vítima, desconhecedora dessa circunstância, configurava a qualificadora prevista no art. 157, § 2º, inciso I, o que levou o STJ a editar a Súmula 174, com a seguinte redação: "No crime de roubo, a intimidação feita com arma de brinquedo autoriza o aumento de pena." Ponderável corrente não aceitava tal orientação, uma vez que, embora o instrumento utilizado seja idôneo para intimidar, não é apto para causar danos à integridade física da vítima. De qualquer forma, em sessão de 24-10-2001, o STJ, ao julgar o REsp 213.954-SP, revogou a Súmula 174, conforme publicação no *DOU* de 6-11-2001. Realmente, não se pode considerar como "arma" a sua imitação ou um simples brinquedo, pois não são idôneos a um ataque que ponha em risco a vida ou a integridade corporal da vítima.

Para a hipótese de ser a arma de fogo de uso restrito ou proibido, a Lei passou a prever especial agravação. Nos termos do § 2º-B, incluído pela Lei nº 13.964/2019, determina-se a aplicação em dobro da pena prevista no *caput*.

O emprego de arma de fogo, seja ou não de uso restrito ou proibido, configura crime hediondo nos termos do art. 1º, II, *b*, da Lei nº 8.072/1990, com a redação dada pela Lei nº 13.964/2019.

Jurisprudência

- Emprego de arma branca: retroatividade da Lei nº 13.654/2018 – *novatio legis in mellius*
- Emprego de arma e intimidação da vítima
- Emprego de arma por um dos agentes
- Irrelevância da falta de descrição pela vítima
- Necessidade de eficácia da arma simulada para intimidar
- Comunicabilidade da qualificadora do emprego de arma aos coautores
- Inadmissibilidade de considerar a circunstância na pena base
- Conceito de arma
- Necessidade do emprego e não simples porte
- Suficiência de exibição da arma
- Suficiência do porte ostensivo
- Suficiência de simulação do emprego de arma
- Emprego de arma imprópria; qualificadora reconhecida
- Emprego de utensílios, instrumentos, objetos etc.
- Emprego de arma e reação da vítima
- Emprego de arma por um dos agentes
- Utilização de arma subtraída
- Irrelevância da falta de apreensão da arma
- Irrelevância da falta de apreensão da arma – Contra
- Irrelevância da falta de perícia da arma
- Contra: necessidade de perícia da arma apreendida

- Absorção da contravenção de porte ilegal de arma
- Inadmissibilidade de concurso com o crime de porte de arma
- Existência da qualificadora no roubo com emprego de arma simulada (de brinquedo)
- Existência da qualificadora no roubo com emprego de arma simulada (de brinquedo) – Contra
- Emprego de arma simulada reconhecida pela vítima
- Ostentação de arma de brinquedo e porte de arma verdadeira por coagente
- Existência de roubo qualificado com emprego de arma inoperante
- Existência de roubo qualificado com emprego de arma inoperante – Contra
- Existência de roubo qualificado com emprego de arma desmuniciada
- Existência de roubo qualificado com emprego de arma desmuniciada – Contra
- Existência de roubo qualificado pelo emprego de arma com defeito
- Dúvida quanto ao instrumento utilizado
- Simulação do uso de arma: inexistência da qualificadora
- Simulação do uso de arma: inexistência da qualificadora – Contra
- Concurso material com quadrilha armada

157.15 Roubo com emprego de explosivo

De acordo com o inciso II § 2º-A do art. 157, introduzido pela Lei nº 13.654, de 23-4-2018, a pena é majorada de 2/3 se a subtração se realiza com a destruição ou rompimento de obstáculo mediante o emprego de explosivo ou de artefato análogo que cause perigo comum. Valem a respeito de substância explosiva as considerações expendidas sobre a qualificadora análoga prevista para o crime de furto no art. § 4º-A (item 155.22). Tal como se verifica no furto, exige-se para a incidência do acréscimo que do uso explosivo ou do artefato análogo decorra perigo comum. Desnecessária também é a efetiva ocorrência de lesão ou dano, bastando a criação de um perigo concreto a pessoas ou bens materiais. Diferentemente do que se verifica no furto qualificado, no roubo é expressa a referência de que a utilização do explosivo há de provocar destruição ou rompimento de obstáculo à subtração. O seu uso após a subtração ou para outro fim determina a punição do agente por crimes de roubo e explosão em concurso. Se apesar da colocação do explosivo ou artefato não há explosão, afasta-se a majorante por exigir o tipo que deles resulte a destruição ou rompimento de obstáculo. Nesse caso, porém, ainda poderá responder o agente pelo crime de explosão (art. 251, caput e § 1º). O acréscimo previsto no dispositivo deve ser aplicado independentemente do devido às circunstâncias previstas no § 2º, sem prejuízo da eventual observância da regra contida no art. 68. Incidindo as duas causas de aumento de pena previstas no § 2º-A, porque fixo o aumento previsto, uma delas há de ser considerada pelo juiz na dosagem da pena como circunstância do crime (art. 59).

Por evidente lapso do legislador, o emprego de explosivo ou de artefato análogo na prática do crime, diversamente do que ocorre com o furto (art. 1º, IX da Lei nº 8.072/1990), não torna o roubo crime hediondo.

157.16 Roubo e lesão corporal grave

Com a prática da violência no roubo, podem ocorrer lesões corporais à vítima. Se as lesões corporais forem de natureza grave (art. 129, §§ 1º e 2º), o crime é qualificado e a pena cominada, por força da alteração promovida pela Lei nº 13.654, de 23-4-2018, é de sete a dezoito anos de reclusão, além da multa, nos termos do § 3º, inciso I, do art. 157. É evidentemente necessário que haja a relação de causalidade entre a conduta para a subtração do bem e o resultado qualificador. Não se aplica o dispositivo, por falta de previsão legal, se a lesão grave decorre não da violência, mas da ameaça, podendo ocorrer no caso concurso de crimes. Não faz a lei distinção, porém, quanto ao roubo próprio ou impróprio, sendo possível a incidência do aumento de pena em ambos. Para o reconhecimento da qualificadora, é necessária a perícia comprobatória da gravidade das lesões (item 129.7). Não se aplicam no caso do § 3º, entretanto, os aumentos de pena previstos para os roubos qualificados de acordo com os §§ 2º e 2º-A, como é fácil verificar pela disposição topográfica dos parágrafos. Os acréscimos previstos nos §§ 2º e 2º-A só podem se referir aos crimes previstos no *caput* e no § 1º. Nas hipóteses do § 3º, tratando-se de qualificadora *stricto sensu,* em que novos limites mínimo e máximo são cominados, as causas de aumento de pena previstas naqueles parágrafos somente podem ser consideradas, eventualmente, como circunstâncias judiciais na fixação da pena base. A partir da Lei nº 13.964, de 24-12-2019 que deu nova redação ao art. 1º, da Lei nº 8.072/90, o roubo qualificado pelo resultado lesão corporal grave, a exemplo do latrocínio, passou a ser considerado crime hediondo (art. 1º, II, *c*).

Jurisprudência

- Lesões posteriores ao roubo
- Inexistência de crime hediondo (anterior a Lei nº 13.964/2019)
- Caracterização da qualificadora
- Irrelevância da ausência de laudo pericial
- Gravidade das lesões não comprovada: desclassificação do crime
- Ausência de subtração: crime consumado
- Ausência de subtração: crime consumado – Contra
- Várias vítimas com lesão corporal grave: crime único
- Inaplicabilidade do § 2º do art. 157 do CP
- Inaplicabilidade do § 2 º do art. 157 do CP – Contra

157.17 Roubo e morte (latrocínio)

Por força do que dispõe o § 3º, inciso II, inserido pela Lei nº 13.654, de 23-4-2018, se da violência resulta morte, a pena cominada é de 20 a 30 anos de reclusão, além de multa. Esse diploma não alterou as penas previstas para o latrocínio, limitando-se a elevar a sanção máxima cominada para o caso de ocorrência de lesão grave e a distinguir em dois incisos as duas qualificadoras.

Como sempre é necessário que se comprove a relação de causalidade entre a conduta violenta do agente e a morte da vítima. O dispositivo engloba, com a mesma punição, o latrocínio (em que a morte é causada dolosamente, por dolo direto ou eventual), e o roubo seguido de morte (em que o evento letal é atribuível a título de culpa, por ser a morte previsível).

Respondem todos os agentes pelo latrocínio quando a morte é causada por um deles e houver previsibilidade do resultado, que ocorre quando têm eles consciência de que está sendo empregada arma na prática do crime. É irrelevante mesmo a identificação daquele que desferiu o golpe fatal contra a vítima. A aplicação do art. 29, § 2º, do Código Penal, para a desclassificação do latrocínio para roubo, só se justifica se o agente não podia prever o resultado morte e não tinha condições de evitá-lo.

É irrelevante que a pessoa morta não seja a mesma que detinha a posse da coisa subtraída. É necessário, entretanto, que a subtração seja o objetivo da violência que vem causar a morte. A morte ocasionada com outra motivação ou depois dela constituirá homicídio. Também em caso de latrocínio é inadmissível a aplicação das qualificadoras previstas no

§ 2º do art. 157. O roubo qualificado pelo resultado morte é considerado crime hediondo (Lei nº 8.072/90).

Consuma-se o crime de roubo com morte, crime complexo, com a efetiva subtração e a morte da vítima. Caso ambas sejam apenas tentadas, ocorrerá tentativa de latrocínio. O mesmo se houver tentativa quanto à vida da vítima e subtração consumada. Mais complexa, porém, é a situação quando há tentativa de subtração e morte da vítima, dividindo-se a doutrina e a jurisprudência a esse respeito. Tem-se considerado as seguintes soluções: tentativa de furto em concurso formal com homicídio qualificado; tentativa de roubo em concurso material com o homicídio qualificado; homicídio qualificado, latrocínio tentado; latrocínio consumado. Entretanto, tem-se adotado a orientação da Súmula 610 do STF, que reconhece no caso latrocínio consumado, solução menos imperfeita, embora não perfeitamente ajustada à letra da lei e à doutrina, que exige para a consumação do crime complexo a dos crimes componentes.

Dada a redação deficiente do dispositivo, os limites das penas são os mesmos se houver mais de uma morte, caracterizado crime único. A morte de um dos coautores, causada pela vítima, que reage ao assalto, não configura o crime de latrocínio. No caso, o ofendido atuou em legítima defesa, não havendo ilicitude no fato. Entretanto, se é atingido um dos agentes, por erro de execução de coautor (*aberratio ictus*), configura-se o crime de latrocínio. Não ocorre o latrocínio, mas homicídio se o agente mata, por qualquer razão, o coautor. Não se aplica ao latrocínio o aumento de pena previsto no § 2º do art. 157, que se refere apenas aos crimes de roubo simples e roubo impróprio.

A Lei nº 8.072/1990 definiu o latrocínio como crime hediondo (art. 1º). Posteriormente, essa classificação foi confirmada pelo art. 1º, da Lei nº 8.930, de 6-9-94, e pela Lei nº 13.964/2019, nos termos do que hoje descreve o art. 1º, II, c, da Lei nº 8.072/90. Dessa forma, o autor desse delito, bem como do roubo qualificado pela lesão corporal grave (item 157.16), restrição da liberdade da vítima (item 157.11) ou emprego de qualquer arma de fogo (item 157.14) não pode ser beneficiado com a anistia, graça ou indulto (art. 2º, I) e não tem direito à fiança (art. 2º, II), sua prisão temporária pode estender-se por 30 dias, prorrogável por igual período em caso de extrema necessidade (art. 2º, § 4º) e, em caso de sentença condenatória, o juiz decidirá fundamentadamente se poderá apelar em liberdade (art. 2º, § 3º). No caso de condenação, o regime inicial será obrigatoriamente o fechado (art. 2º, § 1º) e a progressão de regime dependerá do cumprimento de 40% a 70% (art. 112 da LEP). A concessão do livramento condicional depende do cumprimento de dois terços da pena, sendo vedada, porém, na hipótese de reincidência na prática de crimes hediondos ou equiparados (art. 83, V).

Jurisprudência

- Irretroatividade das penas mais severas
- Assunção de risco do latrocínio
- Morte pelo amásio: homicídio e não latrocínio
- Morte após lapso de tempo prolongado: latrocínio caracterizado
- Roubo e morte com dolo eventual
- Existência da relação de causalidade
- Existência de relação de causalidade: morte em tiroteio com a Polícia
- Inexistência de relação de causalidade
- Responsabilidade do agente pelo dolo abrangente
- Necessidade de violência exercida para o fim de subtração
- Subtração após a morte: latrocínio
- Subtração e homicídio na fuga
- Responsabilidade no caso de concurso de agentes: morte causada por vigia
- Responsabilidade no caso de concurso de agente inimputável

- Possibilidade de reconhecimento de participação de menor importância apenas para o partícipe
- Latrocínio com a morte de terceiro
- Latrocínio com a morte de coautor
- Morte de agente praticada por coautor
- Morte durante tiroteio: inexistência de latrocínio
- Morte durante tiroteio: inexistência de latrocínio – Contra
- Contra: homicídio qualificado e tentativa de roubo
- Contra: tentativa de latrocínio
- Contra: roubo e lesões corporais
- Contra: roubo com lesões corporais graves
- Latrocínio tentado e não roubo com lesão grave
- Latrocínio consumado e roubo tentado pela fuga de uma das vítimas
- Contra: concurso formal
- Contra: concurso formal impróprio
- Contra: crime continuado
- Morte e lesão corporal grave: crime único
- Inexistência de continuidade entre roubo e latrocínio
- Latrocínio e não homicídio
- Homicídio e não latrocínio
- Distinção entre latrocínio e homicídio com roubo
- Homicídio em concurso com roubo e não latrocínio
- Inexistência de latrocínio na morte de um dos agentes pela vítima
- Inexistência de latrocínio na morte de um dos agentes pela vítima – Contra
- Inexistência de latrocínio na morte de um dos agentes pelo coautor
- Inexistência de latrocínio na morte de um dos agentes pelo coautor – Contra
- Concurso material no latrocínio
- Latrocínio consumado e latrocínio tentado
- Latrocínio consumado e latrocínio tentado – Contra
- Continuidade delitiva no latrocínio
- Continuidade delitiva no latrocínio – Contra
- Concurso formal no latrocínio
- Inexistência de concurso formal em latrocínio
- Concurso formal em latrocínio e roubo
- Inadmissibilidade de crime continuado entre latrocínio e homicídio
- Inadmissibilidade de crime continuado entre latrocínio e roubo
- Crime continuado entre latrocínio e roubo
- Elemento subjetivo necessário no latrocínio
- Roubo e morte culposa
- Irrelevância de a morte ter sido provocada pela reação da vítima
- Irrelevância do motivo inicial da conduta criminosa
- Responsabilidade pelo latrocínio no caso de concurso de agentes
- Responsabilidade pelo latrocínio no caso de concurso de agentes – Contra
- Responsabilidade do coautor pela adesão ao agente
- Responsabilidade no caso de concurso de agentes: autoria da morte incerta
- Inadmissibilidade de reconhecimento da pretensão de participação em crime menos grave
- Inadmissibilidade de desclassificação: inocorrência de caso fortuito
- Não reconhecimento de participação de menor importância
- Lesão a apenas um patrimônio: crime único
- Tentativa de subtração e morte da vítima: latrocínio consumado
- Subtração consumada e morte tentada: tentativa de latrocínio
- Subtração tentada e morte tentada: tentativa de latrocínio
- Roubo com lesão grave e não latrocínio tentado
- Não reconhecimento de latrocínio tentado
- Latrocínio tentado e não roubo impróprio
- Tentativa de latrocínio e não roubo qualificado pelo emprego de arma
- Tentativa de latrocínio e não roubo
- Roubo e não latrocínio tentado
- Pena para o latrocínio tentado
- Pluralidade de vítimas no latrocínio: crime único
- Continuidade delitiva no latrocínio
- Inadmissibilidade da aplicação cumulativa do § 2º do art. 157

Extorsão

Art. 158. Constranger alguém, mediante violência ou grave ameaça, e com o intuito de obter para si ou para outrem indevida vantagem econômica, a fazer, tolerar que se faça ou deixar de fazer alguma coisa:

Pena – reclusão, de 4 (quatro) a 10 (dez) anos, e multa.

§ 1º Se o crime é cometido por duas ou mais pessoas, ou com o emprego de arma, aumenta-se a pena de um terço até metade.

§ 2º Aplica-se à extorsão praticada mediante violência o disposto no § 3º do artigo anterior.

§ 3º Se o crime é cometido mediante a restrição da liberdade da vítima, e essa condição é necessária para a obtenção da vantagem econômica, a pena é de reclusão, de 6 (seis) a 12 (doze) anos, além da multa; se resulta lesão corporal grave ou morte, aplicam-se as penas previstas no art. 159, §§ 2º e 3º, respectivamente.*

* § 3º inserido pela Lei nº 11.923, de 17-4-2009.

Vide: CF art. 5º, XLIII; CP arts. 19, 83, V, 146, 147, 157, 159, 160, 171, 183, I, 316, 345; CC arts. 151 a 155, 171, II;); **Lei nº 7.960**, de 21-12-1989, art. 1º, III, *d* (prevê a prisão temporária em crime de extorsão – 158, *caput*, §§ 1º e 2º); **Lei nº 8.072**, de 25-7-1990, art. 1º, III (define a extorsão qualificada pela restrição da liberdade da vítima, ocorrência de lesão grave ou morte – art. 158, § 3º – como crime hediondo), art. 2º, I (veda anistia, graça e indulto), II (proíbe a fiança), § 1º (determina o regime inicial fechado), § 3º (possibilita a concessão fundamentada pelo juiz do apelo em liberdade), § 4º (prazo de trinta dias para a prisão temporária); **Lei nº 10.826**, de 22-12-2003 (dispõe sobre registro, posse e comercialização de armas de fogo e munição), arts. 12 a 18 (definem crimes relacionados com armas de fogo.
Súmula: **STJ 96**.

158 EXTORSÃO

158.1 Sujeitos do delito

A extorsão é crime comum, podendo ser praticada por qualquer pessoa, admitindo-se a participação e a coautoria. Nada impede, aliás, que o funcionário público cometa o crime, mais grave que a concussão ou corrupção passiva, crimes especiais, ou estelionato em que a vantagem econômica indevida é exigida, solicitada ou obtida sem grave ameaça ou violência (art. 316).

Sujeito passivo é a pessoa contra quem é praticada a grave ameaça ou violência e titular do patrimônio a ser lesado. Quando diversos os titulares dos bens jurídicos correspondentes, pode haver crime único com dois ofendidos, o submetido à ameaça ou violência e o titular do patrimônio. Tratando-se de crime contra o patrimônio, nada impede que esse titular seja uma pessoa jurídica, que é também sujeito passivo do crime.

Jurisprudência

- Coautoria em extorsão
- Irrelevância de ser o agente funcionário público
- Extorsão por policiais
- Extorsão pela ameaça de prisão por falso policial
- Extorsão pela ameaça de falso funcionário público
- Inexistência de participação e menor importância
- Pessoa jurídica como sujeito passivo

158.2 Tipo objetivo

A conduta típica é constranger a vítima, ou seja, obrigá-la, forçá-la, coagi-la mediante grave ameaça ou violência. Como em outros delitos, é necessário que a ameaça seja grave, hábil para intimidar a vítima, de acordo com suas condições pessoais (idade, sexo, instrução, condição social etc.), embora, por vezes, esta possa opor resistência. Deve-se considerar superada a orientação de que a ameaça é idônea quando hábil a atemorizar o homem comum, pois o que importa é a pessoa da vítima. Inclui-se nela, além da promessa de mal à integridade física, a ameaça de causar mal à honra, ao crédito etc., como a de revelar segredo de fatos escandalosos ou difamatórios (*chantage, blackmail*). Não se discute a idoneidade do meio empregado se o agente conseguiu intimidar a vítima de modo a que esta a ele se submeteu. Ao contrário do que ocorre com o roubo, na figura típica da extorsão não se inclui outro meio ou recurso para impedir ou dificultar a defesa da vítima. O fato poderá constituir outro crime (constrangimento ilegal, estelionato etc.). A violência ou a grave ameaça deve ser destinada à prática de um ato (entregar algo) ou de uma omissão (não cobrar uma dívida) da vítima ou permissão desta para o ato do agente (destruir um título de crédito, por exemplo).

Deve a conduta visar a uma vantagem econômica, um proveito patrimonial que não se limita à entrega de coisas, mas que possa traduzir um acréscimo ao patrimônio do agente, ou lesão ao do ofendido. Também deve ser vantagem *indevida*, pois, se houver o constrangimento visando a uma vantagem que o agente considera legítima, estará caracterizado o crime de exercício arbitrário das próprias razões (art. 345).

Jurisprudência

- Extorsão pela simulação de sequestro
- Extorsão por ameaça de divulgação de reportagem prejudicial
- Existência de grave ameaça
- Irrelevância de reação da vítima
- Extorsão com a dominação da vítima
- Eficiência do meio empregado pelo agente
- Consideração da intimidação do homem comum
- Consideração da média das pessoas nas condições da vítima
- Inexistência de meio intimidativo
- Extorsão pela ameaça de denúncia à Polícia
- Extorsão pela ameaça de revelar segredo
- Extorsão por ameaça de mal à honra
- Irrelevância da veracidade dos fatos
- Extorsão por ameaça à reputação de empresa
- Extorsão por ameaça de fiscalização e represálias
- Constrangimento por ameaça de coação legítima
- Inexistência de grave ameaça
- Ameaça de recurso à Justiça: inexistência de extorsão
- Inexistência do crime pela não-intimidação da vítima
- Vantagem indevida pela utilização de automóvel para a prática de roubos
- Exigência de vantagem indevida
- Vantagem indevida na emissão de cheque sem fundos
- Inexistência de vantagem indevida

158.3 Tipo subjetivo

O dolo é a vontade de constranger, ou seja, de obrigar a vítima a fazer, deixar de fazer ou a tolerar que se faça alguma coisa. Exige-se, porém, o elemento subjetivo do tipo de ter o agente a finalidade de obter uma vantagem econômica ilícita, sem o qual haverá outro ilícito.

Jurisprudência

- Finalidade de obtenção da vantagem indevida
- Inexistência de erro sobre a ilicitude do fato

158.4 Consumação e tentativa

Duas são as orientações a respeito da consumação do crime de extorsão. Na primeira delas, se afirma que a extorsão é crime formal, ou de consumação antecipada, e que, assim, está consumado o crime, independentemente da obtenção ou não da vantagem indevida, quando a vítima se submete e pratica o ato, a omissão ou a permissão imposta pelo agente. Em orientação contrária, no sentido de ser a infração crime material, entende a minoria que a consumação depende da obtenção da vantagem. A descrição da figura, exigindo apenas que o fim da conduta seja a obtenção da vantagem econômica indevida, impõe a primeira solução. O STJ editou a Súmula 96 nesse sentido: "O crime de extorsão consuma-se independentemente de obtenção da vantagem indevida."

Embora formal o crime, é induvidosa a possibilidade de ocorrência da tentativa desse crime plurissubsistente, em que há um *iter criminis* a ser percorrido e que, portanto, pode ser interrompido por circunstâncias alheias à vontade do agente. Praticada a violência ou a grave ameaça sem que a vítima a ela se submeta, por qualquer razão, ocorre a tentativa de extorsão.

Jurisprudência

- Obtenção da vantagem como exaurimento do crime
- Extorsão com crime formal
- Extorsão como crime material
- Consumação pela conduta constrangida da vítima
- Consumação pela prática do constrangimento
- Irrelevância da inexistência de proveito para o agente
- Possibilidade de tentativa do crime de extorsão
- Possibilidade de tentativa do crime de extorsão – Contra
- Tentativa de extorsão
- Extorsão consumada e prisão em flagrante
- Tentativa de extorsão e flagrante preparado
- Inexistência de crime impossível

158.5 Distinção

A extorsão é um crime semelhante ao roubo, sendo muitas vezes difícil de ser dele distinguido. Os principais critérios adotados são os da existência de uma atividade do agente no roubo e de uma conduta da vítima na extorsão; a prescindibilidade da conduta da vítima no caso do roubo, mas não na extorsão; o da iminência do mal prometido, que retira da vítima qualquer liberdade de opção e a contemporaneidade da vantagem econômica no roubo, enquanto na extorsão há uma promessa de mal futuro e incerto, como também futura é a vantagem visada pelo agente (v. item 157.6 e 158.8).

A diferença entre a extorsão e o estelionato se fixa no meio empregado pelo agente. Naquela, a vontade da vítima é quebrantada pela grave ameaça ou violência; neste, pela fraude.

Jurisprudência

- Extorsão e não sequestro
- Extorsão e não excesso de exação
- Distinção da extorsão com o roubo
- Extorsão e não roubo
- Roubo e não extorsão (anterior à vigência da Lei nº 11.923/2009)
- Extorsão e não roubo tentado
- Extorsão qualificada e não roubo qualificado
- Extorsão e não extorsão mediante sequestro
- Distinção entre extorsão e concussão
- Extorsão e não concussão
- Extorsão e não exercício arbitrário das próprias razões
- Exercício arbitrário das próprias razões e não extorsão
- Distinção entre extorsão e estelionato
- Extorsão e não estelionato
- Estelionato e não extorsão
- Extorsão e não corrupção passiva
- Extorsão e não constrangimento ilegal
- Constrangimento ilegal e não extorsão
- Extorsão e não crime de imprensa
- Inadmissibilidade de absorção da tentativa de roubo

158.6 Concurso de crimes

Como no roubo, a extorsão é um crime complexo, no sentido amplo, absorvendo os tipos penais que lhe são elementares. Nada impede a continuação do crime de extorsão, seja de uma só vítima, seja de diversas. Como regra, não se tem aceito na jurisprudência, apesar das semelhanças entre os crimes, a continuação entre extorsão e roubo (v. item 157.7). Se o agente, após a consumação do roubo, mantém a vítima sob seu domínio, privada de sua liberdade, e a constrange a efetuar um saque bancário, há concurso material entre roubo e extorsão qualificada (item 158.7).

Jurisprudência

- Absorção do crime de lesão corporal
- Concurso formal com roubo: caixa eletrônico
- Concurso material com roubo: caixa eletrônico
- Concurso material com roubo: inocorrência
- Concurso material com latrocínio
- Concurso material com sequestro e latrocínio
- Inexistência de continuidade delitiva na vantagem parcelada
- Inadmissibilidade de continuação entre extorsão e furto
- Absorção dos crimes de ameaça e de constrangimento ilegal
- Inexistência de concurso material com sequestro
- Continuidade delitiva no crime de extorsão
- Inexistência de continuidade delitiva na vantagem parcelada
- Inadmissibilidade de continuação entre extorsão e roubo
- Inadmissibilidade de continuação entre extorsão e roubo – Contra

158.7 Extorsão qualificada

A primeira qualificadora prevista ocorre quando o crime é cometido por duas ou mais pessoas, exigindo-se aqui a colaboração de pelo menos dois coautores no ato executivo.

Também qualifica o crime o emprego de arma, valendo aqui o que já foi exposto quanto ao roubo, inclusive quanto ao emprego de arma simulada (item 157.8 e 157.14).

Aplicando-se à extorsão o disposto no art. 157, § 3º, segundo prevê o art. 158, § 2º, agrava-se o crime pela ocorrência de lesão corporal grave ou pela morte, com as penas aumentadas pela Lei nº 13.654, de 23-4-2018 (itens 157.16 e 157.17). De acordo com o art. 9º da Lei nº 8.072/90, a pena deveria ser acrescida de metade, respeitado o limite superior de 30 anos de reclusão, estando a vítima em qualquer das hipóteses referidas no art. 224 do CP, que se referia à vítima menor de 14 anos, alienada ou débil mental, conhecendo o agente essa circunstância, e àquela que não pode, por qualquer causa, oferecer resistência. As razões do acréscimo eram claras: a menor possibilidade de defesa do ofendido e o elevado grau de insensibilidade do agente. O art. 224 foi, porém, revogado pela Lei nº 12.015, de 7-8-2009, o que tornou inaplicável o art. 9º da Lei dos Crimes Hediondos. Aliás, nos termos do art. 75 do Código Penal, com a redação dada pela Lei nº 13.964, de 24-12-2019, o tempo máximo de cumprimento de pena passou a ser de 40 anos.

158.8 Extorsão qualificada: sequestro-relâmpago

Nova forma qualificada do crime de extorsão, denominada "sequestro-relâmpago", passou a ser prevista no § 3º do art. 158, incluído pela Lei nº 11.923, de 17-4-2009. A extorsão é qualificada se o agente restringe a liberdade da vítima como condição necessária à obtenção da vantagem econômica. Pretendeu o legislador com o novo dispositivo conferir tratamento penal diferenciado a determinadas condutas delituosas que antes eram punidas como roubo qualificado ou extorsão mediante sequestro, como nos casos do agente que, mantendo a vítima em seu poder, a obriga a adquirir mercadorias com seu cartão de crédito em estabelecimentos comerciais; da vítima que, após ser sequestrada, é constrangida a efetuar um saque em um caixa eletrônico ou na agência bancária, enquanto o agente a aguarda do lado de fora etc. Na extorsão qualificada pela privação da liberdade da vítima, esta constitui um expediente que, aliado à violência ou grave ameaça, se mostra indispensável à obtenção da vantagem econômica almejada pelo agente. Ocorrendo lesão grave ou morte como resultado do sequestro-relâmpago, determina a lei a aplicação das penas previstas no art. 159, §§ 2º e 3º. O tratamento punitivo dado ao sequestro-relâmpago na hipótese de lesão grave ou morte foi equiparado, portanto, ao da extorsão mediante sequestro (reclusão de 16 a 24 anos e de 24 a 30 anos) e não ao previsto para o roubo e a extorsão mediante violência (arts. 157, § 3º e 158, § 2º).

Na distinção entre o sequestro-relâmpago e o roubo qualificado (art. 157, § 2º, V), por vezes difícil em face das peculiaridades do caso concreto, recorre-se aos critérios adotados para a distinção entre o roubo e a extorsão em seus tipos fundamentais (itens 157.6 e 158.5). No exemplo do agente que sequestra a vítima, leva-a a um caixa eletrônico e a constrange a efetuar um saque com seu cartão e sua senha, uma das principais hipóteses visadas pelo legislador, discute-se a tipicidade do fato diante da nova lei penal. Adotado o critério da prescindibilidade do comportamento da vítima no roubo, o fato configura o crime de extorsão qualificada; observando-se, no entanto, a inexistência de opção para a vítima, diante da iminência do mal prometido, e a contemporaneidade da vantagem econômica, há que se reconhecer o delito de roubo qualificado. Deve-se ressaltar, porém, que, em regra, no roubo qualificado a privação da liberdade da vítima, por tempo juridicamente relevante, é expediente utilizado pelo agente que visa impedir a sua reação ou a fuga e, assim, facilitar ou assegurar a consumação da subtração, enquanto no sequestro-relâmpago, é ela sempre condição indispensável, em acréscimo à violência ou grave ameaça, para a obtenção da vantagem patrimonial, como ocorre no exemplo mencionado.

Não se confunde o sequestro relâmpago com a extorsão mediante sequestro, em que a vantagem a ser obtida é condição ou preço do resgate da pessoa sequestrada (item 159.2).

Antes da Lei nº 13.964/2019, a extorsão qualificada pela morte (art. 158, § 2º) era considerada crime hediondo, nos termos do art. 1º, III, da Lei nº 8.072/1990. Com a alteração de redação desse dispositivo, somente a extorsão qualificada pela restrição da liberdade da vítima (sequestro relâmpago) da qual resulta lesão corporal grave ou morte enseja o reconhecimento da hediondez. A deficiente nova redação do inciso III, por não dispor, explicitamente, que a ocorrência da lesão corporal ou a morte há de resultar da extorsão praticada mediante restrição da liberdade da vítima (sequestro relâmpago), permite cogitar que tanto a restrição da liberdade da vítima, exercida como meio para a prática do crime, como, também, os resultados de lesão corporal ou morte alternativamente autorizariam, o reconhecimento do crime hediondo. Porque o dispositivo, porém, expressamente se refere, exclusivamente, ao art. 158, § 3º, e por se cuidar de norma impositiva de maior gravame ao autor do delito, deve-se entender que não é ela aplicável ao caso de extorsão qualificada pela gravidade da lesão ou morte, nos termos do art. 158, § 2º, cc. o art. 157, § 3º, I e II. Deve-se, observar, ainda, evidentemente, que embora o inciso III do art. 1º não mencione a gravidade da lesão, é esta exigível para a declaração da hediondez por se cuidar de elemento que integra a qualificadora descrita no art. 158, § 3º, *in fine*.

Jurisprudência

- Extorsão qualificada e não extorsão mediante sequestro
- Extorsão qualificada e não extorsão mediante sequestro
- Extorsão qualificada pelo concurso de agentes
- Extorsão qualificada pelo emprego de arma

Extorsão mediante sequestro

Art. 159. Seqüestrar pessoa com o fim de obter, para si ou para outrem, qualquer vantagem, como condição ou preço do resgate:

Pena – reclusão, de 8 (oito) a 15 (quinze) anos.*

§ 1º Se o seqüestro dura mais de 24 (vinte e quatro) horas, se o seqüestrado é menor de 18 (dezoito) ou maior de 60 (sessenta) anos, ou se o crime é cometido por bando ou quadrilha:**

Pena – reclusão, de 12 (doze) a 20 (vinte) anos.*

§ 2º Se do fato resulta lesão corporal de natureza grave:

Pena – reclusão, de 16 (dezesseis) a 24 (vinte e quatro) anos.*

§ 3º Se resulta a morte:

Pena – reclusão de 24 (vinte e quatro) a 30 (trinta) anos.*

§ 4º Se o crime é cometido em concurso, o concorrente que o denunciar à autoridade, facilitando a libertação do seqüestrado, terá sua pena reduzida de um a dois terços.***

* Redação determinada pela Lei nº 8.072, de 25-7-1990.

** Redação determinada pela Lei nº 10.741, de 1º-10-2003.

*** Redação determinada pela Lei nº 9.269, de 2-4-1996.

Vide: CF art. 5º, XLIII; CP arts. 19, 29, 83, V, 129, §§ 1º, 2º, 148, 158, 183, I, 288; **Lei nº 7.960**, de 21-12-1989, art. 1º, III, *e* e *l* (preveem a prisão temporária em crimes de extorsão mediante sequestro – art. 159, *caput* e §§ 1º, 2º e 3º, e quadrilha ou bando – art. 288); **Lei nº 8.072**, de 25-7-1990, art. 1º, IV (define a extorsão mediante sequestro e na forma qualificada – art. 159, *caput* e §§ 1º, 2º e 3º – como crime hediondo), art. 2º, I (veda anistia, graça e indulto), II (proíbe a fiança), § 1º (determina o regime inicial fechado), § 3º (possibilita a concessão fundamentada pelo juiz do apelo em liberdade), § 4º (prazo de trinta dias para a prisão temporária); **Lei nº 9.807**, de 13-7-1999, arts. 13, 14 (perdão judicial e redução de pena para o coautor ou partícipe que colabora com a investigação e o processo criminal); **Lei nº 12.850**, de 2-8-2013, arts. 3º-A a 7º (dispõem sobre a colaboração premiada na persecução penal de atividades de organizações criminosas). Súmula: **STF** 698; **STJ** 545.

159 EXTORSÃO MEDIANTE SEQUESTRO

159.1 Sujeitos do delito

Como o crime de extorsão mediante sequestro é não só plurissubsistente, mas também permanente, com a conduta e a consumação se prolongando no tempo, sujeito ativo do ilícito é aquele que pratica qualquer dos elementos objetivos do tipo: o que sequestra a vítima, o que leva a mensagem exigindo resgate, o que vigia o refém, o que vai apanhar o produto do crime etc. Nada impede que policiais pratiquem o crime de extorsão mediante sequestro, mesmo utilizando dependências públicas para o encarceramento.

Visa o tipo penal do art. 159 do CP proteger dois bens jurídicos, patrimônio e liberdade individual. Sujeito passivo, portanto, é não só a pessoa sequestrada, lesada na liberdade individual, mas, tratando-se de crime contra o patrimônio, é também aquela a quem é exigido o preço do resgate, haja ou não seu pagamento.

Jurisprudência

- Coautoria na divisão de tarefas
- Coautoria pela função de "carcereiro"
- Inexistência de participação de menor importância
- Crime praticado por policiais
- Proteção a dois bens jurídicos
- Autor menor de 18 anos na ação primária

159.2 Tipo objetivo

A conduta típica do art. 159 é a de *sequestrar*, ou seja, a de privar de liberdade de locomoção a vítima, por tempo juridicamente relevante. É irrelevante os meios pelos quais o sujeito passivo é arrebatado, se com violência, sob ameaça ou fraude. Pouco importa, também, o local em que o ofendido é retido. Não ocorre o crime se há exigência do proveito ilícito sem que tenha ocorrido a privação de liberdade da vítima, podendo o fato constituir outro ilícito (extorsão, estelionato etc.). O crime de extorsão mediante sequestro, em todas as suas modalidades, é considerado hediondo (art. 1º, IV da Lei nº 8.072/90). Por descuido do legislador, deixou-se de cominar ao crime, cumulativamente, a pena de multa e, tratando-se de lei nova mais benigna, no que tange à pena pecuniária, é ela aplicável aos fatos ocorridos antes da vigência da lei que dispôs sobre os crimes hediondos.

Jurisprudência

- Descaracterização do crime de extorsão mediante sequestro no cárcere privado
- Absorção do crime de sequestro pelo de extorsão mediante sequestro
- Absorção dos crimes de ameaça e cárcere privado
- Impossibilidade de absorção do crime de tortura
- Extorsão mediante sequestro e não roubo
- Caracterização da extorsão mediante sequestro
- Inexistência do crime por falta de privação de liberdade
- Inexistência da pena de multa
- Desclassificação para o crime de extorsão

159.3 Tipo subjetivo

O dolo é constituído pela vontade de sequestrar a vítima, exigindo-se, porém, o elemento subjetivo do tipo, que é o desejo de obter, para si ou para outrem, qualquer vantagem, como condição ou preço do resgate. Mencionando a lei o preço do resgate, tem em vista um valor em dinheiro ou em qualquer utilidade, e ao se referir a condição, a qualquer tipo de ação do sujeito a ser lesado no patrimônio que possa conduzir a uma vantagem econômica para o agente ou terceiro (assinatura de promissória, entrega de documento com valor econômico etc.). Incluída a extorsão mediante sequestro entre os crimes contra o patrimônio é necessário que haja um fim patrimonial na conduta do agente. Ausente essa finalidade, o fato pode constituir outro ilícito penal (sequestro, exercício arbitrário das próprias razões, constrangimento ilegal etc.).

Jurisprudência

- Sequestro e não extorsão mediante sequestro
- Exigência de vantagem indevida como elemento do crime
- Necessidade de fim da vantagem econômica
- Extorsão mediante sequestro e não sequestro ou cárcere privado
- Exercício arbitrário das próprias razões e não extorsão mediante sequestro
- Constrangimento ilegal e não extorsão mediante sequestro
- Concurso material com o crime de roubo

159.4 Consumação e tentativa

A extorsão mediante sequestro, como crime formal ou de consumação antecipada, opera-se com a simples privação da liberdade de locomoção da vítima, por tempo juridicamente relevante. Ainda que o sequestrado não tenha sido conduzido ao local de destino, o crime está consumado. Não se exige, pois, que a vítima pratique a conduta exigida pelo agente e muito menos que este obtenha a vantagem pretendida. Tratando-se, porém, de crime permanente, e a consumação se prolonga no tempo, de forma que, a qualquer momento antes da libertação da vítima, podem os autores serem presos em flagrante delito.

Admite o crime a tentativa, já que a conduta permite fracionamento. Assim, se não consegue o agente privar a vítima de sua liberdade de locomoção, estará caracterizada a tentativa. É necessário, entretanto, que o agente pratique atos executivos do arrebatamento do ofendido para que se configure a tentativa.

Jurisprudência

- Tentativa de extorsão mediante sequestro: caracterização
- Extorsão mediante sequestro como crime formal ou de consumação antecipada
- Consumação do crime pelo sequestro
- Caracterização do crime mesmo que não auferida vantagem
- Irrelevância da falta de lesão patrimonial
- Possibilidade da prisão em flagrante durante a consumação
- Possibilidade de tentativa de extorsão mediante sequestro
- Inexistência de tentativa de extorsão mediante sequestro
- Inexistência de desistência voluntária e arrependimento eficaz

159.5 Extorsão mediante sequestro qualificada

Em várias hipóteses, o crime de extorsão mediante sequestro será qualificado. A primeira delas é de durar a privação da liberdade mais de 24 horas, em que há maior dano e mais sofrimento da vítima e seus familiares.

Também se qualifica o crime quando a vítima do sequestro é pessoa menor de 18 ou maior de 60 anos, de acordo com a redação dada ao § 1º pelo Estatuto da Pessoa Idosa (Lei nº 10.741, de 1º-10-2003), protegendo-se aqueles que, por sua idade, têm reduzida capacidade de resistir ou suportar a privação. Para a configuração da qualificadora, é necessário que seja juntada aos autos certidão de assento de nascimento da vítima ou documento idôneo a comprovar a idade.

Qualifica-se ainda o crime quando praticado por bando ou quadrilha. O fato indica maior periculosidade dos agentes e provoca maior temor às vítimas. Não basta para a configuração da qualificadora o concurso eventual de pessoas na prática do crime, exigindo-se a associação estável prevista no art. 288. Havendo condenação pelo crime qualificado, é inadmissível, diante do princípio *non bis in idem*, o reconhecimento do concurso com o crime de associação criminosa. Não reconhecida essa qualificadora, entretanto, possibilitado está o concurso material com o crime previsto no art. 288.

Jurisprudência

- Extorsão mediante sequestro qualificada pela duração
- Extorsão mediante sequestro qualificada pela duração e crime de quadrilha
- Suficiência da duração do sequestro
- Inocorrência de *bis in idem* na aplicação da qualificadora e da causa de aumento de pena prevista no art. 9º da Lei nº 8.072/90 (antes da vigência da Lei nº 12.015, de 7-8-2009)
- Concurso material com o crime de quadrilha ou bando
- Inadmissibilidade de exacerbação da pena
- Necessidade de comprovação da idade da vítima
- Exacerbação da pena
- Recém-nascido em poder da mãe sequestrada
- Inexistência da qualificadora de quadrilha

159.6 Extorsão mediante sequestro qualificada pelo resultado

O crime é qualificado pelo resultado quando houver lesão corporal de natureza grave ou morte, aplicando-se, no primeiro caso, a pena de reclusão de 16 a 24 anos e, na segunda, a de reclusão de 24 a 30 anos, a mais grave do Código Penal. A qualificadora ocorre não só em virtude da violência, como se exige no roubo ou na extorsão, como de qualquer modo (condições do cativeiro, formas de imobilização da vítima etc.). Entretanto, por força do art. 19 do CP, é necessário que haja ao menos culpa, ou seja, previsibilidade do resultado qualificador. Refere-se a lei à lesão corporal de natureza grave ou morte do sequestrado. Se terceiro sofrer violência por ocasião do fato, haverá concurso formal com os crimes de lesão corporal ou homicídio.

Jurisprudência

- Morte da vítima no momento do sequestro
- Morte da vítima e inexistência de arrependimento eficaz
- Desclassificação para homicídio e sequestro

159.7 Extorsão mediante sequestro agravada

Por força do art. 9º da Lei nº 8.072/90, o autor do crime de extorsão de sequestro, na sua forma simples ou qualificada, tinha sua pena acrescida de metade, respeitado o limite superior de 30 anos de reclusão, se a vítima estivesse em qualquer das condições referidas no art. 224 do CP: vítima menor de 14 anos; vítima alienada ou débil mental; impossibilidade de resistência. O art. 224, porém, foi expressamente revogado pela Lei nº 12.015, de 7-8-2009, que estabeleceu a nova disciplina dos crimes sexuais, tornando-se por consequência inaplicável o art. 9º da Lei nº 8.072/90, inclusive em relação aos crimes patrimoniais nele referidos. O entendimento contrário, adotado em alguns julgados, sob o argumento de que a norma contida no art. 224 não foi extinta, mas somente realocada para o art. 217-A, não é sustentável, apesar do esforço hermenêutico, em face da expressa revogação daquele dispositivo e porque as referidas circunstâncias deixaram de configurar hipóteses genéricas de presunção de violência nos crimes sexuais, constituindo-se, agora, em elementares de uma nova figura típica, específica, a de estupro de vulnerável. Ressalte-se, ainda, que o limite de cumprimento de pena passou a ser de 40 anos, em decorrência da nova redação dada ao art. 75 pela Lei nº 13.964, de 24-12-2019. Revogada restou, portanto, a agravação da extorsão mediante sequestro a que se refere o art. 9º da Lei nº 8.072/90.

Jurisprudência

- Retroatividade da Lei nº 12.015/2009, que revogou o art. 224 do Código Penal
- Contra: aplicabilidade do art. 9º da Lei nº 8.072/1990, após a revogação do art. 224 do Código Penal
- Extorsão mediante sequestro agravada pela impossibilidade de resistência: uso de medicamento – (antes da vigência da Lei nº 12.015, de 7-8-2009)
- Inadmissibilidade de aplicação do art. 223 do CP: art. 9º da Lei nº 8.072/90 (antes da vigência da Lei nº 12.015, de 7-8-2009)

159.8 Redução de pena: delação premiada

Com o intuito de obter maiores facilidades aos esclarecimentos do delito, o legislador criou a chamada delação premiada para o crime de extorsão mediante sequestro, prevendo a redução obrigatória da pena de um a dois terços se um dos concorrentes denunciar o fato à autoridade, facilitando a libertação do sequestrado. A simples confissão da prática do delito, ainda que com a denúncia dos demais coautores ou partícipes, sem tal efeito, pode ser considerada apenas como atenuante genérica (arts. 65, III, d, e 66 do CP e Súmula 545 do STJ). Leis especiais disciplinam outras formas de delação premiada (v. item 29.5).

Jurisprudência

- Requisitos para a causa de diminuição da pena: delação
- Incidência obrigatória da redução da pena

Extorsão indireta

Art. 160. Exigir ou receber, como garantia de dívida, abusando da situação de alguém, documento que pode dar causa a procedimento criminal contra a vítima ou contra terceiro:

Pena – reclusão, de 1 (um) a 3 (três) anos, e multa.

Vide: CP arts. 158, 171, § 2º, VI, 181 a 183; CPP art. 232; **Lei nº 1.521**, de 26-12-1951, art. 4º (crime de usura); **Lei nº 8.078**, de 11-9-1990 – **CDC**, art. 71 (constrangimento ilegal na cobrança de dívidas no Código de Defesa do Consumidor).

160 EXTORSÃO INDIRETA

160.1 Sujeitos do delito

É sujeito ativo do crime de extorsão indireta quem exige ou recebe garantia ilícita. Em regra, é o credor, normalmente, o agiota, mas nada impede que uma outra pessoa possa praticar o delito.

Sujeito passivo é quem cede à exigência ou mesmo oferece a garantia. É sujeito passivo secundário ou remoto o terceiro a quem alude o tipo penal.

160.2 Tipo objetivo

São duas as condutas típicas do art. 160 do CP: a de exigir, ou seja, a de obrigar ou impor a exigência, com iniciativa do sujeito ativo, e a de receber, em que a iniciativa é do sujeito passivo por saber que de outro modo não obterá o que pretende. O crime pode ocorrer em qualquer contrato.

O objeto material é o documento (arts. 232 e ss do CPP): pode ser uma carta em que se confesse um delito, uma cambial com assinatura falsa etc. Reconhece-se a prática no crime na exigência ou aceitação de cheque sem suficiente provisão de fundos em poder do sacado, seja ele assinado em branco, pós-datado etc., que pode levar o ofendido a responder pelo crime previsto no art. 171, § 2º, VI, do CP. Mas há opiniões discordantes, considerando que, nessas hipóteses, a jurisprudência é pacífica de que não existe o crime de estelionato especial referido no citado dispositivo. De qualquer forma, a simples possibilidade de instauração da persecução penal contra o devedor pela entrega do documento caracteriza o crime.

Indispensável para a configuração do crime de extorsão indireta que, no denominado "dolo de aproveitamento", haja o abuso referido na lei, ou seja, que o sujeito ativo se aproveite da situação de necessidade de alguém para a caracterização do ilícito de extorsão indireta.

Jurisprudência

- Condutas típicas de "exigir" e "receber"
- Inexistência do crime no recebimento de cheque pré-datado
- Inexistência do crime no recebimento de cheque pós-datado
- Configuração na exigência de cheques sem provisão de fundos
- Configuração no recebimento de cheque em branco
- Inexistência de crime no recebimento de cheque como garantia de dívida

- Inexistência do crime no recebimento de cheque sem fundos
- Inexistência do crime no recebimento de título de crédito
- Inexistência do crime em simples ameaça
- Inexigibilidade de instauração de procedimento penal
- Configuração pelo abuso do credor
- Não configuração por ausência de abuso do credor

160.3 Tipo subjetivo

O dolo é a vontade da prática do ato de exigir, ou seja, impor, obrigar, constranger, ou de receber, aceitar o documento que pode dar causa à instauração da ação penal. Exige-se, porém, que o agente tenha consciência dessa circunstância, bem como no elemento subjetivo referente ao aproveitamento da situação da vítima.

160.4 Consumação e tentativa

O crime de extorsão indireta está consumado assim que o agente exige a garantia ilícita ou, na iniciativa do ofendido, que a receba. No primeiro caso, há crime formal, admitindo-se a tentativa quando a exigência for estabelecida por escrito, não chegando ao conhecimento da vítima. No segundo, a tentativa ocorre quando o sujeito ativo está para receber o documento, mas é impedido por circunstâncias alheias a sua vontade.

160.5 Concurso de crimes

Pode haver o concurso do crime de extorsão indireta com o de denunciação caluniosa, em que o credor, além de receber a garantia ilícita, dá causa à instauração de inquérito policial contra a vítima, sabendo-a inocente. Nos casos de usura (art. 4º da Lei nº 1.521, de 26-12-1951), tem-se entendido nos Tribunais que o crime de extorsão indireta é absorvido pelo definido na lei dos crimes contra a economia popular. E esse crime não se configura se não houve o proveito pretendido.

Jurisprudência

- Concurso de extorsão indireta e denunciação caluniosa
- Concurso de extorsão indireta e denunciação caluniosa – Contra
- Configuração de usura pecuniária e não extorsão indireta
- Não configuração da usura pecuniária

CAPÍTULO III
DA USURPAÇÃO

Alteração de limites

Art. 161. Suprimir ou deslocar tapume, marco, ou qualquer outro sinal indicativo de linha divisória, para apropriar-se, no todo ou em parte, de coisa imóvel alheia:

Pena – detenção, de 1 (um) a 6 (seis) meses, e multa.

§ 1º Na mesma pena incorre quem:

Usurpação de águas

I – desvia ou represa, em proveito próprio ou de outrem, águas alheias;

Esbulho possessório

II – invade, com violência a pessoa ou grave ameaça, ou mediante concurso de mais de duas pessoas, terreno ou edifício alheio, para o fim de esbulho possessório.

§ 2º Se o agente usa de violência, incorre também na pena a esta cominada.

§ 3º Se a propriedade é particular, e não há emprego de violência, somente se procede mediante queixa.

Vide: CP arts. 29, 100, §§ 2º a 4º, 103, 104, 107, IV, V, 150, 155, 163, 181, 183, 254, 345, 347; **CPP** arts. 5º, § 5º, 29 a 33, 36 a 38, 93, 564, III, *a*, 569; CC arts. 79 a 81, 952, 1.210 a 1.212, 1.288 a 1.296, 1.297, 1.298; **Lei nº 4.947**, de 6-4-1966, art. 20, *caput* e parágrafo único (tipifica a invasão de terras públicas ou destinadas a reforma agrária com o fim de ocupá-las); **Lei nº 5.741**, de 1º-12-1971, art. 9º (tipifica a invasão com o fim de esbulho possessório, de terreno ou unidade residencial objeto do SFH); **Decreto nº 24.643**, de 10-7-1934 (Código de Águas).

161 ALTERAÇÃO DE LIMITES, USURPAÇÃO DE ÁGUAS E ESBULHO POSSESSÓRIO

161.1 Sujeitos do delito

Sujeito ativo do crime de alteração de limites é quem suprime ou desloca os tapumes ou marcos indicativos da linha divisória. Em regra, apenas o vizinho contíguo da vítima (proprietário ou possuidor) pode cometer o crime, não se excluindo, porém, a possibilidade de a conduta ser praticada por um futuro comprador.

Sujeito passivo é o proprietário ou quem detém a posse legítima, ainda que indireta, do imóvel cuja área é alterada em suas divisas.

161.2 Tipo objetivo

O objeto material do crime é o tapume, que pode ser constituído de sebes vivas, cercas de arame, muros, valetas etc., definidos no art. 1.297, § 1º, do CC, ou os marcos ou termos, sinais de pedra, cimento, madeira, ferro etc. e outros sinais indicativos de linha divisória (caminhos, estradas, fossos, árvores etc.). As condutas típicas previstas no art. 161 são as de *suprimir*, ou seja, destruir, arrancar, queimar etc., ou *deslocar* (mudar, transferir de lugar) os marcos indicativos, modificando os limites do imóvel de modo significativo, causando confusão e dificuldades para a restauração da linha divisória. Não prevê a lei, por omissão equivocada, a conduta de "apor" novo marco que modifique a linha divisória.

Jurisprudência

- Inexistência de confusão: vestígios não desaparecidos
- Inexistência do crime por aposição de novos sinais indicativos
- Inexistência de crime na construção de uma cerca
- Inexistência do crime em imóveis urbanos habitados
- Ausência de clandestinidade: inexistência do crime
- Inexistência do crime pela legítima defesa
- Necessidade de exame pericial
- Inexistência de dano privilegiado pelo pequeno valor da coisa

161.3 Tipo subjetivo

O dolo é a vontade de conseguir a alteração dos limites do imóvel com a supressão ou remoção dos sinais. Exige-se, porém, o elemento subjetivo do injusto, ou dolo específico, que é a vontade de assumir a posse do imóvel, total ou parcialmente. Inexistente essa finalidade, pode ocorrer outro ilícito.

Jurisprudência

- **Necessidade de dolo específico**

161.4 Consumação e tentativa

A consumação do crime se opera com a simples supressão ou com o deslocamento do sinal indicativo, ainda que o agente não assuma a posse. Trata-se, portanto, de crime formal ou de consumação antecipada.

É possível a tentativa que ocorre quando o sujeito ativo, iniciando a supressão ou deslocamento, é surpreendido e não consegue a transferência da linha divisória.

161.5 Usurpação de águas

No inciso I do § 1º do art. 161, é definido o crime de usurpação de águas. O sujeito ativo é quem desvia ou represa as águas, seja ou não vizinho da vítima. Sujeito passivo do crime é quem pode usar, gozar ou fruir das águas (possuidor, posseiro, arrendatário etc.), sendo privado, mesmo que em parte, dessa possibilidade pela conduta do agente.

O bem imóvel protegido é a massa líquida (águas em estado natural) fluentes ou estagnadas, perenes ou temporárias, nascentes, pluviais e subterrâneas (rios, lagos, lagoas etc.). Águas alheias são aquelas que não pertencem ao agente e também as comuns, conforme se disciplina no Código Civil (arts. 1.288 e ss) e Código de Águas (Dec. nº 24.643, de 10-7-1934). A conduta típica pode ser a de desviar (mudar o leito) ou represar (reter com obstáculos, conter, acumular) as águas. Tratando-se de águas de propriedade pública ou particular, a sua apropriação poderá constituir outro crime (furto).

O dolo é a vontade de desviar ou represar águas alheias, exigindo-se, porém, o elemento subjetivo do tipo, que é o de obter proveito próprio ou conduzir a benefício alheio. Inexistente essa finalidade, o crime pode ser outro.

Consuma-se o crime com o desvio ou represamento, não sendo necessário o proveito do agente ou de terceiro. Perfeitamente admissível é a tentativa de usurpação de águas.

Jurisprudência

- Furto e não usurpação de águas

161.6 Esbulho possessório

Sujeito ativo do crime de esbulho possessório é quem invade o terreno ou edifício na posse legítima de outrem, excluído o proprietário quando a posse está com terceiro por referir-se a lei a prédio "alheio".

Sujeito passivo do crime é o legítimo possuidor (proprietário, arrendatário, locatário, usufrutuário etc.), e mesmo o possuidor indireto.

A conduta típica é invadir, entrar, penetrar, ingressar no imóvel, utilizando-se o agente de grave ameaça ou violência, ou se estas inexistentes, que haja o concurso de mais de duas pessoas, ou seja, no mínimo, um total de quatro concorrentes.

O objeto material é o terreno (lote, sítio, chácara, fazenda) ou edifício (construção habitada ou não, oficina, fábrica etc.) particulares ou públicos, rurais ou urbanos. O crime pode ocorrer ainda que haja litígio sobre a propriedade ou posse do imóvel, desde que comprovados os elementos do tipo penal. Há divergências quanto à existência ou não do crime quando houver controvérsias a respeito da propriedade e posse do imóvel invadido.

O dolo é a vontade de invadir o imóvel, exigindo-se o elemento subjetivo do tipo que é o fim de esbulho possessório. Inexistente tal finalidade, pode ocorrer outro ilícito. Assim, não se caracteriza o ilícito se a finalidade for de mera turbação da posse, sem o fim de esbulho possessório exigido pelo tipo penal.

Consuma-se o crime de esbulho possessório com a invasão do imóvel, se presente a finalidade de assumir-lhe a posse. Nada impede a tentativa, que ocorre se o agente não consegue a invasão por circunstâncias alheias a sua vontade. Havendo violência, a pena desta é somada à cominada ao crime de esbulho, em concurso material.

Distingue-se o crime de esbulho possessório do exercício arbitrário das próprias razões, que tem como pressuposto uma pretensão a que deve corresponder um direito de que o agente é ou supõe ser titular.

Há crime especial quando o crime é praticado em imóvel objeto de financiamento do STF (art. 9º da Lei nº 5.741, de 1º-12-1971).

Jurisprudência

- Inadmissibilidade da prática do crime por sucessor
- Elementos do crime de esbulho possessório
- Invasão por movimento popular pela reforma agrária: inexistência de crime
- Inadmissibilidade da prática do crime pelo proprietário
- Inadmissibilidade da prática de crime por co-proprietário
- Possuidor indireto como sujeito passivo
- Elementos do crime de esbulho possessório
- Inexistência de violência, ameaça ou concurso
- Exigência de no mínimo quatro pessoas
- Controvérsia a respeito da propriedade e posse do imóvel
- Controvérsia a respeito da propriedade e posse do imóvel – Contra
- Legítima defesa contra o esbulho possessório
- Necessidade do fim de esbulho possessório
- Mera turbação da posse: inexistência do crime
- Fim de servidão de passagem: inexistência do crime
- Distinção entre esbulho possessório e exercício arbitrário das próprias razões
- Esbulho possessório em imóvel objeto de financiamento do SFH

161.7 Ação penal

Nos crimes de alteração de limites, usurpação de águas e esbulho possessório, sendo a propriedade particular e não havendo violência, procede-se mediante ação penal privada, movida pelo sujeito passivo (proprietário, possuidor, possuidor indireto, arrendatário etc.). Tratando-se de imóvel público ou ocorrendo violência, deverá ser instaurada ação pública incondicionada.

Jurisprudência

- Necessidade de queixa

Supressão ou alteração de marca em animais

> **Art. 162.** Suprimir ou alterar, indevidamente, em gado ou rebanho alheio, marca ou sinal indicativo de propriedade:
>
> Pena – detenção, de 6 (seis) meses a 3 (três) anos, e multa.
>
> *Vide*: CP arts. 155, § 6º, 180-A, 181 a 183.

162 SUPRESSÃO OU ALTERAÇÃO DE MARCA EM ANIMAIS

162.1 Sujeitos do delito

Sujeito ativo do crime é todo aquele que suprime ou altera a marca ou sinal em animais, inclusive o possuidor. Evidentemente, o proprietário não pode cometer tal crime diante da redação do tipo penal que se refere a gado ou rebanho "alheio".

Sujeito passivo é o proprietário do animal ou animais cuja marca ou sinal é suprimido ou alterado.

162.2 Tipo objetivo

As condutas típicas do crime são as de *suprimir*, fazer desaparecer, apagar, ou alterar, modificar, mudar, desfigurar a marca ou sinal, de modo a que se torne irreconhecível a marca ou sinal anterior. Marcar animal desmarcado não constitui figura típica, diante da falha da lei.

O objeto material é a marca ou sinal indicativo de propriedade aposto em animais para diferenciá-los dos outros. Marca é o assinalamento a fogo ou através de substâncias químicas. Sinal é todo distintivo artificial diversa da marca (argolas etc.). Para a existência do crime, é necessário que o animal esteja em gado ou rebanho e não isolado, e que seja alheio.

162.3 Tipo subjetivo

O dolo do crime previsto no art. 162 é a vontade de suprimir ou alterar, indevidamente, a marca ou sinal. Não se exige finalidade específica para a conduta. O erro elide o dolo; não comete o delito aquele que ignora ser alheio o gado cuja marca altera.

Jurisprudência

- Erro de tipo

162.4 Consumação e tentativa

Consuma-se o crime com a supressão ou alteração da marca ou sinal, sendo desnecessária a subsequente apropriação ou subtração. Basta a alteração em um animal que se encontre entre o gado ou rebanho para a consumação.

A tentativa é possível, quer porque o agente é impedido de prosseguir na conduta, quer por não conseguir tornar a marca original irreconhecível.

162.5 Concurso de crimes

A subtração de gado ou outros animais de produção configura o crime de furto qualificado previsto no art. 155, § 6º, e a receptação desses animais o descrito no art. 180-A. Havendo furto ou apropriação indébita anterior ou posterior à conduta de alteração ou supressão da marca ou sinal, esta é absorvida como ante-fato ou pós-fato não punível.

Jurisprudência

- Pós-fato não punível

CAPÍTULO IV
DO DANO

Dano

> Art. 163. Destruir, inutilizar ou deteriorar coisa alheia:
> Pena – detenção, de 1 (um) a 6 (seis) meses, ou multa.

Dano qualificado

> Parágrafo único. Se o crime é cometido:
> I – com violência à pessoa ou grave ameaça;
> II – com emprego de substância inflamável ou explosiva, se o fato não constitui crime mais grave;
> III – contra o patrimônio da União, de Estado, do Distrito Federal, de Município, ou de autarquia, fundação pública, empresa pública, sociedade de economia mista ou empresa concessionária de serviços públicos;*
> IV – por motivo egoístico ou com prejuízo considerável para a vítima:
> Pena – detenção, de 6 (seis) meses a 3 (três) anos, e multa, além da pena correspondente à violência.

* Inciso III com a redação determinada pela Lei nº 13.531, de 7-12-2017.

Vide: **CF** art. 109, IV; **CP** arts. 16, 156, § 2º, 164 a 167, 202, 250, 251, 305, 346; **LCP** art. 64; **CPP** arts. 24, § 2º, 158; **CC** art. 99; **Decreto-lei** nº 200, de 25-2-1967 (alterado pelo Decreto-lei nº 900, de 29-9-1969), art. 5º (define entidades paraestatais); **Lei nº 9.605**, de 12-2-1998, arts. 26 a 28, 29 a 37 (crimes contra a fauna), 38, *caput* (dano a floresta de preservação permanente), parágrafo único (dano culposo), 38-A (dano à vegetação da Mata Atlântica), parágrafo único (dano culposo); 40 (dano direto ou indireto a Unidades de Conservação), 41, *caput* (incêndio em mata ou floresta), parágrafo único (forma culposa), 49, *caput* (dano a plantas de ornamentação), parágrafo único (dano culposo), 50 (dano a florestas nativas ou vegetação preservada); 50-A (degradar, desmatar ou explorar economicamente floresta em terras de domínio público ou devolutas sem autorização do órgão competente), 62, I (dano a bem especialmente protegido por lei, ato administrativo ou decisão judicial), II (dano a arquivo, registro, museu, biblioteca, pinacoteca, instalação científica ou similar protegido por lei, ato administrativo ou decisão judicial), parágrafo único (dano culposo), 63 (alteração de local especialmente protegido por lei, ato administrativo ou decisão judicial), 65, *caput* (pichar ou por outro meio conspurcar edificação ou monumento urbano), § 1º (dano em bem tombado), § 2º (exclusão do crime na manifestação artística consentida pelo proprietário ou pelo poder público); **Lei nº 11.340**, de 7-8-2006, art. 7º, IV (dano como forma de violência doméstica e familiar contra a mulher).

163 DANO

163.1 Sujeitos do delito

Sujeito ativo é qualquer pessoa que destrói, inutiliza ou deteriora coisa alheia. Está excluído, entretanto, o proprietário da coisa, já que o tipo penal refere-se à conduta sobre "coisa alheia". Pode praticar o crime o condômino que danifica a coisa comum, já que em parte é ela alheia, salvo se se tratar de coisa fungível e o prejuízo não excede sua quota-parte, aplicando-se aqui a analogia com o furto de coisa comum (art. 156, § 2º).

Sujeito passivo é o proprietário e também o possuidor da coisa destruída, inutilizada ou deteriorada.

Jurisprudência

- Condômino como sujeito ativo

163.2 Tipo objetivo

A primeira conduta típica é a de *destruir*, que significa eliminar, desfazer, desmanchar, demolir. A segunda é a de *inutilizar*, que significa tornar inútil, imprestável, inservível a coisa. Por fim, *deteriorar* é estragar, arruinar, adulterar o objeto material. Caracteriza-se o crime com a destruição, inutilização ou deterioração parciais. Firmou-se a orientação em nossos tribunais de que a "pichação" de muros e paredes é uma forma de deterioração, ao menos quando as macula de forma grave, vindo a atingir sua incolumidade primitiva. Por omissão do legislador não foi incluída a conduta de "fazer desaparecer" coisa alheia.

Pode-se cometer o crime por comissão e também por omissão, no caso de ter o sujeito o dever jurídico de impedir a destruição, inutilização ou deterioração da coisa alheia.

O objeto material do crime é coisa alheia, móvel, imóvel, ou semovente, mas, tratando-se de crime patrimonial, é indispensável que tenha ela valor econômico. Nada impede, porém, a aplicação do princípio da insignificância ao crime de dano (v. item 13.5).

A reparação do dano não é causa extintiva de punibilidade, embora já se tenha decidido dessa forma, mas pode constituir o arrependimento posterior se for providenciada antes do oferecimento da denúncia ou queixa. Também não se prevê a forma privilegiada pelo pequeno valor da coisa ou do prejuízo causado ao ofendido, como nos crimes de furto, estelionato etc.

Como o crime de dano deixa vestígios, é indispensável o exame de corpo de delito, não podendo supri-lo a mera confissão do agente.

Jurisprudência

- Possibilidade de aplicação do princípio da insignificância
- Inaplicabilidade do princípio da insignificância: dano a hospital público
- Extinção da punibilidade pelo ressarcimento de pequeno dano
- Caracterização do crime de dano
- Inexistência do crime de dano na conspurcação
- Pichação de muro é crime de dano por deterioração
- Pichação de muro é crime de dano por deterioração – Contra
- Pichação de muro é crime de dano por inutilização da pintura
- Pichação de prédio público e ressarcimento de prejuízo
- Retirada de benfeitorias: inexistência do crime de dano
- Inexistência do crime por falta de valor econômico
- Possibilidade de aplicação do princípio da insignificância
- Inaplicabilidade do princípio da insignificância: fuga de preso
- Inexistência de crime privilegiado
- Extinção da punibilidade pelo ressarcimento de pequeno dano – Contra
- Legítima defesa contra a Administração Pública
- Necessidade de exame pericial

163.3 Tipo subjetivo

O dolo do crime de dano é a vontade de praticar uma das condutas previstas no art. 163 do CP. Divergências existem, porém, quanto à necessidade do elemento subjetivo do tipo (dolo específico), que seria a vontade de causar prejuízo (*animus nocendi*). Enquanto na doutrina se entende, majoritariamente, que essa vontade de causar prejuízo é inerente na própria ação criminosa, na jurisprudência há ponderável corrente em sentido contrário, exigindo o chamado dolo específico no crime de dano, em especial quando se trata de lesão aos estabelecimentos penais pelos presos quando pretendem empreender fuga.

Não prevê a lei a figura de dano culposo, existindo no fato apenas um ilícito civil.

Jurisprudência

- Erro na execução: inexistência de dano culposo
- Exigência do dolo
- Inexistência de dolo
- Inexigibilidade de dolo específico
- Inexigibilidade de dolo específico – Contra
- Dano praticado para fuga de preso: inexigência de dolo específico
- Dano praticado para fuga de preso: inexigência de dolo específico – Contra
- Dolo no dano de pichação de prédio público
- Inexistência de dolo específico na pichação para expressar opinião
- Irrelevância do estado de irritação do agente
- Irrelevância da ausência de motivo
- Dano praticado por pessoa embriagada
- Inexistência de dolo no dano praticado por pessoa embriagada
- Dano praticado por pessoa drogada
- Inexistência de dano culposo

163.4 Consumação e tentativa

Consuma-se o crime com a destruição, inutilização ou deterioração da coisa ainda que parciais. Tratando-se, porém, de crime plurissubsistente, é admissível a tentativa quando, apesar do início da execução não chega a ocorrer o resultado lesivo.

Jurisprudência

• Inexistência de consumação

163.5 Distinção

O dano, conforme as circunstâncias, pode constituir outro ilícito penal como o previsto nos arts. 165, 202, 346 do CP. A Lei nº 9.605, de 12-2-1998, define crimes de que decorra dano à fauna (arts. 29 a 37) e à flora (arts. 38 a 53), crimes de poluição e outras infrações contra o meio ambiente (arts. 54 a 61) e contra o ordenamento urbano e o patrimônio cultural (arts. 62 a 65). Pichar ou por outro meio conspurcar edificação ou monumento urbano é conduta tipificada como crime contra o ordenamento urbano e o patrimônio cultural, nos termos do art. 65 da Lei nº 9.605, de 12-2-1998, com a redação dada pela Lei nº 12.408, de 25-5-2011 (item 165.6). O dano a bem especialmente protegido por lei, ato administrativo ou decisão judicial, bem como a arquivo, registro, museu, biblioteca, pinacoteca, instalação científica ou similar protegido por lei, ato administrativo ou decisão judicial é apenado com reclusão de um a três anos, e multa, ou detenção de seis meses a um ano e multa se o dano é culposo. Em todos os crimes previstos na lei especial a ação penal é pública incondicionada (art. 26). Nos crimes definidos na Lei nº 9.605 que sejam de menor potencial ofensivo é vedada a transação penal sem a prévia composição do dano ambiental (art. 27), prevendo-se regras especiais para a reparação do dano na suspensão condicional do processo (art. 28).

Jurisprudência

• Distinção entre desacato e dano
• Distinção entre crueldade contra animais e dano

163.6 Concurso de crimes

Só há crime autônomo do art. 163 do CP quando o dano for um fim em si mesmo, o que não ocorre quando é crime-meio para outro delito (furto, roubo etc.). Havendo desistência voluntária ou arrependimento eficaz quanto ao crime-fim, resta a caracterização do crime de dano autônomo. O dano absolutamente desnecessário à consumação de outro delito configura também crime autônomo. A destruição da coisa objeto de crime anterior, como furto, roubo, apropriação indébita etc. é pós-fato não punível.

Jurisprudência

• Crime autônomo de dano
• Dano posterior a outro crime
• Dano absorvido pelo exercício arbitrário das próprias razões

163.7 Dano qualificado

Pode o crime de dano ser qualificado, prevendo-se tais formas no parágrafo único do art. 163. Assim, é qualificado o crime cometido com violência à pessoa ou grave ameaça.

Sendo estas meio para assegurar a execução do delito, praticada antes ou durante os atos executivos, contra a vítima ou terceiro, há dano qualificado. Não se reconhece esta qualificadora, porém, se o dano é consequência do emprego da violência. A simples prática de vias de fato qualifica o crime de dano. Havendo lesões corporais, configura-se concurso material de crimes, como se prevê no parágrafo do art. 163.

Qualifica também o crime o emprego de substância inflamável, em que o fogo se gera ou propaga com rapidez ou violência, ou explosiva, que causa detonação. Caso o fato configure outro ilícito (incêndio, explosão etc.), o crime de dano é absorvido. Não havendo perigo comum, pune-se o crime de dano qualificado.

É também qualificado o crime de dano praticado contra a União, Estado, Distrito Federal, Município, ou de autarquia, fundação pública, empresa pública, sociedade de economia mista ou empresa concessionária de serviços públicos, pouco importando que sejam dominicais, ou de uso comum. Estão excluídas as coisas particulares na posse ou no uso pelo poder público, as de empresas permissionárias de execução de serviços públicos etc.

Finalmente, qualifica-se o crime praticado por motivo egoístico ou com prejuízo considerável para a vítima. No segundo caso, é necessário que se apure a circunstância de acordo com a situação econômica da vítima e indispensável que o agente tenha consciência de estar causando sério prejuízo econômico ao ofendido.

Jurisprudência

- Circunstâncias que não autorizam a exasperação da pena
- Inexistência da qualificadora da violência
- Inexistência da qualificadora na violência contra a coisa
- Inexistência da qualificadora da ameaça
- Crime de dano praticado com substância inflamável
- Inexistência da qualificadora de substância inflamável
- Dano ao patrimônio público
- Dano ao patrimônio estadual
- Dano ao patrimônio municipal
- Crime de bagatela: não reconhecimento
- Inexistência de bem público
- Inexistência de motivo egoístico
- Avaliação do prejuízo com relação à vítima

Introdução ou abandono de animais em propriedade alheia

Art. 164. Introduzir ou deixar animais em propriedade alheia, sem consentimento de quem de direito, desde que do fato resulte prejuízo:

Pena – detenção, de 15 (quinze) dias a 6 (seis) meses, ou multa.

Vide: CP arts. 163, 167; LCP art. 31.

164 INTRODUÇÃO OU ABANDONO DE ANIMAIS EM PROPRIEDADE ALHEIA

164.1 Sujeitos do delito

O sujeito ativo do chamado pastoreio ilegítimo ou pastagem abusiva é aquele que introduz ou deixa animal em propriedade alheia. Referindo-se o tipo penal à "propriedade alheia", o proprietário não poderá responder por esse ilícito quando pratica uma das condutas, podendo ocorrer o delito de dano.

Sujeito passivo é o proprietário ou, eventualmente, o legítimo possuidor (usufrutuário, arrendatário, meeiro, locatário etc.).

164.2 Tipo objetivo

A conduta de introduzir significa fazer entrar, levar para dentro da propriedade alheia o animal ou animais. A introdução pode ocorrer por ação ou por omissão daquele que devia impedir a entrada dos animais. A conduta de deixar ocorre quando o agente abandona, larga, não retira os animais, conduta comissiva a que está obrigado quando não há consentimento expresso ou tácito do proprietário ou possuidor.

O objeto material é propriedade alheia, qualquer que seja, pastagem, terreno, jardim etc. Já se decidiu que, havendo séria dúvida a respeito da propriedade ou posse do imóvel, deve o acusado ser absolvido.

Exige a lei, para a caracterização do crime, que haja dano patrimonial efetivo, ou seja, prejuízo econômico à vegetação, obras ou anexos do imóvel (caminhos, passagens, porteiras etc.).

O elemento normativo "sem consentimento de quem de direito", a rigor, seria desnecessário ao tipo, pois é evidente que não se caracterizaria o crime se houvesse a anuência do proprietário, possuidor ou prepostos destes.

Jurisprudência

- Dúvida quanto à propriedade ou posse do imóvel
- Crime por omissão
- Venda ainda não transcrita no Cartório de Registro de Imóveis: inexistência do crime

164.3 Tipo subjetivo

O dolo do crime previsto no art. 164 é a vontade de introduzir ou abandonar o animal ou animais em imóvel alheio, pouco importando qual a razão do comportamento. Não prevê a lei forma culposa do crime e, mesmo no caso de não retirada dos animais por desídia, restará apenas um ilícito civil.

Jurisprudência

- Inexistência de dolo: crime não caracterizado
- Existência na mera culpa: crime não caracterizado

164.4 Consumação e tentativa

Consuma-se o delito com o prejuízo e não com a simples introdução ou não retirada dos animais. É inadmissível, portanto, a tentativa, embora haja opinião divergente.

Dano em coisa de valor artístico, arqueológico ou histórico

Art. 165. Destruir, inutilizar ou deteriorar coisa tombada pela autoridade competente em virtude de valor artístico, arqueológico ou histórico:

Pena – detenção, de 6 (seis) meses a 2 (dois) anos, e multa.

Vide: CF art. 216, IV, V, § 4º; CP arts. 163 e 166; **Decreto-lei nº 25**, de 30-11-1937 (dispõe sobre a proteção do patrimônio histórico e artístico nacional); **Lei nº 9.605**, de 12-2-1998, arts. 26 a 28, 62, I (dano a bem especialmente protegido por lei, ato administrativo ou decisão judicial), II (dano a arquivo, registro, museu, biblioteca, pinacoteca, instalação científica ou similar protegido por lei, ato administrativo ou decisão judicial), parágrafo único (dano culposo), 63 (alteração de local especialmente protegido por lei, ato administrativo ou decisão judicial), 64 (construir sem licença da autoridade em local especialmente protegido ou no entorno), 65, § 1º (pichar ou por outro meio conspurcar edificação ou monumento urbano em bem tombado), § 2º (exclusão do crime na manifestação artística consentida pelo proprietário ou pelo poder público); **Lei nº 11.904**, de 14-1-2009 (Estatuto de Museus) art. 66 (prevê sanções civis e administrativas para o dano a bens de museus).

165 DANO EM COISA DE VALOR ARTÍSTICO, ARQUEOLÓGICO OU HISTÓRICO

165.1 Revogação tácita do dispositivo

O art. 165 foi revogado tacitamente pela Lei nº 9.605, de 12-2-1998, que no art. 62, I e II, ampliou a proteção penal antes reservada à coisa tombada para qualquer bem especialmente protegido por lei, ato administrativo ou decisão judicial. Dispõe o art. 62 da lei especial: "Destruir, inutilizar ou deteriorar: I – bem especialmente protegido por lei, ato administrativo ou decisão judicial; II – arquivo, registro, museu, biblioteca, pinacoteca, instalação científica ou similar protegido por lei, ato administrativo ou decisão judicial: Pena – reclusão, de um a três anos, e multa." Além da pena mais severa a essa espécie de dano, prevê-se no parágrafo único a forma culposa, punida com pena de seis meses a um ano de detenção, sem prejuízo da multa.

165.2 Sujeitos do delito

Qualquer pessoa, inclusive o proprietário, pode cometer o crime previsto no art. 165 do CP. Este, uma vez tombada a sua propriedade, sofre as restrições previstas em lei, não podendo sequer alterá-la ou restaurá-la.

O sujeito passivo do crime é a pessoa jurídica de direito público (União, Estado ou Município), bem como o proprietário, se não for este o autor do crime.

165.3 Tipo objetivo

As condutas previstas no art. 165 são as mesmas do art. 163 (item 163.3). O objeto material, porém, é só a coisa imóvel (edifício, estátuas, ruínas) ou móvel (mobília, manuscritos etc.) que tenha sido tombado. O tombamento é disciplinado pelo Decreto-lei nº 25, de 30-11-1937, e pelo Decreto-lei nº 3.866, de 29-11-1941. Protege a lei tanto as coisas privadas como públicas.

165.4 Tipo subjetivo

O dolo é a vontade de destruir, inutilizar ou deteriorar coisa tombada. Caso o agente ignore o tombamento, ocorre erro de tipo e responderá ele, eventualmente, por dano qualificado (art. 163, parágrafo único, III).

Jurisprudência

- Caracterização do crime

165.5 Consumação e tentativa

A consumação e a tentativa são idênticas aos do crime de dano, do qual o art. 165 se diferencia apenas pelo objeto material.

165.6 Distinção

Nos termos do art. 5º, da Lei nº 3.924, de 26-7-1961, é crime contra o Patrimônio Nacional, aplicando-se as penas previstas nos arts. 163 e 167 do CP, qualquer ato que importe a destruição ou mutilação dos monumentos a que se refere o art. 2º da mesma lei. O art. 2º define o que se considera monumento arqueológico ou pré-histórico. O dano a bens especialmente protegidos é agora previsto no art. 62 da Lei nº 9.605, de 12-3-1998, que revogou tacitamente o art. 165 do CP (item 165.1). A Lei nº 9.605 define também como crime contra o ordenamento urbano e o patrimônio cultural a conduta de "pichar ou por outro meio conspurcar edificação ou monumento urbano" (art. 65). A circunstância de ser o bem monumento ou coisa tombada qualifica o delito (art. 65, § 1º). Não configura o delito, porém, a prática de grafite realizada como manifestação artística com o objetivo de valorização do patrimônio público ou privado, com a autorização do proprietário ou do órgão público competente e de acordo com as normas preservacionistas (art. 65, § 2º, inserido pela Lei nº 12.408, de 25-5-2011).

Alteração de local especialmente protegido

Art. 166. Alterar, sem licença da autoridade competente, o aspecto de local especialmente protegido por lei:

Pena – detenção, de 1 (um) mês a 1 (um) ano, ou multa.

Vide: **CF** art. 216, IV, V, § 4º, 225, § 1º, III; **CP** arts. 163 e 165; **Decreto-lei nº 25**, de 30-11-1937 (dispõe sobre a proteção do patrimônio histórico e artístico nacional); **Lei nº 9.605**, de 12-2-1998, arts. 26 a 28, 62, I (dano a bem especialmente protegido por lei, ato administrativo ou decisão judicial), II (dano a arquivo, registro, museu, biblioteca, pinacoteca, instalação científica ou similar protegido por lei, ato administrativo ou decisão judicial), parágrafo único (dano culposo), 63 (alteração de local especialmente protegido por lei, ato administrativo ou decisão judicial), 64 (construir sem licença da autoridade em local especialmente protegido ou no entorno), 65 (pichar ou por outro meio conspurcar edificação ou monumento urbano), § 1º (forma qualificada se o bem é tombado), § 2º (exclusão do crime).

166 ALTERAÇÃO DE LOCAL ESPECIALMENTE PROTEGIDO

166.1 Revogação tácita do dispositivo

A rigor, o art. 166 do Código Penal ficou revogado implicitamente pelos arts. 63 e 64 da Lei nº 9.605, de 12-2-1998, que dispõe sobre as sanções penais e administrativas derivadas de condutas e atividades lesivas ao meio ambiente e dá outras providências, uma vez que tal dispositivo regula, e com mais abrangência, a matéria penal prevista no primeiro dispositivo. Prevê-se no art. 63 da lei especial, como crime punido com reclusão de um a três anos e multa, a conduta de "alterar o aspecto ou estrutura de edificação ou local especialmente protegido por lei, ato administrativo ou decisão judicial em razão de seu valor paisagístico, ecológico, artístico, turístico, histórico, cultural, religioso, arqueológico, etnográfico ou monumental, sem autorização da autoridade competente ou em desacordo com a ordem concedida". No art. 64 pune-se com detenção de seis meses a um ano, e multa, a construção no entorno ou em solo não edificável em razão dos mesmos valores, também se não há autorização ou se a obra é realizada em desrespeito à autorização concedida. Para o crime de pichar ou conspurcar edificação ou monumento urbano (art. 65, *caput*) prevê-se a forma qualificada, punida com detenção de seis meses a um ano e multa, se coisa é tombada (§ 1º).

166.2 Sujeitos do delito

Sujeito ativo do crime de alteração de local especialmente protegido previsto no art. 166 do CP é qualquer pessoa, inclusive o proprietário ou possuidor que altera o imóvel quando este está protegido por lei.

Sujeito passivo do delito é a pessoa jurídica de direito público interno (União, Estado ou Município), bem como o proprietário do imóvel quando não for este o sujeito ativo.

166.3 Tipo objetivo

O núcleo do tipo previsto no art. 166 é *alterar*, ou seja, mudar, modificar, desfigurar, degenerar o aspecto, a fisionomia do local protegido por lei quer implique qualquer mudança de substância, quer atinja sua simples aparência. O objeto material são os imóveis, sejam eles tombados, quando houver apenas alteração do local, sejam sítios e paisagens de valor histórico, paisagístico, arqueológico, paleontológico, ecológico e científico (art. 216, V, da CF) que importe conservar e proteger pela feição notável com que tenham sido dotados pela natureza ou agenciados pela indústria humana. A autorização para a alteração pela autoridade competente exclui a tipicidade.

Jurisprudência

- Caracterização do crime
- Concurso material dos crimes dos arts. 165 e 166
- Inexistência do crime
- Imóvel em fase de tombamento

166.4 Tipo subjetivo

Consiste o dolo na vontade de alterar o aspecto do local especialmente protegido. A ignorância justificada do agente a respeito dessa proteção é erro de tipo, podendo ocorrer, eventualmente, nesse caso, um crime de dano.

Jurisprudência

- Inexistência de dolo pelo desconhecimento da proteção legal

166.5 Consumação e tentativa

Consuma-se o crime com a modificação introduzida no local (paisagem etc.). É possível a tentativa, quando a conduta é interrompida (elevação de muro, colocação de cartazes etc.).

Ação penal

Art. 167. Nos casos do art. 163, do IV do seu parágrafo e do art. 164, somente se procede mediante queixa.

Vide: CP arts. 100, §§ 2º a 4º, 103, 104, 107, IV, V; 163, *caput*, parágrafo único, IV, 164; CPP arts. 5º, § 5º, 24, § 2º, 29 a 33, 36 a 38, 564, III, *a*, 569.

167 AÇÃO PENAL NOS CRIMES DE DANO

167.1 Ação penal privada e ação penal pública

O art. 167 prevê regra a respeito das espécies de ação penal nos crimes de dano. Prevê a iniciativa por meio de queixa para os crimes de dano simples (art. 163, *caput*) e qualificado por motivo egoístico ou com prejuízo considerável para a vítima (art. 163, parágrafo único, inciso IV), bem como para o de introdução ou abandono de animais em propriedade alheia (art. 164), *ainda que em concurso com outros delitos que se apuram mediante ação penal pública*. Os demais, portanto, diante da regra prevista nos arts. 100, *caput*, do CP, apuram-se mediante ação penal pública. São eles os de dano qualificado por violência ou grave ameaça, com emprego de substância inflamável ou explosiva, contra o patrimônio da União, Estado, Município, empresa concessionária de serviços públicos ou sociedade de economia mista (art. 163, parágrafo único, incisos I, II e III), o de dano em coisa de valor artístico, arqueológico ou histórico (art. 165) e o de alteração de local especialmente protegido (art. 166). Lembre-se, porém, que seja qual for o crime, quando praticado em detrimento do patrimônio ou interesse da União, Estado e Município, a ação penal será pública, conforme previsto pelo § 2º, do art. 24, do CPP, acrescentado pela Lei nº 8.699, de 27-8-1993.

Jurisprudência

- Desistência da ação penal privada no crime de dano não qualificado
- Ação penal de iniciativa privada no crime de dano contra particular
- Ação penal de iniciativa privada no crime de introdução ou abandono de animais em propriedade alheia
- Ação penal de iniciativa privada em crime de dano contra empresa permissionária de serviço de utilidade pública
- Ação penal pública em crime de dano praticado com grave ameaça
- Ação penal pública em crime de dano praticado com violência

CAPÍTULO V
DA APROPRIAÇÃO INDÉBITA

Apropriação indébita

Art. 168. Apropriar-se de coisa alheia móvel, de que tem a posse ou a detenção:

Pena – reclusão, de 1 (um) a 4 (quatro) anos, e multa.

Aumento de pena

§ 1º A pena é aumentada de um terço, quando o agente recebeu a coisa:

I – em depósito necessário;

II – na qualidade de tutor, curador, síndico, liquidatário, inventariante, testamenteiro ou depositário judicial;

III – em razão de ofício, emprego ou profissão.

Vide: **CP** arts. 16, 65, III, *b*, 155, § 2º, 156, § 2º, 168-A, 169, 170, 312, 313; **CPP** arts. 120, § 4º, 139; **CC** arts. 82, 368 a 380, 397, parágrafo único, 644, 645, 647, 648, 649, 664, 681, 708, 1.196, 1.197, 1.198, 1.208, 1.728, 1.741, 1.745, 1.753, 1.755 a 1.766, 1.767, 1.781, 1.783, 1.976, 1.978, 1.980, 1.983, 1.986, 1.991; **CPC** arts. 148 a 150; **Lei nº 7.492**, de 16-6-1986, art. 5º (apropriação ou desvio de dinheiro, título, valor ou bem móvel como crime contra o sistema financeiro nacional); **Lei nº 8.866**, de 11-4-1994 (dispõe sobre o depositário infiel de valor pertencente à Fazenda Pública); **Lei nº 8.906**, de 4-7-1994 – **EAOAB**, art. 25-A (prevê o prazo prescricional de cinco anos para a ação de prestação de contas das quantias recebidas pelo advogado); **Lei nº 10.741**, de 1º-10-2003 – **EI**, art. 102 (apropriação ou desvio de bens, proventos, pensão ou qualquer outro rendimento de pessoa idosa).

168 APROPRIAÇÃO INDÉBITA

168.1 Sujeitos do delito

Sujeito ativo do crime é qualquer pessoa que está na posse ou detenção de coisa móvel alheia, em razão de direito real. O coproprietário pode cometer o delito, ao transformar a posse da parte alheia em propriedade. Há, porém, decisões em sentido contrário.

Sujeito passivo do delito de apropriação indébita é, em regra, o proprietário, mas pode ser o possuidor que transfere precariamente a guarda da coisa a terceiro. É, em suma, aquele que sofre o prejuízo.

Jurisprudência

- Admissibilidade de apropriação indébita por comerciante
- Inadmissibilidade de apropriação indébita por funcionário

- Sujeito ativo como sócio em coisa comum infungível
- Sujeito ativo como sócio em coisa comum infungível – Contra
- Sujeito passivo do crime de apropriação indébita

168.2 Tipo objetivo

A coisa móvel, além do imóvel que pode ser mobilizado, ou seja, toda substância corpórea, suscetível de apreensão, é o objeto material do crime, inclusive a coisa fungível, quando confiada para ser entregue a terceiros; quando não caracteriza cessão para consumo; quando não há transmissão de propriedade etc. Incluem-se também os títulos de crédito, que são coisas com valor econômico. Não se caracteriza o crime, porém, se o objeto é desprovido de qualquer valor pecuniário ou sentimental. Pode-se falar, no caso de apropriação indébita, da aplicação do princípio da insignificância quando é irrelevante o valor da coisa apropriada. Se forem de pequeno valor, preenchidos os requisitos previstos no art. 155, § 2º, aplica-se o art. 170. Referindo-se a lei a "coisa móvel", não podem ser objeto do crime de apropriação indébita direitos, créditos etc.

Pressuposto material do crime é a existência da posse ou detenção legítimas da coisa pelo sujeito ativo. A posse e a detenção são disciplinadas nos arts. 1.196 a 1.224 do CC. Para gerar o crime é necessário que estejam presentes na posse os seguintes requisitos: tradição livre e consciente, origem legítima e disponibilidade de coisa pelo sujeito ativo. Caso contrário, poderá haver o crime de furto.

A conduta típica é apropriar-se o agente de coisa alheia, dispondo dela como se proprietário fosse. Caso não haja prazo marcado para a devolução da coisa ao proprietário, é necessário para a caracterização do crime que o agente seja notificado ou interpelado para devolvê-la (art. 397, parágrafo único, do CC), pois a simples mora não caracteriza o delito. No crime de apropriação indébita, não se exige como pressuposto a notificação ou a prestação de contas, a não ser nos casos em que há reciprocidade de créditos e débitos compensáveis, complexidade de contas, gestão de negócios, administração, mandato etc. Também não é indispensável exame pericial, a não ser que a apropriação não possa ser demonstrada por outros meios de prova.

Jurisprudência

- Aplicação do princípio da insignificância
- Apropriação indébita caracterizada: irrelevância da devolução do bem antes do recebimento da denúncia
- Apropriação indébita caracterizada: irrelevância da indenização
- Admissibilidade de apropriação indébita de coisa fungível
- Inadmissibilidade de apropriação indébita no contrato de mútuo
- Inadmissibilidade de apropriação indébita de coisa comum
- Inexistência de crime na mora após desfazimento do contrato de compra e venda
- Necessidade de prestação de contas: inventariante
- Prestação de contas intempestiva: irrelevância
- Apropriação indébita caracterizada
- Inadmissibilidade de apropriação indébita em contrato de depósito irregular
- Admissibilidade de apropriação indébita de títulos de crédito
- Admissibilidade de apropriação indébita de documentos comprobatórios de direitos
- Inadmissibilidade de apropriação indébita de créditos
- Inadmissibilidade de apropriação indébita de direitos
- Apropriação indébita de coisa comum
- Inadmissibilidade de apropriação indébita de coisa comum

- Inadmissibilidade de apropriação indébita de coisa sem valor
- Inadmissibilidade de apropriação indébita de coisa imóvel
- Necessidade de posse prévia do sujeito ativo
- Necessidade de posse legítima do sujeito ativo
- Necessidade de comprovação do empréstimo ou entrega da coisa a outro título
- Suficiência de mera detenção da coisa
- Conduta no crime de apropriação indébita
- Caracterização pela retenção indevida de numerário de cliente
- Inexistência da conduta na simples mora em devolver
- Inexistência na conduta de alteração do título da posse por convenção
- Necessidade de interpelação em contratos sem prazo
- Inexistência por ter havido acordo judicial
- Inexistência do crime por cláusula contratual: fitas de vídeo

- Inexistência de crime: ajuste de caução
- Inexistência de crime: inadimplemento de natureza civil
- Inexistência de crime: mera divergência de contas
- Inexistência de crime: mera mora
- Desnecessidade de prévia ação de prestação de contas
- Necessidade de prestação de contas: poder de gerência
- Necessidade de prestação de contas: poder de administração
- Necessidade de prestação de contas: créditos do agente
- Necessidade de prestação de contas: administração de negócios
- Necessidade de prestação de contas: mandato
- Desnecessidade de exame pericial
- Necessidade de exame pericial
- Desnecessidade de perícia contábil

168.3 Tipo subjetivo

A vontade de apropriar-se de coisa alheia móvel (*animus rem sibi habendi*) é o dolo do crime. Exige-se o elemento subjetivo do tipo, ou seja, a vontade de ter, como proprietário, a coisa para si ou para outrem, com a vontade de não a restituir. Está presente o elemento subjetivo quando o agente pratica ato incompatível com a possibilidade de ulterior restituição da coisa ou seu emprego ao fim determinado.

Não se caracteriza o crime quando o possuidor puder, legalmente, reter a coisa como nos casos de compensação e de depósito. Também não há crime na mera mora em devolver a coisa, não prevendo a lei a forma culposa do crime.

Jurisprudência

- Inexistência do *animus rem sibi habendi*: inexecução de serviço contratado
- Inexistência do crime em caso de depósito
- Necessidade do *animus rem sibi habendi*
- Inexistência de *animus rem sibi habendi* por parte de advogado
- Inexistência do *animus rem sibi habendi*: locação de veículo
- Inexistência do *animus rem sibi habendi*: locação de fitas de vídeo
- Inexistência do *animus rem sibi habendi*: uso da coisa

- Inexistência do *animus rem sibi habendi*: entrega à Polícia
- Demonstração do dolo na apropriação indébita
- Falta de demonstração do dolo em apropriação indébita
- Inexistência de dolo em dilema ou conjuntura difícil
- Inexistência de crime culposo
- Inexistência do crime na compensação de dívidas
- Inexistência de crime na retirada de salário
- Inexistência do crime na retirada de conta conjunta

168.4 Consumação e tentativa

Consuma-se o crime quando o agente transforma a posse em propriedade, ou seja, quando inverte a posse em domínio. Na maioria dos casos, essa disposição é revelada por uma conduta externa do agente, incompatível com a vontade de restituir ou de dar o destino certo à coisa (venda, desvio, ocultação, negativa na devolução etc.).

O ressarcimento do prejuízo, a composição, a restituição após a consumação não desfigura o delito, podendo constituir, conforme o caso, em arrependimento posterior, se for anterior à denúncia, ou atenuante genérica, se posterior.

É inadmissível a hipótese da tentativa, pois a consumação ocorre com a simples disposição do agente em transformar a posse em propriedade. Entretanto, já houve decisão em sentido contrário.

Jurisprudência

- Inexistência de apropriação indébita em posse transitória
- Ressarcimento do prejuízo durante a ação penal
- Inexistência de arrependimento posterior na devolução do bem após o recebimento da denúncia
- Ressarcimento do prejuízo: atenuante
- Possibilidade de tentativa de apropriação indébita
- Momento da consumação
- Caracterização no local da prestação de contas
- Caracterização com a recusa em devolver a coisa
- Caracterização pela retenção da coisa
- Caracterização do crime pela venda da coisa
- Caracterização do crime por comunicação falsa à Polícia
- Inexistência de apropriação indébita por ausência de prejuízo
- Ressarcimento do prejuízo: inexistência de exclusão de crime ou isenção de pena
- Ressarcimento do prejuízo: inexistência de exclusão de crime ou isenção de pena – Contra
- Inexistência do crime por transação anterior à denúncia
- Inexistência do crime por transação anterior à denúncia – Contra
- Ressarcimento do prejuízo: arrependimento posterior
- Ressarcimento do prejuízo: inexistência de arrependimento posterior
- Irrelevância de não apuração do valor exato do prejuízo

168.5 Distinção

Difere a apropriação indébita do estelionato, pois nela o dolo, ou seja, a vontade de se apropriar, só surge depois de ter o agente a posse da coisa, recebida legitimamente, enquanto que neste o *animus* precede o recebimento da coisa provocado por erro do proprietário. Por isso se diz que no estelionato o dolo está no antecedente e na apropriação é subsequente à posse.

Distingue-se a apropriação indébita do furto porque neste não há apropriação, mas subtração, mesmo no caso em que o sujeito ativo detenha momentaneamente a coisa sob vigilância da vítima.

A apropriação, quando praticada por funcionário público, no exercício de função, constitui peculato.

Jurisprudência

- Apropriação indébita e não peculato
- Distinção entre apropriação indébita e estelionato

- Apropriação indébita e não estelionato
- Estelionato e não apropriação indébita
- Distinção entre apropriação indébita e furto
- Apropriação indébita e não furto
- Furto e não apropriação indébita

168.6 Concurso

Embora haja decisões no sentido de que os fatos típicos praticados como meio para a apropriação indébita, como o *falsum*, sejam absorvidos por ela, na maior parte das vezes se tem decidido pelo concurso material de delitos. Nada impede o concurso formal quando em uma mesma conduta o agente lesa várias pessoas. É possível a continuidade delitiva no crime de apropriação indébita.

Jurisprudência

- Inadmissibilidade de concurso com estelionato posterior
- Inexistência de absorção da falsidade
- Concurso formal de apropriação indébita
- Crime continuado de apropriação indébita
- Inadmissibilidade de continuação entre apropriação indébita e estelionato
- Crime único e não continuidade delitiva

168.7 Apropriação indébita qualificada

São várias as hipóteses legais de apropriação indébita qualificada. A primeira delas ocorre quando se trata de "depósito necessário" (arts. 647, inc. I, 647, II, e 649, do CC).

Qualifica-se ainda a apropriação indébita quando o sujeito ativo pratica a apropriação na qualidade de tutor, curador, síndico, liquidatário, inventariante, testamenteiro ou depositário judicial. A lei não incluiu no inciso II do § 1º do art. 168 o concordatário.

Por fim, qualifica-se o crime quando praticado em razão de ofício, emprego ou profissão, pela violação de um dever inerente à qualidade dessas pessoas, revelando o fato, sempre, abuso de confiança. Deve-se entender que não basta, porém, a relação de emprego para a caracterização da qualificadora, sendo necessária a demonstração da existência de relação de confiança.

Jurisprudência

- Apropriação indébita por síndico
- Apropriação indébita em razão de ofício
- Apropriação indébita em razão de profissão
- Apropriação indébita por funcionário público
- Inexistência da qualificadora na falta de entrega em razão de emprego
- Inexistência de qualificadora por nexo ocasional
- Apropriação indébita por bancário
- Apropriação indébita por advogado
- Conceito da qualificadora
- Apropriação indébita por transportador
- Apropriação indébita por gerente
- Apropriação indébita por corretor de imóveis
- Apropriação indébita por advogado
- Inexistência do crime por parte de advogado
- Apropriação indébita por administrador de condomínio
- Apropriação indébita por corretor
- Apropriação indébita por empregado
- Apropriação indébita por profissional
- Apropriação indébita por *marchand*
- Inexistência da qualificadora: sócio da empresa vítima
- Inexistência da qualificadora: inexistência de relação de confiança
- Inexistência da qualificadora: inexistência de relação de confiança – Contra

Apropriação indébita previdenciária

Art. 168-A. Deixar de repassar à previdência social as contribuições recolhidas dos contribuintes, no prazo e forma legal ou convencional:

Pena – reclusão, de 2 (dois) a 5 (cinco) anos, e multa.

§ 1º Nas mesmas penas incorre quem deixar de:

I – recolher, no prazo legal, contribuição ou outra importância destinada à previdência social que tenha sido descontada de pagamento efetuado a segurados, a terceiros ou arrecadada do público;

II – recolher contribuições devidas à previdência social que tenham integrado despesas contábeis ou custos relativos à venda de produtos ou à prestação de serviços;

III – pagar benefício devido a segurado, quando as respectivas cotas ou valores já tiverem sido reembolsados à empresa pela previdência social.

§ 2º É extinta a punibilidade se o agente, espontaneamente, declara, confessa e efetua o pagamento das contribuições, importâncias ou valores e presta as informações devidas à previdência social, na forma definida em lei ou regulamento, antes do início da ação fiscal.

§ 3º É facultado ao juiz deixar de aplicar a pena ou aplicar somente a de multa se o agente for primário e de bons antecedentes, desde que:

I – tenha promovido, após o início da ação fiscal e antes de oferecida a denúncia, o pagamento de contribuição social previdenciária, inclusive acessórios; ou

II – o valor das contribuições devidas, inclusive acessórios, seja igual ou inferior àquele estabelecido pela previdência social, administrativamente, como sendo o mínimo para o ajuizamento de suas execuções fiscais.*

§ 4º A faculdade prevista no § 3º deste artigo não se aplica aos casos de parcelamento de contribuições cujo valor, inclusive dos acessórios, seja superior àquele estabelecido, administrativamente, como sendo o mínimo para o ajuizamento de suas execuções fiscais.**

* Artigo acrescentado pela Lei nº 9.983, de 14-7-2000.

** § 4º inserido pela Lei nº 13.606, de 9-1-2018.

Vide: CF arts. 149, 194, 195, 201, 202; CP arts. 16, 107, IX, 120, 155, § 2º, 168, 170, 316, §§ 1º e 2º, 337-A; **Lei nº 8.137**, de 27-12-1990, art. 2º, II (não recolhimento de valor de tributo ou contribuição social descontado ou cobrado para ser recolhido aos cofres públicos, como crime contra a ordem tributária e econômica); **Lei nº 8.212**, de 24-7-1991 (dispõe sobre a organização da Seguridade Social); **Lei nº 8.213**, de 24-7-1991 (dispõe sobre os planos de benefícios da Previdência Social); **Lei nº 8.866**, de 11-4-1994 (dispõe sobre o depositário infiel de valor pertencente à Fazenda Pública); **Lei nº 9.430**, de 27-12-1996, art. 83, §§ 2º e 3º (suspensão da pretensão punitiva e da prescrição nos crimes definidos nos arts. 168-A, 337-A do CP e nos arts. 1º e 2º da Lei nº 8.137, de 27-12-1990, durante o regime de parcelamento), § 4º (extinção da punibilidade pelo pagamento integral do tributo); **Lei nº 9.964**, de 10-4-2000 (institui o Programa de Recuperação Fiscal – REFIS), art. 15 (suspensão da pretensão punitiva e da prescrição durante o regime de parcelamento do débito e extinção da punibilidade pelo pagamento do tributo e contribuição social nos crimes previstos nos arts. 1º e 2º da Lei nº 8.137, de 27-12-1990); **Lei nº 10.684**, de 30-5-2003 (dispõe sobre o parcelamento de débitos tributários), art. 9º (suspensão da pretensão punitiva e da prescrição durante o regime de parcelamento, e extinção da punibilidade pelo pagamento do tributo ou contribuição social nos crimes previstos nos arts. 168-A, 337-A e nos arts. 1º e 2º da Lei nº 8.137, de 27-12-1990). Súmulas: **Vinculante** 24; **STJ** 18.

168-A APROPRIAÇÃO INDÉBITA PREVIDENCIÁRIA

168-A.1 Sujeitos do delito

Sujeito ativo do delito é a pessoa que deve repassar à previdência social as contribuições recolhidas dos contribuintes (firma individual, sócios solidários, gerentes, diretores, administradores, agentes financeiros etc.). Aliás, todos os que concorrem para o ilícito, por mandato, induzimento etc. respondem pelo crime. Na vigência da Lei nº 8.212, de 24-7-1991, que tratava dos crimes contra a Previdência Social, a jurisprudência excluía o Prefeito Municipal. Mesmo os agentes públicos podem praticar o crime, no caso de contribuições das empresas incidentes sobre o faturamento e o lucro, bem como as incidentes sobre a receita de concursos de prognósticos (art. 11, alínea *e*, da Lei nº 8.212/91), são arrecadadas e fiscalizadas pela Secretaria da Receita Federal (art. 33 da referida lei), cujos valores devem ser repassados mensalmente, pelo Tesouro Nacional (art. 19). Se tal não for feito, ocorre o crime por parte dos funcionários encarregados do repasse.

Sujeito passivo é o Estado, ou seja, o órgão da Previdência Social, seja ela oficial, oficial complementar (dos Estados-membros ou Municípios) ou privada complementar com ou sem fins lucrativos. É também lesado o contribuinte.

Jurisprudência

- Exclusão do Prefeito Municipal como sujeito ativo

168-A.2 Tipo objetivo

A lei prevê um crime omissivo puro, ou seja, o de *deixar de repassar* à previdência social as contribuições recolhidas dos contribuintes, no prazo e forma legal (previdência oficial) ou convencional (previdência privada). Prevê a lei ou a convenção o prazo e a forma com que deve ser recolhida a contribuição e a mora ou a irregularidade no recolhimento constituem o delito. Em regra, as contribuições destinadas ao custeio da previdência são recolhidas nas instituições bancárias (art. 60 da Lei nº 8.212/91), as quais, por força de convênios celebrados com o INSS, dispõem de prazo para repassar os valores aos cofres da previdência. Por essa razão a lei refere-se ao "prazo convencional".

Diante da redação genérica dada ao fato, é irrelevante a existência ou não de prova de vínculo empregatício do contribuinte com a empresa.

Não se exime de responsabilidade o omitente que não faz o recolhimento devido a problemas econômicos ou financeiros, não se podendo falar, no caso, de inexigibilidade de conduta diversa, a não ser em situações excepcionais. Além da prática do crime, o responsável pode ser passível de prisão administrativa. Não se confunde a apropriação indébita previdenciária com o crime de sonegação de contribuição previdenciária (art. 337-A).

Jurisprudência

- Crime omissivo puro
- Inexistência de inexigibilidade de conduta diversa
- Inexistência de inexigibilidade de conduta diversa – Contra
- Inexigibilidade de conduta diversa: excepcionalidade
- Requisitos para o reconhecimento da inexigibilidade de conduta diversa

- Inexistência de estado de necessidade
- Inexistência de possibilidade de agir na comprovada dificuldade financeira
- Revogação do art. 95, da Lei no 8.212/91: ultratividade por ser mais benéfico
- Revogação do art. 95, da Lei no 8.212/91: inexistência de *abolitio criminis*

168-A.3 Tipo subjetivo

O dolo delito é a vontade de não repassar à previdência as contribuições recolhidas, obedecendo ao prazo e à forma legal. Não se exige fim específico, ou seja, o *animus rem sibi habendi*, ao contrário do que ocorre na apropriação indébita comum. A mora ocasionada por mera culpa não constitui o ilícito, pela inexistência da figura típica culposa.

Jurisprudência

- Natureza do tipo subjetivo
- Desnecessidade do *animus rem sibi habendi*
- Exigência do dolo específico

- Inexistência de dolo
- Suficiência do dolo genérico

168-A.4 Consumação e tentativa

O crime consuma-se quando se esgota o prazo para que se efetue o repasse à previdência social. Também está consumado o delito quando o repasse não obedece à forma legal ou convencional. Por se tratar de crime de mera conduta, não se exige para a consumação que o agente se locuplete ou o Erário sofra prejuízo efetivo, como já se decidia na vigência do art. 95, *d*, da Lei nº 8.212/91.

Tratando-se de crime omisso próprio, não é possível a tentativa. Há, porém, decisões dos tribunais superiores de que a apropriação indébita material é crime omissivo material, exigindo-se para a sua consumação dano efetivo, que só se constata com a constituição definitiva, na via administrativa, do crédito tributário.

Jurisprudência

- Inexigência de prejuízo efetivo para o Erário
- Consumação com o dano ao Erário
- Consumação do crime
- Delito material – consumação com a constituição definitiva do crédito tributário

168-A.5 Crimes assemelhados

No § 1º, prevê a lei outros tipos penais assemelhados e com as mesmas penas da figura prevista no *caput*. O primeiro deles é deixar de recolher, no prazo legal, contribuição ou outra importância destinada à previdência social que tenha sido descontada de pagamento efetuado a segurados, a terceiros ou arrecadada do público. São segurados obrigatórios o empregado, o empregado doméstico, o empresário, o trabalhador autônomo, o trabalhador avulso e o segurado especial. No entanto, a lei refere-se também a terceiros, individualmente, e ao público. Assim, é indiferente de onde provenha a contribuição ou qualquer importância destinada à previdência social. Basta que tenha sido ela descontada de pagamento, ou seja, de qualquer remuneração. Os prazos estão estabelecidos na Lei de Custeio da Previdência Social (arts. 30 e 31 da Lei nº 8.212/91, com as modificações introduzidas por leis posteriores). Não se exige, também, o *animus rem sibi habendi*.

É ainda típica a conduta, anteriormente definida no art. 95, *e*, da Lei nº 8.212/91, de deixar recolher contribuições devidas à previdência social que tenham integrado despesas contábeis ou custos relativos à venda de produtos ou prestação de serviços. Nesse caso, sujeito ativo é o próprio contribuinte, ou seja, aquele que, por força de lei, deve recolher contribuições derivadas de despesas contábeis ou custos relativos à venda de produtos ou à prestação de serviços. O contribuinte de fato é o consumidor final, não se justificando que a pessoa que não foi onerada na relação econômica deixe de recolher a contribuição à previdência social.

Por fim, é também crime, anteriormente previsto em parte no art. 95, *f*, da Lei nº 8.212/91, deixar de pagar benefício devido a segurado, quando as respectivas cotas ou valores já tiverem sido reembolsados à empresa pela previdência social. No caso, a omissão criminosa é dos responsáveis pela empresa, que deixam de efetuar o pagamento devido ao segurado quando assim dispuser a lei. São os casos em que o benefício é pago ao segurado pela empresa, que é ressarcida desse pagamento, nas futuras contribuições a seu cargo. Como exemplos estão o salário-família (art. 68, da Lei nº 8.213/91) e o salário-maternidade (Lei nº 8.213/91, art. 72, § 1º, incluído pela Lei nº 10.710, de 5-8-2003) que devem ser pagos pela empresa, que será reembolsada desses valores. Caso tenha a empresa sido reembolsada pela previdência social, a falta de pagamento no prazo legal configura o ilícito penal.

Não configurado o crime de apropriação indébita previdenciária, pode ocorrer o crime de sonegação de contribuição previdenciária (art. 337-A) ou definido na Lei nº 8.137, de 27-12-1990 (que dispõe sobre os crimes contra a ordem tributária, econômica e as relações de consumo).

Jurisprudência

- Prescrição retroativa: prazo decorrido entre a data do recibo e a do recebimento da denúncia

168-A.6 Formas privilegiadas

Conforme dispõe o art. 170 do CP, são aplicáveis aos delitos de apropriação indébita previdenciária e assemelhados as formas privilegiadas previstas no art. 155, § 2° (item 170.1).

168-A.7 Suspensão da pretensão punitiva e da prescrição e extinção da punibilidade

Prevê a lei uma causa especial de extinção da punibilidade para os crimes previstos no art. 168-A e seu § 1°, que ocorre quando o sujeito ativo, espontaneamente, declara, confessa e efetua o pagamento das contribuições, importâncias ou valores e presta as informações devidas à previdência social, na forma definida em lei ou regulamento, antes do início da ação fiscal. As informações e o pagamento do devido, desde que não forçado, antes do início da ação fiscal, com as devidas multas e acréscimos legais, reparam prontamente a lesão. Não basta, entretanto, nos termos do dispositivo, simplesmente promover o pagamento; é necessário efetuá-lo em tempo oportuno.

Regra mais benevolente, porém, encontra-se no art. 9°, § 2°, da Lei n° 10.684, de 30-5-2003, que prevê, nos crimes definidos no art. 168-A, bem como nos tipificados no art. 337-A e nos arts. 1° e 2° da Lei n° 8.137, de 27-12-1990, a suspensão da pretensão punitiva no período em que a pessoa jurídica relacionada com o agente estiver incluída no regime de parcelamento de débito (art. 9°, *caput*), durante o qual não tem curso a prescrição (art. 9°, § 1°). Prevê, também, a lei que o pagamento integral do débito extingue a punibilidade, não se exigindo que seja efetuado antes da ação fiscal ou da ação penal: "extingue-se a punibilidade dos crimes referidos neste artigo quando a pessoa jurídica relacionada com o agente efetuar o pagamento integral dos débitos oriundos de tributos e contribuições sociais, inclusive acessórios" (art. 9°, § 2°). A Lei n° 11.941, de 27-5-2009, contém regras semelhantes, dispondo que o parcelamento do crédito tributário suspende a pretensão punitiva e o curso da prescrição e, se anterior ao início da ação penal, impede o oferecimento da denúncia (arts. 67 e 68). Extingue-se a punibilidade pelo pagamento integral dos débitos que tiverem sido objeto de concessão do parcelamento (art. 69). Por força de modificações inseridas pela Lei n° 12.382, de 25-2-2011, na Lei n° 9.430, de 27-12-1996, prevê esse diploma, igualmente, a suspensão da pretensão punitiva e do prazo prescricional pela inclusão do devedor no regime de parcelamento, desde que a formalização se verifique anteriormente ao recebimento da denúncia, nos mesmos crimes, descritos nos arts. 168-A e 337-A do CP e nos arts. 1° e 2° da Lei n° 8.137, de 27-12-1990 (art. 83, §§ 2° e 3°). O pagamento integral do tributo devido determina a extinção da punibilidade (§ 4°). A Lei n° 9.964, de 10-4-2000, já dispunha sobre a suspensão da pretensão punitiva e da prescrição, referindo-se, porém, somente aos mencionados crimes contra a ordem econômica e tributária, na hipótese de inclusão da pessoa jurídica no Refis (Programa de Recuperação Fiscal), e exigindo para a extinção da punibilidade que a concessão do parcelamento ocorresse antes do recebimento da denúncia (art. 15, § 3°).

A exigência de que o pagamento do tributo se verificasse antes do recebimento da denúncia para extinção da punibilidade havia sido estabelecida na Lei nº 9.249, de 26-12-1995 (art. 34) e na própria Lei nº 8.137 (art. 14, revogado pela Lei nº 8.383, de 30-12-2001).

Já decidiu o STF que, sendo a apropriação indébita previdência crime omissivo material, a existência de recurso administrativo questionando a exigibilidade do tributo impede a propositura da ação penal ou a instauração de inquérito policial (v. item 116.9). O Supremo Tribunal Federal aprovou, em 2-12-2009, a Súmula Vinculante 24, com o seguinte teor: "Não se tipifica crime material contra a ordem tributária, previsto no art. 1º, incisos I a IV, da Lei nº 8.137/90, antes do lançamento definitivo do tributo".

Jurisprudência

- Suspensão da pretensão punitiva com a inclusão no regime de parcelamento
- Não extinção da punibilidade pela inclusão no regime de parcelamento
- Extinção da punibilidade pelo pagamento integral das contribuições previdenciárias
- Extinção da punibilidade pelo pagamento após o oferecimento da denúncia
- Suspensão da persecução penal na pendência de recurso administrativo

168-A.8 Perdão judicial ou pena de multa

O juiz pode deixar de aplicar a pena ou aplicar somente a de multa nas hipóteses mencionadas no § 3º do art. 168-A. Pressuposto para o perdão judicial é que o sujeito ativo seja primário e de bons antecedentes. No primeiro caso, é facultada ao juiz a dispensa da pena ou a aplicação exclusiva da pena de multa quando o omitente tenha promovido, após o início da ação fiscal e antes de oferecida a denúncia, o pagamento da contribuição previdenciária, inclusive acessórios. Inexistentes os pressupostos de primariedade e dos bons antecedentes, é possível, na hipótese, a redução da pena pelo arrependimento posterior prevista no art. 16 do CP.

Na segunda hipótese, o perdão judicial pode ser concedido quando o valor das contribuições devidas, inclusive acessórios, seja igual ou inferior àquele estabelecido pela previdência social, administrativamente, como o mínimo para o ajuizamento de suas execuções fiscais. O pequeno prejuízo causado pela conduta criminosa é que permite a concessão da dispensa da pena ou a aplicação somente de multa, ainda que o sujeito ativo não tenha recolhido o valor das contribuições. Nada impede, porém, a aplicação do princípio da insignificância ao crime de apropriação indébita previdenciária (v. item 13.5).

A Lei nº 13.606, de 9-1-2018, inseriu o § 4º ao art. 168-A, dispondo que "a faculdade prevista no § 3º deste artigo não se aplica aos casos de parcelamento de contribuições cujo valor, inclusive dos acessórios, seja superior àquele estabelecido, administrativamente, como sendo o mínimo para o ajuizamento de suas execuções fiscais".

Jurisprudência

- Perdão judicial e extinção da punibilidade
- Valor inferior ao teto para ajuizamento de execução fiscal: caso de perdão judicial
- Princípio da insignificância: aplicabilidade
- Princípio da insignificância: inaplicabilidade
- Distinção entre perdão ou privilégio e o princípio da insignificância

Apropriação de coisa havida por erro, caso fortuito ou força da natureza

Art. 169. Apropriar-se alguém de coisa alheia vinda ao seu poder por erro, caso fortuito ou força da natureza:

Pena – detenção, de 1 (um) mês a 1 (um) ano, ou multa.

Parágrafo único. Na mesma pena incorre:

Apropriação de tesouro

I – quem acha tesouro em prédio alheio e se apropria, no todo ou em parte, da quota a que tem direito o proprietário do prédio;

Apropriação de coisa achada

II – quem acha coisa alheia perdida e dela se apropria, total ou parcialmente, deixando de restituí-la ao dono ou legítimo possuidor ou de entregá-la à autoridade competente, dentro do prazo de 15 (quinze) dias.

Vide: CP arts. 155, § 2º, 168, 170, 171, 181 a 183; CC arts. 171, II, 393, parágrafo único, 876, 884, 1.233, 1.264, 1.265; CPC art. 746.

169 APROPRIAÇÃO DE COISA HAVIDA POR ERRO, CASO FORTUITO OU FORÇA DA NATUREZA

169.1 Sujeitos do delito

Pratica crime aquele que se apropria de coisa alheia que lhe foi transmitida por erro, caso fortuito ou força da natureza, pois toda pessoa está obrigada a restituí-la.

Sujeito passivo é o proprietário, que sofre a perda da coisa. Nem sempre será aquele que agiu com erro.

169.2 Tipo objetivo

O objeto material é idêntico àquele do crime de apropriação indébita, coisa alheia móvel.

Pressuposto do crime é a posse ou detenção, diferindo, porém, em sua origem, pois a transferência da posse se dá por erro, caso fortuito ou força da natureza. O erro pode referir-se à pessoa que recebe, à coisa recebida ou à obrigação ou razão de entrega. Caso fortuito e força da natureza são situações equivalentes (art. 393, parágrafo único, do CC).

A conduta típica é de apropriar-se da coisa alheia, ou seja, a inversão da posse ou detenção como se proprietário fosse.

Jurisprudência

- Caracterização do crime e pena alternativa
- Caracterização do crime em apropriação de animais
- Caracterização do crime por saque em conta corrente
- Caracterização no recebimento de valor indevido em agência bancária

169.3 Tipo subjetivo

O dolo é a vontade de apropriar-se da coisa alheia, tendo consciência de que a coisa lhe foi entregue por erro, caso fortuito ou força da natureza. Exige-se, também, o *animus rem sibi habendi*. Não pratica o crime quem, verificando o erro, não sabe quem é o proprietário nem tem meios para identificá-lo.

Jurisprudência

- Caracterização do dolo
- Inexistência de dolo

169.4 Consumação e tentativa

Consuma-se o crime quando o agente transforma a posse em propriedade, circunstância que pode ser demonstrada por ato do agente incompatível com a vontade de restituir.

Também há divergência, como na apropriação indébita, quanto à possibilidade de tentativa.

Nada impede a continuidade delitiva no crime de apropriação de coisa havida por erro, caso fortuito ou força da natureza.

Jurisprudência

- Crime continuado de apropriação de coisa havida por erro

169.5 Distinção

Caso o agente provoque o erro de quem entrega a coisa, haverá crime de estelionato e não de apropriação. É com a fraude que obtém a posse da coisa.

Jurisprudência

- Apropriação de coisa havida por erro e não estelionato

169.6 Apropriação de tesouro

O sujeito ativo do crime definido no art. 169, parágrafo único, inciso I, é aquele que encontra o tesouro. Exclui-se, evidentemente, o proprietário do imóvel onde o tesouro é encontrado. Sujeito passivo é o proprietário do imóvel.

O objeto material do crime é o tesouro, ou seja, a coisa em princípio sem dono definida como "depósito antigo de coisas preciosas, oculto e de cujo dono não haja memória" (art.

1.264 do CC). Como o proprietário do prédio (qualquer imóvel) tem direito à metade do tesouro se terceiro o encontrar casualmente (art. 1.264 do CC), e ao todo se o terceiro não estiver autorizado ou for mandado a pesquisar (art. 1.265 do CC), o descobridor que se apropriar da quota do proprietário comete o delito.

O dolo é a vontade de não entregar ao proprietário a quota-parte a quem tem esse direito.

Quanto à consumação e a tentativa do crime, valem as observações a respeito do crime, de apropriação indébita (item 168.4).

169.7 Apropriação de coisa achada

Sujeito ativo do crime previsto no art. 169, parágrafo único, inciso II, é qualquer pessoa que encontra e se apropria de coisa alheia perdida, já que deve entregá-la ao proprietário, se souber quem é ele, ou à autoridade competente. Sujeito passivo é o proprietário ou, eventualmente, o possuidor legítimo da coisa perdida. Pode o sujeito passivo ficar até desconhecido, devendo o inventor entregar a coisa à autoridade competente.

O objeto material do crime é a coisa alheia perdida, ou seja, aquela cujo lugar onde se acha é ignorado pelo possuidor. Não se confunde com a coisa esquecida em algum lugar para onde o possuidor retorna, logo após, para apanhá-la. Há, no caso, furto, e não apropriação de coisa achada. Também não se confunde com coisa abandonada (*res derelicta*) (arts. 1.275, inciso III, e 1.263 do CC) ou com a coisa que jamais teve proprietário ou possuidor (*res nullius*) (art. 1.263 do CC). No caso, a apropriação é forma de aquisição de propriedade.

Pressuposto do crime é a descoberta da coisa perdida. Se o agente percebe que o possuidor está perdendo a coisa e dela se apossa, responde, segundo parte da doutrina, por furto, mas o mais adequado é que seja responsabilizado pelo crime do art. 169, parágrafo único, II, do CP.

O dolo é a vontade de não cumprir a obrigação de restituir, o que não se confunde com a mera mora. Pode haver o erro sobre a ilicitude do fato, por supor o agente que se trata de coisa abandonada, que, se apenas evitável, leva à redução da pena.

O descobridor deve devolver a coisa ao proprietário ou, ignorando quem seja este, à autoridade competente, policial ou judiciária (art. 746 do CPC), no prazo de 15 dias, pois a obrigação existe (art. 1.233 do CC). Assim, consuma-se o crime quando o agente, sabendo quem é o dono da coisa, não a devolve de imediato. Na ignorância de quem seja o proprietário, tem o prazo de 15 dias para entregar a coisa à autoridade. Esgotado esse prazo, o crime está consumado. Mas o crime também se consuma se antes do final do prazo o agente a consome, ou pratica ato que se revele incompatível com a vontade de restituir.

Jurisprudência

- Inexistência do crime: coisa abandonada
- Inexistência do crime antes de 15 dias
- Exigência de dolo
- Inexistência de dolo por erro
- Inexistência de crime culposo
- Apropriação de coisa esquecida: furto
- Diferença entre coisa perdida e coisa abandonada
- Caracterização do crime de apropriação de coisa achada
- Apropriação de coisa produto de roubo abandonado
- Apropriação de coisa achada e não furto

- Aproveitamento da coisa achada para obter vantagem indevida
- Dolo do crime de apropriação de coisa achada
- Exigência do *animus rem sibi habendi*
- Erro vencível na apropriação de coisa achada
- Inexistência do crime antes do fim do prazo de 15 dias
- Consumação antes do prazo de 15 dias
- Consumação e exaurimento do crime
- Inexistência de crime impossível

Art. 170. Nos crimes previstos neste Capítulo, aplica-se o disposto no art. 155, § 2º.

Vide: CP arts. 16, 65, III, *b*, 155, § 2º, 168, 168-A, 169.

170 APROPRIAÇÃO INDÉBITA PRIVILEGIADA

170.1 Crime privilegiado de apropriação indébita

Tratando-se de coisa de pequeno valor e sendo o criminoso primário, aplica-se o disposto no art. 155, § 2º, que trata do furto privilegiado, aos crimes de apropriação indébita (art. 168), apropriação indébita previdenciária (art. 168-A), apropriação de coisa havida por erro, caso fortuito ou força maior (art. 169, *caput*), apropriação de tesouro (art. 169, parágrafo único, inciso I) e apropriação de coisa achada (art. 169, parágrafo único, inciso II). Para a configuração do privilégio é necessário que o agente seja primário e seja de pequeno valor o objeto material do crime (item 155.10). Não se fazendo restrição na lei, e diante da colocação do art. 170 no final do Capítulo V, o benefício pode ser aplicado nas formas qualificadas de apropriação indébita. Tem-se reconhecido o privilégio quando há ressarcimento, qualquer que seja o valor da coisa, quando, por lei, a ausência de prejuízo final constitui apenas causa geral de diminuição de pena do arrependimento posterior, se for ele anterior à denúncia, ou mera atenuante, se posterior (item 168.4).

Jurisprudência

- Pequeno valor para a apropriação indébita privilegiada
- Inaplicabilidade do privilégio apesar do pequeno valor do bem
- Caracterização de crime privilegiado nas formas qualificadas
- Irrelevância dos antecedentes na aplicação do art. 170
- Inexistência do privilégio por inexistência de prejuízo
- Inexistência do privilégio por inexistência de prejuízo – Contra
- Inexistência do privilégio por ressarcimento em medida judicial
- Pena para a apropriação indébita privilegiada
- Inadmissibilidade de exclusão do crime

CAPÍTULO VI
DO ESTELIONATO E OUTRAS FRAUDES

Estelionato

Art. 171. Obter, para si ou para outrem, vantagem ilícita, em prejuízo alheio, induzindo ou mantendo alguém em erro, mediante artifício, ardil, ou qualquer outro meio fraudulento:
Pena – reclusão, de 1 (um) a 5 (cinco) anos, e multa.

§ 1º Se o criminoso é primário, e é de pequeno valor o prejuízo, o juiz pode aplicar a pena conforme o disposto no art. 155, § 2º.

§ 2º Nas mesmas penas incorre quem:

Disposição de coisa alheia como própria

I – vende, permuta, dá em pagamento, em locação ou em garantia coisa alheia como própria;

Alienação ou oneração fraudulenta de coisa própria

II – vende, permuta, dá em pagamento ou em garantia coisa própria inalienável, gravada de ônus ou litigiosa, ou imóvel que prometeu vender a terceiro, mediante pagamento em prestações, silenciando sobre qualquer dessas circunstâncias;

Defraudação de penhor

III – defrauda, mediante alienação não consentida pelo credor ou por outro modo, a garantia pignoratícia, quando tem a posse do objeto empenhado;

Fraude na entrega de coisa

IV – defrauda substância, qualidade ou quantidade de coisa que deve entregar a alguém;

Fraude para recebimento de indenização ou valor de seguro

V – destrói, total ou parcialmente, ou oculta coisa própria, ou lesa o próprio corpo ou a saúde, ou agrava as conseqüências da lesão ou doença, com o intuito de haver indenização ou valor de seguro;

Fraude no pagamento por meio de cheque

VI – emite cheque, sem suficiente provisão de fundos em poder do sacado, ou lhe frustra o pagamento.

Fraude eletrônica

§ 2º-A A pena é de reclusão, de 4 (quatro) a 8 (oito) anos, e multa, se a fraude é cometida com a utilização de informações fornecidas pela vítima ou por terceiro induzido a erro por meio de redes sociais, contatos telefônicos ou envio de correio eletrônico fraudulento, ou por qualquer outro meio fraudulento análogo.

§ 2º-B. A pena prevista no § 2º-A deste artigo, considerada a relevância do resultado gravoso, aumenta-se de 1/3 (um terço) a 2/3 (dois terços), se o crime é praticado mediante a utilização de servidor mantido fora do território nacional.

§ 3º A pena aumenta-se de um terço, se o crime é cometido em detrimento de entidade de direito público ou de instituto de economia popular, assistência social ou beneficência.

Estelionato contra idoso

§ 4º A pena aumenta-se de 1/3 (um terço) ao dobro, se o crime é cometido contra idoso ou vulnerável, considerada a relevância do resultado gravoso. **

§ 5º Somente se procede mediante representação, salvo se a vítima for: **

I – a Administração Pública, direta ou indireta;

II – criança ou adolescente;

III – pessoa com deficiência mental; ou

IV – maior de 70 (setenta) anos de idade ou incapaz.

*§ 5º inserido pela Lei nº 13.964, de 24-2-2019.

**§§ 2º-A, 2º-B incluídos e § 4º com redação dada pela Lei nº 14.155, de 27-5-2021.

Vide: **CP** arts. 16, 17, 65, III, *b*, 155, § 4º-B, 172 a 179, 181 a 183, 272, § 1º-A e § 1º, 273, § 1º, 276, 277, 283, 284, 293 a 311; **CPP**, art. 70, § 4º; **CC** arts. 41, 138, 139, 145 a 150, 171, II, 182, 356, 481, 521, 533, 565, 757 a 802, 814, 815, 883, 1.225, 1.361, 1.417, 1.419, 1.431, 1.473, 1.506; **Lei nº 1.521**, de 26-12-1951 (define crimes contra a economia popular); **Lei nº 3.807**, de 26-8-1960, art. 155, IV (equipara a estelionato crimes contra a Previdência Social); **Lei nº 4.728**, de 14-7-1965, art. 66-B, § 2º, inserido pela **Lei nº 10.931**, de 2-8-2004 (pune, com as penas previstas no art. 171, § 2º,

I, do CP a conduta do devedor que, no âmbito do mercado de capitais, alienar, ou der em garantia a terceiros, coisa que já alienara fiduciariamente em garantia); **Lei nº 6.766**, de 19-12-1979, art. 50, parágrafo único, I (venda, promessa de venda ou reserva de lote em loteamento não registrado como qualificadora de crime de loteamento irregular); **Lei nº 7.134**, de 26-10-1983; art. 3º (equipara a estelionato a conduta de desviar de finalidade créditos, financiamentos e recursos provenientes de incentivos fiscais);); **Lei nº 7.357**, de 2-9-1985 (dispõe sobre o cheque), art. 4º, § 2º, (define *fundos disponíveis*); **Lei nº 7.492**, de 16-6-1986 (tipifica fraudes contra o sistema financeiro nacional); **Lei nº 8.078**, de 11-9-1990 – CDC, arts. 61 a 74 (definem crimes contra o consumidor); **Lei nº 8.137**, de 27-12-1990, arts. 1º e 2º (tipificam fraudes contra a ordem tributária), art. 7º (tipifica fraudes contra as relações de consumo); **Lei nº 8.929**, de 22-8-1994, art. 17 (equipara a estelionato a fraude em declaração de bens em garantia da cédula de produto rural); **Lei nº 10.741**, de 1º-10-2003 – EI, art. 106 (tipifica a conduta de induzir pessoa idosa sem discernimento a outorgar procuração para fins de administração de bens); **Lei nº 11.101**, de 9-2-2005 – Lei de Falências, arts. 168 a 178 (definem os crimes falimentares); **Decreto-lei nº 47**, de 18-11-1966, art. 2º (equipara a estelionato a comercialização proibida de café); **Decreto-lei nº 73**, de 21-11-1966 (dispõe sobre o Sistema Nacional de Seguros Privados e regula as operações de seguro e resseguro). Súmulas: **STF** 246, 521, 554; **STJ** 17, 24, 48, 73, 107, 244.

171 ESTELIONATO

171.1 Sujeitos do delito

Sujeito ativo do crime de estelionato é qualquer pessoa que pratica a conduta típica. É perfeitamente possível a coautoria ou a participação.

Sujeito passivo do estelionato é a pessoa que sofre a lesão patrimonial, normalmente a mesma que é enganada. Pode-se, porém, enganar alguém, vindo a sofrer prejuízo terceira pessoa. É necessário que o ofendido seja pessoa certa ou determinada; quando são atingidas vítimas indeterminadas pode ocorrer crime contra a economia popular.

Jurisprudência

- Inexistência de coautoria
- Pessoa jurídica como sujeito passivo: possibilidade
- Coautoria na prática de estelionato
- Impossibilidade de reconhecimento de participação de menor importância
- Sujeito ativo em crime falimentar
- Prejuízo para terceiro
- Necessidade de vítima determinada
- Sujeito passivo e terceiro de boa-fé

171.2 Tipo objetivo

A conduta do estelionato consiste no emprego de meio fraudulento para conseguir vantagem econômica ilícita. A fraude pode consistir em artifício, que é a utilização de um aparato que modifica, aparentemente, o aspecto material da coisa ou da situação etc., em ardil, que é a conversa enganosa, em astúcia, ou mesmo em simples mentira, ou em qualquer outro meio para iludir a vítima, inclusive no inadimplemento contratual preconcebido, na emissão de cheques falsificados, furtados, dados em garantia de dívida etc. Para a caracterização do ilícito é necessário que o meio fraudulento seja a causa da entrega da coisa.

O meio fraudulento deve ser idôneo a enganar a vítima, devendo-se verificar, no caso concreto, não o homem médio, mas condições pessoais do ofendido para aferir-se a idoneidade do meio empregado pelo agente. Um dos meios utilizados para o estelionato pode ser documento falsificado material ou ideologicamente. Caso o meio não seja idôneo para ludibriar a vítima, haverá crime impossível (item 171.5). Consumado o delito, com a obtenção da vantagem indevida, não mais se pode pôr em dúvida a idoneidade do meio iludente empregado.

O crime pode ser cometido quando há induzimento, em que o agente toma a iniciativa para causar o erro, levando a vítima à falsa representação da realidade, ou pela omissão, quando o sujeito ativo mantém o ofendido no erro em que este incorreu, aproveitando-se dele.

Objeto do crime é a vantagem ilícita obtida em favor do sujeito ativo ou de terceiro. Deve ter valor econômico, já que o estelionato é crime contra o patrimônio. Além disso, é indispensável que tal vantagem seja ilícita; se lícita for, poderá ocorrer o crime de exercício arbitrário das próprias razões. Sendo mínimo o prejuízo econômico e estando presentes outras circunstâncias, pode estar excluída a tipicidade do fato tido como estelionato pelo princípio da insignificância.

Pouco importa para a caracterização do estelionato que exista fraude bilateral, ou seja, que a vítima esteja de má-fé e também tenha o propósito de iludir o agente. Não se descaracteriza o crime quando a fraude é praticada em jogo de azar, embora já se tenha decidido em contrário diante da ilicitude dessa prática. Não há estelionato, porém, na fraude destinada a pagamento de negócio não tutelado pela lei.

Jurisprudência

- Fraude na sustação do pagamento
- Fraude com utilização de cheque do cônjuge: sustação do pagamento
- Fraude com utilização de cheque furtado
- Fraude no pagamento de encargos previdenciários
- Visto falsificado inserido em passaporte
- Mentira como fraude no estelionato
- Inexistência de crime: dever de conferência por agente previdenciário
- Contribuição da vítima no fato: dúvida com relação à fraude
- Fraude nas provas de concurso vestibular: uso de documento falso
- Fraude em concurso público: existência de crime
- Fraude em curso superior não autorizado
- Inadmissibilidade do princípio da insignificância em crime de estelionato
- Estelionato no jogo de azar com fraude
- Caracterização do estelionato pela fraude
- Necessidade de fraude para a caracterização do estelionato
- Necessidade de fraude antecedente para a caracterização do estelionato
- Cheque dado em garantia de dívida e posterior encerramento da conta: delito não caracterizado
- Fraude pela simulação da condição de padre ou ministro evangélico
- Fraude no recebimento de vantagem indevida por atividades místicas
- Fraude no recebimento de vantagem indevida por atividades místicas – Contra
- Fraude com a utilização de artifício eletrônico
- Fraude com a utilização de cheque dado em garantia de dívida
- Fraude com a utilização de cheque pré-datado
- Fraude com a utilização de cheque falsificado
- Fraude com utilização de cheque obtido fraudulentamente
- Fraude com utilização de cheque sobre conta encerrada

- Fraude com utilização de cheque de terceiro
- Fraude com utilização de cheque furtado
- Fraude com a utilização de notas promissórias
- Fraude com utilização de cartão de crédito alheio
- Fraude para recebimento de seguro-desemprego
- Fraude na venda de linha telefônica
- Mentira como fraude no estelionato
- Uso de documento falso para compra a prazo: delito não caracterizado
- Necessidade de meio fraudulento idôneo
- Idoneidade de acordo com as condições pessoais da vítima
- Idoneidade de acordo com as condições pessoais da vítima – Contra
- Irrelevância das condições culturais e sociais da vítima
- Existência de fraude contra idoso
- Inidoneidade relativa do meio: tentativa caracterizada
- Irrelevância da falta de cautela da vítima
- Irrelevância de aferição da idoneidade do meio no crime consumado
- Irrelevância de aferição da idoneidade do meio no crime consumado – Contra
- Inexistência de meio fraudulento
- Inexistência de meio fraudulento por advogado: mandato não revogado
- Inexistência de fato fraudulento
- Inexistência do crime: meio fraudulento irrelevante na entrega da coisa
- Desnecessidade de perícia no estelionato
- Inexigibilidade de exame pericial do instrumento do crime
- Estelionato por omissão do agente
- Conceito de vantagem ilícita
- Inexistência de prejuízo para outrem
- Fraude nas provas de concurso vestibular: inexistência do crime
- Contra: estelionato caracterizado
- Princípio da insignificância no crime de estelionato
- Inexistência de estado de necessidade
- Fraude bilateral: não exclui o crime de estelionato
- Estelionato no "golpe do paco"
- Inexistência de crime no pagamento por atividade não tutelada em lei

171.3 Fraude penal e fraude civil

Difícil, por vezes, distinguir se o fato concreto caracteriza o estelionato ou é mero ilícito civil impunível, já que não há, na realidade, diferença ontológica entre eles. Segundo a doutrina, não há apenas fraude civil mas sim estelionato quando houver: propósito *ab initio* do agente de não prestar o equivalente econômico; um dano social e não meramente individual; violação do mínimo ético; um perigo social, mediato ou indireto; uma *mise-en-scène* para iludir; lucro ilícito e não do negócio etc. Certo é que o mero inadimplemento de um contrato não constitui estelionato. De qualquer forma, é certo que em qualquer negócio jurídico, havendo fraude, pode existir o crime de estelionato.

Jurisprudência

- Inexistência de estelionato pelo descumprimento de obrigação contratual
- Estelionato e não ilícito civil
- Desnecessidade de perícia no estelionato
- Possibilidade de estelionato em negócio civil
- Inexistência de distinção entre fraude penal e fraude civil
- Distinção entre fraude civil e estelionato
- Existência de mera fraude civil ou *dolus bônus*
- Inexistência do estelionato por ausência de dolo preordenado sobre inadimplemento contratual
- Existência do estelionato por dolo preordenado sobre inadimplemento contratual
- Fraude em direito obrigacional
- Inexistência de estelionato pelo descumprimento de operação comercial
- Existência do estelionato por fraude: inexistência de troca de motor de veículo combinada

- Inexistência de crime na venda de coisa adquirida a crédito
- Inexistência de crime na venda de coisa adquirida a crédito – Contra
- Existência de crime na venda de coisa adquirida a crédito

171.4 Tipo subjetivo

No estelionato, o dolo é a vontade de praticar a conduta, iludindo a vítima, exigindo-se o elemento subjetivo do injusto que é a vontade de obter vantagem ilícita para si ou para outrem. Deve anteceder o recebimento da coisa; se for posterior, pode ocorrer outro crime. Já se tem feito distinção, porém, entre o dolo penal e o dolo civil, configurando-se nesse caso mero ilícito civil (item 171.3).

Jurisprudência

- Necessidade do dolo
- Existência do dolo: crime caracterizado
- Inexistência de dolo: crime não caracterizado
- Distinção entre o elemento subjetivo e o motivo do crime

171.5 Consumação e tentativa

Consuma-se o crime de estelionato quando o agente obtém a vantagem econômica indevida, em prejuízo de outrem, ou seja, quando a coisa passa da esfera de disponibilidade da vítima para a do agente. Por isso, a Súmula 48 do STJ: "Compete ao juízo do local da obtenção da vantagem ilícita processar e julgar crime de estelionato cometido mediante falsificação de cheque." (v. item 171.14). Trata-se de crime material e não formal, como já se decidiu. Irrelevante, para a consumação, o efetivo enriquecimento do agente, bastando o dano patrimonial ao ofendido.

Conforme pacífica jurisprudência, o ressarcimento do prejuízo não exclui o crime de estelionato, mas a reparação do prejuízo por ato voluntário do agente antes do recebimento da denúncia é causa de diminuição de pena (art. 16).

Nada impede a tentativa, que ocorre quando, apesar da fraude, o agente não consegue obter a vantagem indevida. O emprego pelo agente de meio totalmente inidôneo para enganar constitui crime impossível.

Jurisprudência

- Consumação em crime contra a previdência social: benefício de trato sucessivo
- Adulteração de chassis de automóvel como ato preparatório de estelionato
- Devolução do objeto não exclui o crime de estelionato
- Falsificação grosseira: crime impossível
- Consumação do crime de estelionato pela obtenção da vantagem indevida
- Consumação do crime de estelionato pela obtenção da vantagem indevida – Contra
- Irrelevância de falta de enriquecimento do agente
- Consumação pela obtenção da vantagem ilícita por pouco tempo
- Consumação do estelionato praticado por meio de cheque
- Consumação do estelionato praticado por meio de cheque falsificado
- Consumação com fraude em guia de recolhimento de prestação previdenciária
- Recuperação da coisa não exclui o crime de estelionato
- Inexistência de prejuízo não exclui o crime de estelionato

- Inexistência de prejuízo não exclui o crime de estelionato – Contra
- Ressarcimento do dano não exclui o crime de estelionato
- Ressarcimento do dano não exclui o crime de estelionato – Contra
- Ressarcimento do prejuízo como causa de diminuição de pena
- Caracterização de tentativa de estelionato
- Hipóteses de tentativa de estelionato
- Atos preparatórios: inexistência de tentativa
- Inexistência de atos de execução
- Tentativa de estelionato: inexistência de desistência voluntária
- Distinção entre tentativa e crime impossível
- Tentativa de estelionato e não crime impossível
- Crime impossível e não tentativa de estelionato
- Crime impossível por meio ineficaz
- Crime impossível: reconhecimento do agente
- Inexistência de crime no flagrante preparado
- Inexistência do crime em fraude inidônea
- Falsificação grosseira idônea para estelionato

171.6 Distinção

O estelionato não se confunde com o furto com fraude: neste há subtração, possibilitada pelo emprego de meio fraudulento, naquele há entrega voluntária da coisa pela vítima em decorrência da fraude empregada pelo agente.

Difere o estelionato da apropriação indébita porque nesta não há um *dolus ab initio*, mas um *dolus subsequens*; a má-fé do agente sobrevém à posse ou detenção da *res* na apropriação; no estelionato, é anterior a ela, e só o uso de meio fraudulento faz com que adquira a posse ou detenção da coisa.

Distingue-se também o estelionato da extorsão porque nesta a entrega da coisa se opera em virtude de grave ameaça ou violência e naquele em virtude da fraude. No primeiro, o agente entrega a coisa de boa vontade; nesta, o faz a contragosto.

Jurisprudência

- Falsidade ideológica e não estelionato
- Peculato e não estelionato
- Distinção entre estelionato e furto com fraude
- Estelionato e não furto com fraude
- Estelionato e não furto com fraude de energia elétrica
- Furto com fraude e não estelionato
- Distinção entre estelionato e apropriação indébita
- Estelionato e não apropriação indébita
- Distinção entre estelionato e extorsão
- Extorsão e não estelionato

171.7 Concurso de crimes

Para a prática do estelionato o agente pode utilizar-se do uso de documento falso e nesse caso são várias as soluções aventadas: (a) a falsidade absorve o crime de estelionato; (b) o estelionato absorve a falsidade; (c) há concurso formal entre o falso e o estelionato; (d) há concurso material entre os dois delitos. Enquanto o Supremo Tribunal Federal tem optado pelo concurso formal ou material de crimes, o Superior Tribunal de Justiça editou a Súmula 17: "Quando o falso se exaure no estelionato, sem mais potencialidade lesiva, é por este absorvido." *A contrario sensu*, admite-se que haverá concurso de crimes se a falsificação permanecer potencialmente idônea para a prática de outros delitos. Do mesmo Tribunal Superior, a orientação da Súmula 73: "A utilização de papel-moeda grosseiramente falsificado configura, em tese, o crime de estelionato, de competência da Justiça Estadual."

Na fraude praticada na sonegação fiscal, aplica-se o princípio da especialidade, respondendo o agente pelo crime tributário, inclusive com a absorção do crime de falsidade.

Na prática da exploração de credulidade pública, antes prevista como contravenção (art. 27 da LCP revogado pela Lei nº 9.521, de 27-11-1997) e nos crimes de curandeirismo (art. 284) e charlatanismo (art. 283), pode existir o estelionato. Conforme as circunstâncias, pode ocorrer o concurso formal de delitos ou a absorção do ilícito pelo estelionato.

É possível que o estelionato constitua um *post factum* não punível quando é praticado com o produto de crime anterior, como o de apropriação indébita, furto etc., sendo absorvido por estes. Mas nada impede o concurso material ou formal e o crime continuado nos delitos de estelionato.

O estelionato pode configurar uma causa de aumento de pena do crime especial de loteamento irregular, sendo, portanto, absorvido por este (art. 50, parágrafo único, inciso I, da Lei nº 6.766, de 19-12-1979).

Jurisprudência

- Concurso material de estelionato e falsidade
- Absorção do estelionato pela falsidade
- Absorção da falsidade pela tentativa de estelionato
- Inadmissibilidade de absorção se o documento falso pode ser ainda utilizado
- Falsidade e estelionato em concurso de pessoas
- Recebimento mensal da vantagem ilícita: crime único
- Concurso material com o crime de quadrilha ou bando
- Distinção entre estelionato e sonegação fiscal
- Absorção do furto pelo estelionato – Contra
- Absorção do estelionato por causa de aumento de pena do crime de loteamento irregular
- Absorção do estelionato pelo crime de loteamento irregular
- Inexistência de concurso material entre furto e estelionato
- Caracterização de estelionato continuado

- Caracterização de estelionato continuado – Contra
- Pena para o concurso formal e crime continuado
- Estelionato como crime eventualmente permanente
- Concurso formal de estelionato e falsidade
- Absorção da falsidade pelo estelionato
- Absorção da contravenção pelo estelionato
- Exploração de credulidade pública e não estelionato
- Absorção dos crimes de charlatanismo e curandeirismo
- Absorção do estelionato pela apropriação indébita
- Absorção do furto pelo estelionato
- Concurso material de roubo e estelionato
- Concurso material de furto e estelionato
- Caracterização de estelionato continuado
- Inexistência de continuidade delitiva com furto

171.8 Estelionato privilegiado

Prevê a lei a redução ou substituição da pena quando o criminoso é primário e é de pequeno valor o prejuízo causado ao ofendido. Primário é aquele que não tem contra si qualquer sentença condenatória transitada em julgado. Mas já se tem decidido também que primário é o não reincidente, na equivocada denominação primariedade técnica. Não se exige, por outro lado, que tenha o acusado bons antecedentes, como muitas vezes se tem decidido. Não trata, porém, de direito subjetivo do acusado, mas de faculdade do juiz, a aplicação do dispositivo referente ao estelionato privilegiado. Ao contrário do que ocorre no furto e na apropriação indébita, não é o valor da coisa, mas o prejuízo que dá margem ao reconhecimento do estelionato privilegiado. É praticamente pacífico que deve ser considerado pequeno o prejuízo que não supera o salário-mínimo vigente na época do fato, independentemente das condições econômicas da vítima.

O prejuízo deve ser aferido no momento da consumação, mas a jurisprudência tem eventualmente admitido que, havendo composição, transação, devolução da coisa ou reparação do dano, deve ser admitido o benefício. No caso de tentativa, deve-se levar em conta o valor do prejuízo potencial, ou seja, aquele que adviria se o crime se consumasse, pois, caso contrário, toda tentativa de estelionato seria privilegiada. A lei prevê ainda a redução da pena no caso de reparação do dano antes da denúncia (art. 16).

Segundo se tem decidido, apesar da colocação do dispositivo, (§ 1º do art. 171) o benefício é aplicável a todas as hipóteses de estelionato (§ 2º do mesmo artigo). Isso porque, para tais ilícitos, devem ser aplicadas as "mesmas penas" que as cominadas para o estelionato fundamental.

Jurisprudência

- Distinção entre o privilégio e o princípio da insignificância
- Exigência de dois requisitos: primariedade e pequeno prejuízo
- Inadmissibilidade do benefício ao reincidente
- Conceito de pequeno prejuízo de acordo com as circunstâncias
- Inexistência de estelionato privilegiado: ressarcimento posterior
- Inexistência de estelionato privilegiado: ressarcimento posterior – Contra
- Faculdade do juiz na concessão do benefício
- Possibilidade de reconhecimento do privilégio
- Direito do acusado na concessão do privilégio
- Conceito de primariedade
- Conceito de primariedade – Contra
- Inadmissibilidade do benefício ao reincidente
- Admissibilidade do benefício ao réu de maus antecedentes
- Inexistência de estelionato privilegiado: réu com maus antecedentes
- Inexistência de estelionato privilegiado: periculosidade do réu
- Estelionato privilegiado: incompatibilidade com a tendência para delinquir
- Reconhecimento do estelionato privilegiado no pequeno prejuízo

- Existência de estelionato privilegiado com prejuízo inferior a um salário mínimo
- Inexistência de estelionato privilegiado: prejuízo superior a um salário mínimo
- Inexistência de estelionato privilegiado: estelionato com falsidade
- Inexistência de estelionato privilegiado: estelionato com falsidade – Contra
- Cálculo do prejuízo em caso de tentativa
- Inexistência de estelionato privilegiado: ressarcimento posterior – Contra
- Inexistência de estelionato privilegiado: ressarcimento não espontâneo
- Estelionato privilegiado: valor do prejuízo no momento do crime
- Estelionato privilegiado: valor do prejuízo no momento do crime – Contra
- Tentativa de estelionato: prejuízo potencial
- Tentativa de estelionato: prejuízo potencial – Contra
- Pequeno prejuízo e crime continuado
- Pequeno prejuízo e crime continuado – Contra
- Pequeno prejuízo em concurso de pessoas
- Aplicação a todas as espécies de estelionato
- Pena de multa para o estelionato privilegiado

171.9 Disposição de coisa alheia como própria

Pratica também o crime de estelionato quem vende, permuta, dá em pagamento, locação ou garantia coisa que não lhe pertence. Nesse caso, sujeito passivo não é o dono do objeto vendido, mas sim o comprador de boa-fé, induzido a erro pelo ardil do vendedor, pois é ele quem sofre o prejuízo.

Várias são as condutas típicas. A primeira delas é *vender*, ou seja, transferir a propriedade da coisa tendo como contraprestação o preço (arts. 481 ss do CC), sendo ela alheia, como própria. Evidentemente, exige-se para a integração do dolo que o agente saiba que a coisa não é de sua propriedade. Não ocorre esse tipo penal na simples promessa de compra e venda, fato que pode constituir o crime previsto no *caput* do art. 171. A venda de imóvel se caracteriza, e portanto se consuma o crime, com a lavratura da escritura e o recebimento do preço ou parte dele, não se exigindo para tal o registro. Há, entretanto, opinião divergente. Tratando-se de coisa móvel, não é necessário que o agente efetue a tradição, bastando que tenha recebido o preço.

Nos casos de alienação fiduciária, o agente que vende coisa alheia como própria, enganando o comprador, comete o delito. Entretanto, se o adquirente sabia tratar-se de coisa alienada fiduciariamente e inexistiu prejuízo para o credor fiduciário, não se configura o ilícito penal. Tratando-se de contrato de alienação fiduciária no âmbito do mercado de capitais, prevê o art. 66-B, § 2º, da Lei nº 4.728, de 14-7-1965, inserido pela Lei nº 10.931, de 2-8-2004: "o devedor que alienar, ou der em garantia a terceiros, coisa que já alienara fiduciariamente em garantia, ficará sujeito à pena prevista no art. 171, § 2º, I, do Código Penal".

A segunda conduta é a de *permutar* (trocar) a coisa alheia como se fosse própria. A terceira é a de dar em dação de pagamento, em locação ou em garantia a coisa. Não está incluída, portanto, a cessão de direitos de coisa alheia. Não se configura o crime se a fraude referir-se a outros direitos reais, que não o de garantia. Nem a venda de coisa penhorada constitui o estelionato, mas aquele que oferece coisa alheia para penhora comete o ilícito.

A consumação do crime se dá com a obtenção da vantagem ilícita, seja qual for a conduta praticada. Nada impede a tentativa.

Quando a conduta é praticada tendo por objeto o produto de crime antecedente, o estelionato é *post factum* não punível, sendo absorvido pelo ilícito anterior. Há, porém, respeitáveis decisões em contrário, reconhecendo no caso concurso material de crimes.

Jurisprudência

- Venda de imóvel hipotecado com ocultação de ônus
- Venda de coisa com alienação fiduciária
- Inexistência de crime: venda de coisa fungível
- Concurso material de furto e estelionato
- Sujeito passivo do crime
- Caracterização do crime de alienação de coisa alheia como própria
- Venda de imóvel já alienado sem registro: inexistência do crime
- Inexistência do crime no compromisso de compra e venda
- Contra: estelionato comum
- Promessa de venda de coisa alheia: estelionato comum
- Venda de terreno objeto de compromisso de compra e venda não registrado: estelionato comum
- Venda de coisa locada ao agente
- Cessão de linha telefônica alheia como própria: crime não caracterizado
- Inexistência de crime na ciência do adquirente
- Alienação de coisa com reserva de domínio
- Inexistência do crime na venda com o conhecimento do comprador
- Permuta de imóvel que não pertence ao agente
- Dação em locação com conhecimento do locatário
- Cessão de direitos: inexistência do crime
- Cessão de direitos de posse: inexistência de crime

- Existência de crime: oferta para penhora de coisa alheia
- Inexistência do crime: oferta para penhora
- Inexistência de crime: oferta de bem imóvel como caução
- Caracterização de tentativa
- Conduta sobre coisa produto de crime: *post factum* não punível

171.10 Alienação ou oneração fraudulenta da coisa própria

Também comete o crime quem vende, permuta, dá em pagamento ou em garantia coisa própria inalienável, gravada de ônus ou litigiosa ou imóvel que prometeu vender a terceiro, mediante pagamento em prestações, silenciando sobre qualquer dessas circunstâncias.

Sujeito ativo é o dono da coisa, que não pode aliená-la por estar ela onerada. Não comete crime quem a adquire mesmo que tenha conhecimento da situação, hipótese que exclui a tipicidade do fato.

Sujeito passivo é quem sofre o prejuízo patrimonial, que paga por algo em contrato viciado e, portanto, nulo ou anulável.

As condutas típicas são as mesmas do crime previsto no art. 171, § 2º, I (venda, permuta, dação em pagamento, em locação ou em garantia). Modifica-se agora o objeto material; no crime examinado, era a coisa alheia; neste, é a coisa própria (móvel ou imóvel) que não pode ser alienada ou onerada.

Coisa *inalienável* é a que não pode ser vendida por força de *lei*, por *convenção* ou por *testamento*. Coisa *gravada de ônus* é aquela sobre a qual pesa um direito real em decorrência de lei ou de contrato (art. 1.225 do CC). Incluem-se não só os direitos reais de garantia já referidos (hipoteca, anticrese e penhor) como também os demais direitos reais sobre coisa alheia previstos no Código Civil: a superfície, a servidão, o usufruto, o uso, a habitação, o direito do promitente comprador, a concessão de uso especial para fins de moradia e a concessão de direito real de uso. A *enfiteuse*, espécie de arrendamento perpétuo, previsto nos arts. 678 ss do Código Civil de 1916, não mais é contemplado na nova lei civil. *A renda constituída sobre imóvel*, prevista nos arts. 1.424 ss do anterior Código Civil não mais gera um direito real, estando disciplinado o instituto na nova lei civil tão somente como direito obrigacional (arts. 803 ss do CC). *Superfície* é o direito de construir ou plantar em terreno alheio por tempo determinado (arts. 1.369 ss do CC). *Servidão* é a submissão de um prédio em favor de outro pertencente a dono diverso (arts. 1.378 ss do CC). *Usufruto* é o direito de posse, uso, administração e percepção dos frutos de uma coisa, enquanto temporariamente destacado da propriedade (arts. 1.390 ss do CC). O direito de *uso* é o direito de fruir a utilidade de coisa alheia (arts. 1.412 e 1.413 do CC). A *habitação* é o direito de habitar gratuitamente casa alheia (arts. 1.414 ss do CC). O *direito do promitente comprador*, tratando-se de coisa imóvel, desde que registrado o contrato no Cartório de Registro de Imóveis, tem, nos termos da nova lei civil, a mesma natureza de direito real (art. 1.417 do CC). Os dois últimos direitos reais estão previstos nos incisos XI e XII do art. 1.225 do CC, inseridos pela Lei nº 11.481, de 31-5-2007. A *concessão de uso especial para fins de moradia* é o direito real conferido aos possuidores e ocupantes de áreas de propriedade da União que preencham determinados requisitos legais (art. 22-A da Lei nº 9.636, de 15-5-1998). A *concessão de direito real de uso*, que pode recair sobre terrenos públicos ou particulares, destina-se a determinados fins: regularização fundiária de interesse social, urbanização, industrialização, edificação, cultivo da terra, aproveitamento sustentável das várzeas, preservação das comunidades tradicionais e seus meios de subsistência ou outras modalidades de interesse social em áreas urbanas (art. 7º do Decreto-lei nº 271, de 29-2-1967).

Questão controvertida é a referente à venda de coisa que foi penhorada. Embora já se tenha decidido que constitui o fato crime de alienação fraudulenta de coisa própria, a penhora é instituto processual e não o ônus a que se refere o dispositivo, ou seja, o direito real sobre coisa alheia. Por essa razão, tem-se entendido ora pela atipicidade do fato e responsabilidade meramente civil do agente como depositário infiel, ora pelo delito de fraude à execução, ora pelo delito de estelionato na forma básica.

Coisa *litigiosa* é aquela objeto de discussão em juízo (ação de reivindicação, usucapião contestado etc.). A coisa litigiosa é passível de venda, mas é necessário que o comprador seja alertado para o fato, sob pena de constituir-se o fato em crime.

Por fim, refere-se a lei a coisa imóvel que o agente *prometeu vender a* terceiro mediante o pagamento em prestações, negócio bastante comum nos dias que correm. São não só os terrenos loteados, que devem ser alienados em conformidade com lei especial, como também quaisquer outros. Tratando-se de vendas a vista, mediante recibo particular não averbado, não se configura o delito em estudo.

A lei penal apresenta como núcleo do tipo somente a venda, a permuta e a dação em pagamento. Não há crime, pois, no compromisso de compra e venda; na cessão de direitos sobre imóvel, vindo posteriormente o terreno a ser vendido a outrem; na hipoteca de imóvel já objeto de promessa de cessão de direitos a terceiros e na cessão de direitos. Poderá ocorrer, na hipótese, estelionato comum.

O tipo subjetivo do crime é a vontade de praticar uma das condutas previstas na lei, sabendo das circunstâncias que a impede. Caso o adquirente tenha conhecimento do ônus ou encargo que pesa sobre a coisa, não haverá o crime por não ter sido induzido ou mantido em erro.

Consuma-se o crime com a obtenção da vantagem econômica indevida. Como em qualquer hipótese de estelionato, exceto na fraude no pagamento por meio de cheque, não exclui o ilícito o ressarcimento ou a composição posterior, apesar de decisões nesse sentido.

Jurisprudência

- Sujeito ativo do crime
- Venda de coisa a vista: inexistência do crime
- Sujeito passivo do crime
- Caracterização do crime de alienação fraudulenta de coisa própria
- Promessa de venda: inexistência do crime
- Cessão de direitos: inexistência do crime
- Venda de coisa com compromisso de compra e venda: caracterização do crime
- Venda de coisa com compromisso de compra e venda: caracterização do crime – Contra
- Venda de coisa compromissada à venda: inexistência de crime
- Venda de coisa penhorada: inexistência de crime
- Alienação fiduciária anterior: existência do crime
- Inexistência do crime quando há conhecimento do ônus pelo adquirente
- Ressarcimento antes da denúncia: falta de justa causa para a ação penal

171.11 Defraudação de penhor

É também tipo especial de estelionato o crime de quem defrauda, mediante alienação não consentida pelo credor ou por outro modo, a garantia pignoratícia, quando tem a posse do objeto empenhado. Sujeito ativo nesse caso é o devedor que, conservando a posse da coisa em depósito, a aliena em prejuízo do credor que fica sem a garantia de seu crédito. Não menciona a lei o depositário que não pode cometer o referido crime, mas eventualmente outro, a não ser que em conluio com o devedor. O credor é o sujeito passivo do ilícito.

O objeto material do crime é a coisa móvel, fungível ou infungível, que é dada em penhor, mas que fica em depósito com o devedor, como prevê a lei. Não se confunde com a coisa penhorada.

A conduta típica é *alienar* (vender, permutar, doar) ou *defraudar* o objeto material de outro modo (destruir, desviar, ocultar, abandonar, inutilizar etc.). Com isso há o dano para o credor, que fica sem sua garantia.

O tipo subjetivo é o dolo, ou seja, a vontade de praticar a alienação ou defraudação com a consciência de que se trata de objeto de penhor.

Consuma-se o crime quando a coisa é alienada, destruída etc., não se exigindo a vantagem patrimonial. Admite-se a tentativa.

Jurisprudência

- Sujeito ativo do crime na pessoa jurídica
- Oferta em garantia de penhor de coisa alheia: existência do crime
- Defraudação de penhor: crime caracterizado
- Irrelevância da existência de ações civis
- Irrelevância da ausência de prejuízo efetivo
- Inexistência de crime: acordo homologado anterior
- Decretação de falência: existência do crime
- Depositário não é sujeito ativo do crime
- Defraudação de penhor de coisa fungível
- Coisa penhorada: inexistência de crime
- Desnecessidade de exame pericial
- Cabimento de inexigibilidade de conduta diversa
- Inexistência de dolo
- Consumação do crime de defraudação de penhor

171.12 Fraude na entrega da coisa

Também pratica um crime de estelionato especial quem defrauda substância, qualidade ou quantidade de coisa que deve entregar a alguém. O devedor que deve entregar a coisa é o sujeito ativo do crime. Sujeito passivo é o credor, ou seja, aquele que recebe a coisa defraudada.

A conduta típica é a de defraudar, alterar, adulterar, desfalcar, trocar fraudulentamente. Tem como pressuposto, pois, a obrigação de entregar a coisa a outrem. A conduta pode recair com relação à substância da coisa, sua qualidade ou quantidade, formas com que se frauda o ofendido.

O dolo é a vontade de entregar a coisa defraudada tendo consciência dessa circunstância. Trata-se de crime doloso, em que é exigível a fraude, e a culpa não caracteriza esse crime.

A consumação ocorre apenas com a entrega da coisa defraudada. A tentativa, em tese, é possível. Ocorre quando, já defraudada a coisa, o agente é impedido de continuar com a entrega da coisa.

Jurisprudência

- Ausência de fraude: inexistência de crime
- Inexistência de consumação
- Caracterização da tentativa

171.13 Fraude para recebimento de indenização ou valor de seguro

Comete ainda o crime quem destrói, total ou parcialmente, ou oculta coisa própria, ou lesa o próprio corpo ou a saúde, ou agrava as consequências da lesão ou doença, com o intuito de haver indenização ou valor do seguro. O sujeito ativo é o proprietário da coisa destruída ou que causa a lesão em si mesmo. Sujeito passivo é o segurador, prejudicado com o pagamento da indenização ou do valor do seguro.

Pressuposto para a prática do crime é a existência de um contrato válido e vigente do seguro. São várias as condutas típicas: destruir ou ocultar a coisa, ou se autolesar. Objeto material é o bem patrimonial no seguro, sendo a coisa ou o corpo do agente meros instrumentos do crime.

Exige o tipo subjetivo a vontade de destruir ou ocultar a coisa ou de se autolesar. Exige-se, porém, o elemento subjetivo, que é o intuito de obter a indenização ou valor do seguro.

Consuma-se o crime com a prática da conduta típica (destruir ou ocultar a coisa ou lesar o próprio corpo). Ao contrário dos demais tipos de estelionato, trata-se de crime formal, não se exigindo para a consumação a obtenção da vantagem ilícita. Basta a prática do ato com o pedido de indenização ou do valor do seguro ao sujeito passivo. Em tese, é possível a tentativa.

Pode haver concurso formal com outros delitos. Havendo, porém, incêndio, prevalece a regra especial devendo o agente responder por esse crime qualificado, mais grave (art. 250, § 1º, I, do CP).

Jurisprudência

- Absorção pelo crime de incêndio
- Caracterização do crime
- Consumação pela ocultação da coisa
- Existência de tentativa: falsa comunicação
- Existência de meros atos preparatórios: tentativa não caracterizada

171.14 Fraude no pagamento por meio de cheque

Comete ainda o ilícito especial de estelionato quem emite cheque, sem suficiente provisão de fundos em poder do sacado, ou lhe frustra o pagamento.

Sujeito ativo é quem emite o cheque ou frustra seu pagamento. Nada impede a participação de terceiro no crime, por instigação ou cumplicidade em conluio com o emitente, como na hipótese de cheque de pessoa jurídica. A coautoria só é possível nas hipóteses em que, em conta conjunta, a emissão do cheque depende da assinatura de duas ou mais pessoas. A participação é admissível por instigação.

Sujeito passivo é o tomador do cheque, o beneficiário que recebe o título para desconto, sendo impedido de levantar a importância respectiva, incluindo-se, aqui, a pessoa jurídica. Não importa que o beneficiário tenha repassado a cártula para terceiro.

A primeira conduta prevista na lei é a de emitir o cheque, que se configura não com o simples preenchimento e assinatura do emitente, e sim no momento em que este o põe em circulação. No caso de cheques denominados especiais, o crime ocorre quando é emitido cheque acima do crédito estabelecido no contrato entre o emitente e o banco sacado, já que é considerada disponível, como fundos além dos créditos e saldo, a soma proveniente de abertura de crédito (art. 48, § 2º, c, da Lei nº 7.357, de 2-9-1985). Antes disso o fato era, por vezes, considerado como estelionato comum.

É hoje pacífico que o crime previsto no art. 171, § 2º, VI, do Código Penal só se configura quando há fraude na conduta do agente. O *nomen juris* do crime, aliás, é o de "fraude no pagamento por meio de cheque". Nesse sentido, o STF editou a Súmula 246: "Comprovado não ter havido fraude, não se configura o crime de emissão de cheque sem fundos." Por essa razão tem se decidido que não se configura o delito quando a vítima tem conhecimento da inexistência de fundos em poder do sacado e portanto, quando o título é desvirtuado de sua finalidade específica de ordem de pagamento a vista, é dado em garantia de dívida, pré-datado ou pós-datado, ou é promessa de pagamento.

Também se tem decidido, diante da orientação da Súmula do STF, que não se configura o crime na emissão de cheque sem provisão de fundos para efetuar pagamento de qualquer débito, fato que não causa prejuízo ao credor, que passa a contar com um título de crédito. Quando o fato, porém, causa prejuízo, o crime se caracteriza. Não se configura o crime, ainda, no pagamento por meio de cheque sem fundos de títulos de créditos, pois há no caso simples novação da dívida, sem vantagem para o agente ou prejuízo para o tomador.

Segundo a jurisprudência, não se caracteriza o crime no pagamento de dívida de jogo ilícito por meio de cheque sem fundos, uma vez que se trata de uma dívida incobrável nos termos do art. 814 do CC. Também se tem decidido que não há fraude no pagamento por meio de cheque quando há destinação imoral, como no caso de pagamento à prostituta pelas relações sexuais, por não se tratar de patrimônio tutelado em lei. Mas há decisão no sentido de que se configura o crime, vez que a torpeza bilateral não exclui o estelionato.

Comete ainda o crime, conforme o art. 171, § 2º, VI, segunda parte, quem frustra indevidamente o pagamento do cheque que emitiu providenciando uma contraordem no banco sacado. Também pode ocorrer o crime previsto na segunda parte do inciso VI do § 2º do art. 171 quando, havendo provisão de fundos no momento da emissão, o agente frustra o pagamento, sacando o saldo antes que o favorecido possa descontá-lo. Havendo justa causa para a ordem de não pagamento do cheque, não se caracteriza o crime.

O dolo do crime é a vontade de emitir o cheque que sabe sem fundos em poder do sacado ou de frustrar injustamente o pagamento do título. O erro escusável a respeito da inexistência de fundos exclui o dolo.

Apesar de várias opiniões a respeito da consumação do crime de fraude na de emissão de cheque sem fundos, hoje é praticamente pacífico que ela se opera quando o cheque é recusado ao ser apresentado, pela primeira vez, ao sacado. Não basta, pois, sua emissão, que é o ato de entregar o cheque emitido ao tomador, ou seja, colocá-lo em circulação. E como é o local da consumação que determina o foro do delito, o STF editou a Súmula 521, assim redigida: "O foro competente para o processo e julgamento dos crimes de estelionato, sob a modalidade de emissão de cheque sem provisão de fundos, é o do local onde se deu a recusa do pagamento pelo sacado." Também o Superior Tribunal de Justiça editou, sobre o assunto, a Súmula 48: "Compete ao juízo do local da obtenção da vantagem ilícita processar e julgar crime de estelionato cometido mediante falsificação de cheque. Entretanto, a questão relativa à competência em casos dessa natureza passou a ser regrada nos termos do § 4ª do art. 70 do Código de Processo Penal, inserido pela Lei nº 14.155, de 27-5-2021: "Nos crimes previstos no art. 171 do Decreto-Lei nº 2.848, de 7 de dezembro de 1940 (Código Penal), quando praticados mediante depósito, mediante emissão de cheques sem suficiente provisão de fundos em poder do sacado ou com o pagamento frustrado ou mediante transferência de valores, a competência será definida pelo local do domicílio da vítima, e, em caso de pluralidade de vítimas, a competência firmar-se-á pela prevenção."

A tentativa é teoricamente possível no caso de frustração do pagamento em que esta não é obtida apesar da conduta do emitente. Na emissão de cheque sem fundo, como a conduta é a entrega do cheque e a consumação se dá, segundo a jurisprudência, com a recusa de pagamento pelo sacado, o *iter* pode ser interrompido, caracterizando-se a tentativa.

Com inspiração de política criminal, o Supremo Tribunal Federal passou a decidir que o pagamento do cheque antes da denúncia descaracteriza o crime, inexistindo justa causa para a ação penal. Confirmando essa orientação, o Pretório Excelso editou a Súmula 554: "O pagamento de cheque emitido sem suficiente provisão de fundos, após o recebimento da denúncia, não obsta ao prosseguimento da ação penal." Nem mesmo a vigência da Lei nº 7.209, que criou a figura do arrependimento posterior como causa genérica de diminuição de pena, afastou a orientação pretoriana. Segundo a jurisprudência, mesmo o depósito ou a consignação judicial do valor do cheque desfigura o ilícito penal. O pagamento do cheque após a denúncia é mera atenuante.

A emissão de cheque sem fundos como fraude para a obtenção de vantagem econômica ilícita configura o crime de estelionato comum. Assim também a emissão de cheque com falsidade, sobre conta cancelada, em conta aberta com dados falsos etc." Ainda que o meio fraudulento seja o cheque, tratando-se de estelionato previsto no art. 171, *caput*, não se aplicam as súmulas e orientações jurisprudenciais referentes à fraude no pagamento por meio de cheque.

Jurisprudência

- Competência de crime praticado mediante cheque fraudulento
- Necessidade da prova da materialidade do crime
- Inexistência de crime: ausência de fraude
- Cheque como garantia de dívida: ônus da prova da defesa
- Cheque como garantia de dívida: possibilidade do crime de estelionato comum
- Inexistência de crime: cheque pós-datado
- Inexistência de crime: ressarcimento de prejuízo causado por estelionato
- Inexistência de crime: documentação de dívida
- Inexistência de crime: emissão em benefício próprio
- Pagamento por rescisão de contrato de trabalho: crime caracterizado
- Caracterização pela frustração de pagamento por contraordem
- Caracterização por saque do agente antes do desconto pelo tomador
- Assinatura sem preenchimento de valor: dolo inexistente
- Penhora antes da denúncia: justa causa para o processo
- Pagamento com cheque furtado como estelionato comum
- Pagamento com cheque roubado como estelionato comum
- Ressarcimento de prejuízo com cheque furtado não exclui o crime de estelionato
- Sujeito ativo representante de pessoa jurídica
- Admissibilidade de concurso de pessoas na fraude no pagamento por meio de cheque
- Inadmissibilidade de coautoria na fraude no pagamento por meio de cheque
- Tomador como sujeito passivo
- Sujeito passivo pessoa jurídica
- Conduta de emitir cheque sem fundos
- Inexistência do crime: ausência de prejuízo
- Pagamento com cheque especial: crime de estelionato especial
- Pagamento com cheque especial: crime de estelionato comum
- Pagamento com cheque prescrito: existência do crime
- Irrelevância de aval no cheque: crime caracterizado
- Necessidade de exame pericial
- Inexistência de crime: ausência de fraude
- Inexistência de crime: desvirtuamento da ordem de pagamento a vista

- Inexistência de crime: cheque em garantia de dívida
- Inexistência de crime: cheque pré-datado
- Inexistência de crime: promessa de pagamento
- Inexistência de crime: promessa de pagamento de dívida
- Inexistência de crime: pagamento de corretagem
- Inexistência de crime: pagamento de dívida pretérita
- Inexistência de fraude no pagamento de dívida preexistente
- Inexistência de crime: pagamento de título de crédito
- Inexistência de crime: substituição de títulos
- Inexistência de crime: pagamento de acordo trabalhista
- Inexistência de crime: pagamento de IPVA
- Inexistência de crime: frustração do pagamento
- Pagamento de débito com prejuízo ao credor: existência de crime
- Inexistência de crime: *post factum* não punível
- Pagamento de dívida de jogo
- Pagamento a prostituta: inexistência de crime
- Caracterização pela frustração de pagamento por contraordem
- Dúvida quanto aos motivos da frustração de pagamento
- Ciência da falta de fundos: dolo configurado
- Inexistência de dolo
- Consumação com a recusa de pagamento
- Consumação com a recusa de pagamento – Contra
- Admissibilidade de tentativa na emissão de cheque sem provisão de fundos
- Admissibilidade de tentativa na emissão de cheque sem provisão de fundos – Contra
- Pagamento do cheque antes da denúncia: falta de justa causa
- Depósito do valor do cheque antes da denúncia
- Depósito do valor do cheque antes da denúncia – Contra
- Quitação da dívida na frustração do pagamento por meio de cheque
- Pagamento posterior à denúncia não exclui a justa causa
- Emissão de cheque sem fundos como meio para estelionato comum
- Cheque como garantia de dívida em estelionato comum
- Pagamento com cheque sobre conta encerrada como estelionato comum
- Pagamento com cheque falsificado como estelionato comum
- Pagamento com cheque emitido com falsa identidade como estelionato comum
- Pagamento em cheque de talonário alheio
- Pagamento com cheque sem fundos alheio
- Pagamento com cheque sem fundos e recebimento de troco
- Pagamento em cheque por hospedagem
- Ressarcimento de prejuízo não exclui o crime de estelionato em cheque falsificado

171.15 Fraude eletrônica

A exemplo das alterações promovidas no crime de furto em decorrência do crescimento de delitos praticados com a utilização dos dispositivos de informática e a da ***internet*** (v. item 155.24), ocupou-se a Lei nº 14.155, de 27-5-2021, de agravar também as penas previstas para os crimes de estelionato ao criar a forma qualificada prevista no § 2º-A do art. 171. Pune-se com pena de 4 a 8 anos de reclusão, e multa, se para o cometimento da fraude vale-se o agente tanto da comunicação telefônica como das novas e usuais formas de comunicação, como as redes sociais e o correio eletrônico, para iludir a vítima a fornecer informações que possibilitem a obtenção de vantagem ilícita. São diversificados os meios que têm sido empregados nessa modalidade delituosa. Já prevendo a inevitável diversificação e sofisticação crescente dos meios fraudulentos utilizados pelos criminosos para iludir as vítimas, prevê o legislador, em fórmula genérica, a utilização de "qualquer outro meio fraudulento análogo", permitindo, assim a interpretação analógica.

No § 2º-B incluiu-se causa de aumento de pena idêntica à prevista para a figura equivalente de furto. Majora-se a pena de um terço a dois terços se para o cometimento da fraude utiliza o agente um servidor situado fora do território nacional (v. item 155, § 4º-C, I). Determina-se no dispositivo que a "relevância do resultado gravoso" deve ser considerada na opção da fração de acréscimo a ser aplicada na dosagem da pena, entre os limites mínimo e máximo estabelecidos no parágrafo. Por relevância do resultado gravoso há que se entender a extensão do prejuízo em face das circunstâncias concretas do delito e das condições pessoais da vítima.

171.16 Estelionato contra entidade de direito público ou de instituto de economia popular, assistência social ou beneficência

No § 3º do art. 171 prevê-se o aumento da pena de um terço se o crime de estelionato, tanto em sua figura básica quanto nas formas qualificadas (§§ 2º, 2º-A) se o crime é cometido em detrimento de entidade de direito público ou de instituto de economia popular, assistência social ou beneficência. Estão protegidos não só a União, os Estados, os Municípios e o Distrito Federal, como também as autarquias e associações públicas e outras entidades parestatais, os institutos de economia popular, assistência social ou beneficência. Quanto à Previdência Social, há Súmula do Superior Tribunal de Justiça, de nº 24: "Aplica-se ao crime de estelionato, em que figura como vítima entidade autárquica da Previdência Social, a qualificadora do § 3º do art. 171 do Código Penal."

Jurisprudência

- Inadmissibilidade de aplicação do princípio de insignificância
- Estelionato qualificado contra o Governo Federal
- Estelionato qualificado contra a Previdência Social
- Estelionato qualificado contra entidade da previdência social
- Estelionato qualificado contra a Previdência Social: crime instantâneo
- Estelionato qualificado para recebimento de seguro-desemprego: não aplicação do princípio da insignificância
- Inexistência da qualificadora: empresa pública agindo como ente comercial
- Crime contra empresa pública: inexistência da qualificadora
- Ressarcimento do dano não exclui a causa de aumento de pena
- Aplicação concomitante da agravante prevista no art. 61, II, g, do CP
- Aplicação concomitante da agravante prevista no art. 61, II, g, do CP – Contra
- Estelionato qualificado e não falsidade ideológica
- Uso de documento falso e não estelionato qualificado
- Crime continuado entre estelionato qualificado e peculato
- Estelionato qualificado contra a Caixa Econômica Federal
- Estelionato qualificado contra a Previdência Social: prescrição inocorrente
- Natureza da ação penal: pública incondicionada

171.17 Estelionato contra idoso ou vulnerável

Por força da Lei nº 13.228, de 28-12-2015, já se previa, nos termos do § 4º do art. 171, a majoração da pena na hipótese de ser o crime praticado contra idoso, determinando-se a aplicação da pena em dobro. Com a alteração promovida pela Lei nº 14.155, de 27-5-2021, o acréscimo deve se situar entre um terço e o dobro da pena se presente a circunstância de ser o crime praticado contra idoso, que, por definição legal, é a pessoa com idade igual ou superior a 60 anos (art. 1º da Lei nº 10.741, de 1-10-2003). Na nova redação do dispositivo incluiu-se como vítima merecedora da tutela especial a pessoa vulnerável, assim entendidos o menor de idade e quem, por enfermidade ou deficiência mental, não tem o necessário discernimento para a prática do ato, ou que, por qualquer outra causa, não pode oferecer resistência. Justifica-se a majoração prevista no § 4º pela maior vulnerabilidade do sujeito passivo decorrente da idade avançada ou de suas especiais condições pessoais que lhe reduzem a capacidade de resistência à fraude engendrada pelo agente. Assim como previsto no § 2º-B, a relevância do resultado gravoso, i.é, a extensão do prejuízo causado diante das circunstâncias concretas da infração e das condições pessoais da vítima deve orientar a fixação do acréscimo na dosagem da pena. Diante da posição do dispositivo no artigo, a causa de aumento prevista no § 4º aplica-se tanto ao tipo fundamental (caput) como à formas qualificadas de estelionato (§§ 2º, 2º-A)

171.18 Ação Penal

O crime de estelionato passou a ser apurado mediante ação penal pública dependente de representação do ofendido, nos termos do novel § 5º. Aplica-se a norma tanto ao estelionato descrito em seu tipo fundamental (art. 171, caput), como, também, às modalidades previstas nos incisos I a VI do § 2º. O dispositivo ressalva quatro hipóteses, em relação às quais a ação permanece incondicionada. Referem-se elas a especiais qualidades da vítima. A primeira delas é a de ser a vítima a Administração Pública, direta ou indireta, a qual abrange as empresas públicas, sociedades de economia mista, fundações instituídas pelo Poder Público e serviços autônomos. Justifica-se a exceção por se tratar de crime que atinge o patrimônio público (inciso I), sobre o qual não tem o administrador público o poder de livre disposição. Excepcionam-se, também, os casos em que a vítima é criança ou adolescente (inciso II), pessoa com deficiência mental (inciso III), pessoa maior de 70 anos ou incapaz (inciso IV). Entre os incapazes, há que se considerar todos aqueles que por causa transitória ou permanente não puderem exprimir sua vontade (art. 4º, inciso III, do Código Civil), estando, assim, impedidos de oferecer a necessária representação. Presume-se que as vítimas relacionadas, em decorrência da falta de maturidade, de uma deficiência mental ou senilidade, teriam uma menor capacidade de discernimento e de resistência diante dos meios fraudulentos empregados pelo agente no cometimento do crime em suas diversas modalidades, a ensejar a necessidade de mais ampla repressão, bem como uma maior dificuldade para o oferecimento da representação, recomendando-se, assim, a pronta apuração do ilícito, de ofício, pela autoridade policial.

Como a regra geral é a de se tratar de ação penal pública condicionada à representação, na ausência desta é vedada à autoridade policial a abertura do inquérito para a apuração do estelionato (art. 5º, § 4º, do CPP) e ao Ministério Público o oferecimento da respectiva denúncia (art. 24, caput, do CPP e art. 100, § 1º, do CP). Tratando-se da instituição de uma condição de procedibilidade, que tem natureza mista, penal e processual, a nova norma aplica-se aos fatos criminosos praticados antes de sua vigência, mas não aos casos em que, nesse mesmo momento, a denúncia já fora oferecida pelo Ministério Público, em respeito aos princípios da legalidade, do *tempus regit actum* (art. 2º do CPP) e do ato jurídico perfeito. Já decidiu, porém, o STF também em sentido contrário, i. é, da necessidade de representação durante a tramitação do processo, antes do trânsito em julgado.

Jurisprudência

- Retroatividade do § 5º do art. 171 quando ainda não oferecida a denúncia
- Retroatividade do § 5º do art. 171 e a consequente necessidade de intimação da vítima
- para prosseguimento da ação em curso, até o trânsito em julgado
- Dispensa formalidades na autorização da vítima para processo por estelionato

Art. 171-A. Organizar, gerir, ofertar ou distribuir carteiras ou intermediar operações que envolvam ativos virtuais, valores mobiliários ou quaisquer ativos financeiros com o fim de obter vantagem ilícita, em prejuízo alheio, induzindo ou mantendo alguém em erro, mediante artifício, ardil ou qualquer outro meio fraudulento.

Pena – reclusão, de 4 (quatro) a 8 (oito) anos, e multa.*

*Artigo inserido pela Lei nº 14.478, de 21-12-2022.

Vide: CP arts. 16, 17, 65, III, b, 155, § 4º-B, 172 a 179, 181 a 183, 272, § 1º-A e § 1º, 273, § 1º, 276, 277, 283, 284, 293 a 311; **Lei nº 6.386** de 7-12-1976, art. 2º e 27-E (tipifica infrações contra o mercado de valores mobiliários); **Lei nº 7.492**, de 16-6-1986, arts. 2º a 23 (define os crimes contra o Sistema Financeiro Nacional); **Lei nº 9.613**, de 3-3-1998, art. 1º, § 4º (utilização de ativos virtuais na prática crime de lavagem de capitais é causa de aumento de pena desse delito).

171-A FRAUDE COM A UTILIZAÇÃO DE ATIVOS VIRTUAIS, VALORES MOBILIÁRIOS OU ATIVOS FINANCEIROS

171-A.1 Sujeitos do delito

O crime descrito no art. 171-A não é crime próprio. O crime pode ser praticado por qualquer pessoa. Quem, fraudulentamente, organizar, gerir, ofertar ou distribuir os ativos ou intermediar as operações de que trata o artigo responderá pelo delito. Tratando-se de valores mobiliários, o sujeito ativo que não está autorizado ou registrado na autoridade competente para atuar no mercado pode também incidir nas penas do art. 27-E da Lei nº 6.385/1976. Sujeito passivo dessa modalidade de estelionato é a pessoa, física ou jurídica, investidor ou não, que sofre uma lesão patrimonial em decorrência da conduta fraudulenta.

171-A.2 Tipo objetivo

A conduta típica da nova modalidade de estelionato é a de organizar, gerir, ofertar ou distribuir carteiras ou intermediar operações que envolvam ativos virtuais, valores mobiliários ou quaisquer ativos financeiros. Organizar é dar determinada ordem, dispor de forma ordenada, arrumar, ordenar; gerir é exercer gerência sobre, administrar, dirigir; ofertar é oferecer ou proporcionar; distribuir é entregar, repartir, difundir ou espalhar; intermediar é interceder ou intervir, servindo de elo entre pessoas e aproximando os interessados. Trata-se de crime de ação múltipla ou de conteúdo variado, em que a prática de uma das ações típicas é bastante para o cometimento do crime. Na hipótese de prática de mais de uma delas, o agente responderá por uma única infração.

Uma carteira de ativos é o conjunto de aplicações financeiras escolhidas com a finalidade de obtenção de rendimentos pelo investidor. O conceito de ativos virtuais é dado pela Lei 14.478/2022: "a representação digital de valor que pode ser negociada ou transferida por meios eletrônicos e utilizada para realização de pagamentos ou com propósito de investimento" (art. 3º). A própria lei exclui dessa definição as moedas nacional, estrangeiras e eletrônicas, os instrumentos que provejam ao seu titular acesso a produtos ou serviços especificados ou a benefício e as representações de ativos cuja emissão, escrituração, negociação ou liquidação esteja prevista em lei ou regulamentos. Os valores mobiliários estão especificados no art. 2º da Lei nº 6.385, de 7-12-1976, i é, as ações, debêntures e bônus de subscrição; os certificados de depósito de valores mobiliários; as cédulas de debêntures; as cotas de fundos de investimento em valores mobiliários ou de clubes de investimento em quaisquer ativos, entre outros (incisos I a IX) e as operações que os envolvem se sujeitam às regras e fiscalização da Comissão de Valores Mobiliários.

Embora a Lei nº 14.478/2022 discipline a prestação dos serviços de ativos virtuais, no art. 171-A estão abrangidos, em fórmula genérica, como elemento normativo do tipo, quaisquer ativos financeiros que não se incluam nas modalidades anteriores de ativos, como as operações com moedas e depósitos bancários e títulos públicos. As negociações de CDBs (certificados de depósitos bancários), CDIs (letras de crédito imobiliário), CDAs (letras de crédito do agronegócio) entre outros títulos de crédito estão abrangidos pela definição típica.

Como no estelionato comum (art. 171), a fraude consiste em induzir ou manter alguém em erro, mediante artifício, ardil ou qualquer outro meio (vide item 171.2). A obtenção de vantagem ilícita, porém, foi transmutada em elemento subjetivo do tipo.

171-A.3 Tipo subjetivo

O dolo dessa modalidade de estelionato é a vontade livre e consciente de praticar uma das ações típicas mediante fraude. Prevê-se, também, expressamente, como elemento subjetivo do tipo, a finalidade de "obter vantagem ilícita, em prejuízo alheio". O fim do agente deve abranger, portanto, tanto o objetivo de obter vantagem ilícita, como, também, a consciência de que da prática de sua conduta resulte prejuízo à vítima.

171-A-4 Consumação e tentativa

Diversamente do que ocorre no estelionato, desnecessária é a obtenção da vantagem ilícita pelo agente em prejuízo da vítima, elementos que integram o tipo subjetivo. O art. 171-A descreve crime formal que se consuma com a prática de uma das ações típicas com a ilusão da vítima mediante a fraude. A concreta obtenção da vantagem e o correlato prejuízo de outrem se constituem já em exaurimento do crime.

A tentativa é, em tese, admissível. Pode se configurar o *conatus* se praticada uma das ações típicas (organizar, gerir, ofertar etc.) com o emprego de um meio fraudulento que, embora, em abstrato seja idôneo para iludir a vítima, por qualquer razão não se deixa enganar.

171-A.5 Distinção e concurso

A Lei nº 7.492, de 16-6-1986, define os crimes contra o Sistema Financeiro Nacional e a Lei nº 6.385, de 7-12-76, tipifica infrações contra o mercado de valores mobiliários. É possível o concurso de infrações entre o estelionato do art. 171-A, que ofende o patrimônio, e infrações disciplinadas nesses outros diplomas. Se, por exemplo, o agente do estelionato pratica a fraude exercendo atividade no mercado de valores mobiliários que exige autorização ou registro na autoridade competente, incorre também no art. 27-E da Lei nº 6.385/76). Poderá, ainda, haver concurso com algumas das infrações previstas nos arts.2º a 23 da Lei nº 7.492/86. A utilização de ativos virtuais na prática crime de lavagem de capitais é causa de aumento de pena desse delito (art. 1º, § 4º, da Lei nº 9.613, de 3-3-1998).

Duplicata simulada

Art. 172. Emitir fatura, duplicata ou nota de venda que não corresponda à mercadoria vendida, em quantidade ou qualidade, ou ao serviço prestado:

Pena – detenção, de 2 (dois) a 4 (quatro) anos, e multa.*

Parágrafo único. Nas mesmas penas incorrerá aquele que falsificar ou adulterar a escrituração do Livro de Registro de Duplicatas.

* Redação determinada pela Lei nº 8.137, de 27-12-1990.

Vide: CP arts. 171, 297, § 2º; **CPC** art. 784, I; **Lei nº 5.474**, de 18-7-1968, modificada pelo Decreto-lei nº 436, de 27-1-1969, e pela Lei nº 6.458, de 1º-11-1977 (dispõe sobre as duplicatas); **Lei nº 8.137**, de 27-12-1990, art. 1º, III (falsificação ou alteração de duplicata, nota fiscal, fatura, nota de venda e outros documentos como crime contra a ordem tributária), V (negar ou deixar de fornecer, quando obrigatório, nota fiscal ou documento equivalente, relativa a venda de mercadoria ou prestação de serviço, efetivamente realizada, ou fornecê-la em desacordo com a legislação); **Lei nº 11.101**, de 9-2-2005 – Lei de Falências, art. 168, § 1º (prevê como causas de aumento de pena do crime de fraude a credores condutas relacionadas com falsidades na escrituração contábil e no balanço da empresa).

172 DUPLICATA SIMULADA

172.1 Sujeitos do delito

Sujeitos ativos do crime são o comerciante, o profissional liberal ou os que prestam serviços de natureza eventual, todos autorizados a expedir duplicatas, conforme a Lei nº 5.474, de 18-7-1968, modificada pelo Decreto-lei nº 436, de 27-1-1969, e pela Lei nº 6.458, de 1º-11-1977, bem como os que o fazem irregularmente. São, portanto, os diretores, gerentes ou administradores da empresa ou sociedade que tiverem influído diretamente na elaboração ou circulação do documento, ainda que não o tenham assinado. O endossatário e o avalista podem responder por participação criminosa quando em conluio para a emissão e circulação do título.

Sujeito passivo, em princípio, é o tomador de boa-fé, além daquele que procede ao desconto da duplicata ou a aceita como caução; caso haja conivência com o sacado, sujeito passivo é apenas o segundo.

Jurisprudência

- Sujeito ativo na emissão de duplicata de pessoa jurídica
- Participação criminosa na emissão de duplicata
- Sujeito ativo avalista da emissão de duplicata
- Inexistência de prova da participação criminosa

172.2 Tipo objetivo

A ação típica é *emitir* duplicata, que significa a conduta de extrair, produzir, sacar, preencher ou assinar a duplicata. Tem-se sustentado que, além disso, para a configuração do crime é necessário que tenha havido realmente a venda de mercadoria, não correspondendo os referidos documentos à real quantidade ou qualidade da vendida e que, não havendo qualquer negócio subjacente, não se configuraria tal ilícito, mas, eventualmente, outro. O STF, porém, tem decidido pela caracterização do crime previsto no art. 172 do CP com o argumento de que seria incongruente punir o procedimento menos gravoso (no caso de real venda), deixando o de maior alcance (inexistência da venda) sem o crivo penal. Não há mais a incriminação de aceitar duplicata simulada diante da nova redação dada ao art. 172 do CP.

Objeto material do crime pode ser a fatura, a duplicata ou a nota de venda, esta última não mencionada na redação anterior. Inexiste crime na emissão de triplicata emitida em substituição a título emitido regularmente.

Não se tratando de crime de falsidade, o reconhecimento do delito de duplicata simulada, como espécie do gênero a que pertencem os tipos de estelionato, dispensa exame grafotécnico.

Jurisprudência

- Caracterização do crime na emissão de duplicata sem venda
- Emissão sem assinatura com uso: crime caracterizado
- Emissão sem assinatura com uso: crime caracterizado – Contra
- Necessidade de juntada da duplicata
- Não revogação do crime de duplicata simulada
- Caracterização do crime de duplicata simulada
- Caracterização do crime na emissão de duplicata sem prestação de serviços
- Irrelevância da falta do número da fatura: crime caracterizado
- Pena para crime anterior à Lei nº 8.137/90
- Emissão com assinatura por estampa: crime caracterizado
- Emissão de triplicata: inexistência de crime
- Emissão de duplicata com valores diversos daqueles da mercadoria
- Emissão de duplicata como garantia de empréstimo
- Emissão de duplicata em operação de *factoring*
- Emissão de duplicata em operação de *factoring* – Contra
- Desnecessidade de exame pericial

172.3 Tipo subjetivo

O elemento subjetivo do crime é o dolo, ou seja, a vontade de expedir a duplicata que não corresponda à venda ou prestação de serviço, com a consciência desse fato. A boa-fé exclui o dolo, não ocorrendo o ilícito se o título foi emitido por erro. O crime pode ser praticado com dolo eventual, mas não há forma culposa.

Não existe o crime se a transação foi efetivamente realizada, embora suspensa depois pelo devedor.

Jurisprudência

- Dolo na emissão de duplicata simulada
- Dolo eventual na emissão de duplicata simulada
- Inexigência da vontade de causar prejuízo
- Inexistência do crime pela suspensão do negócio pelo devedor
- Inexistência de dolo
- Inexistência de crime culposo

172.4 Consumação e tentativa

Com a nova redação dada ao tipo, sendo a conduta inscrita no tipo a de *emitir* a fatura, duplicata ou nota de venda, basta sua criação, ou seja, sua extração, ao contrário da lei anterior, que se referia à *expedição* do título. Trata-se de crime formal, não sendo necessária a produção de dano concreto do tomador, de vantagem para o emitente ou de resultado estranho à conduta do agente. Mesmo que o sacado não aceite a duplicata, ou que, estando de má-fé, a pague ou que seja resgatada pelo próprio emitente, o crime está consumado. O ressarcimento posterior do eventual prejuízo não exclui o crime.

Trata-se de crime unissubsistente, não se podendo falar em tentativa: ou a fatura, duplicata ou nota de venda foi emitida e o ilícito está consumado, ou não foi ainda produzida, podendo ocorrer apenas ato preparatório.

Jurisprudência

- Consumação do crime com a emissão do título
- Consumação com o uso da duplicata para qualquer fim
- Duplicata simulada como crime formal
- Consumação com a circulação da duplicata (lei anterior)
- Inexistência de consumação (lei anterior)
- Duplicata simulada como crime formal
- Desnecessidade de prejuízo efetivo
- Irrelevância do ressarcimento

172.5 Distinção

O conteúdo do crime de duplicata simulada constitui, em tese, o delito de falsidade, mas não configura esse crime autônomo, sendo consumido por aquele. Por outro lado, sendo crime meio para a prática de estelionato, é absorvido por esse delito.

Já se tem dado por absorvido o delito de emissão de duplicata simulada pelo crime falimentar que era previsto no art. 187 da anterior Lei de Falências e que encontra seu correspondente no art. 168 da Lei nº 11.101, de 9-2-2005, mas tal não ocorre quando a emissão não visou ao prejuízo dos credores, nem representou abuso de responsabilidade de mero favor.

É crime de sonegação fiscal "negar ou deixar de fornecer, quando obrigatório, nota fiscal ou documento equivalente, relativa a venda de mercadoria ou prestação de serviço, efetivamente realizada, ou fornecê-la em desacordo com a legislação" (art. 1º, V, da Lei nº 8.137, de 27-12-1990).

Jurisprudência

- Absorção do crime de falsidade
- Distinção entre duplicata simulada e estelionato comum
- Absorção pelo crime de estelionato
- Impossibilidade de desclassificação para estelionato

- Estelionato e não duplicata simulada
- Absorção pelo crime falimentar
- Absorção pelo crime falimentar – Contra

172.6 Falsificação do registro de duplicatas

Desnecessariamente, no parágrafo único, define-se como crime a conduta de quem falsifica ou adultera a escrituração do Livro de Registro de Duplicatas, que constituiria o crime de falsificação (art. 297, § 2º, do CP). Sujeito ativo é quem pratica a falsificação ou adulteração, nada impedindo a coautoria ou participação. Tratando-se de crime de falsidade, sujeito passivo é o Estado, violado em sua fé pública.

A conduta típica é falsificar ou adulterar, ou seja, criar ou modificar o Livro de Registro. Como sempre a falsificação ou adulteração grosseira não é verdadeiramente típica.

Consuma-se o crime com a falsificação ou adulteração, podendo falar-se em tentativa.

Na Lei de Falências (Lei nº 11.101, de 9-2-2005), condutas relacionadas com falsidades na escrituração contábil constituem causa de aumento de pena do crime de fraude a credores (art. 168, § 1º).

Abuso de incapazes

Art. 173. Abusar, em proveito próprio ou alheio, de necessidade, paixão ou inexperiência de menor, ou da alienação ou debilidade mental de outrem, induzindo qualquer deles à prática de ato suscetível de produzir efeito jurídico, em prejuízo próprio ou de terceiro:

Pena – reclusão, de 2 (dois) a 6 (seis) anos, e multa.

Vide: **CP** arts. 26, 171, 174, 181 a 183; **CC** arts. 5º, *caput*, parágrafo único, 180, 1.767; **Lei nº 10.741**, de 1º-10-2003 – EI, art. 106 (tipifica a conduta de induzir pessoa idosa sem discernimento de seus atos a outorgar procuração para fins de administração de bens ou deles dispor livremente), art. 108 (lavrar ato notarial que envolva pessoa idosa sem discernimento de seus atos, sem a devida representação legal).

173 ABUSO DE INCAPAZES

173.1 Sujeitos do delito

O crime de abuso de incapazes pode ser praticado por qualquer pessoa; é crime comum, portanto.

Sujeito passivo, em primeiro lugar, é o menor. Ainda na vigência do estatuto civil anterior, ponderava-se que a lei não podia incluir o maior de 18 anos, uma vez que esta é a idade-limite para a imputabilidade penal (art. 23), e a essa idade se referem outros dispositivos penais (arts. 159, § 1º, 244 etc.). Com a entrada em vigor do novo Código Civil, que reduziu a idade em que se atinge a plena maioridade civil para 18 anos (art. 5º), não há mais dúvida de que se o sujeito passivo já atingiu essa idade o fato passa a, eventualmente, constituir o crime de estelionato comum. Porque também plenamente capazes civilmente, estão excluídos os emancipados (art. 5º, parágrafo único, do CC). Refere-se a lei ainda ao alienado mental, que é o que padece de enfermidade mental que anula ou dificulta o entendimento, e ao débil mental, o portador de oligofrenia. Por falta de referência expressa, não exige a lei que o sujeito passivo esteja interditado, mas é necessária a prova da incapacidade ao menos relativa do lesado. Também é sujeito passivo aquele que, em decorrência do fato, sofre prejuízo.

Jurisprudência

- Sujeito passivo débil mental
- Sujeito passivo senil
- Sujeito passivo idoso: crime não caracterizado
- Desnecessidade de interdição do sujeito passivo
- Necessidade de prova da alienação mental
- Dúvida quanto ao estado mental do lesado

173.2 Tipo objetivo

A conduta típica é *abusar* do incapaz, ou seja, fazer mau uso, usar mal, aproveitar-se da necessidade, paixão ou inexperiência da vítima, induzindo-a, ou seja, convencendo-a, persuadindo-a à prática de ato capaz de produzir efeitos jurídicos. A única exigência é de que o meio utilizado pelo agente seja idôneo a enganar o ofendido. Não havendo induzimento, mas ato espontâneo do incapaz, não se configura o crime. O abuso de pessoa idosa sem discernimento de seus atos pode configurar crime previsto no Estatuto da Pessoa Idosa (arts. 106 e 108).

Tratando-se de crime contra o patrimônio, exige-se, ainda, que o ato praticado pelo sujeito passivo possa produzir efeito jurídico que tenha caráter patrimonial. Não está incluído o ato nulo, mas há crime na prática de ato anulável.

Por fim, é também necessário para a caracterização do crime que o agente tenha se prevalecido da inexperiência do ofendido; caso tal não ocorra, restará, no máximo, ilícito civil, ou outro ilícito penal.

Jurisprudência

- Desnecessidade de exame pericial
- Caracterização do crime de abuso de incapaz
- Inexistência de induzimento
- Necessidade de dano patrimonial
- Tentativa de estelionato e não abuso de incapaz

173.3 Tipo subjetivo

O dolo é a vontade de persuadir o incapaz à prática do ato, sabendo da deficiência psíquica do ofendido e, portanto, de estar abusando de sua condição mental deficitária. Na dúvida, o agente pratica o crime com dolo eventual.

É indispensável também o elemento subjetivo do tipo, que é o fim de conseguir vantagem patrimonial para si ou para outrem.

Jurisprudência

- Inexistência do dolo

173.4 Consumação e tentativa

Consuma-se o crime quando o menor, alienado ou débil mental, pratica o ato potencialmente lesivo ao patrimônio seu ou de outrem. Trata-se de crime formal, que independe da consumação de lesão efetiva.

É admissível a tentativa, que se configura quando o agente pratica a conduta e o ofendido não pratica o ato por circunstâncias alheias à vontade do sujeito ativo.

Jurisprudência

- Consumação com a prática do ato potencialmente lesivo

Induzimento à especulação

Art. 174. Abusar, em proveito próprio ou alheio, da inexperiência ou da simplicidade ou inferioridade mental de outrem, induzindo-o à prática de jogo ou aposta, ou à especulação com títulos ou mercadorias, sabendo ou devendo saber que a operação é ruinosa:

Pena – reclusão, de 1 (um) a 3 (três) anos, e multa.

Vide: CP arts. 173, 181 a 183; CC arts. 814, 815, 816.

174 INDUZIMENTO À ESPECULAÇÃO

174.1 Sujeitos do delito

O induzimento à especulação é crime comum, podendo ser praticado por qualquer pessoa.

Sujeito passivo é a pessoa inexperiente, que não tem vivência prática da vítima, que é bisonha, a pessoa simples, sem malícia, pouco atilada, e a que apresenta inferioridade mental, uma inteligência inferior à normal.

174.2 Tipo objetivo

Como no crime previsto no art. 173, a conduta é abusar da situação do ofendido, convencendo-o à prática de um ato que, no caso do art. 174, é a prática de jogo (contrato aleatório em que o ganho ou perda depende da sorte), de aposta (contrato aleatório que depende da verificação de um acontecimento independente das partes) ou de especulação com títulos ou mercadorias (empreendimento que visa a lucro, exigindo maior acuidade do investidor na verificação das condições da transação).

Embora não mais equipare a lei civil ao jogo a especulação sobre títulos da bolsa, mercadorias ou valores (art. 816 do CC), haverá o crime quando o sujeito passivo for persuadido a especular em uma nova operação ruinosa, ou seja, na que avulta a probabilidade de dano.

Jurisprudência

- Crime de induzimento à especulação caracterizado

174.3 Tipo subjetivo

O dolo consiste em ter a vontade de abusar da vítima, induzindo-a à prática do ato, tendo conhecimento das condições da inferioridade mental do ofendido, ou, ao menos dúvida a esse respeito, o que caracteriza o dolo eventual. Exige-se também o elemento subjetivo do tipo, que o agente atue em proveito próprio ou de terceiro, sabendo ou devendo saber que a operação é ruinosa.

174.4 Consumação e tentativa

Consuma-se o crime quando a vítima pratica o ato (aposta, jogo, especulação), independentemente de proveito do agente ou de terceiro. Trata-se de crime formal que não exige resultado lesivo para o ofendido. A tentativa é possível quando o processo executivo é interrompido e o ofendido não chega a praticar o ato potencialmente ruinoso.

Jurisprudência

- Consumação com o ato potencialmente prejudicial

Fraude no comércio

Art. 175. Enganar, no exercício de atividade comercial, o adquirente ou consumidor:

I – vendendo, como verdadeira ou perfeita, mercadoria falsificada ou deteriorada;

II – entregando uma mercadoria por outra:

Pena – detenção, de 6 (seis) meses a 2 (dois) anos, ou multa.

§ 1º Alterar em obra que lhe é encomendada a qualidade ou o peso de metal ou substituir, no mesmo caso, pedra verdadeira por falsa ou por outra de menor valor; vender pedra falsa por verdadeira; vender, como precioso, metal de outra qualidade:

Pena – reclusão, de 1 (um) a 5 (cinco) anos, e multa.

§ 2º É aplicável o disposto no art. 155, § 2º.

Vide: **CF** art. 5º, XXXII; **CP** arts. 155, § 2º, 171, *caput*, IV, 272 a 280; **Lei nº 1.521**, de 26-12-1951, art. 2º, III e V (definem fraudes como crimes contra a economia popular); **Lei nº 8.137**, de 27-12-1990, art. 7º, II, III, IV, *a*, *d*, VII, IX, parágrafo único (definem fraudes como crimes contra as relações de consumo); **Lei nº 8.078**, de 11-9-1990 – **CDC**, arts. 63, 66, 67, 70 (definem crimes contra o consumidor).

175 FRAUDE NO COMÉRCIO

175.1 Sujeitos do delito

A fraude no comércio é crime próprio. Só o comerciante, ou comerciário, aquele que se dedica à atividade comercial, incluindo a industrial, com habitualidade e profissionalidade, pode cometê-lo. Se o comportamento for praticado por outra pessoa, ocorre crime diverso.

Sujeito passivo é o adquirente ou consumidor, aquele que compra ou recebe a mercadoria.

Jurisprudência

- Sujeito ativo comerciante

175.2 Tipo objetivo

A primeira conduta prevista no *caput* é a de vender mercadoria falsificada ou deteriorada como verdadeira ou perfeita. Pune-se também quem entrega uma mercadoria por outra, pouco importando a espécie de negócio realizado entre as partes. Objeto material é a mercadoria falsificada, ou seja, coisa móvel ou semovente que possa ser objeto de comércio, que imite a verdadeira ou que tenha sido adulterada sem prejuízo da aparência. Também é a mercadoria deteriorada, estragada, danificada, arruinada, em mau estado de conservação. Evidentemente, é necessária a fraude, ou seja, que o comprador seja iludido no negócio por supor que adquire mercadoria verdadeira e não falsa.

A segunda conduta incriminada é a de entregar uma mercadoria por outra, substituir a coisa que deve ser entregue por coisa diversa, quer pela origem, proveniência, quantidade ou inteireza, em prejuízo do comprador ou consumidor.

Jurisprudência

- Necessidade de fraude
- Caracterização do crime
- Necessidade de exame pericial
- Crime contra a propriedade industrial

175.3 Tipo subjetivo

A vontade de vender ou entregar a coisa falsificada, deteriorada etc., com a consciência dessas circunstâncias, ou seja, o conhecimento da má qualidade da coisa e a intenção de vendê-la como autêntica, perfeita, integra o dolo. O erro do sujeito ativo, que não sabe ser a coisa falsificada ou adulterada, exclui o crime.

Jurisprudência

- Dolo no crime de fraude no comércio

175.4 Consumação e tentativa

Consuma-se o crime quando ocorre a tradição, a transferência da posse do objeto material. Nada impede a tentativa quando a vítima não receber a mercadoria por descobrir a fraude.

175.5 Fraude no comércio de metais ou pedras preciosas

O art. 175, § 1º, incrimina a conduta consistente na fraude no comércio de pedras preciosas. A primeira delas é a de alterar, modificar, mudar o metal, quer em sua qualidade ou em seu peso. É crime também substituir, trocar pedra verdadeira por falsa ou por outra de menor valor. Por fim, pratica o crime quem vende pedra falsa por verdadeira ou metal precioso por outro de qualidade diversa.

175.6 Fraude no comércio privilegiada

Para todos os tipos definidos no art. 175 aplica-se o disposto no art. 155, § 2°, em que se exige a primariedade do agente e o pequeno valor da coisa para a substituição da pena, sua redução ou imposição de simples multa.

175.7 Distinção

Quando o agente não é comerciante, o fato pode configurar estelionato comum. Caso a mercadoria seja substância alimentícia ou medicinal, com perigo para a saúde pública, poderá ocorrer crime diverso (arts. 273, 275, 276 e 280). A venda de uísque nacional por estrangeiro pode constituir outro delito, embora por vezes se tenha aplicado o art. 175, I, do CP. Eventualmente, o crime pode ser absorvido por um crime contra a propriedade industrial. Pode o fato, ainda, configurar crime contra a economia popular, conforme suas circunstâncias (art. 2°, incs. III e V, da Lei n° 1.521, de 26-12-1951), ou contra o consumidor ou as relações de consumo (art. 7°, II, III, IV, a, d, VII e IX, da Lei n° 8.137, de 26-12-1990, e arts. 63, 66, 67 e 70 do Código de Defesa do Consumidor (Lei n° 8.078, de 11-9-1990).

Jurisprudência

- Fraude no comércio e não estelionato
- Venda de bebida falsificada: crime contra a saúde pública
- Estelionato e não fraude no comércio
- Venda de bebida falsificada: fraude no comércio
- Violação de direito de marca e não fraude no comércio

Outras fraudes

Art. 176. Tomar refeição em restaurante, alojar-se em hotel ou utilizar-se de meio de transporte sem dispor de recursos para efetuar o pagamento:

Pena – detenção, de 15 (quinze) dias a 2 (dois) meses, ou multa.

Parágrafo único. Somente se procede mediante representação, e o juiz pode, conforme as circunstâncias, deixar de aplicar a pena.

Vide: **CP** arts. 20, *caput*, 23, I, 100, § 1°, 102, 103, 107, IV, IX, 120, 171, *caput*, VI, 181, 183; **CPP** arts. 5°, II, § 4°, 24, 25, 38, 39, 564, III, *a*, 569; **CC** arts. 644, 648, 649, 730, 742. Súmula: **STJ** 18.

176 OUTRAS FRAUDES

176.1 Sujeitos do delito

Trata-se de crime comum e qualquer pessoa que lese o ofendido nas circunstâncias elementares previstas no art. 176 pode cometer o crime.

Sujeito passivo é o lesado no patrimônio pela conduta do agente, bem como aquele que é iludido pelo agente.

176.2 Tipo objetivo

A primeira conduta típica prevista no art. 176 é a de tomar refeição em restaurante, o que inclui bares, cafés, lanchonetes, boates etc., sem dispor de recursos suficientes para efetuar o pagamento da despesa. A segunda ação típica é alojar-se em hotel (pensão, pensionato, motel, albergue ou qualquer tipo de habitação que aceite hóspede). Por fim, comete crime aquele que se utiliza de meio de transporte por qualquer veículo (ônibus, trem, táxi, barco etc.) nos casos em que o pagamento é feito após a viagem. A fraude dessa espécie de crime está em que o agente, com seu comportamento, induz a erro outra pessoa, apresentando-se como tendo condições de efetuar o pagamento devido. Não ocorre crime, portanto, quando o consumidor dispõe de numerário suficiente para o pagamento, mas se recusa fazê-lo por qualquer razão. A falta de recursos deve estar evidenciada, não podendo ser meramente presumida pela prática do comportamento do agente em esquivar-se ao pagamento. Também se exclui o crime quando se verificar o estado de necessidade (art. 23, I).

Jurisprudência

- Fraude caracterizada pelo silêncio
- Caracterização do crime
- Crime praticado em bar ou boate
- Necessidade da falta de recursos

176.3 Tipo subjetivo

O dolo é a vontade de praticar uma das ações referidas no tipo, sabendo o agente que não tem condições de arcar com o pagamento. Constitui-se em espécie de estelionato em que há o dolo preordenado de inadimplemento de obrigação. O erro exclui o tipo (art. 20, *caput*), mas o agente pode atuar com dolo eventual, assumindo o risco de efetuar despesas superiores a seu numerário.

Jurisprudência

- Inexistência de dolo
- Dolo na utilização de táxi

176.4 Consumação e tentativa

Consuma-se o crime com a prática da conduta, ainda que parcial. Trata-se de crime formal, e eventual ressarcimento posterior não exclui o delito. É possível, em tese, a tentativa.

176.5 Distinção

Caso o agente efetue o pagamento do serviço com cheque sem fundos, comete estelionato e não o crime previsto no art. 176, embora já se tenha decidido em sentido contrário. Também pode haver estelionato com o pagamento com cheque falso, sobre conta encerrada, furtado ou com cartão de crédito cancelado etc.

Jurisprudência

- Fraude do art. 176 do CP e não estelionato comum
- Pagamento com cheque sem fundos: estelionato
- Pagamento com cheque sem fundos: estelionato – Contra
- Estelionato e não o crime do art. 176 do CP

176.6 Ação penal

Trata o art. 176 de crime que se apura mediante ação penal pública condicionada à representação da vítima.

Jurisprudência

- Ação policial antes da representação

176.7 Perdão judicial

Possibilita a lei a concessão do perdão judicial pelo juiz, como faculdade deste, de acordo com as circunstâncias do fato.

Jurisprudência

- Ação penal dependente de representação e perdão judicial

Fraudes e abusos na fundação ou administração de sociedade por ações

Art. 177. Promover a fundação de sociedade por ações, fazendo, em prospecto ou em comunicação ao público ou à assembléia, afirmação falsa sobre a constituição da sociedade, ou ocultando fraudulentamente fato a ela relativo:

Pena – reclusão, de 1 (um) a 4 (quatro) anos, e multa, se o fato não constitui crime contra a economia popular.

§ 1º Incorrem na mesma pena, se o fato não constitui crime contra a economia popular:

I – o diretor, o gerente ou o fiscal de sociedade por ações, que, em prospecto, relatório, parecer, balanço ou comunicação ao público ou à assembléia, faz afirmação falsa sobre as condições econômicas da sociedade, ou oculta fraudulentamente, no todo ou em parte, fato a elas relativo;

II – o diretor, o gerente ou o fiscal que promove, por qualquer artifício, falsa cotação das ações ou de outros títulos da sociedade;

III – o diretor ou o gerente que toma empréstimo à sociedade ou usa, em proveito próprio ou de terceiro, dos bens ou haveres sociais, sem prévia autorização da assembléia geral;

IV – o diretor ou o gerente que compra ou vende, por conta da sociedade, ações por ela emitidas, salvo quando a lei o permite;

V – o diretor ou o gerente que, como garantia de crédito social, aceita em penhor ou em caução ações da própria sociedade;

VI – o diretor ou o gerente que, na falta de balanço, em desacordo com este, ou mediante balanço falso, distribui lucros ou dividendos fictícios;

VII – o diretor, o gerente ou o fiscal que, por interposta pessoa, ou conluiado com acionista, consegue a aprovação de conta ou parecer;

VIII – o liquidante, nos casos dos nos I, II, III, IV, V e VII;

IX – o representante da sociedade anônima estrangeira, autorizada a funcionar no País, que pratica os atos mencionados nos nos I e II, ou dá falsa informação ao Governo.

§ 2º Incorre na pena de detenção, de 6 (seis) meses a 2 (dois) anos, e multa, o acionista que, a fim de obter vantagem para si ou para outrem, negocia o voto nas deliberações de assembléia geral.

Vide: CC, arts. 1.088 a 1.092; **Lei nº 6.404**, de 15-12-1976 (dispõe sobre as sociedades por ações); **Lei nº 7.492**, de 16-6-1986 (define crimes contra o sistema financeiro nacional).

177 FRAUDES E ABUSOS NA ADMINISTRAÇÃO DE SOCIEDADES POR AÇÕES

177.1 Sujeitos do delito

Sujeito ativo do crime previsto no art. 177, *caput*, do CP é o fundador, ou seja, aquele que promove a constituição da sociedade por ações, sendo possível a coautoria.

177.2 Tipo objetivo

O crime só pode ocorrer na fase de formação da sociedade anônima ou sociedade por comandita por ações. A conduta é promover a fundação com fraude, induzindo ou mantendo em erro os interessados, sejam da assembleia ou do público em geral. Pode ela constar do prospecto ou de comunicação escrita ou oral, formal ou não. Se o fato constituir crime contra a economia popular, este absorve a fraude prevista no art. 177.

Jurisprudência

• Inexistência de prova de fraude

177.3 Tipo subjetivo

O dolo é a vontade de fazer a falsa afirmação ou calar a verdade sobre fato relevante durante a fase da constituição da sociedade. Exige-se o intuito de constituir a sociedade.

177.4 Consumação e tentativa

Consuma-se o crime com a afirmação falsa ou com a ocultação de fato relevante no momento em que deveria ser ele revelado aos interessados. Trata-se de crime formal, que independe de resultado lesivo; basta sua potencialidade, nada impedindo a tentativa.

177.5 Fraudes e abusos na administração da sociedade por ações

No § 1º do art. 177, a lei prevê vários tipos penais relacionados com fraudes e abusos na administração de sociedade por ações, com a mesma ressalva de o fato não constituir crime contra a economia popular.

São crimes próprios, só podendo ser praticados pelas pessoas qualificadas referidas em cada dispositivo (diretor, gerente, fiscal, liquidante etc.), nada impedindo a participação criminosa.

As condutas são as especificadas nos vários incisos: falsa informação ou ocultação de circunstâncias sobre as condições econômicas da sociedade (I); falsa cotação de ações (II); empréstimos ou uso indevido de bens ou haveres da sociedade (III); compra e venda de ações (IV); caucionamento de ações da sociedade (V); distribuição de lucros ou dividendos fictícios (VI); aprovação fraudulenta de conta ou parecer (VII); crimes que podem ser praticados pelo liquidante (VIII); e crime que pode ser praticado por representante de sociedade anônima estrangeira (IX). (A respeito, consulte MIRABETE, Julio Fabbrini e FABBRINI, Renato Nascimento. *Manual de Direito Penal*, v. 2, 38ª ed. Editora Foco, itens 15.17.1 a 15.17.11)

Jurisprudência

- Crime caracterizado
- Desnecessidade de prejuízo

177.6 Crime de acionista

Prevê a lei, ainda, o crime praticado por acionista que negocia o voto nas deliberações da assembleia geral, com o fim de obter vantagem para si ou para outrem. Refere-se à compra e venda de ações, podendo o crime ser praticado tanto pelo vendedor como pelo comprador.

177.7 Distinção

As infrações aos dispositivos legais referentes às entidades financeiras estão agora tipificadas na Lei nº 7.492, de 16-6-1986, que define os crimes contra o Sistema Financeiro Nacional.

Emissão irregular de conhecimento de depósito ou "warrant"

> **Art. 178.** Emitir conhecimento de depósito ou warrant, em desacordo com disposição legal:
>
> Pena – reclusão, de 1 (um) a 4 (quatro) anos, e multa.

> ***Vide:*** CP art. 168, 171; CC arts. 751, 753, § 4º, 1.447, parágrafo único; **Decreto nº 1.102**, de 21-11-1903, (dispõe sobre os armazéns gerais e a emissão de títulos relacionados às mercadorias depositadas); arts. 1º, 2º, 4º, 15, 20; **Lei nº 11.076**, de 30-12-2004, art. 14 (determina a punição nos termos do art. 178 do CP da emissão ilegal de Certificado de Depósito Agropecuário (CDA) ou de *Warrant* Agropecuário (WA).

178 EMISSÃO IRREGULAR DE CONHECIMENTO DE DEPÓSITO OU *WARRANT*

178.1 Sujeitos do delito

Embora em regra o crime seja praticado pelo depositário da mercadoria, o crime definido no art. 178 pode ser praticado por qualquer pessoa.

Sujeito passivo é o portador ou o endossatário dos títulos, ou seja, o adquirente de uma mercadoria onerada com o penhor constituído para garantia do portador do *warrant*.

178.2 Tipo objetivo

O objeto material do crime é o conhecimento de depósito e o *warrant*, títulos de crédito disciplinados pelo Decreto nº 1.102, de 21-11-1903, em parte modificado pela Lei Delegada nº 3, de 26-9-1962, que regulam os armazéns gerais e os títulos de sua emissão relacionados às mercadorias nele depositadas. Esses armazéns gerais têm por fim a guarda e conservação das mercadorias que podem ser negociadas por meio dos títulos. O conhecimento de depósito incorpora o direito de propriedade sobre mercadoria que representa; o *warrant* refere-se à posse, a título de penhor, sobre a mesma mercadoria. A posse de ambos garante ao possuidor a propriedade da mercadoria.

A conduta típica é emitir, por endosso, irregularmente, colocando-o em circulação, o título, cujos requisitos formais estão previstos no art. 15, § 1º, do Decreto nº 1.102. A emissão irregular pode dever-se à ilegalidade da empresa, à falta de autorização para emissão dos títulos, à não existência da mercadoria, à falta de requisitos formais etc. O fato pode constituir crime-meio para outro delito, sendo por ele absorvido.

A Lei nº 11.076, de 30-12-2004, que, entre outras disposições, instituiu o certificado de depósito agropecuário (CDA) e o *warrant* agropecuário (WA), prevê que incorre nas penas do art. 178 do Código Penal quem emitir qualquer desses títulos em desacordo com as prescrições legais.

Jurisprudência

- Caracterização do crime

178.3 Tipo subjetivo

O dolo do crime é a vontade de emitir os títulos, tendo o agente ciência de sua irregularidade. Admite-se a possibilidade de dolo eventual, mas não há forma culposa do crime.

178.4 Consumação e tentativa

Trata-se de crime formal e de perigo, consumando-se com a circulação dos títulos, independentemente de prejuízo efetivo.

A tentativa, segundo a doutrina, é impossível, pois ou o título foi endossado, entrando em circulação e o delito está consumado, ou não houve a transferência, ocorrendo apenas atos preparatórios.

Fraude à execução

Art. 179. Fraudar execução, alienando, desviando, destruindo ou danificando bens, ou simulando dívidas:

Pena – detenção, de 6 (seis) meses a 2 (dois) anos, ou multa.

Parágrafo único. Somente se procede mediante queixa.

Vide: **CP** arts. 100, §§ 2º a 4º, 103, 104, 107, IV, V, 171, § 2º, II, III; **CPP** arts. 5º, § 5º, 24, § 2º, 29 a 33, 36 a 38, 564, III, *a*, 569; **CC** arts. 166, III, VI, 167; **CPC** art. 240; **Lei nº 11.101**, de 9-2-2005 – Lei de Falências, arts. 168 a 178 (definem os crimes falimentares), 168 (fraude a credores), 172 (favorecimento de credores), 173 (desvio, ocultação ou apropriação de bens), 175 (habilitação ilegal de crédito).

179 FRAUDE À EXECUÇÃO

179.1 Sujeitos do delito

O sujeito ativo do crime previsto no art. 179 é o devedor que defrauda a execução com a prática de uma das condutas enumeradas na lei, nada impedindo o conluio com terceiro.

Sujeito passivo é o credor que, com o resultado da conduta, fica sem a garantia de seu crédito.

Jurisprudência

- Participação criminosa de terceiro

179.2 Tipo objetivo

Exige o crime, como pressuposto, que haja uma ação civil em fase de execução ou uma ação executiva. Segundo a jurisprudência, basta a existência de uma ação civil com a citação do devedor para o processo ou para a execução.

As condutas são as de *alienar* (transferir por venda, permuta, doação etc.), *desviar* (ocultar, dar destino diverso à coisa), *destruir* (aniquilar), *danificar* (causar dano) e *simular dívidas* (aumentando ficticiamente seu passivo). A enumeração das condutas típicas é taxativa, não ocorrendo o delito por outro meio. Constitui o crime do art. 179 a conduta de quem, após a penhora de seus bens, os aliena a terceiro, seja ou não o depositário da coisa.

Jurisprudência

- Pressuposto da citação para ação civil
- Pressuposto da citação em ação executiva
- Inexistência de fraude civil à execução
- Venda da coisa penhorada: crime caracterizado
- Desvio de bens antes da penhora: crime caracterizado
- Venda de bens após a citação sem prejuízo: inexistência de crime
- Inexistência de prova da titularidade do bem: inexistência de crime
- Condutas típicas: lei taxativa

179.3 Tipo subjetivo

O dolo é a vontade de praticar uma das condutas enumeradas na lei, ciente o agente de que há execução pendente. Pelo *nomen juris* do delito, é certo que o agente tenha o fim de frustrar a execução, não importando, porém, sua motivação.

179.4 Consumação e tentativa

Consuma-se o crime com a alienação, o desvio, a destruição, o dano à coisa ou a simulação da dívida, quando essas condutas venham em prejuízo potencial para o credor. Não há crime, portanto, se a ação praticada não afetar o patrimônio do devedor, que continua suficiente para a execução da dívida.

Não há dúvida quanto à possibilidade de tentativa, que se configura quando o agente não consuma a prática da conduta e não consegue, assim, fraudar a execução.

Jurisprudência

- Consumação com o efeito prejuízo

179.5 Distinção

A prática de uma das condutas antes do início da execução não configura o ilícito em apreço, mas, se a própria coisa objeto de uma ação de conhecimento for alienada etc., ocorrerá o crime de estelionato definido no art. 171, § 2°, inciso II, já que se trata de coisa *litigiosa*. O fato praticado no curso da execução que não se amolda ao tipo previsto no art. 179 pode caracterizar o crime de fraude processual (art. 347). Caso a conduta seja praticada por empresário e ocorre a falência ou a concessão da recuperação judicial ou a homologação do plano de recuperação extrajudicial o fato pode configurar um dos crimes previstos nos arts. 168 a 178 da Lei de Falências (Lei nº 11.101, de 9-2-2005), que prevê a existência de uma dessas sentenças como condição objetiva de punibilidade (art. 180).

Jurisprudência

- Fraude à execução e não falsidade material
- Fraude à execução e não fraude processual
- Fraude processual e não fraude à execução
- Fraude à execução e não exercício arbitrário das próprias razões especial

179.6 Ação penal

O crime de fraude à execução é apurado mediante ação penal privada. Tratando-se de execução promovida pelo Poder Público, a ação penal é pública incondicionada diante do disposto no art. 24, § 2°, do CPP, em redação dada pela Lei nº 8.699, de 27-8-1993.

Jurisprudência

- Ação penal privada no crime de fraude à execução
- Decadência na ação privada por fraude à execução

CAPÍTULO VII
DA RECEPTAÇÃO

Receptação

Art. 180. Adquirir, receber, transportar, conduzir ou ocultar, em proveito próprio ou alheio, coisa que sabe ser produto de crime, ou influir para que terceiro, de boa-fé, a adquira, receba ou oculte:

Pena – reclusão, de 1 (um) a 4 (quatro) anos, e multa.*

Receptação qualificada

§ 1º Adquirir, receber, transportar, conduzir, ocultar, ter em depósito, desmontar, montar, remontar, vender, expor à venda, ou de qualquer forma utilizar, em proveito próprio ou alheio, no exercício de atividade comercial ou industrial, coisa que deve saber ser produto de crime:

Pena – reclusão, de 3 (três) a 8 (oito) anos, e multa.

§ 2º Equipara-se à atividade comercial, para efeito do parágrafo anterior, qualquer forma de comércio irregular ou clandestino, inclusive o exercido em residência.

§ 3º Adquirir ou receber coisa que, por sua natureza ou pela desproporção entre o valor e o preço, ou pela condição de quem a oferece, deve presumir-se obtida por meio criminoso:

Pena – detenção, de 1 (um) mês a 1 (um) ano, ou multa, ou ambas as penas.

§ 4º A receptação é punível, ainda que desconhecido ou isento de pena o autor do crime de que proveio a coisa.

§ 5º Na hipótese do § 3º, se o criminoso é primário, pode o juiz, tendo em consideração as circunstâncias, deixar de aplicar a pena. Na receptação dolosa aplica-se o disposto no § 2º do art. 155.

§ 6º Tratando-se de bens do patrimônio da União, de Estado, do Distrito Federal, de Município, ou de autarquia, fundação pública, empresa pública, sociedade de economia mista ou empresa concessionária de serviços públicos, aplica-se em dobro a pena prevista no *caput* deste artigo.**

* Artigo e §§ alterados pela Lei nº 9.426, de 24-12-1996.

** Redação alterada pela Lei nº 13.531, de 7-12-2017.

Vide: CF art. 109, IV; CP arts. 16, 26, 27, 107, IX, 108, 120, 155, § 2º, 180-A, 181, 184, §§ 2º e 4º, 311, 334, § 1º, III, IV, 349; CPP art. 303; Lei nº **9.279**, de 14-5-1996, arts. 183 a 195 (definem crimes contra a propriedade industrial); **Lei nº 9.613**, de 3-3-1998, art. 1º, § 1º, II (tipifica como crime de *lavagem* condutas que visam ocultar ou dissimular a utilização de bens, direitos ou valores provenientes de infração penal); **Lei nº 9.609**, de 19-2-1998, art. 12, § 2º (tipifica condutas relativas à comercialização de programa de computador produzido com violação de direito autoral);. Súmula: **STJ 18**.

180 RECEPTAÇÃO

180.1 Sujeitos do delito

A receptação é crime comum, podendo ser praticado por qualquer pessoa. O autor, coautor ou partícipe do crime antecedente, entretanto, responde apenas por este e não pelo crime acessório.

Sujeito passivo da receptação é o proprietário da coisa que foi objeto do crime antecedente.

Jurisprudência

- **Inadmissibilidade de condenação do autor do crime antecedente**

180.2 Tipo objetivo

A receptação tem por pressuposto indispensável a prática de um crime anterior, tratando-se, pois, de crime acessório ou parasitário. Não exige a lei que o principal seja crime contra o patrimônio e nem que haja inquérito policial, ação penal e muito menos sentença que ateste a ocorrência do crime antecedente, mas apenas sua comprovação nos autos. Por expressa disposição da lei, é irrelevante que o autor do crime antecedente seja desconhecido ou isento de pena ou que tenha havido absolvição do imputado.

Prevê a lei várias condutas típicas, distinguindo-se os casos de receptação própria e imprópria. No primeiro, conforme a nova redação dada ao dispositivo, são elas: *adquirir* (por compra, dação em pagamento, permuta, doação etc.); *receber* (tomar a coisa sem o intuito de apropriar-se dela); *transportar* (levar, transferir ou carregar a coisa de um lugar para outro); *conduzir* (dirigir, guiar um veículo); *ocultar* (esconder, colocar em lugar em que não se pode encontrar a coisa). Nas hipóteses de transportar, conduzir e ocultar, há crime permanente.

Na receptação imprópria, o agente influi para que terceiro, de boa-fé, adquira, receba ou oculte a coisa, ou seja, convence, estimula, induz alguém com esse fim. Caso o adquirente esteja de má-fé, não se configura o crime de receptação para o agente que o influencia, mas o de favorecimento real (art. 349).

O objeto material da receptação é a coisa produto de crime, discutindo-se se é possível a receptação de coisa imóvel, não aceitando a hipótese o Supremo Tribunal Federal, apesar de não fazer a lei a distinção. Referindo-se a lei ao produto do crime, a receptação não fica excluída pela simples transformação da coisa em outra após o crime antecedente.

Jurisprudência

- Irrelevância da isenção de pena do autor do crime anterior
- Receptação de coisa de uso exclusivo de estabelecimentos comerciais
- Receptação por posse de bem subtraído: inversão do ônus da prova
- Receptação pela posse de veículo ciente da origem ilícita
- Receptação pela condução de veículo furtado
- Receptação por aquisição por preço bem abaixo do real
- Receptação de papéis sem valor econômico: inexistência de crime
- Recebimento da coisa como garantia de dívida
- Receptação com aquisição da coisa por permuta com entorpecente
- Crime permanente na ocultação do produto de ilícito anterior
- Contra: ausência de valor econômico
- Inadmissibilidade de receptação de coisa imóvel
- Inexistência de crime: não-comprovação da origem ilícita
- Inexistência de receptação sem lesão patrimonial
- Necessidade de prova do crime antecedente
- Irrelevância da espécie do crime antecedente
- Irrelevância do desconhecimento da autoria do crime anterior
- Irrelevância da ausência de prejuízo no crime antecedente
- Irrelevância do desfecho do processo pelo crime anterior
- Irrelevância da imunidade penal do autor do crime anterior
- Taxatividade das ações típicas
- Receptação pela aquisição de gado furtado
- Receptação pela aquisição de coisa encontrada
- Receptação por aquisição de veículo
- Receptação por aquisição de veículo sem documentação
- Receptação por desmanche de veículo e venda de peças
- Receptação pela posse de veículo adulterado
- Receptação pela posse de veículo com placa adulterada
- Receptação pela posse de veículo com placa adulterada e utilizado em roubo
- Receptação de peças de veículos
- Receptação pela condução de veículo furtado
- Receptação por recebimento de coisa produto de crime
- Recebimento da coisa para custódia
- Receptação pela guarda da coisa produto de crime
- Receptação pela guarda da coisa produto de crime – Contra
- Recepção pela aquisição de arma
- Receptação pelo porte de arma produto de furto
- Receptação por ocultação de coisa produto de crime
- Receptação por ocultação após o recebimento de boa-fé
- Receptação pelo depósito de coisa de origem ilícita
- Inexistência de receptação na transmissão de terceiro de boa-fé
- Inexistência de receptação no recebimento para devolver a coisa
- Influência para a aquisição por terceiro de má-fé
- Receptação de talão de cheques
- Receptação na locação de fitas de videocassete "piratas"
- Irrelevância da insignificância do bem recebido

180.3 Tipo subjetivo

O dolo do crime de receptação própria é a vontade de adquirir, receber, transportar, conduzir ou ocultar a coisa, ou a de influir para que terceiro o faça. Exige-se, porém, que o agente saiba que se trata de coisa produto de crime. Não basta, pois, a dúvida quanto à origem da coisa, própria do dolo eventual, o que caracteriza, nos termos legais, a receptação culposa. A ciência após a aquisição ou recebimento da coisa não caracteriza o crime; o dolo deve ser contemporâneo à conduta.

É indispensável, também, para a caracterização da receptação dolosa, o elemento subjetivo do tipo consistente no fim de obter proveito próprio ou em favor de terceiro, pois, caso contrário, o crime pode ter outra tipificação.

No crime de receptação imprópria, o dolo é a vontade de influir para que terceiro, de boa-fé, adquira ou oculte a coisa produto de crime, tendo o agente conhecimento dessa circunstância. Não há forma culposa dessa modalidade de ilícito.

Jurisprudência

- Prova da ciência da origem criminosa da coisa por indícios
- Indícios insuficientes sobre a ciência da origem criminosa da coisa
- Exigência do dolo direto
- Necessidade de prévia ciência da origem criminosa da coisa
- Prova da ciência da origem criminosa da coisa por indícios
- Prova da ciência da origem criminosa pelas circunstâncias
- Indícios resultantes da conduta do agente
- Suficiência de indícios não contestados

- Dolo específico na receptação
- Dúvida quanto à origem da coisa: desclassificação
- Inexistência de dolo pela ocultação por medo de complicações
- Insuficiência da ciência posterior ao fato
- Insuficiência da ciência posterior ao fato – Contra
- Necessidade do fim de proveito próprio ou alheio
- Inexistência do crime pela ausência de dolo na mediação
- Inexistência de receptação na mediação culposa

180.4 Consumação e tentativa

A consumação do crime ocorre quando o agente pratica uma das condutas inscritas na lei: aquisição, recebimento, transporte, condução, ocultação. Nas modalidades de aquisição e recebimento, há crime instantâneo; nas de transporte, condução e ocultação, o crime é permanente. Na receptação imprópria, a consumação opera-se, segundo a doutrina, com o procedimento de influir, ainda que sem efeito, bastando que se trate de ato idôneo. A comparação com outros tipos penais (arts. 122, 173, 174, 227 etc.), porém, indica que é necessário que o terceiro pratique o ato a que foi induzido, ou seja, adquira, receba ou oculte a coisa; só assim estará consumado o crime de receptação.

A tentativa, conforme a conduta, é possível.

Jurisprudência

- Receptação como crime instantâneo
- Consumação do crime de receptação imprópria
- Consumação do crime de receptação imprópria – Contra

- Admissibilidade de tentativa
- Configuração de tentativa de receptação
- Inexistência de tentativa: meros atos preparatórios

180.5 Distinção

Se o objeto material do delito é semovente de produção ou comercialização, o crime é o de receptação de animal (art. 180-A). Caso o crime antecedente seja contrabando, o agente responderá, conforme sua conduta, por crime previsto no art. 334-A, § 1º, V, do CP. Embora íntima a afinidade entre a receptação e o favorecimento real, distinguem-se os crimes porque aquela é dirigida contra o patrimônio alheio, ao passo que este é perpetrado contra a Administração Pública, e consiste em prestar, o agente, auxílio ao criminoso, permitindo-lhe tirar proveito do delito praticado. Enquanto na receptação o agente visa interesse patrimonial próprio ou alheio, no favorecimento real age em proveito exclusivo do autor do crime antecedente. Caso o agente instigue outrem a subtração, responde por furto e não por receptação. Se o objeto material é o original ou cópia de obra intelectual ou fonograma reproduzidos ilegalmente com o intuito de lucro, com violação de direito autoral (crime antecedente), pode-se configurar o crime previsto no art. 184, § 2º. Na mesma hipótese, ausente o intuito de lucro na reprodução de um único exemplar para uso privado, o fato é atípico (art. 184, §§ 2º e 4º). Tratando-se de produto de crime de violação de direito de autor de programa de computador, pode ocorrer crime descrito no art. 12, § 2º, da Lei nº 9.609, de 19-12-1998, e se produto de crime contra a propriedade industrial um dos previstos na Lei nº 9.279, de 14-5-1996.

Adquirir, receber, guardar ou ter em depósito bens, direitos ou valores provenientes da prática de infração penal pode configurar o crime de "lavagem" previsto na Lei nº 9.613, de 3-3-1998, com a redação dada pela Lei nº 12.683, de 9-7-2012 (art. 1º, § 1º, II). Configura-se o delito previsto na lei especial e não o de receptação se a conduta é praticada com o fim de "ocultar ou dissimular" a utilização desses bens ou valores provenientes da prática de anterior infração penal. Ausente essa finalidade específica, o crime é o de receptação.

Jurisprudência

- Receptação culposa e não dolosa
- Roubo e não receptação
- Inadmissibilidade de condenação por roubo e receptação
- Receptação e não lavagem de dinheiro
- Receptação dolosa e não culposa
- Distinção entre receptação e favorecimento real
- Receptação e não favorecimento real
- Favorecimento real e não receptação
- Receptação e não violação de direito autoral
- Receptação e não furto
- Furto e não receptação
- Furto e não receptação – Contra

180.6 Concurso de crimes

Na aquisição única de objetos produtos de vários crimes, ocorre um único crime de receptação, e nas diversas ações de obtenção de coisas produtos de um ou vários crimes, há continuidade delitiva. A venda da coisa objeto de receptação não configura o crime de estelionato, mas simples *post factum* não punível. Nada impede o concurso de crimes de receptação e de associação criminosa (art. 288). Tratando-se de receptação de veículo automotor, o agente que posteriormente adultera ou remarca sinal identificador responderá também pelo crime previsto no art. 311, em concurso material.

Jurisprudência

- Concurso material com estelionato
- Absorção da receptação pelo crime de falsidade
- Concurso material com o crime de quadrilha ou bando
- Concurso material com o crime de porte ilegal de arma de fogo
- Concurso material com posse de munição
- Venda posterior da coisa: pós fato não punível
- Absorção da receptação pelo estelionato
- Inexistência de absorção da receptação pelo estelionato
- Concurso formal e não concurso material: gravidade da pena
- Inexistência de continuidade entre receptação dolosa e receptação culposa

180.7 Receptação qualificada na atividade comercial ou industrial

Nas hipóteses previstas no vigente § 1º do art. 180, há crime próprio, pois o sujeito ativo deve ser comerciante ou industrial. Entretanto, não se exige um ato de comércio legal, regular, pois a própria lei prevê, no § 2º do mesmo artigo, que está equiparada qualquer forma de comércio irregular ou clandestino, inclusive o exercício em residência. Não se dispensa, porém, a exigência de que, para a caracterização do crime qualificado, haja continuidade ou habitualidade na atividade comercial por parte do sujeito ativo, não bastando ato único, isolado.

Além das ações inscritas no *caput*, acrescentou a lei no crime qualificado as de *ter em depósito* (guardar em lugar seguro, ter em estoque ou reter em nome próprio ou de outra pessoa), *desmontar* (desencaixar, separar peças de um todo), *montar* (armar, encaixar peças, aprontar para funcionar), *remontar* (montar o que foi desmontado, remendar, consertar, reparar, acrescentar ou substituir peças), *vender* (transferir a propriedade tendo como contraprestação o preço), *expor a venda* (exibir, mostrar para venda) e de qualquer forma *utilizar* (fazer uso, usar, valer-se, empregar com utilidade, aproveitar, ganhar, lucrar). As novas condutas típicas visam coibir, principalmente, a comercialização ilícita de veículos (item 180.2).

O tipo subjetivo é o dolo, ou seja, a vontade dirigida à prática de uma das condutas registradas no tipo. É indispensável, porém, o elemento subjetivo do tipo registrado na expressão "deve saber ser produto de crime", que não significa a necessidade de que o agente "saiba" dessa circunstância, caso contrário, a lei teria repetido a expressão contida no *caput* do art. 180, nem a mera culpa, por se tratar de crime doloso. Assim, basta para a caracterização do ilícito a comprovação de que o agente, em decorrência das circunstâncias do fato, tinha todas as condições para saber da procedência ilícita da *res* adquirida, recebida etc. Assim, se não agiu na certeza, ao menos tinha ele dúvida a respeito dessa circunstância. A expressão trata, a rigor, de uma regra probatória, de uma presunção legal, de que o agente, diante das circunstâncias do fato, não poderia desconhecer completamente a origem espúria da coisa. Não se podendo concluir que a expressão utilizada na lei venha a significar mera culpa em sentido estrito, pois a cominação da pena seria mais severa do que a receptação dolosa prevista no *caput* do artigo, a condenação por dolo na hipótese da dúvida sobre a origem da coisa, não ocorrente no tipo básico do *caput*, se justifica pela qualidade do agente, de ser comerciante ou industrial e portanto mais afeito a negócios.

Reza o artigo que o crime ocorre não só quando o agente atua em proveito próprio, mas também quando o faz em favor de terceiro.

Jurisprudência

- Inexistência de ofensa ao princípio da proporcionalidade na qualificadora
- Inexistência da qualificadora: comerciante de fato
- Abrangência do dolo direto e indireto na receptação qualificada
- Receptação qualificada: redução da pena
- Crime próprio
- Crime praticado na atividade comercial
- Crime praticado fora da atividade comercial: qualificadora não caracterizada
- Caracterização do crime qualificado
- Desclassificação para a forma simples ante a presença do dolo direito

180.8 Receptação culposa

No § 3º do art. 180, prevê a lei a figura da receptação culposa: adquirir ou receber a coisa produto do crime anterior, que, como no crime doloso, pode ser qualquer ilícito penal, exceto contravenção.

Há culpa quando o sujeito ativo, por certos indícios, tem dúvida quanto à origem legítima da coisa, mas, ainda assim, a adquire ou recebe. Indica a lei três elementos que podem conduzir o agente a essa situação: a natureza da coisa; a desproporção entre o valor e o preço; e a condição de quem oferece a *res*. Pela natureza da coisa é possível presumir-se sua origem ilícita (relíquias históricas conhecidas, objetos que levam gravado o nome do proprietário etc.). A mais importante circunstância é a desproporção entre o valor real da coisa e o preço pelo qual é ela alienada. Ocorre o crime também quando se deve suspeitar da origem da coisa diante da condição de quem a oferece (crianças, mendigos etc.). Os pressupostos não são cumulativos; basta estar presente um dos requisitos previstos na lei para que possa ser reconhecida a culpa em sentido estrito.

Os indícios referidos na lei, porém, têm um valor relativo, devendo ser apreciado o fato no conjunto de seus elementos para que se possa afirmar que, no caso, diante das condições do negócio, o sujeito devia presumir ser a coisa produto de crime.

Consuma-se o crime de receptação culposa com a aquisição ou recebimento. Como tais ações são unissubsistentes, infracionáveis, não é possível falar-se em tentativa. A devolução da coisa ou o ressarcimento do dano não exclui o crime, mas, se anteceder à denúncia, caracteriza causa de diminuição de pena (art. 16 do CP).

Jurisprudência

- Impossibilidade de desclassificação de receptação dolosa para culposa
- Inexistência do crime na autorização para a venda da coisa
- Culpa como fundamento do crime
- Suficiência de um dos requisitos
- Desproporção entre o valor e o preço
- Aquisição por preço baixo de pessoa desconhecida
- Aquisição de coisa de menor infrator
- Aquisição de coisa de menor de 10 anos
- Aquisição de ouro e joias de pessoa desconhecida
- Aquisição de arma de desconhecido sem documentos
- Recebimento da coisa como garantia de dívida
- Valor da coisa: indício insuficiente para o reconhecimento da receptação culposa
- Venda de coisas usadas por preço menor: insuficiência para o reconhecimento de receptação culposa
- Venda por menor: indício insuficiente para o reconhecimento da receptação culposa
- Requisitos não comprovados
- Irrelevância do ressarcimento do dano anterior à denúncia
- Ressarcimento como exclusão da culpa
- Ressarcimento como mera atenuante

180.9 Perdão judicial

Em se tratando de receptação culposa, se o criminoso é primário, pode o juiz, de acordo com as circunstâncias do fato, deixar de aplicar a pena. Tem-se considerado que se exige que haja culpa levíssima e que a coisa tenha valor irrisório, mas não é essa a vontade da lei, que se contenta com a pouca gravidade do fato.

Jurisprudência

- Necessidade de reconhecimento da prática do crime culposo
- Circunstâncias para a concessão do benefício
- Exigência de bons antecedentes
- Inexigência de valor reduzido
- Inexigência de valor reduzido – Contra

180.10 Receptação de pequeno valor

Na receptação dolosa, tanto a prevista no *caput*, como no § 1º, cabe o disposto no art. 155, § 2º, do CP, podendo ser substituída ou reduzida a pena (de um a dois terços) ou ser ela apenas a multa. A referência quanto ao pequeno valor da coisa é também a de se fixar o salário-mínimo como limite para o reconhecimento do privilégio.

Jurisprudência

- Admissibilidade da aplicação do princípio da insignificância no crime de receptação
- Não aplicação do princípio da insignificância
- Existência de receptação privilegiada
- Inexistência do privilégio
- Inadmissibilidade do privilégio em receptação de veículo.

180.11 Receptação qualificada pelo objeto material

Na receptação prevista no *caput*, diante da natureza do bem jurídico ofendido, que interessa a toda a coletividade, a lei é mais rigorosa, aplicando-se a pena em dobro quando o crime é praticado contra bens ou instalações do patrimônio da União, de Estado, do Distrito Federal, de Município, de autarquia, fundação pública, empresa pública, sociedade de economia mista ou de empresa concessionária de serviços públicos.

Receptação de animal

Art. 180-A Adquirir, receber, transportar, conduzir, ocultar, ter em depósito ou vender, com a finalidade de produção ou de comercialização, semovente domesticável de produção, ainda que abatido ou dividido em partes, que deve saber ser produto de crime:

Pena – reclusão, de 2 (dois) a 5 (cinco) anos, e multa.*

*Artigo inserido pela Lei nº 13.330, de 2-8-2016.

Vide: CP arts. 155, § 6º, 180.

180-A RECEPTAÇÃO DE ANIMAL

180-A.1 Sujeitos do delito

O crime de receptação de animal também é crime comum, podendo ser praticado por qualquer pessoa. Não se exige para a configuração do crime que o sujeito ativo seja comerciante ou industrial ou pratique habitualmente atos de comércio, diversamente do que se verifica na receptação qualificada (art. 180, § 1º). É suficiente que, por ocasião do crime, aja com a finalidade de produção ou comercialização.

Sujeito passivo do crime é o proprietário do animal que foi objeto do furto ou de outro crime antecedente.

180-A.2 Tipo objetivo

O art. 180-A foi inserido pela Lei nº 13.330, de 2-8-2016, que também inseriu o § 6º do art. 155, que qualifica o furto de animal (item 155. 21). Diferentemente do furto, a receptação de animal está descrita em tipo autônomo. Trata-se, ainda, de crime acessório que se caracteriza quando o objeto material é produto de crime antecedente. Igualmente ao que se verifica no crime de receptação, para a configuração do crime e a punição do agente de receptação de animal, é desnecessária existência de sentença, processo ou mesmo inquérito policial destinado à apuração do crime antecedente, mostrando-se suficiente a prova de sua ocorrência. O crime antecedente pode ser de furto, qualificado (§ 6º) ou não, roubo, apropriação indébita ou qualquer outro delito, excluídas as contravenções, por se referir a lei ao potencial conhecimento do sujeito ativo de ser o animal produto de "crime".

As ações típicas são as de *adquirir, receber, transportar, conduzir, ocultar, ter em depósito* e *vender,* que também são descritas no crime de receptação (item 180.2). Conduzir, na receptação de animal, refere-se, porém, à ação de puxar, empurrar ou guiar o movimento do animal, levando-o para outro local. Tratando-se de crime de ação múltipla, responde por crime único quem pratica mais de uma conduta. Influir para que terceiro de boa-fé adquira, receba ou oculte o animal não é ação descrita no tipo. Aquele, porém, que, agindo dolosamente e com o fim de proveito econômico, sem ter participado do crime antecedente, intermedeia a venda do animal realizada pelo autor da receptação a terceiro de boa-fé, responde pelo delito em concurso de agentes.

O objeto material do delito é o "semovente domesticável de produção" (item 155.21). Cuida-se dos animais passíveis de serem reproduzidos, criados e mantidos mediante intervenção controladora do homem com finalidade de exploração econômica, geralmente o abate e posterior comercialização da carne. Estão abrangidos os animais de rebanho, como bovinos, equinos, suínos, caprinos etc., as criações de aves, como galinhas e avestruzes, e outros animais, desde que domesticáveis. Os animais selvagens, que vivem livremente em um ecossistema natural, ainda que em área particular, não estão incluídos. Os animais domésticos de estimação, como cães, gatos e aves, somente podem ser objeto do delito se subtraídos de quem os reproduz ou mantém com o fim de serem comercializados, como se verifica em canis ou criadouros. Além do animal vivo, o abatido, bem como suas partes podem ser objeto material do crime. Diversamente do que se verifica no furto qualificado, o local e o momento em que ocorrem o abate e divisão do animal são circunstâncias irrelevantes para a configuração do delito de receptação de animal.

180-A.3 Tipo subjetivo

A receptação de animal é crime doloso. O dolo consiste na vontade de praticar uma das ações descritas no artigo (adquirir, receber, transportar, conduzir, ocultar, ter em depósito ou vender). Exige-se, porém, também a presença de elementos subjetivos do tipo. Deve o agente saber que o animal é produto de crime, o que não se confunde com a necessidade de ter ele conhecimento exato de sua procedência, ou, ao menos, deve possuir, em decorrência das circunstâncias do fato concreto, as condições de saber de sua origem ilícita.

Ainda como elemento integrante do tipo subjetivo, prevê-se um especial fim de agir, consistente na intenção de subsequente produção ou comercialização. Configura-se o ilícito descrito no art. 180-A se o agente atua com o objetivo de dele tirar proveito econômico, mediante o início de uma criação, sua incorporação a rebanho preexistente, sua imediata ou futura comercialização, no todo ou em partes. Descaracteriza-se o crime de receptação de animal na ausência do elemento subjetivo, como nas hipóteses de destinar-se o animal ao próprio consumo do agente ou de pretender este apenas causar prejuízo ao proprietário. A finalidade de produção ou comercialização prevista no dispositivo não se confunde com a circunstância descrita no crime de receptação qualificada prevista no art. 180, § 1°, em que se menciona o exercício de atividade comercial ou industrial, cuja caracterização depende da habitualidade, inclusive em comércio irregular ou clandestino. Essa habitualidade não é exigida para a configuração do crime de receptação de animal.

180-A.4 Consumação e tentativa

A consumação do crime de receptação de animal ocorre com a prática de uma das condutas descritas no tipo. Na hipótese de mais de uma ação típica, responde o agente por um único delito. A tentativa é admissível.

180-A.5 Distinção

Distingue-se a receptação de animal da receptação (art. 180, *caput*) pelo objeto material do delito que, no primeiro, é, necessariamente, o semovente domesticável de produção, bem como pelos elementos subjetivos. Enquanto na receptação, em seu tipo fundamental, o agente sabe ser o bem produto do crime, não bastando o dolo eventual, na receptação de animal é suficiente que, dadas as circunstâncias do fato, não poderia ele desconhecer a sua origem ilícita. Enquanto no primeiro crime exige-se que atue o agente em proveito próprio ou alheio, na receptação de animal é imperiosa a finalidade de produção ou comercialização.

Distingue-se, também, a receptação de animal da receptação culposa. Embora a má redação do dispositivo propicie novos motivos para divergências de interpretação, que já existiam com relação os crimes previstos nos arts. 180, § 1°, e 180, § 3°, deve-se adotar o critério de diferenciação anteriormente estabelecido entre os elementos subjetivos desses delitos. O agente responde por receptação culposa e não por receptação de animal somente se, não estando presentes todas as condições pelas quais devia saber de sua procedência ilícita, há circunstâncias que lhe ensejam dúvida.

Enquanto na receptação qualificada (art. 180, § 1°) a conduta deve ser praticada no exercício de atividade comercial ou industrial, ainda que clandestina, pressupondo-se a habitualidade dessas práticas, no crime descrito no art. 180-A é dispensável, exigindo-se no dispositivo somente que o agente atue com o especial fim de agir. É irrelevante, portanto, para sua configuração, que o agente efetivamente se dedique, antes ou depois da infração, à produção ou comercialização de animais ou de suas partes. Possivelmente por vacilo do legislador, cominaram-se penas mais brandas para a receptação de animal do que para a receptação qualificada. Se não há dúvida quanto à especialidade da receptação de animal em relação à receptação, por outro lado, a única possibilidade de sua compatibilização com a "receptação qualificada", que é descrita em tipo autônomo, exige que, diante da *mens legis*, da subsunção dos elementos do tipo previsto no art. 180-A aos do art. 180, § 1°, de âmbito maior, e da mais severa punição por esta prevista, se reconheça, pelo princípio da consunção, a prevalência dessa última norma.

180-A.6 Concurso

Como também se verifica no crime de receptação (art. 180, *caput*), pratica uma única receptação de animal o agente que, por conduta única, recebe, adquire, transporta etc. diversos animais produtos de um ou mais crimes anteriores. A prática de diversas condutas pode configurar crime continuado ou concurso material de infrações. É possível o concurso material entre o delito de receptação de animal e o de associação criminosa (art. 288) na hipótese de vincular-se o agente de forma estável aos autores dos crimes antecedentes, como de furto ou roubo.

CAPÍTULO VIII
DISPOSIÇÕES GERAIS

Art. 181. É isento de pena quem comete qualquer dos crimes previstos neste Título, em prejuízo:

I – do cônjuge, na constância da sociedade conjugal;

II – de ascendente ou descendente, seja o parentesco legítimo ou ilegítimo, seja civil ou natural.

Vide: CF arts. 226, §§ 3º e 6º, 227, § 6º; CP arts. 155 a 180, 182, 183; CC arts. 1.571, II, III, IV, 1.596, 1.723.

181 IMUNIDADE ABSOLUTA NOS CRIMES CONTRA O PATRIMÔNIO

181.1 Conceito de imunidade absoluta

Prevê a lei no Capítulo VIII do Título II da Parte Especial, como medida de política criminal, as imunidades absolutas e relativas nos crimes contra o patrimônio, denominadas, as primeiras, de casos de isenção de pena ou, equivocadamente, de *escusas absolutórias*. A imunidade absoluta caracteriza-se pela isenção de pena, de modo que não pode ser instaurado inquérito policial e muito menos ação penal contra o beneficiário, por falta de interesse de agir, vez que não é possível a imposição de pena. Há antijuridicidade e culpabilidade do fato, mas não é aplicável a sanção penal. Não havendo interesse de agir e, portanto, uma das condições da ação, o processo deve ser declarado nulo *ab initio*. Já se declarou, entretanto, a extinção da punibilidade em caso que tal.

Trata-se de isenção de pena obrigatória e não facultativa, que exclui qualquer sanção penal (pena ou medida de segurança) ou efeito de condenação (registro no rol dos culpados, perda do bem etc.). A conduta é ilícita, mas não cabe a aplicação da sanção nos crimes contra o patrimônio, excluídos os delitos de roubo ou extorsão, ou, em geral, quando haja no fato emprego de grave ameaça ou violência à pessoa (art. 183, inciso I), bem como no caso dos estranhos que participam do crime (art. 183, inciso II) e na hipótese de ter a vítima idade igual ou superior a 60 anos (inciso III).

Jurisprudência

- Contra: necessidade de esclarecimentos com relação às vítimas
- Competência do Tribunal do Júri para reconhecimento de escusa absolutória em crime patrimonial conexo com o de homicídio

- Antijuridicidade do fato e isenção de pena
- Inadmissibilidade de instauração de inquérito policial
- Inadmissibilidade da propositura de ação penal
- Sentença declaratória de extinção da punibilidade

181.2 Imunidade penal do cônjuge

Em primeiro lugar, a lei refere-se ao crime praticado em prejuízo de cônjuge, na constância da sociedade conjugal. A imunidade ocorre qualquer que seja o regime de bens do casamento, quando praticado o crime por um cônjuge contra outro. Referindo-se a lei a cônjuges, não se tem admitido a imunidade nos casos de concubinatos, mas deve-se tê-la como presente no caso de união estável, reconhecida lícita por lei, que estabelece direitos e obrigações patrimoniais praticamente idênticas ao matrimônio (arts. 1.723 ss do CC). Tal orientação ainda não é tomada por nossos tribunais. Desaparece a imunidade, entretanto, nos casos de separação judicial, divórcio, nulidade reconhecida ou anulação do casamento, mas os crimes praticados quando da constância da sociedade conjugal estão cobertos pela imunidade. A mera separação de fato não exclui a aplicação do disposto no art. 181, I, do CP.

Embora a lei se refira expressamente à imunidade apenas ao título referente aos crimes contra o patrimônio (arts. 155 a 180 do CP), já se decidiu pela aplicação do art. 181 a ilícito que, não estando inserido naquele título, envolvia questão patrimonial.

Jurisprudência

- Esposa como sujeito passivo do crime
- Inexistência da imunidade entre concubinos
- Inexistência da imunidade no crime anterior ao casamento
- Imunidade em crime previsto no art. 305 do CP
- Imunidade absoluta no crime de dano contra cônjuge
- Existência de imunidade no crime de dano contra familiares
- Inexistência da imunidade em caso de relacionamento sexual eventual
- Crime cometido após separação de fato do casal
- Crime cometido após a separação judicial
- Inexistência de imunidade
- Inexistência de imunidade no crime contra primo

181.3 Imunidade penal de ascendente e descendente

Também detêm a imunidade absoluta os parentes em linha reta, ou seja, os ascendentes (pais, mães, avós etc.) e os descendentes (filhos, netos, bisnetos etc.). Refere-se a lei ao parentesco legítimo, ilegítimo, natural ou civil. Entretanto, agora, os filhos havidos ou não da relação de casamento ou por adoção têm os mesmos direitos e qualificações, proibidas quaisquer designações discriminatórias relativas à filiação (art. 227, § 6º, da CF e art. 1.596 do CC), vale dizer, em todos os casos haverá imunidade. Tratando a lei, porém, de rol taxativo, não estão incluídos na imunidade os parentes por afinidade (sogro, sogra, genro, nora etc.).

Jurisprudência

- Inexistência de imunidade no parentesco por afinidade
- Imunidade absoluta em crime contra ascendente
- Impossibilidade de perdão judicial
- Inexistência de imunidade: uma vítima que não é ascendente

Art. 182. Somente se procede mediante representação, se o crime previsto neste Título é cometido em prejuízo:

I – do cônjuge desquitado ou judicialmente separado;

II – de irmão, legítimo ou ilegítimo;

III – de tio ou sobrinho, com que o agente coabita.

Vide: CF art. 226, §§ 3º e 6º; CP arts. 100, § 1º, 102, 103, 107, IV, 155 a 180, 181, 183; CPP arts. 5º, II, § 4º, 24, 25, 38, 39, 564, III, *a*, 569; CC arts. 1.571, II, III, IV, 1.596, 1.723.

182 IMUNIDADE PENAL RELATIVA NOS CRIMES CONTRA O PATRIMÔNIO

182.1 Conceito de imunidade penal relativa

Prevê o art. 182 casos de imunidade relativa ou processual consistente na necessidade de uma condição de procedibilidade, ou seja, de representação para a instauração da ação penal pública nas hipóteses pela lei estabelecidas, sempre por razões de política criminal. A lei refere-se apenas aos crimes em que a ação penal é pública e não àqueles que dependem de queixa, que continuam submetidos à ação privada.

182.2 Imunidade relativa no crime praticado entre cônjuges separados

Em primeiro lugar, a lei refere-se aos cônjuges desquitados ou judicialmente separados. Tendo havido divórcio, declaração de nulidade ou anulação de casamento anteriores ao fato, não prevalece a imunidade. Também é inexistente a imunidade relativa no caso de ex-concubinos.

Jurisprudência

- Inexistência de imunidade relativa entre ex-concubinos

182.3 Imunidade relativa no crime praticado entre irmãos

No dispositivo, está incluído o crime praticado entre irmãos, irrelevante qualquer distinção (bilaterais ou germanos, unilaterais ou consanguíneos e uterinos, legítimos ou ilegítimos). Não prevalece o parentesco por afinidade, mas apenas o decorrente da adoção.

Jurisprudência

- Inexistência de imunidade de tutor por crime contra tutelada irmã
- Necessidade de representação no crime contra irmão
- Imunidade relativa em crime contra cunhado casado em comunhão de bens
- Imunidade relativa em crime contra cunhado casado em comunhão de bens – Contra
- Inexistência da imunidade relativa no crime contra o patrimônio alheio ao irmão
- Inexistência da imunidade relativa por parentesco na união estável

182.4 Imunidade relativa no crime praticado entre tios e sobrinhos

Há ainda imunidade relativa no fato que envolve tio e sobrinho, exigindo-se, porém, que morem juntos, sob o mesmo teto, com vida comum e em relativa dependência, inclusive econômica. Não ocorre a imunidade se houver simples hospitalidade ocasional ou temporária. Sendo o rol previsto em lei taxativo, não se aplica o dispositivo ao agente que pratica o crime contra primo.

Jurisprudência

- Existência da imunidade relativa no crime contra sobrinho
- Conceito de coabitação
- Necessidade de coabitação para a imunidade relativa

> **Art. 183.** Não se aplica o disposto nos dois artigos anteriores:
>
> I – se o crime é de roubo ou de extorsão, ou, em geral, quando haja emprego de grave ameaça ou violência à pessoa;
>
> II – ao estranho que participa do crime;
>
> III – se o crime é praticado contra pessoa com idade igual ou superior a 60 (sessenta) anos.*
>
> * Inciso III inserido pela Lei nº 10.741, de 1º-10-2003.

Vide: CP arts. 157 a 160, 181, 182; **Lei nº 10.741**, de 1º-10-2003 – EI, art. 1º (define pessoa idosa como a pessoa com idade igual ou superior a 60 anos).

183 EXCLUSÃO DAS IMUNIDADES

183.1 Crimes praticados com violência ou ameaça

Embora as imunidades abranjam todos os crimes contra o patrimônio, por previstos no Título II da Parte Especial, a lei exclui expressamente os crimes de roubo e extorsão ou qualquer um em que tenham sido empregadas em seu cometimento grave ameaça ou violência. Não faz a lei referência à presunção de violência, razão pela qual não se pode excluir o ilícito praticado nessas circunstâncias.

183.2 Concurso com agente estranho

Não havendo as razões que justificam as imunidades, os estranhos que colaboram no crime, por coautoria ou participação, não estão protegidos e respondem pelo fato que não deixa de ser típico e antijurídico por terem como um dos concorrentes uma pessoa beneficiada pela imunidade.

Jurisprudência

- Punibilidade do estranho

183.3 Vítima idosa

Não há imunidade, por fim, se a vítima tem idade igual ou superior a 60 anos (art. 183, inciso III), conforme regra inserida pela Lei nº 10.741, de 1º-10-2003 (Estatuto da Pessoa Idosa). O agente não é beneficiado por qualquer imunidade, ainda que seja cônjuge, ascendente, descendente, irmão, tio ou sobrinho da vítima, se esta é pessoa idosa. Entendeu o legislador que o respeito e consideração devidos à pessoa idosa e a presunção de sua menor capacidade de reação devem prevalecer sobre o vínculo conjugal ou a relação de parentesco com o agente na exigência de punição.

Jurisprudência

- Exceção à imunidade em crime praticado contra idoso

Art. 183-A. Nos crimes de que trata este Título, quando cometidos contra as instituições financeiras e os prestadores de serviço de segurança privada, de que trata o Estatuto da Segurança Privada e da Segurança das Instituições Financeiras, as penas serão aumentadas de 1/3 (um terço) até o dobro. *

* Artigo inserido pela Lei nº 14.967, de 9-9-2024.

Vide: CP arts. 155 a 180-A; Lei nº 14.967, de 9-9-2024, arts. 2º, 12, 31 (Estatuto da Segurança Privada e da Segurança das Instituições Financeiras).

183-A.1 CAUSA DE AUMENTO DE PENA NOS CRIMES CONTRA O PATRIMÔNIO

Prevê o artigo uma causa de aumento de pena, de um terço até o dobro, nos crimes previstos no Título II (crimes contra o patrimônio), quando cometidos contra as instituições financeiras e os prestadores de serviço de segurança privada, de que trata a Lei nº 14.967, de 9-9-2024. Esse diploma instituiu o Estatuto da segurança privada e da segurança das instituições financeiras, prevendo que "os serviços de segurança privada serão prestados por pessoas jurídicas especializadas ou por meio das empresas e dos condomínios edilícios possuidores de serviços orgânicos de segurança privada, neste último caso, em proveito próprio, com ou sem utilização de armas de fogo e com o emprego de profissionais habilitados e de tecnologias e equipamentos de uso permitido" (arts. 2º e 12). Já os estabelecimentos de instituições financeiras, nos termos da mesma Lei, compreendem "bancos oficiais ou privados, caixas econômicas, sociedades de crédito, associações de poupança, suas agências e postos de atendimento, cooperativas singulares de crédito e respectivas dependências" (art. 31, § 1º), bem como todas "as pessoas jurídicas públicas ou privadas, que tenham como atividade principal ou acessória a coleta, intermediação ou aplicação de recursos financeiros próprios ou de terceiros, em moeda nacional ou estrangeira, e a custódia de valor de propriedade de terceiros" (art. 17 da Lei nº 4.595, de 31-12-1964).

A agravação das penas se justifica no caso, por entender o legislador que a segurança privada e a segurança das dependências das instituições financeiras são matérias de interesse nacional (art. 1º, parágrafo único da Lei 14.967/2024).

TÍTULO III
DOS CRIMES CONTRA A PROPRIEDADE IMATERIAL
CAPÍTULO I
DOS CRIMES CONTRA A PROPRIEDADE INTELECTUAL

Violação de direito autoral

Art. 184. Violar direitos de autor e os que lhe são conexos:*

Pena – detenção, de 3 (três) meses a 1 (um) ano, ou multa.

§ 1º Se a violação consistir em reprodução total ou parcial, com intuito de lucro direto ou indireto, por qualquer meio ou processo, de obra intelectual, interpretação, execução ou fonograma, sem autorização expressa do autor, do artista intérprete ou executante, do produtor, conforme o caso, ou de quem o represente:*

Pena – reclusão, de 2 (dois) a 4 (quatro) anos, e multa.*

§ 2º Na mesma pena do § 1º incorre quem, com o intuito de lucro direto ou indireto, distribui, vende, expõe à venda, aluga, introduz no País, adquire, oculta, tem em depósito, original ou cópia de obra intelectual ou fonograma reproduzido com violação do direito de autor, do direito de artista intérprete ou executante ou do direito do produtor de fonograma, ou, ainda, aluga original ou cópia de obra intelectual ou fonograma, sem a expressa autorização dos titulares dos direitos ou de quem os represente.*

§ 3º Se a violação consistir no oferecimento ao público mediante cabo, fibra ótica, satélite, ondas ou qualquer outro sistema que permita ao usuário realizar a seleção da obra ou produção para recebê-la em um tempo e lugar previamente determinados por quem formula a demanda, com intuito de lucro, direto ou indireto, sem autorização expressa, conforme o caso, do autor, do artista intérprete ou executante, do produtor de fonograma, ou de quem os represente:*

Pena – reclusão, de 2 (dois) a 4 (quatro) anos, e multa.*

§ 4º O disposto nos §§ 1º, 2º e 3º não se aplica quando se tratar de exceção ou limitação ao direito de autor ou os que lhes são conexos, em conformidade com o previsto na Lei no 9.610, de 19 de fevereiro de 1998, nem a cópia de obra intelectual ou fonograma, em um só exemplar, para uso privado do copista, sem intuito de lucro direto ou indireto.**

* Redação dada pela Lei nº 10.695, de 1º de julho de 2003.

** Parágrafo acrescentado pela Lei nº 10.695, de 1º de julho de 2003.

Vide: CF art. 5º, XXVII, XXVIII, XXIX; CP art. 186; CPP arts. 524 a 530-I; **Lei nº 5.988**, de 14-12-1973, art. 17, *caput* e §§ 1º e 2º (prevê o registro da obra intelectual, conforme sua natureza, nas entidades que especifica ou que por decreto for designada); **Lei nº 6.533**, de 24-5-1978 (dispõe sobre a regulamentação das profissões de artistas e de técnico em espetáculos de diversões); **Lei nº 6.615**, de 16-12-1978 (dispõe sobre a regulamentação da profissão de radialista); **Lei nº 9.610**, de 19-2-1998 (dispõe sobre direitos autorais); **Lei nº 9.609**, de 19-2-1998, art. 12 (define crime de violação de direitos de autor de programa de computador); **Lei nº 9.279**, de 14-5-1996, arts. 183 a 195 (definem crimes contra a propriedade industrial); **Medida Provisória nº 2.228-1**, de 6-9-2001 (dispõe sobre os princípios gerais da Política Nacional do Cinema, cria o Conselho Superior do Cinema e a Agência Nacional do Cinema – ANCINE –, cria programa, autoriza criação de fundos e dá outras providências relativas ao cinema). Súmulas: STJ 502, 574.

184 VIOLAÇÃO DE DIREITO AUTORAL

184.1 Sujeitos do delito

Sujeito ativo do crime é qualquer pessoa que viole direito autoral de outrem. Nada impede a coautoria ou participação, comum quando a violação é realizada por meio de pessoa jurídica, podendo responder pelo crime diretores, editores, empresários, atores etc., mas nunca a pessoa jurídica.

Sujeito passivo é o autor da obra, seus herdeiros ou sucessores, ou seja, o detentor do direito autoral, que pode ser objeto de transferência, no todo ou em parte. O direito de autor é regulado pela Lei nº 9.610, de 19-2-1998. Sujeitos passivos podem ser também os titulares dos direitos *conexos*, que são os dos artistas intérpretes ou executantes da obra literária ou artística (atores, cantores, músicos, bailarinos etc.), dos produtores fonográficos (que têm a iniciativa e a responsabilidade econômica da primeira fixação do fonograma ou da obra audiovisual, qualquer que seja o suporte utilizado) e das empresas de radiodifusão (que têm o direito de autorizar ou proibir a retransmissão, fixação e reprodução de suas emissões) (arts. 89 a 96 da Lei nº 9.610/98).

Jurisprudência

• Inadmissibilidade de autoria pela pessoa jurídica

184.2 Tipo objetivo

A conduta típica prevista no art. 184, *caput*, do crime de violação de direito autoral, norma penal em branco, é violar, ou seja, ofender, infringir, transgredir o direito do autor. Abrange a obra literária (livros e outros escritos em prosa ou verso, discursos, sermões, conferências, artigos em jornais ou revistas, cartas etc.), científica (que no dizer de Hungria e Fragoso – *Comentários ao código penal*. 4. ed. Rio de Janeiro: Forense, 1980, v. 7, p. 336 – incluem "livros ou escritos contendo exposição, elucidação ou crítica dos resultados reais ou pretendidamente obtidos pela ciência em todos os seus ramos, inclusive as obras didáticas e as lições de professores, proferidas em aula e apanhadas por escrito") e artística (trabalhos de pintura, escultura, arquitetura, desenhos, obras dramáticas, musicais, cinematográficas, de televisão etc.), bem como os direitos conexos, protegidos estes agora expressamente na nova redação do dispositivo.

Rege o assunto, atualmente, a Lei nº 9.610, de 19-2-1998, que alterou, atualizou e consolidou toda a legislação sobre direitos autorais, revogando expressamente os arts. 649 a 673 e 1.346 a 1.362 do anterior Código Civil e as Leis nºs 4.944, de 6-4-1966, 5.988, de 14-12-1973, excetuando-se o art. 17 e seus §§ 1º e 2º, 6.800, de 25-6-1980, 7.123, de 12-9-1983, 9.045, de 18-5-1995, e demais disposições em contrário, mantidas em vigor as Leis nºs 6.533, de 24-5-1978 (que regulamenta as profissões de artista e de técnico em espetáculos de diversões), e 6.615, de 16-12-1978 (que regulamenta a profissão de radialista). O Decreto nº 9.875, de 27-6-2019, dispõe sobre a composição e funcionamento do Conselho Nacional de Combate à Pirataria e aos Delitos contra a Propriedade Intelectual.

Viola-se o direito autoral com a publicação ou reprodução não autorizada, ao que se denomina contrafação, incluindo-se nesta o excedente do contratado, a tradução não consentida e o plágio (atribuir-se uma obra, ou parte dela, de autoria de outrem). Não se configura o ilícito no caso de mera citação de passagem para fins de estudo, crítica ou polêmica (art. 46, III, da Lei nº 9.610, de 19-2-1998) e em outras hipóteses em que a própria lei considera a conduta não-ofensiva ao direito de autor.

Jurisprudência

- Crime na execução pública de música
- Inexistência de direito autoral: modelo fotográfico
- Inexistência de crime em tese
- Inexistência de crime no não pagamento do direito autoral

184.3 Tipo subjetivo

O dolo do delito é a vontade de violar o direito autoral ou os que lhe são conexos. O erro do agente, supondo, por exemplo, que a obra já tivesse caído no domínio público, exclui o dolo por erro de tipo. Não se exige para a configuração do crime o intuito de lucro direto ou indireto, referido nos §§ 1º a 4º do art. 184 (item 184.5).

Jurisprudência

- Exigência de dolo
- Erro de tipo na violação de direito autoral
- Erro de proibição na violação de direito autoral

184.4 Consumação e tentativa

Consuma-se o crime com a violação, ainda que o sujeito não obtenha proveito econômico do fato. A tentativa é possível quando se trata de crime plurissubsistente, que admite fracionamento.

184.5 Formas qualificadas de violação de direito autoral

A Lei nº 10.695, de 1º-7-2003, deu nova redação aos §§ 1º, 2º e 3º do art. 184, acrescentando-lhe o § 4º. Nos três primeiros parágrafos punem-se com penas de reclusão de dois a quatro anos, e multa, formas específicas de violação do direito autoral. O crime é qualificado se o agente viola o direito autoral por uma das maneiras descritas, alternativamente, nos parágrafos. Tutelam-se os direitos de autor e os que lhe são conexos contra as diversas formas de pirataria, punindo-se mais severamente as práticas que visam à exploração lucrativa ilegal da obra.

Nos termos do § 1º pune-se a violação de direito autoral mediante a reprodução total ou parcial da obra, com intuito de lucro direto ou indireto, qualquer que seja o método ou processo e o suporte utilizado, tais como livros, telas, pinturas, esculturas, imagens e sons fixados em fita-cassete ou de videocassete, disco, CD (*compact disc*), DVD (*digital video disc*) etc., sem licença do titular do direito autoral, do artista intérprete ou executante, ou do produtor.

No § 2º do mesmo artigo, a lei prevê as condutas de, com fim de lucro, distribuir, vender, expor à venda, alugar, introduzir no País, adquirir, ocultar ou ter em depósito a obra intelectual ou fonograma reproduzido com violação do direito do autor e conexos. Pune-se, também, na parte final do parágrafo, a violação de direito autoral mediante a locação não autorizada do original ou cópia da obra. Ocorre o crime ainda que o objeto da locação não constitua reprodução ilegal, mas cópia legítima da obra.

A circunstância de estar disseminada no país a prática da "pirataria", que se verifica pela ampla distribuição, venda e exposição à venda de "CDs" e "DVDs" "piratas" não impede a caracterização do crime. Embora algumas decisões tenham reconhecido a atipicidade material da conduta sob o fundamento de que seria ela socialmente adequada, o Superior Tribunal de Justiça consolidou na Súmula 502 o entendimento em contrário, afirmando a relevância jurídico-social da conduta tendente à comercialização de "CDs" e "DVDs" piratas e sua tipicidade em face do art. 184, § 2º.

Incrimina-se no § 3º, sob as mesmas penas, a conduta de violação do direito autoral mediante o oferecimento da obra intelectual ou fonograma, sem autorização do titular do direito, mediante cabo, fibra ótica, satélite, ondas ou qualquer sistema que permita ao usuário a sua seleção ou produção e o recebimento em lugar e tempo previamente determinados. Coíbem-se, nesses termos, as formas de pirataria viabilizadas por modernos processos tecnológicos que permitem a transmissão de informações por sinais eletrônicos (por meio de cabo) ou por ondas eletromagnéticas, dispersas na atmosfera, retransmitidas por satélite ou propagadas em meio sólido (como a fibra ótica), ou, ainda, por qualquer outro sistema que torne dispensáveis os suportes físicos tradicionalmente utilizados para a entrega de uma obra ilegalmente produzida ou reproduzida. A conduta é a de violar direito autoral mediante o oferecimento, no sentido de disponibilização, da obra a terceiros, sem autorização do titular do direito e com intuito de lucro, facultando-lhes a seleção ou produção e o seu recebimento pelos meios citados. Responde, assim, nos termos do § 3º o agente que, sem autorização e com o intuito de lucro, possibilita a terceiros pela Internet o acesso à obra e o seu recebimento mediante *download* em seu computador de arquivos (gerados em qualquer dos possíveis formatos de codificação e compactação de informação), que contenham obras protegidas, sejam elas literárias, musicais, fotográficas, cinematográficas etc.

Prevê-se como elemento subjetivo do tipo, nas três formas qualificadas do crime de violação de direito autoral, o intuito de lucro direto ou indireto. Não se exige para a consumação do crime que o agente obtenha o ganho, mas somente que sua intenção ao praticar a conduta vise a um fim lucrativo. Por intuito de lucro, direto ou indireto, deve-se entender a intenção de auferir vantagem ou ganho mediante qualquer forma de exploração comercial da obra sem a expressa autorização do titular do direito, ainda que o lucro não decorra diretamente da venda da própria obra produzida ou reproduzida ilegalmente, como na hipótese de pretender o agente valer-se da distribuição (§ 2º) gratuita de cópia não autorizada como meio de propaganda ou de facilitação da venda de algum produto, da prestação de um serviço etc. Não age, porém, com intuito de lucro quem adquire por preço inferior uma cópia não autorizada para uso próprio ou coleção particular.

O § 4º determina a não aplicação do disposto nos §§ 1º, 2º e 3º no caso de exceção ou limitação ao direito de autor ou os que lhe são conexos. Nessas hipóteses, porém, a conduta é atípica porque a lei ressalva determinadas práticas como não ofensivas ao direito de autor. Afastam-se, também, as formas qualificadas do crime, nos termos do mesmo parágrafo, quando se tratar de cópia, em um só exemplar, para uso privado do copista, na ausência do intuito de lucro direto ou indireto. Ausente, porém, o intuito lucrativo, expressamente previsto nos parágrafos, não se configuram as formas qualificadas ainda que se cuide de mais de uma cópia ou que se destine ao uso de terceiro.

Jurisprudência

- Crime praticado por reprodução não autorizada
- Imitação grosseira: inexistência do crime
- Crime na reprodução e comercialização de obras artísticas em vestuário
- Crime praticado por comercializar obra com violação do direito autoral
- Crime praticado por exposição à venda de fonograma com violação de direito autoral (CD pirata)
- Irrelevância da disseminação da prática ilegal
- Exposição à venda de fonograma: não identificação do titular do direito autoral
- Crime praticado por manter em depósito
- Crime praticado por adquirir obra com violação do direito autoral
- Necessidade de fim de lucro
- Irrelevância da não obtenção de vantagem econômica
- Não aplicação do princípio da insignificância em crime de violação de direito autoral
- Competência da Justiça estadual: irrelevância de divulgação na internet

184.6 Distinção

Os direitos autorais de programa de computador, que não eram regulamentados, agora estão protegidos pela Lei nº 9.609, de 19-2-1998, que tipifica a violação desses direitos, dispondo também sobre os procedimentos da ação penal e das diligências preliminares de busca e apreensão (arts. 12 a 14).

Tratando-se de violação de direitos sobre desenhos industriais, marcas comerciais ou patentes, não responde o agente por violação de direito autoral, mas por crime contra a propriedade industrial (Lei nº 9.279, de 14-5-1996).

Jurisprudência

- Violação de direitos autorais de programa de computador e violação de direito autoral: concurso formal
- Violação de direitos autorais de programa de computador: irrelevância de ser grosseira a imitação
- Crime de violação de direito autoral: inexistência de crime contra a propriedade industrial
- Crime contra a propriedade industrial: inexistência do crime de violação de direito autoral
- Distinção de direito autoral e direito de propriedade industrial
- Inexistência de direito autoral: registro como obra de arte

Usurpação de nome ou pseudônimo alheio

Art. 185. (revogado)*

* Artigo revogado pela Lei nº 10.695, de 1º de julho de 2003.

185 REVOGAÇÃO

185.1 Revogação do art. 185 do Código Penal

O art. 185 do Código Penal, que previa o crime de usurpação de nome ou pseudônimo alheio, foi revogado pela Lei nº 10.695, de 1º de julho de 2003, que também alterou os arts. 184 e 186 do mesmo estatuto e acrescentou os arts. 530-A a 530-I ao Código de Processo Penal.

> Art. 186. Procede-se mediante:*
> I – queixa, nos crimes previstos no *caput* do art. 184;
> II – ação penal pública incondicionada, nos crimes previstos nos §§ 1º e 2º do art. 184;
> III – ação penal pública incondicionada nos crimes cometidos em desfavor de entidades de direito público, autarquia, empresa pública, sociedade de economia mista ou fundação instituída pelo Poder Público;
> IV – ação penal pública condicionada à representação, nos crimes previstos no § 3º do art. 184.
>
> * Redação do artigo dada pela Lei nº 10.695, de 1º de julho de 2003.

Vide: CP arts. 100, 184; CPP arts. 24, § 2º, 524 a 530-I.

186 AÇÃO PENAL NOS CRIMES CONTRA A PROPRIEDADE INTELECTUAL

186.1 Ação penal privada e ação penal pública

Diante dos termos do art. 186, em sua atual redação conferida pela Lei nº 10.695, de 1º-7-2003, é crime que se apura mediante ação penal privada o de violação de direito autoral previsto no art. 184, *caput*. Apura-se mediante ação penal pública condicionada à representação do ofendido o delito previsto no § 3º. E são de ação penal pública incondicionada os crimes descritos nos §§ 1º e 2º do mesmo artigo, bem como os cometidos em prejuízo de entidade de direito público, autarquia, empresa pública, sociedade de economia mista ou fundação instituída pelo poder público, qualquer que seja a conduta típica. Ainda na vigência da Lei nº 6.895, de 17-12-1980, que deu ao art. 186 a sua anterior redação, nas hipóteses reguladas nos §§ 1º e 2º do art. 184, também modificados, a ação penal era pública incondicionada.

Jurisprudência

- Inadmissibilidade de ação penal privada
- Ação penal pública

186.2 Rito processual

A ação penal tem rito processual próprio. Tratando-se de ação penal privada (art. 184, *caput*), devem ser obedecidas as regras contidas nos arts. 524 a 530 do CPP. Cuidando-se de delito de ação penal pública, condicionada ou incondicionada (§§ 1º, 2º e 3º do art. 184), aplicam-se os arts. 530-B a 530-H, por força do art. 530-I, todos do CPP, inseridos pela Lei nº 10.695, de 1º-7-2003. Mesmo antes da referida lei, já se entendia que, sendo pública a ação penal, a instauração do inquérito policial e a diligência de busca e apreensão deviam ficar a cargo da autoridade policial, não se aplicando o art. 527 do CPP, que se refere à busca e apreensão a pedido judicial do interessado, já que tal exigência é de cunho privatístico, mas sim o art. 240 do mesmo Estatuto.

De acordo com o entendimento adotado no STJ, na ação penal em crime de violação de direito autoral, para a comprovação da materialidade basta a perícia por amostragem do produto apreendido, sendo, ademais, desnecessária a identificação dos titulares dos direitos autorais violados (Súmula 574).

No caso de crime de ação penal pública pode o juiz determinar na sentença condenatória a destruição das obras ilicitamente produzidas ou reproduzidas e decretar o perdimento dos equipamentos apreendidos, desde que precipuamente destinados à prática do crime, em favor da Fazenda Nacional, a qual, por sua vez, poderá destruí-los, doá-los ou incorporá-los ao patrimônio da União, vedado seu retorno aos canais de comércio (art. 530-G do CPP). A destruição das obras apreendidas também é possível se não puder ser iniciada a ação penal por falta de determinação de quem seja o autor do ilícito (art. 530-F do CPP). Prevê-se, ainda, que as associações de titulares de direito de autor e os que lhe são conexos poderão se habilitar, em seu próprio nome, como assistente de acusação nos crimes previstos no art. 184 do CP, quando praticado em detrimento de qualquer dos associados (art. 530-H do CPP).

Jurisprudência

- Busca e apreensão na ação penal pública
- Busca e apreensão por associações
- Busca e apreensão na ação penal privada

CAPÍTULO II
DOS CRIMES CONTRA O PRIVILÉGIO DE INVENÇÃO

Violação de privilégio de invenção

Art. 187. (revogado)*

*Artigo revogado pela Lei nº 9.279, de 14-5-1996.

187 REVOGAÇÃO

187.1 Revogação dos arts. 187 a 196 do Código Penal

Os capítulos II, III e IV do Título III da Parte Especial do Código Penal, que tratavam dos crimes contra a propriedade industrial, foram revogados pelo Decreto-lei nº 7.903, de 27-8-1945, antigo Código de Propriedade Industrial, que definiu os citados crimes nos arts. 169, 175, 176, 177, 178 e 179. Com o advento do novo Código, sustentou-se que os dispositivos penais contidos no Decreto nº 7.903 estavam derrogados, mas logo decidiu-se que o Decreto-lei nº 254, de 28-2-1967, não os havia revogado. Posteriormente, esclareceu-se por lei, expressamente, que continuavam em vigor os referidos dispositivos (art. 128 da Lei nº 5.772/71). Entretanto, por força do art. 244 da Lei nº 9.279, de 14-5-1996, que regula direitos e obrigações relativos à propriedade industrial, estão revogados, tanto a Lei nº 5.772, de 21-12-1971, como os arts. 187 a 196 do Decreto-lei nº 2.848, de 7-12-1940 (Código Penal) e os arts. 169 a 180 do Decreto-lei nº 7.903, de 27-8-1945. A lei entrou em vigor em 15-5-1997, definindo os crimes contra a propriedade imaterial, com exceção dos delitos de violação de direito autoral e de usurpação de nome ou pseudônimo alheio, nos arts. 183 a 196, sob a rubrica "Dos crimes contra a propriedade industrial".

Falsa atribuição de privilégio

Art. 188. (revogado)*

* Artigo revogado pela Lei nº 9.279, de 14-5-1996.

Usurpação ou indevida exploração de modelo ou desenho privilegiado

Art. 189. (revogado)*

* Artigo revogado pela Lei nº 9.279, de 14-5-1996.

Falsa declaração de depósito em modelo ou desenho

Art. 190. (revogado)*

* Artigo revogado pela Lei nº 9.279, de 14-5-1996.

Art. 191. (revogado)*

* Artigo revogado pela Lei nº 9.279, de 14-5-1996.

CAPÍTULO III

DOS CRIMES CONTRA AS MARCAS DE INDÚSTRIA E COMÉRCIO

Violação do direito de marca

Art. 192. (revogado)*

* Artigo revogado pela Lei nº 9.279, de 14-5-1996.

Uso indevido de armas, brasões e distintivos públicos

Art. 193. (revogado)*

* Artigo revogado pela Lei nº 9.279, de 14-5-1996.

Marca com falsa indicação de procedência

   Art. 194.   (revogado)*

   * Artigo revogado pela Lei nº 9.279, de 14-5-1996.

   Art. 195.   (revogado)*

   * Artigo revogado pela Lei nº 9.279, de 14-5-1996.

CAPÍTULO IV
DOS CRIMES DE CONCORRÊNCIA DESLEAL

Concorrência desleal

   Art. 196.   (revogado)*

   * Artigo revogado pela Lei nº 9.279, de 14-5-1996.

TÍTULO IV
DOS CRIMES CONTRA A ORGANIZAÇÃO DO TRABALHO

Atentado contra a liberdade de trabalho

   Art. 197.   Constranger alguém, mediante violência ou grave ameaça:

   I – a exercer ou não exercer arte, ofício, profissão ou indústria, ou a trabalhar ou não trabalhar durante certo período ou em determinados dias:

   Pena – detenção, de 1 (um) mês a 1 (um) ano, e multa, além da pena correspondente à violência;

   II – a abrir ou fechar o seu estabelecimento de trabalho, ou a participar de parede ou paralisação de atividade econômica:

   Pena – detenção, de 3 (três) meses a 1 (um) ano, e multa, além da pena correspondente à violência.

   Vide: CF arts. 5º, XIII, 9º, 37, VII, 109, VI, 227, § 3º, I; CP arts. 136, 146, 149, 200, 203; **Lei nº 5.010**, de 30-5-1966, art. 10, VII (competência da Justiça Federal para o julgamento dos crimes contra a organização do trabalho e o exercício do direito de greve); **Lei nº 7.783**, de 28-6-1989 (dispõe sobre o exercício de greve), art. 1º (assegura o direito de greve) art. 6º (regula direitos e limitações no exercício do direito de greve), art. 15 (determina a responsabilização por crimes no curso da greve nos termos da legislação penal).

197 ATENTADO CONTRA A LIBERDADE DE TRABALHO

197.1 Sujeitos do delito

O crime definido no art. 197 é comum, podendo ser praticado por qualquer pessoa. Sujeito passivo é a pessoa que fica submetida a constrangimento. Pode ser vítima também aquele que vê cerceada sua liberdade de trabalho, embora a violência ou ameaça seja dirigida a pessoa diversa.

197.2 Tipo objetivo

A conduta típica é constranger, ou seja, obrigar, forçar, coagir a vítima, como no crime de constrangimento ilegal (item 146.2). Entretanto, o constrangimento só tipifica o ilícito quando praticado através de violência ou grave ameaça, e não por outros meios. É necessário que o constrangimento seja praticado para forçar a vítima a exercer *arte* (atividade manual ou especialidade técnica), *ofício* (atividade material), *profissão* (atividade intelectual) ou *indústria* (aperfeiçoamento de produtos). A finalidade pode ser a de obrigar alguém, na primeira modalidade, a trabalhar ou a não trabalhar; na segunda, a abrir ou a fechar seu estabelecimento de trabalho (fábrica, loja, escritório, oficina). A segunda parte do art. 197, II, referente ao *lockout*, foi revogada pela lei de greve. A Lei n° 7.783, de 28-6-1989, assegura como direito dos grevistas o emprego de meios pacíficos tendentes a persuadir ou aliciar os trabalhadores a aderirem à greve (art. 6°, I), e veda: o emprego, por empregados ou empregadores, de meios que possam violar ou constranger os direitos e garantias fundamentais de outrem (§ 1°); à empresa a adoção de meios que constranjam o empregado a comparecer ao trabalho ou sejam capazes de frustrar a divulgação do movimento (§ 2°); aos grevistas o uso de meios que impeçam o acesso ao trabalho ou que possam causar ameaça ou dano à propriedade ou pessoa (§ 3°).

Jurisprudência

- Ilicitude do exercício de violência ou grave ameaça
- Existência do crime
- Inexistência de crime
- Inexistência de grave ameaça na promessa de demissão

197.3 Tipo subjetivo

O dolo é a vontade de constranger, ou seja, de coagir o ofendido, com o fim específico de que pratique ou deixe de praticar uma das atividades mencionadas no dispositivo.

197.4 Consumação e tentativa

Consuma-se o crime quando o sujeito passivo cede, atuando de acordo com a vontade do agente. Nada impede a tentativa.

197.5 Competência

Nos termos do art. 109, VI, da CF, e da Lei n° 5.010/66, compete à Justiça Federal o processo dos crimes contra a organização do trabalho. Entretanto, já se decidiu no STF que, em face do art. 125, VI, da antiga Constituição Federal, que firmava já tal competência, são da competência da Justiça Federal apenas os crimes que ofendem o sistema de órgãos e instituições que preservam, coletivamente, os direitos e deveres dos trabalhadores, estando excluídos da Justiça Federal, portanto, os crimes que atingem apenas determinado ou determinados empregados.

Jurisprudência

- Competência da Justiça Federal
- Competência da Justiça comum estadual

Atentado contra a liberdade de contrato de trabalho e boicotagem violenta

> Art. 198. Constranger alguém, mediante violência ou grave ameaça, a celebrar contrato de trabalho, ou a não fornecer a outrem ou não adquirir de outrem matéria-prima ou produto industrial ou agrícola:
>
> Pena – detenção, de 1 (um) mês a 1 (um) ano, e multa, além da pena correspondente à violência.
>
> ---
>
> *Vide*: CF art. 5º, XIII; CP arts. 146, 149, 197, I.

198 ATENTADO CONTRA A LIBERDADE DE CONTRATO DE TRABALHO E BOICOTAGEM VIOLENTA

198.1 Atentado contra a liberdade de contrato de trabalho

Sujeito ativo do crime previsto na primeira parte do art. 198 é qualquer pessoa. Sujeito passivo é aquele que é obrigado a celebrar contrato de trabalho.

198.2 Tipo objetivo

A conduta típica é o constrangimento ilegal, praticado com violência ou grave ameaça, com o fim de obrigar o sujeito passivo à assinatura do contrato de trabalho, seja ele individual ou coletivo. A renovação de contrato é também típica, pois constitui novo contrato. Não prevê o referido artigo o constrangimento ilegal para que a vítima não assine contrato de trabalho, que poderá constituir, conforme as circunstâncias, o crime do art. 146 ou do art. 197, I, do CP.

198.3 Tipo subjetivo

O dolo é a vontade de praticar a conduta, independentemente da finalidade do agente.

198.4 Consumação e tentativa

A consumação ocorre com a celebração do contrato, se escrito. Se verbal, a consumação ocorre com o início do trabalho. Pune-se em concurso material a violência. A tentativa é possível.

198.5 Boicotagem violenta

Na segunda parte do art. 198, incrimina-se a boicotagem (ou boicote) violenta. Sujeito ativo é qualquer pessoa, e sujeito passivo o submetido ao constrangimento. Pune-se a prática de violência ou ameaça que leva o ofendido a não fornecer ou a não adquirir matéria-prima (material para a produção), produto industrial (resultante de trabalho manual ou mecânico) ou agrícola (resultante da agricultura, que abrange a pecuária, a silvicultura etc.).

A consumação opera-se com a abstenção do ofendido. A tentativa é possível, ocorrendo com a prática de violência ou de grave ameaça, sem que se produza o resultado. A violência é punida em concurso material.

Atentado contra a liberdade de associação

> **Art. 199.** Constranger alguém, mediante violência ou grave ameaça, a participar ou deixar de participar de determinado sindicato ou associação profissional:
>
> Pena – detenção, de 1 (um) mês a 1 (um) ano, e multa, além da pena correspondente à violência.

Vide: **CF** arts. 5º, XVII, XX, 8º, *caput*, V; **CP** art. 146; **Decreto-lei nº 5.452**, de 1º-5-1943 – **CLT**, art. 511 (assegura a liberdade de organização sindical no território nacional).

199 ATENTADO CONTRA A LIBERDADE DE ASSOCIAÇÃO

199.1 Sujeitos do delito

Qualquer pessoa pode praticar o crime em estudo, pertença ou não ao sindicato ou associação profissional. Sujeito passivo é aquele que é obrigado a participar ou deixar de participar da entidade; pode, assim, ser não sócio ou associado.

199.2 Tipo objetivo

A conduta típica é também, como nos crimes anteriores, o constrangimento ilegal praticado com violência ou grave ameaça, agora com o fim de impedir a liberdade de exercer seu direito de se associar ou não a determinada entidade de classe. Protege a lei apenas aquele que quer associar-se a sindicato regularmente constituído ou deixá-lo. Já se decidiu que o ilícito previsto no art. 199, por estar no título dos crimes contra a organização do trabalho, só se caracteriza se houver perigo para esta. No caso de ser ofendido apenas direito individual, o crime seria outro, como o constrangimento ilegal (art. 146 do CP). O tipo penal, porém, refere-se à lesão individual decorrente das relações referentes ao trabalho, e assim, o fato sempre constituirá o crime previsto no art. 199.

Jurisprudência

- Inexistência do crime
- Descaracterização do crime

199.3 Tipo subjetivo

O dolo é a vontade de constranger alguém, mediante violência ou grave ameaça, a participar ou deixar de participar do sindicato ou associação profissional. Não se exige especial finalidade do agente.

199.4 Consumação e tentativa

Consuma-se o crime quando a vítima participa ou deixa de participar, efetivamente, do sindicato ou associação. A tentativa é possível quando, praticada a grave ameaça ou violência, o ofendido não se submete à vontade do agente.

Havendo violência, a pena desta é cumulada à do ilícito.

Paralisação de trabalho, seguida de violência ou perturbação da ordem

> Art. 200. Participar de suspensão ou abandono coletivo de trabalho, praticando violência contra pessoa ou contra coisa:
>
> Pena – detenção, de 1 (um) mês a 1 (um) ano, e multa, além da pena correspondente à violência.
>
> Parágrafo único. Para que se considere coletivo o abandono de trabalho é indispensável o concurso de, pelo menos, três empregados.

Vide: CF art. 9º, § 2º; CP arts. 146, 147, 197, 201, 202; Lei nº 7.783, de 28-6-1989 (dispõe sobre o exercício de greve), art. 6º (regula direitos e limitações no exercício do direito de greve).

200 PARALISAÇÃO DO TRABALHO COM VIOLÊNCIA OU PERTURBAÇÃO DA ORDEM

200.1 Sujeitos do delito

Sujeito ativo do crime é o empregador ou empregado que suspendem ou abandonam o trabalho.

Sujeito passivo é aquele que sofre a violência, e no caso de violência contra a coisa, seu proprietário, pessoa física ou jurídica.

200.2 Tipo objetivo

Refere-se a lei à greve (abandono do trabalho por empregados) e ao *lockout* (suspensão do trabalho por empregadores). O direito de greve está disciplinado na Lei nº 7.783, de 28-6-1989, mas o artigo refere-se tanto ao movimento legítimo e regular como ao ilícito. Para que se considere como abandono coletivo do trabalho é necessário que os grevistas sejam no mínimo três (art. 200, parágrafo único). A conduta típica é a prática de violência, que pode ser dirigida à pessoa (lesões corporais, homicídio etc.) ou à coisa (dano). Não se configura o tipo quando houver mera ameaça, podendo ocorrer o delito previsto no art. 146 ou 147 do CP.

Jurisprudência

- Inexistência do crime

200.3 Tipo subjetivo

A vontade de, participando do movimento, praticar violência contra a pessoa, é o dolo do crime, não exigindo o tipo finalidade específica.

200.4 Consumação e tentativa

Consuma-se o delito em apreço com a prática de violência, desde que já esteja ocorrendo o processo de paralisação do trabalho. A tentativa, em tese, é possível.

200.5 Competência da Justiça Estadual

Segundo já se tem decidido, competência para apurar o delito é da Justiça Estadual, uma vez que a Constituição Federal não prevê mais a da Justiça Federal para os crimes decorrentes de greve, conforme a antiga Carta (art. 125, VI).

Jurisprudência

• Competência da Justiça Estadual

Paralisação de trabalho de interesse coletivo

Art. 201. Participar de suspensão ou abandono coletivo de trabalho, provocando a interrupção de obra pública ou serviço de interesse coletivo:

Pena – detenção, de 6 (seis) meses a 2 (dois) anos, e multa.

Vide: **CF** arts. 9º, §§ 1º e 2º, 37, VII; **CP** art. 200; **Lei nº 7.783**, de 28-6-1989 (dispõe sobre o exercício de greve), arts. 10 a 13 (definem serviços e atividades essenciais e dispõem sobre o atendimento de necessidades inadiáveis da comunidade), art. 16 (prevê que lei complementar definirá os termos e limites para o exercício do direito de greve na administração pública, nos termos do art. 37, VII, da CF).

201 PARALISAÇÃO DE TRABALHO DE INTERESSE COLETIVO

201.1 Sujeitos do delito

Sujeito ativo do crime é qualquer pessoa, empregador ou empregado, que pratique a conduta típica. Sujeito passivo é o Estado, a coletividade afetada com a paralisação; trata-se de crime vago.

201.2 Tipo objetivo

Pune-se a greve ilegal, ainda que pacífica. O tipo penal abrange todos os que participem de greve ou *lockout* que provoque a interrupção de obra pública ou serviço de interesse coletivo. Refere-se a lei à obra pública, realizada pelo próprio Estado, por funcionários ou estranhos ao quadro público, e aos serviços de interesse coletivo, que afetam a população em geral (de iluminação, água, gás, energia elétrica, comunicações, transportes, limpeza urbana etc.).

Quanto às obras públicas, diante do que dispõem os arts. 1º, 2º, e 11 da Lei de Greve (Lei nº 7.783/89), é necessário que ela caracterize serviço ou atividade essencial à comunidade. Quanto aos serviços bancários, pela vigente Lei de Greve, são considerados como essenciais apenas os referentes à compensação bancária. Há opinião no sentido de que o art. 201 é inaplicável, vez que o art. 9º, § 2º, da Constituição Federal só se refere aos *abusos* no exercício de greve.

Jurisprudência

• Caracterização do crime

201.3 Tipo subjetivo

O dolo é a vontade de participar do abandono ou da suspensão do trabalho, tendo consciência de que se trata de obra pública ou de serviço de interesse coletivo.

201.4 Consumação e tentativa

Consuma-se o delito com a interrupção da obra ou serviço de interesse coletivo. A mera diminuição dos serviços não caracteriza o crime. A tentativa do crime é possível.

Jurisprudência

• Inexistência da consumação

Invasão de estabelecimento industrial, comercial ou agrícola. Sabotagem

> Art. 202. Invadir ou ocupar estabelecimento industrial, comercial ou agrícola, com o intuito de impedir ou embaraçar o curso normal do trabalho, ou com o mesmo fim danificar o estabelecimento ou as coisas nele existentes ou delas dispor:
>
> Pena – reclusão, de 1 (um) a 3 (três) anos, e multa.
>
> *Vide*: CF art. 9, § 2º; CP arts. 161, § 1º, II, 163, 197, 200; Lei nº 7.783, de 28-6-1989, art. 6º, § 3º (proíbe manifestações e atos de persuasão pelos grevistas que impeçam o acesso ao trabalho ou que causem ameaça ou dano à propriedade ou pessoa).

202 INVASÃO DE ESTABELECIMENTO INDUSTRIAL, COMERCIAL OU AGRÍCOLA E SABOTAGEM

202.1 Sujeitos do delito

Trata-se de crime comum, podendo ser praticado por qualquer pessoa. Além da coletividade, é vítima do crime qualquer pessoa física ou jurídica que mantenha estabelecimento industrial, comercial ou agrícola.

202.2 Tipo objetivo

São várias as condutas típicas previstas no art. 202. A primeira delas é a de *invadir*, ou seja, entrar à força, indevidamente, ou ocupar, tomar posse, ainda que parcialmente, do estabelecimento, sejam os agentes empregados, clientes, fregueses ou estranhos. Estabelecimento é todo lugar fechado ou aberto em que se desenvolve atividade industrial, comercial ou agrícola.

Incrimina-se também a sabotagem, ou seja, a conduta de *danificar*, ou seja, depredar, destruir, estragar, inutilizar, quebrar coisas do estabelecimento (prédio, máquinas, instrumentos, ferramentas, matérias-primas etc.), e a de *dispor* dessas coisas (impedir o uso delas, retê-las, usá-las etc.).

Jurisprudência

- Inexistência do crime
- Caracterização do crime: depredação
- Caracterização do crime: troca de fechadura da porta do estabelecimento comercial

202.3 Tipo subjetivo

Na primeira parte do artigo, o dolo é a vontade de invadir ou de ocupar o estabelecimento. Na segunda, de sabotagem, é o de danificar o estabelecimento ou coisas ou dispor delas. Exige-se, sempre, porém, o fim de *impedir* (obstar, fazer cessar, obstruir) ou embaraçar (atrapalhar, perturbar, dificultar) o trabalho. Inexistente tal finalidade, caracteriza-se apenas o crime de dano (art. 163 do CP).

Jurisprudência

- Inexistência do crime por falta do elemento subjetivo do tipo

202.4 Consumação

Consuma-se o crime com a invasão ou ocupação, quanto à primeira figura, ou com o dano ou a disposição de coisas do estabelecimento. A tentativa é possível.

Frustração de direito assegurado por lei trabalhista

Art. 203. Frustrar, mediante fraude ou violência, direito assegurado pela legislação do trabalho:

Pena – detenção, de 1 (um) ano a 2 (dois) anos, e multa, além da pena correspondente à violência.*

§ 1º Na mesma pena incorre quem:

I – obriga ou coage alguém a usar mercadorias de determinado estabelecimento, para impossibilitar o desligamento do serviço em virtude de dívida;

II – impede alguém de se desligar de serviços de qualquer natureza, mediante coação ou por meio de retenção de seus documentos pessoais ou contratuais.**

§ 2º A pena é aumentada de um sexto a um terço se a vítima é menor de dezoito anos, idosa, gestante, indígena ou portadora de deficiência física ou mental.**

* Pena determinada pela Lei nº 9.777, de 29-12-1998.

** Parágrafos acrescentados pela Lei nº 9.777, de 29-12-1998.

Vide: CF arts. 5º, XIII, 7º, 22, I, 227, § 3º, I; **CP** arts. 136, 146, 149, caput, § 1º, II, § 2º, I, 197; **Lei nº 7.853**, de 24-10-1989, art. 8º, III (tipifica a conduta de negar ou obstar emprego, trabalho ou promoção à pessoa em razão de sua deficiência); **Lei nº 7.716**, de 5-1-1989, arts. 3º e 4º (tipificam práticas discriminatórias em relação de emprego resultantes de preconceito de raça, cor, etnia ou procedência nacional); **Lei nº 9.029**, de 13-4-1995 (prevê ilícitos relacionados com práticas discriminatórias para efeito de acesso ou manutenção de relação de emprego, por motivo de sexo, origem, raça, cor, estado civil, situação familiar, deficiência, idade, entre outros); **Lei nº 10.741**, de 1º-10-2003 – EI, art. 99 (tipifica a exposição a perigo da integridade e saúde física da pessoa idosa pela sujeição a trabalho excessivo ou inadequado), art. 100, II (tipifica a conduta de negar a alguém, por motivo de idade, emprego ou trabalho); **Lei nº 12.288**, de 20-7-2010 (Estatuto da Igualdade Racial); **Lei nº 12.984**, de 2-6-2014, art. 1º (tipifica condutas discriminatórias contra o portador do HIV e o doente de AIDS em razão dessa condição), II (negar emprego ou trabalho), III (exonerar ou demitir de seu cargo ou emprego), IV (segregar no ambiente de trabalho); **Decreto-lei nº 5.452**, de 1º-5-1943 – CLT (Consolidação das Leis do Trabalho).

203 FRUSTRAÇÃO DE DIREITO ASSEGURADO POR LEI TRABALHISTA

203.1 Sujeitos do delito

O sujeito ativo do crime é quem impede a realização do direito do trabalho, seja empregador, preposto, gerente, empregado ou mesmo pessoa estranha à relação do trabalho.

Sujeito passivo é aquele que é lesado no direito trabalhista. Pode também ser um terceiro o atingido pela violência.

203.2 Tipo objetivo

Pratica o crime quem age com violência contra a pessoa ou com fraude, impedindo que o ofendido veja satisfeito direito conferido pela legislação do trabalho (salários, estabilidade, seguro, férias, licenças etc.). Embora no tipo penal não se insira a prática de ameaça como meio para a prática do crime, já se decidiu que o delito fica configurado nessa hipótese. O art. 203 é norma penal em branco complementada pelas leis trabalhistas, não distinguindo a lei entre direitos renunciáveis e irrenunciáveis, sempre protegidos. Indispensável para a caracterização do crime que tenha o agente atuado com violência ou fraude, excluída a ameaça, não se integrando o delito com o simples inadimplemento de uma obrigação trabalhista. Nem toda situação irregular na relação das relações de trabalho configura o ilícito. Pode haver concurso formal ou material nos crimes de frustração de direito assegurado pelas leis do trabalho com os de falsidade material ou ideológica.

Jurisprudência

- Inexistência de diferença entre direitos renunciáveis e irrenunciáveis
- Desnecessidade de apontar os direitos fraudados na denúncia

- Inexistência de crime na aceitação de cláusula pelo empregado
- Inexistência de crime na ausência de vício de vontade
- Concurso formal com falsidade
- Caracterização do crime
- Inexistência de crime no inadimplemento de obrigação trabalhista
- Necessidade de violência ou fraude
- Caracterização do crime com ameaça

203.3 Tipo subjetivo

O dolo é a vontade de frustrar o sujeito passivo em direito trabalhista com o emprego de violência ou fraude.

Jurisprudência

- Existência de dolo
- Inexistência de dolo

203.4 Consumação e tentativa

Consuma-se o crime quando se tiver frustrado o direito assegurado pela legislação do trabalho. Nada impede a tentativa, que ocorre quando, empregada violência ou fraude, o agente não obtém aquele resultado.

203.5 Coação para compra de mercadorias

Pela Lei nº 9.777, de 29-12-1998, foi criada uma nova figura típica, consistente em obrigar ou coagir alguém a usar mercadoria de determinado estabelecimento, para impossibilitar o desligamento do serviço em virtude de dívida. Visa a nova disposição impedir que trabalhadores, em especial na zona rural, sejam obrigados ao consumo de mercadorias vendidas, a prazo, pelo próprio empregador, o que gera débito muitas vezes de difícil satisfação, obrigando-os a permanecerem prestando serviços para o credor. Evidentemente, não proíbe a lei a venda de mercadorias pelo empregador ou preposto, exigindo-se que seja o empregado obrigado a adquiri-las, por violência, ameaça expressa ou implícita, ou utilização de qualquer meio, de modo que não lhe seja possível desligar-se do serviço em virtude da dívida contraída.

203.6 Coação e retenção de documentos

Também passou a tipificar a lei, com o § 1º, inc. II, a conduta de quem impede alguém de se desligar de serviços de qualquer natureza, mediante coação ou por meio de retenção de seus documentos pessoais ou contratuais. Na primeira parte, referente à coação, há, na verdade, um crime de constrangimento ilegal específico, com pena mais severa, em que, por meio de violência, grave ameaça ou depois de lhe haver reduzido, por qualquer meio, a capacidade de resistência, o agente impede a vítima de se desligar do serviço que presta àquele ou a terceiro. Na segunda parte, o crime se caracteriza quando o agente retém documentos pessoais ou contratuais de interesse da vítima, com a finalidade de que continue com a prestação de serviços. Isto porque a retenção desses documentos normalmente causa ao interessado inúmeros problemas, principalmente no que se relaciona com a obtenção de novo emprego, tornando-se, assim, uma espécie de constrangimento ilegal contra o empregado.

203.7 Causa de aumento de pena

Ainda pela Lei nº 9.777, de 29-12-1998, foi criada uma forma qualificada para todos os ilícitos previstos no art. 203 do CP. A pena é aumentada de um terço quando a vítima é menor de 18 anos, idosa, gestante, indígena ou portadora de deficiência física ou mental, ofendidos que, pela menor possibilidade de resistência à prática das condutas incriminadas, merecem maior proteção. Quanto à pessoa idosa, não tendo fixado a lei o limite de idade, entendia-se que cabia ao juiz, no caso concreto, aferir dessa circunstância, não podendo negar a incidência da causa de aumento de pena quando a vítima fosse maior de 70 anos, considerada essa idade em outros dispositivos legais (arts. 77, § 2º, e 115, do CP). O Estatuto da Pessoa Idosa (Lei nº 10.741, de 1º-10-2003), porém, passou a definir pessoa idosa como a que tem idade igual ou superior a 60 anos (art. 1º), limite esse que agora é referido em diversos dispositivos do Código Penal (art. 61, II, *h*, 121, § 4º, 133, § 3º, III etc.).

203.8 Distinção

A sujeição a trabalho excessivo ou inadequado que expõe a perigo a vida ou a saúde da vítima configura o crime do art. 136, se esta se encontra sob autoridade, guarda ou vigilância do agente, e do descrito no art. 99 do Estatuto da Pessoa Idosa, se a vítima tem idade igual ou superior a 60 anos. Possível nessa hipótese, o concurso, material ou formal, com o crime do art. 203.

A exploração do trabalho por meio da redução da vítima a condição análoga à de escravo é crime previsto no art. 149 do CP, que pune no § 1º, com as mesmas penas do *caput*, condutas, como a de se apoderar o agente de objetos ou documentos da vítima, que têm por finalidade a retenção do trabalhador no local de trabalho.

As práticas discriminatórias em relação de emprego decorrentes de preconceito de raça, cor, etnia ou procedência nacional configuram crimes previstos nos arts. 3º e 4º, da Lei nº 7.716, de 5-1-1989, alterada pela Lei nº 12.288, de 20-7-2010 (Estatuto da Igualdade Racial).

Condutas discriminatórias contra o empregado portador do HIV e o doente de AIDS em razão dessa condição foram tipificadas pela Lei nº 12.984, de 2-6-2014 (art. 1º, II, III, IV).

A violação de dever relativo à contribuição previdenciária pode configurar o crime de apropriação indébita previdenciária (art. 168-A) ou de sonegação de contribuição previdenciária (art. 337-A).

203.9 Competência

Conforme já dispunha a Súmula 115, do extinto Tribunal Federal de Recursos, compete à Justiça Federal processar e julgar os crimes contra a organização do trabalho, quando tenham por objeto a organização geral do trabalho ou direitos dos trabalhadores considerados coletivamente. Essa orientação, acatada por nossos tribunais, confere à Justiça estadual a competência para os crimes que atingem apenas determinado ou determinados empregados (item 197.5).

Frustração de lei sobre a nacionalização do trabalho

> **Art. 204.** Frustrar, mediante fraude ou violência, obrigação legal relativa à nacionalização do trabalho:
>
> Pena – detenção, de 1 (um) mês a 1 (um) ano, e multa, além da pena correspondente à violência.
>
> *Vide*: **CF** arts. 5º, *caput*, 109, VI; **CP** art. 206; **Decreto-lei** nº 5.452, de 1º-5-1943 – **CLT**, arts. 352 a 371 (dispõem sobre a nacionalização do trabalho).

204 FRUSTRAÇÃO DE LEI SOBRE A NACIONALIZAÇÃO DO TRABALHO

204.1 Sujeitos do delito

O empregador, o empregado e mesmo estranhos à relação do trabalho podem praticar o crime.

Sujeito passivo é sempre o Estado, ainda que prejudicados sejam, em tese, os trabalhadores brasileiros.

204.2 Tipo objetivo

A conduta típica é o emprego de violência física ou fraude, principalmente a alteração de livros, relações e fichários, para burlar a lei sobre a nacionalização do trabalho. Trata-se, também, de norma penal em branco, que deve ser complementada pelos arts. 352 a 371 da CLT. A competência para a apuração é da Justiça Federal (v. item 197.5). A Constituição de 1988, porém, garantindo expressamente a igualdade de direitos entre os brasileiros e os estrangeiros residentes no país, não estabeleceu qualquer diferença para fazer com que sejam protegidos aqueles em desfavor destes. Assim, passaram a ser incompatíveis com a Carta Magna as obrigações legais relativas à nacionalização do trabalho, tornando inócuo o dispositivo em estudo.

204.3 Tipo subjetivo

O dolo é a vontade de, agindo com violência ou fraude, frustrar a lei referente à nacionalização do trabalho.

204.4 Consumação e tentativa

Consuma-se o crime com a frustração da lei, quando a empresa abriga um número maior de empregados estrangeiros do que o permitido. Nada impede a tentativa e o concurso de crimes com o *falsum*.

Exercício de atividade com infração de decisão administrativa

> **Art. 205.** Exercer atividade, de que está impedido por decisão administrativa:
>
> Pena – detenção, de 3 (três) meses a 2 (dois) anos, ou multa.
>
> *Vide*: **CF** arts. 5º, XIII, 109, IV; **CP** arts. 282, 324, 330, 359; **LCP** art. 47.

205 EXERCÍCIO DE ATIVIDADE COM INFRAÇÃO DE DECISÃO ADMINISTRATIVA

205.1 Sujeitos do delito

Pratica o crime qualquer pessoa que viola decisão administrativa, exercendo atividade que lhe é proibida. Sujeito passivo é o Estado, titular do interesse na execução das decisões administrativas.

205.2 Tipo objetivo

Trata-se de crime habitual que se configura no *exercer*, desempenhar, praticar, exercitar atividade de que está proibido por suspensão, cancelamento e cessação de licenças e faculdades do Ministério do Trabalho ou de qualquer outro órgão da administração pública que regula ofício, arte ou profissão, inclusive os de organização profissional. Caso a atividade venha em detrimento de serviço e interesse da União, a competência é da Justiça Federal (art. 109, IV, da CF).

Jurisprudência

- Crime único na reiteração de atos: crime habitual
- Competência da Justiça Federal
- Necessidade de reiteração dos atos
- Crime praticado por advogado

205.3 Tipo subjetivo

O dolo é a vontade de exercer a atividade, ciente o agente de que ela lhe está vedada por decisão administrativa. O erro a esse respeito exclui o dolo.

205.4 Consumação e tentativa

Consuma-se o crime com o exercício efetivo da atividade vedada ao agente pela decisão administrativa. Exigindo-se a habitualidade, é impossível a ocorrência de tentativa, entendendo-se que um simples ato profissional, no caso de profissional da medicina, configura o ilícito.

Jurisprudência

- Inexistência de habitualidade e ausência de dolo
- Consumação por um único ato

205.5 Distinção

Quando o agente jamais possuiu autorização para a prática da atividade profissional, o fato pode constituir o crime previsto no art. 282 ou a contravenção do art. 47 da LCP. Tratando-se de decisão judicial, o exercício de atividade da qual o agente está privado pode configurar o crime previsto nos arts. 324 ou 359 do CP. Não se tratando de atividade profissional, o agente pode praticar o crime de desobediência (art. 330 do CP).

Jurisprudência

- Distinção com a contravenção do art. 47 da LCP
- Distinção com o crime de desobediência
- Distinção com o exercício ilegal da medicina

Aliciamento para o fim de emigração

Art. 206. Recrutar trabalhadores, mediante fraude, com o fim de levá-los para território estrangeiro:

Pena – detenção, de 1 (um) a 3 (três) anos, e multa.*

* Redação dada pela Lei nº 8.683, de 15-7-1993.

Vide: CP arts. 149-A, 207, 232-A.

206 ALICIAMENTO PARA O FIM DE EMIGRAÇÃO

206.1 Sujeitos do delito

Qualquer pessoa pode praticar o crime de aliciamento para o fim de emigração. Sujeito passivo é o Estado, titular do interesse protegido que é o de os trabalhadores brasileiros permanecerem no Brasil.

206.2 Tipo objetivo

A conduta típica é *recrutar*, que exige a iniciativa do agente para atrair, seduzir ou angariar trabalhadores (no mínimo três, irrelevantes a qualificação técnica ou habilidade de cada um) para fim de emigração. Exige a lei que haja fraude, ou seja, que o agente induza ou mantenha em erro os trabalhadores, com falsas informações, promessas etc., convencendo-os a levá-los para território estrangeiro. Não ocorre o ilícito, portanto, no agenciamento de trabalhadores quando não é empregado qualquer artifício, ardil ou outro meio fraudulento.

Jurisprudência

- Exigência de fraude para a caracterização do crime

206.3 Tipo subjetivo

O dolo do crime é a vontade de atrair trabalhadores para a imigração, exigindo-se que queira iludi-los através da fraude.

206.4 Consumação e tentativa

Consuma-se o crime com o simples recrutamento, através da fraude, não se exigindo que se efetive o ato de saída dos trabalhadores do país. Possível é a tentativa quando, apesar da fraude praticada, não se efetive o recrutamento.

206.5 Distinção

Distingue-se o aliciamento para fim de emigração dos crimes de tráfico de pessoas (art. 149-A) e promoção de migração ilegal (art. 232-A). Enquanto no primeiro visa-se coibir o recrutamento de trabalhadores para serem levados ao exterior, no tráfico de pessoas o recrutamento de qualquer pessoa deve ter por finalidade uma das elencadas no tipo penal, todas elas de natureza ilícita. No crime de promoção de migração ilegal, tutela-se a regular observância das normas legais que regem a emigração e imigração de nacionais e estrangeiros, não se referindo o tipo à finalidade da entrada do brasileiro no país estrangeiro, exigindo-se somente que o agente atue com o fim de obter vantagem econômica. Quem recruta trabalhadores para o fim de levá-los para o exterior e, subsequentemente, promove a sua entrada no país estrangeiro responde por ambos os delitos em concurso (arts. 206 e 232-A).

206.6 Competência

A competência para o julgamento do crime de aliciamento para o fim de emigração é da Justiça Federal, sempre que evidenciada ofensa à organização geral do trabalho. Não caracterizada esta, tem-se reconhecido a competência da Justiça dos Estados.

Jurisprudência

- Ausência de ofensa à organização geral do trabalho: competência da Justiça estadual

Aliciamento de trabalhadores de um local para outro do território nacional

Art. 207. Aliciar trabalhadores, com o fim de levá-los de uma para outra localidade do território nacional:

Pena – detenção, de um a três anos, e multa.*

§ 1º Incorre na mesma pena quem recrutar trabalhadores fora da localidade de execução do trabalho, dentro do território nacional, mediante fraude ou cobrança de qualquer quantia do trabalhador, ou, ainda, não assegurar condições do seu retorno ao local de origem.**

§ 2º A pena é aumentada de um sexto a um terço se a vítima é menor de dezoito anos, idosa, gestante, indígena ou portadora de deficiência física ou mental.**

* Pena alterada pela Lei nº 9.777, de 29-12-1998.

** Parágrafos acrescentados pela Lei nº 9.777, de 29-12-1998.

Vide: CP arts. 149, 149-A, 203, 206 e 232-A.

207 LICIAMENTO DE TRABALHADORES DE UM LOCAL PARA OUTRO DO TERRITÓRIO NACIONAL

207.1 Sujeitos do delito

Sujeito ativo do crime pode ser qualquer pessoa. Sujeito passivo é o Estado, titular do interesse protegido, no caso o interesse de que os trabalhadores fiquem radicados no local em que estão, evitando normalmente fatores de desajuste econômico e social.

207.2 Tipo objetivo

A conduta típica é aliciar, seduzir, angariar trabalhadores para que se mudem de localidade (vila ou cidade distante, Estado). Não pratica o crime quem apenas transporta os trabalhadores de uma região para outra. Já se exigiu que se comprove ofensa à organização do trabalho ou prejuízo para a economia da região onde se processa o aliciamento.

Jurisprudência

- Exigência de prejuízo

207.3 Tipo subjetivo

O dolo é a vontade de aliciar, convencer, atrair, seduzir os trabalhadores com a finalidade de que se mudem para outro local.

207.4 Consumação e tentativa

Consuma-se o crime com o aliciamento, ainda que não ocorra o êxodo. Trata-se de crime formal, havendo possibilidade de tentativa.

Jurisprudência

- Consumação do crime com o aliciamento

207.5 Recrutamento de trabalhadores

Nova figura típica foi acrescentada ao art. 207 do CP, no sentido de proteger a organização do trabalho, para que os trabalhadores fiquem radicados e não migrem de forma a serem vítimas de desajuste econômico e social. A conduta típica é de *recrutar* trabalhadores fora da localidade da execução do trabalho, dentro do território nacional. Não se exige aqui o aliciamento, a sedução, o convencimento, podendo a iniciativa partir do próprio trabalhador. O primeiro meio ilícito inscrito na lei é a fraude; o agente ilude a vítima, fazendo promessas que não serão cumpridas, enganando-o quanto às condições de trabalho, remuneração, local de serviços, benefícios etc. Também pode ser cometido o crime quando o agente recruta o trabalhador cobrando qualquer quantia deste, pouco importando que sejam cumpridas as promessas feitas. O fim do dispositivo é evitar que o trabalhador seja explorado economicamente para a obtenção de colocação trabalhista. Por fim, incrimina a lei também o recrutamento de trabalhador sem que se assegurem condições do seu retorno ao local de origem. Findo o prazo do contrato de trabalho, ou a qualquer momento quando for ele por tempo indeterminado, tem o trabalhador o direito de exigir do empregador que lhe forneça as condições indispensáveis ao retorno; não sendo atendido, configura-se o ilícito em pauta. Inexistindo fraude, cobrança ou não se negando o agente a providenciar o retorno do trabalhador ao local de origem, o recrutamento não configura ilícito penal.

207.6 Forma qualificada

Instituiu também a Lei nº 9.777, de 29-12-1998, causas de aumento de pena para os crimes de aliciamento e recrutamento de trabalhadores. A repriminda é aumentada de um sexto a um terço se a vítima é menor de 18 anos, idosa, gestante, indígena ou portadora de deficiência física ou mental, pessoas que, por sua menor possibilidade de defesa em relação ao agente, necessitam de maior proteção (v. item 203.7).

TÍTULO V
DOS CRIMES CONTRA O SENTIMENTO RELIGIOSO E CONTRA O RESPEITO AOS MORTOS

CAPÍTULO I
DOS CRIMES CONTRA O SENTIMENTO RELIGIOSO

Ultraje a culto e impedimento ou perturbação de ato a ele relativo

Art. 208. Escarnecer de alguém publicamente, por motivo de crença ou função religiosa; impedir ou perturbar cerimônia ou prática de culto religioso; vilipendiar publicamente ato ou objeto de culto religioso:

Pena – detenção, de 1 (um) mês a 1 (um) ano, ou multa.

Parágrafo único. Se há emprego de violência, a pena é aumentada de um terço, sem prejuízo da correspondente à violência.

Vide: CF art. 5º, VI; CP arts. 163, 209, 210.

208 ULTRAJE A CULTO E IMPEDIMENTO OU PERTURBAÇÃO DE ATO A ELE RELATIVO

208.1 Sujeitos dos delitos

O sujeito ativo do crime previsto no art. 208, em suas várias modalidades, é qualquer pessoa, incluindo-se os próprios ministros ou crentes.

Vítima do crime na primeira modalidade é sempre uma pessoa determinada (ministro, sacerdote, crente) e nas demais a coletividade religiosa. Nesses casos, trata-se de crime vago.

208.2 Ultraje por motivo de religião

Na primeira modalidade prevista no art. 208, a conduta típica é *escarnecer*, ridicularizar, achincalhar, zombar, troçar, manifestar desprezo, troçar de alguém. Exige-se que o ato seja praticado na presença de várias pessoas ou por meio em que o escárnio seja transmitido a pessoas indeterminadas (cartaz, imprensa, alto-falantes etc.). Não se pune a simples ofensa à religião, dado o princípio constitucional de liberdade de consciência e de crença (art. 5º, VI). Não havendo publicidade, pode ocorrer crime contra a honra. O ultraje deve estar relacionado com a crença (fé religiosa) ou com a função religiosa (ministério exercido por padres, frades, freiras, rabinos, pastores, sacristão, coroinha, médium espírita etc.), embora não seja necessário que ocorra o fato durante o desempenho dessa função.

O dolo é a vontade de escarnecer, zombar, achincalhar alguém em decorrência da crença ou função religiosa.

Consuma-se o crime com o escárnio, que absorve eventual crime contra a honra. É admissível a tentativa quando não se trata de conduta verbal, unissubsistente.

Jurisprudência

- Necessidade de vítima determinada

208.3 Impedimento ou perturbação de cerimônia ou culto

A segunda modalidade do crime é o impedimento ou perturbação de cerimônia ou prática de culto religioso. A conduta típica é *impedir*, paralisar, ou perturbar, estorvar, atrapalhar não permitir que se inicie ou prossiga a cerimônia ou o culto, qualquer que seja o meio empregado (violência, alarido, gritos, vaias etc.). Cerimônias são as práticas mais solenes (missas, cultos, procissões, casamentos, batizados etc.) e cultos as práticas sem formalidades (sermões, catecismos, orações, novenas etc.). A Constituição Federal assegura o livre exercício dos cultos religiosos, garantindo, na forma da lei, a proteção aos locais de culto e às suas liturgias (art. 5º, VI).

O dolo é a vontade de impedir ou tumultuar a cerimônia ou culto, não se exigindo fim específico. Admite-se o dolo eventual, mas não a culpa em sentido estrito.

Consuma-se o crime com o impedimento ou perturbação da cerimônia ou culto. É possível a tentativa.

Jurisprudência

- Perturbação de cerimônia ou culto religioso
- Crime com dolo eventual

208.4 Vilipêndio de ato ou objeto de culto

Incrimina-se também o vilipêndio público de ato ou objeto de culto religioso. A conduta típica é *vilipendiar*, que significa desprezar, aviltar, menoscabar, desdenhar, injuriar, tratar de modo ultrajante, por palavras, gestos, escritos etc. O vilipêndio deve incidir diretamente sobre ou contra a coisa, objeto do culto (imagens, crucifixos, relíquias, altares etc.), ou durante o decorrer do ato religioso. É necessário que o ultraje seja praticado na presença de várias pessoas.

O dolo é a vontade de vilipendiar, não se exigindo fim específico.

Consuma-se o crime com o ultraje, sendo possível a tentativa.

208.5 Forma qualificada

Havendo emprego de violência, a pena é aumentada de um terço. Além disso, a violência, contra a pessoa ou coisa, é punida autonomamente, neste último caso como o crime de dano (art. 163 do CP).

Jurisprudência

- Crime qualificado com violência

CAPÍTULO II
DOS CRIMES CONTRA O RESPEITO AOS MORTOS

Impedimento ou perturbação de cerimônia funerária

>Art. 209. Impedir ou perturbar enterro ou cerimônia funerária:
>
>Pena – detenção, de 1 (um) mês a 1 (um) ano, ou multa.
>
>Parágrafo único. Se há emprego de violência, a pena é aumentada de um terço, sem prejuízo da correspondente à violência.

Vide: **CF** art. 5º, VI; **CP** arts. 208, 210 a 212.

209 IMPEDIMENTO OU PERTURBAÇÃO DE CERIMÔNIA

209.1 Sujeitos do delito

Trata-se de crime comum, podendo ser praticado por qualquer pessoa. O sujeito passivo, evidentemente, não é o morto, que não é mais titular de direitos, mas a coletividade, as pessoas da família ou amigos que tinham relação afetiva com o extinto. Trata-se, pois, de delito vago, em que se ofende uma coletividade destituída de personalidade jurídica.

209.2 Tipo objetivo

A conduta típica é impossibilitar, paralisar ou perturbar, dificultar o enterro ou a cerimônia fúnebre. O enterro inclui a trasladação do corpo para o local onde vai haver o sepultamento e a própria inumação. A cerimônia fúnebre é o ato civil em que se presta homenagem ao falecido (amortalhamento, velório, honras fúnebres, cremação etc.).

209.3 Tipo subjetivo

O dolo é a vontade de impedir ou perturbar o enterro ou a cerimônia, sendo indiferente o motivo ou fim determinante do ato. Basta a consciência, por parte do agente, de que sua conduta perturba o ambiente de respeito próprio das cerimônias fúnebres.

Jurisprudência

- Irrelevância do motivo e fim da conduta

209.4 Consumação e tentativa

Consuma-se o crime com o impedimento ou simples perturbação de enterro ou da cerimônia funerária. É possível a tentativa.

209.5 Forma qualificada

Como no crime visto anteriormente, se há emprego de violência contra pessoa ou contra a coisa há forma qualificada, punindo-se aquela como crime autônomo.

Violação de sepultura

> Art. 210. Violar ou profanar sepultura ou urna funerária:
> Pena – reclusão, de 1 (um) a 3 (três) anos, e multa.
>
> *Vide*: CP arts. 211, 212; LCP art. 67.

210 VIOLAÇÃO DE SEPULTURA

210.1 Sujeitos do delito

A violação de sepultura pode ser praticada por qualquer pessoa. Como crime vago, o sujeito passivo é a coletividade, ou seja, família, amigos etc.

Jurisprudência

- Objeto jurídico do crime

210.2 Tipo objetivo

Prevê-se no tipo a conduta de *violar*, que significa abrir, devassar, escavar, destruir, alterar, romper e de *profanar*, que tem o significado de ultrajar, vilipendiar, aviltar, tratar com desprezo a sepultura.

O objeto material é a sepultura, ou seja, o local onde se acha inumado cadáver humano ou suas partes, o que abrange sepulcros, mausoléus, tumbas, túmulos, covas etc., bem como o que lhe é conexo, como a lápide, ornamentos estáveis, estátuas etc. Refere-se expressamente a lei também a urna funerária (ossários, caixas, cofres e vasos que contêm cinzas ou ossos do falecido). A sepultura ou a urna vazia não são tuteladas, pois o que se visa preservar é o respeito ao morto sepultado. Não se confunde o crime de vilipêndio ou profanação de sepultura com a contravenção de exumar cadáver irregularmente (art. 67 da LCP).

Jurisprudência

- Caracterização do crime
- Não aplicação do princípio da insignificância no caso de inimputabilidade

210.3 Tipo subjetivo

Quanto à conduta de violar a sepultura, o dolo é a mera vontade de praticar a conduta de abrir, arrebentar etc. Já no caso de profanação, há opinião no sentido de que se exige o fim específico de faltar com respeito aos mortos, mas é evidente que o agente, ao praticar a conduta, tem consciência de que está profanando a sepultura, devendo responder pelo crime.

Jurisprudência

- Inexistência de transe mediúnico
- Inexistência de erro de proibição
- Exigência de fim específico

210.4 Consumação e tentativa

Consuma-se o crime com qualquer ato de vandalismo ou profanação sobre a sepultura. Admissível é a tentativa.

Jurisprudência

• Consumação com o ato de vandalismo

210.5 Concurso de crimes

A violação e a profanação de sepultura constituem crime único. Pode entretanto haver concurso de crimes quando se tratar da prática concomitante de furto. Já se decidiu, contudo, que a subtração de próteses de cadáveres não constitui o delito de furto por ter como objeto material coisas fora do comércio.

Jurisprudência

• Crime único na violação de várias sepulturas
• Inexistência de crime de furto
• Concurso formal com dano

Destruição, subtração ou ocultação de cadáver

Art. 211. Destruir, subtrair ou ocultar cadáver ou parte dele:

Pena – reclusão, de 1 (um) a 3 (três) anos, e multa.

Vide: CP arts. 210, 212; LCP art. 67; CC art. 1.597, I; Lei nº 9.434, de 4-2-1997, arts. 14 a 20 (definem crimes relacionados com a remoção, guarda, transporte, comercialização e transplante de tecidos, órgãos ou partes do corpo humano de pessoa ou de cadáver).

211 DESTRUIÇÃO, SUBTRAÇÃO OU OCULTAÇÃO DE CADÁVER

211.1 Sujeitos do delito

Trata-se de crime comum, que pode ser praticado por qualquer pessoa, inclusive membros da família do extinto. Sujeito passivo é ainda a coletividade formada pelas pessoas da família do morto e a própria comunidade.

Jurisprudência

• Sujeito passivo: a coletividade

211.2 Tipo objetivo

A primeira conduta prevista é a de destruir cadáver, que significa fazer com que ele se torne insubsistente, é queimar, esmagar, reduzir a detritos ou resíduos, dissolver o corpo, ainda que parcialmente. A segunda é a de *subtrair*, furtar, tirar da guarda de quem de direito (família, guarda de cemitério, vigia de necrotério etc.). *Ocultar* é a última conduta, significando esconder, fazer desaparecer o cadáver.

O objeto material do crime é o cadáver, corpo que ainda conserva aparência humana. Não é abrangido pelo conceito o esqueleto ou as cinzas. Quanto ao feto e ao natimorto, há várias posições: só é cadáver aquele que teve vida extrauterina; é cadáver o natimorto expulso no termo da gravidez; é cadáver o feto de mais de seis meses, por ser viável nos termos do art. 1.597, I, do CC. Essa é a orientação que tem prevalecido, embora entendamos que só é cadáver o natimorto.

Jurisprudência

- Destruição parcial do cadáver: existência de crime
- Ocultação de cadáver: crime permanente
- Subtração de cadáver
- Abandono do cadáver: inexistência do crime
- Local ermo em que ocorreu o homicídio: inexistência de crime
- Remoção de cadáver: inexistência de crime
- Restos em completa decomposição: inexistência de crime
- Natimorto: existência de crime
- Natimorto: existência de crime – Contra
- Feto com nove meses: existência do crime
- Feto com mais de seis meses: existência de crime
- Ocultação de cadáver: existência de crime
- Feto com menos de seis meses: inexistência de crime

211.3 Tipo subjetivo

O crime só exige como dolo a vontade de praticar a conduta de destruir, subtrair ou ocultar o cadáver, qualquer que seja o motivo ou fim da conduta.

Jurisprudência

- Desnecessidade de dolo específico
- Inexistência de dolo

211.4 Consumação e tentativa

Consuma-se o crime com a destruição, ainda que parcial, com a ocultação ou a subtração do cadáver. Nada impede a tentativa, que ocorre quando o agente, iniciando a execução, não logra o resultado (destruição, ocultação ou subtração) por circunstâncias alheias à sua vontade.

Jurisprudência

- Existência de consumação
- Inexistência de consumação
- Tentativa configurada
- Inexistência de tentativa

211.5 Distinção

A Lei nº 9.434, de 4-2-1997, que passou a regular a remoção de órgãos, tecidos e partes do corpo humano para fins de transplantes e tratamento, prevê como crimes: a remoção irregular de órgãos ou partes de cadáver (art. 14); a compra ou venda de tecidos, órgãos ou partes do corpo humano (art. 15); a realização de transplante ou enxerto utilizando tecidos, órgãos ou partes do corpo humano que tenham sido obtidos em desacordo com as disposições da lei (art. 16); o recolhimento, transporte, guarda ou distribuição de partes do corpo humano de que se tem ciência terem sido obtidos em desacordo com os dispositivos da lei (art. 17); a realização de transplante ou enxerto em desacordo com o disposto no art. 10 da lei e de seu parágrafo único (art. 18); a omissão na recomposição do cadáver, devolvendo aspecto condigno, para sepultamento ou a entrega ou mora de sua entrega aos familiares ou interessados (art. 19). Não se configura o crime de ocultação de cadáver quando a vítima é enterrada ainda com vida, ocorrendo aí o crime de homicídio qualificado pela asfixia. O sepultamento irregular não configura o crime e sim a contravenção (art. 67 da LCP).

Jurisprudência

- Homicídio e não ocultação de cadáver
- Contravenção e não ocultação de cadáver

211.6 Concurso de crimes

A ocultação de cadáver para esconder crime anterior (homicídio, infanticídio etc.) configura concurso material de crimes. Pode ocorrer, ainda, concurso material com o delito de violação de sepultura e concurso formal com o de vilipêndio a cadáver. Há divergência quanto à existência de furto das próteses dentárias do cadáver, fato que não constitui crime de furto por ter por objeto coisas fora do comércio, sem titular, portanto.

Jurisprudência

- Concurso material com homicídio
- Inexistência de concurso com o crime de furto
- Inexistência de crime continuado com o homicídio

Vilipêndio a cadáver

> Art. 212. Vilipendiar cadáver ou suas cinzas:
>
> Pena – detenção, de 1 (um) a 3 (três) anos, e multa.
>
> ***Vide***: **CP** arts. 138, § 2º, 210, 211; **LCP** art. 67; **CPP** arts. 162 a 166; **Lei nº 9.434**, de 4-2-1997, arts. 14 a 20 (definem crimes relacionados com a remoção, guarda, transporte, comercialização e transplante de tecidos, órgãos ou partes do corpo humano de pessoa ou de cadáver).

212 VILIPÊNDIO A CADÁVER

212.1 Sujeitos do delito

O vilipêndio a cadáver é crime comum, podendo ser praticado por qualquer pessoa, inclusive parentes do morto.

Sujeito passivo do ilícito é a coletividade destituída de personalidade jurídica e formada pelas pessoas da família do falecido, bem como amigos etc.

212.2 Tipo objetivo

A conduta típica do crime é *vilipendiar*, ultrajar, tratar com desprezo tanto o cadáver, como no crime previsto no art. 211, como suas cinzas, que são os resíduos da combustão ou cremação do corpo. Inclui assim como objeto material as partes do corpo, o esqueleto etc. O ato de necrofilia constitui o crime.

Jurisprudência

- Conceito de vilipêndio a cadáver
- Crime caracterizado
- Necessidade de atos de desprezo
- Absorção do vilipêndio a cadáver pelo crime de ocultação de cadáver

212.3 Tipo subjetivo

O dolo é a vontade de praticar a conduta, exigindo-se o elemento moral consistente no desejo consciente de desprezar o corpo com intenção de depreciá-lo. Ausente o dolo do crime previsto no art. 212 do CP, pode o fato constituir um dos delitos previstos nos arts. 14 a 19 da Lei nº 9.434, de 4-2-1997, que dispõe sobre os transplantes (item 211.5). O ato de necrofilia, que constitui em tese, vilipêndio a cadáver, pode ser indicativo de resultado de doença mental.

Jurisprudência

- Exigência do elemento subjetivo do tipo
- Inexistência do crime: fins didáticos
- Necrofilia: agente portador de doença mental

212.4 Consumação e tentativa

Consuma-se o crime com a prática do ato ultrajante. A tentativa é possível, salvo nos casos de vilipêndio verbal.

TÍTULO VI
DOS CRIMES CONTRA A DIGNIDADE SEXUAL
CAPÍTULO I
DOS CRIMES CONTRA A LIBERDADE SEXUAL

Estupro

Art. 213. Constranger alguém, mediante violência ou grave ameaça, a ter conjunção carnal ou a praticar ou permitir que com ele se pratique outro ato libidinoso:

Pena – reclusão, de 6 (seis) a 10 (dez) anos.

§ 1º Se da conduta resulta lesão corporal de natureza grave ou se a vítima é menor de 18 (dezoito) ou maior de 14 (catorze) anos:

Pena – reclusão, de 8 (oito) a 12 (doze) anos.

§ 2º Se da conduta resulta morte:

Pena – reclusão, de 12 (doze) a 30 (trinta) anos.*

* Artigo com a redação dada e parágrafos 1º e 2º inseridos pela Lei nº 12.015, de 7-8-2009.

Vide: CF arts. 5°, XLIII, 227, § 4°; **CP** arts. 128, II, 129, §§ 1° e 2°, 130, 148, § 1°, V, 215, 215-A, 217-A, 218-C, 225, 226, 234-A, 234-B; **CPP** arts. 158, 167; **Lei n° 7.960**, de 21-12-1989, art. 1°, III, *f* (prevê a prisão temporária em crime de estupro); **Lei n° 8.072**, de 25-7-1990, art. 1°, V (define o estupro como crime hediondo), art. 2°, I (veda anistia, graça e indulto), II (proíbe a fiança), § 1° (determina o regime inicial fechado), § 3° (possibilita a concessão fundamentada pelo juiz do apelo em liberdade), § 4° (prazo de 30 dias para a prisão temporária); **Lei n° 8.080**, de 19-9-1990, art. 7°, XIV (atendimento público especializado para mulheres e vítimas de violência doméstica em geral); **Lei n° 11.340**, de 7-8-2006, art. 7°, III (violência sexual como forma de violência doméstica e familiar contra a mulher); **Lei n° 12.845**, de 1°-8-2013 (dispõe sobre o atendimento obrigatório integral de pessoas em situação de violência sexual nos hospitais que integram a rede do Sistema Único de Saúde). Súmula: **STF 608**.

213 ESTUPRO

213.1 Crimes contra a dignidade sexual: considerações gerais

A Lei n° 11.106, de 28-3-2005, e, principalmente, a Lei n° 12.015, de 7-8-2009, promoveram uma reforma profunda do Título VI da Parte Especial do Código Penal, visando adaptar as normas penais às transformações nos modos de pensar e de agir da sociedade em matéria sexual, ocorridas desde a elaboração do Código Penal, e atualizar o Estatuto em face das inovações trazidas pela Constituição Federal e por construções doutrinárias mais recentes que lançaram novas luzes sobre a forma de se conceber e de se valorar aspectos relevantes da personalidade humana como merecedores de especial tutela pelo Ordenamento Jurídico, por constituírem em si mesmos direitos fundamentais ou desdobramentos desses mesmos direitos.

Abandonando a visão tradicional dos "costumes" como objeto central de tutela, o legislador eliminou alguns anacronismos, frutos de preconceitos e moralismos arraigados na sociedade à época em que foi elaborado o Código Penal. O adultério foi descriminalizado, abandonou-se a tutela penal da virgindade, excluíram-se as referências à honestidade da mulher etc.

Na nova disciplina dos crimes sexuais se reconheceu a primazia do desenvolvimento sadio da sexualidade e do exercício da liberdade sexual como bens merecedores de proteção penal, por serem aspectos essenciais da dignidade da pessoa humana e dos direitos da personalidade. Nesse sentido se orientou a reforma de vários tipos penais: buscou-se um tratamento igualitário entre homens e mulheres como sujeitos passivos dos crimes sexuais; procurou-se intensificar, pela disciplina em capítulo específico, a proteção dos menores de 18 anos, em especial os menores de 14 anos, contra os efeitos deletérios que os crimes sexuais provocam sobre a sua personalidade ainda em formação, estendendo-se essa especial proteção a outras pessoas particularmente vulneráveis em decorrência de outras causas como a enfermidade ou deficiência mental; ampliou-se a repressão a outras formas de exploração sexual além da prostituição etc.

A nova denominação dada ao Título VI – "Dos crimes contra a dignidade sexual" – embora não seja isenta de críticas, tem o mérito de evidenciar o deslocamento do objeto central de tutela da esfera da moralidade pública para o indivíduo.

O vocábulo "dignidade" possui diferentes acepções. Segundo o vernáculo, dignidade é qualidade moral que infunde respeito, mas também pode significar consciência do próprio valor, respeito aos próprios sentimentos e valores, e, ainda, qualidade do que é grande, nobre, elevado. No contexto normativo em que foi utilizado, o termo "dignidade" deve ser compreendido em conformidade com o sentido que lhe empresta a Constituição Federal, que prevê a "dignidade da pessoa humana" como conceito unificador de todos os direitos fundamentais do homem que se encontram na base de estruturação da ordem jurídica (art. 1º, inciso III). Nesse sentido, dignidade não pode ser entendida como sinônimo de respeitabilidade ou aprovação social ou associada a um julgamento moral coletivo, mas sim como atributo intrínseco de todo indivíduo que decorre da própria natureza da pessoa humana e não da forma de agir em sociedade. Assim, ao tutelar a dignidade sexual, protege-se um dos vários aspectos essenciais da dignidade da pessoa humana, aquele que se relaciona com o sadio desenvolvimento da sexualidade e a liberdade de cada indivíduo de vivenciá-la a salvo de todas as formas de corrupção, violência e exploração. Manteve, porém, o legislador, no Capítulo VI, os crimes que configuram formas de ultraje público ao pudor (arts. 233 e 234). Esses dispositivos permanecem tutelando a moralidade pública e os costumes.

Dos dispositivos abrangidos pelo Título VI, o art. 217, que previa o crime de sedução, e os arts. 219 a 222, que disciplinavam os crimes de rapto violento ou mediante fraude e de rapto consensual, foram revogados pela Lei nº 11.106, de 28-3-2005. Os arts. 214 e 216, que tipificavam os crimes de atentado violento ao pudor e atentado ao pudor mediante fraude, e os arts. 223, 224 e 232, que tratavam de formas qualificadas e da presunção de violência foram revogados pela Lei nº 12.015, de 7-8-2009. Esse diploma também acrescentou ao Código Penal os arts. 217-A, 218-A, 218-B e introduziu modificações em todos os demais dispositivos, à exceção dos arts. 233 e 234, que mantêm suas redações originais, e do art. 226. A Lei nº 13.718, de 24-9-2018, criou novos tipos, no art. 215-A, que descreve o crime de importunação sexual, e no art. 218-C, que criminaliza a disponibilização a terceiros de imagens de natureza sexual, bem como alterou os arts. 217-A, 226, 234-A e 225, que prescreve a ação penal pública para os crimes sexuais.

Assim, de acordo com a lei vigente, no Título VI, que trata dos crimes contra a dignidade sexual, estão definidos, no Capítulo I, os crimes contra a liberdade sexual (arts. 213, 215, 215-A e 216-A); no Capítulo I-A, exposição da intimidade sexual (art. 216-B); no Capítulo II, os crimes sexuais contra vulnerável (arts. 217-A, 218, 218-A e 218-B, bem como o art. 218-C); no Capítulo V, os de lenocínio (arts. 227, 228, 229, 230) Os arts. 231 e 231-A, que descreviam os crimes de tráfico internacional de pessoa para fim de exploração sexual e de tráfico interno de pessoa para fim de exploração sexual, foram revogados pela Lei nº 13.344, de 6-10-2016. O tráfico de pessoas com o fim de exploração sexual está agora previsto no art. 149-A, V, inserido pela mesma Lei. No art. 232-A, incluído pela Lei nº 13.445, de 24-5-2017, descreve-se o crime de promoção de migração ilegal, em que se tipificam condutas relacionadas com a entrada ilegal de estrangeiro no território nacional e a saída de brasileiro ou estrangeiro para ingresso ilegal em outro país, pelas quais não se tutela a dignidade sexual. No Capítulo VI, os crimes de ultraje público ao pudor (arts. 233 e 234). O Capítulo IV, denominado "Disposições gerais", contém normas relativas à ação penal e a causas de aumento de pena aplicáveis aos capítulos anteriores. O Capítulo VII, também denominado "Disposições gerais", abriga causas de aumento de pena e norma que determina o segredo de justiça no processo por crime sexual, aplicáveis a todo o Título VI.

213.2 Sujeitos do delito

Diferentemente do que se verificava na anterior redação do dispositivo, tanto o homem como a mulher podem praticar o crime de estupro. Não é correta a afirmação em relação à lei em vigor de que no constrangimento à conjunção carnal somente o homem pode ser sujeito ativo do delito porque necessária a penetração do membro viril no órgão sexual da mulher. A assertiva era válida no direito anterior porque o dispositivo previa o constrangimento tão somente da *mulher*, o que exigia que o autor fosse do sexo masculino para que houvesse a cópula vagínica. Diante da norma em vigor, que incrimina o constrangimento de *alguém*, a mulher que força o homem a manter conjunção carnal comete o crime de estupro. O que não é possível, tratando-se do constrangimento à conjunção carnal e ressalvadas as hipóteses de coautoria e participação, é que os sujeitos ativo e passivo sejam pessoas do mesmo sexo, porque, nesse caso, o coito normal não pode ocorrer.

O crime de estupro também pode ser praticado por pessoas de qualquer dos sexos na forma de constrangimento à prática de ato libidinoso diverso da conjunção carnal, tal como já se verificava no crime de atentado violento ao pudor (art. 214). Referindo-se a lei a atos libidinosos em geral, a mulher pode praticar o crime contra outra mulher (lesbianismo forçado) ou mesmo contra o homem.

Admitem-se a coautoria e a participação no crime de estupro. É coautor aquele que concorre eficazmente no constrangimento à vítima para a consumação do estupro, ainda que com ela não tenha mantido relações sexuais ou praticado outros atos libidinosos. Nada impede, também, que a mulher seja partícipe ou coautora do crime, colaborando na violência ou na grave ameaça contra a vítima, seja esta do sexo masculino ou feminino.

Muito se discutiu na doutrina e na jurisprudência a possibilidade da prática do crime de estupro do marido contra a mulher. A melhor solução, porém, é no sentido da caracterização do crime sempre que houver constrangimento para a realização do ato sexual, porque, embora a relação carnal voluntária seja lícita ao cônjuge, é ilícita e criminosa a coação para a realização do ato sexual, por constituir o fato abuso de direito (DELMANTO, Celso. Exercício e abuso de direito no crime de estupro. *RT* 536/258). A evolução dos costumes, que determinou a igualdade de direitos entre o homem e a mulher, justificou essa posição. Diante da atual disciplina da matéria não remanesce qualquer dúvida de que o crime de estupro pode ser praticado contra o cônjuge. Aliás, é ele mais severamente punido diante da redação dada pelas Leis nº 11.106, de 28-3-2005, e nº 13.718, de 24-9-2018, ao art. 226, que, no inciso II, prevê para a hipótese o aumento da pena, curiosamente, de *metade*. Assim, como remédio ao cônjuge rejeitado injustificadamente caberá apenas a separação judicial (arts. 1.571 ss do CC).

Sujeito passivo do crime de estupro é qualquer pessoa, homem ou mulher, excluídos somente os menores de 14 anos e as pessoas que por outras causas legais também são consideradas vulneráveis, porque nesses casos configura-se outro delito, o estupro de vulnerável (art. 217-A). Tutelando a lei a liberdade sexual como bem jurídico que integra a dignidade sexual da pessoa e sendo esta um atributo intrínseco da personalidade humana, estão protegidos pelo dispositivo o homem e a mulher, independentemente de sua orientação ou comportamento sexual. Pune-se, assim, por exemplo, o delito cometido contra vítima que exerce a prostituição ou pratica a pederastia ou pedofilia.

Jurisprudência

- Sujeito ativo eunuco ou impotente
- Estupro em concurso de pessoas e não crimes isolados
- Concurso de agentes no crime de estupro
- Concurso de pessoas no crime de estupro com ameaça
- Concurso de pessoas no crime de estupro com violência

- Concurso de pessoas por auxílio com ajuste prévio
- Concurso de pessoas por incentivo ao estupro
- Concurso de pessoas para o estupro em locais contíguos
- Estupro em coautoria por omissão
- Concurso de mulher para o estupro
- Admissibilidade da prática do crime pelo marido
- Sujeito passivo: qualquer pessoa
- Estupro contra mulher desvirginada
- Estupro contra mulher grávida
- Inexistência de crime na relação consentida com pessoa de 14 anos
- Estupro contra prostituta
- Irrelevância da qualidade ou estado da vítima

213.3 Tipo objetivo

Protege-se no crime de estupro não somente a integridade física, mas a liberdade sexual tanto do homem quanto da mulher, ou seja, o direito de cada indivíduo de dispor de seu corpo com relação aos atos de natureza sexual, como aspecto essencial da dignidade da pessoa humana.

Os tipos penais mistos podem ser cumulativos ou alternativos. Difícil se torna, por vezes, a diferenciação em face da técnica legislativa empregada. No tipo misto alternativo, em regra, as diferentes modalidades de conduta que o compõem seriam meras ações preparatórias, facilitadoras ou fases de outras no desenvolvimento do processo que conduz a efetiva lesão do bem jurídico tutelado, mas, por razões de prevenção e política criminal, a lei atribui a todas elas a mesma relevância penal (arts. 234, 276, 349-A, 359-G etc.). Reconhece-se, também, a alternatividade no tipo, embora ausente essa progressividade, se da descrição das modalidades de conduta se infere que a realização de mais de uma enseja um único resultado lesivo (a indisponibilidade do documento em prejuízo a fé pública em decorrência de sua destruição, supressão ou ocultação no art. 305; o desvio, sonegação, subtração ou supressão de correspondência comercial no art. 152; o suicídio da vítima ou sua tentativa em face do induzimento, instigação ou auxílio, no art. 122 etc.). No tipo misto cumulativo, diferentemente, as diversas condutas são incriminadas porque a prática isolada de cada uma delas e diretamente ofensiva ao bem jurídico que o dispositivo visa proteger e a execução de mais de uma enseja, em tese, nova lesão, como ocorre no estupro e em outros delitos (arts. 198, 248, art. 183 da Lei no 9.279, de 14-5-1996 etc.).

Entendemos que o art. 213 descreve um tipo misto cumulativo, punindo, com as mesmas penas, duas condutas distintas, a de constrangimento à conjunção carnal e a de constrangimento a ato libidinoso diverso. A utilização, no caso, de um único núcleo verbal (constranger) decorre da técnica legislativa, resultando da concisão propiciada pelo conteúdo das duas figuras típicas. A prática de uma ou outra conduta configura o crime de estupro e a realização de ambas enseja a possibilidade do concurso de delitos. Trata-se, em realidade, de crimes distintos, embora da mesma espécie, punidos num único dispositivo. A caracterização ou não do concurso de crimes ou da continuidade delitiva no estupro dependerá, entretanto, do contexto fático em que as ações foram praticadas (item 213.8).

A questão, porém, é controvertida, inclinando-se boa parte da doutrina a afirmar a existência de um tipo misto alternativo. Segundo essa orientação, a prática de conjunção carnal e de atos libidinosos diversos configurará sempre crime único, o que afasta a possibilidade de concurso ou de continuidade delitiva contra a mesma vítima no mesmo contexto fático. Essa solução não nos parece a melhor. Diante da natureza do bem jurídico protegido, a liberdade sexual individual como aspecto da dignidade sexual, e da redação dada ao tipo, que mantém a distinção entre a conjunção carnal e outros atos libidinosos, é possível inferir não apenas que a prática de cada ação típica é suficiente para provocar lesão ao bem protegido, mas, também, que a realização de ambas configura, em princípio, dúplice violação à liberdade sexual da vítima, ofendendo mais gravemente a sua dignidade sexual. Pesa, ainda, em desfavor dessa interpretação, no sentido da alternatividade do tipo, a inexistência de qualquer indício no processo legislativo de que fosse intenção do legislador punir mais brandamente os crimes sexuais do que o fazia a lei anterior. A mesma solução, que implica a inadmissibilidade do concurso e da continuidade delitiva num único contexto fático, enseja tratamento punitivo igualitário a condutas bastante diversas em termos de gravidade, independentemente do número e da natureza dos atos sexuais violentos praticados, equiparando, por exemplo, a conduta de quem, com violência, acaricia as partes pudicas da vítima àquela outra na qual o agente, após assim agir, força-a à conjunção carnal, por diversas vezes, e, subsequentemente, a outros atos libidinosos como as cópulas oral e anal. A margem, relativamente estreita, mantida entre as penas mínima e máxima cominadas para o delito (6 a 10 anos) não corrobora, a nosso ver, essa orientação.

A primeira conduta descrita no tipo é a do constrangimento à conjunção carnal. *Conjunção carnal*, no sentido da lei, é a cópula vagínica, completa ou incompleta, entre homem e mulher. A expressão se refere ao coito normal, que é a penetração do membro viril no órgão sexual da mulher, com ou sem o intuito de procriação. Não configura, pois, a conjunção carnal a cópula vestibular ou vulvar. Não depende o estupro, todavia, do rompimento do hímen que, eventualmente, pode ser complacente, podendo o congresso carnal ser determinado por outros indícios (presença de esperma na vulva etc.). Não se exige, também, que tenha ocorrido a ejaculação.

Comete também o estupro quem constrange a vítima a praticar ou permitir que com ela se pratique ato libidinoso diverso da conjunção carnal. Ato libidinoso é o ato lascivo, voluptuoso, dissoluto, destinado ao desafogo da concupiscência. Alguns são equivalentes ou sucedâneos da conjunção carnal (coito anal, coito oral, coito *inter-femora, cunnilingue, anilingue*, heteromasturbação). Outros, não o sendo, contrastam violentamente com a moralidade sexual, tendo por fim a lascívia, a satisfação da libido. É considerado ato libidinoso o beijo aplicado de modo lascivo ou com fim erótico. Não é indispensável o contato físico, corporal, entre o agente e a ofendida. Há, por exemplo, ato libidinoso na conduta do agente que, mediante ameaça, obriga a vítima a masturbar-se, tendo em vista a contemplação lasciva. Não é mister para a configuração do crime que se desnude qualquer parte do corpo da vítima para o contacto lúbrico. A libidinosidade do ato não depende da compreensão do ofendido ou da sua maior ou menor malícia, sendo irrelevante o grau de pudor pessoal da vítima. Por outro lado, embora possa conter como elemento subjetivo o fim de satisfazer a própria lascívia, o ato somente será considerado criminoso se, objetivamente considerado, é libidinoso.

É indispensável para a caracterização do estupro que tenha havido constrangimento mediante violência ou grave ameaça. Exige-se que a vítima se oponha com veemência ao ato sexual, resistindo com força e energia, em dissenso sincero e positivo. Não basta uma platônica ausência de adesão, uma recusa puramente verbal, uma oposição passiva e inerte ou meramente simbólica, um não querer sem maior rebeldia. Deve-se configurar, portanto, uma oposição que só a violência física ou moral consiga vencer, que a vítima seja obrigada, forçada, coagida, compelida à prática da conjunção carnal ou de outro ato libidinoso. Não há, porém, adesão da vítima quando esta se abandona por exaustão de forças, trauma ou inibição provada pelo medo. Em se tratando de ameaça, deve ela ser *grave* (promessa da prática de mal considerável), mas não importa a justiça ou não do mal ameaçado. Tem-se em conta, sempre, a capacidade de resistência da vítima. Não faz desaparecer o delito o fato posterior suscetível de fazer presumir o consentimento, *v. g.*, quando a vítima aceita dinheiro ou outra recompensa, após a conjunção carnal. Permanece ainda o crime se a violência foi praticada originariamente para fim diverso (roubo, extorsão etc.).

A prova do estupro deve se fazer, em princípio, por exame pericial, que comprove, no caso de violência, lesões corporais (equimoses, arranhões etc.). A ausência de lesões corporais, entretanto, não exclui a possibilidade do reconhecimento da violência com fundamento em outros elementos de prova. A violência moral deve ser demonstrada por outras provas (gritos, choros, notícia imediata a parentes etc.), dispensando-se a perícia.

A Lei nº 8.072, de 25-7-1990, inclui o estupro, nas formas simples e qualificadas, entre os crimes hediondos (art. 1º, V, com a redação conferida pela Lei nº 12.015, de 7-8-2009). Assim, o autor do delito de estupro não pode ser beneficiado com a anistia, com a graça ou indulto (art. 2º, I), não tem direito à fiança (art. 2º, II), deverá cumprir a pena inicialmente em regime fechado (art. 2º, § 1º), sua prisão temporária pode durar 30 dias, prazo prorrogável por igual período em caso de extrema e comprovada necessidade (art. 2º, § 4º). Na vigência da lei anterior, discutia-se a natureza hedionda do estupro e do atentado violento ao pudor cometidos com violência presumida, nos casos de não ocorrência de lesão corporal grave ou morte.

Jurisprudência

- Estupro e atentado violento ao pudor na nova redação do art. 213: tipo misto cumulativo
- Inocorrência de abolitio criminis na revogação do art. 214
- Estupro de mulher com hímen complacente
- Estupro quando o fato provoca gravidez da vítima
- "Curra": estupro com violência
- Violência posterior: inexistência do crime
- Violência real além da violência presumida
- Necessidade de comprovação da violência ou grave ameaça
- Existência de grave ameaça: crime caracterizado
- Necessidade de ameaça grave
- Ameaça com emprego de arma de fogo
- Ameaça de revelar segredo: inexistência do crime
- Ameaça a familiares da vítima
- Aferição da resistibilidade de acordo com as circunstâncias
- Inexigência de esgotamento na reação da vítima
- Caracterização do estupro em temor reverencial
- Caracterização do estupro em temor reverencial – Contra
- Irrelevância da ausência de constatação de lesões
- Irrelevância da ausência de constatação de lesões – Contra
- Exame pericial e hímen complacente
- Hímen complacente: gravidez da vítima
- Prevalência da palavra da vítima sobre a do acusado
- Palavra isolada da vítima: falta de prova
- Silêncio da ofendida: falta de prova
- Palavra da vítima conflitante com elementos de prova
- Conceito de ato libidinoso
- Necessidade de contato físico com a vítima
- Prática de ato libidinoso com terceiro
- Desnecessidade de contato físico com o agente
- Beijo lascivo: crime caracterizado
- Tateio da nádega e seios: crime caracterizado
- Beijo, abraços e contato íntimo: crime caracterizado
- Vítima vestida: crime caracterizado
- Inexistência de ato libidinoso
- Desnecessidade do exame pericial na prática de ato libidinoso
- Inexistência de violência
- Ato sexualmente abusivo sem séria agressão à vítima: crime não configurado
- Procedimento súbito do agente com surpresa da vítima: crime caracterizado

- Procedimento súbito do agente com surpresa da vítima: crime caracterizado – Contra
- Irrelevância da ausência de lesões corporais
- Prática de ato libidinoso com grave ameaça
- Prática de sadismo por processos morais: crime caracterizado
- Necessidade do dissenso efetivo da vítima
- Estupro e atentado violento ao pudor na nova redação do art. 213: crime único
- Cópula vulvar: caracterização do crime
- Necessidade de dissenso efetivo da vítima
- Exigência de exame pericial – Contra
- Valor da palavra da vítima
- Distinção entre estupro e atentado violento ao pudor (antes da vigência da Lei nº 12.015/2009)
- Procedimento súbito do agente com surpresa da vítima: crime caracterizado
- Estupro, em todas as suas formas, como crime hediondo (antes da vigência da Lei nº 12.015/2009)
- Atentado violento ao pudor, em todas as suas formas, como crime hediondo (antes da vigência da Lei nº 12.015/2009)
- Estupro sem lesão grave ou morte: inexistência de crime hediondo (antes da vigência da Lei nº 12.015/2009)
- Estupro com violência presumida: inexistência de crime hediondo (antes da vigência da Lei nº 12.015/2009)
- Atentado violento ao pudor sem lesão grave ou morte: inexistência de crime hediondo (antes da vigência da Lei nº 12.015/2009)
- Estupro com lesões leves: inexistência de crime hediondo (antes da vigência da Lei nº 12.015/2009)
- Atentado violento ao pudor com violência presumida: inexistência de crime hediondo (antes da vigência da Lei nº 12.015/2009)
- Atentado violento ao pudor com violência presumida: inexistência de crime hediondo (antes da vigência da Lei nº 12.015/2009) – Contra

213.4 Tipo subjetivo

O dolo, no estupro, é a vontade de praticar a conduta típica, ou seja, a de constranger a vítima, mediante violência ou ameaça, à prática da conjunção carnal ou de outro ato libidinoso. O fim de manter a conjunção carnal ou praticar o ato libidinoso é o elemento subjetivo do tipo (dolo específico). Embora já se tenha afirmado que é necessária a existência do elemento subjetivo do injusto, ou seja, a finalidade de saciar paixão lasciva ou a própria concupiscência, não está inserido no tipo penal o conteúdo intencional da conduta, caracterizando-se o crime se o agente tem consciência da libidinagem do ato, independentemente das circunstâncias subjetivas que levaram o agente a praticá-lo. O motivo em mira pode ser outro que não o de satisfazer a lascívia, como o desprezo, o ridículo da vítima, embora a intenção seja sempre a mesma: praticar o ato de natureza sexual. Há crime ainda que o ato seja praticado por vingança.

Jurisprudência

- Inexistência do dolo
- Exigência do fim especial de satisfação da concupiscência
- Irrelevância da embriaguez do agente
- Dúvida sobre a intenção do agente

213.5 Consumação e tentativa

Consuma-se o estupro com a conjunção carnal ou a prática de outro ato libidinoso. Na hipótese de conjunção carnal, esta ocorre com a introdução completa ou incompleta do pênis na vagina da mulher, não sendo necessário o orgasmo ou ejaculação. Caracteriza-se o crime consumado independentemente da ocorrência de *immissio seminis* e do rompimento da membrana himenal. Com relação à conduta de constrangimento à prática de ato libidinoso diverso da conjunção carnal, que configurava antes o delito de atentado violento ao pudor, o momento consumativo do estupro coincide com a prática do ato.

A tentativa é possível em relação a ambas as formas de conduta. Evidentemente, se, empregada a violência, ou exteriorizada a ameaça, o agente é impedido de prosseguir, frustrando-se, de todo, o momento libidinoso, o que se pode reconhecer é a tentativa, como nas hipóteses de fuga ou imediata e eficaz reação da vítima. Havendo constrangimento para a prática da conjunção carnal ou de outro ato libidinoso, não obtida por circunstâncias alheias à vontade do agente, há tentativa de estupro. Configura-se a tentativa, assim, mesmo quando não há contato dos órgãos genitais. É exigível, porém, para a caracterização da tentativa que as circunstâncias deixem manifesto o intuito do agente, em especial quando, por palavras ou gestos inequívocos, o agente demonstre o seu intento de praticar a conjunção carnal ou outro ato libidinoso. O delito estará consumado, porém, desde que o sujeito ativo leve a cabo qualquer prática libidinosa. Na vigência da lei anterior, discutia-se a possibilidade de caracterização da tentativa de estupro, e não de atentado violento ao pudor consumado, quando, sendo intenção do agente a conjunção carnal, não logra ele a sua consumação por circunstâncias diversas, como nas hipóteses da cópula vestibular e do agente que força a introdução do pênis na vagina da ofendida mas ejacula antes. Não há dúvida de que nessas hipóteses, diante da lei nova, o crime de estupro estará consumado, porque tais práticas constituem atos libidinosos.

Nada impede que, não havendo prosseguimento da execução do crime por vontade própria do agente, tenha-se por caracterizada a desistência voluntária. A desistência voluntária, porém, deve ocorrer antes da prática de qualquer ato libidinoso. Desistindo o agente de realizar a conjunção carnal depois de já haver praticado ato libidinoso, o estupro estará consumado.

O convite ou a proposta à prática de conjunção carnal ou de ato libidinoso não constitui começo de execução de crime de estupro, podendo, em tese, configurar outra infração, como o crime de assédio sexual (art. 216-A).

Jurisprudência

- Consumação do estupro com o coito vulvar
- Irrelevância da não-ruptura da membrana himenal
- Necessidade de contato físico para a consumação da prática libidinosa
- Tentativa sem contato corporal
- Caracterização da tentativa com a grave ameaça
- Caracterização da tentativa com a violência
- Tentativa na cópula vulvar
- Caracterização da tentativa pela intenção do agente
- Dúvida quanto à intenção do agente
- Inexistência de tentativa: atos preparatórios
- Inexistência de tentativa pela desistência voluntária
- Caracterização da desistência voluntária
- Desistência voluntária e condenação por lesões corporais
- Inexistência de desistência voluntária
- Inexistência de arrependimento posterior
- Consumação do estupro
- Consumação da prática de ato libidinoso
- Caracterização da tentativa sem contato sexual
- Caracterização de tentativa
- Caracterização de tentativa – Contra
- Desistência voluntária do estupro e consumação da prática de ato libidinoso

213.6 Formas qualificadas

A primeira circunstância que qualifica o estupro é a de ser a vítima menor de 18 *e* maior de 14 anos. Há erro evidente na redação do dispositivo que se refere ao "menor de 18 *ou* maior de 14 anos". O equívoco não prejudica a aplicação da norma. Justifica-se a pena mais grave em razão da presunção legal de que o adolescente nessa faixa etária, embora se lhe reconheça certa liberdade sexual, ainda é mais vulnerável do que o adulto aos crimes sexuais e por vezes mais danosos são os efeitos sobre a sua personalidade em formação. Incide a qualificadora se a vítima tem 14 anos no momento do crime, porque é maior de 14 anos aquele que já completou essa idade. A vítima tem 14 anos de idade a partir do primeiro instante do dia de seu aniversário. Tratando-se de vítima menor de 14 anos, o crime será o de estupro de vulnerável (item 217-A.3). A ocorrência do resultado morte determina a punição do agente nos termos do § 2º, devendo o juiz considerar na aplicação da pena a circunstância de ser a vítima maior de 14 e menor de 18 anos.

Dois resultados lesivos também qualificam o crime de estupro. O estupro é punido com reclusão de 8 a 12 anos "se da conduta resulta lesão corporal de natureza grave" (§ 1º, 1ª parte) e com 12 a 30 anos de reclusão "se da conduta resulta morte" (§ 2º). Referindo-se a lei à lesão corporal de natureza grave, estão incluídas as descritas no art. 129, §§ 1º e 2º. Excluem-se as eventuais lesões leves e a contravenção de vias de fato, porque abrangidas como elementares à configuração do delito em estudo.

Nos termos da lei vigente, para a ocorrência do estupro qualificado exige-se que a lesão grave ou a morte decorra da *conduta*. A lei anterior mencionava a lesão grave como resultado da *violência* e a morte como resultado do *fato*, o que, para parte da doutrina, determinava tratamento diferenciado entre as qualificadoras com relação ao nexo causal. Segundo essa corrente, se a lesão grave deveria ser resultado da violência, ou seja, da força física empregada, não incidiria a qualificadora nos casos em que a lesão fosse consequência da grave ameaça ou de outra causa que não a violência. Dois exemplos ilustram as hipóteses. Se a vítima, ao ser ameaçada, sofre um enfarte, a lesão correspondente não ensejava a incidência da qualificadora porque não decorrente da *violência*; mas, se lhe advém a morte, o estupro seria qualificado, porque, embora inexistente a violência, resultou ela do *fato*. Da mesma forma, fazendo o agente com que a vítima ingira, sem perceber, um narcótico violento, para adormecê-la e, assim, viabilizar a prática dos atos sexuais violentos, causando-lhe a morte, o êxito letal deveria lhe ser atribuído porque decorrente do *fato*, mas se o resultado fosse lesão grave, responderia ele por estupro simples em concurso com o outro crime (lesão culposa). Segundo a orientação contrária, não haveria que se distinguir, apesar da diferença de redação, entre lesão grave e morte, exigindo-se em ambas as hipóteses que o evento lesivo decorresse da violência. Ao exigir o nexo causal com a *conduta*, tanto da lesão grave como da morte, a nova lei impediu tratamento diferenciado em relação aos dois resultados que qualificam o estupro.

A Lei nº 12.015/2009 não solucionou, porém, com perfeição, as principais questões atinentes à aplicabilidade da qualificadora, que dizem respeito ao nexo causal entre o comportamento do agente e o evento lesivo e ao elemento subjetivo exigível em relação a este. Entendemos que ao mencionar a *conduta* nos §§ 1º e 2º do art. 213, refere-se a lei à conduta do estupro, descrita no *caput* e disciplinada no dispositivo, e não a toda e qualquer conduta. Assim, ao vincular o resultado qualificador à conduta, o legislador ampliou a solução dada pela lei anterior à hipótese de lesão corporal, que se referia ao nexo causal somente com a violência, e, simultaneamente, restringiu, ou foi mais precisa, quanto à hipótese de morte, que antes deveria resultar do *fato*. Diante da nova disciplina da matéria, portanto, exige a lei que haja nexo causal entre a lesão grave ou morte e a conduta praticada pelo agente dirigida à realização do estupro. Evidentemente, qualifica o estupro a lesão ou a morte decorrente da violência empregada no constrangimento à vítima, da conjunção carnal ou do ato libidinoso praticado. Não há dúvida de que se deve reconhecer a qualificadora também na hipótese de lesão ou morte que resulte da grave ameaça ou, em geral, da conduta dirigida à consumação do estupro, abrangidos os meios utilizados na execução do delito. Assim, se em razão da grave ameaça feita pelo agente a vítima sofre lesão grave ou morre ao saltar do veículo em que ambos se encontram, na tentativa de fuga, deve-se reconhecer a forma qualificada. Da mesma forma, se a lesão ou morte decorre do golpe desferido na vítima para facilitar o estupro ou do ato libidinoso praticado, consistente, por exemplo, na introdução de um objeto no corpo da vítima, deve ele responder por estupro qualificado.

Não nos parece correto afirmar que por *conduta* se deva entender toda a atuação criminosa do agente no contexto do fato. Adotado esse entendimento, a lei nova ampliaria o âmbito de aplicabilidade da qualificadora para abranger qualquer ação ou omissão, dolosa ou culposa, praticada pelo agente, do início ao fim da execução do crime sexual, que seja causa da lesão grave ou morte, independentemente de estar ou não vinculada à realização do estupro e do elemento subjetivo. Segundo essa orientação, o agente que, em meio à prática dos atos sexuais violentos, agindo com motivação diversa, decide eliminar a vítima, responderia por estupro qualificado (art. 213, § 2º) e não por estupro em concurso com homicídio. Como já visto, a *conduta* a que se vincula o resultado qualificador somente pode ser a conduta que se reveste da tipicidade que lhe confere o art. 213, a conduta do estupro. Aliás, a entender por conduta, no contexto do dispositivo, não somente a conduta do estupro, mas toda e qualquer conduta praticada pelo agente, independentemente do elemento subjetivo e da tipicidade que lhes confere a lei, melhor seria a simples referência ao *fato*, termo mais abrangente e já utilizado na lei anterior, que, mesmo assim, era interpretado restritivamente. Mesmo no latrocínio exige-se, conforme entendimento doutrinário e jurisprudencial, que a morte decorra da violência empregada como *meio* para a subtração ou para assegurar a impunidade do crime ou a detenção da coisa subtraída, configurando-se o concurso de roubo e homicídio se a motivação é outra.

Além do nexo causal, deve-se examinar o elemento subjetivo exigido em relação à lesão grave ou morte para o reconhecimento do estupro qualificado. Tratando-se de crime qualificado pelo resultado e não se admitindo a responsabilidade objetiva, pela lesão grave ou morte não pode responder o agente se estas não eram previsíveis, porque, nos termos do art. 19, o resultado que agrava especialmente a pena somente pode ser atribuído ao agente que atua ao menos culposamente. Assim, se não há culpa e a lesão ou morte decorre de caso fortuito ou força maior afasta-se a qualificadora. Não há dúvida de que se configura o estupro qualificado quando o agente, ao praticar as ações dirigidas à realização do estupro, culposamente causa lesão grave ou morte. Questão relevante surge se em relação à lesão grave ou à morte atuou o agente com dolo, direto ou eventual. A redação dada pela Lei nº 12.015/2009 ao art. 213 não é promissora quanto ao fim do dissídio doutrinário e jurisprudencial que já existia, porque, a exemplo da lei anterior, não é expressa em relação ao elemento subjetivo exigido em relação ao resultado que qualifica o estupro.

Alguns autores sustentam que o resultado qualificador deve ser atribuído ao agente nas hipóteses de dolo e culpa. Por se tratar de crime qualificado pelo resultado e porque o legislador não estabeleceu expressa distinção em relação ao elemento subjetivo, a exemplo do que se verifica em relação ao latrocínio (art. 157, § 3º) e diferentemente do que ocorre na lesão corporal seguida de morte (art. 129, § 3º), o agente que atua com dolo ou culpa em relação à lesão grave ou morte deve responder, sempre, por estupro qualificado. O tratamento punitivo indica que foi intenção do legislador abranger as hipóteses de resultados lesivos decorrentes de condutas tanto culposas como dolosas. A diferença entre as penas mínima e máxima cominadas para o estupro qualificado por morte (12 a 30 anos) não se justificaria se esse resultado somente pudesse ser atribuído a título de culpa. Essa margem foi prevista justamente para permitir ao juiz a dosagem da pena inclusive em face do elemento subjetivo atinente ao resultado agravador.

Solução diversa é a que reconhece no estupro qualificado pelo resultado um delito preterintencional, na continuidade do entendimento doutrinário e jurisprudencial dominante antes da Lei nº 12.015/2009. Assim, a lesão grave que qualifica o estupro seria somente aquela que se pode atribuir a título de culpa. Se o agente atua com dolo, direto ou eventual, em relação à lesão grave ou morte, deve responder pelos delitos de estupro (art. 213, *caput*) e de lesão grave (art. 129, §§ 1º ou 2º) ou homicídio (art. 121, *caput*, e § 2º), em concurso. Quando do exame do nexo causal, observamos que a conduta a que se referem os §§ 1º e 2º do art. 213 é a conduta do estupro, descrita no *caput*. Conduta, no sentido técnico e finalístico, é o comportamento humano consciente dirigido a determinada finalidade. Assim, se, no contexto fático do estupro, o agente atua dolosamente (dolo direto ou eventual) em relação à lesão grave ou morte, pratica, além do crime sexual, conduta distinta e por ambos os crimes deve responder em concurso (estupro e lesão corporal grave ou homicídio). Nesse caso, o resultado lesivo não decorre da conduta do estupro, mas de conduta distinta que configura crime diverso, devendo-se afastar a qualificadora diante dos próprios termos do dispositivo legal (art. 213, § 1º, 1ª parte, e § 2º). Deve-se observar que essa orientação, diante do tratamento punitivo conferido pelo legislador preserva, em todas as hipóteses, a proporcionalidade devida entre a gravidade do fato e a pena cominada e baliza, com maior suficiência, a atividade do juiz no processo de individualização da pena.

Entendemos que é clara a intenção do legislador de atribuir o resultado qualificador ao agente que atua com dolo ou culpa. Não se pode reconhecer, porém, a forma qualificada do estupro nas hipóteses em que a lesão grave ou a morte não resultem da conduta dirigida à consumação do estupro. Assim, o agente que, no mesmo contexto fático do estupro, atuando com motivação diversa, decide eliminar a vítima, deve responder pelo crime de estupro em concurso com o de homicídio.

Diante da redação original do Código Penal, discutia-se a questão do crime sexual *tentado* quando ocorria a lesão corporal de natureza grave ou a morte da vítima. Decidia-se que, resultando a lesão grave da violência empregada para a prática do crime sexual, ocorria tentativa qualificada. Tal solução, porém, implicaria, no caso de resultado morte, a cominação de pena mínima inferior, por exemplo, àquela prevista para o delito de lesões corporais seguidas de morte, fato de menor gravidade. A melhor solução era a de se considerar que, referindo-se a lei à lesão grave ou à morte decorrente da *violência* ou do fato (e não do crime), cabia a aplicação da pena prevista no art. 223, sem diminuição, ainda que não se consumasse o crime sexual. Não se aplicava, assim, a regra do art. 14, parágrafo único, quando se tratasse de forma qualificada em que o fato ou violência originaram um resultado mais grave tanto na consumação quanto na tentativa do crime antecedente. Configurava-se, portanto, mais uma exceção à regra de aplicação da pena para a tentativa, como, aliás, se tem decidido no caso de roubo tentado seguido de morte. A mesma solução deve continuar a ser adotada na lei vigente. Embora elevando o legislador as penas cominadas para o estupro qualificado, a pena mínima prevista para a hipótese do estupro tentado com resultado morte é idêntica à cominada para a lesão corporal seguida de morte, de apenas quatro anos.

As penas cominadas para o crime de estupro sofriam, ainda, o acréscimo de metade, respeitado o limite de trinta anos, nos termos do art. 9º da Lei dos Crimes Hediondos, nas hipóteses de violência presumida, embora houvesse corrente jurisprudencial considerando inaplicável o aumento pela ocorrência de *bis in idem*, exceto se praticado com também com violência real da qual decorresse lesão grave ou morte. O dispositivo, porém, deve ser tido por derrogado, porque se refere às hipóteses que eram disciplinadas no art. 224 do CP, o qual foi expressamente revogado pela Lei n° 12.015/2009 (v. item 217-A.6).

Aplicam-se ao crime de estupro as causas de aumento previstas no art. 226, que trata, inclusive, do "estupro coletivo" e do "estupro corretivo", e no art. 234-A, III e IV. Esses dispositivos todos foram alterados pela Lei n° 13.718, de 24-9-2018 (itens 226.1, 234-A.1).

Jurisprudência

- **Revogação do art. 9° da Lei n° 8.072/1990 pela Lei n° 12.015/2009**
- **Inaplicabilidade do art. 9° da Lei n° 8.072/90 sem lesão grave ou morte (antes da vigência da Lei n° 12.015/2009)**
- **Aplicabilidade no caso de violência presumida: inocorrência de *bis in idem* (antes da vigência da Lei n° 12.015/2009)**

213.7 Distinção

Há grande diferença entre atos que atentam contra a liberdade sexual e atos simplesmente reprováveis, inoportunos, que apenas molestam a ofendida. Exteriorizada a violência ou a ameaça, mas não se positivando a sua intenção de manter conjunção carnal ou praticar ato libidinoso forçados com a vítima, sua conduta deixa de constituir estupro. Nem todos os atos atentatórios ao pudor caracterizam a prática do crime em estudo. Não o configuram, certamente, um beliscão, um ato obsceno em que a vítima não é tocada, as meras expressões verbais etc. Não se cuidando de ato libidinoso podia se configurar a contravenção do art. 65 da LCP, revogado pela Lei n° 14.132, de 31-3-2021. Certos atos libidinosos praticados sem violência ou grave ameaça frequentemente eram punidos como importunação ofensiva ao pudor, nos termos do também revogado art. 61 da LCP, tal como nos casos do agente que passa as mãos na perna da vítima ou tenta beijar e apalpar os seios e o órgão genital da ofendida durante alguns segundos. Havia também decisões no sentido de que constituiria violência a prática de ação rápida e inopinada, que tenha surpreendido a vítima, impedindo-lhe a defesa. Entretanto, diante da nova redação dada ao art. 215, justificava-se outro entendimento, o de que o fato configuraria o delito de violação sexual mediante fraude, porque empregado meio que impede ou dificulta a livre manifestação de vontade da vítima. Com a vigência da Lei n° 13.718, de 24-9-2018, fatos dessa natureza passaram a configurar o crime de importunação sexual, descrito no art. 215-A.

Não se confunde a prática libidinosa com o ato obsceno. Neste, o agente pratica ato que contrasta com o sentimento médio de pudor ou com os bons costumes. Naquele, o que se apresenta é o desafogo da lascívia, servindo-se o agente de outra parte, subjugada pela violência real ou ficta. Assim, o mero exibicionismo do agente, que se apresenta nu perante a vítima, configura ato obsceno apenas.

O estupro de menor de 14 anos de idade ou de pessoa considerada vulnerável por outra causa legal (enfermidade ou deficiência mental ou outra forma de incapacidade de oferecer resistência) configura crime específico, o estupro de vulnerável previsto no art. 217-A (itens 217-A.3 e 217-A.7).

Distingue-se o estupro da violação sexual mediante fraude porque no delito descrito no art. 215 o agente, para a obtenção de seu intento, não emprega violência ou grave ameaça, mas artifícios que viciam a vontade da vítima, induzindo-a em erro.

No assédio sexual não há fraude e o constrangimento não é praticado mediante violência ou grave ameaça, valendo-se o sujeito ativo de sua condição de superioridade em relação à vítima na relação de trabalho, público ou particular.

Jurisprudência

- Distinção da contravenção do art. 61 da LCP
- Distinção de ato obsceno
- Ato obsceno caracterizado
- Corrupção de menor e não atentado violento ao pudor
- Crime caracterizado e não mera contravenção
- Contravenção caracterizada: inexistência de ato libidinoso

213.8 Concurso de crimes

Descrevendo o art. 213 um tipo misto cumulativo (item 213.3), é possível o concurso de crimes no estupro quando o agente constrange a vítima tanto à conjunção carnal como à prática de atos libidinosos. Se os atos libidinosos não passam de meros atos preparatórios para a cópula violenta, esta absorve os primeiros, caracterizando-se crime único. Quando, porém, além da conjunção carnal, o agente pratica atos libidinosos que não sejam simples prelúdio da cópula (cópula anal ou oral, introdução de objetos etc.), responderá por mais de um crime de estupro em concurso ou continuidade delitiva apesar das opiniões em contrário. Praticados somente atos libidinosos, mas autônomos, em momentos diversos, um após a consumação do outro, não há crime único, mas concurso de infrações, podendo-se reconhecer, conforme o caso, a continuidade delitiva. O mesmo ocorre na repetição da conjunção carnal contra a mesma vítima. Entendendo-se, porém, tratar-se de tipo misto alternativo, haverá crime único, ainda que praticada mais de uma conduta.

Discute-se, diante das alterações promovidas pela Lei nº 12.015/2009, a possibilidade da continuidade no estupro quando praticadas formas de conduta distintas, ou seja, quando a vítima é submetida à conjunção carnal e à prática de outros atos libidinosos. Na vigência da lei anterior, que punia as condutas como crimes distintos, a jurisprudência não era pacífica, mas prevalecia a orientação de negar a continuação entre o estupro e o atentado violento ao pudor por não serem crimes da mesma espécie, pois, enquanto neste a lei protegia a própria inviolabilidade carnal, naquele o bem jurídico objeto da tutela penal era a liberdade sexual no sentido estrito. Havia, porém, ponderável corrente jurisprudencial no sentido de admitir a continuidade delitiva quanto a tais delitos, sob o fundamento de que não se podia negar que, embora definidos em artigos diferentes, estupro e atentado violento ao pudor eram crimes da mesma espécie, por se tratar de condutas homogêneas em que o agente, por meio de violência ou grave ameaça, procura satisfação de seu instinto sexual, violando a liberdade sexual da vítima. Na lei vigente, ambas as condutas estão descritas no mesmo tipo penal e constituem modalidades de estupro, e, assim, com maior razão se deve admitir a continuidade delitiva. É possível, assim, o crime continuado no estupro contra a mesma vítima, no mesmo contexto fático ou em contextos distintos, ou contra vítimas diversas, embora personalíssimo o bem jurídico lesado, desde que presentes os requisitos previstos em lei. Esta última hipótese, porém, não é aceita pacificamente.

Quando houver várias conjunções carnais, praticadas por vários agentes, ocorrerá concurso material, respondendo cada um como autor do estupro e partícipe dos crimes praticados pelos demais. Haverá, ainda, para cada crime de estupro a incidência da causa de aumento de pena prevista no art. 226, IV, "a" (item 226.1)

Haverá concurso material quando, após o estupro, praticar o agente homicídio ou lesões corporais. Decorrendo a lesão grave ou morte da conduta dirigida à prática do estupro, configura-se a forma qualificada do delito (item 213.6). As lesões corporais leves resultantes do constrangimento, da conjunção carnal ou do ato libidinoso são absorvidas pelo estupro.

Sabendo o agente, ou devendo saber que está contaminado de moléstia sexualmente transmissível, se não ocorre o contágio há concurso formal com o delito de perigo de contágio venéreo (art. 130), ou concurso formal impróprio se desejar transmitir a doença (art. 130, § 1º). Se a vítima vem a ser infectada, o crime é o de estupro qualificado (art. 234-A, IV).

Não há que se falar em concurso entre sequestro e estupro, se a restrição à liberdade da vítima é momentânea ou é, exclusivamente, o meio suficiente empregado para o cometimento do crime sexual, caso em que responde o agente apenas por esse delito. Se, porém, antes ou depois do crime sexual, a privação da liberdade da vítima é excessiva para aquela finalidade, pode-se verificar o concurso de infrações. Assim, como exemplo, o agente que após o estupro sequestra ou mantém a vítima em cárcere privado com outra finalidade (evitar ser denunciado etc.) responde por ambos os delitos em concurso material (arts. 148, *caput*, e 213). A mesma solução se impõe se, durante o sequestro praticado por outro motivo (vingança, ódio etc.), o agente comete um crime sexual. Tratando-se de sequestro praticado com fins libidinosos (art. 148, § 1º, V), consumada a infração com a privação da liberdade da vítima, responde o agente também pelo estupro ou outro crime sexual que venha a cometer. Nas hipóteses em que a excessiva privação da liberdade da vítima determina a punição também pelo crime sequestro, por se tratar de um mesmo contexto em que um delito é cometido para a prática do outro, o fim libidinoso se realiza e se esgota no cometimento do crime sexual, justificando-se, em consequência, a sua absorção e a punição do agente por esse delito e pelo de sequestro, em concurso material (art. 148, *caput*, e art. 213). Não sendo praticado nenhum ato libidinoso, há somente o crime de sequestro qualificado.

Há concurso formal de estupro com o delito de ato obsceno quando é ele praticado em lugar público ou aberto ao público (art. 233).

Jurisprudência

- Inadmissibilidade de absorção do porte ilegal de arma pelo estupro
- Absorção das lesões corporais de natureza leve
- Vários atos libidinosos: crime único
- Atos libidinosos diversos: dois crimes (antes da vigência da Lei nº 12.015/2009)
- Dois crimes: autor e coautor
- Continuidade delitiva no atentado violento ao pudor contra a mesma vítima
- Continuidade delitiva em locais diversos e não crime único
- Continuidade delitiva em tentativas de estupro
- Descaracterização da continuidade delitiva: crime único
- Inadmissibilidade de continuação pelo intervalo superior a 30 dias
- Concurso material entre estupro e atentado violento ao pudor com vítimas diversas (antes da vigência da Lei nº 12.015/2009)
- Exigência da homogeneidade das condutas para a continuidade entre estupro e atentado violento do pudor (antes da vigência da Lei nº 12.015/2009)
- Inexistência de concurso formal entre estupro e atentado violento ao pudor (antes da vigência da Lei nº 12.015/2009)
- Concurso com o crime de curandeirismo
- Concurso material com estupro consumado (antes da vigência da Lei nº 12.015/2009)
- Concurso material com estupro tentado (antes da vigência da Lei nº 12.015/2009)
- Crime continuado entre atentado violento ao pudor e cárcere privado
- Admissibilidade do crime continuado no estupro e atentado violento ao pudor na nova redação do art. 213
- Admissibilidade do crime continuado no estupro e atentado violento ao pudor na nova redação do art. 213: retroatividade
- Admissibilidade do crime continuado no estupro e atentado violento ao pudor contra a mesma vítima na nova redação do art. 213
- Inadmissibilidade do crime continuado na habitualidade delitiva na nova redação do art. 213

- Absorção do atentado violento ao pudor pelo estupro: *praeludia coiti* (antes da vigência da Lei nº 12.015/2009)
- Inadmissibilidade de absorção do atentado violento ao pudor pelo estupro (antes da vigência da Lei nº 12.015/2009)
- Continuidade delitiva em estupros contra a mesma vítima
- Continuidade delitiva em estupros contra vítimas diversas
- Continuidade delitiva no atentado violento ao pudor contra vítimas diversas
- Inadmissibilidade de continuação entre estupro e atentado violento ao pudor (antes da vigência da Lei nº 12.015/2009)
- Contra: crime continuado entre estupro e atentado violento ao pudor (antes da vigência da Lei nº 12.015/2009)
- Concurso formal de atentado violento ao pudor e ato obsceno

Atentado violento ao pudor

Art. 214. (revogado)*

* Artigo revogado pela Lei nº 12.015, de 7-8-2009.

Violação sexual mediante fraude

Art. 215. Ter conjunção carnal ou praticar outro ato libidinoso com alguém, mediante fraude ou outro meio que impeça ou dificulte a livre manifestação de vontade da vítima:

Pena – reclusão, de 2 (dois) a 6 (seis) anos.

Parágrafo único. Se o crime é cometido com o fim de obter vantagem econômica, aplica-se também multa.*

* Artigo com a redação dada pela Lei nº 12.015, de 7-8-2009.

Vide: CP arts. 213, 216-A, 217-A, 218, 225, 226, 234-A, 234-B.

215 VIOLAÇÃO SEXUAL MEDIANTE FRAUDE

215.1 Sujeitos do delito

Sujeito ativo do delito é qualquer pessoa, tanto o homem como a mulher. Na redação original do dispositivo e na que lhe havia sido dada pela Lei nº 11.106, de 28-3-2005, somente o homem podia cometer a infração, por se referir o tipo à prática de conjunção carnal com mulher.

Sujeito passivo também é qualquer pessoa, homem ou mulher. Excetua-se o menor de 14 anos de idade, porque a prática de conjunção carnal ou ato libidinoso diverso com pessoa nessa faixa de idade, ainda que sem o emprego de fraude, violência ou grave ameaça, configura o crime de estupro de vulnerável (art. 217-A). Diante da lei vigente, que não mais se refere à *mulher honesta* ou à *mulher*, mas a *alguém*, tanto o homem, ainda que maior de 18 anos, como a mulher, honesta ou não, e mesmo a prostituta podem ser sujeitos passivos do crime de violação sexual mediante fraude. Tutela-se a liberdade sexual da vítima, de ambos os gêneros, independentemente de qualquer juízo moral sobre a sua sexualidade.

Determinadas relações de parentesco ou autoridade existentes entre os sujeitos ativo e passivo do delito são previstas como causas de aumento de pena (item 226.1).

215.2 Tipo objetivo

Chamado de *estelionato sexual* na doutrina, o crime de violação sexual mediante fraude decorre da fusão, com modificações, dos delitos de posse sexual mediante fraude e atentado violento ao pudor mediante fraude, previstos na anterior redação dos arts. 215 e 216.

A conduta típica é a prática da conjunção carnal (*intromissio penis in vaginam*), total ou parcial, ou de ato libidinoso diverso, mediante fraude ou outro meio que impeça ou dificulte a livre manifestação de vontade da vítima.

Entendemos tratar-se de tipo misto cumulativo, punindo-se no mesmo dispositivo duas condutas distintas, a exemplo do que ocorre no estupro. A prática de uma ou de outra conduta configura o crime em estudo e a realização de ambas enseja a possibilidade do concurso de delitos e da continuidade delitiva, dependendo a existência destes do contexto fático em que as ações foram executadas. Sustenta-se, porém, na doutrina, cuidar-se de tipo misto alternativo, em que a prática de uma ou das duas modalidades de conduta configura sempre crime único (itens 213.3 e 213.8).

Exige-se que a vítima seja levada, pela fraude ou outro meio, à prática da conjunção carnal ou outro ato concupiscente (masturbar o agente, por exemplo) ou a permitir que o agente pratique com ela a libidinagem (coito anal, por exemplo). No crime de violação sexual mediante fraude, o agente não utiliza como meio a violência ou a ameaça, como no estupro, mas ardil, estratagema, embuste, engodo, viciando a vontade da vítima para obter a conjunção carnal ou o ato libidinoso. É indispensável o emprego de artifícios, tornando insuperável o erro. As circunstâncias devem ser tais que a vítima se engane sobre a identidade pessoal do agente ou sobre a legitimidade do ato sexual a que se presta. A fraude existe ainda que o engano não seja produzido pelo agente, aproveitando-se este apenas do erro em que se encontra a vítima. A apreciação a respeito da existência do erro deve ter em conta as condições pessoais da vítima (idade, condição social, educação, modo de vida etc.).

Refere-se a lei, além da fraude, a outro meio que impeça ou dificulte a livre manifestação de vontade da vítima. Procurou o legislador com a inovação abranger outros meios que possam ser utilizados pelo agente para viciar a liberdade de escolha da vítima. Havia entendimento de que a prática de ato libidinoso mediante ação rápida e inopinada do agente, que tenha surpreendido a vítima, tolhendo a possibilidade de defesa, também constituiria meio que, nos termos do dispositivo, impediria a liberdade de manifestação de vontade da vítima no sentido de se opor à intenção do agente. Todavia, com a vigência da Lei nº 13.718, de 24-9-2018, esses fatos passaram a configurar crime específico, o de importunação sexual, descrito no art. 215-A.

Aplicam-se ao crime de violação sexual mediante fraude as causas de aumento de pena previstas nos arts. 226, I e II, e 234-A, III e IV (itens 226.1 e 234-A.1).

Jurisprudência

- Conceito de fraude
- Necessidade do emprego de artifícios para induzir em erro
- Necessidade de erro decorrente de fraude
- Fraude pela simulação de casamento
- Fraude pelo aproveitamento da sonolência da mulher
- Fraude pela simulação de tratamento para cura
- Fraude em trabalhos espirituais
- Promessa de casamento: inexistência de crime
- Vítima alcoolizada: inexistência de crime
- Crime caracterizado
- Inexistência do crime na ausência de fraude

215.3 Tipo subjetivo

Há dolo quando o agente atua com a vontade livre e consciente de enganar a vítima e assim comprometer a sua livre manifestação de vontade. O fim de manter a conjunção carnal ou praticar o ato libidinoso é o elemento subjetivo do tipo (dolo específico).

Como finalidade específica da conduta, que determina a aplicação também da multa, prevê-se, curiosamente, o intuito de obtenção de vantagem econômica (art. 215, parágrafo único). Trata-se, porém, de hipótese de difícil caracterização.

215.4 Consumação e tentativa

Consuma-se o crime de violação sexual mediante fraude com a conjunção carnal, ainda que incompleta, ou a prática de outro ato libidinoso.

A tentativa é perfeitamente admissível.

215.5 Distinção

Distingue-se a violação sexual mediante fraude do estupro pelo meio empregado para a supressão da liberdade de escolha da vítima em relação ao ato sexual. No estupro há emprego de violência ou grave ameaça, enquanto no crime em estudo vale-se o agente da fraude ou outro meio que lhe impede a liberdade de escolha.

Não se confunde a hipótese contemplada no art. 215 com a circunstância descrita no art. 217-A, § 1º, 2ª parte, que prevê como elemento do tipo no estupro de vulnerável a impossibilidade da vítima de oferecer resistência por outra causa, além da enfermidade ou deficiência mental. No crime de violação sexual mediante fraude, a vítima, em geral, consente em se submeter ao ato sexual, mas a sua manifestação de vontade não é livre, por incorrer em erro, em razão de uma falsa representação da realidade criada pelo agente, ou porque, em razão de outro meio por ele empregado, resta comprometida a sua capacidade volitiva. Na circunstância a que se refere o art. 217-A, § 1º, 2ª parte, o agente não obtém o consentimento da vítima, mas esta, por qualquer causa, está impedida de oferecer resistência (itens 217-A.3 e 217-A.7). Enquanto na violação sexual mediante fraude há, em regra, consentimento inválido em decorrência do meio empregado pelo agente, na outra hipótese não há consentimento.

Jurisprudência

- Posse sexual mediante fraude e não estupro
- Estupro e não posse sexual mediante fraude
- Estupro por curandeiro e não posse sexual mediante fraude
- Posse sexual mediante fraude e não estupro – Contra
- Atentado ao pudor mediante fraude e não atentado violento ao pudor

Importunação sexual

Art. 215-A Praticar contra alguém e sem a sua anuência ato libidinoso com o objetivo de satisfazer a própria lascívia ou a de terceiro:

Pena – reclusão, de 1 (um) a 5 (cinco) anos, se o ato não constitui crime mais grave.*

*Artigo inserido pela Lei nº 13.718, de 24-9-2018.

Vide: CP arts. 213, 215, 225, 226, 233, 234-A, 234-B.

215-A.1 Sujeitos do delito

Qualquer pessoa, tanto o homem como a mulher, pode ser sujeito ativo do delito de importunação sexual.

Sujeito passivo também é qualquer pessoa, com idade igual ou superior a 14 anos. O crime deve ser praticado contra pessoa determinada. Diferentemente da contravenção antes prevista no revogado art. 61 da LCP, em que os costumes eram o objeto central de tutela, no art. 215-A define-se crime, pelo qual se protege exclusivamente a liberdade sexual do indivíduo. Se o sujeito passivo é menor de 14 anos de idade, o crime é o de estupro de vulnerável, para cuja configuração é desnecessário o emprego de violência ou grave ameaça e é indiferente eventual consentimento da vítima (itens 217-A.2 e 217-A.3).

215-A.2 Tipo objetivo

Ao inserir o art. 215-A, por meio da Lei nº 13.718, de 24-9-2018, pretendeu o legislador tipificar fatos de menor gravidade do que o estupro, mas merecedores de tratamento mais severo do que o previsto no crime de ato obsceno (art. 233), ou na contravenção de importunação ofensiva ao pudor (art. 61 da LCP), revogada pelo mesmo diploma legal.

O núcleo da conduta típica é a de praticar contra alguém ato libidinoso. O conceito de ato libidinoso já foi examinado. É o ato lascivo, voluptuoso, dissoluto, destinado ao desafogo da concupiscência, objetivamente considerado, independentemente do grau de pudor da vítima e da finalidade última do agente (v. itens 213.2 e 215-A.3).

O ato deve ser praticado, prevê o dispositivo, *contra* alguém e *sem a sua anuência*, ou seja, é ele direcionado a pessoa determinada, a qual dele não participa voluntariamente e que com ele não consentiu. O ato libidinoso é praticado *contra* alguém, sem dúvida, se executado *sobre* a vítima, isto é, se há contato físico, recaindo ele sobre o corpo do sujeito passivo. É o que mais frequentemente ocorre, como no beijo lascivo repentino, em atos de bolinação, no apalpar de coxas, nádegas ou seios, no esfregar os órgãos genitais contra o corpo da vítima, ou no ato de, ostensivamente ou sub-repticiamente, sobre ela ejacular etc.

Não configura o crime de importunação sexual a prática de atos libidinosos que não são executados *contra* alguém, mas somente na presença de terceiros. A conduta do agente que, no interior de um coletivo, se masturba, ou de um casal que pratica atos eróticos ou mesmo a conjunção carnal em local público, pode ferir o sentimento de pudor, mas não ofende a liberdade sexual de terceiros. O terceiro que se limita a assistir ao ato libidinoso praticado pelo agente, ainda que motivado pelo sentimento de satisfazer a própria lascívia, não comete o delito.

O ato libidinoso deve ser praticado sem a *anuência* do sujeito passivo. Não é exigível para a caracterização do crime que a vítima ofereça firme resistência ao ato, externe claramente o dissenso no momento de sua execução ou mesmo se insurja imediatamente após, reações que nem sempre se mostram viáveis, inclusive em decorrência de eventual temor ou sentimento de pudor. Basta que o ato seja cometido na ausência de seu consentimento. Este não pode ser presumido no comportamento passivo da vítima que meramente suporta, por qualquer razão, a realização do ato até sentir-se apta a insurgir-se ou a denunciar a importunação sofrida. A anuência da vítima somente pode ser inferida de prévio e expresso consentimento ou de palavras ou atos inequívocos de aceitação do ato libidinoso praticado pelo agente, entre os quais os que indicam reciprocidade, como um comentário incentivador ou a ação de retribuir um beijo ou uma carícia. Tratando-se, porém, de menor de 14 anos, eventual anuência da vítima é irrelevante, configurando-se, na hipótese, o estupro de vulnerável (art. 217-A).

Se o agente emprega violência ou grave ameaça para a execução do ato libidinoso, o crime é o de estupro (art. 213). Se é ele cometido mediante fraude, configura-se o de violação sexual mediante fraude (art. 215). Antes da vigência da Lei nº 13.718, de 24-9-2018, alguns fatos que hoje configuram a importunação sexual eram, por vezes, considerados típicos à luz do art. 215, por se considerá-los praticados mediante fraude, como nos casos de ato libidinoso executado de inopino, o que impedia à vítima qualquer reação (v. item 215.2).

Diversamente do que previa o revogado art. 61 da LCP e do que dispõe o art. 233, que descreve o crime de ato obsceno, no art. 215-A não se tutela o sentimento público de pudor, mas a liberdade sexual do indivíduo, razão pela qual é irrelevante perante o tipo o lugar da prática do ato libidinoso, se público ou privado. Configura-se o crime de importunação sexual tanto nas condutas realizadas em locais públicos ou abertos ao público, como nas vias ou praças públicas, no interior de veículos de transporte coletivo, como ônibus e trens, em estabelecimentos comerciais, como cinemas e casas noturnas e quaisquer outros, como, também, nas praticadas em locais privados, como no interior de residências, condomínios, escritórios etc.

215-A.3 Tipo subjetivo

O dolo é a vontade de praticar o ato libidinoso sem a anuência do sujeito passivo. Exige-se, ainda, como elemento subjetivo do tipo, a finalidade de satisfazer a própria lascívia ou a de terceiro. Embora o ato libidinoso vise, em regra, à satisfação da lascívia, no exame do tipo objetivo a libidinosidade do ato deve ser objetivamente considerada independentemente da intenção do agente, como se verifica nos crimes de estupro e estupro de vulnerável. Nesses casos, em que não é previsto especial fim de agir, exige-se, no tipo subjetivo, somente que o agente atue dolosamente, com a consciência da libidinosidade do ato, ainda que diversa seja sua motivação (v. itens 213.4 e 217-A.4). Na importunação sexual, além da libidinosidade do ato, em si mesmo considerado, para a caracterização do ilícito há a necessidade, também, de que a conduta vise à satisfação da lascívia, própria ou de terceiro. Se a intenção do agente é outra, como a de menosprezar, zombar ou humilhar a vítima, o fato é atípico em face do art. 215-A, podendo caracterizar-se outro delito (item 215-A.5).

Embora de difícil comprovação, não se pode afastar a possibilidade da ocorrência de erro de tipo com relação ao assentimento da vítima, o qual, por ausência do dolo, excluiria a tipicidade do fato. Configura-se, porém, o crime se o agente atua com dolo eventual.

215-A.4 Consumação e tentativa

O crime de importunação sexual se consuma com a prática do ato libidinoso. A tentativa é admissível e se caracteriza se o agente inicia a execução do delito e tem a sua ação obstaculizada pela vítima, terceiro ou por qualquer circunstância que impeça a realização do ato. É necessário, porém, que as circunstâncias do fato concreto evidenciem claramente a prática pelo agente de atos tendentes à consumação do delito.

215-A.5 Distinção

Distingue-se a importunação sexual do estupro (art. 213) porque, enquanto para a configuração do primeiro basta a ausência de consentimento da vítima, no último exige-se que o ato libidinoso seja praticado mediante violência ou grave ameaça. Se é ele praticado com o emprego de fraude, o crime é o de violação sexual mediante fraude (art. 215). Se o ato libidinoso é cometido contra menor de 14 anos, independentemente da inexistência de violência ou grave ameaça ou de eventual anuência da vítima, caracteriza-se o estupro de vulnerável (art. 217-A). O superior hierárquico ou que tem ascendência sobre a vítima, em virtude de emprego, cargo ou função, que a constrange com o fim de obter vantagem ou favorecimento sexual, comete assédio sexual (art. 216-A), mas, se há a prática de ato libidinoso sem a sua anuência, o crime é o de importunação sexual. A prática consentida ou recíproca de atos libidinosos ou mesmo de conjunção carnal na presença de menor de 14 anos, com o fim de satisfazer a lascívia própria ou de outrem, é crime descrito no art. 218-A. Se os atos libidinosos consentidos se revelam obscenos, porque fortemente ofensivos ao sentimento médio de pudor e são praticados em local público ou aberto ou exposto ao público, há o crime previsto no art. 233. A ausência da finalidade de satisfazer a lascívia própria ou de terceiro na prática do ato libidinoso sem a anuência da vítima afasta a tipicidade do fato em face da importunação sexual, podendo-se configurar, porém, diante das circunstâncias concretas, outros delitos, como os de injúria ou ato obsceno.

Jurisprudência

- Inadmissibilidade de desclassificação de estupro de vulnerável para importunação sexual

215-A.6 Concurso

O único ato libidinoso praticado contra mais de uma vítima enseja o concurso formal de infrações. É possível a configuração do concurso material ou do crime continuado nos casos de atos libidinosos praticados mediante mais de uma ação contra a mesma vítima ou vítimas diversas. Pode se verificar, ainda, concurso de infrações entre a importunação sexual e outro delito praticado no mesmo contexto, como os de lesão corporal, injúria etc.

Atentado ao pudor mediante fraude

Art. 216. (revogado)*

* Artigo revogado pela Lei nº 12.015, de 7-8-2009.

Assédio sexual

Art. 216-A. Constranger alguém com o intuito de obter vantagem ou favorecimento sexual, prevalecendo-se o agente da sua condição de superior hierárquico ou ascendência inerentes ao exercício de emprego, cargo ou função:*

Pena – detenção, de 1 (um) a 2 (dois) anos.

Parágrafo único. (VETADO)

§ 2º A pena é aumentada em até um terço se a vítima é menor de 18 (dezoito) anos.**

* Artigo acrescentado pela Lei nº 10.224, de 15-5-2001.

**§ 2º acrescentado pela Lei nº 12.015, de 7-8-2009.

Vide: CP arts. 146, 147, 213, 215, 225, 226, 234-A, 234-B. 327.

216-A ASSÉDIO SEXUAL

216-A.1 Sujeitos do delito

O art. 216-A, introduzido no Código Penal pela Lei nº 10.224, de 15-5-2001, descreve um crime bipróprio, ou seja, exige uma situação especial tanto do sujeito ativo como do sujeito passivo. Para sua caracterização, é necessário que o agente seja superior hierárquico ou tenha ascendência com relação ao ofendido, estando, portanto, em posição de mando com relação à vítima. É indispensável que haja a referida superioridade, ou seja, de poder, decorrente de uma relação administrativa ou de uma ascendência própria de cunho trabalhista. Refere-se a lei aos que estão relacionados em razão de emprego, cargo ou função pública (v. item 327.1) ou particular, tendo como sujeito ativo o superior hierárquico, de direito administrativo, ou empregadores, patrões, chefes de serviço etc. na relação trabalhista, e sujeito passivo o subordinado administrativo ou o empregado. São atingidos os seus bens jurídicos de liberdade sexual, honra, liberdade do exercício do trabalho, de não discriminação etc.

É irrelevante o sexo dos sujeitos ativo e passivo, podendo a conduta ter conotação heterossexual ou homossexual.

216-A.2 Tipo objetivo

A conduta típica é *constranger* alguém, o que significa, além de forçar, coagir, obrigar, compelir, sentido em que é empregado o verbo em outros dispositivos do Código Penal (arts. 146, 213 e 214), *incomodar, tolher a liberdade,* cercear, embaraçar a pessoa da vítima, o que pode ser feito por palavras, oralmente ou por escrito, gestos etc. A conduta pode ser praticada abertamente, com convites expressos, ou mesmo com insinuações implícitas que traduzam matéria que implica motivos sexuais. Tais atos não podem ser confundidos com o simples flerte, o gracejo etc., devendo constituir crime apenas uma importunação insistente, embaraçosa, ofensiva.

Para que haja o crime, é indispensável que o sujeito ativo se prevaleça de sua condição de superioridade, da sua relação de mando no trabalho público ou particular e que exista o temor por parte da vítima de que venha a ser demitida, que não consiga obter promoção ou outro emprego etc. pela conduta expressa ou implícita do agente.

Jurisprudência

- Prevalecimento do agente de sua condição de superioridade: crime caracterizado
- Inexistência de ameaça apta a constranger: crime não caracterizado
- Interesse recíproco: crime não caracterizado
- Comentário inoportuno: crime não-caracterizado
- Pretensão da vítima de indenização civil após demissão sem justa causa: crime não-caracterizado

216-A.3 Tipo subjetivo

Trata-se de crime doloso em que a vontade do agente é de forçar, compelir, coagir a vítima, ou seja, de impor seus desejos, de abusar, de se aproveitar da vulnerabilidade ou fragilidade da vítima. Exige-se, porém, o elemento subjetivo do tipo, ou seja, que tenha o sujeito ativo a finalidade de obter vantagem ou favorecimento de natureza sexual. Inclui-se nesse fim não só a conjunção carnal, como também qualquer outro ato libidinoso, ainda que não seja ele praticado efetivamente.

216-A.4 Consumação e tentativa

Consuma-se o crime com a prática do ato constrangedor, sendo desnecessário que ocorra qualquer ato de caráter sexual (beijos, abraços lascivos, toques etc.).

Embora rara, é possível a ocorrência de tentativa, que se configura, por exemplo, com a palavra escrita que não chega ao conhecimento da vítima.

216-A.5 Distinção

O mero constrangimento com intuito sexual, sem violência, ameaça ou fraude, do agente que se prevalece de relações domésticas, de coabitação ou de hospitalidade, ou que atua com abuso ou violação de dever inerente a ofício ou ministério é atípico. Se a vítima tem menos de 14 anos, a prática, consumada ou tentada, de conjunção carnal ou ato libidinoso configura o estupro de vulnerável (art. 217-A). Havendo emprego de violência ou ameaça no constrangimento à prática de ato sexual, o delito será o estupro (art. 213), na forma consumada ou tentada, e havendo fraude, o crime de violação sexual mediante fraude (art. 215). Na ausência de fraude, violência ou grave ameaça, se o ato libidinoso é efetivamente praticado sem o consentimento da vítima, o crime é o de importunação sexual (art. 215-A).

216-A.6 Formas qualificadas

No crime de assédio sexual, a circunstância de ser a vítima menor de 18 anos determina o aumento da pena em até um terço, nos termos do que dispõe § 2º do art. 216-A, incluído pela Lei nº 12.015, de 7-8-2009. Esqueceu-se o legislador de renumerar os parágrafos, porque o parágrafo único, inserido pela Lei nº 10.224, de 15-5-2001, foi objeto de veto. Curiosamente, também, não se fixou o acréscimo mínimo devido em razão da circunstância, diversamente do que se verifica nas demais causas de aumento previstas no Código, que determinam ou um acréscimo fixo ou uma majoração entre um mínimo e um máximo. Assim, nada impede o juiz, na aplicação da pena, de acrescê-la de apenas um dia em razão da referida causa de aumento. Pune a lei com maior rigor o crime praticado contra vítima menor de 18 anos, em razão de sua personalidade ainda em formação que a torna mais vulnerável ao assédio. Aplica-se, assim, a causa de aumento tanto na hipótese do maior de 16 anos, como do aprendiz, a partir de 14 anos. Embora a Constituição vede qualquer trabalho abaixo dos 14 anos (art. 7º, XXXIII) e seja essa a idade limite para a configuração do estupro de vulnerável, é possível, em tese, a aplicação da causa de aumento na hipótese de menor de 14 anos, desde que o constrangimento a que se refere o art. 216-A não configure início de execução do delito descrito no art. 217-A.

Aplicam-se, também, ao art. 216-A as causas de aumento previstas no art. 226, I e II, com a redação dada pelas Leis nº 11.106, de 28-3-2005, e nº 13.718, de 24-9-2018, sendo aumentada a pena de quarta parte se o crime é cometido em concurso de duas ou mais pessoas, e de metade se o agente é ascendente, padrasto ou madrasta, tio, irmão, cônjuge, companheiro, tutor, curador ou preceptor da vítima. Não se considera a qualificadora de ser o agente empregador da vítima ou pessoa que tenha autoridade administrativa sobre ela por ser o fato circunstância elementar no crime de assédio sexual. Foi vetado o parágrafo único que previa a mesma pena para quem cometesse o crime prevalecendo-se de relações domésticas, de coabitação ou de hospitalidade, sob a alegação de serem já formas qualificadas do crime, conforme o art. 226, II, do CP. Na verdade, o dispositivo vetado previa a prática do crime de assédio por parte das pessoas que se revestissem das qualidades citadas, de relação de poder, o que ficou prejudicado pelo veto, já que não estão elas inseridas no *caput* do novo dispositivo penal.

CAPÍTULO I-A
DA EXPOSIÇÃO DA INTIMIDADE SEXUAL

Registro não autorizado da intimidade sexual

Art. 216-B. Produzir, fotografar, filmar ou registrar, por qualquer meio, conteúdo com cena de nudez ou ato sexual ou libidinoso de caráter íntimo e privado sem autorização dos participantes:

Pena – detenção, de 6 (seis) meses a 1 (um) ano, e multa.

Parágrafo único. Na mesma pena incorre quem realiza montagem em fotografia, vídeo, áudio ou qualquer outro registro com o fim de incluir pessoa em cena de nudez ou ato sexual ou libidinoso de caráter íntimo.*

*Artigo inserido pela Lei º 13.772, de 19-12-2018.

216-B REGISTRO NÃO AUTORIZADO DA INTIMIDADE SEXUAL

216-B.1 Conceito

Em um novo capítulo I-A, denominado "Da exposição da intimidade sexual", a Lei nº 13.772, de 19-12-2018, acrescentou ao Código Penal o art. 216-B, sob o *nomen juris* "Registro não autorizado da intimidade sexual", que tem a seguinte redação: "Produzir, fotografar, filmar ou registrar, por qualquer meio, conteúdo com cena de nudez ou ato sexual ou libidinoso de caráter íntimo e privado sem autorização dos participantes: Pena – detenção, de 6 (seis) meses a 1 (um) ano, e multa".

216-B.2 Sujeitos do delito

Qualquer pessoa, tanto o homem como a mulher, pode ser sujeito ativo do crime. Não estão excluídos os cônjuges e os que mantêm relação de afeto com o sujeito passivo.

O sujeito passivo também pode ser tanto o homem como a mulher. Tratando-se de criança ou adolescente, se a cena é de sexo explícito ou pornográfica, ocorre crime mais grave, previsto no art. 240 do Estatuto da Criança e do Adolescente.

216-B.3 Tipo objetivo

O bem jurídico tutelado no art. 216-B é, ainda a dignidade sexual, no que diz respeito ao sentimento de decoro do sujeito passivo com relação à sua intimidade sexual.

Tipifica-se a ação típica de produzir, fotografar, filmar ou registrar, por qualquer meio, conteúdo com cena de nudez ou ato sexual ou libidinoso de caráter íntimo e privado, sem autorização dos participantes. Para a caracterização do crime basta a prática do ato de registrar por qualquer meio a cena sexual. Condutas posteriores como o armazenamento, divulgação, disponibilização ou transmissão a terceiro das imagens registradas podem configurar novo delito (art. 218-C do CP e arts. 241-A e 241-B do ECA).

As cenas de produção e registro vedados são todas as cenas de nudez, nas quais ocorra a exibição dos órgãos genitais dos participantes, e as de conteúdo sexual, abrangidos não somente o próprio ato sexual, mas, também, qualquer prática de natureza libidinosa, que tenham caráter íntimo e privado. Pode o crime ocorrer mesmo na intimidade do casamento ou de uma relação afetiva, se o ofendido não consentiu na produção ou registro da cena. Pretendeu o legislador resguardar em grau mais elevado o sentimento de decoro do sujeito passivo em relação à sua intimidade sexual, inclusive com vistas a prevenir eventual utilização indevida ou criminosa das imagens registradas. Não são típicas as ações que recaiam sobre cenas que tenham sido produzidas publicamente ou que para o público se destinem por sua natureza, como nos casos de peças teatrais, *performances* artísticas ou de protesto, filmes etc. Incorre, porém, no ilícito quem logra fotografar ou filmar, sem o conhecimento dos participantes, cenas sexuais ou de nudez que tenham o caráter íntimo e privado, ainda que realizado, eventualmente, em certos locais públicos ou passíveis de serem vistos por terceiros, como uma praia deserta, um barco próximo à costa, o jardim de uma residência etc. Comete, assim, crime o paparazzo que fotografa ou filma pessoa célebre em situação de intimidade sexual ou de nudez, ainda que não comercialize as imagens.

A autorização dos participantes, isto é, de todos os que figurem na cena a ser produzida ou registrada, afasta a tipicidade do fato. O consentimento, porém, deve ser válido, isto é, não esteja viciado por fraude, coação ou outra forma constrangimento, e o participante deve ser pessoa capaz de consentir, nos termos da lei. A concordância dos participantes na produção e registro da cena sexual ou de nudez não supre a autorização para a transmissão, divulgação ou disponibilização das imagens a terceiros a qualquer título. Praticada uma dessas condutas sem o válido consentimento, configura-se o crime previsto no art. 218-C.

216-B.4 Tipo subjetivo

O dolo é a vontade de proceder à produção ou registro da cena vedada na ausência de válida autorização de seus participantes.

216-B.5 Consumação e tentativa

Consuma-se o crime com a realização de uma das ações típicas, produzir, fotografar, filmar ou registrar a cena sexual ou de nudez. A tentativa é admissível nas diversas modalidades de conduta.

216-B.6 Distinção

Se a produção ou registro é de cena de sexo explícito ou pornográfica, envolvendo criança ou adolescente, configura-se o crime previsto no art. 240, *caput*, do ECA. Se o agente agencia, facilita, recruta, coage ou de qualquer modo intermedeia a participação de criança ou adolescente, ou exibe, transmite, auxilia ou facilita a exibição ou transmissão, em tempo real, pela internet, por aplicativos, por meio de dispositivo informático ou qualquer meio ou ambiente digital, de cena de sexo explícito ou pornográfica com a participação de criança ou adolescente, incorre nas mesmas penas (§ 1º, I e II). O oferecimento, divulgação, transmissão ou disponibilização da cena sexual ou de nudez a terceiro sem o consentimento do participante caracteriza o crime descrito no art. 218-C ou, tratando-se de sujeito passivo criança ou adolescente, um dos crimes previstos nos arts. 241 e 241-A do ECA, que também incrimina a mera posse ou armazenamento de foto dessa natureza, nos termos do art. 241-B.

216-B.7 Crime assemelhado

Crime assemelhado ao previsto no *caput* e punido com as mesmas penas, de seis meses a um ano de detenção e multa, encontra-se descrito no parágrafo único do art. 216-B. A conduta é a de realizar montagem, em fotografia, vídeo, áudio ou qualquer outro registro, com o fim de incluir o sujeito passivo em cena de nudez ou de natureza sexual, de caráter íntimo. Diversamente do tipo anterior, o sujeito passivo não é participante da cena sexual ou de nudez originalmente registrada. Pune-se a sua indevida inclusão em uma cena de tal natureza, com outros participantes, que se realize por qualquer das diversas técnicas possibilitadas pelo avanço tecnológico na área de edição de imagens e sons, mediante a seleção, organização e combinação de diferentes cenas anteriormente gravadas. Embora não previsto no dispositivo, a autorização do sujeito passivo elide a tipicidade do fato, analogamente ao que se verifica no *caput* do artigo. Se o sujeito passivo é criança ou adolescente, o crime é o previsto no art. 241-C do ECA.

Não agiu com acerto o legislador na previsão do ilícito. Incrimina-se a mera realização de uma edição de imagens e sons, sem que a intimidade do sujeito passivo tenha sido efetivamente violada pelo agente e mesmo quando o resultado da montagem não seja objeto de divulgação ou disponibilização a terceiros. Não se pode, mesmo, vislumbrar qualquer ofensa ao bem jurídico que o artigo visa tutelar na simples montagem da cena feita pelo agente, em caráter privado e que permanece de seu conhecimento exclusivo.

CAPÍTULO II
DOS CRIMES SEXUAIS CONTRA VULNERÁVEL

Sedução

Art. 217. (revogado)*

* Artigo revogado pela Lei nº 11.106, de 28-3-2005.

Estupro de vulnerável

Art. 217-A. Ter conjunção carnal ou praticar outro ato libidinoso com menor de 14 (catorze) anos:

Pena – reclusão, de 8 (oito) a 15 (quinze) anos.

§ 1º Incorre na mesma pena quem pratica as ações descritas no *caput* com alguém que, por enfermidade ou deficiência mental, não tem o necessário discernimento para a prática do ato, ou que, por qualquer outra causa, não pode oferecer resistência.

§ 2º (VETADO)

§ 3º Se da conduta resulta lesão corporal de natureza grave:

Pena – reclusão, de 10 (dez) a 20 (vinte) anos.

§ 4º Se da conduta resulta morte:

Pena – reclusão, de 12 (doze) a 30 (trinta) anos.*

§ 5º As penas previstas no caput e nos §§ 1º, 3º e 4º deste artigo aplicam-se independentemente do consentimento da vítima ou do fato de ela ter mantido relações sexuais anteriormente ao crime. **

*Artigo inserido pela Lei nº 12.015, de 7-8-2009.

** Parágrafo inserido pela Lei nº 13.718, de 24-9-2018.

Vide: **CF** arts. 5º, XLIII, 227, § 4º; **CP** arts. 128, II, 130, 148, § 1º, V, 213, 215, 215-A, 218, 218-A, 218-B, 218-C, 225, 226, 234-A, 234-B; **CPP** arts. 158, 167; **Lei nº 8.069**, de 13-7-1990 – ECA, arts. 240 a 240-C (tipificam condutas relacionadas com a utilização de criança ou adolescente em cena pornográfica, de sexo explícito ou vexatória em representação teatral, televisiva e de outros meios visuais e com a produção, circulação e divulgação de fotografias ou imagens da mesma espécie pela *internet* ou qualquer meio de comunicação), 240-D (aliciar, assediar, instigar ou constranger, por qualquer meio de comunicação, criança, com o fim de com ela praticar ato libidinoso); **Lei nº 8.072**, de 25-7-1990, art. 1º, VI (define o estupro de vulnerável como crime hediondo), art. 2º, I (veda anistia, graça e indulto), II (proíbe a fiança), § 1º (determina o regime inicial fechado), § 3º (possibilita a concessão fundamentada pelo juiz do apelo em liberdade), § 4º (prazo de 30 dias para a prisão temporária); **Lei nº 11.340**, de 7-8-2006, art. 7º, III (violência sexual como forma de violência doméstica e familiar contra a mulher); Súmula: **STJ**: 593.

217-A ESTUPRO DE VULNERÁVEL

217-A.1 Dos crimes contra vulnerável: considerações gerais

Uma das principais preocupações do legislador ao elaborar a Lei nº 12.015, de 7-8-2009, consistiu em conferir aos menores de 18 anos especial proteção contra os crescentes abusos sexuais e a proliferação da prostituição infantil e de diversas outras formas de exploração sexual. A repressão à exploração sexual do menor tem sido objeto de diversos tratados e convenções internacionais, tanto em razão da relevância do bem jurídico atingido por práticas dessa natureza, como também em face da dimensão internacional que vem assumindo o tráfico de menores com fins sexuais. Ao reservar um capítulo próprio aos crimes contra vulnerável, centrado na proteção ao menor de 18 anos, o legislador procurou, também, dar maior efetividade ao mandamento contido no art. 227, § 4º, da Constituição Federal, que prevê: "A lei punirá severamente o abuso, a violência e a exploração sexual da criança e do adolescente."

No Capítulo II do Título VI, a lei disciplina os crimes sexuais contra vulnerável. Pessoa *vulnerável*, no sentido que lhe conferiu o Código Penal, é, primeiramente, a pessoa menor de 18 anos, que, por sua personalidade ainda em formação, se encontra particularmente sujeita aos abusos e à exploração e sofre, em maior intensidade, os efeitos danosos causados por delitos de natureza sexual. Em alguns dispositivos a lei estabeleceu tratamento diferenciado em relação ao menor de 14 anos e ao maior de 14 e menor de 18 anos, reconhecendo que em relação a este último há de ser respeitada alguma liberdade sexual. Afastou-se o Código Penal da disciplina contida no Estatuto da Criança e do Adolescente, que considera criança quem tem 12 anos incompletos e adolescente o que tem idade superior a esta e inferior a 18 anos. Embora se possa falar em vulnerabilidade *absoluta* e *relativa* em relação aos menores de 18 anos, de acordo com aquelas faixas etárias, a lei não concedeu ao juiz margem de discricionariedade que permita aferir no caso concreto o grau de maturidade sexual do menor para a aplicação dos diversos dispositivos legais. Ao abolir a presunção de violência contida no revogado art. 224, referindo-se à idade do menor como elemento das condutas típicas nos crimes descritos nos arts. 217-A a 218-B, o legislador teve a intenção de excluir possíveis indagações no caso concreto a respeito da maturidade, conhecimento e experiência do menor em relação às questões sexuais. Assim, o menor de 14 anos e o menor de 18 anos são especialmente protegidos nos diversos dispositivos legais em razão da idade que possuem, independentemente de terem, no caso concreto, maior ou menor discernimento ou experiência em matéria sexual.

Pessoa *vulnerável*, para o Código Penal, é também a pessoa portadora de enfermidade ou deficiência mental que não tem o discernimento necessário em relação às práticas sexuais e que, por essa razão, também se encontra particularmente sujeita aos abusos e à exploração sexual. Diferentemente, porém, do que ocorre com os menores de 14 ou 18 anos, a lei deixa claro que aquela condição deve ser aferida no caso concreto, impondo-se, portanto, não somente a constatação da existência da enfermidade ou deficiência mental, mas também a aferição do grau de discernimento em relação às questões sexuais em geral e em particular, diante das especificidades do ato sexual praticado.

Por fim, considera-se vulnerável a pessoa que "por qualquer outra causa, não pode oferecer resistência" (art. 217-A, § 1º, 2ª parte). Não se refere a lei, nesse ponto, ao menor de 18 anos ou à pessoa portadora de enfermidade ou doença mental, mas a qualquer pessoa que se encontre na situação de não poder oferecer resistência à conduta do agente. Não foi feliz o legislador na redação da norma, valendo-se de fórmula que certamente propiciará diferentes interpretações na aplicação de diversos dispositivos legais (item 217-A.3).

Os crimes sexuais contra vulnerável abrangem os crimes de estupro de vulnerável (art. 217-A), corrupção de menores (art. 218), satisfação da lascívia mediante presença de criança ou adolescente (art. 218-A) e favorecimento da prostituição ou de outra forma de exploração sexual de criança ou adolescente ou de vulnerável (art. 218-B).

217-A.2   Sujeitos do delito

Sujeito ativo do crime de estupro de vulnerável é qualquer pessoa, tanto o homem como a mulher. No estupro praticado mediante conjunção carnal, somente não pode ser autor pessoa do mesmo sexo do menor, porque nesse caso não pode haver o coito normal.

Na prática de outro ato libidinoso, não há impedimento de que autor e vítima sejam pessoas do mesmo sexo.

Sujeito passivo da conduta descrita no *caput* do art. 217-A é o menor de 14 anos. Se ele já completou 14 anos, o que se verifica no primeiro instante do dia de seu aniversário, pode se configurar, eventualmente, outro delito (violação sexual mediante fraude, estupro, se existente a violência ou grave ameaça etc.). Pessoas de qualquer dos sexos podem ser sujeitos passivos tanto na prática de conjunção carnal como de outro ato libidinoso. Diante da redação do art. 217-A, não há mais que cogitar de presunção relativa de violência, configurando-se o crime na conjunção carnal ou ato libidinoso praticados com menor de 14 anos, ainda quando constatado, no caso concreto, ter ele discernimento e experiência nas questões sexuais (item 217-A.1). É irrelevante também se o menor já foi corrompido ou exerce a prostituição, porque se tutela a dignidade sexual da pessoa independentemente de qualquer juízo moral (item 213.1). Diante, porém, de divergências surgidas no estudo e aplicação da lei, houve por bem o legislador explicitar no § 5º do art. 217-A, introduzido pela Lei nº 13.718, de 24-9-2018, que o crime de estupro de vulnerável, nas formas simples e qualificadas, configura-se "independentemente do consentimento da vítima ou do fato de ela ter mantido relações sexuais anteriormente ao crime". A irrelevância de eventual consentimento do menor, de sua experiência sexual anterior e de possível relacionamento amoroso com o agente já era, aliás, afirmada na Súmula 593 do STJ.

Na primeira parte do § 1º, prevê-se como sujeito passivo a pessoa que padece de enfermidade ou deficiência mental que a priva do discernimento necessário a respeito das questões sexuais. Não se trata aqui de presunção legal absoluta em relação a qualquer pessoa que tenha enfermidade ou deficiência mental, mas de condição que deve ser examinada no caso concreto, em geral por perícia psiquiátrica, para se aferir se de uma ou de outra resulta a ausência do discernimento exigível para consentir na prática do ato sexual. Referindo-se a lei ao *discernimento necessário para a prática do ato*, no exame deve-se não somente aquilatar o grau da doença ou deficiência mental, mas também verificar como esta afeta a capacidade de compreensão do sujeito passivo em relação às questões de natureza sexual, considerando-se, ainda, as especificidades do ato sexual praticado. Tratando-se, porém, de enfermidade ou deficiência mental de fácil constatação, a perícia pode se tornar desnecessária, comprovando-se o estado de vulnerável por outros meios como atestados ou documentos emitidos por médicos oficiais.

O sujeito passivo a que se refere o § 1º, 2ª parte, do art. 217-A é qualquer pessoa que se encontre impossibilitada de oferecer resistência à prática do ato sexual por qualquer causa que não seja a antes descrita no mesmo parágrafo (enfermidade ou doença mental) ou o fato de ser ela menor de 14 anos, porque nessa hipótese o fato se subsume à conduta descrita no *caput*. Enquanto nessas outras hipóteses a lei confere especial proteção a pessoas que em razão das citadas causas preexistentes não podem validamente *consentir* na prática do ato sexual, na parte final do dispositivo protege-se qualquer pessoa que, por ocasião do fato, não pode *resistir* à prática do ato. Causa que impossibilita a vítima de oferecer resistência deve ser entendida como aquela que torna desnecessário ao agente o emprego de violência ou grave ameaça como meio para a consumação do delito, embora ele possa ocorrer. A última fórmula legal abrange tanto as pessoas que se encontram em estados permanentes ou episódicos de supressão de consciência ou vontade (coma, desmaio, anestesia, hipnose etc.) como aquelas que, embora presente o dissenso interior, se encontram incapacitadas de atuar a sua vontade de se opor à conduta do agente (hemiplegia, drogas que paralisam etc.) (item 217-A.3).

Jurisprudência

- Presunção absoluta de violência no estupro contra menor de 14 anos
- Inexistência da prova da menoridade
- Dúvidas quanto à certidão de registro feito após o fato
- Validade do registro efetuado após o crime corroborado
- Validade do registro efetuado antes do crime não contestado
- Registro efetuado antes do fato contestado
- Dúvidas quanto à idade da vítima na época do fato
- Oligofrenia com capacidade de entendimento: inexistência de crime
- Oligofrenia com capacidade de entendimento: inexistência de crime – Contra

- Vítima em estado de embriaguez completa: crime caracterizado
- Vítima sob efeitos de entorpecente: crime caracterizado
- Vítima adormecida e alcoolizada: estupro caracterizado
- Vítima adormecida e alcoolizada: estupro caracterizado – Contra
- Vítima adormecida: crime caracterizado
- Necessidade de prova da impossibilidade de resistência
- Prova idônea da idade da vítima
- Comprovação da enfermidade ou doença mental

217-A.3 Tipo objetivo

No *estupro de vulnerável*, a conduta típica é a de ter conjunção carnal ou praticar outro ato libidinoso com menor de 14 anos ou com pessoa vulnerável nos termos do § 1º. Diferentemente do que ocorre nos crimes de estupro (art. 213) e violência sexual mediante fraude (art. 215), não se exige para a caracterização do estupro de vulnerável que o agente empregue violência, grave ameaça ou fraude para a consumação do delito, bastando a prática de um dos atos sexuais com a pessoa vulnerável. Se o agente, mediante violência ou grave ameaça, constrange o menor de 14 anos, ou outra pessoa vulnerável, à prática de conjunção carnal ou ato libidinoso, ou se esta decorre de fraude por ele empregada, o crime será o de estupro de vulnerável. O delito em estudo absorve os crimes descritos nos arts. 213 e 215, porque, embora a ação típica descrita no art. 217-A seja mais abrangente, o delito guarda em relação a esses outros delitos relação de especialidade que decorre da condição do sujeito passivo de pessoa vulnerável, que justifica a punição mais severa. O emprego de violência, grave ameaça ou fraude, como meios para a consumação do delito, constitui circunstância a ser valorada pelo juiz na fixação da pena, mas, se da conduta decorre lesão grave ou morte, o crime é qualificado (item 217-A.6).

Discute-se na doutrina se o art. 217-A descreve um tipo misto alternativo ou cumulativo. Entendemos tratar-se de tipo misto cumulativo, punindo-se num único artigo condutas distintas, a de ter conjunção carnal e a de praticar ato libidinoso com menor de 14 anos, ou outra pessoa vulnerável (§ 1º). A prática de uma ou outra conduta configura o crime de estupro de vulnerável e a realização de ambas constitui, em princípio, duas infrações. O reconhecimento da ocorrência de crime único, concurso material ou continuidade delitiva dependerá, porém, do contexto fático em que ações forem realizadas. Se os atos libidinosos praticados com a pessoa vulnerável constituem prelúdios ou atos preparatórios da conjunção carnal, há crime único. Se, no entanto, após a cópula vagínica o agente pratica com a vítima coito anal, comete dois crimes de estupro (item 213.8). Inclina-se, porém, boa parte da doutrina a reconhecer a existência de tipos mistos alternativos nos crimes de estupro (art. 213) e de estupro de vulnerável (art. 271-A) e, assim, segundo essa orientação, a prática de uma ou de ambas as condutas típicas, ainda que de forma reiterada no mesmo contexto fático, configura sempre crime único (item 213.3).

Os conceitos de conjunção carnal e atos libidinosos já foram examinados por ocasião do estudo do estupro (item 213.3). Acrescente-se que no art. 217-A refere-se a lei à pratica de outro ato libidinoso *com* menor, o que abrange os atos praticados pelo agente ou pela vítima. Se o ato libidinoso é praticado pelo menor com terceiro e o agente se limita a presenciá-lo sem para ele ter concorrido, somente o terceiro comete o delito. O agente que induz o menor a presenciar a prática de atos libidinosos por terceiros pratica o crime descrito no art. 218-A.

Diante do disposto no art. 217-A, § 1º, 2ª parte, caracteriza-se o estupro de vulnerável se a vítima *não pode oferecer resistência* por qualquer outra causa que não seja a incapacidade decorrente de enfermidade ou doença mental (art. 217-A, § 1º, 1ª parte) ou a circunstância de ser menor de 14 anos (217-A, *caput*).

Em termos genéricos, a impossibilidade da vítima de resistir à prática dos atos sexuais pode decorrer de uma incapacidade de entendimento e autodeterminação, que se refere à compreensão e vontade conscientes, ou de uma incapacidade de externar o seu dissenso por meio de ações concretas de oposição à conduta do agente. Porque a lei não distingue, essa impossibilidade de resistência pode resultar de uma condição permanente ou duradoura preexistente ou ser eventual e transitória, desde que existentes no momento do crime.

Deve-se observar, também, que a violência, a grave ameaça e a fraude são meios empregados pelo agente para vencer a resistência da vítima nos crimes de estupro e violência sexual mediante fraude e, assim, interpretação por demais abrangente tornaria inócuos os arts. 213 e 215, configurando-se, em todas as hipóteses, o estupro de vulnerável (art. 217-A, § 1º, 1ª parte). Torna-se necessária, portanto, uma interpretação que limite o alcance do dispositivo em face da natureza ou grau de incapacidade da vítima de oferecer resistência.

Embora difícil a discriminação das hipóteses abrangidas pelo dispositivo, é ela necessária, inclusive porque previstas penas bem mais severas para o estupro de vulnerável. Um critério possível é o de se considerar a impossibilidade de resistência a que se refere o dispositivo como aquela que torna dispensável, embora possa ocorrer, o emprego de violência ou grave ameaça ou fraude pelo agente para a consumação do delito, por já se encontrar a vítima em situação de vulnerabilidade que a impede, de forma absoluta, de resistir ao estupro. É o que pode ocorrer, por exemplo, nos estados de supressão da consciência ou da vontade (vítima em coma, desmaiada, sob a ação de anestésicos, narcóticos violentos ou hipnose etc.) e na existência de impedimento grave a fazer atuar o dissenso (vítima com tetraplegia ou hemiplegia, encontrada gravemente ferida em acidente ou encontrada amarrada e amordaçada por ter sido vítima de um sequestro etc.). Mencionando a lei situação na qual a vítima *não pode* oferecer resistência, há que se entender que essa incapacidade de resistência a que se refere o dispositivo deve ser de natureza absoluta, por impedir a mínima possibilidade de resistência da vítima. Se a incapacidade é relativa, por manter a vítima alguma capacidade de entendimento e autodeterminação e de atuação do dissenso, não se configura o estupro de vulnerável, porque então necessária a violência ou grave ameaça para a consumação do estupro, hipótese em que se caracteriza o delito descrito no art. 213.

Entendemos, também, que, diversamente das outras causas de vulnerabilidade (enfermidade ou deficiência mental e idade), a lei não exige, na parte final do § 1º do art. 217-A, que a incapacidade preexista à conduta do agente, que dela somente se aproveite, abrangendo, portanto, também a incapacidade que é por ele anteriormente criada com o fim de facilitar o estupro, por tornar desnecessário o emprego de violência ou grave ameaça para a prática dos atos sexuais. Em todas as hipóteses em que se configura o estupro de vulnerável, como já visto, o emprego de violência, grave ameaça ou fraude é desnecessário para a caracterização do delito e a sua ocorrência não desloca a tipicidade do fato para a dos crimes de estupro ou violação sexual mediante fraude. Assim, deve-se ter por configurado o estupro de vulnerável também nos casos em que o agente emprega violência, grave ameaça ou fraude para reduzir a vítima ao estado de absoluta impossibilidade de resistência antes da prática da conjunção carnal ou do ato libidinoso. É o que pode ocorrer nas hipóteses: do agente que, após desferir um golpe violento na vítima, a amarra e a amordaça para então estuprá-la; da vítima que é constrangida mediante grave ameaça a ingerir um potente narcótico; do agente que sub-repticiamente insere na bebida da vítima o mesmo narcótico; do médico ou enfermeiro que, a pretexto de administrar um medicamento, injeta na vítima uma substância anestésica ou outra droga que lhe causa a perda da consciência etc. Entendimento diverso, que excluísse a situação criada pelo próprio agente, implicaria tratamento punitivo claramente injusto, penalizando-se mais gravemente quem se limita a se aproveitar da situação de incapacidade absoluta da vítima, porque responderia por estupro de vulnerável, enquanto quem dolosamente atuou para criar essa incapacidade seria punido com as penas mais leves cominadas para o estupro.

Jurisprudência

- Desnecessidade de violência real ou presumida no crime de estupro de vulnerável
- Inexistência de *abolitio criminis* na revogação do art. 224
- Estupro contra vulnerável na forma simples como crime hediondo
- Estupro contra vulnerável como crime hediondo: irretroatividade da Lei nº 12.015/2009

217-A.4 Tipo subjetivo

No estupro de vulnerável, o dolo é a vontade de ter conjunção carnal ou de praticar ato libidinoso com menor de 14 anos ou pessoa vulnerável nos termos do § 1º do art. 217. É necessária a consciência dessa condição de vulnerabilidade do sujeito passivo. A dúvida do agente quanto à idade ou à enfermidade ou doença mental da vítima é abrangida pelo dolo eventual. O erro, porém, quanto a essas condições exclui o dolo, podendo se configurar outro crime (arts. 213, 215).

Não se exige o elemento subjetivo do injusto consistente na finalidade de satisfazer a lascívia, configurando-se o crime quando a motivação ou o fim último é outro (item 213.4).

Jurisprudência

- Dúvida a respeito da idade da vítima: dolo eventual
- Possibilidade do erro de tipo quanto à idade da vítima
- Irrelevância da aparência de idade superior
- Debilidade mental não aparente

217-A.5 Consumação e tentativa

O delito de estupro de vulnerável se consuma com a conjunção carnal ou a prática de outro ato libidinoso (item 213.5). Executada qualquer prática libidinosa, o delito estará consumado.

Admite-se a tentativa em ambas as formas de conduta. Configura-se a tentativa quando o agente, embora obstado antes da prática de ato libidinoso, iniciou a execução do delito com a prática de atos tendentes à sua consumação. Exige-se que as circunstâncias de fato revelem claramente o intuito do agente de praticar os atos sexuais com a pessoa vulnerável. Há tentativa, por exemplo, se o agente proferiu a grave ameaça ao menor para que se submetesse aos atos libidinosos, mas este logrou fugir; se o agente e a menor de 14 anos são surpreendidos, já despidos, no interior de um motel, quando se preparavam para a prática dos atos sexuais etc. É possível a desistência voluntária, que deve ocorrer antes de qualquer prática libidinosa.

217-A.6 Formas qualificadas

O estupro de vulnerável é qualificado se da conduta resulta lesão corporal de natureza grave (§ 3º) ou morte (§ 4º). Exige-se que os resultados qualificadores decorram da *conduta*, o que indica a necessidade de nexo causal entre a conduta dirigida à consumação do estupro, incluindo-se os meios utilizados pelo agente, e aponta para a exclusão de outras condutas, com finalidades distintas, que sejam eventualmente por ele praticadas contra a vítima no mesmo contexto fático. Não abrangem, portanto, as qualificadoras toda a atuação criminosa do agente no contexto do fato e qualquer conduta por ele praticada, independentemente do elemento subjetivo e da tipicidade que lhes confere a lei, mas somente a conduta dirigida ao estupro. Assim, se a lesão grave ou a morte decorre da violência empregada pelo agente como meio para a prática do estupro, para vencer a resistência da vítima, o crime é qualificado. Configura-se também o estupro de vulnerável qualificado pelo resultado na hipótese de decorrer este do próprio ato libidinoso praticado, como, por exemplo, a introdução de um objeto no corpo da vítima. Entretanto, se o agente, em meio às práticas libidinosas com a pessoa vulnerável, decide, por qualquer razão, eliminar a vítima, ao matá-la, pratica conduta diversa, de homicídio, e deve, então, responder por ambos os delitos, em concurso material. Ressalte-se que a lei não se refere ao evento lesivo decorrente do *fato*, como previa a lei anterior nos crimes de estupro e atentando violento ao pudor qualificados por morte (art. 223, parágrafo único), fórmula mais abrangente que mesmo assim era interpretada restritivamente (item 213. 6).

Discute-se na doutrina, a exemplo do que ocorre em relação ao estupro qualificado pelo resultado (art. 213, § 1º, 2ª parte, e § 2º), se o resultado qualificador deve ser atribuído ao agente também na hipótese de dolo, ou somente a título de culpa. O tratamento punitivo previsto nos §§ 1º e 2º do art. 217-A indica que foi intenção do legislador abranger ambos os elementos subjetivos. A diferença existente entre as penas mínimas e máximas cominadas para os resultados lesivos (10 a 20 anos para a lesão grave e 12 a 30 anos para o evento morte) é de fato excessiva para a punição exclusivamente por culpa. Há, porém, entendimentos divergentes (item 213.6).

Aplicam-se ao estupro de vulnerável as causas de aumento previstas no art. 226, I e II, e no art. 234-A, III e IV (itens 226.1, 234-A.1).

Diante da revogação do art. 224 pela Lei nº 12.015/2009, não mais subsiste a majorante prevista no art. 9º da Lei nº 8.072/1990, que previa o aumento de metade da pena nos casos de presunção de violência. Nos crimes de estupro e atentado violento ao pudor praticados contra menor de 14 anos, antes da vigência da Lei nº 12.015/2009, impõe-se a retroatividade da lei nova por mais favorável ao agente na parte em que revogou a majorante prevista na Lei dos Crimes Hediondos. Na lei anterior, porém, havia dissídio a respeito da aplicabilidade ou não da causa de aumento prevista no art. 9º da Lei nº 8.072/1990, no estupro e atentado violento ao pudor praticados com violência presumida (v. item 213.6).

Jurisprudência

• **Retroatividade da Lei nº 12.015/2009 na revogação do art. 224 do CP**

217-A.7 Distinção

A prática de violência ou grave ameaça como meio utilizado pelo agente para a prática de conjunção carnal ou ato libidinoso com pessoa vulnerável não configura estupro (art. 213), mas o delito previsto no art. 217-A, que não os prevê como elementos do tipo, mas abrange a hipótese de sua ocorrência. Nessa hipótese, no conflito entre as normas incriminadoras, prevalece o estupro de vulnerável em razão de sua especialidade, que decorre da condição da vítima de pessoa vulnerável.

A aplicação do princípio da especialidade determina, igualmente, a responsabilização por estupro de vulnerável, e não por violação sexual mediante fraude (art. 215), do agente que se utiliza da fraude como meio para praticar ato libidinoso com menor de 14 anos ou pessoa vulnerável em razão de enfermidade ou deficiência mental. Na hipótese de maior de 14 anos, a utilização de fraude pelo agente como meio para conseguir impedir ou vencer a resistência da vítima e com ela praticar conjunção carnal ou ato libidinoso (por exemplo, inserir sonífero, narcóticos ou outra droga na bebida da vítima), é preciso distinguir o grau de incapacitação de entendimento e autodeterminação resultante para a vítima, configurando-se o estupro de vulnerável (art. 217-A, 2ª parte) na incapacidade absoluta e a violação sexual mediante fraude em hipótese diversa.

Nos casos de embriaguez da vítima, impõe-se, também, a diferenciação de sua causa e do grau de incapacidade resultante. Se o estado de embriaguez decorre de fraude do agente (adição sub-reptícia de *vodka* na bebida da vítima, por exemplo) e provoca uma significativa redução da capacidade de entendimento e autodeterminação da vítima que é a razão de seu assentimento para o ato sexual, o crime será o de violação sexual mediante fraude (art. 215); se a incapacidade é absoluta (coma alcoólico, por exemplo), haverá estupro de vulnerável (art. 217-A, 2ª parte); se, entretanto, apesar da embriaguez a vítima manifesta o dissenso, o que obriga o agente ao uso de violência, embora facilitada a sua ação, o crime será o de estupro (art. 213).

Se o agente emprega violência, grave ameaça ou fraude para reduzir a vítima maior de 14 anos a uma condição em que *não pode oferecer resistência* e, então, pratica a conjunção carnal ou os atos libidinosos, deve responder por estupro de vulnerável (art. 217-A, § 1º, 2ª parte) e não por estupro (art. 213) ou violação sexual mediante fraude (art. 215) (itens 217-A.3 e 215.3).

Diferencia-se o estupro de vulnerável da corrupção de menores (art. 218) porque neste delito o agente não pratica ato libidinoso com o menor de 14 anos, mas o induz a satisfazer a lascívia de outrem. Se o agente não pratica o ato libidinoso com a vítima, mas com outrem, na presença do menor de 14 anos, ou o induz a presenciá-lo, o crime é o descrito no art. 218-A.

No art. 241-D do ECA tipificam-se condutas que configuram atos preparatórios do crime de estupro de vulnerável: "aliciar, assediar, instigar ou constranger, por qualquer meio de comunicação, criança, com o fim de com ela praticar ato libidinoso". Haverá, porém, tentativa de estupro de vulnerável se, após a prática de uma dessas ações, o agente dá início à execução do delito, sendo impedido antes da prática de qualquer ato libidinoso (item 217-A.5). Nessa hipótese restará absorvido o delito previsto na lei especial.

Alguns atos, como expressões verbais ou gestos obscenos, o mero exibicionismo ou um simples beliscão, embora possam ser ofensivos ao sentimento de pudor, especialmente na hipótese de menor de 14 anos, não constituem, necessariamente, atos libidinosos e assim podem não caracterizar o crime de estupro de vulnerável, podendo configurar outro delito, como o ato obsceno (art. 233)

Porque a configuração do estupro de vulnerável independe do emprego de violência ou grave ameaça e porque para a tipicidade do fato é irrelevante eventual consentimento da vítima, a mera prática de ato libidinoso contra menor de 14 anos não pode configurar o crime de importunação sexual, mas, sim, o do art. 217-A.

Jurisprudência

• Distinção entre atentado violento ao pudor e perturbação da tranquilidade: sentido de constranger

217-A.8   Concurso de crimes

Entendemos que é possível o concurso de crimes na hipótese de praticar o agente a conjunção carnal e ato libidinoso distinto, por descrever o art. 217-A um tipo misto cumulativo. Admite-se, também, a continuidade delitiva, porque ambas as condutas, descritas no mesmo artigo, configuram crimes da mesma espécie. A configuração, porém, de crime único, concurso material ou continuidade delitiva dependerá do contexto fático da ação criminosa. Se os atos libidinosos constituem prelúdio para a cópula normal, devem ser por esta absorvidos, configurando-se o crime único. Se, entretanto, consumado delito com a conjunção carnal ou a prática do ato libidinoso (por exemplo, coito oral), pratica o agente outro ato libidinoso diverso (como o coito anal), deve responder por ambas as infrações. Há continuidade delitiva na repetição da cópula vagínica com a vítima no mesmo contexto. É possível, também, a continuidade delitiva na prática do estupro de vulnerável contra a mesma vítima ou vítimas distintas em diferentes contextos fáticos, ainda que diferente a forma de conduta, se presentes os requisitos legais para a sua configuração.

Há, porém, orientações divergentes, por se entender que o art. 217-A descreve um tipo misto alternativo (item 213.3).

Jurisprudência

• Aplicação da fração máxima em continuidade delitiva no estupro de vulnerável e a impossibilidade de continuidade delitiva entre os delitos de estupro qualificado e estupro de vulnerável

Corrupção de menores

Art. 218.   Induzir alguém menor de 14 (catorze) anos a satisfazer a lascívia de outrem:

Pena – reclusão, de 2 (dois) a 5 (cinco) anos.

Parágrafo único. (VETADO).*

* Artigo com a redação dada e parágrafo único inserido pela Lei nº 12.015, de 7-8-2009.

Vide: CF art. 227, § 4º; CP arts. 213, 218-A, 218-B, 225, 226, 227, 228, 234-B; **Lei nº 8.069**, de 13-7-1990 – ECA, arts. 240 a 240-C (tipificam condutas relacionadas com a utilização de criança ou adolescente em cena pornográfica, de sexo explícito ou vexatória em representação teatral, televisiva e de outros meios visuais e com a produção, circulação e divulgação de fotografias ou imagens da mesma espécie pela *internet* ou qualquer meio de comunicação), 241-D (aliciar, assediar, instigar ou constranger, por qualquer meio de comunicação, criança, com o fim de com ela praticar ato libidinoso),

244-B (corromper ou facilitar a corrupção de menor de 18 anos, com ele praticando infração penal ou induzindo-o a praticá-la); **Lei nº 11.340**, de 7-8-2006, art. 7º, III (prevê o constrangimento da mulher a presenciar, manter ou participar de relação sexual não desejada como forma de violência doméstica e familiar contra a mulher); Súmula: **STJ** 500.

218 CORRUPÇÃO DE MENORES

218.1 Sujeitos do delito

Sujeito ativo da corrupção de menores é qualquer pessoa, homem ou mulher, independentemente do sexo do sujeito passivo. O destinatário das práticas sexuais do menor não comete o delito, por se referir o dispositivo a *outrem*, respondendo por crime distinto (arts. 217-A, 218-A, 1ª parte, etc.).

Sujeito passivo é o menor de 14 anos. Estão protegidos pelo dispositivo inclusive o menor experiente nas questões sexuais, o que já foi corrompido, o que se prostitui ou que se encontra sujeito a qualquer outra forma de exploração sexual.

218.2 Tipo objetivo

Corromper é perverter, viciar, depravar, desnaturar, contaminar a moral da vítima. Corrupção, conforme definição doutrinária, é a contaminação da consciência da vítima pelo conhecimento de práticas imorais ou de hábitos de lascívia que se fixam no seu ânimo como elementos eróticos intempestivos ou viciosos, antes não existentes. Entretanto, embora mantido o mesmo *nomen juris* que abrigava o tipo descrito no art. 218 em sua redação original, não mais se refere o dispositivo à corrupção do menor, configurando o crime a simples conduta de induzir o menor de 14 anos a satisfazer a lascívia de outrem.

Induzir é aconselhar, instigar, persuadir, incutir, levar a vítima a satisfazer a lascívia de outrem. *Lascívia* é a sensualidade, luxúria, concupiscência, libidinagem. A lei não se refere à prática da conjunção carnal ou de outros atos libidinosos, a exemplo do que se verifica no lenocínio (art. 227). Diferentemente, porém, do que ocorre em relação ao maior de 18 anos (ou maior de 14 que não se encontra em situação de exploração sexual – art. 218-B, § 2º, I), a prática pelo sujeito passivo de conjunção carnal com *outrem* em decorrência do induzimento do agente não é atípico, mas caracteriza o delito de estupro de vulnerável, praticado pelo terceiro. Porque induzir é forma de participação (art. 29), quem induz o menor a praticar conjunção carnal ou outro ato libidinoso com outrem participa do crime de estupro de vulnerável por este praticado. Há, porém, o entendimento de que o art. 218 contempla hipótese de exceção pluralística à teoria monista que impede a punição por participação no crime de estupro de vulnerável de quem *induz* o menor de 14 anos à prática de conjunção carnal ou outro ato libidinoso, respondendo o agente, nessa hipótese, por corrupção de menores. Deve-se observar, entretanto, que a satisfação da lascívia de outrem pode ocorrer por outro meio que não a prática de conjunção carnal ou outro ato libidinoso (como, por exemplo, em práticas contemplativas, no *streeptease* ou no fazer poses eróticas) e que, assim, somente se configura o crime de corrupção de menores se o induzimento não visa à prática pelo menor de 14 anos daqueles atos sexuais, tratando-se, portanto, de delito subsidiário. A simples tolerância do responsável pelo menor com relação às práticas deste não caracteriza o delito por omissão, necessário que é o induzimento.

Aplicam-se ao delito de corrupção de menores as causas de aumento previstas no art. 226, I e II (item 226.1).

Jurisprudência

- Ocorrência de *abolitio criminis* na nova redação do art. 218
- Conceito de induzimento

218.3 Tipo subjetivo

O dolo é a vontade de induzir, de convencer, de persuadir o menor. Exige-se, também, o dolo específico consistente na finalidade de satisfazer a lascívia de outrem. O parágrafo único, que determinava a imposição de multa se o agente pratica o delito com o fim de obter vantagem econômica, foi objeto de veto.

Há dolo eventual na dúvida do sujeito ativo a respeito da idade da vítima. Na hipótese de erro, configura-se o delito descrito no art. 227.

218.4 Consumação e tentativa

O delito se consuma com a prática pelo menor do ato que possa importar na satisfação de lascívia de terceiro, ainda que não haja a efetiva satisfação sexual deste.

É possível a tentativa. Se, apesar do induzimento, o menor não pratica o ato por não ceder à influência do agente ou porque a ele não se dispõe o terceiro, configura-se o *conatus*.

218.5 Distinção

Não se configura a corrupção de menores, mas o estupro de vulnerável se o agente induz o menor à prática de conjunção carnal ou outro ato libidinoso com outrem (item 218.2).

Se o sujeito passivo tem mais de 14 anos, o crime é o de mediação para servir à lascívia de outrem (art. 227), e, se tem ele entre 14 e 18 anos, o lenocínio é qualificado (art. 227, § 1º, 1ª parte).

Induzir menor de 14 anos a se prostituir ou a se submeter a outra forma de exploração sexual configura delito mais grave, descrito no art. 218-B.

Não se confunde o delito com o crime de "corrupção de menores descrito no art. 244-B do ECA: "corromper ou facilitar a corrupção de menor de 18 (dezoito) anos, com ele praticando infração penal ou induzindo-o a praticá-la". Esse, aliás, de acordo com a Súmula 500 do STJ, é crime formal, que se consuma independentemente da prova da efetiva corrupção do menor.

Satisfação de lascívia mediante presença de criança ou adolescente

Art. 218-A. Praticar, na presença de alguém menor de 14 (catorze) anos, ou induzi-lo a presenciar, conjunção carnal ou outro ato libidinoso, a fim de satisfazer lascívia própria ou de outrem:

Pena – reclusão, de 2 (dois) a 4 (quatro) anos.*

* Artigo inserido pela Lei nº 12.015, de 7-8-2009.

Vide: **CF** art. 227, § 4º; **CP** arts. 217-A, 218, 218-B, 225, 226, 227, 228, 234-B; **Lei nº 8.069**, de 13-7-1990 – **ECA**, arts. 240 a 240-C (tipificam condutas relacionadas com a utilização de criança ou adolescente em cena pornográfica, de sexo explícito ou vexatória em representação teatral, televisiva e de outros meios visuais e com a produção, circulação e divulgação de fotografias ou imagens da mesma espécie pela *internet* ou qualquer meio de comunicação), 241-D (aliciar, assediar, instigar ou constranger, por qualquer meio de comunicação, criança, com o fim de com ela praticar ato libidinoso), 244-B (corromper ou facilitar a corrupção de menor de 18 anos, com ele praticando infração penal ou induzindo-o a praticá-la); **Lei nº 11.340**, de 7-8-2006, art. 7º, III (prevê o constrangimento da mulher a presenciar, manter ou participar de relação sexual não desejada como forma de violência doméstica e familiar contra a mulher).

218-A SATISFAÇÃO DE LASCÍVIA MEDIANTE PRESENÇA DE CRIANÇA OU ADOLESCENTE

218-A.1 Sujeitos do delito

Sujeito ativo do delito é qualquer pessoa, homem ou mulher.

Embora se refira a lei, no *nomen juris*, ao adolescente, que, por definição do Estatuto da Criança e do Adolescente, é o menor que tem entre 12 e 18 anos de idade (art. 2º), somente o menor de 14 anos pode ser sujeito passivo do crime em estudo.

218-A.2 Tipo objetivo

As condutas descritas no tipo são as de praticar a conjunção carnal ou outro ato libidinoso na presença de menor e a de induzi-lo a presenciar ato de uma dessas espécies. Os conceitos de conjunção carnal e ato libidinoso já foram examinados (item 213.3). *Praticar* é fazer, realizar, executar o ato sexual. *Induzir*, como visto no estudo da corrupção de menores, é aconselhar, instigar, persuadir, incutir, levar a vítima a presenciar o ato de conjunção carnal ou outro ato libidinoso. *Presenciar* é estar presente no momento da ocorrência do ato, assistindo-o, observando-o. Discute-se se a conduta abrangeria as hipóteses de presença *virtual*, propiciada pelos modernos meios tecnológicos de transmissão eletrônica (televisão, *internet* etc.) e do menor que assiste a filmes pornográficos. A presença, porém, a que se refere o dispositivo legal é aquela que ocorre no *momento* da prática da conjunção carnal ou do ato libidinoso e, assim, não pratica o crime em estudo aquele que induz o menor a assistir a um filme ou a uma gravação do ato sexual anteriormente praticado.

218-A.3 Tipo subjetivo

O dolo é a vontade de praticar a conjunção carnal ou o ato libidinoso na presença do menor de 14 anos, e na segunda forma de conduta, a vontade de induzi-lo a presenciar o ato. Exige-se, também, como elemento subjetivo do tipo, a finalidade de satisfazer a lascívia própria ou de outrem, que pode ser também um mero observador.

218-A.4 Consumação e tentativa

Consuma-se o crime, em ambas as modalidades de conduta, com a prática da conjunção carnal ou do ato libidinoso na presença do menor.

Admite-se a tentativa nas hipóteses em que o ato sexual não chega a ser praticado.

218-A.5 Distinção

Se o menor não se limita a presenciar as práticas sexuais, mas delas também participa, configura-se o estupro de vulnerável (art. 217-A).

Induzir o menor, por outra forma que não a mera presença no ato, a satisfazer a lascívia de outrem configura o crime de corrupção de menores (art. 218).

Favorecimento da prostituição ou de outra forma de exploração sexual de criança ou adolescente ou de vulnerável*

Art. 218-B. Submeter, induzir ou atrair à prostituição ou outra forma de exploração sexual alguém menor de 18 (dezoito) anos ou que, por enfermidade ou deficiência mental, não tem o necessário discernimento para a prática do ato, facilitá-la, impedir ou dificultar que a abandone:

Pena – reclusão, de 4 (quatro) a 10 (dez) anos.

§ 1º Se o crime é praticado com o fim de obter vantagem econômica, aplica-se também multa.

§ 2º Incorre nas mesmas penas:

I – quem pratica conjunção carnal ou outro ato libidinoso com alguém menor de 18 (dezoito) e maior de 14 (catorze) anos na situação descrita no *caput* deste artigo;

II – o proprietário, o gerente ou o responsável pelo local em que se verifiquem as práticas referidas no *caput* deste artigo.

§ 3º Na hipótese do inciso II do § 2º, constitui efeito obrigatório da condenação a cassação da licença de localização e de funcionamento do estabelecimento.**

* *Nomem juris* alterado pela Lei nº 12.978, de 21-5-2014.

** Artigo inserido pela Lei nº 12.015, de 7-8-2009.

Vide: CF art. 227, § 4º; **CP** arts. 213, 217-A, 218, 218-A, 218-C, 225, 226, 228, 229, 230, 234-A, 234-B; **Lei nº 8.069**, de 13-7-1990 – ECA, arts. 240 a 240-C (tipificam condutas relacionadas com a utilização de criança ou adolescente em cena pornográfica, de sexo explícito ou vexatória em representação teatral, televisiva e de outros meios visuais e com a produção, circulação e divulgação de fotografias ou imagens da mesma espécie pela *internet* ou qualquer meio de comunicação), 241-D (aliciar, assediar, instigar ou constranger, por qualquer meio de comunicação, criança, com o fim de com ela praticar ato libidinoso); **Lei nº 8.072**, de 25-7-1990, art. 1º, VIII (prevê como hediondos os crimes descritos no art. 218-B, *caput*, e §§ 1º e 2º), art. 2º, I (veda anistia, graça e indulto) e II (proíbe a fiança), § 1º (determina o regime inicial fechado), § 3º (possibilita a concessão fundamentada pelo juiz do apelo em liberdade), § 4º (prazo de trinta dias para a prisão temporária); **Lei nº 11.340**, de 7-8-2006, art. 7º, III (prevê o induzimento e o constrangimento à prostituição como formas de violência doméstica e familiar contra a mulher); **Lei nº 11.577**, de 22-11-2007 (torna obrigatória a divulgação de mensagem relativa à exploração sexual e tráfico de crianças e adolescentes apontando formas para efetuar denúncias).

218-B FAVORECIMENTO DA PROSTITUIÇÃO OU DE OUTRA FORMA DE EXPLORAÇÃO SEXUAL DE CRIANÇA OU ADOLESCENTE OU DE VULNERÁVEL

218-B.1 Sujeitos do delito

O crime em estudo pode ser praticado por qualquer pessoa. O destinatário das práticas sexuais do menor responderá, nos termos do § 2º, I, se o sujeito passivo é pessoa maior de 14 e menor de 18, e por estupro de vulnerável se menor de 14 anos.

Sujeitos passivos do delito descrito no *caput* do art. 218-B são o menor de 18 anos e a pessoa portadora de enfermidade ou doença mental que não tem discernimento com relação às práticas de natureza sexual. Na segunda hipótese, necessária, em princípio, será a realização de exame pericial para se aferir a condição de vulnerabilidade que justifica a especial proteção (item 217-A.3). Se o sujeito passivo é maior de 18 anos, o crime é o descrito no art. 228. Tratando-se de maior de 14 e menor de 18 anos, incrimina-se também a conduta de quem pratica com o menor a conjunção carnal ou outro ato libidinoso, nos termos do § 2º, I.

A modificação do *nomen juris* do art. 218-B pela Lei nº 12.978, de 21-5-2014, não ensejou qualquer modificação na disciplina da matéria, limitando-se a destacar a criança e o adolescente entre os sujeitos passivos do delito.

218-B.2 Tipo objetivo

A conduta descrita no *caput* do artigo é a de submeter, induzir ou atrair o sujeito passivo à prostituição ou outra forma de exploração sexual, facilitá-la, impedir ou dificultar que a abandone. Os conceitos de prostituição e exploração sexual são os examinados no estudo do art. 228 (item 228.1).

Submeter é dominar, subjugar, tirar a liberdade, sujeitar alguém a algo, ou reduzi-lo a um estado de obediência ou dependência. Submeter alguém à prostituição ou outra forma de exploração sexual é sujeitar a pessoa a esse estado contra a sua vontade ou sem que tenha ela liberdade de escolha. A conduta já era típica nos termos do art. 244-A do ECA, que foi tacitamente revogado pela Lei nº 12.015/2009 e que se referia, como sujeito passivo, somente à criança e ao adolescente, ou seja, ao menor de 18 anos (v. item 218-B.6). Incide nas penas previstas no art. 218-B, por praticar essa primeira forma de conduta, por exemplo: o pai que determina à filha menor que colabore com as despesas domésticas mediante o exercício da prostituição; a mãe que sujeita a filha de 15 anos a prestar favores sexuais regulares ao seu amásio com o fim de agradá-lo ou de manter a sua permanência no lar; o rufião que, após acolher o adolescente, o submete à prostituição como forma de pagar a moradia ou a alimentação etc. *Induzir* é persuadir, aconselhar, instigar etc. Por essa forma de conduta o agente não retira a liberdade de escolha do sujeito passivo, mas o influencia para que voluntariamente se sujeite ao estado de exploração sexual. É o que também ocorre na terceira modalidade, a de *atrair*, que significa seduzir, envolver, instigar e que sugere a ação de quem já se encontra no ambiente de prostituição ou exploração sexual, ainda que não a exerça. *Facilitar* é favorecer, tornar mais fácil, prestar auxílio, propiciar condições para o exercício da prostituição ou outra forma de exploração sexual. É o que ocorre, por exemplo, na conduta de quem arranja clientes, auxilia na obtenção de um local ou na instalação do sujeito passivo para o exercício da prostituição, fornece-lhe meios de divulgação dos serviços sexuais etc. A facilitação pode ocorrer para o ingresso da vítima na exploração sexual ou para a sua continuidade. As últimas modalidades são as de *impedir* (tornar impraticável, obstar, opor-se) ou *dificultar* (tornar difícil ou trabalhoso, complicar, estorvar) o abandono da prostituição ou outra forma de exploração sexual. Ambas as condutas pressupõem que o sujeito passivo já se encontre no estado de exploração sexual, praticando o agente, assim, ações que tornam impossível ou mais dificultosa a sua saída dessa condição.

As causas de aumento de pena previstas no art. 226, I e II, e no art. 234-A, III e IV, são aplicáveis ao delito em estudo (itens 226.1, 234-A.1).

O favorecimento da prostituição ou de outra forma de exploração sexual de criança ou adolescente ou de vulnerável (art. 218-B, *caput*), bem como os crimes a este assemelhados (§§ 1º e 2º), passaram a ser considerados crimes hediondos por força da Lei nº 12.978, de 21-5-2014, que alterou a Lei nº 8.072/1990 (art. 1º, inciso VIII).

218-B.3 Tipo subjetivo

O dolo do crime em estudo é a vontade de praticar a conduta de submeter, induzir, atrair etc. Atuando o agente com o fim lucrativo, o crime é qualificado, aplicando-se também a pena de multa (§ 3º).

Atua com dolo eventual o agente que tem dúvida a respeito da idade da vítima ou da condição de enfermidade ou deficiência mental. O erro a respeito desses elementos do tipo exclui o dolo, mas se impõe a responsabilização do agente nos termos do art. 228.

218-B.4 Consumação e tentativa

Consuma-se o delito, nas quatro primeiras condutas, com a sujeição da vítima ao estado de prostituição ou outra forma de exploração sexual. Embora a habitualidade seja uma característica desse estado, para a configuração do delito em estudo não há necessidade de que a vítima execute qualquer prática sexual com terceiro, bastando que se encontre em situação de disponibilidade para a prática habitual de atos dessa natureza. Nas condutas de impedir ou dificultar, o delito se consuma com a prática dos atos de oposição ao abandono do estado de exploração sexual.

Admite-se a tentativa, em todas as formas de conduta, como nos casos em que a vítima não se sujeita à exploração, embora induzida pelo agente, ou abandona a prostituição, em que pese a oposição deste etc.

218-B.5 Crimes assemelhados

Além das condutas tipificadas no *caput* do art. 218-B, a lei pune com as mesmas penas outras condutas descritas nos incisos I e II do § 2º. A equiparação se justifica porque ao praticar essas condutas o agente também contribui para a manutenção da vítima no estado de prostituição ou outra forma de exploração sexual.

A primeira conduta punida nos termos do art. 218-B, § 2º, é a de "quem pratica conjunção carnal ou outro ato libidinoso com alguém menor de 18 (dezoito) e maior de 14 (catorze) anos na situação descrita no *caput* deste artigo" (inciso I). A situação a que se refere o inciso é a da prostituição ou exploração sexual. Pune-se, assim, quem pratica o ato sexual com quem já se encontra no estado de prostituição ou exploração sexual, desde que a vítima seja maior de 14 e menor de 18 anos. Se a vítima tem menos de 14 anos, o crime é o de estupro de vulnerável (art. 213) e, se é maior de 18 anos, o fato é atípico. A vítima maior de 18 anos portadora de enfermidade ou deficiência mental não é protegida pelo dispositivo.

Pune-se, também por equiparação, nos termos do § 2º do art. 218-B, "o proprietário, o gerente ou o responsável pelo local em que se verifiquem as práticas referidas no *caput* deste artigo" (inciso II). Objetiva-se a punição de quem colabora para a exploração sexual do menor de 14 anos de idade ou portador de enfermidade ou deficiência mental, mediante a disponibilização do local onde ela é exercida. Diferentemente, porém, do crime de casa de prostituição (art. 229), o tipo, de má redação, não descreve uma ação típica. A mera condição de proprietário, gerente ou responsável pelo local não autoriza a responsabilização penal, ainda que tenha ele ciência da exploração sexual, nas hipóteses em que não mantém a casa para esse fim, não colaborando por qualquer forma para a sua ocorrência. Deve-se observar, porém, que quem mantém casa onde ocorre a exploração sexual de menor, com o conhecimento de sua ocorrência, também a facilita, o que autoriza a punição nos termos do *caput* do artigo. Prevê a lei no § 3º que constitui efeito obrigatório da condenação a cassação da licença de localização e de funcionamento do estabelecimento, à semelhança do que já dispunha o ECA (art. 244-A, § 2º).

Os delitos descritos nos §§ 1º e 2º do art. 218-B também são considerados crimes hediondos (inciso VIII do art. 1º da Lei nº 8.072/1990, inserido pela Lei nº 12.978, de 21-5-2014). Assim, o autor do delito não pode ser beneficiado com a anistia, com a graça ou indulto (art. 2º, I), não tem direito à fiança (art. 2º, II), deverá cumprir a pena inicialmente em regime fechado (art. 2º, § 1º), sua prisão temporária pode durar 30 dias, prazo prorrogável por igual período em caso de extrema e comprovada necessidade (art. 2º, § 4º).

Jurisprudência

• Menor de 18 anos e maior de 14 anos na condição de *sugar baby* em relação com adulto que oferece vantagens econômicas configura o crime do art. 218-B, § 2º, I, do Código Penal

218-B.6 Distinção

Os crimes descritos nos arts. 218-B, *caput*, e 228 se distinguem em razão do sujeito passivo que, no primeiro delito, somente pode ser o menor de 18 anos ou a pessoa portadora de enfermidade ou deficiência mental.

Se a vítima não é induzida a se sujeitar à exploração sexual, mas somente à prática de ato determinado, configura-se crime distinto (art. 217-A, 218 etc.).

Tirar proveito da prostituição de menor de 18 anos caracteriza o crime de rufianismo (art. 230), mas fazer-se sustentar pela vítima pode configurar o delito do art. 218-B, se o agente a submete à exploração sexual.

O art. 244-A do ECA, que tipificava a conduta de submeter criança ou adolescente à prostituição ou à exploração sexual, foi revogado tacitamente pela Lei nº 12.015/2009, que deu a nova redação ao art. 218-B do Código Penal. Não obstante a revogação do dispositivo, as penas nele cominadas foram alteradas pela Lei nº 13.440, de 8-5-2017.

Divulgação de cena de estupro ou de cena de estupro de vulnerável, de cena de sexo ou de pornografia*

> Art. 218-C. Oferecer, trocar, disponibilizar, transmitir, vender ou expor à venda, distribuir, publicar ou divulgar, por qualquer meio – inclusive por meio de comunicação de massa ou sistema

de informática ou telemática –, fotografia, vídeo ou outro registro audiovisual que contenha cena de estupro ou de estupro de vulnerável ou que faça apologia ou induza a sua prática, ou, sem o consentimento da vítima, cena de sexo, nudez ou pornografia:

Pena – reclusão, de 1 (um) a 5 (cinco) anos, se o fato não constitui crime mais grave.

Aumento de pena

§ 1º A pena é aumentada de 1/3 (um terço) a 2/3 (dois terços) se o crime é praticado por agente que mantém ou tenha mantido relação íntima de afeto com a vítima ou com o fim de vingança ou humilhação.

Exclusão de ilicitude

§ 2º Não há crime quando o agente pratica as condutas descritas no *caput* deste artigo em publicação de natureza jornalística, científica, cultural ou acadêmica com a adoção de recurso que impossibilite a identificação da vítima, ressalvada sua prévia autorização, caso seja maior de 18 (dezoito) anos.

*Artigo inserido pela Lei nº 13.718, de 24-9-2018.

Vide: CF art. 227, § 4º; CP arts. 154-A, 213, 217-A, 218, 218-A, 218-B, 225, 226, 228, 229, 230, 234-A, 234-B; **Lei nº 8.069**, de 13-7-1990 – **ECA**, arts. 240 a 241-C (tipificam condutas relacionadas com a utilização de criança ou adolescente em cena pornográfica, de sexo explícito ou vexatória em representação teatral, televisiva e de outros meios visuais e com a produção, circulação e divulgação de fotografias ou imagens da mesma espécie pela *internet* ou qualquer meio de comunicação), 241-D (aliciar, assediar, instigar ou constranger, por qualquer meio de comunicação, criança, com o fim de com ela praticar ato libidinoso); **Lei nº 11.340**, de 7-8-2006, art. 7º, III (prevê o induzimento e o constrangimento à prostituição como formas de violência doméstica e familiar contra a mulher); **Lei nº 11.577**, de 22-11-2007 (torna obrigatória a divulgação de mensagem relativa à exploração sexual e tráfico de crianças e adolescentes apontando formas para efetuar denúncias).

218-C DIVULGAÇÃO DE CENA DE ESTUPRO OU DE CENA DE ESTUPRO DE VULNERÁVEL, DE CENA DE SEXO OU DE PORNOGRAFIA

218-C.1 Sujeitos do delito

Qualquer pessoa, homem ou mulher, pode ser sujeito ativo do delito. No Estatuto da Criança e do Adolescente, após a descrição de crimes semelhantes, dos quais podem ser sujeito passivo a criança e o adolescente, prevê-se que incorre nas mesmas penas quem assegura os meios ou serviços de armazenamento das imagens ou o seu acesso por rede de computadores, abrangendo, assim, os prestadores de serviços, de manutenção, hospedagem, gerencialmente ou operação de sites na *web*, que armazenem ou propiciem o acesso às imagens proibidas (art. 241-A, § 1º). Estabeleceu, porém, o legislador, como condição objetiva de punibilidade, que o responsável legal pelo serviço, após ser oficialmente notificado a desabilitar o acesso ao conteúdo ilícito, deixe de fazê-lo (v. a respeito do tema MIRABETE, Julio Fabbrini e FABBRINI, Renato Nascimento. *Manual de Direito Penal*, v. 2, 38ª ed., 2025, editora Foco, item 26.2.9). Diante da ausência de dispositivo análogo no Código Penal, aqueles que prestarem os mencionados serviços, independentemente de qualquer notificação oficial, responderão pelo mesmo crime descrito no art. 218-C, como coautores ou partícipes, se agirem dolosamente, isto é, com a consciência e vontade de contribuírem para a realização do tipo. Tratando-se de crime praticado em concurso por duas ou mais pessoas, incide causa de aumento de pena (art. 226, I). O mesmo se verifica se o agente é "ascendente, padrasto ou madrasta, tio, irmão, cônjuge, companheiro, tutor, curador, preceptor ou empregador da vítima ou por qualquer outro título tiver autoridade sobre ela" (art. 226, II).

Embora equivocamente incluído o tipo no Capítulo II, que trata dos crimes sexuais contra vulnerável, o titular do bem jurídico tutelado no art. 218-C não é somente a pessoa vulnerável. Pode ser sujeito passivo tanto o homem como a mulher, inclusive o maior de 18 anos e que não ostenta essa condição. Aliás, sendo sujeito passivo a criança ou o adolescente, a conduta será punida nos termos do Estatuto da Criança e do Adolescente, que tipifica condutas semelhantes, mais severamente punidas (arts. 240 a 241-E), por força, aliás, do que dispõe o próprio Código Penal (art. 218-C). O sujeito passivo do crime previsto no art. 218-C é a pessoa que tiver a sua imagem em cena pornográfica, de sexo ou nudez disponibilizada mediante a prática de uma das condutas típicas descritas no artigo 218-C, que ofendem a sua dignidade sexual. Nas duas primeiras figuras, tutela-se, também, o interesse mais geral na coibição da prática de graves crimes sexuais que são o estupro e o estupro de vulnerável. Se o sujeito passivo mantém ou manteve relação íntima de afeto com a vítima, a pena é agravada (item 218-C.5).

218-C.2 Tipo objetivo

O art. 218-C, introduzido pela Lei nº 13.718, de 24-9-2018, descreve crime de ação múltipla, em que se elencam diversas ações típicas relacionadas com a disponibilização a terceiros, por quaisquer meios, de imagens de estupro ou de estupro de vulnerável ou que façam a apologia ou induzam a prática de tais crimes. Incrimina-se, também, a conduta de disponibilizar imagens contendo cenas de sexo, nudez ou pornografia que não tenha sido autorizada pela vítima. O dispositivo guarda semelhanças com o crime descrito no art. 241-A do Estatuto da Criança e do Adolescente, inserido pela Lei nº 11.829, de 25-11-2008.

As ações típicas são as de oferecer, trocar, disponibilizar, transmitir, vender ou expor à venda, distribuir, publicar ou divulgar as referidas imagens. Incrimina-se, portanto, qualquer forma de fornecimento ou disponibilização das imagens a terceiros, bem como, ainda, o seu mero oferecimento. Não estão incluídas no tipo as condutas de registrar, produzir ou armazenar as mesmas imagens, que podem configurar, eventualmente, outro delito (art. 216-B do CP e arts. 240, *caput*, e 241-B do ECA). Por ausência de restrição, o fornecimento ou a disponibilização pode ser a uma determinada pessoa, conhecida ou não pelo agente, ou a um número certo ou indeterminado de pessoas. As condutas podem ser praticadas por qualquer meio, conforme expressamente previsto no dispositivo, que ressalta, a título meramente exemplificativo, os meios de comunicação de massa e os sistemas de informática ou telemática. Estão abrangidas, evidentemente, tanto a transmissão das imagens vedadas pela internet, por correspondência eletrônica (*e-mail*), como a sua disponibilização em sítios eletrônicos (*sites*, *blogs*) ou por mídias ou redes sociais (*Facebook*, *Instagram*, *WhatsApp*, *Youtube* etc.).

As imagens de disponibilização vedada são as fotografias, vídeos e quaisquer outros registros audiovisuais, como filmes, *slides* etc., que contenham, primeiramente, cenas de estupro ou estupro de vulnerável. Referindo-se a lei às condutas que configuram os crimes descritos nos arts. 213 e 217-A do Código Penal, as imagens abrangem não somente a conjunção carnal, mas, também, o ato libidinoso diverso, ambos praticados mediante violência ou grave ameaça. Cuidando-se, porém, de vítima menor de 18 anos de idade, por força do disposto no art. 218-C, que ressalva no preceito secundário a hipótese de constituir o ato crime mais grave, o agente responde pelo delito previsto no art. 241-A do ECA, que tem como sujeito passivo a criança ou o adolescente e que comina as penas, mais severas, de 3 a 6 anos de reclusão. Mesmo no caso de vítima que tem entre 14 e 18 anos, hipótese em que não há que se falar em estupro de vulnerável, mas em estupro, a disponibilização da imagem também determina a aplicação do art. 241-A do ECA, que prevalece sobre o crime previsto no art. 218-C do Código Penal. Assim, com relação à imagem de estupro de vulnerável, somente é aplicável o dispositivo se o sujeito passivo, maior de 18 anos, encontra-se em uma das situações de vulnerabilidade descritas no art. 217-A, § 1º, ou seja, for alguém que por enfermidade ou deficiência mental não tem o necessário discernimento para a prática do ato, ou que, por qualquer outra causa, não pode oferecer resistência (v. item 217-A.2). O consentimento da vítima do estupro na divulgação da cena não elide o crime, porque aquele somente é relevante na modalidade descrita na parte final do dispositivo. Excepciona-se o caso de publicações de natureza jornalística, científica, cultural ou acadêmica, abrangidas pela excludente prevista no § 2º, em relação às quais prevê a lei a possibilidade de autorização do maior de 18 anos para que a cena seja publicada sem a ocultação de sua identidade (item 218-C.6).

Uma segunda espécie de imagens prevista no tipo é a das que fazem apologia ou induzem a prática dos crimes de estupro e estupro de vulnerável. Fazer a apologia é elogiar, louvar, enaltecer, aprovar, gabar, defender; e induzir é incitar, instigar, estimular a prática daqueles crimes. Diversamente do que preveem os crimes de apologia de incitação ao crime (art. 286) e apologia de crime ou criminoso (art. 287), não se exige para a configuração do ilícito descrito no art. 218-C que o agente dê significativa publicidade às imagens, bastando o seu fornecimento a uma única pessoa. Diversamente, também, pune-se tanto a apologia de um fato concretamente ocorrido como a incitação geral ao cometimento de crimes de estupro e estupro de vulnerável como, também, a apologia da prática desses crimes, *in abstrato*. Nessa modalidade de conduta, não se exige para a existência do crime que as imagens contenham cenas de estupro ou de atos sexuais, bastando que, por seu conteúdo, se faça a apologia ou se incite à prática de crimes daquelas espécies. Diante da redação do dispositivo, que se refere somente à fotografia, vídeo ou registro audiovisual, que pressupõem imagens como conteúdo, não se configura o crime na hipótese de registros somente de áudio, podendo se caracterizar, no entanto, um dos delitos descritos nos arts. 286 e 287.

Por fim, tipifica-se no art. 218-C a disponibilização, por quaisquer das ações mencionadas no dispositivo, sem o consentimento da vítima, de imagens que contenham cenas de sexo, nudez ou pornografia. Diferentemente do que se verifica na primeira figura, configura-se o crime independentemente de estar a imagem relacionada a um crime de estupro. Tipifica-se, de forma abrangente, a disponibilização de imagens não somente de conjunção carnal ou de ato libidinoso, mas de toda cena pornográfica, de sexo ou de nudez que não tenha sido autorizada pelo participante. A nudez se caracteriza pela exibição, total ou parcial, dos órgãos sexuais. É irrelevante se a vítima assentiu ou não à produção ou registro da cena de tal conteúdo, caracterizando-se o ilícito se não consentiu ela em sua divulgação ou disponibilização a terceiros. Configura-se o crime, portanto, em diversas situações, como na divulgação de uma foto de nudez produzida com o consentimento da vítima, mas postada em uma rede social sem a sua autorização, na divulgação de cenas de sexo ou nudez furtivamente flagradas, de imagens de tal natureza produzidas pela própria vítima que tenham sido *hackeadas* de um dispositivo informático etc.

Embora irrelevante nas hipóteses de cenas de estupro ou estupro de vulnerável e de apologia ou induzimento à pratica de tais crimes, na última figura, em que a cena é de sexo, nudez ou pornografia, o consentimento da vítima para a publicação das imagens afasta a tipicidade do fato. É exigível, porém, que se cuide de consentimento válido. O crime se aperfeiçoa mesmo na existência de formal autorização, se esta é viciada porque obtida mediante fraude, coação ou outra forma de constrangimento, ou se a vítima, nos termos da lei, é incapaz de consentir.

Tratando-se de vítima criança ou adolescente, igualmente ao que se verifica com as cenas de estupro e estupro de vulnerável, afasta-se a incidência do art. 218-C, nos termos de seu § 1º, por configurar o fato o crime descrito no art. 241-B do ECA, mais severamente punido. Ressalte-se que para a aplicação desse último dispositivo, o conceito de cena de sexo explícito ou pornográfica é dado, em interpretação autêntica, pelo art. 241-E do mesmo estatuto e compreende não somente as cenas que denotam atividades sexuais explícitas, reais ou simuladas, como, também, "a exibição dos órgãos genitais de uma criança ou adolescente para fins primordialmente sexuais". Assim, a disponibilização de cena de "nudez" do menor de 18 anos também é punida nos termos da lei especial sempre que tiver conotação sexual.

Diferentemente da normatização contida no ECA, não trata o art. 218-C das cenas em que haja mera simulação de estupro ou de outro ato sexual. A questão comporta diferentes soluções, de acordo com a modalidade de conduta. Na primeira figura, diante da literalidade do dispositivo, da referência expressa aos fatos que configuram estupro e estupro de vulnerável, crimes assim denominados no Código Penal (arts. 213 e 217-A), bem como da ausência de menção à mera simulação de tais crimes, impõe-se reconhecer, nesse caso, a atipicidade do fato. Diversamente do que se verifica em relação a alguns crimes (v. MIRABETE, Julio Fabbrini e FABBRINI, Renato Nascimento. *Manual de Direito Penal*, parte geral, 37ª ed., 2025, editora Foco, item 1.6.5), no caso do art. 218-C nada autoriza o recurso à interpretação extensiva ou analógica. Não se configura, assim, o crime, por exemplo, na divulgação de uma cena pornográfica em que a atriz simula praticar a conjunção carnal ou outro ato libidinoso somente porque submetida mediante violência ou grave ameaça. Tratando-se, porém, de induzimento ou apologia, porque a conduta típica não se refere a determinados conteúdos das imagens utilizadas, nada impede que o crime se aperfeiçoe com a disponibilização de cenas de estupro simulado, mediante as quais vise o agente enaltecer ou estimular a sua prática. Na última figura, referindo-se a lei de forma genérica a cenas de sexo, nudez ou pornografia, haverá o crime sempre que a imagem da vítima tiver essa natureza e sua disponibilização não for consentida.

218-C.3 Tipo subjetivo

O elemento subjetivo do delito é o dolo, a vontade livre e consciente de realizar qualquer das ações descritas no tipo. Não se exige especial fim de agir, sendo indiferente para a caracterização do delito se o agente atua ou não para a satisfação da lascívia própria ou de outrem, com ou sem intuito lucrativo ou por mero entretenimento. Se sua intenção, porém, é de vingar-se da vítima ou de humilhá-la, a pena é agravada (item 218-C.5).

218-C.4 Consumação e tentativa

Consuma-se o crime com a prática de uma das ações típicas descritas no tipo (oferecer, trocar, disponibilizar...). A tentativa é, em tese, admissível nas diversas modalidades de conduta se o agente, por circunstância alheia a sua vontade, é obstado de consumar o delito.

218-C.5 Formas qualificadas

No § 1º do art. 218-C estão previstas duas causas que determinam a agravação da pena de um a dois terços. A primeira é da existência, atual ou pretérita, de relação íntima de afeto entre o agente e a vítima. Justifica-se a agravação em razão da maior reprovabilidade da conduta decorrente da violação do sentimento de confiança inerente a uma relação íntima de afeto. A agravação independe da existência de coabitação ou convivência ou da maior ou menor estabilidade da relação afetiva. A segunda causa de agravação é atuar o agente com a intenção de vingar-se ou de humilhar a vítima. A circunstância não guarda relação com a anterior. Para a punição mais severa basta que o crime seja motivado por sentimento de vingança ou que, por qualquer razão, tenha o agente o intuito de aviltar moralmente a vítima ou prejudicar a sua reputação mediante a divulgação das cenas mencionadas no dispositivo.

218-C.6 Exclusão da ilicitude

O § 2º do art. 218-C prevê como causa de exclusão da ilicitude a circunstância de ser a conduta praticada "em publicação de natureza jornalística, científica, cultural ou acadêmica". Trata-se de causa que afasta a antijuridicidade do fato típico, não havendo que se cogitar, portanto, de sua punibilidade. Justifica a excludente a necessária tutela de interesses sociais e de valores culturais relevantes. O dispositivo protege a liberdade de imprensa e o acesso público à informação, o desenvolvimento das ciências e a transmissão e divulgação do conhecimento acadêmico. Embora de conteúdo impreciso, dada a amplitude do termo *cultural*, certamente estão abrangidas as publicações de natureza artística por ser a arte forma importante de expressão cultural de um povo. As publicações autorizadas compreendem os livros, revistas, jornais e outros meios de divulgação a um número indeterminado de pessoas de matérias jornalísticas, científicas e culturais, por meio de impressos ou mídias eletrônicas, incluídas as publicações *on-line*.

Essa permissão legal, para a publicação das cenas mencionadas no tipo, é condicionada, nos termos do § 2º, à adoção de recurso que, aplicado à imagem, impossibilite a identificação da vítima. Ressalva-se no dispositivo que a utilização desse recurso é desnecessária se há prévia autorização concedida por maior de 18 anos.

218-C.7 Distinção

Produzir, fotografar, filmar ou registrar cena de nudez ou natureza sexual sem o consentimento dos participantes configura o crime descrito no art. 216-B. Se o objeto sobre o qual recai a conduta descrita no art. 218-C é cena de natureza sexual que envolve criança ou adolescente, configura-se crime previsto no art. 241-A do ECA. O registro ou produção, a posse, a aquisição ou o armazenamento das imagens vedadas no art. 218-C se também envolverem criança ou adolescente estão tipificadas nos arts. 240 e 241-B daquele estatuto, que também incrimina, no art. 241-C, a simulação da participação do menor de 18 anos em cena sexual.

218-C.8 Concurso

A disponibilização tipificada de uma única cena sexual envolvendo duas vítimas configura concurso formal. Se a cena envolve pessoa capaz e uma criança ou adolescente, há concurso formal heterogêneo, entre os delitos descritos no art. 218-C do CP e no 241-A do ECA. É admissível a ocorrência do crime continuado na disponibilização reiterada das mesmas cenas sexuais ou de cenas distintas, contra a mesma vítima ou vítimas diversas. O crime do art. 216-B há, porém, que se ter por absorvido quando sua consumação é simples meio para a prática do delito descrito no art. 218-C. Pode-se configurar o concurso material entre o delito descrito no art. 218-C e outros delitos sexuais praticados por ocasião da produção ou registro da cena sexual disponibilizada, como o estupro (art. 213), estupro de vulnerável (art. 217-A), corrupção de menores (art. 218) etc. O concurso material pode se verificar também com crimes de naturezas diversas, como os de invasão de dispositivo informático (art. 154-A), na obtenção das imagens, e de extorsão (art. 158), na ameaça prévia de divulgação das imagens, entre outros.

CAPÍTULO III
DO RAPTO

Rapto violento ou mediante fraude

Art. 219.   (revogado)*

* Artigo revogado pela Lei nº 11.106, de 28-3-2005.

Rapto consensual

Art. 220.   (revogado)*

* Artigo revogado pela Lei nº 11.106, de 28-3-2005.

Diminuição de pena

Art. 221.   (revogado)*

* Artigo revogado pela Lei nº 11.106, de 28-3-2005.

Concurso de rapto e outro crime

Art. 222.   (revogado)*

* Artigo revogado pela Lei nº 11.106, de 28-3-2005.

CAPÍTULO IV
DISPOSIÇÕES GERAIS

Formas qualificadas

Art. 223. (revogado)*

*Artigo revogado pela Lei nº 12.015, de 7-8-2009.

Art. 224. (revogado)*

*Artigo revogado pela Lei nº 12.015, de 7-8-2009.

Ação penal

Art. 225. Nos crimes definidos nos Capítulos I e II deste Título, procede-se mediante ação penal pública incondicionada.

Parágrafo único. (revogado).*

*Artigo com a redação alterada e parágrafo único revogado pela Lei nº 13.718, de 24-9-2018.

Vide: **CP** arts. 100, 101, 103, 107, IV, 111, V, 146, 213 a 218-B; **CPP** arts. 5º, I e II, §§ 4º e 5º, 19, 24, 564, III, *a*, 569; **Lei nº 8.069**, de 13-7-1990, arts. 190-A a 190-E (dispõe sobre a infiltração, mediante prévia autorização judicial, de agentes da polícia na *internet* para apuração de crimes contra a dignidade sexual de criança e adolescente); **Lei nº 9.099**, de 26-9-1995, art. 88; **Lei nº 11.340**, de 7-8-2006, arts. 7º, III (violência sexual como forma de violência doméstica e familiar contra a mulher), 14 (prevê a criação dos Juizados de Violência Doméstica e Familiar contra a Mulher com competência cumulativa cível e criminal). Súmula: **STJ 670**; **STF 608**.

225 AÇÃO PENAL NOS CRIMES CONTRA A LIBERDADE SEXUAL E CONTRA VULNERÁVEL

225.1 Ação penal na lei anterior

No art. 225, em sua redação original, a lei previa, para a apuração dos crimes contra os costumes definidos nos capítulos anteriores, como regra geral, a ação penal de iniciativa privada. As razões básicas do dispositivo eram as de que o mal do processo, pelo *strepitus judicii*, muitas vezes, traria piores consequências para a vítima e que, sem a colaboração desta, não seria possível colher-se prova para a condenação do agente. Referindo-se a lei aos "crimes definidos nos capítulos anteriores", a maioria dos doutrinadores concluía que esses delitos deviam ser apurados mediante queixa, desde que deles não resultasse lesão corporal de natureza grave ou morte. Nestes últimos casos a ação seria pública porque as formas qualificadas estão previstas no mesmo capítulo e não nos "anteriores". Para os crimes sexuais violentos em que ocorresse apenas lesão corporal de natureza leve, portanto, admitia-se apenas a instauração da ação privada, prevalecendo a regra específica do art. 225 com relação à genérica do art. 101, referente ao crime complexo. Nesse diapasão, considerando que, havendo crime sexual complexo, em que um dos elementos é o constrangimento ilegal ou a lesão corporal leve, nossos tribunais, inclusive o Pretório Excelso, passaram a admitir, no caso, a ação penal pública. Essa posição passou a ser contestada diante do art. 88 da Lei nº 9.099, de 26-9-95, que dispõe sobre os Juizados Especiais Cíveis e Criminais, por exigir a representação no caso de lesões corporais leves, não se podendo mais proceder por ação pública incondicionada na hipótese desse ilícito. Nem se poderia alegar, para a sustentação da Súmula 608, a incidência do art. 146 do CP, que trata do constrangimento ilegal, já que este se refere também à "grave ameaça", hipótese não acolhida no enunciado referido. Mas, assim mesmo, devia ser mantida a orientação da Súmula, que não se refere expressamente ao crime de lesões corporais e sim ao emprego de violência real: "No crime de estupro, praticado mediante violência real, a ação penal é pública incondicionada." Não se aplicava referida súmula na hipótese de crime sexual praticado mediante grave ameaça, procedendo-se, assim, mediante queixa ou ação penal pública condicionada, conforme o caso. A solução mais adequada à situação criada com o advento da Lei nº 9.099/95 era a de se alterar o enunciado da Súmula 608 para se lhe conferir maior abrangência sem abandono do fundamento que a inspirou, aceitando-se a aplicação do art. 101 do CP, não mais com fundamento no art. 129, mas no art. 146 do mesmo estatuto, que prevê o crime de constrangimento ilegal que é elemento constitutivo dos crimes de estupro, e também dos revogados delitos de atentado violento ao pudor e rapto violento, que eram crimes complexos em sentido amplo.

Assim, nos crimes sexuais descritos nos capítulos anteriores, de acordo com o que dispunha o art. 225, em sua redação original, a ação penal podia ser: *pública incondicionada*, se ocorresse violência real (Súmula 608/STF) ou se o crime fosse cometido com abuso de pátrio poder ou na qualidade de padrasto, tutor ou curador (art. 225, § 1º, II); *pública condicionada*, se a vítima ou seus pais não podiam prover, sem privações, as despesas do processo (art. 225, § 1º, I); *privada*, nos demais casos (art. 225, *caput*).

Com a redação dada pela Lei nº 12.015, de 7-8-2009, o art. 225 passou a dispor: "Nos crimes definidos nos Capítulos I e II deste Título, procede-se mediante ação penal pública condicionada à representação. Parágrafo único. Procede-se, entretanto, mediante ação penal pública incondicionada se a vítima é menor de 18 (dezoito) anos ou pessoa vulnerável." A primeira conclusão permitida pelo dispositivo era a de que, em relação aos referidos crimes sexuais, não mais subsistiria a hipótese em que se devia proceder mediante ação penal privada exclusiva do ofendido ou de seu representante legal. A ação penal privada admissível em relação a esses delitos seria somente a subsidiária, no caso de inércia do Ministério Público.

A norma contida no revogado parágrafo único do art. 225 era a de que se procederia mediante ação pública incondicionada na hipótese de crime cometido contra menor de 18 anos ou pessoa vulnerável. Embora prevista como exceção à regra geral, aplicava-se a norma a todos os crimes sexuais contra vulnerável, definidos no Capítulo II (arts. 217-A, 218, 218-A, 218-B), bem como aos crimes definidos no Capítulo I (arts. 213, 215 e 216-A), no caso de ser a vítima menor de 18 anos ou pessoa vulnerável. Deve-se lembrar, por exemplo, que o estupro e a violação sexual mediante fraude podem ser praticados contra vítima maior de 14 anos e menor de 18 e que também o menor de 14 anos pode ser vítima de assédio sexual. Além da menoridade, referia-se a lei a estados de vulnerabilidade na hipótese de enfermidade ou deficiência mental que acarreta falta de discernimento para a prática dos atos sexuais (arts. 217-A, § 1º, 1ª parte, e 218-B) e na situação de não poder a vítima oferecer resistência (art. 217-A, § 1º, 2ª parte). Assim, exceção feita às hipóteses contempladas no parágrafo único, nos demais casos, segundo dispunha o art. 225, *caput*, proceder-se-ia mediante ação pública condicionada à representação. Essa seria a regra geral. Esqueceu-se, porém, o legislador que, na nova disciplina legal, o estupro qualificado pela lesão grave ou morte passou a ser previsto no próprio art. 213, §§ 1º e 2º, e não mais no Capítulo IV. Além do contrassenso de não se admitir a ação pública incondicionada nas hipóteses em que o estupro é de gravidade extrema, a aplicação literal do dispositivo implicaria a necessidade, no caso de morte da vítima, de representação de uma das pessoas mencionadas no art. 24, § 1º, do CPP, cônjuge, ascendente, descendente ou irmão, e, na da ausência destas, a impunidade do crime, por se tratar de rol taxativo. Por essas razões vinha-se sustentando a inconstitucionalidade do dispositivo legal.

Defendia-se, também, a continuidade na aplicação da Súmula 608, que determina a ação penal pública incondicionada no estupro praticado com violência real, abrangendo, portanto, os casos de ocorrência de lesão grave ou morte, mas excluindo a hipótese do crime cometido com grave ameaça. Sustentava-se, ainda, a ação pública incondicionada no crime de estupro, por força do disposto no art. 101, mas com fundamento no art. 146, que prevê essa espécie de ação penal para o crime de constrangimento ilegal, que é elemento constitutivo do estupro.

A interpretação baseada na literalidade da lei não raramente deve ceder diante de outros métodos que se revelem mais eficazes na busca da vontade da norma e a compatibilizem com o ordenamento jurídico. No caso do art. 225, *caput*, do CP, em sua anterior redação, para que se encontre a exata vontade da norma, impunha-se interpretação restritiva que limitasse o alcance do dispositivo, excluindo de sua aplicabilidade os crimes dos quais resulte lesão corporal grave ou morte. A abrangência das mencionadas hipóteses pela letra do dispositivo, que determinava a ação condicionada, decorria de evidente equívoco do legislador e não se justificava pela razão que inspirou a norma, que é a de evitar o *strepitus judicii*, a critério da vítima maior e capaz, porque, na ocorrência da morte ou lesão grave, que torna o delito de gravidade extrema, há de prevalecer sempre o interesse público na persecução penal, a exemplo do que prevê o Ordenamento em todos os demais crimes dos quais resultem esses eventos lesivos. Interpretação diferente também contrariava o espírito da Lei nº 12.015/2009, que é no sentido de mais severa repressão aos crimes sexuais, conduzindo ao absurdo máximo da impunidade na mencionada hipótese de não oferecimento da representação por um dos sucessores da vítima no caso de morte. Não estavam, pois, destituídos de razão os que sustentavam que a incidência do art. 225, *caput*, do Código Penal nos casos de estupro com lesão grave ou morte feria duramente o princípio da razoabilidade. Nada justificava, também, a diferenciação entre o estupro praticado com violência real do cometido com grave ameaça para o fim de se determinar a espécie de ação penal pública cabível. Assim, a ação penal seria pública condicionada à representação em ambos os casos se o ofendido não fosse menor de 18 anos ou pessoa vulnerável (art. 225, parágrafo único) e se do delito não resultasse lesão grave ou morte. Não contemplou a Lei nº 12.015/2009 a hipótese, antes prevista no dispositivo (art. 225, § 1º, inciso II), do crime cometido com abuso do pátrio poder ou da qualidade de padrasto, tutor ou curador, circunstância que determinava a ação pública incondicionada por ser o delito praticado pela pessoa que deveria oferecer a representação ou a queixa. A regra visava evitar que o ofensor ficasse impune por ter ele a vítima sob sua discrição. Diante da Lei nº 12.15/2009, portanto, a ação penal seria pública incondicionada se a vítima fosse menor de 18 anos ou pessoa vulnerável.

Em resumo, na vigência da lei anterior, a ação seria pública incondicionada nos crimes previstos no Capítulo II (arts. 217-A, 218, 218-A e 218-B) e nos descritos no Capítulo I, quando praticados contra menor de 18 anos ou pessoa vulnerável, e, ainda, segundo entendemos, no crime de estupro quando resulte lesão grave ou morte (art. 213, §§ 1º e 2º). A ação seria pública condicionada à representação do ofendido por força do disposto no art. 225, *caput*, nos crimes de estupro sem lesão grave ou morte (art. 213, *caput*) e nos crimes de violação sexual mediante fraude (art. 215) e assédio sexual (art. 216-A) quando não praticados contra menor de 18 anos ou pessoa vulnerável.

De acordo com a Súmula 670 do STJ, "Nos crimes sexuais cometidos contra a vítima em situação de vulnerabilidade temporária, em que ela recupera suas capacidades físicas e mentais e o pleno discernimento para decidir acerca da persecução penal de seu ofensor, a ação penal é pública condicionada à representação se o fato houver sido praticado na vigência da redação conferida ao art. 225 do Código Penal pela Lei n. 12.015, de 2009."

Jurisprudência

- Ação penal pública condicionada a representação da vítima – vulnerabilidade temporária (fatos ocorridos antes da vigência da Lei nº 13.718/2018)
- Ação penal pública incondicionada no estupro com violência real (Súmula 608)
- Ação penal pública incondicionada: crime complexo com constrangimento ilegal
- Ação penal pública incondicionada no estupro com lesões corporais de natureza leve
- Ação penal pública incondicionada no estupro com lesões corporais de natureza leve – Contra
- Inexigibilidade de representação pelas lesões corporais leves
- Ação penal pública incondicionada no caso de vias de fato
- Ação penal pública incondicionada: crime complexo com constrangimento ilegal
- Ação penal privada no caso de ameaça
- Ação pública condicionada no estupro com lesão grave ou morte:
- Ação pública incondicionada no crime de estupro de vulnerável
- Ação pública incondicionada nos crimes sexuais praticados por detentor de pátrio poder (fato anterior à vigência da Lei nº 12.015/2009)
- Ação pública incondicionada nos crimes sexuais praticados por quem tem autoridade de fato sobre a vítima
- Ação pública nos crimes sexuais praticados contra criança (fato anterior à vigência da Lei nº 12.015/2009)
- Ação pública condicionada no crime de estupro com violência real: retroatividade da Lei nº 12.015/2009
- Desnecessidade de lesões corporais para caracterização da violência real no estupro: Súmula 608
- Desnecessidade de rigor formal da representação
- Representação com o boletim de ocorrência
- Representação com o comparecimento à Delegacia de Polícia
- Representação pelas declarações na Polícia e em Juízo
- Abrangência da representação: qualquer crime
- Abrangência de representação: qualquer autor
- Representação no caso de vítima menor de 18 anos
- Representação pela mãe da vítima
- Representação por tios da vítima
- Representação por irmão da vítima
- Representação por quem tem a guarda da vítima
- Representação por quem tem poder sobre a menor
- Representação por quem zela pela vítima
- Representação por responsável pela menor
- Representação pelo tio da vítima
- Representação pelo amásio da mãe da vítima
- Representação por curador em crime contra débil mental
- Representação por curador em crime contra menor internado
- Representação pelo Conselho Tutelar
- Representação pela vítima com 18 anos
- Prazo para a representação da vítima com dezoito anos

225.2 Ação penal na lei vigente

A Lei nº 13.718, de 24-9-2018, conferiu ao art. 225 do CP a sua atual redação, determinando que nos crimes definidos nos Capítulos I e II, do Título VI, procede-se mediante ação penal pública incondicionada. Embora possa merecer críticas, a solução dada pelo legislador eliminou as dúvidas remanescentes a respeito da matéria, ao prever a ação pública incondicionada para todos os crimes contra a dignidade sexual. Embora o dispositivo se refira somente aos dois primeiros capítulos, diante da ausência de previsão da ação privada ou condicionada a representação, também são processados mediante ação pública incondicionada os crimes descritos nos Capítulos V e VI, do Título VI.

A literalidade do dispositivo, que menciona "os crimes definidos" nos Capítulos I e II, permite afirmar que a ação penal será pública incondicionada mesmo nos casos previstos no art. 226, I, II e IV, por não descreverem estes tipos penais autônomos, mas, simplesmente, causas de aumento de pena aplicáveis aos crimes descritos nos referidos capítulos.

Para os crimes contra a dignidade sexual praticados contra menor de 18 anos prevê a lei um termo inicial especial para o prazo prescricional, que só começa a correr a partir da data em que a vítima completa essa idade (item 111.5).

Nos arts. 190-A a 190-E da Lei nª 8.069/1990, introduzidos pela Lei nº 13.441, de 8-5-2017, passou-se a disciplinar a possibilidade de infiltração de agentes de polícia na *internet*, mediante prévia autorização judicial e a observância das formalidades especificadas na apuração dos crimes sexuais contra criança ou adolescente (arts. 217-A a 218-B). A Lei nº 13.431, de 4-4-2017, contém normas que disciplinam direitos e garantias da criança e do adolescente vítima ou testemunha de violência, inclusive com relação às cautelas e providências necessárias a colheita de seu depoimento pelas autoridades policial e judiciária (arts. 7º a 12).

Aumento de pena

Art. 226. A pena é aumentada:*

I – de quarta parte, se o crime é cometido com o concurso de 2 (duas) ou mais pessoas;*

II – de metade, se o agente é ascendente, padrasto ou madrasta, tio, irmão, cônjuge, companheiro, tutor, curador, preceptor ou empregador da vítima ou por qualquer outro título tiver autoridade sobre ela;**

III – (revogado)***

IV – de 1/3 (um terço) a 2/3 (dois terços), se o crime é praticado:

Estupro coletivo

a) mediante concurso de 2 (dois) ou mais agentes;

Estupro corretivo

b) para controlar o comportamento social ou sexual da vítima.**

* *Caput* e inciso I com a redação determinada pela Lei nº 11.106, de 28-3-2005.

** Inciso II alterado e inciso IV inserido pela Lei nº 13.718, de 24-9-2018.

*** O inciso III foi revogado pela Lei nº 11.106, de 28-3-2005.

Vide: **CP** arts. 61, II, *e*, *f*, *g*, 68, parágrafo único, 213 a 218-B; **CPP** art. 155; **CC** arts. 1.543, 1.637, parágrafo único, 1.638, III, 1.728, 1.735, IV, 1767; **Lei nº 11.340**, de 7-8-2006, art. 7º, III (violência sexual como forma de violência doméstica e familiar contra a mulher).

226 AUMENTO DE PENA NOS CRIMES CONTRA A LIBERDADE SEXUAL E CONTRA VULNERÁVEL

226.1 Aumento de pena

Prevê o art. 226 causas de aumento de pena para os crimes contra a liberdade sexual (Capítulo I) e os crimes sexuais contra vulnerável (Capítulo II). Na primeira hipótese, referente ao concurso, considera-se que traz este mais perigo para a vítima, torna mais fácil a prática do delito e denuncia maior periculosidade dos agentes. Apesar da opinião de que só existe a qualificadora quando a coparticipação existe para a execução do crime, mais acertada se nos afigura a afirmação de que não se exige a presença simultânea de dois agentes na execução, bastando, para a caracterização da qualificadora, que haja colaboração pela instigação, conselho, planejamento etc. Não fosse assim, o legislador teria utilizado fórmula semelhante à do art. 146, § 1º.

A segunda agravadora, que teve a redação meramente corrigida pela Lei nº 13.718, de 24-9-2018, determina o aumento da pena, não de um quarto, mas de metade, existe se o agente é ascendente, padrasto, madrasta, tio, irmão, cônjuge, companheiro, tutor, curador, preceptor ou empregador da vítima ou por qualquer outro título tem autoridade sobre ela. A Lei nº 11.106 incluiu no inciso II o tio, a madrasta, o cônjuge e o companheiro, que não eram mencionados na redação original do dispositivo e excluiu a referência ao pai adotivo, porque desnecessária. Previa o art. 226 uma terceira qualificadora, a de ser o agente casado. O inciso III, porém, foi expressamente revogado pela Lei nº 11.106/2005. Embora o incesto não seja, por si mesmo, crime, a lei agrava a pena quando um dos crimes sexuais é praticado entre parentes próximos, seja o parentesco natural ou civil (pai, inclusive o adotivo, embora não mais mencionado no dispositivo, avô, padrasto, madrasta, tio, irmão). O fato configura uma maior ofensa à dignidade sexual da vítima e acarreta maior alarma social, sendo um abuso de relações domésticas ou de situações de intimidade ou confiança. Com a inclusão do cônjuge, e do companheiro, no inciso II do art. 226, tornou-se evidente a possibilidade de configuração do crime de estupro quando praticado pelo marido da vítima, questão que era objeto de controvérsia na doutrina e na jurisprudência (item 213.2). Abrange a lei, também, qualquer pessoa que, pelos títulos mencionados no dispositivo ou quaisquer outros, tem autoridade, de direito ou de fato, sobre a vítima. Já se reconheceu a qualificadora, no caso do agente amásio da mãe da vítima, do sogro com relação à nora etc. Não se considerou como preceptor o professor de catecismo.

A existência da causa de aumento de pena exclui as agravantes genéricas correspondentes referidas pelo art. 61, II, *e* (ascendente, irmão ou cônjuge), *f* (com abuso de autoridade), diante do princípio do *non bis in idem*. Não haverá *bis in idem* na hipótese de crime praticado pelo agente com prevalecimento das relações domésticas, de coabitação ou de hospitalidade ou com violência doméstica contra a mulher. Nesses casos, é possível a aplicação tanto da causa de aumento de pena como da agravante genérica (REsp.2038833-MG, j. em 13-11-2024, DJe de 18-11-2024 – Tema repetitivo 1215).

Lembre-se que o crime sexual contra a mulher, praticado ou não pelas pessoas elencadas no inciso II, mas ocorrido no âmbito das relações domésticas e familiares, determina a incidência de normas especiais previstas na Lei nº 11.340, de 7-8-2006, como as que dispõem sobre as medidas protetivas de urgência (arts. 18 a 24-A); as providências a serem adotadas pela autoridade policial (arts. 10 a 12-C, II e III); a admissibilidade da retratação da representação somente perante o juiz (art. 16); a possibilidade de decretação da prisão preventiva para garantir a execução de medida protetiva (art. 313, III, do CPP); a competência para o processo do Juizado de Violência Doméstica e Familiar contra a Mulher (arts. 14 e 33). A Lei nº 10.778, de 24-11-2003, alterada pela Lei nº 13.931, de 10-12-2019, e regulamentada pelo Decreto nº 5.099, de 3-6-2004, prevê como objeto de notificação compulsória o da existência de indícios de violência sexual contra a mulher constatada nos serviços de saúde públicos e privados (art. 1º, § 2º, I).

Novas causas de aumento de pena passaram a ser previstas no inciso IV, alíneas "a" e "b", inserido pela Lei nº 13.718, de 24-9-2018. A pena é agravada de um a dois terços, diz a Lei, "se o crime é praticado mediante concurso de 2 (dois) ou mais agentes" ou "para controlar o comportamento social ou sexual da vítima". O legislador denominou a primeira hipótese "Estupro coletivo" e a segunda "Estupro corretivo".

Embora evidente a deficiência técnica na redação do dispositivo, a denominação dada às circunstâncias permite inferir que, diversamente das causas descritas nos incisos I e II, as agravadoras previstas no inciso IV, que determinam o aumento de um terço a dois terços, não se aplicam a todos os crimes sexuais previstos nos Capítulos I e II, mas, somente, ao crime de estupro.

A primeira circunstância é a de ter sido o estupro praticado mediante concurso de duas ou mais pessoas. Igualmente ao que se verifica em relação ao inciso I, para a incidência da nova causa de aumento de pena basta a existência do concurso de agentes, não se exigindo sequer a presença do partícipe no momento de sua execução. Deve-se observar, porém, que, ocorrendo diversos estupros, executados por diferentes agentes, configura-se o concurso material de delitos, respondendo cada um pela autoria do estupro que praticou e pela participação nos crimes cometidos pelos demais, para os quais haja concorrido (item 213.8). Diante do concurso de dois ou mais agentes, a pena a ser imposta para cada delito deverá ser agravada nos termos do art. 226, IV, "a". Trata-se de hipótese particular da agravadora prevista no inciso I, porque determina que, especificamente no crime de estupro, a majoração da pena não será da quarte parte, mas de um a dois terços. A incidência do inciso IV, "a", afasta, portanto, a do inciso I.

Na alínea "b" é previsto o acréscimo da pena para a hipótese de "estupro corretivo". O estupro corretivo, modalidade de crescente ocorrência no mundo, é o estupro cometido em razão da suposta pretensão do autor de, mediante a prática do delito, controlar ou corrigir o comportamento sexual da vítima, por não se adequar aos padrões que entende aquele seriam os corretos e exigíveis. Embora as vítimas preferenciais dessa prática criminosa sejam as mulheres lésbicas, a norma é aplicável aos casos em geral de violência de gênero, em que o agente pratica o crime por condenar, com motivação de ordem moral, religiosa ou outra, a orientação sexual da vítima, por ser esta homossexual, bissexual ou transgênero. Diante, porém, da redação abrangente do dispositivo, o aumento de pena é devido sempre que o estupro for cometido, como forma de controle, isto é, de castigo, correção, lição ou ensinamento, com a finalidade de constranger a vítima a se submeter a um padrão de comportamento sexual ou social a este associado que, no entender do agente, deveria ser por ela observado. Incide a causa de aumento de pena, portanto, em diversas hipóteses, como nos casos do agente que estupra mulher lésbica com o fim de mudar a sua orientação sexual, ou daquele que estupra a enteada para corrigi-la de seu hábito de vestir roupas provocantes, por ser insinuante ou namoradeira na comunidade em que vivem etc.

As causas de aumento de pena previstas no inciso IV aplicam-se ao crime abrangendo, porque não disposto de forma contrária, as suas formas qualificadas pelo resultado (§§ 1º e 2º). Tratando-se de estupro de vulnerável ou qualquer outro crime descrito nos Capítulos I e II, o concurso de agentes determina o acréscimo de um quarto da pena (inciso I).

Jurisprudência

- Irretroatividade da Lei nº 11.106/2005
- Existência de coautoria
- Inexistência de coautoria
- Crime praticado pelo pai
- Crime praticado por padrasto
- Crime praticado por amásio da mãe da vítima
- Crime praticado por agente em união estável com a mãe da vítima
- Crime praticado por pessoa considerada como avô da vítima
- Inexistência de parentesco
- Inadmissibilidade no caso de professor
- Irrelevância da falta de certidão
- Inadmissibilidade da circunstância agravante
- Inexistência de bis in idem na circunstância judicial de convivência do agente com a vítima em ambiente familiar

CAPÍTULO V
DO LENOCÍNIO E DO TRÁFICO DE PESSOA PARA FIM DE PROSTITUIÇÃO OU OUTRA FORMA DE EXPLORAÇÃO SEXUAL

Mediação para servir a lascívia de outrem

Art. 227. Induzir alguém a satisfazer a lascívia de outrem:

Pena – reclusão, de 1 (um) a 3 (três) anos.

§ 1º Se a vítima é maior de 14 (catorze) e menor de 18 (dezoito) anos, ou se o agente é seu ascendente, descendente, cônjuge ou companheiro, irmão, tutor ou curador ou pessoa a quem esteja confiada para fins de educação, de tratamento ou de guarda:*

Pena – reclusão, de 2 (dois) a 5 (cinco) anos.

§ 2º Se o crime é cometido com emprego de violência, grave ameaça ou fraude:

Pena – reclusão, de 2 (dois) a 8 (oito) anos, além da pena correspondente à violência.

§ 3º Se o crime é cometido com o fim de lucro, aplica-se também multa.

*Denominação do capítulo e § 1º com a redação determinada pela Lei nº 11.106, de 28-3-2005.

Vide: **CF** art. 227, § 4º; **CP** arts. 218, 218-A, 228, 230, 234-A, 234-B; **CPP** art. 155, parágrafo único; **CC** arts. 1.543, 1.583 a 1588, 1.637, parágrafo único, 1.638, III, 1.728, 1.735, IV, 1767; **Lei nº 8.069**, de 13-7-1990 – **ECA**, arts. 33 a 35 (disciplina da guarda no Estatuto da Criança e do Adolescente); **Lei nº 11.340**, de 7-8-2006, art. 7º, III (prevê o constrangimento da mulher a presenciar, manter ou participar de relação sexual não desejada como forma de violência doméstica e familiar contra a mulher).

227 MEDIAÇÃO PARA SERVIR À LASCÍVIA DE OUTREM

227.1 Sujeitos do delito

Qualquer pessoa pode praticar o delito. O destinatário da conduta do agente responderá, eventualmente, por outro delito. Não está ele satisfazendo a lascívia alheia, mas à própria, podendo incidir, conforme o caso, no art. 217-A ou em outro dispositivo.

Sujeito passivo é qualquer pessoa, homem ou mulher. Se a vítima é menor de 14 anos, o crime é outro, o de corrupção de menores (art. 218). Sendo a vítima maior de 14 e menor de 18 anos, o crime é qualificado (item 227.5). Pouco importa que a vítima já esteja corrompida, desde que o lenocínio é punido *per se*, sem distinção de sexo e independentemente das qualidades morais da vítima. Tratando-se de prostitutas, porém, se não há a necessidade de induzimento à prática do ato, inocorre o crime. Já se tem decidido que a meretriz não pode ser havida como vítima do delito previsto no art. 227 do CP, pois não é induzida, mas se presta, voluntariamente, à lascívia de outrem.

Jurisprudência

- Inadmissibilidade de crime contra meretriz

227.2 Tipo objetivo

A conduta prevista em lei é induzir, que significa aconselhar, instigar, persuadir, incutir, levar a vítima a satisfazer a lascívia de outrem. Para que haja induzimento, portanto, é necessário que tenham ocorrido promessas, dádivas ou súplicas. Não constitui induzimento a conduta de quem serve de intermediário de proposta desonesta feita por terceiro à mulher. Lascívia é a sensualidade, luxúria, libidinagem, concupiscência, pouco importando qual a espécie do ato libidinoso. Não se exclui, inclusive, o ato que for praticado pelo próprio agente, limitando-se o terceiro a presenciá-lo com o fim de satisfazer a própria lascívia.

Somente ocorre o delito se o induzimento é efetuado tendo em vista pessoa determinada; se for dirigido a um número indeterminado de pessoas ou se presente o caráter da habitualidade, poderá ocorrer o delito previsto no art. 228. Basta apenas um caso de induzimento para a caracterização do crime previsto no art. 227.

Jurisprudência

- Caracterização do crime
- Induzimento à satisfação da lascívia de várias pessoas).
- Mera sugestão: inexistência de crime
- Inexistência de ação de induzimento

227.3 Tipo subjetivo

O dolo é a vontade de induzir, de convencer, de persuadir a vítima, e o elemento subjetivo do injusto (dolo específico) é a finalidade de satisfazer a lascívia de outrem. Se a conduta é praticada com intuito lucrativo, o crime é qualificado (item 227.5).

227.4 Consumação e tentativa

Consuma-se o delito com a prática do ato que possa importar na satisfação de lascívia de terceiro, independentemente da satisfação sexual efetiva deste.

A tentativa é admissível.

227.5 Formas qualificadas

A primeira qualificadora ocorre quando a vítima é "maior de 14 e menor de 18 anos", dando-se, assim, maior proteção às pessoas ainda não desenvolvidas física ou psiquicamente. Além disso, no caso, os males são maiores e o fato indica maior periculosidade do agente. Sendo a vítima menor de 14 anos, ocorre o crime de corrupção de menores (art. 218).

A segunda hipótese caracteriza o *lenocínio familiar* por ser o agente "ascendente, descendente, cônjuge ou companheiro, irmão, tutor ou curador da vítima". A Lei nº 11.106, de 28-3-2005, alterou o dispositivo, que agora se refere ao "cônjuge ou companheiro" e não somente ao "marido" como ocorria na redação original. A relação é taxativa e assim cometem apenas o crime básico o tio, o empregador etc.

Por fim, apresenta-se a qualificadora quando o agente é qualquer pessoa a quem esteja a vítima confiada para fins de educação (educadores, preceptores); tratamento (médicos, diretores de hospitais) ou guarda (pessoa a quem a vítima tenha sido entregue para vigilância, custódia etc.).

Nos termos do § 2º, qualifica o crime o emprego de violência, grave ameaça ou fraude, casos em que se aplica também a pena correspondente à violência.

O *lenocínio questuário* é objeto do § 3º, que se refere ao *fim de lucro*. Para a hipótese a lei prevê, além da pena privativa de liberdade, a multa.

227.6 Distinção

Induzir menor de 14 anos a satisfazer a lascívia de outrem configura o crime de corrupção de menores (art. 218).

Ao participar, de forma secundária ou acessória, em crimes de estupro, o agente praticaria tão somente o crime do art. 227, em sua forma simples ou qualificada, e não aqueles crimes em coautoria ou participação. Entretanto, tendo o agente conhecimento de que o autor do delito se utilizará de violência ou grave ameaça para a prática de ato libidinoso, é possível a caracterização da participação no estupro. Quando a conduta é de auxílio material ao crime sexual, certamente haverá coautoria com relação a este (item 213.2).

Quando se tratar de condutas reiteradas, com fim de lucro, e a vítima for prostituta, poderá se configurar o crime de rufianismo (art. 230), já que o delito de mediação para servir à lascívia de outrem é crime subsidiário, ocorrendo quando não constituir o fato um dos demais crimes previstos no Capítulo V, todos mais graves.

Favorecimento da prostituição ou outra forma de exploração sexual*

Art. 228. Induzir ou atrair alguém à prostituição ou outra forma de exploração sexual, facilitá-la, impedir ou dificultar que alguém a abandone:

Pena – reclusão, de 2 (dois) a 5 (cinco) anos, e multa.*

§ 1º Se o agente é ascendente, padrasto, madrasta, irmão, enteado, cônjuge, companheiro, tutor ou curador, preceptor ou empregador da vítima, ou se assumiu, por lei ou outra forma, obrigação de cuidado, proteção ou vigilância:

Pena – reclusão, de 3 (três) a 8 (oito) anos.*

§ 2º Se o crime é cometido com emprego de violência, grave ameaça ou fraude:

Pena – reclusão, de 4 (quatro) a 10 (dez) anos, além da pena correspondente à violência.

§ 3º Se o crime é cometido com fim de lucro, aplica-se também multa.

* Nomen juris, caput e § 1º com a redação dada pela Lei nº 12.015, de 7-8-2009.

Vide: CP arts. 218-B, 227, § 1º, 229, 234-A, 234-B; Lei nº 11.340, de 7-8-2006, art. 7º, III (prevê o induzimento e o constrangimento à prostituição como formas de violência doméstica e familiar contra a mulher).

228 FAVORECIMENTO DA PROSTITUIÇÃO OU OUTRA FORMA DE EXPLORAÇÃO SEXUAL

228.1 Prostituição e outras formas de exploração sexual: considerações gerais

No direito anterior, em que objeto geral de tutela do Título VI eram "os costumes", entendia-se que a exploração do meretrício devia ser reprimida como forma de se preservar a moralidade pública, por ser a prostituição um estado de indecência, último degrau da dissolução dos costumes, e perigoso em relação à vida sexual normal que se realiza por meio do casamento ou de relações estáveis. Mesmo enfocada a prostituição como uma atividade diretamente lesiva à moralidade pública e aos bons costumes, reconhecia o legislador que a pessoa que se dedica à prostituição encontra-se em um estado, normalmente resultante da convergência da ação de aproveitadores e de condições sociais ou familiares adversas, que lhe é prejudicial sob vários aspectos. Por essa razão, a prostituta já era sujeito passivo dos crimes descritos no Capítulo VI e por medida de política criminal não se punia o exercício do meretrício.

De acordo com as alterações introduzidas pela Lei nº 12.015, de 7-8-2009, protege-se, em geral, nos crimes sexuais, a dignidade sexual da pessoa, como atributo intrínseco de todo indivíduo, que decorre da própria natureza da pessoa humana (item 213.1). Protege-se, assim, o *indivíduo* no que concerne ao seu desenvolvimento, maturidade e liberdade sexual. Por decorrência da alteração do objeto geral de tutela penal e das modificações nos tipos penais descritos nos arts. 228 a 331-A, deve-se entender que o legislador reconheceu que, independentemente de qualquer juízo de moralidade pública, a prostituição é uma atividade ou um estado que fere a dignidade sexual da pessoa, por impedir ou dificultar o sadio desenvolvimento da sexualidade e a liberdade de cada um de vivenciá-la a salvo de diversas formas de violência e exploração. Se aquele que exerce a prostituição é vítima de exploração sexual, como deixam claro os novos dispositivos legais, justifica-se a punição daqueles que por diversas condutas contribuem para o seu ingresso ou permanência nesse estado que lhe é nefasto, mas não a da própria vítima. Fortes razões, evidentemente, impedem que se cogite da punição de quem exerce a prostituição sob o pretexto de que esta lhe seria prejudicial.

No art. 228 incrimina-se a conduta, praticada pelas diferentes ações típicas nele descritas, de estimular ou favorecer o ingresso ou a permanência de alguém na *prostituição* ou em outro estado de *exploração sexual*. Ao se referir à prostituição ou *outras formas de exploração sexual*, a lei afirma que a prostituição é uma forma de exploração sexual, sem, entretanto, definir o significado da expressão. O art. 234-C, vetado, definia exploração sexual: "Para os fins deste Título, ocorre exploração sexual sempre que alguém é vítima dos crimes nele tipificados." A conceituação, tautológica, nada esclareceria. É certo, porém, que o conceito de exploração sexual é mais amplo e abrange o de prostituição e que a fórmula genérica de que se valeu o legislador permite a busca de seu significado mediante interpretação analógica, com base nas semelhanças existentes com a prostituição. *Prostituição* tem sido conceituada de formas distintas. No sentido mais difundido, prostituição é "o comércio habitual do próprio corpo, para a satisfação sexual de indiscriminado número de pessoas" (DELMANTO, Celso. *Código penal comentado*. 7. ed. São Paulo: Renovar, 2007. p. 613). Embora para alguns a prostituição consista simplesmente na "habitualidade de prestações carnais a um número indeterminado de pessoas", MANZINI, Vincenzo. *Trattato di diritto penale italiano*. Turim: Turinese, 1951. v. 7, p. 496, § 2.646, II), independentemente do fim de lucro, não se pode afirmar que exerce a prostituição quem é somente promíscuo, por manter relações sexuais indiscriminadamente com um elevado número de pessoas visando somente à satisfação de sua própria libido. Assim, seriam características da prostituição a habitualidade, o fim lucrativo e o número indeterminado de pessoas para os quais são prestados os serviços sexuais. Dúvida, porém, pode surgir em relação a condutas nas quais, presentes a habitualidade e o fim lucrativo, os serviços sexuais são prestados a uma única pessoa, como no caso da mulher que aceita a proposta de uma remuneração mensal ou de residir graciosamente em determinado local em troca da manutenção de periódico congresso carnal com o proprietário. Nessa hipótese, parece-nos também se configurar a prostituição.

Não há na doutrina um consenso sobre o exato significado e abrangência de *exploração sexual* e o termo *exploração* comporta, no vernáculo, diferentes acepções. No contexto legal, porém, deve-se entender exploração como o ato ou efeito de *explorar*, que tem, entre outros, o sentido de tirar proveito, beneficiar-se, extrair lucro ou compensação material de uma situação ou de alguém. Assim, explorar sexualmente uma pessoa deve significar tirar proveito, beneficiar-se ou extrair lucro ou compensação material de sua sexualidade. Não é correto, a nosso ver, restringir a exploração sexual às hipóteses em que os serviços sexuais sejam prestados com fins lucrativos, em proveito de terceiros ou da própria pessoa que se encontra no estado de prostituição ou análogo. Se assim o desejasse, o legislador expressamente se referiria à finalidade econômica. Costuma-se distinguir, aliás, a exploração *comercial* sexual (em que há fim lucrativo) de outras formas de exploração sexual. Ademais, a própria lei reconhece a existência de outras formas de exploração sexual diversas da prostituição, que, embora tenha no fim lucrativo um traço comum, este muitas vezes é apontado como não essencial. Aliás, no caso da prostituta que não é explorada por terceiro, mas somente por seus clientes, o único proveito que estes tiram é o da satisfação de sua própria libido e, como afirma a lei, encontra-se ela em situação de exploração sexual.

Se o fim lucrativo não é essencial, a habitualidade que caracteriza a prostituição também deve estar presente nas outras formas de exploração sexual. No art. 228 e nos demais tipos penais que a elas se referem, as condutas incriminadas indicam claramente que se trata de um *estado* no qual o sujeito passivo ingressa ou já se encontra, punindo condutas que estimulam, facilitam ou que por outras formas contribuem para o início ou para a continuidade da exploração sexual. Não há, porém, a necessidade de que a vítima tenha praticado atos de natureza sexual, bastando que se encontre em situação de disponibilidade para a sua prática reiterada ou habitual. Tratando-se de situação única, pode-se configurar outro delito, como, por exemplo, os descritos nos arts. 218, 218-A, 227.

No sentido mais abrangente, configura-se a exploração sexual na prostituição ou em outras formas sempre que a sexualidade da pessoa, em detrimento de sua essencialidade natural, como aspecto de sua personalidade, passa a se constituir, de forma habitual, em *mercadoria* ou *objeto de uso* em proveito de outros, qualquer que seja a natureza deste, econômica ou não, sem se excluir o proveito de natureza sexual (item 213.1).

Verificada essa situação genérica, deve-se ter por configurada a exploração sexual, independentemente de se reconhecer ou não a prostituição, nas hipóteses que para alguns já estariam abrangidas pelo conceito desta, em que a vantagem ou proveito dela decorrente não é o lucro, mas de natureza diversa, ou quando, embora presente o fim lucrativo, não se beneficia da exploração um número indeterminado de pessoas. Encontram-se sob exploração sexual, por exemplo: a mulher ou companheira de um condenado que se submete a manter relações sexuais com outros detentos, em visitas íntimas, ou funcionários do presídio, para que aquele possa usufruir de privilégios no cárcere; a pessoa que se sujeita a manter relações sexuais habituais com o proprietário do imóvel em troca do abrigo ou moradia de que necessita; a filha constrangida ou induzida pela mãe a manter relações sexuais periódicas com alguém, independentemente de remuneração, para agradá-lo e assim dele obter favores de qualquer natureza ou somente a sua permanência sob o mesmo teto; a funcionária que é coagida a prestar serviços sexuais habituais ao patrão ou ao chefe como forma de manter o emprego; a mulher, coagida pelo marido a se tornar amante de seu superior apenas para favorecer a sua promoção etc.

Porque o termo *exploração* tem, também, o significado de *abuso da boa-fé ou da situação especial de alguém*, impõe-se saber se é necessário para a caracterização da exploração sexual que alguém se prevaleça ou se aproveite de uma situação desfavorável, desvantajosa ou de inferioridade da pessoa que constitua a razão de sua sujeição a esse estado. Pode a vítima se sujeitar à exploração sexual, por exemplo, em face de prementes necessidades econômicas ou por submissão à vontade de alguém que sobre ela tem ascendência, poder de mando ou influência, decorrente de relações familiares, subordinação hierárquica etc. Em todas as hipóteses acima mencionadas pressupõe-se a existência dessa condição. A se acolher essa exigência, diante da nova redação do dispositivo, pode-se questionar se a pessoa maior, capaz, de posses, que exerce o comércio sexual por decisão própria e livre vontade, movida somente pela ambição e sendo a única a tirar proveito econômico da situação, embora seja prostituta, se encontra em estado de exploração sexual. Não há, a rigor, razão suficiente para a distinção. A lei considera a prostituição contrária à dignidade sexual da pessoa e por isso incrimina as condutas tendentes a favorecer o ingresso ou a permanência nesse estado, independentemente de qualquer condição desvantajosa da pessoa. Pratica, portanto, o crime descrito no art. 228 quem induz ou atrai a pessoa maior e capaz à prostituição, ainda que não se encontre o sujeito passivo em situação desfavorável de qualquer espécie. Porque a prostituição não é fato típico, por não se interessar a lei pela punição de quem a exerce, não se configura nenhum delito na hipótese de pessoa que a exerce por sua própria e livre vontade, embora se possa falar, ainda nessa hipótese, na existência de exploração sexual. Assim, o sentido de abuso, contido na exploração sexual, se encerraria no próprio abuso da sexualidade da pessoa que, por qualquer razão ou motivação, se encontra nesse estado.

Outra questão relevante que surge diante da nova redação dada aos referidos tipos penais é a relativa à exigência ou não, nas outras formas de exploração sexual, da prática de conjunção carnal ou atos libidinosos por quem se encontra no estado de exploração. Ao se referir a lei à exploração sexual, não limitou o legislador o conceito do termo *sexual* à conjunção carnal ou à prática de atos libidinosos, expressamente mencionados em determinadas condutas (arts. 213, 215, 217-A, 218-A etc.). Entretanto, porque a expressão remete à exploração da *sexualidade*, que tem sentido muito abrangente, deve-se verificar diante das particularidades do caso concreto se não se cuida de atividade *lícita*. Não haverá dúvida, porém, em se reconhecer a existência de exploração sexual em determinadas hipóteses: da filha menor do comerciante que é por este submetida a se exibir nua no estabelecimento como meio de atrair fregueses; da menor que é induzida ou coagida a se tornar dançarina de *striptease*, modelo para fotografias eróticas ou atriz em filmes pornográficos etc.

228.2 Sujeitos do delito

Qualquer pessoa pode cometer o delito de favorecimento da prostituição ou outra forma de exploração sexual. Não se exclui o beneficiário dos *serviços* sexuais prestados pelo sujeito passivo, se pratica ele conduta típica.

Quanto ao sujeito passivo, referindo-se a lei a alguém, incluem-se tanto o homem como a mulher adultos. Excluem-se os menores 18 anos e os maiores de idade que por enfermidade ou deficiência mental não têm o necessário discernimento com relação às questões sexuais, porque nessas hipóteses, dada a condição de pessoa vulnerável, dispensa-lhe a lei especial proteção em tipo específico, com a cominação de penas mais severas (art. 218-B).

Pouco importa que o sujeito passivo seja pessoa de má reputação ou corrupta; quem o induz ou atrai ao estado de exploração sexual pratica o delito. Nas últimas formas de conduta (facilitar, impedir ou dificultar), pressupõe-se que a vítima já se encontre nesse estado.

Jurisprudência

- Vítimas prostitutas
- Vítimas prostitutas – Contra
- Vítimas com experiência social
- Vítimas corrompidas

228.3 Tipo objetivo

A primeira modalidade de conduta é a de *induzir* (persuadir, aconselhar, instigar etc.). A segunda é a de *atrair*, que tem significado semelhante ao de induzir e indica a conduta de persuadir a vítima o agente que se encontra no ambiente da prostituição ou de exploração sexual por outra forma. Na terceira hipótese, de lenocínio acessório, o agente *facilita*, favorece, torna mais fácil, presta auxílio, cria condições para a prostituição ou exploração sexual de outrem. A última conduta é a de *impedir de abandonar* a prostituição ou outra forma de exploração sexual, pressupondo-se, portanto, que a vítima já se encontra nesse estado e o agente opõe-se ao abandono, aconselhando, criando melhores condições materiais etc. É pacífico na doutrina que se pode cometer o delito por omissão, como ocorre no caso de tolerância à prostituição por parte do pai ou da mãe ou de quem tenha o dever jurídico de impedi-la.

O crime de favorecimento da prostituição não é delito habitual, bastando a prática de uma das condutas, por uma vez, para que se aperfeiçoe o ilícito.

Jurisprudência

- Conceito de favorecimento da prostituição
- Conceito de facilitação da prostituição
- Favorecimento da prostituição pela instalação em estabelecimento voltado à prostituição
- Favorecimento da prostituição pela instalação em cidade diversa
- Convite para mudança de cidade ou de casa: inexistência de crime
- Concordância tácita do marido: inexistência de crime
- Hipóteses de facilitação da prostituição
- Inexistência do crime de favorecimento à prostituição

228.4 Tipo subjetivo

O dolo é a vontade de induzir, atrair, facilitar etc. Não se distingue para efeitos gerais o *lenocinium questuarium* do *lenocinium gratuitam*, sendo irrelevante que nada se cobre pela mediação. Havendo fim de lucro, ocorrerá uma qualificadora.

Jurisprudência

- Inexistência de dolo
- Inexistência de fim de lucro: crime caracterizado

228.5 Consumação e tentativa

Não se consuma o delito com a simples conduta de induzir, atrair etc., exigindo-se que seja produzido na vítima o efeito querido pelo agente. Independe, contudo, do consórcio carnal do terceiro com o sujeito passivo. Assim, quanto às três primeiras condutas, a consumação opera-se com o estado de prostituição em que a vítima já está no prostíbulo ou à disposição dos fregueses, ainda que não tenha recebido qualquer um. No último, o impedimento do abandono consuma o crime, que, nesse caso, tem caráter permanente.

A tentativa é possível em qualquer caso: apesar do induzimento, a vítima não se convence ou é impedida de colocar-se à disposição dos fregueses; não cede a vítima aos conselhos ou oferecimentos do agente e abandona a prostituição etc.

Jurisprudência

- Consumação do crime de favorecimento à prostituição
- Tentativa do crime de favorecimento à prostituição
- Tentativa do crime de favorecimento à prostituição – Contra

228.6 Formas qualificadas

Nos termos do § 1º, qualifica-se o crime "se o agente é ascendente, padrasto, madrasta, irmão, enteado, cônjuge, companheiro, tutor ou curador, preceptor ou empregador da vítima, ou se assumiu, por lei ou outra forma, obrigação de cuidado, proteção ou vigilância". Às relações familiares previstas como qualificadoras do crime previsto no art. 227 acrescentou a lei o *padrasto*, a *madrasta* e o *enteado*. Menciona-se, também, além das condições de *tutor* ou *curador* da vítima, a de seu *preceptor* ou *empregador* e a assumida, por lei ou outra forma (contrato, por exemplo), a obrigação de cuidado, proteção ou vigilância, como nos casos dos diretores ou funcionários de hospitais, responsáveis por excursões, agentes penitenciários etc. Não se aplica, porém, o dispositivo ao menor de 18 anos, porque nessa hipótese configura-se o crime previsto no art. 218-B.

Também ocorre qualificadora quando há emprego de violência, grave ameaça ou fraude, passando a pena a ser de quatro a dez anos de reclusão, além daquela referente à violência (art. 228, § 2º). Quando há fim de lucro, é aplicada também pena de multa (art. 228, § 3º).

Jurisprudência

- Inadmissibilidade de cumulação com agravante genérica

228.7 Distinção

Se o sujeito passivo é menor de 18 anos ou pessoa com enfermidade ou deficiência mental que não tem discernimento necessário em relação às questões sexuais, configura-se o crime descrito no art. 218-B, punido com reclusão de quatro a dez anos, em razão da maior proteção conferida pela lei às pessoas vulneráveis. A conduta de *submeter* que integra esse tipo penal já era incriminada no art. 244-A do Estatuto da Criança e do Adolescente, inserido pela Lei nº 9.975, de 24-6-2000. Esqueceu-se o legislador, por ocasião da elaboração da Lei nº 12.015, de 7-8-2009, de revogar expressamente o último dispositivo. Não obstante a revogação tácita do dispositivo, as penas nele cominadas foram alteradas pela Lei nº 13.440, de 8-5-2017

Não se confunde o delito em estudo com o de mediação para satisfazer a lascívia de outrem. Neste, a conduta do agente se destina a servir determinada pessoa sem caráter de habitualidade. Também não confunde com o crime previsto no art. 229. Evidentemente, quem mantém casa de prostituição também a facilita; todavia, a primeira conduta já se acha definida como fato típico, pelo que, caracterizando-se, não se pune a segunda. Trata-se de um concurso aparente de normas. Há formas de favorecimento da prostituição que constituem o crime de tráfico de pessoas (art. 149-A).

Jurisprudência

- Distinção com o crime de casa de prostituição
- Absorção do crime pelo crime de casa de prostituição

Casa de prostituição

Art. 229. Manter, por conta própria ou de terceiro, estabelecimento em que ocorra exploração sexual, haja, ou não, intuito de lucro ou mediação direta do proprietário ou gerente:*

Pena – reclusão, de 2 (dois) a 5 (cinco) anos, e multa.

* *Caput* com a redação dada pela Lei nº 12.015, de 7-8-2009.

Vide: CP arts. 218-B, §§ 2º, II, e 3º, 228, 230; **CPP** art. 303.

229 CASA DE PROSTITUIÇÃO

229.1 Sujeitos do delito

Qualquer pessoa que mantenha casa ou local destinado à prática da prostituição ou de outra forma de exploração sexual pode ser sujeito ativo do crime. A prostituta, porém, que recebe seus clientes em casa não pratica o crime, pois não mantém, mas *exerce* o meretrício. Expressamente, a lei dispensa o fim de lucro ou a intermediação direta do agente, praticando o delito quem por conta *própria* ou de *terceiro* facilita a exploração sexual por essa forma especial. É irrelevante à configuração do delito a circunstância de não ter o agente participação no proveito obtido da prostituição por suas pensionistas. Já se considerou como coautor do delito o locador do imóvel sabedor da destinação que lhe é dada.

Não há crime no fato de inquilinas do agente receberem homens em seus aposentos, para prostituição, sem que tenha havido sua mediação. A responsabilidade de empregado subalterno de hotel, aliás, somente pode ser admitida quando se alegue e seja demonstrada a sua participação consciente na ação típica prevista na lei.

Vítimas do delito são as pessoas que exercem a prostituição ou se sujeitam a outra forma de exploração sexual. Tratando-se de sujeitos passivos menores de 18 anos, configura-se o crime descrito no art. 218-B, § 2º, inciso II.

Jurisprudência

- Sujeito ativo do crime
- Locador do imóvel: coautoria
- Inadmissibilidade da prática do crime pela prostituta
- Concurso de pessoas no crime
- Inexistência de concurso de pessoas
- Irrelevância da maioridade das prostitutas

229.2 Tipo objetivo

A conduta típica é manter, ou seja, sustentar, conservar, prover, fazer com que exista o estabelecimento no qual ocorre exploração sexual (item 228.1). Sendo a prostituição uma forma de exploração sexual (item 228.1), a conduta de manter casa na qual se pratica o exercício do meretrício permanece típica após a vigência da Lei nº 12.015, de 7-8-2009. Tornou-se atípica, porém, diante da nova redação do dispositivo a conduta de manter "lugar destinado a encontros para fins libidinosos", prevista na lei anterior. Embora na jurisprudência já se afastasse a tipicidade do fato nas hipóteses de motéis e hotéis de alta rotatividade, saunas, casas de banho e outros locais comumente utilizados para "encontros com fins libidinosos", porque se destinavam a toda espécie de hóspedes e frequentadores, após a vigência da Lei nº 12.015/2009 somente se configura o crime de casa de prostituição se nesses ou em outros locais ocorrer a prostituição ou exploração sexual. Trata-se, porém, de crime habitual, exigindo-se a repetição de atos de meretrício ou exploração sexual. Havendo permanência, reiteração, continuidade no acolhimento de pessoas para os fins vedados, o crime é permanente, permitindo-se em qualquer momento a prisão em flagrante.

Jurisprudência

- Bens jurídicos protegidos no crime de casa de prostituição: não aplicação dos princípios da fragmentariedade e da adequação social
- Inocorrência de descriminalização
- Inocorrência de descriminalização – Contra
- Aluguel de imóvel: existência de crime
- Aluguel de imóvel: inexistência de crime

- Simples propriedade do estabelecimento: inexistência de coautoria
- Irrelevância da não participação nos lucros
- Irrelevância da não participação nos lucros – Contra
- Estabelecimento com comercialização de bebidas
- Fato isolado: inexistência de crime
- Irrelevância se o local é ostensivo ou dissimulado
- Prova da habitualidade por sindicância prévia
- Exigência de sindicância prévia para comprovação da habitualidade
- Desnecessidade de sindicância prévia para a prova da habitualidade
- Prova da habitualidade pelo flagrante
- Prova da habitualidade por testemunhas
- Hotel ou hospedaria: existência de crime
- Restaurante e dormitório: existência de crime
- Clube de campo: existência de crime
- Aluguel de quartos e fornecimento de preservativos: existência de crime
- Prostituição de menores em bar: existência de crime
- Prostituição em boate
- Prostituição em boate – Contra
- Exploração de serviços de sauna e banhos: inexistência de crime
- Manutenção de local para encontros reservados: inexistência de crime
- Presunção de licitude e desvirtuamento de finalidade
- Exclusão da presunção de licitude por desvirtuamento de finalidade
- Inexistência de erro de proibição
- Casa de tolerância em zona do meretrício: inexistência de crime
- Conhecimento da polícia: inexistência de crime
- Necessidade de prova da habitualidade
- Exploração de motéis e hotéis: inexistência de crime
- Exploração de motéis e hotéis: inexistência de crime – Contra
- Inexistência do crime: tolerância das autoridades
- Inexistência do crime: tolerância das autoridades – Contra

229.3 Tipo subjetivo

O dolo genérico é a vontade de manter a casa ou o local, com o conhecimento de que ali se pratica a prostituição ou outra forma de exploração sexual. A tolerância da polícia ou até a possibilidade de maus policiais explorarem a situação não exclui o dolo por erro de tipo, podendo levar ao erro sobre a ilicitude do fato (art. 21).

Não comporta o crime a forma culposa, não respondendo pelo ilícito o proprietário do hotel por ser desidioso na fiscalização do porteiro que se dá à prática delituosa.

Jurisprudência

- Dolo no crime de casa de prostituição
- Irrelevância de licença administrativa para venda de bebidas
- Irrelevância da tolerância da autoridade policial
- Absolvição por erro de fato
- Absolvição por erro sobre a ilicitude do fato

229.4 Consumação e tentativa

A consumação ocorre com a manutenção da casa ou local. Embora se exija habitualidade, um só ato basta para a caracterização do ilícito quando indicar que há instalação para o fim de exploração sexual.

A tentativa, diz-se, é impossível: ou há meros atos preparatórios, ou já houve a instalação destinada à prostituição e o delito consumou-se. Entretanto, é possível figurar-se exemplo do *conatus*, em tese.

Jurisprudência

- Possibilidade de prisão em flagrante
- Inadmissibilidade da prisão em flagrante sem prova da habitualidade
- Inadmissibilidade de prisão em flagrante sem sindicância prévia
- Inadmissibilidade de prisão em flagrante sem sindicância prévia – Contra

229.5 Distinção

A manutenção de local para a prostituição ou exploração sexual de menor de 18 anos configura crime contra pessoa vulnerável (art. 218-B, § 2º, II), em que se prevê, como efeito obrigatório da condenação, a cassação da licença de localização e de funcionamento do estabelecimento (§ 2º do mesmo artigo). A conduta é descrita, também, no art. 244-A, § 1º, do Estatuto da Criança e do Adolescente, que foi derrogado tacitamente pela Lei nº 12.015/2009, que redefiniu a conduta no citado dispositivo do Código Penal. Não obstante a revogação do dispositivo, as penas nele cominadas foram alteradas pela Lei nº 13.440, de 8-5-2017.

229.6 Concurso

Os tipos dos arts. 228 e 229 são autônomos, embora o segundo seja uma espécie do primeiro. Nada impede, porém, que o agente, além de manter casa de prostituição, induza alguém a se dedicar à prostituição ou a se sujeitar à exploração sexual ou a facilite, de outra forma, ocorrendo, no caso, concurso material.

Jurisprudência

- Concurso com favorecimento à prostituição: inexistência
- Concurso com favorecimento à prostituição: ocorrência

Rufianismo

Art. 230. Tirar proveito da prostituição alheia, participando diretamente de seus lucros ou fazendo-se sustentar, no todo ou em parte, por quem a exerça:

Pena – reclusão, de 1 (um) a 4 (quatro) anos, e multa.

§ 1º Se a vítima é menor de 18 (dezoito) e maior de 14 (catorze) anos ou se o crime é cometido por ascendente, padrasto, madrasta, irmão, enteado, cônjuge, companheiro, tutor ou curador, preceptor ou empregador da vítima, ou por quem assumiu, por lei ou outra forma, obrigação de cuidado, proteção ou vigilância:

Pena – reclusão, de 3 (três) a 6 (seis) anos, e multa.

§ 2º Se o crime é cometido mediante violência, grave ameaça, fraude ou outro meio que impeça ou dificulte a livre manifestação da vontade da vítima:

Pena – reclusão, de 2 (dois) a 8 (oito) anos, sem prejuízo da pena correspondente à violência.*

* §§ 1º e 2º com a redação dada pela Lei nº 12.015, de 7-8-2009.

Vide: CF art. 227, § 4º; **CP** arts. 158, 218-B, 227, § 1º, 228, 229, 234-A, 234-B; **Lei nº 11.340**, de 7-8-2006, art. 7º, III (prevê o induzimento e o constrangimento à prostituição como formas de violência doméstica e familiar contra a mulher); **Lei nº 11.577**, de 22-11-2007 (torna obrigatória a divulgação de mensagem relativa à exploração sexual e tráfico de crianças e adolescentes apontando formas para efetuar denúncias).

230 RUFIANISMO

230.1 Sujeitos do delito

Sujeito ativo do crime é qualquer pessoa, não sendo necessário que o agente coopere, proteja ou auxilie quem exerce a prostituição. São vários os tipos de rufiões: há os que utilizam a coação, inclusive pela força ou terror (*maquereau, cáften* ou *apache*); há os que atuam pelo poder de sedução ou do amor (*cafinflero*) ou o que faz apenas da atividade um comércio (comerciante). Os gigolôs (*amants du coeur*), que se servem gratuitamente da meretriz, ou que dela recebem esporádicos presentes, não praticam o crime. A meretriz também pode ser sujeito ativo do crime; prestando-se, mediante paga, a guardar outras prostitutas da polícia, enquanto se entregam estas ao comércio sexual, pratica o delito de rufianismo.

Sujeito passivo do crime é a pessoa que se dedica à prostituição, homem ou mulher.

Jurisprudência

• Sujeito passivo do crime de rufianismo

230.2 Tipo objetivo

Caracteriza-se o delito quando o agente tira proveito da prostituição, ou porque participa de seus lucros, ou porque se faz sustentar, ainda que parcialmente, por quem a exerce. No primeiro caso é o sujeito uma espécie de sócio da meretriz, não desaparecendo o crime se possui ele outra fonte de renda ou ocupação.

A segunda hipótese prevista em lei é aquela em que o agente se faz sustentar pela meretriz, vive à sua custa, ainda que parcialmente. Recebe ele dinheiro, alimentação, moradia, assistência (tratamento de saúde, pagamento de estudos etc.), vivendo à sombra do meretrício. Inexiste o crime, porém, se o agente é sustentado por quem exerce a prostituição com rendimentos de outra fonte que não a prostituição (aluguéis, juros etc.). Não se exige que a iniciativa parta do agente. Existe rufianismo ainda que haja oferecimento espontâneo da prostituta. A passividade do rufião, que se limita a auferir proveitos da prostituição alheia, não desfigura o crime. Igualmente, não desnatura o crime o fato de o agente não colaborar, facilitar ou incentivar a prostituição da vítima. Nesse caso, o fato pode constituir ilícito mais grave, como o de favorecimento à prostituição (art. 228).

O rufianismo é crime habitual, que indica um sistema de vida antissocial, tornando-se necessário reiteradas entregas de lucro ou o sustento por algum tempo.

Embora a lei preveja a conduta de *participar*, é evidente, em interpretação extensiva, que se abrange o fato, raro aliás, de o agente ficar com todo o lucro da prostituta.

Referindo-se a lei especificamente à *prostituição*, não há crime se o agente se faz sustentar pela mulher com o que esta recebe de um ou vários amantes. Também não se reconhece o delito no fato de residir o agente no cômodo alugado pela meretriz, sua amante.

Jurisprudência

- Caracterização do rufianismo
- Irrelevância do oferecimento da prostituta
- Irrelevância da tolerância da Polícia
- Inexistência de rufianismo
- Exigência de habitualidade
- Exigência de participação direta nos ganhos
- Possibilidade de prisão em flagrante

230.3 Tipo subjetivo

O dolo do delito é a vontade livre e consciente de receber os proventos do meretrício, participando dos lucros ou fazendo-se sustentar, ainda que em parte, com estes. Não se exige fim específico. O erro por parte do sujeito quanto à fonte de renda elide o dolo e exclui o crime.

Jurisprudência

- Dolo no crime de rufianismo

230.4 Consumação e tentativa

Consuma-se o delito com a participação reiterada nos lucros ou com a manutenção do agente por quem exerce a prostituição.

Tratando-se de crime habitual, é impossível a ocorrência de tentativa.

230.5 Formas qualificadas

No rufianismo há formas qualificadas semelhantes às previstas no art. 228, § 1º (art. 230, § 1º, com a redação dada pela Lei nº 12.015, de 7-8-2009). É qualificado o rufianismo "se o crime é cometido por ascendente, padrasto, madrasta, irmão, enteado, cônjuge, companheiro, tutor ou curador, preceptor ou empregador da vítima, ou por quem assumiu, por lei ou outra forma, obrigação de cuidado, proteção ou vigilância" (item 228.6). Incide, também, a qualificadora se a vítima é menor de 18 e maior de 14 anos. Esqueceu-se o legislador da proteção do menor de 14 anos, porque não se previu a figura específica do rufianismo na hipótese de ser o sujeito passivo pessoa vulnerável. Entretanto, se o rufião submete o menor de 14 anos à prostituição, pratica o crime de estupro de vulnerável.

Qualifica-se o delito, também, quando há emprego de violência, grave ameaça, fraude ou outro meio que impeça ou dificulte a livre manifestação da vontade da vítima (art. 230, § 2º, com as alterações da Lei nº 12.015/2009). Nessa hipótese determina a lei a aplicação também da pena correspondente às lesões corporais decorrentes da violência. A qualificadora só é de ser reconhecida quando o agente se faz sustentar por quem exerce a prostituição mediante recursos hauridos por este no mercadejo sexual.

Jurisprudência

- Forma qualificada de rufianismo

230.6 Distinção

Distingue-se o rufianismo do delito previsto no art. 228 por existir neste a atividade do agente no sentido de facilitar a atividade de quem exerce a prostituição ou se sujeita a outra forma de exploração sexual, o que não se exige daquele.

Não se confunde o rufianismo qualificado pela violência, grave ameaça ou fraude com o crime de extorsão (art. 158). Este é um crime complexo, sendo a força física ou moral elemento do tipo, enquanto aquele é um delito qualificado pela violência ou grave ameaça, sendo a primeira punida com autonomia (soma das penas).

230.7 Concurso de crimes

É admissível o crime continuado quando o agente explora várias pessoas que exercem a prostituição.

Jurisprudência

- Absorção do crime de favorecimento à prostituição

Tráfico internacional de pessoa para fim de exploração sexual*

Art. 231. (revogado)*

* Artigo revogado pela Lei n° 13.344, de 6-10-2016.

Tráfico interno de pessoa para fim de exploração sexual

Art. 231-A. (revogado)*

* Artigo revogado pela Lei n° 13.344, de 6-10-2016..

Art. 232. (revogado)*

* Artigo revogado pela Lei n° 12.015, de 7-8-2009.

Promoção de migração ilegal

Art. 232-A. Promover, por qualquer meio, com o fim de obter vantagem econômica, a entrada ilegal de estrangeiro em território nacional ou de brasileiro em país estrangeiro: *

Pena — reclusão, de 2 (dois) a 5 (cinco) anos, e multa.

§ 1º Na mesma pena incorre quem promover, por qualquer meio, com o fim de obter vantagem econômica, a saída de estrangeiro do território nacional para ingressar ilegalmente em país estrangeiro.

§ 2º A pena é aumentada de 1/6 (um sexto) a 1/3 (um terço) se:

I – o crime é cometido com violência; ou

II – a vítima é submetida a condição desumana ou degradante.

§ 3º A pena prevista para o crime será aplicada sem prejuízo das correspondentes às infrações conexas.*

*Artigo incluído pela Lei nº 13.445, de 24-5-2017.

***

Vide: CF art. 109, IV, V, X; CP art. 7º, inciso II, alínea b, 148, 149, 149-A, 297, 298, 299, 304, 307, 309, 338; **Lei nº 8.069**, de 13-7-1990, art. 239 (tipifica o envio de criança ou adolescente para o exterior); **Lei nº 13.445**, de 24-5-2017 (Lei de Migração).

232-A PROMOÇÃO DE MIGRAÇÃO ILEGAL

232-A.1 Sujeitos do delito

Qualquer pessoa pode ser sujeito ativo do delito. As formas agravadas não contemplam qualquer capacidade especial do agente. Não são sujeito ativo o estrangeiro que ingressa ilegalmente no território brasileiro ou o nacional que entra ilegalmente em outro país, mas somente quem promove essa entrada ilegal, pessoa por vezes denominada "coiote".

Sujeito passivo é a Administração Pública, titular do bem jurídico tutelado, a regular observância das normas legais que disciplinam a entrada e saída de estrangeiro do território nacional e a entrada de brasileiros em país estrangeiro. Pode ser também sujeito passivo a pessoa natural, nacional ou estrangeiro, prejudicado como resultado da conduta do agente, especialmente nas formas qualificadas (item 232-A.6).

232-A.2 Tipo objetivo

Embora, equivocadamente, inserido no Título VI, Dos Crimes Contra a Dignidade Sexual, a promoção de migração é crime pelo qual se tutela a regular observância das normas que regem a migração de pessoas para o Brasil e para o exterior (item 232-A.1).

O tipo penal descrito no art. 232-A é misto cumulativo. Punem-se, com as mesmas penas, duas condutas distintas: a promoção da entrada ilegal de estrangeiro em território nacional (1ª parte) e a de brasileiro em país estrangeiro. A prática das duas condutas determina o concurso material de delitos.

Promover é dar causa, tomar a iniciativa e executar. A ação pode ser praticada por quaisquer meios, tais como fornecer dinheiro, papéis, passaporte ou vistos falsos, roupas ou utensílios de viagens, transportar ou conduzir alguém na travessia de fronteira com ludíbrio das autoridades encarregadas da fiscalização migratória, suborno de agentes públicos etc. Necessário é, porém, que o agente atue com o fim de obter vantagem econômica (item 232-A.3).

Na primeira parte do dispositivo tipifica-se a promoção da entrada ilegal de estrangeiro no território nacional. Trata-se de norma penal em branco, porque a tipicidade da conduta depende da contrariedade do ingresso do estrangeiro às normas legais que regulam a matéria, contidas na Lei de Migração (Lei nº 13.445, de 24-5-2017), que prevê, no art. 45, os impedimentos ao ingresso de estrangeiro no país. Não se pune no dispositivo a conduta de promover a saída ilegal de brasileiro do território nacional, o que pode ocorrer em algumas hipóteses, como as decorrentes de decisões judiciais.

Na segunda figura típica, tipifica-se a promoção da entrada ilegal de brasileiro em país estrangeiro, sem qualquer menção ao país de saída ou a restrições contidas no ordenamento jurídico brasileiro. Interpretação restritiva recomenda que somente se tenha por configurado o delito na promoção da saída do brasileiro do território nacional para ingresso ilegal em país estrangeiro, em correspondência com o que dispõe o § 1º, que descreve crime assemelhado com relação ao estrangeiro. A finalidade do dispositivo é a de coibir a conduta do agente que promove o fluxo ilegal de nacionais para outros países, protegendo-se a própria pessoa que deixa o território nacional e evitando-se as consequências negativas que de seu ingresso ilegal em outro país possam advir ao Brasil.

A deficiente redação do dispositivo, porém, permite interpretação literal e mais abrangente, a de se ter como típica a conduta do agente que, com fim lucrativo, promove o ingresso ilegal de um brasileiro em outro país, ainda que já esteja no exterior ou mesmo ali resida ou tenha seu domicilio. A tutela, de acordo com tal interpretação, se estende à proteção das regras que disciplinam o ingresso de estrangeiros vigentes em qualquer que seja o país de destino, com vistas à colaboração do Brasil na disciplina internacional do fluxo migratório. Nesse contexto, se a ação (promover) não for praticada no Brasil, tratando-se de agente brasileiro, a aplicação da lei brasileira implica a adoção do princípio da nacionalidade ou personalidade ativa e exige o reconhecimento de hipótese de extraterritorialidade condicionada (art. 7º, inciso II, alínea *b*).

A ilegalidade do ingresso do brasileiro no exterior deve ser aferida em face do ordenamento jurídico do país de destino, competente para definição das regras reguladoras do fluxo de pessoas por seu território.

232-A.3 Tipo subjetivo

O tipo subjetivo na promoção de migração ilegal é composto pelo dolo, vontade livre e consciente de praticar alguma das condutas descritas no artigo, e pela especial finalidade do agente consistente no fim de obter vantagem econômica. O crime não se configura se o agente atua por outros interesses ou motivações, como sentimento de amizade ou solidariedade, convicção política ou ideológica etc. A vantagem econômica a ser aferida é somente a almejada pelo sujeito ativo e não outra, eventualmente almejada ou obtida somente pelo estrangeiro, na primeira figura, ou pelo brasileiro, na segunda.

É irrelevante para a configuração do ilícito, o consentimento da pessoa que ingressa ilegalmente no Brasil ou no outro país. Há crime tanto na hipótese de ter ela plena consciência e vontade de ingressar ilegalmente como na de ser induzida em erro quanto à irregularidade da migração. Na hipótese de ser ela coagida ou induzida em erro, outro delito também poderá ocorrer.

232-A.4 Consumação e tentativa

Consuma-se o crime com a ocorrência do resultado lesivo, consistente na entrada ilegal do estrangeiro no Brasil ou do brasileiro no país estrangeiro. Com a prática de atos tendentes à obtenção do resultado, por meios como a entrega de passaporte ou visto falsos, o suborno de agente público, o transporte ou condução da pessoa até a fronteira, inicia o agente a execução do crime. Caracteriza-se a tentativa se, iniciada a execução do delito, não ocorre a entrada ilegal do estrangeiro ou o ingresso do brasileiro no outro país, em razão de circunstâncias alheias a vontade do agente, como se pode verificar, por exemplo, na hipótese de intervenção eficaz de agentes fiscalizadores.

232-A.5 Crime assemelhado

Crime assemelhado ao descrito no *caput* do art. 232-A, para o qual são cominadas penas idênticas, está descrito no § 1º. Tipifica-se a conduta de "promover, por qualquer meio, com o fim de obter vantagem econômica, a saída de estrangeiro do território nacional para ingressar ilegalmente em país estrangeiro". Preocupou-se o legislador em coibir a utilização do território nacional como ponte para o ingresso ilegal em outro país, resguardando-se, ainda aqui, os interesses nacionais e o fluxo regular da atividade migratória de estrangeiros. Tal como se verifica no crime descrito no *caput*, não responde nos termos do § 1º o estrangeiro que sai do Brasil para ingressar ilegalmente em outro país, mas somente o agente que promove a sua saída do Brasil para tal fim.

O elemento subjetivo abrange, também, além do dolo, o fim específico de obter o agente vantagem econômica.

A consumação do crime somente ocorre com o ingresso ilegal do estrangeiro no outro país. Embora se refira o tipo à *saída* do estrangeiro do território nacional, a expressão "para ingressar ilegalmente em país estrangeiro" não indica somente a intenção ou finalidade da saída, mas abrange a realização de um resultado subsequente, consistente no efetivo ingresso ilegal do estrangeiro no outro país. Possível é, portanto, a tentativa.

232-A.6   Causas de aumento de pena

No § 2º estão descritas duas circunstâncias que determinam o aumento da pena de um sexto a um terço, aplicáveis a todas as figuras típicas descritas no artigo 232-A: a de ser o crime cometido com violência e a de ser a vítima submetida a condição humana ou degradante.

Porque não especificado no dispositivo, agrava a pena qualquer violência praticada como meio para a realização dos tipos, contra o próprio estrangeiro ou brasileiro, ou contra terceiros, como a empregada contra funcionários de controle de migração para lograr a transposição de fronteiras. A majoração da pena incide ainda na hipótese da configuração de outros delitos (item 232-A.8).

Para a aplicação da causa de aumento prevista no inciso II do § 2º, deve-se entender por vítima somente a pessoa que ingressa ilegalmente no Brasil ou no país estrangeiro.

A condição desumana ou degradante há de ser aferida, não como consequência posterior eventualmente verificada no país em que a pessoa ingressou, mas em relação ao procedimento e ao meios empregados para a migração ilegal, mediante um juízo valorativo em face do fato concreto, tanto para o reconhecimento da agravadora como para a dosagem do acréscimo da pena. A manutenção em determinados locais ou o transporte da pessoa em condições nefastas à saúde física ou psíquica, mediante privação de água ou alimentação, confinamento extremo ou prolongado, ocultação em meio a uma carga de bovinos ou suínos, bem como diversas outras situações podem ensejar a incidência da causa de aumento de pena.

232-A.7   Distinção

Distingue-se a promoção de migração ilegal, crime contra a Administração Pública, do tráfico de pessoas, crime contra a liberdade individual descrito no art. 149-A.

Quem promove, sem finalidade lucrativa, o ingresso de estrangeiro no território nacional mediante atribuição de falsa qualificação pessoal comete crime descrito no art. 309, parágrafo único. O estrangeiro que entra ou permanece ilegalmente no país valendo-se de nome falso pratica o delito previsto no art. 309, *caput*. O estrangeiro que após ser expulso reingressa no território nacional comete o crime descrito no art. 338. Promover o envio de criança ou adolescente para o exterior com inobservância das formalidades legais ou o fim de obter lucro é crime descrito no art. 239 do Estatuto da Criança e do Adolescente.

232-A.8 Concurso

De acordo com o disposto no § 3º do art. 232-A, "a pena prevista para o crime será aplicada sem prejuízo das correspondentes às infrações conexas". Configura-se, assim, o concurso de delitos entre tráfico e diversas outras infrações penais que pelo mesmo agente tenham sido praticados como meios destinados a promover a migração ilegal, tais como os de falsidade de documentos públicos (art. 297) e outros falsos (arts. 298, 299, 304, 307, 309, parágrafo único), corrupção ativa (art. 333) etc. Deve-se reconhecer, também, o concurso entre o delito em estudo e o decorrente do emprego de violência referido no § 2º, como nos casos de constrangimento ilegal, lesão corporal, sequestro ou cárcere privado (art. 148) etc. Possível é ainda o concurso com os crimes de tráfico de pessoas (art. 149-A), aliciamento para o fim de emigração (art. 206), envio ilegal de criança ou adolescente para o exterior (art. 239 do ECA), entre outros.

Se o agente realiza mais de um dos tipos penais descritos no artigo, deve-se reconhecer o concurso material de infrações. É possível o crime continuado na hipótese de reiteração de condutas.

232-A.9 Competência

A competência para o processo e julgamento do crime de promoção de migração ilegal é da Justiça federal (art. 109, IV, V, X, da Constituição Federal).

CAPÍTULO VI
DO ULTRAJE PÚBLICO AO PUDOR

Ato obsceno

Art. 233. Praticar ato obsceno em lugar público, ou aberto ou exposto ao público:

Pena – detenção, de 3 (três) meses a 1 (um) ano, ou multa.

Vide: CP arts. 140, 234; LCP art. 42.

233 ATO OBSCENO

233.1 Sujeitos do delito

Sujeito ativo do crime é qualquer pessoa que pratique a conduta típica. Eventualmente, o agente pode ser inimputável por sofrer de alienação mental. Nada impede o concurso de agentes na prática do delito.

Sujeito passivo é a coletividade, o Estado, titular do pudor público lesado pela conduta típica, mas nada impede que qualquer pessoa, presenciando o ato obsceno, seja considerada ofendida.

Jurisprudência

- Necessidade de exame pericial
- Concurso de pessoas
- Inexistência do concurso de pessoas
- Irrelevância do sexo do assistente

233.2 Tipo objetivo

A Lei nº 12.015, de 7-8-2009, reformulou profundamente o Título VI do CP, mas não introduziu modificações no Capítulo VI, que tem a denominação "Do ultraje público ao pudor". Embora o objeto geral de tutela do Título VI seja a dignidade sexual da pessoa, mantiveram-se neste capítulo os crimes que ofendem o pudor público, como aspecto da moralidade pública e dos bons costumes.

A ação típica é praticar um ato obsceno, impudico, que tenha característica sexual no sentido amplo, lesando o sentimento médio de pudor. Até o ato natural, como a micção, configura o ato obsceno quando praticado nas circunstâncias elementares previstas no art. 233. São também atos obscenos exibir órgãos genitais em público, andar ou correr desnudo, andar nu ou seminu ou com roupas íntimas etc.

Não configuram o crime os comportamentos de praticar um gesto indecoroso, figurativamente obsceno, ou proferir palavras chulas que podem constituir injúria (art. 140). A exibição de revista pornográfica pode constituir outro crime mas não o de ato obsceno.

A prática de ato obsceno exige publicidade; só constitui crime quando praticado em lugar público, aberto ou exposto ao público. *Lugar público*, por natureza, é aquele acessível a todos a qualquer momento (ruas, praças, passeios etc.). *Lugar aberto ao público* é o lugar público por destino, frequentado por qualquer pessoa cumpridas certas condições (teatros, cinemas, hotel etc.). *Lugar público por acidente* é o lugar privado que, eventual e temporariamente, é franqueado ao público. Lugar exposto ao público é o que não é acessível a qualquer pessoa, mas, sendo devassado pelo público, pode este ver o que aí se faz (jardins ou quintais de uma casa, terraços etc.). Mas não é assim considerado o lugar privado quando o que ali ocorre só pode ser presenciado por outro local privado e não de lugar público. Mas já se tem decidido que o crime existe se o ato é presenciado por vizinhos.

Nada impede que o agente atue em estado de necessidade (em acidentes, por exemplo).

Jurisprudência

- Ato obsceno em representação teatral e liberdade de expressão
- Mero meretrício ou *trottoir*
- Necessidade de publicidade
- Exibição de órgão sexual
- Micção em via pública
- Micção em via pública – Contra
- Automasturbação
- Relação homossexual oral
- *Streaking* ou chispada
- Andar travesti seminu
- Nudez na via pública
- Nudez em campanha publicitária
- Apalpação de partes da mulher
- Esfrega de membro viril
- Uso de roupas de mulher
- Beijos de namorados: inexistência de crime
- Banho em rio em trajes sumários: inexistência de crime
- Uso de calção: inexistência de crime
- Gesto indecoroso: inexistência de crime
- Exibição de revista pornográfica: inexistência de ato obsceno
- Necessidade de publicidade
- Possibilidade de ser presenciado
- Irrelevância da ausência de testemunha
- Lugar público por natureza
- Interior de automóvel: local público
- Automóvel em lugar ermo e escuro: inexistência de crime
- Lugar público em escuridão: existência de crime
- Lugar público sem publicidade: inexistência de crime
- Local público sem publicidade: crime caracterizado
- Quintal: local exposto ao público

- Quintal: lugar não exposto ao público
- Varanda da casa: local exposto ao público
- Interior da casa: local exposto ao público
- Interior da casa: local não exposto ao público
- Janela exposta ao público: existência de crime
- Janela exposta aos vizinhos: local não exposto ao público
- Janela exposta aos vizinhos: local não exposto ao público – Contra
- Garagem: local exposto ao público

233.3 Tipo subjetivo

O dolo é a vontade de praticar o ato obsceno, ciente o agente que o faz em lugar público, aberto ou exposto ao público, não se exigindo qualquer finalidade erótica ou lasciva. O crime pode ser praticado por gracejo, vingança etc., admitindo-se o dolo eventual. Nem a embriaguez exclui o dolo.

Jurisprudência

- Crime com dolo eventual
- Inexigência de finalidade específica
- Irrelevância da embriaguez do agente
- Dolo em agente semi-imputável
- Irrelevância do ânimo de gracejar
- Inexistência de erro de proibição
- Inexistência de dolo

233.4 Consumação e tentativa

O crime é meramente formal e de perigo, consumando-se com a prática do ato obsceno. Não se exige que o fato seja presenciado por qualquer pessoa. Basta para sua caracterização a potencialidade do escândalo.

A tentativa, apesar de opiniões em contrário, é possível.

Jurisprudência

- Consumação do crime de ato obsceno

233.5 Distinção

Distingue-se o ato obsceno do ato libidinoso. Naquele, o agente pratica ato que contrasta com o sentimento médio de pudor ou com os bons costumes. Neste, desafoga a luxúria, praticando ato lascivo, voluptuoso, diverso da conjunção carnal.

Caso o ato obsceno seja praticado em local que não é público, aberto ou exposto ao público, pode o fato constituir a contravenção de perturbação da tranquilidade (art. 42 da LCP).

Jurisprudência

- Distinção com ato libidinoso
- Desclassificação para perturbação da tranquilidade
- Injúria e não ato obsceno

233.6 Concurso de crimes

Pode ocorrer concurso formal com outros delitos (estupro, corrupção de menores etc.). Nada impede a continuação delitiva. Vários atos obscenos praticados na mesma oportunidade, porém, constituem delito único. Como o sujeito passivo do crime é a coletividade, a circunstância de o ato ter sido visto por mais de uma pessoa não configura concurso formal ou material, nem crime continuado, mas delito único.

Jurisprudência

- Crime único
- Violação de domicílio e ato obsceno: concurso de crimes

Escrito ou objeto obsceno

Art. 234. Fazer, importar, exportar, adquirir ou ter sob sua guarda, para fim de comércio, de distribuição ou de exposição pública, escrito, desenho, pintura, estampa ou qualquer objeto obsceno:

Pena – detenção, de 6 (seis) meses a 2 (dois) anos, ou multa.

Parágrafo único. Incorre na mesma pena quem:

I – vende, distribui ou expõe à venda ou ao público qualquer dos objetos referidos neste artigo;

II – realiza, em lugar público ou acessível ao público, representação teatral, ou exibição cinematográfica de caráter obsceno, ou qualquer outro espetáculo, que tenha o mesmo caráter;

III – realiza, em lugar público ou acessível ao público, ou pelo rádio, audição ou recitação de caráter obsceno.

Vide: CF arts. 220, § 3º, I, II, 221, IV; CP art. 233; Lei nº **8.069**, de 13-7-1990 – ECA, arts. 240 a 241-C (tipificam condutas relacionadas com a utilização de criança ou adolescente em cena pornográfica, de sexo explícito ou vexatória em representação teatral, televisiva e de outros meios visuais e com a produção, circulação e divulgação de fotografias ou imagens da mesma espécie pela *Internet* ou qualquer meio de comunicação).

234 ESCRITO OU OBJETO OBSCENO

234.1 Sujeitos do delito

Sujeito ativo do crime previsto no art. 234 é qualquer pessoa que pratique uma das condutas típicas, sendo comum a coautoria ou participação criminosa.

Sujeito passivo é a coletividade, o público, ou seja, o próprio Estado. É também sujeito passivo aquele que, eventualmente, for ofendido pelo fato que ultraja o pudor.

234.2 Tipo objetivo

Objeto material do crime é a coisa obscena, dirigida à lascívia, à concupiscência, à sensualidade e que ofende o pudor médio da coletividade, mas não apenas o humor grosseiro e chulo ou a propaganda imoral.

A primeira coisa obscena referida na lei é o *escrito*, expressão gráfica composta de letras que exprimem um pensamento, em processo manuscrito ou mecânico (impressos, jornais, revistas, livros, cartazes, panfletos). Insere-se no tipo, ainda, *desenho* (representação gráfica de um objeto, seja original ou reprodução por impressão, mimeografia etc.), a *pintura* (representação colorida de pessoas ou coisas), a *estampa* (gravura impressa, geralmente reprodução de quadros, fotografias, desenhos etc.) e a *qualquer objeto* obsceno (esculturas, bonecos, filmes, fotografias, *poster*, discos etc.).

Discute-se quanto ao crime previsto no art. 234 a questão da obra artística, sendo sutil e contestada a diferença entre uma obra obscena e uma obra de arte, exigindo-se uma cautela dos aplicadores na lei no sentido de não coibir, por sensibilidade exagerada, a criação artística. De qualquer forma, a obra literária, artística ou científica deve ser apreciada, para fins de incriminação, de acordo com o seu momento histórico.

O tipo penal prevê inúmeras condutas com relação à coisa obscena: *fazer* (no sentido do texto, fabricar, produzir, elaborar, criar, reproduzir, copiar, escrever, imprimir, datilografar, filmar etc.); *importar* (fazer entrar no país); *exportar* (levar do país para outro); *adquirir* (obter ou conseguir); *ter sob sua guarda* (posse ou detenção). Exige-se, porém, que qualquer dessas ações seja praticada com o fim de *comércio* (venda, troca, locação), *distribuição* (divulgação, entrega a várias pessoas) ou de *exposição pública* (vitrinas, mostruários).

Outras condutas típicas, previstas no § 1º, inciso I, do art. 234 são as de *vender* (transferir a propriedade), *distribuir* (entregar, repartir, espalhar), *expor a venda* (colocar à vista de eventuais compradores), ou *expor ao público* (exibir a um número indeterminado de pessoas).

No inciso II são previstas as condutas de realizar representação teatral (dramas, comédias, bailados etc., incluindo as transmitidas pela televisão) e a exibição cinematográfica ou qualquer outro espetáculo (sessões, reuniões, desfiles, *performances* etc.). A exibição cinematográfica em recinto fechado, inacessível a estranhos, não configura o delito.

Por fim, pratica também o crime, conforme o inciso III, quem realiza, em lugar público ou acessível ao público, ou pelo rádio (que inclui a televisão) a audição ou recitação de caráter obsceno (discursos, conferências, narrações, cantos etc.).

Em qualquer hipótese das ações típicas, não deve o juiz aferrar-se a comportamentos já superados, extremamente conservadores, só decidindo pela caracterização do crime quando ele contrasta evidentemente com o sentimento médio da moral de acordo com os tempos vigentes. Uma conduta mais liberal impõe-se, como já ocorre nas hipóteses de representações teatrais e cinematográficas obscenas em locais fechados, na venda e locação de filmes pornográficos, condutas não mais reprimidas em todo o território nacional, preservando-se apenas os menores e adolescentes (item 234.5).

Embora já se tenha decidido pela absolvição na ausência de laudo pericial sobre a coisa obscena, a obscenidade reconhecível *prima facie*, a chocante imoralidade dispensa a perícia. É indispensável, porém, a prova da materialidade do crime.

Jurisprudência

- Peça publicitária com nudez: inexistência de crime
- Inexistência de prova da materialidade do crime
- Inexistência de pornografia
- Obscenidade em obra de arte
- Escrito ou objeto obsceno e não contrabando
- Depósito para venda de revistas pornográficas
- Venda de revistas pornográficas
- Venda e locação reservadas de fitas pornográficas: inexistência de crime
- Exposição à venda de objeto com desenho pornográfico

- Exposição de *poster* pornográfico
- Exposição ao público de revistas pornográficas
- Inexistência de exposição ao público
- Exibição de filme de caráter obsceno
- Filme de caráter obsceno liberado pela censura
- Exposição de cartazes de filmes de caráter obsceno
- Exposição de cartazes de filmes de caráter obsceno – Contra
- Posse de filme de caráter obsceno: inexistência de crime
- Inexistência de violação do sentimento médio de moralidade
- Inexistência de prova da obscenidade
- Laudo pericial deficiente
- Irrelevância da inexistência de laudo pericial

234.3 Tipo subjetivo

O dolo do crime previsto no art. 234, *caput*, é a vontade do agente de praticar qualquer das condutas típicas previstas na lei, exigindo-se o fim específico de comércio, distribuição etc., que está ínsito nas condutas mencionadas no parágrafo único, do citado artigo. Pouco importa a opinião do agente a respeito da obscenidade, podendo haver, no caso, ao menos o dolo eventual. Ocorre o crime ainda que não tenha havido a vontade do agente de lesar o sentimento de moralidade médio. É possível, porém, o erro de tipo invencível em caso de obras tidas como artísticas.

Jurisprudência

- Irrelevância da arguição de desconhecimento da natureza pornográfica
- Irrelevância da falta de intenção de ofender
- Inexistência de dolo

234.4 Consumação e tentativa

Consuma-se o crime com a prática de qualquer das condutas inscritas no tipo, desde que presente a finalidade específica de divulgação, comércio etc. Trata-se, porém, de crime de perigo, bastando a potencialidade de ofensa ao pudor público.

234.5 Concurso

Como se trata de crime de ação múltipla, o agente que pratica várias condutas em sequência (faz, vende etc.) comete crime único, em progressão criminosa. Parecem-nos sem razão os doutrinadores que afirmam que várias importações, por exemplo, configuram crime único e não continuidade delitiva.

Havendo contrabando de objetos obscenos, prevalece apenas a figura do crime contra a administração pública.

234.6 Crimes previstos no Estatuto da Criança e do Adolescente (arts. 240 a 241-E)

O *Estatuto da Criança e do Adolescente*, com as modificações inseridas pelas Leis n°s 10.764, de 12-11-2003, 11.829, de 25-11-2008 e 14.811, de 12-1-2024, prevê tipos penais especiais relacionados com a produção ou divulgação de cena de sexo explícito ou pornográfica envolvendo criança ou adolescente. Por definição legal, cena de sexo explícito ou pornográfica "compreende qualquer situação que envolva criança ou adolescente em atividades sexuais explícitas, reais ou simuladas, ou exibição dos órgãos genitais de uma criança ou adolescente para fins primordialmente sexuais" (art. 241-E).

Tipificam-se no art. 240, *caput*, as condutas de *produzir, reproduzir, dirigir, fotografar, filmar ou registrar, por qualquer meio*, cenas dessa natureza, para as quais se cominam as penas de quatro a oito anos de reclusão, e multa. Nas mesmas penas incorre, nos termos do § 1º, I, quem agencia, facilita, recruta, coage, ou de qualquer modo intermedeia a participação de criança ou adolescente nas cenas referidas, ou com esses contracena; e no inciso II, quem "exibe, transmite, auxilia ou facilita a exibição ou transmissão, em tempo real, pela internet, por aplicativos, por meio de dispositivo informático ou qualquer meio ou ambiente digital, de cena de sexo explícito ou pornográfica com a participação de criança ou adolescente". Preveem-se no § 2º as formas agravadas das infrações. Configura também crime punível com as mesmas penas *vender ou expor à venda* registros contendo as cenas ilícitas, nos termos do art. 241. Deve-se observar, porém, que, não se tratando de mera simulação, mas da prática pelo menor de 14 anos, de conjunção carnal ou outro ato libidinoso, configura-se o estupro de vulnerável (art. 217-A) e por este responderão, como autor, quem com ele executou as práticas sexuais e, como partícipes, todos os demais que concorreram para o delito. Na hipótese de mera simulação na qual nenhum ato libidinoso foi praticado com o menor, poderá ocorrer outro crime sexual contra vulnerável (arts. 218, 218-A ou 218-B).

De acordo com o previsto no art. 241-A, é punido com três a seis anos de reclusão, e multa, quem, ainda que sem fim lucrativo, *oferecer, trocar, disponibilizar, transmitir, distribuir, publicar ou divulgar por qualquer meio, inclusive por meio de sistema de informática ou telemático, fotografia, vídeo ou outro registro* contendo cenas da mesma espécie. Algumas condutas que em princípio constituiriam formas de participação, por auxílio material, na infração descrita no *caput*, foram tipificadas no § 1º. Incorre assim nas mesmas penas quem assegura os meios ou serviços para o armazenamento das fotografias, cenas ou imagens ilícitas (inciso I) ou assegura o seu acesso por rede de computadores (inciso II). Estão abrangidos pelos dispositivos os prestadores de serviços, gratuitos ou não, de manutenção, hospedagem, gerenciamento ou operação dos *sites* na *web* que armazenem ou propiciem o acesso às imagens proibidas, bem como os que prestam serviços facilitadores de armazenamento ou acesso, público ou restrito, de outras espécies de arquivos, que possuam conteúdo da mesma natureza, em redes privadas de computadores ou na *Internet*. Dispõe-se no art. 241-A, § 2º, que essas condutas são puníveis quando o responsável legal pela prestação do serviço, oficialmente notificado, deixa de desabilitar o acesso ao conteúdo ilícito. O dispositivo, tal como redigido, é desnecessário e equivocado. É evidente a preocupação do legislador com o eventual desconhecimento pelo prestador do serviço do conteúdo da imagem armazenada ou tornada acessível pela rede de computadores com a sua colaboração. Deve-se observar, porém, que, diante da redação dos incisos I e II do § 1º do art. 241-A, que se referem expressamente às cenas descritas no *caput*, a natureza ilícita da imagem deve estar coberta pelo dolo do agente para que se configure o crime. Assim, na hipótese de desconhecimento do conteúdo da imagem, não se justifica a punição do prestador dos serviços pelos fatos anteriores à notificação oficial, em face das próprias descrições das figuras típicas. Por outro lado, o dispositivo condiciona a punibilidade à notificação oficial do *responsável legal* pela prestação dos serviços porque, via de regra, são estes prestados por pessoas jurídicas. Mas as pessoas jurídicas não podem ser sujeitos ativos desses crimes e nenhuma razão lógica justifica estabelecer a notificação e a subsequente inércia do representante legal da empresa como condição objetiva de punibilidade dos crimes anteriormente praticados por seus funcionários, gerentes ou diretores, que tenham agido dolosamente. Melhor solução seria a tipificação também da omissão dos responsáveis pelos serviços após sua notificação, sem prejuízo da punição dos crimes anteriormente praticados. A aplicação do dispositivo, em sua literalidade, implicaria o reconhecimento de uma verdadeira autorização legal para a prática de infrações penais, por qualquer pessoa no âmbito da empresa, até a notificação oficial de que trata a norma.

Embora com penas menos severas, de um a quatro anos, e multa, também é punido quem *adquirir, possuir ou armazenar* algum registro das cenas ilícitas (art. 241-B). Incriminam-se, de acordo com o art. 241-C, a simulação da participação de criança ou adolescente em cena de sexo explícito ou pornográfica e condutas relacionadas com a venda, divulgação, disponibilização, aquisição, posse e armazenamento das imagens proibidas, para as quais são previstas as penas de um a três anos de reclusão, e multa. A lei tipifica, ainda, as condutas de aliciar, assediar, instigar ou constranger, por qualquer meio de comunicação, criança, com o fim de com ela praticar ato libidinoso (art. 241-D, *caput*) e de facilitar ou induzir criança a acessar material contendo cena de sexo explícito ou pornográfica, com a mesma finalidade (parágrafo único, inciso I), cominando-lhes penas de reclusão de um a três anos, e multa. A prática dessas condutas pode configurar, porém, o crime de estupro de vulnerável (art. 217-A) na forma consumada, se realizado o ato libidinoso, ou tentada. Por fim, pune a lei, sob as mesmas penas, as condutas descritas no *caput* que tenham como finalidade induzir a criança a se exibir de forma pornográfica ou sexualmente explícita (parágrafo único, inciso II), o que pode, eventualmente, caracterizar delito mais grave (arts. 218, 218-B).

O art. 244-A, que punia a submissão de criança ou adolescente à prostituição ou exploração sexual, e os seus §§ 1º e 2º, que tratavam da conduta do proprietário ou gerente do local onde ocorre a exploração sexual, foram revogados tacitamente pela Lei nº 12.015/2009, visto que aquelas condutas encontram-se abrangidas pelas novas regras contidas no art. 218-B, *caput* e §§ 2º, II, e 3º, do Código Penal. Por desatenção, o legislador alterou a pena cominada para o delito, acrescentando a perda de bens e valores utilizados na prática criminosa em favor do fundo dos Direitos da Criança e do Adolescente, nos termos da Lei nº 13.440, de 8-5-2017.

A Lei nº 13.441, de 8-5-2017, acrescentou ao ECA os arts. 190-A a 190-E, prevendo a possibilidade de infiltração de agentes policiais na *internet* como meio de investigação na apuração de crimes previstos no Estatuto (arts. 240 a 241-D) e no Código Penal em que são vítimas crianças e adolescentes (arts. 217-A a 218-B). (v. item 225.2).

A Lei nº 13.431, de 4-4-2017, estabelece garantias à criança e ao adolescente que são vítimas ou testemunhas de violência, prevendo, entre essas, a adoção de medidas protetivas para a colheita de seus depoimentos perante as autoridades policial e judiciária (arts. 7º a 12). Prevê, também, o diploma, como crime a conduta de violar sigilo processual ao permitir que o depoimento de criança ou adolescente seja assistido por pessoa estranha ao processo, sem o consentimento de seu representante legal e sem autorização judicial (art. 24).

Jurisprudência

- Publicação de cena de sexo explícito ou pornográfico envolvendo criança ou adolescente pela Internet – tipicidade da conduta em face do art. 241 do ECA (antes da vigência da Lei nº 11.829/2008)
- Inocorrência de descriminalização
- Irrelevância do consentimento da vítima
- Colagem de fotos pornográficas em postes: crime caracterizado
- Competência da Justiça Estadual
- Competência pelo lugar da publicação: irrelevância do local do provedor de acesso à internet
- Competência da Justiça Federal

CAPÍTULO VII
DISPOSIÇÕES GERAIS

Aumento de pena

Art. 234-A. Nos crimes previstos neste Título a pena é aumentada:*

I – (Vetado);

II – (Vetado);

III – de metade a 2/3 (dois terços), se do crime resulta gravidez; e

IV – de 1/3 (um terço) a 2/3 (dois terços), se o agente transmite à vítima doença sexualmente transmissível de que sabe ou deveria saber ser portador, ou se a vítima é idosa ou pessoa com deficiência.**

* Artigo inserido pela Lei nº 12.015, de 7-8-2009.

** Incisos III e IV com redação dada pela Lei nº 13.718, de 24-9-2018.

Vide: CP arts. 19, 128, II, 130, 131, 213 a 230.

234-A AUMENTO DE PENA NOS CRIMES CONTRA A DIGNIDADE SEXUAL

234-A.1 Aumento de pena

Os incisos I e II do art. 234 foram vetados, porque as circunstâncias neles previstas já constavam, em parte, de outros dispositivos (arts. 226, I e II, 227, § 1º, 228, § 1º, 230, § 1º).

Prevê o art. 234-A, inciso III, o aumento da pena de metade a 2/3 "se do crime resultar gravidez". Aplica-se o dispositivo na hipótese de a gravidez da vítima resultar da prática da conjunção carnal ou de outro ato libidinoso apto a gerar o resultado. Estão abrangidos pelo dispositivo os crimes de estupro (art. 213), violação sexual mediante fraude (art. 215) e estupro de vulnerável (217-A), em que a prática da conjunção carnal ou do ato libidinoso é elemento do tipo. Não se pode afastar, porém, a possibilidade de incidência da qualificadora em outros delitos, como, por exemplo, os previstos nos arts. 218-B e 228, se presentes o nexo causal com a conduta típica praticada pelo agente e o elemento subjetivo. Tratando-se de crime qualificado pelo resultado, este é atribuído ao agente a título de dolo, direto ou eventual, ou culpa. Vedada é a responsabilização objetiva pela forma agravada, diante do que dispõe o art. 19 do CP ("Pelo resultado que agrava especialmente a pena, só responde o agente que o houver causado ao menos culposamente"). Se a gravidez resulta de estupro (arts. 213 e 217-A), não se pune o aborto humanitário, praticado ou consentido pela gestante ou por seu representante legal, nos termos do que dispõe o art. 128, inciso II.

A pena é majorada de um terço a dois terços, "se o agente transmite à vítima doença sexualmente transmissível de que sabe ou deveria saber ser portador ou se a vítima é idosa ou pessoa com deficiência" (inciso IV). Estão abrangidas não somente as doenças venéreas (sífilis, blenorragia etc.), mas qualquer doença passível de transmissão pelas práticas sexuais (hepatite B, HPV etc.). Exige o dispositivo que a vítima seja efetivamente contaminada, o que somente pode ser comprovado por perícia médica. O agente infectado, que pratica com a vítima a conjunção carnal ou o ato libidinoso, sem, porém, transmitir a doença, responderá pelo crime sexual em concurso com outro delito, perigo de contágio venéreo (art. 130) ou perigo de contágio de moléstia grave (art. 131). Se a doença transmitida pelo agente à vítima causa lesão grave ou morte, não se aplica a causa de aumento, respondendo o agente por estupro qualificado (art. 213, §§ 1º e 2º, e art. 217-A, §§ 3º e 4º) ou, em outro crime sexual, por este em concurso com outro delito, como os de perigo de contágio de moléstia grave (art. 131), lesão corporal seguida de morte (art. 129, § 3º) ou homicídio (art. 121, *caput*), conforme o resultado e o elemento subjetivo. Referindo-se a lei à doença de que o agente *sabe* ou *deveria saber*, como elementos subjetivos, impõe-se, para a aplicação da causa de aumento, a comprovação de que o agente tinha ciência de estar contaminado ou, na segunda hipótese, de que as circunstâncias concretas lhe propiciavam condições suficientes para ter esse conhecimento. Não incide a causa de aumento, também, na hipótese de vítima que já era portadora da doença, que não é sequer agravada pelo ato sexual praticado com o agente.

Embora o art. 234-A determine a incidência dos arts. 234-B e 234-C aos crimes previstos no Título VI, esses dispositivos não são aplicáveis ao crime de promoção de migração ilegal descrito no art. 232-A, porque nos tipos nele previstos não se tutela a dignidade sexual e as condutas descritas não guardam relação com as causas de aumento de pena ou a determinação de sigilo processual contidas naqueles artigos de lei.

> **Art. 234-B.** Os processos em que se apuram crimes definidos neste Título correrão em segredo de justiça.*
>
> * Artigo inserido pela Lei nº 12.015, de 7-8-2009.
>
> § 1º O sistema de consulta processual tornará de acesso público o nome completo do réu, seu número de inscrição no Cadastro de Pessoas Físicas (CPF) e a tipificação penal do fato a partir da condenação em primeira instância pelos crimes tipificados nos arts. 213, 216-B, 217-A, 218-B, 227, 228, 229 e 230 deste Código, inclusive com os dados da pena ou da medida de segurança imposta, ressalvada a possibilidade de o juiz fundamentadamente determinar a manutenção do sigilo.**
>
> § 2º Caso o réu seja absolvido em grau recursal, será restabelecido o sigilo sobre as informações a que se refere o § 1º deste artigo.**
>
> § 3º O réu condenado passará a ser monitorado por dispositivo eletrônico.**
>
> **§§ 1º a 3º inseridos pela Lei nº 15.035, de 24-11-2024.
>
> *Vide:* CF art. 5º, LX; CP arts. 213 a 230; CPP art. 201, § 6º.

234-B SEGREDO DE JUSTIÇA NOS CRIMES CONTRA A DIGNIDADE SEXUAL

234-B.1 Segredo de justiça

O dispositivo visa proteger a vítima das consequências do *strepitus judicii*. Embora a regra geral seja a da publicidade dos atos processuais, a Constituição Federal admite o sigilo necessário à defesa da intimidade (art. 5º, LX) e o Código de Processo Penal autoriza a decretação do segredo de justiça para a preservação da intimidade, vida privada, honra e imagem do ofendido (art. 201, § 6º). Nos crimes sexuais, além do dano decorrente da própria infração, havia de suportar a vítima, via de regra, também os malefícios da exposição pública de sua intimidade decorrente da instauração do processo penal. Com essa finalidade, a lei estabeleceu, em relação a esses delitos, como regra obrigatória, o segredo de justiça. Não se permite ao juiz, nesses casos, a mesma discricionariedade que lhe faculta a lei processual. Embora se refira a lei somente ao processo, o sigilo deve alcançar o inquérito policial, incumbindo à autoridade e ao juiz a adoção nos autos das providências necessárias à preservação da intimidade da vítima. A divulgação de dados, teor de depoimentos, laudos periciais etc. pode configurar o crime de violação de sigilo funcional (art. 325). Evidentemente, o segredo de justiça não pode ser oposto ao defensor do acusado ou do indiciado, a quem se deve facultar o acesso a todos os elementos de prova que estejam documentados nos autos do processo ou do inquérito policial, como exigência do princípio da ampla defesa, nos termos do que enuncia a Súmula vinculante nº 14 ("É direito do defensor, no interesse do representado, ter acesso amplo aos elementos de prova que, já documentados em procedimento investigatório realizado por órgão com competência de polícia judiciária, digam respeito ao exercício do direito de defesa").

Não se aplica a determinação de segredo de justiça ao crime de promoção de migração ilegal (art. 232-A) (item 234-A.1).

A Lei 15.035, de 27-11-2024, incluiu no artigo 234-B o § 1º, no qual se prevê a possibilidade de acesso público, por meio do sistema de consulta processual, dos dados de réus condenados em primeira instância pelos crimes de estupro (art. 213), registro não autorizado de intimidade sexual (art. 216-B), estupro de vulnerável (art. 217-A), favorecimento de prostituição ou de outra forma de exploração sexual de criança ou adolescente ou de vulnerável (art. 218-B), mediação para servir a lascívia de outrem (art. 227), manutenção de casa de prostituição (art. 229) e rufianismo (art. 230). Esses dados consistem no nome completo do réu, seu número de inscrição no Cadastro de Pessoas Físicas (CPF), a tipificação penal do fato, bem como a pena ou medida de segurança imposta, a partir da condenação em primeira instância. Ressalva-se no dispositivo a possibilidade de o juiz fundamentadamente determinar a manutenção do sigilo e no § 2º determina-se que em caso de absolvição do réu em grau recursal o sigilo dos dados deve ser restabelecido. Deve-se ressaltar, porém, que o sigilo processual e dos dados da vítima continua mantido, nos termos do *caput* do art. 234-B, *caput*.

Melhor seria, em homenagem ao princípio de presunção de inocência e diante das graves consequências da condenação por crimes dessa natureza, a solução inversa, adotando-se como regra a manutenção do sigilo e como exceção a publicização, por decisão judicial fundamentada, dos dados do condenado em primeira instância. Evidentemente, também, a previsão de restabelecimento do sigilo no caso de absolvição não teria a eficácia desejável, dada a prematura publicidade da injusta condenação e sua possível eternização pelos atuais meios de divulgação de informações.

A mesma Lei 15.035/2024 incluiu o art. 2º-A na Lei nº 14.069/2020, determinando a criação do cadastro nacional de pedófilos e predadores sexuais a partir dos dados do cadastro dos condenados por crimes de estupro. No parágrafo único, objeto de veto presidencial, ainda passível de apreciação pelo Congresso, prevê-se que somente a partir do trânsito em julgado da sentença condenatória os dados dos condenados ficarão disponíveis para consulta pública, pelo prazo de 10 anos após o cumprimento integral da pena, salvo em caso de reabilitação. A qualificação do acusado, as características físicas e dados de identificação datiloscópica; a identificação do perfil genético; as fotos e o local de moradia e a atividade laboral desenvolvida, nos últimos 3 anos, em caso de concessão de livramento condicional, constarão do cadastro nacional (art. 1º da Lei nº 14.069, de 1º-10-2020).

No § 3º do art. 234-B estabeleceu-se a possibilidade de fiscalização por monitoração eletrônica do condenado pelos mesmos crimes elencados no § 1º.

Art. 234-C. (Vetado).*

* Artigo inserido pela Lei nº 12.015, de 7-8-2009.

O art. 234-C, oportunamente vetado, tinha no projeto a seguinte redação: "Para os fins deste Título, ocorre exploração sexual sempre que alguém é vítima dos crimes nele tipificados." A definição, tautológica, além de nada esclarecer, confundia exploração sexual com os crimes sexuais em geral, que em sua maioria não pressupõem a existência daquele estado para sua caracterização, e criaria, assim, enormes dificuldades para a interpretação e aplicação de diversos dispositivos legais.

**TÍTULO VII
DOS CRIMES CONTRA A FAMÍLIA
CAPÍTULO I
DOS CRIMES CONTRA O CASAMENTO**

Bigamia

Art. 235. Contrair alguém, sendo casado, novo casamento:
Pena – reclusão, de 2 (dois) a 6 (seis) anos.

§ 1º Aquele que, não sendo casado, contrai casamento com pessoa casada, conhecendo essa circunstância, é punido com reclusão ou detenção, de 1 (um) a 3 (três) anos.

§ 2º Anulado por qualquer motivo o primeiro casamento, ou o outro por motivo que não a bigamia, considera-se inexistente o crime.

Vide: CF art. 226, §§ 2º, 3º e 6º; **CP** arts. 111, IV, 236 a 239, 299; **CPP** arts. 92, 155, parágrafo único; **CC** arts. 7º, 1.512, 1.514, 1.515, 1.516, §§ 1º, 2º e 3º, 1.521, I a VII, 1.535, 1.543 a 1.547, 1.548, II, 1.550, I a VI, 1.554, 1.560, 1.563, 1.571, I a IV, § 1º, 1.580; **LINDB** art. 7º.

235 BIGAMIA

235.1 Sujeitos do delito

Pratica o crime de bigamia, previsto no art. 235, *caput*, a pessoa casada que contrai novo matrimônio. É sujeito ativo do crime previsto no § 1º do mesmo artigo aquele que, solteiro, viúvo ou divorciado, contrai casamento com pessoa casada, conhecendo essa circunstância. Trata-se, pois, de um crime bilateral ou de encontro: é preciso que participem dele duas pessoas, embora uma delas possa estar de boa-fé, quer porque não sabe que o outro contraente é casado, quer porque supõe, por erro, que seu casamento anterior foi anulado ou que já está divorciado. Aquele que como testemunha, mesmo no procedimento de habilitação, conhecendo o impedimento, colabora para o contrato matrimonial, responde por bigamia, pela cooperação nos atos preparatórios. Há decisões no sentido de ter ele praticado o crime de falsidade ideológica (art. 299).

Sujeito passivo do crime de bigamia é o Estado, bem como o cônjuge do primeiro casamento e, estando de boa-fé, também aquele que contrai matrimônio com pessoa casada.

Jurisprudência

- Testemunha: coautoria no crime de bigamia
- Testemunha: coautoria no crime de bigamia – Contra
- Casamento com pessoa sabidamente casada

235.2 Tipo objetivo

Exige a bigamia como pressuposto a vigência de um matrimônio civil anterior, ainda que seja nulo ou anulável, haja ou não separação judicial; não, porém, o casamento inexistente. Não serve de pressuposto o casamento puramente religioso, a menos que, atendidos os mesmos requisitos previstos para a validade do casamento civil, seja levado a registro no ofício competente no prazo de 90 dias ou, ainda que não cumpridas as formalidades legais, seja registrado, a requerimento do casal, a qualquer tempo, observada sempre a prévia habilitação, hipóteses em que o casamento religioso é equiparado ao civil (arts. 1.515 e 1.516, §§ 1º e 2º, do CC). Nessa hipótese, registrado o casamento celebrado em conformidade com as leis canônicas, produz ele efeitos civis a partir da data de sua celebração. Nesse sentido, aliás, é o Estatuto Jurídico da Igreja Católica no Brasil, nos termos do acordo firmado com a Santa Fé, em 13-11-2008, e promulgado pelo Decreto nº 7.107, de 11-2-2010 (art. 12).

A conduta típica prevista no art. 235, *caput*, é a de contrair matrimônio, já sendo o agente casado. Entende-se, em geral, que é necessário que a acusação comprove nos autos a vigência do casamento, ou seja, de que o vínculo se conservava ao tempo que o segundo matrimônio foi contraído. Há, porém, opinião contrária, no sentido de que a morte, o divórcio ou a anulação do primeiro casamento não podem ser presumidos em favor do agente, que deve comprovar o fato.

Jurisprudência

- Irrelevância da nulidade ou anulabilidade do casamento anterior
- Casamento religioso: inexistência de crime
- Casamento religioso com efeitos civis: crime caracterizado
- Irrelevância de desquite no casamento anterior
- Irrelevância da separação judicial
- Irrelevância da declaração de ausência do cônjuge
- Casamento realizado no Paraguai
- Necessidade de prova da vigência do primeiro casamento
- Necessidade de prova da vigência do primeiro casamento – Contra

235.3 Tipo subjetivo

Quanto à figura prevista no *caput* do art. 235, o dolo é a vontade de contrair matrimônio estando vigente casamento anterior. Sem a consciência de que existe tal impedimento, não há dolo, mas erro de tipo, que o exclui. A dúvida a respeito da vigência do primeiro casamento constitui dolo eventual para o contraente casado.

No tipo previsto no § 1º do art. 235, o dolo é a vontade de casar-se, sabendo o agente que vige casamento anterior do outro contraente. No caso do § 1º, exigindo a lei o conhecimento do matrimônio anterior, não é possível falar-se em dolo eventual.

O casamento, de acordo com a lei civil, pressupõe a união entre um homem e uma mulher (art. 1.514 do CC) e, assim, não se configuraria o crime na hipótese de um dos casamentos ter sido celebrado entre pessoas do mesmo sexo. Todavia, após o STF (ADPF 132 E ADI 4277) reconhecer a inconstitucionalidade de distinção legal em razão dos sexos dos companheiros nas uniões estáveis, o Conselho Nacional de Justiça editou a Resolução nº 175/2013 vedando às autoridades competentes a recusa de habilitação, de celebração de casamento civil ou de conversão da união estável entre pessoas do mesmo sexo, a partir da qual os casamentos entre homens ou entre mulheres têm sido celebrados no país. Destarte, aquele que sendo casado pela autoridade competente, contrai novo casamento, qualquer que seja o cônjuge de ambos os matrimônios, comete o crime de bigamia.

Jurisprudência

- Dolo do crime de bigamia
- Existência de erro justificado
- Inexistência de erro justificado
- Inexistência de erro provocado por má orientação jurídica
- Improcedência da alegação de ausência de dolo

235.4 Consumação e tentativa

Consuma-se o crime com o segundo casamento, ou seja, quando há declaração positiva da vontade de ambos os nubentes. A bigamia é um crime instantâneo de efeitos permanentes, e não delito permanente, já que a cessação do estado de casado com duas pessoas não depende da vontade do agente. A caracterização do crime independe de anulação, por esse motivo, do segundo matrimônio, tipificador da infração. Por exceção, o termo inicial da prescrição para o crime de bigamia não é a data da consumação, mas aquela em que o fato se tornou conhecido (item 111.4).

Apesar de opiniões contrárias, é possível a tentativa do crime de bigamia, que se caracteriza quando, iniciada a celebração do casamento, é ele impedido. No processo de habilitação haverá apenas atos preparatórios, podendo o fato constituir o crime de falsidade ideológica.

Jurisprudência

- Atos preparatórios no procedimento de habilitação

235.5 Exclusão do crime

Por força da lei, se o primeiro casamento é declarado nulo (arts. 1.548, inciso II, e 1.521, incisos I a VII, do CC) ou anulado (art. 1.550, incisos I a VI, do CC), considera-se inexistente o crime. Também é considerado inexistente o delito quando o segundo casamento é declarado nulo ou anulado por qualquer motivo que não a bigamia. Assim, havendo ação civil de decretação da nulidade do matrimônio em andamento, deve-se suspender a ação penal até que se decida aquela (art. 92 do CPP). O divórcio posterior do cônjuge que contraiu segundas núpcias não constitui motivo que o isente do crime de bigamia, pois não é causa de nulidade ou anulação do casamento.

Jurisprudência

- Necessidade de suspensão da ação penal
- Desnecessidade da suspensão da ação penal
- Irrelevância de divórcio posterior ao crime

235.6 Concurso de crimes

A falsidade ideológica cometida pelo agente no procedimento de habilitação para o casamento não constitui concurso de crime com a bigamia, e assim é absorvido por esta. É ela inerente ao crime de bigamia, que não pode ser concretizado sem a falsidade.

As relações sexuais havidas pelo bígamo e pelo seu segundo cônjuge, como fato natural do casamento, não configuravam o crime de adultério descrito no revogado art. 240. A poligamia, ou seja, o casamento do agente com mais de duas pessoas, constitui concurso material de crimes.

Jurisprudência

- Absorção da falsidade ideológica

Induzimento a erro essencial e ocultação de impedimento

> Art. 236. Contrair casamento, induzindo em erro essencial o outro contraente, ou ocultando-lhe impedimento que não seja casamento anterior:
>
> Pena – detenção, de 6 (seis) meses a 2 (dois) anos.
>
> Parágrafo único. A ação penal depende de queixa do contraente enganado e não pode ser intentada senão depois de transitar em julgado a sentença que, por motivo de erro ou impedimento, anule o casamento.

Vide: CP arts. 100, *caput*, § 2º, 107, IV, 235, 237; CPP arts. 5º, § 5º, 30; CC arts. 1.521, I a VII, 1.548, II, 1.550, I a VI, 1.556, 1.557, 1.558, 1.559, 1.560.

236 INDUZIMENTO A ERRO ESSENCIAL E OCULTAÇÃO DE IMPEDIMENTO

236.1 Sujeitos do delito

Sujeito ativo do crime previsto no art. 236 é qualquer pessoa que induza a erro o outro contraente ou lhe oculte impedimento. Não é impossível que os dois contratantes cometam o delito, iludindo um ao outro.

Sujeito passivo principal é o Estado, mas também o contratante de boa-fé, que é iludido pelo sujeito ativo.

236.2 Tipo objetivo

Uma das condutas típicas é induzir o ofendido para um erro essencial, que é aquele que se refere à pessoa do outro ou às suas qualidades essenciais, que, se existente, torna o casamento anulável (arts. 1.556 e 1.557 do CC).

A segunda conduta típica é a de ocultar impedimento que não seja casamento anterior (nesse caso, haveria bigamia). Impedimento é todo obstáculo que a lei estabelece para celebração do casamento, para torná-lo nulo ou anulável (arts. 1.548, 1.521 e 1.550 do CC).

A hipótese de ignorância anterior de doença mental grave que torne insuportável a vida em comum (esquizofrenia, psicose etc.), antes contida no art. 1.548, I, do CC, foi revogada pelo Estatuto da Pessoa com Deficiência (Lei nº 13.146, de 6-7-2015).

236.3 Tipo subjetivo

O dolo do crime é a vontade de contrair matrimônio, iludindo o contraente por indução ao erro essencial, no primeiro caso, ou de ocultar o impedimento existente. Não há dolo, evidentemente, se o agente desconhece a existência do impedimento.

236.4 Consumação e tentativa

O crime somente se consuma com o casamento, não bastando o simples induzimento ou omissão do sujeito.

A tentativa é inadmissível juridicamente, diante do disposto no parágrafo único do art. 236, que faz depender a ação penal do trânsito em julgado da sentença que anule o casamento. A anulação é uma condição de procedibilidade para a apuração do delito.

236.5 Ação penal

O crime só pode ser apurado mediante queixa do contraente enganado, tratando-se, pois, de ação privada personalíssima. Só pode ser intentada, também, após o trânsito em julgado da sentença que, por motivo de erro ou impedimento, anule o casamento.

Conhecimento prévio de impedimento

> **Art. 237.** Contrair casamento, conhecendo a existência de impedimento que lhe cause a nulidade absoluta:
>
> Pena – detenção, de 3 (três) meses a 1 (um) ano.
>
> *Vide*: CP art. 235, 236; CC arts. 1.521, I a V, VII, 1.548, II.

237 CONHECIMENTO PRÉVIO DE IMPEDIMENTO

237.1 Sujeitos do delito

O crime definido no art. 237 pode ser praticado por qualquer pessoa que contrai casamento, sabendo existir impedimento absoluto para o matrimônio. Se ambos os contraentes o conhecem, ambos respondem pelo delito.

O Estado é o sujeito passivo principal do delito. O cônjuge inocente que se casa sem saber do impedimento também é o ofendido pelo crime.

237.2 Tipo objetivo

A conduta típica do crime é casar-se, conhecendo a existência de impedimento absoluto para o casamento (art. 1.521, incisos I a VII, do CC, excluído o inciso VI, caso de bigamia).

Jurisprudência

- Bigamia e não conhecimento prévio de impedimento

237.3 Tipo subjetivo

O dolo é a vontade de contrair matrimônio, tendo conhecimento da existência do impedimento absoluto. Exigindo a lei o "conhecimento" deste, não há crime com dolo eventual. O desconhecimento constitui o erro que exclui a tipicidade do fato (art. 20).

237.4 Consumação e tentativa

Consuma-se o crime com o casamento. É possível a tentativa caso já se tenha iniciado a cerimônia, não ocorrendo o casamento por circunstâncias alheias à vontade do agente.

237.5 Ação penal

Trata-se de crime que se apura mediante ação penal pública incondicionada dada a possibilidade de estarem conluiados os nubentes.

Simulação de autoridade para celebração de casamento

> **Art. 238.** Atribuir-se falsamente autoridade para celebração de casamento:
>
> Pena – detenção, de 1 (um) a 3 (três) anos, se o fato não constitui crime mais grave.
>
> *Vide*: CF art. 98, II; CP art. 239; CC arts. 1.550, VI, 1.554, 1.560, II.

238 SIMULAÇÃO DE AUTORIDADE PARA CELEBRAÇÃO DE CASAMENTO

238.1 Sujeitos do delito

O sujeito ativo do crime previsto no art. 238 é qualquer pessoa que se atribui autoridade para celebrar casamento, quando não a tem. Nada impede a participação no ilícito.

Sujeito passivo é o Estado e também os contraentes enganados.

238.2 Tipo objetivo

A conduta típica é atribuir-se falsamente a autoridade para celebrar casamento. O casamento realizado por autoridade incompetente é anulável, podendo ser ajuizada a ação de anulação no prazo de dois anos contado da celebração (arts. 1.550, inciso VI, e 1.560, inciso II, do CC). O casamento celebrado por quem, embora legalmente incompetente, publicamente exerce a função de juiz de casamentos e nessa qualidade tiver registrado o ato no Registro Civil, é considerado válido, nos termos do art. 1.554 do CC. Em ambos os casos, porém, o crime permanece, porque a lei não constitui a convalidação do casamento, pelo não ajuizamento da ação no prazo legal ou pelo registro do ato, como causa de extinção da punibilidade. Não ocorre crime, mas mera irregularidade, se a autoridade realizar o casamento fora da sua circunscrição territorial.

238.3 Tipo subjetivo

A vontade de atribuir-se a autoridade que não tem é o dolo do crime. O erro do agente, que não sabe que já não mais possui a autoridade, exclui o dolo.

Jurisprudência

- Coação moral irresistível na simulação de casamento

238.4 Consumação e tentativa

Basta a simples conduta de atribuir-se, por qualquer forma, a autoridade para a celebração do casamento para a consumação do crime. A tentativa será possível quando a atribuição é ato inequívoco que pode ser fracionado.

238.5 Distinção

Por disposição expressa, se a simulação de autoridade for praticada como meio para outro crime (como a simulação de casamento) é absorvida por este.

Simulação de casamento

> Art. 239. Simular casamento mediante engano de outra pessoa:
>
> Pena – detenção, de 1 (um) a 3 (três) anos, se o fato não constitui elemento de crime mais grave.
>
> *Vide*: CP arts. 215, 238; CC arts. 1.525 a 1.532, 1.533 a 1.542.

239 SIMULAÇÃO DE CASAMENTO

239.1 Sujeitos do delito

Sujeito ativo pode ser tanto um dos nubentes como qualquer outra pessoa que simula o casamento iludindo terceiro. Pode haver concurso de agentes entre o celebrante e um dos nubentes.

Sujeito passivo é o Estado e também o nubente que estiver de boa-fé. Se ambos os contratantes estiverem de boa-fé, são também vítimas do crime.

239.2 Tipo objetivo

Comete-se o crime com a simulação do casamento, mediante engano de um ou dos dois contraentes ou de terceiros. É indispensável que a encenação engane alguém com real interesse no fato (nubentes ou seus responsáveis). Se houver o conhecimento de todos os interessados, não há crime.

Jurisprudência

- Inexistência do crime

239.3 Tipo subjetivo

O dolo é a vontade de simular casamento para enganar terceiro.

239.4 Consumação e tentativa

O crime consuma-se com a realização da falsa cerimônia. É possível a tentativa, que ocorre quando a cerimônia não chega ao final por circunstâncias alheias à vontade do agente.

239.5 Distinção

O crime de simulação de casamento é subsidiário, deixando de ser punido quando é elemento de crime mais grave (violação sexual mediante fraude, estelionato etc.). A declaração falsa de casamento em fraude à Lei de Estrangeiros constituía o crime previsto no art. 125, XIII, daquele estatuto, a qual, porém, foi revogada pela Lei de Migração (Lei nº 13.445, de 24-5-2017).

Jurisprudência

- Declaração falsa de casamento para obtenção de visto de permanência no Brasil

Adultério

Art. 240. (revogado)*

* Artigo revogado pela Lei nº 11.106, de 28-3-2005.

240 ADULTÉRIO

240.1 A revogação do art. 240 pela Lei nº 11.106, de 28-3-2005

O crime de adultério era previsto no art. 240, com a seguinte redação: "Art. 240. Cometer adultério: Pena – detenção, de 15 (quinze) dias a 6 (seis) meses. § 1º Incorre na mesma pena o co-réu. § 2º A ação penal somente pode ser intentada pelo cônjuge ofendido, e dentro de 1 (um) mês após o conhecimento do fato. § 3º A ação penal não pode ser intentada: I – pelo cônjuge desquitado; II – pelo cônjuge que consentiu no adultério ou o perdoou, expressa ou tacitamente. § 4º O juiz pode deixar de aplicar a pena: I – se havia cessado a vida em comum dos cônjuges; II – se o querelante havia praticado qualquer dos atos previstos no art. 317 do Código Civil".

A tipificação do adultério, que já era contestada por ocasião da elaboração do projeto do Código Penal (vide item 77 da Exposição de Motivos), é cada vez mais combatida no cenário mundial, deixando de configurar ilícito penal na maioria dos países civilizados. No Brasil, somente com a vigência da Lei nº 11.106, de 28-3-2005, editada com o objetivo de adaptar as normas penais à transformação dos costumes ocorrida no meio social, foi abolido o crime de adultério mediante a revogação do art. 240.

A revogação do art. 240 configura hipótese de *abolitio criminis*, ensejando a extinção da punibilidade em relação aos crimes praticados anteriormente à vigência da nova lei, nos termos do art. 107, III, do Código Penal, e determinando, por consequência, a cessação da execução da pena e o desaparecimento de todos os efeitos penais da sentença condenatória, mesmo que transitada em julgado, ante o que dispõe o art. 2º, *caput*, do CP. O desaparecimento dos efeitos penais não alcança, porém, os reflexos civis. Perante a lei civil, aliás, o adultério permanece como ato que caracteriza grave violação do dever dos cônjuges de fidelidade recíproca (art. 1.566, I, do CC) e que pode tornar impossível a vida em comum (art. 1.573, I), constituindo causa para a propositura da ação de separação judicial (art. 1.572, *caput*) . Em decisão recente, porém, o STF entendeu que com a entrada em vigor da EC 66/2010, a separação judicial não é mais requisito para o divórcio nem subsiste como figura autônoma no ordenamento jurídico, não obstante permaneça prevista no Código Civil (STF, RE 1167478, j em 8-11-2023, *DJe* de 10-11-2023).

CAPÍTULO II
DOS CRIMES CONTRA O ESTADO DE FILIAÇÃO

Registro de nascimento inexistente

Art. 241. Promover no registro civil a inscrição de nascimento inexistente:

Pena – reclusão, de 2 (dois) a 6 (seis) anos.

Vide: CP arts. 111, IV, 242, 297, 299; CC art. 1.603 a 1.606, 1.609; CPP art. 155, parágrafo único; **Lei nº 6.015**, de 31-12-1973, arts. 29, I, 50 a 66 (dispõem sobre o registro de nascimento); **Lei nº 8.069**, de 13-7-1990 – ECA, arts. 102, § 1º (determina o assento de nascimento, por requisição judicial, de criança ou adolescente na ausência de registro anterior), art. 148, parágrafo único, *h* (competência do Juízo da Infância e da Juventude relativa a atos de registro de nascimento nas hipóteses do art. 98 do ECA), 228 (tipifica a omissão quanto à manutenção de registros e ao fornecimento de declaração de nascimento após o parto).

241 REGISTRO DE NASCIMENTO INEXISTENTE

241.1 Sujeitos do delito

Qualquer pessoa, inclusive o estranho à família, pode cometer o crime. Todos os que colaboram para a prática do ilícito (oficial do Registro Civil, médico que fornece atestado, testemunhas etc.) respondem pelo ilícito.

Sujeito passivo é o Estado, já que é ofendida não só a regularidade da família, como também a dos registros públicos, objeto jurídico do crime.

Jurisprudência

- Ofensa à regularidade dos registros públicos

241.2 Tipo objetivo

Dar causa à inscrição de nascimento inexistente é a conduta típica do art. 241. *Promover* significa diligenciar, propor, requerer, provocar a inscrição. Uma segunda inscrição de nascimento verdadeiro não constitui o ilícito porque é inócua. Referem-se ao registro de nascimento os arts. 2º, do Decreto-lei nº 5.860, de 20-9-1943, 50 a 66 da Lei nº 6.015, de 31-12-1973, e 102, § 1º, 148, parágrafo único, *h*, 163, parágrafo único, 165, IV, e 228 da Lei nº 8.069, de 13-7-1990 (Estatuto da Criança e do Adolescente).

Jurisprudência

- Caracterização do crime

241.3 Tipo subjetivo

A vontade de fazer a falsa declaração do nascimento, promovendo a inscrição, é o dolo do crime, não se exigindo finalidade específica de criar ou extinguir direitos. O erro, supondo o agente que ocorreu o nascimento, exclui o dolo.

Jurisprudência

- Inexistência de dolo

241.4 Consumação e tentativa

A consumação do crime previsto no art. 241 é a inscrição no registro da falsa declaração. Admite-se a tentativa quando o agente não obtém o registro por circunstâncias alheias a sua vontade.

241.5 Distinção

O crime de inscrição de nascimento inexistente, como regra especial, exclui o crime de falsidade documental. Entretanto, promover um segundo registro de nascimento, alterando dados constantes do anterior, constitui o delito de falsidade ideológica.

Jurisprudência

- Falsidade ideológica e não registro de nascimento inexistente
- Inexistência do crime de registro de nascimento inexistente

Parto suposto. Supressão ou alteração de direito inerente ao estado civil de recém-nascido

Art. 242. Dar parto alheio como próprio; registrar como seu o filho de outrem; ocultar recém-nascido ou substituí-lo, suprimindo ou alterando direito inerente ao estado civil:*

Pena – reclusão, de 2 (dois) a 6 (seis) anos.

Parágrafo único. Se o crime é praticado por motivo de reconhecida nobreza:

Pena – detenção, de 1 (um) a 2 (dois) anos, podendo o juiz deixar de aplicar a pena.*

* *Caput* e parágrafo único com a redação determinada pela Lei nº 6.898, de 30-3-1981.

Vide: CP arts. 107, IX, 120, 241, 245, § 2º, 299; Lei nº 8.069, de 13-7-1990 – ECA, art. 229, *caput* (tipifica a conduta de deixar de identificar corretamente o neonato e a parturiente por ocasião do parto), parágrafo único (forma culposa), art. 238 (tipifica a promessa ou a entrega de filho ou pupilo a terceiro, mediante paga ou recompensa), art. 239 (promover ou auxiliar a efetividade de ato destinado ao envio de criança ou adolescente para o exterior, com inobservância das formalidades legais ou com o fito de obter lucro).

242 PARTO SUPOSTO, SUPRESSÃO OU ALTERAÇÃO DE DIREITO INERENTE AO ESTADO CIVIL DE RECÉM-NASCIDO

242.1 Sujeitos do delito

Sujeito ativo da primeira figura típica, dar parto alheio como próprio, é a mulher que apresenta filho de outrem como sendo seu, nada impedindo a participação criminosa. Nos demais casos, é o homem ou a mulher que pratica uma das condutas (registro, ocultação ou substituição do recém-nascido).

Sujeito passivo é o recém-nascido, mas nada impede que seja criança maior ou adulto no caso de registro tardio da falsidade, além do Estado, titular da fé pública dos registros.

Jurisprudência

• Concurso da mãe da criança

242.2 Tipo objetivo

A primeira conduta típica é a de dar parto alheio como próprio. Basta que ela apresente uma situação, um estado de certa duração nessa apresentação, não sendo necessário o registro falso, o que constituirá a segunda figura típica.

Comete crime também aquele que inscreve no registro civil, como sendo seu filho, o de outra pessoa, nada impedindo a participação criminosa. Tem-se apurado que o crime é por vezes praticado para o envio do menor ao exterior em adoção (art. 245, § 2º, do CP e art. 239 da Lei nº 8.069, de 13-7-1990).

Pratica crime também quem oculta o recém-nascido, quem o esconde, não o apresentando como devido.

Por fim, ocorre o delito com a substituição do recém-nascido, ou seja, com a apresentação de outra criança em lugar da vítima. É a troca de recém-nascidos. É indispensável, porém, no caso, que a conduta leve à supressão ou alteração de direito do recém-nascido no que tange ao seu estado civil, fato que, no crime de falso registro, é efeito indissolúvel do resultado.

Jurisprudência

- Tipicidade no registro de filho alheio como próprio por fato anterior à Lei nº 6.898/81
- Tráfico internacional de crianças: adoção por estrangeiro
- Desclassificação para o art. 242 do CP
- Competência da Justiça Federal

242.3 Tipo subjetivo

O dolo dos crimes previstos no art. 242 é a vontade de praticar qualquer das condutas previstas no tipo. No caso de parto suposto basta apenas a consciência de que tem o agente de afirmar o fato que sabe não ser verdadeiro. É possível, na hipótese, o erro sobre a ilicitude do fato, que exclui a culpabilidade. Nas modalidades de ocultação ou substituição de recém-nascido, exige-se a presença do elemento subjetivo do tipo, de se pretender suprimir ou alterar direito inerente ao estado civil, ou, pelo menos, que tenha o agente consciência de que está causando a supressão ou alteração.

Jurisprudência

- Erro sobre a ilicitude do fato
- Presunção da existência do dolo
- Inexistência de dolo

242.4 Consumação e tentativa

O crime consuma-se com a apresentação (parto suposto), com o registro, ocultação ou substituição do recém-nascido (nas demais hipóteses). A tentativa é teoricamente possível em qualquer das condutas típicas.

242.5 Forma privilegiada e perdão judicial

Quando o crime é praticado por motivo de reconhecida nobreza, configura-se a forma privilegiada em que a pena é a de um a dois anos de detenção. Reconhecendo-se a motivação nobre, altruística, é necessário que o juiz a leve em consideração na aplicação da pena.

Prevê também a lei a possibilidade de perdão judicial para a hipótese de ter sido o crime praticado por motivo de reconhecida nobreza. Não exclui o delito, porém, o fato de não ter sido causado prejuízo ao recém-nascido abandonado e a nobreza do motivo, embora já se tenha decidido o contrário.

Jurisprudência

- Motivo de nobreza no parto suposto
- Impossibilidade de apreciação em *habeas corpus*
- Inexistência de descriminalização
- Concessão do perdão judicial
- Não concessão do perdão judicial
- Exclusão do crime por motivo de reconhecida nobreza

242.6 Distinção

Não se confunde o crime de parto suposto com o registro falso de nascimento, que exige a inscrição. Naquele basta a apresentação, pouco importando que haja ou não o registro. Ambos, porém, estão previstos agora no mesmo dispositivo legal. O art. 242 é norma especial com relação ao art. 299, que trata de falsidade ideológica, prevalecendo sobre este nas condutas previstas naquele.

É ilícito penal previsto na Lei nº 8.069, de 13-7-1990 (Estatuto da Criança e do Adolescente) deixar o médico, enfermeiro ou dirigente de estabelecimento de atenção à saúde de gestante de identificar corretamente o neonato e a parturiente, por ocasião do parto, bem como deixar de proceder aos exames referidos no art. 10 da referida lei (art. 229), prevista inclusive a forma culposa (art. 229, parágrafo único).

Jurisprudência

- Prevalência do art. 242 sobre o crime de falsidade ideológica
- Não absorção do delito na fraude à Lei de Estrangeiros

Sonegação de estado de filiação

Art. 243. Deixar em asilo de expostos ou outra instituição de assistência filho próprio ou alheio, ocultando-lhe a filiação ou atribuindo-lhe outra, com o fim de prejudicar direito inerente ao estado civil:

Pena – reclusão, de 1 (um) a 5 (cinco) anos, e multa.

Vide: **CF** arts. 227, § 6º, 229; **CP** arts. 133, 134; **CC** arts. 1.596, 1.634, I, II, 1.638, II; **Lei nº 8.069**, de 13-7-1990 – ECA, art. 19 (direito da criança e do adolescente de ser criado e educado no seio da sua família e, excepcionalmente, em família substituta), art. 20 (prevê a igualdade de direitos e qualificações dos filhos, proibidas quaisquer designações discriminatórias relativas à filiação), art. 22 (prevê o dever dos pais de sustento, guarda e educação dos filhos).

243 SONEGAÇÃO DE ESTADO DE FILIAÇÃO

243.1 Sujeitos do delito

Sujeito ativo do crime é o pai ou a mãe, na primeira hipótese (filho próprio) ou qualquer pessoa, seja ou não responsável pelo menor, na segunda (filho alheio).

Sujeito passivo é não só o menor, prejudicado em seu estado civil, como também o próprio Estado, titular da ordem jurídica familiar.

243.2 Tipo objetivo

A conduta típica é *deixar*, abandonar, largar a criança em qualquer instituição, pública ou particular, que cuide de órfãos ou pessoas abandonadas. É necessário que o agente oculte a verdadeira filiação do menor, se a conhece, ou lhe atribua outra qualquer. O abandono em qualquer outro local que não uma instituição caracteriza o crime previsto no art. 133 ou 134.

243.3 Tipo subjetivo

O dolo é a vontade de abandonar o menor nas condições previstas no artigo, ou seja, uma instituição. Exige-se, porém, o fim de prejudicar direito inerente ao estado civil, ou seja, o de causar prejuízo.

Jurisprudência

• Inexistência do crime

243.4 Consumação e tentativa

Consuma-se o crime com o abandono do menor e a ocultação ou falsa atribuição de filiação. É possível a tentativa do crime.

243.5 Distinção

A finalidade de prejudicar o estado de filiação e o local do abandono são os elementos que distinguem o crime previsto no art. 234 daqueles tipificados nos arts. 133 e 134.

CAPÍTULO III
DOS CRIMES CONTRA A ASSISTÊNCIA FAMILIAR

Abandono material

Art. 244. Deixar, sem justa causa, de prover à subsistência do cônjuge, ou de filho menor de 18 (dezoito) anos ou inapto para o trabalho, ou de ascendente inválido ou maior de 60 (sessenta) anos, não lhes proporcionando os recursos necessários ou faltando ao pagamento de pensão alimentícia judicialmente acordada, fixada ou majorada; deixar, sem justa causa, de socorrer descendente ou ascendente, gravemente enfermo:*

Pena – detenção, de 1 (um) a 4 (quatro) anos, e multa, de uma a dez vezes o maior salário mínimo vigente no País.**

Parágrafo único. Nas mesmas penas incide quem, sendo solvente, frustra ou ilide,*** de qualquer modo, inclusive por abandono injustificado de emprego ou função, o pagamento de pensão alimentícia judicialmente acordada, fixada ou majorada.**

* *Caput* com a redação determinada pela Lei nº 10.741, de 1º-10-2003.

** Pena e redação do parágrafo único determinadas pela Lei nº 5.478, de 25-7-1968.

*** O termo correto é *elide*.

Vide: CF arts. 5º, I, 226, *caput*, §§ 3º, 4º, 5º, 6º, 227, § 6º, 229, 230; CP arts. 133, 136, 245; CC arts. 1.511, 1.565, 1.566, III, IV, 1.568, 1.590, 1.596, 1.632, 1.634, I, II, 1.638, II, 1.694 a 1.710, 1.724; **Lei nº 5.478**, de 25-7-1968 (dispõe sobre a ação de alimentos), art. 22 (prevê como crimes contra a administração da Justiça condutas relacionadas com a ação ou a prestação de alimentos); **Lei nº 8.069**, de 13-7-1990 – **ECA**, art. 20 (prevê a igualdade de direitos e qualificações dos filhos), art. 22 (prevê o dever dos pais de sustento, guarda e educação dos filhos); **Lei nº 9.278**, de 10-5-1996, art. 7º (prevê o direito de alimentos na dissolução de união estável); **Lei nº 10.741**, de 1º-10-2003 – **EI**, art. 98 (tipifica a conduta de abandono de idoso em hospital, casa de saúde ou estabelecimento congênere, ou de não prover suas necessidades básicas quando obrigado por lei ou mandado), art. 99 (tipifica a exposição a perigo da integridade e saúde física do idoso pela privação de alimentos e cuidados indispensáveis quando obrigado o agente a prestá-los).

244 ABANDONO MATERIAL

244.1 Sujeitos do delito

Sujeito ativo é aquele que tem o dever legal de prover a subsistência do sujeito passivo: cônjuge, pai ou mãe, descendente ou qualquer pessoa que deixa de socorrer o ofendido. Diante dos arts. 5º, I, e 226, § 5º, da Constituição Federal e da entrada em vigor do Código Civil de 2002 (arts. 1.511, 1.565 e 1.694 ss), reforça-se a orientação de que a mulher tem os mesmos deveres que o homem com relação ao sustento do cônjuge, ascendentes e enfermos. A obrigação de prover a subsistência de outrem pode caber a mais de um parente, mas a prestada por um supre a obrigação dos demais.

Sujeito passivo é aquele que, nos termos da lei penal, pode exigir a prestação do cônjuge ou parente. No que tange ao cônjuge, homem ou mulher, a responsabilidade do autor, após a promulgação da Lei nº 4.121, de 27-8-62, somente pode ser reconhecida quando provada, de fato, a impossibilidade da vítima de sustentar-se por causas anormais ou de ordem física.

São também sujeitos passivos os filhos até a idade de 18 anos. Não mais distingue a lei quanto aos filhos legítimos, naturais, adulterinos e incestuosos, proibindo quaisquer designações discriminatórias relativas à filiação (art. 227, § 6º, da CF, art. 20 da Lei nº 8.069, de 13-7-1990 [Estatuto da Criança e do Adolescente] e art. 1.596 do CC).

São sujeitos passivos ainda o ascendente inválido (inutilizado para o trabalho) e o maior de 60 anos. Na redação anterior do artigo, previa-se como sujeito passivo o valetudinário (que sofre de doença crônica ou está incapacitado para a atividade laborativa por sua idade avançada). Com a modificação do dispositivo pelo Estatuto da Pessoa Idosa, sujeito passivo é, também, diante da adoção de critério cronológico, o ascendente que tem idade igual ou superior a 60 anos, que se encontre privado dos recursos necessários à sua subsistência.

Os descendentes (netos, bisnetos) só serão sujeitos passivos se o agente estiver obrigado ao pagamento de pensão alimentícia ou estiverem gravemente enfermos, uma vez que a lei não os inclui na primeira figura do art. 244.

Jurisprudência

- Obrigação do marido em caso de separação
- Prestação suprida por outro cônjuge
- Prestação suprida por outro parente obrigado
- Desnecessidade de recebimento de alimentos
- Filho espúrio: existência de crime
- Filho menor: existência de crime
- Filho adulterino: existência de crime
- Negativa de paternidade: existência de crime
- Irrelevância de ser a mulher saudável e capaz para o trabalho

244.2 Tipo objetivo

Como primeira conduta típica, prevê a lei a de deixar, sem justa causa, de prover a subsistência do sujeito passivo, não lhe proporcionando os recursos necessários para viver (alimentação, medicamento, remédios, vestuário e habitação), em conceito mais restrito do que aquele referente a alimentos. A obrigação deriva da própria lei; desnecessária a existência de sentença judicial no âmbito civil ou mesmo o pedido judicial do ofendido. Não exclui a criminalidade o fato de que a vítima está sendo sustentada por terceiros. A omissão, mesmo parcial, configura o crime, não se deixando de responsabilizar inclusive aquele que presta esporádicas contribuições.

A segunda conduta típica é a de não efetuar o agente o pagamento da pensão alimentícia fixada judicialmente, inclusive quanto aos eventuais reajustes. Dá causa à responsabilidade penal inclusive a desobediência à obrigação da pensão alimentícia ainda que fixada provisoriamente. Não está abrangida, porém, a pensão alimentícia acordada em separação ou divórcio consensuais realizados por escritura pública (art. 733 do CPC), porque não dependem estes de homologação judicial.

Incrimina-se também a conduta de quem deixa de socorrer ascendente ou descendente gravemente enfermo. Determina, aliás, a Constituição Federal que os filhos maiores têm o dever de ajudar e amparar os pais na velhice, carência ou enfermidade (art. 229, segunda parte).

Por fim, no parágrafo único do art. 244, incrimina-se a conduta de quem frustra ou impede o pagamento da pensão, pelo abandono injustificado de emprego ou função ou por qualquer outra forma.

De acordo com o disposto no art. 532 do CPC, verificada a conduta procrastinatória do executado por alimentos, deverá o juiz cientificar o Ministério Público da existência de indícios da prática do crime de abandono material.

Jurisprudência

- Irrelevância do pagamento posterior
- Ausência de prova de justa causa para o inadimplemento
- Falta de pagamento da pensão alimentícia ao filho menor
- Descumprimento ocasional: inexistência de crime
- Caracterização do crime
- Irrelevância da inexistência de pedido de alimentos na separação de fato
- Irrelevância da inexistência de ação de alimentos
- Pendência de ação civil: inexistência de crime
- Contribuição com as necessidades da família: crime inexistente
- Irrelevância do sustento dos filhos por terceiros
- Irrelevância de contribuições esporádicas
- Provisão insuficiente: inexistência de crime
- Provisão insuficiente: inexistência de crime – Contra
- Necessidade de prova da falta de justa causa
- Confiança de filho a pessoa idônea: inexistência de crime
- Extrema escassez de meios: inexistência de crime
- Pensão alimentícia provisória: existência de crime
- Justificativa aceita pelo juiz: concessão de *habeas corpus*

244.3 Tipo subjetivo

O dolo é a vontade de deixar de prover a assistência ao sujeito passivo, pouco importando a motivação do agente. Não se confunde, porém, o dolo necessário para a configuração do ilícito com o mero inadimplemento de prestação alimentícia acordada em separação judicial. Não há forma culposa do crime. Nada impede a ocorrência de erro de tipo quando o sujeito desconhece a situação de abandono da vítima.

Jurisprudência

- Ausência de justificativa para o descumprimento da pensão alimentícia: dolo caracterizado
- Inexistência do dolo pelo simples inadimplemento de prestação alimentícia
- Existência do dolo
- Necessidade de fortes elementos de convicção
- Irrelevância da falta de cultura do omitente
- Inexistência de dolo: falta de recursos
- Inexistência do dolo pelo simples inadimplemento de prestação alimentícia
- Inexistência de dolo: motivo justo para o abandono
- Inexistência de crime culposo

244.4 Consumação e tentativa

O crime de abandono material, como omissivo próprio, consuma-se, quanto à primeira e última das condutas típicas, quando o omitente deixa de prover a subsistência da vítima, em comportamento permanente.

O momento consumativo protrai-se no tempo e persiste enquanto não for ele condenado pela infração. Perseverando o responsável na conduta omissiva após a condenação, há novo crime de abandono material.

Consumado o ilícito de abandono material, não excluem a responsabilidade penal o retorno ao atendimento das obrigações ou a tardia satisfação dos débitos.

Tratando o art. 244 de crime omissivo puro, não é possível a tentativa.

Na segunda conduta típica, o crime consuma-se quando o omitente não efetua o pagamento da pensão na data estipulada.

Jurisprudência

- Omissão transitória: inexistência de crime
- Consumação na falta de pagamento de pensão alimentar
- Existência de novo crime após a sentença
- Irrelevância de retorno ao sustento
- Irrelevância da quitação da dívida
- Irrelevância de acordo em ação de alimentos
- Inadmissibilidade de tentativa

244.5 Exclusão do crime

O art. 244 é tipo anormal, que exige para sua configuração a ausência de justa causa para o abandono. A obrigação de prover a subsistência dos dependentes está implícita nos deveres de estado, cumprindo ao réu provar, cumpridamente, o fato que configura a justa causa excludente da tipicidade. Evidentemente, há justa causa para o descumprimento da obrigação nas dificuldades econômicas irremediáveis daquele que não tem condições de contribuir para o sustento de outrem por não ganhar o suficiente para o seu próprio. Não exclui o crime, porém, eventual desemprego ou dificuldade econômica passageira, máxime quando o omitente constitui e sustenta nova família, passa a viver em união estável ou mantém amásia. Não tem procedência também a alegação de que o cônjuge é culpado pela separação, no que tange ao sustento dos filhos do casal.

Jurisprudência

- Justa causa para o abandono
- Justa causa: irrelevância de condenação civil
- Justa causa para abandono dos filhos sós
- Justa causa: carência de recursos
- Justa causa: omitente incapacitado
- Justa causa: omitente doente
- Justa causa: falta de recursos
- Justa causa: prestação parcial
- Justa causa: omitente desempregado
- Justa causa: omitente desempregado – Contra
- Justa causa para o não pagamento de acordo de alimentos
- Necessidade de comprovação da justa causa
- Presunção da falta de justa causa no abandono material
- Necessidade de comprovação da insolvência
- Irrelevância da constituição de nova família
- Irrelevância de dificuldades econômicas
- Irrelevância de dificuldades econômicas – Contra
- Necessidade de prova da falta de justa causa pela acusação
- Irrelevância da culpa da mulher: abandono material dos filhos
- Irrelevância do abandono do lar pela mulher: abandono material dos filhos
- Irrelevância do adultério da mulher: abandono material dos filhos

244.6 Condição da suspensão condicional da pena

Não pode o juiz penal, ao condenar o réu pela prática do crime previsto no art. 244, impor como condição do *sursis* o pagamento de pensão alimentícia, que é de caráter civil.

Jurisprudência

- Inadmissibilidade de condição do *sursis*
- Inadmissibilidade de condição do *sursis* – Contra

244.7 Lei de alimentos

Por força do art. 22 da Lei nº 5.478, de 25-7-1969, constitui crime contra a administração da Justiça, com pena de seis meses a um ano de detenção, sem prejuízo da pena acessória de suspensão do emprego de 30 a 90 dias, "deixar o empregador ou funcionário público de prestar ao juízo competente informações necessárias à instrução de processo ou execução de sentença ou acordo que fixa pensão alimentícia". Pelo mesmo dispositivo, nas mesmas penas "incide quem, de qualquer modo, ajuda o devedor a eximir-se ao pagamento de pensão judicialmente acordada, fixada ou majorada, ou se recusa, ou procrastina a executar ordem de desconto em folha de pagamento, expedida pelo juiz competente". A instauração de inquérito policial ou ação penal contra o alimentante não impede a decretação da prisão civil. A prisão civil por alimentos pode ser considerada como prisão administrativa, devendo ser computada na execução da pena prevista de liberdade diante da detração penal prevista no art. 42.

Jurisprudência

- Crime contra a administração da Justiça

244.8 Distinção

Não se confunde o delito de abandono material com os descritos nos arts. 133 a 136, e no art. 99 do Estatuto da Pessoa Idosa (Lei nº 10.741, de 1º-10-2003), em que se exige a ocorrência de periclitação da vida ou da saúde da vítima, sendo esta o resultado conscientemente querido ou assumido pelo agente. Se o idoso não é ascendente do agente, mas está este obrigado por lei ou mandado a prover suas necessidades básicas, pode-se configurar o crime previsto no art. 98, 2ª parte, do Estatuto da Pessoa Idosa.

A Lei nº 13.146, de 6-7-2015, prevê crimes semelhantes para a hipótese de ser a vítima pessoa com deficiência (art. 90).

244.9 Concurso de crimes

Tratando-se de crime permanente, não há que falar em continuidade delitiva pelo inadimplemento de várias prestações alimentares, embora já se tenha decidido o contrário. Não há que se falar em concurso formal pelo fato de serem duas ou mais as pessoas com direito aos alimentos.

Jurisprudência

- Existência de crime continuado
- Inexistência de concurso formal

Entrega de filho menor a pessoa inidônea

Art. 245. Entregar filho menor de 18 (dezoito) anos a pessoa em cuja companhia saiba ou deva saber que o menor fica moral ou materialmente em perigo:*

Pena – detenção, de 1 (um) a 2 (dois) anos.

§ 1º A pena é de 1 (um) a 4 (quatro) anos de reclusão, se o agente pratica delito para obter lucro, ou se o menor é enviado para o exterior.**

§ 2º Incorre, também, na pena do parágrafo anterior quem, embora excluído o perigo moral ou material, auxilia a efetivação de ato destinado ao envio de menor para o exterior, com o fito de obter lucro.**

* *Caput* com a redação determinada pela Lei nº 7.251, de 19-11-1984.

** §§ 1º e 2º acrescentados pela Lei nº 7.251, de 19-11-1984.

Vide: CF arts. 227, § 5º; 229; CP arts. 243, 249; CC arts. 1.566, IV, 1.596, 1.634, I, II, 1.638, II, III; Lei nº 8.069, de 13-7-1990 – ECA, arts. 237 (tipifica a subtração de criança ou adolescente com o fim de colocação em lar substituto); 238 (tipifica a promessa ou entrega de filho ou pupilo a terceiro, mediante paga ou promessa de recompensa), parágrafo único (prevê as mesmas penas para quem oferece ou efetiva a paga ou recompensa), 239 (promover ou auxiliar a efetividade de ato destinado ao envio de criança ou adolescente para o exterior, com inobservância das formalidades legais ou com o fito de obter lucro), parágrafo único (forma qualificada pela violência, grave ameaça ou fraude).

245 ENTREGA DE FILHO MENOR A PESSOA INIDÔNEA

245.1 Sujeitos do delito

O sujeito ativo do crime previsto no art. 245 é o pai ou a mãe, pouco importa se trate de filho legítimo, reconhecido ou adotivo, ainda que não detenham o pátrio poder. Nada impede a participação de terceiros, mas aquele que recebe o ofendido não pratica tal ilícito.

Sujeito passivo é o menor de 18 anos, filho legítimo, natural, reconhecido ou adotado do agente.

245.2 Tipo objetivo

A conduta típica é entregar, ou seja, deixar o menor sob a guarda ou cuidado de pessoa inidônea (jogadores, prostitutas, vadios, ébrios habituais, mendigos, criminosos etc.). Exige-se, porém, que o menor fique exposto a prejuízos materiais (danos físicos, doenças etc.) ou morais (em ambiente deletério). Basta, entretanto, a situação de perigo, que se presume diante das qualidades negativas da pessoa a quem foi entregue o menor.

Jurisprudência

- Inexistência de crime

245.3 Tipo subjetivo

Pode ser o crime doloso, que é a vontade de entregar o menor a pessoa inidônea, ou culposo, quando o agente devia saber da referida idoneidade, tendo agido, portanto, sem as cautelas exigíveis no caso.

245.4 Consumação e tentativa

Consuma-se o crime, que é de perigo abstrato, com a simples entrega do menor à pessoa inidônea, independentemente de efetiva lesão.

Nada impede a tentativa.

245.5 Formas qualificadas

A primeira qualificadora só ocorre no crime doloso, exigindo-se o elemento subjetivo do injusto (dolo específico), consistente no fim econômico visado pelo sujeito ativo. Considera a lei o fato mais grave quando o menor é entregue para que tenha o agente alguma vantagem econômica, como nas hipóteses de entrega do menor para a prática de crimes, para esmolar etc. Como, em regra, a renda do filho menor pertence ao titular do pátrio poder, basta que o filho tenha sido entregue a prestar serviços remunerados para ensejar o crime qualificado. Se o fim de lucro se concretiza no recebimento de paga ou recompensa pela promessa ou entrega do filho menor, configura-se o delito previsto no art. 238 da Lei nº 8.069/90, tornando-se irrelevante a idoneidade da pessoa a quem será entregue a vítima.

A segunda qualificadora ocorre quando o menor é enviado para o exterior. Para a caracterização da qualificadora é indispensável que ocorra a saída do menor do País, pois, se for ela obstada, responderá o sujeito ativo pelo crime simples. Responderá também o agente nos termos do tipo fundamental se o envio do sujeito passivo para o exterior não for ao menos previsível, já que, nesse caso, a qualificadora não lhe pode ser atribuída por ausência de dolo e culpa (art. 19). Deve-se observar, porém, que se o agente, pai ou mãe do menor, dolosamente promove ou auxilia a efetivação de ato destinado ao seu envio ao exterior, agindo com o fito de lucro ou com inobservância das formalidades legais, pratica crime mais grave, descrito no art. 239 do Estatuto da Criança e do Adolescente (item 3.2.10).

As formas qualificadas descritas no art. 245, § 1º, ensejam a aplicação do efeito previsto no artigo 92, inciso II, já que cominada pena de reclusão.

245.6 Crime praticado por terceiro

O § 2º acrescentado pela Lei nº 7.251, de 19-11-1984, foi revogado tacitamente pelo art. 239 da Lei nº 8.069, de 13-7-1990, que, ao regular inteiramente a matéria, dispõe: "Promover ou auxiliar a efetivação de ato destinado ao envio de criança ou adolescente para o exterior com inobservância das formalidades legais ou com o fim de obter lucro: Pena – reclusão de quatro a seis anos, e multa."

Diante da ausência de distinção na lei especial, pratica o ilícito previsto neste dispositivo qualquer pessoa, inclusive o pai ou mãe do menor, não se exigindo, nessa hipótese, que a vítima fique exposta a perigo material ou moral.

As condutas são "promover" (dar causa) ou "auxiliar", de qualquer modo, a efetivação de qualquer ato destinado ao envio de criança ou adolescente para o exterior. Basta que o ato destinado ao envio não observe as formalidades legais, ou, ainda que estejam estas cumpridas, tenha o agente objetivo de lucro. Trata-se de crime formal, não se exigindo para a consumação a saída do menor do País.

O dolo é a vontade de praticar o ato, ou de colaborar para ele, ciente de que o sujeito passivo será enviado para o exterior. Exige-se, contudo, que o agente tenha ciência de que não tenham sido obedecidas as formalidades legais (sob pena de se configurar o erro de tipo) ou que tenha o fim de obter qualquer vantagem econômica.

No parágrafo único do art. 239 da Lei nº 8.069/90, inserido pela Lei nº 10.764, de 12-11-2003, prevê-se a forma qualificada do delito. Se há emprego de violência, grave ameaça ou fraude, a pena é de seis a oito anos de reclusão, "além da pena correspondente à violência".

A competência para apreciar tal crime é da Justiça comum estadual, segundo o STF, ou da Justiça Federal, de acordo com o STJ. Tratando-se de matéria objeto de tratado internacional subscrito pelo Brasil (Decreto nº 99.710, de 21-11-1990, que promulgou a Convenção sobre os Direitos da Criança, Decreto nº 2.740, de 20-8-1998, que promulgou a Convenção Interamericana sobre Tráfico Internacional de Menores – Decreto nº 5.007, de 8-3-2004, que promulgou o Protocolo Facultativo à Convenção sobre os Direitos da Criança, adotado em Nova York em 25-5-2000, referente à venda de crianças, à prostituição infantil e à pornografia infantil) e incorporado à legislação brasileira, deve prevalecer a segunda orientação. Previa, ainda, no art. 231, o crime de tráfico internacional de pessoa para fim de exploração sexual, que punia condutas relacionadas com a entrada no território nacional ou saída de pessoa que venha exercer a prostituição, do qual pode ser sujeito passivo a criança ou o adolescente (§ 2º, I). Esse artigo foi revogado pela Lei nº 13.344, de 6-10-2016, a qual inseriu, sob a rubrica "Tráfico de Pessoas", o art. 149-A, que, com aumento de pena, tipifica: "agenciar, aliciar, recrutar, transportar, transferir, comprar, alojar ou acolher pessoa, mediante grave ameaça, violência, coação, fraude ou abuso, com a finalidade de (...) IV – adoção ilegal". A circunstância de ser o sujeito passivo criança ou adolescente é prevista como causa de aumento de pena no § 1º, II, do dispositivo.

Jurisprudência

- Competência da Justiça Federal
- Competência da Justiça Federal – Contra

245.7 Promessa ou entrega de filho ou pupilo

A Lei nº 8.069, de 13-7-1990 (Estatuto da Criança e do Adolescente) criou mais um tipo penal no art. 238: "Prometer ou efetivar a entrega de filho ou pupilo a terceiro, mediante paga ou recompensa: Pena – reclusão de um a quatro anos, e multa."

O sujeito ativo deve ser, portanto, pai, mãe, tutor ou curador; e o passivo o filho, tutelado ou curatelado.

O tipo penal exige dois atos distintos: a conduta é receber o pagamento (dinheiro ou qualquer bem com valor econômico) ou a recompensa (qualquer vantagem, ainda que não econômica) prometendo a entrega, na primeira modalidade, ou a efetivando, na segunda.

O dolo é a vontade de praticar a conduta, ou seja, de receber a paga ou promessa e prometer ou entregar a vítima.

Para a configuração do crime é irrelevante a idoneidade de quem vai receber a vítima.

Incide nas mesmas penas acima mencionadas quem oferece ou efetiva a paga ou a recompensa (art. 238, parágrafo único, da Lei nº 8.069/90). Normalmente será sujeito ativo aquele que recebe o sujeito passivo, mas pode ser autor inclusive terceiro, que providencia a paga ou recompensa, respondendo pelo crime, em virtude da participação, o destinatário do ofendido, quando ciente daquela circunstância.

Abandono intelectual

Art. 246. Deixar, sem justa causa, de prover à instrução primária de filho em idade escolar:

Pena – detenção, de 15 (quinze) dias a 1 (um) mês, ou multa.

Vide: CF arts. 205, 208, I, 227, *caput*, 229; CC arts. 1.634, I, 1.638, II; Lei nº 8.069, de 13-7-1990 – ECA, art. 55 (prevê para os pais a obrigação de matricular seus filhos na rede regular de ensino).

246 ABANDONO INTELECTUAL

246.1 Sujeitos do delito

Sujeito ativo do delito de abandono intelectual são somente o pai e a mãe diante da redação restrita do art. 246.

Sujeito passivo é o filho, ainda que natural ou adotivo, em idade escolar, que se inicia aos seis anos de idade, por força do disposto na Lei nº 9.394, de 20-12-1996, que estabelece as diretrizes e bases da educação nacional e que prevê essa idade para o princípio do ensino fundamental obrigatório (art. 32). Embora a Constituição Federal e a Lei nº 9.394 refiram-se à idade mínima de 4 anos para a educação básica obrigatória, antes de 6 anos a educação infantil é a oferecida em creches e pré-escolas (art. 208, I e IV, da CF e arts. 4º, I e II, 6, 29 e 30 da Lei nº 9.394, de 20-12-1996).

246.2 Tipo objetivo

A conduta típica desse crime omissivo é deixar de prover a instrução primária, agora de primeiro grau, do filho, obrigação que decorre dos arts. 227 e 229 da CF, 1.634, I, do CC, e 55 da Lei nº 8.069, de 13-7-1990 (Estatuto da Criança e do Adolescente). A instrução pode ser provida em escolas públicas ou particulares, por professores particulares, ou pelos próprios pais.

Não ocorre o crime quando houver justa causa para a omissão (inexistência de escola ou de vaga, penúria extrema da família etc.).

Jurisprudência

- Inexistência do crime pela incapacidade do omitente
- Inexistência do crime por falta de vaga

246.3 Tipo subjetivo

O dolo é a vontade de não prover a instrução de primeiro grau do filho em idade escolar, que fica excluído quando houver justa causa para a omissão.

Jurisprudência

- Existência de justa causa com exclusão do dolo
- Ausência de dolo: delito não caracterizado

246.4 Consumação e tentativa

Consuma-se o crime com a omissão por tempo juridicamente relevante, em que o omitente não toma as medidas necessárias para que o filho receba a instrução. Não há possibilidade de tentativa por se tratar de crime omissivo puro.

> **Art. 247.** Permitir alguém que menor de 18 (dezoito) anos, sujeito a seu poder ou confiado à sua guarda ou vigilância:
>
> I – freqüente casa de jogo ou mal-afamada, ou conviva com pessoa viciosa ou de má vida;
>
> II – freqüente espetáculo capaz de pervertê-lo ou de ofender-lhe o pudor, ou participe de representação de igual natureza;
>
> III – resida ou trabalhe em casa de prostituição;
>
> IV – mendigue ou sirva a mendigo para excitar a comiseração pública:
>
> Pena – detenção, de 1 (um) a 3 (três) meses, ou multa.

Vide: CF arts. 227, *caput*, § 4º, 229; CC arts. 1.634, I, 1.638, III, 1.740, I, 1.766; CP arts. 217-A a 218-B, 227, § 1º, 230, § 1º, 245; **Lei nº 8.069**, de 13-7-1990 – ECA, arts. 28 a 38 (disciplinam a guarda e tutela no Estatuto da Criança e do Adolescente); arts. 74 a 80 (disciplinam a informação, cultura, lazer, esportes, diversões e espetáculos para crianças e adolescentes), arts. 240 ss (tipificam condutas relacionadas com a utilização de criança ou adolescente em cena pornográfica, de sexo explícito ou vexatória em representação teatral, televisiva e de outros meios visuais e com a produção, circulação e divulgação de fotografias ou imagens da mesma espécie pela internet ou qualquer meio de comunicação).

247 ABANDONO MORAL

247.1 Sujeitos do delito

Sujeito ativo do crime pode ser o pai, a mãe, tutor ou qualquer pessoa que exerça poder, autoridade, guarda ou vigilância sobre o menor (depositários, preceptores, diretores de internatos etc.).

Sujeito passivo é o menor de 18 anos, filho legítimo, natural, adotivo ou espúrio, tutelado ou confiado à guarda ou vigilância do sujeito ativo (alunos internos, excursionistas etc.).

247.2 Tipo objetivo

A primeira conduta típica registrada no art. 247 é a de permitir, consentir ou tolerar que o menor frequente casa de jogo ou mal-afamada (*dancing*, boate, cabaré, bares noturnos, casa de prostituição etc.) ou que conviva com pessoa viciosa (jogador, ébrio, toxicômano) ou de má-fama (prostituta, vadio, rufião, criminoso ou contraventor). Há necessidade de que haja reiteração de visitas aos locais mencionados.

A segunda ação criminosa é a de permitir que o menor frequente espetáculos deletérios a sua formação (obscenos, violentos, viciosos). Disciplinam o assunto os arts. 74 a 80 da Lei nº 8.069/90 (ECA). Os crimes relativos à utilização de criança ou adolescente em cena pornográfica ou de sexo explícito em representação teatral, televisiva, cinematográfica, fotográfica ou por qualquer meio visual, ou em produção de fotografia ou imagem estão previstos nos arts. 240 ss do Estatuto da Criança e do Adolescente (MIRABETE, Julio Fabbrini e FABBRINI, Renato Nascimento. *Manual de Direito Penal*, v. 2, 38ª Ed., 2025, editora Foco, item 26.2.9).

A terceira figura típica refere-se à permissão para que o menor resida ou trabalhe, ainda que esporadicamente, em casa de prostituição. Inclui o dispositivo a conduta da meretriz que mantém o filho em sua companhia, no prostíbulo. Já a submissão da criança ou do adolescente à prostituição ou à exploração sexual, que já era prevista como crime no art. 244-A do referido *Estatuto*, passou a ser punida nos termos do art. 218-B do CP, inserido pela Lei nº 12.015, de 7-8-2009.

A última conduta típica é a de permitir que o menor mendigue (colha esmolas) ou sirva a mendigo para excitar a comiseração pública por apresentar defeito físico, moléstia, subnutrição etc.

Em todas as condutas previstas no art. 247, não é indispensável que a permissão seja dada expressamente, bastando a omissão dolosa do sujeito ativo, sua concordância tácita. Também é irrelevante o fato de não haver finalidade econômica.

Jurisprudência

- Caracterização do crime
- Inexistência de crime

247.3 Tipo subjetivo

O dolo é a vontade de praticar uma das condutas típicas, permitindo ou tolerando as situações previstas nos tipos penais. Exige-se a finalidade de excitar a comiseração pública no crime previsto no inciso IV. Pode haver justa causa que exclua o dolo: impossibilidade de impedir a conduta do menor. Também pode haver erro por parte do sujeito passivo, que desconhece as características do lugar, do espetáculo ou da pessoa frequentados pelo menor.

247.4 Consumação e tentativa

A consumação ocorre quando o sujeito ativo concede a permissão, anteriormente ao fato, ou quando tolera que o fato continue após ter dele tomado conhecimento. Na maioria dos casos, trata-se de crime eventualmente permanente. É possível a tentativa.

CAPÍTULO IV
DOS CRIMES CONTRA O PÁTRIO PODER, TUTELA OU CURATELA

Induzimento a fuga, entrega arbitrária ou sonegação de incapazes

Art. 248. Induzir menor de 18 (dezoito) anos, ou interdito, a fugir do lugar em que se acha por determinação de quem sobre ele exerce autoridade, em virtude de lei ou de ordem judicial; confiar a outrem sem ordem do pai, do tutor ou do curador algum menor de 18 (dezoito) anos ou interdito, ou deixar, sem justa causa, de entregá-lo a quem legitimamente o reclame:

Pena – detenção, de 1 (um) mês a 1 (um) ano, ou multa.

Vide: CP arts. 148, § 1º, IV, 243, 249, 359; CC arts. 1.630, 1.634, I, II, 1.584, 1.740, I, 1.767; **Lei** nº **8.069**, de 13-7-1990 – ECA, arts. 28 a 38 (disciplina da guarda e da tutela no Estatuto da Criança e do Adolescente).

248 INDUZIMENTO A FUGA, ENTREGA ARBITRÁRIA E SONEGAÇÃO DE INCAPAZES

248.1 Sujeitos do delito

Qualquer pessoa, inclusive os pais quando não mais titulares do pátrio poder, ou do *poder familiar*, como agora designado no Código Civil (arts. 1.630 ss), pode cometer os crimes previstos no art. 248. Não aquele que, separado ou divorciado, não foi destituído desse direito-dever. Mas a conduta deste pode constituir outro ilícito, como o previsto no art. 359.

Sujeitos passivos são os pais, tutores ou curadores, e também os incapazes. Na expressão *interdito* não está incluído o pródigo, uma vez que a curatela especial estende-se apenas aos bens materiais. O alienado mental que não foi interditado não goza, injustificadamente, da proteção legal do art. 248.

Jurisprudência

- Inadmissibilidade em caso de cônjuge desquitado

248.2 Tipo objetivo

A primeira ação criminosa é a de *induzir*, aconselhar, instigar, convencer o incapaz a fugir, a deixar, sem o consentimento dos responsáveis, o local onde regularmente se encontra. Se ele for levado contra a vontade, haverá crime mais grave, o de subtração de incapazes.

A segunda conduta típica, de entrega arbitrária, ocorre quando o incapaz é confiado pelo agente à guarda de pessoa não autorizada a recebê-lo.

A última figura típica, de sonegação de incapaz, configura-se quando o agente, sem justa causa, deixa de entregá-lo a quem legitimamente o reclama. Pressupõe, portanto, a posse ou detenção anterior do incapaz. O crime pode ser excluído pela ocorrência de justa causa (perigo, doença etc.).

Jurisprudência

- Crime caracterizado
- Inexistência de crime

248.3 Tipo subjetivo

O dolo é a vontade de praticar qualquer das condutas típicas, não se exigindo qualquer fim especial da conduta. Pode existir erro de tipo que exclua o dolo, ou mesmo erro de proibição que exclui a culpabilidade.

248.4 Consumação e tentativa

Consuma-se o crime, na primeira figura, com a fuga do incapaz. Na segunda, está o ilícito consumado com sua entrega e na terceira, com a recusa de entregar. Nas duas primeiras, é possível a tentativa, por serem infrações plurissubsistentes. Na última, crime omissivo puro, não pode ocorrer o *conatus*.

248.5 Distinção

Distingue-se o crime da subtração de incapaz, pois nesta o menor é tirado, e não meramente induzido à fuga, do poder de quem o tem sob sua guarda legítima.

Também não se confunde o crime com o sequestro ou cárcere privado qualificado (art. 148, § 1º, IV), em que a intenção é meramente a de privar a liberdade de locomoção da vítima.

Quem tem o poder familiar, sonegando o incapaz do outro cônjuge, comete o crime de desobediência a decisão judicial (art. 359).

Jurisprudência

- Sonegação de incapaz e não subtração de incapaz
- Desobediência a decisão judicial e não sonegação de incapazes
- Sonegação de incapaz e não sequestro

Subtração de incapazes

Art. 249. Subtrair menor de 18 (dezoito) anos ou interdito ao poder de quem o tem sob sua guarda em virtude de lei ou de ordem judicial:

Pena – detenção, de 2 (dois) meses a 2 (dois) anos, se o fato não constitui elemento de outro crime.

§ 1º O fato de ser o agente pai ou tutor do menor ou curador do interdito não o exime de pena, se destituído ou temporariamente privado do pátrio poder, tutela, curatela ou guarda.

§ 2º No caso de restituição do menor ou do interdito, se este não sofreu maus-tratos ou privações, o juiz pode deixar de aplicar pena.

Vide: CP arts. 107, IX, 120, 148, § 1º, IV, 159, 243, 248, 359; CC arts. 1.630, 1.634, I, II, 1.584, 1.740, I, 1.767; **Lei nº 8.069**, de 13-7-1990 – ECA, arts. 28 a 52-D (disciplina da guarda, tutela e adoção no Estatuto da Criança e do Adolescente), art. 237 (tipifica a subtração de criança ou adolescente com o fim de colocação em lar substituto), art. 239 (promover ou auxiliar a efetividade de ato destinado ao envio de criança ou adolescente para o exterior, com inobservância das formalidades legais ou com o fito de obter lucro), parágrafo único (forma qualificada pela violência, grave ameaça ou fraude).

249 SUBTRAÇÃO DE INCAPAZES

249.1 Sujeitos do delito

Qualquer pessoa pode praticar o crime de subtração de incapazes, exceto o pai, mãe, tutor ou curador que detenham o pátrio poder, a tutela ou curatela. Nesses casos, o crime pode ser outro (art. 359, por exemplo).

Sujeito passivo do crime é o pai, a mãe, o tutor ou o curador e também os próprios incapazes.

Jurisprudência

- Pai como sujeito ativo do crime
- Mãe como sujeito ativo do crime
- Pai com pátrio poder: inexistência de crime

249.2 Tipo objetivo

Comete o crime quem *subtrai*, ou seja, tira, arrebata, surrupia, retira o incapaz do local onde se encontra, da guarda, da proteção, da custódia ou da vigilância de quem é responsável por ele, mediante violência física ou moral ou fraude, ou mesmo sem tais meios. Irrelevante para a configuração do crime é a aquiescência do incapaz ao ato, mas exclui a tipicidade a concordância do responsável legal.

Como a proteção do art. 249 é a do pátrio poder, tutela ou curatela, não se configura o crime quando se trata de menor ou incapaz abandonado ou quando a pessoa que o detinha não tem a guarda legal.

Jurisprudência

- Inexistência de tipificação
- Inexistência de crime: posse de pessoa sem guarda
- Caracterização do crime
- Caracterização do crime com fraude
- Irrelevância do emprego de arma
- Existência de estado de necessidade
- Inexistência de estado de necessidade
- Fuga do menor: inexistência do crime
- Concordância do menor e do pai: inexistência de crime

249.3 Tipo subjetivo

O dolo do crime é a vontade de subtrair o menor, de retirá-lo da guarda do responsável, sendo indiferente a finalidade do agente. Mesmo que esta seja um motivo social, o crime ocorre. Se a finalidade é a colocação do menor em lar substituto, configura-se crime mais grave previsto no Estatuto da Criança e do Adolescente (item 249.7). Nada impede que haja erro, excluindo o dolo ou a culpabilidade.

Jurisprudência

- Exigência de dolo
- Inexistência de dolo: menor abandonado
- Inexistência de finalidade especial do agente
- Irrelevância de motivo passional ou moral
- Erro sobre a ilicitude do fato

249.4 Consumação e tentativa

Consuma-se o crime quando da retirada do incapaz da guarda de quem de direito. Trata-se, porém, de crime permanente, persistindo a consumação enquanto o ofendido estiver na posse do agente. Há, porém, na doutrina o entendimento de se tratar de crime instantâneo (nesse sentido: JESUS, Damásio E. de. *Direito Penal,* 14. ed. São Paulo: Saraiva, v. 3, p. 251. BITENCOURT, Cezar Roberto. *Código Penal Comentado.* 3. ed. São Paulo: Saraiva, 2005, p. 951. NUCCI, Guilherme de Souza. *Código Penal Comentado.* 5. ed. São Paulo: Revista dos Tribunais, 2005, p. 862).

Nada impede a tentativa, que ocorre se o agente não consegue, apesar da conduta, retirar o menor.

Jurisprudência

- Crime consumado

249.5 Distinção

Distingue-se o crime de subtração de incapaz com o induzimento à fuga; enquanto naquele o menor é retirado da guarda legítima, neste é a conduta de fazer com que o menor saia de sua esfera de proteção legítima.

O crime de subtração de incapaz é subsidiário, por expressa disposição da lei; o fato pode constituir crime mais grave, como extorsão mediante sequestro, sequestro qualificado, ou os definidos nos arts. 237 (item 249.7) e 239 da Lei nº 8.069, de 13-7-1990, etc.

Jurisprudência

- Sonegação de incapaz e não subtração de incapaz
- Subtração de incapaz e não sequestro
- Distinção com outros delitos: crime subsidiário
- Subtração de incapaz e não extorsão mediante sequestro

249.6 Perdão judicial

Pode o juiz dispensar a pena se houver a restituição do menor ou do interdito se este não sofreu maus-tratos ou privações. Para a concessão do perdão judicial é necessário, entretanto, que a restituição seja, se não espontânea, ao menos, voluntária, independendo de ação de terceiros.

Jurisprudência

- Perdão judicial para o agente pai do menor
- Perdão judicial para os agentes
- Inexistência de restituição voluntária
- Direito inexistente ao perdão judicial

249.7 Subtração de menor para colocação em lar substituto

Se a subtração do menor é praticada com o fim de sua colocação em lar substituto, configura-se o crime definido no art. 237 da Lei nº 8.069, de 13-7-1990 (Estatuto da Criança e do Adolescente): "Subtrair criança ou adolescente ao poder de quem o tem sob sua guarda em virtude de lei ou ordem judicial com o fim de colocação em lar substituto: Pena – reclusão de dois a seis anos, e multa." A pena é mais severa do que a prevista no art. 249 do CP, porque o fim da subtração do menor é dar a este uma situação jurídica diversa daquela ostentada por ocasião do ilícito.

Jurisprudência

- Crime caracterizado

TÍTULO VIII
DOS CRIMES CONTRA A INCOLUMIDADE PÚBLICA

CAPÍTULO I
DOS CRIMES DE PERIGO COMUM

Incêndio

Art. 250.   Causar incêndio, expondo a perigo a vida, a integridade física ou o patrimônio de outrem:
Pena – reclusão, de 3 (três) a 6 (seis) anos, e multa.

Aumento de pena

§ 1º   As penas aumentam-se de um terço:

I – se o crime é cometido com intuito de obter vantagem pecuniária em proveito próprio ou alheio;

II – se o incêndio é:

a)   em casa habitada ou destinada a habitação;

b)   em edifício público ou destinado a uso público ou a obra de assistência social ou de cultura;

c)   em embarcação, aeronave, comboio ou veículo de transporte coletivo;

d)   em estação ferroviária ou aeródromo;

e)   em estaleiro, fábrica ou oficina;

f)   em depósito de explosivo, combustível ou inflamável;

g)   em poço petrolífero ou galeria de mineração;

h)   em lavoura, pastagem, mata ou floresta.

Incêndio culposo

§ 2º Se culposo o incêndio, a pena é de detenção, de 6 (seis) meses a 2 (dois) anos.

Vide: **CP** arts. 61, II, *d*, 121, § 2º, III, 132, 163, parágrafo único, II, 171, § 2º, V, 257, 258; **CPP** art. 158; **Lei nº 10.826**, de 22-12-2003, art. 16, § 1º, III (tipifica a posse, detenção, fabricação ou emprego de artefato incendiário, sem autorização ou em desacordo com determinação legal ou regulamentar); **CPM**, art. 268 (tipifica o incêndio em lugar sujeito à administração militar); **Lei nº 9.605**, de 12-2-1998, art. 41, *caput* (tipifica a conduta de provocar incêndio em mata ou floresta), parágrafo único (forma culposa); art. 42 (fabricar, vender, transportar ou soltar balões que possam provocar incêndios nos locais que especifica); **Lei nº 12.651**, de 25-5-2012, arts. 38 a 40 (dispõem sobre a proibição do uso de fogo na vegetação e o controle de incêndios).

250 INCÊNDIO

250.1 Sujeitos do delito

O crime de incêndio pode ser praticado por qualquer pessoa, inclusive pelo próprio proprietário da coisa incendiada.

Sujeito passivo do delito é a coletividade, o Estado, por atentar contra a incolumidade pública, bem como aqueles que forem titulares dos bens jurídicos lesados ou ameaçados pelo incêndio.

Jurisprudência

• Sujeito passivo secundário no crime de incêndio

250.2 Tipo objetivo

A conduta típica prevista no art. 250 é a de causar incêndio, ou seja, provocar, de algum modo, a combustão de qualquer matéria (sólida, líquida ou gasosa) com sua destruição total ou parcial.

Por força da lei, para a existência do crime de incêndio, é indispensável a prova da ocorrência de perigo efetivo, concreto, para pessoa ou coisas indeterminadas. O perigo pode decorrer não do fogo, mas do próprio fato, como do pânico instaurado pelo fato. A destruição de coisas determinadas pode constituir outro ilícito (dano, por exemplo).

Exige-se que a verificação do perigo ou dano do crime se faça por meio de exame de corpo de delito direto ou indireto. A autoria, por se tratar de crime de natureza clandestina como regra, é comumente determinada por indícios e presunções.

Jurisprudência

• Crime caracterizado
• Necessidade de perigo concreto
• Perigo apenas para o patrimônio de outrem: existência de crime
• Perigo para pessoas determinadas: inexistência do crime de incêndio
• Inexistência de estado de necessidade –
• Laudo pericial sem requisitos: absolvição
• Comprovação da autoria por indícios

- Inexistência de causa na omissão
- Necessidade de perigo comum
- Indispensabilidade do laudo pericial

250.3 Tipo subjetivo

O elemento subjetivo do crime previsto no art. 250, *caput*, é o dolo, ou seja, a vontade de causar o incêndio com a consciência de que este pode acarretar perigo comum. Não é necessário que o agente queira causar dano, mas, se não tiver consciência da possibilidade dessa ocorrência, inexiste o elemento subjetivo necessário para a caracterização desse ilícito penal.

Jurisprudência

- Dolo do crime de incêndio
- Existência de dolo
- Desclassificação para incêndio culposo
- Exigência do dolo de perigo

250.4 Consumação e tentativa

Consuma-se o crime quando estiver criada a situação de perigo comum, pouco importando a extensão ou duração do fogo.

A tentativa é perfeitamente possível, inclusive quando o fogo, por circunstâncias alheias à vontade do agente, não chega a comunicar-se à coisa visada ou a pôr em risco pessoas ou coisas indeterminadas.

Jurisprudência

- Consumação no início do incêndio
- Necessidade da situação de perigo comum para a consumação
- Configuração da tentativa
- Atos preparatórios: inexistência de tentativa
- Configuração de mera tentativa

250.5 Formas qualificadas

Prevê o § 1º do art. 250 as formas qualificadas do crime de incêndio, com o aumento de pena de um terço. No caso de crime cometido com o intuito de obter vantagem pecuniária em proveito próprio ou alheio, exige-se o elemento subjetivo do tipo que é a obtenção da vantagem. Se esta for o recebimento de seguro, o crime de incêndio qualificado, por ser mais grave, absorve o crime de estelionato qualificado (art. 171, § 2º, V).

A segunda qualificadora refere-se a fogo em casa habitada ou destinada a habitação, exigindo-se para sua caracterização a consciência do agente sobre tal circunstância.

Qualifica o crime também ser o incêndio em edifício público ou destinado a uso público ou a obra de assistência social ou cultural. Incluem-se os edifícios de empresa estatal.

O crime também é agravado quando se tratar de embarcação, aeronave, comboio ou veículo de transporte coletivo, locais de aglomeração de pessoas. Omitiu-se, injustificadamente, referência às construções portuárias e às estações rodoviárias.

Também há causa de agravação quando se atingir estaleiro, fábrica ou oficina, pouco importando que tais locais não estejam ocupados no momento do fato.

Qualifica-se ainda o crime quando se trata de depósito de explosivo, combustível ou inflamável, que pode provocar danos de grandes proporções.

Pela mesma razão, há aumento de pena em incêndio de poço petrolífero ou galeria de mineração.

Por fim, existe a qualificadora quando se trata de incêndio em lavoura, pastagem ou floresta. Esta última está protegida também pelo art. 41 da Lei nº 9.605, de 12-2-1998, que dispõe sobre as sanções penais e administrativas derivadas de condutas e atividades lesivas ao meio ambiente (v. item 250.7).

Quando do incêndio, como de qualquer crime doloso de perigo comum, resulta lesão corporal de natureza grave, a pena privativa de liberdade é aumentada de metade; se resulta morte, é aplicada em dobro (item 258.1).

Jurisprudência

- Incêndio e não estelionato qualificado
- Incêndio em casa habitada
- Incêndio em cadeia pública
- Imóvel de empresa estatal: incêndio qualificado
- Desclassificação para dano: inexistência da qualificadora

250.6 Incêndio culposo

Prevê a lei a forma culposa do crime de incêndio quando o agente dá causa a incêndio por imprudência, negligência ou imperícia, ou seja, por não ter considerado a cautela necessária em sua conduta. É frequente a ocorrência do crime de incêndio em queimadas realizadas sem as cautelas necessárias, como a feitura de aceiro, o aviso aos vizinhos ou confrontantes e outras. A proibição do uso do fogo na vegetação e suas exceções estão agora disciplinadas no Código Florestal (art. 38). O incêndio culposo em mata ou floresta ou em demais formas de vegetação é também punido nos termos do art. 41, parágrafo único, da Lei nº 9.605, de 12-2-1998.

Nada impede o concurso de pessoas no crime de incêndio culposo, responsabilizando-se tanto aquele que concorre diretamente para a causa do fogo como o que induz, instiga ou determina a prática de conduta imprudente, negligente ou imperita.

Como em qualquer crime culposo, não se caracteriza o ilícito se o agente não pode prever o resultado, em face de circunstâncias excepcionais existentes.

Também como é curial, não ocorrem as qualificadoras referentes à natureza ou destinação da coisa atingida, previstas no § 1º do art. 250 quando se trata de crime de incêndio culposo.

Jurisprudência

- Incêndio culposo com "bombinhas juninas"
- Acidente climático: inexistência de incêndio culposo
- Necessidade de prova da origem do fogo
- Necessidade de relação causal na omissão
- Necessidade de perigo comum no incêndio culposo
- Crime de incêndio culposo em automóvel
- Incêndio culposo com produtos inflamáveis
- Queimada: existência de culpa
- Queimada: culpa e não dolo
- Queimada: inexistência de culpa
- Incêndio culposo em queima de troncos e galhadas
- Incêndio culposo com dano exclusivo a patrimônio
- Incêndio culposo com dano a parte de patrimônio
- Concurso de agentes no incêndio culposo
- Inexistência de culpa na guarda de materiais
- Inexistência de qualificadora no incêndio culposo

250.7 Distinção

Quando o fogo não chega a criar perigo comum, ocorrerá outro ilícito como o de dano qualificado, exercício arbitrário das próprias razões, crime contra o meio ambiente, crime de perigo individual etc. Causar incêndio em lugar sujeito à administração militar, em casas, edifícios, navios etc. militares, é crime previsto no Código Penal Militar (art. 268).

Nos termos do art. 16, § 1º, inciso III, da Lei nº 10.826, de 22-12-2003, que dispõe sobre armas de fogo, punem-se com as mesmas penas, de três a seis anos de reclusão e multa, as condutas de possuir, deter, fabricar ou empregar artefato explosivo ou incendiário, sem autorização ou em desacordo com determinação legal ou regulamentar. Se o agente que fabrica, detém ou possui o artefato incendiário o emprega, provocando, dolosamente, o incêndio de que resulta perigo comum, o crime previsto na lei especial, deve ser tido como absorvido pelo descrito no art. 250, *caput*, do CP.

A Lei nº 9.605, de 12-2-1998, pune no art. 41, com penas de dois a quatro anos de reclusão e multa, a conduta de "provocar incêndio em floresta ou em demais formas de vegetação". O dispositivo somente se aplica na hipótese de não resultar do incêndio perigo comum. Se do incêndio decorre perigo concreto a pessoas ou coisas indeterminadas, responderá o agente pelo crime mais grave, de incêndio qualificado (art. 250, § 1º, II, alínea *h*, do CP). Na hipótese de culpa, inexistente o perigo comum, aplica-se o disposto no art. 41, parágrafo único.

A Lei de proteção ao meio ambiente também tipifica a conduta de "fabricar, vender, transportar ou soltar balões que possam provocar incêndios nas florestas e demais formas de vegetação, em áreas urbanas ou qualquer tipo de assentamento humano" (art. 42). Trata-se de crime doloso, que exige a vontade de praticar uma das ações típicas, com a consciência de que o balão, ao ser solto, é apto a provocar incêndio na vegetação ou em áreas ocupadas. É desnecessário, porém, que haja perigo concreto. Se o balão, por sua forma de confecção, não é apto a provocar incêndio, a conduta é atípica. Se da conduta de soltar o balão resulta o incêndio e deste perigo comum, responde o agente, na hipótese de dolo, direto ou eventual, pelo crime de incêndio.

Igual entendimento deve ser adotado no caso de culpa. Com a intenção de prevenir o incêndio culposo decorrente de balões, em razão do elevado risco associado à sua soltura, o legislador antecipou a punição à ocorrência do incêndio e cominou penas mais severas no art. 42, de um a três anos de detenção, do que as previstas no art. 41, parágrafo único, e no art. 250, § 2º, do CP, ainda que, neste último caso, resulte lesão corporal (art. 258 do CP). Entendemos, porém, que, na hipótese de incêndio culposo provocado por balão do qual resulta perigo comum, deve prevalecer o art. 250, § 2º, do CP, diante dos bens jurídicos tutelados pelo dispositivo e da previsão das formas qualificadas. Deve atentar o juiz, no entanto, quando da dosagem da pena, para não a fixar em *quantum* inferior ao previsto no art. 42 da Lei nº 9.605/2008, aplicável aos casos de não ocorrência de perigo comum. No confronto com o art. 41, parágrafo único, prevalece o art. 42, que estabelece punição mais rigorosa, considerando-se como *post factum* impunível o incêndio culposo provocado na mata ou floresta.

Jurisprudência

- Inexistência de perigo comum: desclassificação do crime de incêndio
- Desclassificação para o crime de perigo individual
- Incêndio e não exercício arbitrário das próprias razões ou dano
- Exercício arbitrário das próprias razões e não incêndio
- Desclassificação para o crime de dano qualificado

250.8 Concurso de crimes

Pode haver concurso formal de incêndio com outros delitos, não sendo absorvido, em regra, por ser crime mais grave quando é empregado como meio para a prática de outro ilícito. A existência de mais de um bem jurídico atingido não caracteriza concurso formal, embora assim já se tenha decidido.

Jurisprudência

- Absorção do crime de dano
- Concurso formal com crime de incêndio
- Concurso formal com crime de explosão
- Absorção do crime de estelionato
- Concurso formal com vários ofendidos

Explosão

Art. 251. Expor a perigo a vida, a integridade física ou o patrimônio de outrem, mediante explosão, arremesso ou simples colocação de engenho de dinamite ou de substância de efeitos análogos:

Pena – reclusão, de 3 (três) a 6 (seis) anos, e multa.

§ 1º Se a substância utilizada não é dinamite ou explosivo de efeitos análogos:

Pena – reclusão, de 1 (um) a 4 (quatro) anos, e multa.

Aumento de pena

§ 2º As penas aumentam-se de um terço, se ocorre qualquer das hipóteses previstas no § 1º, I, do artigo anterior, ou é visada ou atingida qualquer das coisas enumeradas no no II do mesmo parágrafo.

Modalidade culposa

§ 3º No caso de culpa, se a explosão é de dinamite ou substância de efeitos análogos, a pena é de detenção, de 6 (seis) meses a 2 (dois) anos; nos demais casos, é de detenção, de 3 (três) meses a 1 (um) ano.

Vide: CP arts. 121, § 2º, III, 155, §§ 4º-A e 7º, 157, §§ 2º, VI, e 2º-A, II, 163, parágrafo único, II, 250, § 1º, I, II, 253, 258; **CPM** art. 269 (tipifica a explosão em lugar sujeito à administração militar); **Lei nº 9.605**, de 12-2-1998, art. 35 (pescar mediante utilização de explosivos); **Lei nº 10.826**, de 23-12-2003, art. 16, § 1º, III (tipifica a posse, detenção, fabricação ou emprego de artefato explosivo, sem autorização ou em desacordo com determinação legal ou regulamentar), V (tipifica a venda, entrega ou fornecimento, de arma de fogo, acessório, munição ou explosivo a criança ou adolescente),

VI (produzir recarregar ou reciclar sem autorização legal ou adulterar, de qualquer forma, munição ou explosivo); **Lei nº 10.300**, de 31-1-2001, art. 2º (tipifica condutas relacionadas com minas terrestres antipessoal no território nacional);.

251 EXPLOSÃO

251.1 Sujeitos do delito

O crime de explosão é delito comum, podendo ser praticado por qualquer pessoa.

O sujeito passivo é o Estado, titular da incolumidade pública posta em risco ou lesada pelo crime, bem como qualquer titular de bem jurídico atingido.

251.2 Tipo objetivo

A conduta típica é pôr em perigo a incolumidade pública, causando explosão ou arremessando ou colocando engenho explosivo. A primeira modalidade concretiza-se com a explosão, estrondo e violento deslocamento de ar pela brusca expansão e substâncias várias.

A segunda ação é a do arremesso de engenho explosivo, do lançamento feito a distância, com as mãos ou com a utilização de aparelhos.

Na última modalidade, trata a lei da colocação do engenho explosivo (bomba, aparelho, máquina).

A Lei nº 10.300, de 31-1-2001, proíbe o emprego, o desenvolvimento, a fabricação, a comercialização, a importação, a exportação, a aquisição, a estocagem, a retenção ou a transferência, direta ou indiretamente, de minas terrestres antipessoal no território nacional. O Decreto nº 3.229, de 29-10-99, promulgou no país a Convenção Interamericana contra os Tráficos Ilícitos de Armas de Fogo, Munições, Explosivos e outros Materiais Correlatos, concluída em Washington em 14-11-1997.

O objeto material do crime previsto no art. 251 é o engenho de dinamite (nitroglicerina embebida em materiais sólidos) ou substância de efeitos análogos (benzina, trotil, gelatina explosiva, fogos de artifício etc.).

O crime de explosão é de perigo concreto, exigindo a situação de perigo concreto e que ponha em risco a integridade física ou o patrimônio de outrem.

Jurisprudência

- Crime pela colocação de engenho explosivo
- Necessidade da criação de perigo comum
- Necessidade de perigo concreto
- Suficiência de perigo para uma só pessoa
- Conceito de substância de efeitos análogos

251.3 Tipo subjetivo

O dolo é a vontade de praticar a ação incriminada, com a explosão, arremesso ou colocação do engenho, estando o agente ciente do risco à incolumidade pública. Não menciona a lei qualquer finalidade da conduta, que é, pois, irrelevante.

Jurisprudência

- Crime com dolo eventual

251.4 Consumação e tentativa

Consuma-se o crime no momento em que se instala a situação de perigo coletivo, quer pela explosão, quer pelo arremesso, quer pela colocação do engenho explosivo.

É possível a tentativa em qualquer das modalidades típicas, não se consumando o crime, ou seja, não se instalando o perigo por circunstâncias alheias à vontade do agente.

Jurisprudência

- Consumação do crime de explosão

251.5 Forma privilegiada

Quando o explosivo não é dinamite ou substância de efeitos análogos, trata-se de crime privilegiado e a pena é menor, conforme se prevê no § 1º do art. 251.

Jurisprudência

- Verificação do potencial destruidor e os efeitos da explosão
- Crime de explosão privilegiado

251.6 Formas qualificadas

Prevê a lei penas aumentadas de um terço quando ocorre qualquer das hipóteses previstas no art. 250, § 1º, I, ou é visada ou atingida qualquer das coisas enumeradas no inciso II do mesmo parágrafo (item 250.5).

Também há crime qualificado, agora pelo resultado, se houver lesão corporal de natureza grave ou morte (item 258.1).

Jurisprudência

- Explosão em calçada: inexistência da qualificadora

251.7 Explosão culposa

Havendo explosão por culpa, se for de dinamite ou substância de efeitos análogos, a pena é de detenção, de seis meses a dois anos; nos demais casos, é de detenção, de três meses a um ano. Ocorrendo a morte, no crime culposo, não há distinção quanto à natureza do explosivo, pois a pena será sempre a do homicídio culposo, aumentada de um terço.

Jurisprudência

- Caracterização do crime de explosão culposa
- Sujeito ativo do crime de explosão culposa
- Inexistência de responsabilidade por ato de preposto
- Prova por indícios
- Resultado morte: irrelevância da natureza do explosivo

251.8 Distinção

Não se instalando a situação de perigo comum, o fato poderá constituir crime de dano qualificado. O fato também pode constituir crime militar (art. 269 do CPM). Se a explosão, que causa perigo comum, é meio empregado para o rompimento de obstáculo a fim de viabilizar a subtração de bens, o crime é de furto qualificado (art. 155, § 4º-A) ou roubo qualificado (art. 157, § 2º-A, II), restando absorvido o crime de explosão. A subtração de substâncias explosivas ou acessórios configura, também, o crime de furto qualificado (art. 155, § 7º) ou roubo qualificado (art. 157, § 2º, VI).

Jurisprudência

- Contravenção e não crime de explosão
- Homicídio culposo e não crime de explosão

251.9 Concurso de crimes

É possível o concurso do crime de explosão com outros delitos, como nos casos de furto e roubo. Se o emprego dos explosivos não ocorre exclusivamente como meio para o rompimento de obstáculos e para a subtração, mas, também, com outra finalidade no mesmo contexto fático, como, por exemplo, dificultar a ação policial e facilitar a fuga, configura-se o concurso material de infrações.

Uso de gás tóxico ou asfixiante

Art. 252. Expor a perigo a vida, a integridade física ou o patrimônio de outrem, usando de gás tóxico ou asfixiante:

Pena – reclusão, de 1 (um) a 4 (quatro) anos, e multa.

Modalidade culposa

Parágrafo único. Se o crime é culposo:

Pena – detenção, de 3 (três) meses a 1 (um) ano.

Vide: **CP** arts. 121, § 2º, III, 132, 253, 258; **LCP** art. 38; **CPM** art. 270 (emprego de gás tóxico ou asfixiante em lugar sujeito à administração militar), 271 (define crime de perigo no abuso de radiação ionizante ou substância radioativa em lugar sujeito à administração militar); **Lei nº 9.605**, de 12-2-1998, art. 54 (define crime de poluição), art. 56, *caput* e § 1º (tipificam condutas relacionadas a produto ou substância tóxica, perigosa ou nociva à saúde humana ou ao meio ambiente), § 2º (aumento de pena na hipótese de produto ou substância nuclear ou radioativa), § 3º (forma culposa); **Lei nº 11.254**, de 27-12-2005, art. 4º, I (tipifica o uso de armas químicas no país).

252 USO DE GÁS TÓXICO OU ASFIXIANTE

252.1 Sujeitos do delito

Sujeito ativo do crime é qualquer pessoa que pratique a conduta típica, nada impedindo a coautoria ou participação criminosa.

Sujeito passivo é a coletividade, ou seja, o Estado, bem como aquele que sofrer risco para sua vida, saúde ou patrimônio com o uso pelo agente de gás tóxico ou asfixiante.

Jurisprudência

- Necessidade de comprovação da autoria

252.2 Tipo objetivo

A conduta típica é *usar*, utilizar, fazer uso, produzir gás *tóxico*, substância que, se em estado gasoso ou que para ser utilizada deve passar ao estado de gás ou de vapor, é perigosa para a segurança e para a incolumidade pública, como o ácido cianídrico, o amoníaco, o anidro sulfuroso etc., ou *asfixiante*, sufocante (que atua mecanicamente sobre as vias respiratórias), dificultando ou impedindo a respiração, como ocorre com o gás lacrimogêneo. É preciso que o gás tenha toxicidade ou quantidade suficiente para pôr em risco a vida, saúde ou patrimônio de outrem.

Jurisprudência

- Baixa toxidade: inexistência do crime
- Inexistência de perigo concreto: descaracterização

252.3 Tipo subjetivo

O dolo é a vontade de usar o gás tóxico ou asfixiante, sendo irrelevante a conduta. Utilizado para o homicídio, qualifica o crime (art. 121, § 2º, III).

252.4 Consumação e tentativa

Consuma-se o crime quando se instala a situação de perigo pelo uso do gás tóxico ou asfixiante. Exige-se, assim, perigo concreto, com a comprovação do risco para a incolumidade pública.

A tentativa é teoricamente possível.

252.5 Crime culposo

Comete o crime culposo previsto no parágrafo único do art. 252 aquele que, desconhecendo os efeitos nocivos do gás tóxico ou asfixiante, o usa devendo saber, pelas circunstâncias e por sua situação pessoal, de sua nocividade.

252.6 Formas qualificadas pelo resultado

Ocorrendo lesão corporal de natureza grave ou morte, configura-se o crime qualificado previsto no art. 258.

252.7 Distinção

Se a conduta é praticada em lugar sujeito à administração militar pode se configurar o crime previsto no art. 270 do CPM. O uso de armas químicas no país constitui crime previsto no art. 4º, I e II, da Lei nº 11.254, de 27-12-2005, punido com reclusão de um a dez anos.

Fabrico, fornecimento, aquisição, posse ou transporte de explosivos ou gás tóxico, ou asfixiante

Art. 253. Fabricar, fornecer, adquirir, possuir ou transportar, sem licença da autoridade, substância ou engenho explosivo, gás tóxico ou asfixiante, ou material destinado à sua fabricação:

Pena – detenção, de 6 (seis) meses a 2 (dois) anos, e multa.

Vide: CP arts. 251, 252, 258; **Lei n° 6.453**, de 17-10-1977 (dispõe sobre a responsabilidade civil por danos nucleares e a responsabilidade criminal por atos relacionados com atividades nucleares), arts. 19 a 27 (definem crimes relacionados com atividades nucleares); **Lei n° 8.069**, de 13-7-1990 – **ECA**, art. 242 (tipifica a venda, fornecimento ou entrega a criança ou adolescente de arma, munição ou explosivo), art. 244 (tipifica a venda, fornecimento ou entrega a criança ou adolescente de fogos de estampido ou de artifício capazes de provocar dano físico); **Lei n° 9.605**, de 12-2-1998, art. 56, *caput* e § 1° (tipificam como crimes contra o meio ambiente condutas relacionadas com produto ou substância tóxica, perigosa ou nociva à saúde humana ou ao meio ambiente), § 2° (aumento de pena na hipótese de produto ou substância nuclear ou radioativa), § 3° (forma culposa); **Lei n° 10.300**, de 31-1-2001, art. 2° (tipifica condutas relacionadas com minas terrestres antipessoal no território nacional); **Lei n° 10.826**, de 23-12-2003, art. 16, § 1°, III (tipifica a posse, detenção, fabricação ou emprego de artefato explosivo, sem autorização ou em desacordo com determinação legal ou regulamentar), V (tipifica a venda, entrega ou fornecimento de arma de fogo, acessório, munição ou explosivo a criança ou adolescente), VI (produzir, recarregar ou reciclar sem autorização legal ou adulterar, de qualquer forma, munição ou explosivo); **Lei n° 11.254**, de 27-12-2005, art. 4°, I e II (tipifica a conduta de realizar no país atividade que envolva pesquisa, produção, estocagem, aquisição, transferência, importação ou exportação de armas químicas ou de substâncias químicas destinadas à sua produção).

253 FABRICO, FORNECIMENTO, AQUISIÇÃO, POSSE OU TRANSPORTE DE EXPLOSIVOS OU GÁS TÓXICO, OU ASFIXIANTE

253.1 Sujeitos do delito

Pratica o crime previsto no art. 253 qualquer pessoa que fabrica, fornece, adquire, possui ou transporta o explosivo, gás tóxico ou asfixiante ou material destinado a fabricação daqueles. Nada impede a coautoria e a participação criminosa.

Sujeito passivo é a coletividade, ou seja, o Estado, titular da incolumidade pública, posta em risco, por presunção legal, pela conduta.

253.2 Tipo objetivo

A primeira modalidade é a de *fabricar*, ou seja, de criar por qualquer processo o objeto ou a substância incriminada. A segunda é a de *fornecer*, que significa entregá-los a título gratuito ou oneroso. *Adquirir* é comprar, obter, conseguir de qualquer forma. *Possuir* é ter a propriedade ou posse, guardar, ter consigo. *Transportar* é conduzir, remover de um lugar para outro.

É objeto material tanto o engenho explosivo como o gás tóxico ou asfixiante ou material destinado a fabricação de qualquer deles. É evidente a necessidade de que se comprove, por perícia, que se trata de substância destinada a explodir, por sua própria desintegração, no primeiro caso, ou que o gás é, em tese, nocivo à incolumidade pública. O art. 253, porém, foi derrogado quanto às condutas de fabricar e possuir engenho explosivo e de fabricar substância explosiva, sem licença da autoridade. Nos termos do art. 16, § 1º, da Lei nº 10.826, de 22-12-2003, que dispõe sobre o registro, posse e comercialização de armas de fogo e munição, pune-se com pena de reclusão de três a seis anos quem: "III – possuir, deter, fabricar ou empregar artefato explosivo ou incendiário, sem autorização ou em desacordo com determinação legal ou regulamentar"; "VI – produzir, recarregar ou reciclar, sem autorização legal, ou adulterar, de qualquer forma, munição ou explosivo."

Trata-se de crime de perigo abstrato, não se exigindo, portanto, que o fato tenha realmente causado risco para a incolumidade pública.

Embora a fiscalização de explosivos seja atribuída a órgão federal, o crime de posse de explosivos é da competência da Justiça comum estadual e não da Justiça Federal.

Jurisprudência

- Competência da Justiça estadual
- Conceito de substância explosiva
- Armazenamento ilegal de fogos de artifício: crime caracterizado
- Inexistência do crime
- Exigência de exame pericial

253.3 Tipo subjetivo

O dolo é a vontade de praticar uma das condutas inscritas no tipo, estando consciente da ausência de licença da autoridade e da possibilidade do perigo comum. É indiferente, porém, o fim da conduta do agente.

Jurisprudência

- Irrelevância da finalidade do agente
- Existência do dolo
- Não reconhecimento de erro sobre a ilicitude do fato

253.4 Consumação e tentativa

Consuma-se o crime no momento em que o agente pratica uma das condutas. Tratando-se de crime de perigo abstrato, é o risco presumido de modo absoluto.

A tentativa só é possível na conduta de adquirir o objeto ou a substância incriminada.

253.5 Distinção

O Estatuto da Criança e do Adolescente criou tipo penal especial quanto ao fornecimento de explosivos e outras substâncias e objetos a menores de 18 anos. O art. 242 da Lei nº 8.069/90, com a redação dada pela Lei nº 10.764, de 12-11-2003, passou a prever a pena de reclusão de três a seis anos para quem "vender, fornecer ainda que gratuitamente ou entregar, de qualquer forma, a criança ou adolescente arma, munição ou explosivo". A

Lei nº 10.826, de 22-12-2003, no art. 16, § 1º, inciso V, prevendo as mesmas penas, com redação semelhante, apenas explicitando que a arma deve ser "de fogo", redefiniu o crime nos seguintes termos: "vender, entregar ou fornecer, ainda que gratuitamente, arma de fogo, acessório, munição ou explosivo a criança ou adolescente". No art. 244 do ECA pune-se, com pena de seis meses a dois anos de detenção, e multa, quem "vender, fornecer ainda que gratuitamente ou entregar, de qualquer forma, a criança ou adolescente fogos de estampido ou de artifício, exceto aqueles que, pelo seu reduzido potencial, sejam incapazes de provocar qualquer dano físico em caso de utilização indevida".

A Lei nº 9.605, de 12-2-1998, define no art. 56, *caput* e § 1º, como crime punido com reclusão, de um a quatro anos, e multa, diversas condutas (produção, armazenamento, uso, comercialização, abandono etc.) que se relacionam com produto ou substância tóxica, perigosa ou nociva à saúde humana ou ao meio ambiente, que sejam praticadas em desacordo com as exigências legais e regulamentares. Preveem-se a forma qualificada, com aumento da pena de um sexto a um terço, se a substância é nuclear ou radioativa, e a culposa, punida com detenção, de seis meses a um ano, e multa. Os crimes relacionados com atividade nuclear estão previstos nos arts. 19 a 27 da Lei nº 6.453, de 17-10-1977, que também dispõe sobre a responsabilidade civil por danos nucleares, a qual, nos termos do art. 21, XXIII, alínea *d*, da Constituição Federal, independe da existência de culpa (EC nº 49, de 8-2-2006). O uso, pesquisa, produção, estocagem, aquisição, transferência, importação e exportação de armas químicas são condutas que configuram o crime previsto no art. 4º da Lei nº 11.254, de 27-12-2005, ao qual se comina pena de um a dez anos de reclusão.

253.6 Concurso

A prática de duas ou mais das condutas típicas, com o mesmo objeto material, constitui crime único e não concurso de crimes. Também não há concurso se o crime previsto no art. 253 é meio para a prática de crime-fim mais grave.

Jurisprudência

- Inexistência de concurso material

Inundação

Art. 254. Causar inundação, expondo a perigo a vida, a integridade física ou o patrimônio de outrem:

Pena – reclusão, de 3 (três) a 6 (seis) anos, e multa, no caso de dolo, ou detenção, de 6 (seis) meses a 2 (dois) anos, no caso de culpa.

Vide: CP arts. 161, § 1º, I, 163, 255, 257, 258; CPM art. 272 (tipifica a inundação em lugar sujeito à administração militar).

254 INUNDAÇÃO

254.1 Sujeitos do delito

Sujeito ativo do crime é qualquer pessoa que provoque, dolosa ou culposamente, a inundação.

Sujeito passivo é a coletividade, o Estado e, eventualmente, os titulares dos bens jurídicos expostos a perigo ou lesados pela conduta do agente.

254.2 Tipo objetivo

A conduta típica é *causar*, dar causa, promover, provocar, produzir, motivar, por qualquer meio, a invasão ou alagamento pelas águas de lugar não destinado a contê-las, seja de forma lenta, seja de maneira instantânea ou continuada. O crime pode ser praticado por ação ou omissão daquele que tem o dever jurídico de evitar a inundação.

Exige-se que o extravasamento das águas seja acentuado, de modo a causar perigo concreto à incolumidade pública.

Jurisprudência

- Exigência de comprovação de nexo causal no crime culposo

254.3 Tipo subjetivo

O tipo penal prevê o crime por dolo, ou seja, a vontade de provocar a inundação, tendo a consciência do perigo comum, sendo irrelevante sua finalidade. Também prevê o crime por culpa, ou seja, por imprudência, negligência ou imperícia, por não tomar o agente as cautelas exigidas na espécie.

254.4 Consumação e tentativa

Consuma-se o crime com o perigo à vida, à integridade física ou ao patrimônio de outrem, quando já está concretizada a inundação.

Nada impede a tentativa no crime doloso de inundação.

254.5 Distinção

Quando não ocorrer o perigo comum, pode haver, residualmente, o crime de dano ou de usurpação de águas.

Perigo de inundação

> **Art. 255.** Remover, destruir ou inutilizar, em prédio próprio ou alheio, expondo a perigo a vida, a integridade física ou o patrimônio de outrem, obstáculo natural ou obra destinada a impedir inundação:
>
> Pena – reclusão, de 1 (um) a 3 (três) anos, e multa.

Vide: CP arts. 161, § 1º, I, 163, 254, 256, 257, 258; **CPM** art. 273 (tipifica o perigo de inundação em local sujeito à administração militar).

255 PERIGO DE INUNDAÇÃO

255.1 Sujeitos do delito

Sujeito ativo do crime é qualquer pessoa que pratique a conduta expressa no tipo, inclusive o proprietário do imóvel em que se encontra o obstáculo ou a obra.

Sujeito passivo é o Estado e, individualmente, os que tiverem seus bens jurídicos postos em perigo pela conduta do agente.

255.2 Tipo objetivo

As condutas são a de *remover*, ou seja, de tirar, transferir, mudar de lugar, deslocar, afastar o obstáculo ou a obra, a de *destruir*, ou seja, eliminar, fazer desaparecer, e a de *inutilizá-lo*, torná-lo inoperante, inútil. O objeto material é obstáculo natural (margem do rio, por exemplo) ou obra destinada a impedir a inundação (barragem, reclusa, dique, comporta etc.).

Trata-se de crime de perigo concreto, exigindo a causação de risco para a incolumidade pública.

255.3 Tipo subjetivo

O dolo do crime previsto no art. 255 é a vontade de praticar uma das condutas típicas, ciente o agente de que pode provocar perigo comum. Se houver o intuito de provocar a inundação, o crime é tipificado no art. 254.

255.4 Consumação e tentativa

Consuma-se o crime com a criação do perigo coletivo, independentemente da ocorrência da inundação.

Nada impede a tentativa nas condutas de remoção, destruição ou inutilização do obstáculo natural ou da obra destinada a impedir inundação.

Desabamento ou desmoronamento

> Art. 256. Causar desabamento ou desmoronamento, expondo a perigo a vida, a integridade física ou o patrimônio de outrem:
> Pena – reclusão, de 1 (um) a 4 (quatro) anos, e multa.

Modalidade culposa

> Parágrafo único. Se o crime é culposo:
> Pena – detenção, de 6 (seis) meses a 1 (um) ano.

Vide: **CP** arts. 121, § 3º, 129, § 6º, 163, 251, 254, 255, 258; **LCP** art. 29; **CPM** art. 274 (tipifica o desabamento em local sujeito à administração militar).

256 DESABAMENTO OU DESMORONAMENTO

256.1 Sujeitos do delito

Sujeito do crime é qualquer pessoa, inclusive o proprietário do imóvel onde ocorre o fato.

Sujeito passivo é o Estado, a coletividade, e também a pessoa ou pessoas ameaçadas ou lesadas em sua vida, integridade corporal ou patrimônio.

Jurisprudência

- Inexistência do crime com perigo a pessoas determinadas

256.2 Tipo objetivo

A conduta típica do art. 256 é a de *dar causa*, provocar, promover, motivar o desabamento ou desmoronamento. Desabamento é a queda de construções ou obras construídas pelo homem (edifício, ponte etc.); desmoronamento refere-se a partes do solo (morro, pedreira etc.). Ocorre o crime com o desabamento ou desmoronamento ainda que parcial. Pode o crime ser praticado por omissão, não evitando o agente o fato quando, consciente do perigo, tem o dever jurídico de impedi-lo.

Indispensável é que se lese bem jurídico ou se instale uma situação de perigo para pessoas ou coisas indeterminadas.

256.3 Tipo subjetivo

O dolo é a vontade de provocar o desabamento ou desmoronamento, ciente o sujeito ativo de que haverá perigo para a incolumidade pública. Nada impede o crime com dolo eventual, em que o agente tenha consciência de que sua conduta, por ação ou omissão, causará o desabamento ou desmoronamento. Indiferente é o fim do comportamento do agente.

256.4 Consumação e tentativa

Consuma-se o crime com a situação de perigo concreto criada pelo desmoronamento ou desabamento. Havendo lesão corporal ou morte, há crime qualificado (art. 258).

A tentativa é juridicamente possível.

256.5 Crime culposo

Comete o crime culposo quem, por imprudência, imperícia ou negligência, causa o desabamento ou desmoronamento, ou seja, por ter deixado o sujeito ativo de tomar as cautelas devidas em sua conduta comissiva ou omissiva. Nada impede que vários agentes (engenheiros, mestres-de-obras, operários etc.) concorram para o fato. Também na forma culposa o crime somente se configura se houver o desabamento ou o desmoronamento e o fato causar ao menos perigo concreto para a incolumidade pública.

Havendo morte, aplica-se o disposto no art. 258, última parte. A ocorrência de mais de uma morte não implica o reconhecimento de concurso formal, mas o de crime único.

Jurisprudência

- Necessidade de relação causal no crime por omissão
- Necessidade do desabamento ou desmoronamento
- Existência de culpa: imprudência e imperícia
- Existência de culpa: negligência
- Existência de culpa: imprudência
- Existência de culpa intensa
- Irrelevância de culpas concorrentes
- Inexistência de culpa
- Exclusão de responsabilidade
- Queda de materiais: inexistência de crime
- Necessidade de relação causal no crime por omissão
- Necessidade do desabamento ou desmoronamento
- Necessidade de perigo concreto para a incolumidade pública
- Existência de perigo comum: crime caracterizado
- Responsabilidade por erro na execução de projeto
- Inexistência de concurso formal

256.6 Distinção

Não ocorrendo perigo para a incolumidade pública, pode haver crime de dano, na forma dolosa ou a contravenção do art. 29 da LCP; ocorrendo lesão corporal ou morte, nas mesmas circunstâncias, haverá crime de lesão corporal ou homicídio culposos. O desabamento em local sujeito à administração militar pode configurar o crime previsto no art. 274 do CPM.

Jurisprudência

- Contravenção e não crime de desabamento ou desmoronamento culposo
- Homicídio culposo e não desabamento com morte

Subtração, ocultação ou inutilização de material de salvamento

> Art. 257. Subtrair, ocultar ou inutilizar, por ocasião de incêndio, inundação, naufrágio, ou outro desastre ou calamidade, aparelho, material ou qualquer meio destinado a serviço de combate ao perigo, de socorro ou salvamento; ou impedir ou dificultar serviço de tal natureza:
>
> Pena – reclusão, de 2 (dois) a 5 (cinco) anos, e multa.
>
> *Vide*: CP arts. 13, § 2º, 155, 163, 250, 254, 258.

257 SUBTRAÇÃO, OCULTAÇÃO OU INUTILIZAÇÃO DE MATERIAL DE SALVAMENTO

257.1 Sujeitos do delito

Qualquer pessoa, mesmo o proprietário do aparelho ou material de salvamento, pode praticar o crime.

Sujeito passivo é a coletividade, o Estado.

257.2 Tipo objetivo

Na primeira parte do art. 257, incriminam-se os casos de *subtração* (tirada, apossamento), *ocultação* (supressão), ou *inutilização* (destruição, danificação) do aparelho, material ou qualquer meio destinado ao combate, socorro ou salvamento nas situações de incêndio, inundação, naufrágio ou outro desastre ou calamidade pública. O objeto material do crime é o objeto ou coisa com essa destinação (extintor de incêndio, medicamentos, macas, padiolas, escadas, cordas, salva-vidas etc.).

Na segunda parte, a conduta típica é a de impedir ou dificultar os serviços de salvamento, combate ou socorro. Não constitui crime a simples recusa de auxílio pessoal aos bens jurídicos em perigo quando o sujeito não tem o dever jurídico de impedir o resultado (art. 13, § 2º). Pode haver crime por omissão de bombeiros, marinheiros, médicos sanitaristas etc.

Trata-se de crime de perigo abstrato, não se exigindo, portanto, o risco para a incolumidade pública da conduta do agente, embora se exija a situação de incêndio, inundação, naufrágio etc.

257.3 Tipo subjetivo

O dolo é a vontade de praticar uma das condutas mencionadas no artigo por ocasião dos fatos referidos no dispositivo. É indiferente a finalidade da conduta. Entretanto, esta pode configurar outro ilícito (homicídio, lesões etc.). Não se prevê a figura culposa em qualquer das modalidades inscritas no art. 257.

257.4 Consumação e tentativa

A consumação, quanto à primeira parte do artigo, ocorre com a subtração, ocultação ou inutilização do aparelho, material ou outro meio, mesmo que não se frustre o salvamento ou socorro. Quanto à segunda parte, a consumação ocorre com a situação de impedimento ou dificuldade de prestação do serviço.

Em ambos os casos, é admissível a tentativa.

257.5 Concurso de crimes

Pode haver concurso com outros crimes (furto, dano etc.).

Formas qualificadas de crime de perigo comum

> Art. 258. Se do crime doloso de perigo comum resulta lesão corporal de natureza grave, a pena privativa de liberdade é aumentada de metade; se resulta morte, é aplicada em dobro. No caso de culpa, se do fato resulta lesão corporal, a pena aumenta-se de metade; se resulta morte, aplica-se a pena cominada ao homicídio culposo, aumentada de um terço.

Vide: CP arts. 19, 121, § 2º, III, § 3º, 129, §§ 1º e 2º, 250 a 257.

258 CRIMES QUALIFICADOS PELO RESULTADO

258.1 Crime de perigo comum com lesão corporal ou morte

Em dispositivo genérico, a lei prevê formas qualificadas pelos resultados dos crimes de perigo comum: incêndio (art. 250), explosão (art. 251), uso de gás tóxico ou asfixiante (art. 252), fabrico, fornecimento, aquisição, posse ou transporte de explosivos ou gás tóxico ou asfixiante (art. 253), inundação (art. 254), perigo de inundação (art. 255), desabamento ou desmoronamento (art. 256) e subtração, ocultação ou inutilização de material de salvamento (art. 257). Tratando-se de crime doloso, a pena prevista para cada tipo penal é elevada de metade quando ocorrer lesão corporal de natureza grave e duplicada em caso de morte. Tratando-se de crime culposo de que resulte lesão corporal, a pena é também aumentada de metade; havendo morte, porém, aplica-se a pena cominada ao homicídio culposo, aumentada de um terço. São vítimas secundárias de qualquer dos crimes citados as pessoas lesadas ou mortas em decorrência do fato. O número de vítimas, porém, não leva ao concurso formal de crimes, mas a um único delito.

Jurisprudência

- Tipificação no crime de perigo comum
- Resultado morte: irrelevância da natureza do explosivo
- Inexistência de concurso formal
- Exigência de culpa com relação ao resultado qualificador

Difusão de doença ou praga

> Art. 259. Difundir doença ou praga que possa causar dano a floresta, plantação ou animais de utilidade econômica:
>
> Pena – reclusão, de 2 (dois) a 5 (cinco) anos, e multa.

Modalidade culposa

> Parágrafo único. No caso de culpa, a pena é de detenção, de 1 (um) a 6 (seis) meses, ou multa.
>
> *Vide*: Lei nº 9.605, de 12-2-1998, art. 61 (redefine a conduta de difusão de doença ou praga como crime contra o meio ambiente). **Lei nº 12.873**, de 24-10-2013, art. 52 (autoriza o Poder Executivo a declarar estado de emergência fitossanitária ou zoossanitária no caso de risco iminente de surto de epidemia de doença ou praga).

259 DIFUSÃO DE DOENÇA OU PRAGA

259.1 Sujeitos do delito

Sujeito ativo do crime previsto no art. 259 é qualquer pessoa que pratica a conduta típica, inclusive o proprietário das plantações, dos animais etc.

Sujeito passivo é o Estado e, em segundo plano, os titulares dos bens atingidos pela doença ou praga.

259.2 Tipo objetivo

A conduta típica é *difundir*, espalhar, fazer propagar doença, processo patológico que provoca morte, destruição ou deterioração de plantas ou animais (febre aftosa, raiva, salmonelose, difteria, cancro cítrico, pestes etc.) ou praga, surto maléfico e transeunte semelhante a epidemia (filoxera, lagarta rosada, ácaros etc.). Para se falar em difusão, é necessário que o mal tenha atingido certo número de plantas ou animais.

É indispensável que as plantas ou animais tenham valor econômico, ainda que não sejam estes domésticos, excluídos, portanto, os animais ferozes ou nocivos quando não tenham aquele valor.

É desnecessário que haja perigo concreto, bastando que a doença ou praga possa causar dano.

Jurisprudência

- Inexistência de crime
- Falsificação e não difusão de doença ou praga

259.3 Tipo subjetivo

O dolo do crime é a vontade de difundir doença ou praga, ciente o agente de que possa causar dano. É indiferente a finalidade da conduta.

259.4 Consumação e tentativa

Consuma-se o crime quando há efetiva difusão ou propagação da doença ou praga, desde que possa causar perigo para a floresta, plantação ou animais.

É possível a tentativa.

259.5 Crime culposo

Difundindo-se a doença ou praga por culpa do agente, a pena é de detenção, de um a seis meses, ou multa. Comum é a negligência do proprietário que não evita a difusão da doença por omissão das cautelas devidas.

259.6 Revogação

No art. 61 da Lei nº 9.605, de 12-2-1998, define-se como crime contra o meio ambiente, punido com reclusão de um a quatro anos, e multa, a conduta de "disseminar doença ou praga ou espécies que possam causar dano à agricultura, à pecuária, à fauna, à flora ou aos ecossistemas". Nas razões do veto ao art. 1º da Lei nº 9.605, contida na Mensagem Presidencial nº 181, de 12-2-1998, afirma-se que a Lei não teria incluído o crime previsto no art. 259 do CP. O novo tipo penal, porém, redefiniu o crime de difusão de doença ou praga de forma mais abrangente, protegendo-se não apenas "a agricultura" e "a pecuária", formas de atividade econômica, mas também a "fauna", "flora" e "ecossistemas", que compreendem o conceito de "floresta", tenham ou não utilidade econômica. O bem jurídico tutelado no art. 259, que é a "incolumidade pública", passou a consistir na nova lei penal, de forma mais precisa, o "meio ambiente", conceito aperfeiçoado posteriormente à entrada em vigor do Código Penal. Regulando inteiramente a matéria, o art. 61 da lei ambiental revogou tacitamente o art. 259 do CP. Curiosamente, a conduta passou a ser menos severamente punida, abolindo-se a forma culposa.

CAPÍTULO II

DOS CRIMES CONTRA A SEGURANÇA DOS MEIOS DE COMUNICAÇÃO E TRANSPORTE E OUTROS SERVIÇOS PÚBLICOS

Perigo de desastre ferroviário

Art. 260. Impedir ou perturbar serviço de estrada de ferro:

I – destruindo, danificando ou desarranjando, total ou parcialmente, linha férrea, material rodante ou de tração, obra-de-arte ou instalação;

II – colocando obstáculo na linha;

III – transmitindo falso aviso acerca do movimento dos veículos ou interrompendo ou embaraçando o funcionamento de telégrafo, telefone ou radiotelegrafia;

IV – praticando outro ato de que possa resultar desastre:

Pena – reclusão, de 2 (dois) a 5 (cinco) anos, e multa.

Desastre ferroviário

§ 1º Se do fato resulta desastre:

Pena – reclusão, de 4 (quatro) a 12 (doze) anos, e multa.

§ 2º No caso de culpa, ocorrendo desastre:

Pena – detenção, de 6 (seis) meses a 2 (dois) anos.

§ 3º Para os efeitos deste artigo, entende-se por estrada de ferro qualquer via de comunicação em que circulem veículos de tração mecânica, em trilhos ou por meio de cabo aéreo.

Vide: CP arts. 163, 258, 261 a 264, 359-R; Lei nº 13.260, de 16-3-2016, art. 2º, § 1º, inciso IV (configura o crime de terrorismo a sabotagem do funcionamento ou o apoderamento, ainda que parcial e temporário, do controle de qualquer meio de transporte, portos e aeroportos).

260 PERIGO DE DESASTRE FERROVIÁRIO

260.1 Sujeitos do delito

Qualquer pessoa, inclusive empregado ou funcionário da empresa ferroviária, pode cometer o crime.

Sujeito passivo é o Estado, bem como os titulares de bens jurídicos lesados pela conduta criminosa.

260.2 Tipo objetivo

Como crime de ação múltipla vinculada, o delito de perigo de desastre ferroviário só se configura com uma das formas de ação previstas no art. 260. O núcleo do tipo é *impedir* (evitar, obstruir, opor-se, tornar impossível) ou *perturbar* (atrapalhar, alterar, desorganizar, desarranjar, tornar difícil) o serviço ferroviário. De qualquer forma, a lei prevê uma fórmula genérica, referindo-se à prática de qualquer "outro ato de que possa resultar desastre" (art. 260, IV). Serviço ferroviário é aquele relacionado com transportes de estradas de ferro, a elas equiparada qualquer via de comunicação em que circulam veículos de tração ou trilhos ou por meio de cabo aéreo, incluindo-se, portanto, transporte por bondes, metrô etc.

O crime pode ser praticado por ação ou omissão, mas, para que se possa falar em sua caracterização, é necessário que haja possibilidade de risco para a incolumidade de pessoas ou coisas indeterminadas.

Jurisprudência

- Dano em bonde: possibilidade do crime
- Necessidade de perigo concreto
- *Surf* ferroviário: inexistência de crime

260.3 Tipo subjetivo

O dolo é a vontade de praticar uma das ações mencionadas nos incisos do art. 260 para impedir ou perturbar o serviço ferroviário, tendo o agente consciência do perigo de desastre. Não é indispensável, porém, que queira o desastre ou mesmo uma situação de perigo. Não se exige fim especial da conduta.

Configura, porém, o crime de terrorismo a sabotagem do funcionamento ou o apoderamento, ainda que parcial e temporário, do controle de qualquer meio de transporte, portos e aeroportos, se presentes os demais elementos típicos previstos no art. 2º, § 1º, inciso IV, da Lei nº 13.260, de 16-3-2016.

Jurisprudência

- Dolo no crime de perigo de desastre ferroviário
- Irrelevância do fim da conduta

260.4 Consumação e tentativa

Trata-se de crime de perigo que se consuma com o risco efetivo e imediato de desastre, que deve ser comprovado.

Admissível é a tentativa que ocorre quando o agente praticou ou está praticando o ato e não advém perigo por circunstâncias alheias a sua vontade.

Jurisprudência

- Crime de perigo de desastre ferroviário consumado

260.5 Desastre ferroviário

Comete o crime quem dá causa a desastre, praticando uma das condutas previstas no tipo previsto no art. 260. Não se exige, para a configuração do ilícito, que o agente queira ou assuma o risco do desastre, resultado que pode ser atribuído a ele por culpa (crime preterdoloso). A consumação do crime ocorre com o desastre ferroviário, que é a lesão ou perigo de lesão à incolumidade física ou patrimonial coletiva. O fato que constituiria a tentativa caracteriza a consumação ou tentativa do crime previsto no art. 260, *caput*.

Havendo lesão corporal grave ou morte, aplica-se o art. 258 em face do disposto no art. 263.

260.6 Desastre ferroviário culposo

Dando causa ao desastre por imprudência, negligência ou imperícia, o agente responde pelo crime culposo. O agente não atua com dolo de impedir ou perturbar serviço de estrada de ferro, mas não toma as cautelas exigidas na situação em que se encontra, provocando o evento. Pode responder por culpa, inclusive quando o desastre foi provocado dolosamente por terceiro. Havendo lesão corporal ou morte, aplica-se o art. 258, por força do art. 263. Não constitui culpa a mera inobservância do regulamento do transporte ferroviário (Decreto nº 1.832, de 4-3-1996) ou do regulamento do transporte ferroviário de produtos perigosos (Decreto nº 98.973, de 21-2-1990), devendo ser ela demonstrada no caso concreto.

Jurisprudência

- Aplicação da pena do homicídio culposo
- Desastre ferroviário culposo e não lesão corporal culposa
- Lesão corporal culposa e não desastre ferroviário culposo
- Aplicação da pena do homicídio culposo

Atentado contra a segurança de transporte marítimo, fluvial ou aéreo

> Art. 261. Expor a perigo embarcação ou aeronave, própria ou alheia, ou praticar qualquer ato tendente a impedir ou dificultar navegação marítima, fluvial ou aérea:
>
> Pena – reclusão, de 2 (dois) a 5 (cinco) anos.

Sinistro em transporte marítimo, fluvial ou aéreo

> § 1º Se do fato resulta naufrágio, submersão ou encalhe de embarcação ou a queda ou destruição de aeronave:
>
> Pena – reclusão, de 4 (quatro) a 12 (doze) anos.

Prática do crime com o fim de lucro

> § 2º Aplica-se, também, a pena de multa, se o agente pratica o crime com intuito de obter vantagem econômica, para si ou para outrem.

Modalidade culposa

§ 3º No caso de culpa, se ocorre o sinistro:
Pena – detenção, de 6 (seis) meses a 2 (dois) anos.

Vide: CF art. 109, IX; CP arts. 258, 260, 262 a 264, 359-R; **Lei nº 7.565**, de 19-12-1986 – Código Brasileiro de Aeronáutica, arts. 86 a 93 (dispõem sobre o sistema de investigação e prevenção de acidentes aeronáuticos – SIPAER); **Lei nº 9.432**, de 8-1-1997 (dispõe sobre a ordenação do transporte aquaviário); **Lei nº 9.537**, de 11-12-1997 (dispõe sobre a segurança do tráfego aquaviário); **Lei nº 10.233**, de 5-6-2001 (dispõe sobre a reestruturação dos transportes aquaviários e terrestres); **Lei nº 11.182**, de 27-9-2005 (cria a Agência Nacional de Aviação Civil – ANAC); **Lei nº 11.343**, de 23-8-2006, art. 39 (tipifica a condução de embarcação ou aeronave após o consumo de drogas).

261 ATENTADO CONTRA A SEGURANÇA DE TRANSPORTE MARÍTIMO, FLUVIAL OU AÉREO

261.1 Sujeitos do delito

O art. 261 é crime comum, podendo ser praticado por qualquer pessoa, inclusive o proprietário do veículo.

Sujeito passivo é a coletividade, o Estado e, no caso de sinistro, também os titulares dos bens jurídicos ofendidos.

261.2 Tipo objetivo

A primeira conduta típica prevista é expor a perigo, de qualquer forma e por qualquer meio, inclusive omissão, embarcação ou aeronave. A segunda ação prevista é a de impedir ou dificultar a navegação marítima, fluvial ou aérea, de qualquer forma e por qualquer meio. A referência à embarcação inclui qualquer veículo destinado a navegar, a flutuar na água, pouco importando o meio de tração ou propulsão (navio, barco, lancha etc.). Aeronave é o veículo que pode voar (avião, helicóptero, balão). Exige-se, quanto aos dois, que o veículo seja destinado a transporte coletivo.

A Lei nº 9.432, de 8-1-1997, estabelece normas de ordenação do transporte aquaviário e dá outras providências. A Lei nº 9.537, de 11-12-1997, dispõe sobre a segurança do tráfego aquaviário em águas sob jurisdição nacional. A Lei nº 10.233, de 5-6-2001, dispõe sobre a reestruturação dos transportes aquaviários e terrestres. O Brasil é signatário da Convenção para a Supressão de Atos Ilícitos contra a Segurança da Navegação Marítima promulgada pelo Decreto nº 6.136 de 26-6-2007.

O Código Brasileiro de Aeronáutica (Lei nº 7.565, de 19-12-1986) contém normas relativas ao tráfego e serviços de transporte aéreo e disciplina a investigação e prevenção de acidentes aeronáuticos (arts. 86 a 93, com as alterações introduzidas pela Lei nº 12.970, de 8-5-2014). A Lei nº 10.744, de 9-10-2003, regulamentada pelo Decreto nº 5.035, de 5-4-2004, dispõe sobre a assunção, pela União, de responsabilidades civis perante terceiros no caso de atentados terroristas, atos de guerra ou eventos correlatos, contra aeronaves brasileiras. Pela Lei nº 11.182, de 27-9-2005, foi criada a Agência Nacional de Aviação Civil, com ampla competência de regulação, fiscalização e de formulação da política da aviação civil e da infraestrutura aeronáutica e aeroportuária.

Competem à Justiça Federal os processos sobre crimes cometidos a bordo de navios, incluídos os praticados contra a segurança do transporte marítimo (art. 109, IX, da CF).

Jurisprudência

- Omissão no controle da lotação máxima de embarcação: crime caracterizado
- Competência da Justiça Federal
- Necessidade de transporte coletivo

261.3 Tipo subjetivo

O dolo, na primeira modalidade, é a vontade de atentar contra a embarcação ou aeronave, de qualquer forma, ciente o agente que a expõe a perigo. Na segunda, é a vontade de impedir ou dificultar a navegação. Não há finalidade específica para a conduta típica, que pode ser qualquer uma.

261.4 Consumação e tentativa

O crime previsto no art. 261 é de perigo concreto, exigindo-se um risco efetivo de dano (perigo de naufrágio, encalhe, queda da aeronave etc.).

É admissível a tentativa.

261.5 Sinistro em transporte marítimo, fluvial ou aéreo

Caso do fato resulte naufrágio, submersão ou encalhe da embarcação ou a queda ou destruição da aeronave, o fato enquadra-se no § 1º do art. 261. Naufrágio é a perda do navio por qualquer causa violenta (abalroamento, colisão, explosão etc.); submersão é o afundamento total ou parcial da embarcação, e encalhe é o impedimento da livre flutuação por estar retida por bancos de areia, rochas etc. A queda da aeronave é sua precipitação ao solo ou à água e destruição é seu espedaçamento no ar ou quando a aeronave está pousada. Quanto ao elemento subjetivo, não há necessidade do dolo com relação a esses eventos, bastando a vontade de causar o perigo.

Jurisprudência

- Necessidade do dolo
- Agravantes no crime culposo

261.6 Formas qualificadas

Aplica-se também a pena de multa se o agente pratica o crime com o intuito de obter vantagem econômica para si ou para outrem, exigindo-se, pois, o elemento subjetivo, que é tal finalidade.

Ocorrendo morte ou lesão grave, diante do art. 263, aplica-se o art. 258.

261.7 Sinistro culposo

Causando, por imprudência, negligência ou imperícia, o naufrágio, por não serem observadas as cautelas devidas, a submersão ou encalhe de embarcação ou a queda ou destruição da aeronave, caracteriza-se o crime culposo previsto no § 3º do art. 261.

Jurisprudência

- Necessidade do sinistro para caracterização do crime culposo

261.8 Distinção

A sabotagem contra meios e vias de transporte, no contexto de ações de destruição ou inutilização de instalações ou serviços com o fim de abolir o Estado Democrático de Direito, pode configurar o delito de sabotagem, previsto no art. 359-R. O Decreto nº 8.793, de 29-6-2016, que fixa a Política Nacional de Inteligência, estabelece o conceito de sabotagem. A Lei nº 11.343, de 23-8-2006, tipifica a conduta de "conduzir embarcação ou aeronave após o consumo de drogas, expondo a dano potencial a incolumidade de outrem", prevendo como qualificadora a circunstância de ser o veículo de transporte coletivo de passageiros (art. 39).

Atentado contra a segurança de outro meio de transporte

> Art. 262. Expor a perigo outro meio de transporte público, impedir-lhe ou dificultar-lhe o funcionamento:
>
> Pena – detenção, de 1 (um) a 2 (dois) anos.
>
> § 1º Se do fato resulta desastre, a pena é de reclusão, de 2 (dois) a 5 (cinco) anos.
>
> § 2º No caso de culpa, se ocorre desastre:
>
> Pena – detenção, de 3 (três) meses a 1 (um) ano.

Vide: CP arts. 258, 260, 261, 263, 264; .

262 ATENTADO CONTRA A SEGURANÇA DE MEIO DE TRANSPORTE

262.1 Sujeitos do delito

O sujeito ativo do crime previsto no art. 262 é qualquer pessoa, inclusive o proprietário dos veículos que efetuem o transporte público ou de seus funcionários ou empregados.

Sujeito passivo é o Estado. Em caso de sinistro, também são sujeitos passivos os titulares dos bens jurídicos atingidos.

262.2 Tipo objetivo

Pratica o crime quem impede (faz cessar) ou dificulta (atrapalha) o funcionamento de transporte público, qualquer que seja o meio utilizado pelo agente, excluídas as embarcações e aeronaves e os veículos ferroviários diante dos arts. 260 e 261.

Segundo a doutrina, trata-se também de crime de perigo concreto, exigindo-se a demonstração de efetivo risco para a incolumidade pública.

Jurisprudência

- Existência do crime
- Inexistência de crime
- Absorção do crime de dano

262.3 Tipo subjetivo

O dolo do crime previsto no art. 262 é a vontade de impedir ou dificultar o funcionamento do meio de transporte, exigindo-se a consciência de que está expondo a perigo a incolumidade pública. É indiferente, porém, a finalidade do agente. Se esta for atentar contra o Estado Democrático de Direito, ocorre o crime previsto no art. 359-R. O conceito de sabotagem é dado pelo Decreto nº 8.793, de 29-6-2016, que fixa a Política Nacional de Inteligência.

Jurisprudência

- Exigência de comprovação do dolo
- Distinção com o crime de arremesso de projétil
- Necessidade da consciência da criação do perigo

262.4 Consumação e tentativa

Consuma-se o crime quando se instala o perigo coletivo, concreto.

Nada impede a tentativa.

262.5 Sinistro em meio de transporte

Ocorrendo o desastre com o meio de transporte, configura-se o ilícito previsto no art. 262, § 1º. Pode o resultado ocorrer por dolo do agente, que queira o resultado, como haver crime preterdoloso, quando, querendo impedir ou dificultar o funcionamento do meio de transporte, podia prever o sinistro. Havendo o intuito de provocar lesões corporais ou morte de outrem, configura-se concurso formal com os arts. 129 e 121. Não havendo dolo quanto à morte ou lesão, aplica-se o art. 258, diante do disposto no art. 263.

262.6 Sinistro culposo

Caso o agente dê causa ao sinistro por omitir as cautelas necessárias na espécie, responde pelo crime culposo (art. 262, § 2º). Aplica-se no caso de lesão corporal ou morte o disposto na segunda parte do art. 258 (art. 263).

Forma qualificada

> Art. 263. Se de qualquer dos crimes previstos nos arts. 260 a 262, no caso de desastre ou sinistro, resulta lesão corporal ou morte, aplica-se o disposto no art. 258.

Vide: CP arts. 258, 260 a 262.

263 FORMAS QUALIFICADAS PELO RESULTADO

263.1 Qualificadoras pelo resultado nos crimes contra a segurança dos meios de comunicação e transporte

Por força do art. 263, nos crimes dolosos de desastre ferroviário, sinistro em transporte marítimo, fluvial ou aéreo ou atentado contra a segurança de outro meio de transporte com desastre, se ocorrer lesão corporal de natureza grave, a pena privativa de liberdade é aumentada de metade; se resulta morte, é aplicada em dobro.

Tratando-se de crime culposo de que resulte lesão corporal, a pena é aumentada de metade; se resulta morte, aplica-se ao fato a pena cominada ao homicídio culposo, aumentada de um terço, excluída a possibilidade de concurso formal.

Arremesso de projétil

> **Art. 264.** Arremessar projétil contra veículo, em movimento, destinado ao transporte público por terra, por água ou pelo ar:
> Pena – detenção, de 1 (um) a 6 (seis) meses.
> Parágrafo único. Se do fato resulta lesão corporal, a pena é de detenção, de 6 (seis) meses a 2 (dois) anos; se resulta morte, a pena é a do art. 121, § 3º, aumentada de um terço.

Vide: CP arts. 61, II, *d*, 121, § 2º, III, § 3º, 129, 163, 260 a 263.

264 ARREMESSO DE PROJÉTIL

264.1 Sujeitos do delito

Sujeito ativo do crime é qualquer pessoa que pratique a conduta típica.

Sujeito passivo é a coletividade, ou seja, o Estado, bem como o titular do bem jurídico eventualmente lesado em decorrência da conduta do agente.

264.2 Tipo objetivo

A ação típica é a de *arremessar*, atirar, lançar, jogar o projétil, que é a coisa ou objeto que é arremessado e pode causar mal a pessoa ou coisa que for alcançada por ele. São, portanto, não só projéteis de arma de fogo, mas também pedras, peças de metal, de madeira, de vidro etc. Devendo ser sólido e pesado, excluem-se os corpos líquidos e gasosos.

Para a caracterização do crime, é necessário que o projétil seja arremessado, de qualquer forma, contra veículo de transporte de pessoas ou coisas (ônibus, trólebus, navios, aviões etc.), desde que se destinem a serviço de número indeterminado de pessoas. É indispensável que o veículo esteja, na ocasião do arremesso, em movimento. Trata-se de crime de perigo abstrato ou presumido, não se exigindo a demonstração de real risco para a incolumidade pública, bastando que seja o projétil idôneo a causar dano.

Jurisprudência

- Arremesso de projétil caracterizado
- Necessidade de veículo em movimento

264.3 Tipo subjetivo

A vontade de arremessar o projétil contra veículo em movimento, ciente o agente de que poderá causar perigo à incolumidade pública, é o dolo do crime, sendo indiferente o fim ou motivo do agente.

Se o agente visa positivamente ferir ou matar algum passageiro, poderá haver homicídio ou lesão corporal consumados ou tentados. O mesmo ocorre se a vítima se encontrava em veículo de transporte particular.

Jurisprudência

- Lesão corporal e não arremesso de projétil

264.4 Consumação e tentativa

Consuma-se o crime com o arremesso do projétil, idôneo a causar dano, ainda que não seja atingido o veículo. O crime de arremesso de projétil é de perigo abstrato, presumido, não havendo necessidade de se demonstrar a efetiva ocorrência de risco à incolumidade pública.

Embora na doutrina se tenha como inadmissível a tentativa, esta pode, em tese, ocorrer quando já iniciada a conduta do arremesso, que não ocorre por circunstâncias alheias à vontade do agente.

264.5 Crimes qualificados pelo resultado

Como formas qualificadas caracterizam-se os crimes preterdolosos quando ocorrem lesão corporal ou morte, não assumidas nem queridas pelo agente. No primeiro caso é cominada pena de detenção, de seis meses a dois anos; no segundo, aplica-se a pena do homicídio culposo, aumentada de um terço.

Jurisprudência

- Arremesso de projétil qualificado

Atentado contra a segurança de serviço de utilidade pública

> **Art. 265.** Atentar contra a segurança ou o funcionamento de serviço de água, luz, força ou calor, ou qualquer outro de utilidade pública:
>
> Pena – reclusão, de 1 (um) a 5 (cinco) anos, e multa.
>
> **Parágrafo único.** Aumentar-se-á a pena de um terço até a metade, se o dano ocorrer em virtude de subtração de material essencial ao funcionamento dos serviços.*
>
> * Parágrafo único acrescentado pela Lei nº 5.346, de 3-11-1967.
>
> **Vide**: CP arts. 155, 266, 359-R; CPM art. 287 (crime de atentado contra serviço de utilidade militar).

265 ATENTADO CONTRA A SEGURANÇA DE SERVIÇO DE UTILIDADE PÚBLICA

265.1 Sujeitos do delito

O crime previsto no art. 265 é comum, podendo ser praticado por qualquer pessoa, inclusive o fornecedor, funcionário ou empregador que exerça atividades referentes aos serviços de utilidade pública.

Sujeito passivo é o Estado, a coletividade, bem como o titular de bem jurídico atingido pela conduta criminosa.

265.2 Tipo objetivo

A conduta típica é atentar contra a segurança ou funcionamento dos serviços de utilidade pública. Atentado é todo ato que impede, perturba, atrapalha, torna perigoso o funcionamento do serviço, quer contra a segurança (tornando-os passíveis de risco) quer contra o funcionamento (paralisando-os ou dificultando-os). Pode o atentado consistir tanto na destruição, danificação ou inutilização dos meios de produção ou captação (usinas, oficinas, construções, aparelhos, depósitos, represa), como na distribuição (postes, fios, encanamentos) dos serviços de água, luz, força, calor e todos os demais que são serviços de utilidade pública (gás, limpeza pública, assistência hospitalar etc.). Se for serviço de interesse da União, a competência para apurar o fato é da Justiça Federal.

Jurisprudência

- Ato em greve: inexistência do crime
- Funcionamento de escolas: inexistência de crime
- Necessidade de perturbação do serviço
- Suspensão do serviço: inexistência do crime
- Competência da Justiça Federal

265.3 Tipo subjetivo

O dolo é a vontade de atentar contra a segurança ou o funcionamento do serviço, ciente o agente de que pode causar perigo comum. É irrelevante, porém, o fim especial do comportamento do agente. Havendo intuito de atentar contra o Estado Democrático de Direito, entretanto, pode ocorrer o crime previsto no art. 359-R.

Não prevê a lei a forma culposa do crime, podendo o fato, entretanto, constituir outro ilícito.

Jurisprudência

- Inexistência de dolo

265.4 Consumação e tentativa

Consuma-se o crime com o fato capaz de lesar a segurança ou o funcionamento dos serviços de utilidade pública, ainda que um desses resultados não ocorra. Trata-se de crime de perigo presumido.

A tentativa é possível.

265.5 Forma qualificada

A pena é majorada até a metade se o dano ocorrer em virtude de subtração essencial ao fornecimento dos serviços (fios elétricos etc.).

Interrupção ou perturbação de serviço telegráfico, telefônico, informático, telemático ou de informação de utilidade pública

Art. 266. Interromper ou perturbar serviço telegráfico, radiotelegráfico ou telefônico, impedir ou dificultar-lhe o restabelecimento:

Pena – detenção, de 1 (um) a 3 (três) anos, e multa.

§ 1º Incorre na mesma pena quem interrompe serviço telemático ou de informação de utilidade pública, ou impede ou dificulta-lhe o restabelecimento.*

§ 2º Aplicam-se as penas em dobro se o crime é cometido por ocasião de calamidade pública.*

* § 1º inserido, *nomen iuris* com a redação dada e § 2º renumerado pela Lei nº 12.737, de 30-11-2012, publicada em 3-12-2012, com *vacatio legis* de 120 dias.

Vide: **CP** arts. 151, § 1º, II, III, 154-A, 265; **Lei nº 4.117**, de 27-8-1962 (Código Brasileiro de Telecomunicações, parcialmente revogado pela Lei nº 9.472, de 16-7-1997); **Lei nº 6.538**, de 22-6-1978 (dispõe sobre os serviços postais); **Lei nº 9.296**, de 24-7-1996 (regulamenta o inciso XII, parte final, do art. 5º da CF, dispondo sobre a interceptação de comunicações telefônicas), art. 10 (tipifica as condutas de interceptação de comunicações telefônicas, de informática ou telemática e de quebra de segredo da Justiça, sem autorização judicial ou com objetivo ilegal); **Lei nº 9.472**, de 16-7-1997 (dispõe sobre a organização dos serviços de telecomunicações); **Lei nº 10.792**, de 1º-12-2003, art. 4º (determina a instalação nos presídios de bloqueadores de telefones celulares, radiotransmissores e outros meios de telecomunicação); **Lei nº 12.850**, de 2-8-2013, art. 3º (dispõe sobre os meios de obtenção de prova na persecução penal de crimes decorrentes de organizações criminosas), II (captação ambiental de sinais eletromagnéticos, ópticos ou acústicos), V (interceptação de comunicações telefônicas e telemáticas).

266 INTERRUPÇÃO OU PERTURBAÇÃO DE SERVIÇO TELEGRÁFICO, TELEFÔNICO, INFORMÁTICO, TELEMÁTICO OU DE INFORMAÇÃO DE UTILIDADE PÚBLICA

266.1 Sujeitos do delito

Qualquer pessoa pode praticar o crime previsto no art. 266, inclusive aquela que executa o serviço telegráfico ou telefônico.

Sujeito passivo é a coletividade, o Estado.

266.2 Tipo objetivo

A primeira conduta típica é a de *interromper*, impedir, paralisar, cortar, fazer cessar o serviço telegráfico, radiotelegráfico ou telefônico. A segunda, a de *perturbar*, desorganizar, desarranjar. Por último, também comete o crime quem *impedir* ou *dificultar*, estorvar, embaraçar o restabelecimento dos citados serviços. A prática da infração pode configurar atentado contra coisas (instalações, fios etc.) ou pessoas (funcionários, empregados) quer por ação, quer por omissão de quem tem o dever de agir para evitar o resultado. Trata-se de crime de perigo coletivo, não constituindo tal ilícito o ato que lesa interesse de pessoa ou pessoas determinadas.

Jurisprudência

- Interceptação telefônica: inexistência do crime
- "Trotes" telefônicos para a Polícia: inexistência de crime

266.3 Tipo subjetivo

O dolo do crime previsto no art. 266 é a vontade de praticar uma das ações típicas, de interromper, perturbar etc., visando a um número indeterminado de pessoas, que resulte na interrupção ou perturbação de todo o serviço ou de parte dele. Caso contrário, o fato poderá constituir outro ilícito (item 151.8). Não se exige, porém, qualquer finalidade específica, mas o agente deve ter consciência de que pode causar situação de perigo para as comunicações.

Jurisprudência

- Instalação clandestina: inexistência do crime

266.4 Consumação e tentativa

Consuma-se o crime com a interrupção ou perturbação do serviço ou quando o agente consegue impedir ou dificultar seu restabelecimento. Trata-se de crime de perigo abstrato, presumindo a lei a situação de risco.

É admissível a tentativa.

266.5 Crime assemelhado

A Lei nº 12.737, de 30-11-2012, alterou o *nomen juris* e acrescentou ao art. 266 uma nova figura típica, que passou a ser descrita no § 1º. Incorre na mesma pena prevista no *caput* quem interrompe serviço telemático ou de informação de utilidade pública ou dificulta-lhe o restabelecimento. Por serviço *telemático* deve-se entender aquele que possibilita a transmissão de dados informáticos, à longa distância, por meios de telecomunicação (cabos, fibras óticas, telefonia, satélite etc.). Estão abrangidos os serviços que viabilizam a transmissão de dados ou informações, qualquer que seja o formato ou conteúdo (textos, imagens, sons), realizada por redes de computadores existentes, como a Internet. Menciona a lei, também, de forma genérica, qualquer serviço de informação de utilidade pública, independentemente do meio pelo qual é ele prestado. As ações típicas são as mesmas já descritas e examinadas, interromper o serviço ou impedir ou dificultar o seu restabelecimento, excluída, somente, a de perturbar o serviço. Aplicam-se ao novo tipo as considerações feitas a respeito dos sujeitos do delito, tipo subjetivo, consumação e tentativa.

266.6 Forma qualificada

Em regra aplicável aos crimes descritos no *caput* e no § 1º, determina a lei, no renumerado § 2º, o dobro da pena cominada se o crime é praticado por ocasião de calamidade pública, situação excepcional de infortúnio ou desgraça coletiva (terremoto, peste, guerra, incêndio, inundação, epidemia etc.).

CAPÍTULO III
DOS CRIMES CONTRA A SAÚDE PÚBLICA

Epidemia

Art. 267. Causar epidemia, mediante a propagação de germes patogênicos:

Pena – reclusão, de 10 (dez) a 15 (quinze) anos.*

§ 1º Se do fato resulta morte, a pena é aplicada em dobro.

§ 2º No caso de culpa, a pena é de detenção de 1 (um) a 2 (dois) anos, ou, se resulta morte, de 2 (dois) a 4 (quatro) anos.

* Pena determinada pela Lei nº 8.072, de 25-7-1990.

Vide: CP arts. 19, 83, V, 121, 131, 259; **Lei nº 7.960**, de 21-12-1989, art. 1º, III, *i* (prevê a prisão temporária em crime de epidemia com resultado morte); **Lei nº 8.072**, de 25-7-1990, art. 1º, VII (define a epidemia com resultado morte – 267, § 1º – como crime hediondo), art. 2º, I (veda anistia, graça e indulto), II (proíbe a fiança), § 1º (determina o regime inicial fechado), § 2º (prevê regras especiais para a progressão de regime), § 3º (possibilita a concessão fundamentada pelo juiz do apelo em liberdade), § 4º (prazo de trinta dias para a prisão temporária); **Lei nº 13.979**, de 2-2-2020, (medidas para enfrentamento da emergência de saúde pública decorrente do coronavírus).

267 EPIDEMIA

267.1 Sujeitos do delito

O crime previsto no art. 267 pode ser cometido por qualquer pessoa, inclusive o portador da doença ou mal.

Sujeito passivo é a coletividade, já que se trata de crime contra a incolumidade pública, mas também aqueles que forem individualmente atingidos pela epidemia.

267.2 Tipo objetivo

Comete o crime quem *propagar*, difunde, espalha, dissemina, por qualquer meio idôneo, inclusive por omissão, germes patogênicos, causando assim a epidemia. O germe patogênico é o microorganismo unicelular (vírus, bacilo e protozoário) capaz de produzir moléstia infecciosa.

Admite-se, em tese, a possibilidade do cometimento do crime por omissão: a propagação pode ser ocasionada pelo sujeito ativo que, estando contaminado e desejando a ocorrência da epidemia ou assumindo o risco de provocá-la, não toma os cuidados necessários para evitar o contágio de terceiro.

Denomina-se *epidemia* o surto de uma doença acidental e transitória, que ataca grande número de indivíduos, ao mesmo tempo, em determinado país ou região. Não se confunde o conceito com o de moléstias infecciosas e contagiosas, e abrange somente aquelas doenças que são suscetíveis de difundir-se na população pela fácil propagação dos germes. São citados como exemplos: varíola, febre tifoide, febre amarela, tracoma, difteria, encefalite, meningite, sarampo, poliomielite, gripe etc.

Quando a epidemia tem difusão extensa e são atingidas várias regiões da terra, chama-se epidemia *internacional* e, quando se alastra até o mundo todo, dá-se a denominação de *pandemia* (*pan* tudo; *demos*, povo). Exemplo clássico, a epidemia de gripe de 1918, que tomou o caráter de pandemia. Difere a epidemia da *endemia*, que é a disseminação restrita a certas localidades ou em determinado povo e produzida por causas habituais, ambientais, constantes ou periódicas.

Para reconhecer-se o ilícito penal em tela é necessário que a epidemia se refira a uma doença grave, que não apenas perturbe a incolumidade pública, mas que cause males consideráveis àqueles que forem atacados pelo mal. Evidentemente, como diz Fragoso, deve tratar-se de moléstias humanas, pois se atingissem plantas ou animais apenas, o crime seria o do art. 259.

Pela Lei nº 13.979, de 2-2-2020, foram editadas as normas imprescindíveis ao enfrentamento da emergência de saúde pública no Brasil resultante do surto da pandemia provocado pelo coronavírus.

267.3 Tipo subjetivo

O dolo é a vontade de propagar os germes que podem causar a epidemia, tendo consciência dessa circunstância. Não se exige qualquer fim especial da conduta, mas, se a intenção é contaminar determinada pessoa, pode ocorrer o crime previsto no art. 131, e, se desejar a morte, o crime de homicídio, em concurso formal.

267.4 Consumação e tentativa

Consuma-se o crime quando se instalou a epidemia, ou seja, quando surgem vários casos da moléstia de maneira a ser demonstrada a disseminação.

Há tentativa quando o agente, com meio idôneo, procura a propagação, mas não chega a causar a difusão da doença.

267.5 Crime qualificado pelo resultado

Ocorrendo morte, ainda que de apenas uma pessoa, a pena é aplicada em dobro, pouco importando que o agente tenha querido ou assumido o risco desse resultado. A epidemia com resultado morte é crime hediondo (art. 1º, VII, da Lei nº 8.072, de 25-7-1990).

A Lei nº 8.072, de 25-7-1990, definiu a epidemia com resultado morte como crime hediondo (art. 1º). Posteriormente, essa classificação foi confirmada pelo art. 1º da Lei nº 8.930, de 6-9-1994, que deu nova redação ao art. 1º da Lei nº 8.072/90. Dessa forma, o autor desse delito não pode ser beneficiado com a anistia, graça ou indulto (art. 2º, I), não tem direito a fiança (art. 2º, II), deverá cumprir a pena inicialmente em regime fechado (art. 2º, § 1º), sua prisão temporária pode se estender por 30 dias, prorrogável por igual período em caso de extrema e comprovada necessidade (art. 2º, § 4º).

267.6 Epidemia culposa

Causando epidemia pela propagação de germes patogênicos por culpa (imprudência, imperícia ou negligência), o agente responde pelo crime de epidemia culposa, cuja pena será duplicada se ocorrer morte.

Pode o agente, por imprudência, imperícia ou negligência, causar a epidemia com a propagação dos germes patogênicos. São os casos em que o agente não observa as cautelas exigíveis na sua atividade, profissional ou não. Cita Noronha como exemplo de imprudência a do médico que dá alta à pessoa portadora de moléstia infecciosa e que pode contagiar terceiro. Flamínio Fávero refere-se à imperícia na preparação da vacina com germes que podem propagar a doença e à negligência pela não remoção para isolamento, de doentes portadores de infecções epidêmicas, bem como à falta de esterilização de instrumental de exame.

No caso de morte, duplica-se a pena na epidemia culposa, ainda que para ela tenham contribuído causas pessoais do sujeito passivo.

Infração de medida sanitária preventiva

Art. 268. Infringir determinação do poder público, destinada a impedir introdução ou propagação de doença contagiosa:

Pena – detenção, de 1 (um) mês a 1 (um) ano, e multa.

Parágrafo único. A pena é aumentada de um terço, se o agente é funcionário da saúde pública ou exerce a profissão de médico, farmacêutico, dentista ou enfermeiro.

Vide: CP arts. 258, 259, 285; Lei nº **6.360**, de 23-9-1976 (dispõe sobre a vigilância sanitária a que sujeitam os medicamentos, drogas, insumos farmacêuticos e outros produtos); **Lei nº 6.437**, de 20-8-1977, (define infrações à legislação sanitária); **Lei nº 9.782**, de 26-1-1999, alterada pela Medida Provisória nº 2.190-34, de 23-8-2001 (define o Sistema Nacional de Vigilância Sanitária e cria a Agência Nacional de Vigilância Sanitária); **Lei nº 13.979**, de 2-2-2020, (medidas para enfrentamento da emergência de saúde pública decorrente do coronavírus).

268 INFRAÇÃO DE MEDIDA SANITÁRIA PREVENTIVA

268.1 Sujeitos do delito

Sujeito ativo do crime é qualquer pessoa, prevendo a lei o aumento de pena se o agente é funcionário da saúde pública ou exerce a profissão de médico, farmacêutico, dentista ou enfermeiro.

Sujeito passivo é a coletividade, o Estado.

268.2 Tipo objetivo

A conduta típica é infringir, violar, postergar, transgredir a determinação administrativa do poder público, por ação ou omissão. É necessário que tal prescrição administrativa obrigatória tenha por fim impedir a introdução ou propagação da doença contagiosa, de reação orgânica em relação aos agravos infecciosos que a produzem, os micróbios, de propagação direta ou indireta, fácil e com grande virulência. Não estão incluídas, portanto, medidas genéricas de higiene previstas nas determinações administrativas. Não se configura o crime, pois, se a infração à disposição regulamentar não pode causar, em tese, perigo comum, podendo o fato constituir mero ilícito administrativo.

O art. 268 é norma penal em branco, a ser complementada por outra regra jurídica. A Lei nº 9.782, de 26-1-1999, modificada por diversas leis posteriores, define o Sistema Nacional de Vigilância Sanitária, cria a Agência Nacional de Vigilância Sanitária e dá outras providências. A Lei nº 6.360, de 23-9-1976, que dispõe sobre a vigilância sanitária a que se sujeitam os medicamentos, drogas, insumos farmacêuticos e outros produtos, foi alterada por leis posteriores, entre as quais a Lei nº 9.787, de 10-2-1999 (que estabelece o medicamento genérico, dispõe sobre a utilização de nomes genéricos em produtos farmacêuticos e dá outras providências). A Lei nº 6.437, de 20-8-1977, define infrações à legislação sanitária e dá outras providências. O Decreto nº 3.029, de 16-4-1999, aprovou o Regulamento da Agência Nacional de Vigilância Sanitária.

É o art. 268 aplicável a situações ocorrentes durante o surto de pandemia do Covid-19 pelo qual passa o País. O desrespeito às normas e determinações do Poder Público, editadas nas esferas federal, estadual e municipal, que visam evitar ou reduzir a propagação do vírus no solo pátrio, tais como o uso obrigatório de máscaras de proteção individual e a adoção de medidas de prevenção do contágio determinadas para o funcionamento de estabelecimentos públicos, comerciais ou privados, ou, ainda, a recusa à vacinação quando tornada obrigatória, configura, sem dúvida, o delito em estudo. Normas dessa natureza estão contidas na Lei nº 13.979, de 6-2-2020.

Jurisprudência

- Abate de gado: infração de medida sanitária configurada
- Reutilização de agulhas hipodérmicas em hospital: crime caracterizado
- Inexistência do crime por falta de norma complementar
- Necessidade do caráter específico da norma complementar
- Infração a normas de medidas comuns de higiene: inexistência de crime
- Inexistência de perigo comum em tese: inexistência do crime
- Referência a doença contagiosa do ser humano
- Caracterização do crime do art. 268 na infração aos atos normativos aplicáveis ao enfrentamento da pandemia do Coronavírus
- Complementação do tipo por ato normativo estadual ou municipal sem ofensa à competência privativa da União para legislar sobre direito penal

268.3 Tipo subjetivo

O dolo do crime é a vontade de infringir a determinação do poder público, não se exigindo qualquer finalidade específica da conduta. A ignorância ou erro a respeito da determinação do poder público, quando justificados, constituem erro sobre a ilicitude do fato.

Não prevê a lei a forma culposa, constituindo o fato mera infração administrativa.

Jurisprudência

- Inexistência de perigo comum: inexistência de dolo

268.4 Consumação e tentativa

Consuma-se o crime com a simples violação da determinação administrativa, não se exigindo a ocorrência de perigo concreto.

Possível é a tentativa por se tratar de crime plurissubsistente.

Jurisprudência

- Desnecessidade da introdução ou propagação da doença
- Desnecessidade de perigo concreto

268.5 Crime qualificado

Nos termos do art. 285, aplica-se ao art. 268 o disposto no art. 258, salvo quanto ao definido no art. 267. Assim, tratando-se de crime doloso, preterintencional, aumenta-se a pena de metade se resulta lesão corporal de natureza grave; se resulta morte, a pena é duplicada.

Omissão de notificação de doença

> **Art. 269.** Deixar o médico de denunciar à autoridade pública doença cuja notificação é compulsória:
>
> Pena – detenção, de 6 (seis) meses a 2 (dois) anos, e multa.

> ***Vide***: CP arts. 154, 258, 285; **Lei n° 6.259**, de 30-10-1975, arts. 7° a 13 (dispõem sobre a notificação compulsória de doenças); **Lei n° 6.437**, de 20-8-1977 (define infrações à legislação sanitária), art. 10, VI (prevê como infração sanitária deixar de notificar doença ou zoonose transmissível ao homem, de acordo com o que disponham as normas legais ou regulamentares vigentes); **Decreto-lei n° 5.452**, de 1°-5-1943 – **CLT**, art. 169, com a redação dada pela Lei n° 6.514, de 22-12-1977 (torna obrigatória a notificação das doenças profissionais e das produzidas em virtude de condições especiais de trabalho).

269 OMISSÃO DE NOTIFICAÇÃO DE DOENÇA

269.1 Sujeitos do delito

A infração penal prevista no art. 269 é crime próprio, admitindo apenas a participação criminosa, embora outros profissionais tenham também o dever de comunicar a ocorrência de moléstias contagiosas.

Sujeito passivo é a coletividade, posta em risco, presumidamente, pela omissão do médico.

Jurisprudência

- Omissão de enfermeiro: inexistência de crime

269.2 Tipo objetivo

Trata-se de crime omissivo próprio, configurando-se a conduta típica no fato de não denunciar o médico à autoridade competente a ocorrência da moléstia cuja notificação é compulsória.

O art. 269 é lei penal em branco, sendo complementada pelos regulamentos administrativos federais, estaduais e municipais. Regulam a matéria as Leis n°s 6.259, de 30-10-

1975, e 6.437, de 20-8-1977, o art. 169 da CLT, o Decreto nº 78.231, de 12-8-1976, além da legislação estadual e municipal. A lista de doenças de notificação compulsória é a contida na Portaria nº 1.271, de 6-6-2014, do Ministério da Saúde, que também especifica entre aquelas as que são de notificação imediata, que deve ocorrer no prazo de 24 horas a partir do atendimento do paciente com a suspeita inicial da doença (art. 4º).

269.3 Tipo subjetivo

O dolo é a vontade de não efetuar a comunicação no prazo legal; irrelevante o fim do agente. Está excluído o dolo no caso de erro de diagnóstico mesmo inescusável, já que a lei não tipifica a forma culposa.

269.4 Consumação e tentativa

Consuma-se o crime quando se esgota o prazo que tem o sujeito para efetuar a denúncia. Dispõem as normas complementares que a comunicação seja efetuada o mais rápido possível. Trata-se de crime de perigo presumido.

Tratando-se de crime omissivo puro, não há possibilidade de tentativa.

Envenenamento de água potável ou de substância alimentícia ou medicinal

> Art. 270. Envenenar água potável, de uso comum ou particular, ou substância alimentícia ou medicinal destinada a consumo:
> Pena – reclusão, de 10 (dez) a 15 (quinze) anos.*
>
> § 1º Está sujeito à mesma pena quem entrega a consumo ou tem em depósito, para o fim de ser distribuída, a água ou a substância envenenada.

Modalidade culposa

> § 2º Se o crime é culposo:
> Pena – detenção, de 6 (seis) meses a 2 (dois) anos.
>
> * Pena determinada pela Lei nº 8.072, de 25-7-1990.
>
> **Vide**: CP arts. 258, 267, 268, 271 a 278, 285; **Lei nº 7.960**, de 21-12-1989, art. 1º, III, *j* (prevê a prisão temporária em crime de envenenamento de água potável ou substância alimentícia ou medicinal com resultado morte – art. 270, *caput*, c.c. art. 285); **Lei nº 9.605**, de 12-2-1998, art. 54, *caput* (define o crime de poluição), § 1º (forma culposa), § 2º, III (causar poluição hídrica que torne necessária a interrupção do abastecimento público de água de uma comunidade).

270 ENVENENAMENTO DE ÁGUA POTÁVEL OU DE SUBSTÂNCIA ALIMENTÍCIA OU MEDICINAL

270.1 Sujeitos do delito

O crime previsto no art. 270 pode ser praticado por qualquer pessoa, inclusive o proprietário da água ou da substância alimentícia ou medicinal, quando essas substâncias forem destinadas ao consumo de outras pessoas.

Sujeito passivo é o Estado, a coletividade atingida em sua incolumidade pelo perigo derivado do envenenamento.

270.2 Tipo objetivo

A conduta típica é *envenenar*, ou seja, adicionar veneno, por qualquer forma, às substâncias. Não havendo definição legal de veneno, é ele conceituado na doutrina como qualquer substância orgânica ou inorgânica que provoca intoxicação no organismo, seja seu efeito imediato ou não. Não há necessidade de que o veneno seja mortal; basta que produza o mal, causando perigo para a saúde das pessoas.

O objeto material do crime é a água potável ou a substância alimentícia ou medicinal. Água potável é a destinada à alimentação, excluída, portanto, a totalmente imprópria para o consumo. Substância alimentícia é a sólida ou líquida, natural ou preparada, destinada à alimentação. Substância medicinal é a simples ou composta, mineral ou orgânica, com o fim de prevenção, melhora ou cura de doenças.

Exige-se que a substância envenenada seja acessível a pessoas indeterminadas, mas não obrigatoriamente destinada a consumo público.

A circunstância de ser possível detectar o envenenamento não desfigura o crime, embora já se tenha decidido o contrário, desclassificando-se o fato para o crime previsto no art. 271.

Jurisprudência

- Envenenamento de substância alimentícia
- Desclassificação para o crime de corrupção de água potável

270.3 Tipo subjetivo

O dolo é a vontade de envenenar as substâncias mencionadas, pressupondo pois a ciência do agente de que está adicionando substância tóxica ou prejudicial à saúde. É indiferente a finalidade da ação do agente. Se houver o fim de causar a morte a pessoa ou pessoas, ocorrerá homicídio qualificado consumado ou tentado.

Jurisprudência

- Tentativa de homicídio e não envenenamento

270.4 Consumação e tentativa

Consuma-se o crime com o envenenamento da água, substância alimentícia ou medicinal destinada à distribuição, consumo etc., quando já em situação de ser consumida por pessoas indeterminadas, independentemente de qualquer outro resultado.

A tentativa é possível quando o agente não consegue o envenenamento ou quando a substância não chega a ser exposta ao consumo por pessoas indeterminadas.

Jurisprudência

- Consumação do crime
- Necessidade de perigo para a vida ou saúde

270.5 Entrega a consumo ou depósito para distribuição

São incriminadas no § 1º do art. 270 as condutas de entregar a consumo a substância envenenada, desde que não a pessoa determinada, o que constituirá homicídio consumado ou tentado, e tê-la em depósito desde que a finalidade seja de distribuição. Consuma-se o crime com a entrega a consumo, na primeira hipótese, ou com o simples depósito, na segunda.

270.6 Forma qualificada

Aplica-se ao art. 270 o disposto no art. 258, conforme dispõe o art. 285. Tratando-se de envenenamento doloso, a pena será aumentada de metade se resulta lesão corporal de natureza grave, e duplicada se resulta morte.

270.7 Envenenamento culposo

Causando o envenenamento da água ou da substância alimentícia ou medicinal, entregando-a a consumo ou tendo-a em depósito, por culpa, responde o agente por crime culposo. Resultando do crime culposo lesão corporal, a pena é aumentada de metade; no caso de morte, aplica-se a pena cominada ao homicídio culposo, aumentada de um terço (art. 285 c. c. o art. 258).

Jurisprudência

- Desclassificação pela pequena porção

Corrupção ou poluição de água potável

> Art. 271. Corromper ou poluir água potável, de uso comum ou particular, tornando-a imprópria para consumo ou nociva à saúde:
>
> Pena – reclusão, de 2 (dois) a 5 (cinco) anos.

Modalidade culposa

> Parágrafo único. Se o crime é culposo:
>
> Pena – detenção, de 2 (dois) meses a 1 (um) ano.
>
> *Vide*: CP arts. 258, 270, 285; Lei nº **9.605**, de 12-2-1998, art. 54, *caput* (define o crime de poluição), § 1º (forma culposa), § 2º, III (causar poluição hídrica que torne necessária a interrupção do abastecimento público de água

de uma comunidade); **Lei nº 9.966**, de 28-4-2000 (dispõe sobre a prevenção, o controle e a fiscalização da poluição causada por lançamento de óleo e outras substâncias nocivas ou perigosas em águas sob jurisdição nacional).

271 CORRUPÇÃO OU POLUIÇÃO DE ÁGUA POTÁVEL

271.1 Sujeitos do delito

Qualquer pessoa pode cometer o crime previsto no art. 271; trata-se de crime comum.

Sujeito passivo é o Estado, a coletividade, bem como qualquer grupo de pessoas indeterminadas.

271.2 Tipo objetivo

A primeira conduta inscrita no tipo é a de *corromper*, ou seja, adulterar, alterar, estragar, desnaturar, decompor a água potável, ou seja, aquela que tem condições de ser ingerida ou empregada em alimentos. A segunda é a de *poluir*, conspurcar, sujar, manchar a água potável, mesmo que não se torne imprestável a sua destinação. Faz-se distinção entre água imprópria para o consumo, que não apresenta potabilidade, e água nociva, que prejudica, faz mal, causa dano à saúde. Referindo-se a lei a água potável, exclui a destinada a outros usos: lavagem, irrigação, uso de animais etc.

Não se configura o crime se a água já estiver poluída. Exige-se o exame pericial para verificar as condições da água objeto do crime.

Jurisprudência

- **Exigência de água potável**
- **Água não potável: inexistência do crime**
- **Necessidade de exame pericial**
- **Conceito de água potável**

271.3 Tipo subjetivo

O dolo do crime previsto no art. 271 é a vontade de corromper ou poluir a água, tendo o agente consciência de que é ela potável e destinada a consumo humano. Não se exige fim especial da conduta.

271.4 Consumação e tentativa

Consuma-se o crime com a corrupção ou poluição da água, sem ser necessária a ocorrência de dano; trata-se de crime de perigo abstrato, presumindo-se o risco para a vida ou para a saúde.

É possível, teoricamente, a tentativa, que ocorre quando o agente não conseguir a poluição ou corrupção depois de já ter iniciado a execução.

271.5 Corrupção ou poluição culposa

Havendo conduta imprudente, negligente ou imperita que causa a corrupção ou poluição, ocorre o crime culposo.

Jurisprudência

- **Caracterização do crime culposo**

271.6 Forma qualificada

Aplica-se também ao art. 271 o disposto no art. 258, por força do art. 285, tanto na forma dolosa quanto na culposa.

271.7 Distinção

Quando a substância adicionada ou misturada à água é classificada como veneno, ocorre o crime previsto no art. 270 e, causando o fato epidemia, o referente ao art. 276. Não se tratando de água potável e destinada ao consumo humano, pode-se configurar o crime de poluição descrito no art. 54, *caput*, da Lei n° 9.605, de 12-2-1998, punido com reclusão de um a quatro anos e multa: "Causar poluição de qualquer natureza em níveis tais que resultem ou possam resultar em danos à saúde humana, ou que provoquem a mortandade de animais ou a destruição significativa da flora". No mesmo artigo preveem-se o crime culposo (§ 1°) e como uma das formas qualificadas, punidas com reclusão de um a cinco anos, a conduta de "causar poluição hídrica que torne necessária a interrupção do abastecimento público de água de uma comunidade" (§ 2°). Aplica-se a norma especial e não o art. 271 se a água não é potável, mas destinada ao consumo humano após tratamento. Há, porém, decisão do STJ no sentido da ab-rogação do delito de corrupção ou poluição de água potável pelo art. 54 da Lei n° 9.605, de 12-2-1998.

No art. 33 do mesmo estatuto tipifica-se a emissão de efluentes ou carreamento de materiais que provoquem o perecimento de espécimes da fauna aquática em rios, lagos, açudes, lagoas, baías ou águas jurisdicionais brasileiras.

Jurisprudência

• Ab-rogação do art. 271 pelo art. 54 da Lei n° 9.605/98

Falsificação, corrupção, adulteração ou alteração de substância ou produtos alimentícios*

Art. 272. Corromper, adulterar, falsificar ou alterar substância ou produto alimentício destinado a consumo, tornando-o nocivo à saúde ou reduzindo-lhe o valor nutritivo:*

Pena – reclusão, de 4 (quatro) a 8 (oito) anos, e multa.*

§ 1°-A. Incorre nas penas deste artigo quem fabrica, vende, expõe à venda, importa, tem em depósito para vender ou, de qualquer forma, distribui ou entrega a consumo a substância alimentícia ou o produto falsificado, corrompido ou adulterado.*

§ 1° Está sujeito às mesmas penas quem pratica as ações previstas neste artigo em relação a bebidas, com ou sem teor alcoólico.*

Modalidade culposa

§ 2° Se o crime é culposo:*

Pena – detenção, de 1 (um) a 2 (dois) anos, e multa.*

* Redação determinada pela Lei nº 9.677, de 2-7-1998.

Vide: CP arts. 171, § 2º, IV, 175, 258, 270, 274 a 278, 285; **Lei nº 6.437**, de 20-8-1977 (define infrações à legislação sanitária), art. 10, IV (prevê infrações relacionadas com produtos alimentícios); **Lei nº 7.802**, de 11-7-1989 (dispõe sobre agrotóxicos), arts. 15 e 16 (define crimes relacionados com agrotóxicos); **Lei nº 8.137**, de 27-12-1990, art. 7º (define crimes contra as relações de consumo), III (misturar gêneros e mercadorias de espécies diferentes, para vendê-los ou expô-los à venda como puros; misturar gêneros e mercadorias de qualidades desiguais para vendê-los ou expô-los à venda por preço estabelecido para os de mais alto custo), IX (vender, ter em depósito para vender ou expor à venda ou, de qualquer forma, entregar matéria-prima ou mercadoria, em condições impróprias ao consumo); **Lei nº 8.918**, de 14-7-1994 (dispõe sobre a padronização, classificação, registro, inspeção, produção e fiscalização de bebidas); **Lei nº 9.972**, de 25-5-2000 (dispõe sobre a classificação de produtos vegetais, subprodutos e resíduos); **Lei nº 11.105**, de 24-3-2005 (estabelece normas de segurança e mecanismos de fiscalização que envolvam organismos geneticamente modificados – OGMs) arts. 27 a 29 (tipifica condutas relacionadas com a liberação ou descarte no meio ambiente, produção, comercialização, armazenamento etc., de OGMs, em desacordo com as normas estabelecidas pela Comissão Técnica Nacional de Biossegurança – CTNBio e pelos órgãos e entidades de registro e fiscalização); **Decreto-lei nº 986**, de 21-10-1969 (institui normas básicas sobre alimentos).

272 FALSIFICAÇÃO, CORRUPÇÃO, ADULTERAÇÃO OU ALTERAÇÃO DE PRODUTOS ALIMENTÍCIOS

272.1 Sujeitos do delito

Sujeito ativo do crime é qualquer pessoa, embora na maior parte das vezes se revista o agente da qualidade de industrial, agricultor ou comerciante.

Sujeito passivo é a coletividade, bem como qualquer pessoa que seja lesada ou posta em perigo pela falsificação, corrupção, adulteração ou alteração dos produtos alimentícios.

Jurisprudência

• Coletividade como sujeito passivo

272.2 Tipo objetivo

Tanto a rubrica como o tipo penal foram alterados pela Lei nº 9.677, de 2-7-1998, que, em sua epígrafe, classifica os crimes contra a saúde pública previstos nos arts. 272 a 277 do CP como hediondos. Entretanto, não constando do texto legal a referida classificação, não era possível considerar tais delitos como hediondos para os fins previstos na Lei nº 8.072/90. Por essa razão, na Lei nº 9.695, de 20-8-1998, que alterou dispositivos da Lei nº 6.437, de 20-8-1977, incluiu-se no art. 1º da Lei nº 8.072, de 25-7-1990, como crime hediondo, apenas "a falsificação, corrupção, adulteração ou alteração de produto destinado a fins terapêuticos ou medicinais", previstas no art. 273 (item 273.2). O Decreto-lei nº 986, de 21-10-1969, institui normas básicas sobre alimentos. A Lei nº 8.918, de 14-7-1994, e o seu regulamento, aprovado pelo Decreto nº 6.871, de 4-6-2009, dispõem sobre a padronização, a classificação, o registro, a inspeção, a produção e a fiscalização de bebidas. Deve-se anotar que pela Lei nº 10.273, de 5-9-2001, proíbe-se o emprego de bromato de potássio, em qualquer quantidade, nas farinhas, no preparo de massas e nos produtos de panificação. Com relação aos agrotóxicos, vige a Lei nº 7.802, de 11-7-1989. A Lei nº 9.972, de 25-5-2000, dispõe sobre a classificação de produtos vegetais, subprodutos e resíduos e é regulamentada pelo Decreto nº 6.268, de 22-11-2007. A Lei nº 11.105, de 24-3-2005, estabelece normas para o uso das técnicas de engenharia genética e liberação no meio ambiente de organismos geneticamente modificados (OGMs), tipificando a conduta de liberação ou descarte no meio ambiente desses organismos que se faça em desacordo com as normas estabelecidas pela Comissão Técnica Nacional de Biossegurança e pelos órgãos e entidades de registro e fiscalização (art. 27), bem como as atividades relacionadas com a produção, armazenamento, transporte, importação e exportação de OGMs. O Decreto nº 4.680, de 24-4-2003, regula o direito à informação a respeito de alimentos e ingredientes alimentares que contenham ou sejam produzidos a partir de organismos geneticamente modificados.

A primeira conduta típica é a de *corromper* a substância, ou seja, estragar, desnaturar, infectar, decompor, tornar pobre a substância ou o produto alimentício. A corrupção pode ocorrer, inclusive, pela deterioração (decomposição, putrefação, rancificação etc.).

A segunda ação incriminada é a de *adulterar*, que significa alterar ou mudar para pior. Adultera-se a substância ou o produto alimentício adicionando-se-lhes outra que os torne nocivos ou lhes reduza o valor nutritivo.

A terceira conduta prevista agora no novo tipo legal é a de *falsificar*, que quer dizer alterar com fraude, contrafazer a substância. Falsifica-se com o emprego de substâncias diversas das que entram na composição normal do produto, tendo-se o cuidado de que ele se apresente com a aparência normal do alimento.

A última das condutas descritas é a de *alterar*, ou seja, modificar, mudar, de qualquer forma a substância, tornando-a nociva ou lhe reduzindo o valor nutritivo.

Qualquer das condutas deve recair sobre substância alimentícia, sólida ou líquida, natural ou preparada, de primeira necessidade ou não, destinada à alimentação. Estão incluídas, agora por expressa disposição legal (art. 272, § 1º), as bebidas, com ou sem teor alcoólico, dirimindo as dúvidas existentes geradas pela redação anterior do art. 272 do CP.

Para que se configure o crime, é necessário que a substância seja destinada ao consumo ou uso do homem, já que se trata de crime contra a saúde pública. É necessário, também, que a substância ou produto alimentício seja nocivo à saúde, que possa causar dano ao regular funcionamento biológico do homem (nocividade positiva), ou, conforme a nova redação do artigo, tenha sido reduzido seu valor nutritivo (nocividade negativa). Sem a prova da nocividade positiva ou da redução do valor nutritivo da substância do produto alimentício não se configura o ilícito.

Jurisprudência

- Utilização de óleo comestível corrompido
- Adição de sulfato de sódio à carne
- Adição de açúcar ao vinho
- Adição de bromato de potássio no preparo de pão
- Adição de bromato de potássio no preparo de pão – Contra
- Necessidade de exame pericial
- Alteração de substância alimentícia
- Inexistência do crime
- Exigência de laudo pericial

272.3 Tipo subjetivo

O dolo é a vontade de corromper, adulterar, falsificar ou alterar a substância ou o produto alimentício, tendo o agente a consciência de sua nocividade positiva ou negativa. Não se exige, porém, tal finalidade ou qualquer fim especial do agente.

272.4 Consumação e tentativa

Consuma-se o crime com a corrupção, adulteração, falsificação ou alteração da substância ou produto alimentícios, não se exigindo que seja ela posta à disposição do comércio ou do público.

É possível a tentativa com a interrupção da conduta típica por circunstâncias alheias à vontade do agente.

272.5 Fabricação, venda, exposição à venda, importação, depósito, distribuição e entrega a consumo

No § 1º-A do art. 272 incriminam-se as condutas de quem fabrica, vende, expõe à venda, importa, tem em depósito para vender ou, de qualquer forma, distribui ou entrega a consumo a substância ou o produto alimentício corrompido, adulterado, falsificado ou alterado. No caso, não importa que a corrupção, adulteração, falsificação ou alteração tenha decorrido de crime ou de caso fortuito, força maior, deterioração natural etc.

O dolo é a vontade de praticar alguma das condutas incriminadas no dispositivo, tendo o agente ciência de que se trata de substância corrompida, adulterada, falsificada ou alterada, bem como de sua nocividade positiva ou negativa. Não se exige o fim de lucro ou qualquer outro, mas quanto à conduta de ter em depósito é indispensável o elemento subjetivo do tipo, ou seja, a finalidade de vender.

Consuma-se o crime com a fabricação, venda, exposição à venda, importação ou a manutenção em depósito da substância incriminada.

Jurisprudência

- Carne em estado de putrefação: inexistência de crime
- Indispensável a destinação ao consumo público
- Inexigência da *traditio* na venda
- Amônia em carne ou derivados
- Inexistência de prova do dolo

272.6 Crime culposo

Prevê a lei a forma culposa, cominando agora pena de detenção de um a dois anos e multa. Nesse caso, o agente não quer o resultado, nem assume o risco, mas, por falta dos cuidados necessários, causa a corrupção, adulteração ou alteração da substância ou a mantém em depósito, expõe à venda, vende ou entrega a consumo.

272.7 Crime qualificado pelo resultado

Resultando lesão corporal de natureza grave ou morte, aplica-se o disposto no art. 258 por força do art. 285, tanto no crime doloso quanto no delito culposo.

272.8 Distinção

Se a substância corrompida é água, o crime é o previsto no artigo 271 e, se houver envenenamento, o do artigo 270. Se as mesmas condutas recaem sobre produtos destinados a fins terapêuticos ou medicinais configura-se o crime do art. 273. Não se tratando de substância alimentícia ou medicinal, pode ocorrer o crime de *outras substâncias nocivas à saúde pública*, descrito no art. 278 ou crime contra as relações de consumo. No art. 7º, inciso III, da Lei nº 8.137, de 27-12-1990, pune-se a mistura de gêneros e mercadorias para a venda como puros, e no inciso IX a venda de matéria-prima ou o produto em condições impróprias ao consumo. No Código Penal preveem-se, ainda, os crimes de fraude na entrega de coisa e a fraude no comércio (arts. 171, § 2º, IV, e 175).

272.9 Concurso de crimes

Nada impede a continuidade delitiva no crime previsto no art. 272. Mas, se o falsificador vende o produto incriminado, responde apenas pela conduta prevista no *caput* do citado artigo. Caso o fato envolva fraude no peso ou composição do produto entregue a consumo, há concurso formal com o crime contra as relações de consumo previsto no art. 7º, IV, da Lei nº 8.137, de 27-12-1990.

Jurisprudência

- Existência de crime único

Falsificação, corrupção, adulteração ou alteração de produto destinado a fins terapêuticos ou medicinais*

Art. 273. Falsificar, corromper, adulterar ou alterar produto destinado a fins terapêuticos ou medicinais:*

Pena – reclusão, de 10 (dez) a 15 (quinze) anos, e multa.*

§ 1º Nas mesmas penas incorre quem importa, vende, expõe à venda, tem em depósito para vender ou, de qualquer forma, distribui ou entrega a consumo o produto falsificado, corrompido, adulterado ou alterado.*

§ 1º-A. Incluem-se entre os produtos a que se refere este artigo os medicamentos, as matérias-primas, os insumos farmacêuticos, os cosméticos, os saneantes e os de uso em diagnóstico.*

§ 1º-B. Está sujeito às penas deste artigo quem pratica as ações previstas no § 1º em relação a produtos em qualquer das seguintes condições:

I – sem registro, quando exigível, no órgão de vigilância sanitária competente;

II – em desacordo com a fórmula constante do registro previsto no inciso anterior;

III – sem as características de identidade e qualidade admitidas para a sua comercialização;

IV – com redução de seu valor terapêutico ou de sua atividade;

V – de procedência ignorada;

VI – adquiridos de estabelecimento sem licença da autoridade sanitária competente.*

Modalidade culposa

§ 2º   Se o crime é culposo:

Pena – detenção, de 1 (um) a 3 (três) anos, e multa.*

* Redação dada pela Lei nº 9.677, de 2-7-1998.

> *Vide*: CP arts. 171, § 2º, IV, 175, 258, 270, 274 a 280, 285; **Lei nº 5.991**, de 17-12-1973 (dispõe sobre o controle sanitário do comércio de drogas, medicamentos, insumos farmacêuticos e correlatos); **Lei nº 6.360**, de 23-9-1976 (dispõe sobre a vigilância sanitária a que sujeitam os medicamentos, drogas, insumos farmacêuticos e produtos correlatos); **Lei nº 6.437**, de 20-8-1977 (define infrações à legislação sanitária), art. 10, IV (prevê infrações relacionadas com medicamentos, drogas, insumos farmacêuticos e produtos correlatos); **Lei nº 8.072**, de 25-7-1990, art. 1º, VII-B (define a falsificação, corrupção, adulteração ou alteração de produto destinado a fins terapêuticos ou medicinais – art. 273, *caput* e § 1º, § 1º-A e § 1º-B – como crime hediondo), art. 2º, I (veda anistia, graça e indulto), II (proíbe a fiança), § 1º (determina o regime inicial fechado), § 2º (prevê regras especiais para a progressão de regime), § 3º (possibilita a concessão fundamentada pelo juiz do apelo em liberdade), § 4º (prazo de trinta dias para a prisão temporária); **Lei nº 8.137**, de 27-12-1990, art. 7º (define crimes contra as relações de consumo), IX (vender, ter em depósito para vender ou expor à venda ou, de qualquer forma, entregar matéria-prima ou mercadoria, em condições impróprias ao consumo); **Lei nº 9.787**, de 10-2-1999 (estabelece o medicamento genérico e dispõe sobre a utilização de nomes genéricos em produtos farmacêuticos); **Lei nº 9.782**, de 26-1-1999 (define o Sistema Nacional de Vigilância Sanitária e cria a Agência Nacional de Vigilância Sanitária); **Lei nº 9.965**, de 27-4-2000 (restringe a venda de esteroides ou peptídeos anabolizantes); **Lei nº 10.651**, de 16-4-2003 (dispõe sobre o controle do uso da talidomida); **Lei nº 13.021**, de 8-8-2014 (dispõe sobre o exercício e a fiscalização das atividades farmacêuticas).

273 FALSIFICAÇÃO, CORRUPÇÃO, ADULTERAÇÃO OU ALTERAÇÃO DE PRODUTO DESTINADO A FINS TERAPÊUTICOS OU MEDICINAIS

273.1   Sujeitos do delito

Sujeito ativo do crime é qualquer pessoa que pratica uma das ações incriminadas, independentemente da qualidade de produtor ou comerciante.

Sujeito passivo é a coletividade, cuja saúde é posta em risco, presumidamente, pela nocividade positiva ou negativa do produto destinado a fins terapêuticos ou medicinais.

273.2 Tipo objetivo

Tanto a rubrica como o tipo penal foram alterados pela Lei nº 9.677, de 2-7-1998, que, em sua epígrafe, classifica os crimes contra a saúde pública previstos nos arts. 272 a 277 do CP como hediondos. Entretanto, não constando do texto legal a referida classificação, não era possível considerar tais delitos como hediondos. Por fim, a Lei nº 9.695, de 20-8-1998, que alterou dispositivos da Lei nº 6.437, de 20-8-1977, incluiu no art. 1º da referida Lei nº 8.072, de 25-7-1990, como crime hediondo apenas a "falsificação, corrupção, adulteração ou alteração de produto destinado a fins terapêuticos ou medicinais (art. 273, *caput* e § 1º, § 1º-A e § 1º-B, com a redação dada pela Lei nº 9.677, de 2-7-1998)".

O objeto material do crime é o produto destinado a fins terapêuticos ou medicinais. Produto é resultado de qualquer atividade humana. É necessário, segundo o *caput* do art. 273, que o produto seja destinado a fins terapêuticos ou medicinais, meios adequados para aliviar, tratar e curar doentes. Entretanto, a lei inclui expressamente, no § 1º-A, todos os medicamentos (substâncias ou preparados que se utilizam como remédios), matérias-primas (substâncias brutas principais com que são fabricados os medicamentos), insumos farmacêuticos (componentes da produção), cosméticos (produtos utilizados para a limpeza, usados para higienizar, desinfetar ou limpar, entre os quais o álcool gel, importante produto usado no período de pandemia, conservação ou maquilagem da pele), saneantes (produtos de limpeza) e os de uso em diagnóstico (conhecimento ou determinação da doença).

De acordo com a atual redação dada ao *caput* do art. 273, são várias as condutas incriminadas. A primeira delas é a de *falsificar*, ou seja, de contrafazer, alterar com fraude o produto destinado a fins terapêuticos ou medicinais ou o equiparado por lei. O crime pode ser praticado com o emprego de substância diversa das que entram na composição normal do produto, embora externamente tenha este aparência idêntica ou semelhante à genuína. A segunda ação típica é a de *corromper* o produto, ou seja, a de decompô-lo, estragá-lo, desnaturá-lo, degradá-lo, mesmo por omissão. A conduta seguinte é a de *adulterar*, modificar, mudar para pior o produto. Por fim, a última ação típica é a de *alterar* o produto, modificando sua qualidade, fazendo desaparecer suas características, seus atributos de pureza, perfeição, suprimindo, total ou parcialmente, qualquer elemento da composição normal, adicionando outras substâncias ou substituindo um elemento por outro, de qualidade inferior.

Deixando o crime vestígios, é de rigor o exame pericial para a verificação da falsificação, corrupção, adulteração ou alteração do produto.

Jurisprudência

- Alteração de substância medicinal

273.3 Tipo subjetivo

O dolo do crime é a vontade de falsificar, corromper, adulterar ou alterar o produto destinado a fins terapêuticos ou medicinais, não se exigindo qualquer fim especial da conduta.

273.4 CONSUMAÇÃO E TENTATIVA

Consuma-se o crime quando praticada a ação típica, independentemente de qualquer outro resultado. O perigo para a saúde pública é presumido pela lei, não se exigindo, pois, sua comprovação.

A tentativa é teoricamente possível.

273.5 Importação, venda, exposição à venda, depósito, distribuição e entrega do produto destinado a fins terapêuticos ou medicinais

Prevê a lei também, no § 1º do art. 272, a incriminação de quem importa, vende, expõe à venda, tem em depósito para vender, ou, de qualquer forma, distribui ou entrega a consumo o produto falsificado, corrompido, adulterado ou alterado, condutas idênticas às do art. 272, tendo por objeto material a substância medicinal ou equiparada. Na conduta de ter em depósito, a lei exige que o comportamento tenha como finalidade a venda.

Além disso, no § 1º-B, a lei equipara a tais condutas as ações de *importação* (aquisição e transferência do exterior para o país), *venda*, *exposição à venda* (exibição em vitrinas, mostruários, manutenção em depósito, em estoque para venda), *distribuição* (transferência a título oneroso, como a troca, ou gratuito, como a cessão, doação etc.) ou *entrega* a consumo dos produtos em certas condições: (a) sem registro, quando exigível, no órgão de vigilância sanitária competente; (b) em desacordo com a fórmula constante do registro previsto no item anterior; (c) sem as características de identidade e qualidade admitidas para sua comercialização; (d) com redução de seu valor terapêutico ou de sua atividade; (e) de procedência ignorada; (f) adquirida de estabelecimento sem licença da autoridade sanitária competente. São crimes formais, que se consumam com a própria conduta, independentemente de qualquer resultado de dano ou de perigo, por ser este presumido por lei.

O dolo exige que o agente, além da vontade de praticar a ação, tenha ciência da falsificação, corrupção, adulteração ou alteração do produto incriminado ou de que esteja ele em uma das situações previstas no § 1º-B do art. 273.

O Supremo Tribunal Federal, no julgamento de recurso extraordinário com repercussão geral, declarou a inconstitucionalidade da pena de 10 a 15 anos prevista para o crime de importação de medicamento sem registro sanitário (§ 1º-B, I) em razão da violação do princípio da proporcionalidade da pena, e, assim, reconhecendo a ocorrência da repristinação, determinou que na hipótese voltasse a viger a redação original do dispositivo, que prevê a pena de reclusão de 1 a 3 anos e multa. Entendeu-se, ainda, que a pena de 10 a 15 anos é desproporcional também para quem *vende*, *armazena* e *distribui* o produto.

Tratando-se de crime de conduta múltipla não cumulativa, aquele que pratica duas ou mais ações, com o mesmo objeto material, responde por crime único.

Jurisprudência

- Inconstitucionalidade da nova pena cominada por violação do princípio da proporcionalidade e repristinação do preceito secundário original
- Importação irregular de anabolizantes: crime caracterizado
- Importação de medicamento não registrado para uso pessoal com receituário médico: atipicidade
- Depósito e venda de medicamento sem registro e de procedência ignorada: crime formal – desnecessidade de exame pericial

- Vacina com prazo de validade vencido: crime não caracterizado
- Caracterização do crime
- Especialidade do art. 273 em relação ao crime de contrabando
- Importação de medicamento sem registro e de procedência ignorada: competência da Justiça Federal
- Substância medicinal: crime caracterizado

273.6 Crime culposo

Agindo o sujeito ativo sem dolo, mas também sem tomar as cautelas necessárias na espécie, comete o crime culposo de corromper, adulterar, alterar, importar, vender etc. a substância incriminada. É dever do fabricante e do comerciante verificar as condições com que se apresentam os produtos referidos no art. 273, além de obedecer às normas jurídicas específicas que regulam suas atividades.

273.7 Crime qualificado pelo resultado

Em qualquer das condutas típicas, se do fato resultar lesão corporal de natureza grave ou morte, aplica-se o disposto no art. 258, por força do art. 285.

Emprego de processo proibido ou de substância não permitida

Art. 274. Empregar no fabrico de produto destinado a consumo, revestimento, gaseificação artificial, matéria corante, substância aromática, anti-séptica, conservadora ou qualquer outra não expressamente permitida pela legislação sanitária:

Pena – reclusão, de 1 (um) a 5 (cinco) anos, e multa.*

* Pena de acordo com a Lei nº 9.677, de 2-7-1998.

Vide: CP arts. 258, 272, 273, 276, 285; **Lei nº 8.918**, de 14-7-1994 (dispõe sobre a padronização, classificação, registro, inspeção, produção e fiscalização de bebidas); **Lei nº 9.782**, de 26-1-99 (define o Sistema Nacional de Vigilância Sanitária e cria a Agência Nacional de Vigilância Sanitária); **Lei nº 9.832**, de 14-9-1999 (proíbe a utilização de liga de chumbo e estanho para acondicionamento de produtos alimentícios); **Lei nº 10.273**, de 6-9-2001 (proíbe o uso de bromato de potássio nas farinhas, no preparo de massas e nos produtos de panificação); **Decreto-lei nº 986**, de 21-10-1969 (institui normas básicas sobre alimentos); **Lei nº 6.437**, de 20-8-1977 (define infrações à legislação sanitária).

274 EMPREGO DE PROCESSO OU SUBSTÂNCIA NÃO PERMITIDA

274.1 Sujeitos do delito

Qualquer pessoa pode praticar o crime previsto no art. 274, embora seja normalmente o industrial ou o comerciante.

Sujeito passivo é a coletividade.

274.2 Tipo objetivo

Comete o crime previsto no art. 274 do CP aquele que empregar, ou seja, usar, aplicar, misturar, impregnar, utilizar no fabrico de qualquer produto processo ou substância vedados pela legislação sanitária. A lei, aqui, não se restringe a proteger as substâncias alimentícias ou medicinais, mas quaisquer outras. Trata-se de norma penal em branco, que deve ser complementada por outras disposições legais.

Refere-se a lei ao revestimento (envoltório, caixas, latas, envelopes), à gaseificação artificial (empregada em substâncias alimentícias ou medicinais), corantes artificiais ou sintéticos, substâncias aromáticas para dar paladar ou perfume mais agradável (algumas são tóxicas e nocivas à saúde), substâncias antissépticas para evitar a fermentação, substâncias conservadoras para evitar ou protelar a alteração do produto ou quaisquer outras, ou seja, qualquer ingrediente que vise a outros fins quando não permitidos pela legislação regulamentar. O perigo para a coletividade é presumido por lei, não se exigindo, pois, comprovação de dano ou mesmo de perigo.

Jurisprudência

- Adição de bromato de potássio na fabricação de pão
- Irrelevância de não-comprovação de perigo ou dano
- Adição de corante: crime caracterizado

274.3 Tipo subjetivo

O dolo é a vontade de empregar no fabrico do produto processo ou ingrediente proibido, ciente o agente que se destine ele ao consumo público. Não se refere a lei a qualquer finalidade específica. O erro, pelo desconhecimento da proibição, exclui o dolo. Não prevê a lei a modalidade culposa do crime.

Jurisprudência

- Dolo caracterizado

274.4 Consumação e tentativa

Consuma-se o crime com a prática da conduta prevista em lei, presumindo-se o perigo para a saúde pública.

Nada impede, teoricamente, a tentativa, que se concretiza quando o agente iniciou a execução e não ocorreu a consumação por circunstâncias alheias a sua vontade.

Jurisprudência

- Atos preparatórios: inexistência de tentativa

274.5 Crime qualificado pelo resultado

Aplicam-se ao art. 274 as qualificadoras previstas no art. 258, por força do disposto no art. 285. Se do fato resulta lesão corporal grave a pena é aumentada de metade e se resulta morte é aplicada em dobro.

Invólucro ou recipiente com falsa indicação

Art. 275. Inculcar, em invólucro ou recipiente de produtos alimentícios, terapêuticos ou medicinais, a existência de substância que não se encontra em seu conteúdo ou que nele existe em quantidade menor que a mencionada:*

Pena – reclusão, de 1 (um) a 5 (cinco) anos, e multa.*

* Redação dada pela Lei nº 9.677, de 2-7-1998.

Vide: **CF** art. 220, § 4º; **CP** arts. 175, 258, 272 a 274, 276 a 278, 285; **Lei nº 6.360**, de 23-9-1976, arts. 57 a 59 (dispõe sobre rotulagem e publicidade de medicamentos, drogas, insumos farmacêuticos e produtos correlatos); **Lei nº 6.437**, de 20-8-1977, art. 10, XV (rotular alimentos, bebidas, medicamentos e outros produtos com violação de normas legais e regulamentares como infração à legislação sanitária); **Lei nº 7.802**, de 11-7-1989, arts. 6º a 8º (contém regras sobre a rotulagem e propaganda de agrotóxicos); **Lei nº 8.078**, de 11-9-1990 – **CDC**, art. 63 (define como crime omitir dizeres ou sinais ostensivos sobre a nocividade ou periculosidade de produtos, nas embalagens, nos invólucros, recipientes ou publicidade), art. 66 (fazer afirmação falsa ou enganosa, ou omitir informação relevante sobre a natureza, característica, qualidade, quantidade, segurança, desempenho, durabilidade, preço ou garantia de produtos ou serviços), art. 67 (fazer ou promover publicidade que sabe ou deveria saber ser enganosa ou abusiva), art. 68 (fazer ou promover publicidade que sabe ou deveria saber ser capaz de induzir o consumidor a se comportar de forma prejudicial ou perigosa a sua saúde ou segurança); **Lei nº 8.137**, de 27-12-1990, art. 7º, VII (tipifica como crime contra as relações de consumo a conduta de induzir o consumidor ou usuário a erro, por via de indicação ou afirmação falsa ou enganosa sobre a natureza, qualidade do bem ou serviço, utilizando-se de qualquer meio, inclusive a veiculação ou divulgação publicitária); **Lei nº 8.918**, de 14-7-1994 (contém normas sobre a rotulagem de bebidas); **Lei nº 9.294**, de 15-7-1996 (disciplina o uso e a propaganda de produtos fumígenos, bebidas alcoólicas, medicamentos, terapias e defensivos agrícolas); **Lei nº 10.651**, de 16-4-2003, art. 1º, III e IV (dispõe sobre a rotulagem do medicamento talidomida); **Decreto-lei nº 986**, de 21-10-1969, arts. 10 a 23 (institui normas sobre a rotulagem e propaganda de alimentos).

275 INVÓLUCRO OU RECIPIENTE COM FALSA INDICAÇÃO

275.1 Sujeitos do delito

Sujeito ativo do crime previsto no art. 275 é qualquer pessoa que pratique a conduta incriminada, embora a prática ilícita seja mais comum entre fabricantes e comerciantes.

Sujeito passivo é ainda a coletividade.

275.2 Tipo objetivo

A conduta típica é *inculcar*, que, no caso, significa fazer falsa indicação, apregoar, dar a entender que no produto, ou seja, na coisa beneficiada, fabricada industrialmente ou manufaturada, existe substância que não se encontra em seu conteúdo, ou que nele existe em quantidade menor que a mencionada. O produto alimentício é qualquer preparado destinado a alimentação, alimento ou bebida, e produto terapêutico ou medicinal é aquele usado com o fim de prevenção, melhora ou cura de doenças. A falsa indicação deve estar no invólucro, que é tudo aquilo que envolve, cobre, embrulha, reveste o produto, ou recipiente (envelopes, sacos, frascos, potes, garrafas, caixas, latas, bisnagas, barricas), qualquer que seja o material utilizado que o contém. As bulas dos produtos terapêuticos ou medicinais fazem parte do invólucro ou recipiente.

Embora não exija a lei que se comprove que o produto tenha nocividade positiva ou negativa, já se tem decidido o contrário. O Decreto nº 4.680, de 24-4-2003, disciplina a rotulagem de alimentos embalados que contenham ou sejam produzidos com organismos geneticamente modificados.

Jurisprudência

- Crime caracterizado
- Uísque nacional por estrangeiro: crime caracterizado
- Exigência de nocividade
- Exigência de nocividade – Contra

275.3 Tipo subjetivo

O dolo do crime previsto no art. 275 é a vontade de fazer a falsa indicação, ou seja, de inculcar produto nas condições referidas. Não se prevê qualquer finalidade especial da conduta.

275.4 Consumação e tentativa

Para a consumação basta que seja feita a falsa indicação, independentemente de venda ou entrega do produto ao consumo público. Não há também necessidade de que haja no produto nocividade positiva ou negativa, caso em que o fato constitui crime mais grave.

Nada impede, teoricamente, a tentativa.

275.5 Distinção

Não configurado o delito do art. 275 do CP, pode ocorrer crime contra as relações de consumo (art. 7º, VII, da Lei nº 8.137, de 27-12-1990), ou os de afirmação falsa ou enganosa ou propaganda enganosa previstos no Código de Defesa do Consumidor (arts. 66 e 67). O fato poderá constituir, ainda, o crime descrito no art. 175 do CP.

Produto ou substância nas condições dos dois artigos anteriores

> **Art. 276.** Vender, expor à venda, ter em depósito para vender ou, de qualquer forma, entregar a consumo produto nas condições dos arts. 274 e 275:
>
> Pena – reclusão, de 1 (um) a 5 (cinco) anos, e multa.*
>
> * Pena de acordo com a Lei nº 9.677, de 2-7-1998.

> **Vide**: CP arts. 171, § 2º, IV, 175, 272, § 1º-A, 273, § 1º, 258, 274, 275, 285; Lei nº 8.137, de 27-12-1990, art. 7º, II (vender ou expor à venda mercadoria cuja embalagem, tipo, especificação, peso ou composição esteja em desacordo com as prescrições legais, ou que não corresponda à respectiva classificação oficial), III (misturar gêneros e mercadorias de espécies diferentes, para vendê-los ou expô-los à venda como puros; misturar gêneros e mercadorias de qualidades desiguais para vendê-los ou expô-los à venda por preço estabelecido para os de mais alto custo); IX (vender, ter em depósito para

vender ou expor à venda ou, de qualquer forma, entregar matéria-prima ou mercadoria, em condições impróprias ao consumo).

276 PRODUTO OU SUBSTÂNCIA NAS CONDIÇÕES DOS DOIS ARTIGOS ANTERIORES

276.1 Sujeitos do delito

Sujeito ativo do crime tipificado no art. 276 é qualquer pessoa, embora na maioria das vezes seja cometido por comerciante.

Sujeito passivo é a coletividade, lesada ou posta em risco no que tange à saúde pública.

276.2 Tipo objetivo

As condutas previstas no tipo penal são idênticas às dos arts. 272, § 1º-A, e 273, § 1º, já examinadas (itens 272.2 e 273.3). O objeto material, segundo a lei, é o produto mencionado nos arts. 274 e 275, ou seja, aquele em que houve emprego de revestimento, gaseificação artificial, matéria corante, substância aromática, antisséptica, conservadora ou qualquer outra não permitida pela legislação sanitária, bem como o produto alimentício ou medicinal em que houve falsa indicação. Se não existe a proibição pelas normas regulamentadoras do tipo penal, inexiste o crime. Como a lei não exige atividade comercial do agente, é dispensável que se caracterize a habitualidade; basta uma só das condutas.

Jurisprudência

- Venda de uísque nacional por estrangeiro
- Produto não proibido pela legislação sanitária: inexistência de crime

276.3 Tipo subjetivo

O dolo do crime previsto no art. 276 é a vontade de praticar uma das condutas incriminadas, sendo indispensável que o agente tenha ciência de que se trata de produto nas condições referidas nos arts. 274 ou 275. Sem essa consciência ocorre erro de tipo, que exclui o dolo. Na modalidade de ter em depósito, é necessário que haja finalidade de venda.

276.4 Consumação e tentativa

Consuma-se o crime com a prática de uma das condutas típicas: venda, entrega, exposição à venda e depósito para vender. As duas últimas condutas caracterizam crime permanente. Nada impede a tentativa.

Substância destinada à falsificação

Art. 277. Vender, expor à venda, ter em depósito ou ceder substância destinada à falsificação de produtos alimentícios, terapêuticos ou medicinais:*

Pena – reclusão, de 1 (um) a 5 (cinco) anos, e multa.*

* Redação dada pela Lei nº 9.677, de 2-7-1998.

Vide: CP arts. 258, 272, 273, 285.

277 SUBSTÂNCIA DESTINADA À FALSIFICAÇÃO

277.1 Sujeitos do delito

Sujeito ativo do crime é qualquer pessoa, embora seja comum sua prática por produtores e comerciantes.

Sujeito passivo é a coletividade, presumidamente em risco pela conduta do agente.

277.2 Tipo objetivo

As condutas de vender, expor à venda e ter em depósito previstas no art. 277 são idênticas às dos arts. 272, § 1º-A, e 273, § 1º, já examinadas (itens 272.2 e 273.2). Ceder, a última ação prevista no tipo, significa entregar a outrem, de qualquer forma, o produto incriminado (doação, empréstimo, troca, transferência etc.). O objeto material é a substância destinada à falsificação de produtos alimentícios, terapêuticos e medicinais, conceito já exposto nas notas referentes aos artigos antecedentes. Referindo-se a lei exclusivamente a substância, não abrange maquinaria, utensílios, instrumentos ainda que destinados à falsificação, embora já se tenha decidido o contrário. A destinação pode derivar da própria natureza da substância ou da aplicação especial que lhe vai ser dada por aquele que a recebe. Trata-se de crime que deixa vestígios, sendo indispensável o exame pericial.

Jurisprudência

- Crime caracterizado
- Máquinas para falsificação de uísque: crime caracterizado
- Exigência de exame pericial

277.3 Tipo subjetivo

O dolo é a vontade de praticar uma das condutas incriminadas, exigindo-se, porém, o elemento subjetivo do tipo, ou seja, que a substância se destine à falsificação do produto. Havendo outra finalidade, não ocorre o ilícito por ausência do elemento subjetivo.

Jurisprudência

- Dolo caracterizado

277.4 Consumação e tentativa

Consuma-se o crime com a prática de uma das condutas incriminadas. Trata-se de crime de perigo abstrato, não se exigindo dano ou perigo concreto.

Outras substâncias nocivas à saúde pública

Art. 278. Fabricar, vender, expor à venda, ter em depósito para vender ou, de qualquer forma, entregar a consumo coisa ou substância nociva à saúde, ainda que não destinada à alimentação ou a fim medicinal:

Pena – detenção, de 1 (um) a 3 (três) anos, e multa.

Modalidade culposa

Parágrafo único. Se o crime é culposo:
Pena – detenção, de 2 (dois) meses a 1 (um) ano.

Vide: **CP** arts. 258, 285; **Lei nº 8.069**, de 13-7-1990 – **ECA**, art. 243 (tipifica condutas relacionadas com a venda ou entrega a criança ou adolescente de produtos cujos componentes possam causar dependência física ou psíquica); **Lei nº 8.078**, de 11-9-1990 – **CDC**, art. 10 (proíbe o fornecedor de colocar no mercado de consumo produto ou serviço que sabe ou deveria saber apresentar alto grau de nocividade ou periculosidade à saúde ou segurança), art. 63 (define como crime omitir dizeres ou sinais ostensivos sobre a nocividade ou periculosidade de produtos, nas embalagens, nos invólucros, recipientes ou publicidade), art. 64 (deixar de comunicar à autoridade competente e aos consumidores a nocividade ou periculosidade de produtos cujo conhecimento seja posterior à sua colocação no mercado); **Lei nº 8.137**, de 27-12-1990, art. 7º, IX (vender, ter em depósito para vender ou expor à venda ou, de qualquer forma, entregar matéria-prima ou mercadoria, em condições impróprias ao consumo); **Lei nº 11.343**, de 23-8-2006 (Lei de Drogas). Súmula: **STJ**, 669.

278 OUTRAS SUBSTÂNCIAS NOCIVAS À SAÚDE PÚBLICA

278.1 Sujeitos do delito

Qualquer pessoa pode ser sujeito ativo do crime previsto no art. 278, embora na maioria das vezes se trate de produtor ou comerciante.

Sujeito passivo é a coletividade, posta em risco, presumidamente, com a prática da conduta ilícita.

278.2 Tipo objetivo

No tipo penal, a primeira conduta prevista é a de *fabricar*, que tem o sentido amplo de preparar, beneficiar, manipular, ou seja, produzir, por qualquer meio, a coisa ou substância nociva à saúde. As demais condutas de *vender, expor à venda, ter em depósito para vender* ou *entregar a consumo* têm significado idêntico às ações incriminadas nos tipos antecedentes.

O objeto material do crime previsto no art. 278 é a coisa (objeto corpóreo) ou substância nociva à saúde não destinada à alimentação ou fim medicinal, pois, nesse caso, pode haver outro ilícito penal. O Código de Defesa do Consumidor veda a colocação no mercado de consumo de qualquer produto nocivo ou perigoso à saúde (art. 10), determinando a informação de maneira ostensiva e adequada a respeito da sua potencial nocividade (art. 9º) e, na hipótese de posterior conhecimento da nocividade, a comunicação imediata do fato às autoridades competentes e aos consumidores, mediante anúncios publicitários (art. 10, § 1º), definindo como crime a omissão em relação a tais condutas (arts. 63 e 64). Indispensável para a comprovação da nocividade do produto a prova pericial, não bastando a conclusão de que se trata de coisa imprópria para o consumo. É ainda indispensável que a coisa seja nociva à saúde em sua destinação própria, e não quando usada desvirtuada ou imprudentemente. Irrelevante, entretanto, tenha havido o uso efetivo da coisa ou substância e muito menos qualquer dano. Entretanto, tipifica-se a conduta de vender, fornecer, ministrar ou entregar, ainda que gratuitamente, de qualquer forma, a criança ou adolescente, bebida alcoólica ou, sem justa causa, outros produtos cujos componentes possam causar dependência física ou psíquica (art. 243 da Lei nº 8.069/90). Se a conduta praticada tiver como objeto substância entorpecente ou outra que cause dependência física ou psíquica, ocorrerá crime especial previsto na Lei nº 11.343, de 23-8-2006 (Lei de Drogas). Conforme entendimento do STJ na Súmula 669: "O fornecimento de bebida alcoólica a criança ou adolescente, após o advento da Lei n. 13.106, de 17 de março de 2015, configura o crime previsto no art. 243 do ECA".

Jurisprudência

- Sangue contaminado: crime caracterizado
- Exigência de nocividade na destinação própria
- Venda de uísque nacional como estrangeiro
- Irrelevância de uso ou dano
- Venda de substância medicinal: inexistência de crime
- Venda de substância medicinal: inexistência de crime – Contra
- Venda de agrotóxico: inexistência de crime
- Exigência de exame pericial

278.3 Tipo subjetivo

O dolo é a vontade de praticar uma das condutas registradas no tipo, sabendo o agente que a coisa ou substância é nociva à saúde pública. Não se exige finalidade especial da conduta, a não ser a de ter em depósito, que só configura o ilícito quando há finalidade de venda.

278.4 Consumação e tentativa

Consuma-se o crime com qualquer das condutas incriminadas, dispensada a ocorrência de dano efetivo. Praticamente, inadmissível a tentativa do crime.

278.5 Crime culposo

Afastado o dolo por não saber o agente que a coisa é nociva à saúde pública, pode ocorrer o crime por erro inescusável, ou seja, pela falta de cuidados objetivos do agente.

Jurisprudência

- Caracterização do crime culposo

278.6 Crime qualificado pelo resultado

Se do crime doloso resulta lesão corporal de natureza grave, a pena privativa de liberdade é aumentada de metade; se resulta morte, é aplicada em dobro. No caso de culpa, se do fato resulta lesão corporal, a pena é aumentada de metade; se resulta morte, aplica-se a pena cominada ao homicídio culposo, aumentada de um terço (art. 258 c.c. o art. 285).

Jurisprudência

- Crime qualificado pelo resultado

278.7 Distinção

A Lei nº 8.137, de 27-12-2000, que revogou o art. 279, define como crime contra as relações de consumo, punido com detenção de dois a cinco anos ou multa, as condutas de vender, ter em depósito para vender ou expor à venda ou, de qualquer forma, entregar matéria-prima ou mercadoria, em condições impróprias ao consumo (art. 7º, IX), prevendo também a forma culposa (parágrafo único). Como a nocividade do produto não se confunde com a impropriedade para o consumo (item 278.2) e também porque prevista no art. 285 a aplicação das qualificadoras previstas no art. 258, não se pode afirmar a revogação tácita do art. 278 do CP.

O art. 7º, IX, da Lei nº 8.137/2000, contém norma penal em branco, que exige para sua integração o concurso da norma prevista no art. 18, § 6º, do Código de Defesa do Consumidor (Lei nº 8.078, de 11-9-1990), que define os produtos impróprios ao consumo: "I – os produtos cujos prazos de validade estejam vencidos; II – os produtos deteriorados, alterados, adulterados, avariados, falsificados, corrompidos, fraudados, nocivos à vida ou à saúde, perigosos ou, ainda, aqueles em desacordo com as normas regulamentares de fabricação, distribuição ou apresentação; III – os produtos que, por qualquer motivo, se revelem inadequados ao fim a que se destinam". Nas hipóteses de produto com prazo de validade vencido (inciso I) e de produto em desacordo com as normas regulamentadoras, por se tratar de crime de mera conduta e de perigo abstrato, dispensável é a comprovação por laudo pericial da nocividade à saúde do produto. Há, porém, recentes decisões no sentido de que em tais casos também se impõe a realização do exame pericial, sempre que possível.

Jurisprudência

- Exposição à venda de mercadoria com prazo de validade vencido como crime de mera conduta: desnecessidade de exame pericial sobre a nocividade do produto
- Exposição à venda de mercadoria com prazo de validade vencido como crime de perigo abstrato: desnecessidade de exame pericial sobre a nocividade do produto
- Produto em desacordo com as normas regulamentares: necessidade de exame pericial

- Produto em desacordo com as normas regulamentares: necessidade de exame pericial – Contra
- Armazenamento de produto com prazo de validade vencido no estabelecimento industrial: crime não caracterizado
- Armazenamento de alimento com prazo de validade vencido: crime não caracterizado

Substância avariada

Art. 279. (revogado)*

* Artigo revogado pela Lei nº 8.137, de 27-12-1990.

Medicamento em desacordo com receita médica

> Art. 280. Fornecer substância medicinal em desacordo com receita médica:
>
> Pena – detenção, de 1 (um) a 3 (três) anos, ou multa.

Modalidade culposa

> Parágrafo único. Se o crime é culposo:
> Pena – detenção, de 2 (dois) meses a 1 (um) ano.

Vide: CP arts. 258, 273, 282, 285; **Lei nº 5.991**, de 17-12-1973, arts. 35 a 43 (dispõem sobre o receituário no comércio de drogas, medicamentos, insumos farmacêuticos e correlatos); **Lei nº 13.021**, de 8-8-2014 (dispõe sobre o exercício e a fiscalização das atividades farmacêuticas).

280 MEDICAMENTO EM DESACORDO COM RECEITA MÉDICA

280.1 Sujeitos do delito

Qualquer pessoa pode cometer o crime previsto no art. 280; portanto, não só o farmacêutico, mas também o prático ou balconista e toda pessoa que fornecer, de qualquer forma, a substância medicinal em desacordo com a receita médica.

Sujeito passivo é a coletividade e, em particular, a pessoa que vem a adquirir ou consumir o medicamento.

280.2 Tipo objetivo

A conduta típica prevista no art. 280 é a de *fornecer*, ou seja, vender, ceder, ministrar, doar, abastecer, proporcionar a substância. O objeto material é a substância ou produto medicinal, cujo conceito já foi anotado (item 272.2). É irrelevante que a substância fornecida seja de superior ou igual qualidade à daquela receitada, pois deve ser observada a prescrição médica, havendo risco para a pessoa que a utilize quando há diversidade de composição do medicamento. Além disso, também não há que se indagar da nocividade positiva ou negativa da substância fornecida. Tratando-se de crime que deixa vestígios, é necessário o exame pericial para sua comprovação.

Jurisprudência

- Medicamento da mesma qualidade: irrelevância
- Necessidade de exame pericial

280.3 Tipo subjetivo

O dolo é a vontade de fornecer a substância medicinal, sabendo o agente que está ela em desacordo com a receita médica. É irrelevante, porém, que o agente desconheça o risco para a saúde da vítima, já que este é presumido.

280.4 Consumação e tentativa

Consuma-se o crime com a entrega da substância medicinal, a título oneroso ou gratuito, desde que não corresponda ela à receita. É irrelevante que o adquirente utilize ou não o medicamento.

A tentativa é possível, configurando-se quando é obstado o fornecimento por circunstâncias alheias à vontade do agente.

Jurisprudência

- Consumação do crime com a entrega da substância

280.5 Crime culposo

Prevê a lei a forma culposa do crime, incidindo nas sanções previstas no parágrafo único do art. 280 quem, por desatenção, falta de cuidado, fornece o medicamento em desacordo com a receita médica.

Jurisprudência

- Crime culposo caracterizado
- Inexistência de culpa do farmacêutico por erro de funcionário

280.6 Crime qualificado pelo resultado

Ainda por força do art. 285, aplica-se ao crime de medicamento em desacordo com receita médica quando resultar do crime doloso lesão corporal de natureza grave ou morte, e do crime culposo lesão corporal e morte, aplicando-se neste último caso a pena do homicídio culposo, aumentada de um terço.

280.7 Distinção

Se a substância medicinal estiver corrompida, adulterada, falsificada ou alterada, ocorre o crime previsto no artigo 272 ou 273. Não sendo o agente farmacêutico ou prático, poderá ocorrer, em concurso formal, o crime previsto no artigo 282. A conduta de prescrever ou ministrar, culposamente, drogas, sem que delas necessite o paciente, ou fazê-lo em doses excessivas ou em desacordo com determinação legal ou regulamentar, é tipificada no art. 38 da Lei nº 11.343, de 23-8-2006.

Comércio clandestino ou facilitação do uso de entorpecentes

Art. 281. (revogado)*

* Artigo revogado pela Lei nº 6.368, de 21-10-1976.

Exercício ilegal da medicina, arte dentária ou farmacêutica

Art. 282. Exercer, ainda que a título gratuito, a profissão de médico, dentista ou farmacêutico, sem autorização legal ou excedendo-lhe os limites:

Pena – detenção, de 6 (seis) meses a 2 (dois) anos.

Parágrafo único. Se o crime é praticado com o fim de lucro, aplica-se também multa.

Vide: CF art. 5º, XIII; CP arts. 205, 258, 284, 285, 359; LCP art. 47; **Lei nº 3.268**, de 30-9-1957, alterada pela Lei nº 11.000, de 15-12-2004 (dispõe sobre os Conselhos de Medicina e dá outras providências), art. 17 (determina o prévio registro dos títulos, diplomas e certificados e a inscrição do médico no Conselho Regional de Medicina para o exercício legal da medicina); **Lei nº 3.820**, de 11-11-1960, alterada pela Lei nº 9.120, de 27-10-1995 (cria o Conselho Federal e os Conselhos Regionais de Farmácia), art. 13 (exige a inscrição no Conselho Regional de Farmácia para o exercício de atividades profissionais farmacêuticas); **Lei nº 4.324**, de 14-4-1964 (institui o Conselho Federal e os Conselhos Regionais de Odontologia); **Lei nº 5.081**, de 24-8-1966 (dispõe sobre exercício da odontologia), art. 2º (exige para o exercício da odontologia pelo cirurgião-dentista a prévia habilitação por escola ou faculdade oficial ou reconhecida e o registro do diploma); **Lei nº 13.021**, de 8-8-2014 (dispõe sobre o exercício e a fiscalização das atividades farmacêuticas).

282 EXERCÍCIO ILEGAL DA MEDICINA, ARTE DENTÁRIA OU FARMACÊUTICA

282.1 Sujeitos do delito

Na primeira parte do tipo penal, trata-se de crime comum, podendo ser cometido por qualquer pessoa que exerça ilegalmente a medicina e a arte dentária ou farmacêutica. O estudante de Medicina só pode praticar atos privativos de médicos por orientação e supervisão do professor e profissional habilitado. Na segunda parte do art. 282, porém, é tipificado crime próprio, pois só pode ser executado por médico, dentista ou farmacêutico, por exceder os limites de sua profissão. Nada impede, porém, a participação de terceiro nas duas ações típicas.

Sujeito passivo do crime é a coletividade e, em segundo lugar, aquele que é atendido pelo médico, dentista ou farmacêutico.

Jurisprudência

- Sujeito passivo do crime: coletividade
- Concurso de agentes no crime
- Estudante de medicina: sujeito ativo do crime

282.2 Tipo objetivo

O núcleo do tipo previsto pelo art. 282 é exercer, ou seja, praticar, desempenhar, exercitar ilegalmente a profissão de médico, dentista ou farmacêutico. No primeiro caso, o agente o faz sem estar habilitado legalmente para a atividade médica por não possuir o título (diploma) necessário. Embora já se tenha decidido pela caracterização do crime pelo agente por não estar o diplomado registrado no Departamento Nacional de Saúde Pública e no Departamento de Saúde do Estado em que realizou suas atividades, o fato, a rigor, constitui mera infração administrativa. Isso porque se trata de crime contra a saúde pública, não posta em risco pela conduta do agente. A respeito do exercício da medicina dispõe a Lei nº 3.268, de 30-9-1957, que instituiu o Conselho Federal e os Conselhos Regionais de Medicina. O Código de Ética Médica vigente é o aprovado pela Resolução nº 2.217, de 1º-11-2018, do Conselho Federal de Medicina. O atual Código de Processo Ético-profissional é o aprovado pela Resolução nº 2.306, de 25-3-2022 do Conselho Federal de Medicina. O Código de Ética do Médico Veterinário foi aprovado pela Resolução nº 1.138, de 16-12-2016, do Conselho Federal de Medicina Veterinária e o Código de Processo Ético-Profissional Veterinário pela Resolução nº 1.330, de 16-6-2020.

O exercício da odontologia, que tem por objeto o tratamento das moléstias que atingem os dentes, é regulado pelas Leis nºs 5.081, de 24-8-1966, e 4.324, de 14-4-1964.

A profissão de farmacêutico diz respeito ao exercício da farmácia, que é a arte de preparar medicamentos, não incluindo, evidentemente, o simples exercício do comércio de medicamentos já preparados sem a prática de ato específico da referida profissão. A ausência de um farmacêutico responsável no estabelecimento comercial constitui apenas uma infração administrativa e não o ilícito penal. Dizem respeito à profissão de farmacêutico a Lei nº 3.820, de 11-11-1960, que cria o Conselho Federal e os Conselhos Regionais de Farmácia, alterada pela Lei nº 9.120, de 26-10-1995, as Leis nºs 5.991, de 17-12-1973, e 6.360, de 23-9-1976, que dispõem sobre o controle e vigilância sanitária do comércio de drogas, medicamentos, insumos farmacêuticos e correlatos, a Lei nº 10.742, de 6-10-2003, que define normas de regulação para o setor de medicamentos e dá outras providências, a Lei nº 13.021, de 8-8-2014, que dispõe sobre o exercício e a fiscalização das atividades farmacêuticas; o Decreto nº 85.878, de 7-4-1981, que estabelece normas sobre o exercício da profissão de farmacêutico e dá outras providências. A Resolução nº 724, de 29-4-2022, do Conselho Federal de Farmácia dispõe sobre o Código de Ética Farmacêutica, e o Código de Processo Ético define infrações éticas e disciplinares aplicáveis aos farmacêuticos e respectivas sanções.

Referindo-se o tipo penal às profissões de médico, dentista e farmacêutico, o exercício de outras, ainda que irregularmente, não constitui o crime previsto no art. 282, configurando, eventualmente, contravenção penal (art. 47 da LCP).

Na segunda parte do art. 282, é incriminada a conduta de exercer uma das profissões mencionadas, mas extravasando seus limites. Trata-se de crime próprio, praticado por médicos, dentistas e farmacêuticos. Não pode um profissional de medicina exercer a atividade privativa do dentista ou do farmacêutico e vice-versa.

Em ambas as condutas típicas, é necessário que haja o exercício da profissão, ou seja, a reiteração da prática de atos privativos das profissões assinaladas; trata-se de crime habitual, embora, segundo a doutrina e jurisprudência, haja situações especialíssimas em que o crime se configura sem a referida habitualidade. Já se decidiu por esta solução no tratamento de uma única pessoa.

Jurisprudência

- Exercício ilegal da medicina: crime caracterizado
- Exercício ilegal de clínica médica
- Exercício ilegal de clínica médico-psicanalítica
- Exercício ilegal de medicina veterinária
- Exercício ilegal da ortopedia
- Exercício ilegal da obstetrícia

- Clínica estética com médico responsável: inexistência de crime
- Médico formado em Portugal
- Prática do aborto: inexistência do crime de exercício ilegal da medicina
- Exercício ilegal da arte dentária: crime caracterizado
- Dentista não inscrito no Conselho Regional de Odontologia: inexistência de crime
- Dentista não inscrito no Conselho Regional de Odontologia: inexistência de crime – Contra
- Registro cancelado com recurso pendente: inexistência de crime
- Exercício ilegal da arte dentária por protético
- Exercício ilegal da arte dentária: inexistência
- Consentimento implícito das autoridades: inexistência de crime
- Falta de farmacêutico responsável por farmácia: inexistência do crime
- Venda de remédios: inexistência de crime
- Aplicação de injeções: inexistência de crime
- Exercício ilegal da profissão de parteira
- Exercício ilegal da profissão de parteira – Contra
- Exercício ilegal da profissão de protético
- Inexistência do crime de extravasão dos limites da medicina
- Conceito de habitualidade
- Exigência de habitualidade
- Tratamento de um único doente: crime caracterizado
- Farmacêutico: exercício ilegal da medicina

282.3 Tipo subjetivo

O dolo do crime previsto no art. 282 é a vontade de exercer ilegalmente a profissão ou de exceder os limites para ela prefixados na lei, ainda que gratuitamente. Já se decidiu pela exclusão do dolo em situações especiais. Há possibilidade também de erro de tipo se o agente supõe estar legalmente habilitado. Havendo fim de lucro o crime passa a ser qualificado.

Jurisprudência

- Erro de tipo: exclusão do dolo
- Falta de consciência da antijuridicidade: exclusão do dolo
- Erro de profissional formado no exterior: exclusão do dolo

282.4 Exclusão do crime

Há hipóteses em que se pode reconhecer o estado de necessidade, como nos casos do exercício da profissão em locais em que não existem pessoas legalmente habilitadas. Mas também se tem decidido que é inadmissível essa exclusão da ilicitude quanto ao crime previsto no art. 282 por se tratar de delito habitual.

Jurisprudência

- Exercício ilegal da medicina: estado de necessidade
- Exercício ilegal da medicina: estado de necessidade – Contra
- Descaracterização do crime de exercício ilegal da medicina
- Exercício ilegal da arte dentária: estado de necessidade – Contra
- Exercício ilegal da arte farmacêutica: estado de necessidade
- Requisitos para o estado de necessidade

282.5 Consumação e tentativa

Consuma-se o crime quando se caracteriza a habitualidade, indicada pela reiteração de atos privativos das profissões referidas no art. 282. Trata-se de crime de perigo abstrato, não se exigindo que se comprove o risco para qualquer pessoa.

Tratando-se de crime habitual não há possibilidade de tentativa.

282.6 Crimes qualificados

O fim de lucro qualifica o crime, aplicando-se, além da pena corporal, a multa. Havendo morte ou lesão corporal, aplica-se o art. 258 diante do disposto no art. 285.

Jurisprudência

- Inexistência da qualificadora

282.7 Distinção

Caso o agente seja médico que teve cassada sua inscrição no Conselho Federal de Medicina por decisão administrativa, a sua conduta configura não o exercício ilegal de medicina, mas o crime de exercício de atividade com infração de decisão administrativa prevista no art. 205. Caso a privação do direito tenha ocorrido em decorrência de decisão judicial, o crime é o de desobediência a decisão judicial sobre perda ou suspensão de direito, previsto no art. 359. Distingue-se o crime de exercício ilegal da medicina do curandeirismo, em que o agente se dedica à cura de moléstia por meios extravagantes e grosseiros e não da farmacopeia oficial.

Jurisprudência

- Exercício de atividade com infração de decisão administrativa e não exercício ilegal da medicina

282.8 Concurso de crimes

No exercício ilegal da medicina, pode ocorrer concurso com outros crimes, como o aborto, o estelionato etc. O agente que, fazendo-se passar por médico, é contratado por um hospital ou clínica e exerce ilegalmente a profissão mediante salário ou outra forma de remuneração, responde pelos crimes dos arts. 282 e 171 do CP, em concurso material, diante da ofensa aos diferentes bens jurídicos tutelados nesses dispositivos. Não há que se falar em continuidade delitiva no exercício ilegal da medicina, arte dentária ou farmacêutica, constituindo o conjunto dos atos isolados apenas um crime.

Jurisprudência

- Concurso com crime relativo a tóxicos
- Inadmissibilidade de continuidade delitiva
- Concurso material com o crime de curandeirismo
- Absorção da falsificação de documento público
- Concurso material com estelionato
- Inexigência de solicitação do Serviço Nacional de Fiscalização

Charlatanismo

Art. 283. Inculcar ou anunciar cura por meio secreto ou infalível:

Pena – detenção, de 3 (três) meses a 1 (um) ano, e multa.

Vide: CP arts. 171, 258, 284, 285; **Lei n° 5.081**, de 24-8-1966, art. 7°, *b* (veda ao cirurgião-dentista anunciar cura de determinadas doenças, para as quais não haja tratamento eficaz); **Lei n° 8.078**, de 11-9-1990 – CDC, art. 37 (proíbe toda a publicidade enganosa ou abusiva); art. 66 (define como crime contra o consumidor a conduta de fazer afirmação falsa ou enganosa, ou omitir informação relevante sobre a natureza, característica, qualidade, quantidade, segurança, desempenho, durabilidade, preço ou garantia de produtos ou serviços), art. 67 (fazer ou promover publicidade que sabe ou deveria saber ser enganosa ou abusiva); **Lei n° 9.294**, de 15-7-1996, art. 7 (disciplina a propaganda de medicamentos e terapias de qualquer tipo ou espécie); **Decreto-lei n° 4.113**, de 14-2-1942 (dispõe sobre a propaganda de médicos, cirurgiões-dentistas, outros profissionais e de preparados farmacêuticos), art. 1°, I (proíbe o médico de anunciar cura de determinadas doenças, para as quais não haja tratamento próprio, segundo os atuais conhecimentos científicos).

283 CHARLATANISMO

283.1 Sujeitos do delito

O crime de charlatanismo é crime comum, podendo ser praticado por qualquer pessoa. O charlatão, chamado estelionatário da medicina, por fraudar a boa-fé dos doentes, pode ser inclusive o médico que anuncia cura por método secreto ou infalível.

Sujeito passivo do crime, de perigo abstrato, é a coletividade e, eventualmente, a pessoa iludida e lesada pelo agente.

283.2 Tipo objetivo

A conduta típica é *inculcar*, ou seja, fazer falsa afirmação, dar a entender, dar notícia, ou anunciar, que significa apregoar, divulgar, difundir, propagar a cura por qualquer meio (de viva voz, por meio de folhetos, prospectos, anúncios nos meios de comunicação etc.), a cura com o emprego de meio secreto ou infalível. O anúncio do meio ou de cura por médicos é permitido nos termos do Decreto-lei n° 4.113, de 14-2-1942, e por dentistas, conforme a Lei n° 5.081, de 24-8-1966, desde que não se trate de moléstias para as quais não haja tratamento próprio, segundo os atuais conhecimentos científicos, podendo o fato, porém, constituir infração à ética profissional. A propaganda de medicamentos e terapias de qualquer tipo é disciplinada pela Lei n° 9.294, de 15-7-1996.

É ilegal o anúncio de meio secreto ou infalível, mas não o de apregoar-se apenas sua eficiência. Ao contrário do crime previsto no art. 282, o charlatanismo não é crime habitual, concretizando-se com apenas uma recomendação ou anúncio.

Jurisprudência

- Inexistência do crime

283.3 Tipo subjetivo

O dolo do crime previsto no art. 283 é a vontade de inculcar ou anunciar cura por processo secreto ou infalível, com a ciência da falsidade, ou seja, da má-fé. Não exige a lei o fim de lucro ou qualquer outra finalidade específica.

Jurisprudência

- Exigência de má-fé
- Inexistência de dolo

283.4 Consumação e tentativa

Consuma-se o crime com a própria conduta de inculcar ou anunciar a cura por meio secreto ou infalível, presumindo-se na lei o perigo para a saúde pública. Já se exigiu, porém, que haja, ao menos em tese, o perigo concreto para a saúde pública.

É possível a tentativa, quando a conduta de inculcar ou anunciar do agente não chega a ser completada por circunstâncias alheias à sua vontade.

Jurisprudência

- Exigência de possibilidade de dano

283.5 Distinção e concurso de crimes

Distingue-se o charlatanismo do exercício ilegal da medicina. Naquele o agente não crê na eficácia do meio empregado; neste ele crê no tratamento.

Havendo fim de lucro, o crime de charlatanismo é cumulado com o de estelionato, em concurso formal por serem lesados dois bens jurídicos de titulares diversos (patrimônio e saúde pública) pela mesma conduta, embora já se tenha decidido pela absorção daquele por este.

Não configurado o crime do art. 283, por não se tratar de anúncio de cura por meio secreto ou infalível, o fato pode constituir crime contra o consumidor. No Código de Defesa do Consumidor punem-se, também com detenção de três meses a um ano e multa, a publicidade enganosa e abusiva (art. 67) e a conduta de "fazer afirmação falsa ou enganosa, ou omitir informação relevante sobre a natureza, característica, qualidade, quantidade, segurança, desempenho, durabilidade, preço ou garantia de produtos ou serviços" (art. 66), prevista, quanto à última, a forma culposa, para a qual a pena cominada é de um a seis meses de detenção ou multa (§ 2º).

Jurisprudência

- Absorção do charlatanismo pelo estelionato

Curandeirismo

Art. 284. Exercer o curandeirismo:

I – prescrevendo, ministrando ou aplicando, habitualmente, qualquer substância;

II – usando gestos, palavras ou qualquer outro meio;

III – fazendo diagnósticos:

Pena – detenção, de 6 (seis) meses a 2 (dois) anos.

Parágrafo único. Se o crime é praticado mediante remuneração, o agente fica também sujeito à multa.

Vide: CP arts. 171, 258, 282, 283, 285.

284 CURANDEIRISMO

284.1 Sujeitos do delito

O sujeito ativo do crime de curandeirismo é qualquer pessoa que pratique uma das condutas típicas, tentando a cura com processos não científico, podendo se tratar de um feiticeiro, mago, cartomante, adivinho, médium, pai-de-santo etc.). O médico também pode cometer o delito, se sua atividade não é respaldada por procedimentos científicos.

Sujeito passivo é a coletividade, já que o curandeirismo é um crime contra a saúde pública, com perigo presumido, nada afastando a possibilidade de sujeito passivo secundário lesado pela prática criminosa.

Jurisprudência

- Sujeito passivo do crime
- Conduta praticada por psicólogo: crime caracterizado
- Conduta praticada por farmacêutico: inexistência de crime

284.2 Tipo objetivo

A conduta típica é exercer o curandeirismo, ou seja, praticar, desempenhar ou exercitar atos que a lei especifica no art. 284, que prevê um crime de conteúdo variado, ou de conduta mista alternativa. Refere-se a lei às condutas de *prescrever*, ou seja, de receitar, indicar, recomendar, de ministrar, que é dar para consumir, fornecer ou inocular, e a de *aplicar*, que é apor, administrar, empregar qualquer substância, de qualquer natureza, ainda que inócua.

Outra forma da conduta é a de *usar gestos* (passes, manipulações, posturas), palavras (rezas, benzeduras, invocação de espíritos, operações espirituais) ou qualquer outro meio (magia, bruxaria etc.).

Por fim, a lei incrimina a modalidade de fazer diagnóstico, ato privativo de médico que consiste na indicação da existência de determinado mal em virtude de sintomas e características apresentadas pelo cliente.

Não se confunde o curandeirismo com a prática religiosa lícita, empregada por ministros de culto, que apregoam tratamento e cura pela fé em Deus, por orações, bênçãos etc. Mas, se os ministros deixam de lado as finalidades próprias da religião e adentram o campo dos tratamentos de moléstias, com diagnósticos, prescrições etc., cometem o crime de curandeirismo.

Também não constituem o crime tratamentos indicados por profissionais habilitados, hipnotismo, conselhos, exortações, sugestões, massagens etc., nem a simples venda de remédios ou ervas medicinais. Não se tem reconhecida a existência de estado de necessidade no atendimento por leigo de pessoas pobres.

Indispensável para a caracterização do crime de curandeirismo é a habitualidade, não só pelo sufixo da palavra que induz à ideia de sistema e reiteração, como também pelo núcleo do tipo que é exercer (exercitar, praticar, desempenhar usualmente). Assim, não constituem o crime atos isolados de diagnóstico etc. Não há necessidade, porém, de que o agente atue como se fosse na prática de profissão.

Jurisprudência

- Prescrição de substância: crime caracterizado
- Fornecimento de sangue e bebidas alcoólicas

- Emprego de fórmulas e procedimentos
- Conselhos e exortações: crime não caracterizado
- Venda de ervas medicinais: crime não caracterizado
- Conceito de curandeirismo
- Fornecimento de garrafadas e patuás: crime caracterizado
- Fornecimento de substâncias inócuas
- Passes e benzeduras
- Operações espirituais: inexistência de crime
- Curandeirismo por fazer diagnósticos
- Prescrição de vitaminas: inexistência de crime
- Curandeirismo e não prática religiosa

- Prática religiosa e não curandeirismo
- Passes espíritas: inexistência de crime
- Baixo espiritismo: existência de crime
- Baixo espiritismo: existência de crime – Contra
- Promessa de cura pela fé: inexistência de crime
- Hipnotismo: crime não caracterizado
- Massagem: crime não caracterizado
- Inexistência de estado de necessidade
- Exigência de habitualidade
- Prática de atos isolados: inexistência de crime
- Prova da habitualidade
- Desnecessidade de profissão

284.3 Tipo subjetivo

A vontade de praticar, reiteradamente, uma das condutas previstas no art. 284 é o dolo do crime. Salvo exceções, não se tem aceito a alegação de que inexiste dolo no caso de o agente estar "mediunizado". São irrelevantes a finalidade da conduta e a gratuidade do tratamento ou a inexistência de lesão efetiva para o sujeito passivo.

Jurisprudência

- Dolo genérico no curandeirismo
- Agente mediunizado: inexistência de dolo
- Agente mediunizado: inexistência de dolo – Contra

- Boa-fé: inexistência de dolo
- Erro de fato: exclusão do dolo
- Inexistência de fim de lucro: irrelevância

284.4 Consumação e tentativa

Consuma-se o crime com a reiteração dos atos dada a natureza do crime habitual. Tratando-se de crime de perigo abstrato contra a saúde pública, é irrelevante para a consumação do curandeirismo o perigo ou dano concreto.

É inadmissível a tentativa, como aliás ocorre nos crimes exclusivamente habituais.

Jurisprudência

- Irrelevância da inexistência de dano a vítima
- Irrelevância do sucesso do tratamento

284.5 Crime qualificado

Havendo intuito de lucro, configura-se a qualificadora prevista no parágrafo único do art. 284. Se decorrer do fato lesão corporal, a pena é aumentada de metade; se resulta morte, a pena é aplicada em dobro (art. 258 c.c. o art. 285).

Jurisprudência

- Crime qualificado pelo fim de lucro
- Crime qualificado pelo resultado

- Crime qualificado pela morte

284.6 Distinção

Distingue-se o curandeirismo do exercício ilegal da medicina por empregar o agente meios e métodos não aceitos na atividade médica. Pratica curandeirismo qualificado e não homicídio culposo aquele que convence doente de grave moléstia a deixar o hospital, prometendo-lhe a cura por meio de atos de curandeirismo, ocorrendo a morte. Não havendo promessa de cura, a exploração da credulidade pública mediante sortilégios, predição do futuro, explicação de sonho ou práticas congêneres constituía a contravenção prevista no art. 27 da LCP, que foi expressamente revogado pela Lei nº 9.521, de 27-11-1997.

Jurisprudência

- Curandeirismo e não exercício ilegal da medicina
- Curandeirismo e não homicídio culposo
- Contravenção e não curandeirismo
- Estelionato e não curandeirismo

284.7 Concurso de crimes

Pode o curandeirismo ser praticado em concurso formal com estelionato, embora já se tenha decidido pela absorção do delito pelo crime patrimonial. Há concurso formal de curandeirismo e estupro na conduta do curandeiro que, sob pretexto de possuir poderes sobrenaturais e afastar a vítima de "encosto" dos maus espíritos, mantém com ela conjunção carnal. Possível é no mesmo contexto o concurso com o crime de violação sexual mediante fraude. Ausente a habitualidade exigida pelo curandeirismo, a prática enganosa poderá configurar somente o crime sexual.

Jurisprudência

- Inadmissibilidade de concurso entre curandeirismo e exercício ilegal da medicina
- Concurso com estupro
- Absorção pelo estelionato
- Absorção de contravenção

Forma qualificada

Art. 285. Aplica-se o disposto no art. 258 aos crimes previstos neste Capítulo, salvo quanto ao definido no art. 267.

Vide: CP arts. 13, 19, 258, 268 a 278, 280, 282 a 284.

285 CRIMES QUALIFICADOS PELO RESULTADO

285.1 Crimes contra a saúde pública com lesão corporal ou morte

Assim como para os crimes de perigo comum, a lei prevê agravação das penas quando resultarem lesão corporal ou morte dos crimes contra a saúde pública: infração de medida sanitária preventiva (art. 268); omissão de notificação de doença (art. 269), envenenamento de água potável ou de substância alimentícia ou medicinal (art. 270), corrupção ou poluição de água potável (art. 271), falsificação, corrupção, adulteração ou alteração de substância alimentícia ou medicinal (art. 272), falsificação, corrupção, adulteração ou alteração de produto destinado a fins terapêuticos ou medicinais (art. 273), emprego de processo proibido ou de substância não permitida (art. 274), invólucro ou recipiente com falsa indicação (art. 275), produto ou substância nas condições dos dois artigos anteriores (art. 276), substância destinada à falsificação (art. 277), outras substâncias nocivas à saúde pública (art. 278), medicamento em desacordo com receita médica (art. 280), exercício ilegal da medicina, arte dentária ou farmacêutica (art. 282), charlatanismo (art. 283) e curandeirismo (art. 284). Está excluído expressamente o art. 267, que prevê disposição específica a respeito do resultado morte (§ 1º) enquanto é elemento do crime a lesão corporal grave. Os arts. 279 e 281 foram revogados, não se incluindo mais entre os crimes contra a saúde pública.

Tratando-se de crime doloso, a pena prevista para cada um dos crimes é elevada de metade quando ocorrer lesão corporal de natureza grave e duplicada em caso de morte. Tratando-se de crime culposo, resultando lesão corporal a pena é também aumentada de metade; havendo morte, porém, aplica-se a pena cominada ao homicídio culposo, aumentada de um terço. São vítimas secundárias de qualquer dos crimes citados as pessoas lesadas ou mortas em decorrência do fato. O número de vítimas, porém, não leva ao concurso formal de crimes, mas a um único delito. É indispensável, em qualquer caso, que se comprove o nexo de causalidade entre a ação ou omissão e o resultado lesão corporal ou morte (art. 13), bem como a previsibilidade do evento (art. 19).

Jurisprudência

- **Exigência do nexo causal**

TÍTULO IX
DOS CRIMES CONTRA A PAZ PÚBLICA

Incitação ao crime

Art. 286. Incitar, publicamente, a prática de crime:

Pena – detenção, de 3 (três) a 6 (seis) meses, ou multa.

Parágrafo único. Incorre na mesma pena quem incita, publicamente, animosidade entre as Forças Armadas, ou delas contra os poderes constitucionais, as instituições civis ou a sociedade. *

* Parágrafo único inserido pela Lei nº 14.197, de 1º-9-2021.

Vide: CP art. 287; **Lei nº 2.889**, de 1º-1-1950, art. 3º (tipifica a conduta de incitar, direta e publicamente, alguém a cometer crime de genocídio); **Lei nº 7.716**, de 5-1-1989, art. 20 (praticar, induzir ou incitar a discriminação ou preconceito de raça, cor, etnia, religião ou procedência nacional); **CPM** art. 155 (incitar à desobediência, à indisciplina ou à prática de crime militar).

286 INCITAÇÃO AO CRIME

286.1 Sujeitos do delito

Sujeito ativo do delito de incitação ao crime é qualquer pessoa que pratique a conduta típica.

Sendo um crime contra a paz pública, sujeito passivo é a coletividade.

286.2 Tipo objetivo

O art. 286 incrimina a conduta de *incitar*, induzir, instigar, provocar, estimular à prática de qualquer crime, quer criando a ideia do ilícito, quer reforçando propósito já existente. É irrelevante esteja ele previsto no Código Penal ou em lei especial, seja de ação penal pública seja de ação de iniciativa privada, salvo se a conduta é prevista em dispositivos específicos de outra norma. Referindo-se apenas à prática de crime, não se tipifica o fato quando o agente incitar à prática de contravenção. É necessário também que a incitação vise a determinado crime, não constituindo o ilícito um estímulo à prática genérica de crimes. Não há crime quando o agente apenas faz a defesa de uma tese sobre a ilegitimidade ou ausência de razão da incriminação de tal ou qual fato, como, por exemplo, do homicídio eutanásico, do aborto, uso de entorpecentes etc. Nesse sentido, o STF julgou procedente ação direta de inconstitucionalidade para conferir interpretação conforme a Constituição ao art. 33, § 2º, da Lei de Drogas, excluindo deste qualquer significado no sentido da proibição de manifestações e debates públicos acerca da descriminalização ou legalização do uso de drogas (ADIN nº 4.274-DF, j. em 23-11-2011, *DJe* de 2-5-2012).

Também é indispensável para a caracterização do ilícito previsto no art. 286 que a instigação ocorra em público, ou seja, que seja praticada perante certo número de pessoas. Não havendo publicidade, o agente responderá por participação no crime a ser praticado se houver, ao menos, começo de execução. A instigação pode ocorrer pela palavra (discursos, orações etc.), por escrito (panfletos, boletins, cartazes) e até por gestos, atitudes, exemplos etc.

Jurisprudência

- Aceitação da instigação de terceiro: inexistência de crime
- Não caracterização do crime previsto no art. 33, § 2º, da Lei nº 11.343/2006 nas manifestações pela legalização do uso de drogas
- Incitação ao crime: caracterização
- Exigência de publicidade
- Instigação genérica e vaga: inexistência de crime

286.3 Tipo subjetivo

O dolo desse ilícito penal é a vontade de incitar, ou seja, de instigar, induzir, estimular a prática de crime, ainda que não deseje realmente sua concretização, tendo o agente ciência de que está dirigindo-se a um número indeterminado de pessoas. Não prevê a lei referência à finalidade especial da conduta, que pode ser qualquer uma.

286.4 Consumação e tentativa

Consuma-se o crime com a simples incitação pública, desde que tome conhecimento dela um número indeterminado de pessoas, embora dirigida a pessoas determinadas. Não se exige, portanto, resultado naturalístico, de que as pessoas fiquem convencidas, de que haja início da execução etc.

É admissível a tentativa quando não se trata de incitação simplesmente oral.

Jurisprudência

- Incitação ao crime: infração penal consumada

286.5 Distinção

Quando o crime a que alguém foi instigado ocorre, consumado ou na forma de tentativa, o agente instigador responde por participação ou coautoria no delito realizado.

Há também tipificação do ilícito em leis especiais: art. 3º da Lei nº 2.889, de 1º-1-1950 (genocídio); art. 20, da Lei nº 7.716/89, de 5-1-1989, alterada pela Lei nº 12.288, de 20-7-2010 (preconceito de raça ou cor); art. 155 do Código Penal Militar. A incitação à prática de qualquer infração às leis penais pelos meios de informação, configurava o crime descrito na Lei de Imprensa (art. 19 da Lei nº 5.250, de 9-2-1967), antes da declaração de sua inconstitucionalidade pelo Supremo Tribunal Federal. O induzimento ao suicídio ou à automutilação, o incitamento à satisfação de lascívia ou à prática da prostituição constituem outros crimes, mais graves (arts. 122, 218, 218-B, 227 e 228 do CP). Induzir, instigar ou auxiliar alguém ao uso indevido de droga é crime previsto na lei especial (art. 33, § 2º, da Lei nº 11.343, de 23-8-2006). Disponibilizar a terceiros imagens que induzam a prática de estupro ou estupro de vulnerável é, também, crime específico, previsto no art. 218-C.

Jurisprudência

- Distinção com o concurso de pessoas
- Crime praticado por meio da imprensa: competência
- Crime praticado pela internet: competência

286.6 Crime assemelhado

O parágrafo único do art. 286, inserido pela Lei nº 14.197, de 1º-9-2021, dispõe: "Incorre na mesma pena quem incita, publicamente, animosidade entre as Forças Armadas, ou delas contra os poderes constitucionais, as instituições civis ou a sociedade."

Incrimina-se no parágrafo, a exemplo do *caput*, a conduta de incitar publicamente a prática de atos que atentem contra a paz pública, os quais, porém, não constituem crimes, mas que são capazes de gerar uma animosidade interna nas Forças Armadas, ou destas em relação aos poderes da República, as instituições civis ou a sociedade.

Animosidade é um sentimento de aversão ou má vontade, rancor ou ressentimento. O vocábulo é fruto de infeliz escolha do legislador, que certamente trará dificuldades à aplicação do dispositivo por sua vagueza, indeterminação e abusiva abrangência que lhe possa vir a ser reconhecida e que, portanto, pode ensejar o questionamento de sua inconstitucionalidade por ofensa ao princípio da legalidade. Se por um lado não se pode considerar a animosidade somente aquele estado de aversão que fomente a prática de crimes de qualquer natureza, porque, então, configurado estaria o crime descrito no *caput*, de outra parte, não se lhe pode pretender amplitude que abarque todo e qualquer comentário ou crítica que se traduza em indevida restrição à liberdade de manifestação do pensamento, à atividade jornalística e ao legítimo exercício da cidadania, incluindo-se neste, a participação em manifestações de caráter político ou social. Nesse sentido, aliás, a norma contida no art. 359-T expressamente exclui a antijuridicidade nessas hipóteses para os crimes contra o Estado Democrático de Direito, criados pela mesma Lei nº 14.197/2021.

As *Forças Armadas* são constituídas pela Marinha, Exército e Aeronáutica, nos termos da Constituição (art. 142). Excluem-se, portanto, da abrangência da norma as polícias militares e demais órgãos incumbidos da segurança pública (art. 144). Os *poderes constitucionais* são o Executivo, o Legislativo e o Judiciário. Por *instituições civis* há que se considerarem as não militares e que não integram os referidos Poderes, mas que têm natureza pública, vinculadas que estão à estrutura do Estado, como o Ministério Público e a Defensoria Pública. De maior dificuldade é a precisão do que é *sociedade* para os fins do dispositivo, dadas as múltiplas acepções que o termo comporta. Pode-se cogitar aqui, por exemplo, da incitação que vise mobilizar o sentimento de animosidade nas Forças Armadas em oposição a um número indeterminado de pessoas que comunguem das mesmas ideias políticas ou que sustentem ou reivindiquem publicamente determinados interesses ou propósitos sociais. Difícil é, porém, como já assinalado, o balizamento do âmbito de aplicabilidade dessa norma incriminadora.

Apologia de crime ou criminoso

Art. 287. Fazer, publicamente, apologia de fato criminoso ou de autor de crime:

Pena – detenção, de 3 (três) a 6 (seis) meses, ou multa.

Vide: CP art. 286; Lei nº 7.716, de 5-1-1989, art. 20 (praticar, induzir ou incitar a discriminação ou preconceito de raça, cor, etnia, religião ou procedência nacional); **CPM** art. 156 (fazer apologia de fato que a lei militar considera crime, ou do autor do mesmo, em lugar sujeito à administração militar).

287 APOLOGIA DE CRIME OU CRIMINOSO

287.1 Sujeitos do delito

Sujeito ativo do crime previsto no art. 287 é qualquer pessoa, inclusive o criminoso, que faz a apologia de si mesmo ou do fato por ele praticado.

Sujeito passivo é a coletividade, cuja tranquilidade e segurança podem ser perturbadas pela conduta do agente.

287.2 Tipo objetivo

Fazer apologia, núcleo do tipo, é elogiar, louvar, enaltecer, gabar, exaltar, aprovar, defender. O agente elogia o crime, como fato, ou o criminoso, seu autor. Não configura o ilícito o simples descrever o fato ou a conduta de tentar justificá-lo, compreendê-lo, ou ressaltar as virtudes reais ou imaginárias de seu autor, desde que não se faça a apologia do crime. Não faz distinção a lei a respeito da espécie de crime mas não inclui no tipo a apologia de contravenção ou do contraventor. É indispensável que a apologia seja feita com publicidade, ou seja, na presença de um número indeterminado de pessoas. O crime pode ser praticado por palavras (discursos, orações etc.), por escrito (panfletos, boletins, cartazes) ou até por gestos (palmas, por exemplo). A defesa da descriminalização, *de lege ferenda*, de determinadas condutas típicas não configura o crime. Quem por meio de manifestações, passeatas ou eventos públicos sustenta a legalização do uso de drogas consideradas ilícitas não faz apologia de crime (art. 287) nem incita ao crime (art. 286), mas exercita o direito de reunião e de livre expressão do pensamento. É esse o entendimento adotado pelo STF ao julgar procedente a ADPF 187, para dar ao art. 287 do Código Penal, com efeito vinculante, interpretação conforme à Constituição "de forma a excluir qualquer exegese que possa ensejar a criminalização da defesa da legalização das drogas, ou de qualquer substância entorpecente específica, inclusive através de manifestações e eventos públicos" (v. item 286.2).

Jurisprudência

- Apologia de crime configurada
- Apologia de contravenção: inexistência de crime
- Defesa da descriminalização do uso de drogas: inexistência de crime

287.3 Tipo subjetivo

O dolo do crime previsto no art. 287 é a vontade de fazer a apologia do crime ou do criminoso, com a ciência de que está atingindo um número indeterminado de pessoas. Não exige a lei fim específico.

287.4 Consumação e tentativa

Consuma-se o crime com a simples conduta, não sendo necessário que provoque qualquer resultado concreto, que perturbe a paz pública, e muito menos que haja distúrbios etc. Trata-se de crime formal.

A tentativa é possível quando o meio não é o oral.

287.5 Distinção

A apologia de fato criminoso ou de autor de crime através dos meios de informação e divulgação (jornais, revistas, rádio, televisão etc.) configurava crime previsto na Lei de Imprensa (art. 19, § 2º, da Lei nº 5.250, de 9-2-1967), antes do reconhecimento pelo STF da inconstitucionalidade desse diploma.

Induzir ou incitar a discriminação ou preconceito de raça, cor, etnia, religião ou procedência nacional por meio de publicação ou outro meio de comunicação são condutas descritas no art. 20, § 2º, da Lei nº 7.716, 5-1-1989.

A apologia de crime militar ou de seu autor em lugar sujeito à administração militar é crime militar (art. 156 do CPM).

Disponibilizar a terceiros imagem que faça apologia do estupro ou estupro de vulnerável passou a constituir crime específico, descrito no art. 218-C.

Associação criminosa*

Art. 288. Associarem-se 3 (três) ou mais pessoas, para o fim específico de cometer crimes:

Pena – reclusão, de 1 (um) a 3 (três) anos.

Parágrafo único. A pena aumenta-se até a metade se a associação é armada ou se houver a participação de criança ou adolescente.*

* Artigo com a redação dada pela Lei nº 12.850, de 2-8-2013.

Vide: CP arts. 29, 159, § 4º; 288-A; **LEP** art. 52, § §1º, II, § 3º e 4º, II; **Lei** nº 2.889, de 1º-10-1956, art. 2º (tipifica a associação de mais de três pessoas para a prática do crime de genocídio); **Lei nº 7.492**, de 16-6-1986, art. 25, § 2º, incluído pela Lei nº 9.080, de 19-7-1995 (redução de pena para o *participante* arrependido em crime contra o sistema financeiro nacional cometido em quadrilha ou coautoria); **Lei nº 7.960**, de 21-12-1989, art. 1º, III, *l* (prevê a prisão temporária em crime de quadrilha ou bando – art. 288); **Lei nº 8.072**, de 25-7-1990, art. 8º (determina a pena de três a seis anos de reclusão para o art. 288, quando se tratar de crimes hediondos, prática de tortura, tráfico ilícito de entorpecentes e drogas afins ou terrorismo), parágrafo único (delação premiada em crime de quadrilha ou bando para a prática de crimes hediondos ou equiparados); **Lei nº 8.137**, de 27-12-1990, art. 16, parágrafo único, incluído pela Lei 9.080, de 19-7-1995 (redução de pena para o *participante* arrependido em crime contra a ordem tributária, econômica e as relações de consumo cometido em quadrilha ou coautoria); **Lei nº 9.613**, de 3-3-1998 (dispõe sobre os crimes de *lavagem* ou ocultação de bens, direitos e valores), art. 1º, § 4º (aumento de pena para o crime de *lavagem* ou ocultação de bens, direitos ou valores cometido por organização criminosa); **Lei nº 11.343**, de 23-8-2006 (Lei de Drogas), arts. 35 (tipifica a associação para o tráfico de drogas), 36 (tipifica a conduta de financiar ou custear a prática de crime de tráfico de drogas), 37 (tipifica a conduta de colaborar, como informante, com grupo, organização ou associação destinados à prática de crime de tráfico de drogas); **Lei nº 12.529**, de 30-11-2011, art. 87 (dispõe que a celebração do acordo de leniência nos crimes contra a ordem econômica e em outros relacionados com a prática de cartel, entre os quais o previsto no art. 288 do CP, determina a suspensão do curso do prazo prescricional e impede o oferecimento da denúncia com relação ao agente beneficiário do acordo); **Lei nº 12.694**, de 24-7-2012 (dispõe sobre o processo e julgamento colegiado em primeiro grau de crimes praticados por organizações criminosas); **Lei nº 12.850**, de 2-8-2013, art. 1º, § 1º (define organização criminosa), art. 2º (tipifica a conduta de promover, constituir, financiar ou integrar, pessoalmente ou por interposta pessoa, organização criminosa).

288 ASSOCIAÇÃO CRIMINOSA

288.1 Sujeito ativo

A associação criminosa, nova denominação dada ao delito em substituição à de quadrilha ou bando, é um crime coletivo, plurissubjetivo ou de concurso necessário de condutas paralelas. Aperfeiçoa-se com a associação de no mínimo três pessoas, e não mais quatro, conforme previa a lei anterior. Computam-se no número mínimo as pessoas inimputáveis, quer por menoridade, quer por doença mental, quer por desenvolvimento mental incompleto ou retardado. Essa interpretação é a que mais condiz com a vontade da lei, que se refere a *pessoas* e que considera o fato sob aspecto *objetivo*, tornando irrelevante a possibilidade de não ser responsável criminalmente algum dos componentes da associação criminosa. Nesse sentido é a jurisprudência e a doutrina. No caso de haver a participação de criança ou adolescente, o crime é agravado.

A impossibilidade de identificação de um dos agentes, que completaria o número mínimo exigido pela lei, não impede a configuração do crime se há certeza sobre a sua intervenção. Um maior número de agentes não agrava o crime, mas a circunstância pode ser considerada pelo juiz na dosagem da pena.

No crime de associação criminosa pouco importa que os seus componentes não se conheçam reciprocamente, que haja um chefe ou líder, que todos participem de cada ação delituosa ou que cada um desempenhe uma tarefa específica. O que importa verdadeiramente é o propósito deliberado de participação ou contribuição, de forma estável e permanente, para o êxito das ações do grupo.

Sujeito passivo é a coletividade, já que se trata de crime contra a paz pública. A sociedade é presumidamente colocada em risco pela associação de delinquentes.

Jurisprudência

- Absolvição de um dos acusados: atipicidade
- Irrelevância de conhecimento, liderança, tarefas
- Irrelevância da nulidade do processo com relação a outros acusados
- Irrelevância da extinção da punibilidade
- Processo contra apenas um agente: inexistência do crime
- Desnecessidade de descrição pormenorizada das condutas na denúncia
- Exigência de no mínimo quatro pessoas (antes da vigência da Lei nº 12.850/2013)
- Irrelevância da menoridade de associados
- Irrelevância da inimputabilidade de um associado
- Irrelevância da não identificação dos demais associados

288.2 Tipo objetivo

O núcleo do tipo penal é associação de no mínimo três pessoas para a prática de crimes, sendo irrelevante que tenham elas outras finalidades. Não basta que se reúnam essas pessoas para o cometimento de um crime determinado, existindo aí simples concurso de agentes se o ilícito for ao menos tentado. É necessário que haja um *vínculo associativo permanente para fins criminosos*, uma predisposição comum de meios para a prática de uma série indeterminada de delitos. Exige-se, assim, uma estabilidade ou permanência com o fim de cometer crimes, uma organização de seus membros que revele acordo sobre a duradoura atuação em comum. Pouco importa, porém, que os integrantes da associação não se conheçam reciprocamente, que tenham ou não um líder, que estejam ou não designados para tarefas específicas, que todos participem ou não de cada ação delituosa praticada etc.

A estreita ligação entre os membros do grupo, com reuniões, contatos reiterados, decisões comuns, preparo de planos etc., prova a existência da associação criminosa. Basta, porém, uma organização rudimentar, capaz de levar a cabo o fim visado, não se exigindo nítida divisão de funções, estatutos, hierarquia, ou mesmo contato pessoal dos agentes. A configuração do crime prescinde da existência de uma estrutura ordenada e de prévia divisão de tarefas, que são requisitos para a caracterização da organização criminosa tal como definida pela Lei nº 12.850/2013 (art. 1º, § 1º).

Configura-se o crime se a associação tem por objetivo a prática de qualquer espécie de crime, independentemente da pena a este cominada. A previsão de pena máxima superior a quatro anos para os crimes que justificam a existência da associação criminosa, por si só, não impede a configuração do delito (item 288.9). Se a associação criminosa visa à pratica de crimes hediondos, a pena é de três a seis anos de reclusão (item 288.5).

Referindo-se a lei à prática de crimes, não há que se falar no crime se a associação visa exclusivamente à prática de um ou mais crimes determinados ou de meras contravenções penais, ainda que indeterminadas, e muito menos quando se destina à prática de atos meramente imorais.

Jurisprudência

- Crime autônomo
- Elementos de configuração do crime
- Suficiência de organização rudimentar
- Inexistência do crime no movimento dos sem-terra
- Inexistência de organização rudimentar
- Existência de associação estável e permanente: crime caracterizado
- Irrelevância da prática de crimes por somente alguns integrantes
- Irrelevância da falta de execução dos crimes por um associado
- Irrelevância da não execução de crimes
- Irrelevância da variação de autores dos crimes
- Conluio transitório: inexistência de crime
- Conluio transitório: inexistência do crime
- Associação para atividade comercial lícita: inexistência de crime
- Distinção entre associação criminosa e concurso de agentes
- Associação para a prática de contravenções: inexistência de crime
- Vinculação para um programa delinquencial: crime caracterizado
- Exigência de um vínculo associativo permanente
- Exigência de estabilidade e permanência
- Associação para crime determinado: inexistência do crime
- Distinção entre associação criminosa e crime continuado

288.3 Tipo subjetivo

O dolo é a vontade do agente de associar-se a outras pessoas com a finalidade específica de cometer crimes. Há, portanto, acordo de vontades, vínculo associativo entre os agentes que se estabelece em função da finalidade delitiva comum, não importando os motivos determinantes que os animam individualmente. Referia-se a lei, na redação anterior, ao *fim de cometer crimes*. A nova redação não alterou substancialmente o alcance da norma. Ao exigir como elemento subjetivo do tipo o fim *específico* de cometer crimes, pretendeu o legislador somente enfatizar que a finalidade delitiva está na gênese da associação criminosa, o que, na redação original do dispositivo, podia se extrair da menção à associação *em quadrilha ou bando*.

A circunstância de estarem as pessoas associadas em razão de uma outra finalidade que não a prática de crimes é irrelevante para a configuração do delito. No caso de sociedades, empresas ou organizações constituídas, formal ou informalmente, com fins lícitos, embora preexistente um vínculo associativo entre seus integrantes, a associação criminosa somente surgirá com o estabelecimento de um acordo de vontades direcionado *especificamente* à prática de crimes, por alguns de seus membros ou por meio da entidade que integram. Se, por um lado, a existência de uma organização com fins lícitos não afasta a possibilidade de responderem seus integrantes por associação criminosa, por outro não se pode concluir pela existência do delito tão somente porque alguns membros dessa organização praticaram crimes determinados. É evidente, porém, a ocorrência do delito de associação criminosa no caso de constituição de pessoa jurídica *de fachada*, criada com o intuito de acobertamento de crimes a serem praticados por seus membros.

Jurisprudência

- Irrelevância de motivação política

288.4 Consumação e tentativa

Consuma-se o crime previsto no art. 288 com a simples associação de três ou mais pessoas para a prática de crimes, pondo em risco, presumidamente, a paz pública. O crime é formal, de perigo abstrato. Independe, pois, a consumação da prática de qualquer ilícito pela associação ou por alguns de seus componentes. É indiferente que o agente venha a aderir à associação depois de formada; para ele a consumação se opera com essa adesão. A desistência do agente, ainda que voluntária, não lhe exclui a responsabilidade.

O crime de associação criminosa é permanente, com consumação que se prolonga no tempo, enquanto durar a associação, razão pela qual se admite a prisão em flagrante em qualquer ocasião. Entretanto, havendo condenação por um crime, com sentença transitada em julgado, o fato de persistir a associação criminosa configura outro ilícito, já que esse fato não foi apreciado na decisão, restrita à imputação efetuada pela denúncia.

Não se admite a tentativa. Havendo associação de mais de três pessoas, o crime está consumado; não se chegando a tal, nada há a punir. As meras gestões para persuadir outras pessoas a integrar a associação são apenas atos preparatórios do crime previsto no artigo 288.

Jurisprudência

- Irrelevância da não identificação de todos os membros
- Associação criminosa como crime permanente: prisão em flagrante
- Flagrante: exigência de prisão da maioria dos integrantes da associação criminosa
- Novo crime após a condenação
- Crime consumado com atos preparatórios de outros delitos
- Extinção da punibilidade dos crimes praticados: crime descaracterizado
- Suspensão da pretensão punitiva pela inclusão no parcelamento de débito: não extensão ao crime de associação criminosa
- Consumação do crime
- Irrelevância do não cometimento de crimes
- Associação criminosa como crime permanente
- Associação criminosa como crime permanente: crime único

288.5 Crime qualificado

Determina a lei o aumento da pena de até a metade se a associação é armada ou se houver participação de criança ou adolescente (art. 288, parágrafo único).

Justifica-se a punição mais severa no primeiro caso diante da maior potencialidade agressiva da associação criminosa. Não se exige que a arma seja utilizada ou portada ostensivamente; basta a sua posse. Para Hungria basta que um só dos integrantes da quadrilha esteja munido de arma para que se reconheça a qualificadora. Para Bento de Faria é necessário que a *maioria* esteja armada. Para Fragoso, deve-se reconhecer que o bando é *armado*, quando, pela quantidade de membros que portem armas ou pela natureza da arma usada, sejam maiores o perigo e o temor causados pelos malfeitores. Não se poderá deixar de reconhecer a qualificadora, evidentemente, se um dos integrantes da associação possuir metralhadora ou artefatos explosivos... Diante do maior rigor e inflexibilidade da norma anterior, recomendava-se especial cautela no reconhecimento da circunstância. Em sua atual redação, o parágrafo único do art. 288 estabelece margem de discricionariedade na dosagem do aumento da pena, que pode ser elevada em até a metade. O número de membros armados, a quantidade e as espécies de armas, bem como suas potencialidades lesivas, são critérios que devem nortear o juiz na fixação do acréscimo. Por se constituir em norma penal mais benigna é ela aplicável, retroativamente, aos crimes cometidos antes da vigência da Lei nº 12.850/2013. O crime de posse ou porte ilegal de arma de fogo de uso restrito, descrito no art. 16 da Lei nº 10.826, de 22-12-2003, passou a ser considerado crime hediondo, nos termos do art. 1º, parágrafo único, da Lei nº 8.072, de 25-7-1990, por força da alteração promovida pela Lei nº 13.497, de 26-10-2017. Posteriormente, porém, diante das alterações promovidas pela Lei nº 13.964/2019, na Lei dos crimes hediondos, passou-se a prever o crime de posse ou porte ilegal de arma de fogo como hediondo, somente se a arma é de uso proibido (art.1º, parágrafo único, inciso II, da Lei nº 8.072/90).

A segunda causa de aumento de pena prevista no parágrafo único do art. 288 é a participação de criança ou adolescente. A exasperação é devida em face da necessária proteção do menor contra o seu envolvimento em atividades ilícitas que possam contribuir para a deturpação de seu caráter, corrompendo-o. Deve-se reconhecer a majorante no caso de a criança ou adolescente ser utilizada pelos membros do grupo criminoso para a prática de atos de auxílio ou suporte, como os de servir de mensageiro, providenciar alimentação ou quaisquer outros que se traduzam em formas de colaboração ou *participação* no âmbito da associação criminosa. O número de menores associados, suas idades, a natureza de suas participações etc. são circunstâncias que devem nortear o juiz na dosagem do acréscimo da pena. Não se aplica a circunstância aos crimes praticados anteriormente à vigência da Lei nº 12.850/2013.

O art. 8º da Lei nº 8.072/90, que define os crimes hediondos, criou uma figura de crime qualificado: será de três a seis anos de reclusão a pena prevista no art. 288 do Código Penal, quando se tratar de crimes hediondos, prática de tortura, tráfico ilícito de entorpecentes e drogas afins ou terrorismo. A Lei nº 12.850/2013 não revogou, expressa ou tacitamente, o art. 8º da Lei nº 8.072/1990. As modificações inseridas no art. 288 não cuidam da hipótese prevista no dispositivo contido na lei especial e não guardam com este qualquer antinomia. O reconhecimento da qualificadora prevista na Lei nº 8.072/1990 não impede a incidência da majorante prevista no parágrafo único do art. 288. Se a associação criminosa se estabeleceu com o fim de praticar crimes hediondos, a circunstância de ser ela armada ou dela participar um menor determina o aumento de até metade da pena cominada, que, no caso é de três e seis anos. O STF, aliás, antes da vigência da Lei nº 12.850/2013, já decidira pela coexistência da circunstância prevista no parágrafo único do art. 288 com o disposto no art. 8º da Lei nº 8.072/90, embora reconhecendo que o juiz podia limitar-se a um só aumento, prevalecendo a causa que mais aumente, nos termos do art. 68, parágrafo único, do CP. Já se ponderava, porém, que o art. 8º da Lei nº 8.072/90 não se refere a uma causa de aumento de pena, e sim a uma espécie de qualificadora, com limites de pena especiais, o que afasta a aplicação do art. 68, parágrafo único, do CP.

Jurisprudência

- Quadrilha armada: qualificadora caracterizada
- Quadrilha armada: desnecessidade de uso efetivo, porte ostensivo e ilegalidade de porte das armas
- Um participante armado: qualificadora caracterizada
- Quadrilha voltada à prática de crimes hediondos
- Dobro da pena para quadrilha armada com fim de crime hediondo
- Pena aumentada para quadrilha armada com fim de crime hediondo
- Impossibilidade da pena máxima na apreensão de uma única arma de fogo

288.6 Crime privilegiado

O associado que denunciar à autoridade a associação criminosa, possibilitando seu desmantelamento, terá a pena reduzida de um a dois terços (art. 8º, parágrafo único, da Lei nº 8.072/90). Trata-se da denominada *delação premiada*. São ainda aplicáveis aos delitos decorrentes de associação criminosa as normas contidas na Lei nº 9.807, de 13-7-1999, que preveem benefícios aos agentes colaboradores, entre os quais a redução de pena e o perdão judicial (arts. 13 e 14). Também se permite a redução da pena de um a dois terços nos crimes previstos nas Leis nºs 7.492, de 16-6-1986, que define os crimes contra o sistema financeiro nacional (art. 25, § 2º), e 8.137, de 27-12-1990, que define crimes contra a ordem tributária, econômica e as relações de consumo (art. 16, parágrafo único), quando praticados em quadrilha ou coautoria, se o coautor ou partícipe, através de confissão espontânea, revelar à autoridade policial ou judicial toda a trama delituosa. No crime de associação criminosa relacionado com a prática de cartel, a Lei nº 12.529, de 30-11-2011, prevê que a celebração de acordo de leniência com o CADE (Conselho Administrativo de Defesa Econômica) determina a suspensão do curso do prazo prescricional e impede o oferecimento da denúncia com relação ao agente beneficiário da leniência (art. 87).

Jurisprudência

- Delação premiada

288.7 Distinção

O crime descrito no art. 288 tem caráter subsidiário em relação a outros tipos penais, previstos no Código Penal e em leis especiais, que preveem formas específicas de associação criminosa, as quais, em razão de seu maior potencial de lesão à paz pública e a outros bens jurídicos, são mais severamente punidas. Pelo princípio da especialidade, a adequação do fato à norma especial afasta a aplicação do art. 288.

Se a associação assume forma de organização descrita no art. 288-A e é dirigida à prática de crimes previstos no Código Penal, responde o agente pelo crime de constituição de milícia privada. Se a finalidade da associação é a de praticar crimes relacionados com o tráfico de entorpecentes, o delito é o previsto no art. 35 da Lei nº 11.343/2006, que exige não mais do que dois membros e para o qual se comina a pena de reclusão de três a dez anos. Esse dispositivo derrogou, tacitamente, com relação ao crime tráfico de entorpecentes, a pena prevista no art. 8º da Lei nº 8.072/1990, de três a seis anos de reclusão.

Se a associação criminosa assume a forma de uma *organização criminosa*, tal como conceituada no art. 1º, § 1º, da Lei nº 12.850, de 2-8-2013, o crime é o descrito no art. 2º do mesmo diploma: "promover, constituir, financiar ou integrar, pessoalmente ou por interposta pessoa, organização criminosa". Ausente algum dos requisitos exigidos na lei especial para a configuração da organização criminosa, aplica-se o art. 288 do CP. Porque o tipo previsto na Lei nº 12.850, de 2-8-2013, descreve, como elemento subjetivo do tipo, o objetivo de obter, direta ou indiretamente, vantagem de qualquer natureza, na sua ausência reconhece-se a associação criminosa. Aqueles que se associam com o objetivo de matar policiais, criminosos, prostitutas, mendigos, por exemplo, não respondem nos termos da lei especial, mas, sim, conforme o caso, por constituição de milícia privada (art. 288-A) ou associação criminosa (art. 288 do CP cc. art. 8º da Lei nº 8.072/1990). A associação de mais de três pessoas para a prática do crime de genocídio infringe o art. 2º da Lei nº 2.889, de 1º-10-1956.

Se a associação criminosa tem por finalidade a prática de crimes de *lavagem* ou ocultação de bens, direitos e valores, pode-se configurar o crime definido no art. 1º, § 2º, II, da Lei nº 9.613, de 3-3-1998, alterada pela Lei nº 12.683, de 9-7-2012, punido com pena de reclusão de três a dez anos: "participar de grupo, associação ou escritório tendo conhecimento de que sua atividade principal ou secundária é dirigida à prática de crimes previstos nesta Lei". Nos termos do art. 1º, § 4º, a pena cominada para crime de "lavagem" previsto na mesma lei é acrescida de um a dois terços se for praticado por organização criminosa.

Jurisprudência

- Subsistência do art. 14 da Lei nº 6.368/76 em face da Lei nº 8.072/90 (anterior à vigência da Lei nº 11.343/2006)
- Pena para quadrilha para o fim de tráfico de drogas (anterior à vigência da Lei nº 11.343/2006)

288.8 Concurso de crimes

O crime de associação criminosa é sempre independente daqueles que são praticados pela *societas delinquentium*, configurando-se, pois, o concurso material entre eles. Eventualmente, negou-se a possibilidade de condenar-se por associação criminosa os agentes autores de crime continuado, por ser este uma unidade jurídica, o que não se justifica.

Já se tem decidido que, sendo o agente punido pelo crime de associação criminosa, não há que se qualificar o crime praticado por seus integrantes pelo concurso de agentes nos crimes de furto, roubo, extorsão etc., sob pena de configurar-se o *bis in idem*. Mas a distinção e a autonomia entre esses delitos recomendam solução diversa.

Não há *bis in idem*, também, na qualificação de crime de associação armada e de roubo pelo emprego de arma, que são distintos e autônomos, embora já se tenha decidido de forma diversa.

Jurisprudência

- Concurso material de crimes
- Exigência de prova de participação nos crimes
- Concurso material com receptação
- Concurso material com estelionato
- Concurso material com extorsão mediante sequestro
- Concurso material com furto
- Concurso material com roubo com emprego de arma de fogo
- Concurso material com roubo continuado
- Concurso formal com crime de falso
- Concurso material com porte ilegal de arma de fogo
- Quadrilha como requisito necessário para organização criminosa (antes da vigência da Lei nº 12.850/2013)
- Crime qualificado e roubo qualificado
- Crime qualificado e roubo qualificado – Contra
- Extorsão mediante sequestro qualificada: inexistência de *bis in idem*
- Concurso ideal com gestão temerária de sociedade
- Concurso material com crime continuado – Contra
- Inexistência de *bis in idem*
- Inexistência de *bis in idem* – Contra

288.9 Organizações criminosas

Diversos têm sido os critérios adotados nas leis e em tratados internacionais para a conceituação de organização criminosa. A Lei nº 12.850, de 2-8-2013, definiu organização criminosa como "a associação de 4 (quatro) ou mais pessoas, estruturalmente ordenada e caracterizada pela divisão de tarefas, ainda que informalmente, com objetivo de obter, direta ou indiretamente, vantagem de qualquer natureza, mediante a prática de infrações penais cujas penas máximas sejam superiores a 4 (quatro) anos ou que sejam de caráter transnacional" (art. 1º, § 1º). Adotaram-se os mesmos critérios que já haviam sido estabelecidos pela Lei nº 12.694, de 24-7-2012, com duas alterações, porque exigido o número mínimo de quatro integrantes e que a pena máxima cominada seja superior a quatro anos, diferentemente do conceito anterior, que previa o mínimo de três associados e pena máxima igual ou superior a quatro anos. No art. 2º a nova lei tipificou a conduta de "promover, constituir, financiar ou integrar, pessoalmente ou por interposta pessoa, organização criminosa", punida com reclusão de três a oito anos, expressamente ressalvada a cumulatividade das penas respectivas às infrações penais praticadas pela organização. Nos §§ 2º a 4º estão descritas diversas causas de aumento de pena: o emprego de arma de fogo, o exercício do comando da organização, a participação de criança ou adolescente, o concurso de funcionário público, a destinação ao exterior do produto ou proveito da infração, a conexão com outras organizações criminosas e a transnacionalidade da organização. Dispondo sobre a apuração dos crimes decorrentes de organização criminosa, a nova lei disciplina meios de obtenção de prova admissíveis, como a colaboração premiada, a captação ambiental de sinais eletromagnéticos, ópticos ou acústicos; a ação controlada, o acesso a registros de comunicações telefônicas e telemáticas e a interceptação destas e a quebra de sigilo financeiro, bancário e fiscal, além de definir crimes relacionados com a interferência ilícita nas investigações; a infiltração de agentes policiais, inclusive na *internet* e a cooperação entre instituições e órgãos federais, distritais, estaduais e municipais na busca de provas e informações de interesse da investigação ou da instrução criminal (art. 3º). É prevista, também, a possibilidade de concessão de diversos benefícios ao agente colaborador como a faculdade de abster-se o Ministério de Público de oferecer denúncia, a redução de pena, a substituição de pena privativa de liberdade por restritiva de direitos, o perdão judicial e a progressão de regime ainda na ausência dos requisitos legais. Algumas dessas normas, relativas aos meios investigativos e aos favores ao agente colaborador, já eram previstas na Lei nº 9.034/1995 e aplicáveis à apuração do crime de *quadrilha* ou *bando* e dos delitos por esta praticados. Ao revogar esse diploma, a lei nova não previu a aplicabilidade de suas normas aos delitos decorrentes de *associação criminosa*.

Discute-se se a Lei nº 12.850/2013 revogou o conceito de organização criminosa contido no art. 2º da Lei nº 12.694, de 24-7-2012, modificada pela Lei nº 13.964, de 24-12-2019, que disciplina a possibilidade de formação de juízo colegiado de primeiro grau, ou dos Tribunais em segundo grau, para a prática de qualquer ato processual, como a decretação da prisão preventiva, a sentença, o julgamento de pedidos de progressão de regime, livramento condicional, inclusão no regime disciplinar diferenciado etc. Embora a Lei nº 12.694/2012, expressamente estabeleça a aplicabilidade do conceito "para os efeitos desta lei", a ressalva somente se justificava em face da inexistência de anterior conceito legal, havendo que se reconhecer a sua revogação pela nova definição formulada na Lei nº 12.850/2013.

A Lei nº 13.964, de 24-12-2019, introduziu modificações na Lei nº 12.850/2013, disciplinando pormenorizadamente a celebração do acordo de colaboração premiada, que pode ser firmado entre o colaborador e o Ministério Público ou a autoridade policial, no curso do inquérito ou do processo, bem como suas consequências e possibilidade de revogação. Para os integrantes das organizações criminosas (arts. 3º-A a 3º-C, arts. 4º, §§ 4º, 7º, 7º-A e B, 8º, 10-A, 13, 16, art. 5º, VI, art. 7º, § 3º) a mesma Lei prevê que o condenado expressamente em sentença por integrar organização criminosa ou por crime praticado por meio de organização criminosa não poderá progredir de regime de cumprimento de pena ou obter livramento condicional ou outros benefícios prisionais se houver elementos probatórios que indiquem a manutenção do vínculo associativo (art. 2º, § 9). Prevê, ainda, o diploma que as lideranças de organizações criminosas armadas ou que tenham armas à disposição deverão iniciar o cumprimento da pena em estabelecimentos penais de segurança máxima (art. 2º, § 8º).

Constituição de milícia privada

Art. 288-A. Constituir, organizar, integrar, manter ou custear organização paramilitar, milícia particular, grupo ou esquadrão com a finalidade de praticar qualquer dos crimes previstos neste Código:

Pena – reclusão, de 4 (quatro) a 8 (oito) anos.*

*Artigo inserido pela Lei nº 12.720, de 27-9-2012.

Vide: CF arts. 5º, XVII, 17, § 4º; CP arts. 121, § 6º, 288, LEP art. 52, § 2º; **Lei nº 2.889**, de 1º-10-1956, art. 2º (tipifica a associação de mais de três pessoas para a prática do crime de genocídio); **Lei nº 11.343**, de 23-8-2006 (Lei de Drogas), arts. 35 (tipifica a associação para o tráfico de drogas), 36 (tipifica a conduta de financiar ou custear a prática de crime de tráfico de drogas), 37 (tipifica a conduta de colaborar, como informante, com grupo, organização ou associação destinados à prática de crime de tráfico de drogas); **Lei nº 12.694**, de 24-7-2012 (dispõe sobre o processo e julgamento colegiado em primeiro grau de crimes praticados por organizações criminosas); **Lei nº 12.850**, de 2-8-2013, art. 1º, § 1º (define organização criminosa), art. 2º (tipifica a conduta de promover, constituir, financiar ou integrar, pessoalmente ou por interposta pessoa, organização criminosa).

288-A CONSTITUIÇÃO DE MILÍCIA PRIVADA

288-A.1 Sujeitos do delito

A constituição de milícia privada é crime comum, por não exigir a lei qualquer capacidade especial do agente. Qualquer pessoa, assim, pode ser sujeito ativo do crime. O militar também pode praticar o crime porque, ao incriminar a milícia *privada*, refere-se à lei ao caráter extraoficial da organização, que é constituída à margem das instituições e órgãos públicos, e não à qualidade de seus integrantes.

Trata-se de crime plurissubjetivo ou de concurso necessário. Independentemente da ação típica praticada, a configuração do crime depende da constituição de uma organização criminosa para a qual é imprescindível o concurso de outras pessoas. Não esclarece a lei o número mínimo de pessoas exigido para a caracterização da organização criminosa. Não se configura, porém, o delito na mera associação de duas pessoas, porque ausente nessa hipótese o requisito da coletividade ou pluralidade imprescindível para a existência de um "grupo" ou uma "organização". Na ausência de previsão expressa, é exigível o concurso de no mínimo três pessoas, suficiente para a satisfação do requisito da pluralidade. O critério, aliás, é o que tem sido hodiernamente adotado na conceituação de organizações criminosas em geral, como, por exemplo, pela Convenção das Nações Unidas contra o Crime Organizado Transnacional (art. 2º) e o que prevaleceu na nova redação conferida ao art. 288. Não se justifica a adoção do número mínimo de quatro pessoas, exigido para a configuração de organização criminosa (art. 1º, § 1º, da Lei nº 12.850/2013), porque a milícia privada não é forma específica desse tipo de organização, sendo ambas espécies do gênero associação criminosa.

Assim como ocorre no crime de associação criminosa, é irrelevante para a constituição desse número que um dos integrantes não seja penalmente responsável, como na hipótese de inimputabilidade, ou que não tenha sido identificado, embora certa a sua participação na organização.

Sujeito passivo do crime de constituição de milícia privada é a coletividade, tutelando-se com o dispositivo a paz pública.

288-A.2 Tipo objetivo

No art. 288-A é definido o crime de *constituição de milícia privada*, que tem como bem jurídico tutelado a paz pública, a exemplo do de associação criminosa (art. 288), com o qual guarda uma relação de especialidade por tipificar formas específicas de associação para a prática de crimes às quais se cominam penas mais severas (reclusão de 4 a 8 anos).

O primeiro núcleo verbal é *constituir*, que, no tipo penal, tem acepção de dar existência, criar, formar ou o de reunir-se com outros para instituir ou dar início à organização criminosa. *Organizar* é formar, conferir ordem ou estruturar, no caso um grupo de pessoas, de forma adequada para atingir uma finalidade específica, que, no tipo, é a da prática de crimes previstos no Código Penal. *Integrar* é compor, ser parte de um todo, ser membro da organização. *Manter* é sustentar, conservar, prover, fazer com que continue a existir a organização criminosa. *Custear* é financiar, prover ou pagar as despesas ou gastos relacionados com a formação ou a atuação da mesma organização. Trata-se de tipo misto alternativo e, portanto, a prática de uma ou diversas ações típicas configura crime único.

As organizações criminosas mencionadas no dispositivo são a paramilitar, a milícia particular, o grupo e o esquadrão. A inexistência de definições legais e de sentidos unívocos e consagrados dos termos utilizados pelo legislador certamente propiciará sérias controvérsias a respeito de seus alcances. Aos grupos ou organizações de caráter paramilitar refere-se a Constituição Federal para expressamente vedar a sua constituição como exceção à garantia da liberdade de associação (art. 5º, XVII, e 17, § 4º). Organizações militares, também nos termos da Constituição Federal, são as Forças Armadas, as Polícias Militares e os Corpos de Bombeiros Militares. Por organizações paramilitares devem ser entendidas as que se constituem à margem do quadro normativo em que se inserem as forças regulares do Estado, mas que se estruturam à sua semelhança e utilizam de estratégias, táticas ou técnicas militares para a consecução de seu ideário ou objetivos. São, portanto, organizações não oficiais, cuja constituição é em si mesma ilícita, independentemente de sua finalidade, porque expressamente vedada pela Constituição Federal. Para a configuração do delito descrito no art. 288-A exigem-se, porém, não somente a presença de algumas características típicas das organizações militares, como a hierarquia e a disciplina, a adoção de táticas de operação militares, o emprego de armas e outros meios coativos para a realização de seus fins, mas, também, que entre estes se inclua o da prática de crimes previstos no Código Penal.

O termo *milícias* comporta diferentes significados, designando, em suas acepções tradicionais, agrupamentos militares ou tropas auxiliares do exército e, mais especificamente, as polícias militares dos estados. Mais modernamente, o termo tem sido utilizado na designação de associações de pessoas, frequentemente armadas, que se constituem à margem da legalidade, normalmente em locais onde é incipiente a atuação do Poder Público, e que se valem de meios coativos e da prática de infrações penais, como homicídios, extorsões etc., para a satisfação de interesses próprios, muitas vezes sob o pretexto de suprir a omissão do Estado no desempenho de suas competências regulares, como nos casos de "venda" de proteção a comerciantes, promessa de segurança aos moradores, punição ou execução de outros criminosos, fornecimento de serviços etc. No tipo penal em estudo, referindo-se a lei às milícias *particulares*, evidencia-se que se trata, tal como as organizações paramilitares, de associações não oficiais, que se constituem em paralelo às instituições e órgãos públicos e que podem ser integradas, indiferentemente, por civis ou militares. Como a origem do termo indica, as milícias também possuem em sua forma de estruturação ou atuação algumas características próprias das organizações militares. Às milícias refere-se o Código Penal também no art. 121, § 6º, introduzido pela Lei nº 12.720, de 27-9-2012, que prevê como causa de aumento de pena (de um terço a metade) para o homicídio a circunstância de ser praticado por milícia privada, sob o pretexto de prestação de serviço de segurança.

Menciona-se, ainda, na lei o *esquadrão*, termo que também tem em sua origem conotação militar e que foi amplamente difundido por ocasião da apuração das atividades do denominado "esquadrão da morte", associação constituída em termos militares com o objetivo declarado de executar pessoas por seus integrantes consideradas marginais.

Por fim, reporta-se o dispositivo ao *grupo*, termo vago, que designa um conjunto de pessoas reunidas para uma finalidade comum. Ao grupo alude o Código Penal ao mencionar o "grupo de extermínio" na nova causa de aumento de pena prevista para o homicídio (art. 121, § 6º). A necessária delimitação da abrangência do termo, inclusive para distinção em relação ao crime de associação criminosa, autoriza que, por similitude às demais formas de associação previstas no dispositivo, somente se reconheça o grupo mencionado no art. 288-A quando estruturado este, igualmente, em moldes militares.

Entendemos, portanto, que, para a existência do ilícito, em todas as formas de associação previstas no dispositivo, é indispensável a associação de no mínimo três pessoas na constituição de uma organização com caráter estável ou permanente, estruturada, ainda que de forma rudimentar, para atuar em moldes que, com maior ou menor intensidade, guardam semelhanças com os adotados pelas organizações militares e que, independentemente da existência de um ideário coletivo, dos motivos que animam os seus integrantes e dos pretextos de que se valham para justificar suas atividades, inclua entre seus fins o da prática de crimes previstos no Código Penal.

Não se configura o crime, tal como se verifica no de associação criminosa, na associação meramente ocasional para a execução de um ou mais delitos determinados, caso em que haverá simples coautoria ou coparticipação nos ilícitos que forem praticados. É necessário que a organização tenha sido criada com o caráter de estabilidade ou permanência, ou seja, que tenha sido constituída com a finalidade da prática de crimes indeterminados mediante uma duradoura atuação de seus membros.

Tratando-se de crime distinto e autônomo, pune-se o agente pelo crime de constituição de milícia privada independentemente de sua condenação pelos crimes para os quais tenha concorrido no âmbito da atuação da organização criminosa. Essas mesmas características justificam também a aplicação da qualificadora de concurso de agentes prevista para o crime praticado, como no furto e no roubo, sem que se possa alegar, em contrário, a ocorrência de *bis in idem*.

Por inexplicável restrição estabelecida no próprio dispositivo, somente se configura o tipo em exame se a organização criminosa tem por finalidade a prática de crimes previstos no Código Penal. Não se aplica, assim, o art. 288-A, ainda que presentes as demais elementares, se a organização é constituída para a prática de crimes descritos em leis penais especiais, como os de tráfico de entorpecentes, contra o sistema financeiro nacional, de lavagem de dinheiro etc. Nessas hipóteses, responderá o agente, eventualmente, pelo tipo penal específico e, na ausência, pelo de associação criminosa. Somente é possível a constituição de milícia privada que tenha por finalidade a prática de crimes dolosos, porque inconciliável a figura típica com os crimes culposos, nos quais o resultado é involuntário, tal como ocorre no crime descrito no art. 288.

O art. 288-A não estabelece distinção quanto à natureza comum ou hedionda dos crimes previstos no Código Penal que os integrantes da associação criminosa visam praticar, mas é cabível ao juiz a ponderação da espécie delitiva na dosagem da pena.

288-A.3 Tipo subjetivo

O dolo é a vontade de praticar uma das ações típicas descritas no dispositivo (constituir, organizar, integrar, manter ou custear) dirigidas à formação ou manutenção de uma das formas de organização nela previstas, exigindo-se, ainda, como elemento subjetivo do tipo ou dolo específico, a finalidade de praticar crimes descritos no Código Penal.

288-A.4 Consumação e tentativa

A consumação do delito ocorre com a prática de uma das ações típicas descritas no art. 288-A. É certo que para a configuração do ilícito exige-se que a milícia privada tenha sido constituída com o caráter de estabilidade ou permanência, ou seja, que o vínculo associativo contemple um acordo para uma atuação duradoura, uma predisposição comum para a prática por seus membros de um número indeterminado de delitos ao longo do tempo, o que, de forma geral, caracteriza diferentes espécies de organizações criminosas (item 288.2). Essa exigência, no entanto, não implica a necessidade de que a organização criminosa efetivamente perdure por tempo considerável. Não depende também a consumação, em qualquer das modalidades de conduta, da execução ou início de execução de qualquer infração penal pelos membros da organização. Com relação às condutas de constituir e organizar consuma-se o crime com a efetiva criação ou estruturação da milícia. A conduta de integrar se aperfeiçoa com a adesão do agente à organização criminosa, da qual passa a ser membro, tal como se verifica no crime de associação criminosa. A manutenção da milícia privada se perfaz com a prática de atos tendentes à conservação de sua existência. Em sua última forma, consuma-se o crime com efetivo aporte econômico ou financeiro para a organização criminosa, não se exigindo a prática reiterada ou habitual de atos de tal natureza.

A tentativa é impossível ou de difícil caracterização nas três primeiras formas de conduta, porque, em regra, as práticas anteriores, como convites, tratativas, reuniões prévias etc., configuram meros atos preparatórios. O mesmo se pode afirmar com relação à conduta de manter, por indicar esta a prática de atos habituais. A tentativa, porém, é perfeitamente admissível quando a ação é a de custear. Configura-se o *conatus* nesta última hipótese, por exemplo, se promovida pelo agente a transferência de recursos para a organização, é ela obstada pela intervenção policial ou pela ação controladora dos órgãos que compõem o sistema financeiro.

288-A.5 Distinção

A principal distinção entre o crime de constituição de milícia privada e o de associação criminosa reside nas formas de estruturação e atuação dessas organizações criminosas, as quais, na milícia privada, devem guardar semelhanças com as que caracterizam as forças regulares do Estado. Diferenciam-se, também, esses crimes com relação ao número mínimo de membros exigível para a configuração da organização e aos crimes que justificam a sua constituição, porque possível a formação de milícia privada por somente três membros e porque, forçosamente, os crimes que se objetiva praticar com a sua formação devem estar previstos no Código Penal. Tratando-se de milícia privada constituída para a prática de crimes hediondos previstos no Código Penal, como o homicídio qualificado, o princípio da especialidade determina a prevalência do art. 288-A sobre o art. 288 cc. o art. 8º da Lei nº 8.072, de 25-7-1990. Entre os crimes de milícia privada e de organização criminosa (art. 2º da Lei nº 12.850/2013) as principais distinções residem no número mínimo de integrantes e nos moldes de estruturação dessas organizações, bem como nos crimes por elas visados e na desnecessidade, no primeiro caso, do intuito de obter vantagem de qualquer natureza. A associação criminosa voltada à prática de crimes relacionados com o tráfico de entorpecentes e o custeio dessas atividades ilícitas são crimes previstos na lei especial (arts. 35 e 36 da Lei nº 11.343/2006). A associação de mais de três pessoas para a prática de genocídio é crime descrito no art. 2º da Lei nº 2.889, de 1º-10-1956.

288-A.6   Concurso de crimes

A constituição de milícia privada é crime autônomo e, assim, o agente que integra a organização criminosa e que no âmbito de sua atuação pratica uma infração penal responde por ambos os delitos em concurso material. Não pode ser responsabilizado, porém, o integrante da organização por crime executado por outros membros se para este não concorreu por qualquer forma. Se o integrante da milícia possui ou porta ilegalmente arma de fogo, configura-se, também, o concurso material entre o crime descrito no Estatuto do Desarmamento e o descrito no art. 288-A.

288-A.7   Disposições especiais

A Lei nº 13.964, de 24-12-2019, que introduziu diversas modificações no Código Penal, no Código de Processo Penal e na Lei de Execuções Penais, estabeleceu regras especiais mais rigorosas na disciplina do crime de constituição de milícia privada. Nesse sentido, no Código Penal prevê-se, a exemplo do que ocorre na hipótese de organizações criminosas, que os instrumentos utilizados por milícias para a prática de crimes, devem ser declarados perdidos, independentemente de, por sua natureza, representarem ou não risco à segurança pública, moral ou ordem pública ou oferecerem ou não sério risco de utilização para o cometimento de novos crimes (art. 91-A, § 5º).

No Código de Processo Penal determina-se que por ocasião da realização da audiência de custódia após a prisão em flagrante, deverá o juiz denegar a liberdade provisória, com ou sem medidas cautelares, se verificar que o agente integra uma organização criminosa armada ou milícia (310, § 2º, do CPP).

Disposições mais restritivas foram inseridas também na Lei de Execução Penal. Para o condenado pelo crime de milícia privada, a progressão de regime depende do cumprimento de metade da pena imposta (art. 112, VI, c, da LEP). Autoriza-se a imposição ao condenado ou preso provisório do regime disciplinar diferenciado cautelar (RDD cautelar) independentemente da prática ou não de falta disciplinar grave, na hipótese da existência de fundadas suspeitas de envolvimento do preso em organização criminosa, associação criminosa ou milícia privada. Nesse caso, admite-se, também a prorrogação do regime disciplinar diferenciado por períodos sucessivos de um ano, se subsistente o vínculo criminoso, e a necessidade de recolhimento do preso a estabelecimento prisional federal, no caso de exercer ele papel de liderança na milícia privada ou de atuar esta em mais de um estado da Federação.

TÍTULO X
DOS CRIMES CONTRA A FÉ PÚBLICA

CAPÍTULO I
DA MOEDA FALSA

Moeda falsa

Art. 289. Falsificar, fabricando-a ou alterando-a, moeda metálica ou papel-moeda de curso legal no país ou no estrangeiro:

Pena – reclusão, de 3 (três) a 12 (doze) anos, e multa.

§ 1º Nas mesmas penas incorre quem, por conta própria ou alheia, importa ou exporta, adquire, vende, troca, cede, empresta, guarda ou introduz na circulação moeda falsa.

§ 2º Quem, tendo recebido de boa-fé, como verdadeira, moeda falsa ou alterada, a restitui à circulação, depois de conhecer a falsidade, é punido com detenção, de 6 (seis) meses a 2 (dois) anos, e multa.

§ 3º É punido com reclusão, de 3 (três) a 15 (quinze) anos, e multa, o funcionário público ou diretor, gerente, ou fiscal de banco de emissão que fabrica, emite ou autoriza a fabricação ou emissão:

I – de moeda com título ou peso inferior ao determinado em lei;

II – de papel-moeda em quantidade superior à autorizada.

§ 4º Nas mesmas penas incorre quem desvia e faz circular moeda, cuja circulação não estava ainda autorizada.

Vide: **CF** arts. 109, IV, V, 164; **CP** arts. 171, 290, 291, 292, 327; **LCP** arts. 43, 44; **Lei nº 4.595**, de 31-12-1964 (dispõe sobre a Política e as Instituições Monetárias, Bancárias e Creditícias e cria o Conselho Monetário Nacional), art. 10, I (competência privativa do Banco Central para emissão de papel-moeda e moeda metálica); **Lei nº 5.895**, de 19-6-1973, art. 2º (fixa para a Casa da Moeda a competência exclusiva para a fabricação de papel-moeda e moeda metálica); Súmula: **STJ** 73.

289 MOEDA FALSA

289.1 Sujeitos do delito

O crime previsto no art. 289 pode ser praticado por qualquer pessoa que falsificar, pelo fabrico ou alteração, a moeda metálica ou papel-moeda.

Sujeito passivo é o Estado, bem como aquele que sofre eventual lesão decorrente da conduta típica (quem a recebe, por exemplo).

289.2 Tipo objetivo

O núcleo do tipo é falsificar moeda, ou seja, imitar, fazer passar por autêntica moeda falsa, que pode ser realizada por fabricação, ou seja, pela formação da moeda pela impressão, cunhagem, manufatura, ou por alteração de uma moeda verdadeira para que passe a representar um valor maior que o real. É indispensável que a moeda tenha *curso legal* no país ou estrangeiro, ou seja, que não possa ser recusada como meio de pagamento. A recusa em recebê-la, no Brasil, constitui contravenção (art. 43 da LCP). É indispensável para a caracterização do crime, como em toda falsificação, a *imitatio veri*, ou seja, que o produto fabricado ou alterado apresente semelhança com o verdadeiro, podendo ser confundido com o autêntico. Não o desfigura, entretanto, a imperfeição que possa ser percebida num exame atento. De outro lado, a imitação grosseira, rudimentar, perceptível *ictu oculi*, incapaz de levar a erro qualquer pessoa, não configura o crime de moeda falsa, podendo constituir, em tese, o crime de estelionato consumado ou tentado. O uso, como propaganda, de impresso ou objeto que pessoa inexperiente ou rústica possa confundir com moeda é fato contravencional (art. 44 da LCP).

A conduta de apor em uma moeda números e letras recortados de cédulas verdadeiras sobre outras, de modo que estas apresentem valor superior, constitui o crime na modalidade de "alterar" prevista pelo art. 289, *caput*, do CP.

O objeto material do crime é a moeda metálica ou o papel-moeda, seja ela nacional, seja estrangeira. O número de moedas metálicas ou de cédulas é irrelevante, constituindo crime único. Tratando-se de crime que deixa vestígios, é indispensável que seja elaborado o laudo pericial.

Por ser a fé pública o bem jurídico tutelado no crime de moeda falsa, tem-se negado a aplicação do princípio da insignificância, mesmo nas hipóteses de uma única cédula falsa ou de pequeno valor (v. item 13.5).

Jurisprudência

- Bem jurídico tutelado pelo crime de moeda falsa
- Caracterização do crime na guarda de uma única cédula falsa
- Caracterização do crime de moeda estrangeira falsa
- Não caracterização do crime de moeda falsa na falsificação de cheques de viagem
- Falsificação grosseira: desclassificação para estelionato
- Irrelevância de não ter a posse da moeda falsa
- Falsificação grosseira: desclassificação para tentativa de estelionato
- Aposição de fragmentos de cédula sobre outra: crime caracterizado
- Princípio da insignificância: inaplicabilidade
- Necessidade de exame pericial
- Necessidade de exame pericial – Contra

289.3 Tipo subjetivo

O dolo do crime é a vontade de falsificar a moeda por meio de contrafação ou alteração, não se exigindo qualquer finalidade especial da conduta, nem mesmo o fim de colocá-la em circulação. Exige-se, porém, para a caracterização do crime previsto no § 1º, a ciência por parte do agente da falsidade da moeda.

Jurisprudência

- Necessidade de consciência da falsidade
- Suficiência do dolo genérico
- Consciência da falsidade comprovada
- Existência de dolo

289.4 Consumação e tentativa

Consuma-se o crime com a fabricação ou alteração, ainda que de apenas uma moeda que tenha idoneidade para iludir. A falsificação de inúmeras moedas, no mesmo contexto, configura crime único e não concurso formal.

Nada impede a tentativa nesse crime plurissubsistente. De qualquer forma, a simples posse de petrechos para falsificação de moeda já constitui outro ilícito penal (art. 291).

Jurisprudência

- Consumação com o dano potencial
- Crime permanente na modalidade de guarda

289.5 Crimes subsequentes à falsificação

Prevê o § 1º do art. 289 outras condutas típicas relacionadas a moeda falsa: as de importar, exportar, adquirir, trocar, vender, ceder, emprestar, guardar e introduzir na circulação a moeda falsificada. Tratando-se de crime de conduta múltipla alternativa, o agente que pratique duas ou mais ações típicas responde por crime único. Já se decidiu, porém, por crime continuado. Assim, só responde por esse delito autônomo aquele que não foi o autor da falsificação; este responde pelo crime previsto no *caput* do art. 289.

O dolo é a vontade de praticar uma das condutas incriminadas, exigindo-se que o agente tenha ciência de que se trata de moeda falsa. A dúvida a esse respeito constitui dolo eventual, mas o desconhecimento da falsidade o exclui.

A consumação ocorre com a prática da conduta, independentemente de resultado lesivo. Na conduta de guardar, o crime é permanente, permitindo a autuação em flagrante delito enquanto o agente tem o produto a sua disposição. A tentativa é juridicamente possível.

É possível o concurso formal com o crime de estelionato, quando o crime é o artifício para a obtenção de vantagem indevida com o induzimento a erro de terceiro de boa-fé. Mas é corrente a orientação de que o crime de *falsum* absorve o estelionato. Nada impede a continuidade delitiva.

Jurisprudência

- Guarda da moeda falsa: crime caracterizado
- Introdução na circulação de moeda grosseiramente falsificada: crime não caracterizado
- Falsificação apta a iludir o homem médio: caracterização
- Exigência do dolo
- Existência de dolo
- Desconhecimento da falsidade: inexistência de dolo
- Inexistência de prova do dolo
- Consumação com a guarda da moeda falsa
- Guardar: crime permanente
- Crime de mera conduta: suficiência da potencialidade lesiva
- Concurso formal com estelionato
- Crime único: absorção do estelionato
- Posse de moeda falsa: crime caracterizado
- Cédula parcialmente adulterada: inexistência de crime
- Várias modalidades: crime único
- Várias modalidades: crime continuado
- Tentativa configurada

289.6 Crime privilegiado

É crime privilegiado quem restitui à circulação a moeda falsa que recebeu de boa-fé, como verdadeira. Se conhecida a origem ilícita, responde o agente pelo crime previsto no *caput* do art. 289, mais grave.

Deve existir o dolo no momento em que o agente recolocou a moeda em circulação, não ocorrendo o fato típico se desconhecia ele a falsificação, mesmo que depois tome conhecimento dessa circunstância elementar.

Jurisprudência

- Inexistência de dolo: crime descaracterizado

289.7 Fabricação ou omissão com fraude ou excesso

No § 3º do art. 289 são tipificadas as condutas de fabricação e emissão com fraude ou excesso, crime próprio, que só pode ser cometido pelo funcionário público, mencionado no tipo penal. As condutas são as de fabricar, emitir ou autorizar a fabricação ou emissão. No inciso I, refere-se a lei à moeda metálica fabricada com o título ou peso inferior ao determinado em lei; no inciso II, ao papel-moeda fabricado em quantidade superior à autorizada. Há omissão na lei, não constituindo fato típico a emissão de moeda metálica em quantidade superior à autorizada.

289.8 Circulação não autorizada

No § 4º do art. 289 é tipificada a conduta de quem desvia e faz circular moeda cuja circulação não estava ainda autorizada. No caso, o agente desvia, ou seja, retira o dinheiro de onde se encontra, e o coloca em circulação antes da data autorizada. O desvio, sem que ocorra a circulação, configura tentativa.

289.9 Competência

Com os crimes previstos no art. 289 e seus parágrafos, viola-se a fé pública da União, seu patrimônio ou interesses. Assim, competente para apreciá-los é a Justiça Federal, mesmo quanto à moeda estrangeira (art. 109, V, da CF, c.c. o art. 3º, da Convenção promulgada pelo Decreto nº 3.074, de 14-9-1938). Tratando-se, porém, de falsificação grosseira e, portanto, de crime de estelionato, a competência é da Justiça Comum estadual.

Jurisprudência

- Moeda falsa: competência da Justiça Federal
- Moeda falsa e estelionato: competência da Justiça Federal
- Competência da Justiça Comum estadual
- Moeda estrangeira falsa: competência da Justiça Federal

Crimes assimilados ao de moeda falsa

Art. 290. Formar cédula, nota ou bilhete representativo de moeda com fragmentos de cédulas, notas ou bilhetes verdadeiros; suprimir, em nota, cédula ou bilhete recolhidos, para o fim de restituí-los à circulação, sinal indicativo de sua inutilização; restituir à circulação cédula, nota ou bilhete em tais condições, ou já recolhidos para o fim de inutilização:

Pena – reclusão, de 2 (dois) a 8 (oito) anos, e multa.

Parágrafo único. O máximo da reclusão é elevado a 12 (doze) anos e o da multa a Cr$ 40.000 (quarenta mil cruzeiros), se o crime é cometido por funcionário que trabalha na repartição onde o dinheiro se achava recolhido, ou nela tem fácil ingresso, em razão do cargo.

Vide: CP arts. 289, 291, 292, 327; Lei nº 7.209, art. 2º (cancela as referências a valores de multa na Parte Especial do CP).

290 CRIMES ASSIMILADOS AO DE MOEDA FALSA

290.1 Sujeitos do delito

O crime pode ser praticado por qualquer pessoa; se o agente for funcionário público, há aumento de pena.

Sujeito passivo é o Estado, já que se trata de crime contra a fé pública, e, eventualmente, o particular que sofre dano decorrente da conduta.

290.2 Tipo objetivo

O objeto material do crime previsto no art. 290 é a cédula, a nota ou o bilhete representativo de moeda. Não se inclui no dispositivo a moeda metálica.

A primeira conduta típica é a de formar cédula, nota ou bilhete com fragmentos verdadeiros, imprestáveis ou não, no que se diferencia do crime de moeda falsa (item 289.2), embora haja decisões em sentido contrário. Evidentemente, como em toda falsidade, exige-se a *imitatio veri*, constituindo a imitação grosseira, eventualmente, o meio para o estelionato.

A segunda conduta é a de suprimir sinal indicativo da inutilização da cédula (carimbos, picotes, riscos em cruz etc.), em papel-moeda ou bilhete já recolhido.

A terceira ação é a de restituir à circulação o papel-moeda nas condições já mencionadas, bem como aquele que, embora ainda não assinalado, foi recolhido para ser inutilizado.

Jurisprudência

• Aposição de fragmentos de cédula sobre outra: crime do art. 289 do CP

290.3 Tipo subjetivo

O dolo é a vontade de praticar qualquer das condutas incriminadas. Quando se trata de supressão de sinal indicativo de inutilização, exige-se a finalidade especial de restituir a moeda à circulação.

290.4 Consumação e tentativa

Consuma-se o crime na primeira ação incriminada com a simples formação do papel-moeda. Na segunda modalidade, a consumação ocorre com a supressão do sinal indicativo de inutilização e, na terceira, com a entrada da moeda em circulação.

Tratando-se de crime plurissubsistente, nas três modalidades, admite-se a possibilidade de tentativa.

290.5 Crime qualificado

Quando o agente é funcionário que trabalha na repartição onde o dinheiro se acha recolhido, ou nela tem fácil ingresso, em razão do cargo, há crime qualificado, com elevação da pena de reclusão para 12 anos. A referência à pena de multa no parágrafo único do art. 290 está prejudicada diante do art. 2º da Lei nº 7.209, que determinou o cancelamento de qualquer referência a valores de multa na Parte Especial do Código Penal.

Petrechos para falsificação de moeda

Art. 291. Fabricar, adquirir, fornecer, a título oneroso ou gratuito, possuir ou guardar maquinismo, aparelho, instrumento ou qualquer objeto especialmente destinado à falsificação de moeda:

Pena – reclusão, de 2 (dois) a 6 (seis) anos, e multa.

Vide: CF art. 109, IV; CP art. 289.

291 PETRECHOS PARA FALSIFICAÇÃO DE MOEDA

291.1 Sujeitos do delito

Qualquer pessoa pode cometer o crime previsto no art. 291, inclusive funcionário da instituição em que se imprime a moeda.

Sujeito passivo é o Estado, titular da fé pública posta em risco pela conduta.

291.2 Tipo objetivo

As condutas típicas são as de *fabricar* (produzir, construir, manufaturar, criar, montar), *adquirir* (obter de qualquer forma), *fornecer* (entregar, doar, vender, proporcionar), *possuir* (ter a propriedade ou posse material) e *guardar* (ter consigo, a sua disposição, conservar) o petrecho para falsificação da moeda. Este pode ser um maquinismo (conjunto de peças ou máquina), aparelho (conjunto de maquinismos, engenho, utensílio), instrumento (objeto simples que serve de agente mecânico para execução de qualquer trabalho), ou qualquer objeto especialmente, mas não exclusivamente, destinado à falsificação da moeda, como já se tem decidido, como de matrizes, placas, moldes, clichês, lâminas, fotografias, matéria-prima etc.

Jurisprudência

- Crime caracterizado
- Crime subsidiário: absorção pelo crime de moeda falsa
- Possibilidade de desclassificação do crime de moeda falsa para o do art. 291: *emendatio libelli*
- Posse de material destinado a falsificação: crime caracterizado
- Necessidade de destinação exclusiva

291.3 Tipo subjetivo

O dolo é a vontade de praticar uma das condutas incriminadas, tendo o agente consciência de que o objeto é destinado à falsificação da moeda.

291.4 Consumação e tentativa

Consuma-se o crime com as condutas de fabricação, fornecimento, posse ou guarda, sendo estas últimas hipóteses de crime permanente, que possibilitam a prisão em flagrante enquanto o agente conserva o petrecho consigo ou o tem a sua disposição.

A tentativa é possível em qualquer das condutas.

Jurisprudência

- Prisão em flagrante: crime permanente
- Possibilidade em tese de tentativa

291.5 Competência

Diante do interesse da União violado pela conduta, a competência para apreciar o fato é da Justiça Federal.

Jurisprudência

- Competência da Justiça Federal

Emissão de título ao portador sem permissão legal

> **Art. 292.** Emitir, sem permissão legal, nota, bilhete, ficha, vale ou título que contenha promessa de pagamento em dinheiro ao portador ou a que falte indicação do nome da pessoa a quem deva ser pago:
>
> Pena – detenção, de 1 (um) a 6 (seis) meses, ou multa.
>
> **Parágrafo único.** Quem recebe ou utiliza como dinheiro qualquer dos documentos referidos neste artigo incorre na pena de detenção, de 15 (quinze) dias a 3 (três) meses, ou multa.
>
> *Vide*: CP arts. 178, 297, § 2º; **Lei nº 7.492**, de 16-6-1986 (define os crimes contra o sistema financeiro nacional), art. 2º (define como crime imprimir, reproduzir ou, de qualquer modo, fabricar ou pôr em circulação, sem autorização escrita da sociedade emissora, certificado, cautela ou outro documento representativo de título ou valor mobiliário), art. 7º, I a IV (tipifica condutas relacionadas com a emissão, oferecimento ou negociação de títulos

ou valores mobiliários); **Decreto nº 2.044**, de 31-12-1908 (dispõe sobre a nota promissória).

292 EMISSÃO DE TÍTULO AO PORTADOR SEM PERMISSÃO LEGAL

292.1 Sujeitos do delito

Sujeito ativo do crime previsto no art. 292 é quem emite título ao portador, sem permissão legal. O subscritor, caso não seja o autor da emissão, é coautor do delito.

Sujeito passivo é o Estado, já que com a emissão ilegal se viola a fé pública. Pode haver sujeito passivo secundário quando alguém for lesado pela conduta.

292.2 Tipo objetivo

A conduta típica é emitir o título que, nos termos legais, é colocá-lo em circulação. O objeto material é qualquer dos títulos inscritos no tipo penal, desde que contenha promessa de pagamento em dinheiro, não o caracterizando aquele que tem valor para serviços, utilidades ou mercadorias. A emissão irregular de conhecimento de depósito ou *warrant* pode constituir outro crime (art. 178). Não configura o ilícito a emissão dos chamados vales íntimos, como os de vales de caixa. Para a caracterização do crime, é necessário que a emissão não tenha autorização legal, tratando o art. 291 de uma norma penal em branco.

Jurisprudência

- Crime não caracterizado
- Emissão de promissória ao portador: inexistência de crime

292.3 Tipo subjetivo

O dolo é a vontade de emitir o título, estando o agente ciente de que não há permissão para sua circulação. Não prevê a lei qualquer finalidade específica para a conduta típica.

292.4 Consumação e tentativa

Consuma-se o crime, que é formal, com a circulação do título, ou seja, sua transferência a qualquer pessoa.

A subscrição pode constituir-se, conforme as circunstâncias, em tentativa.

292.5 Aquisição ou uso de título não permitido

Incrimina a lei no parágrafo único do art. 292 a conduta do tomador do título, daquele que o recebe, ou utiliza, como dinheiro. O dolo só existe se tiver conhecimento da ilegalidade da emissão, podendo ocorrer, na dúvida, o dolo eventual.

292.6 Distinção

Como infrações penais especiais, a Lei nº 7.492, de 16-6-1986, prevê crimes contra o Sistema Financeiro Nacional (arts. 2º, 7º e 16).

CAPÍTULO II
DA FALSIDADE DE TÍTULOS E OUTROS PAPÉIS PÚBLICOS

Falsificação de papéis públicos

Art. 293.   Falsificar, fabricando-os ou alterando-os:

I – selo destinado a controle tributário, papel selado ou qualquer papel de emissão legal destinado à arrecadação de tributo;*

II – papel de crédito público que não seja moeda de curso legal;

III – vale postal;

IV – cautela de penhor, caderneta de depósito de caixa econômica ou de outro estabelecimento mantido por entidade de direito público;

V – talão, recibo, guia, alvará ou qualquer outro documento relativo a arrecadação de rendas públicas ou a depósito ou caução por que o poder público seja responsável;

VI – bilhete, passe ou conhecimento de empresa de transporte administrada pela União, por Estado ou por Município:

Pena – reclusão, de 2 (dois) a 8 (oito) anos, e multa.

§ 1º   Incorre na mesma pena quem:

I – usa, guarda, possui ou detém qualquer dos papéis falsificados a que se refere este artigo;

II – importa, exporta, adquire, vende, troca, cede, empresta, guarda, fornece ou restitui à circulação selo falsificado destinado a controle tributário;

III – importa, exporta, adquire, vende, expõe à venda, mantém em depósito, guarda, troca, cede, empresta, fornece, porta ou, de qualquer forma, utiliza em proveito próprio ou alheio, no exercício comercial ou industrial, produto ou mercadoria:

a)   em que tenha sido aplicado selo que se destine a controle tributário, falsificado;

b)   sem selo oficial, nos casos em que a legislação tributária determina a obrigatoriedade de sua aplicação.*

§ 2º   Suprimir, em qualquer desses papéis, quando legítimos, com o fim de torná-los novamente utilizáveis, carimbo ou sinal indicativo de sua inutilização:

Pena – reclusão, de 1 (um) a 4 (quatro) anos, e multa.

§ 3º   Incorre na mesma pena quem usa, depois de alterado, qualquer dos papéis a que se refere o parágrafo anterior.

§ 4º Quem usa ou restitui à circulação, embora recebido de boa-fé, qualquer dos papéis falsificados ou alterados, a que se referem este artigo e o seu § 2º, depois de conhecer a falsidade ou alteração, incorre na pena de detenção, de 6 (seis) meses a 2 (dois) anos, ou multa.

§ 5º Equipara-se a atividade comercial, para os fins do inciso III do § 1º, qualquer forma de comércio irregular ou clandestino, inclusive o exercido em vias, praças ou outros logradouros públicos e em residências.*

* Redação dada ao inciso I e ao § 1º e inclusão do § 5º pela Lei nº 11.035, de 22-12-2004.

Vide: CP arts. 294, 295, 297, 298, 303; **Lei nº 6.538**, de 22-6-1978 (dispõe sobre os serviços postais), art. 36 (derroga o art. 293, definindo o crime de falsificação de selo, fórmula de franqueamento ou vale-postal); parágrafo único (uso de selo, fórmula de franqueamento ou vale-postal falsificados); art. 37 (supressão de sinais de utilização); §§ 1º e 2º (formas assimiladas), art. 39 (reprodução e adulteração de peça filatélica), parágrafo único (fazer uso para fins de comércio de selo ou peça filatélica de valor para coleção, ilegalmente reproduzidos ou alterados); art. 47 (define selo, franqueamento postal e vale postal). Súmula: STJ 107.

293 FALSIFICAÇÃO DE PAPÉIS PÚBLICOS

293.1 Sujeitos do delito

Os crimes previstos no art. 293 e seus parágrafos podem ser praticados por qualquer pessoa. Se o crime for praticado por funcionário público, prevalecendo-se do cargo, aplica-se o art. 295. Nada impede a coautoria no crime.

Sujeito passivo é o Estado, uma vez que se trata de crime contra a fé pública. Pode haver sujeito passivo secundário se alguém for lesado pela conduta típica.

Jurisprudência

- Coautoria no crime de falsificação de papéis públicos

293.2 Tipo objetivo

A conduta típica prevista no *caput* do art. 293 é falsificar, por contrafação ou alteração, um dos papéis referidos no dispositivo. O objeto material do crime é, no inciso I, com a redação dada pela Lei nº 11.035, de 22-12-2004, o selo destinado a controle tributário, o papel selado, que é o estampado por meio de processos mecânicos, ou qualquer papel de emissão legal destinado à arrecadação de tributo. Na nova redação do dispositivo não há mais expressa referência ao *selo postal*, definido no art. 47 da Lei nº 6.538, de 22-6-78, e à *estampilha*, selo destinado a facilitar, assegurar e comprovar o pagamento de certos impostos ou taxas. Quanto ao selo postal, o artigo já havia sido derrogado pelo art. 36 da Lei nº 6.538, que redefiniu o crime de falsificação de selo, referindo-se também à franquia postal. A estampilha continua a ser protegida no dispositivo por se tratar de uma espécie de *selo de controle tributário*. A nova fórmula utilizada pelo legislador, bem como a referência a qualquer papel de emissão legal destinado à arrecadação de *tributo*, ampliaram a proteção que na lei anterior se restringia à arrecadação de imposto e taxa. No inciso II incrimina-se a conduta de falsificação de papel de crédito público (títulos da dívida pública, como apólices, debêntures, obrigações reajustáveis etc.). No inciso III, refere-se a lei ao vale-postal, mas também está revogado, constituindo o fato o crime previsto no art. 36 da Lei nº 6.538. No inciso IV, refere-se a lei à cautela de penhor, que é o recibo cuja apresentação e pagamento de quantia emprestada determinam a entrega da coisa apenhorada, e a caderneta de depósito de caixa econômica ou outro estabelecimento mantido por direito público, que inclui as cadernetas de poupança. No inciso V, são mencionados o talão (documento que se destaca do canhoto em carnê, bloco, livro etc.), recibo (comprovante de pagamento), guia (impresso para o pagamento de tributos, depósitos etc.), alvará (documento para levantamento de certa quantia pela União, Estado ou Município ou qualquer entidade do Poder Público). Por fim, no inciso VI, a lei refere-se a bilhete (papel adquirido para utilizar transporte), passe (documento obtido a título gratuito para transporte de pessoas) e conhecimento (papel referente ao transporte de coisas) de empresas de transporte administradas pela União, Estado ou Município. Quando o bem jurídico lesado é de interesse da União, a competência para o processo é da Justiça Federal.

A falsidade de qualquer dos papéis públicos, se grosseira, não constitui o crime por falta da *imitatio veri*, podendo constituir meio para o estelionato.

Tratando-se de crime que deixa vestígios, exige-se para sua comprovação o exame pericial.

Jurisprudência

- Falsificação de obrigações do Tesouro Nacional: crime caracterizado
- Falsificação de guia de recolhimento de impostos
- Alteração de guia para aquisição de estampilhas
- Falsificação de guia florestal: inexistência do crime
- Falsificação de formulário de retirada na Caixa Econômica
- Competência da Justiça Federal
- Competência da Justiça Estadual: crime cometido em prejuízo de particulares
- Falsificação grosseira: inexistência de crime
- Necessidade de exame pericial
- Necessidade de exame pericial – Contra

293.3 Tipo subjetivo

O dolo é vontade de fabricar ou alterar qualquer dos papéis públicos mencionados, falsificando-os. Não se exige qualquer finalidade especial.

Jurisprudência

- Exigência do dolo

293.4 Consumação e tentativa

Consuma-se o crime com a fabricação ou alteração, não se exigindo seu uso que, isoladamente, constitui o crime previsto no § 1º. Trata-se de crime formal, que independe de dano.

A tentativa é juridicamente possível.

Jurisprudência

- Consumação do crime

293.5 Crimes subsequentes à falsificação

No § 1º do art. 293, com a redação conferida pela Lei nº 11.035, de 22-12-2004, incriminam-se diversas condutas posteriores à falsificação do selo ou papéis referidos no dispositivo, que são punidas com as mesmas penas previstas para a falsificação. No inciso I tipificam-se o uso, a guarda, a posse e a detenção de qualquer dos papéis falsificados. Por deficiência da redação original do dispositivo que mencionava apenas o uso, as demais condutas eram atípicas. No inciso II descrevem-se a guarda do selo de controle tributário falsificado e comportamentos relacionados com a sua circulação: importação, exportação, aquisição, venda, troca, cessão, empréstimo, fornecimento ou restituição à circulação. No inciso III, alínea a, são incriminadas condutas praticadas no exercício de atividade comercial ou industrial que tenham como objeto produto ou mercadoria em que tenha sido aplicado o selo de controle tributário falsificado, punindo-se, assim, a sua guarda e depósito, diversas formas de sua circulação (importação, exportação, aquisição, venda, exposição à venda, troca, cessão, empréstimo, fornecimento) e qualquer forma de sua utilização em proveito próprio ou alheio. Nos termos do § 5º, também é considerada atividade comercial para os fins do inciso III o comércio irregular ou clandestino, inclusive o exercido em locais públicos ou em residências.

Jurisprudência

- Uso de papel público falsificado
- Posse de papel público falsificado: inexistência de crime
- Falsificação e uso: crime progressivo
- Falsificação e petrechos de falsificação: crime único
- Pena para o uso de papéis públicos falsificados

293.6 Comercialização de produto ou mercadoria sem selo oficial

No art. 293, § 1º, III, b, com a redação da Lei nº 11.035, de 22-12-2004, encontra-se figura típica que se distingue das anteriores por não se tratar de crime de falsificação ou que tenha como antecedente a falsificação de selo de controle tributário ou de um dos papéis referidos no artigo. Pune-se a utilização no exercício da atividade comercial ou industrial, pelas formas de conduta referidas no inciso III e no § 5º, de produto ou mercadoria que esteja destituída de selo nas hipóteses em que exigida a sua aplicação nos termos da legislação tributária.

293.7 Supressão de carimbo ou sinal de inutilização

A supressão de carimbo ou sinal indicativo da inutilização dos papéis públicos referidos no art. 293 constitui o crime previsto em seu § 2º. O dolo é a vontade de praticar tal conduta, mas exige o elemento subjetivo do tipo que é a finalidade de tornar o papel utilizável novamente. Consuma-se o crime com a supressão do carimbo ou sinal de modo que possa ser novamente utilizado, com idoneidade para iludir. É possível a tentativa.

Jurisprudência

- Inexistência do crime

293.8 Uso de papéis em que foi suprimido carimbo ou sinal

Também é fato típico, conforme o § 3º do art. 293, a conduta de fazer uso, depois de alterado do papel público, não prevendo a lei os comportamentos de guardar, possuir ou ter a sua disposição o papel em que foi suprimido o carimbo ou sinal. A consumação ocorre com o uso do papel em que foi suprimido o carimbo ou sinal. O dolo é a vontade de utilizar o papel, ciente o agente de que foi suprimido o carimbo ou o sinal. Há crime especial no uso, venda, fornecimento e guarda do selo ou vale postal em que foi suprimido o carimbo ou sinal (art. 37, § 1º, da Lei nº 6.538/78).

Jurisprudência

- Crime continuado

293.9 Circulação de papel público falsificado recebido de boa-fé

Também é incriminada, como forma privilegiada, a conduta de usar ou restituir à circulação daquele que recebeu o papel de boa-fé (art. 293, § 4º). Tratando-se de selo ou vale postal, entretanto, o crime é o previsto no art. 37, § 2º, da Lei nº 6.538/78.

293.10 Concurso de crimes

Caso o próprio falsário faça uso do papel público falsificado com o fim de obter vantagem patrimonial, constitui o fato crime único. Caso seja usado o papel para obtenção de vantagem indevida, o crime de falso é absorvido pelo peculato. Pode haver concurso material com outros delitos, como de apropriação indébita, descaminho ou assimilado (art. 334, § 1º, IV, *in fine*), contrabando etc.

Jurisprudência

- Concurso material com apropriação indébita
- Concurso formal com apropriação indébita
- Falsidade absorvida pelo peculato

Petrechos de falsificação

> Art. 294. Fabricar, adquirir, fornecer, possuir ou guardar objeto especialmente destinado à falsificação de qualquer dos papéis referidos no artigo anterior:
>
> Pena – reclusão, de 1 (um) a 3 (três) anos, e multa.

Vide: CP arts. 291, 293, 295; Lei nº **6.538**, de 22-6-1978 (dispõe sobre os serviços postais), art. 38 (define o crime de petrechos de falsificação de selo, fórmula de franqueamento ou vale-postal).

294 PETRECHOS DE FALSIFICAÇÃO

294.1 Sujeitos do delito

Qualquer pessoa pode praticar o crime previsto no art. 294 do CP. Se for funcionário público que se prevalece do cargo, há aumento de pena, nos termos do art. 295.

Sujeito passivo é o Estado, colocado em risco pela conduta típica.

294.2 Tipo objetivo

As condutas típicas do crime são idênticas às previstas no art. 291 (item 291.2). Quanto ao objeto material, porém, refere-se a lei apenas a objeto, termo abrangente que dispensa a designação casuística utilizada no art. 291 e que abrange máquinas, prelos, matrizes, carimbos, modelos etc. É indispensável que os objetos sejam idôneos a lesar a fé pública, destinando-se especialmente à falsificação, ainda que como parte de um mecanismo. Não se exige que o objeto seja suficiente, *per se*, para a falsificação. Os papéis a que se refere a lei são os mencionados no art. 293 e não outros. Havendo falsificação pelo mesmo agente, o crime previsto no art. 294 é absorvido.

Jurisprudência

- Carimbos de uso exclusivo de posto fiscal: crime caracterizado
- Fotolitos e chapas destinados à falsificação: crime caracterizado
- Material destinado à falsificação: crime caracterizado
- Material inócuo: inexistência de crime
- Absorção do crime pela falsificação
- Absorção do crime pela sonegação fiscal
- Absorção do crime pelo estelionato
- Inexistência de crime

294.3 Tipo subjetivo

O dolo é a vontade de praticar uma das condutas típicas, estando ciente o agente que se trata de objeto destinado à falsificação dos papéis públicos referidos no art. 293.

Jurisprudência

- Existência do dolo

294.4 Consumação e tentativa

Consuma-se o crime com a prática da ação, independentemente de qualquer outro resultado. A posse e a guarda do objeto é crime permanente, permitindo a prisão em flagrante do agente enquanto o conserva a sua disposição. É possível a tentativa em algumas das condutas típicas (fabricar, adquirir, fornecer).

Jurisprudência

- Existência de meros atos preparatórios

294.5 Distinção

Fabricar, adquirir, fornecer, ainda que gratuitamente, possuir, guardar, ou colocar em circulação objeto especialmente destinado à falsificação de selo, outra fórmula de franqueamento, ou vale-postal é crime previsto no art. 38 da Lei nº 6.538, de 22-6-1978.

Art. 295. Se o agente é funcionário público, e comete o crime prevalecendo-se do cargo, aumenta-se a pena de sexta parte.

Vide: CP arts. 293, 294, 327.

295 CRIMES QUALIFICADOS

295.1 Crimes praticados por funcionário

Prevê o art. 295 um aumento de pena da sexta parte se o agente é funcionário público e comete um dos crimes tipificados no Capítulo II, do Título X, da Parte Especial do CP prevalecendo-se do cargo. Não basta, assim, a qualidade do cargo do funcionário público, cujo conceito está no art. 327, e que se tenha favorecido da situação que ocupa na administração pública para executá-lo.

CAPÍTULO III
DA FALSIDADE DOCUMENTAL

Falsificação do selo ou sinal público

Art. 296. Falsificar, fabricando-os ou alterando-os:

I – selo público destinado a autenticar atos oficiais da União, de Estado ou de Município;

II – selo ou sinal atribuído por lei a entidade de direito público, ou a autoridade, ou sinal público de tabelião:

Pena – reclusão, de 2 (dois) a 6 (seis) anos, e multa.

§ 1º Incorre nas mesmas penas:

I – quem faz uso do selo ou sinal falsificado;

II – quem utiliza indevidamente o selo ou sinal verdadeiro em prejuízo de outrem ou em proveito próprio ou alheio;

III – quem altera, falsifica ou faz uso indevido de marcas, logotipos, siglas ou quaisquer outros símbolos utilizados ou identificadores de órgãos ou entidades da Administração Pública.*

§ 2º Se o agente é funcionário público, e comete o crime prevalecendo-se do cargo, aumenta-se a pena de sexta parte.

* Inciso III acrescentado pela Lei nº 9.983, de 14-7-2000.

Vide: CP arts. 293, 297, 306, 327; **Lei nº 5.700**, de 1º-9-1971 (dispõe sobre a forma e apresentação dos símbolos nacionais), arts. 9º e 27 (dispõem sobre o selo nacional); **Lei nº 9.279**, de 14-5-1996, art. 191 (tipifica a reprodução ou imitação e o uso com fins econômicos de armas, brasões ou distintivos oficiais, nacionais ou estrangeiros ou internacionais em marca, título de estabelecimento, nome comercial, insígnia ou sinal de propaganda), art. 199 (prevê a ação penal pública para o crime do art. 191); **Lei nº 11.668**, de 2-5-2008 (dispõe sobre o exercício da atividade de franquia postal).

296 FALSIFICAÇÃO DO SELO OU SINAL PÚBLICO

296.1 Sujeitos do delito

Sujeito ativo do crime previsto no art. 296 é qualquer pessoa que pratique a conduta típica.

Sujeito passivo é o Estado, titular da fé pública lesada com a falsificação de selo ou sinal destinado a autenticar atos oficiais ou atribuídos por lei a pessoas jurídicas de direito público.

296.2   Tipo objetivo

A conduta típica é falsificar por meio de fabricação ou alteração, como em vários delitos previstos em artigos antecedentes. Como primeiro objeto material está o selo destinado a autenticar atos oficiais da União, Estado ou Município, que é o sinete com armas ou emblemas dessas pessoas jurídicas de Direito Público destinado a autenticar atos que lhes são próprios. Sua finalidade é autenticar documentos oficiais. Quando se trata de crime praticado em detrimento dos serviços da União, a competência para processar e julgar é da Justiça Federal.

É também prevista a falsificação de selo ou sinal atribuído por lei a entidade de direito público, abrangendo organizações autárquicas e paraestatais, ou a autoridade, ou sinal público de tabelião, que é uma espécie de distintivo da individualidade funcional.

Como em qualquer crime de falsificação, é indispensável que a imitação possa induzir em erro indeterminado número de pessoas. Na ausência de *imitatio veri*, a falsificação grosseira pode ser meio para outro crime (peculato, estelionato etc.).

Jurisprudência

- Estampilhas para recolhimento de taxa estadual: inexistência do crime
- Selo comum ou selo postal: inexistência do crime
- Competência da Justiça Federal
- Carimbo para reconhecimento de firma: inexistência do crime
- Carimbo comum: inexistência de crime
- Fornecimento de cópias em branco com firma de escrevente: inexistência de crime

296.3   Tipo subjetivo

O dolo é a vontade de falsificar, fabricando ou alterando o selo ou sinal, ciente o agente que é ele destinado à autenticação de documentos oficiais. Não prevê a lei qualquer finalidade específica da conduta.

296.4   Consumação e tentativa

Consuma-se o crime com a formação ou alteração do selo ou sinal, independentemente de qualquer resultado lesivo.

É possível a tentativa, quando iniciada a execução do fabrico ou alteração.

Jurisprudência

- Atos preparatórios: inexistência de tentativa

296.5   Uso de selo ou sinal falsificado

As mesmas penas previstas para a falsificação são aplicadas a quem faz uso, ou seja, utiliza, aproveita o selo ou sinal falsificado. Não estão tipificadas as condutas de guardar, ter a posse ou a detenção do produto da falsificação. Quando o próprio falsificador usa o selo ou sinal, há crime único. O dolo é a vontade de praticar a conduta típica (fazer uso). A consumação ocorre com a conduta, independentemente de resultado danoso concreto. Há dúvidas quanto à possibilidade de tentativa.

Jurisprudência

- Aposição de placas falsas: inexistência do crime
- Dolo do crime
- Inexigência de prejuízo a terceiro

296.6 Uso indevido de selo ou sinal verdadeiro

Também é incriminada a conduta de quem utiliza indevidamente o selo ou sinal verdadeiro. O objeto material do delito, portanto, não é mais o selo ou sinal falsificado, mas o legítimo. Para a caracterização do crime é necessário que o uso seja indevido e que haja prejuízo para outrem e proveito próprio ou alheio.

O dolo é a vontade de utilizar o selo ou sinal verdadeiro, estando o agente ciente de que o faz indevidamente. A consumação ocorre com o uso, desde que cause prejuízo a outrem e proveito próprio ou alheio.

Jurisprudência

- Uso de sinal ou brasão próprio da União ou do Estado: crime caracterizado
- Uso indevido de selo ou sinal público verdadeiro: crime não caracterizado
- Distinção com o crime de sonegação fiscal

296.7 Alteração, falsificação ou uso indevido de marcas, logotipos, siglas ou símbolos da Administração Pública

O inciso III do art. 296, inserido pela Lei nº 9.983, de 14-7-2000, incrimina as condutas de alteração, falsificação ou uso indevido de marcas, logotipos, siglas ou quaisquer outros símbolos utilizados ou identificadores de órgãos ou entidades da Administração Pública. As condutas de falsificação, alteração e uso já foram examinadas (itens 296.2, 296.5 e 296.6).

O objeto material é marca, logotipo, sigla ou qualquer outro símbolo utilizado ou que identifica órgão ou entidade da Administração Pública, seja da União, do Estado ou do Município. São eles sinais de autenticidade, fiscalização, aprovação, identificação etc., utilizados ou apostos em papéis, objetos, imóveis, mercadorias e coisas por agentes da Administração Pública. A consumação e a tentativa do delito não diferem daquelas nos crimes já examinados.

Jurisprudência

- Consumação do delito com o uso indevido

296.8 Crime praticado por funcionário

Caso o crime de falsificação ou uso seja praticado por funcionário público que se prevalece do cargo que ocupa, a pena é aumentada de um sexto.

Falsificação de documento público

Art. 297. Falsificar, no todo ou em parte, documento público, ou alterar documento público verdadeiro:
Pena – reclusão, de 2 (dois) a 6 (seis) anos, e multa.

§ 1º   Se o agente é funcionário público, e comete o crime prevalecendo-se do cargo, aumenta-se a pena de sexta parte.

§ 2º   Para os efeitos penais, equiparam-se a documento público o emanado de entidade paraestatal, o título ao portador ou transmissível por endosso, as ações de sociedade comercial, os livros mercantis e o testamento particular.

§ 3º   Nas mesmas penas incorre quem insere ou faz inserir:

I – na folha de pagamento ou em documento de informações que seja destinado a fazer prova perante a previdência social, pessoa que não possua a qualidade de segurado obrigatório;

II – na Carteira de Trabalho e Previdência Social do empregado ou em documento que deva produzir efeito perante a previdência social, declaração falsa ou diversa da que deveria ter sido escrita;

III – em documento contábil ou em qualquer outro documento relacionado com as obrigações da empresa perante a previdência social, declaração falsa ou diversa da que deveria ter constado.*

§ 4º   Nas mesmas penas incorre quem omite, nos documentos mencionados no § 3º, nome do segurado e seus dados pessoais, a remuneração, a vigência do contrato de trabalho ou de prestação de serviços.*

* Parágrafos inseridos pela Lei nº 9.983, de 14-7-2000.

Vide: **CP** arts. 168-A, 299, 301, § 1º, 304 a 307, 311, 327, 337-A; **CPP** arts. 158, 174, 232, 564, III, *b*; **CC** arts. 1.088 a 1.090, 1.876 a 1.880; **Lei nº 6.404**, de 15-12-1976 (dispõe sobre as sociedades anônimas e as sociedades em comandita por ações); **Lei nº 7.492**, de 16-6-1986 (define os crimes contra o sistema financeiro nacional), art. 7º, I (tipifica a conduta de emitir, oferecer ou negociar, de qualquer modo, títulos ou valores mobiliários falsos ou falsificados); **Lei nº 8.137**, de 27-12-1990 (define crimes contra a ordem tributária), art. 1º (suprimir ou reduzir tributo, contribuição social ou acessório), III (mediante a falsificação ou alteração de nota fiscal, fatura, duplicata, nota de venda, ou qualquer outro documento relativo à operação tributável); IV (mediante a conduta de elaborar, distribuir, fornecer, emitir ou utilizar documento que saiba ou deva saber falso ou inexato); **Lei nº 8.159**, de 8-1-1991 (dispõe sobre a política nacional de arquivos públicos e privados); **Lei nº 11.101**, de 9-2-2005 – Lei de Falências, art. 168, § 1º (falsidade da escrituração contábil ou balanço como causa de aumento de pena do crime de fraude a credores); **Lei nº 12.527**, de 18-11-2011 (regulamenta o art. 5º, XXXIII, da Constituição Federal, dispondo sobre o acesso a informações sigilosas); **Decreto-lei nº 200**, de 25-2-1967 (alterado pelo Decreto-lei nº 900, de 29-9-1969), art. 5º (define entidades paraestatais). Súmulas: **Vinculante** 36, **STJ** 17, 62, 104, 546.

297 FALSIFICAÇÃO DE DOCUMENTO PÚBLICO

297.1 Sujeitos do delito

Sujeito ativo do crime é qualquer pessoa que praticar a conduta. Tratando-se de funcionário público a pena é aumentada de um sexto (item 297.6). Nada impede a coautoria ou participação criminal.

Sujeito passivo é o Estado, violado na fé pública, e, de maneira secundária, a pessoa física ou jurídica lesada com a falsificação, embora já se o tenha considerado mero prejudicado. Caso a falsificação venha a atingir bens, serviços ou interesses da União, a competência para a ação penal é da Justiça Federal.

Jurisprudência

- Coautoria no crime de falsidade documental
- Participação no crime de falsificação documental
- Inexistência de obediência à ordem hierárquica
- Particular como mero prejudicado
- Documento público sem prejuízo da União
- Documento público em detrimento de serviços e interesses da União

297.2 Conceito de documento público

O conceito de documento, na lei penal, é o restrito: toda peça escrita que condensa graficamente o pensamento de alguém, podendo provar um fato ou a realização de algum ato dotado de significação ou relevância jurídica. Na lei processual penal, documentos são "quaisquer escritos, instrumentos ou papéis, públicos ou particulares" (art. 232 do CPP). O escrito deve ser feito sobre coisa móvel, que possa ser transportada, e não em imóveis (paredes, muros, lápides, árvores, monumentos etc.).

Documento público, para os efeitos penais, é o documento expedido na forma prescrita em lei, por funcionário público, no exercício de suas atribuições. São documentos públicos as cópias autênticas, traslados, certidões, fotocópias e xerocópias, desde que autenticadas ou conferidas com os documentos originais.

Ao documento público a lei equipara certos documentos particulares que, por sua relevância nas relações entre as pessoas ou entre estas e o Estado, exigem maior proteção. São os provenientes de entidades parestatais (empresas públicas, sociedades de economia mista, fundações instituídas pelo Poder Público e os serviços sociais autônomos); os títulos ao portador ou transmissíveis por endosso (cheque, letra de câmbio, nota promissória, *warrant*, conhecimento de depósito, duplicata etc.); as ações de sociedade comercial (sociedade anônima e sociedade em comandita por ações); os livros mercantis (escrituração do estabelecimento, obrigatórios ou facultativos); e o testamento particular, ou hológrafo.

Em algumas decisões dos tribunais, o conceito de documento tem sido ampliado para abranger outras formas de registro, mecânicas ou eletrônicas, de fatos ou coisas que destes também podem fazer prova, como as reproduções fotográficas, cinematográficas e fonográficas, expressamente mencionadas no art. 225 do Código Civil. Já decidiu, por exemplo, o STF que fitas contendo gravações oriundas de interceptação telefônica judicialmente autorizada constituem documentos para a tipificação do crime descrito no art. 314 do CP (item 314.2). De acordo com a mesma orientação, o processo eletrônico, instituído pela Lei nº 11.410/2006, seria, também, exemplo de documento público. Embora admissível, em princípio, a interpretação progressiva no Direito Penal, inclusive em face das transformações técnicas e científicas, a lei, e mesmo a lei civil, persiste em distinguir o "documento", como registro gráfico do pensamento de alguém, de seus próprios traslados, cópias e outras formas de reprodução, bem como dos registros de imagens, cenas e sons por diferentes meios técnicos (fotografias, filmes, registros fonográficas etc.), dispondo, particularizadamente, sobre a sua validade como meio de prova, ainda que, por vezes, para lhes conferir idêntica força probante.

O Código de Processo Civil estabelece uma presunção de autenticidade à cópia ou a qualquer forma de reprodução ao lhe reconhecer aptidão para fazer prova se a sua conformidade com o documento original não for impugnada por aquele contra quem foi produzida (art. 422).

Jurisprudência

- Conceito de documento público
- Convite impresso sem assinatura: inexistência de falsidade
- Jornal oficial: inexistência de falsidade
- Falsificação de passaportes
- Falsificação de visto em passaporte autêntico: crime não caracterizado
- Papéis escritos a lápis: inexistência de documento público
- Livro mercantil: equiparação a documento público
- Cheque rejeitado pelo estabelecimento bancário: inexistência de equiparação
- Nota promissória vencida: inexistência de equiparação
- Atestado médico em impresso oficial: inexistência de documento público
- Falsificação de diploma: falsidade de documento público
- Documento particular destinado à Administração
- Contrato social falsificado levado a registro: falsificação de documento particular
- Reprodução não autenticada: inexistência de crime

297.3 Tipo objetivo

Duas são as formas de condutas inscritas no tipo do art. 297. A primeira delas é a de *falsificar*, que significa criar materialmente, fabricar, formar, contrafazer o documento, ou integralmente ou acrescentando algo a um escrito inserindo dizeres em espaço em branco. A segunda ação é de *alterar* o documento verdadeiro, excluindo termos, acrescentando dizeres, substituindo palavras etc. É indiferente que a falsificação se dê em todo papel ou parte deste, uma ou todas as vias que formam o documento. Constitui o crime o preenchimento ilícito de papel assinado em branco; cria-se, com a conduta, um documento falso. Tem-se considerado como crime de falsidade a substituição de fotografia em documento de identidade, pois constitui ela parte juridicamente relevante do documento, havendo alteração de seus efeitos na vida social. Há, porém, decisões em sentido contrário, caracterizando o fato como crime de falsa identidade, o que nos parece mais coerente com o conceito legal de documento.

Para os fins penais, para que ocorra o crime de *falsum* é necessária a relevância jurídica do escrito, ou seja, que a expressão do pensamento nele contido tenha possibilidade de gerar consequências no plano jurídico, seja ela material ou moral. É indispensável que seja apto para fundar ou amparar pretensão jurídica ou provar fato juridicamente relevante. Em consequência, a falsidade documental não existe sem ao menos a possibilidade de dano, de prejuízo para terceiro. Falsidade inócua, sem qualquer repercussão na órbita dos direitos ou obrigações de quem quer que seja, não constitui ilícito penal.

Por fim, é indispensável que haja a imitação da verdade (*imitatio veri*), que a falsidade seja idônea para iludir um número indeterminado de pessoas. Deve ele apresentar-se com aparência de verdadeiro. Segundo a jurisprudência, não se exige a *imitatio veri* quando a falsificação é efetuada em título de crédito de forma que não seja percebida pelo ofendido ou terceiro. Não há crime de falsidade, porém, se o documento não pode enganar, não tem capacidade de, por si mesmo, iludir o *homo medius*. Não se exige, todavia, que a falsidade seja perfeita, bastando uma razoável imitação de documento verdadeiro, idôneo para enganar a maioria das pessoas.

Por essa razão, a falsificação grosseira, reconhecida facilmente, perceptível *icti oculi*, que se faz sentir desde logo que o agente não teve cuidado de imitar a verdade, não configura o crime de *falsum*. Contudo, tanto a falsificação grosseira como aquela em que não há intenção de imitar o documento verdadeiro podem servir de meio para a prática de outro delito, como o estelionato, o peculato etc. Mas já se tem decidido que o crime não se desnatura se, embora grosseira a falsidade, em tese, tenha ela atingido o fim a que se destinava.

A falsidade material, como crime que deixa vestígios, deve ser demonstrada por meio do competente exame de corpo de delito, configurando sua falta nulidade absoluta (art. 564, III, *b*, do CPP). Somente quando a perícia for impossível, por qualquer razão, a prova da materialidade do crime pode ser suprida por testemunhos ou outras provas.

Jurisprudência

- Diploma de curso superior emitido por instituição privada: crime caracterizado
- Duplicata de ofícios liberatórios do FGTS: crime caracterizado
- Documento juridicamente inócuo: inexistência de crime
- Preenchimento ilícito de cheque em branco: crime caracterizado
- Preenchimento ilícito de promissória em branco: crime caracterizado
- Preenchimento ilícito de promissória em branco: crime caracterizado – Contra
- Substituição de fotografia: crime de falsidade documental
- Substituição de fotografia: crime de falsidade documental – Contra
- Assinatura do próprio nome: inexistência de crime
- Aposição de rubrica: inexistência de crime
- Aposição de impressão digital e assinatura em documento falso: caracterização do crime
- Inexistência de relevância jurídica: crime não caracterizado
- Potencialidade de dano: crime caracterizado
- Potencialidade de dano moral: crime caracterizado
- Inexistência de dano potencial: crime não caracterizado
- Princípio da insignificância no crime de falsidade
- Exigência da *imitatio veri*
- Inexistência de imitação do documento real
- Inexigência da *imitatio veri* em falsificação de título de crédito
- Falsificação imperfeita: existência do crime
- Conceito de falsificação grosseira
- Falsificação grosseira: inexistência do crime de falsidade documental
- Falsificação perceptível: inexistência de crime
- Falsificação eficaz: existência de crime
- Falsificação grosseira: meio para o crime de estelionato
- Falta de imitação do documento verdadeiro: meio para o crime de estelionato
- Exigência de exame de corpo de delito
- Falta do exame pericial: causa de absolvição
- Falta de exame pericial suprida por outras provas
- Falta de exame pericial com corpo de delito nos autos
- Falta de perícia pelo desaparecimento de vestígios
- Falta de exame de corpo de delito: possibilidade de denúncia

- Falta de exame de corpo de delito: possibilidade de denúncia – Contra
- Potencialidade de dano: crime caracterizado
- Falta do exame pericial: causa de nulidade absoluta
- Falta de exame pericial causada pelo acusado: inexistência de nulidade

297.4 Tipo subjetivo

O dolo do crime de falsificação de documento público é a vontade de falsificar ou alterá-lo, ciente o agente que o faz ilicitamente. Pouco importa supor o agente que se trata de documento particular. Deve o dolo abranger, porém, a nocividade da falsificação, estando o agente consciente da possibilidade de haver prejuízo para outrem. Não há necessidade, porém, de que tenha o intuito de prejudicar.

Jurisprudência

- Dolo genérico no crime de falsificação de documento público

297.5 Consumação e tentativa

Consuma-se o crime com a falsificação ou alteração, independentemente do uso ou qualquer consequência posterior, nem mesmo a saída da esfera individual do agente, pois já passou a existir o dano potencial. Essa posição, entretanto, não é tranquila, tendo-se reiteradamente afirmado que o crime só existe quando se faz dele o uso, surgindo o dano ou prejuízo potencial.

Praticamente pacífico, de qualquer forma que, tratando-se de crime contra a fé pública, não é necessário que o fato criminoso cause prejuízo efetivo para terceiro.

Tratando-se de crime plurissubsistente, é teoricamente possível a ocorrência de tentativa, quando, iniciada a falsificação ou alteração, não chegou ela a se concretizar, por circunstâncias alheias à vontade do agente.

Jurisprudência

- Consumação com o uso e dano potencial
- Consumação com a falsificação e dano moral
- Inexistência de situação de flagrância
- Irrelevância da inexistência de dano efetivo
- Irrelevância da reparação do prejuízo
- Inexistência de dano real ou potencial
- Possibilidade de tentativa da falsidade documental
- Falsificação incompleta: inexistência de tentativa
- Atos preparatórios: inexistência de tentativa
- Consumação com a falsificação e dano potencial
- Falsificação e guarda: crime não caracterizado

297.6 Crime praticado por funcionário público

Há crime agravado quando o agente é funcionário público e comete o crime prevalecendo-se do cargo. Indispensável, no caso, que a ação delituosa seja praticada em face das facilidades proporcionadas ao funcionário pelo desempenho do ofício público.

Jurisprudência

- Exigência de prevalecimento da função
- Crime qualificado praticado por tabelião

297.7 Falsidade contra a Previdência Social

Por força do art. 2º da Lei nº 9.983, de 14-7-2000, foi inserido o § 3º no art. 297, para incriminar condutas de falsidade ideológica em documentos e papéis relacionados com a Previdência Social, cominando nesses tipos especiais as penas do crime de falsificação de documento público. O referido parágrafo e seus incisos substituem o art. 95, alíneas *g*, *h* e *i*, da Lei nº 8.212, de 24-7-1991, revogadas pela referida lei.

Pelo inciso I, comete crime quem insere ou faz inserir na folha de pagamento, ou em documento de informações que seja destinado a fazer prova perante a Previdência Social, pessoa que não possua a qualidade de segurado obrigatório. Trata-se de evitar que não seja quinhoado com os benefícios restritos ao segurado obrigatório aquele que não o é. São objetos materiais do crime a folha de pagamento ou qualquer documento de informações, desde que destinados a fazer prova perante a Previdência Social.

Pelo inciso II, pratica o delito quem insere ou faz inserir na Carteira de Trabalho e Previdência Social do empregado ou em documento que deva produzir efeito perante a previdência social declaração falsa ou diversa daquela que deveria ter constado. O sujeito ativo pode ser o proprietário da carteira ou terceiro. O objeto material desse crime de falsidade ideológica é também qualquer documento destinado a produzir efeito perante a administração previdenciária.

Pelo inciso III, incrimina-se a conduta de quem insere ou faz inserir em documento contábil ou qualquer outro documento relacionado com as obrigações da empresa perante a Previdência Social declaração falsa ou diversa da que deveria ter constado. O objeto material em que se assenta a falsidade ideológica é o documento referente à contabilidade da empresa ou qualquer outro. É necessário que esteja ele relacionado com as obrigações da empresa perante a Previdência Social para que se caracterize o crime.

Tratam os incisos de crimes formais, que se consumam com a falsa inserção, pouco importando, pois, a ausência de prejuízo efetivo à Previdência Social ou ao segurado.

297.8 Omissão de dados em documentos relacionados à Previdência Social

Também pela Lei nº 9.983, de 14-7-2000, foi acrescentado o § 4º ao art. 297, para incriminar a conduta de quem omite, nos documentos mencionados no § 3º, nome do segurado e seus dados pessoais, a remuneração, a vigência do contrato de trabalho ou de prestação de serviços, sujeitando o agente às mesmas penas das falsidades anteriores. Trata-se, também, de falsidade ideológica por omissão, que tem como objeto material folha de pagamento, documento de informações para fazer prova perante a Previdência Social, Carteira de Trabalho e Previdência Social, documento que deva produzir efeito perante a previdência social, documento contábil ou qualquer outro relacionado com as obrigações e direitos da empresa perante a Previdência Social.

Evidentemente, exige-se na conduta o dolo, não se caracterizando o ilícito quando se tratar de irregularidade culposa ou que não possa causar qualquer dano. Trata-se, porém, de crime formal, sendo indiferente tenha ou não causado efetivo prejuízo ao segurado ou à Previdência Social.

297.9 Distinção e competência

Enquanto o crime de falsidade material diz respeito à forma, a falsidade ideológica refere-se ao conteúdo. Naquele existe uma alteração, é forjado ou criado documento falso no todo ou em parte.

Dependendo da espécie do objeto material, a falsificação pode constituir outro crime, tais como os previstos nos arts. 301 do CP, 311 do CPM etc.

Ainda que o documento público seja de caráter federal, a competência para a apuração do crime é da Justiça estadual quando o sujeito passivo é particular e não a União. Segundo a Súmula 62 do STJ, "compete à Justiça Estadual processar e julgar o crime de falsa anotação na Carteira de Trabalho e Previdência Social atribuído à empresa privada". Tratando-se, porém, de falsificação de Caderneta de Inscrição e Registro (CIR) ou de Carteira de Habilitação de Amador (CHA) imputada a civil, a competência é da Justiça Federal, por força da Súmula Vinculante 36.

Jurisprudência

- Distinção com falsidade ideológica
- Falsificação de documento militar: crime comum
- Falsificação de carteira de trabalho: competência da Justiça Estadual
- Distinção com o crime de falsa identidade
- Distinção com o crime de falsidade material de atestado ou certidão
- Falsificação de documento público e não estelionato

297.10 Concurso de crimes

Praticando o mesmo agente a falsidade e o uso do documento falso, deve responder por crime único. Enquanto para parte da jurisprudência inclina-se para a punição pelo crime-fim, o uso, outra prefere a condenação pelo crime de falsidade documental.

Várias alterações em um mesmo documento ou efetuadas em várias vias ou ainda no mesmo contexto e para um mesmo fim constituem crime único e não concurso de delitos. Entretanto, várias falsificações distintas podem configurar o crime continuado, se presentes os requisitos do art. 71, *caput*, ou concurso material em caso contrário. Não existe a já aventada possibilidade de continuidade delitiva entre crimes de falso e delitos contra o patrimônio, que, evidentemente, não são da mesma espécie, como se exige no citado dispositivo.

O documento falso é muito utilizado para a prática do crime de estelionato, divergindo a doutrina e a jurisprudência a respeito da existência de concurso de crimes ou de absorção pelo crime-fim. Predomina nos pretórios o entendimento de que só deve ser punido o crime-fim, ao menos quando o falso, criado para finalidade específica, se exaure no estelionato, sem mais potencialidade lesiva. É a posição do Superior Tribunal de Justiça. Há opiniões, contudo, pregando a punição pelo crime de falsidade ou de uso de documento falso, que constitui crime mais grave do que o estelionato, não podendo ser por ele absorvido. Foi, durante algum tempo, a posição tomada pelo Tribunal de Justiça de São Paulo. Existe também a corrente que prega haver entre falso, ou seu uso, e estelionato um concurso formal, orientação seguida pelo Supremo Tribunal Federal. Em uma última posição, defende-se a existência de concurso material entre a falsidade documental e o estelionato. Mais correta, para nós, é a tese de concurso formal porque, com uma só ação (falsificação e uso), o agente comete dois crimes, lesando bens jurídicos diversos (fé pública e patrimônio), sendo por vezes a falsidade mais grave do que o estelionato, o que torna inaceitável a absorção daquela por este.

Tem-se entendido também, por vezes, que não é punido o crime de falso se o agente visa apenas encobrir delito anteriormente praticado. Mas no caso vislumbra-se autonomia de delitos, em concurso material, por serem diversos os bens jurídicos atingidos e seus titulares.

Jurisprudência

- Falsificação e uso de documento falso: crime único de uso
- Falsificação e uso de documento falso: concurso material
- Várias falsificações no mesmo contexto: crime único
- Absorção do crime-meio pelo de falsificação de documento
- Falsificação de várias guias: crime único
- Crime continuado e não concurso material
- Inexistência de crime continuado entre falso e peculato
- Crime continuado reconhecido
- Inexistência de crime continuado entre falsificação de documento público e de documento particular
- Crime continuado entre falsificação de documento público e falsidade ideológica
- Absorção da falsidade material pelo estelionato
- Absorção do estelionato pela falsidade
- Concurso formal entre falso e estelionato
- Concurso material de estelionato e falsidade
- Absorção da falsidade material pelo peculato
- Absorção da falsificação pelos crimes contra a ordem econômica e de sonegação de contribuição previdenciária
- Não absorção da falsidade material pelo crime tributário
- Absorção do crime de receptação
- Falsidade como exaurimento do estelionato
- Absorção de contravenção
- Furto de automóvel e falsificação para a venda do veículo: concurso de crimes
- Furto de automóvel e falsificação para a venda do veículo: concurso de crimes – Contra
- Falsificação e uso de documento falso: crime único de falsificação
- Concurso material de crimes
- Concurso material de crimes – Contra

Falsificação de documento particular

Art. 298. Falsificar, no todo ou em parte, documento particular ou alterar documento particular verdadeiro:

Pena – reclusão, de 1 (um) a 5 (cinco) anos, e multa.

Falsificação de cartão

Parágrafo único. Para fins do disposto no *caput,* equipara-se a documento particular o cartão de crédito ou débito.*

* *Nomen iuris* e parágrafo único inserido pela Lei nº 12.737, de 30-11-2012.

Vide: **CP** arts. 171, 297, § 2º, 299, 301, § 1º, 304, 305; **CPP** arts. 158, 174, 232, 564, III, *b*; **Lei** nº **8.137**, de 27-12-1990 (define crimes contra a ordem tributária), art. 1º (suprimir ou reduzir tributo, contribuição social ou acessório), III (mediante a falsificação ou alteração de nota fiscal, fatura, duplicata, nota de venda, ou qualquer outro documento relativo à operação tributável); IV (mediante a conduta de elaborar, distribuir, fornecer, emitir ou utilizar documento que saiba ou deva saber falso ou inexato). Súmulas: **STJ** 17, 104.

298 FALSIFICAÇÃO DE DOCUMENTO PARTICULAR

298.1 Sujeitos do delito

Sujeito ativo do crime previsto no art. 298 é qualquer pessoa que pratique a conduta típica, sendo irrelevante o fato de ser ele funcionário público quando falsifica o documento fora do exercício de suas funções.

Sujeito passivo é o Estado e, eventualmente, a pessoa lesada pela conduta criminosa.

Jurisprudência

- Prova da autoria da falsificação

298.2 Tipo objetivo

A conduta típica inscrita no art. 298 em nada difere daquela prevista no art. 297, tendo apenas como objeto material o documento particular, que é elaborado ou assinado por particular, sem interferência de funcionário público no exercício de suas funções. Deve-se lembrar, porém, que certos documentos particulares são equiparados aos documentos públicos para os efeitos penais, segundo o art. 297, § 2º. O documento particular, com o conceito já examinado, não tem forma especial, embora possa apresentar certas características individualizadoras. Se o documento for o que se costuma chamar de prova escrita, preconstituída ou acidental, seja autossuficiente ou dependa de complementação, excluindo dessa conceituação o requerimento quando for ato meramente postulante, ainda que apresentado à repartição pública, principalmente quando o funcionário público está adstrito a averiguar a finalidade da declaração, o fato de ser apresentado à autoridade pública não transforma o documento particular em público.

Não são considerados documentos os papéis totalmente datilografados ou impressos, sem assinatura, nem as cópias não autenticadas.

Como no crime de falsificação de documento público, para a existência do crime previsto no art. 298 é necessário que o documento particular tenha relevância jurídica, não se caracterizando o delito quando é juridicamente inócuo, ou seja, alheio à prova de qualquer direito ou obrigação ou a fato sem efetiva ou eventual relevância jurídica.

Também não fica caracterizado o crime quando não há a *imitatio veri*, imitação do escrito verdadeiro, ou quando a falsificação é tão grosseira que pode ser reconhecida imediatamente por qualquer pessoa, inexistente nesses casos o perigo para a fé pública. Inexistindo um meio idôneo para enganar não se caracteriza o ilícito.

A falsidade de documento particular está caracterizada ainda que nenhum prejuízo efetivamente decorra, contanto que o dano seja possível, isto é, que exista, potencialmente, como consequência da falsificação. Há decisões, no entanto, exigindo o resultado de dano para terceiro.

Como no crime de falsidade de documento público, o *falsum* de documento particular, em regra, deixa vestígios e deve ser comprovado por exame de laudo de exame de corpo de delito. Mas a jurisprudência tem decidido pela irrelevância da falta do exame pericial quando o fato é comprovado por outros elementos probatórios.

No parágrafo único do artigo, inserido pela Lei nº 12.737, de 30-11-2012, equiparou-se ao documento particular o *cartão de crédito ou de débito*. Refere-se a lei aos cartões que permitem a realização de operações bancárias eletrônicas para a movimentação de recursos financeiros, como saques, transferências e pagamentos. Em razão da disseminação da falsificação desses cartões como meio para o cometimento de estelionatos e outros delitos patrimoniais, houve por bem o legislador proceder a sua equiparação ao documento particular como forma de antecipar a repressão penal, mediante a tipificação de fato que anteriormente se constituía em mero ato preparatório à prática daquelas infrações.

Jurisprudência

- Inclusão de anotações em documento: crime caracterizado
- Falsificação que causa prejuízo: crime caracterizado
- Falsificação com dano potencial: crime caracterizado
- Falsificação em requerimento: inexistência de crime
- Impresso: inexistência de crime
- Inexistência de relevância jurídica: crime não caracterizado
- Inexistência de dano potencial: crime não caracterizado
- Falta de *imitatio veri* no documento particular: inexistência do crime
- Falsificação grosseira: inexistência de crime
- Meio inidôneo para causar prejuízo: crime não caracterizado
- Suficiência de potencialidade do dano
- Irrelevância da inexistência de dano efetivo
- Irrelevância da inexistência de dano efetivo – Contra
- Exame de corpo de delito: prova segura
- Dispensabilidade do exame pericial
- Laudo pericial complementado por outras provas

298.3 Tipo subjetivo

O dolo do crime de falso é a vontade de falsificar ou alterar o documento particular, tendo o agente consciência que o faz ilicitamente, causando prejuízo potencial para outrem. Não se inscreve no tipo penal nenhuma finalidade especial para a caracterização do crime.

Jurisprudência

- Suficiência do dolo genérico
- Inexistência de dolo

298.4 Consumação e tentativa

O crime de falsidade de documento particular, do mesmo modo que o *falsum* público, consuma-se com a simples *editio falsi*, independentemente de seu uso, de que seja posto em circulação. Trata-se de delito formal, que independe de efetivo resultado lesivo.

Juridicamente possível é a tentativa do crime de falsificação de documento particular, crime plurissubsistente por exigir atos vários para a sua consumação. Há, entretanto, decisões em contrário.

Jurisprudência

- Consumação: irrelevância da ausência de prejuízo
- Consumação: irrelevância da ausência de prejuízo – Contra
- Possibilidade da ação penal
- Inadmissibilidade de tentativa

298.5 Distinção

Distingue-se a falsidade material, prevista no art. 298, da falsidade ideológica, definida no art. 299, porque naquela é ela materialmente gráfica, visível, enquanto no falso ideal é falso apenas o conteúdo.

Tem-se entendido, por vezes, que a falsificação de atestado ou certificado de aprovação em exames de supletivo configura o crime previsto no art. 301, § 1º, e não o do art. 298, embora haja decisões em contrário.

A troca de fotografia em documento verdadeiro tem sido tida ora como falsificação material, ora como crime de falsa identidade (v. item 297.3).

Compete à Justiça Federal julgar crimes de falsificação de bilhete de loteria ou de cartões de Loteria Esportiva, pois, embora documentos particulares, ferem interesses da União.

Jurisprudência

- Distinção entre falsidade material e falsidade ideológica
- Preenchimento de papel em branco assinado: falsidade material
- Preenchimento de papel em branco assinado: falsidade material – Contra
- Falsidade de atestado escolar
- Troca de fotografia em documento: crime de falsa identidade
- Falsificação de cartões da Loteria Esportiva

298.6 Concurso de crimes

Para as mesmas questões referentes à falsificação e uso de documento particular falsificado para a prática de outro crime ou para encobri-lo, devem ser examinadas as inúmeras soluções e decisões jurisprudenciais apontadas para o crime previsto no art. 297, inclusive a Súmula 17 do STJ (item 297.8). Também são pertinentes as observações e jurisprudência da existência de crime único no caso de uso do documento pelo próprio falsificador. Quanto à falsidade perpetrada para a aquisição irregular de substância entorpecente, tem-se decidido pela absorção daquela pelo crime referente ao tráfico da substância.

Jurisprudência

- Falsificação e uso do documento falso: crime único
- Concurso formal de crimes com apropriação indébita
- Concurso material com apropriação indébita
- Inexistência de concurso com posterior estelionato
- Concurso de falsificação e sonegação fiscal
- Falsificação e aquisição de entorpecente

Falsidade ideológica

Art. 299. Omitir, em documento público ou particular, declaração que dele devia constar, ou nele inserir ou fazer inserir declaração falsa ou diversa da que devia ser escrita, com o fim de prejudicar direito, criar obrigação ou alterar a verdade sobre fato juridicamente relevante:

Pena – reclusão, de 1 (um) a 5 (cinco) anos, e multa, se o documento é público, e reclusão de 1 (um) a 3 (três) anos, e multa, se o documento é particular.

Parágrafo único. Se o agente é funcionário público, e comete o crime prevalecendo-se do cargo, ou se a falsificação ou alteração é de assentamento de registro civil, aumenta-se a pena de sexta parte.

Vide: **CP** arts. 171, 241, 242, 297, §§ 3º e 4º, 300 a 302, 304, 307, 327, 337-A; **CPP** art. 232; **LEP** art. 130; **Lei nº 6.015**, de 31-12-1973, arts. 29 a 126 (dispõem sobre o Registro Civil); **Lei nº 7.492**, de 16-6-1986 (define crimes contra o sistema financeiro nacional); **Lei nº 8.137**, de 27-12-1990 (define crimes contra a ordem tributária), art. 1º (suprimir ou reduzir tributo, contribuição social ou acessório), I (mediante a omissão de informação ou prestação de declaração falsa às autoridades fazendárias), II (mediante fraude à fiscalização tributária, inserindo elementos inexatos, ou omitindo operação de qualquer natureza, em documento ou livro exigido pela lei fiscal), IV (mediante a conduta de elaborar, distribuir, fornecer, emitir ou utilizar documento que saiba ou deva saber falso ou inexato), art. 2º, I (fazer declaração falsa ou omitir declaração sobre rendas, bens ou fatos, ou empregar outra fraude, para eximir-se, total ou parcialmente, de pagamento de tributo); **Lei nº 11.101**, de 9-2-2005 – Lei de Falências, art. 168, § 1º (falsidade na escrituração contábil ou balanço como causa de aumento de pena do crime de fraude a credores). Súmulas: **STJ** 17, 104.

299 FALSIDADE IDEOLÓGICA

299.1 Sujeitos do delito

Sujeito ativo do crime de falsidade ideológica é qualquer pessoa que pratique a conduta típica. O particular pode cometer o crime de falsidade ideológica em documento público fazendo declaração inverídica ao funcionário ou omitindo circunstância que devia declarar. Se o agente for funcionário público e cometendo o crime prevalecendo-se do cargo, a pena é aumentada de sexta parte. Não ocorre a agravante se o funcionário não se aproveitou da facilidade ou oportunidade pelo exercício do cargo público para praticar a conduta. Testemunhas da elaboração do documento não podem ser consideradas como coautoras ou participantes do crime de falsidade ideológica, pois apenas atestam a forma e não o conteúdo da declaração.

Sujeito passivo do crime, como nos casos de falsidade material, é o Estado e, também, qualquer pessoa a quem a falsificação cause dano. Há, porém, decisões em contrário, vedando a assistência ao Ministério Público pelo particular.

Jurisprudência

- Agente particular em falsidade de documento público
- Agente funcionário público: existência de agravante
- Agente funcionário público: inexistência da agravante
- Falsidade em outorga de procuração: crime do outorgante
- Testemunha da elaboração do documento: inexistência de coautoria
- Inadmissibilidade de assistência do lesado

299.2 Tipo objetivo

Prevê o art. 299 do CP três modalidades de condutas típicas. A primeira delas é a de *omitir* declaração a que estava o agente obrigado, omitindo o sujeito a declaração que devia fazer. A segunda ação é a de *inserir*, introduzir, intercalar, incluir declaração falsa ou diversa da que devia o agente fazer. A terceira consiste em *fazer inserir* a falsa declaração, ou seja, utilizar-se o agente de terceiro para incluí-la. Falsa é a declaração inverídica, e diversa da que devia ser escrita é a substituição de uma declaração verdadeira por outra também verdadeira, mas inócua ou impertinente ao caso.

Para que se caracterize o crime de falsidade ideológica é necessário que o agente vise prejudicar direito ou criar obrigação, ou, ainda, que a declaração seja relativa a fato juridicamente relevante, que tenha significado direto ou indireto para constituir, fundamentar ou modificar direito ou relação jurídica pública ou privada.

Não se configura o crime de falsidade ideológica, portanto, quando se trata de falsidade sobre fato juridicamente irrelevante, inócuo, que não contém nocividade efetiva ou potencial. Inexistindo, em tese, a possibilidade de ofensa a direito alheio, não se configura o crime.

Também não se tem reconhecido a caracterização do crime quando a falsa declaração é prestada perante o funcionário público se este está adstrito a averiguar a sua veracidade, tal como ocorre, em geral, nos requerimentos ou petições. Há, porém, decisões em contrário, ressaltando-se que crime existe quando a verificação demanda indagação complexa e futura.

Evidentemente, não há crime quando o conteúdo do documento corresponde à verdade dos fatos. Também não se configura o ilícito quando se pretende caracterizar o crime em opinião do agente; é ensinamento da doutrina que é sobre o fato que o *falsum* deve versar, não sobre o seu juízo de convicção.

Assim como a falsidade material não constitui crime, porque não tem potencialidade de dano, pela mesma razão é impunível a falsidade ideológica que afirme fato ou circunstância incompatível com a realidade de todos conhecida. Uma declaração mentirosa, porém inábil para prejudicar, é inócua, não cria para a sociedade aquele perigo necessário e exigível; é necessário que o falso tenha um mínimo de idoneidade para enganar. É pois indispensável o prejuízo potencial ou real a direito, obrigação ou a fato juridicamente relevante. Não se exige, porém, prejuízo efetivo decorrente da conduta.

Havendo falsidade que atinja bens, serviços ou interesses da União, a competência para o processo e julgamento da falsidade ideológica é da Justiça Federal. Compete à Justiça estadual o processo e julgamento dos crimes de falsificação e uso de documento falso relativo a estabelecimento particular de ensino (Súmula 104 do STJ).

Afetando a falsidade ideológica o documento tão somente em sua ideação, não em sua autenticidade ou inalterabilidade, é desnecessário o exame pericial.

Jurisprudência

- Necessidade da presença dos quatro requisitos componentes do crime para sua caracterização
- Declaração em reprodução fotográfica: inexistência de crime
- Omissão de declaração: crime caracterizado
- Falsidade em certidão em ação de concordata
- Falsificação de certidão de oficial de justiça: crime caracterizado
- Inserção de dado falso em escritura: crime caracterizado
- Falsidade na realização de vistoria de automóvel

- Inserção de dado falso em compromisso de compra e venda: crime caracterizado
- Inserção de dados falsos em contrato
- Inserção de dado falso em documento particular
- Inserção de dados falsos em carteira de identidade: crime caracterizado
- Inserção de dados falsos para obtenção de cédula de identidade
- Inserção de dados falsos em carteira profissional
- Fornecimento de endereço falso para obtenção de carteira de habilitação
- Inserção de dados falsos em livro de registro de hotel
- Falsa declaração na emissão de passaporte
- Falsa declaração de pobreza para obtenção de assistência judiciária: delito não caracterizado
- Falsa declaração de pobreza por advogado
- Falsa declaração sobre parentesco em pedido de financiamento: crime caracterizado
- Troca de provas: crime caracterizado
- Abuso de papel em branco
- Laudo pericial: natureza de documento particular
- Notificação extrajudicial: Não-caracterização
- Fato juridicamente relevante
- Falso juridicamente irrelevante: inexistência do crime
- Falsidade que se tornou inócua
- Inexistência de contradição em boletins de ocorrência: crime não caracterizado
- Falsidade em carta particular: inexistência de crime
- Inexistência de dano potencial: crime não caracterizado
- Inexistência da potencialidade de dano
- Inexistência de ofensa à fé pública
- Documento particular em lugar de documento público: inexistência de crime
- Inexistência de prejuízo: crime caracterizado
- Inexistência de prejuízo real: crime não caracterizado
- Simulação entre as partes: crime não caracterizado
- Inexigência de exame pericial
- Falsidade em boletim de ocorrência: inexistência de crime
- Falsidade em boletim de ocorrência: inexistência de crime – Contra
- Falsidade em depoimento pessoal: inexistência de crime
- Declaração verdadeira: crime não caracterizado
- Inexistência de falsidade quanto ao fato: inexistência de crime
- Suficiência da potencialidade de dano
- Fato incompatível com realidade já conhecida: inexistência de crime
- Competência da Justiça Federal
- Desnecessidade de exame pericial
- Desnecessidade de exame pericial
- Irrelevância de falta de vista de um dos laudos periciais
- Falsa declaração de pobreza para obtenção de assistência judiciária: delito não caracterizado
- "Cola eletrônica": inexistência de falsidade ideológica
- Falsidade inócua: inexistência de crime
- Falsidade em diploma de curso não fiscalizado: inexistência de crime
- Documento sujeito à averiguação: inexistência de crime
- Declaração em requerimento ou petição: inexistência de crime
- Suficiência da potencialidade de dano

299.3 Tipo subjetivo

O dolo no crime de falsidade ideológica é a vontade de praticar a conduta incriminada, ciente o agente que a declaração é falsa ou diversa daquela que devia ser escrita. Indispensável, porém, o elemento subjetivo do tipo, previsto expressamente na cláusula "com o fim de prejudicar direito, criar obrigação ou alterar a verdade sobre fato juridicamente relevante". É indiferente, porém, que o sujeito queira causar o prejuízo ou que não resulte efetivo prejuízo ou lucro. Não há dolo quando houver um fim de gracejo ou quando se caracteriza o direito de defesa de um acusado. O motivo, ainda que altruístico ou nobre, não descaracteriza o crime, embora por vezes se decida que, estando ausente, nessa hipótese, o prejuízo real ou futuro, para outrem, o fato não configura o ilícito penal. O registro de filho alheio como próprio, que anteriormente era tido como o crime previsto no art. 299, inexistente quando faltava ao agente a intenção de prejudicar, ou o dolo específico, é agora previsto pelo art. 242, diante da redação que lhe foi dada pela Lei nº 6.898/81.

Estando o agente enganado a respeito da declaração, ocorre erro de tipo que exclui o dolo. Não prevê, aliás, a lei o procedimento meramente culposo na falsidade ideológica.

Jurisprudência

- Exigência do conhecimento da falsidade
- Contra: reconhecimento do crime previsto no art. 242
- Inexistência de má-fé: crime não caracterizado
- Falsidade para defesa própria: inexistência de crime
- Inexistência de intenção de lesar: crime inexistente
- Inexistência de intenção de lesar: crime inexistente – Contra
- Conduta culposa: inexistência de crime
- Inexistência do dolo específico

299.4 Consumação e tentativa

O crime de falsidade ideológica consuma-se com a omissão ou a inserção direta ou indireta da declaração falsa ou diversa da que devia constar. Trata-se de crime de natureza formal, que não exige o prejuízo efetivo; basta, pois, a possibilidade de dano.

Teoricamente é possível a tentativa, pois até que se encerre o documento, pode a falsa declaração não se concretizar por circunstâncias alheias à vontade do agente. Mas a opinião é controvertida.

Jurisprudência

- Consumação com a potencialidade de dano
- Inexigência da circulação do documento
- Admissibilidade de tentativa
- Inadmissibilidade de tentativa

299.5 Formas qualificadas

Registra a lei duas formas qualificadas do crime de falsidade ideológica: quando praticada por funcionário público, que comete o ilícito prevalecendo-se do cargo; quando a falsificação ou alteração diz respeito a assentamento de registro civil. Quanto ao registro de filho alheio como próprio, a lei foi alterada.

Jurisprudência

- Incomunicabilidade da majorante a corréu
- Falsificação do registro civil

299.6 Distinção

A distinção entre a falsidade material e a ideológica já foi examinada (itens 297.7 e 298.5). A simulação fraudulenta das partes em documento, além de ilícito civil, configura o crime de falsidade ideológica, embora já se tenha decidido de forma diversa ao se concluir apenas pelo crime patrimonial resultante. Também não é pacífica a questão do chamado abuso de papel em branco assinado, tido por alguns como falsidade material e por outros de falsidade ideológica.

Além do art. 299, outros dispositivos do Código Penal tratam da falsidade ideológica (arts. 241, 297, §§ 3º e 4º, 300, 301 e outros), que também é prevista em outros diplomas legais: art. 130 da Lei de Execução Penal; art. 168, § 1º, I, II e III, da Lei de Falências (Lei nº 11.101, de 9-2-2005); art. 1º, I, II e IV, e art. 2º, I, da Lei nº 8.137/90; art. 315 do Código Eleitoral; arts. 9º, 10, 14 e outros da Lei nº 7.492/86; etc.

Jurisprudência

- Distinção com a falsidade material
- Falsidade ideológica e não falsidade material
- Falsidade ideológica e não falsidade de certidão ou atestado
- Falsidade ideológica e não falsidade de atestado médico
- Falsidade ideológica e não registro de nascimento inexistente
- Falsa identidade e não falsidade ideológica
- Estelionato e não falsidade ideológica
- Inserção de fotografia em documento alheio: crime de uso de documento falso
- Substituição de fotografia: crime de falsa identidade

299.7 Concurso de crimes

Como em todas as espécies de *falsum*, o autor da falsidade ideológica responde por um único crime quando faz uso do documento ilícito. Tratando-se de crime de sonegação fiscal, a falsidade ideológica utilizada como meio para a execução daquele delito é absorvida por este. Sendo praticada a falsidade como meio para o estelionato, exaurindo-se seu potencial ofensivo, só é punido o crime patrimonial (item 297.8). Também é absorvida a falsidade pelo crime de bigamia subsequente, mesmo porque, sem o *falsum*, não se pode concretizar o referido crime.

Jurisprudência

- Falsificação e uso: crime único de falso
- Falsificação e uso: crime único de uso
- Várias falsificações com um único fim: crime único –
- Concurso com o crime de estelionato
- Desclassificação para falsa identidade
- Absorção pelo crime de bigamia
- Absorção pelo crime de bigamia – Contra
- Falsidade como ato preparatório da bigamia
- Concurso de crimes com sonegação fiscal
- Falsidade e sonegação fiscal: extinção da punibilidade
- Falsidade e sonegação fiscal: extinção da punibilidade – Contra
- Falsidade e sonegação fiscal: suspensão da pretensão punitiva
- Concurso formal com peculato

- Absorção da falsidade pelo peculato
- Absorção da corrupção pela falsidade
- Não absorção da falsidade por crime mais grave contra o meio ambiente
- Concurso formal com frustração de direito trabalhista
- Concurso material com crime contra o Sistema Financeiro Nacional
- Concurso material com homicídio culposo
- Concurso com o crime de consumo de entorpecente
- Absorção pelo crime de sonegação fiscal

Falso reconhecimento de firma ou letra

> Art. 300. Reconhecer, como verdadeira, no exercício de função pública, firma ou letra que o não seja:
>
> Pena – reclusão, de 1 (um) a 5 (cinco) anos, e multa, se o documento é público; e de 1 (um) a 3 (três) anos, e multa, se o documento é particular.

Vide: CP arts. 297, 298, 299, 304; Lei nº 4.737, de 15-7-1965, art. 352 (prevê o crime de falso reconhecimento de firma ou letra para fins eleitorais).

300 FALSO RECONHECIMENTO DE FIRMA OU LETRA

300.1 Sujeitos do delito

O crime previsto no art. 300 é *crime próprio*, uma vez que só pode ser praticado por aquelas pessoas que são depositárias da fé pública, podendo reconhecer como verdadeira a firma ou letra de outrem (tabelião de notas, oficial do Registro Civil, cônsules, escreventes autorizados etc.). Além disso, são responsáveis não só aquele que subscreve a certidão, mas os que conferem a assinatura ou letra com a constante do fichário. Há também possibilidade de participação criminosa de terceiro por induzimento. Se o ato é praticado por quem não tem fé pública, o crime é o de falsidade de documento público ou particular.

Sujeito passivo é o Estado, lesado na fé pública, e também a pessoa que tem seu interesse ou direito violado diretamente pela conduta delituosa.

Jurisprudência

- Responsabilidade do conferente
- Inexistência de concurso de pessoas

300.2 Tipo objetivo

A conduta inscrita no artigo é a de reconhecer firma ou letra verdadeira quando ela não o é. Firma é a assinatura (por extenso ou abreviada), enquanto letra é o manuscrito integral da pessoa que também subscreve o documento, como ocorre no testamento hológrafo. O reconhecimento pode ser autêntico, semiautêntico, por semelhança ou indireto, não fazendo a lei nenhuma distinção entre esses modos para a caracterização do crime.

Jurisprudência

- Crime caracterizado
- Irrelevância do modo de reconhecimento
- Inexistência de crime impossível

300.3 Tipo subjetivo

O dolo é a vontade de praticar a conduta típica, ciente o sujeito ativo de que a firma ou letra não é verdadeira. Na dúvida, ocorre dolo eventual, caracterizando-se o delito. Nada impede, porém, o erro de tipo, supondo o autor, justificadamente, que se trata de firma ou letra verdadeira.

Não prevê a lei o crime na forma culposa. Assim, se o agente atua por negligência ou imprudência, cometerá apenas um ilícito civil ou administrativo, ficando sujeito a sanções funcionais e indenização por perdas e danos.

Jurisprudência

- Exigência de dolo
- Erro de tipo: exclusão do dolo
- Inexistência de crime culposo

300.4 Consumação e tentativa

Consuma-se o crime com a atestação fraudulenta, independentemente da devolução do documento ao apresentante. Trata-se de crime formal, que não exige prejuízo efetivo e que independe do fim que seja dado ao documento.

Tratando-se de crime plurissubsistente, nada impede a ocorrência da tentativa.

Jurisprudência

- Consumação do crime de falso reconhecimento de firma

300.5 Distinção

Reconhecer, como verdadeira, no exercício de função pública, firma ou letra que não o seja, para fins eleitorais, é crime eleitoral (art. 352 da Lei nº 4.737, de 15-7-1965).

Certidão ou atestado ideologicamente falso

Art. 301. Atestar ou certificar falsamente, em razão de função pública, fato ou circunstância que habilite alguém a obter cargo público, isenção de ônus ou de serviço de caráter público, ou qualquer outra vantagem:

Pena – detenção, de 2 (dois) meses a 1 (um) ano.

Falsidade material de atestado ou certidão

§ 1º Falsificar, no todo ou em parte, atestado ou certidão, ou alterar o teor de certidão ou de atestado verdadeiro, para prova de fato ou circunstância que habilite alguém a obter cargo público, isenção de ônus ou de serviço de caráter público, ou qualquer outra vantagem:

Pena – detenção, de 3 (três) meses a 2 (dois) anos.

§ 2º Se o crime é praticado com o fim de lucro, aplica-se, além da pena privativa de liberdade, a de multa.

Vide: CP arts. 297, 299, 304; **LEP** art. 130; Súmula: **STJ** 104.

301 CERTIDÃO OU ATESTADO IDEOLOGICAMENTE FALSO

301.1 Sujeitos do delito

O crime de certidão ou atestado ideologicamente falso é próprio, em sua forma básica, podendo ser executado apenas pelo funcionário público. Havendo falsificação por particular, ocorre o crime de falsidade material ou ideológica (arts. 297 e 299). Mas, conforme tem decidido o Superior Tribunal de Justiça, existe a possibilidade do cometimento do crime previsto no art. 301, § 1º, por particular. Nada impede, porém, que no crime previsto pelo *caput* haja a participação de particular por instigação.

Sujeito passivo é o Estado, ofendido na fé pública, além de eventual lesado pela conduta criminosa.

Jurisprudência

- Sujeito ativo funcionário público
- Sujeito ativo funcionário público – Contra

301.2 Tipo objetivo

A conduta típica é *atestar*, afirmar ou provar algo, e *certificar*, convencer da verdade ou da certeza de algo, em caráter oficial. Trata-se, na realidade, de modalidade mais brandamente apenada de falsificação de documento público ou falsidade ideológica cometida por funcionário público, caracterizada quando o objeto material é certidão ou atestado. Referindo-se a lei a "fato ou circunstância", é desnecessário que a falsidade seja integral; basta que haja diversidade sobre qualquer particular ou pormenor do fato com aquilo que é atestado ou certificado para se configurar o delito. O fato ou circunstância que é atestado ou certificado deve ser inerente ou atinente à pessoa a quem se destina o atestado ou certidão; se não constituir condição, pressuposto ou requisito da vantagem pretendida, o ilícito penal inexiste. Também não se configura o ilícito se a falsidade não é idônea para obter o fim desejado. A vantagem inscrita no tipo diz respeito a qualquer uma, embora sempre de ordem ou caráter público.

Jurisprudência

- Distinção com falsidade material e falsidade ideológica
- Certificação falsa na função de registrador: crime caracterizado
- Autenticação de documento sabiamente falso: crime de falsidade ideológica
- Falsificação de carteira de motoristas: crime de falsificação de documento público
- Fé pública da certidão de escrivão
- Necessidade do fim específico da conduta típica
- Falsidade inócua: inexistência do crime
- Certidão de oficial de justiça: crime de falsidade ideológica
- Necessidade de vantagem de caráter público

301.3 Tipo subjetivo

O dolo do crime previsto no *caput* do art. 301 é a vontade de atestar ou certificar fatos ou circunstâncias de que tem o agente ciência que não são verídicos. É também necessário que tenha conhecimento que o fato ou circunstância habilita o favorecido à obtenção da vantagem de caráter público.

Jurisprudência

- Dolo do crime
- Exigência do dolo
- Inexistência de dolo

301.4 Consumação e tentativa

Consuma-se o crime quando o agente encerra o atestado ou certidão, dispensada a entrega do documento ao destinatário, embora já se tenha entendido que é necessário o seu uso. Trata-se de crime formal, sendo irrelevante se o beneficiário chegou ou não a alcançar o objetivo pretendido.

É possível a tentativa, como nos demais tipos de falsificação.

Jurisprudência

- Consumação do crime: falsificação
- Consumação com a entrega do documento
- Consumação do crime: ato inicial de uso
- Irrelevância da não obtenção do objetivo

301.5 Falsidade material de atestado ou certidão

No art. 301, § 1º, a lei incrimina um tipo de falsidade material, total ou parcial, que, de acordo com o disposto no *caput*, só pode ser executado por pessoa no exercício de função pública, embora tal conclusão não seja muitas vezes aceita. As condutas são idênticas àquelas previstas no art. 297, exigindo, portanto, seja ela idônea, capaz de produzir efeitos jurídicos.

Ao contrário do que ocorre com o tipo do *caput*, a jurisprudência tem admitido que a expressão "ou qualquer outra vantagem" não se restringe à de caráter público. Com o beneplácito do STF, tem-se decidido, com esse argumento, e principalmente com a interpretação de que o sujeito ativo do crime pode ser qualquer pessoa, que configura o crime, e não o previsto no art. 297, a falsificação de certificado de aprovação no ensino médio ou para inscrição e admissão em curso superior. Essa orientação, entretanto, é contestada, afirmando-se que, no caso, sendo o fato praticado à margem da função pública, a falsidade não pode constituir tal ilícito, mas o previsto nos arts. 297 ou 299, inclusive porque o diploma não pode ser considerado mero atestado ou certidão.

Na expressão "alguém" utilizada no dispositivo, não está excluído o próprio falsificador.

O dolo do delito é a vontade de praticar a conduta típica, ciente da falsidade, para que o atestado ou certidão possa servir de prova de fato ou circunstância.

A consumação ocorre com a falsidade, embora, como em outros crimes de falsidade, já se tenha entendido que necessário seja o uso do documento. Trata-se de crime instantâneo, embora com efeitos permanentes, o que tem relevância na contagem do prazo de prescrição.

Jurisprudência

- Uso para obtenção de emprego
- Uso para capacitação ou vantagem profissional
- Certificado ou diploma falso de conclusão de curso: crime previsto no art. 301, § 1º
- Certificado ou diploma falso de conclusão de curso: crime previsto no art. 301, § 1º
- Falsificação de histórico escolar
- Sujeito ativo: só funcionário público
- Sujeito ativo: só funcionário público – Contra
- Consumação do crime: falsificação
- Consumação do crime: ato inicial de uso

301.6 Formas qualificadas

Havendo fim de lucro, é cumulada à pena privativa de liberdade a pena de multa.

301.7 Distinção

A falsa declaração ou o falso atestado de trabalho do preso para instrução de pedido de remição de penas não constitui o crime do art. 301, mas sim o de falsidade ideológica, por força do disposto no art. 130 da Lei de Execução Penal.

A falsificação prevista no art. 301, como em qualquer outro dispositivo, não se confunde com o uso de documento falso, respondendo por este aquele que utiliza o documento contrafeito.

Jurisprudência

- Falsa declaração de trabalho para fim de remição de pena como falsidade ideológica
- Uso de documento e não falsidade documental

Falsidade de atestado médico

Art. 302. Dar o médico, no exercício da sua profissão, atestado falso:

Pena – detenção, de 1 (um) mês a 1 (um) ano.

Parágrafo único. Se o crime é cometido com o fim de lucro, aplica-se também multa.

Vide: CP arts. 299, 301, 304.

302 FALSIDADE DE ATESTADO MÉDICO

302.1 Sujeitos do delito

O art. 302 é crime próprio, pois somente pode ser cometido por médico, embora não se afaste a possibilidade de participação criminosa de terceiro, por instigação. O falso praticado por veterinário, enfermeiros, dentistas, parteiras ou outros profissionais da área não constitui esse delito, podendo caracterizar-se outra espécie de falsidade.

Sujeito passivo é o Estado e, secundariamente, aquele que vem a sofrer dano pela utilização do atestado falso.

Jurisprudência

- Sujeito ativo: médico

302.2 Tipo objetivo

O crime constitui uma espécie de falsidade ideológica, pois o agente afirma, por escrito, o que não é verdadeiro ou nega o que realmente existe. A falsidade pode ser total ou parcial. Embora deva versar sobre um fato e não um juízo, uma convicção, sempre passível de erro, se este não existir, o crime pode ficar caracterizado pelo falso diagnóstico. A atestação de óbito, sem exame do cadáver, configura, em tese, o delito do art. 302.

Jurisprudência

- Falsidade de atestado médico: crime caracterizado
- Atestado de óbito sem exame do cadáver
- Atestado de óbito sem exame do cadáver – Contra
- Falsidade ideológica e não falsidade de atestado médico
- Falsidade de atestado médico: crime caracterizado
- Necessidade de prova da falsidade
- Falsidade em juízo inverídico

302.3 Tipo subjetivo

O dolo do crime previsto no art. 302 é a vontade do médico em fornecer atestado falso, com a consciência dessa falsidade. O crime pode ficar caracterizado com o dolo eventual. O erro, porém, exclui o dolo. Não se pune a conduta culposa. É irrelevante para a configuração do ilícito a finalidade ou o motivo determinante da prática da conduta.

Jurisprudência

- Necessidade de ciência da falsidade
- Inexistência de crime culposo

302.4 Consumação e tentativa

Consuma-se o crime com a entrega do atestado ideologicamente falso, já que a conduta típica é "dar", mas não se exige qualquer resultado lesivo.

Nada impede a possibilidade da tentativa, que ocorre, por exemplo, quando o atestado é remetido ao destinatário e não chega a ele por circunstâncias alheias à vontade do agente.

Jurisprudência

- Consumação do crime
- Irrelevância dos motivos ou fins da conduta

302.5 Forma qualificada

Configura-se a forma qualificada com o elemento subjetivo do tipo que é o *animus lucri faciendi*, que não se confunde com o pagamento normal de consulta ou visita.

Reprodução ou adulteração de selo ou peça filatélica

> Art. 303. Reproduzir ou alterar selo ou peça filatélica que tenha valor para coleção, salvo quando a reprodução ou alteração está visivelmente anotada na face ou no verso do selo ou peça:
>
> Pena – detenção, de 1 (um) a 3 (três) anos, e multa.
>
> Parágrafo único. Na mesma pena incorre quem, para fins de comércio, faz uso do selo ou peça filatélica.
>
> **Vide**: CP art. 293, I; Lei nº 6.538, de 22-6-1978 (dispõe sobre os serviços postais), art. 39, *caput* (define o crime de reprodução ou adulteração de selo ou peça filatélica com a mesma redação do art. 303), parágrafo único (uso, para fins de comércio, de selo ou peça filatélica de valor para coleção, ilegalmente reproduzidos ou alterados), art. 47 (define selo).

303 REPRODUÇÃO OU ADULTERAÇÃO DE SELO OU PEÇA FILATÉLICA

303.1 Sujeitos do delito

O crime de reprodução ou adulteração de peça filatélica é crime comum, podendo ser praticado por qualquer pessoa.

Sujeito passivo é o Estado, lesado na fé pública, e também a pessoa que sofre prejuízo com o fato.

303.2 Tipo objetivo

O art. 303 do CP foi derrogado pelo art. 39 da Lei nº 6.538, de 22-6-1978, que dispõe sobre os Serviços Postais, ao prever o ilícito com redação idêntica, mas cominando pena menor, de detenção, até dois anos, e pagamento de três a dez dias-multa.

Trata-se de um tipo especial de falsificação, normalmente meio para a prática de estelionato. A primeira ação incriminada é *reproduzir*, ou seja, contrafazer, fazer, copiar, produzir, multiplicar, criar o selo ou a peça filatélica. A segunda é *modificar*, mudar, contrafazer parcialmente, na cor, na data, no picote etc., dando ao selo ou peça genuínas características diversas da original para fingir ser de maior valor.

Os objetos materiais do crime são o selo (estampilha adesiva ou fixa, já utilizada, correspondente à franquia postal, ou não usada, mas fora de curso ou, ainda, estrangeira), e a peça filatélica, a que se destina exclusivamente à coleção ou só tem valia para tal fim, como blocos, folhas ou carimbos comemorativos, provas etc. Em ambos os casos é necessário que tenham valor para coleção, como está expresso na lei.

303.3 Tipo subjetivo

O dolo do crime é a vontade de falsificar, ou seja, de reproduzir ou alterar o selo postal ou a peça filatélica, tendo o agente ciência de que se trata de papel ou objeto de valor para a coleção.

303.4 Consumação e tentativa

Consuma-se o crime com a reprodução ou adulteração concluída, ainda que o selo ou peça fique na posse do agente. Trata-se de crime formal que se configura independentemente de venda, entrega etc.

A tentativa é possível por se tratar de crime plurissubsistente.

303.5 Uso de selo ou peça filatélica

O art. 39, parágrafo único, da Lei nº 6.538, que substituiu com vantagem o parágrafo do art. 303 do CP, dispõe: "Incorre nas mesmas penas, quem, para fins de comércio, faz uso de selo ou peça filatélica de valor para coleção, ilegalmente reproduzidos ou alterados."

Uso de documento falso

> Art. 304. Fazer uso de qualquer dos papéis falsificados ou alterados, a que se referem os arts. 297 a 302:
>
> Pena – a cominada à falsificação ou à alteração.
>
> *Vide*: CP arts. 297 a 302; CPP arts. 158, 174, 564, III, *b*. Súmulas: **Vinculante 36; STJ** 17, 104, 200, 546.

304 USO DE DOCUMENTO FALSO

304.1 Sujeitos do delito

Qualquer pessoa pode praticar o crime de uso de documento falso, inclusive o falsificador. Este, porém, responderá apenas por um delito (item 304.5). É possível o concurso de pessoas no crime.

Sujeito passivo é o Estado, lesado na fé pública. É também ofendida a pessoa a quem o uso pode causar prejuízo.

Jurisprudência

• Participação criminosa de uso de documento falso

304.2 Tipo objetivo

A conduta típica do crime previsto no art. 304 é fazer uso, ou seja, é usar, utilizar o documento material ou ideologicamente falso como se fosse autêntico ou verídico. Exige-se que seja empregado o documento falso em sua específica destinação probatória. O uso pode ser judicial ou extrajudicial.

É indispensável para a caracterização do delito o uso efetivo do documento falso, não bastando a mera alusão ao documento, a sua apresentação por ostentação ou em qualquer situação em que não há possibilidade de prejuízo ou dano para outrem. Discute-se, porém, se ocorre o crime quando o documento é encontrado em revista policial, se foi o sujeito forçado a exibi-lo para a autoridade, se não foi exibido espontaneamente, se foi retirado do bolso do portador, se o agente apenas o traz consigo etc. Está se tornando prevalente na jurisprudência o entendimento de que o crime se caracteriza quando o documento falsificado é exibido à autoridade pública, por sua solicitação, e mesmo com o simples porte quando se trata de Carteira Nacional de Habilitação.

Objeto material do crime são os documentos falsos referidos nos arts. 297 a 302, tratando-se o tipo de crime remetido. Assim, para sua configuração é indispensável que se comprove a falsidade do documento, circunstância elemento do crime definido no art. 304. Não faz distinção a lei entre a falsidade material e a ideológica. Faltando, porém, qualquer elemento capaz de configurar o *falsum* é impossível dar-se por caracterizado o uso. É excluído o delito quando não se caracteriza o crime de falsidade pela imitação grosseira, pela falta de relevância do documento, por não ser hábil a enganar o homem médio, quando se trata de mera cópia sem autenticação etc.

Tratando-se de infração penal que deixa vestígios, exige-se a prova da falsidade material em exame de corpo de delito direto, que somente pode ser suprido quando sua realização tornar-se impossível ou quando há inequívoca certeza da falsidade (item 297.3).

A pena cominada para o uso de documento falsificado é a mesma daquela prevista para o crime de falsificação do mesmo.

Jurisprudência

- Necessidade de emprego em específica destinação probatória
- Conjugação do art. 304 com o art. 297 do Código Penal
- Referência oral ao documento: inexistência de crime
- Documento materialmente falso e ideologicamente verdadeiro: crime não caracterizado
- Uso de certificado falso de aprovação em curso de madureza (ensino médio): crime caracterizado
- Uso de falso alvará de soltura: crime caracterizado
- Uso de certidão para eximir-se de pagamento: crime caracterizado
- Uso de passaporte falso: crime caracterizado
- Uso de passaporte com visto falso: crime caracterizado

- Contra: exigência de uso com destinação específica
- Uso de cópia autenticada de documento falso: crime caracterizado
- Uso de xerocópia não autenticada: inexistência de crime
- Exibição à autoridade incompetente para a fiscalização: crime não caracterizado
- Exibição voluntária da Carteira de Habilitação: crime caracterizado
- Carteira Nacional de Habilitação falsa exibida como documento de identidade: crime não caracterizado
- Exibição espontânea de carteira de identidade falsa: crime caracterizado
- Exibição de documento falso por exigência da autoridade: crime caracterizado

- Exibição de documento falso por exigência da autoridade: crime caracterizado – contra
- Documento falso encontrado em revista policial: inexistência de crime
- Documento falso encontrado em revista policial: inexistência de crime – Contra
- Documento falso encontrado com a prisão do agente: inexistência de crime
- Documento retirado do bolso do portador: crime não caracterizado
- Irrelevância da forma de apreensão do documento
- Uso do documento presumido: crime não caracterizado
- Apreensão de Carteira Nacional de Habilitação em pessoa que não dirige: inexistência de crime
- Uso de carteira funcional de função inexistente: crime não caracterizado
- Falsidade para livrar-se da marginalidade: descriminalização do fato
- Falsidade para livrar-se da marginalidade: inexigibilidade de conduta diversa
- Falsidade para justificar álibi mentiroso em processo penal: crime
- Falsidade para ocultar antecedentes criminais: crime caracterizado
- Falsidade para ocultar condição de foragido
- Desistência voluntária no uso de documento falso
- Petição de advogado: inexistência de uso de documento falso
- Uso de documento falso em requerimento: inexistência de crime
- Vinculação do art. 304 ao crime de falsidade
- Uso de documento público ou particular
- Necessidade da falsidade do documento usado
- Autoria da falsidade não apurada: irrelevância
- Falsificação inócua: inexistência de crime
- Autenticação falsa em documento verdadeiro: inocorrência de crime
- Uso de documento inócuo: inexistência de crime
- Uso de documento com falsificação grosseira: inexistência do crime
- Inexistência de falsificação grosseira
- Falsificação perceptível à primeira vista: inexistência de crime
- Falsificação perceptível por profissional: inexistência de crime
- Falta de imitação da verdade: inexistência de crime
- Uso de cópias não autenticadas: inexistência do crime
- Uso de fax não autenticado: inexistência de crime
- Exigência de exame pericial
- Dispensabilidade do exame pericial: falsidade incontroversa
- Dispensabilidade do exame pericial: comprovação por outros meios
- Pena para o uso de documento falso
- Uso de atestado médico falso: crime caracterizado
- Porte de Carteira de Habilitação falsa: crime caracterizado
- Porte de documento falso: inexistência de crime
- Uso de documento inócuo: inexistência de crime
- Contra: documento inócuo e uso ilícito: crime caracterizado
- Uso de documento com falsificação grosseira: inexistência do crime
- Inexistência de falsificação grosseira
- Uso de cópias não autenticadas: inexistência do crime
- Exigência de exame pericial

304.3 Tipo subjetivo

O dolo do crime previsto no art. 304 é a vontade de usar o documento falso, ciente o agente da falsidade. A dúvida quanto à autenticidade do documento caracterizando o dolo eventual configura o elemento subjetivo necessário para a caracterização do ilícito. Apesar de opinião em contrário, não é indispensável que o agente tenha a intenção de causar dano a outrem. É indiferente à lei penal a finalidade do uso do documento, bastando que possa ele causar prejuízos econômicos, morais, sociais, políticos etc.

Jurisprudência

- Exigência de dolo
- Suficiência do dolo genérico
- Exigência de dolo específico
- Irrelevância da dúvida quanto à falsidade: crime caracterizado
- Ininvocabilidade do desconhecimento da falsidade
- Desconhecimento da falsidade: inexistência do dolo

304.4 Consumação e tentativa

Consuma-se o uso do documento falso quando entra ele no âmbito da pessoa iludida, ou seja, com o primeiro ato de utilização. Trata-se de crime instantâneo de efeitos permanentes. A consumação se perfaz ainda que não tenha o agente obtido nenhum proveito do uso do documento falso.

Não é admissível a tentativa por se tratar de crime unissubsistente. Antes da consumação não existe ato de execução que com aquela se confunde.

Jurisprudência

- Consumação com o uso do documento falso
- Atos preparatórios: inexistência de crime
- Inadmissibilidade da tentativa
- Desnecessidade de proveito para o agente ou dano para outrem
- Porte de documento falso sem dolo de uso - atipicidade da conduta

304.5 Distinção

Exigindo a lei no art. 304 que o objeto material seja documento falso, não comete esse delito, mas o de falsa identidade, quem usa de documento de outrem como seu, embora já se tenha decidido de forma diversa. O crime será o previsto no art. 304, porém, se houver alteração no documento verdadeiro, inclusive pela substituição de fotografias.

Jurisprudência

- Falsa identidade e não uso de documento falso
- Falsa identidade e não uso de documento falso – Contra
- Uso de documento falso e não falsa identidade
- Uso de documento falso e não falsa identidade – Contra

304.6 Concurso

Há divergência jurisprudencial quando há uso do documento pelo próprio falsificador: para uma corrente, deve o agente ser punido pela falsificação, sendo o uso o exaurimento do crime; para outra, deve o agente ser punido pelo uso, crime-fim que absorve o meio (item 297.8). O STF já reconheceu a possibilidade de concurso material quando a falsidade não constitui ato preparatório do uso, isto é, meio para esse fim, ou seja, para o uso.

Novo uso do documento falso, após condenação por esse crime, constitui novo ilícito. Haverá concurso formal, porém, quando são dois ou mais os documentos falsificados objetos da mesma conduta criminosa e crime continuado quando forem duas ou mais as condutas praticadas nas mesmas condições, conforme previsto no art. 71.

Há divergência, também, quanto à existência de absorção da falsificação e uso pelo estelionato ou concurso formal de delitos. As opiniões a respeito já foram examinadas anteriormente (item 297.8). Pacífico, porém, que o uso de documento falso é absorvido pelo crime de sonegação fiscal quando a falsidade é o meio fraudulento empregado para a prática do delito tributário.

Jurisprudência

- Reiteração do uso de documento falso
- Concurso formal de crimes de uso de documento falso
- Crime continuado de uso de documento falso
- Não absorção do uso de documento falso pelo estelionato: finalidades distintas
- Absorção do estelionato pelo uso de documento falso
- Concurso formal com estelionato
- Concurso material com estelionato
- Absorção da falsificação pelo crime de sonegação fiscal
- Absorção do uso de documento falso pela fraude de lei sobre estrangeiro
- Falsidade prescrita e uso do documento: crime caracterizado
- Concurso material com tráfico internacional de entorpecentes
- Concurso material com a contravenção de direção sem habilitação
- Falsificação e uso do documento falsificado: crime único de falsificação
- Falsificação e uso de documento falsificado: crime único de uso
- Absorção do uso de documento falso pelo estelionato

304.7 Competência

Havendo falsificação e uso, a competência deve ser determinada pelo lugar em que foi usado o documento.

O uso perante autoridades estaduais ou municipais, ainda que se trate de documento expedido pela União, é da competência da Justiça estadual por não ferir serviços ou interesses federais. Por outro lado, mesmo o documento expedido por repartição estadual transfere a competência para a Justiça Federal se houver interesse da União violado. O uso de documento falso, consistente na Caderneta de Inscrição e Registro (CIR), ou de Carteira de Habilitação de Amador (CHA), mesmo que expedidas pela Marinha, é da competência da Justiça Federal por força da Súmula Vinculante 36.

Em sentido mais abrangente, firmou-se no STJ o entendimento de que a competência para julgar o crime de uso de documento falso é firmada em razão da entidade ou órgão perante o qual foi apresentado o documento público, não importando a natureza do órgão expedidor (Súmula 546).

Nos termos do art. 70 do CPP e conforme a Súmula 200 do STJ: "O Juízo Federal competente para processar e julgar acusado de crime de uso de passaporte falso é o do lugar onde o delito se consumou."

Jurisprudência

- Competência para o processo por uso de documento falso
- Competência da Justiça Federal
- Uso de carteira da Ordem dos Advogados do Brasil falsa: competência da Justiça
- Ausência de interesse da União: competência da Justiça estadual
- Documento expedido por repartição federal: inexistência de interesse da União
- Documento expedido por repartição estadual: competência da Justiça estadual
- Uso de documento com finalidade eleitoral: competência da Justiça Eleitoral

- Uso de diploma falso de médico: competência da justiça estadual

Supressão de documento

Art. 305. Destruir, suprimir ou ocultar, em benefício próprio ou de outrem, ou em prejuízo alheio, documento público ou particular verdadeiro, de que não podia dispor:

Pena – reclusão, de 2 (dois) a 6 (seis) anos, e multa, se o documento é público, e reclusão, de 1 (um) a 5 (cinco) anos, e multa, se o documento é particular.

Vide: CP arts. 155, 163, 168, 297, § 2º, 314, 337, 356; **CPP** art. 232; **Lei nº 8.137**, de 27-12-1990, art. 3º, I (extravio, sonegação ou inutilização de livro, processo e documento como crime funcional contra a ordem tributária); **Lei nº 11.101**, de 9-2-2005 (Lei de Falências), art. 168, § 1º (prevê causas de aumento de pena do crime de fraude a credores), III (destruir, apagar ou corromper dados contábeis ou negociais armazenados em computador ou sistema informatizado), V (destruir, ocultar ou inutilizar, total ou parcialmente, os documentos de escrituração contábil obrigatórios).

305 SUPRESSÃO DE DOCUMENTO

305.1 Sujeitos do delito

Qualquer pessoa pode cometer o crime de supressão de documento, não se excluindo o proprietário do documento, quando não podia dele dispor. Nada impede o concurso de agentes, principalmente em caso de participação criminosa.

Sujeito passivo é o Estado, titular da fé pública ofendida, além da pessoa a quem o fato causar prejuízo.

Jurisprudência

- Inexistência de coautoria

305.2 Tipo objetivo

A primeira conduta típica é *destruir*, que significa rasgar, estragar, dilacerar, eliminar, arruinar o documento, incluindo a destruição parcial quando atingir parte juridicamente relevante do objeto material. A segunda ação é a de *suprimir*, que significa fazer desaparecer o documento, sem destruição ou ocultação, o que pode ocorrer quando o agente torna ilegível, risca, deteriora o documento. Por fim, comete o crime quem *ocultar*, esconder ou tirar da disponibilidade de outrem o documento, colocando-o em local onde não possa ser encontrado ou reconhecido. Não faz a lei nenhuma diferença quanto à forma com que o agente obtém a posse do documento, se lícita. Há crime de ocultação quando o agente sonega o documento que tinha o dever jurídico de apresentar.

O objeto material do crime é o documento público ou o documento particular (itens 297.2 e 298.2). Quando se trata de documento público, ou a ele equiparado nos termos do art. 297,

§ 2º, a pena é mais severa. Não há crime quando se trata de documento falso, uma vez que a lei se refere a documento "verdadeiro", ou de traslados, certidões ou cópias de originais constantes de livros notariais ou de arquivos de repartição pública, pois podem ser obtidas novas cópias. Nessas hipóteses não é lesada a fé pública dos documentos, não fica afetada a prova de fato ou a relação jurídica, nem é causado prejuízo a outrem. A restauração do documento, quando o agente pretendia a sua destruição, configura a tentativa (item 305.4). Entretanto, a mera possibilidade de processo de restauração do documento não exclui o crime.

O crime também não ocorre quando se tratar de duplicata, substituível pela triplicata, segundo a lei vigente. Mas tendo havido o "aceite", não substituível por iniciativa pura do favorecido, o crime se caracteriza. Tratando-se de documento substituível ou falso pode o fato constituir outro ilícito (furto, dano, fraude processual, favorecimento pessoal etc.).

Embora haja casos em que se exige como prova do ilícito o exame pericial, pode comprovar-se a materialidade do crime por meio de exame de corpo de delito indireto.

Não há imunidade no crime praticado contra o cônjuge, que se refere apenas aos crimes contra o patrimônio, embora assim já se tenha decidido.

Jurisprudência

- Supressão de filme fotográfico: crime caracterizado
- Supressão de aval em documento: crime caracterizado
- Não exibição de documento: crime caracterizado
- Destruição de cheque (documento público): crime caracterizado
- Destruição de cheque (documento particular): crime caracterizado
- Inutilização de cheque: crime caracterizado
- Destruição de recibo: crime caracterizado
- Ocultação de autos de inquérito policial: crime caracterizado
- Subtração de páginas de processo judicial: crime caracterizado
- Retenção de documento confiado ao agente: crime caracterizado
- Subtração e ocultação de documento: crime caracterizado
- Inexistência de destruição, supressão ou ocultação do documento: inexistência de crime
- Supressão de documento falso: inexistência de crime
- Supressão de documento falso: inexistência de crime – Contra
- Supressão de peças com cópias e restauração do original: inexistência de crime
- Supressão de cópias: inexistência de crime
- Supressão de documento com cópia: inexistência de crime
- Supressão de documentos substituíveis: inexistência de crime
- Ausência de prejuízo e composição das partes: inexistência de crime
- Subtração de documento por advogado de autos arquivados: inexistência de crime
- Recomposição do documento: inexistência de crime
- Irrelevância da possibilidade de restauração: crime caracterizado
- Supressão de duplicata: inexistência de crime
- Supressão de duplicata aceita: crime caracterizado
- Supressão de duplicata aceita: crime caracterizado – Contra
- Exigência de exame pericial
- Suficiência do exame de corpo de delito indireto
- Imunidade do crime praticado contra cônjuge
- Subtração e destruição de nota promissória: crime caracterizado

305.3 Tipo subjetivo

O dolo do crime de supressão de documento é a vontade de praticar uma das condutas incriminadas, sendo indispensável o elemento subjetivo do tipo, ou dolo específico, compreendido nas expressões "em benefício próprio ou de outrem" ou "em prejuízo de outrem". Sem essa finalidade, ou seja, de afetar relação jurídica, não se configura o crime. O benefício ou prejuízo, porém, pode ser de natureza econômica ou moral.

Jurisprudência

- Exigência do dolo específico
- Existência de dolo específico
- Inexistência de dolo
- Inexistência de dolo específico
- Desnecessidade de paga ou promessa de recompensa
- Alegação de violenta emoção não exclui a ilicitude do fato

305.4 Consumação e tentativa

Consuma-se o crime com a destruição, a ocultação ou a supressão do documento verdadeiro, não se exigindo a ocorrência do fim visado, ou seja, o proveito próprio ou alheio, ou o prejuízo alheio, quando estes sejam possíveis. Obtido proveito pelo agente, a restauração tardia do documento não exclui a concretização do crime.

A tentativa é possível por se tratar de crime plurissubjetivo, que exige série de atos que podem ser interrompidos. Caso, após a conduta em que se visava à destruição do documento, tenha sido possível sua recomposição imediata, também estará configurada a tentativa.

Jurisprudência

- Consumação com a ocultação do documento
- Irrelevância da ausência de prejuízo
- Irrelevância da ausência de prejuízo – Contra
- Irrelevância da não obtenção do resultado
- Irrelevância da restauração do documento
- Irrelevância de ressarcimento forçado
- Recomposição do documento: tentativa caracterizada

305.5 Distinção

Os crimes de furto, apropriação indébita, dano etc., que tenham como objeto o documento são absorvidos pelo crime previsto no art. 305 quando a ação visa fazer desaparecer a prova de um fato juridicamente relevante. De outro lado, o dolo peculiar do crime e a qualidade do agente distinguem esse crime de outros semelhantes (arts. 312, 314, 337, 356 etc.). A destruição, ocultação ou inutilização, total ou parcial, de documentos de escrituração contábil obrigatórios constitui forma agravada do crime de fraude a credores, previsto no art. 168, § 1º, V, da Lei de Falências (Lei nº 11.101, de 9-2-2005).

Jurisprudência

- Distinção com o crime previsto no art. 356
- Crime previsto no art. 356 e não supressão de documento
- Supressão de documento e não exercício arbitrário das próprias razões
- Supressão de documento e não apropriação indébita

305.6 Concurso de crimes

Praticando o agente duas condutas inscritas no art. 305 com o mesmo documento, responderá por apenas um crime. A supressão de documentos tendo por fim a sonegação fiscal fica absorvida por esse delito.

Jurisprudência

- Absorção pelo crime de sonegação fiscal
- Absorção pelo crime de sonegação fiscal – Contra
- Concurso formal com o crime de incêndio

CAPÍTULO IV
DE OUTRAS FALSIDADES

Falsificação do sinal empregado no contraste de metal precioso ou na fiscalização alfandegária, ou para outros fins

Art. 306. Falsificar, fabricando-o ou alterando-o, marca ou sinal empregado pelo poder público no contraste de metal precioso ou na fiscalização alfandegária, ou usar marca ou sinal dessa natureza, falsificado por outrem:

Pena – reclusão, de 2 (dois) a 6 (seis) anos, e multa.

Parágrafo único. Se a marca ou sinal falsificado é o que usa a autoridade pública para o fim de fiscalização sanitária, ou para autenticar ou encerrar determinados objetos, ou comprovar o cumprimento de formalidade legal:

Pena – reclusão ou detenção, de 1 (um) a 3 (três) anos, e multa.

Vide: CP arts. 296, 297, 311; Lei nº 9.503, de 23-9-1997 – CTB, arts. 230, I (define como infração de trânsito a conduta de conduzir veículo com o lacre, a inscrição do chassi, o selo, a placa ou qualquer outro elemento de identificação do veículo violado ou falsificado), 298, II (prevê como agravante nos crimes de trânsito utilizar o veículo sem placas, com placas falsas ou adulteradas).

306 FALSIFICAÇÃO DE SINAL EMPREGADO NO CONTRASTE DE METAL PRECIOSO OU NA FISCALIZAÇÃO ALFANDEGÁRIA, OU PARA OUTROS FINS

306.1 Sujeitos do delito

Sujeito ativo do crime é qualquer pessoa que pratique uma das condutas típicas, não se prevendo aumento especial de pena para o funcionário público.

Sujeito passivo é o Estado, titular da fé pública e, eventualmente, a pessoa lesada em decorrência da conduta criminosa.

306.2 Tipo objetivo

É conduta típica a falsificação pela fabricação (contrafação) ou alteração, bem como a de usar o produto contrafeito ou alterado, exigindo-se, como em qualquer crime de falsidade, que seja ela idônea, capaz de enganar a pessoa comum.

O objeto material do crime é a marca ou sinal (figura, emblema, nome, sigla, letras, algarismos, brasões etc.) destinado a distinguir produtos pela sua maior pureza ou perfeição quando se trata de metal precioso. Refere-se a lei também a falsificação de sinais destinados à fiscalização sanitária. Já se considerou como crime a alteração de placas ou plaquetas de veículos automotores, mas a jurisprudência vinha optando por outro crime, conforme as circunstâncias da conduta, ou pela atipicidade do fato, tido como infração puramente administrativa, presentemente prevista no art. 230, I, do Código de Trânsito Brasileiro. O fato passou, porém, a constituir o crime previsto no art. 311 do CP. Entretanto, foi considerada típica a conduta de troca de marcas de matrícula de aeronave.

Jurisprudência

- Alteração de placa de automóvel: fato atípico
- Alteração de marca de matrícula de aeronave
- Alteração de placa de automóvel para assegurar a posse de produto de crime: favorecimento real

306.3 Tipo subjetivo

O dolo é a vontade de falsificar ou usar a marca ou sinal falsificado, ciente o agente de que é ele empregado pelo poder público para as finalidades mencionadas no dispositivo. Não se exige qualquer fim especial de agir.

306.4 Consumação e tentativa

Consuma-se o crime, quanto à primeira parte do art. 306, com a fabricação ou alteração idônea acabada; na segunda, pelo uso pelo agente que não foi o autor da falsificação ou alteração. Não se exige dano ou qualquer outro resultado natural para se ter por consumado o crime.

A tentativa é possível quanto à falsificação (crime plurissubsistente), mas não quanto ao uso (crime unissubsistente).

306.5 Distinção

A adulteração ou remarcação do número de chassi ou qualquer sinal identificador de veículo automotor, de seu componente ou equipamento, o que inclui as placas do automóvel, configura agora o crime previsto no art. 311 do CP e não mais o art. 306, conforme se decidia anteriormente.

Falsa identidade

Art. 307. Atribuir-se ou atribuir a terceiro falsa identidade para obter vantagem, em proveito próprio ou alheio, ou para causar dano a outrem:

Pena – detenção, de 3 (três) meses a 1 (um) ano, ou multa, se o fato não constitui elemento de crime mais grave.

Vide: CF art. 5º, LVIII; **CP** arts. 171, 297 a 299, 308, 309; **LCP** arts. 45, 46, 68, *caput*, parágrafo único; **CPP** art. 6º, VIII;); **Lei nº 9.454**, de 7-4-1997 (institui o número único de registro de identidade civil); **Lei nº 9.807**, de 13-7-1999, art. 9º (possibilidade de alteração da identidade civil de pessoas beneficiadas pelo programa federal de assistência a vítimas e testemunhas ameaçadas; **Lei nº 12.037**, de 1º-10-2009 (dispõe sobre a identificação criminal), art. 1º (veda a identificação criminal do civilmente identificado), art. 2º (discrimina documentos hábeis para a identificação civil), art. 3º (exceções à regra da não identificação criminal quando apresentado documento de identificação civil); arts. 5º a 7º-B (disciplinam a identificação datiloscópica, fotográfica e por perfil genético). Súmula: **STJ 17, 522**.

307 FALSA IDENTIDADE

307.1 Sujeitos do delito

Sujeito ativo do crime previsto no art. 307 é qualquer pessoa que se atribua ou atribua a outrem uma falsa identidade.

Sujeito passivo é o Estado, inscrito que está o delito entre os crimes contra a fé pública. O terceiro lesado diretamente pela conduta é também ofendido pelo crime, casos em que poderá prevalecer outro delito (estelionato, furto com fraude etc.).

307.2 Tipo objetivo

A primeira conduta é atribuir-se ou atribuir a outrem a falsa identidade, ou seja, fazer-se passar ou a terceiro por outra pessoa existente ou imaginária. Identidade, no sentido natural, é o conjunto de caracteres próprios e exclusivos de uma pessoa: nome, idade, estado, profissão, qualidade, sexo, defeitos físicos, impressões digitais etc. Por isso tem-se entendido que configura o crime não só quem utiliza patronímico ou prenome falso, mas quem se diz falsamente militar, advogado, funcionário público, cidadão brasileiro etc. Mas, como se caracteriza o crime quando o agente se atribui identidade, e não qualidade qualquer, diversa da real, o fato constitui, quando muito, um ilícito contravencional.

É indispensável para a caracterização do ilícito que a falsa atribuição de identidade seja praticada para que o agente obtenha vantagem, em proveito próprio ou alheio, ou para causar dano a outrem. É necessário, assim, que o fato seja ou possa vir a ser juridicamente relevante, pois, se não houver a possibilidade de resultar efeito jurídico, não ocorre o ilícito. Não distingue a lei a espécie de vantagem, que poderá ser de caráter patrimonial, social, sexual ou moral.

Como em qualquer falsidade é indispensável que o meio utilizado pelo agente seja idôneo a confundir, não caracterizando o ilícito a falsidade ou o ardil grosseiros, que não podem enganar, inexistindo o dano potencial que caracteriza o crime.

Discute-se a existência ou não do crime nos casos em que o acusado se inculca falsa identidade perante a autoridade, ao ser interrogado. Enquanto, em uma orientação, entende-se não existir o crime por ter o acusado o direito de não dizer a verdade para não se prejudicar (*nemo tenetur se detegere*), como no direito ao silêncio e de mentir, além de agir sem o dolo específico indispensável para a caracterização do tipo; em outra, ora predominante e mais adequada, conclui-se pela existência do crime diante da inexistência de regra jurídica no sentido genérico da autodefesa e da distinção necessária entre o direito de permanecer calado, constitucionalmente assegurado, e o de falsear a verdade. A mesma divergência ocorre quando da falsa atribuição de identidade daquele que é preso, invocando-se, na primeira posição, o direito de autodefesa e, na segunda, sua inexistência quando se trata de prisão regular. Pacificou-se, assim, no STJ o entendimento de que configura o crime do art. 307 do CP atribuir-se falsa identidade perante a autoridade policial, ainda que em situação de alegada autodefesa (Súmula 522). No mesmo sentido é a orientação dominante no STF.

Jurisprudência

- Caráter restrito da falsa identidade
- Apresentação de documento alheio: crime caracterizado
- Atribuição falsa de ser juiz federal: crime caracterizado
- Falsificação grosseira: inexistência de crime
- Retratação imediata na falsa identidade
- Atribuição falsa de pessoa fictícia
- Caráter amplo da falsa identidade
- Atribuição falsa de ser funcionário: crime não caracterizado
- Atribuição falsa de ser delegado de polícia: crime caracterizado
- Atribuição falsa de ser fiscal: crime caracterizado
- Atribuição falsa de ser oficial militar: crime caracterizado
- Atribuição falsa de ser oficial militar: crime caracterizado – Contra
- Exigência do fim de obter vantagem em proveito próprio ou alheio
- Fim sem relevância jurídica: inexistência do crime
- Falsa identidade em carteira de sócio de clube: inexistência de crime
- Finalidade de qualquer dano: crime caracterizado
- Finalidade de vantagem moral: crime caracterizado
- Fim de causar dano moral: crime caracterizado
- Falsa identidade para libertar irmão da prisão: crime caracterizado
- Falsa identidade para prestar prova
- Ausência de dano: inexistência de crime
- Falsa identidade perante particulares: inexistência de crime
- Meio inidôneo: inexistência de crime
- Falsa identidade perante a autoridade: inexistência da autodefesa
- Falsa identidade perante a autoridade: inexistência da autodefesa – Contra
- Crime impossível por meio absolutamente ineficaz: identificação datiloscópica
- Falsa identidade na prisão em flagrante: crime caracterizado
- Falsa identidade na prisão em flagrante: crime caracterizado – Contra
- Falsa identidade para fugir à responsabilidade penal: crime caracterizado
- Falsa identidade para fugir à responsabilidade penal: crime caracterizado – Contra
- Falsa identidade para fugir à prisão: crime caracterizado
- Falsa identidade para não ser identificado como fugitivo: crime caracterizado
- Falsa identidade para obter liberdade
- Falsa identidade para obter restituição de arma

307.3 Tipo subjetivo

O dolo do delito é a vontade de atribuir-se ou atribuir a outrem a falsa identidade, exigindo-se, porém, o elemento subjetivo do tipo, que é a finalidade de conseguir vantagem para si ou para outrem ou de causar dano a terceiro.

Jurisprudência

- Existência do dolo específico
- Existência do dolo específico – Contra

- Fim de obter emprego: inexistência de dolo específico
- Fim de ocultar passado criminoso: crime inexistente

307.4 Consumação e tentativa

Consuma-se o crime quando o agente irroga, inculca ou imputa a si próprio ou a terceiro a falsa identidade, independentemente da obtenção da vantagem própria ou de outrem ou prejuízo alheio visados. Trata-se de crime formal, que independe de ulteriores consequências.

A tentativa é teoricamente possível, uma vez que os atos de execução podem ser interrompidos. Já se reconheceu, aliás, hipótese de arrependimento eficaz.

Jurisprudência

- Consumação do crime de falsa identidade
- Desnecessidade de vantagem própria ou dano a terceiro
- Irrelevância de inexistência de obtenção do fim desejado
- Arrependimento eficaz

307.5 Distinção

Predomina o entendimento que constitui o crime de falsa identidade e não o de falsidade material a alteração de documento com a simples substituição da fotografia original pela do agente, quando este passa a utilizá-la. Constitui contravenção fingir-se de funcionário público (art. 45 da LCP) ou usar publicamente uniforme ou distintivo de função que não exerce, bem como usar, indevidamente, de sinal distintivo ou denominação cujo emprego seja regulado por lei (art. 46 da LCP). A recusa em fornecer à autoridade, quando justificadamente solicitados ou exigidos, e a declaração falsa, quando não configurado o delito do art. 307 do CP, a respeito de dados ou indicações concernentes à própria identidade, estado, profissão, domicílio e residência também constituem fato contravencional (art. 68, *caput* e parágrafo único, da LCP).

Jurisprudência

- Uso de documento de terceiro: falsa identidade e não uso de documento falso
- Uso de documento falso e não falsa identidade
- Falsificação documental e não falsa identidade
- Troca de foto em documento verdadeiro: falsa identidade e não uso de documento falso
- Falsa identidade e não o crime previsto no art. 308
- Contravenção e não falsa identidade

307.6 Concurso de crimes

A falsa identidade é absorvida quando for meio para a prática de delito mais grave, como o estelionato ou a bigamia. Nada impede, porém, que a falsa identidade concorra com outros delitos.

Jurisprudência

- Falsa identidade como delito subsidiário
- Absorção da falsa identidade pelo uso do documento falso
- Absorção da falsa identidade pela bigamia
- Absorção da falsa identidade pelo estelionato
- Roubo e falsa identidade: inexistência de absorção
- Constrangimento ilegal e falsa identidade: inexistência de absorção

Art. 308. Usar, como próprio, passaporte, título de eleitor, caderneta de reservista ou qualquer documento de identidade alheia ou ceder a outrem, para que dele se utilize, documento dessa natureza, próprio ou de terceiro:

Pena – detenção, de 4 (quatro) meses a 2 (dois) anos, e multa, se o fato não constitui elemento de crime mais grave.

Vide: CP arts. 307, 309; **Lei n° 4.375**, de 17-8-1964 (Lei do Serviço Militar), arts. 38, 75, *b* (dispõem sobre o certificado de reservista); **Lei n° 4.737**, de 15-7-1965 – Código Eleitoral, arts. 42 ss. (dispõem sobre o alistamento e o título de eleitor); **Lei n° 13.445**, de 24-5-2017, art. 5°, I (dispõe sobre o passaporte como documento de viagem), § 1° (dispõe que o passaporte emitido pelo Estado brasileiro é propriedade da União, cabendo a seu titular a posse direta e o uso regular).

308 USO DE DOCUMENTO DE IDENTIDADE ALHEIO

308.1 Sujeitos do delito

Sujeito ativo do crime previsto no art. 308 é qualquer pessoa que usa o documento de identidade alheio ou de documento seu ou de outrem para uso pelo destinatário.

Sujeito passivo é o Estado, lesado na fé pública, mas também a pessoa a quem o fato causa dano.

308.2 Tipo objetivo

A primeira conduta é *fazer uso* de documento de identidade de outra pessoa, como se fosse próprio, em qualquer relação jurídica, para provar a identidade que se atribui falsamente. A segunda ação incriminada é *ceder*, ou seja, transferir a posse do documento a outrem, para que o destinatário dele faça uso. Refere-se a lei ao passaporte (Lei n° 13.445, de 24-5-2017,), ao título de eleitor (Lei n° 4.737, de 15-7-1965), à carteira de reservista (Lei n° 4.375, de 17-8-1964), mas também a qualquer outro documento para comprovação de identidade (carteira de identidade civil ou militar, certidão de casamento etc.). Não se caracteriza o crime se não constam do escrito os dados essenciais da identidade (filiação, naturalidade etc.), mas já se tem decidido que o termo *identidade* abrange inclusive dados de qualificação, atribuição ou qualificação profissional.

Não se exige no tipo que o uso ou a cessão tenha por finalidade a obtenção de vantagem ou a intenção de causar dano. Caracteriza-se o ilícito, portanto, independentemente de qualquer resultado lesivo.

Jurisprudência

- Uso e cessão de certidão de casamento: crime caracterizado
- Uso de documento de isenção militar: crime caracterizado
- Documento próprio com nome falso: inexistência do crime
- Abrangência do termo "identidade" no art. 308 do CP
- Uso de certificado de reservista: crime caracterizado
- Uso de documento alheio por foragido da Justiça: crime caracterizado

- Documento sem dados essenciais: inexistência do crime
- Uso de documento de identidade alheio: crime caracterizado
- Posse de documento de identidade alheio: crime não caracterizado
- Documento rasurado: inexistência de crime
- Irrelevância quanto a vantagem ou dano

308.3 Tipo subjetivo

O dolo, no primeiro caso, é a vontade de fazer uso, como sendo seu, de documento de identidade alheia, ou, no segundo, de ceder a outrem documento próprio ou de terceiro para que o tomador o utilize. Não se exige nenhum outro elemento subjetivo, senão a consciência de que está se cuidando de uso ilícito. No caso de cessão é necessário que seja ele destinado a uso pelo destinatário.

Jurisprudência

- Suficiência do dolo genérico

308.4 Consumação e tentativa

Consuma-se o crime, na primeira modalidade da conduta, com o uso do documento de identidade alheia, sendo irrelevante a não obtenção do fim colimado pelo agente. Não é possível, no caso, a tentativa, tratando-se na hipótese de crime unissubsistente.

Na segunda ação típica, o crime se consuma com a cessão do documento próprio ou alheio, podendo, no caso, configurar-se a tentativa.

Jurisprudência

- Irrelevância de não obtenção do fim pretendido pelo agente
- Guarda de documentos falsificados: atos preparatórios

308.5 Distinção

Tratando-se de falsidade grosseira de documento, não punível como *falsum*, pode ocorrer que seu uso configure o crime previsto no art. 308. Já se considerou também a troca de fotografias em passaporte como caracterizadora desse crime.

Jurisprudência

- Desclassificação de estelionato para uso de documento alheio
- Desclassificação de falso para uso de documento alheio
- Troca de fotografias em passaporte: crime caracterizado
- Desclassificação de falso para uso de documento alheio

308.6 Concurso de crimes

Sendo o crime do art. 307, delito-meio, subsidiário, é absorvido pelo crime de uso de documento de identidade alheia, crime-fim e mais gravemente apenado.

Jurisprudência

- Absorção da falsa identidade pelo uso de documento alheio

Fraude de lei sobre estrangeiros

Art. 309. Usar o estrangeiro, para entrar ou permanecer no território nacional, nome que não é o seu:

Pena – detenção, de 1 (um) a 3 (três) anos, e multa.

Parágrafo único. Atribuir a estrangeiro falsa qualidade para promover-lhe a entrada em território nacional:*

Pena – reclusão, de 1 (um) a 4 (quatro) anos, e multa.

* Parágrafo único acrescentado pela Lei nº 9.426, de 24-12-1996.

Vide: CP arts. 307, 308, 310; Lei nº **13.445**, de 24-5-2017 (dispõe sobre a situação jurídica do estrangeiro e disciplina a entrada e a permanência no território nacional), art. 109 (define infrações administrativas e comina penalidades).

309 FRAUDE DE LEI SOBRE ESTRANGEIROS

309.1 Sujeitos do delito

Trata o art. 309 de um crime próprio, uma vez que só o estrangeiro, inclusive o apátrida, pode praticar o crime nele tipificado. Nada impede, porém, que brasileiro colabore na prática do crime.

Sujeito passivo é o Estado, titular da política de imigração e da entrada ou permanência de estrangeiro em território nacional, bem como da fé pública, lesadas pela conduta criminosa.

309.2 Tipo objetivo

A conduta típica é a de fazer uso o estrangeiro de nome falso, lesando as exigências contidas nas leis que disciplinam a entrada e a permanência no Brasil, em especial a Lei de Migração (Lei nº 13.445, de 24-5-2017, regulamentada pelo Decreto nº 9.199, de 20-11-2017). O ilícito pode ser cometido com a apresentação de documentos falsos, mas nada impede que seja praticado com a simples atribuição a si mesmo de nome falso.

Referindo-se a lei apenas ao nome falso, não se caracteriza o ilícito quando alguém faz declaração falsa com relação a outros elementos de identificação (idade, profissão, nacionalidade etc.), ou usa outra fraude para o mesmo fim de entrada e permanência do estrangeiro no país, embora o fato possa constituir outro ilícito penal (arts. 297, 307, 310 etc.).

Para a caracterização do crime é necessário que o uso de nome falso se destine a possibilitar a entrada ou a permanência do estrangeiro no território nacional.

Jurisprudência

- Falsificação de documento e não-fraude à lei sobre estrangeiros
- Fraude sobre a lei de estrangeiros e não uso de documento falso

309.3 Tipo subjetivo

O dolo é a vontade de usar o nome falso, exigindo-se que tenha a conduta a finalidade de entrar ou permanecer em território nacional.

Jurisprudência

- Dolo específico configurado

309.4 Consumação e tentativa

Consuma-se o crime com o ato de utilização do nome falso, independentemente da entrada ou permanência no território nacional, desde que fosse esta a finalidade do agente. Não se admite a tentativa, tratando-se de crime unissubsistente.

Jurisprudência

- Consumação pela utilização do nome falso

309.5 Atribuição de falsa qualidade a estrangeiro

Outra modalidade de fraude é a atribuição de falsa qualidade a estrangeiro, que era prevista pelo art. 310, mas, por força do art. 1º da Lei nº 9.426, de 24-12-1996, passou a ser definida pelo parágrafo único do art. 309.

Sujeito ativo desse crime é qualquer pessoa que pratique a conduta incriminada, podendo tratar-se de funcionário do serviço de imigração. Sujeito passivo é o Estado, titular da fé pública e do interesse político da imigração e seleção de imigrantes.

A conduta prevista é atribuir, imputar, inculcar, irrogar a estrangeiro, por escrito ou verbalmente, falsa qualidade para que possa entrar no território nacional, incluindo assim não só o nome, mas qualquer atributo ou predicado necessário para que o destinatário penetre no território nacional, como os previstos nos arts. 10 e 11 da Lei de Migração (Lei nº 13.445, de 24-5-2017).

O dolo é a vontade de atribuir a estrangeiro falsa qualidade, exigindo como elemento subjetivo a finalidade de possibilitar-lhe a entrada no território nacional.

Consuma-se o crime com a falsa atribuição, não sendo necessária a entrada do estrangeiro no país. Trata-se, pois, de crime formal.

309.6 Distinção

O crime definido no art. 309, *caput*, é subsidiário, podendo o fato constituir-se em crime mais grave.

> Art. 310. Prestar-se a figurar como proprietário ou possuidor de ação, título ou valor pertencente a estrangeiro, nos casos em que este é vedada por lei a propriedade ou a posse de tais bens:
>
> Pena – detenção, de 6 (seis) meses a 3 (três) anos, e multa.*
>
> * Redação determinada pela Lei nº 9.426, de 24-12-1996.
>
> *Vide*: CF arts. 176, § 1º, 222; CP art. 309.

310 FALSIDADE EM PREJUÍZO DA NACIONALIZAÇÃO DE SOCIEDADE

310.1 Sujeitos do delito

Sujeito ativo do crime só pode ser brasileiro, uma vez que somente ele pode prestar-se a ser o "testa-de-ferro" do estrangeiro.

Sujeito passivo é o Estado, lesado na fé pública e na regularidade na nacionalização das sociedades.

310.2 Tipo objetivo

A conduta típica é prestar-se a figurar como proprietário ou possuidor de certos bens (ações, títulos, valores) de alienígena, seja a título gratuito seja mediante remuneração. Trata-se de norma penal em branco, uma vez que as restrições à atividade econômica de estrangeiros no país constam não só da Constituição Federal como de leis ordinárias.

310.3 Tipo subjetivo

O dolo é a vontade de figurar como proprietário ou possuidor dos bens referidos, com a consciência de que o faz ilicitamente. Não se exige finalidade própria para a caracterização do crime.

310.4 Consumação e tentativa

Consuma-se o crime quando o agente passa a figurar como proprietário ou possuidor de bens, ou seja, quando passa a ter ou possuir aparentemente os valores que não lhe pertencem. Não há necessidade de ocorrência de qualquer consequência posterior. O crime previsto no art. 310 é permanente.

Não é possível a tentativa.

310.5 Distinção

Tratando-se de empresa jornalística, o fato poderia constituir o crime previsto no art. 3º, § 5º, da Lei nº 5.250, de 9-2-1967. A Lei de Imprensa, porém, foi declarada inconstitucional em sua integralidade pelo STF (ADPF 130-7, j. em 30-4-2009, *DOU* de 12-5-2009, p. 1).

Adulteração de sinal identificador de veículo automotor

> Art. 311. Adulterar, remarcar ou suprimir número de chassi, monobloco, motor, placa de identificação, ou qualquer sinal identificador de veículo automotor, elétrico, híbrido, de reboque, de semirreboque ou de suas combinações, bem como de seus componentes ou equipamentos, sem autorização do órgão competente: *
>
> Pena – reclusão, de 3 (três) a 6 (seis) anos, e multa.
>
> § 1º Se o agente comete o crime no exercício da função pública ou em razão dela, a pena é aumentada de um terço.

§ 2º Incorrem nas mesmas penas do *caput* deste artigo:*

I – o funcionário público que contribui para o licenciamento ou registro do veículo remarcado ou adulterado, fornecendo indevidamente material ou informação oficial;

II – aquele que adquire, recebe, transporta, oculta, mantém em depósito, fabrica, fornece, a título oneroso ou gratuito, possui ou guarda maquinismo, aparelho, instrumento ou objeto especialmente destinado à falsificação e/ou adulteração de que trata o *caput* deste artigo; ou

III – aquele que adquire, recebe, transporta, conduz, oculta, mantém em depósito, desmonta, monta, remonta, vende, expõe à venda, ou de qualquer forma utiliza, em proveito próprio ou alheio, veículo automotor, elétrico, híbrido, de reboque, semirreboque ou suas combinações ou partes, com número de chassi ou monobloco, placa de identificação ou qualquer sinal identificador veicular que devesse saber estar adulterado ou remarcado.

§ 3º Praticar as condutas de que tratam os incisos II ou III do § 2º deste artigo no exercício de atividade comercial ou industrial:

Pena – reclusão, de 4 (quatro) a 8 (oito) anos, e multa.

§ 4º Equipara-se a atividade comercial, para efeito do disposto no § 3º deste artigo, qualquer forma de comércio irregular ou clandestino, inclusive aquele exercido em residência.

* *caput*, com redação dada pela Lei nº 14.562 de 26-4-2023.

* § § 2º a 4º incluídos pela Lei nº 14.562 de 26-4-2023.

Vide: CP arts. 180, 327; Lei nº 9.503, de 23-9-1997 – CTB, arts. 114 (prevê a obrigatoriedade de identificação do veículo por caracteres gravados no chassi ou no monobloco, reproduzidos em outras partes, conforme dispuser o Contran), 115 (prevê obrigatoriedade de identificação do veículo por meio de placas dianteira e traseira, sendo esta lacrada em sua estrutura, obedecidas as especificações e modelos do Contran), 230, I (define como infração de trânsito a conduta de conduzir veículo com o lacre, a inscrição do chassi, o selo, a placa ou qualquer outro elemento de identificação do veículo violado ou falsificado), 234 (define como infração administrativa a conduta de falsificar ou adulterar documento de habilitação e de identificação do veículo), 298, II (prevê como agravante nos crimes de trânsito ter o condutor do veículo cometido a infração utilizando o veículo sem placas, com placas falsas ou adulteradas). Súmula: STJ 17.

311 ADULTERAÇÃO DE SINAL IDENTIFICADOR DE VEÍCULO AUTOMOTOR

311.1 Sujeitos do delito

Sujeito ativo é qualquer pessoa que cometer o delito, sendo comum a prática dessa conduta por mecânicos de desmanches, de oficinas de vendas, revendas ou reparos de veículos automotores.

Sujeito passivo é o Estado, já que o crime atinge a fé pública. Ofendido secundário é o particular quando o veículo foi objeto de crime anterior (furto, roubo, estelionato), já que a conduta de adulteração ou remarcação dificulta a recuperação do bem.

311.2 Tipo objetivo

A conduta típica é a de *adulterar*, ou seja, mudar, alterar, modificar, contrafazer, falsificar, deformar, deturpar, *remarcar*, marcar de novo o número ou *suprimir*, fazer desaparecer, retirar, cortar, eliminar, o sinal identificador do veículo, de seu componente ou equipamentos, o número do chassi, monobloco, motor, placa de identificação pouco importando o processo utilizado.

Objeto material é o veículo automotor, ou seja, o que se move mecanicamente, especialmente a motor de explosão, para transporte de pessoas ou carga (automóveis, utilitários, caminhões, ônibus, motocicletas etc.). Estão agora abrangidos pelo dispositivo também os veículos elétricos ou, híbridos, de reboque, de semirreboque ou de suas combinações, bem como seus componentes ou equipamentos.

A conduta pode incidir não só sobre o número do chassi do veículo, monobloco, motor, placa de identificação, bem como qualquer sinal identificador (números, marcas, placas logotipos etc.) de quaisquer componentes ou equipamentos (motor, vidros, peças etc.).

O veículo é identificado externamente por meio das placas dianteira e traseira, cujos caracteres serão individualizados e o acompanharão até a baixa do registro, conforme determinação legal (art. 115 do CTB). Ainda segundo o CTB, conduzir o veículo com o lacre, a inscrição do chassi, o selo, a placa ou qualquer outro elemento de identificação violado ou falsificado constitui infração de trânsito (art. 230, I) e a utilização de veículo sem placas, com placas falsas ou adulteradas é prevista como circunstância agravante nos crimes de trânsito (art. 298, II). Tipifica, portanto, a conduta prevista no art. 311 do CP a adulteração ou remarcação desses sinais identificadores, bem como daqueles gravados no chassi ou monobloco (art. 114 do CTB).

Constituindo as placas sinal de identificação externo do veículo, a sua substituição por outras com diferentes caracteres configura o delito. Há crime, nessa hipótese, porque ocorre a remarcação, mediante a supressão do sinal original e a colocação pelo agente de um novo e distinto sinal identificador no veículo. A tinta que recobre os caracteres inscritos nas placas é parte integrante do sinal identificador e, assim, comete o delito previsto no art. 311 do CP, por adulteração do sinal, o agente que modifica os caracteres originais mediante pintura ou raspagem da tinta. Tem-se decidido, por vezes, que a alteração de caracteres das placas do veículo mediante a colocação de fita adesiva com o fim de iludir a fiscalização e evitar multas não configura o crime, mas mero ilícito administrativo. Embora o processo utilizado pelo agente e a finalidade específica de sua conduta sejam irrelevantes diante do tipo penal, justifica-se a orientação no caso de alteração grosseira e inócua, por sua natureza incapaz de iludir a fé pública, e sem o caráter de permanência mínima exigível na adulteração.

Também já se decidiu que a supressão por raspagem do número de identificação do chassi do veículo não é considerada crime, porque tal conduta não equivale a adulterar, podendo constituir apenas ato preparatório daquele ilícito. Deve-se observar, porém, que, ao suprimir total ou parcialmente o número do chassi, o agente altera, deturpa ou deforma o sinal de identificação do veículo, praticando a adulteração e cometendo o crime previsto no art. 311 do CP. Diante da nova redação do dispositivo, em que se inclui expressamente a *supressão* do sinal, nenhuma dúvida remanesce no sentido de que, na hipótese, o crime se caracteriza.

Jurisprudência

- Uso de fita adesiva: crime caracterizado
- Uso de fita adesiva: crime caracterizado – Contra
- Fabricação de placas clonadas: crime caracterizado
- Troca de placas: atipicidade
- Adulteração de placas pela remoção de parte da tinta: crime caracterizado
- Raspagem de sinal identificador: meros atos preparatórios
- Adulteração de placas do veículo: crime caracterizado
- Adulteração de placas do veículo: crime caracterizado – Contra
- Troca de placas: crime caracterizado

311.3 Tipo subjetivo

O dolo é a vontade dirigida à prática de uma das condutas típicas, de adulterar ou remarcar o número de chassi, monobloco, motor, placa de identificação, ou sinal identificador, não se exigindo qualquer finalidade específica do agente. Como a adulteração, remarcação e supressão desses números ou sinais são proibidas em si mesmas, não há qualquer necessidade de que o sujeito tenha conhecimento de que se trata de veículo objeto de crime. Porque não exige a lei nenhum outro elemento subjetivo, não se escusa o agente por eventualmente ignorar que o veículo foi ou será objeto material de ato ou negócio ilícito.

Jurisprudência

- Desnecessidade de finalidade específica do agente

311.4 Consumação e tentativa

Consuma-se o crime com a adulteração, remarcação ou supressão do número do chassi ou de sinal identificador de componente ou equipamento do veículo automotor.

A tentativa é possível quando o agente é surpreendido antes de terminar a adulteração, remarcação ou supressão.

Jurisprudência

- Consumação: irrelevância da motivação do agente

311.5 Causa de aumento de pena

É previsto aumento de pena de um terço se o agente comete o crime no exercício de função pública ou em razão dela.

311.6 Crimes assemelhados

Foram inseridas no § 2º do art. 311 novas figuras penais especiais relacionadas com o tipo previsto no *caput* e punidas com as mesmas penas.

A Lei nº 9.426, de 24-12-1996, inseriu um outro tipo penal especial, agora renumerado como inciso I, o de contribuição para o licenciamento ou registro do veículo remarcado ou adulterado, com a seguinte redação: "Incorre nas mesmas penas o funcionário público que contribui para o licenciamento ou registro do veículo remarcado ou adulterado, fornecendo indevidamente material ou informação oficial."

Trata-se de crime próprio, que exige do sujeito ativo a qualidade de funcionário público, em seu conceito penal (art. 327), nada impedindo a participação de terceiros. A conduta típica é *fornecer,* que significa prover, dar, proporcionar indevidamente *material* (placas, licenças, carimbos, selos, adesivos etc.) ou *informação oficial* (certidões, atestados, declarações, vistos etc. próprios do Poder Público).

O dolo do crime em tela é a vontade de fornecer o material ou a informação, desde que presente o elemento normativo do tipo, ou seja, a ciência do agente de que os está fornecendo indevidamente. Exige-se, porém, que o agente tenha consciência de que a finalidade é o licenciamento ou registro de veículo remarcado ou adulterado na forma do art. 311, *caput*. Inexistente tal finalidade, não se caracteriza tal ilícito, mas outro (arts. 297, 299, 304 etc.). É possível que o agente seja induzido a erro, o que exclui o dolo, quando desconhece que foram a ele apresentados documentos ou indicações falsas. O erro culposo do funcionário exclui o dolo, tornando o fato inócuo penalmente, embora possibilite a ocorrência de falta funcional.

Como se exige no tipo penal que haja a contribuição do funcionário para o licenciamento ou registro do veículo adulterado ou remarcado, a consumação do crime só ocorre quando for um ou outro alcançado. É possível a tentativa quando o funcionário fornece indevidamente o material ou informação oficial, mas não se logra o licenciamento ou registro do veículo.

Também na contribuição ilícita para o licenciamento ou registro de veículo remarcado ou adulterado se aplicava o aumento de pena de um terço previsto no § 1º, uma vez que o § 2º cominava para o fato as "mesmas penas" da infração simples ou qualificada. Assim, se para o funcionário que contribuía fornecendo indevidamente material ou informação oficial fora de sua função, a pena, de três a seis anos de reclusão, era aumentada de um terço quando o fizesse no exercício da função pública ou em razão dela. Diante da nova redação do dispositivo, porém, resta claro que as penas aplicáveis a todos os tipos previstos nos incisos I a III são somente as cominadas no *caput*. Assim, não são aplicáveis a essas figuras a causa de aumento prevista no §1º.

A Lei nº 14.562, de 26-4-2023, inseriu dois novos incisos e dois novos parágrafos ao art. 311.

De acordo com o inciso II comete também crime "aquele que adquire, recebe, transporta, oculta, mantém em depósito, fabrica, fornece, a título oneroso ou gratuito, possui ou guarda maquinismo, aparelho, instrumento ou objeto especialmente destinado à falsificação e/ou adulteração de que trata o *caput* deste artigo".

As condutas típicas são: adquirir, receber, transportar, ocultar, manter em depósito, fabricar, fornecer, possuir ou guardar. *Adquirir* significa obter a propriedade (pela compra, dação em pagamento, permuta, doação, herança etc.). *Receber* é a conduta de quem, sem o *animus rem sibi habendi*, toma posse da coisa. *Transportar* é levar, transferir ou carregar a coisa de um lugar para outro. *Ocultar* significa esconder, colocar em lugar em que não se pode encontrar a coisa, conduta que normalmente ocorre após o recebimento da coisa. *Manter em depósito*, é acondicionar, armazenar. *Fabricar* significa preparar, produzir por qualquer meio. *Fornecer* é ceder, ministrar, doar, abastecer, proporcionar. *Possuir* é ter a propriedade ou a posse material da coisa. *Guardar* é ter consigo, a sua disposição, abrigar, conservar, proteger. Nas hipóteses de transportar, ocultar, manter em depósito, possuir e guardar há crime permanente, que permite a prisão em flagrante enquanto durarem essas condutas. Os objetos materiais mencionados na lei são: o *maquinismo* (máquina ou conjunto de peças que a compõem), *aparelho* (conjunto de mecanismos, engenho, utensílio para uso), *instrumento* (objeto mais simples que o aparelho e que serve de agente mecânico na execução de qualquer trabalho), *objeto* (artigo, mercadoria, peça), que se destinem *especialmente* à falsificação e/ou adulteração de qualquer sinal identificador do veículo ou de seus componentes ou equipamentos. O elemento subjetivo é o dolo, a vontade de praticar uma das condutas com a consciência de que os objetos se destinam à falsificação ou adulteração do sinal. A consumação se dá com a prática de uma das ações típicas. Desnecessário é que ocorra a falsificação ou adulteração. É possível a tentativa.

Prevê-se no inciso III que comete ainda crime "aquele que adquire, recebe, transporta, conduz, oculta, mantém em depósito, desmonta, monta, remonta, vende, expõe à venda, ou de qualquer forma utiliza, em proveito próprio ou alheio, veículo automotor, elétrico, híbrido, de reboque, semirreboque ou suas combinações ou partes, com número de chassi ou monobloco, placa de identificação ou qualquer sinal identificador veicular que devesse saber estar adulterado ou remarcado".

Além das condutas de adquirir, receber, transportar, ocultar e manter em depósito já examinadas no inciso II, acrescentou a lei, no inciso III, as ações de: *conduzir* (dirigir, guiar um veículo qualquer), *desmontar* (desencaixar, separar peças de um todo), *montar* (armar, encaixar peças, aprontar para funcionar), remontar (montar o que foi desmontado, remendar, consertar, reparar, acrescentar ou substituir peças), *vender* (ato de transferir a propriedade da coisa tendo como contraprestação o preço), *expor à venda* (exibir, mostrar para venda) e *de qualquer forma utilizar* (fazer uso, usar, valer-se, empregar com utilidade, aproveitar, ganhar, lucrar). O novo dispositivo tem por finalidade coibir principalmente a comercialização ilícita de veículos ou de suas peças ou componentes. O tipo subjetivo é o dolo, ou seja, a vontade dirigida à prática de uma das condutas previstas no tipo. A exemplo do que ocorre no crime de receptação dolosa qualificada, é indispensável, também o elemento subjetivo do tipo contido na expressão "devesse saber estar adulterado ou remarcado", não se exigindo que o agente tenha efetivo conhecimento da circunstância (v. item 180.3). Consuma-se o crime com a prática de uma das ações típicas, admitindo-se a tentativa.

No § 3º prevê-se a forma qualificada dos crimes descritos nos incisos II e III, consistente na prática da conduta "no exercício de atividade comercial ou industrial", para a qual é prevista a pena de reclusão, de 4 a 8 anos, e multa. Nessas hipóteses, o sujeito ativo deve ser comerciante ou industrial, tratando-se, aqui, de *crime próprio*, que só pode ser praticado por essas pessoas. Não se exige que o sujeito ativo se dedique ao comércio legal ou regular, por prever a lei, no § 4º, que está incluída "qualquer forma de comércio irregular ou clandestino, inclusive o exercício em residência". Exige-se, porém, o caráter de habitualidade no exercício da atividade, não qualificando os crimes a prática isolada de um único ato de comércio.

Jurisprudência

- **Desnecessidade do dolo específico**

311.7 Concurso de crimes

Embora admissível o concurso formal ou material entre o crime descrito no art. 311 e o estelionato, se a adulteração de sinal identificador de veículo automotor é empregada unicamente como meio fraudulento para a prática de crime de estelionato, nele se exaurindo sua potencialidade lesiva, há a absorção do primeiro pelo crime patrimonial segundo a orientação adotada na Súmula 17 do STJ (item 171.7). Havendo concurso de crime de adulteração de sinal identificador de veículo automotor e crime de trânsito, não incide em relação a este último a agravante prevista no art. 298, II, do Código de Trânsito Brasileiro, por constituir a circunstância *post factum* não punível da falsidade.

Jurisprudência

• Absorção pelo crime de estelionato

CAPÍTULO V
DAS FRAUDES EM CERTAMES DE INTERESSE PÚBLICO

Fraudes em certames de interesse público

Art. 311-A. Utilizar ou divulgar, indevidamente, com o fim de beneficiar a si ou a outrem, ou de comprometer a credibilidade do certame, conteúdo sigiloso de:

I – concurso público;

II – avaliação ou exame públicos;

III – processo seletivo para ingresso no ensino superior; ou

IV – exame ou processo seletivo previstos em lei:

Pena – reclusão, de 1 (um) a 4 (quatro) anos, e multa.

§ 1º Nas mesmas penas incorre quem permite ou facilita, por qualquer meio, o acesso de pessoas não autorizadas às informações mencionadas no *caput*.

§ 2º Se da ação ou omissão resulta dano à administração pública:

Pena – reclusão, de 2 (dois) a 6 (seis) anos, e multa.

§ 3º Aumenta-se a pena de 1/3 (um terço) se o fato é cometido por funcionário público.*

* Capítulo V e artigo 311-A inseridos pela Lei nº 12.550, de 15-12-2011.

Vide: CF art. 5º, I a V, IX; **CP** arts. 47, V, 153, § 1º- A, 154-A, 325, 327; **Lei nº 8.745**, de 9-12-1993 (dispõe sobre a contratação por tempo determinado para atender a necessidade temporária de excepcional interesse público).

311-A FRAUDES EM CERTAMES DE INTERESSE PÚBLICO

311-A.1 Sujeitos do delito

Sujeito ativo é qualquer pessoa que pratique a conduta típica, não se exigindo especial capacidade ou posição do sujeito ativo. Se o agente é funcionário público, aumenta-se a pena (item 311-A.8)

Sujeito passivo é o Estado, titular do bem jurídico violado, a fé pública. Podem ser sujeitos passivos, também, os entes públicos ou privados responsáveis pelo certame e as pessoas que dele participem e que suportem com o fato eventual prejuízo. Havendo dano para a administração pública, o crime é qualificado (item 311-A.7).

311-A.2   Tipo objetivo

A ausência de tipos específicos criminalizando as diversas formas de fraude em concursos públicos e em exames de interesse público dificultava a responsabilização penal. Embora alguns meios fraudulentos empregados possibilitassem a incriminação do agente em razão da adequação da conduta a diferentes tipos penais, como os de falsidade ideológica (art. 299), falsificação de documentos (arts. 297 e 298) ou uso de documento falso (art. 304) etc., diversas outras modalidades de fraude permaneciam impunes. Em meio a inúmeras notícias de ocorrência de fraudes e à tramitação de diversos projetos de lei versando sobre o assunto, foi sancionada a Lei nº 12.550, de 15-12-2011, que incluiu no Título X da Parte Especial o Capítulo V – Das fraudes em certames de interesse público, composto por um único artigo, 311-A, sob a mesma denominação. A mesma lei inseriu no art. 47 o inciso V, que prevê como pena de interdição temporária de direitos a "proibição de inscrever-se em concurso, avaliação ou exame públicos" (v. item 47.5). Porque a Lei nº 12.550, de 15-12-2011, dispõe sobre autorização ao Poder Executivo para a criação de empresa pública denominada Empresa Brasileira de Serviços Hospitalares – EBSERH, tem-se assinalado, com razão, que a sua elaboração deu-se com violação ao disposto no art. 7º, I e II, da Lei Complementar nº 95, de 26-2-1998, que veda a inclusão, no curso da tramitação do projeto, de matéria absolutamente estranha ao objeto da lei.

No art. 311-A, a lei tutela a fé pública, protegendo a confiança das pessoas na lisura de certames de interesse público, que é lesada pela quebra do sigilo essencial à legalidade e moralidade do procedimento e à observância do princípio da isonomia. A violação do sigilo em concursos públicos, processos seletivos, exames e avaliações de interesse público afeta intensamente a credibilidade das instituições, gerando ou reforçando nas pessoas em geral a suspeita quanto à seriedade dos inúmeros certames que ordinariamente são realizados por entidades públicas e privadas. Além de lesar a confiança pública, a utilização ou divulgação dos dados sigilosos provoca, frequentemente, graves danos que incluem expressivos prejuízos econômicos a essas entidades e aos participantes do certame, decorrentes de seu adiamento, invalidação ou refazimento. Assim, embora o bem jurídico tutelado pelo dispositivo seja a fé pública, acautelam-se, também, interesses públicos e particulares.

Prevê o art. 311-A, *caput*, duas ações típicas: utilizar e divulgar. *Utilizar* é fazer uso, empregar, valer-se ou tirar proveito do conteúdo sigiloso dos certames elencados no dispositivo, de forma indevida e com uma das finalidades enunciadas (item 13.1.6). Pratica o delito o candidato que, com conhecimento prévio do gabarito oficial, o utiliza para obter a aprovação ou melhor resultado no exame; o professor que, após ter acesso, devido ou indevido, às questões sigilosas, embora não as divulgue, ministra aula baseada no conhecimento necessário para que seus alunos obtenham melhor desempenho na prova etc. *Divulgar* é tornar público, fazer conhecer a terceiros, por qualquer forma, o mesmo conteúdo sigiloso. Não é claro o dispositivo, a exemplo do que se verifica no crime de divulgação de segredo (art. 153), se a comunicação da informação sigilosa a uma única pessoa não autorizada configura o crime. Considerando, porém, a *mens legis* e que entre as finalidades da conduta está a de beneficiar a *outrem*, que pode ser uma única pessoa determinada, deve-se entender que, no tipo em exame, divulgar tem a acepção de transmitir, comunicar ou revelar o conteúdo sigiloso do exame a terceiro não autorizado a ele ter acesso, não se exigindo o seu conhecimento por um elevado número de pessoas. Ocorre o crime no vazamento do material sigiloso pelo funcionário da organização do certame com o fim de comprometer a credibilidade deste; na disponibilização das questões da prova na *internet* pelo *hacker* que invadiu o sistema de dados que as contém, com a mesma finalidade; na aplicação em sala de aula de teste contendo as mesmas questões sigilosas que integrarão a prova oficial a ser realizada, com o fim de favorecer os alunos etc.

Antes da vigência da Lei nº 12.550, de 15-12-2011, discutia-se se a fraude praticada mediante a denominada *cola eletrônica* configurava ilícito penal, recusando-se, com razão, a maior parte da doutrina e dos tribunais a reconhecer no fato, de forma sistemática, o estelionato.

A redação do dispositivo permite margem a dúvidas com relação à caracterização do crime nas diferentes hipóteses de "cola eletrônica". Incorre, porém, no tipo penal (art. 311-A) o candidato que, durante a realização da prova, transmite por meio eletrônico as questões a terceiro para ser por este auxiliado quanto à resposta correta, porque utiliza e divulga indevidamente as informações que permanecem acobertadas pelo sigilo, embora já sejam de seu conhecimento.

Não se configura o delito, no entanto, se o candidato somente recebe por meio eletrônico as respostas transmitidas por terceiro que teve acesso às perguntas sem violação do sigilo.

Contém o tipo o elemento normativo consignado no termo *indevidamente*. Somente ocorrerá o crime se o sujeito utilizar ou divulgar o conteúdo sigiloso de forma indevida, isto é, contrária aos fins que justificam o sigilo. Não é indevida, por exemplo, embora possa não ser recomendável, a utilização de questões em procedimentos prévios de testagem para aferição de sua exatidão e valor discriminatório, se previstos em lei ou regulamentos, desde que preservado o sigilo quanto à sua utilização. Se existir justa causa para a utilização ou divulgação, o fato é atípico. O candidato que teve conhecimento em sala de aula de questões a serem aplicadas no exame não pratica o crime ao comunicar o fato às autoridades, ainda que com sua conduta vise comprometer a credibilidade do certame, diante da existência de justa causa para a divulgação. Não pode ser considerada indevida a conduta que objetiva, precisamente, expor ou evitar a fraude ou atenuar as suas consequências nocivas.

Objeto do delito é o conteúdo sigiloso dos certames mencionados no dispositivo, que consiste em todos os dados e informações que devem permanecer de conhecimento de um número restrito de pessoas autorizadas, em razão de sua natureza e da previsão contida em leis, regulamentos, instruções, editais. O conteúdo sigiloso abrange, assim, questões, temas ou gabaritos de provas a serem aplicadas no certame, critérios de avaliação a serem empregados, dados relativos aos responsáveis por sua elaboração quando forem reservados etc.

Nos incisos I a IV enumeram-se os certames que são especialmente protegidos. Nos incisos I e II são previstos certames de natureza pública. Assim devem ser considerados os realizados ou promovidos pelo Poder Público, por meio dos órgãos da Administração direta ou indireta. Refere-se a lei, inicialmente, ao concurso público (inciso I), exigido pela Constituição Federal como condição para a investidura em cargo ou emprego público (art. 37, inciso II). Mencionam-se, também, a avaliação ou exame públicos (inciso II), que são procedimentos destinados à aferição de conhecimentos, habilidades ou competências dos inscritos, geralmente estudantes ou profissionais, com vistas à aprovação, seleção ou habilitação para fins determinados. São exemplos o ENEM e o ENAD, promovidos por autarquia federal vinculada ao Ministério da Educação, que objetivam a avaliação do desempenho escolar e acadêmico dos estudantes, respectivamente, ao final do ensino médio e durante o curso superior. Tutelam-se, ainda, os exames vestibulares em geral, que visam aferir conhecimentos dos estudantes e classificar os candidatos para o acesso às universidades e outras instituições de ensino superior (inciso III), não fazendo a lei distinção entre as entidades públicas e privadas. Por fim, mediante fórmula genérica, inclui-se qualquer exame ou processo seletivo que se realize em decorrência de expressa previsão legal (inciso IV), independentemente, também, de ser promovido ou aplicado pela Administração Pública ou por entes privados. São exemplos dessa espécie o Exame da Ordem, no qual devem ser aprovados os graduados em Direito como requisito necessário para o exercício da advocacia (art. 8º, inciso IV, da Lei 8.906, de 4-7-1994), o Exame de Suficiência previsto para o exercício da profissão de contador (art. 12 do Decreto-Lei nº 9.295, de 27-5-1946, com a redação dada pela Lei nº 12.249, de 11-6-2010), os processos seletivos para contratação de pessoal pela Administração, nos casos em que a Constituição torna dispensável o concurso com o fim de atender necessidade temporária de excepcional interesse público (art. 37, inciso IX, da CF e Lei nº 8.745, de 9-12-1993) etc. Estão excluídos da tutela especial, embora possam ser do interesse de um elevado número de pessoas, as demais avaliações, exames e processos seletivos promovidos e aplicados por entidades privadas que não estejam previstos em lei.

Jurisprudência

- Atipicidade da fraude mediante cola eletrônica
  (antes da vigência da Lei nº 12.550/2011)

311-A.3 Tipo subjetivo

Além do dolo, a vontade do agente de utilizar ou divulgar o conteúdo sigiloso, com a ciência de que o faz indevidamente, exige-se, como elemento subjetivo do tipo, que o agente atue com uma das finalidades previstas no dispositivo: a de beneficiar a si próprio ou a outrem ou a de comprometer a credibilidade do certame. Na ausência de um desses específicos fins de agir, pode-se configurar outro delito, como os descritos no art. 153, § 1º-A, ou no art. 325.

311-A.4 Consumação e tentativa

Consuma-se o crime, na primeira modalidade, com a utilização da informação sigilosa. Tratando-se de conduta que, em princípio, não possibilita o seu fracionamento, a tentativa é de difícil caracterização. Na segunda modalidade, a consumação ocorre com o conhecimento por terceiros do material sigiloso indevidamente divulgado. Nesse caso é possível a tentativa. A consumação do delito, em ambas as formas, não depende da efetiva obtenção do proveito almejado pelo agente ou do efetivo comprometimento da credibilidade do certame.

311-A.5 Permitir ou facilitar o acesso indevido ao conteúdo sigiloso do certame

O § 1º do art. 311-A determina a punição com as mesmas penas, de "quem permite ou facilita, por qualquer meio, o acesso de pessoas não autorizadas às informações mencionadas no *caput*".

A primeira ação típica é a de *permitir*, no sentido de consentir, admitir, facultar ou tolerar, que pessoa não autorizada tenha acesso às informações sigilosas do certame.

Facilitar é tornar mais fácil, afastar obstáculos, ajudar, favorecer esse mesmo acesso indevido. A conduta pode ser praticada "por qualquer meio", por forma comissiva ou omissiva. Praticam, assim, o crime o examinador ou funcionário envolvido na organização do exame que permitem a terceiro não autorizado a leitura das questões sigilosas; o porteiro ou fiscal que deixam de trancar a porta da sala onde são guardadas as provas, facilitando o acesso indevido do terceiro; o técnico em informática que fornece a senha para acesso ao sistema onde são armazenadas as informações sigilosas etc. O dolo é a vontade de praticar a conduta, de permitir ou facilitar o acesso às informações sigilosas por pessoa não autorizada. Diversamente do que ocorre no *caput*, não se exige no § 1º um especial fim de agir, porque se protege diretamente o sigilo das informações contra acessos indevidos, independentemente de sua eventual utilização ou divulgação. Não sendo prevista a forma culposa, a mera negligência de quem tem o dever de impedir o acesso ao material sigiloso não configura o crime. Consuma-se o crime com o acesso da pessoa não autorizada ao conteúdo sigiloso. É possível a tentativa.

311-A.6 Distinção

Ausente o elemento subjetivo do tipo ou outra circunstância elementar, a divulgação da informação sigilosa do certame pode configurar o crime descrito no art. 153, § 1º-A, desde que se cuide de sigilo previsto em lei, ou o de violação de sigilo funcional, previsto no art. 325 como crime subsidiário. No conflito aparente de normas, a fraude em certame de interesse público prevalece sobre esses delitos em razão do princípio da especialidade. A violação de sigilo em licitações públicas é punida nos termos do art. 337-J do Código Penal. Se não há divulgação ou utilização da informação sigilosa, mas a sua mera obtenção mediante invasão do sistema informatizado que a contém, pode se configurar o crime descrito no art. 154-A do CP.

311-A.7 Crime qualificado pelo resultado

No § 2º do art. 311-A é prevista como qualificadora a ocorrência de dano à administração pública. Aplica-se o dispositivo aos crimes descritos no *caput* e no § 1º. Se além da lesão à fé pública, a fraude causa para a administração danos econômicos, como por exemplo os custos envolvidos na revisão, invalidação ou refazimento do certame, justifica-se o maior rigor punitivo. Os danos causados a entidades privadas, conquanto possam ser igualmente elevados, e os suportados pelos particulares, ainda que eventualmente grande o número de pessoas prejudicadas, não ensejam a incidência da qualificadora.

311-A.8 Crime praticado por funcionário público

A circunstância de ser o fato praticado por funcionário público determina o aumento da pena de um terço (§ 3º). Aplica-se o dispositivo aos crimes descritos no caput e no § 1º, nas formas simples e qualificada (§ 2º). O conceito de funcionário público é o previsto no art. 327. Diversamente de outros dispositivos contidos no Código Penal (arts. 295, 296, § 2º, 297, § 1º, etc.), não se exige, expressamente, que o funcionário se prevaleça do cargo para a prática do crime. A circunstância de ser o crime praticado por funcionário público pode justificar a exasperação da pena, porque a fraude praticada com violação de deveres inerentes ao cargo público e às funções públicas fere mais gravemente, em princípio, o bem tutelado que é a fé pública. Não existindo, porém, qualquer relação entre a prática do crime e a condição de funcionário público do agente, o dispositivo legal é inaplicável, sob pena de violação dos princípios da isonomia e da proporcionalidade.

TÍTULO XI
DOS CRIMES CONTRA A ADMINISTRAÇÃO PÚBLICA
CAPÍTULO I
DOS CRIMES PRATICADOS POR FUNCIONÁRIO PÚBLICO CONTRA A ADMINISTRAÇÃO EM GERAL

Peculato

Art. 312. Apropriar-se o funcionário público de dinheiro, valor ou qualquer outro bem móvel, público ou particular, de que tem a posse em razão do cargo, ou desviá-lo, em proveito próprio ou alheio:

Pena – reclusão, de 2 (dois) a 12 (doze) anos, e multa.

§ 1º Aplica-se a mesma pena, se o funcionário público, embora não tendo a posse do dinheiro, valor ou bem, o subtrai, ou concorre para que seja subtraído, em proveito próprio ou alheio, valendo-se de facilidade que lhe proporciona a qualidade de funcionário.

Peculato culposo

§ 2º Se o funcionário concorre culposamente para o crime de outrem:

Pena – detenção, de 3 (três) meses a 1 (um) ano.

§ 3º No caso do parágrafo anterior, a reparação do dano, se precede à sentença irrecorrível, extingue a punibilidade; se lhe é posterior, reduz de metade a pena imposta.

Vide: CF arts. 37, § 4º; CP arts. 16, 30, 33, § 4º, 61, II, g, 155, 168, 313, 315, 327, caput, §§ 1º e 2º; CPP arts. 513 a 518; **Decreto-lei nº 5.452**, de 1º-5-1993 – CLT, art. 552, com a redação dada pelo Decreto-lei nº 925, de 10-10-1969 (equipara a malversação ou dilapidação do patrimônio das associações ou entidades sindicais a peculato); **Lei nº 8.429**, de 2-6-1992 (Lei de improbidade administrativa), art. 9º (define os atos de improbidade administrativa que importam enriquecimento ilícito), art. 10 (define atos de improbidade administrativa que causam prejuízo ao erário); **Decreto-lei nº 201**, de 27-2-1967 (define crimes de responsabilidade de prefeitos municipais e vereadores), art. 1º, I (apropriar-se de bens ou rendas públicas, ou desviá-los em proveito próprio ou alheio), II (utilizar-se, indevidamente, em proveito próprio ou alheio, de bens, rendas ou serviços públicos). Súmulas: **STJ** 329 e 330.

312 PECULATO

312.1 Sujeitos do delito

Sujeito ativo do crime de peculato é o funcionário público, no amplo conceito previsto no art. 327 (item 327.1). Nada impede, porém, por força do art. 30, que, havendo concurso de agentes, seja responsabilizado por tal ilícito quem não se reveste dessa qualidade. Desconhecendo, porém, o particular, a condição do agente, não responde por peculato, mas por outro crime.

Sujeito passivo do crime é o Estado, pois se trata de crime contra a administração pública, abrangidas as autarquias e as entidades paraestatais, que são as empresas públicas, as sociedades de economia mista e as fundações instituídas pelo poder público (art. 327). O art. 552 da CLT equipara ao crime de peculato o praticado em detrimento de patrimônio das associações sindicais. Sujeito passivo é ainda o particular proprietário do bem apropriado ou desviado que se encontrava na posse, guarda ou custódia da administração.

Jurisprudência

- Peculato como crime de mão própria
- Inexistência de coautoria
- Funcionário da Caixa Econômica Federal: legitimidade passiva
- Participação de particular no peculato caracterizada
- Crime contra associação sindical

312.2 Tipo objetivo

No peculato próprio, definido no *caput* do art. 312, as condutas típicas constituem-se em apropriação ou desvio. No peculato apropriação, o agente se dispõe a fazer sua a coisa de que tem a posse legítima, pressuposto do crime. Se ilegítima, ou se o bem não está sob a guarda da Administração, pode ocorrer outro delito. No conceito de posse inclui-se não só a detenção material, como o poder de disposição dos bens.

O objeto material é dinheiro, valor (títulos da dívida pública, apólices, letras de câmbio etc.) ou qualquer bem móvel, sejam públicos ou particulares, que estejam em custódia, guarda ou vigilância do Estado. Com fundamento no princípio da bagatela, já se decidiu que não configura peculato a apropriação de valores insignificantes.

Não constitui crime o uso de mão de obra ou de serviços, que não constituem coisa corpórea inscrita no tipo; não prevê a lei penal o denominado peculato de uso, de coisa infungível, a não ser no caso de crime de responsabilidade de Prefeitos Municipais (art. 1º, II, do Decreto-lei nº 201, de 27-2-1967). A restituição de coisa fungível, porém, não constitui mero peculato de uso, impunível, mas o crime de peculato.

A segunda hipótese de peculato próprio é o de desviar a coisa. *Desviar* significa mudar de direção, alterar o destino ou a aplicação. O agente dá a coisa destinação diversa da exigida, em proveito próprio ou de outrem. O proveito a que se refere a lei tanto pode ser material como moral, auferindo o agente outra vantagem que não de natureza econômica.

Quando o desvio da verba se verifica em favor do próprio ente público, com utilização diversa da prevista em sua destinação, o que ocorre é o emprego irregular das verbas públicas (art. 315).

Não são indispensáveis à caracterização do crime de peculato a tomada ou a prestação de contas ou prévio reconhecimento do ilícito pelo Tribunal de Contas. De outro lado, nem a aprovação de contas pelo tribunal administrativo nem o fato de ser inocentado o agente no processo administrativo excluem a possibilidade de reconhecimento de crime.

Também não se exige, salvo casos excepcionais, o exame pericial, máxime quando está o peculato demonstrado por documentos. A materialidade também pode ser comprovada por testemunhos, principalmente quando há confissão do acusado.

Jurisprudência

- Necessidade de posse em razão da função
- Depósito indevido em conta pessoal: crime caracterizado
- Apropriação de livros e periódicos em Universidade
- Apropriação e valores por caixa executivo da CEF
- Apropriação de numerário correspondente a títulos
- Apropriação de numerário para preparo de processos
- Retenção de saldo de caixa: crime caracterizado
- Retenção de dinheiro por largo lapso de tempo; crime caracterizado
- Disposição de bem público: crime caracterizado
- Remuneração de vereadores fixada em lei: inexistência de crime
- Apropriação de importância de pagamentos de impostos, taxas e custas: crime caracterizado
- Apropriação de bens doados por estatal
- Apropriação de bens particulares: crime caracterizado
- Apropriação de bens particulares por policial: crime caracterizado
- Apropriação de bens particulares apreendidos
- Apropriação de bens particulares em serviço de carceragem
- Apropriação de bens doados por particulares: crime caracterizado
- Desvio de envelopes de correspondência; crime caracterizado
- Apropriação de medicamentos por enfermeiro: crime caracterizado
- Irrelevância da ausência de fraude
- Irrelevância do valor do numerário apropriado
- Irrelevância de ausência de lesão patrimonial
- Irrelevância da ausência de perdas materiais
- Princípio da insignificância: inexistência de crime
- Inexistência de inexigibilidade de outra conduta
- Utilização de mão de obra: fato atípico
- Utilização de veículo: fato atípico
- Utilização de gasolina: crime caracterizado
- Uso de bem fungível: peculato caracterizado
- Uso momentâneo de bem infungível: fato atípico
- Irrelevância da intenção de restituir: peculato caracterizado
- Apropriação e desvio caracterizados
- Peculato-desvio: caracterização
- Irrelevância do destino dos bens
- Mera desordem administrativa
- Utilização irregular de verba de representação: crime caracterizado
- Emprego irregular de verba: inexistência de peculato
- Dispensabilidade de reconhecimento prévio pelo Tribunal de Contas
- Dispensabilidade de prévia prestação de contas
- Irrelevância de aprovação das contas pela Câmara Municipal
- Irrelevância da aprovação administrativa das contas
- Irrelevância do não reconhecimento do fato em processo administrativo
- Não aplicabilidade do princípio da insignificância ao peculato
- Inexistência de estado de necessidade
- Dispensabilidade do exame de corpo de delito
- Dispensabilidade do exame de corpo de delito – Contra

312.3 Tipo subjetivo

Quanto ao peculato apropriação, o dolo do crime é a vontade de transformar a posse em domínio, como ocorre com o delito de apropriação indébita (*animus rem sibi habendi*) (item 168.3).

Quanto ao peculato-desvio, é necessário o elemento subjetivo do tipo que consiste na finalidade de obter proveito próprio ou para terceiro.

Jurisprudência

- Suficiência do dolo genérico
- Exigência do *animus rem sibi habendi*
- Inexistência de dolo
- Omissão na prestação de contas: delito não caracterizado
- Fim de proveito político: crime caracterizado
- Inexistência de fim de proveito próprio ou alheio
- Exigência de dolo específico no peculato-desvio
- Inexistência do dolo do desvio

312.4 Consumação e tentativa

Consuma-se o peculato apropriação quando o funcionário torna seu o dinheiro, valor ou bem móvel de que tem a posse em razão do cargo, ou seja, passa a dispor do objeto material como se fosse seu. Não se exige para a consumação o prejuízo efetivo para a Administração, embora já se tenha decidido de forma diversa. Diversamente do que ocorre na apropriação indébita, não importa o *animus restituendi*, ainda no caso de ser o agente solvente. A restituição do objeto ou sua apreensão posterior não descaracteriza o delito, podendo aquela constituir causa de redução de pena.

Sendo o crime de peculato um crime contra a Administração Pública e não contra o patrimônio, o dano necessário e suficiente para a sua consumação é o inerente à violação do dever de fidelidade para a mesma administração, associado ou não ao patrimonial.

No caso de desvio, a consumação ocorre quando o funcionário dá às coisas destino diverso, empregando-as em fins outros que não o próprio ou regular, não havendo necessidade de ser alcançado o fim visado pelo agente.

Em casos especiais é admissível a tentativa tanto do peculato apropriação quanto do peculato desvio.

Jurisprudência

- Consumação do crime de peculato caracterizada
- Consumação pela inversão do título da posse
- Consumação pela violação de dever de fidelidade
- Inexigência de auferimento de vantagem pelo funcionário
- Inexigência de lucro efetivo
- Inexigência de prejuízo efetivo
- Inexigência de prejuízo efetivo – Contra
- Irrelevância da restituição na caracterização do crime
- Irrelevância da restituição na caracterização do crime – Contra
- Restituição como arrependimento posterior
- Restituição como arrependimento posterior – Contra
- Necessidade de restituição integral para o arrependimento posterior
- Ressarcimento como circunstância atenuante
- Consumação do peculato com o desvio
- Irrelevância de não obtenção de vantagem

312.5 Distinção

Não ocorrendo o fato (apropriação, subtração, obtenção) na função pública ou em razão da qualidade do funcionário, ou não sendo o agente funcionário público, não se caracteriza o crime, mas, eventualmente, a apropriação indébita, furto etc. Tratando-se de Prefeito Municipal, o peculato é também previsto como crime de responsabilidade no art. 1º, do Decreto-lei nº 201, de 27-2-1967. Tratando-se de militar, o crime é o previsto no art. 303 do CPM.

Jurisprudência

- Peculato e não apropriação indébita
- Apropriação indébita e não peculato
- Peculato e não estelionato
- Estelionato e não peculato
- Peculato próprio e não peculato-furto ou estelionato
- Peculato e não furto
- Apropriação de coisa achada e não peculato
- Violação de correspondência e não peculato
- Crime previsto na Lei nº 6.428/78 e não peculato
- Fraude no procedimento licitatório como meio para o peculato
- Peculato e crime de responsabilidade de Prefeito Municipal

312.6 Concurso de crimes

O crime de falsidade ideológica ou material, como crime-meio para a prática do peculato, segundo o STJ e outros tribunais, é absorvido por este, que é o crime-fim. Mantendo sua coerência com relação à questão de falsidade para o estelionato, o STF reconhece no caso concurso formal de crimes. Nada impede a continuidade delitiva de peculato, por condutas praticadas nas mesmas condições de tempo, lugar, maneira de execução e outras semelhantes.

Jurisprudência

- Concurso formal de falso e peculato
- Absorção do crime de falso pelo peculato
- Peculato continuado caracterizado
- Concurso material com quadrilha
- Concurso material com apropriação indébita

312.7 Peculato-furto

O peculato impróprio, também denominado na doutrina de peculato-furto, previsto no art. 312, § 1º, é caracterizado não pela apropriação, mas pela *subtração*. O agente não tem a posse da *res* e o crime não ocorre no exercício de sua função, mas pela facilidade que a condição de funcionário lhe concede para a prática da conduta de subtrair coisa do ente público ou de particular sob custódia.

Na primeira hipótese inscrita no tipo previsto no § 1º do art. 312, o funcionário subtrai a coisa nas condições que lhe são oferecidas pela sua qualidade. Na segunda, o funcionário concorre para a subtração praticada por um terceiro que, ciente das circunstâncias do fato, responde por peculato, embora possa não ser funcionário público. O dolo é a vontade de praticar uma das condutas incriminadas.

A consumação do delito, em ambos os casos, ocorre com a subtração, ou seja, com a posse do produto, fora da esfera de vigilância de quem de direito. Nada impede a tentativa.

Jurisprudência

- Possibilidade de coautoria no peculato-furto
- Peculato-furto praticado por policiais
- Peculato-furto por concurso para subtração
- Exigência do dolo do peculato-furto
- Subtração por extraneus: fato atípico
- Furto e não peculato furto
- Tentativa do peculato-furto
- Tentativa de participação no peculato-furto
- Agente sob vigilância: caracterização do flagrante esperado
- Peculato-furto caracterizado

312.8 Peculato culposo

O peculato culposo, previsto no § 2º do art. 312, ocorre quando o funcionário, por negligência, imprudência ou imperícia, permite que haja apropriação ou desvio, subtração ou concurso para esta. Há uma oportunidade criada por culpa do funcionário para a ocorrência do peculato doloso.

Jurisprudência

- Caracterização do peculato culposo
- Desclassificação de peculato doloso para culposo
- Inexistência de culpa penal

312.9 Reparação do dano e extinção da punibilidade

Tratando-se de peculato culposo, a reparação do dano antes do trânsito em julgado da sentença extingue a punibilidade ou, se posterior, reduz de metade a pena imposta. O ressarcimento do dano ou a restituição da coisa apropriada, em se tratando de peculato doloso, não exclui o delito, podendo apenas influir na aplicação da pena, ou, se efetuado em data anterior ao recebimento da denúncia, constituir arrependimento posterior com redução da pena de um a dois terços (art. 16). Há, porém, decisões em sentido contrário.

Jurisprudência

- Ressarcimento em peculato culposo: extinção da punibilidade
- Ressarcimento em peculato doloso
- Ressarcimento em peculato doloso como atenuante
- Possibilidade de arrependimento posterior no peculato
- Possibilidade de arrependimento posterior no peculato – Contra

312.10 Progressão de regime

Por força do disposto no art. 33, § 4º, acrescentado pela Lei nº 10.763, de 12-11-2003, o condenado por crime contra a administração pública tem a progressão de regime condicionada à reparação do dano causado ou à restituição do produto do ilícito, com os acréscimos legais (item 33.6). A exigência abrange os crimes definidos no Título XI do Código Penal, praticados por funcionário público ou por particular, e constitui *requisito* para a progressão a ser examinado quando da decisão judicial e não *condição* a ser imposta ao regime menos rigoroso para qual é o condenado promovido. Embora inexistente regra expressa, a comprovação de efetiva impossibilidade de reparação do dano afasta a exigência, aplicando-se por analogia as normas concernentes à concessão do *sursis* especial (art. 78, § 2º) e do livramento condicional (art. 83, IV).

Peculato mediante erro de outrem

Art. 313. Apropriar-se de dinheiro ou qualquer utilidade que, no exercício do cargo, recebeu por erro de outrem:

Pena – reclusão, de 1 (um) a 4 (quatro) anos, e multa.

Vide: **CF** art. 37, § 4º; **CP** arts. 33, § 4º,168, 168-A, 169, 312, 316, § 2º, 327, § 2º; **CPP** arts. 513 a 518; **Lei** nº **8.429**, de 2-6-1992 (Lei de improbidade administrativa), art. 9º (define os atos de improbidade administrativa que importam enriquecimento ilícito). Súmulas: **STJ** 329 e 330.

313 PECULATO MEDIANTE ERRO DE OUTREM

313.1 Sujeitos do delito

Sujeito ativo do crime é o funcionário público, tomando-se a expressão no sentido penal (art. 327). Nada impede a participação de particular.

Sujeito passivo é o Estado, uma vez que se trata de crime contra a Administração Pública. Também é ofendido o lesado pela conduta típica.

313.2 Tipo objetivo

A conduta típica é a apropriação do objeto do crime, tal como no peculato-apropriação (item 312.2). A posse, entretanto, decorre de erro daquele que faz a entrega do dinheiro ou qualquer outra utilidade. O erro pode ser sobre a coisa, sobre a obrigação ou sobre a quantidade da coisa devida. Não se caracteriza o crime se o funcionário também incide em erro, só se caracterizando o crime, segundo a jurisprudência, quando o funcionário que recebeu a coisa se recusa a devolvê-la depois de notificado. Indispensável para a ocorrência do crime é que o recebimento ocorra em virtude do exercício do cargo pelo sujeito ativo, quando não lhe cumpria esse recebimento.

O objeto material do crime é o dinheiro ou qualquer utilidade, termo que abrange coisas móveis e não outras vantagens, como a moral, por exemplo.

Jurisprudência

- Inexistência do crime
- Estelionato e não peculato-estelionato
- Crime caracterizado
- Peculato mediante erro de outrem e não peculato próprio

313.3 Tipo subjetivo

O dolo é a vontade de se apropriar do dinheiro ou de outra coisa móvel, que recebeu por erro de outrem. Existe o dolo quando o sujeito ativo, verificando que houve o engano, não o desfaz, tornando seu o objeto (*animus rem sibi habendi*).

313.4 Consumação e tentativa

Consuma-se o crime com a apropriação (item 168.4), que se opera no momento em que, tendo conhecimento do erro, faz a coisa sua.

A tentativa é teoricamente admissível.

Jurisprudência

• Consumação do peculato mediante erro de outrem

Inserção de dados falsos em sistema de informações

Art. 313-A. Inserir ou facilitar, o funcionário autorizado, a inserção de dados falsos, alterar ou excluir indevidamente dados corretos nos sistemas informatizados ou bancos de dados da Administração Pública com o fim de obter vantagem indevida para si ou para outrem ou para causar dano:

Pena – reclusão, de 2 (dois) a 12 (doze) anos, e multa.*

* Artigo acrescentado pela Lei nº 9.983, de 14-7-2000.

Vide: CP arts. 33, § 4º, 154-A, 313-B, 327, § 2º; CPP arts. 513 a 518; Lei nº 8.159, de 8-1-1991 (dispõe sobre a política nacional de arquivos públicos e privados). Súmulas: STJ 329 e 330.

313-A INSERÇÃO DE DADOS FALSOS EM SISTEMA DE INFORMAÇÃO

313-A.1 Sujeitos do delito

Sujeito ativo do crime é o funcionário público, no conceito legal (art. 327), desde que esteja autorizado a operar com os sistemas informatizados ou com os bancos de dados da Administração Pública. Nada impede, porém, o concurso de agentes pela participação criminosa, por meio de instigação, ou mesmo a coautoria, quando a conduta de inserção, alteração ou exclusão é praticada por terceiro. Na conduta de facilitar a inserção, sempre existirá o coautor, que pode ou não ser funcionário público.

Sujeito passivo é o Estado, tratando-se de crime contra a Administração Pública.

Jurisprudência

• Funcionário de empresa privada contratada para execução de função pública como sujeito ativo
• Admissibilidade de coautoria ou participação por quem não é funcionário público

313-A.2 Tipo objetivo

São várias as condutas típicas previstas na descrição penal. Trata a lei em primeiro lugar da conduta do funcionário público de *inserir* dados falsos nos sistemas informatizados ou bancos de dados da Administração em que o agente acrescenta dados que não correspondem à verdade. Também comete o delito quando *altera* dados existentes, modificando a veracidade deles. Por fim, é responsável pelo crime quando exclui indevidamente dados que deviam ficar constando do sistema ou do banco de dados.

Em segundo lugar, comete o ilícito o funcionário que facilita a terceiro que pratique a inserção de dados falsos a alteração dos existentes ou a exclusão indevida.

Nas duas modalidades está-se protegendo a regularidade dos sistemas informatizados ou bancos de dados da Administração Pública.

Se o agente não é funcionário público, a conduta pode configurar outro delito, como o descrito no art. 154-A.

Jurisprudência

- Inserção de dados falsos em sistema da previdência social
- Absorção da inserção de dados falsos pelo estelionato em fraude contra a previdência social
- Não absorção da inserção de dados falsos pelo peculato
- Adulteração de folha ótica em concurso público: crime caracterizado
- Inserção de dados falsos para recebimento de vale-transporte
- Inserção de dados cadastrais falsos em sistema da Caixa Econômica Federal
- Aplicação do princípio da insignificância

313-A.3 Tipo subjetivo

Trata-se de crime doloso, exigindo-se, pois, a vontade de inserir dados falsos, de alterar os existentes ou de excluí-los indevidamente. Exige-se, porém, o elemento subjetivo do tipo consistente na finalidade de obter vantagem indevida, qualquer que seja ela, para si ou para outrem, ou de causar dano, seja para a Administração, seja para terceiro.

Jurisprudência

- Dolo no crime de inserção de dados falsos
- Ausência do elemento subjetivo do tipo: crime não caracterizado
- Comprovação do elemento subjetivo: crime caracterizado

313-A.4 Consumação e tentativa

Consuma-se o crime, tanto na forma de atuação pessoal, como de facilitação, quando houver a inserção, alteração ou a exclusão dos dados corretos no sistema. Trata-se, porém, de crime formal, que independe de prejuízo efetivo para a Administração Pública ou terceiro.

É possível a tentativa, que ocorre quando o agente é surpreendido no momento em que procura a inserção, a alteração ou a exclusão, que não corre por circunstâncias alheias à sua vontade.

Jurisprudência

- Crime instantâneo
- Consumação sem a obtenção da vantagem indevida ou o dano à administração: crime de mera conduta
- Crime formal
- Desnecessidade de prévio procedimento administrativo

Modificação ou alteração não autorizada de sistema de informações

Art. 313-B. Modificar ou alterar, o funcionário, sistema de informações ou programa de informática sem autorização ou solicitação de autoridade competente:

Pena – detenção, de 3 (três) meses a 2 (dois) anos, e multa.

Parágrafo único. As penas são aumentadas de um terço até a metade se da modificação ou alteração resulta dano para a Administração Pública ou para o administrado.*

* Artigo acrescentado pela Lei nº 9.983, de 14-7-2000.

Vide: CP arts. 33, § 4º, 154-A, 313-A, 327, § 2º; **CPP** arts. 513 a 518; **Lei nº 8.159**, de 8-1-1991 (dispõe sobre a política nacional de arquivos públicos e privados). **Súmulas: STJ** 329 e 330.

313-B MODIFICAÇÃO OU ALTERAÇÃO NÃO AUTORIZADA DE SISTEMA DE INFORMAÇÕES

313-B.1 Sujeitos do delito

O novo dispositivo trata de crime próprio, sendo o agente funcionário público, esteja ou não autorizado a operar o sistema de informações ou o programa de informática. Nada impede, porém, a participação de terceiro, por instigação ou auxílio material ou moral. Não sendo o agente funcionário público, a conduta pode configurar o crime de invasão de dispositivo informático (art. 154-A).

Sujeito passivo é o Estado, já que se trata de fato que pode lesar a Administração Pública, nada impedindo que terceiros sejam também prejudicados.

313-B.2 Tipo objetivo

Como primeira conduta típica, a lei refere-se à ação de modificar o sistema ou programa de informática. O agente o substitui por outro. Na segunda, o comportamento é de alterar o sistema ou programa existente. Evidentemente, de acordo com o elemento normativo do tipo, não se caracteriza o ilícito se o funcionário está autorizado pela autoridade competente para a modificação ou alteração ou esta a tiver solicitado.

Jurisprudência

- Modificação de sistema informatizado de empresa pública (CEF): crime caracterizado

313-B.3 Tipo subjetivo

O dolo é a vontade de modificar ou alterar o sistema de informações ou o programa de informática, tendo consciência de que não está autorizado para tanto. Não se exige finalidade especial da conduta.

313-B.4 Consumação e tentativa

Consuma-se o crime previsto no art. 313-B com a modificação ou alteração total ou parcial do sistema de informações ou do programa de informática, independentemente de haver ou não prejuízo efetivo para a Administração Pública ou terceiro. Se este ocorrer, o crime será qualificado (item 313-B.5).

A tentativa pode ocorrer quando, apesar da conduta do funcionário, não ocorre o resultado por circunstâncias alheias à sua vontade.

Jurisprudência

- Desnecessidade do prejuízo para a consumação do crime

313-B.5 Crime qualificado

De acordo com o parágrafo único do novel art. 313-B, as penas são aumentadas de um terço até a metade se da modificação ou alteração resulta dano para a Administração Pública ou para o administrado. O fato tem consequências mais graves por causar, além do atentado à regularidade da Administração Pública, dano a esta ou a terceiro interessado.

Extravio, sonegação ou inutilização de livro ou documento

> Art. 314. Extraviar livro oficial ou qualquer documento, de que tem a guarda em razão do cargo; sonegá-lo ou inutilizá-lo, total ou parcialmente:
>
> Pena – reclusão, de 1 (um) a 4 (quatro) anos, se o fato não constitui crime mais grave.
>
> *Vide*: CP arts. 33, § 4º, 297, § 2º, 305, 327, § 2º, 337, 356; **CPP** arts. 232, 513 a 518; **Lei nº 8.159**, de 8-1-1991 (dispõe sobre a política nacional de arquivos públicos e privados); **Lei nº 8.137**, de 27-12-1990, art. 3º, I (tipifica como crime funcional contra a ordem tributária o extravio, sonegação ou inutilização de livro, processo e documento que acarrete o pagamento indevido ou inexato de tributo ou contribuição social). Súmula: **STJ 330**.

314 EXTRAVIO, SONEGAÇÃO OU INUTILIZAÇÃO DE LIVRO OU DOCUMENTO

314.1 Sujeitos do delito

Sujeito ativo do crime é o funcionário público em sua acepção para os efeitos penais (art. 327), nada impedindo que o particular concorra para o crime.

Sujeito passivo é o Estado e, eventualmente, o particular proprietário do documento confiado à administração pública.

Jurisprudência

- Sonegação de documento como crime próprio

314.2 Tipo objetivo

São três as condutas típicas: a de *extraviar*, que significa desviar, ocultar, desencaminhar, fazer desaparecer; a de *sonegar*, que é não exibir, não entregar, não mencionar quando é devido; e *inutilizar*, que é tornar inútil, imprestável, mesmo sem a destruição. Exige-se que as ações sejam praticadas pelo funcionário no exercício do cargo, ou seja, que tenha a guarda do livro ou documento *ratione officii*. O objeto material é o livro oficial (livros de registros, notas, atas, lançamento, protocolos, pareceres, relatórios, autos de processo administrativo etc.) ou qualquer documento, incluindo também o particular. Por interpretação progressiva, porém, por vezes tem-se considerado como abrangidos pelo conceito de documento não somente os papéis ou escritos, mas também outras formas de registro de informações, mecânicas ou eletrônicas, como a fonográfica, cinematográfica etc. Já decidiu o STF que gravações decorrentes de interceptação telefônica em investigação criminal incluem-se no conceito de documento para a tipificação do crime do art. 314 do CP.

Não se configura o crime se o documento não tem relevância jurídica.

Jurisprudência

- Conceito de documento
- Extravio de documento: crime caracterizado
- Desaparecimento de autos: crime caracterizado
- Papéis sem relevância jurídica: inexistência do crime
- Inexistência de prova da validade do documento: crime não caracterizado
- Inutilização de documento: crime caracterizado

314.3 Tipo subjetivo

A vontade de praticar uma das condutas típicas é o dolo do crime. Exige-se a consciência do agente de que a prática é antijurídica, estando o livro ou documento confiado em razão do cargo. É irrelevante o fim do agente.

Não tipifica a lei a conduta culposa do crime de extravio, sonegação ou inutilização de livro ou documento, o que poderá, eventualmente, constituir falta funcional.

Jurisprudência

- Existência de dolo: crime caracterizado
- Inexistência de dolo: crime não caracterizado
- Finalidade de ocultar peculato: inexistência de crime
- Inexistência de crime culposo

314.4 Consumação e tentativa

Consuma-se o crime quando há o extravio, a sonegação ou a destruição. A sonegação é crime permanente. Consuma-se o delito ainda que não ocorra prejuízo efetivo.

A tentativa é possível com relação ao extravio ou à inutilização, mas não na forma de sonegação.

Jurisprudência

- Desaparecimento de autos: crime caracterizado

314.5 Distinção

Tratando-se o objeto de documento e valor probatório recebido por advogado ou procurador o crime é o previsto no art. 356. Tratando-se de agente particular pode ocorrer o crime previsto no art. 337. Se a conduta acarreta pagamento indevido ou inexato de tributo ou contribuição social, configura-se crime funcional contra a ordem tributária definido no art. 3º, I, da Lei nº 8.137, de 27-12-1990. O crime previsto no art. 314 é expressamente subsidiário. Poderá o fato, assim, consistir em crime mais grave, inclusive o do art. 305.

Emprego irregular de verbas ou rendas públicas

Art. 315. Dar às verbas ou rendas públicas aplicação diversa da estabelecida em lei:

Pena – detenção, de 1 (um) a 3 (três) meses, ou multa.

Vide: CF art. 37, § 4º; CP arts. 33, § 4º, 312, 327, § 2º, 359-A a 359-H; CPP arts. 513 a 518; Lei nº 1.079, de 10-4-1950 (define os crimes de responsabilidade do Presidente da República, Ministros de Estado, Ministros do STF, Procurador-Geral da República, Governadores e Secretários de Estado), art. 10, modificado pela Lei nº 10.028, de 19-10-2000 (define os crimes de responsabilidade contra a lei orçamentária), art. 11 (define os crimes de responsabilidade contra a guarda e legal emprego dos dinheiros públicos); Lei nº 8.080, de 19-9-1990, art. 52 (define como crime previsto no art. 315 do CP a utilização de recursos financeiros do Sistema Único de Saúde (SUS) em finalidades diversas das previstas na lei); Lei nº 8.429, de 2-6-1992 (Lei de improbidade administrativa), arts. 9º (define os atos de improbidade administrativa que importam enriquecimento ilícito), 10 (define atos de improbidade administrativa que causam prejuízo ao erário), 11 (atos de improbidade administrativa que atentam contra os princípios da Administração Pública); Decreto-lei nº 201, de 27-2-1967, art. 1º (define crimes de responsabilidade de prefeitos municipais e vereadores). Súmulas: STJ 329 e 330.

315 EMPREGO IRREGULAR DE VERBAS OU RENDAS PÚBLICAS

315.1 Sujeitos do delito

Pratica o crime previsto no art. 315 o funcionário público, na acepção do art. 327, desde que tenha a faculdade de dispor de verbas ou rendas públicas (presidente da República e seus ministros, governadores, secretários, diretores de entidades parestatais, administradores públicos).

Sujeito passivo é sempre o Estado: União, Estados, Municípios, autarquias e entidades paraestatais.

315.2 Tipo objetivo

A conduta típica é o emprego irregular dos fundos públicos, que deve ser efetuado de acordo com as leis orçamentárias ou especiais. Verbas públicas são os dinheiros destinados, por lei orçamentária, à satisfação de um serviço, de uma finalidade de interesse público. Rendas públicas são os dinheiros percebidos pela Fazenda Pública, seja qual for a sua origem. O emprego irregular de uma ou outra caracteriza o crime, desde que tenha destinação preceituada em lei, e não em mero decreto, sendo irrelevante tenha o agente ou terceiro obtido ou não qualquer proveito.

Jurisprudência

- Emprego irregular de verbas públicas e não peculato
- Inexistência de verbas ou rendas públicas: crime não caracterizado
- Nomeação irregular de servidor público: crime não caracterizado
- Emprego irregular de verba destinada por decreto: crime não caracterizado
- Emprego irregular de verba por necessidade momentânea: crime não caracterizado
- Utilização de bens e serviços: crime não caracterizado
- Utilização de veículo do Governo: crime não caracterizado

315.3 Tipo subjetivo

O dolo é a vontade de destinar as verbas ou rendas em desacordo com o estipulado na legislação, sendo indiferente à lei penal a finalidade da conduta. É irrelevante, para a caracterização do crime, ter ou não havido objetivo de lucro ou proveito do sujeito ativo ou de terceiro ou mesmo a moralidade no emprego indevido das verbas ou renda.

315.4 Consumação e tentativa

Consuma-se o crime com a aplicação irregular efetiva dos fundos públicos, não bastando para sua caracterização a simples destinação deles, que constitui a mera tentativa. É irrelevante a ocorrência ou não de dano efetivo.

Jurisprudência

- Irrelevância da ausência de dano

315.5 Distinção

Tratando-se do Presidente da República, ministros de Estado, governadores dos Estados e seus secretários, são crimes de responsabilidade contra a guarda e o legal emprego dos dinheiros públicos os previstos na Lei nº 1.079, de 10-4-50. São crimes de responsabilidade dos prefeitos e vereadores os descritos no Decreto-lei nº 201, de 27-2-1967. Ambos os diplomas foram alterados pela Lei nº 10.028, de 19-10-2000.

"Ordenar despesa não autorizada por lei" e "ordenar, autorizar ou realizar operação de crédito, interno ou externo, sem prévia autorização legislativa", constituem crimes previstos nos arts. 359-D (item 359-D.1) e 359-A (item 359-A.2), acrescentados ao Código Penal pela Lei nº 10.028, de 19-10-2000.

Se o desvio de verba destina-se a obtenção de proveito próprio ou alheio, o crime a ser identificado é o de peculato.

Jurisprudência

- Vigência do art. 315 do CP
- Crime de responsabilidade de Prefeito Municipal

- Irrelevância da não realização da verificação das contas
- Inexistência de dolo: crime não caracterizado

Concussão

Art. 316. Exigir, para si ou para outrem, direta ou indiretamente, ainda que fora da função ou antes de assumi-la, mas em razão dela, vantagem indevida:

Pena – reclusão, de 2 (dois) a 12 (doze) anos, e multa.*

Excesso de exação

§ 1º Se o funcionário exige tributo ou contribuição social que sabe ou deveria saber indevido, ou, quando devido, emprega na cobrança meio vexatório ou gravoso, que a lei não autoriza:

Pena – reclusão, de 3 (três) a 8 (oito) anos, e multa.**

§ 2º Se o funcionário desvia, em proveito próprio ou de outrem, o que recebeu indevidamente para recolher aos cofres públicos:

Pena – reclusão, de 2 (dois) a 12 (doze) anos, e multa.

* Pena alterada pela Lei nº 13.964, de 24-12-2019.

** § 1º com a redação determinada pela Lei nº 8.137, de 27-12-1990.

Vide: CF arts. 37, § 4º, 145, 149, 195; **CP** arts. 33, § 4º, 158, 312, 317, 327, 333; **CPP** arts. 445, 513 a 518; **Lei nº 5.172**, de 25-10-1976 – Código Tributário Nacional, art. 3º (define tributo), art. 5º (prevê as espécies de tributo); **Lei nº 8.137**, de 27-12-1990, art. 3º, II (tipifica como crime funcional contra a ordem tributária a conduta de exigir, solicitar ou receber, para si ou para outrem, direta ou indiretamente, ainda que fora da função ou antes de iniciar seu exercício, mas em razão dela, vantagem indevida; ou aceitar promessa de tal vantagem, para deixar de lançar ou cobrar tributo ou contribuição social, ou cobrá-los parcialmente); **Lei nº 8.429**, de 2-6-1992 (Lei de improbidade administrativa), art. 9º (define os atos de improbidade administrativa que importam enriquecimento ilícito). Súmulas: **STJ** 329 e 330.

316 CONCUSSÃO

316.1 Sujeitos do delito

Sujeito ativo do crime de concussão é o funcionário público, tomada esta expressão no sentido penal (art. 327), incluindo aquele que, embora não tenha assumido a função, atue em razão dela. Como em outros crimes próprios, nada impede que um particular seja coautor ou partícipe, comunicando-se a ele a circunstância elementar de ser o agente funcionário público. Quanto ao jurado, há disposição expressa no sentido da possibilidade de sua responsabilização criminal nos mesmos termos em que se dá a dos juízes togados (art. 445 do CPP).

Sujeito passivo é o Estado, titular da regularidade dos atos administrativos, e também, eventualmente, a pessoa lesada pela conduta criminosa.

Jurisprudência

- Desnecessidade de que o agente esteja no efetivo exercício da função
- Sujeito passivo do crime: Estado
- Participação de particular no crime de concussão

316.2 Tipo objetivo

A conduta típica é *exigir*, impor como obrigação, ordenar, reclamar vantagem indevida, aproveitando-se o agente do *metus publicae potestatis*, ou seja, do temor de represálias a que fica constrangida a vítima. Não é necessário que se faça a promessa de um mal determinado; basta o temor genérico que a autoridade inspira, que influa na manifestação volitiva do sujeito passivo. Há um constrangimento pelo abuso de autoridade por parte do agente. Por isso não se aplica à espécie a agravante prevista no art. 61, II, *g*, do CP.

Incrimina a lei tanto a concussão explícita, ou seja, a feita abertamente pelo funcionário que não encobre a exigência da vantagem indevida ou as possíveis represálias, quanto a implícita, em que o sujeito ativo, veladamente, com malícia, dá a entender à vítima, de modo capcioso, que deseja obter vantagem indevida ou que é esta legítima.

A vantagem pode ser exigida pelo próprio funcionário (direta) ou por interposta pessoa (indireta), ainda que não seja esta funcionária pública.

É indispensável, porém, para a caracterização do crime de concussão que o sujeito ativo se valha da função que exerce ou vai exercer, ou que se prevaleça da autoridade que possui ou vai possuir. Não importa, porém, que esteja afastado da função pública, desde que se valha dela. É necessário, ainda, que exista ameaça, mesmo que implícita, de represálias imediatas ou futuras.

O objeto do crime é a vantagem indevida, ilícita ou ilegal, não autorizada por lei. É entendimento prevalente na doutrina que a lei se restringe à vantagem econômica, excluindo-se, portanto, os proveitos puramente sentimentais, as satisfações de vaidade, as meramente estéticas, os prazeres sexuais etc. Referindo-se a lei, porém, a *qualquer* vantagem e não sendo a concussão crime patrimonial, entendemos, como Bento de Faria, que a vantagem pode ser expressa por dinheiro ou qualquer outra utilidade, seja ou não de ordem patrimonial, proporcionando um lucro ou proveito.

Jurisprudência

- Necessidade de exigência para a caracterização do crime
- Insuficiência de mera sugestão para a caracterização do crime
- Crime caracterizado
- Suficiência do temor genérico
- Exigência de vantagem indevida por funcionário: crime caracterizado
- Inexistência de agravante
- Exigência implícita: crime caracterizado
- Cobrança de honorários: inexistência de crime
- Cobrança de custas indevidas: inexistência do crime
- Cobrança de despesas por oficial de justiça: inexistência de crime
- Prevaricação e não concussão
- Advogado como intermediário da autoridade: coautoria
- Exigência de vantagem em razão da função: crime caracterizado

- Exigência de vantagem fora da função: inexistência do crime
- Exigência de vantagem indevida para relaxar prisão
- Exigência de vantagem indevida para evitar inquérito e prisão preventiva
- Exigência de vantagem indevida para evitar indiciamento em inquérito
- Exigência de vantagem indevida para efetuar pagamento
- Exigência de vantagem indevida para relevar multa
- Exigência de vantagem indevida para liberar veículo
- Exigência de vantagem indevida para relevar tributo estadual
- Exigência de vantagem indevida para expedir atestado
- Exigência de vantagem indevida para realização de cirurgia
- Exigência de vantagem indevida para realização de exames médicos
- Médico credenciado pelo SUS: funcionário público após a vigência da Lei nº 9.983/2000
- Exigência de vantagem indevida de assessores administrativos de vereadores

316.3 Tipo subjetivo

O dolo é a vontade de exigir a vantagem indevida, prevalecendo-se da função, com o elemento subjetivo do tipo registrado na expressão "para si ou para outrem". Nada impede a ocorrência do erro de tipo, que existe quando o agente desconhece que é indevida a vantagem pretendida.

Jurisprudência

- Existência de dolo: crime configurado
- Inexistência de dolo: crime não configurado

316.4 Consumação e tentativa

Consuma-se o crime de concussão, que é de natureza formal, com a simples exigência da vantagem. Se sobrevém a efetiva percepção desta, ocorre apenas o exaurimento do delito.

Não se desnatura o crime, portanto, se a vantagem é devolvida ou se não ocorre prejuízo efetivo para a vítima.

É possível a tentativa desde que a exigência não seja oral.

Jurisprudência

- Irrelevância da devolução da vantagem indevida
- Irrelevância da ausência de prejuízo
- Ilegalidade da prisão em flagrante
- Legalidade da prisão em flagrante
- Ilegalidade da prisão em flagrante: persistência do crime
- Inexistência de continuidade delitiva no prolongamento: exigência única
- Consumação do crime de concussão

316.5 Distinção

Distingue-se a concussão da extorsão porque, na primeira, a ameaça diz respeito à função pública e as represálias prometidas, expressa ou implicitamente, a ela se referem. Havendo violência ou ameaça de mal estranho à qualidade ou função do agente, ocorre extorsão.

A corrupção passiva também se assemelha à concussão, mas nela só há solicitação e a vítima a satisfaz livremente, enquanto na segunda existe a exigência, infligindo-se ao ofendido o medo da represália.

Havendo na concussão ameaça explícita ou implícita, são incompossíveis, no mesmo fato, a existência desse delito e a de corrupção ativa praticada pelo particular.

Se o funcionário que exige a vantagem está em sua função de fiscal de rendas, comete o crime contra a ordem tributária previsto na Lei n° 8.137/90 e não o de concussão.

O Código Penal Militar define a concussão praticada por agente militar (art. 305). Se a concessão for praticada sob a promessa de deixar de lançar tributo ou contribuição social, ou cobrá-los parcialmente, há crime especial (art. 3°, II, da Lei n° 8.137, de 27-12-1990).

Jurisprudência

- Extorsão e não concussão
- Distinção entre concussão e corrupção passiva
- Corrupção passiva e não concussão
- Concussão e não corrupção passiva
- Impossibilidade de concomitância de concussão e corrupção ativa
- Crime contra a ordem tributária e não concussão
- Crime militar de concussão
- Concussão e não extorsão

316.6 Concurso de crimes

Eventual ameaça no crime de concussão é absorvida pelo crime por se tratar de meio para sua execução. Nada impede, porém, o concurso formal ou material com outros delitos.

Jurisprudência

- Concurso formal com prevaricação

316.7 Excesso de exação

Com a redação que lhe foi dada pelo art. 20 da Lei n° 8.137, de 27-12-1990, o § 1° do art. 316 do CP prevê o crime de excesso de exação. Nele, o sujeito ativo é o funcionário público, ainda que não encarregado da arrecadação do tributo ou contribuição social. Sujeito passivo é o Estado, e, secundariamente, a pessoa atingida pela conduta.

Consiste o crime em exceder-se o funcionário no desempenho da função que é a de receber tributo ou contribuição social. Exação é a cobrança rigorosa de dívida ou imposto, é a exatidão, pontualidade, correção, punindo-se seu excesso. Na primeira ação típica há uma exigência de tributo ou contribuição que não é devido, não correspondente à disposição legal.

Na segunda parte do art. 316, incrimina-se a exação fiscal vexatória, em que a cobrança se faz de modo não permitido pela lei, de forma a se expor o contribuinte à vergonha ou humilhação, ou a gravosa, de modo a acarretar-lhe maiores ônus.

O objeto do crime é o tributo (imposto, taxa, contribuição de melhoria) ou a contribuição social (de intervenção do domínio econômico e de interesse de categorias profissionais ou econômicas instituídas pela União, Estados e Municípios).

O crime pode ser praticado com dolo quando o agente sabe que está exigindo tributo ou contribuição indevida, ou quando emprega meio vexatório ou gravoso na cobrança do valor devido. Mas o crime, em sua primeira parte, também pode ser cometido por culpa, conforme se verifica da expressão "deveria saber indevido" inscrita no tipo.

Prevê a lei a forma qualificada de excesso de exação quando o funcionário desvia, em proveito próprio ou de outrem, o que recebeu indevidamente para recolher aos cofres públicos.

Jurisprudência

- Cobrança indevida de multa: crime não caracterizado
- Crime de excesso de exação caracterizado
- Cobrança excessiva de emolumentos: crime não caracterizado

Corrupção passiva

Art. 317. Solicitar ou receber, para si ou para outrem, direta ou indiretamente, ainda que fora da função ou antes de assumi-la, mas em razão dela, vantagem indevida ou aceitar promessa de tal vantagem:

Pena – reclusão, de 2 (dois) a 12 (doze) anos, e multa.*

§ 1º A pena é aumentada de um terço, se, em conseqüência da vantagem ou promessa, o funcionário retarda ou deixa de praticar qualquer ato de ofício ou o pratica infringindo dever funcional.*

§ 2º Se o funcionário pratica, deixa de praticar ou retarda ato de ofício, com infração de dever funcional, cedendo a pedido ou influência de outrem:

Pena – detenção, de 3 (três) meses a 1 (um) ano, ou multa.

* Pena determinada pela Lei nº 10.763, de 12-11-2003.

Vide: CF art. 37, § 4º; CP arts. 33, § 4º, 316, 319, 327, § 2º, 332, 333, 342, § 1º; **CPP** arts. 445, 513 a 518; **CPM** art. 308 (corrupção passiva no Código Penal Militar); **Lei nº 8.137**, de 27-12-1990, art. 3º, II (tipifica como crime funcional contra a ordem tributária a conduta de exigir, solicitar ou receber, para si ou para outrem, direta ou indiretamente, ainda que fora da função ou antes de iniciar seu exercício, mas em razão dela, vantagem indevida; ou aceitar promessa de tal vantagem, para deixar de lançar ou cobrar tributo ou contribuição social, ou cobrá-los parcialmente); **Lei nº 8.429**, de 2-6-1992 (Lei de Improbidade Administrativa), art. 9º (define os atos de improbidade administrativa que importam enriquecimento ilícito). Súmula: **STJ 330**.

317 CORRUPÇÃO PASSIVA

317.1 Sujeitos do delito

Sujeito ativo do crime de corrupção passiva é o funcionário público, em sua acepção de direito penal (art. 327), ainda que se encontre afastado de sua função por férias, licença, suspensão etc., bem como aquele que ainda não a assumiu. Responde em concurso de agentes o particular que colabora na prática da conduta típica. Se o agente é funcionário federal, a competência para apreciar o fato é da Justiça Federal.

Sujeito passivo é o Estado, titular do bem jurídico tutelado, e o *extraneus*, quando não pratica o crime de corrupção ativa.

Jurisprudência

- Autoria por crime anterior à assunção da função pública
- Coautoria no crime de corrupção passiva
- Participação de particular no crime de corrupção passiva
- Competência da Justiça Federal

317.2 Tipo objetivo

A primeira conduta inscrita no tipo é a de *solicitar*, ou seja, a de pedir, procurar, buscar, rogar, induzir, manifestar o desejo de receber vantagem indevida. Pode ser solicitação expressa, clara, indubitável, como velada, insinuada. A segunda é a de *receber*, tomar, obter, adquirir, alcançar, entrar na posse da vantagem. A terceira é de *aceitar* a promessa de vantagem, concordar, estar de acordo, consentir, anuir ao futuro recebimento. A promessa ou oferta pode ser feita por terceira pessoa, *extraneus*, que também responde pelo crime.

É indispensável para a caracterização do ilícito em estudo que a prática do ato tenha relação com a função do sujeito ativo. Não se tipifica a infração se o pagamento feito ou prometido não é feito *ratione officii*, podendo nesse caso ocorrer o crime de exploração de prestígio, de estelionato etc.

Não importa que o objeto do tráfico seja legítimo, lícito, justo (corrupção imprópria) ou ilegítimo, ilícito, injusto (corrupção própria).

O objeto do ilícito é a vantagem indevida; se legítima, não ocorre o ilícito. Não se tratando de crime patrimonial, a vantagem pode ser patrimonial ou não, dirigida ao agente ou a terceiro. Não se descaracteriza o crime ainda que a vantagem seja aceita como gratificação, desde que relevante. Se a vantagem não se destina a qualquer pessoa física ou jurídica, mas à própria administração, não ocorre o crime.

Jurisprudência

- Promessa ou oferta por terceira pessoa: crime caracterizado
- Necessidade da prática de ato funcional
- Suficiência da função pública
- Necessidade de correlação com o exercício da função
- Necessidade de demonstração de futura assunção da função pública
- Ausência de prova do exercício ou convocação para a função
- Solicitação de vantagem para influir em processo: crime caracterizado
- Solicitação de vantagem para não apurar irregularidade: crime caracterizado
- Solicitação de vantagem para autorizar pagamentos: crime caracterizado
- Recebimento de vantagem para não aplicar multas: crime caracterizado
- Recebimento de vantagem para facilitar fuga de preso: caracterização
- Recebimento de vantagem para soltar preso: crime caracterizado
- Recebimento de vantagem para fornecer irregularmente carteira de motorista: crime caracterizado
- Solicitação de vantagem para ressarcimento de despesas: crime não caracterizado
- Irrelevância da falta de ajuste prévio
- Crime praticado por omissão de Delegado de Polícia
- Oferta e pagamento após a prática do ato: crime não caracterizado
- Corrupção passiva para a prática de ato legítimo
- Vantagem para si e para outrem: crime caracterizado

- Vantagem como gratificação: crime caracterizado
- Vantagem como gratificação: crime caracterizado – Contra
- Necessidade de caráter patrimonial da vantagem
- Vantagem para a administração: crime não caracterizado
- Inocorrência de vantagem indevida: crime não caracterizado

317.3 Tipo subjetivo

O dolo é a vontade de praticar uma das modalidades de conduta inscritas no tipo, tendo o agente consciência de que é ela ilícita. O elemento subjetivo do tipo está previsto na expressão "para si ou para outrem". É indiferente que o sujeito ativo tenha a vontade ou não de praticar o ato que deu ensejo à corrupção.

Jurisprudência

- Recebimento da vantagem indevida por compaixão: crime caracterizado

317.4 Consumação e tentativa

A corrupção é crime formal, que independe da ocorrência do resultado pretendido pelo agente, consumando-se com a simples solicitação da vantagem ou aceitação da promessa, ainda que esta não se concretize. Não havendo solicitação ou aceitação da promessa, consuma-se o crime com o recebimento.

Não se descaracteriza o crime pela preparação do flagrante quando já houve a solicitação ou promessa de vantagem. Não há que se falar, assim, em flagrante preparado ou crime impossível na espécie.

Jurisprudência

- Consumação independentemente do resultado
- Regularidade da prisão em flagrante
- Crime impossível na corrupção passiva

317.5 Corrupção passiva qualificada

O crime é qualificado quando o funcionário, em consequência da vantagem ou promessa, retarda ou deixa de praticar qualquer ato de ofício ou o pratica infringindo seu dever funcional.

Jurisprudência

- Caracterização de corrupção passiva qualificada

317.6 Corrupção passiva privilegiada

No § 2º do art. 317 a lei se refere a uma modalidade especial, privilegiada de corrupção passiva, de menor gravidade, uma vez que o sujeito ativo, em vez de atuar no interesse próprio, visando a uma vantagem indevida para si ou para outrem, cede a pedido ou influência de outrem. As condutas são as de retardamento, omissão ou prática irregular de ato funcional. O dolo é a vontade de retardar, deixar de praticar ou praticar o ato irregularmente, exigindo-se um elemento subjetivo do tipo que é a vontade de ceder a pedido ou influência de terceiro. Opera-se a consumação quando caracterizada a conduta típica.

317.7 Distinção

A bilateralidade não é requisito indispensável da corrupção passiva. Pode apresentar-se esta de maneira unilateral. Não é indispensável a existência da corrupção ativa, embora, conforme as circunstâncias do caso, possam verificar-se ao mesmo tempo as duas figuras delituosas. Assim, na modalidade de solicitação, se não atendida, só ocorre o crime de corrupção passiva. Se houver promessa de vantagem, não aceita pelo funcionário, só ocorre corrupção ativa.

Distingue-se a corrupção passiva do crime de concussão (item 316.5). Se o agente for testemunha, perito, tradutor ou intérprete em processo judicial, policial ou administrativo, ou em juízo arbitral, o crime será o previsto no art. 342, § 1º; se militar, o previsto no art. 308, § 1º, do CPM. O fato também pode constituir crime eleitoral (art. 299 da Lei nº 4.737, de 15-7-1965 – Código Eleitoral).

Jurisprudência

- Inexistência de bilateralidade
- Corrupção passiva e não concussão
- Corrupção passiva e não evasão de preso

317.8 Concurso de crimes

Se o ato praticado pelo funcionário constituir por si só um crime, haverá concurso formal ou material entre a corrupção passiva qualificada e o crime resultante. Há concurso material de infração se após aceitar a vantagem indevida em razão da função pública que exerce, pratica o agente outro ilícito. Mas já se tem decidido por crime único utilizando-se do princípio da especialidade.

É possível o concurso material entre a corrupção passiva e o crime de *lavagem* previsto na Lei nº 9.613, de 3-3-1998, se, após a solicitação, aceitação ou recebimento da vantagem indevida, o agente pratica uma das ações típicas descritas nesse diploma com o fim de ocultar ou dissimular a utilização dos bens ou valores provenientes daquele delito. Nada impede, também, a caracterização do concurso formal heterogêneo, como na hipótese de recebimento da vantagem indevida mediante método que visa, desde logo, à ocultação ou dissimulação de sua origem criminosa. Não há que se falar, nesses casos, em crime único ou em *post factum* impunível, por serem distintos os bens jurídicos protegidos nos tipos penais, tutelando-se no crime de *lavagem* não somente o patrimônio lesado pelo crime anterior, mas, também, a administração da justiça e a ordem econômica.

Jurisprudência

- Concurso formal ou material com o crime resultante
- Concurso material com evasão de preso
- Concurso material com evasão de preso – Contra
- Concurso material com falsidade ideológica
- Concurso material com falsidade ideológica – Contra
- Absorção do suborno em falsa perícia pela corrupção passiva

Facilitação de contrabando ou descaminho

Art. 318. Facilitar, com infração de dever funcional, a prática de contrabando ou descaminho (art. 334):

Pena – reclusão, de 3 (três) a 8 (oito) anos, e multa.*

* Pena alterada pela Lei nº 8.137, de 27-12-1990.

Vide: CP arts. 317, 327, § 2º, 332, 333, 334, 334-A; **CPP** art. 514; **Lei nº 8.137**, de 27-12-1990, art. 3º (define crimes funcionais contra a ordem tributária). Súmula: **STJ** 330.

318 FACILITAÇÃO DE CONTRABANDO OU DESCAMINHO

318.1 Sujeitos do delito

Sujeito ativo é o funcionário público na acepção ampla prevista no art. 327, mas, como se exige que viole seu dever funcional, deve ter, por lei, o dever funcional de reprimir o contrabando ou o descaminho. Caso contrário, responderá pelo crime previsto no art. 334 ou no art. 334-A. Já se decidiu, porém, que o policial civil pode praticar o delito do art. 318 do Código Penal, embora a apuração do contrabando ou descaminho incumba à polícia federal, sob o fundamento de que sua conduta viola o dever geral de preservar a ordem pública que lhe é fixado pela Constituição Federal (art. 144).

Sujeito passivo é o Estado, titular da regularidade da administrativa referente à importação e exportação e dos tributos devidos nessas atividades.

Jurisprudência

- Exigência de funcionário com atribuição legal para reprimir contrabando
- Contra: policial civil como sujeito ativo
- Contra: policial rodoviário federal

318.2 Tipo objetivo

A conduta típica é *facilitar*, ou seja, tornar fácil, coadjuvar, afastar obstáculos, auxiliar, de forma comissiva ou omissiva, a prática do crime de contrabando ou descaminho. Contrabando é a importação ou exportação fraudulenta de mercadoria e descaminho é a fraude que se destina a evitar, total ou parcialmente, o pagamento de direitos e impostos devidos.

Jurisprudência

- Necessidade da prova do crime de contrabando ou descaminho
- Mera infração a dever funcional: crime inexistente

318.3 Tipo subjetivo

O dolo é a vontade de facilitar o contrabando ou descaminho, tendo o agente consciência da ilicitude da conduta, inclusive de estar infringindo o dever funcional. Não basta pois, a culpa, por imprudência, negligência ou imperícia. Não exige a lei fim especial da conduta, sendo irrelevante o agente visar ou não à vantagem.

318.4 Consumação e tentativa

Consuma-se o crime com a facilitação por parte do agente, independentemente de se completar o contrabando ou descaminho. Possível é a tentativa quando se tratar de conduta comissiva.

318.5 Competência

Competente para apreciar o fato é a Justiça Federal diante do interesse da União, ainda que se trate de funcionário estadual ou haja conexão com crime de contrabando ou de descaminho.

Jurisprudência

- Competência da Justiça Federal

Prevaricação

Art. 319. Retardar ou deixar de praticar, indevidamente, ato de ofício, ou praticá-lo contra disposição expressa de lei, para satisfazer interesse ou sentimento pessoal:

Pena – detenção, de 3 (três) meses a 1 (um) ano, e multa.

Vide: CP arts. 317, 320, 327, § 2º; CPP arts. 445, 513 a 518; **Lei nº 7.492**, de 16-6-1986, art. 23 (omitir, retardar ou praticar, o funcionário público, contra disposição expressa de lei, ato de ofício necessário ao regular funcionamento do sistema financeiro nacional, bem como a preservação dos interesses e valores da ordem econômico-financeira); **Lei nº 8.069**, de 13-7-1990, art. 231 (deixar a autoridade policial responsável pela apreensão de criança ou adolescente de fazer imediata comunicação à autoridade judiciária competente e à família do apreendido ou à pessoa por ele indicada), art. 234 (deixar a autoridade competente, sem justa causa, de ordenar a imediata liberação de criança ou adolescente, tão logo tenha conhecimento da ilegalidade da apreensão), art. 235 (descumprir, injustificadamente, prazo fixado em benefício de adolescente privado de liberdade); **Lei nº 9.455**, de 7-4-1997, art. 1º, § 2º (tipifica a conduta daquele que se omite em face da tortura quando tinha o dever de evitá-la ou apurá-la); **Lei nº 11.340**, de 7-8-2006, art. 22, § 2º (prevê a responsabilização por crime de desobediência ou de prevaricação do superior hierárquico do agressor em caso de violência doméstica ou familiar contra a mulher, que deixar de dar cumprimento à determinação judicial de suspensão ou restrição do porte de arma); **Lei nº 13.869**, de 5-9-2019, art. 12 (deixar injustificadamente de comunicar prisão em flagrante à autoridade judiciária no prazo legal); **Lei no 11.340**, de 7-8-2006, art. 22, § 2º (prevê a responsabilização por crime de desobediência ou de prevaricação do superior hierárquico do agressor em caso de violência doméstica ou familiar contra a mulher, que deixar de dar cumprimento à determinação judicial de suspensão ou restrição do porte de arma). Súmula: STJ 330.

319 PREVARICAÇÃO

319.1 Sujeitos do delito

Sujeito ativo do crime de prevaricação é o funcionário público, na acepção abrangente do art. 327. Não se inclui na definição aquele que exerce apenas um *munus* público, como o administrador judicial na falência ou na recuperação judicial.

Sujeito passivo é o Estado, embora um particular possa ser também lesado pela conduta típica.

Jurisprudência

- Síndico da falência: inexistência do crime
- Perito judicial: inexistência do crime
- Funcionário de tabelião: crime caracterizado

319.2 Tipo objetivo

A primeira ação típica inscrita no art. 319 é a de *retardar*, atrasar, adiar, protelar, protrair, procrastinar o ato de ofício, que deve ser executado em prazo prescrito, se existe, ou em tempo útil para que produza seus efeitos normais. A segunda conduta típica é *deixar de praticar* o ato, a omissão de quem não tem intenção de executá-lo. Por fim, a terceira é *praticar* o ato de forma ilegal. Em qualquer caso, porém, é necessário que o agente infrinja disposição expressa de lei, não bastando a violação do princípio da moralidade. Não se pode falar em ato ilegítimo quando o funcionário tem certa disposição na escolha da conduta a tomar, uma certa discricionariedade que lhe é atribuída no exercício de suas funções.

O objeto do tipo é o ato de ofício; é necessário que o funcionário seja responsável pela função relacionada ao fato, que esteja em suas atribuições ou competência. Se o ato refoge ao âmbito da competência funcional do servidor não se caracteriza o ilícito. O dispositivo, porém, é abrangente no sentido que inclui ato administrativo, legislativo e judicial. É também indiferente para a lei penal que o ato deva merecer confirmação ou dele caiba recurso.

No crime de prevaricação não se aplica a agravante genérica prevista no art. 61, II, *e*, porque a circunstância constitui elemento do tipo penal e é por este absorvida.

Jurisprudência

- Prevaricação: forma comissiva
- Prevaricação: forma omissiva
- Falta de lavratura do auto de prisão em flagrante: crime caracterizado
- Falta de instauração de inquérito policial ou termo circunstanciado: crime caracterizado
- Inexistência de ato de ofício de Prefeito Municipal: crime não caracterizado
- Necessidade de ato de atribuição do funcionário
- Funcionário fora do exercício da função: inexistência do crime
- Expedição de medida provisória por Prefeito Municipal: inexistência de crime
- Inexistência de retardamento ou retenção dolosa: inexistência do crime
- Absorção da agravante do art. 61, II, g, do CP pelo crime de prevaricação
- Inexistência de lei: crime não caracterizado
- Ato discricionário de Delegado de Polícia: inexistência de crime
- Falta de indiciamento determinado por ato judicial: crime caracterizado
- Ato regular de Prefeito Municipal: inexistência de crime
- Ato irregular de Prefeito Municipal: crime caracterizado
- Obediência a ordem de superior hierárquico: crime não caracterizado
- Obediência a ordem de superior hierárquico: crime caracterizado
- Inexistência de ato de ofício de delegado de polícia
- Necessidade de ato de atribuição do funcionário
- Utilização de automóvel público: inexistência do crime

319.3 Tipo subjetivo

O dolo é a vontade de retardar, omitir ou praticar ilegalmente o ato de ofício, mas se exige o elemento subjetivo do tipo que é o intuito de satisfazer interesse ou sentimento pessoal. O interesse pode ser patrimonial, material ou moral. O sentimento, estado afetivo ou emocional, pode derivar de uma paixão ou emoção (amor, ódio, piedade, avareza, cupidez, despeito, desejo de vingança etc.). O crime caracteriza-se ainda que se trate de sentimento social, moral ou nobre, embora tais motivações possam influir na fixação da pena.

Já se tem considerado, porém, que não ocorre o delito quando o fato pode incriminar o sujeito ativo do crime, aplicando-se o princípio *nemo tenetur se detegere*. Também não se tem por caracterizado o crime quando houver mera negligência, desídia, desleixo, indolência ou preguiça.

Referindo-se o art. 319 à disposição expressa de lei, conclui-se que o erro sobre a interpretação do mandamento legal pelo funcionário exclui o crime quando este não é suficientemente claro.

Jurisprudência

- Deficiência administrativa: inexistência de crime
- Dúvida razoável do funcionário: inexistência de crime
- Satisfação de sentimento pessoal: crime caracterizado
- Retardamento por animosidade: dolo caracterizado
- Omissão por capricho pessoal: crime caracterizado
- Ato com fim de favorecimento de empresa construtora: dolo caracterizado
- Irrelevância de sentimento nobre: dolo caracterizado
- Culpa do funcionário: inexistência do crime
- Necessidade do intuito de satisfazer interesse ou sentimento pessoal
- Falta de especificação do interesse ou sentimento pessoal: denúncia inepta
- Omissão para beneficiar superior: dolo caracterizado
- Omissão por amizade: crime caracterizado
- Omissão pelo prazer da prepotência: dolo caracterizado
- Irrelevância de sentimento nobre: dolo caracterizado
- Falta de autoincriminação: inexistência de crime

319.4 Consumação e tentativa

Consuma-se o crime com o retardamento, a omissão ou a prática do ato. Nas formas omissivas, não há que se falar em tentativa. Quanto à prática do ato irregular, é possível o *conatus*.

319.5 Distinção

Distingue-se a prevaricação da corrupção passiva porque esta exige a bilateralidade, a intervenção ilícita ou não de terceiro, enquanto naquela o *extraneus* está totalmente alheio à prática da conduta (item 317.2). Também é distinta a prevaricação da concussão, pois nesta o agente exige vantagem indevida do ofendido. Havendo sentimento ou interesse pessoal para o não cumprimento de ordem legal, o delito é o de prevaricação, e não o de desobediência.

Tratando-se de fato ligado à vida eleitoral, podem ocorrer delitos especiais (arts. 291, 292, 295, 307 e 308 da Lei nº 4.737, de 15-7-1965).

A omissão diante do crime de tortura por funcionário que tinha o dever de evitar a sua ocorrência ou apurar a sua prática é delito mais grave, previsto no art. 1º, §§ 2º e 4º, da Lei nº 9.455, de 7-4-1997. A omissão de ato funcional de ofício pode configurar outros crimes previstos no Código Penal (arts. 317, § 1º, 318, 319-A, 320 etc.) ou em leis especiais, como o de abuso de autoridade (art. 12, I a IV, da Lei nº 13.869, de 5-9-2019), os descritos no Estatuto da Criança e do Adolescente (arts. 227-A, 231, 234, 235) etc.

A Lei nº 11.340, de 7-8-2006, prevê, no art. 22, § 2º, a responsabilização por crime de desobediência ou de prevaricação do superior hierárquico do agressor – em caso de violência doméstica ou familiar contra a criança ou adolescente – que deixar de dar cumprimento à determinação judicial de suspensão ou restrição do porte de arma.

Jurisprudência

- Prevaricação e não corrupção
- Prevaricação e não concussão
- Prevaricação e não desobediência

319.6 Concurso de crimes

Nada impede haja concurso formal, concurso material ou crime continuado com outros delitos, inclusive funcionais.

Jurisprudência

- Crime continuado de prevaricação: irrelevância da absolvição em alguns deles

Art. 319-A. Deixar o Diretor de Penitenciária e/ou agente público, de cumprir seu dever de vedar ao preso o acesso a aparelho telefônico, de rádio ou similar, que permita a comunicação com outros presos ou com o ambiente externo:

Pena: detenção, de 3 (três) meses a 1 (um) ano.*

* Artigo inserido pela Lei nº 11.466, de 28 de março de 2007.

Vide: CP arts. 319, 327, 349-A; CPP arts. 513 a 518; LEP arts. 50, VII, 87, 91, 99, 102. Súmula: STJ 330.

319-A OMISSÃO NO DEVER DE VEDAR AO PRESO ACESSO A APARELHO TELEFÔNICO, DE RÁDIO OU SIMILAR

319-A.1 Sujeitos do delito

Sujeito ativo do delito é o funcionário público, na acepção de direito penal prevista no art. 327, que tenha o dever de vedar ao preso o acesso a aparelho telefônico, de rádio ou similar. Diante da referência a qualquer *agente público* a quem incumba esse dever, a menção no dispositivo ao diretor da penitenciária não exclui a possibilidade de ser o crime praticado pelo diretor ou funcionário de estabelecimentos penais de espécies diversas, como as cadeias públicas ou centros de detenção provisória. Tratando-se de crime omissivo puro, não se admite a coautoria. Se dois ou mais funcionários se omitem no cumprimento do dever, responderão eles, isoladamente, pela prática do crime. É possível, porém, a participação, mediante instigação, de outro funcionário público ou de terceiro que não ostente essa condição. Nesse caso, a circunstância de ser o agente funcionário público comunica-se ao partícipe por ser elementar do crime (art. 30).

Sujeito passivo é o Estado, titular da regularidade da administração pública, no que concerne ao regular funcionamento dos estabelecimentos penais e à observância das normas legais e regulamentares que disciplinam a custódia do preso.

319-A.2 Tipo objetivo

Na ausência de rubrica a indicar o *nomen juris,* o novo tipo penal previsto no art. 319-A tem sido denominado *prevaricação imprópria,* por não exigir que a conduta seja praticada para satisfazer interesse ou sentimento pessoal, ou *especial*, por se tratar de violação de um específico dever funcional.

A conduta típica está centrada na omissão do agente de um dever funcional específico. Diante da redação dada ao dispositivo, trata-se de crime omissivo puro, ou próprio. Pratica o crime o funcionário que deixa de praticar ato destinado a impedir o acesso do preso aos aparelhos vedados, se o ato omitido se insere entre seus deveres funcionais. O dever do funcionário deve estar previsto em normas gerais, contidas em leis, regulamentos, regimentos internos dos presídios etc., ou resultar de ordens concretas exaradas no âmbito da administração pública. *Vedar* significa proibir ou impedir. Praticam a infração tanto o diretor do presídio que se omite na adoção das providências destinadas a proibir o acesso dos presos a aparelho telefônico celular, como o agente penitenciário que não impede esse acesso por deixar de proceder à apreensão quando encontrado o aparelho no interior do estabelecimento penal ou na posse de um visitante, omitindo-se no cumprimento de dever de ofício ou de ordem recebida. Referindo-se a lei ao *preso*, não se pune a conduta na omissão que propicia o acesso aos mencionados aparelhos por interno em estabelecimento destinado à execução de medida de segurança detentiva ou por adolescente infrator submetido a medida socioeducativa de internação. O dispositivo abrange, porém, tanto o preso provisório, recolhido à cadeia pública, como o preso que se encontra recolhido a estabelecimento penal no cumprimento de pena privativa de liberdade imposta por sentença condenatória transitada em julgado.

Objeto do crime é o aparelho de telefonia, de rádio ou similar, que permita a comunicação entre os presos ou entre esses e o ambiente externo. Entre os aparelhos de telefonia incluem-se, diante da inexistência de restrição, tanto os aparelhos de telefonia fixa, em que a transmissão dos sinais se realiza por meio de fios ou cabos, como os celulares, que funcionam por difusão no ar de ondas eletromagnéticas. Por aparelhos de rádio entendem-se aqueles que possibilitam a comunicação mediante a difusão de ondas eletromagnéticas em determinadas faixas de frequência, como os radiocomunicadores, *pagers* etc. Excluem-se os aparelhos que são meros receptores de sinais radiofônicos emitidos por estações radiodifusoras que veiculam programas de entretenimento ou informação, por não permitirem a comunicação do detento com outros detentos ou com interlocutores no meio externo. Mencionando a norma legal também os aparelhos *similares* aos de rádio ou de telefonia, incluem-se entre os aparelhos de acesso vedado outros que permitam a comunicação do preso por processos semelhantes aos empregados por aqueles expressamente citados. Inserem-se na proibição os computadores que permitem o acesso à *Internet,* porque esta também viabiliza a comunicação entre pessoas por fio ou cabo, à semelhança dos aparelhos de telefonia fixa, ou por ondas eletromagnéticas dispersas no ar (*wireless*), guardando, então, similitude com os aparelhos de rádio e de telefonia celular. Porque o aparelho deve ser apto a permitir a comunicação, nos termos do dispositivo legal, é atípica a conduta quando revela ele absoluta impropriedade para o fim a que se destina, por apresentar, por exemplo, danos irreparáveis.

319-A.3 Tipo subjetivo

O tipo subjetivo é constituído do dolo, ou seja, da vontade de se omitir no cumprimento do dever de vedar o acesso do preso a aparelho telefônico, de rádio ou similar. Diferentemente do que ocorre na prevaricação, em que se prevê que a conduta seja praticada para satisfazer interesse ou sentimento pessoal, a motivação do agente é irrelevante para a caracterização do crime descrito no art. 319-A. Não se exige, também, a vontade do agente de que o preso venha a ter acesso ao aparelho vedado. Não é prevista a forma culposa. Não se configura o ilícito pela simples negligência do funcionário ou quando a omissão decorre de mera falha ou deficiência no cumprimento do dever.

319-A.4 Consumação e tentativa

Consuma-se o crime no momento em que o sujeito, omitindo-se no cumprimento do dever funcional, deixa de praticar o ato impeditivo de acesso do preso a um dos aparelhos mencionados no dispositivo. Não é necessário para a consumação do delito que o preso venha a ter a posse do aparelho.

Tratando-se de crime omissivo puro, não há falar-se em tentativa. Ou o agente se omitiu quando devia agir, consumando-se o delito, ou praticou o ato na ocasião adequada, inexistindo a infração. Consuma-se o crime, portanto, se, após a omissão do agente, outro funcionário intervém, apreendendo o aparelho e evitando que algum detento dele se aposse.

319-A.5 Distinção

Distingue-se o crime da prevaricação por tipificar a violação de um dever funcional específico e por dispensar para a sua caracterização o intuito de satisfazer interesse ou sentimento pessoal. Mesmo que a conduta seja praticada com esse intuito, responde o agente pelo crime descrito no art. 319-A, por se tratar de norma especial em relação ao art. 319.

Não se confunde o delito em estudo, crime funcional, com o previsto no art. 349-A, crime comum, que pode ser praticado tanto pelo funcionário como por particular ou pelo próprio preso.

Em razão também do princípio da especialidade, a *prevaricação imprópria* prevalece no confronto com a corrupção passiva privilegiada (art. 317, § 2º), que, a exemplo da prevaricação, tipifica a violação de dever de ofício em geral, na hipótese de agente que pratica a conduta cedendo a pedido ou influência de outrem. Tratando-se, porém, do recebimento ou de aceitação de promessa de vantagem indevida para que o agente viole o seu dever funcional, configura-se o crime de corrupção passiva (art. 317, *caput* e § 1º).

Jurisprudência

- Absorção do crime de prevaricação imprópria pelo de corrupção passiva

Condescendência criminosa

Art. 320. Deixar o funcionário, por indulgência, de responsabilizar subordinado que cometeu infração no exercício do cargo ou, quando lhe falte competência, não levar o fato ao conhecimento da autoridade competente:

Pena – detenção, de 15 (quinze) dias a 1 (um) mês, ou multa.

Vide: CP arts. 319, 327; **Lei nº 1.079**, de 10-4-1950 art. 9º, 3 (prevê como crime de responsabilidade a conduta de não tornar efetiva a responsabilidade dos seus subordinados, quando manifesta em delitos funcionais ou na prática de atos contrários à Constituição); **Lei nº 9.455**, de 7-4-1997, art. 1º, § 2º (tipifica a conduta daquele que se omite em face da tortura quando tinha o dever de evitá-las ou apurá-las). Súmula: **STJ** 330.

320 CONDESCENDÊNCIA CRIMINOSA

320.1 Sujeitos do delito

Sujeito ativo do crime é o funcionário público na abrangente definição do art. 327, no caso sendo necessário que o agente seja superior hierárquico do funcionário infrator. Inexistindo essa situação de hierarquia funcional, não há que se falar no crime previsto no art. 320.

Sujeito passivo é o Estado, titular da regularidade da administração e da repressão às infrações administrativas ou penais praticadas por seus agentes.

320.2 Tipo objetivo

A primeira conduta típica inscrita no art. 320 é a de deixar, por indulgência, de responsabilizar subordinado que cometeu infração no exercício do cargo. Essa omissão pode referir-se a mero ilícito administrativo ou a infração penal que tenham conexão com o exercício do cargo. Excluem-se os casos das faltas disciplinares ou crimes que não tenham tal correlação.

A segunda modalidade de conduta típica é a de, não tendo o superior atribuição para responsabilizar o subordinado, deixar de levar o fato ao conhecimento da autoridade competente.

Jurisprudência

- **Falta de apuração de infração administrativa: crime caracterizado**

320.3 Tipo subjetivo

O dolo do crime é a vontade de não responsabilizar o funcionário, na primeira conduta, ou de não comunicar o fato à autoridade competente, na segunda. Evidentemente, a prática do crime pressupõe que o superior tenha conhecimento da infração de seu subordinado. Exige-se, além disso, que a omissão ocorra por indulgência, tolerância, clemência, complacência, condescendência para com o infrator.

Jurisprudência

- **Inexistência de dolo**

320.4 Consumação e tentativa

Consuma-se o crime com a omissão quando o sujeito ativo, ao tomar conhecimento do fato e de sua autoria, não promove de imediato a responsabilidade do infrator ou não comunica o fato à autoridade competente, quando for o caso. A omissão estará caracterizada quando decorrer o prazo legal, ou, na ausência de fixação por lei, de prazo juridicamente relevante.

Tratando-se de crime omissivo puro, não há possibilidade de tentativa.

Jurisprudência

• Consumação pela demora nas providências

Advocacia administrativa

> **Art. 321.** Patrocinar, direta ou indiretamente, interesse privado perante a administração pública, valendo-se da qualidade de funcionário:
>
> Pena – detenção, de 1 (um) a 3 (três) meses, ou multa.
>
> **Parágrafo único.** Se o interesse é ilegítimo:
>
> Pena – detenção, de 3 (três) meses a 1 (um) ano, além da multa.

> *Vide*: **CP** arts. 317, § 2º, 319, 327, 332, 333. 337-G; **CPP** arts. 513 a 518; **Lei nº 8.137**, de 27-12-1990, art. 3º, III (tipifica a conduta de patrocinar, direta ou indiretamente, interesse privado perante a administração fazendária, valendo-se da qualidade de funcionário público); **Lei nº 11.284**, de 2-3-2006, art. 60, parágrafo único (determina a aplicação do art. 321 a conduta de ex-dirigente do Serviço Florestal Brasileiro – SFB); **Lei nº 12.529**, de 30-11-2011, art. 8º, § 3º (incorre no crime de advocacia administrativa descrito no art. 321 do CP o presidente ou o conselheiro do Conselho Administrativo de Defesa Econômica – CADE que, no prazo de 120 dias contados da data em que deixar o cargo, representar pessoa física ou jurídica perante o Sistema Brasileiro de Defesa da Concorrência). Súmula: **STJ** 330.

321 ADVOCACIA ADMINISTRATIVA

321.1 Sujeitos do delito

Sujeito ativo do crime é o funcionário público na abrangente definição do art. 327, desde que esteja em exercício da função. Nada impede a participação criminosa de terceiro.

Sujeito passivo do crime é o Estado, titular da regularidade administrativa violada com a prática da conduta do funcionário.

Jurisprudência

• Necessidade do exercício da função

321.2 Tipo objetivo

A conduta típica é patrocinar interesse privado; é advogar, defender, facilitar, apadrinhar, pleitear, favorecer um interesse particular alheio perante a administração pública, desde que se aproveite das facilidades que sua qualidade de funcionário lhe proporcione. O patrocínio pode ser direto, sem intermediário, ou indireto, valendo-se de terceira pessoa que apareça ostensivamente como procurador. Não é suficiente para a caracterização do crime a simples informação a respeito dos interesses pleiteados.

Jurisprudência

- Conceito de advocacia administrativa
- Interesse institucional: crime não caracterizado
- Exigência da causa a ser defendida pelo agente
- Ações em nome próprio: atipicidade da conduta
- Inexistência de patrocínio: crime não caracterizado
- Exigência do aproveitamento de funções do agente

321.3 Tipo subjetivo

O dolo é a vontade de patrocinar interesse privado perante a administração pública. Não se exige que o agente obtenha vantagem ou que atue por interesse ou sentimento pessoal.

321.4 Consumação e tentativa

Consuma-se o crime com a prática de um ato inequívoco de patrocínio, independentemente de atuar o sujeito ativo como verdadeiro patrono do particular.

É possível a tentativa por se tratar de crime plurissubsistente.

321.5 Advocacia administrativa qualificada

Caso o patrocínio se refira a interesse ilegítimo configura-se o crime qualificado previsto no parágrafo único, com pena mais severa diante da maior lesão à regularidade dos atos administrativos.

321.6 Distinção

Se o patrocínio se realiza perante a administração fazendária, configura-se o crime previsto no art. 3º, III, da Lei nº 8.137, de 27-12-1990, e se dá causa à instauração de licitação ou à celebração de contrato cuja invalidação vier a ser decretada pelo Poder Judiciário, o crime é o descrito no art. 337-G do CP, sobre os crimes em licitações e contratos administrativos. Incorre, porém, no crime e nas penas do art. 321 do CP, por expressa disposição legal, o ex-dirigente do Serviço Florestal Brasileiro (SFB) que prestar serviço a pessoa jurídica concessionária florestal no prazo de 12 meses após o desligamento do cargo (art. 60, parágrafo único, da Lei nº 11.284, de 2-3-2006).

Se o agente não patrocina o interesse privado, mas ilude o particular para obter vantagem indevida, pode ocorrer o crime de estelionato ou de tráfico de influência e não o de advocacia administrativa. Quando o interesse privado corresponde a ato de ofício do sujeito ativo ocorre, conforme o caso, corrupção passiva ou prevaricação, crimes mais graves.

Por expressa disposição legal, incorre nas penas do art. 321 do CP o Presidente ou Conselheiro do CADE (Conselho Administrativo de Defesa Econômica) que, no período de 120 dias a partir da data em que deixar o cargo, representar qualquer pessoa, física ou jurídica, ou interesse perante o SBDC (Sistema Brasileiro de Defesa da Concorrência), ressalvada a defesa de direito próprio (art. 8º, § 3º, da Lei nº 12.529, de 30-11-2011).

Jurisprudência

• Estelionato e não advocacia administrativa

Violência arbitrária

Art. 322. Praticar violência, no exercício de função ou a pretexto de exercê-la:

Pena – detenção, de 6 (seis) meses a 3 (três) anos, além da pena correspondente à violência.

Vide: CF art. 5º, LXII, LXIII, LXIV, LXV, LXVI; **CP** arts. 129, 319, 327, 350; **CPP** arts. 513 a 518; **Lei nº 4.117**, de 27-8-1962, art. 72 (determina a pena do art. 322 do CP para a autoridade que impedir ou embaraçar a liberdade da radiodifusão ou da televisão fora dos casos autorizados em lei); **Lei nº 8.069**, de 13-7-1990 – ECA, 230 (privar a criança ou adolescente de sua liberdade, procedendo à sua apreensão sem estar em flagrante de ato infracional ou inexistindo ordem escrita da autoridade judiciária competente), parágrafo único (apreensão sem observância das formalidades legais), art. 232 (submeter criança ou adolescente sob sua autoridade, guarda ou vigilância a vexame ou a constrangimento); **Lei nº 9.455**, de 7-4-1997, art. 1º (define os crimes de tortura), § 1º (submeter pessoa presa ou sujeita a medida de segurança a sofrimento físico ou mental, por intermédio da prática de ato não previsto em lei ou não resultante de medida legal), § 2º (tipifica a conduta daquele que se omite em face da tortura quando tinha o dever de evitá-la ou apurá-la); § 3º (formas qualificadas), § 4, I (aumento de pena se o crime é cometido por agente público) § 5º (prevê a perda do cargo, função ou emprego público e a interdição de seu exercício); § 6º (veda a fiança, graça e anistia), § 7º (determina o regime inicial fechado); **Lei nº 13.869**, de 5-9-2019, art. 13 (constranger o preso ou o detento, mediante violência, grave ameaça ou redução de sua capacidade de resistência). Súmula: **STJ** 330.

322 VIOLÊNCIA ARBITRÁRIA

322.1 Revogação do art. 322 do CP

A Lei nº 4.898, de 9-12-1965, revogada pela Lei nº 13.869, de 5-9-2019, definia os crimes de abuso de autoridade, prevendo como ilícito qualquer atentado à "incolumidade física do indivíduo" (art. 3º, *i*). Diante desse diploma legal, passou-se a discutir a vigência do art. 322 do Código Penal. Embora já se tenha decidido pela não revogação do referido dispositivo do estatuto básico, não mais tem sido ele aplicado por se entender que prevalece agora a lei especial, tanto que não se tem mais notícias de processos com fundamento no art. 322, mas com base na lei de abuso de autoridade.

Com o advento da Lei nº 13.869, de 5-9-2019, que revogou a Lei nº 4.898/65, reacende-se a discussão a respeito da vigência do art. 322 do Código Penal. Para os que entendiam, como nós, que esse dispositivo foi tacitamente revogado pela Lei nº 4.898/65, não há que se cogitar de conflito aparente de normas com a nova Lei de Abuso de Autoridade. Entretanto, para os que sempre seguiram entendimento contrário e porque o art. 322 não foi expressamente revogado pela Lei nº 13.869/2019, embora outros dispositivos do Código Penal o tenham sido (art. 44), deve-se observar que o novo estatuto não contém tipo penal abrangente que permita afastar a aplicabilidade do art. 322. A nova Lei prevê infrações penais praticadas por agente público, no exercício de suas funções ou a pretexto de exercê-las, com abuso do poder, estabelecido que a mera divergência na interpretação da lei ou na avaliação de fatos e provas não configura o ilícito, exigindo-se para a configuração do crime que este tenha sido cometido com a finalidade específica de prejudicar outrem ou beneficiar a si mesmo ou a terceiro, ou por mero capricho ou satisfação pessoal (art. 1º). Não obstante a amplitude da conceituação geral, ao descrever as condutas típicas que exigem o emprego de violência, ao contrário do que prevê art. 322 em tipo bastante aberto, a Lei nº 13.869/2019 define três delitos, nos arts. 13, 22, § 1º, I, e 24, nos quais se exige o emprego de violência como forma de constrangimento dirigida à obtenção de um determinado e específico comportamento da vítima. Nos casos dessas figuras típicas, devem elas prevalecer em face do crime de violência arbitrária, em razão de sua especialidade. Diante, porém, das múltiplas outras formas possíveis da prática de violência no exercício de função pública ou a seu pretexto, há que se reconhecer que permaneceria aplicável o dispositivo do Código Penal no que não conflitante com o novel estatuto. Todavia, conforme já observado acima, partilhamos da orientação de que o art. 322 já fora revogado pela Lei nº 4.898/65.

Jurisprudência

- O art. 322 do CP está revogado
- O art. 322 do CP está revogado – Contra

322.2 Sujeitos do delito

Sujeito ativo do crime é qualquer funcionário público na acepção ampla do art. 327 do CP.

Sujeito passivo é não só o Estado, como também a pessoa física contra quem é praticada a violência.

322.3 Tipo objetivo

O núcleo do tipo é praticar violência física contra a vítima, de forma ilegítima, ou seja, arbitrária. Embora se permita, em certos casos, o emprego de força para a consecução de atos administrativos, sendo ela desnecessária, o crime se configura.

É indispensável que o fato ocorra no exercício da função do agente ou que este pretexte exercê-la.

Jurisprudência

- Indispensável a existência de violência física
- Necessidade do uso da força: crime não caracterizado
- Necessidade do exercício da função

322.4 Tipo subjetivo

O dolo é a vontade de praticar a violência no exercício da função ou a pretexto de exercê-la, sendo indispensável que o agente tenha consciência de ilegitimidade da conduta. São indiferentes para a lei penal os motivos do crime.

322.5 Consumação e tentativa

Consuma-se o crime com a prática de violência, inclusive a prática de vias de fato. Ocorrendo lesão corporal ou homicídio, há concurso material dos crimes.

É possível a tentativa.

322.6 Distinção

Quando a vítima é menor de 18 anos, podem ocorrer crimes previstos no Estatuto da Criança ou Adolescente (arts. 230, 232, 234). A Lei nº 9.455, de 7-4-1997, que revogou o art. 233 do ECA, definiu os crimes de tortura (art. 1º). Se a violência arbitrária consiste em tortura, responde o funcionário por crime de tortura, na forma agravada (art. 1º, § 4º, I), que absorve o crime previsto no artigo 322 do CP. A possibilidade de imposição de pena pelo resultado da violência é substituída pela previsão da forma qualificada, nas hipóteses de lesão grave ou gravíssima e morte (art. 1º, § 3º), absorvida a lesão corporal leve pelo tipo previsto no *caput* ou no § 1º. Se o funcionário não pratica a tortura, mas se omite quando tinha o dever de evitá-la ou apurá-la, responde nos termos do art. 1º, § 2º.

Abandono de função

> **Art. 323.** Abandonar cargo público, fora dos casos permitidos em lei:
> Pena – detenção, de 15 (quinze) dias a 1 (um) mês, ou multa.
> **§ 1º** Se do fato resulta prejuízo público:
> Pena – detenção, de 3 (três) meses a 1 (um) ano, e multa.
> **§ 2º** Se o fato ocorre em lugar compreendido na faixa de fronteira:
> Pena – detenção, de 1 (um) a 3 (três) anos, e multa.
>
> ***Vide***: CP art. 201, 327, § 2º; CPP arts. 513 a 518; **Lei nº 4.737**, de 15-7-1965 – Código Eleitoral, art. 344 (tipifica a recusa ou abandono do serviço eleitoral sem justa causa); **Lei nº 6.634**, de 2-5-1979 (dispõe sobre a faixa de fronteira); **Lei nº 8.112**, de 11-12-1990, art. 138 (abandono de cargo no Estatuto dos Servidores Públicos Civis da União). Súmula: **STJ** 330.

323 ABANDONO DE FUNÇÃO

323.1 Sujeitos do delito

Embora a rubrica do art. 323 se refira ao abandono de função, o tipo penal evidencia que somente pode cometer o crime aquele que está investido em cargo público. Assim, ao contrário do que ocorre nos demais crimes previstos no Capítulo I do Título XI, não prevalece no art. 323 a amplitude do conceito de funcionário público previsto pelo art. 327. Somente quem ocupa cargo público pode cometer o crime.

Sujeito passivo é o Estado titular da regularidade da administração no que tange a seus serviços.

Jurisprudência

• Lesão ao Estado

323.2 Tipo objetivo

Comete o crime quem abandona, larga, deixa, deserta de cargo público, em omissão criminosa. O abandono deve ser por prazo juridicamente relevante e não sendo, o fato constituirá apenas infração administrativa. Segundo a doutrina e a jurisprudência, para haver abandono punível é necessário que o fato acarrete perigo à Administração Pública. Assim, não ocorre o ilícito quando está presente o funcionário a quem incumbe assumir o cargo na ausência do ocupante, inexistindo a probabilidade de dano, de embaraço para a máquina administrativa.

Prescreve o art. 323 que não há abandono ilícito nos casos permitidos em lei, inserindo-se no caso o afastamento autorizado pela autoridade competente. Também não ocorre o crime quando houver motivo de força maior, reconhecendo-se no caso o estado de necessidade.

Jurisprudência

• Inexistência de probabilidade de dano: crime não caracterizado
• Não exercício do cargo após a posse: crime caracterizado
• Presença do substituto: inexistência do crime
• Afastamento com autorização da autoridade competente: crime não caracterizado

323.3 Tipo subjetivo

O dolo do crime previsto no art. 323 é a vontade de abandonar o cargo, ou seja, o abandono proposital, intencional, não se exigindo qualquer fim especial de agir. Não descaracteriza o ilícito a falta do ânimo definitivo de abandonar o cargo (*animus revertendi*).

Jurisprudência

• Exigência do dolo
• Exigência do elemento moral

323.4 Consumação e tentativa

Consuma-se o crime com o abandono, ou seja, com o afastamento do cargo por tempo juridicamente relevante, que possa criar a possibilidade de dano.

Tratando-se de crime omissivo puro, não é possível a tentativa.

Jurisprudência

• Consumação do crime de abandono do cargo

323.5 Crimes qualificados

Resultando prejuízo efetivo para a administração, há crime qualificado. A pena é também aumentada se o fato ocorre na faixa de fronteira (150 km ao longo das fronteiras nacionais conforme a Lei nº 6.634/1979).

Exercício funcional ilegalmente antecipado ou prolongado

Art. 324. Entrar no exercício de função pública antes de satisfeitas as exigências legais, ou continuar a exercê-la, sem autorização, depois de saber oficialmente que foi exonerado, removido, substituído ou suspenso:

Pena – detenção, de 15 (quinze) dias a 1 (um) mês, ou multa.

Vide: **CP** art. 327; **CPP** arts. 513 a 518. Súmula: **STJ** 330.

324 EXERCÍCIO FUNCIONAL ILEGALMENTE ANTECIPADO OU PROLONGADO

324.1 Sujeitos do delito

Sujeito ativo é o funcionário público, na acepção ampla do art. 327. Quando se trata de exoneração, agente é aquele que deixou de ter aquela qualidade e que continua a exercer funções ilegalmente.

Sujeito passivo é o Estado, titular da regularidade da Administração Pública quanto às funções desempenhadas por seus agentes.

324.2 Tipo objetivo

A primeira modalidade de conduta do crime previsto no art. 324 é a de antecipar-se para exercer suas funções antes de satisfeitas às exigências legais (posse, exames médicos, prestação de fiança em determinados casos). A segunda conduta é a de prosseguir o agente no exercício da função, depois da exoneração, remoção, substituição ou suspensão. Esqueceu-se o legislador de mencionar a aposentadoria, razão pela qual o funcionário aposentado não pode praticar o crime. Não há crime também quando se trata de cessação temporária (férias, licença etc.), nos casos de expressa autorização pela autoridade competente, ou por extrema necessidade de serviço. É também atípico o mero exercício cumulativo de dois cargos, configurando-se, no caso, mera infração administrativa.

Jurisprudência

- Exercício da função durante suspensão
- Acumulação de dois cargos: crime não caracterizado
- Serviço particular em local de trabalho: crime não caracterizado

324.3 Tipo subjetivo

O dolo é a vontade de exercer a função pública. Nos termos expressos da lei, é indispensável, porém, que o funcionário tenha conhecimento do impedimento do exercício de suas funções, não o suprindo a mera publicação do ato no *Diário Oficial*. Não basta, pois, a culpa ou o dolo eventual, e o erro sobre essa circunstância exclui o crime.

324.4 Consumação e tentativa

Consuma-se o crime quando o funcionário pratica qualquer ato constitutivo do exercício da função antes de satisfeitas as exigências legais ou depois do conhecimento oficial do impedimento; é indiferente que não persista o agente na prática irregular dos atos de exercício.

Tratando-se de crime plurissubsistente, é admissível a tentativa.

Jurisprudência

- Crime consumado com a prática de um único ato

Violação de sigilo funcional

Art. 325. Revelar fato de que tem ciência em razão do cargo e que deva permanecer em segredo, ou facilitar-lhe a revelação:

Pena – detenção, de 6 (seis) meses a 2 (dois) anos, ou multa, se o fato não constitui crime mais grave.

§ 1º Nas mesmas penas deste artigo incorre quem:

I – permite ou facilita, mediante atribuição, fornecimento e empréstimo de senha ou qualquer outra forma, o acesso de pessoas não autorizadas a sistemas de informações ou banco de dados da Administração Pública;

II – se utiliza, indevidamente, do acesso restrito.*

§ 2º Se da ação ou omissão resulta dano à Administração Pública ou a outrem:

Pena – reclusão, de 2 (dois) a 6 (seis) anos, e multa.*

* §§ 1º e 2º acrescentados pela Lei nº 9.983, de 14-7-2000.

Vide: **CF** art. 5º, XXXIII; **CP** arts. 151 a 153, § 1º-A, § 2º, 154, 154-A, 326, 327, § 2º, 359-K; **CPP** arts. 513 a 518; **CPM** arts. 143 a 148, 325 a 327 (violação de sigilo no Código Penal Militar); **CPC** arts. 11 e 189; **Lei nº 5.172**, de 25-10-1966 (Código Tributário Nacional), art. 198 (veda a divulgação por parte da Fazenda Pública ou de seus servidores, de informação protegida pelo sigilo fiscal); **Lei nº 8.021**, de 12-4-1990, art. 7º, § 3º (prevê a pena do art. 325 do CP para o servidor que revelar informações obtidas pelo exame de documentos, livros e registros das Bolsas de Valores, de mercadorias, de futuros e assemelhadas); **Lei nº 8.159**, de 8-1-1991 (dispõe sobre a política nacional de arquivos públicos e privados); **Lei nº 9.296**, de 24-7-1996, art. 10 (tipifica as condutas de interceptação de comunicações telefônicas, de informática ou telemática e de quebra de segredo da Justiça, sem autorização judicial ou com objetivo ilegal), art. 10-A (tipifica as condutas de realizar captação ambiental de sinais eletromagnéticos, ópticos ou acústicos para investigação ou instrução criminal sem autorização judicial); **Lei nº 11.671**, de 8-5-2008, art. 3º § 5º (configura o crime de violação de sigilo funcional o monitoramento de áudio e vídeo nas celas e no atendimento advocatício, em estabelecimentos penais federais de segurança máxima); **Lei nº 12.527**, de 18-11-2011 (regulamenta o art. 5º, XXXIII, da Constituição Federal, dispondo sobre o acesso a informações sigilosas); **Lei nº 12.850**, de 2-8-2013, arts. 18 (tipifica a conduta de revelar a identidade, fotografar ou filmar o suspeito ou réu colaborador, sem sua prévia autorização por escrito); 20 (tipifica a conduta de descumprir determinação de sigilo das investigações que envolvam a ação controlada e a infiltração de agentes em crimes decorrentes de organizações criminosas). Súmulas: **STJ** 329 e 330.

325 VIOLAÇÃO DE SIGILO FUNCIONAL

325.1 Sujeitos do delito

Sujeito ativo do crime é o funcionário no abrangente conceito legal para os fins penais (art. 327). A doutrina tem incluído o aposentado que não se desvincula totalmente de deveres para com a administração. Nada impede a participação de particular.

Sujeito passivo é o Estado, titular do sigilo necessário a determinadas atividades administrativas, bem como, eventualmente, a pessoa que seja lesada pela divulgação do segredo.

325.2 Tipo objetivo

A primeira conduta típica é revelar o segredo, ou seja, comunicar a qualquer pessoa, de qualquer forma, fato ou circunstância que devem ser mantidos em sigilo. A segunda ação incriminada é facilitar, de qualquer forma, que terceiro, funcionário público ou não, cometa a revelação. O objeto do crime é o segredo funcional, que só deve ser conhecido de determinadas pessoas, como o sigilo bancário ou fiscal, o segredo de Justiça etc.

O crime de violação de sigilo funcional só existe se o funcionário teve ciência do segredo em razão do cargo; se teve dele conhecimento ocasionalmente, não deverá responder pelo ilícito. Em se tratando de autos de processo, o crime somente se caracteriza se tiver sido deferido expressamente o segredo de justiça.

A Constituição Federal assegura o direito de todos a informações perante os órgãos públicos, mas ressalva as informações "cujo sigilo seja imprescindível à segurança da sociedade e do Estado" (art. 5º, XXXIII). A Lei nº 12.527, de 18-11-2011, que regulamenta as exceções constitucionais, e que revogou a Lei nº 11.111, de 5-5-2005, dispõe sobre o sigilo dos documentos públicos, cuja divulgação ponha em risco a segurança da sociedade e do Estado, bem como sobre o direito de acesso às informações e as restrições de acesso necessárias ao resguardo da inviolabilidade da intimidade, da vida privada, da honra e da imagem das pessoas. A Lei foi regulamentada pelo Decreto nº 7.724, de 16-5-2012.

Jurisprudência

- Violação do segredo de provas: crime caracterizado
- Inexistência de decretação de sigilo: crime não caracterizado
- Mera indiscrição ou bisbilhotice: crime não caracterizado

325.3 Tipo subjetivo

O dolo do crime de violação de segredo funcional é a vontade de transmitir a qualquer pessoa o que deve ficar em sigilo. Não basta a culpa.

325.4 Consumação e tentativa

Consuma-se o crime quando qualquer pessoa, particular ou funcionário não autorizado a conhecer o segredo, toma ciência dele. Trata-se de crime formal, sendo irrelevante qualquer resultado lesivo, embora se exija a potencialidade de dano para a sua caracterização.

É possível a tentativa.

Jurisprudência

- Consumação com o acesso a banco de dados restrito

325.5 Distinção

Por expressa previsão inserida pela Lei nº 13.964, de 24-12-2019, no art. 3º, § 5º, da Lei nº 11.671, de 8-5-2008, configura o crime descrito no art. 325 a conduta de proceder, sem autorização judicial, ao monitoramento de áudio e vídeo nas celas e no atendimento advocatício nos estabelecimentos penais federais de segurança máxima.

O crime de violação de sigilo funcional é expressamente subsidiário, podendo o fato constituir crime mais grave, como o crime de espionagem previsto no art. 359-K ou no Código Penal Militar (arts. 143, 144, 325 e 326). Tratando-se de simples violação de segredo particular, que não afete nenhum interesse da Administração, poderão ocorrer os crimes previstos nos arts. 151, 153 e 154 do CP. Se o fato constitui informação sigilosa ou reservada por definição legal, pode-se configurar o crime previsto no art. 153, § 1º-A, que pode ser praticado por qualquer pessoa, funcionário público ou não (item 153.5). A utilização ou divulgação indevida de conteúdo sigiloso de determinados certames de interesse público pode configurar o crime previsto no art. 311-A, *caput*, e § 1º, que prevalece no confronto com o art. 325, em razão de seu caráter subsidiário. Constituem crimes autônomos previstos na Lei das Organizações Criminais revelar a identidade, fotografar ou filmar o suspeito ou réu colaborador (art. 18) e descumprir determinação de sigilo das investigações que envolvam a ação controlada e a infiltração de agentes (art. 20). Configura, também, crime especial a conduta de violar sigilo processual ao permitir que depoimento de criança ou adolescente seja assistido por pessoa estranha ao processo, quando inexistente autorização judicial e consentimento do depoente ou de seu representante legal (art. 24 da Lei nº 13.431, de 4-4-2017).

325.6 Fornecimento e empréstimo de senha

Como crime especial de violação de sigilo, o § 1º do art. 325 do CP, inserido pela Lei nº 9.983, de 14-7-2000, prevê as mesmas penas cominadas no *caput* para os autores das condutas nele inseridas. Procurou proteger-se com o novo dispositivo a regularidade da Administração Pública no que se refere ao sigilo que deve existir quanto aos dados do sistema de informação ou banco de dados dos serviços públicos. A matéria está regulada na Lei nº 12.527, de 18-11-2011, regulamentada pelo Decreto nº 7.724, de 16-5-2012. Dispõe também sobre o assunto o Decreto nº 7.845, de 14-1-2012.

O sujeito ativo, nas duas hipóteses previstas no tipo penal, é o funcionário público que opera o sistema ou o banco de dados da Administração Pública. O sujeito passivo é o Estado, lesada que é a regularidade da Administração Pública no sigilo de informações e banco de dados.

A primeira conduta incriminada no inciso I é a de o agente *permitir*, mediante atribuição indevida por parte de superior hierárquico, *fornecimento* ou *empréstimo* de senha ou de qualquer outra forma, o acesso de pessoas não autorizadas ao sistema de informação ou banco de dados. Na segunda conduta do inciso I, o crime caracteriza-se quando o agente facilitar, ou seja, auxiliar, ajudar terceiro não autorizado, pelos mesmos meios, o referido acesso. Trata-se de crimes formais, que se consumam com a simples atribuição, fornecimento ou empréstimo de senha, ou com a prática de qualquer comportamento que permita o acesso. Não há necessidade de que haja prejuízo efetivo para a Administração Pública, mas é indispensável que ocorra o acesso indevido pela pessoa não autorizada.

No inciso II é incriminada a conduta do próprio funcionário, que se utiliza indevidamente, de qualquer forma, dos dados que obtém do sistema ou do banco, quando tais dados são de acesso restrito aos interesses da Administração Pública. Também é irrelevante que tenha ocorrido dano à Administração Pública ou a terceiro, bastando para a consumação do crime a utilização indevida dos dados. Se houver, o crime é qualificado (item 325.8). Não configurado o crime de fornecimento e empréstimo de senha por não ser o agente funcionário público ou em razão de alguma elementar do tipo, o acesso não autorizado aos sistemas informatizados ou ao banco de dados da Administração Pública pode caracterizar o crime de invasão de dispositivo informático descrito no art. 154-A.

325.7 Crimes qualificados

Inserido pelo art. 2º da Lei nº 9.983, de 14-7-2000, o § 3º do art. 325 do CP prevê forma qualificada dos crimes definidos no *caput* e no § 1º, prevendo para o fato a pena de reclusão, de dois a seis anos, e multa, se da ação ou omissão resulta dano à Administração Pública ou a outrem. Isso porque, além da lesão à regularidade da Administração Pública no que concerne ao sigilo do sistema de informação e do banco de dados, há, no caso, prejuízo patrimonial para o Estado ou para particular.

Violação do sigilo de proposta de concorrência

Art. 326. Devassar o sigilo de proposta de concorrência pública, ou proporcionar a terceiro o ensejo de devassá-lo:

Pena – detenção, de 3 (três) meses a 1 (um) ano, e multa.

Vide: **CP** art. 337-J; **CPP** arts. 513 a 518; **Lei** nº **8.429**, de 2-6-1992, art. 10, VIII (prevê como ato de improbidade administrativa a conduta de frustrar o agente público a licitude de processo licitatório, acarretando perda patrimonial efetiva). Súmula: **STJ** 330.

326 VIOLAÇÃO DO SIGILO DE PROPOSTA DE CONCORRÊNCIA

326.1 Revogação do art. 326 do CP

O art. 326 do CP tipifica uma espécie privilegiada de violação de sigilo funcional, tendo por objeto a proposta de concorrência pública. Entretanto, a rigor, o referido dispositivo foi revogado implicitamente pelo art. 94 da Lei nº 8.666, de 21-6-1993, que instituiu normas de licitações e contratos da Administração Pública e dá outras providências: "Devassar o sigilo de proposta apresentada em procedimento licitatório, ou proporcionar a terceiro o ensejo de devassá-lo: Pena – detenção, de 2 (dois) a 3 (três) anos, e multa." Posteriormente a Lei nº 14.133, de 1º-4-2021 revogou os arts. 89 a 108 desse diploma e inseriu no Código Penal os arts. 337-E a 337-P, que ora tipificam os crimes em licitações e contratos administrativos.

326.2   Sujeitos do delito

Sujeito ativo do crime é o funcionário público no conceito amplo do art. 327, nada impedindo a participação criminosa de particular.

Sujeito passivo é o Estado, titular da regularidade na realização das concorrências públicas, em especial quanto ao sigilo das propostas. Também são ofendidos os concorrentes eventualmente prejudicados com a violação.

326.3   Tipo objetivo

A primeira conduta típica inscrita no art. 326 é *devassar*, ou seja, tomar conhecimento, descobrir indevidamente, de qualquer forma, o conteúdo da proposta. A segunda modalidade típica é *possibilitar* a terceiro o conhecimento do conteúdo do sigilo. Este pode ser funcionário público ou particular.

O objeto do crime é a concorrência pública (art. 6º, XXXVIII, da Lei 14.133, de 1º-4-2021), ficando excluídas portanto a tomada de preços e a concorrência administrativa. Mais abrangente são os arts. 337-E a 337-P, que se referem ao termo genérico de licitação. Atualmente, a matéria é regulada, pela Lei 14.133, de 1º-4-2021 (Lei de Licitações e Contratos Administrativos), que não prevê mais como modalidades de licitação a tomada de preços e o convite.

326.4   Tipo subjetivo

O dolo é a vontade de devassar ou proporcionar a terceiro o devassamento ilegal do conteúdo da proposta, não se exigindo fim especial de agir. Não prevê a lei a forma culposa das condutas típicas.

326.5   Consumação e tentativa

Na primeira ação típica, consuma-se o crime com o conhecimento, por parte do agente, do conteúdo da proposta; na segunda, com o conhecimento do terceiro. Não se exige dano efetivo do Estado ou aos concorrentes.

É possível a tentativa em qualquer das modalidades.

Funcionário público

> **Art. 327.** Considera-se funcionário público, para os efeitos penais, quem, embora transitoriamente ou sem remuneração, exerce cargo, emprego ou função pública.
>
> § 1º Equipara-se a funcionário público quem exerce cargo, emprego ou função em entidade paraestatal, e quem trabalha para

empresa prestadora de serviço contratada ou conveniada para a execução de atividade típica da Administração Pública.*

§ 2º A pena será aumentada da terça parte quando os autores dos crimes previstos neste Capítulo forem ocupantes de cargos em comissão ou de função de direção ou assessoramento de órgão da administração direta, sociedade de economia mista, empresa pública ou fundação instituída pelo poder público.**

* § 1º alterado pela Lei nº 9.983, de 14-7-2000.

** § 2º acrescentado pela Lei nº 6.799, de 23-6-1980.

Vide: CP arts. 312 a 326, 337-D; **Lei nº 8.112**, de 11-12-1990 (dispõe sobre o regime jurídico dos servidores públicos civis da União, das autarquias e das fundações públicas federais); **Decreto-lei nº 200**, de 25-2-1967 (dispõe sobre a organização da administração federal), art. 4º (define administração direta e indireta); art. 5º (define autarquia, empresa pública, sociedade de economia mista e fundação pública).

327 FUNCIONÁRIO PÚBLICO

327.1 Conceito de funcionário público para os efeitos penais

A fim de evitar divergência e controvérsias referentes ao conceito de funcionário público, além de resguardar mais efetivamente a Administração Pública, a lei define a expressão no art. 327. Menciona, em primeiro lugar, o *cargo público*, ou seja, lugar instituído na organização do funcionalismo, com denominação própria, atribuições específicas e estipêndio correspondente. Em seguida, refere-se ao *emprego público*, correspondente à admissão de servidores para serviços temporários, contratados em regime especial ou pelo disposto na CLT. Por fim, alude a todo aquele que exerce *função pública*, considerada esta a atribuição ou conjunto de atribuições que a Administração confere a cada categoria profissional, ou comete individualmente a determinados servidores para a execução de serviços eventuais. Nesse conceito amplo, para efeitos penais são funcionários públicos o Presidente da República, o prefeito municipal, os membros das casas legislativas, o serventuário de Justiça de cartório não oficializado, o perito judicial, o advogado encarregado da cobrança da dívida ativa, o contador da Prefeitura, o guarda municipal, o inspetor de quarteirão etc.

Não são funcionários públicos para os efeitos penais os que exercem apenas um múnus público, em que prevalece um interesse privado, como no caso de tutores ou curadores dativos, advogados nomeados, inventariantes judiciais, administradores judiciais em falências etc.

Jurisprudência

- Abrangência do conceito de funcionário público para os efeitos penais
- Prefeito municipal
- Vereador
- Escrivão de cartório não oficializado
- Oficial maior de cartório não oficializado
- Escrevente de cartório

- Titulares e auxiliares de tabelionatos e ofícios de registro
- Escrevente de cartório não oficializado
- Oficial de Cartório –
- Notários e registradores servidores públicos –
- Serventuário não remunerado
- Perito nomeado
- Contador da Prefeitura Municipal

- Procurador judicial da Prefeitura
- Estudantes de direito estagiários
- Estagiário da Caixa Econômica Federal
- Inspetores de quarteirão
- Síndico de falência
- Advogado designado e remunerado por convênio público
- Advogado designado e remunerado por convênio público – Contra
- Reeducando encarregado de funções
- Leiloeiro
- Guarda municipal
- Guarda noturno

327.2 Equiparação a funcionário público

Por força da lei estão equiparados ao funcionário público, para os efeitos penais, quem exerce cargo, emprego ou função em entidades paraestatais, que são as pessoas jurídicas de direito privado, cuja criação é autorizada por lei, com patrimônio público ou misto, para a realização de suas atividades, obras ou serviços de interesse coletivo, sob normas e controle do Estado. São as empresas públicas, as sociedades de economia mista, as fundações instituídas pelo Poder público e serviços autônomos, embora na doutrina, e mesmo na jurisprudência, se tenha contestado tal interpretação. Mas a redação do § 2º do art. 327, inserido pela Lei nº 6.799/80, não deixa margens a dúvidas quanto à inclusão dos servidores das paraestatais no conceito de funcionário público para os efeitos penais.

A nova redação dada ao art. 327 do CP passou a abranger, no conceito de funcionário público, particulares que trabalham em empresa prestadora de serviços contratada ou conveniada para a execução da atividade típica da Administração. Na ausência de definição legal de que seja "atividade típica" da Administração Pública, deve-se considerar como toda atividade material que a lei atribui ao Estado para que a exerça diretamente ou por meio de seus delegados, com o objetivo de satisfazer concretamente às necessidades coletivas, sob regime jurídico total ou parcialmente público. Nessa categoria estão as empresas de coleta de lixo, de energia elétrica e iluminação pública, de serviços médicos e hospitalares, de telefonia, de transporte, de segurança etc., desde que contratados ou conveniados com o Estado (União, Estados e Municípios).

Jurisprudência

- Funcionário de autarquia
- Funcionário de entidade paraestatal
- Empresa pública
- Sociedade de economia mista
- Contra
- Gestor de entidade beneficiária de prestação de serviços à comunidade
- Administrador e médico credenciado pelo SUS: funcionário público antes da Lei nº 9.983/2000
- Contra
- Administrador e médico credenciado pelo SUS (na vigência da Lei nº 9.983/2000)
- Empregado de empresa prestadora de serviços que exerce função em órgão público
- Empregado de agência franqueada pela EBCT
- Diretor de entidade de ensino superior
- Prestador de serviços à Celesc (anterior à Lei nº 9.983/2000)
- Preso em trabalho interno: inexistência de equiparação

327.3 Funcionário público como sujeito passivo

Na doutrina e na jurisprudência, tem-se firmado a posição de que a equiparação daqueles que exercem cargo, emprego ou função em entidade paraestatal tem em vista os efeitos penais apenas com relação ao sujeito ativo do crime, e não para assim ser considerado quando sujeito passivo do delito. Entretanto, embora o conceito de funcionário se encontre no capítulo dos crimes praticados por funcionário público, o art. 327 é regra geral, aplicando-se inclusive às leis penais especiais.

Jurisprudência

- Crime contra quem exerce função pública
- Crime contra vereador
- Crime contra militar
- Crime contra perito judicial
- Crime contra guarda municipal
- Crime contra guarda noturno
- Crime contra empregado de autarquia
- Crime contra empregado de sociedade de economia mista
- Crime contra empregado de sociedade de economia mista – Contra
- Inadmissibilidade de equiparação quanto ao sujeito passivo do crime
- Inadmissibilidade de equiparação quanto ao sujeito passivo do crime – contra
- Crime contra empregado de sociedade de economia mista
- Crime contra funcionário em contrato de prestação de serviços

327.4 Casos de aumento de pena

No § 2º do art. 327, é prevista uma causa especial de aumento de pena para os autores dos crimes praticados por funcionários públicos quando forem ocupantes de cargos em comissão ou de função de direção ou assessoramento de órgão da Administração Direta, sociedade de economia mista, empresa pública ou fundação instituída pelo poder público.

Jurisprudência

- Inexistência de aumento de pena
- Gerente de Núcleo da CEF: aplicação da causa de aumento

327.5 Ação penal

Há procedimento preliminar especial, previsto nos arts. 513 ss do CPP, para os processos dos crimes de responsabilidade dos funcionários públicos. Dispõe o art. 514 que, "nos crimes afiançáveis, estando a denúncia ou queixa em devida forma, o juiz mandará autuá-la e ordenará a notificação do acusado para responder por escrito, dentro do prazo de 15 dias". Já decidiu, porém, o STJ que a resposta preliminar é desnecessária na ação penal instruída por inquérito policial (Súmula 330).

Jurisprudência

- Desnecessidade da resposta preliminar na ação penal instruída por inquérito policial
- Competência da Justiça estadual em crime de concussão praticado por funcionário público federal

327.6 Efeitos da condenação

Nos crimes praticados por funcionário público é comum que a conduta inclua abuso de poder ou violação de dever para com a Administração Pública. Nesta hipótese, sendo aplicada pena igual ou superior a um ano, ocorre a perda do cargo, função pública ou mandato eletivo do funcionário, nos termos do artigo 92, inciso I, alínea *a*. A condenação de funcionário público a pena superior a quatro anos, ainda que não praticado o crime com abuso de poder ou violação do dever funcional, enseja, igualmente, o mesmo efeito. O efeito, porém, em ambas as hipóteses, não é automático, devendo ser motivadamente declarado na sentença (v. item 92.1).

Se o crime é praticado contra a mulher por razões da condição do sexo feminino, nos termos do § 1º do art. 121-A do Código Penal, estabelece-se no § 2º, inciso III, do art. 92, que os efeitos da condenação são automáticos. Para essa hipótese, prevê-se também, a perda do cargo, função pública ou mandato eletivo (§ 2º, inciso I).

CAPÍTULO II
DOS CRIMES PRATICADOS POR PARTICULAR CONTRA A ADMINISTRAÇÃO EM GERAL

Usurpação de função pública

Art. 328.   Usurpar o exercício de função pública:

Pena – detenção, de 3 (três) meses a 2 (dois) anos, e multa.

Parágrafo único. Se do fato o agente aufere vantagem:

Pena – reclusão, de 2 (dois) a 5 (cinco) anos, e multa.

Vide: CP arts. 171, 324, 327, § 1º, 359; LCP arts. 45 a 47; CPM arts. 167 a 176 e 335.

328   USURPAÇÃO DE FUNÇÃO PÚBLICA

328.1   Sujeitos do delito

Sujeito ativo do crime é aquele que usurpa função pública, em regra o particular, mas nada impede que um funcionário público o faça, exercendo função que não lhe compete. Há, porém, decisões contrárias a esse entendimento, afirmando-se que não pode ser sujeito ativo o funcionário público por tratar o art. 328 de crime praticado por particular contra a administração pública.

Sujeito passivo é o Estado, titular da regularidade, moralidade, prestígio e decoro que se exige da atividade administrativa.

Jurisprudência

- Admissibilidade de crime praticado por funcionário
- Prisão em flagrante por agentes da guarda civil municipal: inexistência de crime
- Exercício de função semelhante por funcionário: inexistência de crime
- Violação do interesse da Administração Pública

328.2   Tipo objetivo

A conduta típica é usurpar o exercício da função, ou seja, assumir o seu exercício indevidamente, executando ilegitimamente ato de ofício. Refere-se a lei a qualquer função, gratuita ou remunerada. É indispensável, portanto, que se trate de função própria da administração, uma vez que há algumas delas que podem ser exercidas por particulares. Não basta, ainda, que o agente intitule-se funcionário ou que se apresente como ocupante de determinado cargo, o que pode constituir outro ilícito; é necessária a prática de ato de ofício.

Jurisprudência

- Agente que se identifica como policial e exige a apresentação de documento: crime caracterizado
- Levantamento de processos: inexistência de função pública
- Despachante: inexistência de função pública
- Distribuição de impressos: inexistência de função pública
- Ilegitimidade dependente de provas: crime não caracterizado
- Função pública inexistente: crime não caracterizado
- Nomeação de escrivão *ad hoc*: inexistência de crime
- Conceito do crime de usurpação de função pública
- Vigilante de agência bancária: inexistência de função pública
- Entrega de protocolos: crime não caracterizado
- Irregularidade em contratação: crime não caracterizado
- Usurpação de competência do Poder Judiciário na arbitragem

328.3 Tipo subjetivo

O dolo do crime é a vontade de praticar a conduta inscrita no tipo penal, tendo o agente ciência da ilegitimidade do fato. Inexistente o *animus* de usurpar o exercício da função, desnatura-se o ilícito; o erro exclui o dolo.

Jurisprudência

- Embriaguez: dolo caracterizado
- Inexistência de dolo
- Inexistência de dolo

328.4 Consumação e tentativa

Consuma-se o crime com a prática de pelo menos um ato de ofício. A prática de vários atos funcionais configura crime único, de caráter permanente. É irrelevante à consumação a ausência de dano efetivo.

É juridicamente possível a tentativa, que ocorre quando o agente inicia a prática de ato mas não consegue completá-lo.

328.5 Distinção

Quando aquele que pratica o ato é titular da função, mas se acha suspenso dela por decisão judicial, ocorre o crime previsto no art. 359. Se houve exoneração, remoção, substituição ou suspensão, pode se configurar o crime descrito no art. 324. Tratando-se de exercício de função militar, há crimes especiais (arts. 167 a 176 e 335 do CPM). Fingir-se funcionário público ou usar publicamente uniforme ou distintivo de função pública, sem a usurpação da função, é fato contravencional (arts. 45 e 46 da LCP). Havendo o exercício ilegítimo da função pública para auferir o agente vantagem patrimonial indevida, ocorre o crime de estelionato.

Jurisprudência

- Usurpação de função pública e não estelionato
- Estelionato e não usurpação de função pública
- Usurpação de função pública e não o crime previsto no art. 67 da Lei nº 9.605/98
- Tentativa de estelionato e não usurpação de função pública
- Contravenção de simulação da qualidade de funcionário e não usurpação de função pública

328.6 Concurso de crimes

O crime de usurpação de função pública pode concorrer com outro ilícito, em concurso formal ou material.

Jurisprudência

- Concurso com o crime de constrangimento ilegal
- Concurso de crimes de usurpação de função pública e estelionato
- Usurpação de função pública como meio do crime de roubo

Resistência

Art. 329. Opor-se à execução de ato legal, mediante violência ou ameaça a funcionário competente para executá-lo ou a quem lhe esteja prestando auxílio:

Pena – detenção, de 2 (dois) meses a 2 (dois) anos.

§ 1º Se o ato, em razão da resistência, não se executa:

Pena – reclusão, de 1 (um) a 3 (três) anos.

§ 2º As penas deste artigo são aplicáveis sem prejuízo das correspondentes à violência.

Vide: **CP** arts. 147, 327, 330, 331; **LCP** art. 21; **CPP** art. 795, parágrafo único; **Lei nº 1.579**, de 18-3-1952, art. 4º, I (determina a pena do art. 329 para a conduta de impedir, ou tentar impedir, mediante violência, ameaça ou assuadas, o regular funcionamento de Comissão Parlamentar de Inquérito, ou o livre exercício das atribuições de qualquer dos seus membros); **Lei nº 7.853**, de 24-10-1989, art. 8º, V (tipifica a conduta de deixar de cumprir, retardar ou frustrar execução de ordem judicial expedida na ação civil a que alude esta lei); **Lei nº 8.069**, de 13-2-1990 – ECA, art. 236 (tipifica a conduta de impedir ou embaraçar a ação de autoridade judiciária, membro do Conselho Tutelar ou representante do Ministério Público no exercício de função prevista no Estatuto da Criança e do Adolescente); **Lei nº 10.741**, de 1º-10-2003 – E. I., art. 109 (tipifica a conduta de impedir ou embaraçar ato do representante do Ministério Público ou de qualquer outro agente fiscalizador, na aplicação do Estatuto da Pessoa Idosa); **Lei nº 12.529**, de 30-11-2011, art. 111 (prevê a aplicação do art. 329 em processo de execução judicial de decisões do Conselho Administrativo de Defesa Econômica – CADE); **Lei nº 12.850**, de 2-8-2013, art. 2º, § 1º (tipifica a conduta de impedir ou embaraçar a investigação de infração penal que envolva organização criminosa).

329 RESISTÊNCIA

329.1 Sujeitos do delito

Sujeito ativo do crime de resistência é qualquer pessoa que se opõe à execução de ato legal, inclusive quando está sendo este executado contra terceira pessoa.

Sujeito passivo é, em primeiro lugar, o Estado, titular da regularidade administrativa e do fiel cumprimento das ordens legais. Ofendido também é o funcionário que executa ou deve executar o ato, desde que tenha atribuição para tal e esteja no exercício de sua função. Também pode ser vítima aquele que está prestando auxílio ao executor da ordem legal. Mas não se configura o ilícito quando a violência ou ameaça é dirigida a terceiro que não interfere no ato.

Jurisprudência

- Sujeito ativo do crime de resistência
- Sujeito não destinatário do ato: irresponsabilidade
- Hipótese de inexistência de coautoria
- Guarda municipal como sujeito passivo
- Guarda municipal como sujeito passivo: crime não caracterizado
- Guarda municipal atuando fora da sua competência: inexistência do crime
- Guarda-noturno como sujeito passivo
- Funcionário fora do exercício de suas funções: crime não caracterizado
- Violência contra terceiro: crime não caracterizado

329.2 Tipo objetivo

A conduta típica é a oposição do agente ao ato legal mediante violência, com o emprego de força física, portanto, ou de ameaça. Deve ser uma conduta atuante e positiva, não configurando o crime de resistência a passividade do sujeito ativo ainda que com o intuito de fazer com que não se cumpra a ordem.

É pressuposto do crime a execução de um ato legal por parte do funcionário, como nas hipóteses de prisão em cumprimento de mandado de prisão, de penhora, de despejo, de busca e apreensão, de vistoria por perito judicial etc.

Sem comprovação rigorosa da legalidade do ato que está sendo ou vai ser praticado pelo funcionário, não se configura o crime de resistência, já que a legalidade da ordem é elemento do tipo previsto no art. 329. A legalidade da ordem exige a competência do funcionário em relação ao ato a ser praticado, bem como a legalidade intrínseca, ou seja, emanar de autoridade competente e ser fundada em lei, bem como o emprego de meios legais na execução.

Não se deve confundir, porém, a ilegalidade do ato com a injustiça da decisão de que esta deriva; é ilícita a reação a ordem formalmente lícita, embora injusta em seu aspecto material. Deve admitir-se, porém, a exclusão do ilícito quando clara e inconteste a ilegitimidade ou arbitrariedade da ordem. Não se tem considerado como infração penal a fuga à prisão legal, entendendo-se que a reação é justificada por se tratar de movimento instintivo do agente, reflexo de seu desejo de preservar ou garantir sua liberdade.

Jurisprudência

- Necessidade de violência ou ameaça
- Resistência passiva: crime não caracterizado
- Mero ato de indisciplina: crime não caracterizado
- Resistência à prisão
- Resistência à prisão por mandado
- Resistência à prisão em flagrante
- Resistência à prisão em caráter preventivo
- Resistência a ato de busca e apreensão
- Resistência a ordem de penhora
- Resistência de suspeito à ordem de identificar-se

- Resistência a ato de vistoria de imóvel por perito
- Resistência à ordem de deixar o local
- Resistência na prisão de fugitivo
- Necessidade de comprovação da legalidade da ordem
- Resistência a execução de ordem formalmente legal: crime caracterizado
- Resistência na abordagem em diligência de rotina: crime caracterizado
- Resistência a execução de ordem ilegal: crime não caracterizado
- Resistência na abordagem mal executada: crime não caracterizado
- Resistência a busca pessoal: crime não caracterizado
- Resistência a busca pessoal: crime caracterizado
- Dúvida sobre a legalidade da ordem: crime não caracterizado
- Ato realizado por autoridade incompetente
- Gesto brusco contra ação policial: crime não caracterizado
- Resistência a prisão ilegal: crime não caracterizado
- Resistência à prisão sem as formalidades legais: crime não caracterizado
- Resistência a prisão em flagrante provocado: crime não caracterizado
- Resistência à "prisão para averiguações": crime não caracterizado
- Resistência a ordem legal com violência arbitrária: crime não caracterizado
- Fuga à prisão em flagrante: crime não caracterizado
- Fuga na perseguição policial: crime não caracterizado
- Irrelevância da falta de "voz de prisão": crime de resistência caracterizado

329.3 Tipo subjetivo

O dolo é a vontade de se opor à execução do ato, mediante violência ou ameaça, mas é indispensável que o agente tenha consciência de que está resistindo a ato legal do funcionário. O erro quanto à legalidade do ato, ainda que culposo, exclui o dolo.

Quanto à resistência de pessoa embriagada, há duas posições: a primeira é a de que o embriagado não age com o dolo específico do delito; a segunda é a de que, além de tudo, basta o dolo genérico para a caracterização do crime. Deve prevalecer aquela que não exclui o dolo ou a culpabilidade a embriaguez voluntária ou culposa, como expressamente o prevê o art. 28, II, do CP.

Jurisprudência

- Dúvida quanto à legalidade do ato: crime não caracterizado
- Inexistência de dolo específico: crime não caracterizado
- Legítima defesa putativa na resistência
- Agente embriagado: inexistência de dolo
- Agente embriagado: crime caracterizado

329.4 Consumação e tentativa

A resistência é crime formal, consumando-se com a prática da violência ou ameaça. Dispensável, portanto, o resultado pretendido pelo agente, que é a não execução do ato legal, que, se ocorrer, qualifica o delito.

Em tese, é possível a tentativa de violência ou ameaça (por exemplo, por escrito) e, portanto, do crime de resistência.

Jurisprudência

- Consumação do crime de resistência

329.5 Resistência qualificada

Não se executando o ato legal diante da resistência do agente, o crime torna-se qualificado, com penas mais severas, não só porque deixa de ser cumprida a lei, como também é desmoralizada a autoridade.

Jurisprudência

- Resistência qualificada
- Qualificadora não caracterizada

329.6 Distinção

Distingue-se o crime de resistência do delito de desacato: naquele, há ameaça ou violência para que a ordem não seja executada; neste, o desejo de humilhar ou menosprezar o funcionário. Distingue-se a resistência da desobediência por não existir nesta violência ou grave ameaça à pessoa incumbida da prática do ato legal.

O Estatuto da Criança e do Adolescente e o Estatuto da Pessoa Idosa preveem tipos especiais para quem impede ou embaraça a ação de autoridades no exercício de função neles prevista. O crime de impedir ou embaraçar a ação de autoridade judiciária, membro do Conselho Tutelar ou representante do Ministério Público no exercício de função prevista na Lei nº 8.069, de 13-2-90, é previsto no artigo 236 do ECA, punido com pena de detenção de seis meses a dois anos. Nos termos do artigo 109 da Lei nº 10.741, de 1º-10-2003 (Estatuto da Pessoa Idosa), constitui crime "impedir ou embaraçar ato do representante do Ministério Público ou de qualquer outro agente fiscalizador", para o qual é cominada pena de reclusão de seis meses a um ano e multa. Aplicam-se esses dispositivos quando não há emprego de violência ou ameaça contra o funcionário ou quem o auxilia. Na hipótese contrária, responde o agente pelo crime de resistência, configurando-se a forma qualificada se o agente impede a execução do ato. Se o agente, mediante violência ou ameaça, *embaraçar* a ação dos funcionários referidos nas leis especiais, atrapalhando e criando dificuldades, mas o ato vem a ser executado, responde nos termos do artigo 329, *caput,* devendo atentar o juiz, porém, na aplicação da pena, à incoerência do legislador, evitando a imposição de pena inferior a seis meses, porque estaria punindo o agente menos severamente do que se agisse sem o emprego de violência ou ameaça. Também por incoerência do legislador, pune-se com reclusão a conduta descrita no artigo 109 do Estatuto do Idoso, quando prevista para o crime de resistência a pena de detenção (art. 329, *caput*). Incorre, também, nas penas do art. 329, por força de disposição contida em lei especial, quem se opuser ou obstaculizar a intervenção judicial prevista na lei que disciplina as infrações contra a ordem econômica (art. 111 da Lei nº 12.529, de 30-11-2011). Quem impede ou embaraça investigação de delito que envolva organização criminosa, incorre em crime mais severamente punido (reclusão de 3 a 8 anos de reclusão), previsto no art. 2º, § 1º, da Lei nº 12.850, de 2-8-2013.

Jurisprudência

- Desobediência e não resistência
- Resistência e não desacato

329.7 Concurso de crimes

Por expressa disposição da lei, havendo violência, deverá ser aplicada a pena desta cumulativamente com a do crime de resistência. Não há que se falar, portanto, em concurso formal de delitos ou de absorção das lesões corporais pelo crime de resistência.

É certo o entendimento de que a resistência oposta por autores de crime (roubo, por exemplo) para evitar a prisão, quando perseguidos logo após a prática do ilícito, não constitui crime autônomo, mas simples desdobramento da violência caracterizadora daquele. Entretanto, se o roubo, próprio ou impróprio, já se consumou, haverá concurso material de crimes. O mesmo se diga se ocorreu anteriormente simples furto.

A resistência do agente a dois funcionários que executam ato legal não constitui concurso formal de crimes, mas crime único contra a Administração.

O crime de resistência absorve, como elemento do tipo, os crimes de exposição a perigo de vida, ameaça, desobediência, e a contravenção de vias de fato.

Jurisprudência

- Concurso material de resistência e lesões corporais
- Concurso material de resistência e lesões corporais – Contra
- Resistência após perseguição por outro crime
- Resistência na tentativa de roubo
- Resistência após roubo
- Resistência na tentativa de latrocínio
- Resistência na perseguição logo após roubo
- Resistência no roubo impróprio
- Resistência após roubo
- Resistência após tentativa de roubo: crime autônomo
- Absorção do crime de desacato – Contra
- Absorção da contravenção de embriaguez
- Absorção do crime de lesão corporal de natureza leve

Desobediência

Art. 330. Desobedecer a ordem legal de funcionário público:
Pena – detenção, de 15 (quinze) dias a 6 (seis) meses, e multa.

Vide: CP arts. 319, 327, 329, 345, 346; CPP arts. 163, parágrafo único, 219, 458, 655, 656, parágrafo único; CPC arts. 403, parágrafo único; **Lei nº 7.853**, de 24-10-1989, art. 8º, V (tipifica a conduta de deixar de cumprir, retardar ou frustrar execução de ordem judicial expedida na ação civil a que alude esta lei); **Lei nº 10.741**, de 1º-10-2003 – EI, art. 100, IV (tipifica a conduta de deixar de cumprir, retardar ou frustrar, sem justo motivo, a execução de ordem judicial expedida na ação civil a que alude a Lei), art. 101 (deixar de cumprir, retardar ou frustrar, sem justo motivo, a execução de ordem judicial expedida nas ações em que for parte ou interveniente o idoso); **Lei nº 11.340**, de 7-8-2006, arts. 22, § 2º (prevê a responsabilização por crime de desobediência ou de prevaricação do superior hierárquico do agressor, em caso de violência doméstica ou familiar contra a mulher, que deixar de dar cumprimento à determinação judicial de suspensão ou restrição do porte de arma), 24-A (tipifica a conduta de descumprir decisão judicial que defere medidas protetivas de urgência previstas nessa Lei); **Lei nº 12.529**, de 30-11-2011, art. 111 (prevê a aplicação do art. 330 em processo de execução judicial de decisões do Conselho Administrativo de Defesa Econômica – CADE); **Lei nº 12.850**, de 2-8-2013, art. 21 (tipifica a conduta de recusar ou omitir dados cadastrais, registros, documentos e informações requisitadas pelo juiz, Ministério Público ou delegado de polícia, na persecução de organizações criminosas); **Lei nº 11.340**, de 7-8-2006, arts. 22, § 2º (prevê a responsabilização por crime de desobediência ou de prevaricação do superior hierárquico do agressor, em caso de violência doméstica ou familiar contra a mulher, que deixar de dar cumprimento à determinação judicial de suspensão ou restrição do porte de arma), 24-A (tipifica a conduta de descumprir decisão judicial que defere medidas protetivas de urgência previstas nessa Lei); **Lei nº 14.344**, de 24-5-2022, art. 20, § 2º (prevê a responsabilização por crime de desobediência ou de prevaricação do superior hierárquico do agressor, em caso de violência doméstica ou familiar contra a criança e adolescente, que deixar de dar cumprimento à determinação judicial de suspensão ou restrição do porte de arma.

330 DESOBEDIÊNCIA

330.1 Sujeitos do delito

Sujeito ativo do crime previsto no art. 330 é aquele que desobedece a ordem legal emanada da autoridade competente. Em regra, portanto, é o particular, mesmo porque a infração está entre os crimes praticados por este contra a administração em geral. O funcionário, estando fora de suas funções, pode também cometer o crime, mas, se sua conduta (ação ou omissão) for praticada no exercício delas, poderá ocorrer o delito de prevaricação quando visa atender interesse ou sentimento pessoal (item 330.5). Não obstante, não são raras as decisões de condenação do funcionário pelo crime de desobediência. Nada impede a ocorrência de concurso de pessoas na prática do crime de desobediência.

Sujeito passivo é o Estado, titular da regularidade da atividade administrativa e, em especial, do princípio da autoridade. Ofendido também é o funcionário que dá ou expede a ordem desde que tenha atribuição ou competência para tanto.

Jurisprudência

- Crime praticado por particular
- Desobediência de funcionário a ordem no exercício das funções: crime não caracterizado
- Desobediência de funcionário a ordem no exercício das funções: crime não caracterizado – Contra
- Desobediência de funcionário público fora do exercício de suas funções: crime caracterizado
- Funcionário público como sujeito passivo
- Possibilidade de coautoria no crime de desobediência

330.2 Tipo objetivo

A conduta típica é *desobedecer*, ou seja, não acatar, não atender, não aceitar, não cumprir a ordem legal. Tanto pode ser praticada por omissão, não atuando o agente como deve, quanto por comissão, agindo quando deve se abster.

A desobediência só ocorre quando não atendida a ordem legal, ou seja, emanada de autoridade competente, a quem tem o dever de obedecê-la e se obedecidas as formalidades legais. Se o ato de ofício não é legal, a desobediência não se caracteriza como crime. Assim, por exemplo, a obrigação de o indiciado submeter-se à identificação datiloscópica, que era obrigatória, passou a não o ser, em determinados casos, em decorrência do art. 5º, LVIII, da CF. O mesmo se a ordem é abusiva, forma também de ilegalidade. É imprescindível que o destinatário da ordem tenha o dever jurídico de agir ou deixar de agir por força de lei. Diante do princípio constitucional de que ninguém é obrigado a fazer ou deixar de fazer alguma coisa senão em virtude de lei, pode o destinatário examinar a legalidade da ordem antes de cumpri-la ou não. Não há que se confundir, porém, a legalidade da ordem com a sua justiça; se for legal formalmente, não cabe ao destinatário discutir-lhe o mérito.

O fato também não constitui crime quando o agente está abrigado por uma excludente da ilicitude, como o exercício regular do direito de sigilo. Também não se tem reconhecido o crime na simples fuga, sem violência, mesmo diante de voz de prisão, por ser atitude natural, inspirada não pela vontade de transgredir a ordem, mas pela busca e impulso instintivo de liberdade. Há também decisões no sentido de não se caracterizar o crime quando a autoridade dispõe, eventualmente, de medida administrativa para fazer cumprir a lei.

Para que se configure o crime de desobediência, a ordem deve ser transmitida diretamente ao destinatário, o que se pode fazer por várias maneiras ou modos (verbalmente, por escrito etc.), e nunca pode ser presumida. Deve constituir-se de ordem e não de simples solicitação ou pedido. Também é necessário que a ordem seja individualizada, isto é, dirigida inequivocamente a determinada pessoa, que tem o dever jurídico de recebê-la ou acatá-la.

Não constitui crime de desobediência a simples desobediência de lei ou qualquer outro preceito jurídico, como regulamentos, portarias, avisos, editais etc., a não ser que destes conste expressamente a ordem e se tenha comprovação de que o destinatário dela tomou conhecimento.

Estão de acordo a doutrina e a jurisprudência de que não se configura o crime de desobediência quando alguma lei de conteúdo não penal comina penalidade administrativa, civil ou processual para o fato. Não há que se falar, porém, em *bis in idem* na aplicação cumulativa dessas sanções com a pena quando a própria lei extrapenal prevê, expressamente, a possibilidade de cumulação das reprimendas.

Jurisprudência

- Desobediência à ordem para testemunhar em ação penal
- Desobediência à ordem para testemunhar em ação civil: crime não caracterizado
- Desobediência à ordem para testemunhar em ação trabalhista
- Desobediência à ordem de testemunhar contra irmão: crime não caracterizado
- Desobediência à ordem para a vítima depor: crime não caracterizado
- Desobediência à ordem para indiciado depor: crime não caracterizado
- Desobediência à ordem para investigado depor: crime não caracterizado
- Desobediência à ordem para sindicado depor: crime não caracterizado
- Desobediência à ordem para indiciado depor: crime não caracterizado
- Desobediência a ordem contida em alvará judicial
- Desobediência a ordem protetiva prevista na Lei nº 11.340/2006
- Desobediência a transação penal homologada: crime não caracterizado
- Desobediência em exercício regular de direito: crime não caracterizado
- Desobediência à ordem de duvidosa legalidade: crime não caracterizado
- Desobediência à ordem de funcionário que não se encontra no exercício do cargo: crime não caracterizado
- Desobediência à ordem para descer do veículo: crime não caracterizado
- Inadmissibilidade de discussão da legalidade da ordem judicial formalmente correta
- Inadmissibilidade de presunção do conhecimento da ordem
- Necessidade de prévia tentativa de condução coercitiva
- Necessidade de prévia apreciação dos motivos da testemunha faltosa
- Desobediência a intimação para comparecer a Juizado de Conciliação: crime não caracterizado
- Desobediência à ordem de identificar-se: crime não caracterizado

- Desobediência à ordem de identificar-se: crime não caracterizado – Contra
- Desobediência à ordem para identificação datiloscópica (anteriores à Constituição Federal de 1988)
- Desobediência à ordem para identificação datiloscópica (anteriores à Constituição Federal de 1988) – Contra
- Desobediência à ordem de assinar interrogatório: crime não caracterizado
- Desobediência à ordem de assinar peças do inquérito: crime não caracterizado
- Desobediência à ordem de comparecimento de jurado
- Desobediência a mandado judicial
- Desobediência à ordem de busca e apreensão
- Desobediência à ordem de penhora
- Desobediência a ordem em mandado de segurança
- Desobediência a ordem para assumir encargo de depósito
- Desobediência à ordem de policiais para revista na entrada de fórum
- Desobediência à ordem para diminuir som
- Desobediência à ordem de não vender bebidas alcoólicas em dia de eleições
- Desobediência à ordem de juiz pelo Delegado de Polícia: crime não caracterizado
- Desobediência à ordem de policiais para deixar local em razão da guarda de cão feroz
- Desobediência à ordem de juiz no direito de visitas
- Desobediência à ordem de juiz no direito de visitas – Contra
- Desobediência à ordem de regularizar obra
- Desobediência à ordem de entregar arma
- Desobediência à ordem de local para a queima de fogos
- Desobediência à ordem de policiais para acompanhá-los
- Desobediência à ordem na fiscalização do trânsito de veículos: crimes caracterizados
- Desobediência à ordem na fiscalização do trânsito de veículos: crimes caracterizados – Contra
- Desobediência à ordem de proibição de passagem
- Cumprimento dos trâmites burocráticos: inexistência de crime
- Inexistência de expressão formal da ordem de autoridade
- Desobediência à ordem de autoridade incompetente: crime não caracterizado
- Inexistência de subordinação do agente em relação à vítima: crime caracterizado
- Impossibilidade de cumprimento da ordem no âmbito das funções: crime não caracterizado
- Impossibilidade de cumprimento da ordem por falta de competência
- Impossibilidade material de cumprimento da ordem: crime não caracterizado
- Inadmissibilidade de presunção do conhecimento da ordem
- Inexistência do dever jurídico de submissão à ordem (exame hematológico): crime não caracterizado
- Desobediência à ordem de submeter-se a exame de dosagem alcoólica: crime não caracterizado
- Desobediência à ordem ilegal: crime não caracterizado
- Desobediência à ordem sem as formalidades legais: crime não caracterizado
- Desobediência à ordem não prevista em lei: crime não caracterizado
- Desobediência à ordem arbitrária: crime não caracterizado
- Desobediência em respeito ao sigilo médico: crime não caracterizado
- Desobediência em respeito ao sigilo médico sem justa causa: crime caracterizado
- Desobediência em respeito ao sigilo profissional de advogado: crime não caracterizado
- Desobediência pela retenção de autos do processo: crime não caracterizado
- Fuga à prisão: crime não caracterizado
- Impossibilidade de cumprimento da ordem: crime não caracterizado
- Necessidade de ordem direta e expressamente a destinatário certo
- Necessidade de a ordem ser endereçada a quem tem o dever legal de obedecê-la
- Necessidade de desrespeito a obrigação jurídica
- Necessidade de ordem legal
- Desobediência a simples solicitação: crime não caracterizado
- Inadmissibilidade de discussão da relevância da ordem

- Desobediência à lei ou outra norma jurídica: crime não caracterizado
- Desobediência à portaria conhecida: crime caracterizado
- Previsão de sanção extrapenal: crime não caracterizado
- Previsão de sanção extrapenal: crime não caracterizado – Contra
- Previsão de sanção extrapenal com ressalva expressa: crime caracterizado
- Infração ambiental com sanção administrativa: inexistência do crime de desobediência
- Descumprimento de decisão judicial em ação cominatória: delito não caracterizado

330.3 Tipo subjetivo

O dolo é a vontade de não obedecer a ordem legal do funcionário público, sendo indispensável que o agente tenha ciência da determinação e consciência de sua legalidade, que inclui a competência do funcionário e atribuição do agente para cumpri-la. A dúvida do agente que desobedece a ordem configura o dolo eventual, mas a mera culpa é irrelevante na esfera penal.

A embriaguez, voluntária ou culposa, quando completa, eliminando a capacidade do agente de entender a ordem e de querer desobedecê-la, exclui o dolo; ele existe, porém, se a ebriez for incompleta.

Jurisprudência

- Exigência do dolo na desobediência
- Existência de dolo na desobediência
- Inexistência de dolo na desobediência
- Inexistência de prova de dolo
- Força maior: inexistência de dolo
- Inexistência de forma culposa na desobediência
- Inexigência de dolo específico na desobediência
- Inexigência de dolo específico na desobediência – Contra
- Desnecessidade do intuito de ofender a autoridade
- Irrelevância do fim último da conduta
- Inexistência de erro de proibição
- Existência de erro de tipo
- Inconsciência da antijuridicidade do fato: crime não caracterizado
- Exclusão do dolo pela embriaguez
- Inexistência de exclusão do dolo pela embriaguez incompleta
- Inexistência de dolo em usuário de drogas
- Inexistência dos elementos subjetivos do injusto

330.4 Consumação e tentativa

Na forma omissiva, o crime consuma-se quando o sujeito devia agir e não o faz no lapso de tempo determinado. Na forma comissiva, quando pratica o ato de que devia abster-se.

É possível a tentativa apenas na forma comissiva.

Jurisprudência

- Consumação do crime de desobediência
- Desobediência como crime instantâneo
- Consumação do crime de desobediência apesar do cumprimento posterior da ordem

330.5 Distinção

Distingue-se a desobediência da resistência pelo emprego, neste último ilícito, de violência ou ameaça ao funcionário. Quando o agente desobedece a ordem legal para satisfazer pretensão, ainda que legítima, ocorre o crime de exercício arbitrário das próprias razões. Tratando-se de funcionário que desobedece a ordem legal, não se configura o crime de desobediência, mas, eventualmente, o de prevaricação.

A Lei nº 10.741, de 1º-10-2003, prevê como crime mais severamente punido o descumprimento de ordem judicial expedida na ação civil disciplinada no Estatuto do Idoso e nas ações em que for parte ou interveniente pessoa idosa (arts. 100, inciso IV, e 101).

A Lei nº 12.529, de 30-11-2011, dispõe expressamente que pratica o crime de desobediência quem desobedecer a ordem legal de interventor nomeado pelo juiz em processo de execução judicial de decisões do CADE (Conselho Administrativo de Defesa Econômica).

A Lei nº 12.850, de 2-8-2013, tipifica a conduta de recusar ou omitir dados cadastrais, registros, documentos e informações requisitadas pelo juiz, Ministério Público ou delegado de polícia no curso de investigação ou processo relativos a organizações criminosas.

A Lei nº 11.340, de 7-8-2006, prevê, no art. 22, § 2º, a responsabilização por crime de desobediência ou de prevaricação do superior hierárquico do agressor – em caso de violência doméstica ou familiar contra a mulher – que deixar de dar cumprimento à determinação judicial de suspensão ou restrição do porte de arma e tipifica, no art. 24-A, a conduta de descumprir decisão judicial que defere medidas protetivas de urgência previstas nessa Lei. Disposições análogas foram incluídas nos arts. 20, § 2º, e 25 da Lei nº 14.344, de 24-5-2022, aplicáveis aos crimes de violência doméstica e familiar contra a criança e adolescente.

Jurisprudência

- Desobediência e não resistência
- Prevaricação e não desobediência
- Contravenção e não desobediência

330.6 Concurso de crimes

A prática de outro crime, por si mesma, não pode constituir, ao mesmo tempo, o crime de desobediência. O crime de resistência absorve a desobediência, que nada mais é do que uma resistência passiva.

Jurisprudência

- Absorção da desobediência pela resistência
- Inadmissibilidade do bis in idem

Desacato

Art. 331. Desacatar funcionário público no exercício da função ou em razão dela:

Pena – detenção, de 6 (seis) meses a 2 (dois) anos, ou multa.

Vide: CF art. 133; CP arts. 138 a 140, 141, II, 142, I, 327, 329, 330.

331 DESACATO

331.1 Sujeitos do delito

Sujeito ativo do crime definido no art. 331 é qualquer pessoa que desacata o funcionário público no exercício de função pública ou em razão dela. O funcionário público também pode ser autor de desacato, desde que despido dessa qualidade, ou seja, fora da própria função. Quanto à prática do crime no exercício da função, divide-se a doutrina e a jurisprudência. Numa primeira posição, o funcionário público não pode cometer o crime no exercício de suas funções, uma vez que o desacato está entre os crimes praticados por particular contra a administração em geral. Em uma segunda orientação, há desacato quando a ofensa é praticada pelo servidor apenas contra seu superior hierárquico. Na terceira, mais adequada, não há que se fazer distinção, ocorrendo o ilícito penal independentemente da função que exerçam os sujeitos ativo e passivo, já que a lesão é praticada contra a administração pública.

Não se exclui da situação de sujeito ativo do crime o advogado apenas porque exerce múnus público, que não se compara à função pública propriamente dita. Também não se tem reconhecido a imunidade prevista no art. 133 da CF e no art. 7º, § 2º, da Lei nº 8.906/94. O dispositivo do EAOAB, na parte em que previa a imunidade do advogado em relação ao crime de desacato, após ter suspensa a sua eficácia por medida liminar concedida em 1994, foi declarado inconstitucional pelo STF em ação direta de inconstitucionalidade julgada em 17-5-2006 (ADIN 1.127-8, *DJe* de 11-6-2010) e, posteriormente, revogado pela Lei nº 14.365, de 2-6-2022.

Sujeito passivo do desacato é o Estado, mas também o funcionário público ofendido com o desacato. Inclui-se no conceito o funcionário público na acepção abrangente do art. 327, embora haja decisões em sentido contrário.

Jurisprudência

- Desacato como crime pluriofensivo
- Funcionário público como sujeito ativo quando fora das suas funções
- Funcionário público que não se identifica: crime caracterizado
- Funcionário público que não se identifica: crime caracterizado
- Inadmissibilidade de desacato de funcionário no exercício de suas funções
- Inadmissibilidade de desacato de funcionário no exercício de suas funções – Contra
- Possibilidade de desacato de funcionário contra superior
- Advogado dativo como sujeito ativo do crime de desacato
- Possibilidade de desacato de funcionário contra outro funcionário
- Possibilidade de desacato de funcionário contra outro funcionário – Contra
- Inexistência de imunidade penal do advogado no crime de desacato perante a Constituição Federal
- Inexistência de imunidade penal do advogado no crime de desacato perante a Lei nº 8.906/94
- Troca de insultos em audiência
- Estado como sujeito passivo do crime
- Sujeito passivo funcionário público
- Militar como sujeito passivo do crime
- Funcionário a título precário como sujeito passivo do crime
- Funcionário de empresa locadora de mão de obra contratada por órgão público como sujeito passivo: inadmissibilidade
- Funcionário de entidade paraestatal como sujeito passivo do crime
- Guarda municipal como sujeito passivo do crime
- Guarda-noturno municipal como sujeito passivo do crime
- Particular exercendo função pública como sujeito passivo do crime
- Voluntário que acompanha diligência como ofendido: inexistência do crime

331.2 Tipo objetivo

O crime é *desacatar*, que significa ofender, vexar, humilhar, espezinhar, desprestigiar, menosprezar, menoscabar, agredir o funcionário, ofendendo-lhe a dignidade ou o decoro da função. Pode constituir-se em palavras ou atos (gritos, gestos, escritos se presente o funcionário), bem como a violência que constitua a contravenção de vias de fato ou o crime de lesões corporais. Pouco importa que o funcionário se julgue, ou não, ofendido, já que a ofensa é dirigida também à dignidade e ao prestígio de seu cargo ou função.

Para a configuração do crime é indispensável que a ação ocorra quando o funcionário esteja no exercício da função ou, não estando, que a ofensa se refira a ela. Não importa o local em que o fato ocorra, caracterizando-se o crime quando existente o nexo funcional. De outro lado, se o funcionário é ofendido como particular, não tendo a ofensa relação com suas funções, o desacato não se caracteriza, podendo ocorrer outros ilícitos (injúria, difamação, calúnia, ameaça etc.).

É também indispensável à caracterização do desacato que o fato ocorra em sua presença, ou seja, que veja ou ouça a ofensa, estando no local. Irrelevante, porém, a ocorrência ou não de publicidade do fato. Não se configura o ilícito quando a ofensa lhe é dirigida em documento, por telefone, pela imprensa, por *e-mail*, em petição etc.

Não constitui o crime de desacato a mera censura ou crítica, ainda que veemente e exaltada, nem quando se dirige genericamente a uma instituição.

Jurisprudência

- Espécies de ofensas no desacato
- Desacato por palavras: crime caracterizado
- Desacato por desafio ao funcionário
- Desacato por agressão física
- Desacato por tentativa de agressão
- Desacato por riso
- Desacato por gestos
- Desacato por gritos e gestos
- Ofensas em caso de infração de trânsito
- Agente que abaixa as calças em público para ser revistado: crime caracterizado
- Desacato motivado por erro do funcionário: crime caracterizado
- Simples arrogância de advogado: crime não caracterizado
- Repulsa a ordem ilegal: crime não caracterizado
- Mera exaltação em diálogo: crime não caracterizado
- Exercício regular de direito: crime não caracterizado
- Conduta amparada em lei: crime não caracterizado
- Conduta contra agente que cumpre lei declarada posteriormente inconstitucional: crime caracterizado
- Necessidade da existência do nexo funcional
- Necessidade de relação da ofensa com o exercício da função: crime não caracterizado
- Ofensa sem relação com a função: crime não caracterizado
- Ofensa em razão da função exercida pelo sujeito passivo
- Irrelevância do local do desacato
- Necessidade de percepção direta da ofensa pelo funcionário
- Inadmissibilidade de desacato por telefone
- Inadmissibilidade de desacato por carta
- Inadmissibilidade de desacato contra instituição
- Irrelevância da falta de publicidade
- Críticas ao servidor: crime não caracterizado
- Inexistência de legítima defesa
- Necessidade de percepção direta da ofensa pelo funcionário
- Inadmissibilidade de desacato na ausência do funcionário
- Inadmissibilidade de desacato em petições ou razões de recurso
- Inadmissibilidade de desacato contra instituição
- Inadmissibilidade de desacato em crítica a órgão público
- Mero desentendimento entre advogado e magistrado

331.3 Tipo subjetivo

O dolo do desacato consiste na vontade consciente de praticar a ação ou proferir a palavra injuriosa com o propósito de ofender ou desrespeitar o funcionário a quem se dirige, não configurando o crime expressões produtos de desabafo ou revolta momentânea. Em algumas decisões, porém, tem-se dispensado o fim determinado de ofender.

Para a ocorrência do crime é necessário que o sujeito ativo saiba que está se dirigindo a um funcionário público e que a ofensa é irrogada em razão desta. A ignorância ou erro sobre essas circunstâncias exclui o dolo do desacato, devendo o agente responder por crime contra a honra, ameaça, lesões etc.

Discute-se se o estado de exaltação ou nervosismo do agente pode ser aceito para justificar a afronta contra o funcionário por ele desacatado no exercício da função. Enquanto em uma corrente minoritária entende-se que é irrelevante, como em qualquer crime, o estado emotivo ou colérico do agente, em outra, afirma-se que está excluído o dolo específico nessas circunstâncias.

É aceito que não se caracteriza o desacato por ausência do dolo específico se a ofensa constitui apenas repulsa a ato injusto e ilegal da vítima, que deu causa ao ultraje. Também se tem afastado o crime quando há exaltação mútua de ânimos, com troca de ofensas.

Também há divergência a respeito da caracterização do crime quando se comprova a embriaguez do agente. Numa primeira orientação, não há exclusão do dolo na embriaguez voluntária ou culposa, devendo o agente responder pelo crime. Numa segunda posição, argumenta-se que a embriaguez do sujeito ativo, ainda que incompleta, isenta o autor de responsabilidade, uma vez que não tem ele o fim deliberado de ofender, ou seja, de ultrajar o funcionário. Por fim, em orientação intermediária, tem-se exigido para a exclusão da responsabilidade que se trate, no caso, de embriaguez completa para, assim, excluir o dolo específico.

Jurisprudência

- Exigência do elemento subjetivo do tipo (dolo específico)
- Exigência do elemento subjetivo do tipo (dolo específico) – Contra
- Inexistência do elemento subjetivo do tipo (dolo específico)
- Ignorância da condição de a vítima ser funcionário: crime não caracterizado
- Irrelevância do estado de exaltação de ânimo do agente: crime caracterizado
- Ofensas a esmo: crime não caracterizado
- Irrelevância do estado de exaltação de ânimo do agente: crime caracterizado – Contra
- Inexistência de ânimo calmo e refletido: crime não caracterizado
- Existência de descontrole emocional: crime não caracterizado
- Existência de descontrole emocional: crime não caracterizado – Contra
- Suspeita de distúrbio mental: crime não caracterizado
- Repulsa a ato injusto da vítima: crime não caracterizado
- Ofensa a funcionário em exercício regular do poder de polícia: crime caracterizado
- Exaltação mútua de ânimos: crime não caracterizado
- Embriaguez voluntária não exclui o crime de desacato
- Embriaguez incompleta não exclui o crime de desacato
- Embriaguez completa como excludente do crime de desacato
- Embriaguez como excludente do crime de desacato

331.4 Consumação e tentativa

O delito de desacato consuma-se com a prática da ofensa, percebida pelo funcionário. Trata-se de crime formal, sendo irrelevantes outros resultados, inclusive o eventual pedido de desculpas por parte do agente.

É possível em tese a tentativa, salvo nos casos de ofensa oral, como pode ocorrer na tentativa de agressão.

Jurisprudência

• Irrelevância do pedido de desculpas

331.5 Distinção

Quando não se configura o crime de desacato, pela ausência do ofendido, pela inexistência de relação com a função pública ou de qualquer elemento do tipo, pode configurar-se um dos crimes contra a honra.

Jurisprudência

• Crime contra a honra e não desacato
• Desacato e não injúria
• Desacato e não desobediência

331.6 Concurso de crimes

Quando o desacato se traduz em agressão física, subsiste apenas esse delito, absorvido o crime de lesões corporais de natureza leve. Também são absorvidos os crimes de ameaça, injúria etc.

Ainda que haja vários funcionários ofendidos, o delito é um só se houve apenas uma conduta, já que se trata de infração contra a administração pública, embora já se tenha optado pelo concurso formal de crimes. Pode, entretanto, haver crime continuado de desacato e concurso material com outros delitos.

Jurisprudência

• Absorção pelo desacato da injúria
• Absorção pelo desacato da inutilização de documento
• Absorção pelo desacato da lesão corporal leve
• Absorção pelo desacato da lesão corporal leve – Contra
• Absorção pelo desacato da ameaça
• Absorção pelo desacato de furto
• Absorção do desacato pela resistência
• Absorção da resistência pelo desacato
• Concurso material de desacato e resistência
• Crime único na ofensa a vários funcionários
• Concurso formal na ofensa a vários funcionários
• Crime continuado de desacato
• Concurso material entre desacato e resistência

Tráfico de influência

Art. 332. Solicitar, exigir, cobrar ou obter, para si ou para outrem, vantagem ou promessa de vantagem, a pretexto de influir em ato praticado por funcionário público no exercício da função:

Pena – reclusão, de 2 (dois) a 5 (cinco) anos, e multa.*

Parágrafo único. A pena é aumentada da metade, se o agente alega ou insinua que a vantagem é também destinada ao funcionário.*

* Redação determinada pela Lei nº 9.127, de 16-11-1995.

Vide: CP arts. 171, 316, 317, 321, 327, 333, 337-C, 357.

332 TRÁFICO DE INFLUÊNCIA

332.1 Sujeitos do delito

Qualquer pessoa, inclusive um funcionário público, pode ser sujeito ativo do crime de tráfico de influência.

Sujeito passivo é o Estado, pois o objeto da tutela penal é o interesse público em seu mais amplo sentido, ou seja, é a honra e o prestígio da Administração Pública. Ofendido é também quem pretende obter a suposta influência do sujeito ativo.

Jurisprudência

- Particular como sujeito ativo do crime
- Particular como sujeito ativo do crime – Contra
- Estado como sujeito passivo do crime

332.2 Tipo objetivo

As condutas típicas são: *solicitar*, ou seja, pedir, procurar, buscar; *exigir*, que significa mandar, reclamar, impor; *cobrar*, que é pedir pagamento; e *obter*, receber, conseguir, adquirir vantagem ou promessa de vantagem, sob o pretexto de influência junto a funcionário público. Há uma fraude contra o comprador de influência, que pode ocorrer mediante uso de artifício, ardil ou qualquer outro meio influente, inclusive a simples mentira. É preciso, para a configuração do crime, que o agente alardeie prestígio, atribuindo-se influência sobre o funcionário público. É a *venditio fumi* dos romanos, ou seja, a "venda de fumaça" que ilude o "comprador". Tem-se entendido que não ocorre o crime quando se trata de empregado de empresa paraestatal.

Na doutrina, tem-se entendido que não se exige que o agente mencione expressamente o nome do funcionário sobre o qual se pode exercer a influência, mas já se tem decidido de modo contrário.

É irrelevante se o fim objetivado pelo fraudado é lícito ou ilícito, pois a essência do crime reside no agente conseguir vantagem ou promessa desta, de qualquer natureza, a pretexto de atuar junto ao funcionário.

Não ocorre o crime quando o prestígio arrogado pelo agente não ilude o interessado.

Jurisprudência

- Solicitação de vantagem: crime caracterizado
- Obtenção de vantagem: crime caracterizado
- Falta da conduta de arrogar influência
- Funcionário de entidade paraestatal: crime não caracterizado
- Necessidade de identificação do funcionário

332.3 Tipo subjetivo

O dolo é a vontade de obter a vantagem ou promessa desta, arrogando-se influência junto a funcionário. É irrelevante que o agente não pretenda atingir a administração.

332.4 Consumação e tentativa

Consuma-se o crime com a simples prática de uma das condutas previstas no dispositivo, independentemente de obter o agente a vantagem pretendida, salvo na última figura, em que, sem ter praticado uma das demais ações inscritas no tipo, recebe a vantagem.

Em tese, é admissível a tentativa, que ocorre, por exemplo, quando o agente solicita, exige ou cobra a vantagem por escrito interceptado antes do conhecimento do ofendido.

Jurisprudência

- Consumação com a prática da ação típica
- Desnecessidade da obtenção de vantagem indevida
- Desnecessidade de que o agente influencie no ato a ser praticado

332.5 Distinção

Quando o agente realmente goza de influência junto a funcionário e dela se utiliza, poderá ocorrer outro crime, como a corrupção ativa, que absorve o tráfico de influência. Quando a vantagem é patrimonial e o pretexto é de influir em juiz, jurado, órgão do Ministério Público, funcionário de justiça, perito, tradutor, intérprete ou testemunha, o crime passa a ser o previsto no art. 357. Tratando-se de funcionário público estrangeiro e de ato relacionado com o comércio internacional, o crime é o previsto no art. 337-C.

332.6 Forma qualificada

Pelo maior dano à Administração Pública, a pena é aumentada de metade se o agente alega ou insinua que a vantagem é também destinada ao funcionário.

Corrupção ativa

Art. 333. Oferecer ou prometer vantagem indevida a funcionário público, para determiná-lo a praticar, omitir ou retardar ato de ofício:

Pena – reclusão, de 2 (dois) a 12 (doze) anos, e multa.*

Parágrafo único. A pena é aumentada de um terço, se, em razão da vantagem ou promessa, o funcionário retarda ou omite ato de ofício, ou o pratica infringindo dever funcional.

* Pena determinada pela Lei nº 10.763, de 12-11-2003.

Vide: CP arts. 316, 317, 327, 332, 337-B, 343; Lei nº 12.846, de 1º-8-2013 (dispõe sobre a responsabilização administrativa e civil de pessoas jurídicas pela prática de atos lesivos contra a administração pública), art. 5º, I (prometer, oferecer ou dar, direta ou indiretamente, vantagem indevida a agente público ou a terceira pessoa a ele relacionada).

333 CORRUPÇÃO ATIVA

333.1 Sujeitos do delito

Sujeito ativo do crime é qualquer pessoa, inclusive o funcionário público, despido dessa qualidade e agindo como particular. Nada impede a coautoria, com a colaboração de intermediários para a oferta ou promessa ao funcionário.

Sujeito passivo direto é o Estado, titular da regularidade da função administrativa, em especial no que diz respeito à probidade de seus funcionários, que a coletividade quer que sejam incorruptíveis.

A Lei nº 12.846, de 1º-8-2013, dispõe sobre a possibilidade de responsabilização administrativa e civil de pessoas jurídicas pela prática de atos contra a Administração Pública. Prevê a Lei a responsabilização objetiva da pessoa jurídica em cujo interesse ou benefício for praticado o ato lesivo e a imposição de sanções na esfera administrativa, consistentes em multa e publicação da decisão condenatória (art. 6º), e na esfera judicial, que incluem o perdimento dos bens, direitos ou valores auferidos com a infração, a suspensão ou interdição parcial de suas atividades e a dissolução compulsória da pessoa jurídica (art. 19). Entre os atos lesivos descritos está o de "prometer, oferecer ou dar, direta ou indiretamente, vantagem indevida a agente público, ou a terceira pessoa a ele relacionada" (art. 5º, I).

Jurisprudência

- Participação de intermediários no crime de corrupção ativa
- Estado como sujeito passivo do crime

333.2 Tipo objetivo

A primeira conduta típica é *oferecer*, ou seja, colocar à disposição, exibir, expor a vantagem indevida. A segunda é a de *prometer*, fazer a promessa de fornecê-la. É necessário que a oferta ou promessa tenha por finalidade que o funcionário pratique, omita ou retarde ato de ofício. A oferta ou promessa deve ser feita a funcionário, assim considerado o definido no art. 327.

Não é necessário que a oferta ou promessa seja feita diretamente ao servidor, nada impedindo que seja efetuada através de interposta pessoa, coautor do crime. Mas não se configura o ilícito se a oferta ou promessa não tem endereço individualizado ou seja dirigida a determinadas pessoas; é atípico o fato quando aquela é dirigida *urbi et orbi*. Segundo se tem entendido, não importa também que a sugestão ou solicitação parta do funcionário, não excluindo assim a iniciativa do funcionário corrompido. Entretanto, se a solicitação parte do funcionário, está caracterizada a corrupção passiva deste, constituindo o assentimento do interessado fato atípico, já que as condutas inscritas no art. 333 são apenas as de oferecer ou prometer vantagem.

É indispensável para a caracterização da corrupção ativa que o ato que deva ser omitido, retardado ou praticado, seja ato de ofício e esteja compreendido nas específicas atribuições funcionais do servidor público. Não importa, segundo já se tem decidido, inclusive no STF, se é lícito ou ilícito, justo ou injusto, legítimo ou não o ato funcional visado. Mas não se deve ter por caracterizado o crime quando o funcionário, praticando ato ilegal, provoca a situação propícia ao oferecimento ou promessa; não se pode caracterizar ato ilegal de ato de ofício. Não se configura o crime, assim, se a oferta ou promessa tem como fim impedir ou retardar medida ou ato ilegal.

A configuração do ilícito independe de ser a oferta ou promessa aceita ou não pelo funcionário. Na primeira hipótese, de aceitação, há também o crime bilateral, respondendo o funcionário por corrupção passiva. No último caso, a corrupção não é bilateral, caracterizando-se a chamada corrupção imprópria.

O objeto material do crime é a vantagem indevida, que não se reveste apenas de cunho patrimonial, ocorrendo o crime quando a oferta é moral, sexual etc. A vantagem indevida é a não prevista em lei, a que o funcionário não tenha direito. Mas, sem ela, não se concretiza o delito, como também não se aperfeiçoa o delito se a promessa é vã, inexequível.

Como a lei refere-se à ação do sujeito ativo destinada a determinar o funcionário à prática, à omissão ou ao retardamento do ato de ofício, não é típica a conduta de quem oferece, promete ou entrega a vantagem após ter o funcionário praticado, omitido ou retardado o ato.

Jurisprudência

- Oferta a escrevente para a "compra" de processo: crime caracterizado
- Oferta a policial para evitar flagrante: crime caracterizado
- Oferta a policial para evitar prisão em flagrante vedada por lei: crime impossível
- Oferta a policial para evitar apreensão de carteira de motorista e condução à Delegacia: crime caracterizado
- Oferta a policial rodoviário para evitar lavratura de auto de infração: crime caracterizado
- Oferta a colegas policiais para a omissão de ato de ofício: crime caracterizado
- Oferta a funcionário do trânsito para não ser autuado: crime caracterizado
- Oferta a funcionário para obter decisão favorável na repartição fazendária: crime caracterizado
- Oferta a policial para evitar apreensão de veículo: crime não caracterizado
- Oferta a policiais para fuga de presídio: crime não caracterizado
- Oferta por intermédio de terceira pessoa: crime caracterizado
- Oferta não realizada por terceira pessoa: crime não caracterizado
- Oferta genérica de recompensa: crime não caracterizado
- Promessa de recompensa a policiais: crime caracterizado
- Oferta solicitada pelo funcionário: crime caracterizado
- Oferta solicitada pelo funcionário: crime caracterizado - contra
- Ato fora da atribuição do funcionário: crime não caracterizado
- Irrelevância da ilegalidade do ato: crime caracterizado
- Ato ilegal do funcionário: crime não caracterizado
- Necessidade de oferta ou promessa factível e idônea
- Oferta inócua do agente: crime não caracterizado
- Crime bilateral: corrupção ativa e corrupção passiva
- Inexistência de bilateralidade
- Iniciativa do funcionário: crime caracterizado
- Inexistência de infração penal pelo agente: crime não caracterizado
- Temor de prejuízo: crime caracterizado
- Promessa vã e inexequível: crime não caracterizado
- Mero pedido ao funcionário: crime não caracterizado
- Inocuidade do ato a ser praticado: crime não caracterizado
- Inexistência de vantagem ilícita ou prejuízo: crime não caracterizado
- Ato funcional já praticado: inexistência do crime
- Ato funcional já praticado: inexistência do crime

333.3 Tipo subjetivo

O dolo é a vontade de praticar a conduta inscrita no tipo, ou seja, oferecer ou prometer a vantagem indevida, incluindo o elemento subjetivo que é o fim de conseguir do funcionário a omissão, retardamento ou prática do ato de ofício. É necessário, assim, que se estabeleça a relação entre a oferta ou a promessa e a intenção de obter o fim desejado pelo agente. Sem esse elemento subjetivo está excluído o crime.

Não exclui o dolo a embriaguez do agente, apesar da exigência do elemento subjetivo.

Jurisprudência

- Exigência do elemento subjetivo
- Inexistência de elemento subjetivo do tipo: crime não caracterizado
- Embriaguez do agente: crime caracterizado
- Embriaguez do agente: crime caracterizado
  – Contra
- Oferta por pilhéria: crime não caracterizado

333.4 Consumação e tentativa

Consuma-se o crime com a simples oferta ou promessa de vantagem indevida por parte do *extraneus*. Trata-se de crime formal, em que a consumação independe da aceitação pelo funcionário da vantagem que lhe é oferecida ou prometida.

Embora crime formal, em tese é possível a tentativa do crime de corrupção ativa, que se configura quando a oferta ou promessa, embora efetuada, não chega ao conhecimento do funcionário.

Jurisprudência

- Crime de mera conduta
- Consumação: irrelevância da inexistência de vantagem
- Possibilidade excepcional da tentativa
- Inadmissibilidade de tentativa
- Consumação do crime com a oferta ou promessa
- Consumação: irrelevância da recusa do funcionário

333.5 Corrupção ativa qualificada

A pena é aumentada de um terço se o funcionário retarda ou omite ato de ofício, ou o pratica infringindo dever funcional. Há, no caso, maior lesão à Administração Pública.

333.6 Distinção

Quando a oferta ou promessa se destina a testemunha, perito, tradutor ou intérprete, ocorre o crime previsto no art. 343. Se o ato a ser praticado ou omitido é da atribuição de funcionário público estrangeiro e se relaciona com transação comercial internacional, configura-se o crime descrito no art. 337-B. Tratando-se de ato funcional militar, o crime é tipificado no art. 309 do CPM.

Caso a oferta ou promessa seja efetuada por imposição ou ameaça do funcionário, o fato é atípico para o *extraneus*, configurando-se o delito de concussão do funcionário.

Jurisprudência

- Inadmissibilidade de concussão e corrupção ativa

Descaminho

Art. 334. Iludir, no todo ou em parte, o pagamento de direito ou imposto devido pela entrada, pela saída ou pelo consumo de mercadoria:

Pena – reclusão, de 1 (um) a 4 (quatro) anos.

§ 1º Incorre na mesma pena quem:

I – pratica navegação de cabotagem, fora dos casos permitidos em lei;

II – pratica fato assimilado, em lei especial, a descaminho;

III – vende, expõe à venda, mantém em depósito ou, de qualquer forma, utiliza em proveito próprio ou alheio, no exercício de atividade comercial ou industrial, mercadoria de procedência estrangeira que introduziu clandestinamente no País ou importou fraudulentamente ou que sabe ser produto de introdução clandestina no território nacional ou de importação fraudulenta por parte de outrem;

IV – adquire, recebe ou oculta, em proveito próprio ou alheio, no exercício de atividade comercial ou industrial, mercadoria de procedência estrangeira, desacompanhada de documentação legal ou acompanhada de documentos que sabe serem falsos.

§ 2º Equipara-se às atividades comerciais, para os efeitos deste artigo, qualquer forma de comércio irregular ou clandestino de mercadorias estrangeiras, inclusive o exercido em residências.

§ 3º A pena aplica-se em dobro se o crime de descaminho é praticado em transporte aéreo, marítimo ou fluvial.*

*Artigo e *nomen juris* com a redação determinada pela Lei nº 13.008, de 26-6-2014.

Vide: CF art. 178; CP arts. 180, 306, 318, 334-A; **Lei nº 8.137**, de 27-12-1990, arts. 1º a 3º (definem crimes contra a ordem tributária); **Lei nº 9.430**, de 27-12-1996, art. 83 (determina a representação fiscal para fins penais ao Ministério Público relativa a crimes contra a ordem tributária, após decisão final, na esfera administrativa, sobre a exigência fiscal do crédito tributário correspondente); **Lei nº 9.964**, de 10-4-2000 (institui o Programa de Recuperação Fiscal – REFIS), art. 15 (suspensão da pretensão punitiva e da prescrição durante o regime de parcelamento do débito e extinção da punibilidade pelo pagamento do tributo e contribuição social nos crimes previstos nos arts. 1º e 2º da Lei nº 8.137, de 27-12-1990); **Lei nº 10.684**, de 30-5-2003 (dispõe sobre o parcelamento de débitos tributários), art. 9º (suspensão da pretensão punitiva e da prescrição durante o regime de parcelamento, e extinção da punibilidade pelo pagamento do tributo ou contribuição social nos crimes previstos nos arts. 168-A, 337-A e nos arts. 1º e 2º da Lei nº 8.137, de 27-12-1990); **Lei nº 10.826**, de 22-12-2003, art. 18 (define o crime de tráfico internacional de arma de fogo); **Lei nº 11.941**, de 17-5-2009 (dispõe sobre o parcelamento de débitos tributários), arts. 67 (veda o recebimento da denúncia na hipótese de parcelamento do débito) e 68 (suspensão da pretensão punitiva e da prescrição durante o regime de parcelamento, e extinção da punibilidade pelo pagamento do tributo ou contribuição social nos crimes previstos nos arts. 168-A, 337-A e nos arts. 1º e 2º da Lei nº 8.137, de 27-12-1990). Súmulas: **Vinculante** 24; **STF**: 560; **STJ** 151.

334 DESCAMINHO

334.1 Sujeitos do delito

Sujeito ativo do crime de descaminho previsto no art. 334, *caput*, é qualquer pessoa. Caso funcionário público que infringe o dever funcional participe do fato, responde pelo crime previsto no art. 318; caso contrário, responde pelo crime tipificado no art. 334 em coautoria.

Sujeito passivo é o Estado, principal interessado na regularidade de importação ou exportação de mercadoria e na cobrança dos direitos e impostos delas decorrentes.

334.2 Tipo objetivo

A atual redação do art. 334 foi dada pela Lei nº 13.008, de 26-6-2014, que inseriu o art. 334-A e procedeu à separação dos crimes de contrabando e descaminho, antes descritos conjuntamente no primeiro dispositivo. Como outras alterações introduzidas pela mesma lei, elevaram-se para dois a cinco anos de reclusão as penas cominadas ao contrabando e acrescentou-se a ambos os crimes como qualificadora a circunstância de ser o delito praticado em transporte marítimo ou fluvial.

A conduta é a de *iludir*, que no dispositivo tem o significado de frustrar, burlar, fraudar, evitar, mediante fraude ou subterfúgios, o pagamento de direito ou imposto devido pela entrada ou saída de mercadoria do território nacional. Os principais tributos aduaneiros são os impostos de importação e exportação, de competência da União, que têm como fato gerador, respectivamente, a entrada de produtos estrangeiros no território nacional e a saída deste de produtos nacionais ou nacionalizados (art. 153, I e II, da CF e arts. 19 e 23 do CTN). O tipo abrange, porém, outros tributos ou direitos relacionados com o ingresso ou saída das mercadorias do país, como taxas e tarifas relativas à expedição de guias, armazenagem das mercadorias etc. A liberação da mercadoria apreendida pela autoridade fazendária não exclui o crime de descaminho.

São comuns as decisões no sentido da existência do "delito de bagatela", fundadas no princípio da insignificância, quando é irrelevante o valor da coisa objeto do descaminho. Como critério de aferição da insignificância da lesão ao bem jurídico tutelado tem-se adotado na jurisprudência, por vezes, o de não superar o valor do tributo devido o mínimo exigido para o ajuizamento das execuções fiscais (art. 20 da Lei nº 10.522, de 19-7-2002).

Há decisões subordinando o crime de descaminho a questões prejudiciais prévias de natureza administrativa e fiscal. Segundo essa orientação, estende-se ao delito, dada a sua natureza tributária, o entendimento de que a ausência de prévia constituição do crédito na esfera administrativa, mediante o lançamento definitivo do tributo, impede a configuração de crime material contra a ordem tributária, conforme enunciado na Súmula Vinculante 24 (vide item 116.9). A Súmula Vinculante 24, porém, refere-se somente aos crimes materiais contra a ordem tributária, previstos no art. 1º, incisos I a IV, da Lei nº 8.137/90, enquanto o descaminho é crime formal e o interesse por ele tutelado não se restringe ao da arrecadação tributária, mas abrange a fiel observância das regras aduaneiras estabelecidas pela Administração Pública como instrumentos de política econômica. Assim e conforme se tem decidido prevalentemente, a existência e a consumação do crime de descaminho independem da constituição definitiva do crédito tributário.

Em que pese o teor da Súmula 560, as Leis n°s 9.249/95, 10.684/2003, 11.941/2009 e 9.430/96, ao preverem o pagamento do tributo como causa de extinção da punibilidade, aplicam-se somente aos crimes nelas mencionados (arts. 1º e 2º da Lei nº 8.137/90 e arts. 168-A e 337-A do CP), não se justificando a sua aplicação, por extensão, ao crime de descaminho. Há, porém, decisões em sentido contrário, fundadas no entendimento de ser o descaminho também um crime de natureza tributária.

Jurisprudência

- Desnecessidade de exame pericial
- Irrelevância da liberação da mercadoria
- Mercadoria de origem estrangeira apreendida na bagagem: crime caracterizado
- Mercadoria estrangeira desacompanhada de documentação: crime caracterizado
- Excesso de cota não declarado: crime caracterizado
- Mercadoria adquirida na Zona Franca de Manaus: crime caracterizado
- Irrelevância da declaração do país estrangeiro na mercadoria
- Caracterização da fraude no crime de descaminho
- Inexistência de fraude: crime não caracterizado
- Aplicabilidade do princípio da insignificância no descaminho
- Desnecessidade de constituição definitiva do crédito tributário no crime de descaminho

- Necessidade de constituição definitiva do crédito tributário no crime de descaminho
- Desnecessidade de artifícios para iludir no crime de descaminho
- Posse de bebidas estrangeiras: crime não caracterizado
- Valor máximo para aplicação de insignificância em crime de descaminho
- Habitualidade: inadmissibilidade de aplicação do princípio da insignificância
- Inaplicabilidade das normas que preveem a extinção da punibilidade pelo pagamento do tributo ao crime de descaminho
- Contra: aplicabilidade da Lei nº 9.249/1995 ao crime de descaminho
- Impossibilidade de suspensão da pretensão punitiva pelo parcelamento do débito fiscal no descaminho

334.3 Tipo subjetivo

O dolo é a vontade livre e consciente de praticar a conduta, ou seja, de iludir o pagamento, total ou parcial, do tributo devido. Não se exige especial elemento subjetivo do tipo.

Jurisprudência

- Suficiência do dolo genérico no descaminho
- Configuração do dolo pela ausência de declaração na alfândega da mercadoria excedente à cota
- Inexistência de causa de exclusão do dolo: crime caracterizado

- Inexistência de erro de tipo: crime caracterizado
- Inexistência do erro de proibição: crime caracterizado
- Inexistência de dolo: crime não caracterizado

334.4 Consumação e tentativa

Consuma-se o crime de descaminho com a entrada da mercadoria no território nacional ou a sua saída sem que o agente proceda ao pagamento do tributo devido. No caso de importação em que a mercadoria é introduzida clandestinamente no país, com o contorno das barreiras alfandegárias, a consumação ocorre com a transposição da linha de fronteira. Se o agente, porém, introduz a mercadoria através da alfândega, a consumação ocorre com a sua liberação sem o pagamento do imposto devido. Na exportação consuma-se o delito com a transposição da linha de fronteira, tanto na saída clandestina da mercadoria do território nacional como no caso de indevida liberação pelo controle fiscal.

É possível a tentativa. A apreensão de mercadoria estrangeira, no momento de seu desembarque no país ou na zona fiscal, configura o *conatus*.

Jurisprudência

- Consumação do crime de descaminho
- Descaminho como crime instantâneo
- Contra: crime permanente

334.5 Fatos assimilados ao descaminho

Prevê o art. 334, § 1º, com a redação dada pela Lei nº 13.008/2014, condutas assimiladas ao descaminho para as quais as mesmas penas são cominadas. São elas a prática, fora dos casos permitidos em lei, de navegação de cabotagem (inciso I); a prática de fato assimilado em lei especial ao descaminho (inciso II); a venda, exposição à venda, mantença em depósito ou utilização no exercício de atividade comercial ou industrial, de mercadoria que foi introduzida clandestinamente no país ou importada fraudulentamente (inciso III); a aquisição, recebimento ou ocultação, no exercício de atividade comercial ou industrial, de mercadoria de procedência estrangeira, desacompanhada de documentação legal ou acompanhada de documentos falsos (inciso IV). Navegação de cabotagem é definida legalmente como "a realizada entre portos ou pontos do território brasileiro, utilizando a via marítima ou esta e as vias navegáveis interiores" (art. 2º, IX, da Lei nº 9.432, de 8-1-1997). Nas ações descritas no inciso III, tratando-se, no primeiro caso, de conduta praticada pelo próprio autor da importação ilegal, responde este apenas pelo crime previsto no parágrafo, absorvido o tipo penal do *caput*. No segundo caso, a lei prevê um caso especial de *receptação*, que absorve o ilícito previsto no art. 180, *caput*. Exigindo-se a ciência da origem irregular da mercadoria, a dúvida exclui o delito, que não pode ser praticado com dolo eventual.

Pelo § 2º equiparou-se às atividades comerciais, para a tipificação, qualquer forma de comércio irregular ou clandestino de mercadorias estrangeiras, inclusive em residências. Não se tem exigido a habitualidade para sua caracterização. Também nas modalidades assimiladas ao crime de descaminho é aplicável o princípio da insignificância ou da bagatela.

Jurisprudência

- Autonomia das formas assimiladas em relação ao descaminho
- Irrelevância da inexistência de fraude
- Exigência do conhecimento da fraude
- Inexistência de finalidade mercantil: crime não caracterizado
- Revenda de produtos introduzidos clandestinamente no País: descaminho e quadrilha
- Mercadoria estrangeira apreendida sem documentação
- Mercadoria estrangeira apreendida sem documentação – Contra
- Receptação de mercadoria estrangeira

- Desnecessidade da comercialização da mercadoria estrangeira
- Irrelevância da falta de habitualidade
- Aplicabilidade do princípio da insignificância às formas assimiladas
- Mercadoria estrangeira apreendida sem documentação

334.6 Formas qualificadas

Há forma qualificada quando o crime de descaminho ou o crime assemelhado é praticado em transporte aéreo, marítimo ou fluvial (§ 3º). A circunstância de ser o crime cometido em transporte marítimo ou fluvial não era prevista na lei anterior, tendo sido acrescentada pela Lei nº 13.008/2014.

Jurisprudência

- Descaminho praticado em transporte aéreo: qualificadora caracterizada
- Irrelevância da distinção entre voo regular e clandestino
- Afastamento da qualificadora: aeronave como objeto do crime

334.7 Concurso de crimes

A falsidade ideológica praticada como meio para o cometimento do descaminho deve ser considerada por este absorvida. Há, porém, concurso de crimes se a potencialidade lesiva do falso não se esgota no descaminho ou é praticada após a consumação deste.

Jurisprudência

- Absorção da falsidade ideológica pelo descaminho
- Concurso entre falsidade e descaminho
- Condenação por crimes-meio de uso de documento falso e corrupção ativa
- Absorção do descaminho por crime de tráfico de entorpecentes

334.8 Distinção

Se a importação ou exportação recai sobre mercadoria proibida, o crime é o de contrabando (art. 334-A). No confronto com crime de sonegação fiscal ou contra a ordem tributária, prevalece o descaminho em razão do princípio da especialidade.

Jurisprudência

- Prevalência do descaminho sobre o de sonegação fiscal

Contrabando

Art. 334-A. Importar ou exportar mercadoria proibida:

Pena – reclusão, de 2 (dois) a 5 (cinco) anos.

§ 1º Incorre na mesma pena quem:

I – pratica fato assimilado, em lei especial, a contrabando;

II – importa ou exporta clandestinamente mercadoria que dependa de registro, análise ou autorização de órgão público competente;

III – reinsere no território nacional mercadoria brasileira destinada à exportação;

IV – vende, expõe à venda, mantém em depósito ou, de qualquer forma, utiliza em proveito próprio ou alheio, no exercício de atividade comercial ou industrial, mercadoria proibida pela lei brasileira;

V – adquire, recebe ou oculta, em proveito próprio ou alheio, no exercício de atividade comercial ou industrial, mercadoria proibida pela lei brasileira.

§ 2º Equipara-se às atividades comerciais, para os efeitos deste artigo, qualquer forma de comércio irregular ou clandestino de mercadorias estrangeiras, inclusive o exercido em residências.

§ 3º A pena aplica-se em dobro se o crime de contrabando é praticado em transporte aéreo, marítimo ou fluvial.*

* Artigo inserido pela Lei nº 13.008, de 26-6-2014.

Vide: CF art. 178; CP arts. 180, 306, 318, 334; **Lei** nº **10.826**, de 22-12-2003, art. 18 (define o crime de tráfico internacional de arma de fogo); **Lei** nº **11.343**, de 23-8-2006, art. 33, *caput* (tipifica a importação de drogas sem autorização ou em desacordo com determinação legal ou regulamentar), § 1º (importação de matéria-prima, insumo ou produto químico destinado à preparação de drogas). **Súmula**: **STJ 151**.

334-A CONTRABANDO

334-A.1 Sujeitos do delito

Qualquer pessoa pode ser sujeito ativo do crime de contrabando previsto no art. 334-A, *caput*. O funcionário público, porém, que, como partícipe, facilita a prática do ilícito com violação de dever funcional responde nos termos do art. 318, que, embora se refira ao art. 334, menciona, também, expressamente o contrabando ora tipificado no art. 334-A.

Sujeito passivo do delito é o Estado, principal interessado na regularidade da importação ou exportação de mercadorias.

Jurisprudência

- Exigência do vínculo subjetivo: inexistência de concurso de pessoas

334-A.2 Tipo objetivo

No novo art. 334-A está previsto crime de *contrabando*, antes descrito, juntamente com o descaminho, no art. 334. A conduta típica é a de importar ou exportar mercadoria proibida. Importar, no dispositivo, tem o sentido de introduzir, fazer entrar a mercadoria no território nacional, e exportar o de levá-la para fora, além das fronteiras do país. No conceito de mercadoria proibida está tanto a mercadoria proibida em si mesma (proibição absoluta) como a que o é apenas em determinadas circunstâncias (proibição relativa). Podem ser objeto do delito as mercadorias cuja posse, porte, transporte ou circulação por si sós configurem um ilícito, e, também, aquelas que por outra razão tiveram a sua importação proibida. Tem-se decidido que mercadoria de importação suspensa não equivale a mercadoria de importação proibida. Conforme tese adotada pelo Superior Tribunal de Justiça: "O princípio da insignificância é aplicável ao crime de contrabando de cigarros quando a quantidade apreendida não ultrapassar 1.000 (mil) maços, seja pela diminuta reprovabilidade da conduta, seja pela necessidade de se dar efetividade à repressão ao contrabando de vulto, excetuada a hipótese de reiteração da conduta, circunstância apta a indicar maior reprovabilidade e periculosidade social da ação" (REsp 1977652-SP, j. em 13-9-2023, *DJe* de 19-9-2023).

Jurisprudência

- Necessidade de autorização especial para importação de arma
- Falta de menção à norma proibitiva da importação: inépcia da denúncia
- Mercadoria não proibida: crime não caracterizado
- Saída de veículo furtado: crime não caracterizado
- Inaplicabilidade do princípio da insignificância ao crime de contrabando
- Desnecessidade da constituição definitiva do crédito tributário no crime de contrabando
- Possibilidade de aplicação do princípio da insignificância

334-A.3 Tipo subjetivo

O dolo é a vontade de praticar a conduta, exigindo-se que o agente tenha consciência de que se trata de mercadoria proibida. Quem pensa não ser proibida a mercadoria que importa ou exporta incorre em erro de tipo que afasta o dolo e elide o crime.

334-A.4 Consumação e tentativa

Na modalidade de importação, o crime se consuma com a entrada da mercadoria proibida no território nacional e na exportação com a sua saída. Tratando-se de crime plurissubsistente, admite-se a tentativa.

Configura-se o *conatus*, por exemplo, se o agente é detido ainda na área de fronteira, sem que tenha ultrapassado a zona de fiscalização aduaneira, ou se a mercadoria é apreendida no centro de triagem e remessas postais do correio. Há, porém, decisões em contrário, no sentido de que nessas hipóteses já se consumara o delito com a transposição da mercadoria da fronteira nacional.

Jurisprudência

- Consumação do crime de contrabando
- Contrabando como crime instantâneo
- Tentativa de contrabando

334-A.5 Fatos assimilados a contrabando

Prevê o art. 334-A, § 1º, fatos assimilados ao contrabando. São eles a prática de fato assimilado, em lei especial, ao contrabando (inciso I), de que é exemplo a saída das mercadorias da Zona Franca de Manaus sem a devida autorização legal (art. 39 do Decreto-lei nº 288/67); importação ou exportação clandestina de mercadoria que depende de registro, análise ou autorização de órgão público competente (inciso II); reinserção no território nacional de mercadoria brasileira destinada à exportação (inciso III); venda, exposição à venda, mantença em depósito ou utilização no exercício de atividade comercial ou industrial, de mercadoria proibida pela lei brasileira (inciso IV); aquisição, recebimento ou ocultação, no exercício de atividade comercial ou industrial, de mercadoria proibida pela lei brasileira (inciso V).

Nos termos do § 2º, equipara-se às atividades comerciais, para a tipificação, qualquer forma de comércio irregular ou clandestino de mercadorias estrangeiras, inclusive em residências. Desnecessária é a habitualidade para a caracterização do delito.

Jurisprudência

- Caracterização do crime na reintrodução no país de mercadoria nacional destinada à exportação
- Manter em depósito cigarros de procedência estrangeira
- Desnecessidade de fim comercial: crime caracterizado

334-A.6 Formas qualificadas

O contrabando é qualificado se praticado em transporte aéreo ou, por força da nova lei, em transporte marítimo ou fluvial. O § 3º aplica-se também aos crimes assemelhados descritos no § 1º do art. 334-A.

Jurisprudência

- Inexistência de qualificadora no transporte aéreo por voo regular

334-A.7 Concurso de crimes

Quando a importação de certas coisas configura, por si mesma, ilícito penal, como no tráfico internacional de entorpecentes (art. 33 da Lei nº 11.343/2006) ou de armas de fogo, acessórios ou munição (art. 18 da Lei nº 10.826/2003), prevalece a norma especial, absorvido o crime de contrabando.

Jurisprudência

- Absorção do contrabando por crime especial
- Absorção da receptação pela forma assimilada
- Absorção da falsidade pelo contrabando

Impedimento, perturbação ou fraude de concorrência

Art. 335. Impedir, perturbar ou fraudar concorrência pública ou venda em hasta pública, promovida pela administração federal, estadual ou municipal, ou por entidade paraestatal; afastar ou procurar afastar concorrente ou licitante, por meio de violência, grave ameaça, fraude ou oferecimento de vantagem:

Pena – detenção, de 6 (seis) meses a 2 (dois) anos, ou multa, além da pena correspondente à violência.

Parágrafo único. Incorre na mesma pena quem se abstém de concorrer ou licitar, em razão da vantagem oferecida.

Vide: CF art. 37, XXI; CP art. 358, 337-I; Lei nº **12.846**, de 1º-8-2013 (dispõe sobre a responsabilização administrativa e civil de pessoas jurídicas pela prática de atos lesivos contra a Administração Pública), art. 5º, IV (atos ilícitos relativos a licitações e contratos).

335 IMPEDIMENTO, PERTURBAÇÃO OU FRAUDE DE CONCORRÊNCIA

335.1 Revogação tácita do art. 335 do CP

As condutas mencionadas no art. 335 do CP passaram a figurar como infrações penais previstas na Lei nº 8.666, de 21-6-1993, que regulamentou o art. 37, inc. XXI, da Constituição Federal e instituiu normas para licitações e contratos da Administração Pública. Os crimes foram definidos nos arts. 89 a 98 e as normas processuais penais nos arts. 100 a 108. Revogados foram, portanto, a rigor, o art. 335, *caput*, e seu parágrafo único, do Código Penal. Posteriormente a Lei nº 14.133, de 1º-4-2021, revogou os arts. 89 a 108 da Lei nº 8.666/93 e inseriu no Código Penal, no novo Capítulo II-B, os arts. 337-E a 337-P, que versam sobre os crimes em licitações e contratos administrativos.

335.2 Sujeitos do delito

Pode praticar o crime qualquer pessoa, inclusive o funcionário público. Quanto a este, se violar o sigilo da proposta de concorrência, ocorrerá o crime previsto no art. 326.

Sujeito passivo é o Estado, titular da regularidade da Administração Pública nas concorrências e hastas públicas, como, também, os concorrentes lesados no direito de livre participação na disputa.

Jurisprudência

• Inadmissibilidade de responsabilidade penal objetiva

335.3 Tipo objetivo

Na primeira parte do art. 335 a lei prevê as modalidades de *impedir* (obstar, atalhar, impossibilitar), perturbar (embaraçar, criar dificuldades, criar desordem, atrapalhar, agitar) e fraudar (empregar qualquer meio para, enganando, causar erro). Refere-se a lei à concorrência, excluindo as demais formas de licitação, e à hasta pública, ou seja, o leilão.

Na segunda parte do dispositivo, as condutas são de afastar ou procurar afastar concorrente ou licitante, usando de violência, grave ameaça ou fraude, ou que agente ofereça vantagem, seja material, moral etc., ao concorrente ou licitante. Não há crime quando o sujeito apenas pede, roga, suplica a abstenção, sem oferecer vantagem.

Jurisprudência

- Juntada de documento falso: crime caracterizado
- Juntada de documento falso inútil: crime não caracterizado
- Não absorção do crime de falsificação de documento particular
- Fraude à licitação (Lei nº 8.666/76): crime caracterizado

335.4 Tipo subjetivo

O dolo, quanto à primeira parte, exige apenas a vontade de impedir, perturbar ou fraudar a concorrência ou a venda em hasta pública, sendo irrelevante seu fim. Na segunda parte, porém, é indispensável também a vontade de praticar a violência, grave ameaça, fraude ou oferta com o fim de afastar o concorrente ou licitante.

335.5 Consumação e tentativa

Nas primeiras hipóteses, a consumação ocorre com o impedimento, perturbação ou fraude, não se exigindo, nestas últimas, a não realização ou ultimação da concorrência ou da hasta pública. É possível a tentativa.

Nas hipóteses previstas na segunda parte do tipo, a consumação ocorre com a prática da violência, grave ameaça etc., ainda que o agente não obtenha o afastamento do concorrente. Também é possível a tentativa.

Ocorrendo violência, haverá concurso material de crimes.

335.6 Corrupção passiva de concorrente ou licitante

Dispõe o parágrafo único do art. 335 sobre o crime de corrupção do concorrente ou licitante. A conduta é omissiva, não participando o sujeito ativo, ou desistindo da participação da concorrência ou hasta pública, em razão da promessa de vantagem por parte de terceiro. Não ocorre o ilícito, portanto, quando a abstenção ocorre em razão de violência, grave ameaça, fraude, amizade, altruísmo etc.

O dolo é a vontade de se abster com a finalidade específica de obter a vantagem ofertada (patrimonial, moral, sexual etc.).

Consuma-se o crime, nessa modalidade, com a omissão, sendo inadmissível a tentativa.

Inutilização de edital ou de sinal

Art. 336. Rasgar ou, de qualquer forma, inutilizar ou conspurcar edital afixado por ordem de funcionário público; violar ou inutilizar selo ou sinal empregado, por determinação legal ou por ordem de funcionário público, para identificar ou cerrar qualquer objeto:

Pena – detenção, de 1 (um) mês a 1 (um) ano, ou multa.

Vide: CP arts. 296, 297, 306, 327.

336 INUTILIZAÇÃO DE EDITAL OU DE SINAL

336.1 Sujeitos do delito

O sujeito ativo do crime previsto no art. 336 é qualquer pessoa, inclusive o funcionário público, quer tenha ou não sua função alguma relação com a afixação do edital, selo ou sinal.

Sujeito passivo é o Estado, titular da regularidade e prestígio da Administração Pública, bem como o particular a quem o fato causar perigo ou dano.

336.2 Tipo objetivo

Na primeira parte do artigo, a lei inscreve as condutas de *rasgar* (cortar, dilacerar, romper, partir), *inutilizar* (destruir, invalidar, tornar imprestável) e *conspurcar* (sujar, macular, manchar, enodoar), que podem ser praticadas de qualquer forma e por quaisquer meios. O objeto material, nesse caso, é o edital judicial, administrativo ou legislativo.

Na segunda parte do dispositivo, as modalidades inscritas são as de *violar* (romper, quebrar, afastar) ou *inutilizar* o obstáculo, permitindo-se seja devassado o conteúdo. O objeto material é o selo ou sinal de qualquer espécie (lacre, chumbo, papel, pano, arame etc.) aposto de qualquer modo (amarrado, colado, pregado etc.).

É indispensável que os selos ou sinais sejam exigíveis por lei ou que tenham sido empregados por funcionários competentes para identificar ou cerrar (fechar) qualquer objeto.

Deixa de existir o crime se o edital, selo ou sinal não têm mais utilidade, ou se estiverem já estragados, sem serventia.

Jurisprudência

- Rompimento de lacre colocado em equipamento de telecomunicações: falta de prova
- Rompimento de lacre colocado em máquinas
- Destruição de portaria policial: crime não caracterizado
- Fato praticado contra ilegalidade: crime não caracterizado
- Rompimento de lacre em estabelecimento comercial: crime caracterizado
- Riscos em portaria sem inutilização: crime não caracterizado
- Inexistência de dano ou perigo: crime não caracterizado
- Perda de finalidade do lacre de interdição: crime não caracterizado

336.3 Tipo subjetivo

O dolo é a vontade de praticar uma das modalidades das condutas típicas, tendo o agente ciência de que se trata de edital, selo ou sinal aposto por funcionário. Não há que se exigir qualquer fim especial da conduta.

336.4 Consumação e tentativa

Consuma-se o crime com a prática de uma das condutas tipificadas. O devassamento, no caso de selo ou sinal que estes visam resguardar, só é necessário no caso de violação sem atuação do próprio autor de uma das outras condutas.

Subtração ou inutilização de livro ou documento

> Art. 337. Subtrair, ou inutilizar, total ou parcialmente, livro oficial, processo ou documento confiado à custódia de funcionário, em razão de ofício, ou de particular em serviço público:
>
> Pena – reclusão, de 2 (dois) a 5 (cinco) anos, se o fato não constitui crime mais grave.

Vide: CP arts. 155, 163, 305, 314, 327, 356.

337 SUBTRAÇÃO OU INUTILIZAÇÃO DE LIVRO OU DOCUMENTO

337.1 Sujeitos do delito

Qualquer pessoa pode praticar o crime previsto no art. 337, mesmo o funcionário que atua como particular e não em suas funções. Nada impede a coautoria ou a participação no delito.

Sujeito passivo é o Estado, titular da regularidade da Administração Pública e, secundariamente, qualquer pessoa que sofra ou possa sofrer dano em decorrência do fato.

Jurisprudência

- Médico de hospital particular: inexistência de crime

337.2 Tipo objetivo

As condutas típicas previstas são as *subtrair* (tirar, retirar, ocultar, substituir) e *inutilizar* (estragar, destruir, tornar inútil, invalidar) o livro oficial (pertencente à Administração Pública), o processo (procedimento policial, judiciário ou administrativo) ou documento (público ou particular). É indispensável que estes estejam sob a custódia do funcionário competente ou de particular que aja em serviço público; não o estando, poderá ocorrer outro ilícito. Sendo o objeto fácil e imediatamente reconstituído, o crime se desnatura; caso contrário, o crime não se descaracteriza.

Jurisprudência

- Exercício regular de direito: crime não caracterizado
- Inutilização de mera informação de caráter administrativo: crime não caracterizado
- Subtração de petição judicial: crime caracterizado
- Subtração de autos de processo administrativo: crime caracterizado
- Irrelevância da restauração do processo: crime caracterizado
- Irrelevância da restauração do processo: crime caracterizado – Contra

337.3 Tipo subjetivo

O dolo do crime previsto no art. 337 é a vontade de subtrair ou inutilizar o objeto material, tendo o agente ciência de que se trata de coisa confiada à guarda de funcionário em razão de suas funções ou de particular em serviço público. É indiferente, porém, o fim pretendido pelo agente, não registrando o tipo penal qualquer finalidade específica. Já se entendeu, porém, necessário o *animus rem sibi habendi* na conduta de subtrair.

Jurisprudência

- Suficiência do dolo genérico
- Suficiência do dolo genérico – Contra

337.4 Consumação e tentativa

Consuma-se o crime com a subtração, ou seja, a retirada do objeto material de seu detentor, ou com sua inutilização total ou parcial, sendo irrelevante a ocorrência ou não de dano ou prejuízo. Nada impede a tentativa, tal como ocorre nos crimes de furto e dano.

Jurisprudência

- Tentativa caracterizada

337.5 Distinção

O crime do art. 337 é expressamente subsidiário, como se verifica pelo dispositivo ao cominar a pena. Se o agente for advogado ou procurador e nessa qualidade tiver recebido os autos ou documentos, o crime será o do art. 356. Tratando-se de funcionário que tem a guarda em razão do cargo, praticará o delito previsto no art. 314. Distingue-se ainda o delito do art. 305, em que o objeto material é documento merecedor de fé pública que se destina especificamente à prova de uma relação jurídica, atuando o agente com fim de locupletação.

Jurisprudência

- Sonegação de papel de valor probatório e não subtração ou inutilização de livro ou documento
- Subtração de documento e não favorecimento pessoal

Sonegação de contribuição previdenciária

Art. 337-A. Suprimir ou reduzir contribuição social previdenciária e qualquer acessório, mediante as seguintes condutas:

I – omitir de folha de pagamento da empresa ou de documento de informações previsto pela legislação previdenciária segurados empregado, empresário, trabalhador avulso ou trabalhador autônomo ou a este equiparado que lhe prestem serviços;

II – deixar de lançar mensalmente nos títulos próprios da contabilidade da empresa as quantias descontadas dos segurados ou as devidas pelo empregador ou pelo tomador de serviços;

III – omitir, total ou parcialmente, receitas ou lucros auferidos, remunerações pagas ou creditadas e demais fatos geradores de contribuições sociais previdenciárias:

Pena – reclusão, de 2 (dois) a 5 (cinco) anos, e multa.

§ 1º É extinta a punibilidade se o agente, espontaneamente, declara e confessa as contribuições, importâncias ou valores e presta as informações devidas à previdência social, na forma definida em lei ou regulamento, antes do início da ação fiscal.

§ 2º É facultado ao juiz deixar de aplicar a pena ou aplicar somente a de multa se o agente for primário e de bons antecedentes, desde que:

I – (VETADO)

II – o valor das contribuições devidas, inclusive acessórios, seja igual ou inferior àquele estabelecido pela previdência social, administrativamente, como sendo o mínimo para o ajuizamento de suas execuções fiscais.

§ 3º Se o empregador não é pessoa jurídica e sua folha de pagamento mensal não ultrapassa R$ 1.510,00 (um mil, quinhentos e dez reais), o juiz poderá reduzir a pena de um terço até a metade ou aplicar apenas a de multa.

§ 4º O valor a que se refere o parágrafo anterior será reajustado nas mesmas datas e nos mesmos índices do reajuste dos benefícios da previdência social.*

* Artigo acrescentado pela Lei nº 9.983, de 14-7-2000.

Vide: **CF** arts. 149, 194, 195, 201, 202; **CP** arts. 16, 107, IX, 120, 168-A, 316, §§ 1º e 2º; **Lei nº 8.137**, de 27-12-1990, art. 2º, II (não recolhimento de valor de tributo ou contribuição social descontado ou cobrado para ser recolhido aos cofres públicos, como crime contra a ordem tributária e econômica); **Lei nº 8.212**, de 24-7-1991 (dispõe sobre a organização da Seguridade Social); **Lei nº 8.213**, de 24-7-1991 (dispõe sobre os planos de benefícios da Previdência Social); **Lei nº 8.866**, de 11-4-1994 (dispõe sobre o depositário infiel de valor pertencente à Fazenda Pública); **Lei nº 9.430, de 27-12-1996**, art. 83, *caput*, §§ 2º e 3º (suspensão da pretensão punitiva e da prescrição nos crimes definidos nos arts. 168-A, 337-A do CP e nos arts. 1º e 2º da Lei nº 8.137, de 27-12-1990, durante o regime de parcelamento), § 4º (extinção da punibilidade pelo pagamento integral do tributo); **Lei nº 9.964**, de 10-4-2000 (institui o Programa de Recuperação Fiscal – REFIS), art. 15 (suspensão da pretensão punitiva e da prescrição durante o regime de parcelamento do débito e extinção da punibilidade pelo pagamento do tributo e contribuição social nos crimes previstos nos arts. 1º e 2º da Lei nº 8.137, de 27-12-1990); **Lei nº 10.684**, de 30-5-2003 (dispõe sobre o parcelamento de débitos tributários), art. 9º (prevê a suspensão da pretensão punitiva e da prescrição durante o regime de parcelamento e extinção da punibilidade pelo pagamento do tributo ou contribuição social nos crimes previstos nos arts. 168-A, 337-A do CP e nos arts. 1º e 2º da Lei nº 8.137, de 27-12-1990); **Lei nº 11.941**, de 17-5-2009 (dispõe sobre o parcelamento de débitos tributários), arts. 67 (veda o recebimento da denúncia na hipótese de parcelamento do débito) e 68 (suspensão da pretensão punitiva e da prescrição durante o regime de parcelamento e extinção da punibilidade pelo pagamento do tributo ou contribuição social nos crimes previstos nos arts. 168-A, 337-A e nos arts. 1º e 2º da Lei nº 8.137, de 27-12-1990); Súmulas: **Vinculante** 24, 25; **STJ** 18 e 329.

337-A SONEGAÇÃO DE CONTRIBUIÇÃO PREVIDENCIÁRIA

337-A.1 Sujeitos do delito

O sujeito ativo do crime é qualquer pessoa responsável pelo lançamento nas folhas de pagamento, documentos de informações, títulos da contabilidade e outros documentos relacionados com os deveres e obrigações para com a Previdência Social (titular de firma individual, sócio, gerente, diretor etc.), nada impedindo a coautoria e a participação criminosa.

Sujeito passivo é a Previdência Social, lesada em seu patrimônio pela conduta do agente.

337-A.2 Tipo objetivo

O tipo penal de sonegação de contribuição previdenciária foi inserido no Código Penal em substituição ao art. 95, alíneas *a*, *b* e *c* da Lei nº 8.212, de 24-7-1991, revogado pela Lei nº 9.983, de 14-7-2000. Objetiva preservar o patrimônio da Previdência Social, lesada pela supressão ou redução da contribuição social e de seus acessórios, como os referentes ao salário-contribuição, 13º salário, diárias, férias, ganhos habituais etc.

Trata-se de crime de conduta vinculada, em que a supressão ou redução da contribuição social e de seus acessórios é obtida por meio de um dos comportamentos omissivos referidos nos incisos do artigo.

A primeira delas refere-se à omissão na folha de pagamento da empresa ou de documentos de informações de segurados empregado, empresário, trabalhador avulso ou trabalhador autônomo ou a este equiparado que lhe prestem serviços.

A segunda é também a omissão de lançamento mensal nos livros de contabilidade das quantias descontadas dos segurados, ou que sejam devidas pelo empregador ou pelo tomador de serviços.

A terceira é constituída pela omissão total ou parcial de receitas ou lucros auferidos, remunerações pagas ou creditadas e demais fatos geradores de contribuições sociais previdenciárias.

Não se caracteriza o crime previsto no art. 337-A se as omissões nos referidos documentos não tiverem qualquer relação com as contribuições previdenciárias, podendo ocorrer outro ilícito penal.

Jurisprudência

- Aplicabilidade do princípio da insignificância
- Valor máximo para aplicação de insignificância em crimes tributários federais

337-A.3 Tipo subjetivo

O dolo do delito é a vontade de suprimir ou reduzir a contribuição social previdenciária e qualquer acessório, omitindo as declarações referidas nos incisos do artigo. As omissões em que o agente não tiver essa finalidade podem concretizar outro crime (falsidade ideológica, estelionato etc.).

Jurisprudência

- Suficiência do dolo genérico

337-A.4 Consumação e tentativa

Trata-se de crime material, que só se consuma com a supressão ou redução da contribuição social previdenciária ou de seus acessórios.

Nada impede a tentativa, que existe quando a supressão ou redução do devido não ocorre, apesar da omissão, por circunstâncias alheias à vontade do agente.

A Lei nº 9.430, de 27-12-1996, por força das alterações introduzidas pela Lei nº 12.350, de 20-12-2010, e 12.382, de 25-2-2011, determina que a representação ao Ministério Público por crimes previstos nos arts. 168-A e 337-A do CP e nos arts. 1º e 2º da Lei nº 8.137, de 27-12-1990, somente deverá ser ofertada na hipótese de existência de final decisão administrativa sobre a exigência fiscal do crédito tributário (art. 83, *caput*).

Há decisões, também, no sentido da impossibilidade da instauração de ação penal ou de inquérito policial para apuração do crime de sonegação de contribuição previdenciária, na ausência do lançamento definitivo do tributo devido na esfera administrativa, sob o fundamento de se tratar de crime material contra a ordem tributária, na esteira do entendimento adotado na Súmula Vinculante nº 24, a qual, porém, se refere em seu enunciado somente aos crimes materiais previstos no art. 1º, incisos I a IV, da Lei nº 8.137/1990 (vide item 116.9).

Jurisprudência

- Ausência de constituição definitiva do crédito tributário como impedimento ao oferecimento da denúncia
- Ausência de constituição definitiva do crédito tributário como impedimento ao inquérito policial

337-A.5 Concurso de crimes

Nada impede o reconhecimento do crime continuado na reiteração das condutas tipificadas nos incisos I a III do art. 337-A se presentes os requisitos previstos no art. 71. Embora os crimes de sonegação de contribuição previdenciária (art. 337-A) e apropriação indébita previdenciária (art. 168-A) sejam distintos e estejam previstos em títulos diversos do Código Penal, admite-se a continuidade entre essas infrações em razão de sua estreita relação e por tutelarem o mesmo bem jurídico, o patrimônio da previdência social.

Jurisprudência

- Admissibilidade da continuidade delitiva entre a sonegação de contribuição previdenciária e a apropriação indébita previdenciária

337-A.6 Extinção da punibilidade

Extingue-se a punibilidade "se o agente, espontaneamente, declara e confessa as contribuições, importâncias ou valores e presta as informações devidas à previdência social, na forma definida em lei ou regulamento, antes do início da ação fiscal" (art. 337-A, § 1º). Caso esse fato ocorra após o início da ação fiscal, mas antes do recebimento da denúncia, ocorre a causa de diminuição de pena do arrependimento posterior (art. 16). Regra diversa encontra-se no art. 9º, § 2º, da Lei nº 10.684, de 30-5-2003, que prevê expressamente, em relação aos crimes definidos no art. 168-A, bem como no art. 337-A e nos arts. 1º e 2º da Lei nº 8.137, de 27-12-1990, a extinção da punibilidade em decorrência do pagamento, não exigindo que este ocorra antes do início da ação fiscal ou da ação penal: "extingue-se a punibilidade dos crimes referidos neste artigo quando a pessoa jurídica relacionada com o agente efetuar o pagamento integral dos débitos oriundos de tributos e contribuições sociais, inclusive acessórios". Prevê-se, também, no mesmo art. 9º, a suspensão da pretensão punitiva no período em que a pessoa jurídica estiver incluída no regime de *parcelamento* do crédito tributário, durante o qual não tem curso a prescrição (§ 1º). A Lei nº 11.941, de 27-5-2009, também dispõe a respeito dos mesmos crimes. O parcelamento do crédito tributário suspende a pretensão punitiva e o curso da prescrição e, se anterior ao início da ação penal, impede o oferecimento da denúncia (arts. 67 e 68). Extingue-se a punibilidade pelo pagamento integral dos débitos que tiverem sido objeto de concessão do parcelamento (art. 69). Aplicam-se também ao crime descrito no art. 337-A, diante de expressa previsão legal, as normas inseridas na Lei nº 9.430, de 27-12-1996, que determinam a suspensão da pretensão punitiva e do prazo prescricional pela inclusão do devedor no regime de parcelamento do débito, desde que a formalização se verifique antecipadamente ao recebimento da denúncia, e a extinção da punibilidade pelo pagamento integral do tributo devido (art. 83, §§ 2º a 4º). A Lei nº 9.964, de 10-4-2000, já dispunha sobre a suspensão da pretensão punitiva e da prescrição, referindo-se, porém, somente aos mencionados crimes contra a ordem econômica e tributária, na hipótese de inclusão da pessoa jurídica no *Refis* (Programa de Recuperação Fiscal), e exigindo para a extinção da punibilidade que a concessão do parcelamento ocorresse antes do recebimento da denúncia (art. 15, § 3º).

Por fim, a Lei nº 13.254, de 13-1-2016, prevê a extinção da punibilidade do crime do art. 337-A, até a data de adesão ao RERCT (Regime Especial de Regularização Cambial e Tributária), pelo cumprimento, antes de decisão criminal, das condições do programa nela disciplinado com vistas à repatriação de recursos, bens e direitos de origem lícita não declarados e remetidos ao exterior (art. 5º, § 1º, inciso III). A mesma causa extintiva da punibilidade aplica-se aos crimes previstos nos arts. 297, 298, 299 e 304 do CP, quando sua potencialidade lesiva esgotar-se na prática do crime de sonegação de contribuição previdenciária, de sonegação fiscal (Lei nº 4.729, de 14-7-1965) ou de alguns crimes contra a ordem tributária (arts. 1º e 2º, incisos I, II e V, da Lei nº 8.137, de 27-12-1990). Beneficiam-se, também, da mesma regra os autores de crimes de operação de câmbio não autorizada (art. 22 da Lei nº 7.492, de 16-6-1986) e de lavagem de dinheiro (art. 1º da Lei nº 9.613, de 3-3-1998) que incida sobre recursos provenientes dos delitos anteriores.

Jurisprudência

- Suspensão da pretensão punitiva com a inclusão no regime de parcelamento

337-A.7 Perdão judicial ou aplicação de pena de multa

Caso o agente seja primário e portador de bons antecedentes, a lei faculta ao juiz a aplicação do perdão judicial ou a aplicação somente de multa se o valor das contribuições devidas, inclusive acessórios, for igual ou inferior àquele estabelecido pela previdência social, administrativamente, como sendo o mínimo para o ajuizamento de suas execuções fiscais. O pequeno valor sonegado e a consequente dispensa do ajuizamento da execução fiscal justificam o benefício.

337-A.8 Crime privilegiado

Também prevê a lei a possibilidade de redução da pena de um terço ou a aplicação exclusiva de multa para o autor do crime. Para que o agente possa beneficiar-se, é necessário que o empregador não seja pessoa jurídica e sua folha de pagamento mensal não ultrapasse R$ 1.510,00 (um mil, quinhentos e dez reais). Esse valor será reajustado nas mesmas datas e nos mesmos índices do reajuste dos benefícios da previdência social. Pela Portaria Interministerial MPS/MF nº 6, de 10-1-2025, estabeleceu-se que o valor de que trata o § 3º do art. 337-A do CP é de R$ 7.201,70 (art. 8º, VI).

CAPÍTULO II-A
DOS CRIMES PRATICADOS POR PARTICULAR CONTRA A ADMINISTRAÇÃO PÚBLICA ESTRANGEIRA

Corrupção ativa em transação comercial internacional

Art. 337-B. Prometer, oferecer ou dar, direta ou indiretamente, vantagem indevida a funcionário público estrangeiro, ou a terceira pessoa, para determiná-lo a praticar, omitir ou retardar ato de ofício relacionado à transação comercial internacional:

Pena – reclusão, de 1 (um) a 8 (oito) anos, e multa.

Parágrafo único. A pena é aumentada de 1/3 (um terço), se, em razão da vantagem ou promessa, o funcionário público estrangeiro retarda ou omite o ato de ofício, ou o pratica infringindo dever funcional.*

* Capítulo e artigo inseridos pela Lei nº 10.467, de 11-6-2002.

Vide: CP arts. 333, 337-C, 337-D; Lei nº 12.846, de 1º-8-2013 (dispõe sobre a responsabilização administrativa e civil de pessoas jurídicas pela prática de atos lesivos contra a administração pública nacional ou estrangeira), art. 5º, I (prometer, oferecer ou dar, direta ou indiretamente, vantagem indevida a agente público ou a terceira pessoa a ele relacionada).

337-B CORRUPÇÃO ATIVA EM TRANSAÇÃO COMERCIAL INTERNACIONAL

337-B.1 Sujeitos do delito

Sujeito ativo desse especial crime de corrupção ativa é qualquer pessoa, inclusive o funcionário público, despido dessa qualidade e agindo como particular. Nada impede a coautoria ou participação de intermediários para a promessa, oferta ou dação da vantagem indevida.

Sujeito passivo é a administração pública do país ou do estrangeiro com relação às transações comerciais internacionais. São também as pessoas física ou jurídica, pública ou privada que se veem lesadas pela transação mercantil, ou seja, a boa-fé que deveria presidi-la.

337-B.2 Tipo objetivo

A nova lei visa dar efetividade ao Decreto nº 3.678, de 30-11-2000, que promulga a Convenção sobre o Combate da Corrupção de Funcionário Público Estrangeiro em Transações

Comerciais, concluída em Paris, em 17-12-1997, que tem como antecedente a Convenção Interamericana contra a Corrupção, firmada em 29-3-1996, em Caracas, e promulgada pelo Decreto nº 4.410, de 7-10-2002, alterado pelo Decreto nº 4.534, de 19-12-2002. Medidas de combate à corrupção, inclusive quando envolva agente público estrangeiro ou funcionário internacional, e à lavagem de dinheiro, foram também adotadas na Convenção das Nações Unidas contra o Crime Organizado Transnacional, cujo texto foi promulgado pelo Decreto nº 5.015, de 12-3-2004. Pelo Decreto nº 5.687, de 31-1-2006, foi promulgada a Convenção das Nações Unidas contra a Corrupção, ratificada pelo Brasil e que entrou em vigor em 14-12-2005.

A primeira conduta típica é *prometer*, fazer uma promessa de vantagem indevida. A segunda é *oferecer*, ou seja, colocar à disposição a referida vantagem. A última é *dar*, significando a sua entrega efetiva. A oferta, promessa ou dação pode ser feita diretamente ao funcionário público estrangeiro ou a terceira pessoa para encaminhá-la ao primeiro. Não se configura o crime se a oferta ou promessa não tem endereço individualizado, ou seja, a pessoas determinadas. É necessário que a promessa, oferta ou dação se destine à prática, omissão ou retardamento de ato de ofício relacionado à transação comercial internacional e que esteja nas específicas atribuições funcionais do servidor estrangeiro. A relação comercial internacional a que se refere o tipo penal pode ser como toda operação de caráter mercantil entre pessoas físicas ou jurídicas, públicas ou privadas, pertencentes a países diversos. O objeto material do delito é a vantagem indevida, o proveito ou contrário ao direito, da natureza material ou moral. Não distinguindo a lei, caracteriza-se o crime com qualquer vantagem indevida e não só a patrimonial.

A concretização do crime independe de ser a promessa ou oferta aceita ou não pelo funcionário. Aceita a oferta, promessa ou dação, o funcionário estrangeiro comete outro ilícito, o de corrupção passiva.

337-B.3   Tipo subjetivo

O dolo é a vontade de praticar uma das ações descritas no tipo, exigindo-se também o elemento subjetivo que é o fim de conseguir do funcionário omissão, retardamento ou prática do ato de ofício irregular esperado.

337-B.4   Consumação e tentativa

Consuma-se o crime com a simples promessa ou oferta de vantagem indevida por parte do agente, ou então com a sua efetiva entrega ao funcionário. Nas duas primeiras hipóteses, trata-se de crime formal, em que a consumação independe da aceitação pelo funcionário da vantagem que lhe é prometida ou oferecida.

Embora crime formal, em tese é possível a tentativa quando a oferta ou promessa, embora efetuada, não chega ao conhecimento do funcionário.

337-B.5   Crime qualificado

Há um aumento de pena de um terço se, em razão da conduta, o funcionário público estrangeiro ou omite o ato de ofício, ou o pratica, infringindo dever funcional.

337-B.6 Distinção

Se a vantagem é prometida ou dada a funcionário público nacional, porque, embora relacionado a transação comercial internacional, o ato de ofício se insere entre as suas atribuições, o crime é o previsto no art. 333.

A ocultação ou dissimulação da natureza, origem, localização, disposição, movimentação ou propriedade de bens, direitos ou valores relacionados, direta ou indiretamente, com infração penal, ainda que praticada em outro país configura delito de "lavagem" ou ocultação de bens, direitos e valores (arts. 1º e 2º, II, da Lei nº 9.613, de 3-3-1998, alterada pelas Leis nos 10.467/2002 e 12.683, de 9-7-2012).

A Lei nº 12.846, de 1º-8-2013, que disciplina a responsabilização objetiva, administrativa e civil, da pessoa jurídica beneficiária de ato lesivo à administração pública, nacional ou estrangeira, prevê como ato ilícito o de "prometer, oferecer ou dar, direta ou indiretamente, vantagem indevida a agente público, ou a terceira pessoa a ele relacionada" (art. 5º, I). A Lei foi regulamentada pelo Decreto nº 8.420, de 18-3-2015.

Tráfico de influência em transação comercial internacional

> Art. 337-C. Solicitar, exigir, cobrar ou obter, para si ou para outrem, direta ou indiretamente, vantagem ou promessa de vantagem a pretexto de influir em ato praticado por funcionário público estrangeiro no exercício de suas funções, relacionado a transação comercial internacional:
>
> Pena – reclusão, de 2 (dois) a 5 (cinco) anos, e multa.
>
> Parágrafo único. A pena é aumentada da metade, se o agente alega ou insinua que a vantagem é também destinada a funcionário estrangeiro.*
>
> * Artigo inserido pela Lei nº 10.467, de 11-6-2002.

Vide: CP arts. 332, 337-A, 337-B.

337-C TRÁFICO DE INFLUÊNCIA EM TRANSAÇÃO COMERCIAL INTERNACIONAL

337-C.1 Sujeitos do delito

O crime pode ser praticado por qualquer pessoa, inclusive o funcionário público.

Sujeito passivo é a administração pública do país ou estrangeira no que se refere às transações comerciais internacionais.

337-C.2 Tipo objetivo

As condutas descritas no tipo são: *solicitar* (pedir, procurar, buscar); *exigir* (mandar, impor); *cobrar* (pedir pagamento); ou *obter* (receber, conseguir) vantagem ou promessa de vantagem sob o pretexto de influir junto a funcionário público estrangeiro. No caso, há uma fraude contra o comprador de influência que pode ocorrer mediante uso de artifício, ardil ou simples mentira. É indispensável, aliás, que o agente apregoe prestígio, atribuindo-se poder de influência sobre o servidor público estrangeiro competente para a prática do ato desejado. É irrelevante se o fim objetivado pelo comprador de influência é lícito ou ilícito, pois a essência do crime reside em o agente conseguir vantagem, ou promessa desta, de qualquer natureza a pretexto de atuar junto ao funcionário. Não ocorre o crime quando o interessado não é iludido pelo agente que alega prestígio.

337-C.3   Tipo subjetivo

O dolo é a vontade de obter vantagem ou promessa de vantagem indevida, arrogando-se influência junto ao funcionário estrangeiro. É irrelevante que o agente não pretenda lesar a administração pública.

337-C.4   Consumação e tentativa

Consuma-se o tráfico de influência com a prática de uma das condutas: solicitação, exigência, cobrança ou obtenção da vantagem. Em tese, é admissível a tentativa, que ocorre, por exemplo, quando o agente solicita, exige ou cobra a vantagem por escrito, interceptado antes do conhecimento do funcionário, ou por intermédia pessoa, na mesma hipótese.

337-C.5   Crime qualificado

Determina a lei o aumento da metade da pena se o agente alega ou insinua que a vantagem é também destinada ao funcionário estrangeiro, devido ao maior dano à regularidade da administração.

Funcionário público estrangeiro

> **Art. 337-D.** Considera-se funcionário público estrangeiro, para os efeitos penais, quem, ainda que transitoriamente ou sem remuneração, exerce cargo, emprego ou função pública em entidades estatais ou em representações diplomáticas de país estrangeiro.
>
> **Parágrafo único.** Equipara-se a funcionário público estrangeiro quem exerce cargo, emprego ou função em empresas controladas, diretamente ou indiretamente, pelo Poder Público de país estrangeiro ou em organizações públicas internacionais.*
>
> * Artigo inserido pela Lei nº 10.467, de 11-6-2002.

Vide: CP arts. 327, 337-B, 337-C.

337-D   Funcionário público estrangeiro

337-D.1   Conceito de funcionário público estrangeiro

Constando dos tipos penais previstos nos arts. 337-B e 337-C a expressão "funcionário público estrangeiro", houve por bem o legislador definir o seu conceito para os efeitos penais, não se distanciando muito da definição contida no art. 327 do CP (item 327.1). Assim, considera-o como aquele que, ainda que transitoriamente ou sem remuneração, exerce cargo, emprego ou função pública em entidades estatais ou em representações diplomáticas de país estrangeiro. Equipara ainda a lei a funcionário público estrangeiro quem exerce cargo, emprego ou função em empresas controladas, direta ou indiretamente, pelo Poder Público de país estrangeiro ou em organizações públicas internacionais. São exemplos desses órgãos ONU, OIT, OMS, FMI etc.

**CAPÍTULO II-B
DOS CRIMES EM LICITAÇÕES
E CONTRATOS ADMINISTRATIVOS**

Contratação direta ilegal

Art. 337-E. Admitir, possibilitar ou dar causa à contratação direta fora das hipóteses previstas em lei:

Pena – reclusão, de 4 (quatro) a 8 (oito) anos, e multa.

Vide: CF art. 37, XXI; CP art. 358; Lei nº 12.846, de 1º-8-2013 (dispõe sobre a responsabilização administrativa e civil de pessoas jurídicas pela prática de atos lesivos contra a Administração Pública), **art. 5º**, IV (atos ilícitos relativos a licitações e contratos).

337-E CONTRATAÇÃO DIRETA ILEGAL

337-E.1 Sujeitos do delito

Somente podem cometer o crime os funcionários públicos, de acordo com o conceito do art. 327, que têm entre suas atribuições o dever de fazer o procedimento administrativo licitatório antes da contratação ou de proceder à contratação direta somente nas hipóteses previstas em lei. Sujeito passivo é o Estado e, mais individualizadamente, o ente da Administração que procede à contratação ilegal.

337-E.2 Tipo objetivo

A Lei nº 14.133, de 1º-4-2021, introduziu no Título XI, do Código Penal, que versa sobre os Crimes contra a Administração Pública, o Capítulo II-B, no qual ora se descrevem os crimes atinentes às licitações e contratos administrativos. Essas normas incriminadoras são aplicáveis também às licitações e contratações realizadas pelas empresas públicas, sociedades de economia mista e suas subsidiárias, embora regidas estas pela Lei nº 13.303/2016, conforme expressa determinação contida no art. 1º, § 1º, da nova Lei de Licitações, que manda aplicar a essas entidades os crimes nela descritos. Os novos arts. 337-E a 337-O contêm tipos penais que em sua grande maioria são reproduções quase literais dos crimes antes previstos nos arts. 89 a 98 Lei nº 8.666/93.

No art. 337-E está prevista a conduta de admitir, possibilitar ou dar causa à contratação direta fora das hipóteses legais. As ações típicas podem ser praticadas por quaisquer meios por se tratar de crime de ação livre. Admitir significa permitir, concordar, aceitar, acolher. Possibilitar é tornar possível, viável, propiciar. Dar causa é ensejar, provocar, por qualquer forma, a contratação direta. A contratação direta pela Administração é a que ser realiza sem a observância de prévio procedimento licitatório. Essa contratação será ilegal se não estiver em consonância com as normas que disciplinam os casos de inexigibilidade e dispensa da licitação. Cuida-se de norma penal em branco, na qual a descrição típica é complementada pelas normas legais que admitem a contratação direta. As situações de inexigibilidade, que decorre da inviabilidade de competição, e de dispensa de licitação, possível em diversas hipóteses legais, na Lei nº 14.133, de 1º-4-2021, estão previstas nos arts. 74 e 75 e, com relação às empresas públicas e sociedades de economia mista, nos arts. 29 e 30 da Lei nº 13.303/2016.

337-E.3 Tipo subjetivo

O dolo é o elemento subjetivo. Exige-se a vontade livre e consciente de admitir, possibilitar ou dar causa à contratação direta fora das hipóteses em que é ela legalmente admissível. O erro em relação à inexigibilidade ou dispensa legal da licitação no caso concreto exclui o dolo e, consequentemente, afasta a tipicidade do fato.

337-E.4 Consumação e tentativa

A consumação do crime ocorre com a celebração do contrato entre o particular e a Administração. A simples edição de um ato administrativo dispensando a licitação no caso concreto não autoriza ter-se por aperfeiçoada a infração. Admite-se a tentativa, que se configura em todas as situações em que, apesar de todos os atos praticados pelo sujeito ativo, circunstâncias alheias a sua vontade obstam a contratação.

Frustração do caráter competitivo de licitação

Art. 337-F. Frustrar ou fraudar, com o intuito de obter para si ou para outrem vantagem decorrente da adjudicação do objeto da licitação, o caráter competitivo do processo licitatório:

Pena – reclusão, de 4 (quatro) anos a 8 (oito) anos, e multa.

Vide: CF art. 37, XXI; CP art. 358; Lei nº **12.846**, de 1º-8-2013 (dispõe sobre a responsabilização administrativa e civil de pessoas jurídicas pela prática de atos lesivos contra a Administração Pública), **art. 5º**, IV (atos ilícitos relativos a licitações e contratos).

337-F FRUSTRAÇÃO DO CARÁTER COMPETITIVO DE LICITAÇÃO

337-F.1 Sujeitos do delito

Sujeito ativo pode ser qualquer pessoa, inclusive o particular licitante e o agente público envolvido no processo licitatório.

Sujeito passivo é a Administração Pública, a entidade que, ainda quando, eventualmente, não sofra prejuízo patrimonial, tem violados os mencionados princípios da moralidade, da igualdade e da competividade que regem a licitação pública. Podem ser também sujeitos passivos os eventuais licitantes prejudicados pela fraude do certame.

337-F. 2   Tipo objetivo

A conduta incriminada é a de fraudar ou frustrar o caráter competitivo do processo licitatório. Frustrar é impedir a realização, inviabilizar, baldar, fazer falhar o caráter competitivo da licitação. Fraudar é burlar, empregar qualquer meio enganoso para iludir outrem, fazendo-o incidir em erro; no tipo, é tornar o caráter competitivo do processo licitatório uma mera ilusão, levando a erro a administração pública ou outros licitantes. Configura-se o ilícito no caso de licitantes que se ajustam previamente com relação ao teor das propostas a serem oferecidas e ao provável vencedor do certame, somente simulando uma competição. Também incorre no crime, por exemplo, o agente público que, em conluio com um dos licitantes, faz inserir no edital, embora dispensável, requisito que somente este ou alguns poucos podem satisfazer.

337-F. 3   Tipo subjetivo

O dolo é o elemento subjetivo, consistente na vontade livre e consciente de fraudar ou frustrar o caráter competitivo da licitação. Exige-se que do agente a consciência de que se utiliza de um expediente fraudulento e de que este vicia a competição. Para o aperfeiçoamento do tipo exige-se também, um elemento subjetivo do tipo: o intuito de obter para si ou para outrem vantagem decorrente da adjudicação do objeto da licitação. Deve o sujeito ativo almejar que de sua ação e que do resultado da licitação com a consequente adjudicação de seu objeto, advenha para si ou outrem uma vantagem. Refere-se a Lei à vantagem advinda da adjudicação do objeto, fase final do procedimento licitatório, pelo qual se atribui ao licitante vencedor, obrigações e direitos, entre os quais o de celebrar o contrato com a administração, na hipótese de efetiva contratação. A final obtenção ou não da vantagem é irrelevante para o aperfeiçoamento do crime. É suficiente que a vantagem seja querida pelo agente. Embora na maioria dos casos a vantagem almejada seja econômica, da inexistência de especificação legal pode-se admitir que a vantagem esperada seja de outra natureza.

337-F. 4   Consumação e tentativa

O crime se consuma com a frustração ou fraude do caráter competitivo da licitação. Não se exige que o processo licitatório não se realize a final ou que tenha sido ultimado. A obtenção ou não da vantagem é irrelevante, porque esta se insere no tipo subjetivo. Igualmente não é necessária a efetiva ocorrência de prejuízo à Administração ou a licitantes. A tentativa é admissível em ambas as modalidades da conduta.

Patrocínio de contratação indevida

> Art. 337-G. Patrocinar, direta ou indiretamente, interesse privado perante a Administração Pública, dando causa à instauração de licitação ou à celebração de contrato cuja invalidação vier a ser decretada pelo Poder Judiciário:
> Pena – reclusão, de 6 (seis) meses a 3 (três) anos, e multa

Vide: CF art. 37, XXI; CP art. 358; **Lei nº 12.846**, de 1º-8-2013 (dispõe sobre a responsabilização administrativa e civil de pessoas jurídicas pela prática de atos lesivos contra a Administração Pública), **art. 5º**, IV (atos ilícitos relativos a licitações e contratos).

337-G PATROCÍNIO DE CONTRATAÇÃO INDEVIDA

337-G.1 Sujeitos do delito

O crime descrito no art. 337-G assemelha-se ou é uma espécie do delito de advocacia administrativa tipificado no art. 321, o qual exige a condição de funcionário público como elementar do tipo. Assim, embora não se refira o art. 337-G à essa condição, trata-se de crime próprio, podendo ser cometido por quem exerce cargo, emprego ou função pública. O particular que, licitamente, patrocina perante a administração a realização de uma licitação ou contratação não poderá ser responsabilizado penalmente somente em razão de sua eventual e posterior invalidação. A condição de funcionário público não é elementar do tipo e, portanto, não se pode pretender que o particular que provoca o funcionário a patrocinar o interesse privado responda como autor. No entanto, o particular, em regra um intermediário, que induz ou instiga o funcionário a atuar bem como o particular detentor do interesse patrocinado podem assumir a condição de partícipes.

Sujeito Passivo é a Administração Pública, especificamente a entidade que promove a licitação ou contratação.

337-G.2 Tipo objetivo

Patrocinar interesse privado perante a Administração Pública é advogar, defender, patronear, facilitar, proteger, apadrinhar, pleitear, favorecer um interesse particular alheio perante a administração pública. Patrocinar diretamente é agir sem intermediário e indiretamente por interposta pessoa, que pode ser outro funcionário ou mesmo um particular. Em acréscimo ao tipo descrito no art. 321, exige-se como elementar que o sujeito ativo, ao patrocinar o interesse privado, dê causa à instauração de licitação ou à celebração de contrato posteriormente invalidados pela Justiça. Para a configuração do crime é necessário, portanto, que o patrocínio, de início, seja bem sucedido, por ensejar a instauração de um processo licitatório ou a celebração de um contrato, os quais, porém, ao final vieram a ser invalidados pelo Poder Judiciário. A intervenção do agente por ocasião de licitação em andamento não configura o ilícito, que exige que sua atuação seja causa da instauração, podendo ocorrer na hipótese a advocacia administrativa ou outro delito. Discute-se se a invalidação decretada pelo Poder Judiciário configura ou não uma condição objetiva de punibilidade. Da adoção de um ou outro entendimento decorrem diferentes orientações com relação ao momento consumativo e à exigência de ser a circunstância abrangida ou não pelo dolo. Entendemos que, não obstante a deficiente técnica legislativa empregada, pode-se vislumbrar na expressão uma espécie *sui generis* de condição objetiva de punibilidade, porque, embora descrita no tipo, trata-se de evento futuro e estranho ao comportamento do agente, porque decorrente de posterior decisão judicial, o qual não se poderia exigir seja coberto pelo dolo. Não se configura o crime na hipótese de invalidação da licitação ou do contrato pela própria Administração, por se exigir, no tipo, que seja ela decretada pelo Poder Judiciário.

337-G.3 Tipo subjetivo

O elemento subjetivo do crime é o dolo, consistente na vontade de patrocinar o interesse privado e de dar causa à instauração da licitação ou à celebração do contrato.

337-G.4 Consumação e tentativa

Do entendimento que se venha adotar com relação à natureza da expressão relativa à invalidação pelo Poder Judiciário decorre a orientação sobre o momento consumativo. Entendida como elementar do tipo, há que se reconhecer a consumação com a invalidação do processo licitatório ou da celebração do contrato. Reconhecendo-se-a, porém, como condição objetiva de punibilidade *sui generis*, a despeito de integrar o tipo, consuma-se o crime com a instauração da licitação ou a celebração do contrato. A tentativa é inadmissível. Se a despeito dos atos praticados pelo agente não houve a instauração ou celebração, não há licitação ou contratação que possa vir a ser invalidada.

Modificação ou pagamento irregular em contrato administrativo

> Art. 337-H. Admitir, possibilitar ou dar causa a qualquer modificação ou vantagem, inclusive prorrogação contratual, em favor do contratado, durante a execução dos contratos celebrados com a Administração Pública, sem autorização em lei, no edital da licitação ou nos respectivos instrumentos contratuais, ou, ainda, pagar fatura com preterição da ordem cronológica de sua exigibilidade:
>
> Pena – reclusão, de 4 (quatro) anos a 8 (oito) anos, e multa.
>
> ***Vide:*** CF art. 37, XXI; CP art. 358; Lei nº **12.846**, de 1º-8-2013 (dispõe sobre a responsabilização administrativa e civil de pessoas jurídicas pela prática de atos lesivos contra a Administração Pública), **art. 5º**, IV (atos ilícitos relativos a licitações e contratos).

337-H MODIFICAÇÃO OU PAGAMENTO IRREGULAR EM CONTRATO ADMINISTRATIVO

337-H.1 Sujeitos do delito

Somente pode ser sujeito ativo o funcionário público que tem entre suas atribuições a de promover as alterações no curso da execução do contrato celebrado pela Administração no curso de sua execução, ou na segunda figura, a de determinar o pagamento das faturas. O particular, que tenha por qualquer forma concorrido para a prática do crime, responde na condição de partícipe. Eliminou-se no dispositivo a previsão contida no correspondente o parágrafo único do art. 92 da Lei nº 8.666/93, que por sua deficiente redação dificultava e limitava a responsabilização penal dos particulares. Sujeito passivo é a Administração Pública em sentido amplo, e, especificamente, a entidade pública que celebrou o contrato.

337-H.2 Tipo objetivo

Com vistas a garantir a observância da legalidade na execução dos contratos administrativos, contempla o art. 337-H duas figuras típicas. A primeira é a de admitir (permitir, concordar, aceitar, acolher), possibilitar (tornar possível, viável, propiciar) ou dar causa (ensejar, provocar por qualquer forma) a uma alteração contratual indevida durante a execução de contrato celebrado pela Administração Pública. Essa alteração consiste em qualquer modificação indevida, inclusive prorrogação contratual, que seja promovida em favor, isto é, em benefício do contratado. Em que pese a deficiente redação do dispositivo, pode-se entender que para a configuração do crime exige-se que a modificação promovida deve ensejar uma vantagem ou um favorecimento ao contratado. Como elemento normativo prevê-se que essa modificação se realize sem autorização em lei, no edital de licitação ou nos respectivos instrumentos contratuais. Haverá crime, portanto, se a alteração não encontrar amparo na lei. Se esta a admitir, ainda assim haverá crime se a alteração estiver em desacordo com o edital ou o contrato. Atípica será a conduta somente se a modificação, admitida em lei, encontrar amparo no edital ou nos termos do contrato celebrado que se encontre em execução.

Pela segunda figura tipifica-se a conduta de pagar fatura com preterição da ordem cronológica de sua exigibilidade. Pagar é efetuar um pagamento de uma despesa, liquidar um débito, quitar um valor devido. Fatura, no tipo, é o documento que registra o valor devido ao contratado em decorrência da execução total ou parcial do contratado pela Administração. Os pagamentos pela Administração deverão obedecer uma ordem cronológica (art. 141 da Lei nº 14.133, de 1º-4-2021) que leva em consideração a data da exigibilidade do crédito que o contratado possui em face da Administração em decorrência da execução do contrato, a qual coincide com o fim do período previsto para o adimplemento da obrigação. Deve-se, observar, porém, que a própria Lei autoriza a alteração da ordem cronológica em determinadas hipóteses condicionando-a à justificação prévia da autoridade competente e à posterior comunicação ao órgão de controle interno da Administração e ao Tribunal de Contas (art. 141, § 1º, da Lei nº 14.133, de 1º-4-2021). Se a alteração da ordem cronológica satisfaz as exigências legais, a conduta do funcionário será atípica em face da existência de uma justa causa, ou seja, uma causa que a legitima e que está contida nas próprias normas que complementam o tipo penal.

337-H.3 Tipo subjetivo

É constituído pelo dolo, consistente na vontade, na primeira figura, de proceder à modificação na execução do contrato em favor do contratado, com a consciência de que essa alteração não encontra amparo na lei ou está em desacordo com os termos do edital ou dos instrumentos contratuais, e, na segunda, de pagar a fatura com a consciência de que escapa à legal observância da ordem cronológica de sua exigibilidade. Não se exige nenhum especial fim de agir.

337-H.4 Consumação e tentativa

Consuma-se o crime, na primeira parte do art. 337-H, com a modificação do contrato no curso de sua execução. Não é necessário para o aperfeiçoamento do tipo que o contratado concretamente aufira vantagem, benefício ou qualquer favor decorrente da alteração contratual, o que, ocorrendo, insere-se na fase de exaurimento do crime. Na segunda figura, porém, o delito somente se consuma com o efetivo pagamento da fatura, i.é, com a concreta quitação do valor devido. Diante dos expressos termos da norma, não é suficiente para a consumação a ordem de pagamento exarada pelo sujeito ativo. Nessa hipótese, inocorrendo, a final, o efetivo pagamento, caracteriza-se a tentativa.

Perturbação de processo licitatório

Art. 337-I. Impedir, perturbar ou fraudar a realização de qualquer ato de processo licitatório:

Pena – detenção, de 6 (seis) meses a 3 (três) anos, e multa.

Vide: CF art. 37, XXI; **CP** art. 358; **Lei nº 12.846**, de 1º-8-2013 (dispõe sobre a responsabilização administrativa e civil de pessoas jurídicas pela prática de atos lesivos contra a Administração Pública), **art. 5º**, IV (atos ilícitos relativos a licitações e contratos).

337-I   PERTURBAÇÃO DE PROCESSO LICITATÓRIO

337-I.1   Sujeitos do delito

Qualquer pessoa pode cometer o delito, inclusive o funcionário público.

Sujeito passivo é o Estado, a Administração Pública, titular do objeto jurídico violado, a regularidade dos processos licitatórios.

337-I.2   Tipo objetivo

A conduta típica é impedir, perturbar ou fraudar a realização de qualquer ato de processo licitatório. Impedir é obstar, atalhar, impossibilitar a execução ou o prosseguimento. Perturbar significa embaraçar, criar dificuldades, confundir, criar desordem, atrapalhar, agitar. Fraudar consiste no emprego de qualquer meio, enganando, iludindo, causando erro. Cuidando-se de crime de ação livre, pode ser praticado por qualquer meio idôneo a provocar o resultado, consistente no impedimento, perturbação ou fraude da licitação. Não se exige no tipo que a licitação seja invalidada e todo o procedimento licitatório, que é um conjunto ordenado de atos, seja frustrado ou afetado, bastando, conforme a expressa previsão, que qualquer de seus atos seja atingido pela conduta do agente. Estão abrangidas pelo dispositivo todas as modalidades de licitação, que, na Lei nº 14.133, de 1º-4-2021, são o pregão, a concorrência, o concurso, o leilão e o diálogo competitivo (art. 28). Estão também abrangidas pelo tipo as licitações promovidas pelas empresas públicas e sociedades de economia mista que devem obedecer aos ditames da Lei nº 13.303/2016.

Não comete o crime aquele que impede ou perturba a prática de ato licitatório mediante o ajuizamento de ação judicial pela qual se pretenda a discussão de sua regularidade, porque, nessa hipótese, está ele no exercício regular de um direito, o direito de ação. Discute-se se o uso abusivo desse direito poderia configurar a prática do crime. Certamente não há que se cogitar do delito se o autor da ação, mesmo acreditando que terá insucesso, exercer o direito que lhe é assegurado por lei de provocar a manifestação do Poder Judiciário na solução de um conflito de interesses. Cuidando-se, porém, de crime de forma livre, não se pode descartar a possibilidade de cometimento do crime por meio do exercício abusivo do direito de ação que, por ser abusivo não é regular. É o que pode se verificar em determinados casos, como, por exemplo, no ajuizamento de múltiplas ações e medidas judiciais evidentemente descabidas contra o regular curso da licitação em que se reconhecem a litigância de má-fé e o inequívoco propósito do autor de somente impedir ou perturbar ilegitimamente o processo licitatório.

337-I.3 Tipo subjetivo

O tipo subjetivo é preenchido pelo dolo. Exige-se somente a vontade de impedir, perturbar ou fraudar o processo licitatório. Não há previsão de um especial fim de agir.

337-I.4 Consumação e tentativa

Dá-se a consumação com a frustração da regular prática do ato licitatório em razão de seu impedimento, perturbação ou fraude. Admite-se a tentativa em todas as modalidades de conduta.

Violação de sigilo em licitação

> **Art. 337-J.** Devassar o sigilo de proposta apresentada em processo licitatório ou proporcionar a terceiro o ensejo de devassá-lo
>
> Pena – detenção, de 2 (dois) anos a 3 (três) anos, e multa.
>
> ***Vide:*** CF art. 37, XXI; CP art. 358; Lei nº 12.846, de 1º-8-2013 (dispõe sobre a responsabilização administrativa e civil de pessoas jurídicas pela prática de atos lesivos contra a Administração Pública), **art. 5º**, IV (atos ilícitos relativos a licitações e contratos).

337-J VIOLAÇÃO DE SIGILO EM LICITAÇÃO

337-J.1 Sujeitos do delito

Sujeito ativo é o funcionário público na acepção ampla do termo e não somente aquele que tem entre suas atribuições funções relacionadas com o processo licitatório. Diversamente do que se verifica em relação ao crime de violação de sigilo funcional em que se exige que a ciência do fato deve decorrer do exercício do cargo, no caso do art. 337-J é suficiente que o agente se revista da qualidade de funcionário público, que, por isso, está submetido à exigência de respeitar o sigilo. O particular pode participar da prática do delito, havendo concurso de agentes no induzimento, instigação, auxílio, bem como na conduta de devassar o sigilo pela facilitação proporcionada por parte do funcionário.

Sujeito passivo é o Estado, titular da lisura das licitações públicas e, em especial, do sigilo de que devem estar revestidas as propostas. Podem assumir a condição de sujeitos passivos também os licitantes eventualmente prejudicados pela violação.

337-J.2 Tipo objetivo

A primeira conduta típica inscrita no art. 326 é devassar o sigilo da proposta apresentada em processo licitatório. Devassar é invadir e pôr a descoberto, penetrar na essência, descobrir, tomar conhecimento indevidamente do conteúdo da proposta. Pode o sigilo ser violado valendo-se o agente da transparência de envelopes, de indevido acesso a arquivos ou correspondências digitais ou de outros processos quaisquer que possibilitem o conhecimento do conteúdo da proposta.

A segunda modalidade de conduta é possibilitar a terceiro o ensejo de devassá-lo. O agente não toma conhecimento do conteúdo, mas, por ação ou omissão, proporciona, viabiliza, facilita a outrem a oportunidade de fazê-lo, mediante a devassa do sigilo. O particular a quem foi facilitada a devassa do sigilo em razão de prévio ajuste com o funcionário público, responde como partícipe.

337-J.3 Tipo subjetivo

O dolo é a vontade de devassar ou de proporcionar o devassamento ilegal por outrem, não se exigindo qualquer finalidade especial de agir. Não incrimina a lei a conduta culposa, não se responsabilizando o agente que, por mera negligência, por exemplo, possibilita a terceiro o conhecimento do conteúdo da proposta.

337-J.4 Consumação e tentativa

Consuma-se o crime com o conhecimento do conteúdo da proposta por parte do agente, na primeira modalidade, ou de terceiro, na segunda. Não se exige a divulgação, i.é, conhecimento por outras pessoas ou que ocorra efetivo prejuízo ao Estado ou aos licitantes. Admite-se a tentativa.

Afastamento de licitante

> **Art. 337-K.** Afastar ou tentar afastar licitante por meio de violência, grave ameaça, fraude ou oferecimento de vantagem de qualquer tipo:
>
> Pena – reclusão, de 3 (três) anos a 5 (cinco) anos, e multa, além da pena correspondente à violência.
>
> **Parágrafo único.** Incorre na mesma pena quem se abstém ou desiste de licitar em razão de vantagem oferecida.
>
> *Vide:* CF art. 37, XXI; CP art. 358; Lei nº **12.846**, de 1º-8-2013 (dispõe sobre a responsabilização administrativa e civil de pessoas jurídicas pela prática de atos lesivos contra a Administração Pública), **art. 5º**, IV (atos ilícitos relativos a licitações e contratos).

337-K AFASTAMENTO DE LICITANTE

337-K.1 Sujeitos do delito

Qualquer pessoa, inclusive o funcionário público, pode cometer o delito. Sujeito passivo é sempre o Estado, titular do objeto jurídico violado, na pessoa jurídica da entidade que promove a licitação, bem como os licitantes lesados no direito de livre participação na disputa.

337-K.2 Tipo objetivo

No art. 337-K estão previstas duas figuras típicas. No *caput* as modalidades de conduta são as de afastar ou tentar afastar licitante, por meio de violência, grave ameaça, fraude ou oferecimento de vantagem de qualquer tipo. Não é indispensável para a caracterização do delito que o agente consiga o resultado pretendido. É preciso, porém, que a conduta seja praticada com violência contra a pessoa grave ameaça ou fraude, ou que o agente ofereça vantagem de qualquer natureza (material, moral etc.) ao licitante. O afastamento da licitação se perfaz com a abstenção do interessado ou a sua desistência. Licitante, diante da redação dada ao dispositivo, não é só o que já apresentou ou fez oferta, como aquele que também se achava em condições de participar. Não há crime quando a oferta é feita a licitante fingido ou fictício (crime putativo) ou quando o sujeito apenas roga, suplica, pede a abstenção, sem oferta de vantagem. Se a violência ou fraude visa afastar concorrente ou licitante em arrematação judicial, o crime é outro, previsto no art. 358.

No parágrafo único, incrimina-se, sob as mesmas penas, a conduta de quem se abstém ou desiste de licitar em razão de vantagem oferecida. O crime somente pode ser praticado por licitante. Sendo este fictício poderá existir o crime de estelionato. As modalidades são a de abster-se, que implica não ter ainda o licitante formulado a proposta, e a de desistir, que se traduz no abandono da proposta que já fora feita. A conduta é, portanto, omissiva, não participar da licitação em razão da promessa de vantagem por parte de terceiro. Não ocorre o ilícito, portanto, quando a abstenção ocorre em razão de violência, grave ameaça, fraude, amizade, altruísmo etc. A vantagem oferecida, como ocorre em relação ao tipo descrito no *caput*, pode ser de qualquer natureza e não somente a patrimonial, diante da ausência de especificação na lei.

337-K.3 Tipo subjetivo

Na primeira figura o elemento subjetivo é o dolo consistente na vontade consciente de afastar o licitante e de, para esse desiderato, a de praticar a violência, grave ameaça, fraude ou oferta de vantagem.

No tipo previsto no parágrafo único, o dolo é a vontade de se abster ou desistir de licitar com a finalidade específica de obter a vantagem ofertada (patrimonial, moral etc.).

337-K.4 Consumação e tentativa

Na primeira figura, prevista no *caput*, a consumação se dá com a prática da violência, grave ameaça etc., ainda que o agente não obtenha o afastamento do concorrente. Somente pode-se falar em tentativa no caso de não se consumarem tais atos, pois, a prática da violência, grave ameaça ou fraude e a oferta, ainda que não aceita, já consuma o ilícito.

Prevê a lei, na cominação da pena, que, havendo violência, ocorrerá concurso entre o crime por esta configurado e o delito em estudo, a ser punido com a cumulação das penas previstas para ambos.

Na modalidade prevista no parágrafo único, consuma-se o crime com a omissão, sendo inadmissível a tentativa (crime omissivo puro).

Fraude em licitação ou contrato

Art. 337-L. Fraudar, em prejuízo da Administração Pública, licitação ou contrato dela decorrente, mediante:

I – entrega de mercadoria ou prestação de serviços com qualidade ou em quantidade diversas das previstas no edital ou nos instrumentos contratuais;

II – fornecimento, como verdadeira ou perfeita, de mercadoria falsificada, deteriorada, inservível para consumo ou com prazo de validade vencido;

III – entrega de uma mercadoria por outra;

IV – alteração da substância, qualidade ou quantidade da mercadoria ou do serviço fornecido;

V – qualquer meio fraudulento que torne injustamente mais onerosa para a Administração Pública a proposta ou a execução do contrato:

Pena – reclusão, de 4 (quatro) anos a 8 (oito) anos, e multa.

Vide: **CF** art. 37, XXI; **CP** art. 358; **Lei nº 12.846**, de 1º-8-2013 (dispõe sobre a responsabilização administrativa e civil de pessoas jurídicas pela prática de atos lesivos contra a Administração Pública), **art. 5º**, IV (atos ilícitos relativos a licitações e contratos). Súmula: **STF 645**.

337-L FRAUDE EM LICITAÇÃO OU CONTRATO

337-L.1 Sujeitos do delito

O crime tem como sujeito ativo, principalmente o licitante ou contratado, mas, diante da descrição típica e, principalmente, dos termos abertos do inciso V, não se pode excluir o funcionário público ou terceiro particular.

Sujeito passivo é o Estado, a Administração Pública, e, especificamente, a entidade contratante que tem seu patrimônio ou interesses lesados pela fraude.

337-L.2 Tipo objetivo

O crime descrito no art. 337-L é o de fraudar licitação ou contrato dela decorrente, mediante um dos meios descritos nos incisos I a V. Fraudar é burlar, empregar qualquer meio enganoso para iludir outrem, fazendo-o incidir em erro; no artigo, é burlar os termos da licitação ou do contrato, por qualquer dos meios mencionados no dispositivo, em prejuízo dos interesses da Administração. Mencionando a lei tão somente a fraude em "licitação ou contrato dela decorrente", exclui-se do alcance do dispositivo a fraude praticada na execução de um contrato celebrado mediante o processo de contratação direta, que é realizado sem a prévia licitação, porque inexigível ou dispensada (art. 72 da Lei nº 14.133, de 1º-4-2021). Especifica a lei nos incisos I a IV, os meios pelos quais a fraude pode ser cometida: "I – entrega de mercadoria ou prestação de serviços com qualidade ou em quantidade diversas das previstas no edital ou nos instrumentos contratuais"; "II fornecimento como verdadeira ou perfeita de mercadoria falsificada, deteriorada, inservível para consumo ou com prazo de validade vencido" "III – entrega de uma mercadoria por outra"; "IV alteração da substância, qualidade ou quantidade da mercadoria ou do serviço fornecido". Alguns desses meios fraudulentos quando praticados no exercício do comércio, podem configurar outros ilícitos, como fraude no comércio (art. 175), crime contra as relações de consumo (art. 7º da Lei nº 8.137/90) ou crime contra a economia popular (art. 2º da Lei nº 1.521/51).

No inciso V, o legislador optou por abrir o tipo penal para abranger qualquer outro meio fraudulento que torne injustamente mais onerosa para a Administração Pública a proposta ou a execução do contrato. A relativa indeterminação do fato típico demanda especial cautela na sua aferição, tornando-se crucial o exame que recaia sobre a presença do elemento normativo "injustamente", que se destina a excluir da tipicidade todos os casos em que a maior onerosidade para a Administração, na proposta licitatória ou na execução do contrato, não decorre de fraude, mas de circunstâncias concretas que a justificam. Não haverá o crime, obviamente, na formulação da proposta por um licitante, que, sem conluio com os demais, eleva o preço da mercadoria em comparação com o praticado no mercado. Não será típica a conduta, também, se a alteração do preço ocorrer na execução do contrato para restabelecer o equilíbrio econômico financeiro em decorrência de força maior, caso fortuito ou fato do príncipe, como na hipótese de uma elevação extraordinária do preço de um insumo que impacte o custo de produção suportado pelo contratado. Essencial na verificação da tipicidade na hipótese do inciso V, é a constatação do emprego de um meio fraudulento e do maior ônus a ser suportado pela Administração, bem como a verificação de que este não é justificável, exame este que deverá se pautar pelas normas contidas na Lei de Licitações e pelos termos da proposta licitatória e do contrato decorrente.

337-L.3   Tipo subjetivo

É preenchido pelo dolo, consistente na vontade de fraudar a licitação ou contrato, com a consciência de fazê-lo em prejuízo da Administração Pública. O dolo deve abranger também o meio fraudulento empregado pelo agente, tal como descrito nos incisos I a V, inclusive, neste último caso, o elemento normativo.

337-L.4   Consumação e tentativa

Consuma-se o crime com a efetiva entrega de mercadoria ou prestação do serviço numa das condições elencadas em seus incisos. Não se exige para a configuração do tipo a comprovação da ocorrência do prejuízo ou da obtenção de vantagem, conforme, aliás, já decidiu o STJ, por se tratar de crime formal, à vista do art. 96 da Lei nº 8.666/93 (Súmula 645). Há, porém, entendimento no sentido de que a consumação somente ocorreria com o prejuízo econômico verificado no pagamento da mercadoria ou serviço pela Administração. A tentativa é admissível.

Contratação inidônea

Art. 337-M. **Admitir à licitação empresa ou profissional declarado inidôneo:**

Pena – reclusão, de 1 (um) ano a 3 (três) anos, e multa.

§ 1º Celebrar contrato com empresa ou profissional declarado inidôneo:

Pena – reclusão, de 3 (três) anos a 6 (seis) anos, e multa.

§ 2º Incide na mesma pena do *caput* deste artigo aquele que, declarado inidôneo, venha a participar de licitação e, na mesma pena do § 1º deste artigo, aquele que, declarado inidôneo, venha a contratar com a Administração Pública.

Vide: CF art. 37, XXI; CP art. 358; Lei nº **12.846**, de 1º-8-2013 (dispõe sobre a responsabilização administrativa e civil de pessoas jurídicas pela prática de atos lesivos contra a Administração Pública), art. 5º, IV (atos ilícitos relativos a licitações e contratos).

337-M CONTRATAÇÃO INIDÔNEA

337-M.1 Sujeitos do delito

Nas figuras definidas no caput e no § 1º somente podem ser sujeitos ativos o funcionário público com atribuição para decidir sobre a admissão ou rejeição dos licitantes e o competente para celebrar o contrato. Qualquer pessoa, porém, que participe da licitação ou contrate com a Administração pode praticar as condutas descritas no § 2º.

Sujeito passivo é mais uma vez a Administração Pública e, especificamente, a entidade que promove a licitação ou celebra o contrato.

337-M.2 Tipo objetivo

No art. 337-M definem-se quatro figuras típicas que guardam estreita relação. Nas duas primeiras, previstas no *caput* e no § 1º, tipificam-se as condutas do funcionário público e no § 2º as do particular, licitante ou contratado. Funcionário e particular recebem a mesma sanção, cominando-se penas mais brandas para o crime cometido no processo licitatório (1 a 3 anos de reclusão) e mais severas para o praticado mediante a celebração ilegal do contrato (3 a 6 anos de reclusão).

No *caput,* a conduta é a de admitir (aceitar, acolher, permitir) à licitação empresa ou profissional declarado inidôneo. A declaração de inidoneidade para licitar ou contratar é sanção que pode ser aplicada pela Administração a uma empresa ou pessoa física em razão de infrações definidas em lei e por elas praticadas no curso de licitação ou execução do contrato, após apuração em regular procedimento (arts. 156, IV, §§ 5º e 6ª, da Lei nº 14.133, de 1º-4-2021). As sanções aplicadas pelos três poderes e todos os entes federativos impedem que a empresa, pelo prazo fixado, de 3 a 6 anos, possa participar de licitação e celebrar contratos com a Administração Pública e devem ser comunicadas para a atualização de um cadastro nacional (art. 161). Para a configuração do crime não basta a existência de um procedimento instaurado ou de uma sanção imposta, exigindo-se que a decisão administrativa tenha transitado em julgado.

No § 1º tipifica-se a conduta do funcionário que celebra contrato com a empresa ou profissional declarado inidôneo e no § 2º está prevista a conduta do particular que, embora declarado inidôneo, participa da licitação ou celebra o contrato com a Administração, aplicando-se à primeira as penas de reclusão previstas no *caput* (1 a 3 anos) e à segunda as previstas no § 1º (3 a 6 anos).

Os crimes previstos no art. 337-M podem ser praticados nos processos licitatórios e nos contratos celebrados por empresas públicas e sociedades de economia mista, que também devem observar o impedimento para licitar ou contratar decorrente da declaração de inidoneidade estabelecida pela Administração Pública (art. 38 da Lei nº 13.303/2016), por força, também, do que dispõe expressamente o art. 1º, § 1º da Lei nº 14.133, de 1º-4-2021.

Discute-se se os tipos descritos no art. 337-M abrangeriam a empresa ou pessoa física a quem foi imposta a sanção de proibição de contratar com o Poder Público em decorrência de ato de improbidade administrativa (art. 12, I a III da Lei nº 8.429/92). Argumenta-se, em síntese, que a resposta afirmativa implicaria violação do princípio da tipicidade, porque o significado do elemento normativo "declarado inidôneo" forçosamente haveria de ser buscado na Lei de Licitações que é o diploma que trata especificamente da matéria. Em sentido contrário pode-se objetar que a expressão abrangeria não somente a declaração na esfera administrativa em razão de uma infração contratual ou às normas licitatórias, mas, também, por admissível interpretação extensiva, a inidoneidade expressamente declarada em uma condenação judicial transitada em julgado decorrente de ato grave de improbidade administrativa.

337-M.3   Tipo subjetivo

O elemento subjetivo, em todas as condutas descritas no art. 337-M é o dolo, a vontade consciente de praticar a ação típica, de admitir à licitação, celebrar o contrato, participar da licitação ou contratar com a Administração Pública. É imprescindível o conhecimento pelo agente de que o particular, empresa ou profissional, tenha sido declarado inidôneo para licitar ou contratar. O desconhecimento da situação configurador do erro a respeito dessa circunstância elementar afasta a tipicidade da conduta.

337-M.4   Consumação e tentativa

Consumam-se os crimes com a admissão da empresa ou pessoa na licitação e com a celebração do contrato com a Administração Pública. A tentativa é possível.

Impedimento indevido

> **Art. 337-N.** Obstar, impedir ou dificultar injustamente a inscrição de qualquer interessado nos registros cadastrais ou promover indevidamente a alteração, a suspensão ou o cancelamento de registro do inscrito:
>
> Pena – reclusão, de 6 (seis) meses a 2 (dois) anos, e multa.
>
> ---
>
> **Vide:** CF art. 37, XXI; CP art. 358; **Lei nº 12.846**, de 1º-8-2013 (dispõe sobre a responsabilização administrativa e civil de pessoas jurídicas pela prática de atos lesivos contra a Administração Pública), **art. 5º**, IV (atos ilícitos relativos a licitações e contratos).

337-N IMPEDIMENTO INDEVIDO

337-N.1 Sujeitos do delito

Somente o funcionário público que tem atribuições relacionadas com a inscrição dos interessados nos registros cadastrais ou para proceder à sua alteração pode ser sujeito ativo do delito.

Sujeito passivo é a Administração Pública em face da violação dos mencionados princípios administrativos e do interesse lesado, o de ter o maior número de particulares legitimados a participar dos certames públicos. Sujeito passivo, também, é o particular que teve lesado o seu direito de regular inscrição no cadastro.

337-N.2 Tipo objetivo

O registro cadastral, que é o objeto do crime, é um sistema público unificado de interessados em participar das licitações públicas que satisfaçam os requisitos legais e regulamentares e que tenham solicitado a sua inscrição. É um instrumento auxiliar que visa facilitar, simplificando e tornando mais ágil, os processos licitatórios, além de lhes conferir ampla publicidade (art. 87 da Lei nº 14.133, de 1º-4-2021).

O crime é de ação múltipla. As condutas tipificadas são as de obstar (opor-se, obstaculizar), impedir (obstar, não consentir, atalhar, impossibilitar) ou dificultar (tornar difícil, árduo, trabalhoso, estorvar, embaraçar) a inscrição de qualquer interessado nos registros cadastrais e as de promover (dar impulso, dar causa por qualquer meio), indevidamente, a alteração, suspensão ou cancelamento de registro de inscrito. A menção aos elementos normativos "injustamente" e "indevidamente" se faz necessária visto que o funcionário competente deve impedir os registros dos interessados que não satisfizerem os requisitos exigidos e deve promover as alterações, suspensões e cancelamentos decorrentes de previsões legais (art. 88, § 5º), situações em que a conduta, evidentemente, será atípica.

337-N.3 Tipo subjetivo

É o dolo, a vontade consciente de realizar uma das ações típicas descritas no dispositivo, de obstar, impedir, dificultar a inscrição ou de alterar, suspender ou cancelar o registro. O dolo deve abranger a consciência da presença do elemento normativo, i.é, saber o funcionário ser "injusta" ou "indevida" a sua ação em face das normas legais e regulamentares. A incidência em erro com relação a esses elementos determina a atipicidade da conduta.

337-N.4 Consumação e tentativa

Na primeira parte do dispositivo o crime se consuma com a prática das ações típicas, obstar, impedir ou dificultar a inscrição do interessado. Na segunda modalidade, a consumação ocorre com a alteração, suspensão ou cancelamento do registro.

A tentativa é admissível em qualquer das modalidades de conduta.

Omissão grave de dado ou de informação por projetista

Art. 337-O. Omitir, modificar ou entregar à Administração Pública levantamento cadastral ou condição de contorno em relevante dissonância com a realidade, em frustração ao caráter competitivo da licitação ou em detrimento da seleção da proposta mais vantajosa para a Administração Pública, em contratação para a elaboração de projeto básico, projeto executivo ou anteprojeto, em diálogo competitivo ou em procedimento de manifestação de interesse:

Pena – reclusão, de 6 (seis) meses a 3 (três) anos, e multa.

§ 1º Consideram-se condição de contorno as informações e os levantamentos suficientes e necessários para a definição da solução de projeto e dos respectivos preços pelo licitante, incluídos sondagens, topografia, estudos de demanda, condições ambientais e demais elementos ambientais impactantes, considerados requisitos mínimos ou obrigatórios em normas técnicas que orientam a elaboração de projetos.

§ 2º Se o crime é praticado com o fim de obter benefício, direto ou indireto, próprio ou de outrem, aplica-se em dobro a pena prevista no *caput* deste artigo.

Vide: CF art. 37, XXI; CP art. 358; Lei nº 12.846, de 1º-8-2013 (dispõe sobre a responsabilização administrativa e civil de pessoas jurídicas pela prática de atos lesivos contra a Administração Pública), **art. 5º**, IV (atos ilícitos relativos a licitações e contratos).

337-O MISSÃO GRAVE DE DADO OU DE INFORMAÇÃO POR PROJETISTA

337-O.1 Sujeitos do delito

Trata-se de crime comum, que pode ser praticado por qualquer pessoa.

Sujeito passivo é, a Administração Pública, titular do interesse da regularidade do processo licitatório e do interesse de selecionar a proposta mais vantajosa. Podem ser também sujeitos passivos licitantes prejudicados pela conduta do agente.

337-O.2 Tipo objetivo

A ação incriminada é a de omitir (não declarar, deixar de fazer alusão), modificar (alterar, mudar) ou entregar (dar, efetuar a transferência, passar para as mãos) à Administração um levantamento cadastral ou condição de contorno em relevante dissonância com a realidade, ou seja, que guarde uma divergência significativa com relação aos fatos concretos. Não configura o crime a apresentação de dados que resultem de mero equívoco ou que se refiram a circunstância de fato de menor relevância. O conceito de condição de contorno é dado no § 1º do dispositivo: "Consideram-se condição de contorno as informações e os levantamentos suficientes e necessários para a definição da solução de projeto e dos respectivos preços pelo licitante, incluídos sondagens, topografia, estudos de demanda, condições ambientais e demais elementos ambientais impactantes, considerados requisitos mínimos ou obrigatórios em normas técnicas que orientam a elaboração de projetos".

Exige-se para a caracterização do delito que a ação seja apta a frustrar o caráter competitivo da licitação ou a prejudicar a final seleção da proposta mais vantajosa para a Administração. Estimativas de preços ou custos de matérias primas, insumos, serviços etc. irreais, i.é, em flagrante discrepância com os praticados no mercado e a previsão irreal ou desconsideração de impactos ou custos ambientais significativos decorrentes da adoção da solução proposta são somente algumas entre diversas outras distorções dos dados em face da realidade a respeito da condição de entorno que podem ser apresentadas à Administração e sejam aptas a ensejar a configuração do delito. Exige-se, porém, ainda, como elementar do tipo, que a omissão, modificação ou entrega dos dados discrepantes da realidade se realize no decorrer de um diálogo competitivo, modalidade especifica de licitação a ser adotada em casos em que necessária se torna a busca de solução para problemas complexos ou que reclamam inovação técnica ou tecnológico (art. 32 da Lei nº 14.133, de 1º-4-2021); em procedimento de manifestação de interesse, pelo qual a Administração, mesmo sem qualquer processo licitatório em andamento, propõe a realização de estudos, levantamentos e projetos de soluções inovadoras envolvendo questões de relevância pública (art. 81); ou na contratação para elaboração de projetos, abrangendo os anteprojetos e os projetos básico e executivo, exigidos em diversas hipóteses legais como na contratação de obras e serviços de engenharia.

337-O.3 Tipo subjetivo

O dolo no crime é a vontade de omitir, modificar ou entregar à Administração os dados contrastantes com a realidade, com a ciência de que tais dados implicariam frustração ao caráter competitivo ou prejuízo à seleção da proposta mais vantajosa para a Administração. Aparentemente, procurou o legislador, embora por deficiente redação, conferir à frustração do caráter competitivo e ao detrimento da solução mais vantajosa um caráter objetivo, evitando a menção à finalidade do agente numa ou noutra direção, como elemento subjetivo do tipo. Se o agente atua com o objetivo de obtenção de qualquer benefício, próprio ou de outrem, o crime é qualificado.

337-O.4 Consumação e tentativa

Consuma-se o crime com a omissão do elemento de informação que devia constar de algum documento, com sua modificação, ou seja, a sua distorção em um dado incorreto, ou a entrega à Administração do dado dissonante da realidade que vicia o processo licitatório ou a escolha da solução mais vantajosa para a Administração.

337-O.5 Forma qualificada

Prevê o § 2º a forma qualificada do delito. A pena é aplicada em dobro se o crime é praticado com o fim de obter benefício, direto ou indireto, próprio ou de outrem. A presença desse elemento subjetivo na conduta do agente é o elemento necessário e suficiente para a punição mais severa.

> **Art. 337-P.** A pena de multa cominada aos crimes previstos neste Capítulo seguirá a metodologia de cálculo prevista neste Código e não poderá ser inferior a 2% (dois por cento) do valor do contrato licitado ou celebrado com contratação direta.

Vide: CF art. 37, XXI; CP arts. 49,58, 60, 358; **Lei nº 12.846**, de 1º-8-2013 (dispõe sobre a responsabilização administrativa e civil de pessoas jurídicas pela prática de atos lesivos contra a Administração Pública), **art. 5º**, IV (atos ilícitos relativos a licitações e contratos).

337-P Pena de multa

O art. 337-P dispõe que a multa cominada para os crimes previstos no Capítulo deve seguir a metodologia de cálculo prevista no Código Penal para os crimes em geral (arts 49, 58 e 60), estabelecendo, porém, um valor mínimo para a multa a ser aplicada, consistente em 2% do valor do contrato licitado ou celebrado com contratação direta.

CAPÍTULO III
DOS CRIMES CONTRA A ADMINISTRAÇÃO DA JUSTIÇA

Reingresso de estrangeiro expulso

Art. 338. Reingressar no território nacional o estrangeiro que dele foi expulso:

Pena – reclusão, de 1 (um) a 4 (quatro) anos, sem prejuízo de nova expulsão após o cumprimento da pena.

Vide: CF arts. 12, 109, X; CP art. 5º; **Lei nº 13.445**, de 24-5-2017, arts. 54 a 60 (dispõem sobre a expulsão de estrangeiro).

338 REINGRESSO DE ESTRANGEIRO EXPULSO

338.1 Sujeitos do delito

Sujeito ativo do crime somente pode ser o estrangeiro, diante do impedimento constitucional à possibilidade de expulsão de brasileiro.

Sujeito passivo é o Estado, titular da eficácia da medida de expulsão de estrangeiro.

338.2 Tipo objetivo

O crime do art. 338 exige como pressuposto para sua existência a anterior expulsão do sujeito ativo, ato administrativo previsto nos arts. 54 a 60 da 13.445, de 24-5-2017 (Lei de Migração, regulamentada pelo Decreto nº 9.199 de 20-11-2017). Veda-se a efetivação nas hipóteses previstas no art. 55 e, genericamente, se existirem razões para se temer que a medida colocará em risco a integridade pessoal do expulsando, conforme dispõe o art. 62. Como efeito da expulsão, a pessoa expulsa está impedida de ingressar no país, por prazo a ser fixado pela autoridade competente, que deverá ser proporcional ao tempo da pena aplicada, nunca superior ao seu dobro. Não cabe ao juiz verificar se foi justa ou não a expulsão. Não prevendo o tipo penal a figura do estrangeiro deportado ou extraditado como sujeito passivo e inadmissível a analogia *in malam partem*, o fato, quanto a estes, é atípico.

A conduta típica é *reingressar*, retornar, reentrar, ingressar de novo, no território nacional. A simples permanência, ainda que irregular, não constitui o crime.

Jurisprudência

- Reingresso de estrangeiro expulso: crime caracterizado
- Irrelevância da ausência de intenção de permanência: crime caracterizado
- Dúvida quanto à nacionalidade do agente
- Irrelevante a injustiça do decreto de expulsão
- Exercício regular de direito

338.3 Tipo subjetivo

O dolo é a vontade de retornar ao território nacional, ciente o estrangeiro da antijuridicidade de sua conduta, ou seja, de que foi expulso do país. Não exige a lei qualquer fim especial, e o motivo nobre não exclui o crime. Pode ocorrer o erro de proibição se o sujeito ativo supunha que seu reingresso fora autorizado. A coação contra o estrangeiro (sequestro, tráfico internacional de pessoas etc.) evidentemente exclui o dolo.

Jurisprudência

- Inexistência de erro de tipo
- Impossibilidade de desconhecimento da expulsão
- Irrelevância do motivo de reingresso

338.4 Consumação e tentativa

Consuma-se o crime quando o agente reingressa no território nacional, considerado este em seu sentido jurídico, ainda que o faça com o propósito de permanecer por breve tempo ou mesmo que saia do país espontaneamente. Já se tem considerado o crime de reingresso de estrangeiro expulso como delito permanente, possibilitando-se, assim, sua prisão em flagrante.

É possível a tentativa, como no caso de ser o agente impedido de penetrar em navio público brasileiro ancorado em porto estrangeiro e, portanto, território nacional.

Jurisprudência

- Consumação do crime de reingresso de estrangeiro expulso
- Crime de natureza permanente
- Crime consumado e não tentativa

338.5 Concurso de crimes

Pode haver concurso formal ou material com o crime de reingresso de estrangeiro expulso, como, por exemplo, o tráfico de entorpecentes.

Jurisprudência

- Concurso material com tráfico de entorpecentes

Denunciação caluniosa

Art. 339. Dar causa à instauração de inquérito policial, de procedimento investigatório criminal, de processo judicial, de processo administrativo disciplinar, de inquérito civil ou de ação de improbidade administrativa contra alguém, imputando-lhe crime, infração ético-disciplinar ou ato ímprobo de que o sabe inocente:*

Pena – reclusão, de 2 (dois) a 8 (oito) anos, e multa.

§ 1º A pena é aumentada de sexta parte, se o agente se serve de anonimato ou de nome suposto.

§ 2º A pena é diminuída de metade, se a imputação é de prática de contravenção.

* *Caput* com a redação dada pela Lei nº 10.028, de 19-10-2000 e alterado pela Lei nº 14.110, de 18-10-2020.

Vide: CP arts. 138, 340, 341; CPP arts. 5º, II, §§ 1º a 5º, 24, 27, 30, 201, 301; **Lei nº 4.737**, de 15-7-1965, art. 326-A (denunciação caluniosa com fins eleitorais); **Lei nº 7.347**, de 24-7-1985 (dispõe sobre a ação civil pública de responsabilidade por danos causados ao meio ambiente, ao consumidor, a bens e direitos de valor artístico, estético, histórico, turístico e paisagístico), art. 6º (faculta a qualquer pessoa provocar a iniciativa do Ministério Público), art. 8º, § 1º (prevê a instauração do inquérito civil pelo Ministério Público); **Lei nº 8.429**, de 2-6-1992 (Lei de improbidade administrativa), art. 14 (faculta a qualquer pessoa a representação para apuração de ato de improbidade), 14 a 18-A (dispõem sobre a investigação de atos de improbidade administrativa e a ação de improbidade administrativa), 19 (define como crime a representação por ato de improbidade contra agente público ou terceiro beneficiário, quando o autor da denúncia o sabe inocente); **Lei nº 8.112**, de 11-9-1990 (dispõe sobre o regime jurídico dos servidores públicos civis da União, das autarquias e das fundações públicas federais), arts. 126-A (dispõe que nenhum servidor poderá ser responsabilizado civil, penal ou administrativamente por dar ciência à autoridade superior ou, quando houver suspeita de envolvimento desta, a outra autoridade competente para apuração de informação concernente à prática de crimes ou improbidade de que tenha conhecimento, ainda que em decorrência do exercício de cargo, emprego ou função pública), 143 a 182 (dispõem sobre a sindicância, o inquérito administrativo e o processo administrativo disciplinar); **Lei nº 12.850**, de 2-8-2013, art. 19 (falsa imputação de infração penal a pessoa que sabe ser inocente, sob o pretexto de colaboração com a Justiça, na apuração de crimes decorrentes de organização criminosa); **Lei nº 13.869**, de 5-9-2019, art. 27 (define como crime na lei de abuso de autoridade requisitar instauração ou instaurar procedimento investigatório de infração penal ou administrativa, em desfavor de alguém).

339 DENUNCIAÇÃO CALUNIOSA

339.1 Sujeitos do delito

Sujeito ativo é qualquer pessoa que imputa a prática de crime infração ético-disciplinar ou ato ímprobo a alguém, sabendo-o inocente. Entretanto, em se tratando de imputação de crime que se apura mediante ação penal privada ou por meio de ação pública dependente de representação, somente aquele que tiver qualidade para oferecer queixa ou formular a representação poderá cometer o crime, uma vez que só ele pode dar causa à instauração da ação penal.

Em tese, também o advogado pode praticar o delito como autor ou coautor, mesmo no exercício do mandato, se agiu com a consciência da falsidade da imputação feita por seu cliente. Mas, no exercício regular de um múnus público, sem excesso ou desvio, não pode ser responsabilizado pelo crime. O membro do Ministério Público também só pode responder pelo ilícito quando evidente a temeridade ou o abuso de poder. O mesmo se diga do delegado de polícia quanto à instauração do inquérito policial que não estiver amparado em algum elemento informativo. No mesmo sentido, também pode ser sujeito ativo a autoridade administrativa se esta determina a instauração do processo administrativo disciplinar, mesmo com o conhecimento da inveracidade dos fatos atribuídos ao sujeito passivo.

Sujeito passivo do crime de denunciação caluniosa é o Estado, já que a Justiça é lesada em seu prestígio e seu crédito, exposta a cometer injustiça. É sujeito passivo também aquele que se vê falsamente acusado, podendo, portanto, habilitar-se como assistente do Ministério Público.

Jurisprudência

- Possibilidade de coautoria por advogado
- Possibilidade de coautoria por advogado – Contra
- Coautoria. Agente que concorreu ativamente para a prática do crime –
- Autoria por advogado
- Necessidade de comprovação de adesão do advogado à divulgação
- Inexistência de responsabilidade do cliente do advogado
- Obediência à orientação do cliente: crime de advogado não caracterizado
- Ministério Público como sujeito ativo: exigência de abuso de poder
- Delegado de polícia como sujeito ativo: crime não caracterizado
- Estado como sujeito passivo
- Imputado como sujeito passivo

339.2 Tipo objetivo

O crime configura-se quando o sujeito ativo der causa a inquérito policial, procedimento investigatório criminal, processo judicial, processo administrativo disciplinar, inquérito civil ou ação de improbidade administrativa, de qualquer forma ou por qualquer meio (oralmente, por escrito, telefone etc.). Muito embora se tenha decidido que é necessário, para a concretização do delito, que o sujeito ativo tenha agido por sua própria iniciativa, e não em resposta de terceiro, não há essa exigência no tipo penal. Não pratica crime aquele que se fia em informação de terceiro, mas quem o induz a erro com o fito de provocar a sua denúncia deve responder pelo ilícito.

É indispensável para a configuração do crime que se dê causa à instauração de inquérito policial, processo judicial, processo administrativo disciplinar, inquérito civil ou ação de improbidade administrativa. Antes da vigência da Lei nº 14.110, de 18-12-2020, o princípio da reserva legal impedia a extensão analógica da norma para incriminar o agente que desse causa à instauração de sindicâncias administrativas ou inquéritos administrativos, ainda que formais etc. Entretanto, com a nova redação que foi dada ao *caput* do art. 339 do CP, pela Lei nº 10.028/2000, passou a ser fato típico dar causa a instauração de investigação administrativa (sindicância, processo administrativo etc.), de inquérito civil (art. 8º, § 1º, da Lei nº 7.347, de 24-7-1985) ou de ação de improbidade administrativa (Lei nº 8.429, de 2-6-1992). De acordo com a atual redação do dispositivo, não somente a instauração da investigação policial, mas também de qualquer procedimento investigatório criminal, como na hipótese de ser ele presidido pelo Ministério Público, está abrangida pelo art. 339.

Substituiu-se também a referência a qualquer investigação administrativa pela menção ao processo administrativo disciplinar. Essa referência abrange, inclusive, o procedimento administrativo disciplinar instaurado para apuração de falta grave pelo condenado ou preso provisório (MIRABETE, Julio Fabbrini e FABBRINI, Renato Nascimento. *Execução penal*. 17. ed. São Paulo: Foco, 2024, item 59.1).

A falsa imputação também deve ser determinada, ou seja, que tenha a característica da prática de um ilícito penal. Se o fato imputado não é penalmente típico (meros ilícitos civis, infrações administrativas, ato de improbidade), exclui-se *ab initio* a possibilidade de instauração de qualquer procedimento pelo crime previsto no art. 339. Tratando-se de imputação falsa de contravenção, há também crime, porém com pena atenuada (item 339.6).

Não caracteriza o crime de denunciação caluniosa a conduta de quem solicita à Polícia que apure e investigue determinado delito, fornecendo-lhe os elementos de que dispõe, inclusive quanto à autoria. Também não o configura o pedido de busca e apreensão como medida preliminar para a apuração de crime contra a propriedade imaterial.

Também não ocorre o delito: se o agente limita-se a afirmar falsamente uma circunstância agravante ou qualificadora inexistente; se o fato é parcialmente verdadeiro; se não aponta uma pessoa determinada como autor; se é apontado como autor do ilícito um menor inimputável etc.

Não comete o crime de denunciação caluniosa quem, em interrogatório, atribui falsamente a outrem a autoria, justificando-se a exclusão pelo direito de autodefesa. Mas já se decidiu que a imputação falsa de coautoria, pelo interrogando, caracteriza o crime de calúnia ou mesmo a denunciação caluniosa.

Não se caracteriza a denunciação caluniosa se a falsa imputação versar sobre fato que constituiria crime já objeto de extinção da punibilidade, por qualquer causa, uma vez que não é possível instaurar investigação policial ou processo penal nessa hipótese.

Não é pressuposto da instauração da ação penal pela prática do crime de denunciação caluniosa o arquivamento de inquérito policial aberto a pedido do indigitado autor do crime nem a absolvição da vítima no processo eventualmente instaurado. A prova da inocência do falsamente acusado pode ser qualquer uma e ser feita a qualquer momento.

Jurisprudência

- Denunciação caluniosa em sindicância ou inquérito administrativo: crime não caracterizado (anterior à Lei nº 10.028, de 19-10-2000)
- Denunciação caluniosa em representação administrativa: crime não caracterizado (anterior à Lei nº 10.028, de 19-10-2000)
- Imputação de fato atípico: inexistência de crime
- Imputação de ilícito civil: crime não caracterizado
- Imputação de crime com implantação de res furtiva e psicotrópico na bolsa da vítima
- Irrelevância da não existência do fato e não indicação de identidade
- Comunicação de suspeita de crime: delito não caracterizado
- Pedido de investigações: crime não caracterizado
- Pedido cautelar em crime contra a propriedade imaterial
- Imputação em caso de fraude na emissão de cheques: crime não caracterizado
- Imputação de fato verdadeiro: crime não caracterizado
- Imputação de fato parcialmente verdadeiro: crime não caracterizado
- Falta de imputação a pessoa determinada: crime não caracterizado
- Falsa imputação a menor inimputável
- Imputação a outrem em interrogatório: crime não caracterizado
- Imputação a outrem em interrogatório: crime de calúnia
- Imputação a outrem em interrogatório: denunciação caluniosa caracterizada

- Imputação de fato em que já estaria extinta a punibilidade: crime não caracterizado
- Desnecessidade de arquivamento do inquérito contra a vítima
- Desnecessidade de arquivamento do inquérito contra a vítima – Contra
- Denúncia não recebida: crime não caracterizado
- Inquérito arquivado: crime não caracterizado

339.3 Tipo subjetivo

O dolo do crime de denunciação caluniosa é a vontade de provocar a instauração de inquérito policial, o procedimento investigatório criminal, processo judicial, o processo administrativo disciplinar, o inquérito civil ou a ação de improbidade administrativa, exigindo-se que o agente saiba que imputa a alguém crime, infração ético-disciplinar ou ato ímprobo que este não praticou. É mister, assim, que a acusação seja objetiva e subjetivamente falsa, isto é, que esteja em contradição com a verdade dos fatos e que haja por parte do agente a certeza na inocência da pessoa a quem se atribui a prática do crime; sem essa certeza não se configura o crime previsto no art. 339. O simples estado de dúvida a esse respeito afasta a tipicidade do delito; não se configura o crime com dolo eventual. Assim, na ausência dessa certeza quanto à inocência da pessoa, não pratica o crime de denunciação caluniosa o servidor que dá ciência ou presta informação ao superior hierárquico, ou à autoridade competente, de fato atinente à prática de crime do qual teve conhecimento, o que, aliás, constitui dever funcional (arts. 116-A e 126-A do Estatuto dos Funcionários Públicos – Lei nº 8.112, de 11-12-1990, inseridos pela Lei nº 12.527, de 18-11-2011).

Jurisprudência

- Necessidade da certeza da falsidade da acusação
- Certeza da falsidade da acusação: crime caracterizado
- Certeza infundada sobre a autoria do delito: crime não caracterizado
- Inexistência de certeza quanto à falsidade da acusação: crime não caracterizado
- Insuficiência do dolo eventual
- Suficiência do dolo eventual com relação à instauração da investigação ou processo
- Irrelevância de perversidade ou intenção de prejudicar a vítima
- Ausência de dolo específico: crime não caracterizado
- Inadmissibilidade de presunção do dolo

339.4 Consumação e tentativa

A denunciação caluniosa consuma-se com a instauração da investigação criminal, do processo formal, judicial ou administrativo, do inquérito civil ou da ação de improbidade administrativa. Era assim dispensável para a consumação que o inquérito policial, tendo como objeto a falsa imputação, fosse instaurado, embora assim já se tenha decidido. Consumado o crime, de nenhum efeito é a retratação do agente. Diante da atual redação do dispositivo, exige-se a formal instauração do inquérito ou de outro procedimento investigatório criminal para a consumação do crime.

Admite-se a tentativa quando, apesar da denunciação, não se instaura qualquer procedimento ou processo por circunstâncias alheias à vontade do agente.

Jurisprudência

- Consumação com a instauração de sindicância
- Consumação com a instauração de sindicância – Contra

- Crime não configurado sem a instauração de inquérito
- Crime não configurado sem a instauração de inquérito – Contra
- Crime configurado com a instauração de inquérito
- Consumação com a instauração de mera investigação
- Inexistência de investigação: crime não caracterizado
- Irrelevância do pedido de arquivamento do inquérito instaurado
- Arrependimento eficaz antes do início das investigações

339.5 Denunciação caluniosa qualificada

As penas são elevadas em seus limites, configurando-se uma qualificadora, quando o agente se serve de anonimato ou de nome suposto.

339.6 Denunciação caluniosa de contravenção

Caso a imputação falsa verse sobre uma contravenção, a pena é diminuída de metade, pela menor gravidade do fato. O fato, porém, exige os mesmos elementos da imputação falsa de crime.

339.7 Distinção

A falsa imputação sem a vontade de provocar a instauração de inquérito policial, procedimento investigatório criminal, processo criminal, processo administrativo disciplinar, inquérito civil ou ação de improbidade, constitui calúnia. Esta e a denunciação caluniosa, quando fundadas no mesmo fato, excluem-se uma à outra. Ocorrendo o crime de denunciação caluniosa, a calúnia é absorvida, e, quando inexistente um dos requisitos do tipo previsto no artigo 339, que é crime complexo em sentido amplo, pode restar configurado o crime contra a honra.

A distinção que existe entre os delitos de denunciação caluniosa e de comunicação falsa de crime ou contravenção (art. 340) está em que, neste último, não há acusação contra pessoa alguma, ao passo que no primeiro acusa-se pessoa determinada e certa. Também difere aquela do crime de autoacusação falsa (art. 341), porque em tal crime o denunciado não é pessoa diversa do denunciante, mais ele próprio.

A falsa imputação de infração penal a pessoa que sabe ser inocente, sob o pretexto de colaboração com a Justiça, na apuração de crimes decorrentes de organização criminosa configura o delito descrito no art. 19 da Lei nº 12.850, de 2-8-2013. Nessa hipótese, a imputação pode ocorrer no curso de investigação ou ação penal. Sobre essa figura típica, entretanto, deverá prevalecer o art. 339 se em razão da falsa imputação de crime o inquérito, procedimento investigatório ou ação penal vier a ser instaurado.

Na imputação falsa em representação por ato de improbidade administrativa que não constitui crime, responde o agente pelo delito descrito no art. 19 da Lei nº 8.429, de 2-6-1992. Diante da atual redação dada ao art. 339, que passou a abranger a hipótese de imputação de ato ímprobo não criminoso, a conduta descrita no art. 19 da Lei nº 8.429/1992 se subsume no crime de denunciação caluniosa, operando-se, por conseguinte a revogação tácita. Observe-se que mesmo na hipótese do oferecimento de representação por ato de improbidade ao qual não se segue a instauração de qualquer procedimento, inquérito civil ou ação de improbidade com vista à sua apuração, configura-se o crime de denunciação caluniosa em sua forma tentada.

Quando a denunciação caluniosa tem fins eleitorais o crime é o previsto no art. 326-A da Lei nº 4.737, de 15-7-1965, introduzido pela Lei nº 13.834, de 4-6-2019: "dar causa à instauração de investigação policial, de processo judicial, de investigação administrativa, de inquérito civil ou ação de improbidade administrativa, atribuindo a alguém a prática de crime ou ato infracional de que o sabe inocente, com finalidade eleitoral". A pena prevista é a mesma, de reclusão, de 2 a 8 anos e multa, e idênticos são os dispositivos contidos nos §§ 1º e 2º desse artigo e nos correspondentes do art. 339 do Código Penal. No § 3º, promulgado após veto presidência, incorrerá nas mesmas penas deste artigo quem, comprovadamente ciente da inocência do denunciado e com finalidade eleitoral, divulga ou propala, por qualquer meio ou forma, o ato ou fato que lhe foi falsamente atribuído.

A conduta, praticada pela autoridade, de requisitar ou proceder à instauração de procedimento de investigação de infração penal ou administrativa, à falta de qualquer indício da prática de crime, ilícito funcional ou infração administrativa, e a de dar início ou proceder à persecução penal, civil ou administrativa sem justa causa fundamentada ou contra quem sabe inocente configuram crimes de abuso de autoridade (arts. 27 e 30 da Lei nº 13.869, de 5-9-2019).

Jurisprudência

- Distinção entre calúnia e denunciação caluniosa
- Absorção da calúnia pela denunciação caluniosa
- Denunciação caluniosa e não calúnia
- Distinção entre comunicação falsa de crime e denunciação caluniosa
- Comunicação falsa de crime e não denunciação caluniosa
- Denunciação caluniosa e não comunicação falsa de crime

339.8 Concurso de crimes

Há concurso formal na denunciação falsa contra duas ou mais pessoas ou concurso material quando o agente efetuar várias denúncias falsas. Nada impede o concurso material da denunciação caluniosa com outros delitos.

Jurisprudência

- Concurso material com extorsão indireta

Comunicação falsa de crime ou de contravenção

Art. 340. Provocar a ação de autoridade, comunicando-lhe a ocorrência de crime ou de contravenção que sabe não se ter verificado:

Pena – detenção, de 1 (um) a 6 (seis) meses, ou multa.

Vide: CP arts. 171, § 2º, V, 339, 341; CPP arts. 5º, II, §§ 1º e 3º, 27.

340 COMUNICAÇÃO FALSA DE CRIME OU DE CONTRAVENÇÃO

340.1 Sujeitos do delito

Qualquer pessoa, inclusive o funcionário público no exercício de suas funções, pode ser sujeito ativo do crime de comunicação falsa de crime ou de contravenção.

Sujeito passivo é o Estado, titular da normalidade e regularidade da atividade judiciária lesada pela falsa comunicação.

340.2 Tipo objetivo

A conduta típica é provocar, dar causa, ocasionar a ação da autoridade pela comunicação da ocorrência de crime ou de contravenção que não se verificou. Essa conduta pode ser praticada por meios diversos, ou seja, oralmente, por escrito, por telefone, rádio etc., com nome suposto, de modo anônimo etc.

Ao referir-se à autoridade, o tipo penal inclui não só a autoridade policial, destinatária normal da *notitia criminis*, como também o representante do Ministério Público, o juiz ou qualquer autoridade administrativa que, ao tomar conhecimento oficial da ocorrência de ilícito penal, deve provocar a ação da Polícia. Já se tem decidido que não ocorre o crime, porém, na comunicação a policial militar, já que a lei se refere apenas a autoridade. Entretanto, se a pessoa comunicada tem atribuição para desenvolver investigações ou diligências ou se a comunicação chega à autoridade, provocando sua ação, o crime se caracteriza.

Não há crime se o fato delituoso anunciado ocorreu, embora seja diverso daquele comunicado, desde que com ele se assemelhe; mas se for essencialmente diverso do fato real, o ilícito se caracteriza.

Jurisprudência

- Comunicação falsa à autoridade policial com pedido de providências
- Necessidade de providências da autoridade
- Fato diverso do relatado: crime não caracterizado
- Fato praticado pelo próprio agente: crime caracterizado
- Desnecessidade de lavratura do termo de comunicação
- Comunicação a qualquer autoridade: crime caracterizado
- Comunicação a policiais militares: inexistência de crime
- Necessidade de providências da autoridade
- Conduta praticada para reaver bem vendido

340.3 Tipo subjetivo

O dolo é a vontade de comunicar a ocorrência de infração penal que não se verificou, exigindo-se que o agente saiba disso. É indispensável ainda que haja o fim de provocar a ação da autoridade, ou ao menos se assuma tal risco.

Jurisprudência

- Necessidade de certeza da não ocorrência do fato
- Exigência do dolo específico
- Boa-fé: inexistência de crime

340.4 Consumação e tentativa

Consuma-se o crime quando provocada a ação da autoridade, ainda que não vá ela além de indagações preliminares, não se instaurando inquérito policial.

É possível que ocorra a tentativa; feita a comunicação e não iniciadas investigações por circunstâncias alheias à vontade do agente, está ela configurada.

Jurisprudência

- Consumação com investigações preliminares
- Consumação com a elaboração do boletim de ocorrência
- Irrelevância da não instauração de inquérito policial
- Existência de arrependimento eficaz
- Inexistência de desistência voluntária ou arrependimento eficaz
- Possibilidade de tentativa

340.5 Distinção

A distinção que existe entre os delitos de denunciação caluniosa e de comunicação falsa de crime ou contravenção está que, neste último, não há acusação contra pessoa alguma, enquanto no primeiro acusa-se pessoa determinada e certa. Havendo este, entretanto, absorve-se aquele.

Jurisprudência

- Distinção entre comunicação falsa de crime e denunciação caluniosa
- Comunicação falsa de crime e não denunciação caluniosa
- Absorção da comunicação falsa de crime pela denunciação caluniosa
- Denunciação caluniosa e não comunicação falsa de crime

340.6 Concurso de crimes

Caso a falsa comunicação seja perpetrada como meio para assegurar o proveito obtido pela prática de outro crime, é possível a absorção do crime do art. 340 pelo anterior, desde que mais grave, por se tratar de *post factum* não punível.

Jurisprudência

- Absorção da falsa comunicação de crime por apropriação indébita

Auto-acusação falsa

Art. 341. Acusar-se, perante a autoridade, de crime inexistente ou praticado por outrem:

Pena – detenção, de 3 (três) meses a 2 (dois) anos, ou multa.

Vide: CP arts. 340, 342.

341 AUTOACUSAÇÃO FALSA

341.1 Sujeitos do delito

Sujeito ativo do crime é qualquer pessoa que se acuse falsamente da prática de crime inexistente ou praticado por outrem. Pode ocorrer a coautoria ou a participação criminosa.

Sujeito passivo é o Estado, titular do desenvolvimento regular da atividade judiciária lesada com a autoacusação falsa.

Jurisprudência

- Possibilidade de coautoria ou participação

341.2 Tipo objetivo

A conduta típica é acusar-se falsamente da prática de crime inexistente ou praticado por outra pessoa. É indiferente o meio utilizado, desde que idôneo, ainda que por comunicação anônima ou com nome suposto. É indispensável que a autoacusação se faça perante a autoridade, ainda que não face a face, mas dirigida a ela, como ocorre, por exemplo, com o boletim de ocorrência. Autoridade, nos termos legais, é tanto a policial, como a judiciária ou a administrativa que tenha o dever legal de levar o fato ao conhecimento daquela que for competente para investigá-la.

Referindo-se a lei apenas a autoacusação de crime, não se configura o ilícito previsto no art. 341 quando se referir à prática de contravenção. Basta, porém, que o fato denunciado seja, em tese, criminoso, física e juridicamente possível. Não se caracteriza o ilícito, portanto, na autoacusação de fato atípico.

Não se configura o crime de autoacusação falsa quando o agente é coautor do delito e assume a responsabilidade integral por ele, isentando coautores ou partícipes. Já se tem admitido, também, a inocorrência do crime se o agente se acusar do fato, relatando circunstância que o isenta de responsabilidade pela prática de crime.

Jurisprudência

- Autoacusação perante particulares: inexistência de crime
- Autoacusação em autodefesa: crime não caracterizado
- Autoacusação falsa caracterizada
- Necessidade de autoacusação perante a autoridade
- Irrelevância da falta da presença física da autoridade
- Autoacusação de fato criminoso em tese: crime caracterizado
- Autoacusação de fato praticado por menor: crime caracterizado
- Autoacusação de fato atípico: inexistência do crime
- Autoacusação de fato contravencional: inexistência de crime
- Autoacusação para excluir o coautor
- Negativa de responsabilidade pelo crime

341.3 Tipo subjetivo

O dolo é a vontade de acusar-se falsamente do crime, ciente de que a autoridade tomará conhecimento da autoacusação.

Não se exige que a conduta seja espontânea, praticando o ilícito aquele que, interrogado, confessa voluntariamente o crime que não praticou.

O motivo da conduta é irrelevante, não se descaracterizando o crime de autoacusação falsa o espírito altruístico, circunstância que só merece consideração na dosagem da pena.

Jurisprudência

- Dolo de perigo caracterizado
- Confissão extorquida: crime inexistente
- Irrelevância do motivo
- Irrelevância da motivação nobre
- Inexistência de erro de proibição

341.4 Consumação e tentativa

Consuma-se o crime de autoacusação falsa quando esta chega ao conhecimento da autoridade, pouco importando as ulteriores consequências da comunicação.

Somente se pode falar de desistência voluntária ou arrependimento eficaz se a falsa autoacusação ainda não chegou ao conhecimento da autoridade. Não prevê a lei para o crime de autoacusação falsa a retratação do agente, como ocorre no falso testemunho, embora já se tenha optado por essa causa extintiva da punibilidade em analogia *in bonam partem*.

Admite-se, em tese, a tentativa, que ocorre quando, apesar da conduta, a comunicação (por escrito, por exemplo) não chega ao conhecimento da autoridade por circunstâncias alheias à vontade do agente.

Jurisprudência

- Consumação do crime de autoacusação falsa
- Impossibilidade de retratação
- Impossibilidade de retratação – Contra
- Impossibilidade de arrependimento eficaz

341.5 Distinção

Distingue-se o crime de autoacusação falsa do falso testemunho. Naquele, o agente se apresenta à autoridade confessando crime inexistente ou praticado por outrem, provocando, eventualmente, investigações ou ação penal; neste, durante procedimentos policiais ou judiciários, pode confessar crime praticado por terceiro para beneficiar o verdadeiro responsável, sendo impossível a retratação. Se a falsa imputação refere-se a ato de improbidade administrativa que não constitui crime, o delito é o descrito no art. 19 da Lei nº 8.429, de 2-6-1992.

Jurisprudência

- Distinção entre falso testemunho e autoacusação falsa

Falso testemunho ou falsa perícia

Art. 342. Fazer afirmação falsa, ou negar ou calar a verdade, como testemunha, perito, contador, tradutor ou intérprete em processo judicial, ou administrativo, inquérito policial, ou em juízo arbitral:*

Pena – reclusão, de 2 (dois) a 4 (quatro) anos, e multa.**

§ 1º As penas aumentam-se de um sexto a um terço, se o crime é praticado mediante suborno ou se cometido com o fim de obter prova destinada a produzir efeito em processo penal, ou em processo civil em que for parte entidade da administração pública direta ou indireta.*

§ 2º O fato deixa de ser punível se, antes da sentença no processo em que ocorreu o ilícito, o agente se retrata ou declara a verdade.*

* *Caput* e §§ 1º e 2º com redação determinada pela Lei nº 10.268, de 28-8-2001.

** Pena com a redação dada pela Lei nº 12.850, de 2-8-2013.

Vide: **CP** arts. 107, VI, 317, 343; **CPP** arts. 158 a 184, 203, 206, 208, 210, 211, 223, 236, 275 a 281, 784, § 1º, 788, V; **CC** arts. 228, 851 a 853; **CPC** arts. 149, 156 a 158, 162 a 164, 447, § 2º, 448, 458, parágrafo único, 464 a 480; **Lei nº 1.579**, de 18-3-1952, art. 4º, II (determina a pena do art. 342 para a conduta de fazer afirmação falsa, ou negar ou calar a verdade como testemunha, perito, tradutor ou intérprete, perante a Comissão Parlamentar de Inquérito); **Lei nº 9.307**, de 23-9-1996 (dispõe sobre a arbitragem); **Lei nº 9.605**, de 12-2-1998, art. 69-A (tipifica a conduta de elaboração ou apresentação de laudo ou relatório ambiental falso em licenciamento, concessão florestal ou outro procedimento administrativo de natureza ambiental); **Decreto-lei nº 200**, de 25-2-1967 (dispõe sobre a organização da administração federal), art. 4º (define administração direta e indireta); art. 5º (define autarquia, empresa pública, sociedade de economia mista e fundação pública). Súmula: STJ 165.

342 FALSO TESTEMUNHO OU FALSA PERÍCIA

342.1 Sujeitos do delito

O crime de falso testemunho ou falsa perícia é delito de mão própria: somente pode ser executado por testemunha, perito, tradutor ou intérprete. Testemunha é a pessoa física chamada a depor em processo perante a autoridade com o fim de fornecer prova de fatos relativos a seu objeto. Não podem ser consideradas testemunhas, evidentemente, o autor ou coautor do crime, a parte, a vítima, as pessoas que não são compromissadas e as informantes, conforme dispõem os arts. 458 do CPC, 203, 206 e 208 do CPP e 228 do CC, pois não estão elas obrigadas a dizer a verdade. Não podem, portanto, cometer o referido delito, embora por vezes assim se tenha decidido. O fato de ter ou não prestado o compromisso de dizer a verdade, entretanto, é irrelevante; o que importa é se o depoente está ou não obrigado a depor com isenção. Em interpretação coerente com a evolução do direito de família, em especial com o disposto no art. 226, § 3º da CF, não se tem também imputado o crime de falso testemunho a companheiro(a) de acusada(o) pelas mesmas razões que justificam não se deferir o compromisso ao cônjuge legítimo. Com maior razão, o mesmo se pode dizer no caso de união estável.

Podem cometer também o crime o perito, pessoa que possui conhecimentos técnicos para, após exame, emitir parecer a respeito de questões relativas a seus conhecimentos (arts. 158 ss do CPP e 156 ss do CPC), bem como o tradutor, que verte para o idioma nacional texto de língua estrangeira, e o intérprete, que é o perito encarregado de fazer com que se entendam, quando necessário, a autoridade e alguma pessoa (acusado, ofendido, testemunha, parte etc.) que não conhece o idioma nacional ou não pode falar em razão de defeito psicofísico ou qualquer outra particular condição anormal. O contador que passou a ser sujeito ativo do crime a partir da vigência da Lei nº 10.268/2001 é o funcionário responsável pelos cálculos a serem efetuados nos processos judiciais, administrativos ou de juízo arbitral ou no inquérito policial.

Discute-se a possibilidade ou não de terceira pessoa responder pelo crime de falso testemunho nesse crime de mão própria. Embora no crime de mão própria não se possa falar em coautoria, em sentido estrito, nada impede, verdadeiramente, a participação de terceira pessoa na prática do delito, por instigação ou induzimento, incluindo-se o advogado de uma das partes. Embora na doutrina se tenha por vezes negado essa possibilidade, por incriminar, no art. 343, apenas a conduta de quem dá, oferece ou promete dinheiro ou qualquer vantagem para que a testemunha faça afirmação falsa, negue ou cale a verdade, a jurisprudência tem aceitado o concurso de pessoas no delito em pauta. Na verdade, o crime do art. 343 se configura com simples dação, oferecimento ou promessa de vantagem e não com o efetivo falso testemunho, divergindo, pois, do art. 342, o que contraria a tese de exclusão do ilícito pelo falso testemunho por induzimento.

Sujeito passivo é o Estado, titular da regularidade da administração da Justiça. Também pode ser vítima aquele a quem o falso testemunho ou a falsa perícia possa provocar dano.

Jurisprudência

- Impossibilidade da prática do crime pelo autor ou coautor
- Impossibilidade da prática do crime pela parte
- Impossibilidade da prática do crime pela vítima
- Impossibilidade da prática do crime por informante
- Impossibilidade de equiparação entre declarante e testemunha em inquérito policial
- Impossibilidade da prática do crime pelo pai do réu
- Impossibilidade da prática do crime por irmão do réu
- Impossibilidade da prática do crime por cunhado do réu
- Possibilidade da prática do crime por tio ou sobrinho
- Impossibilidade da prática do crime pela companheira do réu
- Irrelevância da não prestação de compromisso
- Inexistência de compromisso com advertência sobre falso testemunho: crime caracterizado
- Participação criminosa pelo induzimento no falso testemunho
- Inexistência de agravante no induzimento
- Coautoria e participação criminosa do advogado no falso testemunho

342.2 Tipo objetivo

A primeira ação típica prevista no art. 342 é "fazer afirmação falsa". O agente afirma algo que não corresponde à verdade. A segunda é a de "negar a verdade". O agente afirma não saber o que realmente sabe. A terceira é de "calar a verdade". A testemunha, indagada, deixa de dizer o que sabe.

Deve-se considerar falso apenas o testemunho, não aquele que não corresponde à verdade dos fatos, como se diz na teoria objetiva, mas o que não está em correspondência qualitativa ou quantitativa com o que a testemunha viu, percebeu, sentiu ou ouviu, conforme prega a teoria objetiva.

Para que se caracterize o crime de falso testemunho, é necessário que a falsidade verse sobre circunstância juridicamente relevante, de modo que impossibilite ou dificulte a atividade judiciária em sua finalidade de aplicar corretamente a lei. Se o depoimento falso em nada pode influir na decisão da causa, se não há possibilidade de prejuízo, se não há potencialidade lesiva, não há crime de falso testemunho. Entretanto, como se trata de crime formal, basta para a configuração do falso testemunho a simples potencialidade de dano para a administração da justiça, sendo irrelevante que tenha ou não influído na decisão da causa.

Tem se entendido que não responde pelo crime quem presta falso testemunho que traga no bojo do depoimento interesse próprio, ligado ao fato objeto do processo e que envolve fatos e circunstâncias que poderão acarretar responsabilidade penal ao depoente. Amparam-se essas decisões no princípio da autodefesa, de não se autoincriminar, e na tese de não exigibilidade de outra conduta.

Na falsa perícia, o agente registra no laudo coisa diversa da realidade que conhece. Mera divergência entre laudos não comprova o crime.

Para que ocorra o crime é necessário que o falso testemunho ou a falsa perícia refira-se a processo judicial, policial, administrativo ou a juízo arbitral. Proibida que é a analogia para incriminar-se uma conduta, não ocorre o crime quando a falsidade da declaração é feita em mera sindicância.

O fato de ter sido julgada extinta a punibilidade do acusado, pela prescrição ou outra causa, na ação penal em que foi prestado o depoimento como falso, quando potencialmente lesivo, não tem o condão de excluir o crime de falso testemunho.

Jurisprudência

- Diferença entre o que o depoente viu e disse: crime caracterizado
- Insuficiência da diversidade entre o fato e o testemunho: crime não caracterizado
- Insuficiência da diversidade entre declarações
- Insuficiência da diversidade entre o depoimento e outros elementos
- Estrito cumprimento de dever legal
- Necessidade de falsidade sobre fato juridicamente relevante
- Necessidade de potencialidade do dano
- Suficiência da potencialidade de dano
- Irrelevância da não influência no resultado do processo
- Inexistência de potencialidade do dano: crime não caracterizado
- Meras contradições entre depoimentos de testemunhas: crime não caracterizado
- Declarações discrepantes: inexistência de potencialidade de dano
- Contradições secundárias: inexistência de crime
- Meras contradições em depoimentos na Polícia e em Juízo: crime não caracterizado
- Falso testemunho sobre fato atípico: crime não caracterizado
- Falso testemunho sobre fato atípico: crime não caracterizado – Contra
- Princípio da insignificância no falso testemunho
- Autodefesa no falso testemunho: crime não caracterizado
- Falsa perícia: caracterização
- Divergência entre laudos periciais: crime não caracterizado
- Inexistência de coautoria na falsa perícia
- Depoimento em inquérito: crime caracterizado

- Depoimento em sindicância: inexistência de crime
- Depoimento em sindicância: inexistência de crime – contra
- Falso testemunho no plenário do Júri
- Extinção da punibilidade no processo não excludente do crime de falso testemunho
- Extinção da punibilidade no processo não excludente do crime de falso testemunho – contra
- Consumação independentemente de obtenção do fim pretendido
- Trancamento da ação penal originária como excludente do crime
- Reconhecimento da atipicidade do fato como excludente do crime de falso testemunho
- Depoimento que não foi taxado de falso na sentença: atipicidade

342.3 Tipo subjetivo

O dolo do crime previsto no art. 342 é a vontade de prestar depoimento ou realizar perícia em desacordo com o que o agente tem ciência ou verificou em seu exame. Exige, pois, a consciência de estar cometendo uma falsidade. Não é suficiente que o testemunho ou perícia seja contrário à verdade; é necessário que o agente tenha consciência disso, o que caracteriza um elemento subjetivo do tipo. Não importa, porém, o fim do agente. O erro exclui o dolo.

Jurisprudência

- Exigência de dolo
- Inexistência de dolo: crime não caracterizado
- Exigência do dolo específico
- Existência de dolo
- Testemunho de preso: coação moral irresistível
- Contradição entre depoimentos: existência de dolo
- Desnecessidade do fim de causar dano
- Erro de tipo: exclusão do crime
- Irrelevância da rusticidade do réu: crime caracterizado

342.4 Consumação e tentativa

Consuma-se o crime de falso testemunho quando é encerrado o depoimento, em geral com a assinatura da testemunha. A falsa perícia consuma-se com a entrega do laudo que contém a falsidade. Trata-se de crime formal, que independe do resultado lesivo, ou seja, de que tenha influenciado a decisão proferida no processo.

É possível a tentativa, embora de difícil ocorrência, mas que se configura na hipótese de induzimento ao falso testemunho em que o depoente, após mentir, acaba admitindo a verdade antes de findo o depoimento.

Jurisprudência

- Consumação do crime de falso testemunho
- Consumação do crime de falso testemunho – Contra
- Consumação do falso testemunho em precatória: competência
- Consumação do falso testemunho em precatória: competência – Contra
- Falso testemunho como crime formal: irrelevância do resultado
- Configuração da tentativa

342.5 Crime qualificado

Dispõe o art. 342, § 1º, com a redação que lhe foi dada pela Lei nº 10.268/2001, sobre o aumento de pena de um sexto a um terço se o crime é praticado mediante suborno ou se cometido com o fim de obter prova destinada a produzir efeito em processo penal, ou em processo civil em que for parte entidade da administração pública direta ou indireta. Na primeira hipótese, de suborno, a corrupção do sujeito ativo e o fim visado pelo agente, dinheiro ou qualquer outra vantagem econômica, tornam o fato mais grave. Na segunda hipótese, justifica-se a cominação de pena mais severa pelos valores em jogo no processo penal ou em processo civil em que o Estado for parte. No primeiro caso, estão envolvidos a liberdade e o patrimônio do indivíduo. No segundo, atingem-se bem público e a administração pública. É irrelevante que a conduta tenha beneficiado ou prejudicado o acusado ou, no processo civil, a administração pública.

Jurisprudência

- Falso testemunho em processo criminal: crime caracterizado
- Contra: crime não caracterizado
- Nova redação do § 1º, dada pela Lei nº 10.268/01: retroatividade

342.6 Retratação

Prevê o art. 342, § 2º, com a nova redação, que o fato deixa de ser punível se, antes da sentença, o agente se retrata ou declara a verdade. Tornou-se expresso que a retratação deve ocorrer no processo em que se verificou a falsidade e não no posterior processo penal que venha a ser instaurado contra o agente por falso testemunho ou falsa perícia. Visando a lei ao interesse da Justiça em chegar à verdade e tendo em conta o arrependimento da testemunha, concede ela a possibilidade da causa de extinção da punibilidade, pela retratação do agente antes da sentença. A retratação, porém, deve ser voluntária e completa, repondo-se a verdade dos fatos, estendendo-se, nesse caso, ao partícipe. Quanto à falsa perícia, a retratação de um dos peritos não aproveita a outro, embora assim já se tenha decidido.

A retratação, obviamente, só pode ocorrer antes da sentença referente ao processo em que foi prestado o falso testemunho ou apresentada a falsa perícia, e não no processo em que o agente está sendo acusado pelo crime de falso testemunho ou falsa perícia.

Jurisprudência

- Retratação em falsa perícia
- Retratação do falso testemunho extensiva ao copartícipe
- Inadmissibilidade de extensão da retratação em falsa perícia
- Inadmissibilidade de extensão da retratação em falsa perícia – Contra
- Trancamento da ação penal em decorrência da retratação
- Retratação no próprio processo em que ocorreu o falso testemunho
- Retratação no próprio processo em que ocorreu o falso testemunho – Contra
- Validade da retratação antes da denúncia
- Validade da retratação apenas até a sentença
- Validade da retratação até a sentença do Júri
- Validade da retratação até a sentença do Júri – Contra
- Retratação após a sentença: não consideração
- Retratação durante o inquérito: inexistência de extinção da punibilidade
- Retratação posterior: efeito de atenuante
- Julgamento da retratação no processo original

342.7 Concurso de crimes

Se o agente depõe falsamente em fases sucessivas em um mesmo processo (inquérito, instrução, plenário), há crime único. Pode haver, porém, concurso material com o crime de denunciação caluniosa ou calúnia, conforme o caso.

Jurisprudência

- Crime único em vários depoimentos falsos da mesma causa
- Absorção do crime de falsidade de documento pelo falso testemunho

342.8 Ação penal

São várias as correntes a respeito da oportunidade de início da ação penal para a apuração do crime de falso testemunho ou falsa perícia. Uma delas é a de que pode ser iniciada e julgada a ação antes de proferida a sentença em que foi prestado o depoimento, uma vez que a falta de retratação não é pressuposto ou elemento do crime. Em outra, entende-se que a ação penal pode ser iniciada antes de proferida a sentença em que foi prestado o falso testemunho ou apresentada a falsa perícia, mas só julgada após aquela, dando-se oportunidade à retratação. Em uma terceira orientação, a ação penal não pode ser iniciada antes do trânsito em julgado da decisão proferida no processo em que foi ele prestado. Em outra, corrente predominante, a ação penal pode ser iniciada antes do trânsito em julgado, mas não antes de proferida a sentença, possibilitando-se também a retratação. Por último, não se impede a ação penal antes de proferida no processo que lhe deu causa, mas, se o depoimento falso foi proferido em ação penal, devem as ações correr juntas em decorrência da conexão.

É pública incondicionada a ação penal para apuração do crime de falso testemunho, ainda que feita em ação civil, não dependendo da providência prevista no art. 211 do CPP. Quando o falso testemunho é prestado em processo em curso na Justiça Federal e na Justiça do Trabalho, é daquela a competência para apuração do ilícito.

Jurisprudência

- Início da ação antes da sentença
- Início da ação antes da sentença e julgamento posterior
- Início da ação após a sentença
- Início da ação após o trânsito em julgado da sentença
- Conexão: curso conjunto dos processos
- Conexão: curso conjunto dos processos – Contra
- Apuração mediante ação penal pública
- Competência da Justiça Federal

> **Art. 343.** Dar, oferecer ou prometer dinheiro ou qualquer outra vantagem a testemunha, perito, contador, tradutor ou intérprete, para fazer afirmação falsa, negar ou calar a verdade em depoimento, perícia, cálculos, tradução ou interpretação:
>
> Pena – reclusão, de 3 (três) a 4 (quatro) anos, e multa.
>
> **Parágrafo único.** As penas aumentam-se de um sexto a um terço, se o crime é cometido com o fim de obter prova destinada a produzir efeito em processo penal ou em processo civil em que for parte entidade da administração pública direta ou indireta.*
>
> * Artigo com a redação dada pela Lei nº 10.268, de 28-8-2001.

Vide: CP arts. 333, 342, 344, 357; **CPP** arts. 158 a 184, 203, 210, 211, 223, 236, 275 a 281, 784, § 1º, 788, V; **CPC** arts. 149, 156 a 158, 162 a 164, 458, parágrafo único, 464 a 480; **Decreto-lei nº 200**, de 25-2-1967 (dispõe sobre a organização da administração federal), art. 4º (define administração direta e indireta); art. 5º (define autarquia, empresa pública, sociedade de economia mista e fundação pública).

343 CORRUPÇÃO ATIVA DE TESTEMUNHA OU PERITO

343.1 Sujeitos do delito

Sujeito ativo do crime definido no art. 343 é qualquer pessoa que pratique a conduta típica.

Sujeito passivo é o Estado, titular da regularidade da administração da justiça.

343.2 Tipo objetivo

As condutas típicas são as de *dar* (ceder, entregar, presentear), *oferecer* (colocar à disposição, exibir, expor) e *prometer* (comprometer-se, obrigar-se) dinheiro ou qualquer outra vantagem a testemunha, perito, contador, tradutor ou intérprete. Pode ser ela praticada por qualquer meio (palavras, escritos, por meio de intermediários etc.) e referir-se a qualquer vantagem econômica ou não.

Para a caracterização do crime é necessário que a pessoa visada pelo agente já tenha sido arrolada como testemunha ou esteja na condição de perito, contador, tradutor ou intérprete. Não entram nessa categoria, portanto, as vítimas, os informantes, os corréus etc.

Jurisprudência

- Promessa de serviços profissionais: crime caracterizado
- Simples súplica à testemunha: crime não caracterizado
- Promessa a policial: crime não caracterizado
- Promessa a pessoa que não é formalmente testemunha: crime não caracterizado
- Promessa a vítima do crime: crime não caracterizado
- Promessa a vítima do crime: crime não caracterizado – Contra
- Promessa a indiciado em inquérito policial: crime não caracterizado
- Promessa para falso testemunho irrelevante
- Oferecimento de dinheiro para a testemunha mudar depoimento prestado na polícia: delito não caracterizado

343.3 Tipo subjetivo

O dolo é a vontade de dar, oferecer ou prometer dinheiro ou qualquer outra vantagem, exigindo-se, porém, o elemento subjetivo do tipo, ou seja, que tenha por finalidade obter da testemunha ou perito a prática do crime previsto no art. 342.

Jurisprudência

- Proposta por pessoa embriagada

343.4 Consumação e tentativa

Consuma-se a corrupção ativa de testemunha ou perito, crime formal, com a dação, oferta ou promessa de recompensa; é indiferente que o destinatário a aceite ou não, preste ou não o falso testemunho.

É possível a tentativa, como no caso de oferta por escrito que não chega ao destinatário.

Jurisprudência

- Consumação do crime de corrupção ativa de testemunha

343.5 Crime qualificado

Nos termos do parágrafo único do art. 343, há crime qualificado quando a conduta visa ao fim de obter prova destinada a produzir efeito em processo penal ou em processo civil em que for parte entidade da administração pública direta ou indireta.

343.6 Distinção

Caso o perito ou testemunha seja oficial, exercendo a função como titular de específico cargo público, o crime praticado é o previsto no art. 333. Havendo violência ou grave ameaça, configura-se o crime do art. 344.

343.7 Concurso de crimes

O crime previsto no art. 343 absorve o crime de falso testemunho ou falsa perícia, eventualmente praticado pelo destinatário da dação, oferta ou promessa, em que o agente seria partícipe.

343.8 Ação penal

Independe de procedimento administrativo da OAB a instauração de inquérito policial ou ação penal contra advogado pelo crime previsto no art. 343 do CP.

Jurisprudência

- Irrelevância de procedimento administrativo

Coação no curso do processo

Art. 344. Usar de violência ou grave ameaça, com o fim de favorecer interesse próprio ou alheio, contra autoridade, parte, ou qualquer outra pessoa que funciona ou é chamada a intervir em processo judicial, policial ou administrativo, ou em juízo arbitral:

Pena – reclusão, de 1 (um) a 4 (quatro) anos, e multa, além da pena correspondente à violência.

Parágrafo único. A pena aumenta-se de 1/3 (um terço) até a metade se o processo envolver crime contra a dignidade sexual.*

*Parágrafo único inserido pela Lei n° 14.245, de 22-11-2021.

Vide: CP arts. 146, 147, 213 a 234; **LCP** art. 21; **CPP** arts. 400-A, 474-A, 497, VI; **Lei n° 9.099**, de 26-9-1995, art. 81, § 1°-A, I e II; **Lei no 9.307**, de 23-9-1996 (dispõe sobre a arbitragem); **Lei no 12.529**, de 30-11-2011, art. 111 (prevê a aplicação do art. 344 em processo de execução judicial de decisões do Conselho Administrativo de Defesa Econômica – CADE); **Lei n° 13.869**, de 5-9-2019, art. 15-A (violência institucional na Lei de abuso de autoridade).

344 COAÇÃO NO CURSO DO PROCESSO

344.1 Sujeitos do delito

Sujeito ativo do crime é qualquer pessoa, tenha ou não interesse próprio no processo. Nada impede que seja uma das pessoas que intervém no processo ou na administração da justiça. O crime admite concurso de pessoas, tanto na coautoria como na participação, incluindo-se o advogado.

Sujeito passivo é o Estado, titular da regularidade da atividade de administração da justiça, bem como a pessoa submetida à coação pelo sujeito ativo.

Jurisprudência

- Coautoria no crime de coação no curso do processo

344.2 Tipo objetivo

O crime de coação no curso do processo é um tipo especial de constrangimento ilegal em que não se exige que o coacto se submeta ao agente. A conduta típica é a de praticar violência ou grave ameaça contra autoridade, parte ou qualquer pessoa que intervém no processo. Não é necessário que da violência resulte lesão corporal, podendo constituir-se em vias de fato, mas a ameaça deve ser grave, capaz de intimidar.

É indispensável que o coacto seja autoridade (juiz, delegado etc.), parte (autor, réu, oponente, litisconsorte, promotor de justiça) ou qualquer outra pessoa que funciona ou é chamada a intervir no processo, enquanto este estiver em andamento (escrivão, meirinho, perito, testemunha, jurado, tradutor, intérprete etc.). Se a pessoa não mais intervirá no processo, a violência ou a grave ameaça poderá constituir outro ilícito.

Por força da Lei nº 14.245, de 22-11-2021, introduziu-se no art. 344 o parágrafo único, que determina o aumento da pena de um terço até a metade se o processo envolver crime contra a dignidade sexual. Diante da redação do dispositivo infere-se que a majoração é devida qualquer que seja a natureza do processo, cuide-se ou não de ação penal, se nele é objeto de discussão questão relativa a um crime sexual. O mesmo diploma legal incluiu no Código de Processo Penal o art. 400-A, que dispõe sobre o comportamento devido pelas partes e demais sujeitos processuais no decorrer de audiência de instrução que verse sobre crime contra a dignidade sexual.

Jurisprudência

- Grave ameaça em audiência: crime caracterizado
- Necessidade de grave ameaça ou violência
- Grave ameaça: crime
- Ameaça de perda do emprego: crime caracterizado
- Inexistência de gravidade na ameaça: crime não caracterizado
- Grave ameaça da prática de mal justo: crime caracterizado
- Advertência sobre processo por falso testemunho: crime não caracterizado
- Coação no curso do processo e não crime de ameaça
- Atuação do advogado sobre clientes na autodefesa: crime não caracterizado

- Ameaça antes da lavratura do flagrante: crime caracterizado
- Ameaça durante lavratura de flagrante: crime caracterizado
- Ameaça antes da assinatura do depoimento: crime caracterizado
- Ameaça depois do depoimento: crime não caracterizado
- Inexistência de inquérito: crime não caracterizado
- Necessidade de grave ameaça ou violência
- Prática de vias de fato: crime caracterizado

344.3 Tipo subjetivo

O dolo do crime é praticar a grave ameaça ou a violência, exigindo-se a finalidade de favorecer interesse próprio ou alheio. O interesse a que se refere a lei pode ser de qualquer ordem (material ou moral).

Jurisprudência

- Exigência do dolo específico
- Existência de dolo específico

344.4 Consumação e tentativa

Consuma-se o crime, de natureza formal, com a violência ou a grave ameaça, independentemente de lograr o agente o fim visado ou mesmo o resultado de ficar a vítima intimidada. Basta que a ameaça seja grave o bastante para intimidar.

É admissível a tentativa, como nos crimes de ameaça, lesão corporal etc., crimes subsidiários da coação no curso do processo.

Jurisprudência

- Consumação do crime de coação no curso do processo

344.5 Concurso de crimes

O crime de ameaça é absorvido pelo crime de coação no curso do processo, mas o de lesões corporais é punido em concurso material, conforme expressa disposição da lei na cominação da pena. A reiteração de ameaça, para se conseguir o mesmo objetivo, não implica continuidade delitiva, mas crime único.

A Lei nº 14.321, de 31-3-2022, inseriu na Lei de Abuso de Autoridade, o art. 15-A, *violência institucional*, o qual prevê como crime a conduta de submeter a vítima ou testemunha de crimes violentos a procedimentos desnecessários que a leve a reviver uma situação de violência ou que gerem sofrimento ou estigmatizações desnecessárias. Nos §§ 1º e 2º preveem-se duas causas de aumento de pena, a primeira de 2/3 se o agente público permite que terceiro intimide a vítima de crimes violentos; na segunda aplica-se a pena em dobro se o agente público intimidar a vítima. Nas duas causas a conduta violenta do agente deve gerar indevida revitimização, ou seja, um sofrimento adicional, desnecessário, onde a pessoa revive por diversas vezes todo seu sofrimento.

Jurisprudência

- Várias ameaças com um objetivo: crime único

Exercício arbitrário das próprias razões

Art. 345. Fazer justiça pelas próprias mãos, para satisfazer pretensão, embora legítima, salvo quando a lei o permite:

Pena – detenção, de 15 (quinze) dias a 1 (um) mês, ou multa, além da pena correspondente à violência.

Parágrafo único. Se não há emprego de violência, somente se procede mediante queixa.

Vide: **CP** arts. 23, III, 100, §§ 2º a 4º, 103, 104, 107, IV, V, 146, 158; **CPP** arts. 5º, § 5º, 24, § 2º, 29 a 33, 36 a 38, 564, III, *a*, 569; **CC** arts. 644, 681, 1.210, § 1º; **Lei nº 8.078**, de 11-9-1990 – **CDC**, art. 71 (define como crime contra o consumidor a conduta de utilizar, na cobrança de dívidas, de ameaça, coação, constrangimento físico ou moral, afirmações falsas incorretas ou enganosas ou de qualquer outro procedimento que exponha o consumidor, injustificadamente, a ridículo ou interfira com seu trabalho, descanso ou lazer).

345 EXERCÍCIO ARBITRÁRIO DAS PRÓPRIAS RAZÕES

345.1 Sujeitos do delito

Qualquer pessoa pode praticar o crime de exercício arbitrário das próprias razões, mas, tratando-se de funcionário público, o fato, eventualmente, pode constituir outro crime (abuso de autoridade, violência arbitrária etc.).

Sujeito passivo do crime é o Estado, titular da regularidade da administração da justiça, bem como a pessoa que sofre qualquer lesão em decorrência da conduta típica.

Jurisprudência

- Crime cometido por oficial de justiça

345.2 Tipo objetivo

O art. 345 é um tipo de conduta livre em que o agente faz justiça pelas próprias mãos, para satisfazer a uma pretensão. Esta se apresenta como um direito que o agente tem ou julga ter, isto é, pensa de boa-fé possuí-lo. Mesmo que a pretensão seja ilegítima, configura-se o crime se o agente está convencido de ser titular do direito, que pode ser qualquer um: real, pessoal, de família etc. Essa pretensão é o pressuposto do crime.

A ação pode ser praticada por qualquer meio: violência, ameaça, fraude etc., que em outras circunstâncias constituiria um crime; se não, o ato é atípico, podendo configurar mero ilícito civil, inadimplemento contratual etc.

Prevê a lei elemento normativo ao excluir do tipo penal a prática do ato "quando a lei o permite", o que, a rigor, é dispensável por constituir-se a conduta em um exercício regular do direito. Não há crime, assim, no exercício do direito de retenção, na reação defensiva no esbulho possessório (art. 1.210, § 1º, do CC) etc.

Jurisprudência

- Impedimento do exercício profissional e retenção de bens: crime caracterizado
- Recuperação com ameaça de dinheiro perdido em jogo fraudado: crime caracterizado
- Defesa da posse: inexistência do crime
- Detenção da posse: questão prejudicial
- Substituição de fechadura da Prefeitura: direito de exercer o cargo de prefeito –
- Corte de energia elétrica
- Pretensão do agente: pressuposto do crime
- Pretensão de acordo com situação cultural do agente
- Fazer justiça pelas próprias mãos: crime caracterizado
- Exercício arbitrário das próprias razões com fraude
- Invasão de propriedade e apropriação de bens: crime caracterizado
- Derrubada de muro divisório: crime caracterizado
- Conduta legitimada pelo juízo cível: fato atípico
- Obtenção de documento reservado para fazer prova em ação trabalhista: crime não caracterizado
- Ilícito civil: crime inexistente
- Descumprimento de cláusula contratual: ilícito civil
- Defesa da posse: inexistência do crime
- Inexistência da posse direta: crime caracterizado
- Direito de retenção: inexistência de crime

345.3 Tipo subjetivo

O dolo do crime de exercício arbitrário das próprias razões é a vontade de empregar o meio (violência, ameaça, fraude etc.) com o fim de satisfazer a pretensão real ou supostamente legítima. Se o móvel é revide, vingança, revanche, retorção etc., o fato constituirá outro ilícito.

Jurisprudência

- Exigência de dolo
- Suficiência do dolo
- Inexistência de dolo
- Fim de revide: crime de roubo caracterizado

345.4 Consumação e tentativa

Consuma-se o crime com a satisfação da pretensão, ou seja, quando o sujeito ativo faz justiça pelas próprias mãos.

A tentativa é possível, configurando-se quando o agente, embora utilizando o meio, não consegue o resultado pretendido.

345.5 Distinção

Não se confunde o crime de exercício arbitrário das próprias razões, em que o agente pretende satisfazer a sua pretensão, atuando quanto ao suposto devedor, com os demais (estelionato, extorsão, apropriação indébita etc.).

Jurisprudência

- Tentativa de homicídio e não exercício arbitrário das próprias razões
- Exercício arbitrário das próprias razões e não constrangimento ilegal
- Exercício arbitrário das próprias razões e não furto
- Exercício arbitrário das próprias razões e não roubo

- Roubo e não exercício arbitrário das próprias razões
- Exercício arbitrário das próprias razões e não extorsão mediante sequestro
- Exercício arbitrário das próprias razões e não cárcere privado
- Exercício arbitrário das próprias razões e não sequestro
- Incêndio e não exercício arbitrário das próprias razões
- Exercício arbitrário das próprias razões e não falsidade ideológica
- Supressão de documento e não exercício arbitrário das próprias razões
- Ciência da ilegitimidade da pretensão: inexistência de exercício arbitrário das próprias razões
- Distinção com esbulho possessório
- Exercício arbitrário das próprias razões e não furto
- Furto qualificado e não exercício arbitrário das próprias razões
- Exercício arbitrário das próprias razões e não extorsão
- Exercício arbitrário das próprias razões e não apropriação indébita
- Exercício arbitrário das próprias razões e não redução à condição análoga à de escravo

345.6 Concurso de crimes

Por disposição expressa, o agente responde pelo concurso material de exercício arbitrário das próprias razões quando houver violência (homicídio, lesões corporais). As vias de fato, a ameaça, o dano etc. são absorvidos.

Jurisprudência

- Violência contra a coisa: dano absorvido

345.7 Ação penal

Como regra, o crime de exercício arbitrário das próprias razões deve ser objeto de ação de iniciativa privada. Havendo, porém, violência contra a pessoa, ocorre crime de ação pública. Prevalece o entendimento de que a violência contra a coisa não tem o mesmo efeito.

Por força do § 2º do art. 24 do CPP, acrescentado pela Lei nº 8.699, de 27-8-1993, a ação penal é pública incondicionada quando o crime é praticado em detrimento do patrimônio ou interesse da União, Estado ou Município.

Jurisprudência

- Crime praticado com ameaça: ação penal de iniciativa privada
- Emprego de simulação e fraude: ação penal privada
- Violência contra a coisa: ação penal privada
- Queixa pela mulher do ofendido (desquitanda): inadmissibilidade
- Ação penal e desclassificação

Art. 346. Tirar, suprimir, destruir ou danificar coisa própria, que se acha em poder de terceiro por determinação judicial ou convenção:

Pena – detenção, de 6 (seis) meses a 2 (dois) anos, e multa.

Vide: CP arts. 155, 163, 179, 305, 330, 345.

346 SUBTRAÇÃO, SUPRESSÃO OU DANO A COISA PRÓPRIA NA POSSE LEGAL DE TERCEIRO

346.1 Sujeitos do delito

O crime de subtração, supressão ou dano a coisa própria na posse legal de terceiro, previsto no art. 346 sem rubrica, é uma espécie de exercício arbitrário das próprias razões especial, podendo ser praticado somente pelo proprietário da coisa que é objeto do crime, como aliás deixa claro o dispositivo. Nada impede, porém, a coautoria ou a participação criminosa.

Sujeito passivo é o Estado, mas ofendido é também aquele que tem a posse da coisa ou a pessoa submetida à violência ou ameaça.

346.2 Tipo objetivo

São várias as modalidades de conduta: a de *tirar*, que significa, como no crime de furto, a de subtrair (item 155.2); *suprimir*, que quer dizer fazer desaparecer (item 305.2); destruir, que é quebrar, aniquilar, romper etc.; e *danificar*, que equivale a destruir parcialmente.

O objeto material do crime é a coisa própria, ou seja, a coisa pertencente ao sujeito ativo e que está na posse legítima de outrem, podendo ser móvel ou imóvel, salvo, nesta hipótese, a conduta de subtrair. A posse deve ocorrer por determinação judicial (depósito de coisa penhorada, por exemplo) ou convenção (penhor, locação, comodato etc.). Evidentemente, conforme o tipo, é necessário que a conduta seja injustificada e que ocorra sem o consentimento do possuidor.

Jurisprudência

- Posse injustificada: crime não caracterizado
- Constitucionalidade do art. 346 do CP: inexistência de prisão por dívida
- Posse em razão de sequestro: crime caracterizado
- Posse em razão de locação: crime caracterizado
- Posse em razão de locação: crime caracterizado – Contra
- Subtração consentida pelo possuidor: crime não caracterizado

346.3 Tipo subjetivo

O dolo é a vontade de praticar uma das condutas mencionadas no tipo, ciente o agente de que a coisa está na posse legítima do ofendido. Ao contrário do crime previsto no art. 345, não se exige que o agente tenha a finalidade de satisfazer a uma pretensão de direito real ou suposto. São irrelevantes, pois, os fins ou motivos do agente.

346.4 Consumação e tentativa

Consuma-se o crime com a subtração, como no furto, com a supressão, como no crime previsto no art. 305, com o dano, como no crime tipificado no art. 163.

Em qualquer das hipóteses, é possível a tentativa.

346.5 Distinção

Distingue-se o crime definido no art. 346 do furto porque neste a coisa subtraída, suprimida ou danificada é alheia e não própria. Caso a coisa se encontre em depósito, sua destruição pelo depositário configura o crime de fraude à execução e não o crime definido no referido artigo.

Jurisprudência

- Subtração de coisa própria na posse legítima de terceiro e não furto
- Fuga de posse de veículo por ocasião do cumprimento de mandado judicial
- Tirada de coisa própria em poder de terceiro e não alienação fraudulenta de coisa própria
- Fraude à execução e não destruição de coisa própria em poder de terceiro por determinação judicial

346.6 Ação penal

Ao contrário do crime de exercício arbitrário das próprias razões, o ilícito previsto no art. 346 é apurado em ação penal pública incondicionada, ainda que não ocorra grave ameaça ou violência.

Jurisprudência

- Ação penal pública incondicionada

Fraude processual

Art. 347. Inovar artificiosamente, na pendência de processo civil ou administrativo, o estado de lugar, de coisa ou de pessoa, com o fim de induzir a erro o juiz ou o perito:

Pena – detenção, de 3 (três) meses a 2 (dois) anos, e multa.

Parágrafo único. Se a inovação se destina a produzir efeito em processo penal, ainda que não iniciado, as penas aplicam-se em dobro.

Vide: CP arts. 179, 346; CPC art. 77 e 78; **Lei nº 9.503**, de 23-9-1997 – CTB, art. 312 (fraude processual no Código de Trânsito Brasileiro); **Lei nº 13.869**, de 5-9-2019, art. 23 (fraude processual na lei de abuso de autoridade).

347 FRAUDE PROCESSUAL

347.1 Sujeitos do delito

Qualquer pessoa, ainda que não interessada na solução da lide do processo, pode ser sujeito ativo do crime de fraude processual, incluindo-se o funcionário público se a conduta não configurar crime próprio, e o próprio procurador da parte. Evidentemente, não é coautor do crime quem não age comissiva ou omissivamente para o fato, embora possa dele beneficiar-se.

Sujeito passivo é o Estado, titular da regularidade da administração da justiça, bem como a parte lesada com a fraude.

Jurisprudência

- Inexistência de coautoria

347.2 Tipo objetivo

Pressuposto do crime previsto no art. 347 é a pendência de processo civil ou administrativo. Tratando-se de processo penal, o fato é definido no parágrafo único (item 347.3).

A conduta inscrita no tipo, ou seja, a inovação artificiosa, significa que o agente modifica, muda, deforma os objetos materiais (o estado de lugar, de coisa ou de pessoa), alterando a situação preexistente, como ocorre em plantação ou derrubada de árvores, remoção de marcos, cirurgia para modificar características de pessoa etc. Tratando-se de pessoa, tem-se entendido que não constitui o referido crime a inovação no aspecto psíquico, civil ou social.

Para que se configure o crime, é necessário que haja emprego de artifício na alteração, idôneo para alcançar o objetivo, ou seja, o induzimento a erro.

Jurisprudência

- Fato concomitante no ajuizamento da ação: crime não caracterizado
- Alteração de estado psíquico, civil ou social: crime não caracterizado
- Defesa temerária: inexistência de crime
- Absolvição do réu pelo homicídio culposo e condenação pela fraude processual: impossibilidade
- Ardil grosseiro: crime não caracterizado
- Utilização de recibo de pagamento de pena de prestação pecuniária perante o juízo da execução: crime não caracterizado
- Substituição de pessoa para evitar reconhecimento: crime não caracterizado
- Mentira sobre a própria identidade: crime não caracterizado
- Alegações mendazes: crime não caracterizado
- Transferência de bem: crime não caracterizado
- Ocultação de coisa: crime não caracterizado
- Inexistência de prova do artifício: crime não configurado
- Inidoneidade do meio: crime não caracterizado

347.3 Fraude no processo penal

Mais severo, com razão, foi o legislador na inovação artificiosa para produzir efeito em processo penal. Embora a conduta seja idêntica à prevista no tipo do *caput*, não é necessário que se tenha iniciado o processo, sendo possível sua caracterização ainda na fase de investigações, independentemente até da instauração do inquérito policial. Exige-se, porém, em caso de ação privada ou de ação pública condicionada à representação ou requisição, que a vítima ou o Ministério da Justiça tenham praticado atos que indicam a vontade de instauração do inquérito e ação penal (queixa, requerimento de instauração do inquérito, requisição, representação etc.).

Jurisprudência

- Inovação artificiosa do estado do lugar do delito: crime caracterizado
- Remoção de tecidos do corpo da vítima: crime caracterizado

- Desnecessidade de instauração de procedimento civil na fraude no processo penal
- Inexistência de malícia no artifício: crime não caracterizado

347.4 Tipo subjetivo

Nos ilícitos previstos no art. 347, *caput* e parágrafo único, o dolo é a vontade de praticar a alteração, exigindo-se o fim de induzir a erro o juiz ou perito. O erro plenamente justificado exclui o dolo.

Jurisprudência

- Ignorância sobre falsidade: inexistência de dolo
- Inexistência de dolo

347.5 Consumação e tentativa

Consuma-se o crime com a alteração, idônea a enganar, não se exigindo, porém, que o juiz ou perito tenha sido levado a erro.

Nada impede a tentativa, já que a conduta é fracionável, podendo ser impedido o resultado, ou seja, a alteração, por circunstâncias alheias à vontade do agente.

Jurisprudência

- Fraude processual como crime formal

347.6 Distinção

Se a inovação ocorre em caso de acidente automobilístico com vítima, há crime especial previsto no art. 312 do Código de Trânsito Brasileiro. O crime de fraude processual é subsidiário, só se aplicando o art. 347 se o fato não constituir crime mais grave; neste último caso, é absorvido por este. Como se exige a inovação para caracterizar-se o crime do art. 347, inexiste tal delito, mas o do art. 179 na transferência de bem sujeito a penhora por força de execução.

A inovação artificiosa praticada por agente público está tipificada, como crime próprio, na atual Lei de Abuso de Autoridade: "inovar artificiosamente, no curso de diligência, de investigação ou de processo, o estado de lugar, de coisa ou de pessoa, com o fim de eximir-se de responsabilidade ou de responsabilizar criminalmente alguém ou agravar-lhe a responsabilidade: Pena – detenção, de 1 (um) a 4 (quatro) anos, e multa" (art. 23 da Lei nº 13.869, de 5-9-2019).

Jurisprudência

- Fraude a execução e não fraude processual

347.7 Concurso de crimes

A repetição da prática do ato de fraude em um mesmo processo constituirá crime continuado e não crime único.

Jurisprudência

- Crime continuado de fraude processual
- Concurso entre fraude processual e ocultação de cadáver

Favorecimento pessoal

Art. 348. Auxiliar a subtrair-se à ação de autoridade pública autor de crime a que é cominada pena de reclusão:

Pena – detenção, de 1 (um) a 6 (seis) meses, e multa.

§ 1º Se ao crime não é cominada pena de reclusão:

Pena – detenção, de 15 (quinze) dias a 3 (três) meses, e multa.

§ 2º Se quem presta o auxílio é ascendente, descendente, cônjuge ou irmão do criminoso, fica isento de pena.

Vide: CF art. 226, § 3º; CP arts. 181, 317, 318, 319, 349, 351, 353; CPP art. 293, parágrafo único.

348 FAVORECIMENTO PESSOAL

348.1 Sujeitos do delito

O crime de favorecimento pessoal pode ser cometido por qualquer pessoa, excetuando-se, evidentemente, o autor do ilícito antecedente, já que a lei prevê a conduta de quem presta auxílio a criminoso. Nem mesmo o coautor ou partícipe pode cometer esse crime, uma vez que a conduta destes integra, necessariamente, a prática do crime por coautoria ou participação. Até o ofendido pode auxiliar o criminoso, podendo ser a ele imputada a prática do crime de favorecimento pessoal. O advogado não está excluído da possibilidade de ser o sujeito ativo do crime, pois, embora não deva auxiliar a justiça contra o cliente, não pode auxiliá-lo na fuga, escondê-lo etc.

Sujeito passivo é o Estado, titular do bem jurídico ofendido, ou seja, da regularidade da administração da justiça.

Jurisprudência

- Agente coautor: crime não caracterizado
- Condução do autor do crime pelo advogado: crime caracterizado

348.2 Tipo objetivo

Como revela o tipo, o crime de favorecimento pessoal é delito acessório que exige como pressuposto a existência de um crime anterior. Para se falar em autor de crime, é indispensável a existência do fato típico praticado pela pessoa favorecida. Não importa, igualmente, se se trata de crime doloso ou culposo, consumado ou tentado etc.

Falando a lei penal em autor de crime, não se configura o favorecimento pessoal se o favorecido pela conduta do agente é absolvido, quer por ser o fato atípico, quer por ser absolvido por falta de provas, por ter agido em uma situação de excludente da antijuridicidade ou por estar extinta a punibilidade.

A conduta típica é auxiliar o criminoso para subtraí-lo à ação da autoridade, tanto para impedir a prisão em flagrante, como a decorrente de mandado, sendo irrelevante a existência de inquérito policial e muito menos a ação penal. A ação pode traduzir-se por vários modos, como ocultação, desvio de atenção do agente da autoridade, condução do criminoso para outro lugar, obstaculizar a descoberta do paradeiro do autor do crime etc. Não o configura, entretanto, a conduta de induzir ou incentivar o autor do crime à fuga da ação da autoridade.

O auxílio somente pode configurar-se na forma comissiva e não por omissão, pois ninguém está obrigado a auxiliar a autoridade na captura do autor do crime. Mesmo um agente da autoridade que tem o dever de impedir o resultado não pode praticar esse crime; o fato constituirá um delito próprio (prevaricação, corrupção passiva etc.). Também não constitui o ilícito o fato de alguém impedir ou dificultar a investigação da autoridade ou de seus agentes, de não colaborar em atos processuais como citação, intimação etc.

Jurisprudência

- Exclusão da punibilidade: inexistência do crime de favorecimento pessoal
- Exclusão da punibilidade: inexistência do crime de favorecimento pessoal – Contra
- Conceito de favorecimento pessoal
- Subtração do autor do fato às diligências policiais
- Ocultação do criminoso: crime caracterizado
- Irrelevância da inexistência de prisão em flagrante
- Incentivo à fuga: crime não caracterizado
- Auxílio à fuga após o crime: crime caracterizado
- Acolhimento à vítima: crime caracterizado
- Iludir as investigações: crime não caracterizado
- Auxílio na ocultação de condenado: crime caracterizado
- Omissão na comunicação à polícia: crime não caracterizado
- Falta de auxílio do advogado para a citação do réu: crime não caracterizado

348.3 Tipo subjetivo

O dolo é a vontade de auxiliar o criminoso a subtrair-se da ação da autoridade, ciente o agente do fato de ser ele autor de crime. Havendo dúvida a esse respeito, ocorre o crime com dolo eventual. É indiferente, também, o fim do agente ao prestar auxílio ao criminoso.

Jurisprudência

- Exigência de conhecimento da existência de mandado de prisão

348.4 Consumação e tentativa

Consuma-se o crime com a subtração do autor do crime à ação da autoridade, não bastando, pois, a conduta do agente.

Nada impede a tentativa que ocorre quando o resultado pretendido, subtração do autor do crime da ação da autoridade, não ocorre por circunstâncias alheias à vontade do agente.

348.5 Favorecimento pessoal privilegiado

No *caput*, apenas é incriminada a conduta quando o favorecido praticou crime apenado com reclusão, mas no § 1º do art. 348 está também incriminada, com pena menor, aquele que auxiliar autor de crime apenado com detenção e/ou multa. Não se pune a conduta de auxiliar o autor de contravenção, uma vez que a utilização da palavra "crime", que se distingue de "contravenção" justamente pela pena, impede a incriminação dessa ação (art. 1º do Decreto-Lei 3.914, de 9-12-1941).

Jurisprudência

- Auxílio a autor de contravenção: crime não caracterizado

348.6 Distinção

Já se decidiu que a ocultação de coisas pelo agente, para encobrir o autor de delito antecedente de roubo, é crime de favorecimento pessoal e não de receptação. Se o agente colaborou, de qualquer forma, para o crime do favorecido, responde por esse crime e não pelo delito de favorecimento pessoal.

Jurisprudência

- Favorecimento pessoal e não extorsão mediante sequestro
- Favorecimento pessoal e não receptação
- Favorecimento pessoal e não favorecimento real
- Favorecimento real e não favorecimento pessoal

348.7 Imunidade no favorecimento pessoal

Prevê a lei imunidade para o agente quando este for ascendente, descendente, cônjuge ou irmão do criminoso. Fundado na inexigibilidade de conduta diversa, essa denominada escusa penal absolutória visa respeitar a força incoercível decorrente das relações afetivas existentes entre o agente e o criminoso. Entretanto, o rol inscrito na lei é taxativo, não podendo ser estendido a outras pessoas. Entretanto, já se reconheceu no caso de auxílio a parente causa de exclusão da antijuridicidade.

Jurisprudência

- Parentesco colateral: inadmissibilidade da escusa absolutória
- Reconhecimento de exclusão da ilicitude
- Imunidade penal caracterizada
- Recusa de irmão em entregar o réu: imunidade configurada

Favorecimento real

Art. 349. Prestar a criminoso, fora dos casos de co-autoria ou de receptação, auxílio destinado a tornar seguro o proveito do crime:

Pena – detenção, de 1 (um) a 6 (seis) meses, e multa.

Vide: CP arts. 29, 180, 311, 348.

349 FAVORECIMENTO REAL

349.1 Sujeitos do delito

Qualquer pessoa pode ser sujeito ativo do crime de favorecimento real, excetuando-se, evidentemente, os autores, coautores ou partícipes do crime anterior, que responderão apenas por este.

Sujeito passivo é o Estado, titular da regularidade administrativa. A vítima do crime antecedente, que era proprietária ou possuidora da coisa, também pode ser considerada como ofendida no crime de favorecimento real.

Jurisprudência

- Caso de coautoria: crime de favorecimento real não caracterizado

349.2 Tipo objetivo

Como no favorecimento pessoal, o crime previsto no art. 349 exige como pressuposto a ocorrência de um crime anterior, que pode ser de qualquer espécie. Basta a certeza da existência do crime antecedente para que se possa ter como configurado o crime de favorecimento real.

O proveito do crime, inscrito no tipo penal, é qualquer vantagem (material, moral, sexual etc.), alcançada com a prática do crime principal. Não se confunde, porém, com o instrumento do ilícito.

O favorecimento real é crime de ação livre, podendo ser praticado de qualquer forma.

Diferentemente do que ocorre com o crime de favorecimento pessoal, é irrelevante que, quanto ao crime anterior, ocorra inimputabilidade, causa de extinção da punibilidade etc., embora existam decisões em contrário.

Não há também imunidade penal com relação ao cônjuge, ascendente, descendente ou irmão, não estando presentes as razões que inspiraram o legislador no que diz respeito ao favorecimento pessoal.

Jurisprudência

- Empréstimo de sacola para transportar a *res furtiva*: crime caracterizado
- Auxílio para supressão de vestígios do crime
- Ocultação do produto de furto em favor do criminoso: crime caracterizado
- Desconto de cheque furtado: crime caracterizado
- Inimputabilidade do autor do crime antecedente: crime caracterizado
- Inimputabilidade do autor do crime antecedente: crime caracterizado – Contra

349.3 Tipo subjetivo

A vontade de auxiliar o autor do crime, conhecendo previamente o fato delituoso, é o dolo do crime de favorecimento real. Na dúvida a respeito da ocorrência do crime antecedente, há dolo eventual. Exige-se, porém, o fim específico da conduta: o de tornar seguro o proveito do crime por seu autor, o que o diferencia da receptação e do favorecimento real.

Jurisprudência

- Inexistência de prévio conhecimento do fato: crime não caracterizado
- Inexistência de consciência de tornar seguro proveito do crime: dolo não configurado

349.4 Consumação e tentativa

Consuma-se o crime com a prestação do auxílio, sendo irrelevante que o sujeito ativo tenha sucesso na empreitada.

Nada impede a tentativa por se tratar de crime plurissubsistente, ou seja, de conduta fracionável.

349.5 Distinção

Embora as figuras penais do favorecimento real e de receptação dolosa mantenham certas semelhanças, não se confundem. Para a receptação, crime contra o patrimônio, é preciso que o auxílio praticado o seja no sentido de conseguir vantagem para si ou para terceiro, enquanto no favorecimento real, delito contra a administração da justiça, o agente não visa a proveito, que pode ser de qualquer natureza (patrimonial, moral, sexual etc.), mas tão-somente beneficiar o criminoso.

A remarcação de chassis e a alteração de placas de automóvel produto de crime, que já foram consideradas como crime de favorecimento real, configuram agora o crime previsto no art. 311 do Código Penal, com a redação que lhe foi dada pela Lei nº 9.426, de 24-12-1996.

Jurisprudência

- Distinção entre favorecimento real e receptação dolosa
- Favorecimento real e não receptação
- Receptação dolosa e não favorecimento real
- Favorecimento real e não coautoria em furto
- Troca de placas de veículos: favorecimento real e não receptação

Art. 349-A. Ingressar, promover, intermediar, auxiliar ou facilitar a entrada de aparelho telefônico de comunicação móvel, de rádio ou similar, sem autorização legal, em estabelecimento prisional.

Pena: detenção, de 3 (três) meses a 1 (um) ano.*

* Artigo inserido pela Lei nº 12.012, de 6-8-2009.

Vide: CP arts. 319-A; LEP arts. 50, VII, 82, 87, 91, 99, 102.

349-A INGRESSO DE PESSOA PORTANDO APARELHO TELEFÔNICO, DE RÁDIO OU SIMILAR EM ESTABELECIMENTO PRISIONAL

349-A.1 Sujeitos do delito

Sujeito ativo é qualquer pessoa, inclusive o funcionário público, quando não responder este nos termos do art. 319-A. Podem cometer o delito, assim, familiares ou advogados do preso, funcionários do próprio estabelecimento prisional ou qualquer outra pessoa que pratique uma das ações típicas. Admitem-se a coautoria e a participação mediante instigação. O preso também pode ser sujeito ativo do delito em qualquer das formas de conduta descritas no tipo. É ele autor, por exemplo, se, após autorização ou permissão de saída, reingressa no estabelecimento portando um dos aparelhos proibidos.

Sujeito passivo é o Estado, titular da regularidade na administração da justiça, no que concerne à aplicação das normas legais e regulamentares que disciplinam a custódia do preso e o funcionamento dos estabelecimentos prisionais, objeto jurídico tutelado no dispositivo.

349-A.2 Tipo objetivo

O art. 349-A foi acrescentado ao Código Penal pela Lei nº 12.012, de 6-8-2009. Embora não inserido o *nomen juris*, o novo dispositivo tipifica, nos termos da própria Lei, "o ingresso de pessoa portando aparelho telefônico de comunicação móvel, de rádio ou similar, sem autorização legal, em estabelecimento prisional" (art. 1º).

O dispositivo prevê crime de ação múltipla (ou de conteúdo variado), descrevendo cinco modalidades de conduta, cada uma delas caracterizando a prática do crime. Tratando-se de tipo misto alternativo, a prática de várias das ações típicas configura delito único. Os núcleos do tipo são: ingressar, promover, auxiliar, intermediar e facilitar. *Ingressar* é entrar, passar do exterior para o interior, transpor os limites. É evidente a deficiência de redação do dispositivo. Tratando-se de verbo transitivo indireto, não se pode dizer, corretamente, "ingressar" aparelho como sinônimo de "introduzir" aparelho. Embora por interpretação teleológica se pudesse assim entender, a própria Lei nº 12.012, de 6-8-2009, fornece base para interpretação autêntica do dispositivo ao dispor que o art. 349-A tipifica "o ingresso de *pessoa* portando aparelho telefônico de comunicação móvel, de rádio ou similar, sem autorização legal, em estabelecimento prisional" (art. 1º). Não há dúvida, porém, de que configura o crime a conduta de quem ingressa no estabelecimento prisional portando um dos aparelhos descritos, porque quem entra no local levando-o consigo, também o introduz no ambiente em que é ele vedado pela lei. *Promover* é dar causa, dar impulso, provocar, fomentar, diligenciar adotando providências para a entrada do aparelho no presídio. *Auxiliar* é prestar ajuda material, por qualquer forma, na preparação ou execução do crime. *Intermediar* é interceder ou intervir, servindo de elo entre pessoas e aproximando os interessados. *Facilitar* é ajudar, favorecer, afastar obstáculo, cooperar, tornar mais fácil a entrada do aparelho no estabelecimento prisional. O auxílio, a intermediação e a facilitação pressupõem a iniciativa de outrem à qual adere o sujeito ativo colaborando por uma das formas de conduta para que se realize a entrada do aparelho no ambiente em que é vedado. O dispositivo não pune a posse e o uso do aparelho de comunicação no interior do estabelecimento prisional, mas pratica falta disciplinar de natureza grave o preso que o possui, o utiliza ou o fornece a outrem (art. 50, inciso VII, da Lei de Execução Penal).

O objeto material do crime é o aparelho telefônico de comunicação móvel, de rádio ou similar. Incluem-se os aparelhos celulares e os de rádio, que possibilitam a comunicação mediante difusão de ondas em determinadas faixas de frequência, como os radiocomunicadores, *pagers* etc. Diversamente do que ocorre no crime previsto no art. 319-A, excluem-se, por não serem móveis, os aparelhos de telefonia fixa, que funcionam por meio de fios ou cabos. Excluem-se, também, os aparelhos que não permitem a comunicação entre pessoas por serem meros receptores de sinais emitidos por estações radiodifusoras. Referindo-se a lei aos aparelhos *similares*, incluem-se, por interpretação analógica, aqueles que fornecem acesso à *Internet*, por guardarem similitude com os telefones celulares e os de rádio por também permitirem a comunicação à distância mediante a propagação de ondas eletromagnéticas. A conduta é atípica, diante da redação do dispositivo, nos casos de meros acessórios ou componentes utilizados na fabricação do equipamento. Mencionando a lei a entrada de *aparelho* de comunicação, a entrada de partes dele não configura o delito, ainda que posteriormente seja ele montado no interior do presídio. A natureza do aparelho deve ser aferida de acordo com as finalidades para as quais foi produzido e, assim, a circunstância de apresentar ele defeitos de funcionamento não descaracteriza o crime, mas o fato é atípico se demonstrada a sua absoluta impropriedade para a comunicação por apresentar danos perenes e irreparáveis que o desnaturam.

O crime somente ocorre se o sujeito ativo age sem *autorização legal*. Se a lei ressalvar determinadas pessoas ou situações em relação às quais se admite o porte do aparelho celular no interior do presídio, nessas hipóteses o fato será atípico. A autorização do diretor do estabelecimento prisional emitida no exercício de atribuição conferida por lei também descaracteriza o delito.

Na redação do art. 349-A preferiu o legislador a expressão *estabelecimento prisional* à outra legal, *estabelecimento penal*, que é conceituado como o local destinado "ao condenado, ao submetido à medida de segurança, ao preso provisório e ao egresso" (art. 82 da LEP). Não discriminando o dispositivo entre as diversas espécies de estabelecimento prisional, deve-se entender que estão abrangidos todos os estabelecimentos que se destinam à execução da *prisão*, independentemente de se tratar de prisão provisória ou decorrente de sentença condenatória transitada em julgado, de prisão civil ou administrativa. Estão incluídas, portanto, as penitenciárias, as cadeias públicas, as colônias agrícolas, industriais ou similares, e as casas de albergado, qualquer que seja a denominação dada (presídios, institutos penais agrícolas, centros de progressão penitenciária, centros de detenção provisória etc.), bem como as carceragens da polícia civil ou militar. A lei não faz distinção, ainda, em relação ao rigor penitenciário ou ao regime prisional (fechado, semiaberto ou aberto) a ser observado no estabelecimento ou à circunstância de se tratar ou não de prisão especial. Estão excluídos, diante da redação do tipo penal, os estabelecimentos que não abrigam presos e que se destinam à execução de outras medidas privativas de liberdade, como a medida de segurança detentiva e a medida socioeducativa de internação aplicável a adolescentes infratores. Exclui-se, também, evidentemente, a prisão-albergue domiciliar por se tratar de um regime especial em que o preso não permanece recolhido em estabelecimento prisional, mas sim em seu domicílio.

Jurisprudência

- Ingresso de componentes de aparelho telefônico móvel: crime não caracterizado

349-A.3 Tipo subjetivo

O dolo é a vontade de praticar uma das condutas descritas no tipo, exigindo-se a consciência do agente de que, ao ingressar no ambiente vedado, porta um dos aparelhos de comunicação mencionados no dispositivo ou de que pelas demais ações típicas favorece a sua entrada no estabelecimento prisional.

Discute-se a necessidade de um fim especial de agir, consistente na intenção de que o aparelho chegue às mãos do preso, com o objetivo de se evitar a punição em diversas hipóteses em que não tem o agente esse propósito. Não se exige, porém, para a caracterização do delito o dolo específico, porque não prevê a lei como elemento subjetivo do tipo a finalidade última que motiva o agente. Os casos particulares devem ser analisados de acordo com suas especificidades. Demonstrado o esquecimento do agente de entregar ao funcionário um dos aparelhos que portava por ocasião de uma visita, o fato será atípico por ausência de dolo. Acreditando o agente, erroneamente, que no ambiente em que se encontra ainda é permitido o porte do aparelho ou que por sua condição funcional ou outra razão está legalmente autorizado a mantê-lo em sua posse no interior do estabelecimento prisional poderá ocorrer erro de tipo, excludente do dolo. Pratica, porém, o crime descrito no art. 349-A o sujeito ativo que, agindo dolosamente, ingressa no estabelecimento prisional portando aparelho de comunicação vedado, não porque intencione entregá-lo a algum preso, mas porque dele pretende fazer uso enquanto estiver no local apesar da proibição legal. Configura-se o delito nessa hipótese porque a lei presume o risco de que, com a entrada do aparelho, algum preso, por qualquer forma, a ele possa ter acesso.

349-A.4 Consumação e tentativa

Na primeira modalidade de conduta descrita no tipo consuma-se o crime no momento em que o agente ingressa no estabelecimento prisional portando um dos aparelhos de comunicação mencionados no dispositivo. Se a lei autorizar o porte em determinadas áreas internas do estabelecimento que antecedem aquelas que abrigam os presos, o delito se consuma com o ingresso do agente no ambiente em que há a vedação legal. Nas outras modalidades a consumação ocorre com a efetiva entrada do aparelho de comunicação no interior do estabelecimento prisional, não bastando a simples prática da ação típica (promover, intermediar, auxiliar ou facilitar). A consumação independe do efetivo acesso de algum preso ao aparelho de comunicação. Trata-se de crime de perigo abstrato, presumindo a lei, de modo absoluto, o risco de lesão ao bem jurídico protegido em decorrência da mera entrada do equipamento vedado. A tentativa é admissível em qualquer das formas de conduta. Há tentativa na hipótese do visitante que, na revista prévia, é surpreendido trazendo o aparelho oculto nas vestes ou em seu corpo, mas se a apreensão ocorre na área em que o porte já é proibido o delito está consumado. Nas demais formas de conduta ocorre a tentativa se, praticada a ação típica, o aparelho não entra no estabelecimento prisional, exigindo-se, porém, que algum ato diretamente dirigido à entrada do aparelho tenha sido executado, pois sem este haverá meros atos preparatórios.

349-A.5 Distinção

Distingue-se o crime em estudo do previsto no art. 319-A porque enquanto o primeiro é delito comum, o último é crime próprio, praticado por funcionário com violação de seu dever funcional de vedar o acesso do preso ao aparelho de comunicação proibido. Se a conduta do funcionário consiste tão somente na omissão de seu dever funcional, responde ele nos termos do art. 319-A. Embora o agente ao se omitir, tendo o dever de agir, também *facilite* a entrada do aparelho no estabelecimento prisional, prevalece no confronto dos crimes a prevaricação imprópria, diante da especialidade do crime funcional. É o que ocorre na hipótese do funcionário que, percebendo portar o visitante o aparelho proibido, por descaso, receio ou outro motivo, faz *vistas grossas* tendo a consciência de favorecer o seu ingresso. Se a omissão, porém, é praticada em razão da aceitação de promessa ou do recebimento de vantagem indevida, configura-se a corrupção passiva. O funcionário público pode ser responsabilizado pelo crime previsto no art. 349-A ao praticar qualquer das ações típicas nele descritas, inclusive a facilitação por outra forma que não a mera omissão do dever funcional específico. Comete, também, o delito em exame e não o descrito no art. 319-A o funcionário público que, sem autorização legal, ingressa no estabelecimento prisional portando aparelho mencionado no tipo, se não se insere entre as suas atribuições o dever de ofício de vedar o acesso do preso ao equipamento ou se, na existência desse dever, adotou providências aptas a impedir esse acesso.

Exercício arbitrário ou abuso de poder

Art. 350. (Revogado)*

* Artigo revogado pela Lei nº 13.869, de 5-9-2019.

Fuga de pessoa presa ou submetida a medida de segurança

Art. 351. Promover ou facilitar a fuga de pessoa legalmente presa ou submetida a medida de segurança detentiva:

Pena – detenção, de 6 (seis) meses a 2 (dois) anos.

§ 1º Se o crime é praticado a mão armada, ou por mais de uma pessoa, ou mediante arrombamento, a pena é de reclusão, de 2 (dois) a 6 (seis) anos.

§ 2º Se há emprego de violência contra pessoa, aplica-se também a pena correspondente à violência.

§ 3º A pena é de reclusão, de 1 (um) a 4 (quatro) anos, se o crime é praticado por pessoa sob cuja custódia ou guarda está o preso ou o internado.

§ 4º No caso de culpa do funcionário incumbido da custódia ou guarda, aplica-se a pena de detenção, de 3 (três) meses a 1 (um) ano, ou multa.

Vide: CP arts. 96, I, 99, 317, 348, 352, 353, 354; LEP art. 50, II. Súmula: STJ 75.

351 FUGA DE PESSOA PRESA OU SUBMETIDA A MEDIDA DE SEGURANÇA

351.1 Sujeitos do delito

Sujeito ativo é qualquer pessoa que promova ou facilite a fuga de pessoa presa ou que está submetida a medida de segurança. Evidentemente, não está incluído o favorecido, que poderá responder por outro delito quando houver violência (art. 352), mas nada impede sua prática por outro preso ou recolhido.

Sujeito passivo é o Estado, titular do objeto jurídico tutelado no dispositivo.

Jurisprudência

- Favorecido como sujeito ativo: inadmissibilidade
- Fuga dos agentes e do favorecido: crime não caracterizado
- Preso como sujeito ativo

351.2 Tipo objetivo

As condutas inscritas no tipo são as de *promover*, ou seja, causar, gerar, provocar, originar, e a de *facilitar*, que é favorecer, tornar fácil, facultar, remover obstáculos, cooperar, colaborar, exigindo então a iniciativa do favorecido. Trata-se, aliás, de crime de conduta livre, podendo ser praticado de vários modos e formas.

A fuga pode ocorrer não só no presídio ou no estabelecimento destinado ao desconto de medida de segurança, como também em qualquer outro local (viatura em que é transportado o preso, na via pública quando é escoltado etc.). Para que o crime ocorra, é indispensável que o favorecido esteja legalmente preso, pouco importando, porém, se é prisão definitiva ou provisória. Não se pode incluir como favorecido o menor, que não é preso nem está submetido a medida de segurança, e sim apreendido. Há, porém, decisões em contrário.

Jurisprudência

- Troca de identidade: crime caracterizado
- Inexistência do dever de custódia: negligência de outros funcionários
- Irrelevância da espécie de prisão: crime caracterizado
- Fuga de pessoa presa ilegalmente: fato atípico
- Fuga de menor: crime não caracterizado
- Fuga de menor: crime não caracterizado – Contra

351.3 Tipo subjetivo

O dolo do crime previsto no art. 351 é a vontade de praticar uma das condutas mencionadas no dispositivo, promover ou facilitar, exigindo-se a consciência do agente de que está promovendo ou facilitando a fuga de pessoa legalmente recolhida.

Jurisprudência

- Negligência do funcionário: crime não caracterizado
- Preso que sai com autorização e não retorna: dolo eventual não caracterizado

351.4 Consumação e tentativa

Consuma-se o crime com a fuga efetiva da pessoa legalmente presa ou internada, ainda que não fique ela por muito tempo em liberdade.

A tentativa é admissível, bastando para sua ocorrência um ato material apto a tornar possível a fuga. Inexistindo este, haverá mero ato preparatório impunível.

Jurisprudência

- Irrelevância do tempo de liberdade
- Configuração da tentativa
- Inexistência de tentativa: ato preparatório

351.5 Crimes qualificados

A lei prevê várias qualificadoras. A primeira delas refere-se ao emprego de arma, que supõe seja ela utilizada ao menos para intimidar.

Na segunda forma, qualifica-se o crime quando são dois ou mais agentes, excetuado, evidentemente, o favorecido.

A última figura qualificada é a do arrombamento, em que há violência contra a coisa, como o rompimento de fechaduras, serra de grades etc. Prevê-se também que, havendo violência contra a pessoa, somar-se-á a pena da violência (homicídio, lesões corporais).

No § 3º, eleva-se a pena se o crime for praticado por pessoa sob cuja custódia ou guarda está o preso ou o internado, considerando-se aí a maior gravidade do fato pela violação do dever do agente.

Jurisprudência

- Mero porte da arma: qualificadora não caracterizada

351.6 Crime culposo

Pune a lei a forma culposa do crime, tendo como agentes o responsável ou responsáveis pela custódia ou guarda do preso que foge. O crime ocorre tanto quando a fuga é realizada apenas pelo preso, como quando este é auxiliado por terceiro, revelando-se a imprudência, negligência ou imperícia do funcionário. Como no crime doloso, é necessário que o fugitivo estivesse legalmente preso.

Nessa modalidade, a consumação somente ocorre com a fuga efetiva do preso; a mera tentativa frustrada é irrelevante no crime culposo.

Jurisprudência

- Inadmissibilidade de culpa presumida
- Desobediência a ordem: crime caracterizado
- Relaxamento na guarda: crime caracterizado
- Permissão para sair da cela desacompanhado: crime caracterizado
- Falta de revista das celas: crime caracterizado
- Trabalho particular para o agente fora da prisão: crime caracterizado
- Omissão no fechamento das portas do xadrez: crime caracterizado
- Trabalho de limpeza na prisão: crime não caracterizado
- Engano no cumprimento de alvará de soltura: crime não caracterizado
- Sujeito ativo em férias: autoria não configurada
- Sujeito ativo regularmente ausente: coautoria não configurada
- Inexistência do dever de guarda: crime não caracterizado
- Guarda externa: crime não caracterizado
- Ordem não cumprida: coautoria não caracterizada

351.7 Distinção

Já se decidiu que, caso os agentes tenham praticado o crime em virtude de promessa de vantagem indevida, em decorrência da aplicação do princípio da especialidade respondem apenas pela prática do crime do art. 351. Entretanto, a corrupção passiva é crime mais grave e não pode absorver este ilícito, ocorrendo o concurso de crimes. O crime de desobediência, meio para a consumação, é absorvido pelo delito de promoção ou facilitação de fuga de pessoa presa.

Jurisprudência

- Absorção do crime de dano
- Absorção do crime de corrupção passiva
- Absorção do crime de corrupção passiva – Contra
- Absorção do crime de desobediência

351.8 Concurso de crimes

Havendo fuga de dois ou mais presos, tanto na forma dolosa como culposa ocorrerá concurso formal de delitos, na forma do art. 70. Sendo cometidos, após a fuga, outros delitos pelos autores do crime de facilitação, haverá concurso material.

Jurisprudência

- Concurso material com crimes posteriores

351.9 Competência

Ainda que cometido por policial militar, o crime previsto no art. 351 do CP é da competência da Justiça Comum porque, não se tratando de função de natureza militar, não se enquadra no art. 9º do CPM.

Jurisprudência

- Competência da Justiça Comum

Evasão mediante violência contra a pessoa

Art. 352. Evadir-se ou tentar evadir-se o preso ou o indivíduo submetido a medida de segurança detentiva, usando de violência contra a pessoa:

Pena – detenção, de 3 (três) meses a 1 (um) ano, além da pena correspondente à violência.

Vide: CP arts. 96, I, 99, 351, 354; LEP art. 50, II.

352 EVASÃO MEDIANTE VIOLÊNCIA CONTRA A PESSOA

352.1 Sujeitos do delito

Sujeito ativo do crime é a pessoa presa ou internada para desconto de medida de segurança detentiva.

Sujeito passivo é o Estado, titular da regularidade da administração da justiça além da pessoa contra quem se pratica a violência.

352.2 Tipo objetivo

No tipo penal em estudo, equipara-se, excepcionalmente, a forma consumada à tentativa. Evadir-se é fugir, é subtrair-se à custódia ou guarda de outrem. É indispensável que se trate de prisão regular; sendo ilegal o recolhimento do agente, não se caracteriza o crime do art. 352. É irrelevante, porém, a natureza da prisão (penal, civil ou administrativa), ou sua espécie (flagrante, temporária, preventiva, definitiva). Também não é necessário que a fuga ocorra de lugar fechado, podendo caracterizar-se o delito na evasão quando o preso ou internado encontra-se em um prédio, em um veículo, em local aberto etc.

Exige-se indubitavelmente que a evasão ou sua tentativa ocorra utilizando-se o agente de violência contra a pessoa (homicídio, lesões corporais, vias de fato). A fuga do preso sem violência, ou com mera ameaça, é apenas falta disciplinar, de natureza grave (art. 50, II, da LEP).

Jurisprudência

- Irrelevância da natureza da prisão
- Prisão ilegal: crime de evasão não caracterizado
- Evasão com violência sem lesões corporais: crime caracterizado
- Evasão sem violência: crime não caracterizado
- Evasão com ameaça: crime não caracterizado
- Evasão com violência contra a coisa: crime não caracterizado

- Evasão com dano: crime não caracterizado
- Evasão durante o transporte: crime caracterizado

352.3 Tipo subjetivo

O dolo do crime previsto no art. 352 é a vontade de evadir-se, praticando violência, ciente o agente de que o faz ilicitamente, que tenha conhecimento de ser o recolhimento formalmente regular.

352.4 Consumação e tentativa

Consuma-se o crime com a evasão ou tentativa desta, desde que empregada violência. A lei equipara, para todos os efeitos penais, a evasão e sua tentativa. É impossível, pois, o reconhecimento da tentativa do crime.

Jurisprudência

- Tentativa de fuga com violência: crime consumado

352.5 Concurso de crimes

Cominando a sanção para o crime do art. 352, determina a lei a cumulação da pena referente à violência, em concurso material (portanto, com homicídio, lesões corporais etc.). Há, assim, concurso material e não o crime de resistência. É possível também a ocorrência de concurso material com sequestro, com roubo, com o crime de motim quando este não é simples meio para a fuga etc. Não havendo violência e, assim, inexistente o crime de evasão, outro fato cometido durante a fuga pode constituir outro ilícito.

Jurisprudência

- Concurso material e não crime de resistência
- Concurso material com o crime de motim
- Concurso material com o crime de sequestro
- Evasão sem violência e outros crimes
- Resistência e não evasão com violência
- Concurso material com o crime de roubo

Arrebatamento de preso

Art. 353. Arrebatar preso, a fim de maltratá-lo, do poder de quem o tenha sob custódia ou guarda:

Pena – reclusão, de 1 (um) a 4 (quatro) anos, além da pena correspondente à violência.

Vide: CP art. 96, I, 99, 354; LEP art. 40; Lei nº **8.069**, de 13-7-1990 – ECA, art. 232 (submeter criança ou adolescente sob sua autoridade, guarda ou vigilância a vexame ou a constrangimento); Lei nº **9.455**, de 7-4-1997, art. 1º, II (tipifica a conduta de submeter alguém, sob sua guarda, poder ou autoridade, com emprego de violência ou grave ameaça, a intenso sofrimento físico ou mental, como forma de aplicar castigo pessoal ou medida de caráter preventivo), § 1º (submeter pessoa presa ou sujeita a medida de segurança a sofrimento físico ou mental, por intermédio da prática de ato não previsto em lei ou não resultante de medida legal);.

353 ARREBATAMENTO DE PRESO

353.1 Sujeitos do delito

Sujeito ativo do crime de arrebatamento de preso é qualquer pessoa, sendo comum o concurso de agentes. Nada impede que o agente seja funcionário público.

Sujeito passivo é o Estado, titular da administração da justiça e responsável pela segurança do preso, que também é vítima do crime. Não incluiu a lei, inadvertidamente, como sujeito passivo a pessoa submetida à medida de segurança. O fato, porém, pode constituir outro ilícito.

353.2 Tipo objetivo

A conduta típica é *arrebatar*, que significa tirar com violência ou força, arrancar. Não se configura o crime na mera subtração sem violência ou ameaça.

O objeto do delito é o preso, sendo irrelevante a natureza e espécie de prisão. No caso, não importa, sequer, que a prisão seja ilegal, já que o Estado é responsável pela sua custódia. Não importa, também, o local em que se encontre o preso, desde que se ache custodiado ou sob a guarda de carcereiro, escolta policial, oficial de justiça etc. Basta que seja afastado do local onde se encontra para ser submetido a maus-tratos, que vão desde a simples injúria ao homicídio.

Jurisprudência

- Irrelevância do local: crime caracterizado
- Irrelevância da presença do guarda

353.3 Tipo subjetivo

O dolo do crime previsto no art. 352 é a vontade de arrebatar o preso, exigindo-se, porém, o elemento subjetivo do tipo consubstanciado no fim de maltratá-lo.

353.4 Consumação e tentativa

Consuma-se o crime com o arrebatamento do preso, por violência ou força, da custódia a que está submetido. Independe a consumação dos maus-tratos que constituem o fim da conduta, constituindo estes crime autônomo.

É possível a tentativa por se tratar de crime plurissubsistente.

Jurisprudência

- Consumação com o arrebatamento do preso

353.5 Concurso de crimes

Além da sanção prevista no art. 353, aplica-se, também, cumulativamente, a pena correspondente à violência praticada contra os agentes da autoridade ou contra o preso.

Motim de presos

Art. 354. Amotinarem-se presos, perturbando a ordem ou disciplina da prisão:

Pena – detenção, de 6 (seis) meses a 2 (dois) anos, além da pena correspondente à violência.

Vide: CP arts. 352, 353; LEP arts. 50, I, 52, *caput*, § 1º.

354 MOTIM DE PRESOS

354.1 Sujeitos do delito

Sujeitos ativos do crime de motim são os presos em número expressivo, não sendo suficiente a conduta de dois ou três deles, o que poderá constituir outro delito. Já se admitiu, porém, a existência do crime pela revolta de apenas três presos. Não se refere o tipo penal a conduta dos internados em estabelecimento destinado ao desconto de medida de segurança, podendo também constituir o fato outro ilícito penal.

Sujeito passivo é o Estado, titular da regularidade da administração da justiça, bem como eventual funcionário ou pessoa que seja atingida pela conduta dos presos.

Jurisprudência

- Motim com três presos: crime caracterizado

354.2 Tipo objetivo

O verbo núcleo do tipo é *amotinar*, que se refere a movimento coletivo de rebeldia, levante, desordem ou indisciplina, com a prática de violência contra pessoas ou coisas. É irrelevante o fim do motim, podendo até ter motivo justo.

Exige-se, sempre, que os agentes estejam legalmente presos; sendo ilegal a prisão, o agente, por direito, não tem de obedecer a ordens ou disciplina prisional. O crime, entretanto, pode ser praticado em qualquer lugar, como o interior de um veículo, desde que dele participem presos em número expressivo.

Jurisprudência

- Conceito de motim
- Desavença entre presos: crime de motim não caracterizado

354.3 Tipo subjetivo

O dolo do crime de motim de presos é a vontade de praticar a conduta, de se amotinarem. Exige-se que estejam cientes do envolvimento coletivo e da transgressão disciplinar. É irrelevante, porém, a motivação do motim consistir em reivindicações justas.

Jurisprudência

- Irrelevância da reivindicação justa: crime caracterizado

354.4 Consumação e tentativa

Consuma-se o crime de motim com o estabelecimento da desordem ou indisciplina, por tempo juridicamente relevante ou com a prática de ameaças ou de violência contra pessoas ou coisas.

Em tese, nada impede a tentativa por se tratar de conduta fracionável do crime plurissubsistente.

354.5 Concurso de crimes

Dispõe a lei sobre a aplicação cumulativa das penas correspondentes à violência (lesões corporais, homicídio etc.), excluídas, conforme a doutrina, as vias de fato, bem como a violência contra a coisa. Há, porém, decisões em contrário.

Quando o motim tem como única finalidade a fuga, absorvida fica esta pelo crime previsto no art. 354. Entretanto, assegurada a fuga, irrompendo o motim, há concurso material de infrações.

Jurisprudência

- Concurso material com dano

Patrocínio infiel

> Art. 355. Trair, na qualidade de advogado ou procurador, o dever profissional, prejudicando interesse, cujo patrocínio, em juízo, lhe é confiado:
>
> Pena – detenção, de 6 (seis) meses a 3 (três) anos, e multa.

Patrocínio simultâneo ou tergiversação

> Parágrafo único. Incorre na pena deste artigo o advogado ou procurador judicial que defende na mesma causa, simultânea ou sucessivamente, partes contrárias.

Vide: CF art. 133; CP art. 154; CPP art. 265; Lei nº 8.906, de 4-7-1994 – EAOAB, art. 33 (determina a obediência pelo advogado dos deveres consignados no Código de Ética e Disciplina), art. 34 (define infrações disciplinares do advogado), VII (violar, sem justa causa, sigilo profissional), VIII (estabelecer entendimento com a parte adversa sem autorização do cliente ou ciência do advogado contrário), IX (prejudicar, por culpa grave, interesse confiado ao seu patrocínio), X (acarretar, conscientemente, por ato próprio, a anulação ou a nulidade do processo em que funcione); XI (abandonar a causa sem justo motivo ou antes de decorridos dez dias da comunicação da renúncia); XIX (receber valores, da parte contrária ou de terceiro, relacionados com o objeto do mandato, sem expressa autorização do constituinte); XX (locupletar-se, por qualquer forma, à custa do cliente ou da parte adversa, por si ou interposta pessoa).

355 PATROCÍNIO INFIEL

355.1 Sujeitos do delito

O crime do art. 355 somente pode ser praticado por advogado, que é o bacharel legalmente habilitado pela inscrição na Ordem dos Advogados a defender interesses em Juízo, ou por procurador judicial, a quem é também permitida tal atividade. Em ambos os casos, é indiferente que se trate de mandato oneroso ou gratuito, que seja o agente constituído pela parte, nomeado pelo juiz, designado ou indicado por órgãos competentes etc. Não se incluem os promotores ou procuradores de justiça que não são considerados advogados ou procuradores judiciais, que poderão cometer outra espécie de delito.

Sujeito passivo é o Estado, titular da regularidade da administração da justiça, bem como aquele que é lesado pela conduta do sujeito ativo.

Jurisprudência

- Sujeitos passivos do crime
- Admissibilidade de participação

355.2 Tipo objetivo

Trair o dever profissional, lesando interesse legítimo, violando o dever profissional, é a conduta típica inscrita no art. 355. É indispensável que se trate de interesse discutido em Juízo, em causa judicial, pouco importando sua natureza (civil, penal, de jurisdição contenciosa ou voluntária). Não configura o crime quando o fato ocorre em mero parecer ou atividade extrajudicial.

O crime de patrocínio infiel é de forma livre e pode ser praticado por ação ou omissão. Não o caracteriza, entretanto, o abandono do processo, caso em que o defensor deve responder por infração disciplinar perante o órgão correicional competente (art. 265 do CPP).

Exige-se sempre que da conduta, ação ou omissão, resulte dano efetivo às pessoas; se não produziu nem poderia produzir nenhum efeito de direito, não ocorre o ilícito. Como o advogado ou procurador tem apenas o dever profissional de defender interesse legítimo, não se configura também o ilícito quando contraria pretensão ilícita ou ilegal.

Independe a apuração do ilícito penal da prévia apreciação disciplinar pela Ordem dos Advogados do Brasil.

Jurisprudência

- Acordo danoso para favorecer a parte contrária: crime caracterizado
- Conceito de "partes contrárias"
- Cobrança de honorários de dativo: crime caracterizado
- Cobrança de honorários de dativo: crime não caracterizado
- Promoção de liquidação de sentença: crime não caracterizado
- Inexistência de prejuízo real ou potencial: crime não caracterizado
- Simples dano potencial: crime não caracterizado
- Desnecessidade de prova de prejuízo
- Mesma causa e processos diferentes: crime caracterizado
- Inexistência de relação judicial: crime não caracterizado
- Acordo danoso ao cliente: crime caracterizado
- Acordo sem anuência do cliente: crime caracterizado
- Desistência de recurso: crime caracterizado

- Negligência na não interposição de recurso: crime não caracterizado
- Inexistência de traição do dever profissional: crime não caracterizado
- Convergência de interesses: crime não caracterizado
- Ação de cobrança de honorários após cumprimento do mandato: crime não caracterizado
- Cobrança de honorários de bacharel não inscrito na OAB: crime não caracterizado
- Ato praticado após o cumprimento do mandato: crime não caracterizado
- Abandono do processo: crime não caracterizado
- Desnecessidade de prévia apreciação disciplinar

355.3 Tipo subjetivo

O dolo do crime de patrocínio infiel é a vontade dirigida à traição do dever funcional, sabendo o agente que está prejudicando seu representado. É indiferente, porém, o fim ou motivo do agente que deseje ou não causar prejuízo. É possível o cometimento com dolo eventual, mas a simples culpa e o erro profissional não bastam para configurar o ilícito.

Jurisprudência

- Possibilidade de dolo eventual
- Necessidade de comprovação do dolo
- Conduta culposa: crime não caracterizado

355.4 Consumação e tentativa

Consuma-se o crime com o prejuízo efetivo, exigido pelo tipo penal, não bastando o dano potencial. Não é indispensável, porém, que a lesão seja definitiva.

É possível a tentativa quando, praticado o ato, não advém prejuízo por circunstâncias alheias à vontade do agente.

Jurisprudência

- Necessidade de efetivo prejuízo para a consumação
- Admissibilidade da tentativa

355.5 Patrocínio simultâneo ou tergiversação

No parágrafo único do art. 355 tipifica-se uma espécie de patrocínio infiel pelo patrocínio simultâneo ou pela tergiversação. A conduta é defender, patrocinar, zelar, cuidar, amparar, na mesma causa, partes contrárias (autor e réu, autor ou réu e opoente, litisconsorte ativo e litisconsorte passivo, réu na ação penal e autor na ação de indenização do dano *ex delicto* etc.), ou seja, pessoas com interesses antagônicos na mesma relação jurídica. Não basta, por isso, a defesa de medidas acauteladoras, de pedido de explicações etc.

Na primeira das hipóteses, a lei refere-se ao patrocínio simultâneo, em que o agente recebe mandato de partes contrárias, exercendo-os ao mesmo tempo e na mesma causa.

Na segunda conduta típica, o crime ocorre no patrocínio sucessivo (tergiversação), em que o agente deixa de patrocinar o interesse de uma parte e passa a cuidar do de outra. Para a configuração do crime, é necessário que se trate de patrocínio da mesma causa, ou seja, uma pretensão jurídica que pode até ser objeto de processos diversos e ocorrer na primeira ou segunda instância.

O dolo desse crime é a vontade de patrocinar, simultânea ou sucessivamente, interesses de partes contrárias, sendo irrelevante o fim ou os motivos do sujeito ativo. Também não constitui o delito a mera culpa.

Ao contrário do crime previsto no *caput*, o crime é formal, consumando-se com a simples defesa de interesses antagônicos, ou seja, com a prática efetiva de algum ato em juízo em favor da segunda parte. É irrelevante, pois, a ausência de prejuízo material para a primeira parte, presumindo-se o dano ou perigo da prática da conduta.

Jurisprudência

- Defesa de interesses antagônicos: crime caracterizado
- Interesse comum das partes: inexistência de dolo
- Consentimento das partes: crime não caracterizado
- Ausência de ato processual: crime não caracterizado
- Conceito de "mesma causa"
- Defesa de partes contrárias: crime caracterizado
- Pedido de explicações anterior: crime não caracterizado
- Inexistência de causa única: crime não caracterizado
- Inexistência de mandato e de prática de ato judicial: crime não caracterizado
- Inexistência de partes contrárias
- Defesa sucessiva de interesses contrários: crime caracterizado
- Irrelevância de substabelecimento ou renúncia do mandato: crime caracterizado
- Defesa de interesse de parte após separação consensual: crime não caracterizado
- Requerimento de concordata preventiva e posterior habilitação como credor: crime não caracterizado
- Consumação com a prática de ato processual

Sonegação de papel ou objeto de valor probatório

Art. 356. Inutilizar, total ou parcialmente, ou deixar de restituir autos, documento ou objeto de valor probatório, que recebeu na qualidade de advogado ou procurador:

Pena – detenção, de 6 (seis) meses a 3 (três) anos, e multa.

Vide: **CP** arts. 305, 314, 337, 355; **CPP** art. 232; **CPC** art. 234; **Lei nº 8.906**, de 4-7-1994 – **EAOAB**, art. 7º, XV (prevê o direito do advogado de ter vista dos processos judiciais ou administrativos de qualquer natureza, em cartório ou na repartição competente, ou retirá-los pelos prazos legais); XVI (direito de retirar autos de processos findos, mesmo sem procuração, pelo prazo de dez dias), art. 34, XXII (define como infração disciplinar do advogado reter, abusivamente, ou extraviar autos recebidos com vista ou em confiança).

356 SONEGAÇÃO DE PAPEL OU OBJETO DE VALOR PROBATÓRIO

356.1 Sujeitos do delito

O crime definido no art. 356, crime próprio, somente pode ser praticado por advogado ou procurador. É irrelevante que o advogado esteja defendendo causa própria. Nada impede a coautoria ou participação de terceiro.

Sujeito passivo do delito é o Estado, titular da regularidade da administração da justiça, bem como a pessoa física ou jurídica a quem a conduta cause dano, embora já se tenha negado essa qualidade a pessoa moral.

Jurisprudência

- Advocacia em causa própria: irrelevância
- Estado como sujeito passivo

356.2 Tipo objetivo

A primeira conduta inscrita no tipo é *inutilizar*, ou seja, tornar inúteis, imprestáveis, inaptos, inservíveis os autos, documento ou objeto probatório, destruindo-os, riscando-os, manchando-os. A destruição parcial, que atinge parte relevante do objeto, configura o ilícito. A segunda modalidade é a de *deixar de restituir*, de entregar, de devolver, de sonegar, de reter o objeto.

O objeto material pode ser: autos, ou seja, conjunto de peças que integram um processo, seja cível ou penal; documento, papel escrito especial ou eventualmente destinado à prova de fato juridicamente relevante; e objeto de valor probatório, que serve ou se pretende servir de elemento de convicção a respeito dos fatos no processo. É indispensável que o objeto tenha sido entregue ao agente em razão de sua qualidade de advogado ou procurador.

A previsão de sanção disciplinar prevista no Estatuto da Advocacia e da Ordem dos Advogados do Brasil (art. 33, inciso XXII) e no Código de Processo Civil (art. 234) para o advogado que retiver, abusivamente, ou extraviar autos recebidos com vista ou em confiança não exclui a sanção penal.

Jurisprudência

- Documento sem valor probatório: inexistência de crime
- Retenção dos autos: crime caracterizado
- Retenção de "senha" de ingresso em presídio: crime não caracterizado
- Posse dos documentos de terceiro: crime não caracterizado
- Inutilização de documentos dos autos: crime caracterizado
- Ausência de prejuízo: crime não caracterizado
- Desnecessidade de providência disciplinar
- Desnecessidade de providência disciplinar – Contra

356.3 Tipo subjetivo

O dolo do crime é a vontade de inutilizar ou de não restituir os autos, o documento ou o objeto probatório, tendo o agente consciência da antijuridicidade de sua conduta. São irrelevantes os fins e os motivos da conduta. Exigindo a lei o dolo, a mera culpa, ou seja, negligência não caracteriza o crime.

Jurisprudência

- Fato de terceiro: crime não caracterizado
- Inexistência de crime culposo
- Necessidade da existência do dolo
- Suficiência do dolo genérico

356.4 Consumação e tentativa

Consuma-se o crime, na primeira hipótese, com a inutilização, total ou parcial, do objeto material do crime. Na segunda, forma omissiva, a consumação ocorre quando, vencido o prazo para a devolução dos autos, documento ou objeto, não é ele restituído. É entendimento de parte dos Tribunais, porém, que para a configuração do crime não basta que o advogado tenha retido os autos além do prazo legal; é indispensável que não atenda à intimação para restituí-los, consumando-se só então o delito. Trata-se, porém, de crime formal, e a consumação independe de lesão efetiva para qualquer pessoa. A devolução dos autos, mesmo antes do recebimento da denúncia, também é irrelevante.

Na primeira conduta típica é admissível a tentativa; na segunda, tratando-se de crime omissivo puro, é ela impossível.

Jurisprudência

- Insuficiência de solicitação do cartório
- Existência de caso fortuito em roubo dos autos
- Irrelevância da devolução dos autos antes do oferecimento da denúncia
- Irrelevância da devolução dos autos antes do oferecimento da denúncia – Contra
- Consumação com a retenção após o prazo da intimação
- Consumação após o prazo de 24 horas da intimação
- Falta de intimação: crime não caracterizado
- Falta de intimação: crime não caracterizado – contra
- Desnecessidade de intimação por mandado
- Devolução após intimação: crime não caracterizado
- Irrelevância de devolução após o oferecimento da denúncia
- Irrelevância da restauração dos autos: crime caracterizado

356.5 Distinção

O art. 356 é crime especial em relação aos art. 305 e 337. Assim, tratando-se de advogado, a destruição, supressão ou ocultação de autos ou documento probatório caracteriza o ilícito em questão e não o previsto no capítulo dos crimes de falsidade ou contra a administração em geral.

Jurisprudência

- Sonegação de autos e não supressão de documentos
- Inexistência de conflito aparente de normas: inadmissibilidade de solução por *habeas corpus*
- Sonegação de autos e não subtração ou inutilização de livro ou documento

356.6 Concurso de crimes

Segundo já se decidiu, não há absorção do crime de falsidade ideológica pelo crime de sonegação de autos.

Jurisprudência

- Concurso com o crime de falsidade ideológica

Exploração de prestígio

Art. 357. Solicitar ou receber dinheiro ou qualquer outra utilidade, a pretexto de influir em juiz, jurado, órgão do Ministério Público, funcionário de justiça, perito, tradutor, intérprete ou testemunha:

Pena – reclusão, de 1 (um) a 5 (cinco) anos, e multa.

Parágrafo único. As penas aumentam-se de um terço, se o agente alega ou insinua que o dinheiro ou utilidade também se destina a qualquer das pessoas referidas neste artigo.

Vide: **CP** arts. 317, 332, 333, 343; **CPP** arts. 158 a 184, 203, 210, 211, 223, 236, 275 a 281, 784, § 1º, 788, V; **CPC** arts. 149, 156 a 158, 162 a 164, 458, parágrafo único, 464 a 480.

357 EXPLORAÇÃO DE PRESTÍGIO

357.1 Sujeitos do delito

Sujeito ativo do crime de exploração de prestígio é qualquer pessoa, embora seja comum a qualidade de advogado ou procurador.

Sujeito passivo é o Estado, titular da regularidade da administração da justiça. Como o crime previsto no art. 357 é uma espécie de estelionato, com fraude bilateral, vítima é também a pessoa que, iludida pelo agente, é lesada em seu patrimônio.

357.2 Tipo objetivo

A primeira conduta típica é *solicitar*, que significa pedir, requerer, buscar, pressupondo a iniciativa do sujeito ativo, que se configura ainda que o pedido não seja aceito. A segunda é a ação de *receber*, obter, aceitar, configurando um acordo de vontades entre o sujeito ativo e o comprador do prestígio. É indispensável que o agente arrogue influência com relação ao servidor e que solicite ou receba a vantagem, não se configurando o crime com a simples gabarolice ou fanfarronada.

O crime pressupõe fraude, pois o agente solicita ou recebe a vantagem *a pretexto* de influir no servidor da justiça, iludindo o interessado, pois, havendo conluio com o servidor, ocorrerá outro ilícito.

O objeto material do crime é dinheiro ou qualquer utilidade, seja ela material ou moral. As pessoas enumeradas no art. 357, junto às quais o agente arroga o prestígio, são o juiz (de qualquer instância), o jurado, o órgão do Ministério Público (promotor de justiça, curador, procurador), o funcionário de justiça (escrivão, escrevente, oficial de justiça etc.), o perito, o tradutor, o intérprete e a testemunha.

Jurisprudência

- Solicitação para influir na aprovação em exame de habilitação de motorista
- Desnecessidade da existência do funcionário
- Desnecessidade da existência de influência do sujeito ativo: crime caracterizado
- Irrelevância de ser falso ou real o prestígio arrogado

357.3 Tipo subjetivo

O dolo é a vontade de obter a vantagem ilícita, arrogando-se o sujeito de influência junto ao servidor de justiça.

357.4 Consumação e tentativa

Consuma-se o crime com a simples solicitação, ainda que não aceita, ou com o recebimento.

Em tese, é admissível a tentativa (por escrito, em que se solicita a vantagem, que é interceptado, por exemplo).

357.5 Crime qualificado

O crime torna-se qualificado, com penas mais severas, se o agente alega ou insinua que a vantagem também se destina a qualquer das pessoas referidas no artigo. Não é necessário, porém, que o comprador do prestígio acredite na destinação alegada pelo agente.

Jurisprudência

- Exploração de prestígio qualificada
- Irrelevância do fingimento da vítima de anuir à solicitação: flagrante esperado e crime caracterizado

Violência ou fraude em arrematação judicial

> Art. 358. Impedir, perturbar ou fraudar arrematação judicial; afastar ou procurar afastar concorrente ou licitante, por meio de violência, grave ameaça, fraude ou oferecimento de vantagem:
>
> Pena – detenção, de 2 (dois) meses a 1 (um) ano, ou multa, além da pena correspondente à violência.
>
> *Vide*: CP arts. 171, 335; CPC arts. 826, 879 a 903.

358 VIOLÊNCIA OU FRAUDE EM ARREMATAÇÃO JUDICIAL

358.1 Sujeitos do delito

Sujeito ativo do crime previsto no art. 358 é qualquer pessoa, inclusive funcionário público, ligada ou não à realização na arrematação judicial.

Sujeito passivo é o Estado, titular da regularidade da administração da justiça, inclusive nas arrematações judiciais, como os concorrentes lesados no direito de livre participação na disputa.

Jurisprudência

- Irrelevância da situação do sujeito ativo

358.2 Tipo objetivo

As condutas típicas são as de impedir, perturbar ou fraudar, tal como no art. 335, com a distinção que diz respeito ao ato que é objeto da conduta, não mais concorrência ou hasta pública promovida pela administração direta ou indireta, mas arrematação judicial, ou alienação, em leilão judicial, eletrônico ou presencial (hasta pública), promovida por particular (art. 879 a 903 do CPC). Decidiu-se pelo cometimento do crime previsto no art. 358 e não no art. 171, § 2º, VI, do CP, na conduta do agente que, aceito seu lance, emitiu cheque sem suficiente provisão de fundos em poder do sacado como princípio de pagamento. Mas não configura o crime o simples inadimplemento de lance ofertado em leilão.

Jurisprudência

- Existência de fundos na emissão: crime não caracterizado
- Fraude com a emissão de cheque sem fundos para remição da dívida: crime caracterizado
- Fraude com a emissão de cheque sem fundos para arrematação: crime caracterizado
- Lance temerário: crime caracterizado
- Inadimplemento do lance: crime não caracterizado
- Adiamento da praça com promessa de remição: crime não caracterizado

358.3 Tipo subjetivo

O dolo do crime previsto no art. 358 é a vontade de impedir, perturbar ou fraudar a arrematação, na primeira hipótese, e inclui a vontade de praticar a violência, grave ameaça ou oferecimento da vantagem, na segunda. Não se exige, porém, qualquer finalidade especial da conduta. Admissível, em tese, a possibilidade da prática do crime com dolo eventual, quando o agente assume o risco de frustrar o leilão.

Jurisprudência

- Suficiência do dolo genérico
- Inexistência de dolo: crime não caracterizado

358.4 Consumação e tentativa

A consumação e a tentativa ocorrem nos mesmos termos daquelas referentes ao crime previsto no art. 335 (item 335.4). A simples tentativa de afastar concorrente configura o ilícito.

Jurisprudência

- Consumação do crime com a suspensão da praça
- Inexistência da arrematação: crime não caracterizado

358.5 Distinção

Para a ocorrência do crime, é necessário que a arrematação esteja pelo menos aparelhada para seu início. Assim, a sustação do leilão com manobra fraudulenta do agente ao emitir cheque sem fundos para liquidação da execução não constitui o crime definido no art. 358, mas o do art. 171, VI, do CP.

Jurisprudência

- Emissão de cheque sem fundos e não fraude à arrematação judicial
- Emissão de cheque sem fundos e não fraude à arrematação judicial – contra
- Depósito para cobrir o cheque: crime não caracterizado

358.6 Concurso de crimes

Havendo violência no crime definido no art. 358, aplica-se também a pena desta (homicídio, lesões etc.).

Se o crime de fraude em arrematação judicial foi o meio fraudulento para a obtenção de vantagem indevida, fica absorvido pelo crime de estelionato, segundo já se decidiu.

Jurisprudência

- Absorção pelo crime de estelionato

Desobediência a decisão judicial sobre perda ou suspensão de direito

> Art. 359. Exercer função, atividade, direito, autoridade ou múnus, de que foi suspenso ou privado por decisão judicial:
> Pena – detenção, de 3 (três) meses a 2 (dois) anos, ou multa.
>
> *Vide*: CP arts. 43, V, 44, § 4º, 47, 92, 205, 249, § 1º, 282, 330; LCP art. 47; LEP art. 181, § 3º; Lei nº 9.503, de 23-9-1997 – CTB art. 307 (tipifica a conduta de violar a suspensão ou a proibição de se obter a permissão ou a habilitação para dirigir veículo automotor imposta com fundamento no Código de Trânsito Brasileiro).

359 DESOBEDIÊNCIA À DECISÃO JUDICIAL SOBRE PERDA OU SUSPENSÃO DE DIREITO

359.1 Sujeitos do delito

O art. 359 prevê crime especial que só pode ser praticado por quem está privado ou suspenso do exercício de função, atividade, direito, autoridade ou múnus e desobedece a determinação judicial.

Sujeito passivo é o Estado, titular da regularidade da Administração Pública e, portanto, interessado diretamente no cumprimento das decisões judiciais.

359.2 Tipo objetivo

O crime concretiza-se quando o sujeito exerce função, atividade, direito, autoridade ou múnus de que está privado ou suspenso por decisão judicial. Não se confunde, pois, com a mera infração disciplinar a determinação de órgão de classe, o que poderá constituir outro ilícito.

Refere-se a lei a: *função*, encargo derivado de lei, convenção ou decisão judicial; *atividade*, que encerra as espécies de profissão, ofício ou ministério; *direito*, como o poder familiar, autoridade parental, político etc.; *autoridade*, que é o desempenho de funções em que há competência para impor suas decisões; e *múnus*, derivado de lei ou de decisão judicial, como as de jurado, defensor dativo etc.

Não distingue a lei a espécie de decisão judicial em que se impôs a interdição de qualquer desses direitos ou encargos, embora na jurisprudência tenha por vezes limitado a abrangência do dispositivo, restringindo sua aplicação aos casos de descumprimento de penas acessórias, hoje inexistentes no direito penal comum. Diante da nova sistemática penal, porém, tratando-se de desobediência ao cumprimento de pena restritiva de direitos, não incide o dispositivo, uma vez que a lei prevê para o fato, como sanção, a conversão dela em pena privativa de liberdade (arts. 44, § 4º, do CP e 181, § 3º, da LEP). Já, na hipótese de desobediência a efeito da condenação previsto no art. 92 do CP, é aplicável o art. 359 do mesmo estatuto.

Jurisprudência

- Inexistência de execução da sentença: crime não caracterizado
- Desobediência a decisão judicial sobre pena acessória: crime caracterizado
- Desobediência a decisão judicial em ação civil: crime não caracterizado
- Desobediência a decisão judicial em ação civil: crime não caracterizado – Contra
- Desobediência ao cumprimento de pena restritiva de direitos: crime não caracterizado

359.3 Tipo subjetivo

O dolo é a vontade de desobedecer a ordem judicial, não se exigindo qualquer finalidade especial da conduta. É suficiente, pois, o chamado dolo genérico, tendo o agente ciência de que estava suspenso ou privado por deliberação judicial de exercer a atividade.

Jurisprudência

- Suficiência do dolo genérico

359.4 Consumação e tentativa

Consuma-se o crime com a prática de um ato qualquer da função, atividade, direito etc. É crime eventualmente permanente, pois não exige sempre a reiteração dos atos.

É admissível, em tese, a tentativa.

Jurisprudência

- Consumação pela desobediência por pouco tempo

359.5 Distinção

Inexistindo decisão judicial, mas estando o agente inabilitado legalmente para desempenhar a atividade, poderá ocorrer outro crime (art. 282, por exemplo) ou contravenção (art. 47 da LCP). A violação da suspensão ou proibição de dirigir ou de obter licença para dirigir constitui o crime previsto no art. 307 do Código de Trânsito Brasileiro.

CAPÍTULO IV
DOS CRIMES CONTRA AS FINANÇAS PÚBLICAS

* Capítulo acrescentado ao Código Penal pela Lei nº 10.028, de 19-10-2000.

Contratação de operação de crédito

Art. 359-A. Ordenar, autorizar ou realizar operação de crédito, interno ou externo, sem prévia autorização legislativa:

Pena – reclusão, de 1 (um) a 2 (dois) anos.

Parágrafo único. Incide na mesma pena quem ordena, autoriza ou realiza operação de crédito, interno ou externo:

I – com inobservância de limite, condição ou montante estabelecido em lei ou em resolução do Senado Federal;

II – quando o montante da dívida consolidada ultrapassa o limite máximo autorizado por lei.*

* Artigo acrescentado pela Lei nº 10.028, de 19-10-2000.

Vide: **CF** arts. 37, § 4º, 85, V, VI, 163 a 169; **CP** arts. 359-E, 359-H; **CPP** arts. 513 a 518; **Lei Complementar nº 101**, de 4-5-2000 (Lei de Responsabilidade Fiscal), art. 29, III (define operação de crédito); arts. 32 a 39 (dispõem sobre as operações de crédito); **Lei nº 1.079**, de 10-4-1950 (define os crimes de responsabilidade do Presidente da República, Ministros de Estado, Ministros do STF, Procurador-Geral da República, Governadores e Secretários de Estado), art. 10, modificado pela Lei nº 10.028, de 19-10-2000 (define os crimes de responsabilidade contra a lei orçamentária), art. 11, 3 (contrair empréstimo, emitir moeda corrente ou apólices, ou efetuar operação de crédito sem autorização legal); **Lei nº 8.429**, de 2-6-1992 (Lei de Improbidade Administrativa), art. 10, VI (considera como ato de improbidade administrativa realizar operação financeira sem observância das normas legais e regulamentares ou aceitar garantia insuficiente ou inidônea); **Decreto-lei nº 201**, de 27-2-1967, art. 1º, XVI a XXIII, com a redação dada pela Lei nº 10.028, de 19-10-2000 (define como crimes de responsabilidade dos prefeitos e vereadores condutas relacionadas com operações de crédito). Súmula: STJ 329.

359-A CONTRATAÇÃO DE OPERAÇÃO DE CRÉDITO

359-A.1 Sujeitos do delito

Sujeito ativo do crime é o agente público que tem entre suas atribuições ordenar, autorizar ou realizar operação de crédito, infringindo a lei ou a resolução do Senado Federal. É possível a participação criminosa, por instigação.

Sujeito passivo é o Estado, titular da regularidade da administração no que tange às finanças públicas.

359-A.2 Tipo objetivo

Toda operação de crédito do Estado (União, Estado ou Município), interna ou externa, deve estar autorizada em lei. Caso não tenha sido prevista a referida operação, é ela irregular e, agora, crime. São três as condutas típicas previstas no novel dispositivo. A primeira delas é *ordenar*, ou seja, mandar, determinar que se realize a operação de crédito. A segunda delas é de *autorizar*, permitir que seja ela realizada. Por último é incriminada a conduta de realizar o ato irregular, tornando-o efetivo. Operação de crédito, segundo definição contida na Lei Complementar nº 101, de 4-5-2000 (Lei de Responsabilidade Fiscal), é o compromisso financeiro assumido em razão de mútuo, abertura de crédito, emissão e aceite de título, aquisição financiada de bens, recebimento antecipado de valores provenientes da venda a termo de bens e serviços, arrendamento mercantil e outras operações assemelhadas, inclusive com o uso de derivativos financeiros (art. 29, III).

359-A.3 Tipo subjetivo

O dolo do crime é a vontade de praticar uma das condutas inscritas no tipo, ou seja, de ordenar, de autorizar ou realizar a operação de crédito ilegal. Evidentemente, pressupõe-se que o agente público tenha consciência de que tal operação não foi previamente autorizada em lei. É possível, porém, em casos excepcionais, o erro de tipo, ou seja, o desconhecimento de que a operação não estava autorizada legalmente.

Não há forma culposa do crime.

359-A.4 Consumação e tentativa

A consumação do crime ocorre conforme a conduta. Se o agente é quem pode ordenar a operação, basta que o faça para que o crime esteja consumado. Se sua função é autorizar as operações de crédito, a prática desse ato consuma o delito. Por fim, se o agente é quem tem função de realizá-la, consuma o crime quando a executa.

A tentativa somente é possível na conduta de realizar a operação, que é abortada antes de sua concretização por circunstâncias alheias à vontade do agente. Nas demais formas, trata-se de crime de mera conduta, que se consuma independentemente da realização da operação de crédito.

359-A.5 Crimes assemelhados

Também são incriminadas as condutas de quem ordena, autoriza ou realiza operação de crédito interno ou externo "com inobservância de limite, condição ou montante estabelecido em lei ou em resolução do Senado Federal" ou "quando o montante da dívida consolidada ultrapassa o limite autorizado por lei". No caso, há permissão para a operação de crédito, mas ela é ordenada, autorizada ou executada irregularmente, com relação aos seus limites, condições ou montantes. Se há, porém, disposição legal no sentido de que os limites estabelecidos para as operações de crédito em geral não se aplicam a determinadas operações, a conduta é atípica.

Jurisprudência

- Não aplicação dos limites gerais a determinadas operações de crédito: atipicidade

Inscrição de despesas não empenhadas em restos a pagar

Art. 359-B. Ordenar ou autorizar a inscrição em restos a pagar, de despesa que não tenha sido previamente empenhada ou que exceda limite estabelecido em lei:

Pena – detenção, de 6 (seis) meses a 2 (dois) anos.*

* Artigo acrescentado pela Lei nº 10.028, de 19-10-2000.

Vide: CF arts. 37, § 4º, 85, V, VI, 163 a 169; **CP** art. 359-C, 359-F; **CPP** arts. 513 a 518; **Lei Complementar nº 101**, de 4-5-2000 (Lei de Responsabilidade Fiscal), arts. 1º, § 1º, 42, 50, V, 53, V, 55, III, *b*, 59, II (dispõem sobre restos a pagar); **Lei nº 4.320**, de 17-3-1964 (estabelece normas gerais de Direito Financeiro para elaboração e controle dos orçamentos e balanços da União, dos Estados, dos Municípios e do Distrito Federal), art. 36 (considera como restos a pagar as despesas empenhadas, mas não pagas até o dia 31 de dezembro, distinguindo-se as processadas das não processadas), art. 92, parágrafo único (dispõe que o registro dos restos a pagar far-se-á por exercício e por credor, distinguindo-se as despesas processadas das não processadas). Súmula: **STJ 329**.

359-B INSCRIÇÃO DE DESPESAS NÃO EMPENHADAS EM RESTOS A PAGAR

359-B.1 Sujeitos do delito

Sujeito ativo é o agente público que tem a função de ordenar ou de autorizar a inscrição de despesas em restos a pagar e o faz irregularmente. Nada impede a participação criminosa por instigação.

Sujeito passivo é o Estado, lesado na regularidade da administração das Contas Públicas.

359-B.2 Tipo objetivo

As condutas típicas são as de ordenar e de autorizar (v. item 359-A.2) irregularmente a inscrição de despesa. Com tais ações, permitem os agentes que seja inscrita na rubrica de restos a pagar (da despesa assumida em um exercício fiscal, mas cujo pagamento é feito no exercício seguinte) despesa que não tenha sido previamente empenhada ou que exceda limite estabelecido em lei. Com isso, o agente deixa para o ano seguinte, ilegalmente, o pagamento de despesa. O art. 41 da Lei Complementar nº 101, de 4-5-2000 (Lei de Responsabilidade Fiscal), que definia e especificava despesas a serem inscritas em restos a pagar, foi objeto do veto presidencial.

359-B.3 Tipo subjetivo

Trata a lei de crime doloso, incidindo no tipo o agente que voluntariamente ordenou ou autorizou a inscrição da despesa, sabendo que não tinha sido ela previamente empenhada ou que excedia o limite estabelecido em lei.

359-B.4 Consumação e tentativa

Consuma-se o crime com a ordem, para o agente que a determina, e com a autorização, para o agente que a permite, independentemente da efetiva inscrição da despesa. Trata-se de crime de mera conduta, nas duas ações, não se admitindo a tentativa.

Assunção de obrigação no último ano do mandato ou legislatura

> Art. 359-C. Ordenar ou autorizar a assunção de obrigação, nos dois últimos quadrimestres do último ano do mandato ou legislatura, cuja despesa não possa ser paga no mesmo exercício financeiro ou, caso reste parcela a ser paga no exercício seguinte, que não tenha contrapartida suficiente de disponibilidade de caixa:
>
> Pena – reclusão, de 1 (um) a 4 (quatro) anos.*
>
> * Artigo acrescentado pela Lei nº 10.028, de 19-10-2000.

Vide: CF arts. 37, § 4º, 85, V, VI, 163 a 169; CP art. 359-B, 359-D, 359-G; CPP arts. 513 a 518; **Lei Complementar nº 101**, de 4-5-2000 (Lei de Responsabilidade Fiscal), art. 42 (veda a assunção de obrigação nos dois últimos quadrimestres do mandato que não possa ser cumprida integralmente dentro dele, ou que tenha parcelas a serem pagas no exercício seguinte sem que haja suficiente disponibilidade de caixa para este efeito). Súmula: **STJ 329**.

359-C ASSUNÇÃO DE OBRIGAÇÃO NO ÚLTIMO ANO DO MANDATO OU LEGISLATURA

359-C.1 Sujeitos do delito

Sujeito ativo do crime é o funcionário que ordena ou autoriza seja assumida a obrigação de despesa que não pode ser paga no mesmo exercício financeiro ou de parcela que deve ser paga no exercício seguinte sem contrapartida suficiente de disponibilidade de caixa. É partícipe quem induz ou instiga o sujeito ativo à prática do ilícito.

Sujeito passivo é o Estado, lesado na regularidade da administração das finanças públicas.

359-C.2 Tipo objetivo

As condutas típicas são, como nos artigos anteriores, as de ordenar ou autorizar, ou seja, de mandar ou permitir um ato, no caso, o de que seja assumida a obrigação de despesas que não possam ser pagas no mesmo exercício financeiro ou, tratando-se de débito em parcela a ser paga no exercício seguinte, que a despesa não tenha contrapartida suficiente de disponibilidade em caixa. Evita-se com o dispositivo que o administrador transfira para o sucessor despesas feitas nos últimos oito meses do mandato ou da legislatura, o que é vedado pelo art. 42 da Lei Complementar nº 101, de 4-5-2000 (Lei de Responsabilidade Fiscal).

Jurisprudência

- Delito não caracterizado
- Denúncia inepta

359-C.3 Tipo subjetivo

O dolo do crime é a vontade de ordenar ou de autorizar a assunção da obrigação que não é admitida no prazo de oito meses finais do mandato ou legislatura.

Jurisprudência

• Conhecimento da irregularidade: dolo caracterizado

359-C.4 Consumação e tentativa

Consuma-se o crime previsto no art. 359-C com a ordem ou autorização para que se assuma irregularmente a obrigação. Trata-se de crime formal, dispensando-se para a consumação que seja assumida a obrigação.

É inadmissível a tentativa.

Ordenação de despesa não autorizada

> Art. 359-D. Ordenar despesa não autorizada por lei:
> Pena – reclusão, de 1 (um) a 4 (quatro) anos.*
> * Artigo acrescentado pela Lei nº 10.028, de 19-10-2000.

Vide: **CF** arts. 37, § 4º, 85, V, VI, 163 a 169; **CP** art. 315, 359-B, 359-C, 359-G; **CPP** arts. 513 a 518; **Lei Complementar nº 101**, de 4-5-2000 (Lei de Responsabilidade Fiscal), art. 15 (considera como não autorizadas, irregulares e lesivas ao patrimônio público a geração de despesa ou a assunção de obrigação que não atendam ao disposto nos arts. 16 e 17), arts. 16 a 24 (dispõem sobre a geração de despesa, as despesas com Pessoal e com a Seguridade Social); **Lei nº 1.079**, de 10-4-1950 (define os crimes de responsabilidade do Presidente da República, Ministros de Estado, Ministros do STF, Procurador-Geral da República, Governadores e Secretários de Estado), art. 11, 1 (prevê como crime contra a guarda e legal emprego dos dinheiros públicos a conduta de ordenar despesas não autorizadas por lei ou sem observância das prescrições legais relativas às mesmas); **Lei nº 8.429**, de 2-6-1992 (Lei de Improbidade Administrativa), art. 10, IX (considera como ato de improbidade administrativa ordenar ou permitir a realização de despesas não autorizadas em lei ou regulamento); **Decreto-lei nº 201**, de 27-2-1967, art. 1º, V (define como crime de responsabilidade de Prefeitos e Vereadores a conduta de ordenar ou efetuar despesas não autorizadas por lei, ou realizá-las em desacordo com as normas financeiras pertinentes). Súmula: **STJ 329**.

359-D ORDENAÇÃO DE DESPESA NÃO AUTORIZADA

359-D.1 Sujeitos do delito

Pratica o crime o administrador federal, estadual ou municipal que ordenar a despesa não autorizada por lei, nada vedando a participação criminosa por instigação.

Sujeito passivo é o Estado, lesado na regularidade da administração das Finanças Públicas.

359-D.2 Tipo objetivo

A conduta típica é ordenar, ou seja, mandar que se faça despesa não autorizada por lei. Trata a lei de uma forma genérica, que abrange a ação de qualquer administrador que tenha em suas atribuições a possibilidade de ordenar despesa pública. Cometerá o ilícito em tela, em qualquer situação, quando a referida despesa não estiver autorizada em lei. Já se decidiu, porém, que, cuidando-se de norma penal em branco, a hipótese de despesa não autorizada deve estar prevista em lei. Trata-se de crime subsidiário, que é afastado, no concurso aparente de normas, apenas quando é menos grave que o concorrente, ou que este seja regra especial com relação ao art. 359-D. A conduta é prevista também como crime de responsabilidade (art. 11, n° 1, da Lei n° 1.079, de 10-4-1950 e art. 1°, V, do Decreto-lei n° 201, de 27-2-1967) e como ato de improbidade administrativa (art. 10, IX, da Lei n° 8.429, de 2-6-1992).

Jurisprudência

- Norma penal em branco

359-D.3 Tipo subjetivo

O dolo é a vontade de ordenar a despesa, tendo conhecimento de que ela não está autorizada por lei. Admite-se o dolo eventual, em que o agente público atua quando há dúvida sobre a existência ou não de autorização legal.

Jurisprudência

- Ausência de dolo: crime não caracterizado

359-D.4 Consumação e tentativa

Consuma-se o crime com a simples ordem para a despesa, independentemente desta ou de prejuízo efetivo para o Estado. Tratando-se de mera conduta, é inadmissível a tentativa. Na jurisprudência, porém, tem-se entendido que a inexistência de autorização de despesa constitui, tão somente, indício de irregularidade, exigindo-se para o aperfeiçoamento do crime a efetiva lesão às finanças públicas, bem jurídico tutelado pelo dispositivo. Havendo dotação orçamentária para a realização da despesa, tem-se afastado a caracterização da infração penal.

Jurisprudência

- Inexistência de prejuízo ao Estado: crime não caracterizado
- Existência de dotação orçamentária: crime não caracterizado

Prestação de garantia graciosa

> Art. 359-E. Prestar garantia em operação de crédito sem que tenha sido constituída contragarantia em valor igual ou superior ao valor da garantia prestada, na forma da lei:
> Pena – detenção, de 3 (três) meses a 1 (um) ano.*

* Artigo acrescentado pela Lei n° 10.028, de 19-10-2000.

Vide: **CF** arts. 37, § 4º, 85, V, VI, 163 a 169; **CP** art. 359-A; **CPP** arts. 513 a 518; **Lei Complementar nº 101**, de 4-5-2000 (Lei de Responsabilidade Fiscal), art. 29, IV (define concessão de garantia em operação de crédito); art. 40 (dispõe sobre garantia e contragarantia em operações de crédito). Súmula: **STJ 329**.

359-E PRESTAÇÃO DE GARANTIA GRACIOSA

359-E.1 Sujeitos do delito

Sujeito ativo é o funcionário que presta garantia, em operação de crédito, sem que tenha sido constituída a contragarantia correspondente, na forma da lei. Permite o crime a participação criminosa do beneficiado.

Sujeito passivo é o Estado, lesado em sua administração das finanças públicas por fornecer crédito sem a garantia regular.

359-E.2 Tipo objetivo

A conduta típica é, em operação de crédito, oferecer garantia irregular, sem que a outra parte tenha constituído garantia em valor igual ou superior ao valor da garantia prestada. Com essa conduta, fica o Estado sem a garantia devida para realizar seu crédito, beneficiando-se o devedor. A Lei de Responsabilidade Fiscal (Lei Complementar nº 101, de 4-5-2000) define concessão de garantia como o compromisso de adimplência de obrigação financeira ou contratual assumida por ente da Federação ou entidade a ele vinculada (art. 29, IV), instituindo normas sobre garantia e contragarantia em operações de crédito (art. 40).

359-E.3 Tipo subjetivo

O dolo é a vontade de prestar, ilegalmente, a garantia, em operação de crédito do qual é participante o Estado.

359-E.4 Consumação e tentativa

Consuma-se o crime com o oferecimento da garantia, irregular porque não constituída contragarantia em valor igual ou superior, como determina a lei.

Não cancelamento de restos a pagar

Art. 359-F. Deixar de ordenar, de autorizar ou de promover o cancelamento do montante de restos a pagar inscrito em valor superior ao permitido em lei:

Pena – detenção, de 6 (seis) meses a 2 (dois) anos.*

* Artigo acrescentado pela Lei nº 10.028, de 19-10-2000.

Vide: **CF** arts. 37, § 4º, 85, V, VI, 163 a 169; **CP** art. 359-B; **CPP** arts. 513 a 518; **Lei Complementar nº 101**, de 4-5-2000 (Lei de Responsabilidade Fiscal), arts. 1º, § 1º, 42, 50, V, 53, V, 55, III, *b*, 59, II (dispõem sobre restos a pagar); **Lei nº 4.320**, de 17-3-1964 (estabelece normas gerais de Direito Financeiro para elaboração e controle dos orçamentos e balanços da União, dos Estados, dos Municípios e do Distrito Federal), art. 36 (considera como restos a pagar as despesas empenhadas, mas não pagas até o dia 31 de dezembro, distinguindo-se as processadas das não processadas), art. 92, parágrafo único (determina que o registro dos restos a pagar far-se-á por exercício e por credor, distinguindo-se as despesas processadas das não processadas). Súmula: STJ 329.

359-F NÃO CANCELAMENTO DE RESTOS A PAGAR

359-F.1 Sujeitos do delito

Sujeito ativo do crime é o funcionário que deve ordenar, autorizar ou promover o cancelamento do montante de restos a pagar inscrito ilegalmente.

Sujeito passivo é o Estado, ofendido na regularidade da administração das Finanças Públicas.

359-F.2 Tipo objetivo

Assim como é crime a inscrição em restos a pagar de despesa que exceda limite estabelecido em lei, também comete crime o administrador que, no exercício próprio, deixa de ordenar, de autorizar ou de promover seu cancelamento. Trata-se de crime omissivo puro, que ocorre no momento em que o agente passa a estar obrigado a ordenar, autorizar ou promover o cancelamento do montante de restos a pagar inscrito com ilegalidade.

359-F.3 Tipo subjetivo

O dolo é a vontade de não praticar o ato devido, ou seja, de ordenar, autorizar ou promover o cancelamento devido. A mera mora, por culpa, não constitui o ilícito.

359-F.4 Consumação e tentativa

Consuma-se o crime assim que se esgota o prazo para que o administrador, conforme as funções que desempenhe, ordene, autorize ou promova o cancelamento. Não se exige que haja prejuízo efetivo para a Administração.

Tratando-se de crime omissivo puro, não há possibilidade de tentativa.

Aumento de despesa total com pessoal no último ano do mandato ou legislatura

> Art. 359-G. Ordenar, autorizar ou executar ato que acarrete aumento de despesa total com pessoal, nos cento e oitenta dias anteriores ao final do mandato ou da legislatura:
>
> Pena – reclusão, de 1 (um) a 4 (quatro) anos.*

* Artigo acrescentado pela Lei nº 10.028, de 19-10-2000.

Vide: **CF** arts. 37, § 4º, 85, V, VI, 163 a 169; **CP** art. 359-C; **CPP** arts. 513 a 518; **Lei Complementar nº 101**, de 4-5-2000 (Lei de Responsabilidade Fiscal), art. 18 (define despesa total com pessoal), art. 21, parágrafo único (prevê a nulidade do ato de que resulte aumento da despesa com pessoal expedido nos cento e oitenta dias anteriores ao final do mandato). Súmula: **STJ 329**.

359-G AUMENTO DE DESPESA TOTAL COM PESSOAL NO ÚLTIMO ANO DO MANDATO OU LEGISLATURA

359-G.1 Sujeitos do delito

Sujeito ativo do crime é o agente público, que tem como atribuição, no Executivo, Legislativo ou Judiciário, regular as despesas públicas com pessoal da Administração em geral, por poder ordenar, autorizar ou executá-las.

Sujeito passivo é o Estado, lesado na administração das Finanças Públicas.

359-G.2 Tipo objetivo

Procura a lei evitar que os agentes públicos, no final de seus mandatos, ou da legislatura, aumentem despesa total com funcionários, prejudicando eventualmente seus sucessores, que deverão arcar com o aumento das despesas da Administração. A Lei Complementar nº 101, de 4-5-2000, define despesa total com pessoal (art. 18), estabelece limites para as despesas dessa natureza (arts. 19 e 20) e prevê a nulidade, de pleno direito, do ato de que resulte aumento da despesa com pessoal expedido nos cento e oitenta dias anteriores ao final do mandato (art. 21, parágrafo único).

O crime é de ação múltipla ou variada, podendo ser praticado com a ordem, a autorização ou a execução do ato que acarreta aumento de despesa com pessoal no prazo de lei em que é ele proibido, ou seja, nos últimos cento e oitenta dias do mandato ou da legislatura.

359-G.3 Tipo subjetivo

O dolo do crime previsto no art. 359-G é a vontade de ordenar, autorizar ou executar qualquer ato que acarrete aumento de despesas com pessoal, no prazo em que a lei o proíbe.

359-G.4 Consumação e tentativa

Tratando-se de crime formal, a consumação ocorre com a ordem, a autorização ou a execução do ato incriminado. Independe a consumação de prejuízo efetivo para a Administração Pública. É inadmissível a tentativa nas duas primeiras condutas típicas, mas é ela possível no caso da execução que não se concretize por circunstâncias alheias à vontade do agente.

Oferta pública ou colocação de títulos no mercado

Art. 359-H. Ordenar, autorizar ou promover a oferta pública ou a colocação no mercado financeiro de títulos da dívida pública sem que tenham sido criados por lei ou sem que estejam registrados em sistema centralizado de liquidação e de custódia:

Pena – reclusão, de 1 (um) a 4 (quatro) anos.*

* Artigo acrescentado pela Lei nº 10.028, de 19-10-2000.

Vide: **CF** arts. 37, § 4º, 85, V, VI, 163 a 169; **CP** art. 359-A, 359-E; **CPP** arts. 513 a 518; **Lei Complementar nº 101**, de 4-5-2000 (Lei de Responsabilidade Fiscal), art. 29, II (define dívida pública mobiliária como a representada por títulos emitidos pela União, inclusive os do Banco Central do Brasil, Estados e Municípios); **Lei nº 10.179**, de 6-2-2001 (dispõe sobre os títulos da dívida pública de responsabilidade do Tesouro Nacional), art. 5º (prevê a emissão dos títulos sob a forma escritural e o registro em sistema centralizado de liquidação e custódia). Súmula: **STJ** 329.

359-H OFERTA PÚBLICA OU COLOCAÇÃO DE TÍTULOS NO MERCADO

359-H.1 Sujeitos do delito

A lei prevê mais um crime próprio, que só pode ser praticado por funcionário que tenha poder para ordenar, autorizar ou promover a oferta pública ou a colocação no mercado financeiro de títulos da dívida pública. Nada impede, também, a participação criminosa por instigação.

Sujeito passivo é o Estado, lesado na regularidade da administração das Finanças Públicas.

359-H.2 Tipo objetivo

Para que sejam ofertados ou colocados no mercado financeiro, é necessário que os títulos da dívida pública tenham sido criados por lei e que estejam registrados em sistema centralizado de liquidação e de custódia. Pratica o crime o agente público que ordena, autoriza ou promove a oferta pública ou a colocação no mercado financeiro de títulos públicos que não se tenham por regulares na forma da lei.

359-H.3 Tipo subjetivo

O dolo do crime é, conforme a conduta, a vontade de ordenar, autorizar ou promover a oferta ou a colocação no mercado dos títulos. É evidente que se exige tenha o agente conhecimento de que não foram eles criados por lei, ou que não estejam registrados regularmente.

359-H.4 Consumação e tentativa

Consuma-se o crime, na primeira das condutas, com a autorização para a oferta ou colocação dos títulos no mercado. Na segunda conduta típica, a consumação se dá com a mera autorização para tais atos. Na última ação típica, a consumação depende da efetiva oferta ou colocação no mercado. É indiferente haver ou não prejuízo efetivo para o Estado.

A tentativa é possível quando se trata de promover a oferta ou a colocação dos títulos no mercado, que podem não ser efetivadas por circunstâncias alheias à vontade do agente.

TÍTULO XII
DOS CRIMES CONTRA O ESTADO DEMOCRÁTICO DE DIREITO

CAPÍTULO I
DOS CRIMES CONTRA A SOBERANIA NACIONAL

Atentado à soberania

> Art. 359-I. Negociar com governo ou grupo estrangeiro, ou seus agentes, com o fim de provocar atos típicos de guerra contra o País ou invadi-lo:
>
> Pena – reclusão, de 3 (três) a 8 (oito) anos.
>
> § 1º Aumenta-se a pena de metade até o dobro, se declarada guerra em decorrência das condutas previstas no *caput* deste artigo.
>
> § 2º Se o agente participa de operação bélica com o fim de submeter o território nacional, ou parte dele, ao domínio ou à soberania de outro país:
>
> Pena – reclusão, de 4 (quatro) a 12 (doze) anos.
>
> *Artigo incluído pela Lei nº 14.197, de 1º-9-2021.

***

Vide: CF arts. 1º, I, 5º, XLIV, 109 e 170, I; CP art. 5º, § 1º.

359-I ATENTADO À SOBERANIA

359-I.1 Considerações gerais

A Lei nº 14.197, de 1º-9-2021, que revogou a antiga Lei de Segurança Nacional (Lei nº 7.170, de 14-12-1983, inseriu no Código Penal o Título XII, que trata de crimes genericamente denominados "contra o Estado Democrático de Direito". Nele se tutelam a soberania nacional (arts. 359-I e 359-J e 359-K), o Estado Democrático de Direito (arts. 359-L e 359-M), o funcionamento das instituições democráticas no processo eleitoral (art. 359-N e 359-P) e o funcionamento dos serviços essenciais (art. 359-R). Previa a Lei, também, os crimes de comunicação enganosa em massa (art. 359-O) e de atentado a direito de manifestação (art. 359-S) mas esses dispositivos, juntamente com os que estabeleciam causas de aumento de pena (arts. 359-U) e hipótese de ação penal privada subsidiária (art. 359-Q) foram objeto de veto presidencial. Pelos crimes descritos no novo Título XII do Código Penal, tutelam-se valores fundamentais sobre os quais se assenta a organização do Estado brasileiro, em conformidade com a ordem constitucional instituída no Brasil em 1988.

359-I.2 Sujeitos do delito

Sujeito ativo do delito de atentado à soberania é qualquer pessoa. Não estabelecendo a lei qualquer discriminação, podem praticar o delito tanto o brasileiro como o estrangeiro, o civil e o funcionário público, os agentes políticos, parlamentares, ministros de Estado etc. Tratando-se de militar, o fato é punido nos termos do Código Penal Militar (arts. 119 e 122).

Sujeito passivo é o titular do direito tutelado no dispositivo, o Estado brasileiro, que exerce a sua soberania plena dentro dos limites territoriais do País.

359-I.3 Tipo objetivo

O bem jurídico tutelado pelo dispositivo é a soberania nacional, i.é, o poder político que o Estado brasileiro exerce sobre seu território, que não se submete a nenhum outro poder na ordem interna e independente em relação a qualquer outro na ordem internacional. No art. 359-I criminaliza-se conduta que visa favorecer a eclosão de uma guerra ou uma invasão do território nacional por outro país.

A ação típica é a de "negociar", que tem o sentido de discutir, dialogar, trocar ideias ou entabular conversações visando firmar um acordo, ajuste ou transação tendente a provocar a invasão ou atos de guerra contra o País. A negociação, descreve-se, pode ocorrer com o governo, isto é, diretamente com instituições oficiais de um País estrangeiro, com um grupo estrangeiro, expressão que abrange qualquer organização não governamental estrangeira, entre as quais as que têm pretensões bélicas, territoriais ou terroristas, ou, então, com seus agentes, ou seja, com qualquer pessoa que negocie ou intermedeie, oficialmente ou não, em nome do governo ou do grupo estrangeiro.

Exige-se no tipo que a negociação tenha por finalidade a de provocar atos típicos de guerra contra o Brasil ou sua invasão. Invasão é a irrupção ou ocupação de parte do território nacional mediante o poder das armas. Por atos típicos de guerra deve-se entender aqueles que configurem uma agressão armada violadora da soberania do Estado brasileiro sobre o território nacional (art. 5º, § 1º, do CP), seguidas ou não de uma ocupação, como nos casos de bombardeios em terra, ataques a aeronaves ou embarcações nacionais, bloqueios de portos etc.

359-I.4 Tipo subjetivo

O elemento subjetivo é o dolo, ou seja, a vontade de negociar com o governo ou grupo estrangeiro ou seus agentes, com a finalidade específica de provocar a invasão ou atos típicos de guerra contra o País.

359-I.5 Consumação e tentativa

Para o aperfeiçoamento do ilícito não é necessário que a negociação com o governo ou grupo estrangeiro tenha sido ultimada mediante a efetiva celebração de um acordo ou ajuste, bastando, para a consumação do delito, o início das tratativas que visem aquele fim. A tentativa pode se configurar na prática pelo agente de atos tendentes à negociação que não venha a prosperar, como no caso de formulação de uma proposta de acordo que não encontra ressonância da parte do governo ou grupo estrangeiro para sua continuidade.

359-I.6 Aumento de pena

No § 1º está previsto o aumento da pena de metade até o dobro se em decorrência da conduta do agente sobrevém uma declaração de guerra, pelo Brasil ou pelo País estrangeiro. A ocorrência prévia ou posterior da invasão ou da prática de atos típicos de guerra não é suficiente para a incidência da majorante, exigindo-se no tipo que a guerra seja oficialmente declarada, o que pressupõe ato formal do país, conforme previsto nas normas de direito internacional.

359-I.7   Forma qualificada

É discutível se no § 2º está contida a descrição de um tipo autônomo ou se se cuida de uma forma qualificada do delito de atentado à soberania. Na primeira hipótese, não haveria a necessidade de o agente praticar previamente qualquer negociação com o estrangeiro, bastando a sua participação em uma operação bélica por este promovida visando a submissão do território nacional ou de parte deste à soberania do agressor. Assim, qualquer pessoa, nacional ou estrangeiro, que aderisse a um atentado dessa natureza praticaria o crime. No entanto, a redação do dispositivo e a técnica empregada, sua colocação no artigo, a utilização da conjunção subordinativa a uma ação principal, "se", e a referência ao "agente", são indicativos de este só pode ser o autor do crime descrito no *caput*, tratando-se, portanto, de uma forma qualificada da infração. Se o agente, portanto, não apenas negocia, mas participa da agressão armada com a mencionada finalidade, responde nos termos do § 2º, sujeitando-se à pena de 4 a 12 anos de reclusão. A falta de uma melhor técnica também impede a aplicação da causa de aumento de pena prevista no § 1º à forma qualificada.

Atentado à integridade nacional

Art. 359-J. Praticar violência ou grave ameaça com a finalidade de desmembrar parte do território nacional para constituir país independente:

Pena – reclusão, de 2 (dois) a 6 (seis) anos, além da pena correspondente à violência.

*Artigo incluído pela Lei nº 14.197, de 1º-9-2021.

Vide: CF arts. 5º, XLIV, 109.

359-J   ATENTADO À INTEGRIDADE NACIONAL

359-J.1   Sujeitos do delito

O crime de atentado à integridade nacional é crime comum, podendo ser praticado por qualquer pessoa, nacional ou estrangeiro.

O sujeito passivo é, também, aqui, o Estado, titular do direito de soberania sobre a integralidade do território nacional. Também são sujeitos passivos as vítimas da violência ou ameaça.

359-J.2   Tipo objetivo

No crime descrito no art. 359-J tutela-se a integridade do território nacional contra condutas que visem ao seu desmembramento para a constituição de um País independente.

A ação típica é a de praticar violência ou grave ameaça, das quais pode ser vítima qualquer pessoa. Não se referindo, porém, o tipo à violência contra pessoa, abre-se a possibilidade de se aplicar o dispositivo à violência empregada contra coisa, com a destruição de bens materiais.

359-J.3 Tipo subjetivo

Exigem-se para a configuração do delito o dolo, a vontade livre e consciente de empregar violência ou grave ameaça, e um elementos subjetivo do tipo, consistente na finalidade que move o agente ao praticar a conduta, a de desmembrar parte do território nacional para nela se constituir um país independente.

359-J.4 Consumação e tentativa

O crime de atentado à integridade nacional se consuma com a tão só prática da violência ou grave ameaça. Independe o aperfeiçoamento do delito de que o agente tenha sucesso em seu desiderato de desmembramento de parte do território brasileiro. A eventual ocorrência deste, com a criação de um Estado independente, não é causa de agravamento da pena e tampouco afasta a possibilidade de sua responsabilização. A tentativa é admissível.

359-J.5 Concurso

Conforme previsto no preceito secundário do art. 359-J, responde o agente também pelo delito configurado com o emprego da violência, como homicídio, lesão corporal, dano etc., somando-se as penas.

Espionagem

Art. 359-K. Entregar a governo estrangeiro, a seus agentes, ou a organização criminosa estrangeira, em desacordo com determinação legal ou regulamentar, documento ou informação classificados como secretos ou ultrassecretos nos termos da lei, cuja revelação possa colocar em perigo a preservação da ordem constitucional ou a soberania nacional:

Pena – reclusão, de 3 (três) a 12 (doze) anos.

§ 1º Incorre na mesma pena quem presta auxílio a espião, conhecendo essa circunstância, para subtraí-lo à ação da autoridade pública.

§ 2º Se o documento, dado ou informação é transmitido ou revelado com violação do dever de sigilo:

Pena – reclusão, de 6 (seis) a 15 (quinze) anos.

§ 3º Facilitar a prática de qualquer dos crimes previstos neste artigo mediante atribuição, fornecimento ou empréstimo de senha, ou de qualquer outra forma de acesso de pessoas não autorizadas a sistemas de informações:

Pena – detenção, de 1 (um) a 4 (quatro) anos.

§ 4º Não constitui crime a comunicação, a entrega ou a publicação de informações ou de documentos com o fim de expor a prática de crime ou a violação de direitos humanos.

*Artigo incluído pela Lei nº 14.197, de 1º-9-2021.

Vide: CF arts. 1º, I, 5º, XXXIII,109 e 170, I; **CP** art. 325, 348; **Lei nº 5.172**, de 25-10-1966 (Código Tributário Nacional), art. 198 (veda a divulgação por parte da Fazenda Pública ou de seus servidores, de informação protegida pelo sigilo fiscal); **Lei nº 8.159**, de 8-1-1991 (dispõe sobre a política nacional de arquivos públicos e privados); **Lei nº 11.671**, de 8-5-2008, art. 3º § 5º; **Lei nº 12.527, de 18-11-2011** art. 4º, I e II (regulamenta o art. 5º, XXXIII, da Constituição Federal, dispondo sobre o acesso a informações sigilosas); **Lei nº 12.850, de 2-8-2013** art. 1º, § 1º (define organização criminosa).

359-K ESPIONAGEM

359-K.1 Sujeitos do delito

Qualquer pessoa, nacional ou estrangeiro, funcionário público ou não, pode ser sujeito ativo do crime de espionagem. A qualidade do agente que lhe determina o dever de sigilo sobre as informações enseja a incidência de uma qualificadora (§ 2º).

Sujeito Passivo é o Estado, titular do direito-dever de manter em sigilo as informações que possam colocar em perigo a ordem constitucional ou a soberania nacional.

359-K.2 Tipo objetivo

Pelo crime de espionagem pune-se quem entrega a governo ou organização criminosa estrangeira documento ou informação sobre a qual recai especial grau de sigilo. *Entregar*, no tipo, é dar, transferir, revelar, passar para as mãos ou conhecimento de outrem o documento ou a informação. O destinatário deve ser um governo estrangeiro ou uma organização criminosa estrangeira. A entrega pode ser direta ao governo, i.é, às instituições oficiais de outro País, ou a algum de seus agentes, funcionários ou representantes, oficiais ou não, mas que agem em nome e interesse do Estado estrangeiro. Conceito legal de organização criminosa é dado em nosso direito pelo art. 1º, § 1º, da Lei nº 12.850/2013 (v. item 288-9). Por organização estrangeira, porém, deve-se considerar, por exclusão, aquela que não é brasileira, i.é, que tem sua sede, base ou foco de atuação a partir do exterior, independentemente da nacionalidade de seus membros, estando, portanto, incluídas as organizações terroristas, os grupos de guerrilha, as facções clandestinas de movimentos armados internacionais etc.

O objeto material do delito é o documento ou informação sigilosos que tenham sido classificados como secretos ou ultrassecretos nos termos da lei. Trata-se de norma penal em branco cuja complementação é dada pela Lei nº 12.527, de 18-11-2011, que regula o acesso a informações previsto na Constituição Federal (art. 5º, XXXIII). Informação, define a Lei, são "dados, processados ou não, que podem ser utilizados para produção e transmissão de conhecimento, contidos em qualquer meio, suporte ou formato" e documento é a "unidade de registro de informações, qualquer que seja o suporte ou formato" (art. 4º, I e II). As informações ultrassecretas têm o prazo máximo de restrição de 25 anos e as secretas de 15 anos. Dispõem a Lei e seu regulamento (Decreto nº 7.724, de 16-5-2012) sobre a competência para a decretação dos sigilos, sua ratificação e revisão.

Abrange o tipo as informações que sejam transmitidas por qualquer meio de comunicação, incluindo-se a transmissão meramente oral.

Contém o tipo elementos normativos. O primeiro deles é o de que a conduta seja praticada em desacordo com determinação legal ou regulamentar. Excluem-se, assim, da tipicidade os casos em que a entrega da informação ou documento encontre abrigo na legislação pátria, como pode ocorrer no curso de gestões diplomáticas regulamente autorizadas. Exige-se, também, no tipo, que a informação ou documento seja de natureza que sua "revelação possa colocar em perigo a preservação da ordem constitucional ou a soberania nacional". Esse perigo não constitui uma presunção absoluta que decorra do mero fato de as informações ou documentos terem sido classificados como secretos ou ultrassecretos, porque, então, inócua seria a utilização da fórmula no dispositivo. Cuida-se, portanto, de elemento cuja presença no fato concreto deve ser aferida pelo juiz no decorrer da persecução penal.

359-K.3 Tipo subjetivo

O tipo subjetivo é composto pelo dolo, direto ou eventual, que pode ocorrer no risco assumido pelo agente com relação à natureza da informação ou documento ou qualidade de seu destinatário. A incidência em erro de tipo é possível com relação aos mesmos elementos e elide o crime pela ausência do dolo.

359-K.4 Consumação e tentativa

Consuma-se o crime com a entrega da informação ou documento sigiloso e seu recebimento pelo governo estrangeiro ou seus agentes ou pela organização criminosa. No caso de não chegar a ocorrer esse recebimento a despeito da conduta do agente, por circunstâncias alheias a sua vontade, configura-se a tentativa.

359-K.5 Forma qualificada

No § 2º é prevista a forma qualificada do delito. A pena é de 6 a 15 anos se o agente com a entrega viola dever de sigilo. Embora na prática do crime, tal como previsto no *caput*, ocorra sempre a violação de um sigilo, por se tratar de documento secreto ou ultrassecreto, a circunstância contida no parágrafo determina a punição mais gravosa se ao agente incumbia a preservação do sigilo da informação ou documento. Destina-se a norma, principalmente, mas não exclusivamente, ao funcionário ou agente público, inclusive o que não mais exerce a função em face da persistência do dever, como se verifica no crime de violação de sigilo funcional (art. 325). Também o particular pode ter a punição agravada, nos termos do § 2º, se teve acesso ao segredo e se está, por força de norma legal ou regulamentar ou de contrato, pessoalmente obrigado a não revela-lo.

359-K.6 Favorecimento pessoal a espião

No § 1º do art. 359-K pune-se com as mesmas penas previstas no *caput* quem presta auxílio a espião para subtraí-lo à ação da autoridade pública. Espião é quem pratica ato de espionagem, que é o crime descrito no caput. Trata-se de uma modalidade específica do crime de favorecimento pessoal, previsto no art. 348. Pode ser cometido por qualquer pessoa. Configura-se com a prestação de qualquer forma de auxílio ao espião, como acolhê-lo ou dar-lhe abrigo ou transporte, encetar ações que impeçam ou dificultem a sua prisão ou localização pelos agentes públicos, fornecer-lhe dinheiro ou meios de fuga etc. Exige-se a prática de uma conduta comissiva, um agir positivo concreto, não se caracterizando o crime se o agente simplesmente se omite, ainda que se cuide de funcionário público, que poderá responder, no caso, por prevaricação. Não há o crime em estudo, também, no mero incentivo à prática da espionagem, se o ato material, o auxílio, não vem a ser prestado. No caso de auxílio moral, inclusive o induzimento e a instigação, poderá o agente ser responsabilizado como partícipe do crime descrito no *caput*. O elemento subjetivo é o dolo, a vontade de auxiliar o espião a subtrair-se da ação da autoridade, com a ciência de se tratar de autor do crime de espionagem. Diante da redação do dispositivo, diversamente do que se verifica no favorecimento pessoal, cujo aperfeiçoamento ocorre com a efetiva subtração do criminoso (item 348.4), o crime previsto no § 1º do art. 359-K se consuma com a prestação do auxílio, desde que este vise à subtração do espião da ação da autoridade, ainda que a final não logre ele sucesso. A tentativa é possível, embora de difícil configuração. Não se aplica ao § 1º, a qualificadora prevista no § 2º, que, por sua redação, pressupõe a prática da conduta descrita no *caput*, ao se referir à transmissão ou revelação do segredo.

359-K.7   Facilitação à espionagem

No § 3º descreve-se uma modalidade específica, mais severamente punida, do crime de fornecimento e empréstimo de senha, previsto no art. 325, § 1º, do Código Penal. Comete o crime quem facilita a prática dos crimes descritos no art. 359-K propiciando acesso de pessoa não autorizada aos sistemas de informações. Facilitar é favorecer, tornar fácil, facultar, remover obstáculos, cooperar para a prática do crime de espionagem. A facilitação do acesso pode ocorrer, conforme exemplifica o dispositivo, mediante a atribuição, fornecimento ou empréstimo de senha. A atribuição pressupõe que o agente tenha o poder de previamente inseri-la no sistema; o fornecimento é a mera entrega da senha e o empréstimo a viabilização temporária de seu uso pelo espião. Contém o dispositivo, porém, fórmula genérica que autoriza a interpretação analógica ao mencionar a facilitação mediante "qualquer outra forma de acesso" a sistemas de informações.

Somente responde nos termos do § 3º, quem facilita o acesso a esses sistemas. Se o agente facilita a prática da espionagem por outras formas, poderá responder como partícipe do crime descrito no *caput*. Somente se configura o delito em estudo se o ingresso no sistema de informações propiciado pelo agente permite ao espião o acesso aos dados classificados como secretos ou ultrassecretos, porque a estes se refere o *caput* do artigo. Acesso a outros sistemas de informações, ainda que contenham dados sigilosos, assim não classificados, poderá ensejar a punição pelo crime menos grave, do art. 325, § 1º.

Sujeito ativo pode ser não somente o funcionário público, mas qualquer pessoa que se encontre em condições de propiciar o acesso indevido. Diante da redação do § 3º, que se refere à facilitação da prática do crime de espionagem, a consumação daquele depende de que este também se configure, ao menos na forma tentada. Diversamente do que se verifica em relação ao art. 325, § 1º, não basta para seu aperfeiçoamento que o terceiro acesse a informação sigilosa.

359-K.8   Exclusão da ilicitude

Causas de exclusão da ilicitude são previstas no § 4º. Ainda que praticada uma ação típica, entre as descritas no art. 359-K, não será ela antijurídica, afastando-se, assim, o crime, se a conduta se constituir na comunicação, entrega ou publicação de informações ou documentos, mesmo que classificados como secretos ou ultrassecretos, se a sua finalidade é a de "expor a prática de crime ou a violação de direitos humanos". A relevância desses interesses sociais, de punir o autor de infrações penais e de coibir e reprimir atentados aos direitos humanos, sobreleva-se ao interesse do Estado na preservação do sigilo dos dados que versem sobre aqueles. Aliás, conforme dispõe a Lei nº 12.527, de 18-11-2011, "as informações ou documentos que versem sobre condutas que impliquem violação de direitos humanos praticada por agentes públicos ou a mando de autoridades públicas não poderão ser objeto de restrição de acesso", o que afasta a legalidade da manutenção. Aplica-se a excludente tanto ao crime descrito no caput e em sua forma qualificada (§ 2º), como também aos delitos previstos nos §§ 1º e 3º.

Ao crime de espionagem, bem como aos demais crimes descritos no Título XII, aplica-se também, a excludente prevista no art. 359-T (item 359-T.1).

CAPÍTULO II
DOS CRIMES CONTRA AS INSTITUIÇÕES DEMOCRÁTICAS

Abolição violenta do Estado Democrático de Direito

Art. 359-L. Tentar, com emprego de violência ou grave ameaça, abolir o Estado Democrático de Direito, impedindo ou restringindo o exercício dos poderes constitucionais:

Pena – reclusão, de 4 (quatro) a 8 (oito) anos, além da pena correspondente à violência.

*Artigo incluído pela Lei nº 14.197, de 1º-9-2021.

Vide: CF art. 1º; 2º, 5º, XLIV, 60, § 4º, III, 109.

359-L ABOLIÇÃO VIOLENTA DO ESTADO DEMOCRÁTICO DE DIREITO

359-L.1 Sujeitos do delito

Trata-se de crime comum que pode ser praticado por qualquer pessoa.

Sujeito passivo é o Estado brasileiro, na forma em que instituído pela ordem constitucional vigente. Também serão sujeitos passivos as pessoas eventualmente atingidas pelo emprego da violência ou grave ameaça.

359-L.2 Tipo objetivo

Pelos crimes descritos no novo Título XII do Código Penal, tutelam-se valores fundamentais sobre os quais se assenta a organização do Estado brasileiro, em conformidade com a ordem constitucional instituída no Brasil em 1988. Dispõe, nesse sentido, o art. 1º da Constituição Federal que a República Federativa do Brasil se constitui em "Estado Democrático de Direito". Trata-se de uma concepção ampla que abrange tanto os postulados básicos e princípios clássicos do Estado de Direito, como a submissão ao império da lei, a divisão, independência e harmonia dos poderes e a garantia dos direitos individuais, como, também, os valores intrínsecos aos regimes democráticos, entre os quais os da igualdade, liberdade e dignidade da pessoa humana e a soberania da vontade popular.

No art. 359-L incrimina-se a conduta que vise à supressão do Estado Democrático de Direito ou sua substituição por uma ditadura ou outro regime incompatível com a ordem constitucional. Exige-se no tipo que o atentado se realize mediante violência ou grave ameaça. Não configuram, assim, o crime a mera defesa e a difusão de ideias políticas contrárias à ordem vigente. A violência ou grave ameaça empregada pelo agente deve se voltar à criação um impedimento ou uma restrição, i.é, de um obstáculo ou uma limitação ao regular exercício dos poderes constitucionais, que são os poderes executivo, legislativo e judiciário dos entes federativos, União, estados, Distrito Federal e municípios.

359-L.3   Tipo subjetivo

O dolo deve abranger a prática da violência ou grave ameaça, a vontade de por meio dela criar o impedimento ou restrição ao exercício dos poderes e o fim último, o de que a ação seja tendente a abolir o Estado Democrático de Direito.

359-L.4   Consumação e tentativa

Consuma-se o crime com a prática da violência ou grave ameaça, ocorra ou não a abolição do Estado Democrático de Direito ou mesmo efetivo impedimento ou restrição ao exercício dos poderes.

Trata-se de crime de atentado. Não há que se falar, assim, em tentativa do delito. Cuida-se aqui de uma das exceções à regra geral de punição do crime tentado, expressamente ressalvadas no art. 14, parágrafo único.

359-L.5   Concurso

Por expressa disposição contida no preceito secundário, decorrendo da violência algum outro crime, como homicídio, lesões corporais etc., impõe-se ao agente também a pena a este cominada.

Golpe de Estado

> **Art. 359-M.** Tentar depor, por meio de violência ou grave ameaça, o governo legitimamente constituído:
> Pena – reclusão, de 4 (quatro) a 12 (doze) anos, além da pena correspondente à violência.
> *Artigo incluído pela Lei nº 14.197, de 1º-9-2021.
>
> **Vide:** CF arts. 1º, 2º, 5º, XLIV, 109.

359-M   GOLPE DE ESTADO

359-M.1   Sujeitos do delito

Trata-se de crime comum que pode ser praticado por qualquer pessoa, brasileiro ou estrangeiro, agente público ou não.

Sujeito passivo é o Estado. Também figurarão como sujeitos passivos os indivíduos sobre os quais recaia a conduta do agente, governantes ou não.

359-M.2 Tipo objetivo

Enquanto no art. 359-L o atentado contra o Estado Democrático de Direito se realiza mediante a criação de obstáculo ao exercício dos três poderes constituídos, no art. 359-M, mais severamente punido, o agente visa à prática de um golpe de Estado, ou seja, derrubar, pela força ou coação, o governo legitimamente constituído, afastando os seus ocupantes do regular exercício de suas funções. A tentativa de deposição do governo, também aqui, deve se realizar mediante o emprego de violência ou grave ameaça. Na ausência destas, a simples sustentação e difusão de ideias ou razões pelas quais o governo deveria ser derrubado o governo não configuram o crime em exame. Do *nomen juris*, Golpe de Estado, depreende-se que a figura típica não abrange atentados que não sejam praticados contra o governo da União. A violência ou ameaça empregada com o fim de derrubar os governos estaduais ou municipais poderá se revestir da tipicidade do art. 359-L ou ensejar a caracterização de outro delito.

359-M.3 Tipo subjetivo

O elemento subjetivo é o dolo, a consciência e vontade de praticar a violência ou grave ameaça tendente a depor o governo legitimamente constituído.

359-M.4 Consumação e tentativa

O crime se consuma com a prática da violência ou grave ameaça, logre ou não o agente o fim almejado, de depor o governo legítimo. A exemplo do que se verifica no art. 359-L, não há que se admitir a figura tentada, porque com o início de execução do crime verifica-se a adequação típica direta, dispensado o concurso da norma contida no art. 14, II do Código Penal.

359-M.5 Concurso

Dispõe o art. 359-M que ao agente deve ser imposta também, cumulativamente, a pena correspondente à violência praticada. Responde o agente por ambos os delitos em concurso.

CAPÍTULO III
DOS CRIMES CONTRA O FUNCIONAMENTO DAS INSTITUIÇÕES DEMOCRÁTICAS NO PROCESSO ELEITORAL

Interrupção do processo eleitoral

> Art. 359-N. Impedir ou perturbar a eleição ou a aferição de seu resultado, mediante violação indevida de mecanismos de segurança do sistema eletrônico de votação estabelecido pela Justiça Eleitoral:

Pena – reclusão, de 3 (três) a 6 (seis) anos, e multa.

*Artigo incluído pela Lei nº 14.197, de 1º-9-2021.

Vide: CF arts. 1º, 5º, XLIV, 14 a 17; Lei nº 4.737, de 15-7-1965 arts. 289 a 354-A (Código Eleitoral);

359-N INTERRUPÇÃO DO PROCESSO ELEITORAL

359-N.1 Sujeitos do delito

Não se cuida de crime próprio. Qualquer pessoa, inclusive o candidato, eleitor ou servidor da Justiça eleitoral, pode ser sujeito ativo do delito do art. 359-N.

Sujeito passivo é o Estado, responsável pelo regular funcionamento da Justiça Eleitoral. Serão também sujeitos passivos eleitores, candidatos e quaisquer participantes do pleito que tiverem seus direitos lesados pela conduta do agente.

359-N.2 Tipo objetivo

Tutela-se a lisura das eleições, um dos pilares do regular funcionamento das instituições democráticas contra condutas que possam prejudicar tanto o processo de votação como o de apuração dos votos até final aferição do resultado. As normas que regem o processo eleitoral estão contidas no Código Eleitoral (Lei nº 4.737, de 15-7-1965).

As ações típicas são a de *impedir*, que é não permitir que se inicie ou prossiga, paralisar, impossibilitar, obstaculizar, e *perturbar*, que significa tumultuar, embaraçar, estorvar, atrapalhar, alterar o regular andamento do processo eleitoral. Exige-se que a conduta recaia sobre os "mecanismos de segurança ou do sistema eletrônico de votação", que é o adotado no Brasil pela Justiça Eleitoral. Pune-se, assim, qualquer tentativa de interferir indevidamente no funcionamento das urnas eletrônicas ou de alterar ou conturbar o sistema de apuração, mediante violação dos procedimentos eletrônicos de apuração, consolidação e totalização de votos colhidos nas múltiplas zonas eleitorais. *Violar*, no tipo é romper, ultrapassar, neutralizar os mecanismos de segurança da urna ou sistema, de modo a permitir o acesso indevido ou a alteração de dados.

359-N.3 Tipo subjetivo

É composto pelo dolo, a vontade livre e consciente de realizar todos os elementos do tipo.

359-N.4 Consumação e tentativa

O crime se consuma com a obstrução da eleição ou da aferição do resultado ou com a efetiva ocorrência de dificuldades para sua realização como resultado da conduta do agente. A tentativa é possível em ambas as modalidades de conduta.

359-N.4 Distinção

Os crimes eleitorais são os descritos nos arts. 289 a 354-A do Código Eleitoral. Diversas condutas ali tipificadas constituem-se em formas de impedir ou perturbar o processo eleitoral. No art. 359-N punem-se somente as condutas praticadas mediante violação dos mecanismos de segurança do sistema eletrônico de votação.

Art. 359-O. (VETADO).

O art. 359-O, oportunamente vetado, tinha no projeto a seguinte redação: "Promover ou financiar, pessoalmente ou por interposta pessoa, mediante uso de expediente não fornecido diretamente pelo provedor de aplicação de mensagem privada, campanha ou iniciativa para disseminar fatos que sabe inverídicos, e que sejam capazes de comprometer a higidez do processo eleitoral: Pena – reclusão, de 1 (um) a 5 (cinco) anos, e multa."

Violência política

Art. 359-P. Restringir, impedir ou dificultar, com emprego de violência física, sexual ou psicológica, o exercício de direitos políticos a qualquer pessoa em razão de seu sexo, raça, cor, etnia, religião ou procedência nacional:
Pena – reclusão, de 3 (três) a 6 (seis) anos, e multa, além da pena correspondente à violência.

*Artigo incluído pela Lei nº 14.197, de 1º-9-2021.

Vide: **CF** art. 5º, XLIV, **CP** art. 140, § 3º, 147-B; **Lei nº 4.737, de 15-7-1965** arts. 300, 301, 326, 326-B (Código Eleitoral); **Lei nº 7.716, de 5-1-1989** art. 20 (crimes resultantes de preconceito de raça ou de cor); **Lei nº 11.340, de 7-8-2006** art. 7º, III (violência sexual, formas de violência doméstica e familiar contra a mulher na Lei Maria da Penha); **Lei nº 14.192, de 4-8-2021** (estabelece normas para prevenir, reprimir e combater a violência política contra a mulher).

359-P VIOLÊNCIA POLÍTICA

359-P.1 Sujeitos do delito

Qualquer pessoa pode ser sujeito ativo do crime de violência política.

Sujeito passivo pode ser qualquer pessoa que seja titular dos direitos políticos, tanto o eleitor como o candidato ou quem exerce mandato eletivo.

359-P.2 Tipo objetivo

O crime de violência política foi definido no art. 359-P, que visa tutelar o livre exercício dos direitos políticos contra ações que resultem de preconceito de sexo, raça, cor, etnia, religião ou procedência nacional. O crime é de conteúdo variado. As ações típicas são as de *restringir* (reduzir, restringir a extensão, limitar), *impedir* (obstar, não consentir, atalhar, impossibilitar) e *dificultar* (tornar difícil, árduo, trabalhoso, estorvar, embaraçar) o exercício dos direitos políticos. Estes abrangem os direitos assegurados pela Constituição e pela Lei a todos habilitados ao seu exercício, como os direitos de votar, de se candidatar e ser eleito, de exercer um mandato eletivo, de ocupar certos cargos e funções públicas.

Para a configuração do crime exige-se que essas ações sejam praticadas mediante violência física, sexual ou psicológica. Violência física é a *vis corporalis*, o emprego de força física ou material contra uma pessoa ou coisa. Por violência psicológica, no tipo, deve-se entender qualquer forma de violência moral que perturbe a liberdade psíquica da vítima para exercer em sua plenitude e com tranquilidade os seus direitos políticos, por meio de ameaça, coação, intimidação, constrangimento, humilhação, insulto, ridicularização, manipulação ou violação da intimidade da vítima. A violência sexual é praticada mediante violência física ou psicológica, sendo a rigor desnecessária a sua menção no tipo em exame. Conceito de violência sexual pode, porém, ser encontrado no art. 7º, III da Lei nº 11.340, de 7-8-2006 (Lei Maria da Penha).

Somente se configura o delito se as ações típicas são praticadas em razão dos preconceitos mencionados no dispositivo. A conduta deve expressar, portanto, uma atitude, julgamento ou sentimento de intolerância, discriminação, menosprezo ou hostilidade em face da vítima decorrente de seu sexo, raça, cor, etnia, religião ou procedência nacional.

A violência empregada para restringir, impedir ou dificultar o exercício dos direitos políticos que não seja praticada em razão do preconceito não é punida pelo dispositivo. Se for empregada para coagir alguém a votar ou não votar em determinado candidato, configura-se crime eleitoral (item 359-P.6)

359-P.3   Tipo subjetivo

O elemento subjetivo é o dolo, que deve abranger um dos núcleos do tipo, restringir, impedir ou dificultar, a razão preconceituosa a ele associada e o emprego de violência, física ou moral.

359-P.4   Consumação e tentativa

A consumação do crime ocorre com o emprego da violência, admitindo-se a tentativa.

359-P.5   Concurso

Dispõe-se no preceito secundário que ao agente impõe-se também a pena correspondente ao emprego da violência, seja física ou psicológica, que configurar um delito, o qual pode ser de homicídio, lesão corporal, constrangimento ilegal, ameaça, injúria qualificada, racismo etc.

359-P.6   Distinção

"Usar de violência ou grave ameaça para coagir alguém a votar, ou não votar, em determinado candidato ou partido, ainda que os fins visados não sejam conseguidos" é crime previsto no art. 301 do Código Eleitoral, e a coação exercida por autoridade com a mesma finalidade no art. 300 do estatuto.

A conduta de "praticar, induzir ou incitar a discriminação ou preconceito de raça, cor, etnia, religião ou procedência nacional" é crime descrito no art. 20 da Lei nº 7.716, de 5-1-1989, e a injúria qualificada pelo preconceito no art. 140, § 3º, do Código Penal.

Art. 359-Q (VETADO).

O art. 359-Q, oportunamente vetado, tinha no projeto a seguinte redação: "Para os crimes previstos neste Capítulo, admite-se ação privada subsidiária, de iniciativa de partido político com representação no Congresso Nacional, se o Ministério Público não atuar no prazo estabelecido em lei, oferecendo a denúncia ou ordenando o arquivamento do inquérito."

CAPÍTULO IV
DOS CRIMES CONTRA O FUNCIONAMENTO DOS SERVIÇOS ESSENCIAIS

Sabotagem

Art. 359-R. Destruir ou inutilizar meios de comunicação ao público, estabelecimentos, instalações ou serviços destinados à defesa nacional, com o fim de abolir o Estado Democrático de Direito:

Pena – reclusão, de 2 (dois) a 8 (oito) anos.

*Artigo incluído pela Lei nº 14.197, de 1º-9-2021.

Vide: CF art 5º, XLIV,109; **CP,** arts. 163, parágrafo único, III, 260, 265, 266, caput e § 1º; **CPM** arts. 211, 308.

359-R SABOTAGEM

359-R.1 Sujeitos do delito

Sujeito ativo pode ser qualquer pessoa.

Sujeito passivo é o Estado, ao qual incumbe a missão de zelar pela regularidade dos bens e serviços essenciais à defesa nacional.

359-R.2 Tipo objetivo

No art. 359-R descreve-se o crime de sabotagem, antes previsto na revogada Lei de Segurança Nacional (art. 15 da Lei nº 7.170/73), que atenta contra bens jurídicos que são também tutelados por outros dispositivos, contidos, inclusive, no Código Penal e no Código Penal Militar (arts. 211, 308 etc.), com a especificidade de que as ações devem ter por finalidade a de abolir o Estado Democrático de Direito. Um conceito de "sabotagem" é dado pelo Decreto nº 8.793, de 29-6-2016: "É a ação deliberada, com efeitos físicos, materiais ou psicológicos, que visa a destruir, danificar, comprometer ou inutilizar, total ou parcialmente, definitiva ou temporariamente, dados ou conhecimentos; ferramentas; materiais; matérias-primas; equipamentos; cadeias produtivas; instalações ou sistemas logísticos, sobretudo aqueles necessários ao funcionamento da infraestrutura crítica do País, com o objetivo de suspender ou paralisar o trabalho ou a capacidade de satisfação das necessidades gerais, essenciais e impreteríveis do Estado ou da população".

Em análise do tipo descrito no art. 359-R, tem-se que *destruir* é eliminar, fazer desaparecer, e *inutilizar* é tornar inútil, vão, inoperante. Os meios de comunicação ao público compreendem os serviços essenciais, públicos ou privados, que viabilizam a transmissão de dados e informações para um número indeterminado de pessoas, de qualquer natureza, como o rádio, os meios telemáticos, informáticos, telefônicos, telegráficos, os jornais, impressos ou não etc. Estabelecimentos, instalações ou serviços destinados à defesa nacional abrangem os estaleiros, portos, aeroportos, fábricas, usinas, barragem, depósitos, instalações militares, meios de transporte, outros de relevante valor para o regular funcionamento das atividades produtivas, bem como os serviços de abastecimento de água, energia e, em geral, todos os estabelecimentos e serviços estratégicos ou necessários à manutenção da ordem interna e à defesa do país contra qualquer forma de agressão estrangeira.

359-R.3   Tipo subjetivo

É composto pelo dolo, a livre vontade e consciência de destruir ou inutilizar os mencionados serviços, estabelecimentos ou instalações, e pelo especial elemento subjetivo do tipo, consistente na finalidade do agente de abolir o Estado Democrático de Direito.

359-R.4   Consumação e tentativa

Trata-se de crime material que se consuma com a destruição ou inutilização do bem ou serviço, tornando-o inservível para a finalidade a que se destina. Admite-se a tentativa.

359-R.5 Distinção

Na ausência do especial fim de agir, a abolição do Estado Democrático, a conduta pode configurar outro delito (arts. 163, parágrafo único, III, 260, 265, 266, *caput* e § 1º, do Código Penal, arts. 211, 308 do Código Penal Militar etc.).

Configura o crime de terrorismo a sabotagem do funcionamento ou o apoderamento, ainda que parcial e temporário, do controle de qualquer meio de transporte, portos e aeroportos, se presentes os demais elementos típicos previstos no art. 2º, § 1º, inciso IV, da Lei nº 13.260, de 16-3-2016.

CAPÍTULO V
(VETADO)

O Capítulo V, oportunamente vetado, tinha no projeto o seguinte título dos crimes contra a cidadania.

CAPÍTULO VI
DISPOSIÇÕES COMUNS

Art. 359-T. Não constitui crime previsto neste Título a manifestação crítica aos poderes constitucionais nem a atividade jornalística ou a reivindicação de direitos e garantias constitucionais por meio de passeatas, de reuniões, de greves, de aglomerações ou de qualquer outra forma de manifestação política com propósitos sociais.

*Artigo incluído pela Lei nº 14.197, de 1º-9-2021.

Vide: CF art 5º, IV, IX, XVI, XLIV; 220, § §1º e 2º.

359-T.1 Exclusão da ilicitude

O art. 359-T contém causas de exclusão da antijuridicidade que elidem o crime e que são aplicáveis a todas as figuras típicas descritas no Título XII. Estão previstas atividades que não violam o bem jurídico tutelado, o Estado Democrático de Direito, porque, inversamente, são elas não apenas desejáveis mas inerentes ao bom funcionamento do regime democrático e decorrem do exercício de liberdades e garantias constitucionais. Menciona-se expressamente no dispositivo, primeiramente, a "manifestação crítica aos poderes constitucionais", porque a Constituição assegura a livre manifestação do pensamento (art. 5º, IV, da CF) e a liberdade de expressão (art. 5º, IX). Segue-se ressalvada no dispositivo a "atividade jornalística", porque a Lei não pode conter dispositivo que constitua embaraço à plena liberdade informação por qualquer veículo de comunicação social, com exceção das ressalvas constitucionais (art. 220, § 1º) e porque é vedada toda e qualquer censura de natureza política (§ 2º). Por fim, porque assegurados pela Constituição não somente a liberdade de pensamento e expressão, mas também, o direito de reunião pacífica (art. 5º, XVI), afasta-se a ilicitude no caso de passeatas, reuniões, greve ou aglomerações que visem à reivindicação de direitos e garantias constitucionais ou que consistam em manifestação política com propósitos sociais. Nesse último caso, a ressalva de que a manifestação política deve ter "propósitos sociais" não deve ser entendida somente como a que reivindica direitos sociais, porque a Constituição não veda as manifestações coletivas em favor ou contra candidatos, partidos políticos ou ideias políticas. Estas, porém, evidentemente, não estarão acobertadas pela causa de exclusão da ilicitude quando atentatórias aos valores fundamentais que se encontram na base do Estado Democrático de Direito e que constituem o bem jurídico tutelado no Título XII.

Art. 359-U. (VETADO).

O art. 359-U, oportunamente vetado, tinha no projeto a seguinte redação: "Nos crimes definidos neste Título, a pena é aumentada: I – de 1/3 (um terço), se o crime é cometido com violência ou grave ameaça exercidas com emprego de arma de fogo; II – de 1/3 (um terço), cumulada com a perda do cargo ou da função pública, se o crime é cometido por funcionário público;"

Disposições finais

Art. 360. Ressalvada a legislação especial sobre os crimes contra a existência, a segurança e a integridade do Estado e contra a guarda e o emprego da economia popular, os crimes de imprensa e os de falência, os de responsabilidade do Presidente da República e dos Governadores ou Interventores, e os crimes militares, revogam-se as disposições em contrário.

Vide: **Lei nº 1.079**, de 10-4-1950 (define Crimes de Responsabilidade); **Lei nº 1.521**, de 26-12-1951 (Lei de Economia Popular); **Lei nº 5.250**, de 9-2-1967 (Lei de Imprensa – STF declarou que não foi recepcionada pela CF); **Lei nº 11.101**, de 9-2-2005 (Lei de Falências, que revogou o Decreto-lei nº 7.661, de 21-6-1945); **Lei nº 14.197**, de 1º-9-2021 (alterou o Código Penal para incluir os Crimes Contra o Estado Democrático de Direito e revogou a Lei nº 7.170, de 14-12-1983 – Lei de Segurança Nacional); **Decreto-lei nº 1.001**, de 21-10-1969 (Código Penal Militar).

360 DISPOSIÇÕES FINAIS

360.1 Revogação de leis anteriores ao CP

Com o advento do Decreto-lei nº 2.848, de 7-12-1940, foram revogadas as normas penais em vigor, excetuadas as mencionadas expressamente em lei. Algumas, porém, já revogadas, estando em vigor, agora, a Lei de Economia Popular (Lei nº 1.521, de 26-12-51), a lei que define os crimes de responsabilidade do Presidente da República, Ministros de Estado, Ministro do STF, Procurador-geral da República, Governadores e Secretários de Estado (Lei nº 1.079, de 10-4-1950, alterada pela Lei nº 10.028, de 19-10-2000) e o Código Penal Militar (Decreto-lei nº 1.001, de 21-10-69). A Lei de Falências (Decreto-lei nº 7.661, de 21-6-1945) foi revogada pela Lei nº 11.101, de 9-2-2005, que disciplina a recuperação judicial, a extrajudicial e a falência do empresário e da sociedade empresária. O STF, após a suspensão de vigência de diversos dispositivos, declarou, em julgamento, que a Lei de Imprensa (Lei nº 5.250, de 9-2-67), em sua integralidade, não foi recepcionada pela Constituição Federal de 1988 (ADPF 130-7, j. em 30-4-2009, *DOU* de 12-5-2009, p. 1). A Lei de Segurança Nacional (Lei nº 7.170, de 14-12-83) foi revogada pela Lei nº 14.197, de 1º-9-2021.

Ressalte-se que mesmo as leis mencionadas em vigor se subordinam ao CP quanto às regras gerais que não colidam com as expressamente inscritas na legislação penal especial.

Art. 361. Este Código entrará em vigor no dia 1º de janeiro de 1942.

Rio de Janeiro, 7 de dezembro de 1940. 119º da Independência e 52º da República.

GETÚLIO VARGAS
FRANCISCO CAMPOS

361 VIGÊNCIA DO CÓDIGO PENAL

361.1 Vigência do Código Penal

Fixou-se uma *vacatio legis* de mais de um ano para a entrada em vigor da nova legislação penal comum consubstanciada no Decreto-lei nº 2.848, de 7-12-1940, denominado como Código Penal, providência sempre desejável para permitir aos aplicadores o conhecimento de novo estatuto básico. Com o Decreto-lei nº 1.004, de 21-10-1969, instituiu-se um novo Código Penal, que não chegou a entrar em vigor pois, após inúmeros adiamentos e modificações, em especial a estabelecida pela Lei nº 6.416, de 24-5-1977, foi ele revogado.

361.2 Alterações no Código Penal

Em 13-1-1985, entrou em vigor a Lei nº 7.209, de 11-7-1984, que deu nova redação à Parte Geral do Código Penal, conforme o texto deste livro, e que, no art. 2º, cancelou, na Parte Especial do Código Penal e nas leis especiais alcançadas pelo art. 12 do Código Penal, quaisquer referências a valores de multas, substituindo-se a expressão *multa de* por *multa*. Tanto a Parte Geral como a Parte Especial sofreram alterações em vários dispositivos, com a revogação de outros, conforme texto legal e notas também constantes do livro.

SÚMULAS

(EM MATÉRIAS PENAL, PROCESSUAL PENAL, DE EXECUÇÃO PENAL E CORRELATAS)

SÚMULAS VINCULANTES

9. O disposto no artigo 127 da Lei nº 7.210/1984 (Lei de Execução Penal) foi recebido pela ordem constitucional vigente, e não se lhe aplica o limite temporal previsto no caput do artigo 58.

10. Viola a cláusula de reserva de plenário (CF, artigo 97) a decisão de órgão fracionário de tribunal que, embora não declare expressamente a inconstitucionalidade de lei ou ato normativo do poder público, afasta sua incidência, no todo ou em parte.

11. Só é lícito o uso de algemas em casos de resistência e de fundado receio de fuga ou de perigo à integridade física própria ou alheia, por parte do preso ou de terceiros, justificada a excepcionalidade por escrito, sob pena de responsabilidade disciplinar, civil e penal do agente ou da autoridade e de nulidade da prisão ou do ato processual a que se refere, sem prejuízo da responsabilidade civil do estado.

14. É direito do defensor, no interesse do representado, ter acesso amplo aos elementos de prova que, já documentados em procedimento investigatório realizado por órgão com competência de polícia judiciária, digam respeito ao exercício do direito de defesa.

24. Não se tipifica crime material contra a ordem tributária, previsto no art. 1º, incisos I a IV, da Lei nº 8.137/90, antes do lançamento definitivo do tributo.

25. É ilícita a prisão civil de depositário infiel, qualquer que seja a modalidade do depósito.

26. Para efeito de progressão de regime no cumprimento de pena por crime hediondo, ou equiparado, o juízo da execução observará a inconstitucionalidade do art. 2º da Lei n. 8.072, de 25 de julho de 1990, sem prejuízo de avaliar se o condenado preenche, ou não, os requisitos objetivos e subjetivos do benefício, podendo determinar, para tal fim, de modo fundamentado, a realização de exame criminológico.

35. A homologação da transação penal prevista no artigo 76 da Lei 9.099/1995 não faz coisa julgada material e, descumpridas suas cláusulas, retoma-se a situação anterior, possibilitando-se ao Ministério Público a continuidade da persecução penal mediante oferecimento de denúncia ou requisição de inquérito policial.

36. Compete à Justiça Federal comum processar e julgar civil denunciado pelos crimes de falsificação e de uso de documento falso quando se tratar de falsificação da Caderneta de Inscrição e Registro (CIR) ou de Carteira de Habilitação de Amador (CHA), ainda que expedidas pela Marinha do Brasil.

45. A competência constitucional do Tribunal do Júri prevalece sobre o foro por prerrogativa de função estabelecido exclusivamente pela constituição estadual.

56. A falta de estabelecimento penal adequado não autoriza a manutenção do condenado em regime prisional mais gravoso, devendo-se observar, nessa hipótese, os parâmetros fixados no RE 641.320/RS.

59. É impositiva a fixação do regime aberto e a substituição da pena privativa de liberdade por restritiva de direitos quando reconhecida a figura do tráfico privilegiado (art. 33, § 4º, da Lei 11.343/06) e ausentes vetores negativos na primeira fase da dosimetria (art. 59 do CP), observados os requisitos do art. 33, § 2º, alínea c, e do art. 44, ambos do Código Penal.

SÚMULAS DO SUPREMO TRIBUNAL FEDERAL

1. É vedada a expulsão de estrangeiro casado com brasileira, ou que tenha filho brasileiro, dependente da economia paterna.

3. A imunidade concedida a deputados estaduais é restrita à Justiça do Estado.

   * A Súmula foi considerada superada pelo STF no julgamento do RE 456.679-6/DF, na sessão de 15-12-2005.

4. Não perde a imunidade parlamentar o congressista nomeado Ministro de Estado.

   * A Súmula 4 foi cancelada no julgamento do Inq 104/RS, na sessão de 26-8-1981.

145. Não há crime, quando a preparação do flagrante pela polícia torna impossível a sua consumação.

146. A prescrição da ação penal regula-se pela pena concretizada na sentença, quando não há recurso da acusação.

   * Vide itens 110.3 e 110.4

147. A prescrição de crime falimentar começa a correr da data em que deveria estar encerrada a falência, ou do trânsito em julgado da sentença que a encerrar ou que julgar cumprida a concordata.

   * Súmula anterior à vigência da Lei nº 11.101, de 9-2-2005 – v. item 110.10.

155. É relativa a nulidade do processo criminal por falta de intimação da expedição de precatória para inquirição de testemunha.

156. É absoluta a nulidade do julgamento, pelo júri, por falta de quesito obrigatório.

160. É nula a decisão do Tribunal que acolhe, contra o réu, nulidade não argüida no recurso da acusação, ressalvados os casos de recurso de ofício.

162. É absoluta a nulidade do julgamento pelo júri, quando os quesitos da defesa não precedem aos das circunstâncias agravantes.

206. É nulo o julgamento ulterior pelo júri com a participação de jurado que funcionou em julgamento anterior do mesmo processo.

208. O assistente do Ministério Público não pode recorrer, extraordinariamente, de decisão concessiva de *habeas corpus*.

210. O assistente do Ministério Público pode recorrer, inclusive extraordinariamente, na ação penal, nos casos dos arts. 584, § 1º, e 598 do Código de Processo Penal.

245. A imunidade parlamentar não se estende ao co-réu sem essa prerrogativa.

246. Comprovado não ter havido fraude, não se configura o crime de emissão de cheque sem fundos.
266. Não cabe mandado de segurança contra lei em tese.
267. Não cabe mandado de segurança contra ato judicial passível de recurso ou correição.
268. Não cabe mandado de segurança contra decisão judicial com trânsito em julgado.
279. Para simples reexame de prova não cabe recurso extraordinário.
281. É inadmissível o recurso extraordinário, quando couber na Justiça de origem, recurso ordinário da decisão impugnada.
282. É inadmissível o recurso extraordinário, quando não ventilada, na decisão recorrida, a questão federal suscitada.
283. É inadmissível o recurso extraordinário, quando a decisão recorrida assenta em mais de um fundamento suficiente e o recurso não abrange todos eles.
284. É inadmissível o recurso extraordinário, quando a deficiência na sua fundamentação não permitir a exata compreensão da controvérsia.
285. Não sendo razoável a argüição de inconstitucionalidade, não se conhece do recurso extraordinário fundado na letra *c* do art. 101, III, da Constituição Federal.
286. Não se conhece do recurso extraordinário fundado em divergência jurisprudencial, quando a orientação do Plenário do Supremo Tribunal Federal já se firmou no mesmo sentido da decisão recorrida.
287. Nega-se provimento ao agravo, quando a deficiência na sua fundamentação, ou na do recurso extraordinário, não permitir a exata compreensão da controvérsia.
288. Nega-se provimento a agravo para subida de recurso extraordinário, quando faltar no traslado o despacho agravado, a decisão recorrida, a petição de recurso extraordinário ou qualquer peça essencial à compreensão da controvérsia.
289. O provimento do agravo por uma das Turmas do Supremo Tribunal Federal ainda que sem ressalva, não prejudica a questão do cabimento do recurso extraordinário.
291. No recurso extraordinário pela letra "d" do art. 101, III, da Constituição, a prova do dissídio jurisprudencial far-se-á por certidão, ou mediante indicação do *Diário da Justiça* ou de repertório de jurisprudência autorizado, com a transcrição do trecho que configure a divergência, mencionadas as circunstâncias que identifiquem ou assemelhem os casos confrontados.
292. Interposto o recurso extraordinário por mais de um dos fundamentos indicados no art. 101, III, da Constituição, a admissão apenas por um deles não prejudica o seu conhecimento por qualquer dos outros.
297. Oficiais e praças das milícias dos Estados, no exercício de função policial civil, não são considerados militares para efeitos penais, sendo competente a Justiça Comum para julgar os crimes cometidos por ou contra eles.

* A Súmula 297 está superada, conforme decidido no julgamento do HC 82.142-MS, na sessão de 12-12-2002.

298. O legislador ordinário só pode sujeitar civis à justiça militar, em tempo de paz, nos crimes contra a segurança externa do país ou as instituições militares.

299. O recurso ordinário e o extraordinário interpostos no mesmo processo de mandado de segurança, ou de *habeas corpus*, serão julgados conjuntamente pelo Tribunal Pleno.

301. Por crime de responsabilidade, o procedimento penal contra prefeito municipal fica condicionado ao seu afastamento do cargo por "impeachment", ou à cessação do exercício por outro motivo.

* A Súmula 301 foi cancelada no julgamento do RHC 49038-AM, na sessão de 25-8-1971)

310. Quando a intimação tiver lugar na sexta-feira, ou a publicação com efeito de intimação for feita nesse dia, o prazo judicial terá início na segunda-feira imediata, salvo se não houver expediente, caso em que começará no primeiro dia útil que se seguir. (Súmula não aplicável à contagem dos prazos penais, mas somente aos processuais penais – v. item 10.1.)

319. O prazo do recurso ordinário para o Supremo Tribunal Federal, em *habeas corpus* ou mandado de segurança, é de cinco dias.

320. A apelação despachada pelo Juiz no prazo legal não fica prejudicada pela demora da juntada, por culpa do Cartório.

322. Não terá seguimento pedido ou recurso dirigido ao Supremo Tribunal Federal, quando manifestamente incabível, ou apresentado fora do prazo, ou quando for evidente a incompetência do Tribunal.

344. Sentença de primeira instância concessiva de *habeas corpus*, em caso de crime praticado em detrimento de bens, serviços ou interesses da União, está sujeita a recurso *ex officio*.

351. É nula a citação por edital de réu preso na mesma unidade da Federação em que o juiz exerce a sua jurisdição.

352. Não é nulo o processo penal por falta de nomeação de curador ao réu menor que teve a assistência de defensor dativo.

356. O ponto omisso da decisão, sobre o qual não foram opostos embargos declaratórios, não pode ser objeto de recurso extraordinário, por faltar o requisito do pré-questionamento.

361. No processo penal, é nulo o exame realizado por um só perito, considerando-se impedido o que tiver funcionado, anteriormente, na diligência de apreensão.

* A Súmula está parcialmente superada diante da nova redação dada ao art. 159 do CPP pela Lei nº 11.690, de 9-6-2008.

366. Não é nula a citação por edital que indica o dispositivo da lei penal, embora não transcreva a denúncia ou queixa, ou não resuma os fatos em que se baseia.

369. Julgados do mesmo Tribunal não servem para fundamentar o recurso extraordinário por divergência jurisprudencial.

388. O casamento da ofendida com quem não seja o ofensor faz cessar a qualidade do seu representante legal, e a ação penal só pode prosseguir por iniciativa da própria ofendida, observados os prazos legais de decadência e perempção.

    * A Súmula 388 foi revogada no julgamento do HC 53.777-MG, na sessão de 16-10-1975.

393. Para requerer revisão criminal, o condenado não é obrigado a recolher-se à prisão.

394. Cometido o crime durante o exercício funcional, prevalece a competência especial por prerrogativa de função, ainda que o inquérito ou a ação penal sejam iniciados após a cessação daquele exercício.

    * A Súmula foi cancelada pelo STF em sessão plenária de 25-8-1999, Inq. 687-4. *RTJ* 179/412.

395. Não se conhece do recurso de *habeas corpus* cujo objeto seja resolver sobre o ônus das custas, por não estar mais em causa a liberdade de locomoção.

396. Para a ação penal por ofensa à honra, sendo admissível a exceção da verdade quanto ao desempenho de função pública, prevalece a competência especial por prerrogativa de função, ainda que já tenha cessado o exercício funcional do ofendido.

397. O poder de polícia da Câmara dos Deputados e do Senado Federal, em caso de crime cometido nas suas dependências, compreende, consoante o regimento, a prisão em flagrante do acusado e a realização do inquérito.

399. Não cabe recurso extraordinário, por violação de lei federal, quando a ofensa alegada for a regimento de Tribunal.

400. Decisão que deu razoável interpretação à lei, ainda que não seja a melhor, não autoriza recurso extraordinário pela letra "a" do art. 101, III, da Constituição Federal.

421. Não impede a extradição a circunstância de ser o extraditando casado com brasileira ou ter filho brasileiro.

422. A absolvição criminal não prejudica a medida de segurança, quando couber, ainda que importe privação da liberdade.

423. Não transita em julgado a sentença por haver omitido o recurso *ex officio*, que se considera interposto *ex lege*.

428. Não fica prejudicada a apelação entregue em Cartório no prazo legal, embora despachada tardiamente.

431. É nulo o julgamento de recurso criminal, na segunda instância, sem prévia intimação, ou publicação da pauta, salvo em *habeas corpus*.

448. O prazo para o assistente recorrer, supletivamente, começa a correr imediatamente após o transcurso do prazo do Ministério Público.

    * No julgamento do HC 50.417-SP, na sessão de 29-11-1972, decidiu-se pela revisão preliminar da Súmula 448. Uma das propostas foi no sentido de a ela se acrescentar: "Se o assistente estiver habilitado no processo, o prazo correrá da sua intimação" (RTJ 68/604).

451. A competência especial por prerrogativa de função não se estende ao crime cometido após a cessação definitiva do exercício funcional.

453. Não se aplicam à segunda instância o art. 384 e parágrafo único do Código de Processo Penal, que possibilitam dar nova definição jurídica ao fato delituoso, em virtude de circunstância elementar não contida, explícita ou implicitamente, na denúncia ou queixa.

456. O Supremo Tribunal Federal, conhecendo do recurso extraordinário, julgará a causa, aplicando o direito à espécie.

497. Quando se tratar de crime continuado, a prescrição regula-se pela pena imposta na sentença, não se computando o acréscimo decorrente da continuação.

498. Compete à Justiça dos Estados, em ambas as instâncias, o processo e o julgamento dos crimes contra a economia popular.

499. Não obsta à concessão de *sursis* condenação anterior à pena de multa.

520. Não exige a lei que, para requerer o exame a que se refere o art. 777 do Código de Processo Penal, tenha o sentenciado cumprido mais de metade do prazo da medida de segurança imposta.

521. O foro competente para o processo e julgamento dos crimes de estelionato, sob a modalidade da emissão dolosa de cheque sem provisão de fundos, é o do local onde se deu a recusa do pagamento pelo sacado.

522. Salvo ocorrência de tráfico para o exterior, quando, então, a competência será da Justiça Federal, compete à Justiça dos Estados o processo e julgamento dos crimes relativos a entorpecentes.

523. No processo penal, a falta da defesa constitui nulidade absoluta, mas a sua deficiência só o anulará se houver prova de prejuízo para o réu.

524. Arquivado o inquérito policial, por despacho do juiz, a requerimento do promotor de justiça, não pode a ação penal ser iniciada, sem novas provas.

525. A medida de segurança não será aplicada em segunda instância, quando só o réu tenha recorrido (v. item 96.2).

528. Se a decisão contiver partes autônomas, a admissão parcial, pelo presidente do tribunal *a quo*, de recurso extraordinário que, sobre qualquer delas se manifestar, não limitará a apreciação de todas pelo Supremo Tribunal Federal, independentemente de interposição de agravo de instrumento.

554. O pagamento de cheque emitido sem provisão de fundos, após o recebimento da denúncia, não obsta ao prosseguimento da ação penal.

555. É competente o Tribunal de Justiça para julgar conflito de jurisdição entre juiz de direito do Estado e a Justiça Militar local.

* No julgamento do CJ 6155-2/SP, na sessão de 21-2-1979, deliberou-se pela revisão da Súmula 555 em face da Emenda Constitucional 7/77.

560. A extinção de punibilidade, pelo pagamento do tributo devido, estende-se ao crime de contrabando ou descaminho, por força do art. 18, § 2º, do Decreto-lei 157/1967.

* Vide item 334.2.

562. Na indenização de danos materiais decorrentes de ato ilícito cabe a atualização de seu valor, utilizando-se, para esse fim, dentre outros critérios, dos índices de correção monetária.

564. A ausência de fundamentação do despacho de recebimento de denúncia por crime falimentar enseja nulidade processual, salvo se já houver sentença condenatória.

568. A identificação criminal não constitui constrangimento ilegal, ainda que o indiciado já tenha sido identificado civilmente.

* A Súmula 568 está superada diante do disposto no art. 5º, LVIII, da CF, conforme entendimento adotado no julgamento do RHC 66.881-0/DF, sessão de 7-10-1988.

592. Nos crimes falimentares, aplicam-se as causas interruptivas da prescrição, previstas no Código Penal.

* Súmula 592 é anterior à vigência da Lei nº 11.101, de 9-2-2005 – vide itens 110.11 e 117.1.

594. Os direitos de queixa e de representação podem ser exercidos, independentemente, pelo ofendido ou por seu representante legal (v. item 103.5).

602. Nas causas criminais, o prazo de interposição de Recurso Extraordinário é de 10 (dez) dias.

* A Súmula 602 está superada diante do disposto no art. 26 da Lei nº 8.038, de 28-5-1990.

603. A competência para o processo e julgamento de latrocínio é do Juiz singular e não do Tribunal do Júri.

604. A prescrição pela pena em concreto é somente da pretensão executória da pena privativa de liberdade.

* A Súmula 604 está superada diante da reforma do art. 110 do CP – vide item 110.4.

605. Não se admite continuidade delitiva nos crimes contra a vida.

* A Súmula está superada conforme decidido no julgamento do HC 77786-9-RJ, na sessão de 27-10-1998 – vide item 121.15.

606. Não cabe *habeas corpus* originário para o Tribunal Pleno de decisão de Turma, ou do Plenário, proferida em *habeas corpus* ou no respectivo recurso.

607. Na ação penal regida pela Lei 4611/1965, a denúncia, como substitutivo da portaria, não interrompe a prescrição.

* A Súmula 607 está superada pelo disposto no art. 129, I, da CF.

608. No crime de estupro, praticado mediante violência real, a ação penal é pública incondicionada.

* Vide itens 225.1 e 225.2.

609. É pública incondicionada a ação penal por crime de sonegação fiscal.

610. Há crime de latrocínio, quando o homicídio se consuma, ainda que não realize o agente a subtração de bens da vítima.

611. Transitada em julgado a sentença condenatória, compete ao juízo das execuções a aplicação de lei mais benigna.

619. A prisão do depositário judicial pode ser decretada no próprio processo em que se constituiu o encargo, independentemente da propositura de ação de depósito.

* A Súmula 619 foi revogada no julgamento do HC 92566-SP, na sessão de 3-12-2008.

622. Não cabe agravo regimental contra decisão do relator que concede ou indefere liminar em mandado de segurança.

624. Não compete ao Supremo Tribunal Federal conhecer originariamente de mandado de segurança contra atos de outros tribunais.

625. Controvérsia sobre matéria de direito não impede concessão de mandado de segurança.

626. A suspensão da liminar em mandado de segurança, salvo determinação em contrário da decisão que a deferir, vigorará até o trânsito em julgado da decisão definitiva de concessão da segurança ou, havendo recurso, até a sua manutenção pelo Supremo Tribunal Federal, desde que o objeto da liminar deferida coincida, total ou parcialmente, com o da impetração.

631. Extingue-se o processo de mandado de segurança se o impetrante não promove, no prazo assinado, a citação do litisconsorte passivo necessário.

632. É constitucional lei que fixa o prazo de decadência para a impetração de mandado de segurança.

636. Não cabe recurso extraordinário por contrariedade ao princípio constitucional da legalidade, quando a sua verificação pressuponha rever a interpretação dada a normas infraconstitucionais pela decisão recorrida.

639. Aplica-se a Súmula 288 quando não constarem do traslado do agravo de instrumento as cópias das peças necessárias à verificação da tempestividade do recurso extraordinário não admitido pela decisão agravada.

640. É cabível recurso extraordinário contra decisão proferida por juiz de primeiro grau nas causas de alçada, ou por turma recursal de juizado especial cível e criminal.

690. Compete originariamente ao Supremo Tribunal Federal o julgamento de *habeas corpus* contra decisão de turma recursal de juizados especiais criminais.

* A Súmula 690 está superada conforme entendimento adotado no julgamento do HC 86.834-SP, na sessão de 23-8-2006, reconhecendo-se, na hipótese, a competência do Tribunal de Justiça estadual para o julgamento do *habeas corpus*.

691. Não compete ao Supremo Tribunal Federal conhecer de *habeas corpus* impetrado contra decisão do Relator que, em *habeas corpus* requerido a tribunal superior, indefere a liminar.

* No julgamento do HC 85.185-1-SP o STF rejeitou proposta de cancelamento da Súmula 691, decidindo, porém, por sua atenuação na hipótese de flagrante constrangimento ilegal.

692. Não se conhece de *habeas corpus* contra omissão de relator de extradição, se fundado em fato ou direito estrangeiro cuja prova não constava dos autos, nem foi ele provocado a respeito.

693. Não cabe *habeas corpus* contra decisão condenatória a pena de multa, ou relativo a processo em curso por infração penal a que a pena pecuniária seja a única cominada.

694. Não cabe *habeas corpus* contra a imposição da pena de exclusão de militar ou de perda de patente ou de função pública.

695. Não cabe *habeas corpus* quando já extinta a pena privativa de liberdade.

696. Reunidos os pressupostos legais permissivos da suspensão condicional do processo, mas se recusando o promotor de justiça a propô-la, o juiz, dissentindo, remeterá a questão ao procurador-geral, aplicando-se por analogia o art. 28 do Código de Processo Penal.

697. A proibição de liberdade provisória nos processos por crimes hediondos não veda o relaxamento da prisão processual por excesso de prazo.

698. Não se estende aos demais crimes hediondos a admissibilidade de progressão no regime de execução da pena aplicada ao crime de tortura.

* A Súmula 698 está superada diante da nova redação dada ao art. 2º, § 1º, da Lei nº 8.072, de 25-7-1990, pela Lei nº 11.464, de 28-3-2007, e da Súmula Vinculante 26.

699. O prazo para interposição de agravo, em processo penal, é de cinco dias, de acordo com a Lei 8.038/90, não se aplicando o disposto a respeito nas alterações da Lei 8.950/94 ao Código de Processo Civil.

700. É de cinco dias o prazo para interposição de agravo contra decisão do juiz da execução penal.

701. No mandado de segurança impetrado pelo Ministério Público contra decisão proferida em processo penal, é obrigatória a citação do réu como litisconsorte passivo.

702. A competência do Tribunal de Justiça para julgar Prefeitos restringe-se aos crimes de competência da Justiça comum estadual; nos demais casos, a competência originária caberá ao respectivo tribunal de segundo grau.

703. A extinção do mandato do Prefeito não impede a instauração de processo pela prática dos crimes previstos no art. 1º do Decreto-Lei 201/1967.

704. Não viola as garantias do juiz natural, da ampla defesa e do devido processo legal a atração por continência ou conexão do processo do co-réu ao foro por prerrogativa de função de um dos denunciados.

705. A renúncia do réu ao direito de apelação, manifestada sem a assistência do defensor, não impede o conhecimento da apelação por este interposta.

706. É relativa a nulidade decorrente da inobservância da competência penal por prevenção.

707. Constitui nulidade a falta de intimação do denunciado para oferecer contrarrazões ao recurso interposto da rejeição da denúncia, não a suprindo a nomeação de defensor dativo.

708. É nulo o julgamento da apelação se, após a manifestação nos autos da renúncia do único defensor, o réu não foi previamente intimado para constituir outro.

709. Salvo quando nula a decisão de primeiro grau, o acórdão que prové o recurso contra a rejeição da denúncia vale, desde logo, pelo recebimento dela.

710. No processo penal, contam-se os prazos da data da intimação, e não da juntada aos autos do mandado ou da carta precatória ou de ordem.

711. A lei penal mais grave aplica-se ao crime continuado ou ao crime permanente, se a sua vigência é anterior à cessação da continuidade ou da permanência.

712. É nula a decisão que determina o desaforamento de processo da competência do Júri sem audiência da defesa.

713. O efeito devolutivo da apelação contra decisões do Júri é adstrito aos fundamentos da sua interposição.

714. É concorrente a legitimidade do ofendido, mediante queixa, e do Ministério Público, condicionada à representação do ofendido, para a ação penal por crime contra a honra de servidor público em razão do exercício de suas funções.

715. A pena unificada para atender ao limite de trinta anos de cumprimento, determinado pelo art. 75 do Código Penal, não é considerada para a concessão de outros benefícios, como o livramento condicional ou regime mais favorável de execução.

716. Admite-se a progressão de regime de cumprimento da pena ou a aplicação imediata de regime menos severo nela determinada, antes do trânsito em julgado da sentença condenatória.

717. Não impede a progressão de regime de execução da pena, fixada em sentença não transitada em julgado, o fato de o réu se encontrar em prisão especial.

718. A opinião do julgador sobre a gravidade em abstrato do crime não constitui motivação idônea para a imposição de regime mais severo do que o permitido segundo a pena aplicada.

719. A imposição do regime de cumprimento mais severo do que a pena aplicada permitir exige motivação idônea.

720. O art. 309 do Código de Trânsito Brasileiro, que reclama decorra do fato perigo de dano, derrogou o art. 32 da Lei das Contravenções Penais no tocante à direção sem habilitação em vias terrestres.

721. A competência constitucional do Tribunal do Júri prevalece sobre o foro por prerrogativa de função estabelecido exclusivamente pela Constituição estadual.

722. São da competência legislativa da União a definição dos crimes de responsabilidade e o estabelecimento das respectivas normas de processo e julgamento.

723. Não se admite a suspensão condicional do processo por crime continuado, se a soma da pena mínima da infração mais grave com o aumento mínimo de um sexto for superior a um ano.

727. Não pode o magistrado deixar de encaminhar ao Supremo Tribunal Federal o agravo de instrumento interposto da decisão que não admite recurso extraordinário, ainda que referente a causa instaurada no âmbito dos Juizados Especiais.

734. Não cabe reclamação quando já houver transitado em julgado o ato judicial que se alega tenha desrespeitado decisão do Supremo Tribunal Federal.

735. Não cabe recurso extraordinário contra acórdão que defere medida liminar.

SÚMULAS DO SUPERIOR TRIBUNAL DE JUSTIÇA

3. Compete ao Tribunal Regional Federal dirimir conflito de competência verificado, na respectiva Região, entre Juiz Federal e Juiz Estadual investido de jurisdição federal.

6. Compete à Justiça Comum Estadual processar e julgar delito decorrente de acidente de trânsito envolvendo viatura de Polícia Militar, salvo se autor e vítima forem policiais militares em situação de atividade.

7. A pretensão de simples reexame de prova não enseja recurso especial.

9. A exigência da prisão provisória, para apelar, não ofende a garantia constitucional da presunção de inocência.

13. A divergência entre julgados do mesmo Tribunal não enseja recurso especial.

17. Quando o falso se exaure no estelionato, sem mais potencialidade lesiva, é por este absorvido.

18. A sentença concessiva de perdão judicial é declaratória da extinção da punibilidade, não subsistindo qualquer efeito condenatório.

21. Pronunciado o réu, fica superada a alegação do constrangimento ilegal da prisão por excesso de prazo na instrução.

22. Não há conflito de competência entre o Tribunal de Justiça e Tribunal de Alçada do mesmo estado-membro.

   * A Súmula 22 está superada pela extinção dos tribunais de alçada pela EC nº 45 de 30-12-2004.

24. Aplica-se ao crime de estelionato, em que figura como vítima entidade autárquica da Previdência Social, a qualificadora do § 3º, do art. 171 do Código Penal.

37. São cumuláveis as indenizações por dano material e dano moral oriundos do mesmo fato.

38. Compete à Justiça Estadual Comum, na vigência da Constituição de 1988, o processo por contravenção penal, ainda que praticada em detrimento de bens, serviços ou interesse da União ou de suas entidades.

40. Para obtenção dos benefícios de saída temporária e trabalho externo, considera-se o tempo de cumprimento da pena no regime fechado.

43. Incide correção monetária sobre dívida por ato ilícito a partir da data do efetivo prejuízo.

47. Compete à Justiça Militar processar e julgar crime cometido por militar contra civil, com emprego de arma pertencente à corporação, mesmo não estando em serviço.

48. Compete ao juízo local da obtenção da vantagem ilícita processar e julgar crime de estelionato cometido mediante falsificação de cheque.

51. A punição do intermediador, no jogo do bicho, independe da identificação do "apostador" ou do "banqueiro".

52. Encerrada a instrução criminal, fica superada a alegação de constrangimento por excesso de prazo.

53. Compete à Justiça Comum Estadual processar e julgar civil acusado de prática de crime contra instituições militares estaduais.

55. Tribunal Regional Federal não é competente para julgar recurso de decisão proferida por Juiz Estadual não investido de jurisdição federal.

59. Não há conflito de competência se já existe sentença com trânsito em julgado, proferida por um dos juízos conflitantes.

62. Compete à Justiça Estadual processar e julgar o crime de falsa anotação da Carteira de Trabalho e Previdência Social, atribuído à empresa privada.

64. Não constitui constrangimento ilegal o excesso de prazo na instrução, provocado pela defesa.

73. A utilização de papel moeda grosseiramente falsificado configura, em tese, o crime de estelionato, de competência da Justiça Estadual.

74. Para efeitos penais, o reconhecimento da menoridade do réu requer prova por documento hábil.

75. Compete à Justiça Comum Estadual processar e julgar o policial militar por crime de promover ou facilitar a fuga de preso de estabelecimento penal.

78. Compete a justiça militar processar e julgar policial de corporação estadual, ainda que o delito tenha sido praticado em outra unidade federativa.

81. Não se concede fiança quando, em concurso material, a soma das penas mínimas cominadas for superior a dois anos de reclusão.

83. Não se conhece do recurso especial pela divergência, quando a orientação do Tribunal se firmou no mesmo sentido da decisão recorrida.

86. Cabe recurso especial contra acórdão proferido no julgamento de agravo de instrumento.

90. Compete à Justiça Estadual Militar processar e julgar o policial militar pela prática do crime militar, e à Comum pela prática do crime comum simultâneo àquele.

91. Compete à Justiça Federal processar e julgar os crimes praticados contra a fauna.

* A Súmula 91 foi cancelada na sessão de 8-11-2000.

96. O crime de extorsão consuma-se independentemente da obtenção da vantagem indevida.

98. Embargos de declaração manifestados com notório propósito de pré-questionamento não têm caráter protelatório.

104. Compete à Justiça Estadual o processo e julgamento dos crimes de falsificação e uso de documento falso relativo a estabelecimento particular de ensino.

107. Compete à Justiça Comum Estadual processar e julgar crime de estelionato praticado mediante falsificação das guias de recolhimento das contribuições previdenciárias, quando não ocorrente lesão a autarquia federal.

108. A aplicação de medidas sócio-educativas ao adolescente, pela prática de ato infracional, é da competência exclusiva do juiz.

115. Na instância especial é inexistente recurso interposto por advogado sem procuração nos autos.

116. A Fazenda Pública e o Ministério Público têm prazo em dobro para interpor agravo regimental no Superior Tribunal de Justiça.

117. A inobservância do prazo de 48 horas, entre a publicação de pauta e o julgamento sem a presença das partes, acarreta nulidade.

122. Compete à Justiça Federal o processo e julgamento unificado dos crimes conexos de competência federal e estadual, não se aplicando a regra do art. 78, II, *a*, do Código de Processo Penal.

123. A decisão que admite, ou não, o recurso especial deve ser fundamentada, com o exame dos seus pressupostos gerais e constitucionais.

126. É inadmissível recurso especial, quando o acórdão recorrido assenta em fundamentos constitucional e infraconstitucional, qualquer deles suficiente, por si só, para mantê-lo, e a parte vencida não manifesta recurso extraordinário.

130. A empresa responde, perante o cliente, pela reparação de dano ou furto de veículo ocorridos em seu estacionamento.

140. Compete à Justiça Comum Estadual processar e julgar crime em que o indígena figure como autor ou vítima.

147. Compete à Justiça Federal processar e julgar os crimes praticados contra funcionário federal, quando relacionados com o exercício da função.

151. A competência para o processo e julgamento por crime de contrabando ou descaminho define-se pela prevenção do Juízo Federal do lugar da apreensão dos bens.

164. O prefeito municipal, após a extinção do mandato, continua sujeito a processo por crime previsto no art. 1º do Decreto-lei nº 201, de 27-2-67.

165. Compete à Justiça Federal processar e julgar crime de falso testemunho no processo trabalhista.

168. Não cabem embargos de divergência, quando a jurisprudência do Tribunal se firmou no mesmo sentido do acórdão embargado.

169. São inadmissíveis embargos infringentes no processo de mandado de segurança.

171. Cominadas cumulativamente, em lei especial, penas privativa de liberdade e pecuniária, é defeso a substituição da prisão por multa.

172. Compete à Justiça Comum processar e julgar militar por crime de abuso de autoridade, ainda que praticado em serviço.

174. No crime de roubo, a intimidação feita com arma de brinquedo autoriza o aumento da pena.

* A Súmula 174 foi cancelada no julgamento do RESP 213.054-SP, na sessão de 24-10-2001.

186. Nas indenizações por ato ilícito, os juros compostos somente são devidos por aquele que praticou o crime.

187. É deserto o recurso interposto para o Superior Tribunal de Justiça, quando o recorrente não recolhe, na origem, a importância das despesas de remessa e retorno dos autos.

191. A pronúncia é causa interruptiva da prescrição, ainda que o Tribunal do Júri venha a desclassificar o crime.

192. Compete ao Juízo das Execuções Penais do Estado a execução das penas impostas a sentenciados pela Justiça Federal, Militar ou Eleitoral, quando recolhidos a estabelecimentos sujeitos à administração estadual.

200. O Juizo Federal competente para processar e julgar acusado de crime de uso de passaporte falso é o do lugar onde o delito se consumou.

203. Não cabe recurso especial contra decisão proferida por órgão de segundo grau dos Juizados Especiais.

* Redação da súmula com alteração decidida no julgamento do AgRg no Ag 400.076-BA, na sessão de 23-5-2002.

206. A existência de vara privativa, instituída por lei estadual, não altera a competência territorial resultante das leis de processo.

207. É inadmissível recurso especial quando cabíveis embargos infringentes contra o acórdão proferido no tribunal de origem.

208. Compete à Justiça Federal processar e julgar prefeito municipal por desvio de verba sujeita a prestação de contas perante órgão federal.

209. Compete à Justiça Estadual processar e julgar prefeito por desvio de verba transferida e incorporada ao patrimônio municipal.

211. Inadmissível recurso especial quanto à questão que, a despeito da oposição de embargos declaratórios, não foi apreciada pelo Tribunal *a quo*.

216. A tempestividade de recurso interposto no Superior Tribunal de Justiça é aferida pelo registro no protocolo da Secretaria e não pela data da entrega na agência do correio.

217. Não cabe agravo de decisão que indefere o pedido de suspensão da execução da liminar, ou da sentença em mandado de segurança.

* A Súmula 217 foi cancelada no julgamento do AgRg na SS nº 1.204-AM, na sessão de 23-10-2003.

220. A reincidência não influi no prazo da prescrição da pretensão punitiva.

223. A certidão de intimação do acórdão recorrido constitui peça obrigatória do instrumento de agravo.

227. A pessoa jurídica pode sofrer dano moral.

231. A incidência da circunstância atenuante não pode conduzir à redução da pena abaixo do mínimo legal.

234. A participação de membro do Ministério Público na fase investigatória criminal não acarreta o seu impedimento ou suspeição para o oferecimento da denúncia.

235. A conexão não determina a reunião dos processos, se um deles já foi julgado.

241. A reincidência penal não pode ser considerada como circunstância agravante e, simultaneamente, como circunstância judicial.

243. O benefício da suspensão do processo não é aplicável em relação às infrações penais cometidas em concurso material, concurso formal ou continuidade delitiva, quando a pena mínima cominada, seja pelo somatório, seja pela incidência da majorante, ultrapassar o limite de um (01) ano.

244. Compete ao foro do local da recusa processar e julgar o crime de estelionato mediante cheque sem provisão de fundos.

256. O sistema de "protocolo integrado" não se aplica aos recursos dirigidos ao Superior Tribunal de Justiça.

* A Súmula 256 foi cancelada no julgamento do AgRg no Ag 792.846-SP, na sessão de 21-5-2008.

265. É necessária a oitiva do menor infrator antes de decretar-se a regressão da medida sócio-educativa.

267. A interposição de recurso, sem efeito suspensivo, contra decisão condenatória não obsta a expedição de mandado de prisão.

269. É admissível a adoção do regime prisional semi-aberto aos reincidentes condenados a pena igual ou inferior a quatro anos se favoráveis as circunstâncias judiciais.

273. Intimada a defesa da expedição da carta precatória, torna-se desnecessária intimação da data da audiência no juízo deprecado.

280. O art. 35 do Decreto-lei nº 7.661, de 1945, que estabelece a prisão administrativa, foi revogado pelos incisos LXI e LXVII do art. 5º da Constituição Federal de 1988.

304. É ilegal a decretação da prisão civil daquele que não assume expressamente o encargo de depositário judicial.

* Vide Súmula 419 e Súmula Vinculante 25.

305. É descabida a prisão civil do depositário quando, decretada a falência da empresa, sobrevém a arrecadação do bem pelo síndico.

* Vide Súmula 419 e Súmula Vinculante 25.

309. O débito alimentar que autoriza a prisão civil do alimentante é o que compreende as três prestações anteriores ao ajuizamento da execução e as que se vencerem no curso do processo.

* A Súmula 309 está com a redação alterada na conformidade do que se deliberou no julgamento do HC 53.068-MS, na sessão de 22-3-2006. Redação anterior: "O débito alimentar que autoriza a prisão civil do alimentante é o que compreende as três prestações anteriores à citação e as que vencerem no curso do processo".

315. Não cabem embargos de divergência no âmbito do agravo de instrumento que não admite recurso especial.

316. Cabem embargos de divergência contra acórdão que, em agravo regimental, decide recurso especial.

319. O encargo de depositário de bens penhorados pode ser expressamente recusado.

320. A questão federal somente ventilada no voto vencido não atende ao requisito do prequestionamento.

330. É desnecessária a resposta preliminar de que trata o artigo 514 do Código de Processo Penal, na ação penal instruída por inquérito policial.

337. É cabível a suspensão condicional do processo na desclassificação do crime e na procedência parcial da pretensão punitiva.

338. A prescrição penal é aplicável nas medidas sócio-educativas.

341. A frequência a curso de ensino formal é causa de remição de parte do tempo de execução de pena sob regime fechado ou semi-aberto.

342. No procedimento para aplicação de medida sócio-educativa, é nula a desistência de outras provas em face da confissão do adolescente.

347. O conhecimento de recurso de apelação do réu independe de sua prisão.

348. Compete ao Superior Tribunal de Justiça decidir os conflitos de competência entre juizado especial federal e juízo federal, ainda que da mesma seção judiciária.

* A Súmula 348 foi cancelada no julgamento do CC 107.635-PR, na sessão de 17-03-2010.

367. A competência estabelecida pela EC n. 45/2004 não alcança os processos já sentenciados.

376. Compete a turma recursal processar e julgar o mandado de segurança contra ato de juizado especial.

415. O período de suspensão do prazo prescricional é regulado pelo máximo da pena cominada.

418. É inadmissível o recurso especial interposto antes da publicação do acórdão dos embargos de declaração, sem posterior ratificação.

419. Descabe a prisão civil do depositário judicial infiel.

428. Compete ao Tribunal Regional Federal decidir os conflitos de competência entre juizado especial federal e juízo federal da mesma seção judiciária.

438. É inadmissível a extinção da punibilidade pela prescrição da pretensão punitiva com fundamento em pena hipotética, independentemente da existência ou sorte do processo penal.

439. Admite-se o exame criminológico pelas peculiaridades do caso, desde que em decisão motivada.

440. Fixada a pena-base no mínimo legal, é vedado o estabelecimento de regime prisional mais gravoso do que o cabível em razão da sanção imposta, com base apenas na gravidade abstrata do delito.

441. A falta grave não interrompe o prazo para obtenção de livramento condicional.

442. É inadmissível aplicar, no furto qualificado, pelo concurso de agentes, a majorante do roubo.

443. O aumento na terceira fase de aplicação da pena no crime de roubo circunstanciado exige fundamentação concreta, não sendo suficiente para a sua exasperação a mera indicação do número de majorantes.

444. É vedada a utilização de inquéritos policiais e ações penais em curso para agravar a pena-base.

455. A decisão que determina a produção antecipada de provas com base no art. 366 do CPP deve ser concretamente fundamentada, não a justificando unicamente o mero decurso do tempo.

471. Os condenados por crimes hediondos ou assemelhados cometidos antes da vigência da Lei nº 11.464/2007 sujeitam-se ao disposto no art. 112 da Lei nº 7.210/1984 (Lei de Execução Penal) para a progressão de regime prisional.

491. É inadmissível a chamada progressão *per saltum* de regime prisional.

492. O ato infracional análogo ao tráfico de drogas, por si só, não conduz obrigatoriamente à imposição de medida socioeducativa de internação do adolescente.

493. É inadmissível a fixação de pena substitutiva (art. 44 do CP) como condição especial ao regime aberto.

500. A configuração do crime do art. 244-B do ECA independe da prova da efetiva corrupção do menor, por se tratar de delito formal.

501. É cabível a aplicação retroativa da Lei nº 11.343/2006, desde que o resultado da incidência das suas disposições, na íntegra, seja mais favorável ao réu do que o advindo da aplicação da Lei nº 6.368/1976, sendo vedada a combinação de leis.

502. Presentes a materialidade e a autoria, afigura-se típica, em relação ao crime previsto no art. 184, § 2º, do CP, a conduta de expor à venda CDs e DVDs piratas.

511. É possível o reconhecimento do privilégio previsto no § 2º do art. 155 do CP nos casos de crime de furto qualificado, se estiverem presentes a primariedade do agente, o pequeno valor da coisa e a qualificadora for de ordem objetiva.

512. A aplicação da causa de diminuição de pena prevista no art. 33, § 4º, da Lei nº 11.343/2006 não afasta a hediondez do crime de tráfico de drogas.

  * A Súmula 512 foi cancelada no julgamento da QO na Pet 11.796-DF, na sessão de 23-11-2016.

513. A *abolitio criminis* temporária prevista na Lei nº 10.826/2003 aplica-se ao crime de posse de arma de fogo de uso permitido com numeração, marca ou qualquer outro sinal de identificação raspado, suprimido ou adulterado, praticado somente até 23/10/2005.

520. O benefício de saída temporária no âmbito da execução penal é ato jurisdicional insuscetível de delegação à autoridade administrativa do estabelecimento prisional.

522. A conduta de atribuir-se falsa identidade perante autoridade policial é típica, ainda que em situação de alegada autodefesa.

526. O reconhecimento de falta grave decorrente do cometimento de fato definido como crime doloso no cumprimento da pena prescinde do trânsito em julgado de sentença penal condenatória no processo penal instaurado para apuração do fato.

527. O tempo de duração da medida de segurança não deve ultrapassar o limite máximo da pena abstratamente cominada ao delito praticado.

528. Compete ao juiz federal do local da apreensão da droga remetida do exterior pela via postal processar e julgar o crime de tráfico internacional.

* A Súmula 528 foi cancelada no julgamento da Terceira Seção, ao apreciar o Projeto de Súmula nº 1.258, na sessão ordinária de 23-2-2022.

533. Para o reconhecimento da prática de falta disciplinar no âmbito da execução penal, é imprescindível a instauração de procedimento administrativo pelo diretor do estabelecimento prisional, assegurado o direito de defesa, a ser realizado por advogado constituído ou defensor público nomeado.

534. A prática de falta grave interrompe a contagem do prazo para a progressão de regime de cumprimento de pena, o qual se reinicia a partir do cometimento dessa infração.

535. A prática de falta grave não interrompe o prazo para fim de comutação de pena ou indulto.

536. A suspensão condicional do processo e a transação penal não se aplicam na hipótese de delitos sujeitos ao rito da Lei Maria da Penha.

542. A ação penal relativa ao crime de lesão corporal resultante de violência doméstica contra a mulher é pública incondicionada.

545. Quando a confissão for utilizada para a formação do convencimento do julgador, o réu fará jus à atenuante prevista no art. 65, III, *d*, do Código Penal.

546. A competência para processar e julgar o crime de uso de documento falso é firmada em razão da entidade ou órgão ao qual foi apresentado o documento público, não importando a qualificação do órgão expedidor.

562. É possível a remição de parte do tempo de execução da pena quando o condenado, em regime fechado ou semiaberto, desempenha atividade laborativa, ainda que extramuros.

567. Sistema de vigilância realizado por monitoramento eletrônico ou por existência de segurança no interior de estabelecimento comercial, por si só, não torna impossível a configuração do crime de furto.

568. O relator, monocraticamente e no Superior Tribunal de Justiça, poderá dar ou negar provimento ao recurso quando houver entendimento dominante acerca do tema.

574. Para a configuração do delito de violação de direito autoral e a comprovação de sua materialidade, é suficiente a perícia realizada por amostragem do produto apreendido, nos aspectos externos do material, e é desnecessária a identificação dos titulares dos direitos autorais violados ou daqueles que os representem.

575. Constitui crime a conduta de permitir, confiar ou entregar a direção de veículo automotor a pessoa que não seja habilitada, ou que se encontre em qualquer das situações previstas no art. 310 do CTB, independentemente da ocorrência de lesão ou de perigo de dano concreto na condução do veículo.

582. Consuma-se o crime de roubo com a inversão da posse do bem mediante emprego de violência ou grave ameaça, ainda que por breve tempo e em seguida à perseguição imediata ao agente e recuperação da coisa roubada, sendo prescindível a posse mansa e pacífica ou desvigiada.

587. Para a incidência da majorante prevista no art. 40, V, da Lei 11.343/2006, é desnecessária a efetiva transposição de fronteiras entre estados da Federação, sendo suficiente a demonstração inequívoca da intenção de realizar o tráfico interestadual.

588. A prática de crime ou contravenção penal contra a mulher com violência ou grave ameaça no ambiente doméstico impossibilita a substituição da pena privativa de liberdade por restritiva de direitos.

589. É inaplicável o princípio da insignificância nos crimes ou contravenções penais praticados contra a mulher no âmbito das relações domésticas.

593. O crime de estupro de vulnerável se configura com a conjunção carnal ou prática de ato libidinoso com menor de 14 anos, sendo irrelevante eventual consentimento da vítima para a prática do ato, sua experiência sexual anterior ou existência de relacionamento amoroso com o agente.

599. O princípio da insignificância é inaplicável aos crimes contra a administração pública.

600. Para a configuração da violência doméstica e familiar prevista no artigo 5º da Lei n. 11.340/2006 (Lei Maria da Penha) não se exige a coabitação entre autor e vítima.

604. O mandado de segurança não se presta para atribuir efeito suspensivo a recurso criminal interposto pelo Ministério Público.

606. Não se aplica o princípio da insignificância a casos de transmissão clandestina de sinal de internet via radiofrequência, que caracteriza o fato típico previsto no art. 183 da Lei 9.472/1997.

607. A majorante do tráfico transnacional de drogas (art. 40, I, da Lei 11.343/2006) configura-se com a prova da destinação internacional das drogas, ainda que não consumada a transposição de fronteiras.

617. A ausência de suspensão ou revogação do livramento condicional antes do término do período de prova enseja a extinção da punibilidade pelo integral cumprimento da pena.

618. A inversão do ônus da prova aplica-se às ações de degradação ambiental.

629. Quanto ao dano ambiental, é admitida a condenação do réu à obrigação de fazer ou à de não fazer cumulada com a de indenizar.

630. A incidência da atenuante da confissão espontânea no crime de tráfico ilícito de entorpecentes exige o reconhecimento da traficância pelo acusado, não bastando a mera admissão da posse ou propriedade para uso próprio.

631. O indulto extingue os efeitos primários da condenação (pretensão executória), mas não atinge os efeitos secundários, penais ou extrapenais.

634. Ao particular aplica-se o mesmo regime prescricional previsto na Lei de Improbidade Administrativa para o agente público.

636. A folha de antecedentes criminais é documento suficiente a comprovar os maus antecedentes e a reincidência.

639. Não fere o contraditório e o devido processo decisão que, sem ouvida prévia da defesa, determine transferência ou permanência de custodiado em estabelecimento penitenciário federal.

643. A execução da pena restritiva de direitos depende do trânsito em julgado da condenação.

645. O crime de fraude à licitação é formal, e sua consumação prescinde da comprovação do prejuízo ou da obtenção de vantagem.

647. São imprescritíveis as ações indenizatórias por danos morais e materiais decorrentes de atos de perseguição política com violação de direitos fundamentais ocorridos durante o regime militar.

648. A superveniência da sentença condenatória prejudica o pedido de trancamento da ação penal por falta de justa causa feito em *habeas corpus*.

651. Compete à autoridade administrativa aplicar a servidor público a pena de demissão em razão da prática de improbidade administrativa, independentemente de prévia condenação, por autoridade judiciária, à perda da função pública.

659. A fração de aumento em razão da prática de crime continuado deve ser fixada de acordo com o número de delitos cometidos, aplicando-se 1/6 pela prática de duas infrações, 1/5 para três, 1/4 para quatro, 1/3 para cinco, 1/2 para seis e 2/3 para sete ou mais infrações.

660. A posse, pelo apenado, de aparelho celular ou de seus componentes essenciais constitui falta grave.

661. A falta grave prescinde da perícia do celular apreendido ou de seus componentes essenciais.

662. Para a prorrogação do prazo de permanência no sistema penitenciário federal, é prescindível a ocorrência de fato novo; basta constar, em decisão fundamentada, a persistência dos motivos que ensejaram a transferência inicial do preso.

664. É inaplicável a consunção entre o delito de embriaguez ao volante e o de condução de veículo automotor sem habilitação.

665. O controle jurisdicional do processo administrativo disciplinar restringe-se ao exame da regularidade do procedimento e da legalidade do ato, à luz dos princípios do contraditório, da ampla defesa e do devido processo legal, não sendo possível incursão no mérito administrativo, ressalvadas as hipóteses de flagrante ilegalidade, teratologia ou manifesta desproporcionalidade da sanção aplicada.

667. Eventual aceitação de proposta de suspensão condicional do processo não prejudica a análise do pedido de trancamento de ação penal.

668. Não é hediondo o delito de porte ou posse de arma de fogo de uso permitido, ainda que com numeração, marca ou qualquer outro sinal de identificação raspado, suprimido ou adulterado.

669. O fornecimento de bebida alcoólica a criança ou adolescente, após o advento da Lei n. 13.106, de 17 de março de 2015, configura o crime previsto no art. 243 do ECA.

670. Nos crimes sexuais cometidos contra a vítima em situação de vulnerabilidade temporária, em que ela recupera suas capacidades físicas e mentais e o pleno discernimento para decidir acerca da persecução penal de seu ofensor, a ação penal é pública condicionada à representação se o fato houver sido praticado na vigência da redação conferida ao art. 225 do Código Penal pela Lei n. 12.015, de 2009.

676. Em razão da Lei n. 13.964/2019, não é mais possível ao juiz, de ofício, decretar ou converter prisão em flagrante em prisão preventiva.

BIBLIOGRAFIA

ALMEIDA, Fernando Henrique Mendes de. *Dos crimes contra a administração pública*. São Paulo: Saraiva, 1955.

ALMEIDA, Francisco Lacerda de. Exercício da medicina. *Justitia* 97/389-390.

ALMEIDA JR., A.; COSTA JÚNIOR, J. B. O. *Lições de medicina legal*. 14. ed. rev. São Paulo: Nacional, 1977.

ALVES, Jairo de Souza. Crime contra a saúde pública. *Justitia* 99/390-391.

ALVES, Roque de Brito. *Programa de direito penal*: parte geral. 2. ed. Recife: Fasa Editora, 1997.

_____. *Ciência criminal*. Rio de Janeiro: Forense, 1995.

AMARAL, Sylvio do. *Falsidade documental*. 2. ed. São Paulo: Revista dos Tribunais, 1978.

ANDRADE, Christiano J. *Da prescrição em matéria penal*. São Paulo: Forense, 1979.

ANDREUCCI, Ricardo Antunes. Fundamentos da reforma penal. *Ciência penal* 1/106-115.

ANTOLISEI, Francesco. *Manual de derecho penal*: parte geral. Buenos Aires: Uteha, 1960.

_____. *Manuale di diritto penale*: parte especial. 1954. v. 1 e 2.

ARANHA, Antonio Sérgio Caldas de Camargo et al. A reforma do código penal: parte geral. *Justitia* 120/110-115.

ARAUJO, Francisco Fernandes de. Da aplicação da pena em crime continuado ante a reforma de 1984. *RT* 615/249-256, *Justitia* 140/115-126.

_____. A coisa imóvel como objeto material do crime de receptação. *RT* 626/261-270.

ARRUDA, Aluizio de. Favorecimento pessoal. *Justitia* 91/398-399.

ASUA, Luís Jimenes de. *Tratado de derecho penal*. Buenos Aires: Losada, 1950.

AZEVEDO, David Teixeira de. A culpabilidade e o conceito tri-partido de crime. *Revista Brasileira de Ciências Criminais*, v. 2. p. 46-55.

AZEVEDO, Eurico Andrade. Crime de emprego irregular de verbas públicas. *Justitia* 726/92-91.

_____. Exercício ilegal da medicina. *Justitia* 35/65-69.

AZEVEDO, Luiz Carlos de. Aspectos das interpretações das expressões "dever saber" e "dever presumir" no Código Penal Brasileiro. *RT* 389/32-38.

AZEVEDO, Noé. Favorecimento da prostituição. *RT* 273/66-74.

BACIGALUPO, Henrique. *La nocción de autor en el codigo penal*. Buenos Aires, 1950.

BALDESARINI, Francisco de Paula. *Tratado de direito penal*. Rio de Janeiro: Jacinto, 1943. v. 9.

BARBOSA, Licínio. Reflexões sobre a pena e seu cumprimento em face do novo código penal. *RT* 482/279-286.

BARBOSA, Marcelo Fortes. *Concurso aparente de normas*. São Paulo: Revista dos Tribunais, 1976.

_____. Denunciação caluniosa. *RJTJESP* 29/16-19.

_____. Peculato. *Justitia* 91/413-416.

BARRA, J. B. Prestes. Abandono material. *Justitia* 37/338-339.

BARRETO, Djalma Lúcio Gabriel. Da lesão corporal seguida de morte. *Justitia* 38/73-143.

BATISTA, Weber Martins. A fixação da pena. *Livro de Estudos Jurídicos*. Rio de Janeiro: Instituto de Estudos Jurídicos, v. 3. 1991. p. 267-290.

BATTAGLINI, Giulio. *Direito penal*. São Paulo: Saraiva, Universidade de São Paulo, 1973. v. 2.

BENETI, Sidnei A. Responsabilidade penal de pessoa jurídica: notas diante da primeira condenação na justiça francesa. *RT* 731/471-476.

BERDUGO, Antonio Fernando et al. Considerações sobre o conceito de furto qualificado pela destruição ou rompimento de obstáculo. *Justitia* 145/55-58.

BETANHO, Luiz Carlos et al. *Código penal e sua interpretação jurisprudencial*. 6. ed. São Paulo: Revista dos Tribunais, 1997.

BETTIOL, Giuseppe. *Direito penal*: parte geral. Coimbra: Coimbra Editora, 1970. v. 3.

BITTENCOURT, Cézar Roberto. *Lições de direito penal*. 2. ed. Porto Alegre: Acadêmica, 1993.

_____. *Teoria geral do delito*. São Paulo: Revista dos Tribunais, 1997.

BRANDÃO, Edison Aparecido. Prescrição em perspectiva. *RT* 710/391-392.

BRUNO, Anibal. *Direito penal*. Rio de Janeiro: Forense, 1959. v. 1; 1959. v. 2; 1962. v. 3.

_____. *Crimes contra a pessoa*. 3. ed. rev. São Paulo: Rio Gráfica, 1975.

CACCURI, Antonio Edving. Imunidades parlamentares. *RT* 554/291-312.

CAMPOS, João Mendes. *A inexigibilidade de outra conduta no Júri*. Belo Horizonte: Del Rey, 1998.

CAMPOS, Pedro Franco et al. A reforma do código penal: parte geral. *Justitia* 120/110-115.

CARRARA, Francesco. *Programa del curso de derecho criminal*: parte especial. Buenos Aires: De Palma, 1945, v. 1.

CARVALHO FILHO, Aloysio. A nova legislação penal. *RF* 89/859-860.

_____. ROMEIRO, Jorge Alberto. *Comentários ao código penal*. 4. ed. Rio de Janeiro: Forense, 1979. v. 4.

CARVALHO, Luiz Penteado. *Furto, roubo, latrocínio*. 3. ed. Curitiba: Juruá, 1977.

CERNICCHIARO, Luiz Vicente. *Estrutura do direito penal*. 2. ed. São Paulo: José Bushatsky, 1970.

CINTRA, Joaquim de Sylos. Dos crimes contra a família. Bigamia. *RJTJESP* 50/19-21.

COELHO, Walter. *Teoria geral do crime*. Porto Alegre: Sérgio Antonio Fabris, 1981.

COGAN, Arthur. O perdão judicial. *Justitia* 84/231-234.

_____. O roubo com o emprego de arma. *Justitia* 94/211-214; Receptação imprópria. *Justitia* 37/163-166; Crimes contra o sentimento religioso. *Justitia* 96/99-100; Extinção da punibilidade pelo casamento. *Justitia* 101/69-70.

CONDE, Francisco Muñoz. *Teoria geral do delito*. Tradução de Juarez Tavares e Luiz Regis Prado. Porto Alegre: Sérgio Antonio Fabris, 1988.

COSTA, Álvaro Mayrink da. *Direito Penal*: parte geral. 6. ed. Rio de Janeiro: Forense, 1998. v. 1, t. 1, 2, 3.

COSTA e SILVA, A. J. de. Do homicídio. *Justitia* 42/15-34; Induzimento, instigação e auxílio ao suicídio. *Justitia* 43/13-20; Infanticídio. *Justitia* 44/7-10; Lesões corporais. *Justitia* 52/73-88; Delito de contágio. *Justitia* 54/5-10; Omissão de socorro. *Justitia* 32/7-9; Da rixa. *Justitia* 50/47-40; Seqüestro e cárcere privado. *Justitia* 39/5-10; Violação de domicílio. *Justitia* 40/57-63; Plágio. *Justitia* 39/10-12.

COSTA JUNIOR, Heitor. Aspectos da "parte geral" do anteprojeto do código penal. *RT* 55/458-465.

COSTA JR., J. B. O.; ALMEIDA JR., A. *Lições de medicina legal.* 14. ed. rev. São Paulo: Nacional dos Tribunais, 1977.

COSTA JUNIOR, Paulo José da. *Comentários ao código penal.* São Paulo: Saraiva. v. 3.

DELMANTO, Celso. *Código penal anotado.* 5. ed. São Paulo: Saraiva, 1984; Rio de Janeiro: Freitas Bastos, 1988.

DORES, Wilson Alencar. Palmito: furto e receptação. *RT* 698/322-324.

DRUMOND, Magalhães. *Comentários ao código penal.* Rio de Janeiro: Forense, 1944. v. 9.

DUARTE, Luiz Carlos Rodrigues. *Crimes contra a honra e descriminalização.* Porto Alegre: Universidade Federal do Rio Grande do Sul, 1998.

DUARTE, Maurício Alves. A incidência da majorante do artigo 9º da lei dos crimes hediondos nos artigos 213 e 214 do Código Penal. In: Uma vida dedicada ao direito: homenagem a Carlos Henrique de Carvalho. *RT* 647-656.

FARIA, Bento de. *Código penal brasileiro comentado.* Rio de Janeiro: Record, 1959. v. 4, 5, 6 e 7.

FARINELLI, Lucy. Em torno do delito de falso testemunho. *RT* 470/293-298.

FÁVERO, Flamínio. *Medicina legal.* 7. ed. São Paulo: Martins, 1962. v. 2.

_____. *Código penal brasileiro comentado.* São Paulo: Saraiva, 1950. v. 9.

FERNANDES, Ana Maria Babette Bajer. Conceito de funcionário público no direito penal. *Justitia* 98/33-35.

FERRAZ, Antonio Celso de Camargo. Concussão. *Justitia* 93/351-353.

FERREIRA, Ivete Senise. *Tutela penal do patrimônio cultural.* São Paulo: Revista dos Tribunais, 1995.

FERREIRA, Luiz Alexandre Cruz. *Falso testemunho e falsa perícia.* Belo Horizonte: Del Rey, 1998.

FRAGOSO, Heleno Cláudio. *Lições de direito penal*: parte especial. 3. ed. São Paulo: José Bushatsky, 1976. v. 1; 1977, v. 2; v. 3 (arts. 213 a 359). 3. ed. Rio de Janeiro: Forense, 1981.

_____. *Lições de direito penal*: parte geral. 4. ed. Rio de Janeiro: Forense, 1980.

; HUNGRIA, Nelson; LACERDA, Romão Côrte de. *Comentários ao código penal.* 5. ed. Rio de Janeiro: Forense, 1981. v. 8.

FRANCO, Alberto Silva. *Crimes hediondos.* São Paulo: Revista dos Tribunais, 1991.

GARCIA, Basileu. Delito de contaminação. *RF* 94/231-232.

_____. Thalidomide e abortamento. *RT* 324/7-9.

_____. As inovações trazidas à legislação penal – Lei nº 6.416, de 1997. *RT* 500/289.

_____. Problemas penais do cheque. *RT* 396/19-22.

GARCIA, José G. Marcos. Falsa identidade. *Justitia* 107/270-272.

GODOY, Luiz Antonio de. Individualização da pena e perdão judicial. *Justitia* 102/121-146.

GONZAGA, Antonio Gonçalves. Casa de prostituição. *RT* 290/20-33.

GONZAGA, João Bernardino. *O crime de omissão de socorro*. Rio de Janeiro: Max Limonad, 1957.

_____. Do crime de abandono de família. *RT* 374/20-27.

GRACINDO FILHO, Alfredo de Oliveira (Org.). *Jurisprudência criminal do Supremo Tribunal Federal e do Superior Tribunal de Justiça*. 4. ed. Curitiba: Edição do autor, 1998.

GRINOVER, Ada Pellegrini; COSTA JR., Paulo José da. *A nova lei penal*. São Paulo: Revista dos Tribunais, 1977.

HUNGRIA, Nelson; FRAGOSO, Heleno. *Comentários ao código penal*. 5. ed. São Paulo: Revista dos Tribunais, 1981. v. 1 a 7.

JESUS, Damásio E. de. *Direito penal*. 4. ed. São Paulo: Saraiva, 1979.

KUJAWSKI, Luiz de Mello. Abandono material. *Justitia* 47/214-215.

LACERDA, Romão Côrte de. Dos crimes contra o casamento. *RF* 89/20-39.

LAVIGNE, Arthur; MORAES FILHO, Antonio Evaristo; RIBEIRO, Paulo Freitas. Crime de curandeirismo e liberdade de culto. *Revista Brasileira de Ciências Criminais* 2/255-277.

LEAL, João José. *Direito penal geral*. São Paulo: Atlas, 1998.

_____. Exercício da medicina e responsabilidade criminal. *RT* 706/290-300.

LEME, Cândido de Morais. Dos crimes contra a assistência familiar. *Justitia* 85/237-262.

LÉVAY, Emeric. Abandono de função. *Justitia* 81/401-402.

_____. Denunciação caluniosa. *Justitia* 99/396-399 e 100/444-447.

_____. Desacato. *Justitia* 98/371 e 99/404.

_____. Retratação. *Revista de Processo* 21/134-164.

LEVI, Nino. *Delitti contra la publica amministrazione*. Milão: [s. n.], 1935.

LIMA, L. C. de Miranda. Apologia de fato criminoso ou de autos de crime. *RF* 114/33-36.

LYRA, Roberto. *Comentários ao código penal*. Rio de Janeiro: Forense, 1958. v. 3.

MAGGIORE, Giuseppe. *Diritto penale*. 5. ed. Bolonha: Nicola Zanelli, 1951.

MANZINI, Vincenzo. *Trattato di diritto penale italiano*. Turim: Torinese, 1951. v. 7 e 8.

MARINO JUNIOR, Alberto. Denunciação caluniosa. *Justitia* 100/447-449.

MARINO JÚNIOR, José Frederico. O perigo de vida no delito de lesões corporais. *RT* 340/17-28.

MARQUES, João Benedito de Azevedo et al. A reforma do código penal: parte geral. *Justitia* 120/110-115.

MARQUES, José Frederico. *Curso de direito penal*. São Paulo: Saraiva, 1954. v. 1, 2 e 3.

_____. *Tratado de direito penal*. São Paulo: Saraiva, 1961. v. 2.

MARQUES, Paulo Edson et al. A reforma do código penal: parte geral. *Justitia* 120/ 110-115.

MARTINS, José Salgado. *Direito penal*. São Paulo: Saraiva, 1974.

MAURACH, Reinhart. *Tratado de derecho penal*. Barcelona: Ariel, 1962. v. 1 e 2.

MAZZILLI, Hugo Nigro. Observações sobre o crime de roubo. *RT* 490/261-268 e *Justitia* 97/217-227.

MEDICI, Sérgio de Oliveira. Imunidades parlamentares na nova Constituição. *RT* 666/403-404.

MELLO, Dirceu de. *Aspectos penais do cheque*. São Paulo: Revista dos Tribunais: Educ, 1976.

MELLO FILHO, José Celso. A imunidade dos deputados estaduais. *Justitia* 114/ 165-169.

MESQUITA JÚNIOR, Sidio Rosa de. *Prescrição penal*. São Paulo: Atlas, 1997.

MESTIERI, João. *Teoria elementar do direito criminal*. Rio de Janeiro: Cadernos Didáticos, 1971.

MIR, José Cerezo. O finalismo, hoje. *Revista Brasileira de Ciências Criminais* 12/39-49.

MIRABETE, Julio Fabbrini e FABBRINI, Renato Nascimento. *Manual de direito penal*. 36. ed. São Paulo: Foco, 2024. v. 1; 37. ed. 2024. v. 2; 34. ed. 2024. v. 3.

_____. *Execução penal*. 17. ed. São Paulo: Foco, 2024.

MONTEIRO, Antonio Lopes. *Crimes hediondos*. São Paulo: Saraiva, 1991.

MORAES FILHO, Antonio Evaristo; LAVIGNE, Arthur; RIBEIRO, Paulo Freitas. Crimes de curandeirismo e liberdade de culto. *Revista Brasileira de Ciências Criminais* 2/225-227.

MORAIS, Paulo Heber. *Homicídio*. 3. ed. Curitiba: Juruá.

MOTTA NETO, Antonio. Explosão. Inteligência do artigo 251 do código penal. *Justitia* 93/374-375.

NAVES, Nilson Vital. Estrutura jurídico-penal do crime. *Justitia* 65/99-115.

NEVES, Serrano. *Imunidade penal*. Guanabara: Alba.

NOGUEIRA, Paulo Lúcio. Do peculato. *Jurispenal* 36/16-34.

_____. Da corrupção ativa e passiva. *Jurispenal* 32/7-12.

_____. *Questões criminais controvertidas*. 1979.

NORONHA, E. Magalhães. *Curso de direito processual penal*. São Paulo: Saraiva, 1964.

NORONHA, E. Magalhães. *Código penal brasileiro comentado*. São Paulo: Saraiva, 1958. v. 5.

_____. *Direito penal*. 15. ed. rev. e atualizada. São Paulo: Saraiva, 1978. v. 1; 13. ed. 1977. v. 2; 2. ed. 1964. v. 3.

NUVOLONE, Pietro. *O sistema do direito penal*. São Paulo: Revista dos Tribunais, 1981.

_____. Il principio di oggettivita e il principio di suggettivita nel nuovo codice penale brasiliano. *JTACrSP* 33/11-17.

_____. Scienza e tecnica nel nuovo codigo penale brasiliano. L'oggeto del reato. Problemi do scienza do tecnica e di politica legislativa. *JTACrSP* 32/9-17, *Justitia* 86/69-78.

OLIVEIRA, Edmundo. *Comentários ao código penal*: parte geral. Rio de Janeiro: Forense, 1994.

PACHECO, Antonio Carlos Bezerra de Menezes Souza. Exercício ilegal da arte dentária. *Justitia* 100/449-452.

PACHECO, Wagner Brússolo. O perdão judicial no direito brasileiro. *RT* 533/1283-1297.

PALOTTI JÚNIOR, Osvaldo. Considerações sobre a prescrição retroativa antecipada. *RT* 709/302-306.

PEDROSO, Fernando de Almeida. *Direito penal*. São Paulo: Leud, 1993.

_____. Uso de documento falso: CNH – exibição mediante solicitação do agente policial. *RT* 685/4089-411.

PEREIRA, Paulo Cyrillo. Funcionário público: titularidade passiva nos crimes contra a Administração Pública. *RT* 665/258-260.

PEREIRA, Sérgio Gischkow. Curandeirismo. *RT* 547/276-282.

PEREZ, Gabriel Netuzzi. *Crime de difamação*. São Paulo: Tributária, Resenha Universitária, 1976.

PIEDADE JUNIOR, Heitor. *Direito penal*: a nova parte geral. Rio de Janeiro: Forense, 1985.

PIERANGELLI, José Henrique. *Códigos penais do Brasil*: evolução histórica. Bauru: Jalovi, 1980.

_____. *O consentimento do ofendido*: na teoria de delito. 2. ed. São Paulo: Revista dos Tribunais, 1995.

; ZAFFARONI, Eugenio Raúl. *Manual de direito penal brasileiro*. São Paulo: Revista dos Tribunais, 1997.

PIMENTEL, Manoel Pedro. *O crime e a pena na atualidade*. São Paulo: Revista dos Tribunais, 1983.

PINHO, Rodrigo Cesar Rebello. Apreciação crítica do anteprojeto de lei, modificada parte geral do código penal de 1940 no tocante às penas privativas de liberdade. *Justitia* 117/120-152.

PINHO, Ruy Rebello. *História do direito penal brasileiro*: período colonial. São Paulo: Universidade de São Paulo, 1973.

_____. *A reparação do dano causado pelo crime e o processo penal*. São Paulo: Atlas, 1987.

PINTO, Sebastião da Silva. Crime e relação de causalidade. A concausa superveniente. *RT* 624/273-279.

PÍREZ, Ariosvaldo de Campos. Casa de prostituição. *RT* 703/406.

PORTO, Rodrigues. *Da prescrição penal*. 1983.

PUIG, Santiago Mir. *Derecho penal*: parte geral. 3. ed. Barcelona: PPU, 1990.

QUEIROZ, Carlos Alberto Marchi. A autoridade policial e o princípio da insignificância. *RT* 710/390-391.

RABINOWICZ, Leon. *O crime passional*. 2. ed. Coimbra: Arménio Amado, 1961.

RAMOS, André de Carvalho. Curso de Direitos Humanos. 8ª Edição. Saraiva jur., 2021. p. 886.

REALE JUNIOR, Miguel. *Antijuridicidade concreta*. São Paulo: José Bushatsky, 1974.

ROMEIRO, Jorge Alberto; CARVALHO FILHO, Aloysio. *Comentários ao código penal*. 5. ed. São Paulo: Forense, 1979. v. 4.

ROXIN, Claus. *Problemas fundamentais de direito penal*. 2. ed. Lisboa: Vega, 1993.

SABINO JUNIOR, Vicente. *Direito penal*. São Paulo: Sugestões Literárias, 1967. v. 4.

SALES, Sheila Jorge Selim de. *Dos tipos plurissubjetivos*. Belo Horizonte: Del Rey, 1997.

CUNHA, Rogério Sanches e SILVARES, Ricardo. *Crimes Contra o Estado Democrático de Direito – Lei 14.197/21 comentada por artigos*. Editora *Juspodivm*. 2021

SANDRIM, Carlos Fernandes. Violação de direito autoral. Publicação *Diversos* da Associação Paulista do Ministério Público.

SANTOS, Geraldino Rosa dos. O delito de rixa. *Justitia* 110/36-46.

SEGURADO, Milton Duarte. *Sedução*. 2. ed. Curitiba: Juruá, 1977.

SHOLZ, Leônidas Ribeiro. Crimes sexuais contra menores e as incoerências da lei. *Livro de estudos jurídicos*. Rio de Janeiro: Instituto de Estudos Jurídicos, v. 3. p. 234-237.

SILVA JUNIOR, José. *Código penal e sua interpretação jurisprudencial*. Rio de Janeiro: Forense, 1980. v. 4, t. 2; 5. ed. 1995; 6. ed. 1997.

SILVEIRA, Euclides Custódio da. *Direito penal*: crimes contra a pessoa. 2. ed. São Paulo: Revista dos Tribunais, 1973.

SIQUEIRA, Galdino. *Tratado de direito penal*. 1921.

_____. Da bigamia. *RF* 111/21-23.

SIQUEIRA, Geraldo Batista de. Estupro – crime de ação privada. *RT* 482/277-281.

_____. Extorsão, crime material, consumação. *RT* 659/245-248.

_____. Roubo, delito material ou formal? *Livro de estudos jurídicos*. Rio de Janeiro: Instituto de Estudos Jurídicos, 1991. v. 2, p. 296-297.

_____. Exercício ilegal da arte dentária. *Justitia* 93/134-136.

SOLER, Sebastião. *Derecho penal argentino*. Buenos Aires: Tipografia Editora Argentina, 1970.

SOUSA, Deusdedith. Eutanásia, ortotanásia e distanásia. *RT* 706/283.

TAVARES, Juarez. Alguns aspectos da estrutura dos crimes omissivos. *Revista Brasileira de Ciências Criminais* 15/125-157.

TOLEDO, Francisco de Assis. *Princípios básicos de direito penal*. São Paulo: Saraiva, 1982.

_____. Crimes contra a fé pública. *Revista de Estudos Jurídicos* 5/312-320.

TORNAGHI, Hélio. *Instituições do processo penal*. Rio de Janeiro: Forense, 1977. v.e.

TOURINHO FILHO, Fernando da Costa. *Processo penal*. 5. ed. Bauru: Jalovi, 1979. v. 1 e 4.

VANNINI, Ottorino. *Problemi relativi al delito de oltragio*. Milão, 1935.

VARGAS, José Cirilo de. *Introdução ao estudo dos crimes em espécie*. Belo Horizonte: Del Rey, 1993.

_____. *Instituições de direito penal*: parte geral. Belo Horizonte: Del Rey, 1997.

VERGARA, Pedro. *Delito de homicídio*. Rio de Janeiro: Jacinto, 1943. v. 1.

VIEIRA, Gerson de Franceschi. Da receptação. *Justitia* 93/109-115.

_____. Da corrupção passiva. *Jurispenal* 22/23-30.

VIZZOTO, Bruno Irineu. Exercício arbitrário das próprias razões e roubo. *Justitia* 94/366.

ZAFFARONI, Eugênio Raúl. *Teoria del delito*. Buenos Aires: Ediar, 1973.

_____. *Manual de derecho penal*. Buenos Aires: Ediar, 1977.

_____. Reflexões acerca do anteprojeto de lei referente à parte geral do código penal do Brasil. *Ciência Penal* 1/13-19.

; PIERANGELLI, José Henrique. *Manual de direito penal brasileiro*. São Paulo: Revista dos Tribunais, 1997.

_____. *Da tentativa*. Bauru: Javoli, 1981.

ZUMSTEIN, Rubens. Casa de prostituição. *RT* 538/304-310.